Michael P. Maier
Völkerwallfahrt im Jesajabuch

Beihefte zur Zeitschrift für die alttestamentliche Wissenschaft

Herausgegeben von
John Barton, Ronald Hendel,
Reinhard G. Kratz und Markus Witte

Band 474

Michael P. Maier

Völkerwallfahrt im Jesajabuch

Mit einem Geleitwort von George Y. Kohler

DE GRUYTER

ISBN 978-3-11-040311-4
e-ISBN (PDF) 978-3-11-040630-6
e-ISBN (EPUB) 978-3-11-040645-0
ISSN 0934-2575

Library of Congress Cataloging-in-Publication Data
A CIP catalog record for this book has been applied for at the Library of Congress.

Bibliografische Information der Deutschen Nationalbibliothek
Die Deutsche Nationalbibliothek verzeichnet diese Publikation in der Deutschen
Nationalbibliografie; detaillierte bibliografische Daten sind im Internet über
http://dnb.dnb.de abrufbar.

© 2016 Walter de Gruyter GmbH, Berlin/Boston
Druck und Bindung: CPI books GmbH, Leck
♾ Gedruckt auf säurefreiem Papier
Printed in Germany

www.degruyter.com

MIX
Papier aus verantwor-
tungsvollen Quellen
FSC
www.fsc.org   FSC® C083411

Norbert Lohfink und Jacob Goren,
meinen Lehrern

Vorwort

Mit Dankbarkeit schließe ich diese Arbeit ab, die in den vergangenen fünf Jahren neben der Tätigkeit als Professor an der Päpstlichen Universität Gregoriana in Rom den größten Teil meiner Zeit beansprucht hat. Sie wurde im Sommersemester 2014 von der Philosophisch-Theologischen Hochschule Sankt Georgen in Frankfurt am Main als Habilitationsschrift angenommen. Ihr gilt deshalb mein erster Dank, vor allem ihrem damaligen Rektor Prof. Heinrich Watzka SJ, der das Forschungsprojekt von Anfang an positiv aufnahm und es tatkräftig unterstützte, und Prof. Dieter Böhler SJ, dem Inhaber des Lehrstuhls für alttestamentliche Exegese, der das ausführliche Erstgutachten trotz vielen Verpflichtungen noch vor der zugemessenen Zeit anfertigte. Dank des kollegialen Miteinanders aller Professoren konnte das Habilitationsverfahren am 25. Juli 2014 zum erfolgreichen Abschluss gebracht werden.

Genauso danke ich den Herausgebern der „Beihefte zur Zeitschrift für die alttestamentliche Wissenschaft", insbesondere Prof. Reinhard Georg Kratz, dass sie meine Studie ohne weitere Auflagen in diese renommierte Reihe aufgenommen haben.

Ein besonderer Dank gilt George Y. Kohler, Professor für Jüdische Philosophie an der Bar-Ilan Universität in Ramat Gan, Israel, für das Geleitwort. Der geistige Austausch und die Freundschaft mit ihm und seiner Frau Dr. Noa Sophie Kohler sind für mich ein Grund zur Freude und ein unerwartetes Geschenk. Sie gehören mit zu einer Geschichte, in der sich vor zwanzig Jahren Juden und Christen unter dem Namen „Urfelder Kreis" zusammengefunden haben und die seit 2008 in dem „Lehrstuhl für die Theologie des Volkes Gottes" an der Lateranuniversität in Rom ein akademisches Forum gefunden hat. Die Bekanntschaft mit Menschen wie Chaim Seeligmann s. l., Joel und Sara Dorkam, Reuven und Ribi Kalifon, Amnon Shapira, Elisha Zurgil, Chaim Noll und Sabine Kahane war ein starkes Motiv, um die biblische Grundlage des Miteinanders von Juden und „Heiden" zu erforschen.

Auf unterschiedliche Weise haben mich folgende Personen bei der Erstellung dieser Arbeit unterstützt, denen ich hiermit herzlich danke: Klaus Reinhardt, emeritierter und inzwischen verstorbener Professor der Theologischen Fakultät in Trier, hat mir großzügigerweise seine noch nicht druckreife Abschrift des Jesajakommentars des Andreas von Sankt Viktor zur Verfügung gestellt (nachdem mich Prof. Rainer Berndt SJ auf diesen mittelalterlichen Schriftausleger aufmerksam gemacht hatte). Dr. Helmut Schmidt berichtete über die Geschichte seiner bei Hans Wildberger angefertigten Promotion und stellte mir ein Exemplar des nicht mehr erhältlichen Buches zur Verfügung. Klaus Kinzel erleichterte mir die Lektüre der Kommentare des Nikolaus von Lyra und des bereits erwähnten Viktoriners, indem er sie vom Lateinischen ins Deutsche übertrug. Katharina Vannahme war bereit, die mühsame Aufgabe des Korrekturlesens auf sich zu nehmen.

Widmen möchte ich dieses Buch zwei Männern, die ich als Lehrer und Freunde bezeichnen darf.

Norbert Lohfink SJ, Professor emeritus der Hochschule Sankt Georgen in Frankfurt am Main, betreibt sein Fach, indem er sich mit Leidenschaft und Präzision in die exegetische Kleinarbeit vertieft und gleichzeitig einen weiten theologischen Horizont aufreißt, wobei er sich nicht scheut, sein Forschen in den Dienst des Glaubens zu stellen. Er hat mich überhaupt auf das biblische Thema der Völkerwallfahrt aufmerksam gemacht und mit wertvollen Hinweisen, Kritik und Zuspruch die Arbeit in all ihren Phasen bis hin zur Erstellung des Zweitgutachtens begleitet.

Dr. Jacob Goren aus dem Kibbutz Ginnosar am Galiläischen See ist kein Fachexeget, doch hat ihn seine Promotion über den Antisemitismus in der deutschen Exegese und die tägliche Lektüre der Bibel zu einem profunden Kenner gemacht. Seitdem er 1933 mit seiner Familie aus Deutschland nach Palästina auswanderte, sind ihm der aus Ur wegziehende Abraham, die aus Ägypten fliehenden Israeliten, die Könige und die Propheten zeitgenössisch geworden; er steht mit ihnen sozusagen auf Du und Du.

Der letzte Dank gilt der Katholischen Integrierten Gemeinde, der ich seit dreißig Jahren angehöre. Damit sie in der Nachkriegszeit aus der um Traudl und Herbert Wallbrecher gesammelten Gruppe entstehen konnte, brauchte es neben dem Schock über die nicht verhinderte Schoah auch die wissenschaftliche Bibelexegese. Mit ihrer Hilfe (und der konkreter Exegeten wie Rudolf Pesch und Gerhard Lohfink) konnte sie die geschichtlichen Erfahrungen Israels und der Gemeinden des Neuen Testaments als Maß für das Leben einer heutigen Gemeinde entdecken. Es war eine Fügung, dass sich dieses Bemühen schon früh mit der kirchlichen Theologie Joseph Ratzingers und seiner Synthese von Glaube und Vernunft traf. Daher freut es mich besonders, dass ich diese Monographie rechtzeitig zum 75. Geburtstag seines Schülers Ludwig Weimer, der seit Jahrzehnten die Theologie des jüdisch-christlichen Gottesvolkes erarbeitet und lehrt, vollenden kann.

München – Rom, Februar 2015   Michael P. Maier

Zum Geleit

In der so verwahrlosten Disziplin der jüdischen Theologie gibt es seit fast zweitausend Jahren eine offene Debatte über die Frage, ob am „Ende der Tage", wenn die menschliche Geschichte ihren Höhepunkt erreicht hat, alle Völker Juden werden sollen oder ob die anderen Nationen sich damit begnügen werden, die Bedrückung Israels zu beenden, und die Juden dann endlich frei und selbstbestimmt leben können. Während die Weisen des Talmuds mehr dazu tendieren, dass die Völker dereinst von der Verfolgung Israels ablassen, scheint der erste systematische Theologe des Judentums, der große Maimonides, siebenhundert Jahre später dafür zu plädieren, dass die Annahme der Torah in den Tagen des Messias Juden und Nichtjuden zusammen zu einem „weisen und einsichtigen Volk" machen wird. Noch einmal siebenhundert Jahre später, am Anfang der Moderne, begannen jüdische Theologen zum ersten Mal, den genauen Platz des Judentums zwischen den anderen Religionen zu bestimmen, und einigten sich schließlich darauf, Israel eine Wegweiserrolle zuzuschreiben: Wie die gemeinsame Religion aller Völker in einer lichten Zukunft auch aussehen mag, es waren jüdische Gedanken und der Lebenswille des jüdischen Volkes, die den Weg in diese Zukunft wiesen. Das geradezu wundersame Überleben des Judentums, zusammen mit seiner Lehre des reinen und echten Monotheismus, gab den anderen großen monotheistischen Religionen die Mittel an die Hand, die humanistische Botschaft des Judentums auf der ganzen Welt zu verbreiten.

Erst relativ spät und unter der nicht zu unterschätzenden Mithilfe christlicher Theologen hat das Judentum in der zweiten Hälfte des neunzehnten Jahrhunderts in diesem Zusammenhang seine eigenen großen biblischen Propheten wiederentdeckt – ein Neubelebungsprozess, der bis heute anhält, der von unglaublicher spiritueller Bedeutung ist und der weit über den innerjüdisch-theologischen Tellerrand hinausführt. Hier können und dürfen wir nicht allein bleiben, mehr noch, hier sind wir auf die Hilfe der manchmal schon weit vorausgeeilten christlichen Kollegen angewiesen.

Dieses Buch ist ein solcher Fall. Ich kenne kaum eine vergleichbare Studie aus der Feder eines jüdischen Theologen in den letzten Jahren. Ja, überhaupt ist die Beschäftigung mit Jesaja als Lehrer des humanen Universalismus nach einem kurzen Höhepunkt am Beginn des 20. Jahrhunderts fast vollständig wieder aus dem jüdischen Denken verschwunden. Michael P. Maier hat hier einen Weg aufgezeigt, über das Motiv der Völkerwallfahrt einen interkonfessionellen Jesaja zu konstruieren, der zwar fest im Judentum steht, aber doch sein Interesse an einem einst geeinigten universellen Gottesvolk erkennen lässt.

Theologisch modern und bedeutsam scheint mir im vorliegenden Buch vor allem die Umkehrung der Fragestellung zu sein. Fragte man lange, auf der jüdischen wie auf der christlichen Seite, wie der „Gott der Juden" zu den übrigen Völkern kommen konnte und noch kommen kann, so fragt Michael Maier im Sinne Jesajas richtiger: Wie können die Völker zu Gott kommen? Ihn interessiert weniger die langsame Entwicklung JHWHs vom altisraelitischen Kriegsgott zum „Herrscher der Welt" in den großen Propheten als vielmehr das Erkennen aller Völker, einschließlich des jüdischen, dass sie im Glauben an den einen Gott auch selbst miteinander vereint sind. Was ihn daher insbesondere an der Theologie der Völkerwallfahrt interessiert, ist, inwiefern die partikulare Geschichte des jüdischen Volkes das Heil aller Menschen in sich trägt, oder umgekehrt, wie weit das universale Heil der Völker an die vergangene, gegenwärtige und künftige Geschichte Israels gebunden ist. Hier bietet sich also eine biblische Gelegenheit, das Nebeneinanderher der Religionen nicht nur in ein tolerantes Miteinander zu verwandeln, sondern eine neue Theologie des einen Volkes Gottes zu beschreiben, die aus unserer Gemeinschaft in ein und demselben Gott klar abzuleiten ist. Jenseits von Ringparabel und dialogischer Gleichmacherei bleibt in diesem Buch die historische und textliche Grundlage des Gottesvolkes erhalten, ja, sie dient erst der Entwicklung der Idee des Gottesvolkes.

Mich verbindet mit Michael Maier nun schon seit fast zehn Jahren eine enge Freundschaft und Zusammenarbeit. Auf getrennten Wegen versuchen wir beide an unseren Universitäten, bei unseren Studenten Vorurteile gegenüber der jeweils anderen Religion abzubauen und Verständnis, wo nicht Lernen anzuregen, wenn es um die großen philosophischen, exegetischen und spirituellen Traditionen im Judentum und Christentum geht. Auf gemeinsamen Wegen tauschen wir unsere Erkenntnisse aus, diskutieren Übereinstimmendes, dann aber oft auch die unterschiedliche Weise, in der unsere Religionen versuchen, die seelischen Bedürfnisse des Menschen anzugehen.

Mit seiner hier vorliegenden Forschung hat Michael Maier schließlich auch einen Beitrag zur jüdischen Theologie geleistet, nicht nur durch ein besseres Verständnis der hebräischen Propheten, sondern vor allem durch eine neue Erklärung dafür, wie jüdische Denker sich die endzeitliche Begegnung der anderen Völker mit Israel vorstellten.

George Y. Kohler
Bar Ilan Universität, Fachbereich für Jüdische Philosophie
Ramat Gan, Dezember 2014 – Kislev 5775

Inhalt

III. Die Völkerwallfahrt in dem „Trostbuch für Jerusalem" (Jes 40–55)

Zusammenfassung und Ausblick

Einleitung

1. Zur theologischen Bedeutung des Völkerwallfahrtsthemas

1.1. Die Völker in der Erwählung Israels

Das Verhältnis zwischen Israel und den Nationen, zwischen der Erwählung des *einen* Volkes und dem Heil *aller* Völker ist ein Grundthema der hebräischen Bibel. Sie beginnt ihr Erzählen mit der Erschaffung von Himmel und Erde, mit Adam, dem Stammvater aller Menschen, und Eva, der Mutter alles Lebendigen. Über „alles Fleisch" ergeht das strafende und reinigende Gericht der Sintflut, und mit „allem Fleisch" schließt Gott seinen ewigen Bund. Der Stammbaum der drei Noach-Söhne umfasst alle auf der Erde lebenden Menschen, „nach ihren Sippen und nach ihren Sprachen" (למשפחתם ללשנתם), „in ihren Ländern und in ihren Nationen" (בארצתם בגויהם, Gen 10,20; vgl. v.5.31).

Die Bibel in ihrer kanonischen Gestalt ist also von Anfang an universal, und sie verliert diese universale Perspektive auch nicht, wenn sie sich anschickt, die partikuläre Geschichte Abrahams und Sarahs zu erzählen. Er ist der Stammvater, sie die Stammmutter Israels, und doch sollen aus ihnen Nationen und Königreiche hervorgehen (vgl. Gen 17,6.16). Es ist höchst bedeutsam, dass Abraham gerade in dem Moment, in dem die Beschneidung, die *berit milah*, Gottes Bund mit ihm und seinen Nachkommen besiegelt, den neuen Namen erhält – denn er soll „Vater einer Menge von Nationen" (אב המון גוים, Gen 17,4–5) werden.

Die anderen Völker werden aber auch schon vorher erwähnt, in *Gen 12,1–3*, den allerersten Worten, die Gott an Abraham richtet. Nach den Verheißungen, die diesen selbst betreffen, sagt er ihm nämlich voraus, dass der Segen, mit dem er gesegnet wird, auch auf andere Personen übergehen wird: ונברכו בך כל משפחת האדמה, *so sollen gesegnet werden durch dich alle Sippen der Erde* (v.3).[1] Wer sind die Empfänger dieser Verheißung?[2] Mit משפחות wird auf die in Sippenverbänden gegliederte Menschheit von Gen 10 verwiesen, mit אדמה auf die Erde, die durch Noach vom Fluch befreit wurde (5,29), und darüber hinaus auf den Boden, aus dem „Adam", also das ganze Menschengeschlecht genommen ist (2,7; 3,19).

---

1 Übersetzung nach A. Flury-Schölch, *Abrahams Segen und die Völker. Synchrone und diachrone Untersuchungen zu Gen 12,1–3 unter besonderer Berücksichtigung der intertextuellen Bezüge zu Gen 18; 22; 26; 28; Sir 44; Jer 4 und Ps 72* (FzB 115; Würzburg: Echter, 2007) 13.
2 Vgl. die Diskussion bei Flury-Schölch, *Abrahams Segen*, 122–5.

Dieselbe Verheißung wird im Buch Genesis leicht variiert noch viermal gegeben: an Abraham in 18,18; 22,18, an Isaak in 26,4, an Jakob in 28,14.³ Auf diese Weise werden „alle Sippen der Erde" bzw. „alle Nationen der Erde" (כל גויי הארץ), wie der synonyme Ausdruck lautet, zu einem wesentlichen Element der Berufungsgeschichten und der Verheißungen an die Patriarchen. Die ausländischen Nationen sind also, schon bevor Israel als solches existiert, in dessen Erwählung eingeschrieben; sein Volk-Gottes-Sein lässt sich nach dem Zeugnis der Schrift nicht ohne sie definieren.⁴ Ja, es erweist sich gerade dadurch als das von Jʜwʜ erwählte und gebenedeite Volk, dass es wie Abraham zum Segen wird (והיה ברכה, Gen 12,2), nicht nur für sich selbst, sondern auch für die anderen Nationen (vgl. Jes 19,24; Sach 8,13).

Diese doppelte Korrelation zu Gott und zu der Welt ist auch in den Sinai- bzw. Horeb-Bund eingeschrieben, wie ihn *Ex 19,5 – 6* und *Dtn 7,6* kennzeichnen. Jʜwʜ macht Israel zu einem Volk, das ihm persönlich gehört (עם סגלה, סגלה), indem er es „aus allen Völkern" (מכל־העמים) erwählt. Es wird aus der übrigen Menschheit ausgesondert und als ein „heiliges Volk" (גוי קדוש bzw. עם קדוש) konstituiert. Doch der, der es an sich zieht und heiligt, ist zugleich derjenige, dem die ganze Welt gehört (כי־לי כל־הארץ). Israels Aussonderung und Erwählung stehen somit von Anfang an in einem universalen Horizont. Nicht erst durch eine spezielle Beauftragung, durch ein besonderes heilsmittlerisches Amt, auf das der Titel ממלכת כהנים, *Reich von Priestern* (Ex 19,6), hinweisen dürfte, sondern durch den, der es aussondert und erwählt. „Wenn Gott erwählt, dann letztlich, um die ganze Welt zu verändern."⁵

Wie aber kann das geschehen? Wie kann die Erwählung Israels die Welt verändern und für alle Menschen zum Segen werden? Wie kann Gott zu den

---

3 Eine ausführliche Analyse dieser Stellen bieten K. N. Grüneberg, *Abraham, Blessing and the Nations* (BZAW 332; Berlin; New York: Walter de Gruyter, 2003) 67 – 89.222 – 41; Flury-Schölch, *Abrahams Segen*, 127 – 80. Die nächsten Parallelen außerhalb der Genesis finden sich in Jer 4,2 und Ps 72,17.

4 Vgl. die übereinstimmende Deutung von Gen 12 bei H.-J. Kraus, *Das Volk Gottes im Alten Testament* (Zürich: Zwingli Verlag, 1958) 60: „Gottes Herabneigung und Zuwendung zu Abraham und Israel hat das Heil aller Völker im Auge. Das Volk Gottes ist gleichsam die Eintrittsstelle, die der lebendige Gott in Freiheit gewählt hat, um zu allen Völkern zu kommen." Und bei D. Novak, *The Election of Israel. The Idea of the Chosen People* (Cambridge; New York; Melbourne: Cambridge University Press, 1995) 120: „Abraham's relationship with God is correlative to his relationship with the world."

5 G. Braulik, *Deuteronomium 1 – 16,17* (NEB 15; Würzburg: Echter, 1986) 63.

Völkern kommen?[6] Oder wie es richtiger heißen müsste: Wie können diese zu ihm kommen?

Die Torah und die „Vorderen Propheten" sind mehr damit beschäftigt zu klären, was die Erwählung für Israel selbst bedeutet. Die nichtisraelitischen Nationen erscheinen dabei meist in einer negativen Perspektive: Sie sind diejenigen, die das Land besetzen und die es zu vertreiben oder zu vernichten gilt; diejenigen, von denen Israel sich absondern muss, um seine religiöse und ethische Eigenart zu bewahren; diejenigen, die mit ihrem militärischen Potential die Kleinstaaten Israel und Juda bedrohen.

Von wenigen Fällen abgesehen, in denen einzelne „Heiden" ein positives Verhältnis zu Israel gewinnen,[7] wird die Stellung von Nichtisraeliten als solche erst in Zusammenhang mit dem Bau des Jerusalemer Tempels theologisch neu bewertet. Einen literarischen Ausdruck hat dies z. B. in dem Weihegebet Salomos *1 Kön 8,22–53* gefunden. Dessen Bitten kreisen um Israel, das durch ein zwölffaches עמך als Volk Jhwhs präsentiert wird. Der abschließende v.53 greift sogar ausdrücklich auf die Erwählungsaussagen von Dtn 7,6 und 14,2 zurück; sie sind der Hauptgrund, weshalb Jhwh die Anliegen des Beters erhören sollte: „denn du hast dir Israel aus allen Völkern der Erde (מכל עמי הארץ) zum Eigentum ausgesondert."

Dennoch enthält das Gebet in v.41–43 auch eine Bitte für Fremde (נכרי), für Personen, die nicht zum Gottesvolk gehören. Auch ihr Flehen möge Jhwh von seinem Heiligtum aus erhören. Dass ihren Nöten abgeholfen wird, ist aber nur ein erstes, vorläufiges Ziel. Das eigentliche Ziel ist, dass sie Jhwhs Macht erkennen. Denn dadurch, dass er ihre Bitten erfüllt, können „alle Völker der Erde" (כל־עמי הארץ) seinen Namen erkennen, ihn fürchten und verehren – כעמך ישראל, *wie dein Volk Israel* (v.43).

Die inhaltliche Spannung, die sich daraus ergibt, lässt sich als Produkt eines komplizierten, mehrstufigen Redaktionsprozesses erklären.[8] Im kanonischen Endtext muss sie aber auch als eine bleibende theologische Spannung ernst genommen werden: Jhwh wählt Israel aus den übrigen Nationen aus, damit es als sein „Eigentumsvolk" lebt. Gleichzeitig will er, dass auch jene ihn erkennen und

---

6 Vgl. H.-J. Kraus, *Volk Gottes*, 60: „Wie aber geschieht dieses Kommen Gottes zur Welt der Völker?"

7 Zu diesen gehören der Schwiegervater des Mose, der midianitische Priester Jetro (Ex 18), der Seher Bileam, der gegen seinen Willen die Schönheit des Zwölf-Stämme-Volkes preist (Num 22–24), die Hure Rahab (Jos 2), der syrische General Naaman (2 Kön 5). Die *ger*-Gesetzgebung sieht darüber hinaus vor, dass einzelne Nichtisraeliten unter bestimmten Bedingungen am sozialen und kultischen Leben Israels teilnehmen können. Dtn 23,8–9 räumt sogar die Möglichkeit ein, dass Edomiter und Ägypter in die „Versammlung Jhwhs" aufgenommen werden.

8 So unterscheidet G. Hentschel, *1 Könige* (NEB 10; Würzburg: Echter, 1984) 58–9, in 1 Kön 8 vier Bearbeitungsstufen.

anbeten. Dies soll durch das Heiligtum geschehen, in dem er wohnt und das die Mitte der „ganzen Versammlung Israels" (כל־קהל ישראל, v.22) bildet.

Auf diese Weise wird verständlich, dass „*aus* den Nationen" im Letzten „*für* die Nationen" heißt. Erwählung, die zunächst Absonderung und Gegensatz bedeutet, soll zu einem Dienst werden. Israel soll, indem es ganz für Jhwh lebt, zum Werkzeug werden, damit die anderen Menschen Ihn kennenlernen können. Vor allem dadurch, dass die, die sich in Not befinden, erfahren, dass Israels Gott ihre Not beheben kann (vgl. v.42: „sie werden von deinem großen Namen, deiner starken Hand und deinem hoch erhobenen Arm hören"), und daraufhin bittend herbeikommen. Damit bestätigt 1 Kön 8 noch einmal, was bereits Gen 12 und Ex 19 formulierten: Mit seiner Erwählung erhält Israel einen Auftrag für die Völker! Neu ist, dass es mit dem Tempel nun einen Ort gibt, den diese aufsuchen können (und müssen), ein Ort, an dem sie dem ersterwählten Volk begegnen.

In der synchronen Lektüre des biblischen Kanons fungiert das Tempelweihegebet Salomos somit als Auftakt des Völkerwallfahrtsthemas, bevor es in den „Hinteren Propheten" zu einem zentralen Theologumenon wird.

Die Stellen, die den Völkerbezug der Erwählung Israels erwähnen, könnten leicht noch vermehrt werden. Doch da die nun folgenden Passagen aus dem Jesajabuch im Hauptteil dieser Arbeit ausführlich behandelt werden, können wir unseren Durchgang durch das Alte Testament an dieser Stelle beenden und uns sogleich dem Neuen Testament zuwenden. Dort werden wir der komplementären Idee begegnen, der Vorstellung nämlich, dass die „heidnischen" Nationen ihr Heil nicht ohne Israel erlangen.

1.2. Israel in der Berufung der Völker

So wie die Erwählung Israels ein Hauptthema des Alten Testaments ist, ist die Berufung der Völker ein Hauptthema des Neuen Testaments. Und so wie im einen Fall die Völker in Israels Volk-Gottes-Sein eingeschrieben sind, ist im anderen Fall das Bundesvolk in die Berufung der Völker eingeschrieben. Wenn die Evangelien und die Schriften der Apostel von dem Heil der Heiden sprechen, dann immer in dem Bewusstsein, dass dieses von dem jüdischen Volk seinen Ausgang nimmt. Nicht als ein vergangenes Geschichtsereignis, sondern als ein bleibendes Kennzeichen der Erlösung, wie es in dem (präsentisch formulierten) Satz des johanneischen Jesus heißt: „Das Heil *kommt* von den Juden" (ἡ σωτηρία ἐκ τῶν Ἰουδαίων ἐστίν, Joh 4,22).[9]

---

9 Zur Auslegung dieses Verses und seiner aktuellen Bedeutung für das Verhältnis von Judentum

Im Folgenden können wir nur einige wenige Schlaglichter auf die neutestamentliche Völkertheologie werfen. Zu einem großen Teil kann sie als Rezeptionsgeschichte der alttestamentlichen Völkertheologie, insbesondere der Prophezeiungen über die endzeitliche Zionswallfahrt verstanden werden. So hat
Joachim Jeremias schon 1956 festgestellt, „welchen breiten Raum in Jesu eschatologischen Worten die alttestamentliche Vorstellung von der Völkerwallfahrt
zum Gottesberge eingenommen hat."[10]

Dabei beobachtet er einen merkwürdigen Kontrast zwischen dem Verhalten
und der Verkündigung Jesu.[11] Dieser habe sein Wirken auf Israel begrenzt (die
wenigen Kontakte mit Heiden und die für sie gewirkten Wunder waren von ihm
nicht intendiert) und seinen Jüngern dieselbe Beschränkung auferlegt. Gleichzeitig aber habe er den Heiden ausdrücklich die Teilhabe an der Gottesherrschaft
versprochen und sogar damit gedroht, sie könnten an die Stelle derer treten, die
ihre Erwählung nicht als Dienst, sondern als Privileg verstehen.

Ein Logion, in dem sich Jesu Völkertheologie verdichtet, ist *Mt 8,11 – 12* par *Lk
13,28 – 29*, „eine knappe Zusammenfassung der alttestamentlichen Aussagen über
die eschatologische Völkerwallfahrt zum Gottesberge in der Stunde des Weltge-
richts".[12] Die exegetischen Details brauchen uns hier nicht zu beschäftigen. Für
unsere Fragestellung genügt es, zwei Faktoren herauszustellen: 1. Angesichts des
Glaubens des römischen Hauptmanns (so nach der matthäischen Fassung) verheißt Jesus, dass auch die Heiden – "viele[13] von Osten und Westen" – in das Reich
Gottes aufgenommen werden. 2. Er beschreibt dieses als eine Mahlgemeinschaft
mit Abraham, Isaak und Jakob.

Für Jesus besteht das Heil der Nichtjuden also darin, dass sie ihre Wohnstätten
verlassen und dahin kommen, wo die Erzväter sind, um zusammen mit ihnen die
Nähe Gottes zu genießen.[14] Ihr Los ist nicht unabhängig von Israel, sondern ge-

---

und Christentum s. R. Kutschera, *Das Heil kommt von den Juden (Joh 4,22). Untersuchungen zur
Heilsbedeutung Israels* (ÖBS 25; Frankfurt am Main: Peter Lang, 2003).

10 J. Jeremias, *Jesu Verheißung für die Völker. Franz Delitzsch-Vorlesungen 1953* (Stuttgart: W.
Kohlhammer, 1956) 6.

11 Vgl. das Resümee bei Jeremias, *Jesu Verheißung*, 47.

12 Jeremias, *Jesu Verheißung*, 53. Eine ausführliche Auslegung dieses Spruchs, z.T. in kritischer
Auseinandersetzung mit Jeremias, bietet D. Zeller, „Das Logion Mt 8,11 f/Lk 13,28 f und das Motiv
der »Völkerwallfahrt«", *BZ* 15 (1971) 222 – 37; D. Zeller, „Das Logion Mt 8,11 f/Lk 13,28 f und das
Motiv der »Völkerwallfahrt«", *BZ* 16 (1972) 84 – 93.

13 "πολλοί erhält durch die Gegenüberstellung zu οἱ υἱοὶ τῆς βασιλείας seine Präzision: viele
Heiden kommen" (Zeller, „Logion II", 84 [Hervorhebung i. Orig.]).

14 Die Verheißung ist, wie in der späten Prophetie üblich, mit einem Gerichtsorakel verbunden:
die „Söhne des Reiches" werden hinausgeworfen. Diese Drohung enthält natürlich die implizite

bunden an die Personen, die das Gottesvolk repräsentieren, und an den Ort, an dem diese und deren Nachfahren sich versammeln, den Tempel bzw. die Stadt Jerusalem.

Der neutestamentliche Autor, der das Verhältnis zwischen der Berufung der Heiden und der Erwählung Israels am tiefsten durchdacht hat, ist zweifellos Paulus. In *Röm 9–11* hat er seine grundlegenden Gedanken zur Theologie des jüdisch-christlichen Gottesvolks formuliert, wobei fast alle Theologumena (Erwählung, Gerechtigkeit, Verstockung, Verwerfung, Rest) aus den Propheten und insbesondere aus Jesaja stammen.[15] Wir brauchen an dieser Stelle keine Exegese dieser komplizierten, inhaltsreichen Kapitel vorzulegen, wollen wir doch nur den einen Punkt aufzeigen: dass Israel, das jüdische Volk, in die Berufung der Heiden unauslöschlich eingeschrieben ist.

Dieses theologische Axiom hat ein biographisches Fundament: So wie Jesus ist auch Paulus Jude. „Auch ich bin ein Israelit, ein Nachkomme Abrahams" (11,1), hebt er hervor. Für ihn steht außer Frage, dass Israel mit seiner Erwählung alles geschenkt bekam: die Sohnschaft, die Herrlichkeit, die Satzungen des Bundes, die Torah, den Gottesdienst, die Verheißungen, die Väter und den Messias (vgl. 9,4–5). Genauso sicher ist er aber auch, dass Gott durch eben diesen Messias/Christus nun die beruft, die bisher nichts von ihm wussten (vgl. 9,24–26). Für Paulus haben sie, die ἔθνη, diese Berufung erhalten, weil ein Teil des Gottesvolkes seiner Erwählung nicht entsprochen hat. So hat sich Gott denen geoffenbart, die bis dahin „nicht nach ihm suchten", „nicht nach ihm fragten" (Röm 10,20; vgl. Jes 65,1). Doch darf sie diese Gnade, ihr Eingepfropft-Werden in den „heiligen Ölbaum", nicht zur Überheblichkeit verführen. Sie muss ihnen vielmehr zum Stachel werden, damit auch die, die Gottes überraschend neues Handeln nicht verstanden haben, „gerettet werden" (vgl. Röm 11,14).

Aufforderung, dass diese sich von dem Glauben und der Berufung der Heiden beeindrucken lassen und selber umkehren.

15 Eine kurze Darstellung der Jesajazitate im Römerbrief bietet J. R. Wagner, „Isaiah in Romans and Galatians", S. Moyise u. M. J. J. Menken (Hg.), *Isaiah in the New Testament* (NTSI 2; London; New York: T & T Clark International, 2005) 119–127; J. R. Wagner, „Moses and Isaiah in Concert. Paul's Reading of Isaiah and Deuteronomy in the Letter to the Romans", C. M. McGinnis u. P. K. Tull (Hg.), *„As Those Who are Taught". The Interpretation of Isaiah from the LXX to the SBL* (SBL.SymS 27; Atlanta, GA: Society of Biblical Literature, 2006) 87–105. Unter den zahlreichen Studien zu Röm 9–11 ist die prägnante, theologisch ausgewogene Deutung von G. Lohfink, „Antijudaismus bei Paulus? Die Kirche und Israel in 1 Thess 2,14–16 und Röm 9–11", *Radici dell'antigiudaismo in ambiente cristiano. Colloquio intra-ecclesiale. Atti del simposio teologico-storico, Città del Vaticano 1997* (Atti e Documenti 8; Città del Vaticano: Libreria Editrice Vaticana, 2000) 163–96, hervorzuheben.

Das letzte Ziel dieser dramatischen Unheils- und Heilsgeschichte ist nämlich, dass zusammen mit den Neubekehrten „ganz Israel" gerettet wird (vgl. 11,12.26). Im Bild gesprochen: dass die Zweige, die „von Natur aus" (κατὰ φύσιν), d. h. gemäß ihrer Erwählung zum Ölbaum gehören, wieder eingesetzt werden (vgl. 11,23 – 24).

Dieser universale Geschichtsplan Gottes, der in einem mehrere Etappen umfassenden Prozess das Heil der Heiden *und* das Heil Israels umfasst, wurde von Paulus im Horizont der Völkerwallfahrtsverheißung konzipiert.[16] Für ihn ist „die verheißene Völkerwallfahrt bereits im Gang – allerdings zunächst einmal nicht in der Weise, dass die Faszination, die von Israel ausgeht, die Völker zum Zion hinzieht, sondern dass die Verstockung Israels die Apostel zu den Völkern getrieben hat (11,11; 10,16 – 19), so dass nun das Heil nicht in Jerusalem, sondern bei den Heiden, genauer: in den heidenchristlichen Gemeinden rund um das Mittelmeer sichtbar wird."[17] Diese sollen durch die Fülle des messianischen Heils, durch den Reichtum, den sie nach der Vision von Jes 60,5.16 besitzen (πλοῦτος, vgl. Röm 11,12), Israels *zelos*, seinen Glaubenseifer, neu erwecken. In einer umgekehrten Völkerwallfahrt[18] soll dieses sich auf den Weg machen, soll umkehren und das Neue anerkennen, das Gott an denen gewirkt hat, die bisher ein „Nicht-Volk" waren (vgl. 9,25 – 26; 10,19). Nur so kann das göttliche Heilsprojekt in seine letzte Phase treten, die wieder nach dem Völkerwallfahrtsschema, nun aber in seinem ursprünglichen Richtungssinn verlaufen wird: „Die Umkehr ganz Israels wird endgültig das Kommen der Heiden zum Zion, zum wahren Israel, und damit die Verwandlung der ganzen Welt in die Wege leiten."[19]

Das dritte Zeugnis über die Berufung der Völker und ihr Verhältnis zu Israel soll dem letzten Buch des Neuen Testaments, der *Offenbarung des Johannes*, entnommen werden. In engem Anschluss an die alttestamentlichen Verheißungen, vor allem des Jesajabuchs, entwirft dieses Buch eine großartige Vision, in der die Umkehr und die Erlösung der heidnischen Nationen eine zentrale Rolle spielen.[20] Der universale Horizont dieser apokalyptischen Prophetien wird u. a.

---

16 Diesen von wenigen Exegeten erkannten, aber theologisch folgenreichen Zusammenhang hat G. Lohfink, „Antijudaismus", 182 – 6, aufgezeigt.

17 G. Lohfink, „Antijudaismus", 182.

18 So G. Lohfink, „Antijudaismus", 183: „Nicht die Völker kommen zum Glauben, indem sie auf Israel schauen, sondern Israel kommt zum Glauben, indem es auf die Völker, genauer: auf die Heidenkirche schaut."

19 G. Lohfink, „Antijudaismus", 184. Nach Gerhard Lohfink umfasst das paulinische Geschichtsbild also vier ineinander verschränkte Etappen: die Verstockung Israels – das Heil gelangt zu den Heiden – die Umkehr ganz Israels – das Heil für die ganze Welt.

20 Zum Folgenden vgl. R. Bauckham, *The Climax of Prophecy. Studies on the Book of Revelation* (London; New York: T & T Clark International, 1993) 238 – 337; J. Fekkes III, *Isaiah and Prophetic*

durch die Formel „alle Stämme und Sprachen, alle Völker und Nationen" angezeigt, die mit leichten Variationen siebenmal vorkommt (5,9; 7,9; 10,11; 11,9; 13,7;
14,6; 17,15).[21] Wem diese Völker ihre Rettung zu verdanken haben, wird gleich an
der ersten Stelle deutlich gemacht, nämlich in dem „neuen Lied", das auf Christus,
das vor Gottes Thron stehende Lamm, angestimmt wird: „Du wurdest geschlachtet
und hast mit deinem Blut Menschen für Gott erworben *aus allen Stämmen und
Sprachen, aus allen Nationen und Völkern*" (5,9). Und bei ihrem zweiten Auftreten
bekennen sie selbst: „Die Rettung kommt von unserem Gott, der auf dem Thron
sitzt, und von dem Lamm" (7,10).

In Offb 15,4 werden diese Personen noch genauer charakterisiert, indem die
Völkerwallfahrtsverheißung Ps 86,9 zitiert wird: Es sind die Heidenvölker, die zu
dem „allein heiligen" Gott kommen und ihn anbeten.

Außer ihnen ist aber noch eine weitere Gruppe um den Thron versammelt.
Denn bevor in 7,9 ihre „große Schar" (ὄχλος πολύς) auftritt, werden in 7,4 die
144.000 erwähnt, die nicht „aus allen Stämmen", sondern „aus allen Stämmen *der
Söhne Israels*" stammen. Sie tragen das Siegel, das sie als Gottes Eigentum
kennzeichnet. V.5 – 8 zählt diese Stämme dann einzeln auf: „aus dem Stamm Juda
zwölftausend, aus dem Stamm Ruben zwölftausend..." Auf diese Weise wird
festgehalten, dass das endzeitlich vollendete Gottesvolk an Israel, das Zwölf-
Stämme-Volk, gebunden bleibt. Mehr noch: dass Israel in der verheißenen Endzeit
überhaupt erst wieder zu seiner Vollzahl gelangt.[22]

Neben den zahlreichen Israelbezügen ist es vor allem der Berg Zion, der die
heilsgeschichtliche Kontinuität garantiert. In der Schlussvision *Offb 21,9 – 22,5*
werden nämlich die Verheißungen über den Wiederaufbau der Stadt und ihres
Tempels (vgl. Jes 54,11 – 12; Ez 40 – 48) und die Weissagungen über die endzeitliche
Wallfahrt der Nationen kombiniert (vgl. Jes 60).[23] Damit bestätigt sie auf eindrucksvolle Weise die Verkündigung der Propheten: Um den Gott Israels kennenzulernen und zu verehren, müssen die Heidenvölker nach Jerusalem ziehen,
zu der Stadt, die von seiner Herrlichkeit erfüllt ist (Offb 21,11). Sie ist nicht, wie es

---

Traditions in the Book of Revelation. Visionary Antecedents and Their Development (JSNT.S 93;
Sheffield: Sheffield Academic Press, 1993) 226 – 78; D. Mathewson, „Isaiah in Revelation",
S. Moyise u. M. J. J. Menken (Hg.), *Isaiah in the New Testament* (NTSI 2; London; New York: T & T
Clark International, 2005) 200 – 209.

21 Damit wird auf die in 1.1. zitierten Formulierungen der Völkertafel Gen 10 angespielt. Näheres
dazu bei Bauckham, *Climax of Prophecy*, 326 – 37.

22 Die Identität der 144.000 wird in 14,1 – 5 näher bestimmt: sie tragen den Namen des Lammes
auf ihrer Stirn (v.1) und folgen ihm nach (v.4). Sie repräsentieren also nicht das jüdische Volk als
solches, sondern die judenchristliche Gemeinde.

23 Eine detaillierte Analyse der einzelnen Bezüge gibt Fekkes III, *Isaiah and Revelation*, 227 – 78.
Vgl. Mathewson, „Isaiah in Revelation", 204 – 9.

oft heißt, das „himmlische Jerusalem". Sie bleibt ja nicht im göttlichen Jenseits, sondern steigt vom Himmel auf die Erde herab und liegt wie schon in Jes 2,2 und Ez 40,2 auf einem „großen, hohen Berg" (Offb 21,2.10).

Einen theologischen Höhepunkt bildet die Passage *21,24–26*, in der das Verhältnis der *gojim* (ἔθνη) zu dieser Stadt geschildert wird: „Die Völker werden in diesem Licht einhergehen, und die Könige der Erde werden ihre Pracht in die Stadt bringen... Und man wird die Pracht und die Kostbarkeiten der Völker in die Stadt bringen." Nicht nur auf eine, gleich auf mehrere Stellen aus den jesajanischen Völkerwallfahrtsverheißungen wird hier angespielt.[24] Sie werden dadurch in ihrem Kern bestätigt, zugleich aber auch weitergedacht. Das Jerusalem des Sehers Johannes ist kein anderes als das Jerusalem der Propheten Ezechiel und Jesaja, denn auch auf seinen Toren sind die Namen der zwölf Stämme eingraviert (21,12). Doch fehlt dieser Stadt, was für jene das Wichtigste war: sie hat keinen Tempel, „denn der Herr, ihr Gott, der Herrscher über die ganze Schöpfung, ist ihr Tempel, er und das Lamm" (21,22). Sie braucht also kein eigenes Gebäude, in dem Gott wohnt, und keinen Kult, der dessen Gegenwart vermittelt. Stattdessen wohnen er und das Lamm in der Mitte des endzeitlichen Gottesvolkes, das aus Juden und aus Heiden, die zu seinem Volk geworden sind (vgl. 21,3),[25] besteht.

Die Tatsache, dass Zion am Ende des Buches eine so große Bedeutung erlangt, manifestiert, dass es für die Heiden keine Bekehrung „neben Israel" geben kann. Auch sie müssen nach Jerusalem ziehen, mit ihrer ganzen Habe, um die Gottesgemeinschaft zu erfahren. Sie sind dazu berufen, dort zusammen mit den Juden die göttliche Herrlichkeit zu schauen und von ihren Krankheiten geheilt zu werden (vgl. 22,2).

1.3. Ein „Heilmittel" gegen Israelvergessenheit und Völkervergessenheit

Für den Tanach sind die Nationen in die Erwählung Israels eingeschlossen, für das Neue Testament Israel in die Berufung der Völker. So trägt die partikulare Ge-

---

24 Nach Mathewson, „Isaiah in Revelation", 207, wird aus Jesaja neben 60,3.5.6.10.11.16 auch 2,5 eingespielt: „The upshot of this is that the nations are not only drawn to the light as in Isaiah 60, but they live *in* it" [Hervorhebung i. Orig.].
25 EÜ übersetzt: „und sie werden sein Volk sein." So heißt es in Sach 2,15, das hier zitiert wird. Der griechische Text von Offb 21,3 lautet jedoch: καὶ αὐτοὶ λαοὶ αὐτοῦ ἔσονται *und sie werden seine Völker [!] sein*. Der Wechsel vom Singular zum Plural will beachtet sein. Offensichtlich will Johannes nicht sagen, dass die Heiden zu *dem* Gottesvolk werden, sondern dass Gottes Besitzanspruch sich über Israel hinaus auf alle Nationen ausweitet.

schichte des einen Volkes das Heil aller Völker, aller Menschen in sich, und umgekehrt ist deren universales Heil unlösbar an das Ergehen dieses Volkes gebunden.

Doch inwieweit ist dieses Wissen in den Glaubensgemeinschaften, die sich auf die biblische Offenbarung beziehen, präsent? Wie sehr ist sich das jüdische Volk seiner Verantwortung für die nichtjüdische Menschheit bewusst und wie sehr die Kirche ihres bleibenden Angewiesenseins auf das Zeugnis Israels?

Natürlich könnten hier – auch autoritative – Stimmen angeführt werden, die ein „Völkerbewusstsein" auf der jüdischen und ein „Israelbewusstsein" auf der christlichen Seite belegen. Doch dürfen wir uns in dieser zentralen Frage nicht mit einzelnen Vertretern begnügen. Um eine verbindliche Auskunft zu erhalten, müssen wir die Dokumente befragen, die den Glaubenssinn prägen. Das sind neben den Lehrtexten vor allem die Gebete, die den täglichen und wöchentlichen Gemeindegottesdienst prägen („lex orandi"). Auch da müsste man theologie- und liturgiegeschichtlich weit ausholen. Das ist im Rahmen dieser Einleitung jedoch nicht möglich. Es ist aber auch nicht nötig, da wir diesen Punkt nur schlaglichtartig behandeln wollen, als Horizont für unsere eigentlichen Ausführungen.

Wir greifen daher einfach auf die eigene Tradition zurück und untersuchen das zentrale Gebet der römisch-katholischen Messe, das *Eucharistische Hochgebet* in seinen vom Zweiten Vatikanischen Konzil approbierten Fassungen.[26] Für die jüdische Tradition nehmen wir das Hauptgebet des Synagogengottesdienstes, die *Amidah*.[27]

Die *Amidah*, auch *Schmoneh Esreh* („Achtzehn[bitten]-Gebet") genannt, ist das wichtigste Gebet im jüdischen Gemeindegottesdienst. Es wird dreimal täglich, beim Morgen-, Mittags- und Abendgebet verrichtet, „nach Jerusalem gewandt, dem Ort, wo das Heiligtum war", wie es in der Rubrik heißt. Während die drei

26 Wir zitieren sie nach dem für den deutschen Sprachraum maßgeblichen Text: *Die Feier der Heiligen Messe. Messbuch für die Bistümer des deutschen Sprachgebiets. Das Messbuch deutsch für alle Tage des Jahres* (Einsiedeln; Köln: Benziger, 1978). Im Einzelfall ziehen wir den lateinischen Text der dritten „editio typica" des *Missale Romanum* aus dem Jahr 2000 heran (nach: www.maranatha.it/novusordo/a1page.htm [Zugriff: 31. 1. 2015]). Die wohl wichtigste Arbeit zum Thema ist die Studie von D. Kranemann, *Israelitica dignitas? Studien zur Israeltheologie Eucharistischer Hochgebete* (MThA 66; Altenberge: Oros Verlag, 2001). Die Autorin behandelt darin zwar nur das „Vierte Eucharistische Hochgebet" und das „Hochgebet für Messen für besondere Anliegen (II)", berücksichtigt dafür aber eine Reihe weiterer liturgischer Texte und gibt wertvolle Anregungen für eine zeitgemäße Israeltheologie in und außerhalb der Liturgie.
27 Das Gebet variiert in den unterschiedlichen Riten. Wir zitieren (und übersetzen) es im Folgenden nach dem zweisprachigen, hebräisch-italienischen Siddur der römischen Gemeinde: R. di Segni u. E. Richetti (Hg.), *Siddùr Benè Romi. Siddùr di rito italiano secondo l'uso della Comunità di Roma. Giorni feriali e shabbàt* (Milano: Morashà, ²2008).

ersten (1–3) und die drei letzten Segenssprüche (17–19) an allen Tagen rezitiert werden, werden die dreizehn mittleren (4–16) nur werktags gesprochen, am Schabbat und an Feiertagen aber durch eine eigene Bitte ersetzt.

Die Gebete des Mittelteils beziehen sich u. a. auf die endzeitlichen Heilserwartungen, ja, sie bilden eine Art Kompendium der Hoffnungen Israels. Dabei ist der Einfluss der biblischen Propheten unübersehbar. Bereits die *siebte* Bitte handelt von der *geulah:* „Sieh doch auf unsere Bedrängnis..., erlöse uns, unser König... Gepriesen seist du, Ewiger, du Erlöser Israels (גואל ישראל, vgl. Jes 49,7)."

Die *zehnte* Bitte, חרות genannt, handelt von der Befreiung und Sammlung der Diaspora. In teils wörtlicher Aufnahme jesajanischer Formulierungen wird Gott angefleht, die Versprengten seines Volkes heimzuführen – „von den vier Enden der Erde (מארבע כנפות הארץ, vgl. Jes 11,12) zu unserer »Erde« (לארצנו)". Die Bitte endet mit dem Lobpreis des Gottes, der die Verstreuten Israels sammelt.

Bevor in der fünfzehnten Bitte um das Kommen des Messias, des „Sprosses Davids" (צמח דוד) gebetet wird, wendet die *vierzehnte* den Blick auf das zukünftige Jerusalem. Wegen der zentralen Rolle, die diese Stadt in den Verheißungen der Völkerwallfahrt spielt, ist sie für uns besonders wichtig. Im römischen Siddur lautet sie: „Nach Jerusalem, deiner Stadt, kehre zurück in Barmherzigkeit, und erbaue sie als einen ewigen Bau, bald, in unseren Tagen. Gepriesen seist du, Ewiger, der du Jerusalem erbaust (בונה ירושלם, vgl. Ps 147,2)."

Auch hier ist der Einfluss der Propheten unverkennbar, insbesondere der (deutero)jesajanischen Verheißungen von der Heimkehr – nicht nur der Verbannten, sondern Gottes selbst (vgl. Jes 52,8) – und dem Wiederaufbau Jerusalems. Von der dort prophezeiten Mitarbeit der nichtisraelitischen Nationen fehlt in dem Gebet jedoch jede Spur. Das endzeitliche Jerusalem wird in ihm als die ewige Hauptstadt Israels, nicht aber als das Zentrum einer völkerverbindenden Wallfahrt vorgestellt.[28]

Die israelzentrierte Perspektive bestimmt die *Amidah* in allen ihren Teilen. Auch den Abschnitt, der am Schabbat die mittleren Bitten ersetzt. In ihm wird Gott in immer neuen Anläufen für die Gabe des Ruhetags gedankt, an dem sich „ganz Israel, das deinen Namen heiligt" (כל ישראל מקדשי שמך), erfreuen darf.

---

28 Die national-restaurative Tendenz ist in der traditionellen orthodoxen Textfassung sogar noch stärker. Sie enthält nämlich den Passus: „und Davids Thron gründe schnell in ihr" (zitiert nach: www.hagalil.com/judentum/gebet/amida.htm [Zugriff: 31. 1. 2015]). Dagegen hat das Gebetbuch der liberalen jüdischen Gemeinden Deutschlands in Anlehnung an Jes 56,7 einen Wunsch hinzugefügt, der die universale Heilsbedeutung Jerusalems unterstreicht: „Möge sie ein Zentrum des Gebets sein für alle Völker (מכון-התפלה לכל-העמים)" (J. Magonet [Hg.], *סדר התפלות. Das jüdische Gebetbuch. Gebete für Schabbat und Wochentage* [Berlin: Jüdische Verlagsanstalt, 2001] 181).

So durchzieht die Wendung „dein Volk Israel" das Gebet wie ein Refrain, bis hin zu dem Segensspruch, der die letzte, die *neunzehnte* Bitte beschließt: „Gepriesen seist du, Ewiger, der du dein Volk Israel mit Frieden segnest (המברך את עמו ישראל בשלום, vgl. Ps 29,11)." Die anderen Nationen werden dagegen an keiner Stelle erwähnt. Nur am Ende der *achtzehnten* Bitte wird die allgemeine Erwartung ausgesprochen, dass „alle Lebewesen" Gott preisen mögen (כל החיים יודוך).[29]

Die in der *Amidah* vergessenen Völker tauchen erst im Schlussteil des Gottesdienstes, nämlich in dem *Alenu*-Gebet auf.[30] Dabei fungieren sie in erster Linie als negatives Gegenbild zu dem erwählten, gläubigen Israel. Die betende Gemeinde dankt Gott dafür, dass er sie nicht „wie die Nationen der Erde" (כגויי הארץ) gemacht hat, die „Eitles und Nichtiges" verehren (הבל וריק, vgl. Jes 30,7) und einen Gott anbeten, der nicht zu helfen vermag (אל לא יושיע, vgl. Jes 45,20). In einem zweiten Schritt wird um das Ende des Götzendienstes gebeten und darum, dass sich alle Menschen zu „dem Ewigen, unserem Gott", bekehren, mit einer Vielzahl von Wendungen, die den Propheten entnommen sind (am deutlichsten Jes 45,23).[31] Das Ziel ist dabei allerdings nicht das Heil der heidnischen Nationen, es ist der *Tiqqun Olam*, die Wiederherstellung der Welt unter der Herrschaft des Allerhöchsten (לתקן עולם במלכות שדי).

Dem weitgehenden Desinteresse an der Berufung der Nichtjuden entspricht auf christlicher Seite ein Desinteresse an der Erwählung Israels. Zu diesem Ergebnis führt die Analyse der vier Versionen der „prex eucharistica". Im *ersten* Hochgebet, dem über Jahrhunderte hinweg allein gültigen Römischen Messkanon,

---

29 Der Vergleich mit den biblischen Vorlagen zeigt eine klare Akzentverschiebung. In den Psalmen lautet der entsprechende Wunsch nämlich: „Die *Völker* sollen dich preisen, Gott, preisen sollen dich *die Völker alle*" (Ps 67,4.6) bzw. „Dich sollen preisen, JHWH, *alle Könige der Erde*" (Ps 138,4).

30 Einen inhaltlichen Überblick und eine theologische Bewertung dieses Gebets bietet G. Holtz, *Damit Gott alles in allem sei. Studien zum paulinischen und frühjüdischen Universalismus* (BZNW 149; Berlin; New York: Walter de Gruyter, 2007) 184–6.

31 Es ist eine Tragik der Geschichte, dass gerade dieses Gebet, das am meisten den Universalismus der Propheten atmet, zum Anlass heftiger religiöser Auseinandersetzungen geworden ist. Im Mittelalter wurde ihm antichristliche Propaganda unterstellt: die Ausdrücke „und Nichtiges" und „ein Gott, der nicht zu helfen vermag," würden auf den Namen „Jesus" anspielen, der erste aufgrund des gleichen Zahlenwerts (316), der zweite aufgrund der lautlichen Ähnlichkeit (*lo yoschia'* // *Yeschua'*). Die Zensur der christlichen Obrigkeit und die Selbstzensur der jüdischen Gemeinden führten dazu, dass die betreffenden Passagen im Druck ausgelassen oder geschwärzt oder beim Beten übersprungen wurden. Im Gottesdienst der römischen Gemeinde werden beim *Alenu*-Gebet nur wenige Textfragmente laut, das Meiste aber leise gelesen. Zu den geschichtlichen Vorgängen und ihren aktuellen Folgen s. R. Langer, „The Censorship of Aleinu in Ashkenaz and its Aftermath", D. R. Blank (Hg.), *The Experience of Jewish Liturgy. Studies Dedicated to Menahem Schmelzer* (BRLJ 31; Leiden; Boston, MA: Brill, 2011) 147–166.

fehlt trotz seiner Länge jeglicher Hinweis auf Israel. Es erwähnt lediglich drei alttestamentliche Gestalten, um den Opfergedanken typologisch abzustützen: „wie einst die Gaben deines gerechten Dieners Abel, wie das Opfer unseres Vaters Abraham, wie die heilige Gabe, das reine Opfer deines Hohenpriesters Melchisedek".

Auch das kurze *zweite* Hochgebet weiß nichts von dem jüdischen Volk und seiner bereits vor Jesus einsetzenden Heilsgeschichte.[32] Das *dritte* Hochgebet hat zu Beginn die schöne Formulierung: „Bis ans Ende der Zeiten versammelst du dir ein Volk, damit deinem Namen das reine Opfer dargebracht werde, vom Aufgang der Sonne bis zum Untergang." Sie ist offensichtlich von Mal 1,11 inspiriert. Allerdings ist dort nicht von einer Sammlung die Rede, sondern gerade umgekehrt davon, dass überall auf der Welt „reine Opfer" dargebracht werden. Deshalb dürfte auch Jes 43,5 im Hintergrund stehen, wo Gott verheißt: „Vom Osten bringe ich deine Kinder herbei, vom Westen her *sammle* ich euch." Damit meint er natürlich die Heimführung der Exilierten Israels.

Wer aber ist im Hochgebet gemeint? Nur die christliche Gemeinde? Oder auch die jüdische? Erneut liegt das Problem in dem Begriff „populus": Was ist das für ein Volk, das Gott „bis ans Ende der Zeiten" versammelt?[33]

Das *vierte* Hochgebet möchte einschließlich der Präfation einen Gesamtabriss der Schöpfungs- und Heilsgeschichte geben. Umso mehr verwundert, dass auch hier Israel nicht vorkommt. Selbst da, wo es eigentlich nicht ignoriert werden kann, beim Bundesschluss und bei den Propheten, wird es nicht genannt bzw. umgangen: „Immer wieder hast du *den Menschen* deinen Bund angeboten und *sie* durch die Propheten gelehrt..." Wie kann von Gottes Bund gesprochen werden, ohne den mit Israel am Sinai geschlossenen zu erwähnen? Und welche Menschen haben die biblischen Propheten gelehrt, wenn nicht die Angehörigen des Zwölf-Stämme-Volkes?[34]

---

32 Die deutsche Ausgabe des Messbuchs enthält darüber hinaus einen theologisch bedenklichen Zusatz. Sie übersetzt das lateinische „Recordare Domine Ecclesiae tuae toto orbe diffusae ut eam in caritate perficias" nämlich unnötig frei mit „Gedenke *deiner Kirche* auf der ganzen Erde und vollende *dein Volk* in der Liebe." Durch die synonyme Verwendung dieser beiden Begriffe wird Israel implizit seiner Stellung als Volk Gottes beraubt.

33 Das Problem taucht noch einmal verschärft im zweiten Teil des Hochgebets auf. Im Anschluss an 1 Petr 2,9 wird dort der Ausdruck „populus acquisitionis", das lateinische Gegenstück zu עַם סְגֻלָּה verwendet und auf alle Getauften bezogen. Damit wird Israel ein weiterer Titel genommen, der sein Volk-Gottes-Sein bezeichnet.

34 Zu den bibeltheologischen und liturgischen Details und den Lösungsvorschlägen für eine Änderung des Textes s. Kranemann, *Israelitica Dignitas*, 139–52.

So reduzieren sich die Israelbezüge der vier Hochgebete im Grunde auf den Einsetzungsbericht, nach dem Jesus, der Jude und treue Gottesknecht, sein Leben „pro multis", d. h. für die vielen Völker hingab.

Als Ergebnis dieses kurzen, zugegeben unvollständigen Überblicks ist festzuhalten: Die Gebete der zwei Gemeinschaften, die, in Rom besonders anschaulich, seit zweitausend Jahren nebeneinander leben, sind von Israelvergessenheit und Völkervergessenheit geprägt.[35] Die Theologie der Völkerwallfahrt wäre ein Mittel, um diesen „blinden Fleck" zu erkennen und irgendwann einmal zu heilen.

---

35 Vielleicht ist dieses Urteil noch zu ausgewogen und müsste zugespitzt werden. Denn die jüdischen Gebete vergessen die Völker, indem sie den Gedanken an sie verdrängen, die christlichen Gebete aber vergessen Israel, indem sie es selbst verdrängen.

2. Zur Forschungsgeschichte

2.1. Einige Vorbemerkungen

Das Thema der Wallfahrt der Nationen zum Zionsberg, das Altes wie Neues Testament durchzieht, ist bisher nicht im Rahmen einer Monographie behandelt worden. Zwar ist in zahlreichen exegetischen und bibeltheologischen Studien von der „endzeitlichen Völkerwallfahrt", „the eschatological pilgrimage of the nations", „le pèlerinage des nations", „il pellegrinaggio dei popoli al monte Sion" usw. die Rede, der Ausdruck als solcher wird dabei aber in der Regel nicht problematisiert, sondern als bekannt vorausgesetzt. Diese unausgesprochene Annahme stößt sich jedoch mit dem Befund, dass keines der einschlägigen Lexika diesem Thema ein eigenes Lemma widmet, eine Lücke, die erst im Februar 2013 durch einen Beitrag von Oliver Dyma im „Wissenschaftlichen Bibellexikon im Internet" geschlossen wurde.[36]

Angesichts dieser Ausgangslage – das Fehlen monographischer und lexikographischer Studien und die Fülle von Beiträgen, die das Thema irgendwie berühren – kann eine eigentliche Forschungsgeschichte, also die Rekonstruktion eines von Stufe zu Stufe geführten wissenschaftlichen Dialogs nicht geleistet werden. Wir beschränken uns im Folgenden deshalb darauf, die Arbeiten zu präsentieren, die das Thema der Völkerwallfahrt *expressis verbis* behandeln, indem sie es entweder im Titel führen oder ihm wenigstens eine eigene Untersuchung widmen. Im Anschluss daran werden wir den Studien, die einen anderen theologischen Schwerpunkt setzen und auf unser Thema nur nebenbei eingehen (auch wenn eine klare Abgrenzung oft nicht möglich ist), einen kurzen Überblick widmen.[37] Das Kapitel endet mit einigen Desiderata, die durch die vorliegende Monographie behoben werden sollen.

---

36 O. Dyma, „Völkerwallfahrt / Völkerkampf", *WiBiLex* (2013), www.bibelwissenschaft.de/ stichwort/34263 [Zugriff: 31. 1. 2015].

37 Wir verzichten außerdem darauf, die Darstellung über die Prophetenliteratur hinaus auszuweiten, behandeln also nicht Studien über einzelne Psalmen, in denen das Motiv vorkommt, wie z. B. J. Vorndran, *„Alle Völker werden kommen". Studien zu Psalm 86* (BBB 133; Berlin; Wien: Philo, 2002); J. Seremak, *Psalm 24 als Text zwischen den Texten* (ÖBS 26; Frankfurt am Main: Peter Lang, 2004). Das bedeutet selbstverständlich nicht, dass diese Studien im exegetischen Hauptteil nicht herangezogen würden.

2.2. Die Völkerwallfahrt als Element der Zionstheologie und als eigenständiges Motiv

In der biblischen Wissenschaft wird die Völkerwallfahrt erst allmählich als ein selbstständiges literarisches Motiv begriffen. Vor allem in älteren Arbeiten wird sie nicht eigens untersucht, sondern in dem größeren Zusammenhang der Zionstradition behandelt. Aus diesem Grund setzt auch unsere Forschungsgeschichte mit zwei Artikeln über die Gottesstadt bzw. das neue Jerusalem ein.[38] Sie entstanden unmittelbar vor und nach dem Zweiten Weltkrieg, in Straßburg der eine, in Göttingen der andere, und auch wenn die Autoren nicht davon sprechen, kann doch angenommen werden, dass sie in dieser prophetischen Vision eine Alternative zu Nationalismus und Rassismus bzw. eine Antwort auf die Gräuel des Krieges sahen.

2.2.1. Antonin Causse, „Le mythe de la nouvelle Jérusalem du Deutéro-Esaïe" (1938)

Antonin Causse versteht seinen Aufsatz als programmatisch. Er soll die Fragen klären, die der Mythos (so seine eigene Diktion) des neuen Jerusalem stellt: die Umstände, unter denen er sich formte, die Einflüsse durch parallele Vorstellungen im Alten Orient und die Bedeutung dieser jerusalemzentrierten Eschatologie für das Selbstverständnis der „jüdischen Kirche".[39]

Sein Anliegen ist also weniger exegetisch als literar- und religionsgeschichtlich, sein Interesse gilt weniger der theologischen Frage nach der Berufung der nichtisraelitischen Nationen als den historischen Bedingungen, unter denen sich die nachexilische Tempelgemeinde gebildet hat.

Als Ausgangspunkt wählt Causse Jes 2,1–4 *par* Mi 4,1–5.[40] Er betrachtet diesen Text als Zeugnis einer alten Glaubensüberzeugung, die in der exilischen Zeit zu ihrer endgültigen Form ausgebaut worden sei. Die Erfahrung der Zerstreuung, die Begegnung mit anderen Nationen und die soziologischen Veränderungen im jüdischen Volk selbst hätten die Hoffnung auf ein „neues Israel" und die Heimkehr der Exilierten hervorgebracht, wie sie in Jer 30–33, Ez 34–37 und in den Trostorakeln des „Deuterojesaja" festgehalten sei.

---

38 Es handelt sich um die Aufsätze von A. Causse, „Le mythe de la nouvelle Jérusalem du Deutéro-Esaïe à la IIIᵉ Sibylle", *RHPhR* 18 (1938) 377–414, und G. von Rad, „Die Stadt auf dem Berge", *EvTh* 8 (1948/49) 439–47.

39 Causse, „La nouvelle Jérusalem", 377.

40 Causse, „La nouvelle Jérusalem", 377.

Jes 60 ist für ihn ein authentischer Ausdruck der exilischen Eschatologie.[41] In ihm deute sich bereits der Übergang zu der für die Apokalyptik typischen Transzendenz an. Statt des „ethischen Dramas" der alten Propheten gehe es nun um das „mythische Drama" am Ende der Zeiten. Die Identität des jüdischen Volkes werde nicht mehr durch staatliche Institutionen, sondern durch Mythen geprägt (deshalb die Bezeichnung „le *mythe* de la nouvelle Jérusalem").

Nach einigen Bemerkungen über die soziologische Bedeutung der Heiligtümer und Festversammlungen im Alten Orient skizziert der Autor die religiöse Bedeutung Jerusalems. Er stützt sich dabei auf die Wallfahrts-, Zions- und JHWH-König-Psalmen, wertet sie thematisch aus, ohne auf exegetische Einzelfragen einzugehen. Für Antonin Causse ist diese Vision des neuen Jerusalem und der großen eschatologischen Wallfahrt (nicht die Torah oder der Messianismus!) die Basis, auf der sich das Judentum des Zweiten Tempels bildete,[42] eine Erwartung, die sich in verschiedenen Strömungen der nachexilischen Zeit nachweisen lasse. Sie sei „toujours active, toujours ardente et créatrice de vie, comme à la première heure".[43]

Der Artikel endet mit einer ausführlichen Darstellung der Rezeption dieser biblischen Idee im dritten Sibyllenbuch und mit einigen kurzen Reflexionen über ihre Bedeutung für Jesus und das frühe Christentum. In einem wenig später entstandenen Aufsatz führt Causse diesen Gedanken weiter aus, indem er u. a. zeigt, dass das in Apg 2 geschilderte Pfingstfest und die Entstehung der christlichen Gemeinde nur auf dem Hintergrund dieser jüdischen Hoffnung zu verstehen sind.[44]

Die religions- und geistesgeschichtlichen Ausführungen dieses Autors helfen, das Motiv der Völkerwallfahrt einzuordnen und besser zu verstehen. Allerdings fehlt seinen Arbeiten das exegetische Fundament. Die Texte werden zitiert, aber nicht weiter hinterfragt. So wird z. B. Jes 2 allein deshalb, weil es im ersten Buchteil steht, als ein altes Zeugnis betrachtet. Theologisch ist das Bemühen, Altes und Neues Testament zusammenzusehen, zu würdigen, auch wenn sich dies gelegentlich in einer heute überholten Terminologie niederschlägt (z. B. „die jüdische Kirche"). Dass die Arbeiten von Causse in der Exegese wenig rezipiert wurden, dürfte auch an dem Erscheinungsort in einer Zeitschrift für Religionsgeschichte und -philosophie, vor allem aber an den ungünstigen Zeitumständen liegen.

---

41 Vgl. Causse, „La nouvelle Jérusalem", 380–3.
42 Vgl. Causse, „La nouvelle Jérusalem", 396–9.
43 Causse, „La nouvelle Jérusalem", 398.
44 A. Causse, „Le pélerinage à Jérusalem et la première Pentecôte", *RHPhR* 20 (1940) 120–41.

2.2.2. Gerhard von Rad, „Die Stadt auf dem Berge" (1948/49)

Dieser kurze Aufsatz gilt vielen Exegeten als Ausgangspunkt der wissenschaftlichen Erforschung des Völkerwallfahrtsthemas, auch wenn er es nicht als ein eigenständiges Motiv, sondern als einen Aspekt der Zionstheologie behandelt. Auf den zehn Jahre zuvor publizierten Artikel seines französischen Kollegen geht Gerhard von Rad nur in einer Fußnote ein. Er lobt ihn dafür, dass er die „allgemeine[n] kulturgeschichtliche[n] Verhältnisse" zur Interpretation der prophetischen Verheißungen herangezogen habe.[45] Im Unterschied dazu geht er selbst von wenigen Einzeltexten aus und versucht, aus ihnen die Traditionsgeschichte der Zionsidee zu rekonstruieren. Nach seiner Auffassung ist sie aus der Verbindung dreier Vorstellungskreise hervorgegangen: der Überlieferung vom Davidbund, wie sie in der Natanweissagung bezeugt ist, des gemeinorientalischen Mythos vom Gottesberg und der Vorstellung vom heiligen Rest. Diese theologische Leistung sei dem Propheten Jesaja zuzuschreiben.[46]

Wie Causse betrachtet auch von Rad Jes 2,1–4 als die älteste Fassung dieser Idee; seine jesajanische Herkunft könne „nicht wohl bezweifelt werden".[47] Nach einer Zusammenstellung der Leitgedanken fragt der Autor, wie dieses Orakel entstanden sei. Den Gedanken, Jesaja habe die Erfahrung der jährlichen Pilgerfahrten zum Laubhüttenfest eschatologisiert und ins Universale ausgeweitet, lehnt er ab. Vielmehr habe der Prophet einen ursprünglich viel umfangreicheren Stoff aufgegriffen und auf das Wesentliche gekürzt. Dies zeige der Vergleich mit Texten wie Jes 60 und Hag 2,6–9, die im zweiten Teil der Arbeit behandelt werden.[48]

Diese Rekonstruktion der Traditionsgeschichte kann bei näherem Hinsehen jedoch nicht überzeugen. Einerseits behauptet von Rad nämlich, Jesaja habe die unterschiedlichen Vorstellungskreise zusammengefügt, andererseits aber, er habe auf einen „in allem Wesentlichen festliegenden eschatologischen Vorstellungskreis"[49] zurückgegriffen. In Jes 2 sei die komplexe Vorstellung der „endzeitlichen Verherrlichung des Gottesberges und seiner Heilsbedeutung für die ganze Welt"[50] erstmals formuliert, doch nur, um sie sofort aufs Knappste zusammenzudrängen. Genauso wenig nachvollziehbar ist die Charakterisierung der beiden anderen Visionen. Gerhard von Rad deutet sie als Zeugnisse der alten, in Jes 2 weggelas-

---

45 Von Rad, „Stadt auf dem Berge", 443 n.9. Er irrt sich allerdings mit der Seitenangabe „8 f.".
46 Vgl. von Rad, „Stadt auf dem Berge", 440.
47 Von Rad, „Stadt auf dem Berge", 440.
48 Vgl. von Rad, „Stadt auf dem Berge", 442–6.
49 Von Rad, „Stadt auf dem Berge", 441.
50 Von Rad, „Stadt auf dem Berge", 440.

senen eschatologischen Ideen und gleichzeitig als Produkte der dichterischen Phantasie der nachexilischen Epoche.[51]

Neben einigen wichtigen Einsichten in die Theologie der Völkerwallfahrt erscheint aus heutiger Sicht vor allem der Grundansatz problematisch, eine alte, nicht mehr rekonstruierbare Vorlage hypothetisch anzunehmen. Darüber hinaus ist die Frühansetzung von Jes 2 fraglich geworden, und unerklärlich bleibt, wieso die frühe Tradition in einem zugegebenermaßen jungen Text wie Jes 60 treu bewahrt worden sein sollte. Deutlich ist auch, wie stark die Literarkritik das theologische Urteil bestimmt. Der Eindruck, dass das in Jes 2 geschilderte Geschehen „ausschließlich zwischen Jahwe und den Völkern ausgetragen wird" und „Israel selbst an dem eschatologischen Vorgang so ganz unbeteiligt ist",[52] entsteht nämlich nur dann, wenn v.5 als späterer Zusatz ausgeschieden wird. Unabhängig davon, ob man diese Einschätzung teilt, empfiehlt es sich methodisch, zuerst die Aussage des Endtextes zu klären und erst in einem zweiten Schritt nach literarischen Vorstufen zu fragen.

Im Blick auf die Zions- und Völkerwallfahrtstheologie verdient vor allem eine Aussage festgehalten zu werden, mit der von Rad auf einen grundlegenden Unterschied zwischen Jes 2 und Jes 60 aufmerksam macht: „[D]ort haftet in strengster Konzentration alles Interesse an den Völkern und an der Bedeutung, die das verklärte Jerusalem für sie hatte. Hier dagegen ruht der Blick fast ausschließlich auf der Gottesstadt; *sie* wird der Friedensordnung des Gottesrechtes teilhaftig."[53] Bei aller Ähnlichkeit ist also das eine Orakel von seinem inhaltlichen Schwerpunkt her völkerorientiert, das andere hingegen jerusalemzentriert.

2.2.3. Hans Wildberger, „Die Völkerwallfahrt zum Zion" (1957)

Die folgenden Studien behandeln die Völkerwallfahrt nicht als ein Element der Zionstheologie, sondern als ein eigenständiges Motiv. Gleichzeitig legen sie mehr Wert auf die Analyse der Texte. Dies führt allerdings nicht selten dazu, dass die

---

51 Dass sich der Autor dieses Problems durchaus bewusst ist, zeigt die folgende Bemerkung: „Es ist für uns wohl sehr schwer, jenes eigenartige Ineinander von hergebrachten alten eschatologischen Vorstellungen einerseits und freier Ausgestaltung andererseits recht zu würdigen" (von Rad, „Stadt auf dem Berge", 445).
52 Von Rad, „Stadt auf dem Berge", 447 mit n.6.
53 Von Rad, „Stadt auf dem Berge", 444 [Hervorhebung i. Orig.].

über die exegetische Detailarbeit hinausweisende Synthese, wie sie noch der in 1.2. erwähnte Joachim Jeremias versuchte,[54] in den Hintergrund tritt.

Mit dem Aufsatz von Hans Wildberger erscheint der *terminus technicus* „Völkerwallfahrt" zum ersten Mal im Titel einer wissenschaftlichen Studie.[55] Der Autor behandelt darin allerdings nur einen einzigen Text, Jes 2,1–5 mit seiner Parallele Mi 4,1–5, und ist mehr an literarischen als an theologischen Fragen interessiert. Das Hauptproblem, das er sich stellt, ist das der Authentizität: „ob der Abschnitt jesajanisch oder ob er michanisch ist oder ob es sich um eine anonyme Heilsweissagung handelt, die – je verschieden ergänzt – von zweiter Hand in die beiden prophetischen Schriften eingeschoben worden ist."[56]

Unter dieser Fragestellung wird die Prophezeiung im Folgenden einer textkritischen, literarkritischen und traditionsgeschichtlichen Analyse unterzogen. Gemäß der in jener Zeit vorherrschenden Tendenz fragt Wildberger nach dem „ursprünglichen Bestand" von Jes 2 und scheidet neben der Überschrift in v.1 auch den in der Michaparallele fehlenden „paränetischen Zusatz" in v.5 aus. Dessen Intention gibt er treffend folgendermaßen wieder: „Wenn schon die Völker nach Jerusalem strömen, um sich in den Wegen Jahwes belehren zu lassen, so hat das »Haus Jakobs« erst recht allen Grund, in dem auf dem Zion geoffenbarten Licht zu wandeln."[57]

Nach Hans Wildberger ist der Eindruck berechtigt, dass dieses Orakel „keine Parallelen unter den von Jesaja stammenden Teilen des Jesajabuches habe."[58] Dies könne aber auch daher rühren, dass es von anderen Traditionen abhängig sei. Ausgehend von dem Ausdruck „Gott Jakobs", der für die Kultpoesie, nicht aber für die Prophetie typisch sei, erkennt der Autor eine Verwandtschaft mit den Zions-

---

54 Für ihn umfasst die biblische Vorstellung der eschatologischen Völkerwallfahrt fünf Hauptzüge: die Epiphanie Gottes, der Ruf Gottes, der Zug der Heiden, die Anbetung am Weltheiligtum, das Heilsmahl auf dem Weltenberg (vgl. Jeremias, *Jesu Verheißung*, 48–51). In kritischer Auseinandersetzung mit seinem von literarischen und historischen Fragen absehenden Entwurf betont Zeller, „Logion I", 225–6, dass „Völkerwallfahrt" kein uniformes Motiv sei, sondern in mannigfachen Spielarten vorkomme.
55 H. Wildberger, „Die Völkerwallfahrt zum Zion. Jes. II 1–5", *VT* 7 (1957) 62–81. Der Begriff als solcher wird darin nicht diskutiert, sondern als bekannt vorausgesetzt. Bei Gerhard von Rad ist die Idee noch nicht terminologisch fixiert, wie die Ausdrücke „universale Wallfahrt der Völker" und „eschatologische Völkerwanderung" zeigen (von Rad, „Stadt auf dem Berge", 441). Dagegen spricht Joachim Jeremias bereits von der „eschatologischen Völkerwallfahrt zum Gottesberge" (Jeremias, *Jesu Verheißung*, 48).
56 Wildberger, „Völkerwallfahrt", 62.
57 Wildberger, „Völkerwallfahrt", 66.
58 Wildberger, „Völkerwallfahrt", 66.

psalmen (Ps 46; 48; 76).[59] Er folgert daraus, dass Jesaja diese gekannt und auf die Verhältnisse seiner Zeit hin aktualisiert habe. Eine vergleichende Untersuchung des Vokabulars führt ihn zu dem Ergebnis, Jes 2,2–4 sei eine jesajanische Zionsweissagung, die ursprünglich mit Mi 4,4 geendet habe.[60]

Neben dieser literargeschichtlichen These und einer Vielzahl exegetischer Einzelbeobachtungen formuliert Wildberger auch wichtige Einsichten zu dem theologischen Konzept der Völkerwallfahrt. Den Hauptinhalt von Jes 2 sieht er nämlich darin, „dass Jahwe der universale Herr der Völkerwelt ist. Aber das ändert nichts daran, dass er der »Gott Israels« bleibt."[61] Damit macht er deutlich, dass die Verheißung der Völkerwallfahrt die Erwählung Israels nicht schmälert. Dadurch, dass die Nationen zum Zion pilgern, hört Israel nicht auf, Volk Gottes zu sein. Im Gegenteil, sie kommen ja gerade, „weil ihnen die Herrlichkeit Jahwes in seinem Handeln an Israel offenbar geworden ist."[62]

Um diesen Nexus, der in Jes 2 nur indirekt (bzw. erst in dem vermeintlich sekundären v.5) zum Ausdruck gebracht wird, genauer zu erfassen, müsste nun Jes 60 hinzugenommen werden. Hans Wildberger tut das nicht, und auch auf eine weitere Prophezeiung, in der die theologischen Konsequenzen der Wallfahrt ausgezogen werden, Jes 45,23–24, weist er nur nebenbei hin. So ist sein Artikel eher eine Exegese von Jes 2 als eine Studie über die Völkerwallfahrt zum Zion. Dennoch bleibt ihm das Verdienst, das Thema als ein selbstständiges Objekt der Bibelwissenschaft eingeführt und auf seine theologische Tragweite hingewiesen zu haben. Für eine Weiterführung und Vertiefung war es gleichwohl nötig, die Untersuchung auf verwandte Texte auszudehnen und die inhaltliche Deutung zu vertiefen.

2.2.4. Helmut Schmidt, *Israel, Zion und die Völker* (1968)

Hans Wildberger selbst betreute die Arbeit, mit der Helmut Schmidt im Jahr 1966 an der Universität Zürich promovierte.[63] Da sie nur im Privatdruck erschien, konnte sie bedauerlicherweise keine breitere Wirkung entfalten, obwohl sie bis zum heutigen Tag die umfassendste und gründlichste Studie zur Völkerwallfahrt

---

59 Vgl. Wildberger, „Völkerwallfahrt", 66–9.
60 Vgl. Wildberger, „Völkerwallfahrt", 72–6.
61 Wildberger, „Völkerwallfahrt", 78.
62 Wildberger, „Völkerwallfahrt", 80.
63 Sie wurde zwei Jahre später veröffentlicht: H. Schmidt, *Israel, Zion und die Völker. Eine motivgeschichtliche Untersuchung zum Verständnis des Universalismus im Alten Testament* (Marburg: Görich & Weiershäuser, 1968).

im Alten Testament darstellt. Ursprünglich plante der Autor eine Untersuchung zum Neuen Testament, die den Titel „Die Völkerwallfahrt zum Zion" tragen sollte. Der Umfang des zu bearbeitenden Materials zwang ihn dann aber dazu, die Dissertation auf die alttestamentlichen Stellen und deren außerbiblische Parallelen zu beschränken. Gleichzeitig erweiterte er den inhaltlichen Horizont, indem er neben der Völkerwallfahrt auch die Völkerhuldigung und die Völkerversammlung einschloss, drei Vorstellungen, die sich unter den gemeinsamen Oberbegriff „anonymer Universalismus" subsummieren lassen.[64]

Schmidt unterscheidet diese Traditionen nach der Art ihres Bezugspunkts. Im einen Fall kommen die Völker zum Zion oder zum Tempel, im anderen zum davidischen König, im dritten zum Thron JHWHs. „Daraus lässt sich zugleich eine gewisse Besonderheit der jeweiligen Texte erklären: zum Tempel werden Opfergaben dargebracht. Deshalb ist es angebracht, von einer *Völkerwallfahrt* zu sprechen. Der König erhält Tribut, ihm wird gehuldigt. Entsprechend sind diese Abschnitte als *Völkerhuldigung* zu kennzeichnen. Um den Thron Jahwes versammelt bilden die Völker eine Art »Hofstaat«. Wir bezeichnen ihn am besten mit dem im Alten Testament selbst gebrauchten Ausdruck (Ps. 7,8) als *Völker-Versammlung* (עדה)."[65]

Diese terminologische Differenzierung bedeutet zugleich einen Vorzug und einen Mangel. Sie erlaubt es, die Intention der betreffenden Texte präziser zu fassen. Das Zentrum, auf das sich die Völker beziehen, ist nicht dasselbe, die zentripetale Bewegung, die sie vollziehen, dient nicht demselben Zweck. Auch Herkunft und Überlieferung der Motive müssen nach Ansicht des Autors auseinandergehalten werden. Problematisch ist dabei, dass diese Kategorien teilweise auf einer sehr schmalen Textgrundlage beruhen (bei der Völkerversammlung z. B. nur Ps 7,8 und 47,10), wobei der literarische Ausgangspunkt durchgängig bei den Psalmen gesehen wird. Die Analyse der einzelnen Belege zeigt dann, dass sich die drei Vorstellungskreise nicht so klar, wie anfänglich statuiert, voneinander scheiden lassen. So sollte laut Definition bei der Völkerhuldigung der König im Zentrum stehen, bei der Völkerversammlung der Zion. In den untersuchten Texten residiert jener aber nicht in einem politisch definierten Raum, im Königspalast der Reichshauptstadt, sondern an einem religiös bestimmten Ort, dem Zion, d. h. dem Wohnsitz und dem Berg JHWHs.[66] Dass zur Huldigung Tribute und zur Wallfahrt

---

64 Helmut Schmidt bezeichnet mit diesem Terminus Texte, „in welchen die Völker oder ihre Repräsentanten ohne greifbare geschichtliche Konturen im Rahmen oft mythologisch erscheinender Vorstellungen und Themenkreise auftauchen" (H. Schmidt, *Israel, Zion und die Völker*, 4). „Anonym" bedeutet dabei, dass diese Völker nicht mit konkreten Nationen identifiziert werden.
65 H. Schmidt, *Israel, Zion und die Völker*, 8 [Hervorhebungen i. Orig.].
66 Vgl. H. Schmidt, *Israel, Zion und die Völker*, 26, zu Ps 110,2.

Opfer gebracht werden, erscheint auf den ersten Blick überzeugend. Doch sowohl Ps 72,10 als auch Ps 96,8 verwenden denselben Terminus מנחה, was gegen eine scharfe Trennung zwischen politischer und religiöser Unterwerfung spricht.[67] Die Schwierigkeit, Völkerwallfahrt, -huldigung und -versammlung im Einzelfall zu unterscheiden, wird von dem Verfasser selbst gesehen, wenn er deren Gemeinsamkeiten herausstellt und dabei einräumt, dass „die Gestalt der Vorstellungen in dieser Hinsicht wandlungsfähig [ist], wie schon die angeführten Belege zeigten."[68]

Diese Feststellung weist auf ein doppeltes Problem hin: 1. die Schwierigkeit, die im Voraus definierten Konzepte bei der Exegese der einzelnen (und nicht zu wenigen!) Texte nachzuweisen, und 2. die Schwierigkeit, die vorhandenen Belege chronologisch zu ordnen, um die Entwicklung des jeweiligen Motivs nachzuzeichnen. Der gewählte Ansatz zwingt den Verfasser nämlich dazu, für jede einzelne Tradition zuerst „Ursprung, Alter und Bedeutung" zu bestimmen und dann deren in fünf Phasen gegliederte Geschichte zu rekonstruieren. So verstärkt die konsequent angewandte traditionsgeschichtliche Methode, indem sie die Texte nach ihrer vermuteten zeitlichen Reihenfolge analysiert, den hypothetischen Charakter der Ergebnisse und beeinträchtigt zudem die Übersichtlichkeit der Darstellung.[69] Das Hauptinteresse gilt nicht der theologischen Gesamtaussage der biblischen Bücher, sondern der aus einer Vielzahl von Einzeltexten rekonstruierten Motivgeschichte.

Nach diesen kritischen Bemerkungen muss nun auch der positive Beitrag dieser Arbeit zum Thema der Völkerwallfahrt gewürdigt werden. Besonders hervorzuheben ist das Bemühen, mit Hilfe von Texten aus dem Alten Orient den religionsgeschichtlichen Hintergrund aufzuhellen.[70] Der Vergleich führt zu dem Ergebnis, dass diese Vorstellung nicht nur im Alten Testament begegnet, sondern nahe Parallelen im mesopotamischen Bereich hat. Für Helmut Schmidt besteht

---

67 Auch bei den Verben lassen sich die beiden Vorstellungen nicht klar abgrenzen. So plädiert der Autor selbst dafür, in dem Völkerhuldigungstext Ps 18,46 dasselbe Verb יבל *hif.* zu lesen wie in den Völkerwallfahrtstexten Ps 68,30; 76,12; Jes 18,7; Zef 3,10 (vgl. H. Schmidt, *Israel, Zion und die Völker*, 23 n.3).

68 H. Schmidt, *Israel, Zion und die Völker*, 40.

69 Zum Beispiel dann, wenn bei „Deuterojesaja" die drei Formen des anonymen Universalismus in drei getrennten Abschnitten behandelt werden. Auf die Grenzen des diachronen Vorgehens macht Schmidt selbst aufmerksam, wenn er am Ende des Kapitels über die exilische Zeit konstatiert: „[E]s ist erstaunlich, in welchem Maße die [...] Exilspropheten Ez. und Dtjes. an den Vorstellungen des anonymen Universalismus hängen, die wir in den vorexilischen Texten fanden. Dies lässt sich u. E. nur erklären als bewusste Anknüpfung und Aufnahme alter und den Hörern ebenfalls vertrauter Motive, die in erstaunlicher Freiheit und schließlich *bis zur Unkenntlichkeit* umgebildet werden" (H. Schmidt, *Israel, Zion und die Völker*, 202 [Hervorhebung d. Vf.]).

70 Vgl. H. Schmidt, *Israel, Zion und die Völker*, 41–80.

auch eine inhaltliche Verwandtschaft mit der in Ägypten bezeugten Völkerhuldigung, die aber mit einer klaren sachlichen Differenz einhergehe, nämlich in der Weise, in der die Gottheit in Erscheinung tritt: im gottgleichen König (in Ägypten) oder im Tempel (in Israel). So erweist sich gerade auf diesem Hintergrund die Originalität des jesajanischen Gedankens: im Zentrum der Wallfahrt steht keine königliche Gestalt, auch kein kultisches Gebäude, im Zentrum steht die als „Mutter Zion" personifizierte Gemeinde der JHWH-Verehrer.

Neben der systematischen (wenn auch in manchen Details diskutablen) Rekonstruktion der literarischen Entwicklung beeindruckt vor allem die Fülle inhaltlicher und theologischer Einblicke. So wird die Völkerwallfahrt hier zum ersten Mal formal beschrieben: als anonymer Universalismus mit einer zentralistischen Struktur. Dabei ist ihr Zentrum nicht so sehr geographisch als vielmehr theologisch definiert,[71] und dessen Heiligkeit wird im Unterschied zu den Umweltreligionen nicht kosmologisch, sondern geschichtlich begründet.

Bei der Frage nach der Herkunft der Völkerwallfahrtsidee kommt die Arbeit zu keinem eindeutigen Ergebnis.[72] Eine Herleitung aus dem Völkerkampfmotiv wird abgelehnt, ohne auf die eindrucksvollen sprachlichen Parallelen einzugehen. Auch der Gedanke, sie sei „eine überhöhende Beschreibung wirklicher Wallfahrten nach Jerusalem", wird ausgeschlossen. Dagegen wird vermutet, dass die alttestamentliche Tradition entweder aus dem Zweistromland übernommen worden oder als Historisierung fremder Mythen durch eine „interpretatio israelitica" entstanden sei.[73]

Worin besteht nun aber die Eigenart der biblischen Völkerwallfahrt? Schmidt zählt folgende Merkmale auf: „1. Völker oder ihre Repräsentanten kommen herzu, um Jahwe als König, Kriegsheld oder Richter zu huldigen. 2. Sie tun es, indem sie Gaben bringen. 3. Stätte dieser Huldigung ist der Kultort, auch wenn Jahwe zugleich in Himmelshöhen thront. [...] Deshalb sind auch die Gaben entsprechend kultisch zu deuten: Man muss von einer Völkerwallfahrt zum Tempel oder Gottesberg sprechen. 4. Diese Völkerwallfahrten haben die Funktion, Jahwe angemessen zu ehren, seine Gottheit entsprechend zu veranschaulichen."[74]

Dieses Schema mag für die Psalmentexte (die der Autor, wie gesagt, für die ältesten hält) gelten. Für das Jesajabuch, in dem die Vorstellung am häufigsten

---

71 Vgl. H. Schmidt, *Israel, Zion und die Völker*, 260: „Denn die Mitte der Völker ist durch die Gegenwart Jahwes, des universalen Herrn, qualifiziert."

72 Vgl. H. Schmidt, *Israel, Zion und die Völker*, 128–34.

73 Dass die biblische Völkerwallfahrtsidee einen antimythischen Zug trägt, ist sicher richtig. Doch ist der Ausdruck „Historisierung" insofern unpassend, als sie nicht konkrete geschichtliche Ereignisse, sondern ein ideales künftiges Geschehen im Auge hat.

74 H. Schmidt, *Israel, Zion und die Völker*, 37–8.

auftritt, ist es jedoch ungeeignet. Bereits in dem ersten Orakel Jes 2,1–5 fehlen nämlich die Gaben.[75] Dies zeigt noch einmal, dass es methodisch besser ist, von den Texten selbst und nicht von vorab definierten Kategorien auszugehen.

Die Stärke dieser sowohl exegetisch als auch theologisch fundierten Studie ist also gleichzeitig ihre Schwäche. Denn die Aufteilung der Texte in drei Motivgruppen und ihre chronologische Anordnung mit dem Ziel, eine Motiv*geschichte* zu entwerfen (ein Bemühen, das wegen der schwierigen Datierungsfragen hypothetisch bleiben muss), führen notwendig dazu, dass die Darstellung fragmentiert wird, dass Aussagen mehrmals wiederholt werden, dass die theologische Synthese gegenüber der exegetischen Analyse zurücktritt.

2.2.5. Odil Hannes Steck, *Friedensvorstellungen im alten Jerusalem* (1972)

In dieser knappen und doch einflussreichen Studie[76] wird das Thema der Völkerwallfahrt ein weiteres Mal im Rahmen der Jerusalemer Kulttradition untersucht. Für Odil Hannes Steck gehört zu dieser auch das Motiv des Völkerkampfs, die Vorstellung also, dass Jhwh die gegen seine Stadt anstürmende Völkerwelt unterwirft.[77] Aufgrund der geschichtlichen Ereignisse seiner Zeit habe Jesaja die überkommene kultische Friedensvorstellung tiefer durchdacht, indem er z. B. das feindliche Assur als Werkzeug des göttlichen Strafhandelns deutete.[78] Allerdings sei er nicht der Erfinder der Völkerwallfahrtsidee, welche „die traditionelle Vorstellung vom Völkeransturm zum Zion in ihr positives Gegenteil verkehrt."[79] Jes 2,2–4, in dem diese am klarsten ausgesprochen ist, stamme nicht von dem Propheten, vor allem deshalb, weil der Zion darin nicht der Gottesberg *ist*, sondern erst dazu *wird*.[80]

---

75 Dass in Jes 2 das für Völkerwallfahrten wesentliche Element der Opfergaben fehlt, wird auch von H. Schmidt, *Israel, Zion und die Völker*, 152, gesehen. Er folgt daraus, „dass dort, wo der Kultus keine Rolle mehr spielt, beide Vorstellungen (*sc.* Völkerwallfahrt und -versammlung) tatsächlich ineinander übergehen." Wir deuten diesen Befund eher als Hinweis darauf, dass man nicht von getrennten Traditionen ausgehen sollte, sondern von mehreren Einzelmotiven, die jeweils unterschiedlich kombiniert werden.

76 O. H. Steck, *Friedensvorstellungen im alten Jerusalem. Psalmen, Jesaja, Deuterojesaja* (ThSt[B] 111; Zürich: Theologischer Verlag Zürich, 1972).

77 Vgl. Steck, *Friedensvorstellungen*, 18. Seine These, sie sei ein „sicher vorexilischer, möglicherweise aber schon vorisraelitisch-jebusitischer Bestandteil" der Zionstradition, wird in der neueren Forschung kaum noch vertreten.

78 Vgl. Steck, *Friedensvorstellungen*, 53–64.

79 Steck, *Friedensvorstellungen*, 70.

80 Vgl. Steck, *Friedensvorstellungen*, 69 mit n.210.

Die Ursprünge des Motivs liegen nach Ansicht des Autors aber nicht hier, sondern in dem exilischen Korpus Jes 40–55. Dort komme es zum ersten Mal zu der Erwartung einer Völkerwallfahrt zum Zion, „in der vorexilisch dem Davididen geltende Zusagen nunmehr auf das mit königlichen Zügen ausgestattete Zion als Residenz Jahwes übergegangen sind."[81] Passagen wie 45,14 und 49,22–23 belegten, dass das Hauptinteresse gar nicht den Völkern, sondern den heimkehrenden Israeliten und der wiederaufzubauenden Stadt gelte.[82]

Auf diese Weise gelangt Steck zu dem einleuchtenden Schluss, „dass die Vorstellung einer Völkerwallfahrt zum Zion, die nicht nur Selbstunterwerfung unter die Übermacht Jahwes und seines Königs ist, sondern Erkenntnis und Anerkenntnis Jahwes als des Gottes schlechthin voraussetzt, überhaupt erst von Deuterojesaja ausgebildet wurde."[83]

Für die Gesamteinschätzung des Völkerwallfahrtsmotivs sind diese Beobachtungen nicht zu unterschätzen. Sie liefern nämlich den Schlüssel, um die Texte aus Jes 40–55 besser zu verstehen. Wenn sie erst am Anfang einer theologischen Entwicklung stehen, befremdet es weniger, dass in ihnen die Völker eine untergeordnete Stellung einnehmen. Gleichzeitig macht diese kurze Arbeit aber auch die Notwendigkeit bewusst, die inhaltlichen Resultate noch stärker exegetisch abzusichern.

2.2.6. Norbert Lohfink, „Bund und Tora bei der Völkerwallfahrt" (1994)

Der Aufsatz von Norbert Lohfink[84] verfolgt von Anfang an ein theologisches Interesse. Das ist auch dadurch bedingt, dass er Teil eines zusammen mit Erich Zenger verfassten Sammelbandes ist, der das Verhältnis zwischen dem Gott Israels und den Völkern im Jesajabuch und in den Psalmen untersucht.[85] Innerhalb dieses weiten theologischen Horizonts geht Lohfinks Studie der Frage nach, „ob bei der endzeitlichen Wallfahrt der Völker alle, die zum Gott auf dem Zion ziehen,

---

81 Steck, *Friedensvorstellungen*, 68.

82 Vgl. Steck, *Friedensvorstellungen*, 68 n.207.

83 Steck, *Friedensvorstellungen*, 69. Diese Aussage gilt unabhängig davon, ob man dieses Korpus auf den anonymen Autor „Deuterojesaja" zurückführt oder in ihm mehrere Redaktionen am Werk sieht.

84 N. Lohfink, „Bund und Tora bei der Völkerwallfahrt (Jesajabuch und Psalm 25)", ders. u. E. Zenger, *Der Gott Israels und die Völker. Untersuchungen zum Jesajabuch und zu den Psalmen* (SBS 154; Stuttgart: Katholisches Bibelwerk, 1994) 37–83.

85 Eine kritische Würdigung dieses Bandes und seines Beitrags zur biblischen Israel- und Völkertheologie bietet U. F. W. Bauer, „Israel und die Völker in der Hebräischen Bibel", *KuI* 12 (1997) 153–7.

auch Tora erhalten und seinem Bund mit Israel zugesellt werden."[86] Als Methode
wählt sie einen synchronen Zugang, indem sie den Endtext der biblischen Bücher
in einer „kanonischen Intertextualität" auslegt.

Der Ausgangspunkt der Untersuchung ist auch hier Jes 2,2–5 *par* Mi 4,1–4,
„der zweimal überlieferte Haupttext über die Völkerwallfahrt."[87] In ihm wird
prophezeit, dass die nichtisraelitischen Nationen nach Jerusalem kommen und
dort in JHWHs Wege eingeführt werden. Was aber ist das für eine Torah, die vom
Zion für sie ausgeht (vgl. Jes 2,3 *par* Mi 4,2)? Für Lohfink fällt sie nicht einfach mit
der von Mose empfangenen und an Israel übermittelten Sinai-Tora zusammen,
sondern ist „ein ganz neues, eschatologisch das gesellschaftliche Gefüge der
Menschheit ordnendes »Lehren« des Gottes vom Zion."[88] Dennoch sei dieses
Lehren nicht unabhängig von Israel und seinem Umgang mit der Torah. Dies
ergebe sich zum einen aus dem Bild des hoch aufragenden Berges, der die „an-
ziehende" gesellschaftliche Gestalt des Gottesvolkes symbolisiere, und zum anderen aus Jes 2,5, der Israel an seine Verantwortung gegenüber der übrigen
Menschheit erinnere: „Wir sollen jetzt zur gerechten Gesellschaft werden, damit
eintreten kann, was Gott in späteren Tagen wirken will."[89]

Im zweiten Kapitel untersucht der Autor die Belege für תורה und ברית im
Jesajabuch, immer mit der Frage im Hintergrund, wie weit diese Prärogativen
Israels für die heidnischen Nationen geöffnet werden.[90] Über die speziellen Völ-
kerwallfahrtsorakel hinaus geht er vor allem auf die Texte über den Knecht JHWHs
ein. Was das zweite Theologumenon betrifft, kommt er zu dem Urteil, dass „der
»Bund« im ganzen Jesajabuch allein Israel zugeordnet und niemals, auch nicht für

---

86 N. Lohfink, „Bund und Tora", 38.
87 N. Lohfink, „Bund und Tora", 37.
88 N. Lohfink, „Bund und Tora", 41. Der Autor beruft sich an dieser Stelle auf die grundlegenden
Beobachtungen von H. Gese, *Zur biblischen Theologie. Alttestamentliche Vorträge* (Tübingen: J. C.
B. Mohr [Paul Siebeck], ³1989) 73–78, zur „Eschatologisierung" der Torah. Nach Gese wird die
Offenbarung vom Sinai in Jes 2 *par* Mi 4 auf alle Völker ausgeweitet, um einen Zustand ewigen,
universalen Friedens zu beschreiben. Diese vom Zion ausgehende Offenbarung könne mit Recht
als eine „neue Torah" bezeichnet werden, nämlich als eine eschatologisch erneuerte Sinaitorah.
89 N. Lohfink, „Bund und Tora", 42–43. Da der Appell an Israel in der Sprechergegenwart ergeht,
die Völkerwallfahrt aber in der Zukunft liegt, ist es legitim, einen ursächlichen Zusammenhang
zwischen dem (erwünschten) Verhalten des Gottesvolkes und dem Tun der Völker anzunehmen.
Aus der vorliegenden Textkonstellation könnten allerdings auch zwei andere Schlussfolgerungen
gezogen werden: 1. Der vorausliegende Kontext Jes 1 spricht vorwiegend von den Vergehen Israels. Zu den Voraussetzungen der Völkerwallfahrt gehört also auch, dass die Sünden benannt
und die Sünder bestraft werden (vgl. 1,29–31). 2. Der Appell an das „Haus Jakob" steht nicht vor,
sondern nach der Vision. Das deutet darauf hin, dass es hier weniger darum geht, wie Israel die
Bekehrung der Heidenvölker bewirkt, als darum, wie es auf ihre (erhoffte) Bekehrung reagiert.
90 Vgl. N. Lohfink, „Bund und Tora", 45–58.

die Zukunft, den Völkern zugesagt wird."[91] Anders verhalte es sich mit der Torah. Nach Jes 55,4–5 werde Israel sie den Völkern als ein „zweiter Mose" bekannt machen und dadurch ihren Pilgerzug zum Zion auslösen.[92]

Wegen der Konzentration auf die Hauptfrage – das Verhältnis der Nationen zu der Torah und zu dem Bund Israels – werden die letzten beiden Völkerwallfahrtstexte des Jesajabuchs nur noch gestreift: Jes 60, „die grandioseste Beschreibung der Völkerwallfahrt zum Zion",[93] und 66,18–23, aus dem herausgelesen werden könne, dass im Rahmen der Pilgerfahrt „Gott auch Menschen aus den Völkern zu den Priestern und Leviten Israels gesellen wird."[94] Stattdessen setzt Norbert Lohfink seine Untersuchung mit einer Analyse von Ps 25 fort, der in redaktioneller Weiterführung von Ps 22–24 die Völker sogar an dem Bund Israels teilhaben lässt.[95]

Trotz ihrer Kürze liefert diese Studie einen wichtigen Beitrag, um die Völkerwallfahrt als ein zentrales theologisches Motiv nicht nur des Jesajabuchs, sondern auch des Psalters[96] zu erweisen. Darüber hinaus erweist sie auch dem jüdisch-christlichen Dialog einen wertvollen Dienst, indem sie von der gemeinsamen hebräischen Bibel her das Terrain absteckt, auf dem Juden und Christen einander begegnen können.

2.2.7. Jacques Vermeylen, *Jérusalem, centre du monde* (2007)

Diese exegetisch wie theologisch gleichermaßen anspruchsvolle Monographie[97] untersucht die biblische Tradition der Stadt Jerusalem und widmet der Völker-

---

91 N. Lohfink, „Bund und Tora", 39. Dies gilt auch für Jes 56,3–7, wo einzelne Ausländer in das Volk Israel integriert werden, der Bund dadurch aber nicht auf die Völker übertragen wird (vgl. N. Lohfink, „Bund und Tora", 55–56).

92 Vgl. N. Lohfink, „Bund und Tora", 53–54. Der Autor kreiert in diesem Zusammenhang den schönen Ausdruck „das Moseamt Israels gegenüber den Völkern". Von da aus könnte man weiterfragen, ob dieses Amt auch die Aufgabe umfasst, die Völker in das „verheißene Land" zu führen, und wenn ja, worin dieses Land für sie bestünde.

93 N. Lohfink, „Bund und Tora", 56.

94 N. Lohfink, „Bund und Tora", 57.

95 Vgl. N. Lohfink, „Bund und Tora", 58–83.

96 Angeregt durch Norbert Lohfinks Intuitionen haben wir das Thema im Textbereich Ps 42–49 näher untersucht: M. P. Maier, „Israel und die Völker auf dem Weg zum Gottesberg. Komposition und Intention der ersten Korachpsalmensammlung (Ps 42–49)", E. Zenger (Hg.), *The Composition of the Book of Psalms* (BEThL 238; Leuven; Paris; Walpole, MA: Uitgeverij Peeters, 2010) 653–665.

97 J. Vermeylen, *Jérusalem, centre du monde. Développements et contestations d'une tradition biblique* (LeDiv 217; Paris: Cerf, 2007).

wallfahrt in diesem Zusammenhang ein eigenes Kapitel.[98] Das Thema wird aber schon durch das erste Kapitel, das die symbolische Rolle des Tempels als mythisches Zentrum der Welt erläutert, vorbereitet.[99] Auf dem Hintergrund dieser allgemeinen religiösen Symbolik, die scharf zwischen der Mitte und der Peripherie, dem Raum der Gottesnähe und der Gottesferne trennt, wird auch unser Motiv verständlich: als eine Beschreibung, wie dieser Abstand überwunden werden kann.

Nicht weniger wichtig ist das zweite Kapitel, in dem der Autor ausführlich die Texte analysiert, die den Angriff fremder Nationen gegen Jerusalem schildern.[100] Er führt sie auf eine *relecture* der älteren jesajanischen Orakel zurück, die unter König Manasse um 670 v. Chr. stattgefunden habe. Auf diesem Hintergrund deutet er die Verheißung der Völkerwallfahrt als eine Umkehrung des Völkerkampfmotivs.[101] Als ältestes Zeugnis dieser Vorstellung betrachtet er Jes 2,2 – 4 *par* Mi 4,1 – 3, „un hymne célébrant la réforme religieuse de Josias en 622".[102] Sie habe dann sukzessive Interpretationen erfahren, die er von der spätvorexilischen bis in die hellenistische Zeit hinein verfolgt.

Insgesamt betrachtet bietet die Arbeit von Vermeylen trotz ihrer überbordenden Literar- und Redaktionskritik (Jes 60 wird z. B. in einen Grundtext, eine „Kultredaktion", eine „Pflanzungsredaktion" und zwei *relectures* zerlegt) und obwohl die Kriterien für die Auswahl und Reihenfolge der untersuchten Texte nicht immer einsichtig sind, wichtige theologische Einsichten. Für Jes 60 korrigiert sie ein oberflächliches Verständnis von Völkerwallfahrt, indem sie darauf verweist, dass das Wichtigste der Dienst ist, den die heidnischen Nationen Zion leisten. Dabei ist Zion die „Stadt Jʜᴡʜs" (v.14), die wiederaufgebaut werden soll,

---

98 Vermeylen, *Jérusalem*, 145 – 226: „Le pèlerinage des nations". Frühere Ausführungen des Autors zu diesem Thema finden sich in J. Vermeylen, *Du prophète Isaïe à l'apocalyptique. Isaïe, I–XXXV, miroir d'un demi-millénaire d'expérience religieuse en Israël. 2 Bde.* (EtB; Paris: J. Gabalda, 1977/78) 114 – 33.

99 Vermeylen, *Jérusalem*, 11 – 31: „La symbolique cosmique du Temple".

100 Vermeylen, *Jérusalem*, 33 – 94: „L'offensive du monde païen". Im Einzelnen werden folgende Texte einer v. a. auch literarkritischen Analyse unterzogen: Jes 29,1 – 8; 17,12 – 14; 8,6 – 10; 9,7 – 20; 5,24 – 30; 14,24 – 27; Mi 4,11 – 13; Ps 46; 48; 2 (in dieser Reihenfolge).

101 Vermeylen, *Jérusalem*, 145: „Ce pèlerinage des nations n'est pas une simple extension de celui d'Israël, mais ce thème s'explique plutôt comme la reprise inversée du motif de l'assaut du monde païen contre Sion." Der Autor schließt sich also der Auffassung von Odil Hannes Steck an (s. o. 2.2.5.) und erweitert sie um einen wichtigen negativen Hinweis: die Völkerwallfahrt sei keine universalisierte Israelwallfahrt.

102 Vermeylen, *Jérusalem*, 223.

vor allem aber „une communauté humaine, avec ses angoisses et ses espérances, ses malheurs et ses victoires".[103]

In den zusammenfassenden Bemerkungen unterstreicht der Autor die vielfältigen Formen, die das Motiv im Lauf der Jahrhunderte angenommen hat.[104] In einigen Texten steht die kosmische und kultische Dimension im Vordergrund, in anderen wird die Erneuerung der Volksgemeinde betont, in einigen kommen die „Heiden" zum Opfern nach Jerusalem, in anderen, um exilierte Hebräer heimzubringen, in wieder anderen sind die Wallfahrer Menschen, die sich zum jüdischen Glauben bekehren. In allen Fällen aber bilden Jerusalem und der Tempel das Zentrum, die fremden Völker die Peripherie,[105] so dass die grundlegende religiöse Symbolik erhalten bleibt.

2.2.8. Gary Stansell, „The Nations' Journey to Zion" (2009)

Nach der Monographie von Helmut Schmidt ist dieser nicht allzu lange Aufsatz[106] die erste Arbeit, die, zumindest für das Jesajabuch, alle Texte untersucht, in denen das Thema der Völkerwallfahrt, genauer, die beiden Metaphern[107] „Wallfahrt" und „Tribut" vorkommen. Dabei analysiert der Autor zuerst die letzten Texte (Jes 60; 61; 66), geht dann zu den „deuterojesajanischen" (55,5; 49,22–23; 45,14) über, um bei den „protojesajanischen" (35,1–2; 23,1–18; 2,2–4) zu enden. Dieses auf den ersten Blick befremdliche Vorgehen soll es ermöglichen, die Vorstellung da zu greifen, wo

---

103 Vermeylen, *Jérusalem*, 191.

104 Vgl. Vermeylen, *Jérusalem*, 223–6. Auch wenn man bei der Datierung einzelner Texte eine andere Auffassung vertreten kann (z. B. bei Jes 2,2–4, das Vermeylen in die Joschijazeit datiert und damit zum ältesten Völkerwallfahrtsorakel macht), bleiben die grundsätzlichen Beobachtungen gültig.

105 "Jérusalem et son Temple se trouvent au centre, les peuples païens sont à la péripherie" (Vermeylen, *Jérusalem*, 226).

106 G. Stansell, „The Nations' Journey to Zion. Pilgrimage and Tribute as Metaphor in the Book of Isaiah", A. J. Everson u. H. C. P. Kim (Hg.), *The Desert Will Bloom. Poetic Visions in Isaiah* (SBL.AIL 4; Atlanta, GA: Society of Biblical Literature, 2009) 233–255.

107 Der Autor insistiert auf der Bezeichnung „Metapher" und kommt immer wieder auf sie zurück. Er widmet ihr sogar einen kurzen Exkurs, in dem er sie als eine poetische Ausdrucksweise, bei der ein Ausdruck durch einen anderen ersetzt oder ein Wort bzw. Satz in eine andere Bedeutungswelt verschoben werde, definiert (Stansell, „Nations' Journey", 235–236). Das ist bei den zur Diskussion stehenden Vorstellungen aber gerade nicht der Fall: Eine Wallfahrt ist die Reise zu einem Heiligtum und nichts anderes. Tribut ist ein abstrakter Begriff, der Edelmetalle, Hölzer, Stoffe, Weihrauch, Vieh usw. umfasst, aber keine Metapher; er bedeutet das, was er bezeichnet, und verweist nicht auf etwas anderes. Die Grundthese der Arbeit wird durch diesen terminologischen Fauxpas jedoch nicht berührt.

sie am deutlichsten ausgeprägt ist, und von dort aus die Texte in Blick zu nehmen, auf die zurückgegriffen wird. Dabei wird allerdings implizit vorausgesetzt, dass die im Endtext des Jesajabuchs voranstehenden Prophezeiungen den auf sie folgenden automatisch als literarische Vorlage dienten.[108]

Als Schlüsseltext der Völkerwallfahrtsidee betrachtet Stansell Jes 60, in dem die Themen „the nations come to Zion" und „the wealth of nations" so ausführlich wie in keinem anderen Text behandelt werden. Bezüglich des ersten Themas differenziert er zwischen „Völkerwanderung" und „Völkerzug". Das erste sei „the travel to a holy place by the faithful for the purpose of worship and then a return to one's own place",[109] das zweite eine Reise ohne kultische Implikationen. Beide seien allerdings nur Varianten der einen Metapher [sic] „the nations go to Zion". Was das zweite Thema betrifft, weist der Autor auf den Unterschied zwischen Gaben und Tributen hin. Jes 60 spreche nicht von Gaben, die Pilger dem Gott Israels freiwillig überreichen, sondern von Tribut, den unterworfene Nationen dem personifizierten Zion bringen. So wird von Anfang an deutlich, dass sich hinter dem einfachen Terminus „Völkerwallfahrt" in Wirklichkeit eine komplexe, in unterschiedlichen Variationen vorkommende Vorstellung verbirgt.

Dieser Eindruck wird durch die folgende Auslegung bestätigt. Bei 45,14 weist der Autor z. B. auf die Schwierigkeit hin zu entscheiden, ob „voluntary gifts of a worshiping people" oder „tribute required of a subjugated people" gemeint seien.[110] Für moderne Leser sei die Vorstellung von „Anbetern in Ketten" jedenfalls schwierig.

Die Studie endet mit dem ersten Völkerwallfahrtstext Jes 2,2–4. Er wird nicht im Detail ausgelegt. Stattdessen wird der grundsätzliche Unterschied zu Jes 60 unterstrichen: der eine Text schildere „a pilgrimage of the nations", der andere „a journey of the nations".[111] Das erste Motiv werde in Jes 66 wieder aufgegriffen, bilde also den äußeren Rahmen des ganzen Buches. Dazwischen aber gehe es hauptsächlich um den Reichtum der Nationen, also um die wirtschaftliche und die politische Macht, die auf den Zion übertragen werden.

Der Artikel von Gary Stansell ist ein wertvoller Beitrag, um das Völkerwallfahrtsthema in seiner Gesamtheit und Differenziertheit in den Blick zu bekommen. Als Rahmen wählt der Autor zu Recht das ganze Jesajabuch, wobei die Ent-

---

108 Der Autor weist selbst auf die Problematik seines Vorgehens hin, wenn er im Schlussteil zu bedenken gibt, dass die normale Leserichtung andersherum verlaufe, und das Thema mit wenigen Strichen noch einmal aus dieser Perspektive entfaltet (vgl. Stansell, „Nations' Journey", 254–255).

109 Stansell, „Nations' Journey", 238 n.19.

110 Vgl. Stansell, „Nations' Journey", 251.

111 Stansell, „Nations' Journey", 254.

scheidung, die Texte von hinten nach vorne zu lesen, jedoch weniger überzeugt. Nur am Rande sei vermerkt, dass er sich, wenn es um die präzise Terminologie geht, immer wieder der deutschen Ausdrücke bedient („Völkersturm", „Völkerwallfahrt", „Völkerzug").

2.2.9. Beate Ego, „Vom Völkerchaos zum Völkerkosmos" (2013)

Der Aufsatz von Beate Ego[112] geht zwar nicht näher auf das Jesajabuch ein, soll aber dennoch an dieser Stelle berücksichtigt werden, da er den aktuellen Stand der Forschung zum Völkerwallfahrtsthema präsentiert und diese um neue Einsichten bereichert.

Zu Beginn wird der Begriff „Zionstradition" definiert, wobei auf die oben behandelte, grundlegende Studie von Odil Hannes Steck zurückgegriffen wird. Die Rede von der Höhe des Berges meine in diesem Kontext nicht die realen, geographischen Verhältnisse, sondern „die theologische Bedeutung des Zion". Sie sei „ein »Denkbild«, das die Transzendenz des auf dem Zion einwohnenden Gottes zum Ausdruck bringt."[113] Das Motiv des Völkersturms, das ebenfalls zur Zionstheologie gehöre, sei in die assyrische Zeit zu datieren. In ihm würden Elemente der assyrischen Königsideologie rezipiert und für die Vorstellung des unbesiegbaren, weil von JHWH geschützten Gottesbergs nutzbar gemacht.

Im Folgenden wird auf ein weiteres Motiv der Jerusalemer Kulttradition eingegangen: „die Vorstellung der Völkerwallfahrt, wonach die Völker zum Zion nach Jerusalem ziehen, um dort Gaben darzubringen und Gott zu loben."[114] Die zentralen Elemente dieser Idee seien der Völkerjubel und die freiwillige Gabendarbringung. Allerdings werden sie, wie die Autorin selbst einräumt, nur an einigen exemplarischen Belegen aus den Psalmen aufgezeigt.[115]

Im dritten Teil wird das Thema der Völkerwallfahrt kultur- und religionsgeschichtlich kontextualisiert.[116] Die frühe Perserzeit und die achämenidische Kö-

---

112 B. Ego, „Vom Völkerchaos zum Völkerkosmos. Zu einem Aspekt der Jerusalemer Kultkonzeption", A. Grund, A. Krüger u. F. Lippke (Hg.), *Ich will dir danken unter den Völkern. Studien zur israelitischen und altorientalischen Gebetsliteratur. Festschrift für Bernd Janowski zum 70. Geburtstag* (Gütersloh: Gütersloher Verlagshaus, 2013) 123–141.
113 Ego, „Völkerchaos", 124.
114 Ego, „Völkerchaos", 126.
115 Vgl. Ego, „Völkerchaos", 127: „Da eine ausführliche Besprechung der relevanten Belege nur im Rahmen einer umfassenden Monographie möglich ist, möchte ich hier an dieser Stelle exemplarisch auf einige Belege aus den Psalmen verweisen." Für das Motiv des Völkerjubels werden dann Ps 47 und Ps 102,20–23, für die Darbringung freiwilliger Gaben Ps 68,32 angeführt.
116 Vgl. Ego, „Völkerchaos", 130–135.

nigsideologie werden als wichtiger Bezugsrahmen für Verheißungen wie Jes 60 präsentiert. Auf diese Weise gelingt es Ego, zwei wichtige Rahmenfaktoren für die Entstehung des Motivs zu identifizieren: „die zunehmende Universalisierung des JHWH-Glaubens mit seinem Schöpfungsbezug zum einen und die persische Toleranzpolitik zum anderen".[117]

Nach einem Ausblick auf die weitere Traditionsgeschichte wird abschließend auf die theologische Bedeutung des Themas für die Entwicklung des Christentums hingewiesen. Dieses konnte sich auch deshalb in die heidnische Welt hinein ausbreiten, weil schon das Alte Testament „die Denkmöglichkeit einer Öffnung des Zionsgottes für die Völkerwelt"[118] durchgespielt hatte.

2.2.10. Oliver Dyma, „Völkerwallfahrt / Völkerkampf" (2013)

Ein Lexikonartikel zum Thema der Völkerwallfahrt wurde u. W. erstmals im Februar 2013 für das „Wissenschaftliche Bibellexikon im Internet" verfasst.[119] Dabei wird es zusammen mit dem Motiv des Völkerkampfs behandelt, weil angenommen wird, dass diese zwei Varianten *einer* Grundvorstellung sind: „die eschatologische Erwartung eines Zuges der fremden, nicht israelitischen Völker zum Zion in positiver, religiöser oder negativer, militärischer Absicht".[120]

Die folgenden Ausführungen machen aber deutlich, dass diese Feststellung nur inhaltlich gemeint ist. Entsprechend der vermuteten Entstehungsgeschichte (und entgegen der im Titel angezeigten Reihenfolge) wird nämlich zuerst der Völkersturm und dann die Völkerwallfahrt präsentiert. Letztere wird als „die positive Transformation des Völkersturmes" gedeutet. Die Frage nach den Faktoren, die dazu beigetragen haben, wird nicht vertieft, doch immerhin wird auf die persische Vorstellung der Tribut bringenden Völker hingewiesen, die auf den Reliefs des Apadana-Palastes von Persepolis ihren bildlichen Ausdruck gefunden hat.

Im Unterschied zu früheren Arbeiten, die die Völkerwallfahrt als *eine* Idee mit einer Vielzahl einzelner Motive auffassten (die sich dann aber in keinem Text

---

117 Ego, „Völkerchaos", 136–137.
118 Ego, „Völkerchaos", 139. Richtiger wäre vielleicht: „die Denkmöglichkeit einer Öffnung der Völker für den Zionsgott".
119 Dyma, „Völkerwallfahrt". In den einschlägigen theologischen Wörterbüchern wird das Thema allenfalls unter dem Lemma „Zion" oder „Wallfahrt" erwähnt.
120 Dyma, „Völkerwallfahrt".

vollständig nachweisen lässt), geht Oliver Dyma davon aus, dass die Vorstellung in vier verschiedenen Ausprägungen vorliegt:[121]

1. Die Völker bringen Tribut nach Jerusalem: Jes 60; Hag 2,6 – 9; Sach 14,14; Tob 13,13. Als Herkunftsort bzw. Überbringer der Gaben wird in einigen Texten Kusch (= Nubien) genannt: Jes 18,7; 45,14; Zef 3,10; Ps 68,30 – 32.

2. Die Völker bringen die Töchter und Söhne Israels als Gaben aus der Diaspora zurück: Jes 14,2; 49,22; 60,4.9; 66,20; Zef 3,10.

3. Die Völker erwarten sich Weisung von Jhwh: Jes 2,2– 5 *par* Mi 4,1– 5; Jer 16,19 – 21.[122] Diese Weisung meine zunächst die Rechtsprechung mit dem Ziel der Friedensstiftung, könne im Kontext des Zwölfprophetenbuchs aber auch die ganze Torah umfassen.

4. Die fremden Völker bekennen sich zu Jhwh und verehren ihn kultisch: Jes 49,7; 55,5; 56,6 – 8; Jer 3,17; Sach 2,15; 6,15; 8,20 – 22; 14,16 – 19; Ps 87; 96,7– 9; 100; 102,23; Tob 14,6.

Im Anschluss daran geht Dyma auf zwei Texte ausführlicher ein, die jeweils ein Prophetenbuch abschließen: Jes 66 und Sach 14. Sie versuchen je auf ihre Weise, die Themen zu bündeln und Völkersturm, Völkergericht und Völkerwallfahrt in eine zeitliche und systematische Ordnung zu bringen. Aus dem Gedanken, dass nach dem Gericht einige übrig bleiben, die dann Jhwh anerkennen und verehren, entsteht die Vorstellung des Restes: nicht alle Nationen ziehen zur Wallfahrt nach Jerusalem, sondern einige *aus* allen Nationen.

Der sehr informative Artikel, der auch eine ausführliche Literaturliste enthält, schließt mit einem Blick auf die Rezeption des Themas im Neuen Testament und in der darstellenden Kunst. Eine Exegese der zitierten Texte kann er wegen der erforderlichen Kürze allerdings nicht leisten.

2.3. Benachbarte Studien

In zahlreichen Studien zur Exegese und Theologie des Alten Testament ist die Völkerwallfahrt zwar nicht der Hauptgegenstand, sie gehen aber im Rahmen einer anderen, benachbarten Fragestellung mehr oder weniger ausführlich auf sie ein.

---

121 Er stützt sich dabei weitgehend auf die Darstellung von H. Irsigler, *Zefanja* (HThKAT; Freiburg; Basel; Wien: Herder, 2002) 378.
122 Der Autor rechnet dazu auch Ps 96,10.13. Dort ist zwar vom Richteramt Jhwhs die Rede, nicht aber von einer Völkerwallfahrt. Die zentripetale Bewegungsrichtung fehlt: Nicht die Völker kommen herbei, sondern die Israeliten ziehen hinaus, um Jhwh unter ihnen bekannt zu machen (v.10). Der einzige, der „kommt", ist Jhwh und zwar, um die Erde zu richten (v.13).

Das hängt nicht zuletzt damit zusammen, dass unser Thema aus mehreren Komponenten besteht, die auch einzeln studiert werden können.

Das wichtigste Nachbarthema ist, wie schon mehrfach beobachtet, der *Zion* bzw. die *Zionstheologie*. Nach der Erwartung der Propheten soll das künftige Jerusalem nicht nur die Hauptstadt eines Nationalstaates, der Sitz des judäischen Königs, sondern das politische und religiöse Zentrum der ganzen Menschheit sein. Die Weissagung eines internationalen Pilgerzugs malt aus, wie dies konkret geschieht. Über die in 2.2. genannten Arbeiten hinaus möchten wir an dieser Stelle ohne Anspruch auf Vollständigkeit weitere Studien anführen, die sich diesem Thema, dem vielleicht wichtigsten des Jesajabuchs, widmen.[123]

Hinweise auf eine künftige Jerusalemwallfahrt der Völker finden sich auch in Monographien und Artikeln über das antike *Wallfahrtswesens*.[124]

Theologisch bedeutsamer sind die Arbeiten, die die Rolle der *Nationen* untersuchen.[125] Geht es im Jesajabuch wirklich um das Heil der Nichtisraeliten oder

---

123 R. J. Clifford, *The Cosmic Mountain in Canaan and the Old Testament* (HSM 4; Cambridge, MA: Harvard University Press, 1972); M. Weinfeld, „Zion and Jerusalem as Religious and Political Capital. Ideology and Utopia", R. E. Friedman (Hg.), *The Poet and the Historian. Essays in Literary and Historical Biblical Criticism* (Chico, CA: Scholars Press, 1983) 75 – 115; B. C. Ollenburger, *Zion, the City of the Great King. A Theological Symbol of the Jerusalem Cult* (JSOT.S 41; Sheffield: Sheffield Academic Press, 1987); B. G. Webb, „Zion in Transformation. A Literary Approach to Isaiah", D. J. A. Clines, S. E. Fowl u. S. E. Porter (Hg.), *The Bible in Three Dimensions. Essays in Celebration of Forty Years of Biblical Studies in the University of Sheffield* (JSOT.S 87; Sheffield: Sheffield Academic Press, 1990) 65 – 84; A. Laato, *„About Zion I Will Not Be Silent". The Book of Isaiah as an Ideological Unity* (CB.OT 44; Stockholm: Almqvist & Wiksell International, 1998); U. Berges, „Die Zionstheologie des Buches Jesaja", *EstB* 58 (2000) 167 – 98; R. Oosting, *The Role of Zion/Jerusalem in Isaiah 40 – 55. A Corpus-Linguistic Approach* (SSN 59; Leiden; Boston, MA: Brill, 2013).
124 S. Safrai, *Die Wallfahrt im Zeitalter des Zweiten Tempels* (FJCD 3; Neukirchen-Vluyn: Neukirchener Verlag, 1981); C. Körting, „Wallfahrt/Wallfahrtswesen II. Altes Testament", *TRE* 35 (2003) 416 – 8; M. D. Knowles, *Centrality Practiced. Jerusalem in the Religious Practice of Yehud and the Diaspora in the Persian Period* (SBL.ABS 16; Atlanta, GA: Society of Biblical Literature, 2006); M. D. Knowles, „Pilgrimage to Jerusalem in the Persian Period", J. L. Berquist (Hg.), *Approaching Yehud. New Approaches to the Study of the Persian Period* (SBL.SS 50; Atlanta, GA: Society of Biblical Literature, 2007) 7 – 24; O. Dyma, *Die Wallfahrt zum Zweiten Tempel. Untersuchungen zur Entwicklung der Wallfahrtsfeste in vorhasmonäischer Zeit* (FAT II.40; Tübingen: Mohr Siebeck, 2009); R. Liwak, „»In Gottes Namen fahren wir…«. Zur Bedeutung von Wallfahrtstraditionen im Alten Israel", ders., *Israel in der altorientalischen Welt. Gesammelte Studien zur Kultur- und Religionsgeschichte des antiken Israel* (BZAW 444; hg. v. D. Pruin u. M. Witte; Berlin; Boston, MA: Walter de Gruyter, 2013) 235 – 259.
125 D. W. van Winkle, „The Relationship of the Nations to Yahweh and to Israel in Isaiah XL–LV", *VT* 35 (1985) 446 – 58; A. Wilson, *The Nations in Deutero-Isaiah. A Study on Composition and Structure* (ANETS 1; Lewiston, NY; Queenston: The Edwin Mellen Press, 1986); G. I. Davies, „The Destiny of the Nations in the Book of Isaiah", J. Vermeylen (Hg.), *The Book of Isaiah. Le livre d'Isaïe.*

vielleicht doch nur um das Wohl des Gottesvolkes und der Gottesstadt? Bereits eine solche Fragestellung weist auf die Gefahr hin, die differenzierten, oft nicht homogenen Aussagen alle in *eine* Richtung auszulegen. Dagegen kann die Behauptung, mit „Nationen" seien gar nicht Ausländer, sondern Israeliten gemeint,[126] kaum anders als eine kuriose Sonderthese beurteilt werden.

Ein grundlegendes theologisches Problem wird anhand der Schlagwörter *Partikularismus* und *Universalismus* diskutiert.[127] Wie lassen sich die Erwählung Israels und das Heil aller Menschen zusammendenken? Lässt sich in dem universalen Horizont der prophetischen Visionen das Fortbestehen eines besonderen Volkes überhaupt noch begründen? Dass in der Bibel Partikularismus und Universalismus keine Gegensätze bilden, dass vielmehr das universale Heil in dem partikularen gründet und aus ihm hervorgeht, ist die These, die vor allem von jüdischen Autoren vertreten wird.

Les oracles et leurs relectures, unité et complexité de l'ouvrage (BEThL 81; Leuven: Leuven University Press; Uitgeverij Peeters, 1989) 93–120; L. Ruppert, „Das Heil der Völker (Heilsuniversalismus) in Deutero- und »Trito«-Jesaja", *MTZ* 45 (1994) 137–59; C. T. Begg, „The Peoples and the Worship of Yahweh in the Book of Isaiah", M. P. Graham, R. R. Marrs u. S. L. McKenzie (Hg.), *Worship and the Hebrew Bible. Essays in Honour of John T. Willis* (JSOT.S 284; Sheffield: Sheffield Academic Press, 1999) 35–55; I. Fischer, „Israel und das Heil der Völker im Jesajabuch", H. Frankemölle u. J. Wohlmuth (Hg.), *Das Heil der Anderen. Problemfeld „Judenmission"* (QD 238; Freiburg; Basel; Wien: Herder, 2010) 184–208; D. L. Petersen, „Israel and the Nations in the Later Latter Prophets", L. L. Grabbe u. M. Nissinen (Hg.), *Constructs of Prophecy in the Former and Latter Prophets and Other Texts* (SBL.ANEM 4; Atlanta, GA: Society of Biblical Literature, 2011) 157–164.
126 So J. S. Croatto, „The »Nations« in the Salvific Oracles of Isaiah", *VT* 55 (2005) 143–61.
127 B. Wodecki, „Heilsuniversalismus im Buch des Propheten Jesaja", J. Reindl u. G. Hentschel (Hg.), *Dein Wort beachten* (Leipzig: St. Benno-Verlag, 1981) 76–101; J. D. Levenson, „The Universal Horizon of Biblical Particularism", M. G. Brett (Hg.), *Ethnicity and the Bible* (BIS 19; Leiden; New York; Köln: E. J. Brill, 1996) 143–169; J. D. G. Dunn, „Was Judaism Particularist or Universalist?", J. Neusner u. A. J. Avery-Peck (Hg.), *Judaism in Late Antiquity II. Part Three: Where We Stand. Issues and Debates in Ancient Judaism. Section Two* (Boston, MA; Leiden: Brill Academic Publishers, 2001) 57–73; M. Weinfeld, „Universalistic and Particularistic Trends During the Exile and Restoration", ders., *Normative and Sectarian Judaism in the Second Temple Period* (LSTS 54; London; New York: T & T Clark International, 2005) 251–66; J. S. Kaminsky u. A. Stewart, „God of All the World. Universalism and Developing Monotheism in Isaiah 40–66", *HTR* 99 (2006) 139–163; T. L. Donaldson, *Judaism and the Gentiles. Jewish Patterns of Universalism (to 135 CE)* (Waco, TX: Baylor University Press, 2007); R. L. Schultz, „Nationalism and Universalism in Isaiah", D. G. Firth u. H. G. M. Williamson (Hg.), *Interpreting Isaiah. Issues and Approaches* (Nottingham: Apollos; Downers Grove, IL: InterVarsity Press, 2009) 122–144; J. S. Kaminsky, „Election Theology and the Problem of Universalism", *HBT* 33 (2011) 34–44.

Christliche Theologen diskutieren die Frage nach dem Heil der Völker oft unter dem Stichwort der *Mission*.[128] Für sie sind die Verheißungen der Völkerwallfahrt zusammen mit den Texten über den Gottesknecht Zeugnisse für die „Missionstheologie" des Alten Testaments. Neben dem exegetischen Interesse schwingt dabei auch das Anliegen mit, die missionarische Ausrichtung des Christentums bibeltheologisch zu legitimieren.[129]

Das Motiv der Völkerwallfahrt spielt außerdem eine Rolle in Untersuchungen zur biblischen *Eschatologie*[130] und zur Stellung der *Fremden* und *Proselyten* in den Schriften Israels.[131]

---

[128] H. H. Rowley, *The Missionary Message of the Old Testament* (London: Carey Kingsgate Press, 1944); R. Martin-Achard, *Israël et les nations. La perspective missionnaire de l'Ancien Testament* (CTh 42; Neuchatel; Paris: Delachaux & Niestlé, 1959); M. A. Grisanti, „Israel's Mission to the Nations in Isaiah 40–55. An Update", *TMSJ* 9 (1998) 39–61; W. C. Kaiser, *Mission in the Old Testament. Israel as a Light to the Nations* (Grand Rapids, MI: Baker Academic, 2000); J. C. Okoye, *Israel and the Nations. A Mission Theology of the Old Testament* (ASMS 39; Maryknoll, NY: Orbis Books, 2006). Vgl. aber W. Vogels, „Covenant and Universalism. Guide for a Missionary Reading of the Old Testament", *ZMR* 57 (1973) 25–32, der die Zusammengehörigkeit der Dimensionen „Mission" und „Universalismus" aufweist.

[129] Als repräsentativ für die katholische Position vor dem Zweiten Vatikanischen Konzil kann das für einen weiteren Leserkreis bestimmte Büchlein von A. Rétif u. P. Lamarche, *Das Heil der Völker. Israels Erwählung und die Berufung der Heiden im Alten Testament* (WB.KK 9; Düsseldorf: Patmos-Verlag, 1960), gelten. Die Autoren behandeln darin alle wichtigen Texte zur Völkerwallfahrt, indem sie deren universale Orientierung betonen. Den Bezug auf einen konkreten Ort betrachten sie jedoch als ein Manko, das erst im Neuen Testament überwunden werde. In diesem Sinn beurteilen sie auch die Weissagung von Jes 2: „[…] ein wundervolles Bild von der Bekehrung der Heiden und dem Universalreich Jahwes. Dieser Universalismus ist aber noch mehr »zentralistisch« als missionarisch und bestrebt, alle Völker in Jerusalem zu vereinigen und sie unter sein Gesetz zu stellen" (Rétif u. Lamarche, *Heil der Völker*, 47).

[130] W. Werner, *Eschatologische Texte in Jesaja 1–39. Messias, Heiliger Rest, Völker* (FzB 46; Würzburg: Echter, 1982); K. Koenen, *Ethik und Eschatologie im Tritojesajabuch. Eine literarkritische und redaktionsgeschichtliche Studie* (WMANT 62; Neukirchen-Vluyn: Neukirchener Verlag, 1990); H. Graf Reventlow, „The Eschatologization of the Prophetic Books. A Comparative Study", ders. (Hg.), *Eschatology in the Bible and in Jewish and Christian Tradition* (JSOT.S 243; Sheffield: Sheffield Academic Press, 1997) 169–188; M. A. Sweeney, „Eschatology in the Book of Isaiah", R. J. Bautch u. J. T. Hibbard (Hg.), *The Book of Isaiah. Enduring Questions Answered Anew. Essays Honoring Joseph Blenkinsopp and His Contribution to the Study of Isaiah* (Grand Rapids, MI; Cambridge: William B. Eerdmans, 2014) 179–195, u. a. m.

[131] T. L. Donaldson, „Proselytes or »Righteous Gentiles«? The Status of Gentiles in Eschatological Pilgrimage Patterns of Thought", *JSP* 7 (1990) 3–27; C. Bultmann, *Der Fremde im antiken Juda. Eine Untersuchung zum sozialen Typenbegriff „ger" und seinem Bedeutungswandel in der alttestamentlichen Gesetzgebung* (FRLANT 153; Göttingen: Vandenhoeck & Ruprecht, 1992); J. E. Ramírez Kidd, *Alterity and Identity in Israel. The גר in the Old Testament* (BZAW 283; Berlin; New York: Walter de Gruyter, 1999); M. Zehnder, *Umgang mit Fremden in Israel und Assyrien. Ein Beitrag*

Der letzte Themenbereich, auf den wir hier eingehen wollen, wird durch den Begriff des *Gottesvolkes* angezeigt. In einer Reihe von Aufsätzen wird die Frage erörtert, ob die nichtisraelitischen Nationen in das Gottesvolk aufgenommen werden oder ob womöglich der Ausdruck als solcher obsolet wird.[132] Diese Diskussion ist deshalb besonders brisant, weil sie die theologische Basis des Verhältnisses zwischen Israel und der Kirche betrifft. Welches Konzept lässt sich vom Tanach, vom Alten Testament her begründen: *ein* Gottesvolk, das Juden und Heiden umfasst? *Ein* Gottesvolk des Alten Bundes und *ein* Gottesvolk des Neuen Bundes? Oder *mehrere* Gottesvölker, vielleicht sogar so viele, wie es Nationen gibt?

Bei diesen Diskussionen müssen, wie mehrere Autoren betonen, in jedem Fall die unwiderrufbare Erwählung Israels und sein bleibendes Volk-Gottes-Sein festgehalten werden. Diese werden durch die Völkerwallfahrtsidee nicht untergraben, sie werden im Gegenteil vorausgesetzt. Gleichzeitig muss sich der Exeget davor hüten, aus den Texten zu viel herauszulesen. Die jesajanischen Prophetien können nicht auf alle Fragen der Gottesvolk-Theologie antworten. Umso wichtiger ist es, die Texte als solche wahrzunehmen und nicht Probleme an sie heranzutragen, die ihnen fremd sind, ja, fremd sein müssen, weil diese Probleme erst später (z. B. durch das Auftreten Jesu, das Entstehen der heidenchristlichen Gemeinden) entstanden. Die hebräische Bibel hat auch in diesem Punkt noch keine endgültige Lösung, sie ist noch der Ergänzung und Auslegung bedürftig, für die

---

zur Anthropologie des „Fremden" im Licht antiker Quellen (BWANT 168; Stuttgart: W. Kohlhammer, 2005); V. Haarmann, *JHWH-Verehrer der Völker. Die Hinwendung von Nichtisraeliten zum Gott Israels in alttestamentlichen Überlieferungen* (AThANT 91; Zürich: Theologischer Verlag Zürich, 2008); G. Baumann u. a. (Hg.), *Zugänge zum Fremden. Methodisch-hermeneutische Perspektiven zu einem biblischen Thema* (LPhThB 25; Frankfurt am Main: Peter Lang, 2012), u. a. m.
132 W. Groß, „Wer soll YHWH verehren? Der Streit um die Aufgabe und die Identität Israels in der Spannung zwischen Abgrenzung und Öffnung", H. J. Vogt (Hg.), *Kirche in der Zeit. Festschrift Walter Kasper* (München: Erich Wewel Verlag, 1989) 11–32; E. Zenger, „Israel und Kirche im einen Gottesbund? Auf der Suche nach einer für beide akzeptablen Verhältnisbestimmung", *KuI* 6 (1991) 99–114; C. Frevel, „Die gespaltene Einheit des Gottesvolkes. Volk Gottes als biblische Kategorie im Kontext des christlich-jüdischen Gesprächs", *BiLi* 66 (1993) 80–97; W. Groß, „Israel und die Völker. Die Krise des YHWH-Volk-Konzepts im Jesajabuch", E. Zenger (Hg.), *Der Neue Bund im Alten. Studien zur Bundestheologie der beiden Testamente* (QD 146; Freiburg; Basel; Wien: Herder, 1993) 149–167; G. Hentschel, „Israel als Modell eines universalen Gottesvolkes", *ThG* 48 (2005) 200–10; H. Irsigler, „Ein Gottesvolk aus allen Völkern? Zur Spannung zwischen universalen und partikularen Heilsvorstellungen in der Zeit des Zweiten Tempels", *BZ* 56 (2012) 210–46; J. Gärtner, „Das eine Gottesvolk aus Israel und den Völkern in Jes 66. Zur Bedeutung der Völkerwelt in der späten jesajanischen Tradition", L. Neubert u. M. Tilly (Hg.), *Der eine Gott und die Völker in eschatologischer Perspektive. Studien zur Inklusion und Exklusion im biblischen Monotheismus* (BThSt 137; Neukirchen-Vluyn: Neukirchener Verlagsgesellschaft, 2013) 1–29.

einen durch das Neue Testament, für die anderen durch die mündliche Torah, den Talmud.

2.4. Desiderata

Der Überblick über die Studien, die das Thema der Völkerwallfahrt direkt oder indirekt behandeln, hat gezeigt, aus welch unterschiedlichen Blickwinkeln es angegangen werden kann. Bei den einen überwiegt das theologische, bei den anderen das exegetische Interesse. In sehr wenigen sind alle relevanten Texte erfasst.

Das erste Desiderat für die weitere Forschung ist deshalb die Vollständigkeit: alle Texte, die eine Pilgerfahrt ausländischer Nationen nach Zion oder in das Land Israel prophezeien, müssten analysiert werden. Dabei bringt es der Reichtum der Zeugnisse mit sich, dass sich die Untersuchung auf ein bestimmtes Textkorpus beschränken muss.[133]

Diese Texte müssten noch vor ihrer theologischen Auswertung einer sorgfältigen Exegese unterzogen werden. Die Intention jedes einzelnen Textes ist zu respektieren. Es braucht keine einheitliche, für das ganze Jesajabuch gültige Völkerwallfahrtstheologie konstruiert zu werden. Wichtiger ist es, die unterschiedlichen Ausprägungen der Vorstellung wahrzunehmen und als Variationen eines Grundthemas zu verstehen.

Die Texte sollten in der Reihenfolge, in der sie im Buch vorkommen, also der Leserichtung entlang behandelt werden.

Die Texte sollten schließlich „behutsam" und „interessenfrei" ausgelegt werden, in einer Perspektive, die jüdische und christliche Leser nicht trennt, sondern nach Möglichkeit zusammenführt.

---

[133] Die vorliegende Studie sollte ursprünglich die Texte des gesamten *corpus propheticum* umfassen und wurde erst im Lauf der Arbeit auf das Jesajabuch begrenzt. Neben den wenigen Stellen im Jeremiabuch wäre als nächstes das Dodekapropheton zu untersuchen und dann die nicht wenigen Belege im Psalter.

3. Zur Methode

3.1. Diachrone und synchrone Auslegung des Jesajabuchs

Fast ein Jahrhundert lang war die Jesajaforschung durch die von Bernhard Duhm geprägte These des dreigeteilten Prophetenbuchs dominiert:[134] Jes 1–39, „das eigentliche Jesaiabuch", Jes 40–55, „der sog. Deuterojesaia", und Jes 56–66, „den wir der Kürze halber Tritojesaia nennen."[135] Erst in den letzten Jahrzehnten wurde diese zum exegetischen Allgemeingut gewordene Formel in Frage gestellt und das Jesajabuch wieder als *ein* Buch entdeckt. Seitdem erforschen diachrone Studien die über die Buchteile hinausreichenden Redaktionsprozesse, während synchrone Arbeiten dessen strukturelle und thematische Kohärenz herausstellen.[136] Ausgehend vom Endtext zeigen letztere, dass theologische Motive wie „Torah", „Zion-Jerusalem", „Gericht und Heil", „der (heilige) Rest" usw. das ganze Werk durchziehen und dazu beitragen, dass es trotz der chronologischen und inhaltlichen Sprünge als *eine* „Vision" (vgl. 1,1) rezipiert werden kann.

Für eine wissenschaftliche Untersuchung kann es allerdings nicht genügen, die Texte mithilfe einer vorgegebenen Terminologie zu identifizieren und theologisch auszuwerten. Sie müssen zuerst in sich studiert und auf ihre je eigene Aussage hin untersucht werden. Die theologische Synthese kann nur auf dem Weg einer methodisch abgesicherten exegetischen Analyse gewonnen werden. Doch

---

[134] Duhms Kommentar zum Jesajabuch erschien erstmals 1892 in der Reihe „Göttinger Handkommentar zum Alten Testament". In dieser Arbeit zitieren wir ihn nach der letzten von ihm selbst durchgesehenen Auflage: B. Duhm, *Das Buch Jesaia* (HK III.1; Göttingen: Vandenhoeck & Ruprecht, ⁴1922) .

[135] Duhm, *Jesaia*, 8.14.15. In Wirklichkeit ist Duhms Sicht des Jesajabuchs wesentlich differenzierter. So unterscheidet er innerhalb der drei Hauptteile weitere „Bücher" (z. B. Kap. 1–12; 13–23), „Büchlein" (z. B. Kap. 2–4; 24–27), „Sammlungen" (z. B. Kap. 1; 9,7–11,16), „Zusätze" und „Einsätze" (Kap. 36–39; die „Ebed-Jahwe-Lieder").

[136] Vgl. den Überblick bei U. Berges, *Das Buch Jesaja. Komposition und Endgestalt* (HBS 16; Freiburg; Basel; Wien; Barcelona; Rom; New York: Herder, 1998) 1–49, und die neueren Darstellungen der Forschungsgeschichte bei U. Becker, „Jesajaforschung (Jes 1–39)", *ThR* 64 (1999) 3–24; J. McInnes, „A Methodological Reflection on Unified Readings of Isaiah", *Colloq* 42 (2010) 67–84; M. A. Sweeney, „The Book of Isaiah in Recent Research", A. J. Hauser (Hg.), *Recent Research on the Major Prophets* (RRBS 1; Sheffield: Sheffield Phoenix Press, 2008) 78–92; M. A. Sweeney, „The Prophets and the Prophetic Books, Prophetic Circles and Traditions – New Trends, Including Religio-Psychological Aspects", M. Sæbø (Hg.), *Hebrew Bible/Old Testament. The History of Its Interpretation III. From Modernism to Post-Modernism (The Nineteenth and Twentieth Centuries). Part 2. The Twentieth Century – From Modernism to Post-Modernism* (HBOT 3.2; Göttingen; Bristol, CT: Vandenhoeck & Ruprecht, 2015) 516–519.

welche Methode, welcher Zugang eignet sich, um einerseits dem Einzeltext gerecht zu werden, ihn andererseits aber in einen größeren Zusammenhang zu stellen, zuerst des Jesajabuchs und der Propheten und dann des übrigen Alten Testaments (wünschenswerterweise der gesamten Bibel), so dass er als unverwechselbare Stimme in einem polyphonen Chor von Texten zur Geltung kommt?

3.2. Redaktionsgeschichtliche Studien zum Jesajabuch

Bevor wir unser eigenes methodisches Vorgehen erläutern, sollen an dieser Stelle einige Beiträge zur Redaktionsgeschichte des Jesajabuchs präsentiert werden. Dabei kann es nicht um Vollständigkeit gehen,[137] sondern nur darum, grundlegende Erkenntnisse und Probleme dieser Forschungsrichtung wahrzunehmen. Dass sie berechtigt, ja, notwendig ist, ergibt sich aus der unbestreitbaren Tatsache, dass das Jesajabuch disparate Texte bietet. Um deren Entstehung und deren unterschiedliches theologisches Profil zu erklären, bedienen sich diese Studien der diachronen, d. h. der literarkritischen und redaktionsgeschichtlichen Methode.

3.2.1. Joachim Becker

Joachim Beckers kleine, gerade einmal achtzig Seiten umfassende Schrift über den Propheten und das Buch Jesaja[138] kann als Vorreiterin der redaktionsgeschichtlichen Studien gelten. Nicht was die Analyse im Einzelnen betrifft (sie verwendet ein sehr einfaches Erklärungsmodell mit einer einzigen exilisch-nachexilischen Gesamtredaktion), sondern weil sie die Jesajaforschung als solche in eine neue Richtung gelenkt hat: von den auf kleine Einheiten fixierten Methoden der Literarkritik und Formgeschichte zu einer Perspektive, die das Buch als Ganzes erfasst.

---

137 Wir werden im Folgenden vor allem auf Arbeiten aus dem deutschsprachigen Raum eingehen. Nicht berücksichtigt bleibt u. a. der für den Rahmen einer „Biblischen Enzyklopädie" unerwartet differenzierte Entwurf von Rainer Albertz zur Entstehung des Deuterojesajabuchs: R. Albertz, *Die Exilszeit. 6. Jahrhundert v. Chr.* (BE 7; Stuttgart; Berlin; Köln: W. Kohlhammer, 2001) 283 – 323 (vgl. die leicht revidierte Zusammenfassung in R. Albertz, „On the Structure and Formation of the Book of Deutero-Isaiah", R. J. Bautch u. J. T. Hibbard [Hg.], *The Book of Isaiah. Enduring Questions Answered Anew. Essays Honoring Joseph Blenkinsopp and His Contribution to the Study of Isaiah* [Grand Rapids, MI; Cambridge: William B. Eerdmans, 2014] 21 – 40).
138 J. Becker, *Isaias – der Prophet und sein Buch* (SBS 30; Stuttgart: Katholisches Bibelwerk, 1968). Eine kritische Würdigung seines Werks bei Berges, *Buch Jesaja*, 41 – 2.

Auch Becker versucht, die Worte des historischen Propheten zu rekonstruieren, doch lehnt er die einseitige Wertschätzung des „Originalen" ab. Die nicht-
jesajanischen Passagen dürften nicht als „unecht" abqualifiziert werden, vielmehr
müssten sie als zusätzliche und endgültige Sinndimension des Textes ernst genommen werden. „Denn das Gotteswort der Heiligen Schrift tritt uns nicht in
mühsam ermittelten und bisweilen rekonstruierten echten Isaias*worten* entgegen,
sondern im Isaias*buch*, in dem die Worte des Propheten aufgegangen sind."[139]
Zum Leser spreche nicht der Prophet, sondern das Buch und zwar als literarische
Einheit, so dass ihm bei der Lektüre der ersten Kapitel auch schon die letzten vor
Augen treten.[140]

Über den redaktionsgeschichtlichen Zugang eröffnet sich somit auch ein
vertieftes Verständnis der biblischen Offenbarung. Für Joachim Becker ist das
Wort Gottes nicht in den Worten des Propheten (diese gehören noch zur Vorgeschichte des heiligen Textes), sondern nur in dem redaktionell bearbeiteten
Prophetenbuch anzutreffen. Indem die Redaktion die Prophetenworte aufnimmt
und bearbeitet, bürgt sie für deren Wort-Gottes-Charakter.

Bei seiner Darstellung der Botschaft des Jesajabuchs beschränkt sich der
Autor auf Jes 1–35, den Textbereich also, in dem echt jesajanisches Gut zu finden
ist, das später neu interpretiert wurde. In dieser redaktionellen Bearbeitungs-
schicht tauchen folgende Themen immer wieder auf: „Das Volk wird begnadigt
und kehrt in einem neuen Exodus in sein Land zurück; die Königsherrschaft
Jahwes auf dem Sion bricht an, und seine Herrlichkeit offenbart sich; das aus der
Verbannung heimgekehrte Volk nimmt wunderbar zu an Zahl und Macht; die
Völker wallfahren zum Sion, die Feinde Israels werden gerichtet."[141]

Das Gedicht von der Völkerwallfahrt zum Zion Jes 2,2–4(5) schreibt Becker
demnach nicht Jesaja, sondern der Redaktion zu. Sie habe es bewusst an den
Anfang des Komplexes Kap. 2–4 gestellt.[142]

3.2.2. Jacques Vermeylen

Mit seiner in den Jahren 1977/78 veröffentlichten Dissertation hat Jacques Vermeylen eine der umfassendsten und gründlichsten Studien zur Redaktionsge-

---

139 J. Becker, *Isaias*, 33 [Hervorhebungen d. Vf.].
140 Vgl. J. Becker, *Isaias*, 33.
141 J. Becker, *Isaias*, 42.
142 Vgl. J. Becker, *Isaias*, 47–8.

schichte des Jesajabuchs vorgelegt.[143] Auch wenn seine komplizierten Hypothesen kaum rezipiert wurden, bleibt ihm das Verdienst, die *relecture* als eine Grundkategorie der redaktionsgeschichtlichen Forschung etabliert zu haben: ältere prophetische Stoffe werden „wieder gelesen" und auf veränderte geschichtliche Situationen angewandt.

Als literarische Fixpunkte in der Entstehung des Jesajabuchs nimmt Vermeylen zwei Textsammlungen an. Die erste sei in der ersten Buchhälfte erhalten und weise dieselbe Struktur wie das Ezechiel- und das griechische Jeremiabuch auf: Unheilsorakel gegen Juda und Jerusalem (Jes 1–12) – Unheilsorakel gegen die Nationen (Jes 13–27) – Verheißungen für das Gottesvolk (Jes 28–35). Es handle sich um die eschatologische Neuausgabe des Protojesajabuchs, die zu Beginn der Perserzeit angefertigt worden sei. Die zweite Sammlung umfasse die Worte des anonymen Exilspropheten „Deuterojesaja". Die beiden unabhängig voneinander entstandenen Textkorpora seien nach 480 v. Chr. verbunden worden.

Vor diesem für die Entstehung des Großjesajabuchs entscheidenden Moment habe das Protojesajabuch aber bereits drei redaktionelle Phasen durchlaufen: 1. die Verkündigung des Propheten und die ersten Sammlungen seiner Orakel; 2. zwei vorexilische *relectures* unter den Königen Manasse und Joschija; 3. eine deuteronomische Redaktion während des Exils.[144]

Nach der Zusammenfügung der proto- und der deuterojesajanischen Sammlung (= 4. Phase) habe das Buch drei weitere Redaktionsprozesse durchlaufen, bevor es seine endgültige Gestalt annahm. Diese hätten ihren Niederschlag in den „tritojesajanischen" Kapiteln 56–66, aber auch in den übrigen Buchteilen gefunden: 5. eine erste nachexilische *relecture* durch torahtreue Juden; 6. eine zweite nachexilische *relecture*; 7. letzte Ergänzungen.

Zu den spätesten Zusätzen zählt Vermeylen einige Texte, die die Bekehrung von Heiden, z. T. in der Form der Völkerwallfahrt, prophezeien: im Protojesajabuch 11,10; 14,1–2*; 18,7; 19,18–25 und in der zweiten Buchhälfte 45,14; 49,22–23; 66,18– 21.[145] Dass Ägypten und seine Unterwerfung in ihnen so hervorgehoben werden,

---

143 Vermeylen, *Du prophète Isaïe*. Der Autor hat seine Hauptthesen in J. Vermeylen, „L'unité du livre d'Isaïe", ders. (Hg.), *The Book of Isaiah. Le livre d'Isaïe. Les oracles et leurs relectures, unité et complexité de l'ouvrage* (BEThL 81; Leuven: Leuven University Press; Uitgeverij Peeters, 1989) 11– 53, und zuletzt noch einmal in J. Vermeylen, *Le livre d'Isaïe. Une cathédrale littéraire* (LeDiv 264; Paris: Cerf, 2014) 133–59, zusammenfassend dargestellt.
144 Zu den redaktionellen Prozessen und den davon betroffenen Texten s. Vermeylen, *Du prophète Isaïe*, 655–709. Die theologische Intention dieser literarischen Werke kennzeichnet er vorab folgendermaßen: „1. Yahvé, Dieu moral, et Israël peuple pécheur. [...] 2. Retour aux catégories mythiques et messianisme dynastique. [...] 3. Comment justifier la conduite de Yahvé [sc. das babylonische Exil]?" (Vermeylen, *Du prophète Isaïe*, 654).
145 Vgl. Vermeylen, *Du prophète Isaïe*, 745–6; Vermeylen, „L'unité", 51.

verweise auf eine Abfassung in der hellenistischen Zeit, in der die Ptolemäer über Juda herrschten.

In der wesentlich später entstandenen Studie „Jérusalem, centre du monde" baut Jacques Vermeylen auf seine früheren Detailanalysen auf, um eine regelrechte Chronologie der Völkerwallfahrtsorakel zu entwerfen.[146] Jes 2,2–4 *par* Mi 4,1–3 hält er für den ältesten Text, einen Hymnus, der im Rahmen der joschijanischen Kultzentralisation komponiert worden sei.[147] Ein Jahrhundert später seien einige Orakel aus Haggai und Sacharja anzusetzen (u. a. Hag 2,6–9; Sach 2,14.17), die den neu erbauten Tempel rühmen, als Wohnort JHWHs und Zentrum des Universums, zu dem die fremden Völker ihre Schätze bringen. Den Grundstock von Jes 60 datiert Vermeylen in die Mitte des 5. Jahrhunderts, in die Zeit des Nehemia, in der der Tempel wieder als Kultzentrum fungierte, die Stadtmauern aber noch nicht aufgebaut waren.

Wegen ihres Interesses für den Opferkult seien die zweite Redaktionsschicht von Jes 60 (z. B. v.6bβ.7b.9.10b–11) und Jes 66,18*.21 in die Zeit Esras, also auf den Anfang des 4. Jahrhunderts zu datieren. Die Schätze, die ursprünglich die Herrlichkeit Zions, d. h. der Stadt als solcher, mehren sollten, würden nun als Gaben für den Tempel interpretiert.[148]

Weitere Texte seien in der hellenistischen Epoche entstanden: die dritte Redaktion von Jes 60, die das Gottesvolk auf die „Gerechten" reduziert (z. B. v.12.13a.17–18), Sach 8,20–22, Zusätze in Jes 60 und 66, die die Völkerwallfahrt als Versammlung von Diasporajuden interpretieren (z. B. 60,4.8; 66,19–20), und einige kommentierende Bemerkungen, die der Apokalypse nahe stehen (z. B. 60,12b; 66,23–24).

Für Jacques Vermeylen hat das Motiv des friedlichen Völkerzugs nach Zion also mehrere Etappen durchlaufen, von der späten Königszeit bis in die hellenistische Epoche. „Les unes sont plus sensibles à la dimension cosmique et cultuelle du thème, mais d'autres s'interéssent davantage au renouveau de la communauté croyante ou à la securité de la ville; dans certains cas, il s'agit bien de

---

146 Vgl. Vermeylen, *Jérusalem*, 223–6.

147 Vgl. bereits die Argumentation in Vermeylen, *Du prophète Isaïe*, 114–33. Dabei plädiert er, für uns wenig überzeugend, dafür, כל־הגוים nicht auf die fremden Nationen, sondern auf die Israeliten zu beziehen. Jes 2,2–4 ist für ihn deshalb gar kein *Völker*wallfahrtsorakel, sondern eine innerisraelitische Verheißung.

148 Die Fragwürdigkeit des literarkritischen Verfahrens wird an dieser Stelle besonders deutlich. Indem die Passagen in Jes 60, die den Tempel erwähnen, als sekundär beurteilt werden, wird eine literarische Schicht konstruiert, in der dann natürlich der Opferkult dominiert. Das Bemühen, jeden neuen Aspekt auf eine eigene Redaktion zurückzuführen, birgt nicht nur die Gefahr des Zirkelschlusses in sich, sie hindert auch daran, den Text in seiner inhaltlichen Differenziertheit wahrzunehmen.

païens qui viennent à Jérusalem, dans d'autres cas le rédacteur envisage une conversion des peuples au judaïsme ou le rassemblement de la Diaspora."[149] Gemeinsam sei allen Texten aber, dass sich Jerusalem und der Tempel in der Mitte und die Völker an der Peripherie des Kosmos befinden.

3.2.3. Otto Kaiser

Durch seine Kommentare,[150] seine Einleitung zum Alten Testament[151] und einen längeren Lexikonartikel[152] hat Otto Kaiser die Diskussion um die Redaktionsgeschichte des Jesajabuchs mitgeprägt.

Im Unterschied zu Hans Wildberger, der größere Bestandteile des „Protojesaja" auf den Propheten zurückführt,[153] versteht er ihn im Wesentlichen als eine theologische Auseinandersetzung mit der Erfahrung des Exils. Der Grundbestand in Kap. 1 und 28–31 sei eine Reaktion auf den Untergang Jerusalems im Jahr 587 v. Chr. und deute diesen als Folge des Ungehorsams gegen das Prophetenwort. In diese Sammlung sei die um einen Prolog und einen Epilog erweiterte Denkschrift 6,1–8,18* eingefügt worden. Noch im 6. Jahrhundert seien Kap. 36–39 aufgenommen worden, die Basis für die redaktionelle Anfügung von 40,1–52,12*.

„Das 5. Jahrhundert brachte den Glauben an das bevorstehende Weltgericht."[154] Dieser lasse sich in einer Reihe größerer und kleinerer Zusätze nachweisen (z. B. 2,10–17*; 10,28–34*; 29,1–4), zu denen auch der Grundbestand der Völkersprüche in Kap. 13–23 zu zählen sei. In das ausgehende 5. Jahrhundert datiert Kaiser die „Assurbearbeitung". Sie umfasse neben 10,5–15 noch 14,24–27;

---

149 Vermeylen, *Jérusalem*, 226.
150 O. Kaiser, *Das Buch des Propheten Jesaja. Kapitel 1–12* (ATD 17; Göttingen: Vandenhoeck & Ruprecht, ⁵1981); O. Kaiser, *Das Buch des Propheten Jesaja. Kapitel 13–39* (ATD 18; Göttingen: Vandenhoeck & Ruprecht, ³1983). Für M. A. Sweeney, „Re-Evaluating Isaiah 1–39 in Recent Critical Research", A. J. Hauser (Hg.), *Recent Research on the Major Prophets* (RRBS 1; Sheffield: Sheffield Phoenix Press, 2008) 101, gehören diese Kommentare zusammen mit denen von Hans Wildberger (s. u.) zu den letzten großen Werken, die Jes 1–39 als ein autonomes, von Jes 40–66 getrenntes Buch auslegen.
151 O. Kaiser, *Einleitung in das Alte Testament. Eine Einführung in ihre Ergebnisse und Probleme* (Gütersloh: Gütersloher Verlagshaus Gerd Mohn, ⁵1984).
152 O. Kaiser, „Jesaja/Jesajabuch", *TRE* 16 (1987) 636–658.
153 Vgl. dessen monumentale Kommentare: H. Wildberger, *Jesaja. 1. Teilband: Jesaja 1–12* (BK 10.1; Neukirchen-Vluyn: Neukirchener Verlag, 1972); H. Wildberger, *Jesaja. 2. Teilband: Jesaja 13–27* (BK 10.2; Neukirchen-Vluyn: Neukirchener Verlag, 1978); H. Wildberger, *Jesaja. 3. Teilband: Jesaja 28–39. Das Buch, der Prophet und seine Botschaft* (BK 10.3; Neukirchen-Vluyn: Neukirchener Verlag, 1982).
154 O. Kaiser, *Einleitung*, 234.

17,12 – 14; 29,5 – 8 u. a. und halte „unter dem Deckmantel der Rede von dem schon durch c. 36 f. zur Befreiung Jerusalems 701 umstilisierten Abzug der Assyrer die eschatologische Hoffnung lebendig."[155] Sie basiert also nicht wie bei Hermann Barth[156] auf einem konkreten geschichtlichen Ereignis, sondern ist eine literarische Fiktion.

Im Folgenden sei es zu eschatologischen Überarbeitungen gekommen, die die ersten fünf Kapitel und 10,5 – 12,6 betrafen. Während Kap. 34 und 35 in das 5. oder 4. Jahrhundert zu datieren seien, gehörten 19,20 – 24; 23*; 24,21 – 23; 25,6 – 8 u. a. in die spätpersische und frühhellenistische Zeit.

Dass Kaiser Jes 40 – 55 und Jes 56 – 66 in seiner „Einleitung" in separaten Abschnitten behandelt,[157] ist bezeichnend. „Jesaja" ist für ihn nicht *ein* Buch, sondern drei Bücher, die unterschiedliche Redaktionsprozesse durchlaufen haben.[158]

Jes 40 – 48* sei eine selbstständige Größe gewesen, der 49,1 – 52,12 und 52,13 – 55,13 sukzessive zugewachsen seien. Neben kleineren Zusätzen identifiziert er zwei sekundäre Textreihen: die Polemiken gegen die Götzenbilder (40,19 – 20; 41,6 – 7; 44,9 – 20 u. a.) und die „Ebed-JHWH-Lieder" (42,1 – 4; 49,1 – 6; 50,4 – 9; 52,13 – 53,12). Dabei verweist er ausdrücklich auf die noch offenen bzw. kontrovers diskutierten Fragen.[159]

Für Jes 56 – 66 begnügt sich Otto Kaiser damit, den redaktionskritischen Entwurf von Jacques Vermeylen (s. o.) nachzuzeichnen, statt wie in früheren Auflagen des Werks einen eigenen Entwurf vorzulegen. Daneben erwähnt er die Studie von Paul D. Hanson[160] und dessen Versuch, die Texte in levitischen Kreisen zu verorten. Beide Arbeiten hätten der Forschung neue Impulse gegeben. Sie zu kontrollieren und zu modifizieren sei der Zukunft vorbehalten.

Dieses zurückhaltend positive Urteil ändert jedoch nichts an dem generellen Befund, mit dem der Autor seine Ausführungen eröffnet: „Zu den noch immer nicht befriedigend gelösten Problemen der prophetischen Überlieferung gehört

---

155 O. Kaiser, *Einleitung*, 234.
156 H. Barth, *Die Jesaja-Worte in der Josiazeit. Israel und Assur als Thema einer produktiven Neuinterpretation der Jesajaüberlieferung* (WMANT 48; Neukirchen-Vluyn: Neukirchener Verlag, 1977).
157 O. Kaiser, *Einleitung*, 271 – 280.
158 Die Frage nach dem „Großjesajabuch" und damit nach dem Verhältnis zwischen Kap. 1 – 39 und 40 – 66 wird erst in O. Kaiser, „Jesaja", 636 – 637, thematisiert und zwar mit ausdrücklichem Bezug auf die Forschungen von Odil Hannes Steck (s. u.).
159 Vgl. O. Kaiser, *Einleitung*, 275.
160 P. D. Hanson, *The Dawn of ApocalyptiC. The Historical and Sociological Roots of Jewish Apocalyptic Eschatology* (Philadelphia, PA: Fortress Press, ²1979).

die Frage nach der literarischen Einheit, Eigenart und zeitlichen Ansetzung von
Jes 56 – 66.“[161]

3.2.4. Odil Hannes Steck

Der wichtigste Forscher im Bereich der Jesajaexegese, zumindest im deutsch-
sprachigen Raum, ist Odil Hannes Steck. Wegweisend war seine Monographie zu
Jes 35.[162] Dazu kamen in den folgenden Jahren eine Fülle bedeutender Artikel zu
„Deutero-“ und „Tritojesaja“, die in zwei Sammelbänden neu herausgegeben
wurden,[163] und zwei Werke, die grundlegende Fragen der Hermeneutik und
Theologie der Prophetenbücher behandeln.[164]

Mit seiner Deutung von Jes 35 als „redaktionelle[n] Brückentext zwischen dem
Ersten und Zweiten Jesaja“[165] gelang es Steck, die Aufspaltung des Jesajabuchs in
drei Hauptteile zu überwinden und das Augenmerk auf das „Großjesajabuch“ und
seine Redaktion zu lenken. Jes 40 – 55 und Jes 56 – 66 sind demnach nicht getrennte, je eigens abgefasste Schriften, sondern *ein* Textkorpus, das in sukzessiven
redaktionellen Prozessen („Fortschreibungen“) entstanden ist.[166]

Die ältesten Bestandteile dieser Sammlung seien Jes 40 – 55* und 60,1 – 11.13 –
16; 61; 62,1 – 7. Als sie nach dem Zusammenbruch des Perserreichs mit der protojesajanischen Sammlung Jes 1 – 39* verbunden wurde, seien in beiden Textbe-

---

161 O. Kaiser, *Einleitung*, 283. Diese negative Bestandsaufnahme wird von O. H. Steck, „Tritojesaja im Jesajabuch“, J. Vermeylen (Hg.), *The Book of Isaiah. Le livre d'Isaïe. Les oracles et leurs
relectures, unité et complexité de l'ouvrage* (BEThL 81; Leuven: Leuven University Press; Uitgeverij
Peeters, 1989) 361, zitiert, um seinen eigenen Versuch zu rechtfertigen, „sich aus dem Banne der
These Bernhard Duhms zu lösen und zuerst einmal diese elf Kapitel (*sc.* Jes 56 – 66) im Rahmen
und Zusammenhang des ganzen Jesajabuches zu untersuchen.“
162 O. H. Steck, *Bereitete Heimkehr. Jesaja 35 als redaktionelle Brücke zwischen dem Ersten und
dem Zweiten Jesaja* (SBS 121; Stuttgart: Katholisches Bibelwerk, 1985).
163 O. H. Steck, *Studien zu Tritojesaja* (BZAW 203; Berlin; New York: Walter de Gruyter, 1991);
O. H. Steck, *Gottesknecht und Zion. Gesammelte Aufsätze zu Deuterojesaja* (FAT 4; Tübingen: J. C. B.
Mohr [Paul Siebeck], 1992).
164 O. H. Steck, *Der Abschluss der Prophetie im Alten Testament. Ein Versuch zur Frage der
Vorgeschichte des Kanons* (BThSt 17; Neukirchen-Vluyn: Neukirchener Verlag, 1991); O. H. Steck,
Die Prophetenbücher und ihr theologisches Zeugnis. Wege der Nachfrage und Fährten zur Antwort
(Tübingen: J. C. B. Mohr [Paul Siebeck], 1996).
165 Steck, *Bereitete Heimkehr*, 59.
166 Vgl. die Skizze zum Werden von Jes 1 – 66 in Steck, *Bereitete Heimkehr*, 80, und die Zu-
sammenfassung bei L.-S. Tiemeyer, „Continuity and Discontinuity in Isaiah 40 – 66. History of
Research“, dies. u. H. M. Barstad (Hg.), *Continuity and Discontinuity. Chronological and Thematic
Development in Isaiah 40 – 66* (FRLANT 255; Göttingen: Vandenhoeck & Ruprecht, 2014) 20 – 21.

reichen redaktionelle Passagen eingefügt worden, die das Weltgericht über alle Völker und die Heimkehr des zerstreuten Gottesvolkes prophezeien. Neben dem bereits erwähnten Jes 35 gehörten zu dieser „Heimkehrredaktion"[167] 10,20 – 23; 11,11 – 16; 13,5 – 16; 24 – 27*; 30,18 – 26(?); 34,2 – 4; 51,1 – 11*; 52,4 – 6; 54,2 – 3.9 – 10; 55,10 – 11(?) und insbesondere 62,10 – 12. Letzterer Text sei „der Abschluss und Zielpunkt dieser ganzen Redaktion in Großjesaja – die Vollendung der Heimkehr."[168]

Im Zuge der zweiten Fortschreibung, die Steck vor 302/1 v. Chr., dem Jahr der Einnahme Jerusalems durch Ptolemaios I., ansetzt, seien folgende Texte verfasst worden: in der ersten Buchhälfte 4,2 – 6; 29,17 – 24; 33,14 – 15 und in der zweiten 48,22; 51,16; 56,9 – 59,21*; 60,17 – 22; 62,8 – 9; 63,1 – 6. Auch diese Redaktion[169] habe ein einheitliches sachliches Profil: „Es wird weiterhin mit einem totalen Weltgericht Jahwes gerechnet; überraschend neu aber kommt jetzt auch Frevel im Gottesvolk selbst [...] in Blick, der die erwartete Heilswende bisher aufgehalten hat (Jes 58 f) und [...] dazu führen wird, dass auch ein Teil des Gottesvolkes zusammen mit der Völkerwelt dem Weltgericht anheimfallen und nur eine Heilsgemeinde der Frommen an der Heilswende teilhaben wird (59,20)."[170]

Im 3. Jahrhundert v. Chr. seien in einer dritten Fortschreibung weitere für das Gesamtbuch relevante Texte hinzugefügt worden: 12,1 – 6; 14,1 – 3; 56,1 – 8; 57,20 – 21; 58,13 – 14; 60,12; 63,7 – 66,24.[171] Im Unterschied zu der vorhergehenden schließt diese Bearbeitungsschicht vom Weltgericht „nicht nur die israelitischen Frommen, sondern auch bereits jetzt Angeschlossene aus den Völkern aus [...] und rechnet im Weltgericht selbst neu auch mit Überlebenden aus den Völkern (66,19 ff), die gleichfalls in das Heilsgeschehen einbezogen werden."[172]

Die spätesten Texte des Jesajabuchs sind Einzelzusätze, die eine unerwartet neue, die Völker einschließende Heilsperspektive bieten: 19,18 – 25 und 25,6 – 8.[173]

---

167 Vgl. Steck, *Studien*, 20 – 7.141 – 60, und Steck, *Abschluss der Prophetie*, 27 – 8 („Fortschreibung I"). Zur Datierung der Großjesaja-Redaktionen s. Steck, *Abschluss der Prophetie*, 73 – 111.

168 Steck, *Abschluss der Prophetie*, 67.

169 In Steck, *Studien*, 167 – 213, wird sie die „vorletzte Redaktion des Jesajabuchs", in Steck, *Abschluss der Prophetie*, 28, „Fortschreibung II" genannt.

170 Steck, *Abschluss der Prophetie*, 28.

171 Zur „Fortschreibung III", d. i. die letzte Redaktion des Jesajabuchs, s. Steck, *Studien*, 215 – 65; Steck, *Abschluss der Prophetie*, 29 – 30.

172 Steck, *Abschluss der Prophetie*, 29 – 30.

173 Vgl. Steck, *Abschluss der Prophetie*, 30.

Mit seinen Studien zum Jesajabuch nimmt Odil Hannes Steck nach Ansicht von Rolf Rendtorff eine methodische Zwischenstellung ein.[174] Auf der einen Seite versuche er, das Gesamtjesajabuch als *ein* (redaktionell gewachsenes) Werk zu erfassen. Auf der anderen Seite halte er aber an einer sehr ins Detail gehenden Literarkritik fest, die mit einer Fülle kaum noch nachvollziehbarer Einzelhypothesen operiert.

Rendtorffs Forderung nach einer „stärker auf größere Zusammenhänge gerichtete[n] Fragestellung"[175] und einer „Interpretation des jetzt vorliegenden Textes"[176] ist von Steck offensichtlich aufgenommen worden. In seinen späteren, stärker hermeneutisch ausgerichteten Arbeiten formuliert er als Hauptaufgabe der Exegese die „historische Synchronlesung" der Prophetenbücher: „Diese wendet sich [...] vorrangig nun dem prophetischen Einzelbuch selbst zu, und zwar so, wie es quellenmäßig gegeben ist. Dazu muss das Buch in seinem Ablauf von Anfang bis Ende folgerichtig und genau gelesen werden; es sind also große buch-, ja bücherweite Textzusammenhänge zu untersuchen!"[177]

Aufgrund seines frühen Todes konnte Odil Hannes Steck dieses ambitionierte Projekt nicht mehr verwirklichen. Auch seine Schüler und die von ihm beeinflussten Autoren legten keine buch- und bücherübergreifende Studien vor, sondern konzentrierten sich zunächst darauf, seine redaktionsgeschichtlichen Thesen in Teilbereichen des Jesajabuchs zu verifizieren und zu vertiefen.

3.2.5. Reinhard Gregor Kratz

Mit seiner 1991 erschienenen Habilitation[178] und einer Reihe von Einzelstudien[179] hat Reinhard Georg Kratz einen wichtigen Beitrag zur Erforschung des Jesaja-

---

174 Vgl. R. Rendtorff, „Jesaja 6 im Rahmen der Komposition des Jesajabuches", J. Vermeylen (Hg.), *The Book of Isaiah. Le livre d'Isaïe. Les oracles et leurs relectures, unité et complexité de l'ouvrage* (BEThL 81; Leuven: Leuven University Press; Uitgeverij Peeters, 1989) 75.

175 Rendtorff, „Jesaja 6", 76.

176 Rendtorff, „Jesaja 6", 74.

177 Steck, *Prophetenbücher*, 22. In O. H. Steck, *Gott in der Zeit entdecken. Die Prophetenbücher des Alten Testaments als Vorbild für Theologie und Kirche* (BThSt 42; Neukirchen-Vluyn: Neukirchener Verlag, 2001) 19, umschreibt er das exegetische Prozedere folgendermaßen: „Jetzt heißt es an sehr großen Textabfolgen im Alten Testament im ganzen und zusammengesehen zu arbeiten: also vom Gegebenen ausgehend und dann zur Rekonstruktion älterer Textfolgen zurückschreitend an ganzen Prophetenbüchern, ja womöglich an sogar gleichfalls noch sinntragenden Prophetenbücherfolgen."

178 R. G. Kratz, *Kyros im Deuterojesaja-Buch. Redaktionsgeschichtliche Untersuchungen zu Entstehung und Theologie von Jes 40–55* (FAT 1; Tübingen: J. C. B. Mohr [Paul Siebeck], 1991).

buchs, insbesondere von Jes 40 – 55, geleistet. Darüber hinaus hat er den redaktionsgeschichtlichen Ansatz seines Lehrers Odil Hannes Steck präzisiert und als unverzichtbares Werkzeug der Prophetenexegese erwiesen. Bevor wir auf die von ihm aufgeworfenen methodischen Grundsatzfragen eingehen, sollen in Kürze die wichtigsten Ergebnisse seiner eigenen Forschungsarbeit vorgestellt werden.

In seinen Studien zur Entstehung und Theologie von Jes 40 – 55 versucht Kratz, „das theologische Profil des Dtjes-Buches in seiner literarisch wie theologisch komplexen Einheit und Vielschichtigkeit genauer zu erfassen.“[180] Als Ausgangspunkt wählt er die Kyros-Texte, die anerkanntermaßen zum ältesten Kern dieser Kapitel gehören, als Methode „das Modell einer diachronen Kompositionskritik [...], das auf der einen Seite zwischen relativ selbstständigen Einheiten und späteren Zufügungen unterscheidet, auf der anderen Seite jedoch von Anfang an [...] mit weiteren literarischen Horizonten rechnet.“[181]

Auf der Grundlage einer sorgfältigen literar- und tendenzkritischen Analyse rekonstruiert Kratz eine Grundschicht, vier Ergänzungsschichten und einige späte Einzelzusätze. In der „deuterojesajanischen Grundschrift“ sei die Verkündigung des anonymen Propheten bald nach 539 v. Chr. erstmals aufgeschrieben worden.[182] Sie umfasse einen Textbestand, der von 40,12 – 31* bis 48,20 – 21 reicht und die Kyros-Aussagen 41,2 – 3.25; 45,1 – 7*; 46,11 enthält. Sie sei durch hymnische Stücke (42,10 – 13; 43,20 – 21; 44,23; 48,20 – 21) und Gerichtsreden (41,1 – 5*.21 – 29*; 43,9 – 13; 44,6 – 8; 45,20 – 21+46,9 – 11) strukturiert und durch den Prolog 40,1 – 5 und den Epilog 52,7 – 10 gerahmt.[183]

In der späten Kyros- oder in der Kambyses-Zeit sei diese Schrift um „Zions-Fortschreibungen“ erweitert worden. Diese seien vor allem in Kap. 49 – 54 zu finden: 49,14 – 26; 51,9 – 10.17 – 23*; 52,1 – 2; 54,1.

Aus der Zeit Darios' I. (520 – 515 v. Chr.) stamme die „Kyros-Ergänzungsschicht“, zu der u. a. 44,28; 45,1, die den Namen des Kyros nennen, 45,18.22 – 23; 48,12 – 15; 52,11 – 12 und vielleicht 55,3 – 5 gehören. Zur gleichen Zeit seien die aus einer separaten Sammlung stammenden Gottesknechtslieder 42,1 – 4; 49,1 – 6; 50,4 – 9; 52,13 – 53,12 eingefügt worden. Die Ergänzungsschicht habe den *Eved* mit Kyros identifiziert und diesen dadurch zum Statthalter des göttlichen Königs Jhwh stilisiert.

---

179 Die wichtigsten Arbeiten zum Jesajabuch sind in R. G. Kratz, *Prophetenstudien. Kleine Schriften II* (FAT 74; Tübingen: Mohr Siebeck, 2011), gesammelt.

180 Kratz, *Kyros im Deuterojesaja-Buch*, 14.

181 Kratz, *Kyros im Deuterojesaja-Buch*, 35.

182 Die Textbestandteile dieser und der übrigen Schichten sind in Kratz, *Kyros im Deuterojesaja-Buch*, 217, tabellarisch zusammengestellt.

183 Zu den Parallelen zwischen diesen Rahmentexten s. Kratz, *Prophetenstudien*, 203 – 4.

Mehr summarisch präsentiert Kratz zwei weitere Schichten, die dem Buch in der späteren Darios-Zeit und in der ersten Hälfte des 5. Jahrhunderts zugewachsen seien: die „Götzen-Schicht" und die „Ebed-Israel-Schicht". Zu der ersten gehörten die Texte, die nicht theologisch, sondern mit der materiellen Beschaffenheit der heidnischen Götter argumentieren (40,18–20; 41,6–7.24b.29b; 44,9–20; 45,15–17.20b; 46,5–7). Die zweite Schicht identifiziere den Gottesknecht mit dem Volk Israel und sei in 42,8–9.18–25 und 49,7–13 besonders deutlich zu greifen. Zu ihr gehörten auch Passagen, die heute in den Rahmen integriert sind: 40,9–11 und 55,6–13.

Zusammenfassend charakterisiert Reinhard Kratz die Entstehung des Jesajabuchs als einen Prozess der (Erst)verschriftung und Fortschreibung, als eine Bewegung vom Wort zur Schrift, „dem kaum mehr fassbaren, aber autoritativen Wort des anonymen Propheten am Ausgang des babylonischen Zeitalters im Exil, das, selbst Schrift geworden, mit dem Lauf der Dinge in nachexilischer Zeit immer neue, schriftliche Prophetien freisetzt und so zu dem Buch anwächst, das in der Begrenzung von Jes 40–55 (+ *60–62) zunächst wohl einmal selbstständig existierte, bevor es dann mit dem Ersten Jesaja vereinigt und unter seinem Namen überliefert wurde, schließlich in dem noch werdenden Jesajabuch des bis heute bestehenden Umfangs von Jes 1–66 seine Nachgeschichte hatte."[184]

In späteren Schriften erläutert der Autor die Grundlagen der redaktionsgeschichtlichen Methode.[185] Mit Odil Hannes Steck unterstreicht er, dass die Exegese bei dem Gegebenen, also bei dem vorliegenden Prophetenbuch anzusetzen habe. Nicht auflösbare Inkohärenzen dürften dabei aber nicht biblizistisch wegerklärt werden, sondern müssten als Signale aufgefasst werden, die die Annahme literarischer Vorstufen unausweichlich machten.[186] Der synchrone Befund verlange also *per se* nach einer diachronen Interpretation. „Die Diachronie ist nicht ohne Synchronie, die Synchronie aber auch nicht ohne Diachronie zu haben."[187]

---

184 Kratz, *Kyros im Deuterojesaja-Buch*, 218.
185 Siehe v. a. die programmatischen Aussagen in R. G. Kratz, „Die Redaktion der Prophetenbücher", ders. u. T. Krüger (Hg.), *Rezeption und Auslegung im Alten Testament und in seinem Umfeld. Ein Symposion aus Anlass des 60. Geburtstags von Odil Hannes Steck* (OBO 153; Freiburg, Schweiz: Universitätsverlag; Göttingen: Vandenhoeck & Ruprecht, 1997) 9–27.
186 "Gerade wenn man vom Gegebenen ausgeht, zeigen die Prophetenbücher historischer Nachfrage eine derart hochgradige Gestaltungs- und Aussagekomplexität, dass mit Werde- und Rezeptionsstufen innerhalb der Bücher(reihe) gerechnet werden muss" (Kratz, „Redaktion", 14).
187 Kratz, „Redaktion", 13.

3.2.6. Jürgen van Oorschot

Reinhard Kratz' Studie zum Deuterojesajabuch war bereits erschienen, als Jürgen van Oorschot seine Habilitationsschrift[188] publizierte. Dennoch wird sie von ihm nicht rezipiert. Neben persönlichen Gründen drückt sich darin auch die Schwierigkeit aus, die eigene Forschung mit den Resultaten anderer Autoren, die sich derselben Methode bedienen, zu verbinden. In der Tat kommt diese Arbeit zu einer deutlich abweichenden Sicht der Redaktionsgeschichte von Jes 40 – 55.[189]

Van Oorschot geht von einer „deuterojesajanischen Grundschicht" aus, die innerhalb des Textbereichs Jes 40 – 46 vier Teilsammlungen umfasse und in der Mitte des 6. Jahrhunderts v. Chr. entstanden sei.[190] Sie beginne mit einer ersten Teilsammlung, die aus den drei Disputationsworten 40,12 – 17*; 40,21 – 26 und 40,27 – 31 besteht. Die folgenden Sammlungen enthielten Gerichtsreden, die auf die Anerkennung des Anspruchs Jhwhs, alleiniger Gott zu sein, zielen (41,1 – 4; 41,21 – 29*; 43,8 – 13; 45,20 – 23*), und Heilsworte, die Israel das rettende Eingreifen seines Gottes verheißen (41,8 – 13; 41,14 – 16; 43,1 – 7*; 44,2 – 4 u. a.).

Diese Grundschicht präsentiere Jhwh als universalen Schöpfer und Herrn der Geschichte, beschränke das von ihm geschenkte Heil aber auf die *Golah*.[191] In 45,20 – 23* begegne allerdings „eine erste, vorsichtige Aufsprengung des üblichen Heilspartikularismus".[192]

Ähnlich wie Kratz geht auch dieser Autor davon aus, dass die Grundschrift in der nachexilischen Zeit (521/20 v. Chr.) eine zionstheologische Bearbeitung erfahren habe.[193] Diese „erste Jerusalemer Redaktion" habe den Prolog 40,1 – 5*.9 – 11 und den Epilog 52,7 – 10, die Hymnen 44,23 und 48,20 – 21 und das Babelkapitel Jes 47 hinzugefügt. Vor allem aber habe sie hinter Kap. 48 Texte angefügt, die von dem bisherigen und künftigen Geschick der personifizierten Stadt Jerusalem handeln (49,14 – 21*; 49,22 – 23; 51,9 – 10; 51,17.19; 52,1 – 2).

In der nachexilischen Zeit seien weitere Schichten hinzugekommen: zuerst die „Ebed-Jahwe-Lieder" (42,1 – 4; 49,1 – 6; 52,13 – 53,12),[194] dann drei weitere Schichten, die spezifische Antworten für ihre jeweiligen Adressaten geben, nämlich die „Naherwartungsschicht" (42,5 – 9.10 – 13.18 – 23*; 43,5 – 7*; 44,6 – 8.21 – 22 u. a.),

---

188 J. van Oorschot, *Von Babel zum Zion. Eine literarkritische und redaktionsgeschichtliche Untersuchung* (BZAW 206; Berlin; New York: Walter de Gruyter, 1993).

189 Zu einer tabellarischen Übersicht s. van Oorschot, *Von Babel*, 345 – 7.

190 Vgl. van Oorschot, *Von Babel*, 23 – 104.

191 Vgl. van Oorschot, *Von Babel*, 99.

192 Van Oorschot, *Von Babel*, 102.

193 Vgl. van Oorschot, *Von Babel*, 105 – 77.

194 Vgl. van Oorschot, *Von Babel*, 178 – 96.

die „sekundäre Zionsschicht" (45,14*.24 – 25; 49,24 – 26; 51,12 – 15.20 – 23 u. a., vor allem 54,1 – 17; 55,1 – 5) und die Schicht „Gehorsam und Segen" (43,22 – 24.26 – 28*; 48,1 – 11*.17 – 19), die bereits ein um Jes 60 – 62 erweitertes Textkorpus vorausset-ze.[195]

Ebenfalls nach der Hinzufügung der tritojesajanischen Kapitel, aber noch vor der letzten Redaktion sei eine Reihe götzenpolemischer Texte eingefügt worden. Van Oorschot identifiziert sie als eine eigene „Götzenbilderschicht" (40,18 – 20; 41,6 – 7; 42,17; 44,9 – 20; 45,16 – 17.20b; 46,5 – 8).[196]

Die Problematik des redaktionsgeschichtlichen Ansatzes lässt sich an dieser methodisch sehr sauberen Studie gut ablesen: die Subjektivität im Urteil darüber, welche Spannungen literarkritisch erträglich sind; die Tendenz, aus jeder theologischen Aussage eine eigene redaktionelle Schicht zu konstruieren; die Fragmentarisierung der Texte, die ihre Wahrnehmung als kompositionelle Einheiten verhindert. Der Eindruck des hypothetisch Rekonstruierten wird auch durch die kurze Zusammenfassung nicht behoben.[197] Als einzige übergreifende Perspektive bleibt der Weg „von Babel zum Zion". Ansonsten erscheinen die sechzehn Kapitel als ein Netz von Schichten und Fortschreibungen, das für den uninformierten Leser unentwirrbar bleiben muss. Nicht weniger als sechs Fortschreibungen sollen die Botschaft der Grundschicht ergänzt und korrigiert haben, „ohne jedoch entsprechende Texte auszuscheiden",[198] mit dem Ergebnis, dass widersprüchliche Israel- und Völker-Theologien stehen blieben.

Das Hauptinteresse des Autors richtet sich auf die hypothetischen Redaktionsschichten, nicht auf den Endtext und dessen literarische Gestalt. Damit entfällt aber auch die für einen Bibeltext konstitutive Dimension, dass er von dem Leser bzw. der Lesegemeinschaft als ein autoritatives Glaubensdokument aufgenommen werden will.

3.2.7. Uwe Becker

In seiner 1997 erschienenen Habilitation[199] versucht Uwe Becker die Entstehungsgeschichte des Protojesajabuchs zu rekonstruieren. Als Ergebnis seiner

---

195 Vgl. van Oorschot, *Von Babel*, 197 – 242.243 – 94.295 – 311.
196 Vgl. van Oorschot, *Von Babel*, 312 – 8. Sie stimmt im Wesentlichen mit der „Götzen-Schicht" von Kratz (s. o.) überein.
197 Vgl. van Oorschot, *Von Babel*, 319 – 24.
198 Van Oorschot, *Von Babel*, 321.
199 U. Becker, *Jesaja – von der Botschaft zum Buch* (FRLANT 178; Göttingen: Vandenhoeck & Ruprecht, 1997). Der Autor selbst präsentiert seine Studie in U. Becker, „Jesajaforschung",

Untersuchungen hält er fest, „dass dieses Prophetenbuch in der Hauptsache nicht durch Sammlung und redaktionelle Verknüpfung ursprünglich selbstständiger prophetischer Logien und Worte entstanden ist, sondern durch einen mehrphasigen Fortschreibungsprozess."[200]

Ähnlich wie Otto Kaiser geht er von einem relativ kleinen Anteil originaler Prophetenworte aus. So reduziert er die „Denkschrift", die er mit der Mehrheit der Exegeten für den literarischen Kern des Buches hält, auf die Berufungserzählung 6,1–8*, die Zeichenhandlung 8,1–4* und einige Drohworte gegen fremde Völker.[201] Das erste kleine Jesajabuch sei im Wesentlichen eine Heilsprophetie für Juda. Erst in der nachexilischen Zeit sei es unheilstheologisch überarbeitet worden (z. B. durch Hinzufügung des Verstockungsauftrags 6,5aβ.9.11 und der Gerichtsorakel gegen das eigene Volk wie 8,5–8a*), so dass Jesaja zum Gerichtsprediger gegen das Nord- *und* Südreich wurde.

Als weiterer Wachstumsring seien 5,1–24* und 9,7–20* hinzugekommen, um die harte Verstockungsbotschaft durch sozialkritische Anklagen und einen geschichtstheologischen Rückblick verständlicher zu machen. Diesem Korpus seien sukzessive Einleitungen vorangestellt worden: zuerst das Weinberglied 5,1–7, dann 3,1–7*.14–15, dann 2,6–19*.

Die durchgreifendste Neuausgabe gehe auf das Konto des „ungehorsams-theologischen" Redaktors. Er habe die jetzige Bucheinleitung 1,1–20* hinzugefügt und im Anschluss an Kap. 6–8 einen großen Teil der in Kap. 28–31 überlieferten Sprüche komponiert. Seine theologische Kernaussage sei ebenso einfach wie fundamental: „Das Gottesvolk ist von Grund auf ungehorsam; es hat, so die Lehre aus der Geschichte, »nicht gewollt«."[202]

Becker versteht es, das eindrucksvolle Bild einer lang anhaltenden, buch-immanenten Fortschreibungs- und Auslegungsgeschichte zu schaffen, das inhaltliche Spannungen (z. B. die Ambivalenz von Heil und Unheil) als Folge textgenetischer Prozesse erklärt. Innovativ und provozierend ist die These, Jesaja sei ein Heils-, ja, ein dem Königshaus loyaler Kultprophet gewesen. Das Fundament der redaktionsgeschichtlichen Rekonstruktionen, die Literarkritik, ist allerdings wie in den meisten Fällen diskutabel, und das Ergebnis, der in Bearbeitungsschichten aufgeteilte Text,[203] weckt Zweifel an dem literarischen „Taktgefühl" der postulierten Redaktoren.

130–2. Siehe auch H. C. P. Kim, „Recent Scholarship on Isaiah 1–39", A. J. Hauser (Hg.), *Recent Research on the Major Prophets* (RRBS 1; Sheffield: Sheffield Phoenix Press, 2008) 120.

200 Becker, *Jesaja*, 280.

201 Vgl. Becker, *Jesaja*, 282.

202 Becker, *Jesaja*, 284–5.

203 Vgl. Becker, *Jesaja*, 288–312.

Das hauptsächliche Defizit liegt aber darin, dass sich die Analyse auf Jes 1–39 beschränkt. So wird die Frage nach der Verknüpfung der Buchteile nicht diskutiert und die buchübergreifende Perspektive überhaupt ausgeblendet, obwohl sie, wie der Autor selbst gesteht, „der Sache nach die einzig angemessene ist."[204]

3.2.8. Ulrich Berges

Die diachrone (literarkritische und redaktionsgeschichtliche) Auslegung des Jesajabuchs[205] geht auch im 21. Jahrhundert ununterbrochen weiter. Dennoch kann diese kurze Präsentation mit der am Ende des vorigen Jahrhunderts erschienenen Monographie von Ulrich Berges[206] schließen. Sie ist insofern bemerkenswert, als sie die Entstehung *und* die Endgestalt des Buches untersucht. Sie interpretiert den Text also sowohl diachron als auch synchron und versucht auf diese Weise, die Kluft zwischen den beiden Ansätzen, der historisch-kritischen Methode und der Endtextexegese, zu überbrücken. Das Prophetenbuch selbst erfordere geradezu die Kombination der Methoden, denn „[e]s ist zu disparat, um als einheitlich, und zu einheitlich, um als völlig disparat gelten zu können."[207]

Die zeitliche und sachliche Priorität liegt dabei bei der synchronen Analyse. Der gegebene Text muss zuallererst in seiner literarischen Gestalt und inhaltlichen Aussage begriffen werden.[208] Doch muss sich „[d]as synchrone Harmoniebedürfnis […] immer wieder durch diachrone Zwischenrufe stören lassen."[209] Der auf Kohärenz bedachte Ausleger darf über die sprachlichen und inhaltlichen Span-

---

204 Becker, *Jesaja*, 20. Wenige Jahre später konstatiert er, die Forschung habe sich inzwischen einer solchen Gesamtperspektive zugewandt und achte nun vermehrt auf die kompositionelle, redaktionelle und theologische Einheit des Buches (vgl. U. Becker, „Jesajaforschung", 4).

205 Nicht unter diese Kategorie fallen Arbeiten wie B. D. Sommer, *A Prophet Reads Scripture. Allusion in Isaiah 40–66* (Stanford, CA: Stanford University Press, 1998), die Jes 40–66 auf einen einzigen Verfasser zurückführen. Ihr diachrones Interesse bezieht sich nur auf die äußeren literarischen Einflüsse („influence", „allusion"), nicht aber auf die Redaktionsprozesse innerhalb des Textkorpus.

206 Berges, *Buch Jesaja*. Das zweite Hauptwerk des Autors ist der Kommentar zu Jes 40–66, von dem bisher nur der erste Band erschienen ist: U. Berges, *Jesaja 40–48* (HThKAT; Freiburg; Basel; Wien: Herder, 2008). Darüber hinaus hat er eine Fülle von Artikeln und einen Überblick über die aktuelle Jesajaforschung (U. Berges, „Das Jesajabuch als Jesajas Buch. Zu neuesten Entwicklungen in der Prophetenforschung", *ThRv* 104 [2008] 3–14) vorgelegt.

207 Berges, „Das Jesajabuch", 3.

208 "Es wird zunächst darauf ankommen, das Buch als Ganzes auf synchroner Ebene möglichst genau in den Griff zu bekommen" (Berges, *Buch Jesaja*, 46).

209 Berges, *Buch Jesaja*, 46.

nungen nicht hinweglesen, er muss sie vielmehr als Signale begreifen, die auf Bearbeitungsvorgänge unterhalb der Textoberfläche hinweisen.

Berges nennt sein methodisches Vorgehen eine „diachron reflektierte Synchronie", ein Interpretationsansatz, „der zunächst von der Analyse der Oberflächenstruktur ausgeht, um dann dem textlichen Gewebe in seinen Verknüpfungen nachzugehen."[210]

Dieses hermeneutische Prinzip drückt sich in der Struktur der Arbeit selbst aus. Im Unterschied zu anderen diachronen Studien folgt sie nämlich dem biblischen Buch, wobei sie es in sechs Großabschnitte gliedert: Kap. 1–12; 13–27; 28–35; 36–39; 40–55; 56–66.[211]

Die Auslegung geht jeweils vom Aufbau der betreffenden Sektion aus, identifiziert dann die strukturierenden Elemente und fragt schließlich nach dem historischen und literarischen Hintergrund der einzelnen Passagen. Auf diese Weise entsteht ein zweidimensionales Gesamtbild, in dem sich die synchrone und die diachrone Perspektive durchdringen.[212]

Die Fülle der im Laufe der Untersuchung gemachten Einzelbeobachtungen wird im Schlusskapitel zusammengefasst und dann auch noch graphisch illustriert.[213] Das erste Schaubild zeigt den synchronen Aufbau des gesamten Jesajabuchs. Nach Auffassung von Berges enthält es einen regelrechten Plot: Der erste Teil (Kap. 1–35) schildere die Bewegung *gegen*, der zweite (Kap. 40–66) die Bewegung *zum* Gottesberg, „die, ausgehend von der Gola, über die weltweite Diaspora auch JHWH-Anhänger aus allen Völkern erfasst."[214] Die Erzählung über die Bedrohung und die wunderbare Rettung des Zion in Kap. 36–39 fungiere dabei als thematische Mitte.

Was die Redaktionsgeschichte betrifft, geht Berges von zwei unabhängig entstandenen Traditionen aus, eine protojesajanische in Kap. 1–32 und eine

210 Berges, *Buch Jesaja*, 536.
211 In U. Berges, *Jesaja. Der Prophet und das Buch* (Biblische Gestalten 22; Leipzig: Evangelische Verlagsanstalt, 2010) 50–158, werden daraus *sieben* Akte bzw. Kompositionseinheiten: I. Zion und Jerusalem zwischen Gericht und Heil (Kap. 1–12); II. Von Zions Feinden und Freunden und Jhwhs Königsherrschaft (Kap. 13–27); III. Der göttliche König und die Zionsgemeinde (Kap. 28–35); IV. Die Bedrohung und Errettung Zions und Jerusalems (Kap. 36–39); V. Jakob/Israel in Babel und seine Befreiung durch Kyrus (Kap. 40–48); VI. Die Restauration Zions und Jerusalems (Kap. 49–55); VII. Die Trennung der Gemeinde in Frevler und Fromme (Kap. 56–66).
212 Vgl. nur die einleitenden Ausführungen zu Jes 10,5–12,6: „Auf synchroner Ebene vollzieht sich mit dem »Wehe« gegen Assur (10,5) die Wende zum Besseren für das Gottesvolk [...]. Auf diachroner Ebene liegt mit Kapitel 10 ein äußerst kompliziertes Textgefüge vor [...]" (Berges, *Buch Jesaja*, 124).
213 Vgl. Berges, *Buch Jesaja*, 535–46.547–51.
214 Berges, *Buch Jesaja*, 539.

deuterojesajanische in Kap. 40–66, die sich ab dem beginnenden 5. Jahrhundert v. Chr. angenähert hätten.

Im ersten Buchteil unterscheidet er einen Grundbestand mit originalen Prophetenworten (z. B. 1,21–26; 2,12–17; 6,1–8,18*; 18*; 19*; 20; 22*) und vier Redaktionsstufen. In der Zeit des Königs Manasse sei der jesajanische Kernbestand durch Weherufe und das Gedicht von der ausgestreckten Hand gerahmt und zu 5,1–10,4 ausgebaut worden. Noch vorexilisch sei diese Komposition um 10,5–15 und 14,25–26 erweitert worden. In frühnachexilischer Zeit habe eine Wir-Gruppe, die sich als die in Jerusalem verbliebene Restgemeinde verstand, den Vorspann Kap. 1–4* und Passagen wie 6,9–11; 7,10–14a.17 und Kap. 11 geschaffen. Am Ende des 5. Jahrhunderts habe eine auf den Zion ausgerichtete Tradentengruppe („Zionsgemeinde") die bestehenden Texte redigiert, vor allem dadurch, dass sie die Völkersprüche „babylonisierte" und „zionisierte" und Kap. 32 als Schlusskapitel anfügte. In frühhellenistischer Zeit sei es noch zu einer protoapokalyptischen Bearbeitung gekommen.

Im Bereich von Jes 40–55 identifiziert Ulrich Berges eine von 40,12 bis 46,11 reichende Grundschrift, die er auf den anonymen Exilspropheten „Deuterojesaja" zurückführt (550–539 v. Chr.). Durch die „Gola-Redaktion" sei diese erweitert (42,1–4.10–12; 44,23) und verlängert worden (47,1–11; 48*). Zwei Jerusalemer Redaktionen (die eine nach 521, die andere in der Mitte des 5. Jahrhunderts) hätten diese Schrift ergänzt und mit einem Prolog (40,1–5.9–11 bzw. 40,3aα.6–8) und einem neuen Schluss (52,7–10.11–12 bzw. 54–55*) versehen.

Für den Textbereich Jes 56–66 nimmt der Autor drei Stufen an. In der ersten Hälfte des 5. Jahrhunderts habe „Tritojesaja" Zion Licht und Heil verheißen (Kap. 60–62), in der zweiten Hälfte habe die „Umkehr-Redaktion" das Heil auf die Bußfertigen eingeschränkt (56,9–59,21; 60,17–22) und im Übergang vom 5. zum 4. Jahrhundert habe die „Redaktion der Knechtsgemeinde" einerseits die Trennung zwischen Frevlern und Frommen und andererseits die Integration von Fremden propagiert (56,1–8; 63–66).

Die beiden letzten Redaktionen hätten auch den Buchanfang überarbeitet. Die „Umkehr-Redaktion" habe 1,27–28 und 2,2–5 eingefügt, um den Zusammenhang zwischen der Läuterung Zions und der Wallfahrt der Völker hervorzuheben, und die „Knechtsredaktion" habe 1,29–31 geschaffen, um Anhänger fremder Kulte von diesem Heil auszuschließen.[215] Das Großjesajabuch in seiner endgültigen Gestalt sei somit durch eine doppelte theologische Klammer zusammengehalten.

---

215 Zur Redaktionsgeschichte von 1,27–31; 2,1–5 vgl. Berges, *Buch Jesaja*, 69–76.

3.3. Die synchrone, intertextuelle Erforschung des Jesajabuchs

Die hier nur angedeuteten Ergebnisse der redaktionsgeschichtlichen Forschung zeigen, welch komplexe literarische Prozesse das vorliegende Jesajabuch hervorgebracht haben. Dabei bleibt vieles notgedrungen hypothetisch. Auch wenn über einige Grunddaten inzwischen ein weitgehender Konsens besteht (ein Grundbestand an Jesajaworten; eine vorexilische Redaktion des Protojesaja; eine deuterojesajanische Grundschicht; mehrere nachexilische Redaktionen im Bereich des Deutero- und Tritojesaja; eine das Großjesajabuch betreffende Schlussredaktion), ist die genaue Zuordnung und Datierung der Texte weiterhin umstritten.

Der diachrone Ansatz muss deshalb durch den synchronen ergänzt werden (wie umgekehrt der synchrone durch den diachronen). Das wird in der modernen Exegese immer deutlicher gesehen[216] und durch die Begriffe der „historischen Synchronlesung" (Odil Hannes Steck) und der „diachron reflektierten Synchronie" (Ulrich Berges) angezeigt. Das Problem, wie die Ansätze miteinander kombiniert werden, ist damit jedoch noch nicht gelöst. Grundsätzlich ist sogar zu fragen, ob sich die so unterschiedlichen Vorgänge der Textproduktion und der Textrezeption in *einer* Arbeit überhaupt mit gleicher Intensität erforschen lassen.

Angesichts der komplizierten Forschungslage erscheint das in 3.2.4. erwähnte Postulat von Rolf Rendtorff berechtigt, „sich zunächst einmal den Blick freizuhalten für Beobachtungen auf der synchronen Ebene des jetzigen Textes, ohne dabei jeweils den Versuch zu machen, die auftauchenden Fragen auf der diachronen Ebene mit den bisher üblichen, d. h. im Wesentlichen literarkritischen Fragestellungen zu beantworten."[217]

---

216 Zum Nebeneinander von Diachronie und Synchronie in der modernen Jesajaexegese s. H. G. M. Williamson, „Synchronic and Diachronic in Isaian Perspective", J. C. de Moor (Hg.), *Synchronic or Diachronic? A Debate on Method in Old Testament Exegesis* (OTS 34; Leiden; New York; Köln: E. J. Brill, 1995) 211–226; R. Rendtorff, „The Book of Isaiah. A Complex Unity. Synchronic and Diachronic Reading", R. F. Melugin u. M. A. Sweeney (Hg.), *New Visions of Isaiah* (JSOT.S 214; Sheffield: Sheffield Academic Press, 1996) 32–49. Vgl. das zusammenfassende Urteil bei J. Kreuch, *Das Amos- und Jesajabuch. Eine exegetische Studie zur Neubestimmung ihres Verhältnisses* (BThSt 149; Neukirchen-Vluyn: Neukirchener Verlagsgesellschaft, 2014) 5: „Auch beim Jes-Buch werden die redaktionellen Anteile heute verstärkt gewürdigt und es besteht ein gesteigertes Interesse an der Wahrnehmung seiner Endgestalt sowie seiner kompositionellen Struktur und synchronen Aussage."
217 Rendtorff, „Jesaja 6", 81. Vgl. die Aussagen desselben Autors über das gewandelte Forschungsinteresse der modernen Exegese: „The first and main question is no longer, What was the »original« meaning of this text?, and also not, When and how had this text been incorporated into

Ein solches Verfahren legt sich auch für die vorliegende Studie, die ja nicht das Entstehen des Jesajabuchs, sondern ein literarisches Motiv und seine bibeltheologische Bedeutung untersuchen will, nahe. Das bedeutet: nach der Aussage des Endtextes und nur von Fall zu Fall nach literarischen Vorstufen zu fragen. Und darüber hinaus: nicht zu spekulieren, was der Text für den *bedeutete*, der ihn komponierte, sondern was er für den *bedeutet*, der ihn heute rezipiert.

Einem schon mehrfach zitierten Votum folgend, nimmt unsere Exegese das Prophetenbuch als Ausgangspunkt. Es ist der primäre Kontext, in dem die einzelnen Texte gelesen werden wollen. Dabei ist unter den neueren Interpretationsansätzen die *intertextuelle* Lektüre besonders geeignet, um den ganzen Jesaja zu erfassen und das in vielen Varianten bezeugte Völkerwallfahrtsmotiv literarisch und theologisch darzustellen. An dieser Stelle kann es nicht darum gehen, diesen Ansatz als solchen zu begründen. Das ist in zahlreichen Publikationen geschehen.[218] Vielmehr wollen wir angesichts der unterschiedlichen, z.T. widersprüch-

---

its present context?, but, What is the meaning of the text in its given context?" (Rendtorff, „Book of Isaiah", 40).

218 Zu den theoretischen Grundlagen der intertextuellen Schriftauslegung s. W. S. Vorster, „Intertextuality and Redaktionsgeschichte", S. Draisma (Hg.), *Intertextuality in Biblical Writings. Essays in Honour of Bas van Iersel* (Kampen: Uitgeversmaatschappij J. H. Kok, 1989) 15 – 26; D. N. Fewell (Hg.), *Reading between Texts. Intertextuality and the Hebrew Bible* (LCBI; Louisville, KY: Westminster/John Knox Press, 1992); G. W. Buchanan, *Introduction to Intertextuality* (MBPS 26; Lewiston, NY; Queenston; Lampeter: Edwin Mellen Press, 1994); G. Aichele u. G. A. Phillips (Hg.), *Intertextuality and the Bible* (Sem 69/70; Atlanta, GA: Scholars Press, 1995) 7 – 18; M. Fishbane, „Types of Biblical Intertextuality", A. Lemaire u. M. Sæbø (Hg.), *Congress Volume Oslo 1998* (VT.S 80; Leiden; Boston, MA; Köln: Brill, 2000) 39 – 44; K. Nielsen, „Intertextuality and Hebrew Bible", A. Lemaire u. M. Sæbø (Hg.), *Congress Volume Oslo 1998* (VT.S 80; Leiden; Boston, MA; Köln: Brill, 2000) 17 – 31; P. K. Tull, „Intertextuality and the Hebrew Scriptures", *CR.BS* 8 (2000) 59 – 90; S. Seiler, „Intertextualität", H. Utzschneider u. E. Blum (Hg.), *Lesarten der Bibel. Untersuchungen zu einer Theorie der Exegese des Alten Testaments* (Stuttgart: W. Kohlhammer, 2006) 275 – 293; S. Alkier u. R. B. Hays, *Kanon und Intertextualität* (KlSchrEvTh 1; Frankfurt am Main: Verlag Otto Lembeck, 2009); G. D. Miller, „Intertextuality in Old Testament Research", *CBR* 9 (2010/11) 283 – 309; D. M. Carr, „The Many Uses of Intertextuality in Biblical Studies. Actual and Potential", M. Nissinen (Hg.), *Congress Volume Helsinki 2010* (VT.S 148; Leiden; Boston, MA: Brill, 2012) 505 – 535; D. I. Yoon, „The Ideological Inception of Intertextuality and Its Dissonance in Current Biblical Studies", *CBR* 12 (2013) 58 – 76; R. L. Meek, „Intertextuality, Inner-Biblical Exegesis, and Inner-Biblical Allusion. The Ethics of a Methodology", *Bib.* 95 (2014) 280 – 91. Beispiele für die intertextuelle Interpretation der Bibel sind u. a. P. D. Miscall, „Isaiah. New Heavens, New Earth, New Book", D. N. Fewell (Hg.), *Reading between Texts. Intertextuality and the Hebrew Bible* (LCBI; Louisville, KY: Westminster/John Knox Press, 1992) 41 – 56; P. T. Willey, *Remember the Former Things. The Recollection of Previous Texts in Second Isaiah* (SBL.DS 161; Atlanta, GA: Scholars Press, 1997); B. D. Sommer, *A Prophet Reads*; G. Steins, *Die „Bindung Isaaks" im Kanon (Gen 22). Grundlagen und Programm einer kanonisch-intertextuellen Lektüre. Mit einer*

lichen Auffassungen diejenigen methodischen Prinzipien erläutern, die unsere
Auslegung leiten.

3.4. Text und Intertext

Das auf den sprachwissenschaftlichen Forschungen von Julia Kristeva, Michail
Bachtin, Roland Barthes u. a. basierende Konzept der *Intertextualität* hat in der
modernen Bibelwissenschaft eine immer größere Bedeutung erlangt. Die Einsicht,
dass kein Text für sich allein steht, sondern eine „Kreuzung" darstellt, an der sich
Texte unterschiedlicher Provenienz begegnen,[219] dass jeder Text als Mosaik von
Zitaten, durch Aufnahme und Transformation anderer Texte entsteht,[220] hat auch
der biblischen Exegese neue Wege gewiesen. Sie hat die Notwendigkeit einer
synchron ausgerichteten intertextuellen Interpretation aufgezeigt, nicht als Er-
satz, sondern als Ergänzung zu der diachron vorgehenden und autorzentrierten
historisch-kritischen Methode.[221] Eine solche (in der Regel) am Endtext orientierte
Lektüre achtet auf die vielfältigen Beziehungen, die den zu untersuchenden Text
mit anderen biblischen (und ggf. außerbiblischen) Texten verbinden.[222] Sie hebt

---

Spezialbibliographie zu Gen 22 (HBS 20; Freiburg; Basel; Wien; Barcelona; Rom; New York: Herder,
1999); Seremak, *Psalm 24*; U. Sals, *Die Biographie der „Hure Babylon". Studien zur Intertextualität
der Babylon-Texte in der Bibel* (FAT II.6; Tübingen: Mohr Siebeck, 2004); J. T. Hibbard, *Intertextuality in Isaiah 24 – 27. The Reuse and Evocation of Earlier Texts and Traditions* (FAT II.16; Tübingen: Mohr Siebeck, 2006); M. R. Stead, *The Intertextuality of Zechariah 1 – 8* (LHBOTS 506; New
York; London: T & T Clark International, 2009); S. Seiler, *Text-Beziehungen. Zur intertextuellen
Interpretation alttestamentlicher Texte am Beispiel ausgewählter Psalmen* (BWANT 202; Stuttgart:
W. Kohlhammer, 2013).
219 Vgl. J. Kristeva, „Le mot, le dialogue et le roman", dies., Σημειωτικὴ. *Recherches pour une
sémanalyse (Extraits)* (Paris: Seuil, 1978) 84: „[L]e mot (le texte) est un croisement de mots (de
textes) où on lit au moins un autre mot (text)."
220 Vgl. Kristeva, „Le mot", 85: „[T]out texte se construit comme mosaïque de citations, tout texte
est absorption et transformation d'un autre texte. A la place de la notion d'intersubjectivité
s'installe celle d'*intertextualité*, et le langage poétique se lit, au moins, comme *double*" [Hervor-
hebungen i. Orig.].
221 Dass und wie sich in der Exegese synchrone Betrachtung und diachrone Analyse ver-
schränken sollten, hat E. Blum, „Vom Sinn und Nutzen der Kategorie »Synchronie« in der Exegese", W. Dietrich (Hg.), *David und Saul im Widerstreit – Diachronie und Synchronie im Wettstreit.
Beiträge zur Auslegung des ersten Samuelbuches* (OBO 206; Fribourg: Academic Press; Göttingen:
Vandenhoeck & Ruprecht, 2004) 16 – 30, aufgezeigt.
222 Die zur Auslegung herangezogenen Texte werden in der Literatur unterschiedlich benannt:
Referenztexte, Intertexte, Prätexte, Hypotexte u. ä. (vgl. Steins, *Bindung Isaaks*, 100 n.68). Wir
verwenden im Folgenden vorwiegend den Terminus „Intertext". Er hat den Vorzug, dass er die
Reziprozität der Beziehung betont und für beide Texte gebraucht werden kann.

den einzelnen Text also *qua* Methode aus seiner Isolierung heraus und nimmt ihn als Knotenpunkt in einem Netz intertextueller Relationen wahr. Zum anderen stellt sie dem Textproduzenten den Textrezipienten (Hörer, Leser) als zweite sinnstiftende Instanz zur Seite. Bedeutung wird demnach nicht einfach durch den Verfasser vorgegeben, sondern „entsteht in der Relation, im Dialog des Textproduzenten und des Textrezipienten auch mit anderen Texten."[223]

Angesichts der Uneinigkeit über das richtige Intertextualitätskonzept und darüber, wie die intertextuelle Erforschung der Bibel durchzuführen sei, haben einige Autoren in jüngster Zeit auf eine terminologische Klärung gedrängt.[224] Nach ihrer Überzeugung sollten nur diejenigen Studien intertextuell genannt werden, die Text-Text-Beziehungen auf der Ebene des Endtextes analysieren, unabhängig davon, ob sie von dem Autor oder Redaktor bewusst geschaffen wurden. Studien also, die untersuchen, wie Texte aufeinander bezogen sind (bestätigend, transformierend, negierend...) bzw. wie sie im Vorgang des Lesens miteinander verknüpft werden, nicht aber, wie diese sich zeitlich zueinander verhalten und ob der eine den anderen literarisch beeinflusst hat.[225] Der Ausdruck solle also nicht für Text-Text-Beziehungen in autorzentrierten, diachronen Studien verwendet werden. In diesem Fall handle es sich um Zitate, Anspielungen, Echos u. ä., mit denen sich der Verfasser auf frühere Texte bezieht, sie in seinen Text „einspielt", um dessen Aussage anzureichern oder um ihn durch eine dem Leser bekannte Vorlage zu autorisieren.[226]

Das Anliegen dieser Autoren ist berechtigt. Interpretationen, die sich von ihrem methodologischen Ansatz her prinzipiell unterscheiden, sollten auch terminologisch auseinandergehalten werden. Das bedeutet jedoch nicht, dass der Ausleger sich exklusiv auf eine der beiden Vorgehensweisen festlegen muss. Die synchrone Wahrnehmung eines Textes (einer kürzeren oder längeren Passage, einer Sektion, eines biblischen Buchs, einer Buchgruppe oder der ganzen Bibel) schließt ja nicht aus, dass, methodisch abgesetzt, auch nach literarischen Vor-

---

223 Seremak, *Psalm 24*, 24.

224 Vgl. G. D. Miller, „Intertextuality"; Carr, „Many Uses", und den ebenso knappen wie präzisen Artikel von Meek, „Intertextuality".

225 So jüngst noch einmal D. J. A. Clines, „Contemporary Methods in Hebrew Bible Criticism", M. Sæbø (Hg.), *Hebrew Bible/Old Testament. The History of Its Interpretation III. From Modernism to Post-Modernism (The Nineteenth and Twentieth Centuries). Part 2. The Twentieth Century – From Modernism to Post-Modernism* (HBOT 3.2; Göttingen; Bristol, CT: Vandenhoeck & Ruprecht, 2015) 157: „the study of relations between texts when that relation is not conceived of in terms of literary dependence but of similarity or dissimilarity."

226 Als übergreifenden Terminus für derartige intentionale Text-Text-Beziehungen schlägt G. D. Miller, „Intertextuality", 305, „inner-biblical exegesis" oder „inner-biblical allusion" vor. Zum Unterschied zwischen diesen beiden Phänomenen s. Meek, „Intertextuality", 284 – 90.

stufen gefragt wird. Wer den Rezeptionsvorgang betont und sich dafür interessiert, wie der Leser (der damalige, heutige oder implizite)[227] durch seine Lektüre die Bedeutung eines Textes mitkonstituiert, braucht nicht darauf zu verzichten, auch nach der Intention des Autors zu fragen, soweit sich diese überhaupt ermitteln lässt.[228]

Wie aber lässt sich eine Auslegung, die eine oft als unvermeidlich erachtete Dichotomie überwinden will, rechtfertigen? Unmöglich wäre sie nur, wenn „diachron" und „synchron", „produktionsästhetisch" und „rezeptionsästhetisch", „autororientiert" und „leserorientiert" einander ausschließende, kontradiktorische Begriffe wären. Tatsächlich wird die Bedeutung eines Textes aber weder allein vom Produzenten noch allein vom Rezipienten geschaffen, sie lässt sich weder auf die „intentio auctoris" noch auf die „intentio lectoris" reduzieren. Zwischen beiden steht ja der Text als solcher. Er ist der „Abdruck", den der nicht mehr befragbare und im Fall der Bibel meist anonyme Verfasser hinterlassen hat, und gleichzeitig die „Form", die dem Leser vorgegeben ist und die eine willkürliche Deutung verhindert oder zumindest beschränkt.[229] Sowohl der autorzentrierte als auch der leserzentrierte Interpretationsansatz sind demzufolge auf den Text verwiesen. Während der eine aus ihm die „dahinter liegende Welt" des Autors bzw. der Autoren rekonstruiert, deutet der andere mit seiner Hilfe die „davor liegende Welt" des Rezipienten. In beiden Fällen ist es der vorgegebene Text, der den Überschritt von der einen in die andere „Welt" ermöglicht. Er ist derselbe für denjenigen, der die Entstehungsgeschichte der Texte und ihre literarische Abhängigkeit studiert, und denjenigen, der das Verhältnis von Text und Intertext im Endtext analysiert. Die aus konkreten textlichen Phänomenen (einschließlich des impliziten Autors und des impliziten Lesers) erschließbare „intentio operis" ist deshalb die Grundlage des diachronen wie des synchronen, des autorzentrierten

---

[227] Auf diese Unterscheidung macht Steins, *Bindung Isaaks*, 87–8, aufmerksam. Er selbst versetzt sich bei seiner Auslegung in die Rolle des vom Autor intendierten, im Text implizierten Lesers.

[228] Wir erinnern an dieser Stelle noch einmal an die von Ulrich Berges postulierte „diachron reflektierte Synchronie", die die Endtextlesung und die redaktionskritische Analyse kombiniert, um sowohl die literarische Gestalt als auch die kompositorische Entwicklung des Textes aufzuzeigen.

[229] Diese Funktion des Textes als „Grenze" für die Sinnfindung des Rezipienten hat U. Eco, *I limiti dell'interpretazione* (Milano: Bompiani, 1990) 15–38, hervorgehoben. Für ihn entsteht Bedeutung aus dem Zusammenspiel von „intentio auctoris", „intentio operis" und „intentio lectoris". Zu den Grundlagen seiner sprachwissenschaftlichen Theorie s. H. Utzschneider, „Text – Leser – Autor. Bestandsaufnahme und Prolegomena zu einer Theorie der Exegese", *BZ* 43 (1999) 226–35.

wie des leserzentrierten Zugangs, das gemeinsame Fundament, auf dem unterschiedliche Interpretationswege beschritten werden können.

So sind absichtliche Anspielungen zwar *formal* von unabsichlichen intertextuellen Relationen zu unterscheiden, *material*, d. h. von den greifbaren Textphänomenen her fallen sie mit diesen aber zusammen. Dabei ist Intertextualität insofern der umfassendere Begriff, als sie die literarischen Verbindungen zwischen Texten studiert, unabhängig davon, ob sie intentional oder nicht intentional entstanden sind. Zitate und Anspielungen können von daher als eine besondere Form von Intertextualität betrachtet werden, bei der die kontextuelle Beziehung nicht nur vom Leser konstruiert, sondern auch vom Verfasser intendiert und in den Text „hineingelegt" ist.

Die bloße Tatsache, dass zwei Texte derselben Textwelt (demselben literarischen Korpus) angehören, schafft bereits ein intertextuelles Verhältnis. Sie sind Intertexte *per definitionem*, auch wenn sie keinen literarischen Einfluss aufeinander ausüben und keine inhaltlichen oder formalen Parallelen aufweisen. Damit es überhaupt eine intertextuelle Lektüre geben kann, müssen die Intertexte deshalb auf diejenigen beschränkt werden, die bestimmte textliche (lexikalische, syntaktische, stilistische, strukturelle, thematische) Merkmale mit dem zu behandelnden Text teilen. Nur solche Texte, die dieselben oder ähnliche *Referenzsignale*[230] aufweisen, sind bedeutungsrelevant. Anders ausgedrückt: Die eigentlichen, signifikanten Intertexte eines gegebenen Textes müssen anhand von Referenzsignalen identifiziert werden. Ein einzelnes Lexem genügt dafür in der Regel nicht. Um als Referenzsignal zu gelten, braucht es ein Syntagma aus zwei und mehr Lexemen, eine parallele formale Struktur oder ein Thema, das die beiden Texte verbindet.[231]

Mit Jerzy Seremak kann der Verlauf der intertextuellen Auslegung folgendermaßen beschrieben werden: „In der ersten Phase erscheint dem Leser während seiner intratextuellen Lektüre ein Intertextualitätssignal. Es verleitet ihn dazu, seinem Hinweis nachzugehen. In der zweiten Phase geht der Leser diesem Hinweis

---

230 Diesen Terminus bevorzugt Steins, *Bindung Isaaks, passim.* Als Synonyme werden auch die Begriffe „Intertextualitäts-Indikatoren" (Seiler, „Intertextualität", 280–283) und „Intertextualitätsmerkmale" (Seremak, *Psalm 24*, 24–31) verwendet.
231 Vgl. Carr, „The Many Uses", 519: „The common use of a single root [...] is hardly a sufficient basis for positing a specific textual relationship." Kriterien für die Identifikation von Text-Text-Beziehungen sind nach G. D. Miller, „Intertextuality", 294–8, „shared language", „shared content" und „formal resemblances".

nach und identifiziert die Prätexte. In der dritten Phase kehrt der Leser zur Lektüre des Textes zurück und deutet ihn im Lichte der Prätexte neu."[232]

Mittels dieses exegetischen Prozedere wird nicht nur die Bedeutung des auszulegenden Textes, sondern auch die des Referenztextes geklärt oder überhaupt erst bestimmt. „Prätext und Folgetext treten in einen Dialog, ja geradezu in einen theologischen Diskurs miteinander. Durch dieses »intertextuelle Gespräch« können sich bei beiden erweiterte Sinndimensionen bzw. Reinterpretationen ergeben."[233] Dabei wachsen nicht nur den Texten selbst neue Bedeutungen zu, ihr kontextuelles Verstehen schafft darüber hinaus die Voraussetzung, um die behandelten Themen in ihren unterschiedlichen Aspekten genauer zu erfassen. Auf diese Weise öffnet die intertextuelle Lektüre den Weg von der Analyse des Einzeltextes zu einer mehrere Intertexte umfassenden theologischen Synthese.

3.5. Der Kanon als privilegierter Kontext

Jeder Text hat eine potentiell unbegrenzte Zahl von Intertexten. Seine intertextuellen Relationen beschränken sich nämlich nicht auf die zuvor und gleichzeitig entstandenen Texte, sondern schließen auch die mit ein, die nach ihm entstanden sind und noch entstehen werden. Damit der Lektüre- und Interpretationsprozess geleistet werden kann, muss also in jedem Fall eine Auswahl aus der Fülle kontextualisierbarer Texte getroffen werden. Für die biblischen Texte ist dieser privilegierte Kontext natürlicherweise der *Kanon*, die Sammlung der für die jüdische und christliche Glaubensgemeinschaft autoritativen Schriften. Die ihnen angemessene Form der Auslegung ist deshalb die *kanonisch-intertextuelle* Lektüre, ein hermeneutischer Ansatz (keine exegetische Methode!), der die wesentlichen Grundsätze der Intertextualität mit denen des „canonical approach" (im Sinne von Brevard S. Childs) zusammenbringt.[234]

---

232 Seremak, *Psalm 24*, 30. Ganz ähnlich beschreibt Seiler, „Intertextualität", 285, die drei Schritte der Auslegung: „das Erkennen der intertextuellen Signale, die Identifizierung der Referenztexte sowie die integrative Interpretation des manifesten Textes unter Einbeziehung der festgestellten intertextuellen Relation."
233 Seiler, „Intertextualität", 287.
234 Zur theoretischen Begründung und praktischen Durchführung der kanonisch-intertextuellen Lektüre s. v. a. Steins, *Bindung Isaaks*. Vgl. C. Dohmen, „Wenn Texte Texte verändern. Spuren der Kanonisierung der Tora vom Exodusbuch her", E. Zenger (Hg.), *Die Tora als Kanon für Juden und Christen* (HBS 10; Freiburg; Basel; Wien; Barcelona; Rom; New York: Herder, 1996) 35–60; G. Steins, „Kanonisch lesen", H. Utzschneider u. E. Blum (Hg.), *Lesarten der Bibel. Untersuchungen zu einer Theorie der Exegese des Alten Testaments* (Stuttgart: W. Kohlhammer, 2006) 45–64;

Der biblische Kanon bildet dabei nicht nur den äußeren Rahmen, in dem das „intertextuelle Spiel" stattfindet, er prägt durch seine besondere Tektonik (im Falle der hebräischen Bibel durch die Dreiteilung in Torah, Propheten und Schriften) den Intertextualisierungsvorgang als solchen. Auf diese Weise entsteht eine „konturierte Intertextualität",[235] in der die kanonische Abfolge der Bücher und Buchgruppen die Leserichtung vorgibt. Die intertextuelle Lektüre müsste demnach grundsätzlich verschieden sein, je nachdem, ob sie bei der Torah, dem „Kanon im Kanon",[236] einsetzt und zu den Propheten und Schriften weiterläuft oder ob sie (wie unsere Studie) bei den Propheten beginnt und von dort aus teils nach vorne zu der Torah, teils nach hinten zu den Schriften ausgreift.

Die Schwierigkeit eines solchen Unternehmens, das nicht nur einzelnen Hypotexten nachgeht, sondern bei der Lektüre dem „kanonischen Gefälle" folgt, ja, dieses anhand des konkreten Beispiels überhaupt erst zum Vorschein bringt, ist enorm. Sie zeigt sich bereits in Studien, die einen einzigen Text behandeln. So beschränkt sich Georg Steins in seiner Auslegung von Gen 22 darauf, den kanonisch-intertextuellen Konstellationen innerhalb der Torah nachzugehen.[237] Von einer *kanonischen* Auslegung kann daher im Grunde nicht die Rede sein. Im Unterschied dazu unternimmt es Jerzy Seremak, alle Intertexte von Ps 24 aufzufinden, zu analysieren und aufzuzeigen, was sie zur Bedeutung des Ausgangstextes beitragen.[238] Dadurch, dass er aber selbst einzelne Lexeme als Referenztexte gelten lässt, steigt deren Zahl so sehr an, dass er auf eine am Kanon ausgerichtete konturierte Intertextualität nicht mehr achten kann.

Für unsere Studie, die nicht weniger als elf Texte aus *einem* biblischen Buch behandelt, erscheint eine konsequente kanonisch-intertextuelle Lektüre von daher nicht geeignet. Nicht so sehr, weil sie nichtbiblische Bezugstexte wie die neuassyrischen Königsinschriften ausschließen müsste, sondern vor allem, weil sie den Umfang der Arbeit sprengen würde. Um dem Kanon als dem eigentlichen Interpretationsrahmen gerecht zu werden, müssten ja alle inhaltlich verwandten Texte aus dem Alten Testament untersucht und dann noch die neutestamentlichen Parallelen herangezogen werden.

G. Steins, *Kanonisch-intertextuelle Studien zum Alten Testament* (SBAB 48; Stuttgart: Katholisches Bibelwerk, 2009); Alkier u. Hays, *Kanon und Intertextualität*.

235 Dieser Ausdruck von N. Lohfink, „Eine Bibel – zwei Testamente", C. Dohmen u. T. Söding (Hg.), *Eine Bibel – zwei Testamente. Positionen biblischer Theologie* (UTB 1893; Paderborn; München; Wien; Zürich: Verlag Ferdinand Schöningh, 1995) 79, ist von Steins, *Bindung Isaaks*, 80, aufgegriffen und für die intertextuelle Auslegung von Bibeltexten fruchtbar gemacht worden.

236 N. Lohfink, „Eine Bibel", 79.

237 Zur Begründung seines selektiven Vorgehens s. Steins, *Bindung Isaaks*, 134.

238 In der bereits erwähnten Monographie Seremak, *Psalm 24*.

Im Unterschied zu Seremak verzichten wir deshalb darauf, der Intertextualität aller vorkommenden Syntagmen nachzugehen. Stattdessen konzentrieren wir uns auf die Ausdrücke, die das Thema im engeren Sinn betreffen, beschränken die Referenztexte weitgehend auf die hebräische Bibel und bevorzugen unter diesen diejenigen, die dem auszulegenden Text zeitlich, formal und inhaltlich näher stehen. Uns ist bewusst, dass damit nur der erste Schritt getan ist, um in einer künftigen Monographie die Völkerwallfahrt als ein theologisches Grundthema zu beschreiben, das die ganze Bibel, von der Torah bis zu den Schriften und darüber hinaus bis zu dem letzten Buch des Neuen Testaments, der Apokalypse, durchzieht.

3.6. Der Rezipient, die Rezeptionsgemeinschaft

Nach dem neuzeitlichen Intertextualitätskonzept ist die Bedeutung eines Textes nicht durch vorgegebene Text-Text-Relationen festgelegt, sondern wird durch den Rezipienten/die Rezipientin geschaffen, indem er/sie den Text mit anderen verwandten Texten verbindet. Auch wenn der auszulegende Text durch Referenzsignale auf seine Intertexte hinweist, müssen diese doch erkannt, benannt und ausgewertet werden. Die intertextuelle Auslegung ist deshalb sowohl text- als auch leserbezogen, ja, sie vollzieht sich gerade durch die Interaktion von Text und Leser.[239]

Dabei handelt sich nicht nur um ein literarisches Verhältnis, sondern um einen kulturellen und ethischen Austausch.[240] Dies gilt vor allem für die Heiligen Schriften, die nicht nur gelesen und verstanden, sondern „gehört und getan" werden wollen (vgl. Ex 24,7). Durch ihre Lektüre begegnet der Rezipient der Kultur, den philosophischen Einsichten, den ethischen Werten und Handlungsmodellen der Bibel und wird, sofern er sie „als Textformular der Kommunikation zwischen Mensch und Gott"[241] anerkennt, dazu aufgerufen, seine Existenz nach ihnen auszurichten. Der biblische Text verändert also diejenigen, die ihn lesen und

---

239 So Seiler, „Intertextualität", 283–6. Vgl. Williamson, „Synchronic and Diachronic", 213: „The only two certainties are the *text* as it now exists and myself as its *reader* interacting with it in order to create meaning."
240 Vgl. Aichele u. Phillips, *Intertextuality*, 13: „the phenomenon of intertextuality as a cultural and ethical matter." Hinter dem dadurch angezeigten Anspruch bleibt Seiler, „Intertextualität", 287, zurück, wenn er die Rolle der Rezipienten darauf reduziert, dass sie „in dieses [intertextuelle] Gespräch mit einbezogen und zu einer eigenen theologischen Stellungnahme herausgefordert [werden]."
241 Seremak, *Psalm 24*, 31.

interpretieren.[242] Gleichzeitig garantieren diese durch ihr aktives Rezipieren, dass er nicht „toter Buchstabe" bleibt, sondern lebendig wird und zwar in dem Maße, in dem er ihr Denken und Agieren transformiert.

Spätestens an dieser Stelle muss herausgestellt werden, dass der Leser, an den sich die Bibel wendet, kein Einzelner, sondern eine Gruppe von Personen ist. Lesegemeinschaft, Rezeptionsgemeinschaft, Kommunikationsgemeinschaft sind die Begriffe, die in der Sekundärliteratur dafür verwendet werden. Es ist eine Gemeinschaft, der bereits die Autoren und Redaktoren des biblischen Kanons angehörten, die eine zentrale Rolle im Text selbst spielt und die von diesem in erster Linie angesprochen wird: das Gottesvolk, das mit Abraham begann und bis heute im jüdischen Volk und in der Kirche fortbesteht. Dies hat erhebliche Konsequenzen für die Interpretation der Bibel und für das Selbstverständnis des Exegeten. Das eigentliche Subjekt des Verstehens ist dann nämlich nicht der historisch und literarisch gebildete Experte, sondern die Gemeinschaft, in der das Wort gelesen, mit Hilfe der Bibelwissenschaft verstanden, liturgisch gefeiert und im täglichen Leben verifiziert wird.[243]

Nun wird die Bibel aber von zwei Gemeinschaften, der jüdischen und der christlichen, als normative Glaubensurkunde gelesen, so dass sich verschiedene Interpretationen ergeben. Denn wie der Bibeltext das Leben der Rezipienten prägt, wird sein Verstehen umgekehrt durch deren je unterschiedliche Lebensform geprägt. Um einseitige Deutungen, die das jeweilige religiöse Vorverständnis nur

---

242 An dieser Stelle wäre von der pragmatischen, insbesondere der performativen Funktion der Texte zu handeln. Wir werden im Verlauf der Arbeit fallweise auf sie eingehen. Einen fundierten Einblick in die Textpragmatik und ihre Bedeutung für die Interpretation des Alten Testaments gibt A. Wagner, *Sprechakte und Sprechaktanalyse im Alten Testament. Untersuchungen im biblischen Hebräisch an der Nahtstelle zwischen Handlungsebene und Grammatik* (BZAW 253; Berlin; New York: Walter de Gruyter, 1997).

243 In einer solchen Gemeinschaft müsste auch der Exeget/die Exegetin leben. Nur so kann aus der subjektiven eine „kirchliche" Interpretation werden, eine Auslegung also, die die *communio* stärkt. Darin läge auch die Antwort auf die ideologischen Prämissen der Intertextualität, vor denen Yoon, „Ideological Inception", warnt. Von seinem Ursprung her sei dieses Konzept „an attempt to take power away from the authority (author), and place it in the hands of the civilian (reader)" (Yoon, „Ideological Inception", 67). Bei der Auslegung der Bibel bräuchte es aber nicht zum „Machtkampf" zwischen dem Autor (seiner Intention), dem Text (seiner objektiven Bedeutung) und dem Leser (seiner subjektiven Interpretation) zu kommen, wenn die Kirche, besser, das Volk Gottes als existentieller Rahmen für die Produktion und Rezeption des Textes erkannt und ernst genommen würde. Dagegen ist die Lösung von Yoon unbefriedigend, wenn nicht sogar kurios. Nachdem er nämlich zuerst erwägt, den Terminus „Intertextualität" durch einen anderen zu ersetzen, meint er am Ende, zur Unterscheidung der Methode von der dahinter stehenden Ideologie genüge es, einen Bindestrich einzufügen und statt „Intertextualität" „Inter-textualität" zu schreiben (vgl. Yoon, „Ideological Inception", 74).

bestätigen, zu vermeiden, sollen in der vorliegenden Untersuchung Interpreten beider Rezeptions- und Glaubensgemeinschaften zu Wort kommen. Wie Richard L. Schultz unterstreicht, ist auch das ein integraler Aspekt des intertextuellen Zugangs, nämlich wahrzunehmen, wie Leser anderer Epochen und Kulturen die Schrift verstanden haben, und dadurch die eigene Lektüre zu bereichern.[244]

Um zu erfahren, was die Jesajaprophetien für das „klassische" Judentum bedeuten, werden wir drei Vertreter aus der Blütezeit der jüdischen Exegese befragen: Raschi (1040 – 1105), Abraham Ibn Ezra (1089 – 1164) und David Kimchi (1160 – 1235).[245] Parallel dazu werden wir zwei christliche Autoren des Mittelalters konsultieren: Andreas von Sankt Viktor (1110 – 1175) und Nikolaus von Lyra (1270 – 1349).[246] Sie haben sich, ungewöhnlich für ihre Zeit, nicht nur für den hebräischen

---

244 Vgl. R. L. Schultz, „Intertextuality, Canon, and »Undecidability«. Understanding Isaiah's »New Heavens and New Earth« (Isaiah 65:17 – 25)", *BBR* 20 (2010) 34 – 7.

245 Das Wichtigste zu diesen Autoren findet sich in den entsprechenden Artikeln bei „HBOT": A. Grossman, „The School of Literal Jewish Exegesis in Northern France", M. Sæbø (Hg.), *Hebrew Bible/Old Testament. The History of Its Interpretation I. From the Beginnings to the Middle Ages (Until 1300). Part 2. The Middle Ages* (HBOT 1.2; Göttingen: Vandenhoeck & Ruprecht, 2000) 332 – 346; U. Simon, „Jewish Exegesis in Spain and Provence, and in the East, in the Twelfth and Thirteenth Centuries. Abraham ibn Ezra", M. Sæbø (Hg.), *Hebrew Bible/Old Testament. The History of Its Interpretation I. From the Beginnings to the Middle Ages (Until 1300). Part 2. The Middle Ages* (HBOT 1.2; Göttingen: Vandenhoeck & Ruprecht, 2000) 377 – 387; M. Cohen, „Jewish Exegesis in Spain and Provence, and in the East, in the Twelfth and Thirteenth Centuries. The Qimhi Family", M. Sæbø (Hg.), *Hebrew Bible/Old Testament. The History of Its Interpretation I. From the Beginnings to the Middle Ages (Until 1300). Part 2. The Middle Ages* (HBOT 1.2; Göttingen: Vandenhoeck & Ruprecht, 2000) 396 – 415. Die Jesaja-Kommentare der genannten Autoren sind zusammengestellt bei M. Cohen (Hg.), *Mikra'ot Gedolot 'Haketer'. Isaiah* (Ramat Gan: Bar Ilan University, ³2003). Die Übersetzung aus dem Hebräischen ist von uns besorgt; in einigen Fällen greifen wir auf M. Friedländer (Hg.), *The Commentary of Ibn Ezra on Isaiah I. Translation of the Commentary* (PubSHL II.1; London: Trübner & Co., 1873), zurück.

246 Eine Einführung in ihr Leben und Werk bieten R. Berndt, „The School of St. Victor in Paris", M. Sæbø (Hg.), *Hebrew Bible/Old Testament. The History of Its Interpretation I. From the Beginnings to the Middle Ages (Until 1300). Part 2. The Middle Ages* (HBOT 1.2; Göttingen: Vandenhoeck & Ruprecht, 2000) 479 – 484, und L. Smith, „The Exegetical and Hermeneutical Legacy of the Middle Ages. Christian and Jewish Perspectives. Nicholas of Lyra and Old Testament Interpretation", M. Sæbø (Hg.), *Hebrew Bible/Old Testament. The History of Its Interpretation II. From the Renaissance to the Enlightenment* (HBOT 2; Göttingen: Vandenhoeck & Ruprecht, 2008) 49 – 63. Ihre Kommentare zum Jesajabuch sind bisher nicht wissenschaftlich ediert. Für die „Postilla litteralis" des Nikolaus von Lyra verwenden wir eine frühe Druckausgabe, die über die Bayerische Staatsbibliothek München online eingesehen und heruntergeladen werden kann: Nicolaus de Lyra, *Postilla litteralis in Vetus et Novum Testamentum III. Proverbia – Machabaei* (Köln, ca. 1483). Für Andreas verwenden wir eine noch unveröffentlichte Kollation der vorhandenen Handschriften, die der inzwischen verstorbene Prof. Klaus Reinhardt angefertigt und uns freundlicherweise zur Verfügung gestellt hat: Andreas de Sancto Victore, *Expositio super Ysaiam* (un-

Urtext, sondern auch für dessen jüdische Interpretation interessiert und sind dazu bei ihren etwas älteren Exegetenkollegen in die Lehre gegangen.[247]

Indem wir im Laufe unserer Studie – nicht ständig, aber immer wieder – auf die Auslegung dieser Gelehrten zurückgreifen, wird klarer, was die Völkerwallfahrtsverheißung für jüdische und für christliche Leser bedeutet. Gleichzeitig erhoffen wir uns, auf diese Weise in einen exegetisch-theologischen Dialog einzutreten, der einst auf hohem wissenschaftlichen Niveau geführt wurde, für Jahrhunderte unterbrochen war und heute unter neuen Vorzeichen wieder aufgenommen werden kann.

3.7. Kriterien für die Auswahl der zu analysierenden Texte

Anders als die Arbeit von Helmut Schmidt, die neben der Völkerwallfahrt auch die Motive der Völkerversammlung und Völkerhuldigung über das ganze Alte Testament hinweg verfolgt, beschränkt sich unsere Studie auf die Texte im Jesajabuch, die einen Zug nichtisraelitischer Nationen zum Zion vorhersagen. Sie folgen einem Aussagesystem, das aus drei Grundelementen besteht: 1. das *Subjekt* der Wallfahrt: die fremden Nationen (גוים, עמים);[248] 2. das *Ziel:* der Zion (ציון), als Berg oder als personifizierte weibliche Gestalt vorgestellt, oder die Stadt Jerusalem (ירושלם); 3. die *Bewegung*, die die Völker vollziehen: die üblichen *verba eundi* הלך und בוא oder, da das Ziel auf einer Anhöhe liegt, עלה.[249] Diese Verben stehen

---

veröffentlichtes Manuskript; Trier, 2011). Die Übersetzung ins Deutsche besorgte in beiden Fällen OStR i. R. Klaus Kinzel (München).

247 Über das Verhältnis dieser Autoren zur jüdischen Exegese s. B. Smalley, *The Study of the Bible in the Middle Ages* (Oxford: Basil Blackwell, ³1983) 149 – 185; R. Berndt, *André de Saint-Victor († 1175). Exégète et théologien* (BiblVict 2; Paris; Turnhout: Brepols, 1991) 221 – 4; Andreas de Sancto Victore, *Expositio super Duodecim prophetas* (CC.CM 53G; hg.v. F. A. van Liere u. M. A. Zier; Turnhout: Brepols Publishers, 2007) XXVII–XXVIII, bzw. W. Bunte, *Rabbinische Traditionen bei Nikolaus von Lyra* (JudUm 58; Frankfurt am Main; Berlin; Bern; New York; Paris; Wien: Peter Lang, 1994); D. C. Klepper, *The Insight of Unbelievers. Nicholas of Lyra and Christian Reading of Jewish Text in the Later Middle Ages* (JCC; Philadelphia, PA: University of Pennsylvania Press, 2007).
248 Die beiden hebräischen Wörter fungieren in den analysierten Texten als Synonyme und treten oft im *parallelismus membrorum* auf. Nur aus übersetzungstechnischen Gründen geben wir sie unterschiedlich wieder: עמים mit „Völker", גוים mit „Nationen". Zur Etymologie und Semantik vgl. A. R. Hulst, „עַם/גּוֹי ʾam/gōj Volk", *THAT* 2 (1976) 290 – 325, zum Gebrauch in Protojesaja vgl. J. Høgenhaven, *Gott und Volk bei Jesaja. Eine Untersuchung zur biblischen Theologie* (AThD 24; Leiden; New York; København; Köln: E. J. Brill, 1988) 23 – 40.
249 Das letztere Verb wird am ehesten zu einem *terminus technicus* für „pilgern, wallfahren" (so H. F. Fuhs, „עָלָה ʾālāh", *ThWAT* 6 [1989] 97 – 98). Doch kommt es in den jesajanischen Prophezeiungen einer künftigen Völkerwallfahrt nur einmal, nämlich in 2,3 vor.

gewöhnlich im *Qal*. Sie können aber auch im *Hifil* verwendet werden, wenn nicht die Reisenden, sondern die von ihnen beförderten Waren oder Personen hervorgehoben werden sollen.

Über diese essentiellen Daten hinaus können die Prophezeiungen weitere Angaben enthalten, z. B. die *Zeit* und das *Motiv* der Reise: Wann findet sie statt (sofern überhaupt ein Zeitpunkt angegeben und nicht nur allgemein festgestellt wird, dass sie in der Zukunft geschieht)? Durch welches Ereignis, welche Ereignisse wird sie ausgelöst?

Der *Zweck* bzw. das *Resultat* der Reise: Zu welchem Zweck begeben sich die Völker nach Jerusalem? Bringen sie etwas dorthin oder erhalten sie etwas, das sie zuvor noch nicht besaßen? Was tun sie, nachdem sie an ihr Ziel gelangt sind? Ist damit das Ende der Geschichte erreicht oder markiert die Völkerwallfahrt nur den Beginn einer neuen Epoche?

Von besonderem Interesse ist, welche Rolle *Israel* in diesen Texten spielt: Trägt es aktiv zu der Bekehrung der Heidenvölker bei? Und welche Beziehung entsteht, wenn jene zum Zion kommen? Werden auch sie in den Sinai-Bund aufgenommen? Wird auch ihnen die Torah übergeben?[250] Werden sie zu *einem* Volk oder zu mehreren Völkern Jhwhs? Für eine Theologie des jüdisch-christlichen Gottesvolks sind dies entscheidende Fragen. Um sie erschöpfend zu beantworten, genügen die Völkerwallfahrtstexte des Jesajabuchs nicht. Sie können aber theologische Wegmarken sein, die die Richtung, in der die Antworten liegen, anzeigen.

Welches sind nun die Texte, die aufgrund der oben genannten Kriterien zu analysieren sind?[251] Es handelt sich um elf kürzere und längere Orakel, die sich über das ganze Buch verteilen. Aus Gründen der Übersichtlichkeit werden wir sie innerhalb der Großabschnitte, die das Jesajabuch in seiner Endgestalt ausmachen,[252] behandeln: in *Kap. 2–12*, dem „Wort" Jesajas über Juda und Jerusalem,

---

250 Vgl. dazu vorläufig das Urteil von N. Lohfink, „Bund und Tora", 58, im Jesajabuch sei „der Bund, soweit er im Zusammenhang der Wallfahrt der Völker zum Zion zur Sprache kommt, für Israel reserviert, während Tora auch zu den Völkern geht."

251 Wenn der Text eine starke inhaltliche Verwandtschaft aufweist, sollen ausnahmsweise zwei Kriterien genügen.

252 Wir folgen dabei im Wesentlichen der von Berges, *Buch Jesaja*, herausgearbeiteten Struktur, ohne auf die neuere Diskussion um die Abgrenzung zwischen „Deutero-" und „Tritojesaja" einzugehen. Ulrich Berges selbst vertritt inzwischen die Auffassung, der dritte Buchteil beginne nicht mit Jes 56, sondern mit Jes 55, stützt sich dabei aber vornehmlich auf die Textgliederung der großen Jesajarolle von Qumran (vgl. U. Berges, „Neuer Anfang und neuer Davidbund in Tritojesaja", A. Berlejung u. R. Heckl [Hg.], *Ex oriente Lux. Studien zur Theologie des Alten Testaments. Festschrift für Rüdiger Lux zum 65. Geburtstag* [ABG 39; Leipzig: Evangelische Verlagsanstalt, 2012] 391–406, und U. Berges, „Where Does Trito-Isaiah Start in the Book of Isaiah?", L.-S.

2,1–5 und 11,10, in *Kap. 13–27*, den Sprüchen über die Nationen und die ganze Welt, 14,1–2; 18,1–7 und 25,6–8, in *Kap. 40–55*, dem Trostbuch für Jerusalem, 45,14–25; 49,14–26 und 55,1–5, in *Kap. 56–66*, dem Manifest der Knechtsgemeinde, 56,1–9; 60,1–22 und 66,15–24.

Bevor wir mit der Auslegung beginnen, wollen wir jedoch noch auf eine Serie von Texten eingehen, die eine große formale Ähnlichkeit mit den soeben genannten aufweisen. Auch sie künden den Anmarsch ausländischer Nationen zum Zion an. Inhaltlich meinen sie aber genau das Gegenteil: keine Wallfahrt, um den Gott Israels anzubeten, sondern einen Angriff, um dessen Wohnstätte zu zerstören. Das letzte Kapitel dieser Einleitung soll deshalb den Prophezeiungen eines Völkersturms gewidmet sein.

Tiemeyer u. H. M. Barstad [Hg.], *Continuity and Discontinuity. Chronological and Thematic Development in Isaiah 40–66* [FRLANT 255; Göttingen: Vandenhoeck & Ruprecht, 2014] 63–76).

4. Das Gegenmotiv: Der Kampf der Völker gegen Jerusalem

4.1. Der Völkerkampf – *ein* Motiv oder eine Kombination von Motiven?

Die drei Elemente, die das Völkerwallfahrtsmotiv konstituieren – nichtisraelitische Nationen ziehen nach Jerusalem –, finden sich auch in einer Reihe von Texten, die eine feindliche Annäherung schildern. Die beiden Vorstellungen sind von ihrem Inhalt her konträr, von ihrer Struktur her aber so ähnlich, dass sich die Annahme einer literarischen Beziehung nahe legt. In der Regel wird davon ausgegangen, dass die Völkerwallfahrt die ins Positive gewendete Umkehrung des Völkersturm- bzw. Völkerkampfmotivs darstellt.[253] Von daher empfiehlt es sich, an dieser Stelle die Texte im Jesajabuch zu präsentieren, die dieses Motiv enthalten, um so den literarischen Hintergrund der Völkerwallfahrtsidee auszuleuchten.

Die klassische Definition des Völkerkampfmotivs hat Gunther Wanke in seiner Studie über die Korachpsalmen gegeben: „Könige, Völker oder Königreiche, die nie näher beschrieben werden, jedoch immer in einer Vielzahl auftreten, versammeln sich, um gegen die Gottesstadt zu ziehen; durch Jahwes Eingreifen wird diese aber vor einer Katastrophe bewahrt."[254] Hanns-Martin Lutz hat diese Definition verfeinert, indem er ausgehend von Sach 12 und 14 folgende Elemente unterschied: „a) Die Völker ziehen aus eigenem Antrieb in den Kampf. [...] b) Der Angriff scheitert an der jahwegewirkten Unversehrbarkeit der Bedrohten. [...] c) Jerusalem ist relativ fest mit der Vorstellung vom Völkersturm verbunden. [...] d) Als Feinde der Stadt werden fast durchweg die Völker genannt."[255]

---

253 So schon Steck, *Friedensvorstellungen*, 70. Ähnlich Vermeylen, *Jérusalem*, 145, und zuletzt Dyma, „Völkerwallfahrt". Eine ausführliche Darstellung des Motivs und seiner inneralttestamentlichen Entwicklung bietet jetzt O. Kaiser, *Der eine Gott Israels und die Mächte der Welt. Der Weg Gottes im Alten Testament vom Herrn seines Volkes zum Herrn der ganzen Welt* (FRLANT 249; Göttingen: Vandenhoeck & Ruprecht, 2013) 135–50. Vgl. auch R. D. Miller II, „What are the Nations Doing in the *Chaoskampf*?", J. Scurlock u. R. H. Beal (Hg.), *Creation and Chaos. A Reconsideration of Hermann Gunkel's* Chaoskampf *Hypothesis* (Winona Lake, IN: Eisenbrauns, 2013) 206–215.
254 G. Wanke, *Die Zionstheologie der Korachiten in ihrem traditionsgeschichtlichen Zusammenhang* (BZAW 97; Berlin: Verlag Alfred Töpelmann, 1966) 75.
255 H.-M. Lutz, *Jahwe, Jerusalem und die Völker. Zur Vorgeschichte von Sach 12,1–8 und 14,1–5* (WMANT 27; Neukirchen-Vluyn: Neukirchener Verlag, 1968) 111–2.

Es ist kein Zufall, dass beide Beschreibungen, die in der Forschung immer wieder zustimmend zitiert werden,[256] aus der Analyse der Zionspsalmen und späten eschatologischen Prophetien gewonnen wurden, denn nur in ihnen ist das Motiv in seiner vollen Form belegt. Wegen der Parallelen zum Chaoskampfmythos wurde es gleichwohl für eine sehr alte, z.T. sogar vorisraelitische Vorstellung gehalten. Dass außerisraelitische Vergleichstexte, die diese Annahme stützen könnten, fehlen, wurde zwar bemerkt,[257] auf seine Konsequenzen hin aber nicht weiter bedacht.

Neuere religionsvergleichende Studien haben zu einer veränderten Einschätzung der Entstehungsgeschichte des Völkerkampfmotivs geführt. Es hat zwar als solches keine altorientalischen Parallelen, verwendet aber ein Bildmaterial (Flut- und Unwettermetaphern, Vergleiche mit wilden Tieren u. a.), das sich auch in neuassyrischen Texten, vor allem in Inschriften findet, die den kriegerischen Vormarsch des Großkönigs beschreiben.[258] Von daher spricht vieles dafür, (1) dass das Völkerkampfmotiv in der oben geschilderten Form erst nach 701 v.Chr., also nach der erfolglosen Belagerung Jerusalems durch Sanherib entstand; (2) dass es eine bestimmte, nämlich „triumphalistische" Deutung dieses Ereignisses darstellt; (3) dass es Bildelemente der neuassyrischen Königsideologie verwendet, wobei es deren Intention teils übernimmt, teils ins Gegenteil verkehrt.

Für die Jesajatexte ist besonders der Hinweis von Friedhelm Hartenstein zu beachten, dass zwei Varianten des Motivs zu unterscheiden seien: eine *gerichtsbezogene*, bei der „die Völker explizit oder implizit durch JHWH selbst gegen seine Stadt herbeigeholt und -geführt werden, um die unbotmäßigen Jerusalemer zu bestrafen", und eine *heilverheißende*, bei der „die tosende, wie Chaoswasser lär-

---

256 Siehe nur J. Kreuch, *Unheil und Heil bei Jesaja. Studien zur Entstehung des Assur-Zyklus Jesaja 28–31* (WMANT 130; Neukirchen-Vluyn: Neukirchener Verlagsgesellschaft, 2011) 26.

257 Vgl. Wanke, *Zionstheologie*, 73. Gegen anderslautende Thesen hat Kreuch, *Unheil und Heil*, 27, diesen Tatbestand noch einmal unterstrichen.

258 Siehe dazu die Sammlung wichtiger Einzelstudien in F. Hartenstein, *Das Archiv des verborgenen Gottes. Studien zur Unheilsprophetie Jesajas und zur Zionstheologie der Psalmen in assyrischer Zeit* (BThSt 74; Neukirchen-Vluyn: Neukirchener Verlagsgesellschaft, 2011), und die Monographie von Kreuch, *Unheil und Heil*. Diese Arbeiten bieten auch eine Fülle religionsgeschichtlichen Vergleichsmaterials. Eine aktualisierte Darstellung der politischen und kulturellen Kontakte zwischen Assur und Israel unter besonderer Berücksichtigung der Jesajatexte bieten O. Keel, *Die Geschichte Jerusalems und die Entstehung des Monotheismus. 2 Bde.* (OLB 4; Göttingen: Vandenhoeck & Ruprecht, 2007) 370–510; M. J. de Jong, *Isaiah Among the Ancient Near East Prophets. A Comparative Study of the Earliest Stages of the Isaiah Tradition and the Neo-Assyrian Prophecies* (VT.S 117; Leiden; Boston, MA: Brill, 2007) 191–249.365–73.

mende Völkergefahr durch JHWH in letzter Minute abgewehrt wird bzw. die Angreifer schon aus der Ferne in Schrecken geraten und fliehen."[259]

Diese Varianten lassen sich nicht nur inhaltlich-theologisch (als gegensätzliche Deutungen der Assyrergefahr), sondern auch literargeschichtlich unterscheiden. Nach Auffassung von Hartenstein repräsentieren sie nämlich zwei Phasen in der Entwicklung des Motivs: in der ersten seien die Kriegszüge der Assyrer gegen Israel und Juda als Strafe Gottes gedeutet worden, in der zweiten seien die schützende Gegenwart JHWHs und die Uneinnehmbarkeit Jerusalems betont worden. Während die „pessimistische" Haltung auf Jesaja und seine ersten Tradenten zurückgehe, entstamme die „optimistische" Sicht einer späteren Überarbeitung der Jesajatradition.[260]

Dass das Völkerkampfmotiv im Grunde aus zwei konträren Ideen besteht, lässt sich im Jesajabuch an mehreren Stellen greifen. Das deutlichste Beispiel ist *Jes 8,5 – 10*, wo zwei literarisch unabhängige Orakel redaktionell verbunden sind: auf ein Gerichtswort, das dem ungläubigen Volk mit der Invasion des Assyrerkönigs droht (v.6 – 8), folgt ein Heilswort, welches das Scheitern der Pläne der feindlichen Nationen verheißt (v.9 – 10). Eine Passage wie Ps 48,5 – 7, in der die beiden Vorstellungen zur „Vollform" des Motivs verschmolzen sind, erscheint demgegenüber als literarisch sekundär. Sie ist nicht mehr eine prophetische Stellungnahme zu einer bestimmten geschichtlichen Lage, sondern eine zeitlose, kultisch tradierte Glaubensaussage.

Der Unterschied der beiden Varianten tritt noch deutlicher hervor, wenn man sie auf ihre Intention hin befragt („Tendenzkritik"). Ein Orakel, in dem JHWH selbst die Assyrer gegen Jerusalem führt, konterkariert jeden Aufstandsversuch, jede antiassyrische Allianz, wie sie zuerst vom Nordreich (734 – 32 und 722 – 20) und dann vom Südreich eingegangen wurde (705 – 701). Assur als Geißel, mit der Gott sein sündiges Volk schlägt (vgl. 28,18) – mit diesem kühnen Bild tritt der Prophet in Opposition zur Staatsräson. Im Gegensatz dazu stützt die Verheißung, die Fremdvölker würden zerschmettert, Jerusalem aber unversehrt bleiben, das Streben nach Autonomie, die Auflehnung gegen den fremden Suzerän.

Die zweite Variante wird von den meisten neueren Autoren auf die sog. „Assur-Redaktion" zurückgeführt.[261] Neben geringeren Differenzen in der Textzuschreibung ist vor allem ihre exakte Datierung umstritten. Während die Mehrzahl der

---

259 Hartenstein, *Archiv des verborgenen Gottes*, 133.
260 Vgl. Hartenstein, *Archiv des verborgenen Gottes*, 159 – 61; Kreuch, *Unheil und Heil*, 196 – 8.
261 Diese vorexilische Bearbeitungsschicht des Jesajabuchs wurde zuerst von Barth, *Jesaja-Worte*, postuliert. Seine Grundthese ist seither immer wieder zustimmend rezipiert worden.

Exegeten sie in die Zeit Joschijas ansetzt (640 – 609),[262] bevorzugen andere die lange Friedensepoche des Manasse (696 – 642).[263] Der Unterschied ist nicht nur ein chronologischer. Wer nämlich unter Manasse verkündigt, JHWH werde Jerusalem beschützen und die Feinde vernichten, stellt den Vasallenstatus Judas in Frage und greift die auf Ausgleich bedachte Politik des Königs an. Dagegen legitimiert dieselbe Prophezeiung ein halbes Jahrhundert später den königlichen Versuch, das Joch des wankenden Assur abzuschütteln.

Wie dem auch sei. Uns genügt die Einsicht, dass das literarische Motiv des Völkerkampfs in zwei Ausprägungen bzw. Entwicklungsstufen vorliegt. Sie spiegeln unterschiedliche Tendenzen wider und wurden erst sekundär verbunden. Während sich die beiden Stufen bei Jesaja noch unterscheiden lassen, sind sie in den Zionspsalmen zu einer einzigen Aussage verschmolzen. Ihres historischen Orts beraubt, will diese nicht mehr das konkrete politische Handeln bestimmen, sondern das Gottvertrauen der Tempelgemeinde stärken.

Auf diesem Hintergrund erscheint die Völkerwallfahrtsvision, die Ankündigung, dass die fremden Nationen nicht zum Kriegführen, sondern zur Anbetung nach Jerusalem kommen, dass sie die Stadt nicht zerstören, sondern aufbauen wollen und dort nicht unterworfen, sondern unterwiesen werden, auch unabhängig von der literarischen Abhängigkeitsfrage als theologisch zu Ende gedachte Umkehrung und Weiterführung des Völkerkampfmotivs.

4.2. Die sprachlichen Elemente des Motivs

Die Tradition des Völkerkampfs (bzw. Elemente derselben) findet sich im Jesajabuch an folgenden Stellen: Jes 5,25 – 30; 7,1.17 – 20; 8,5 – 10; 10,5 – 19.27 – 34; 14,24 – 27; 17,12 – 14; 28,1 – 4.14 – 22; 29,1 – 8; 30,27 – 33; 31,4 – 5.8 – 9; 33,3; 34,1 – 4; 36,1; 37,33 – 35. Die Mehrzahl dieser Texte enthält die eine *oder* die andere Variante. In den Fällen, in denen beide vorkommen, handelt es sich nach allgemeiner Auffassung um eine sekundäre Kombination bzw. eine Überarbeitung, die die Gerichtsperspektive um einen heilvollen Ausblick ergänzt oder sogar korrigiert. Parallel dazu lässt sich beobachten, dass an die Stelle des geschichtlich fassbaren Feindes Assur anonyme Völker und schließlich *alle* Völker treten.

---

262 Dies die ursprüngliche Position von Barth, *Jesaja-Worte*, die u. a. von J. Barthel, *Prophetenwort und Geschichte. Die Jesajaüberlieferung in Jes 6 – 8 und 28 – 31* (FAT 19; Tübingen: Mohr Siebeck, 1997); de Jong, *Isaiah Among the Ancient Near East Prophets*; Hartenstein, *Archiv des verborgenen Gottes*; Kreuch, *Unheil und Heil*, übernommen wurde.
263 Z. B. Vermeylen, *Jérusalem*, 91 – 4.

Im Folgenden soll jedoch nicht die Geschichte der Völkerkampfvorstellung im Vordergrund stehen. Vielmehr sollen die sprachlichen Elemente gesichtet werden, die sie mit der Völkerwallfahrtsidee verbinden und als deren Gegenmotiv erscheinen lassen.

4.2.1. Die Angreifer

Die Völkerkampftexte nennen folgende Personen bzw. Personengruppen, die in feindlicher Absicht gegen Jerusalem und Juda ziehen:
- die Könige von Aram und Israel,
- Assur und sein König (אשור, מלך־אשור),
- nichtisraelitische Völker (לאמים, עמים, גוים),
- alle Nationen (כל־הגוים).

Obwohl das judäische Reich im 8. Jahrhundert v. Chr. vor allem von Assur bedroht war, handelt der chronologisch erste Beleg nicht von der mesopotamischen Großmacht, sondern von den Königen Arams und Israels. Sie marschieren nach Jerusalem, um den südlichen Nachbarn in eine antiassyrische Koalition zu zwingen. Auf diese „syro-efraimitische Krise" bezieht sich *Jes 7,1:* „In den Tagen des Ahas, Sohn Jotams, Sohn Usijas, König von Juda, zog Rezin, König von Aram, und Pekach, Sohn Remaljas, König von Israel, nach Jerusalem zum Krieg gegen sie (*sc.* die Stadt). Aber er konnte sie nicht einnehmen."

Die Parallele zu 2 Kön 16,5 legt die Vermutung nahe, dass diese historische Notiz von dort übernommen wurde, um die im Folgenden erzählte Begegnung zwischen Ahas und Jesaja einzuleiten.[264] Als Aggressoren werden *Rezin von Aram* (רצין מלך־ארם) und *Pekach von Israel* (פקח מלך־ישראל) genannt, wobei ersterem durch die Anfangsstellung und die singularische Verbform die Führungsrolle zugewiesen wird. Die Könige, die in Texten wie Ps 2,2 und 48,5 (und dann auch in

---

264 So der allgemeine Konsens der Exegeten. Die umgekehrte Auffassung – 2 Kön übernimmt aus Jes – wird u. a. von F. Delitzsch, *Commentar über das Buch Jesaia* (BCAT 3.1; Leipzig: Dörffling & Franke, ⁴1889) 134, vertreten. Eine Synopse der beiden Passagen bietet de Jong, *Isaiah Among the Ancient Near East Prophets*, 63 – 4. Wertvoll ist seine Beobachtung, dass sich die Aggression in Jes 7,1 nicht gegen Ahas, sondern gegen die Stadt Jerusalem richtet. Doch drückt das, wie er meint, wirklich eine „royal-critical tendency" aus? Mehr dazu s. u. 4.2.3.

den Völkerwallfahrtsorakeln) als zahlenmäßig unbestimmte, anonyme Figuren auftreten, sind hier also historisch fassbare Individuen.[265]

Hingegen handeln alle anderen Stellen, die den Angreifer beim Namen nennen, von *Assur*. Sprachlich kann dies auf drei Weisen realisiert werden: durch die nicht näher bestimmte Einzelgestalt מלך־אשור, *König von Assur* (7,17.20; 8,7;[266] 10,12; 37,33; vgl. 30,33),[267] durch die Landes- bzw. Volksbezeichnung אשור (10,5; 14,25; 30,31; 31,8)[268] und durch eine Ortsangabe (בארץ אשור, 7,18).

Noch weitere Texte haben allem Anschein nach eine konkrete historische Situation im Blick, doch ohne dass sie den Angreifer identifizieren. Das kann verschiedene Gründe haben. So war es bei der mündlichen Verkündigung nicht nötig, den Feind beim Namen zu nennen; die Zuhörer wussten, über wen der Prophet sprach. Die Auslassung des Namens könnte aber auch ein rhetorischer Kunstgriff sein, da ein anonymer Gegner noch bedrohlicher wirkt (vgl. den „Feind aus dem Norden" in Jer 4–6). Sie könnte aber auch mit der späteren Tendenz zusammenhängen, das einmalige Ereignis zu verallgemeinern. Aus der kontingenten geschichtlichen Erfahrung mit Assur wurde ein allgemeines theologisches Axiom: die Heidenvölker, die Israel bedrängen, kämpfen nicht nur gegen einen irdischen Feind, sie kämpfen gegen Gott und den von ihm eingesetzten König (vgl. Ps 2,1–3).

Vielleicht ist das der Grund, weshalb der Aggressor in *5,25–30*, dem ersten Völkerkampftext im Leseablauf, anonym bleibt. Denn dass kein anderer als Assur gemeint ist, machen die Schilderung des unaufhaltsam vorrückenden Heeres und die Löwenmetapher unmissverständlich klar.

---

265 Deshalb und weil Jes 7 sowohl historisch als auch literarisch in die früheste Phase des Propheten(buches) gehört, könnte diese Stelle den Ausgangspunkt des Völkerkampfmotivs bilden.

266 Sowohl an dieser als auch an der zuvor genannten Stelle wird der Ausdruck gewöhnlich als Glosse ausgeschieden (vgl. BHS z. St.). Dagegen hält Delitzsch, *Jesaia*, 155, ihn in 8,7 und 7,17 für eine „Selbstdeutung des Proph[eten]". Alternativ zur text- bzw. literarkritischen Lösung lässt sich dieser Befund aber auch überlieferungsgeschichtlich erklären: Der erklärende Zusatz wäre eingefügt worden, als der Prophetenspruch schriftlich fixiert wurde. Dies beeinträchtigte zwar die poetische Gestalt, erleichterte den neuen Adressaten aber das Verstehen.

267 Im Unterschied dazu nennt Jes 36,1 auch den Namen des Königs: סנחריב מלך־אשור. Auch hier könnte eine aus dem Geschichtsbuch, nämlich aus 2 Kön 18,13 entlehnte historische Notiz vorliegen.

268 Wegen ihrer für Assur negativen, für Juda aber positiven Tendenz werden die letzten drei Belege gewöhnlich der „Assur-Redaktion" zugeschrieben. Dagegen wird der Kern von Jes 10, zu dem auch v.5 gehört, von de Jong, *Isaiah Among the Ancient Near East Prophets*, 126–36, auf die frühe Verkündigung Jesajas zurückgeführt.

Der einleitende v.25 blickt in seinem ersten Teil auf das bereits erfahrene Zorngericht zurück und in seinem zweiten auf das weiterhin drohende Unheil voraus.[269] Danach kündigt v.26 an, Jнwн werde den Vollstrecker der Strafe selbst herbeirufen: ונשא־נס לגוים מרחוק ושרק לו מקצה הארץ. Die Spannung zwischen dem pluralischen גוים und den folgenden Singularformen (לו, *ihm*; יבוא, *er kommt*, usw.) veranlasst bis heute viele Ausleger zu einer Konjektur: statt לגוים מרחוק, *zu den Nationen aus der Ferne*, lesen sie לגוי ממרחק, *zu einer Nation aus der Ferne*.[270]

Textkritisch lässt sich diese Vereinfachung jedoch nicht rechtfertigen. Die Lösung des Problems muss deshalb woanders, z. B. in der Überlieferungsgeschichte des Textes gesucht werden.[271] Im mündlichen Vortrag könnte Jesaja von *einem* Volk gesprochen haben, mit dem er natürlich die Assyrer meinte. Mit denselben Worten kündigt ein Jahrhundert später auch Jeremia einen anonymen „Feind aus dem Norden" an: הנני מביא עליכם גוי ממרחק (Jer 5,15). Aus dem Singular wurde ein Plural, als das Orakel verschriftet wurde und mit dem ursprünglichen Sitz im Leben auch seinen Erstadressaten verlor.[272] Eine Änderung gerade an dieser Stelle im Buch bot sich auch deshalb an, weil der Völkersturm dadurch von Anfang an eine universale, überzeitliche Dimension erhält. Dass die Gottesstadt von „Heiden" angegriffen wird, ist somit kein geschichtlicher Einzelfall, es ist eine immer wiederkehrende, paradigmatische Situation. Erleichtert wurde der Wechsel von גוי zu גוים auch dadurch, dass das assyrische Heer als solches schon mehrere Ethnien umfasste.[273] In ihm war sozusagen „die ganze Erde" versammelt, um gegen die von Jнwн erwählte Stadt zu kämpfen.

Auch an den folgenden Stellen bleibt der gegen Juda und Jerusalem anstürmende Feind anonym. *10,28 – 32* beschreiben den schreckenerregenden Anmarsch

---

269 So Barthel, *Prophetenwort und Geschichte*, 47.

270 So auch der Vorschlag von BHS. Die Änderung besteht letztlich nur in der anderen Worttrennung. Nach D. Barthélemy, *Critique textuelle II. Isaïe, Jérémie, Lamentations* (OBO 50.2; Fribourg: Éditions Universitaires; Göttingen: Vandenhoeck & Ruprecht, 1986) 38 – 39, ist jedoch an der *lectio difficilior* von MT und 1QIsaª festzuhalten. Der Singular der Verbformen bezeichne die eine, aus weit entfernt lebenden Nationen zusammengesetzte Armee.

271 Dagegen plädiert Vermeylen, *Jérusalem*, 48, für eine literarkritische Lösung (der Plural גוים sei Indiz einer frühen *relecture* des Textes), ohne aber zu erklären, weshalb der Text geändert wurde.

272 Gleichzeitig wurde 5,26 mit den Stellen harmonisiert, in denen Jнwн den Nationen ein Zeichen (נס) gibt: 11,10.12; 49,22; 62,10. Während das Signal aber dort eine für Israel positive Handlungskette in Gang setzt, löst es hier eine Strafaktion aus.

273 Darauf weisen Keel, *Geschichte Jerusalems*, 468; Kreuch, *Unheil und Heil*, 197, hin. Die ausländischen Soldaten, die oft eigene Waffengattungen und Heeresabteilungen bildeten, waren Söldner oder Kriegsgefangene. Nach Jes 22,6 kämpften vor Jerusalem sogar Männer aus Elam und Kir, d. h. aus dem äußersten Südosten des assyrischen Imperiums.

eines Heeres bis in die unmittelbare Nähe der Hauptstadt. Die Route lässt sich geographisch nicht verifizieren, doch im Kontext kommt als Bezugspunkt für die 3. Pers. Sg. und Pl. nur Assur in Frage (vgl. 10,24).[274] Auch das Gerichtswort gegen Efraim in *28,2* vermeidet es, den Aggressor beim Namen zu nennen. Es charakterisiert ihn aber als חזק ואמץ, *einen Starken und Gewaltigen* (vgl. die Selbstbezeichnung Assurs als אביר in 10,13), der eindeutig Gott zu- und untergeordnet ist (לאדני). 29,5 schließlich qualifiziert die Belagerer Jerusalems als זריך, *deine Fremden*,[275] und עריצים, *Unterdrücker*.

Dass die Herbeikommenden anonym sind, wird für die Völkerwallfahrtsvorstellung dann konstitutiv, ja, für Helmut Schmidt ist es eines ihrer Hauptmerkmale.[276] Nicht näher identifizierte Nationen kommen nach Jerusalem, im einen Fall, um zu erobern und zu verwüsten, im anderen, um sich zu unterwerfen und anzubeten. Um dies auszudrücken, verwenden die Völkerkampftexte als Subjekt גוים, aber auch die synonymen Lexeme עמים und לאמים.

So spricht *8,9* grammatikalisch indeterminierte עמים an und prophezeit ihnen das Scheitern ihrer Angriffspläne. Die übrigen Texte verwenden jeweils zwei Termini im Parallelismus: *30,28* גוים und עמים, *33,3* umgekehrt עמים und גוים (vielleicht ein Hinweis auf spätere Entstehung) und *34,1* גוים und לאמים. An all diesen Stellen liegt die oben erwähnte zweite, für Israel heilvolle Variante des Motivs vor.[277]

Eigens zu erwähnen ist das Orakel *17,12 – 14*, das als klassischer Vertreter des Motivs gilt, auch deshalb, weil es wie Ps 46 den Völkersturm in der Bildsprache des Chaoskampfs präsentiert. In zwei parallelen Sätzen beschreibt es die Bedrohung und nennt die Angreifer einmal עמים רבים und einmal לאמים (v.12). Der erste Ausdruck begegnet auch in dem einzigen Völkersturmtext des Michabuchs

---

274 Noch in v.27 bezieht sich die 3. Pers. eindeutig auf Assur. Das Gegenargument, Assur habe Jerusalem immer vom Westen her angegriffen (so M. Haran, האסופה המקראית. תהליכי הגיבוש עד סוף ימי בית שני ושינויי הצורה עד מוצאי ימי הביניים [*The Biblical Collection. Its Consolidation to the End of the Second Temple Times and Changes of Form to the End of the Middle Ages*] III. הקאנוניזציה של המקרא בהתגלמותה ההיסטורית. הקאנוניזציה של כתבי הנביאים כאיסוף של שרידים [Jerusalem: The Bialik Institute, 2008] 144), mag historisch zutreffen, unterschätzt aber die literarische Freiheit des Verfassers.
275 Zu den Varianten und Korrekturvorschlägen s. die Kommentare.
276 Wie wir gesehen haben (vgl. 2.2.4.), behandelt er die Völkerwallfahrt in seiner Dissertation als eine Variante des *anonymen* Universalismus.
277 Sie gehören demnach zu der vorexilischen „Assur-Redaktion" oder zu den nachexilischen Fortschreibungen. Im Umkehrschluss folgt daraus, dass die frühe Jesajatradition noch kein allgemeines Gericht über die Nationen als solche kennt.

Mi 4,11–13[278] und in der berühmten Völkerwallfahrtsverheißung Mi 4,1–5 *par*
Jes 2,1–5. Die jesajanische Version hat עמים רבים aber nicht nur in 2,4 (*par* Mi 4,3),
sondern auch in 2,3, als zweite Bezeichnung der Wallfahrer neben כל־הגוים. Diese
Abweichung von Mi 4,2 (גוים רבים) und gleichzeitige Angleichung an Jes 17,12 dürfte
auf einen innerjesajanischen Redaktionsprozess hinweisen. Das erste Völkerwallfahrtsorakel wird dadurch nämlich terminologisch an das Völkerkampfmotiv
angenähert.

Dieser Eindruck verstärkt sich, wenn wir uns der letzten, umfassendsten
Bezeichnung der Angreifer zuwenden. Einige Texte verleihen der Bedrohung (und
anschließenden Errettung) Jerusalems eine universale Dimension, indem sie als
Feinde כל־הגוים, *alle Nationen*, auftreten lassen. Der vermutlich späteste Beleg *34,2*
ist, wie wir gesehen haben, schon durch den einleitenden v.1 in eine globale
Perspektive gerückt. In apokalyptischen Tönen schildert er dann das göttliche
Gericht über alle Nationen (על־כל־הגוים). Im Unterschied dazu markiert *14,26* den
Übergang von dem Gerichtsorakel gegen das eine Volk Assur (v.24–25) zu einem
Gerichtsorakel gegen alle Völker (על־כל־הגוים). Die Unterwerfung des Erzfeindes ist
hier der erste Schritt zur Aufrichtung der universalen Gottesherrschaft.

Am Ende des Wehespruchs gegen Ariel werden gleich zweimal „alle Nationen" erwähnt, in *29,7* und *29,8*. Nachdem in v.1–4 Gott selbst gegen Jerusalem
kämpfte, wird diese Rolle nun von diesen übernommen (המון כל־הגוים הצבאים
על־אריאל/על/על־הר ציון).[279] Auf dem Spiel steht damit nicht nur das Schicksal einer
einzelnen, wenn auch noch so bedeutenden Stadt. Auf dem Spiel steht gleichzeitig
das Schicksal aller nichtisraelitischer Völker. Ihr Plan, den Wohnort Jнwнs auszulöschen, wird scheitern, so die Endaussage dieses rätselhaften Spruchs. Und sie
werden aus ihrem bösen „Traum" erwachen, mit dem unguten Gefühl, von ihrer
eigenen Gier betrogen worden zu sein (v.8).

Auf diesem Hintergrund gewinnt die intertextuelle Verbindung zu 2,2–3 ihr
volles Gewicht. Ist v.3, wie gezeigt, durch עמים רבים mit 17,12 verbunden, so v.2
durch כל־הגוים mit 14,26; 29,7.8 und 34,2.[280] Jes 2 erweist sich somit als positive

---

278 Innerhalb dieses Orakels werden die Angreifer zuerst als גוים רבים (v.11) und dann als עמים
רבים (v.13) bezeichnet. Die Wendung עמים רבים findet sich im Michabuch noch zweimal, nämlich in
5,6–7.

279 Dies gilt unabhängig von der redaktionsgeschichtlichen Beurteilung dieser Verse. Mit der
Mehrheit der Exegeten betrachtet Vermeylen, *Jérusalem*, 34–8, v.5–7 als sekundären Zusatz, der
die Gerichtsankündigung in eine Heilsbotschaft verwandle. Dagegen hat zuletzt Kreuch, *Unheil
und Heil*, 184–8, gute Gründe dafür angeführt, v.5–7 als Fortsetzung des vorhergehenden Bedrohungsszenariums aufzufassen. Dagegen besteht weitgehend Konsens darüber, dass v.8 eine
sinnverändernde Fortschreibung darstellt.

280 Auch an dieser Stelle weicht der Text von seiner Micha-Parallele ab. Dort steht nämlich ein
einfaches עמים. Am leichtesten lässt sich diese doppelte Abweichung mit der Annahme erklären,

Gegen*vision* (vgl. חזה, 2,1) zu den negativen Vernichtungsphantasien der feindlich gesinnten Weltstämme (vgl. חזון, 29,7). Der Untergang, den sie für Zion planen, wäre nämlich auch ihr eigener Untergang. Dessen Erhöhung und Verherrlichung hingegen würde auch ihnen Segen bringen; sie könnten sich im Guten miteinander verbinden und, statt Krieg zu führen, gemeinsam den Frieden genießen.

4.2.2. Die Annäherung

Nur wenige Stellen bringen die feindliche Absicht der Herankommenden verbal zum Ausdruck, kennzeichnen die Annäherung also explizit als eine militärische Aktion: *7,1* durch לחם *nif.* und *29,7.8* durch צבא. Beide Verben kehren in Sach 14 wieder, dem vermutlich spätesten Beleg, der eine apokalyptische Schlacht vor Jerusalem schildert und dabei wie kein anderer die Motive des Völkerkampfs und der Völkerwallfahrt kombiniert (לחם: v.3[2x].14; צבא: v.12).

Ansonsten werden für die Annäherung die folgenden unspezifischen *verba eundi* verwendet:
- בוא, *kommen*,
- עלה, *hinaufsteigen*,
- הלך, *gehen*,
- עבר, *ziehen*.

Als Präposition dient אל, häufiger aber noch על.[281] Mit dem *Hifil* (vor allem der ersten beiden Verben) wird Jhwh als Initiator ins Spiel gebracht, wird also unterstrichen, dass die Angreifer auf sein Geheiß gegen Jerusalem ziehen.

Das Allerweltswort בוא erscheint sogleich in *5,26*, um die schnelle, leichtfüßige Annäherung des assyrischen Heeres zu beschreiben. *7,17* und *7,19* (auch wenn sie zu verschiedenen literarischen Einheiten gehören) belegen das Nebeneinander von Herbeiführen (בוא *hif.* + על) und -kommen (בוא *qal*): Gott bringt sein Strafgericht dadurch über Jerusalem, dass die feindlichen Nachbarvölker es angreifen. Die Invasionsschilderung *10,28–32* wird mit בוא eröffnet (v.28) und mit עבר (v.28.29) weitergeführt. Auch in *28,15* stehen diese beiden Verben nebeneinander, wobei עבר die Fortbewegung der „strömenden Geißel" Assur bezeichnet, בוא

---

dass die Vorlage aus Mi 4 an den Kontext des Jesajabuches angepasst wurde. Näheres zum Verhältnis der beiden Dubletten im folgenden Kapitel (I.1).

281 אל ist der „eigentl. Ausdruck der Bewegung oder doch der Richtung nach etwas hin" (G–K §119g). על kann ihn in einigen Wendungen ersetzen, ohne aber die Bedeutung „gegen, wider" ganz abzulegen. Für unseren Zusammenhang ist wichtig, dass sich diese Bedeutungsnuance „auf jede Art feindlicher Annäherung" (G–K §199dd) ausweiten kann.

hingegen ihr (Nicht-)Ans-Ziel-Kommen. Was dort als trügerische Hoffnung der Führer Judas (ihre Illusion, vor Assur sicher zu sein) zitiert wird, präsentiert *37,33 – 34* als eine göttliche Zusage: Die assyrische Armee ist zwar bis nach Jerusalem gelangt (בוא + ב, v.34a), wird aber nicht in die Stadt eindringen (בוא + אל, v.33a.34b).[282]

Nur *en passant* soll auf zwei Passagen hingewiesen werden, in denen nicht militärische Feinde Subjekt von בוא sind, sondern sich andere Personen dem Zion nähern. In *30,27* kommt JHWH selbst (bzw. sein Name: שם־יהוה)[283] „aus der Ferne" herbei, um die fremden Angreifer zurückzuschlagen. Dies löst bei den Bewohnern Jerusalems einen Jubel aus, den *30,29* mit der Freude von Pilgern vergleicht – mitten in der Gerichtsschilderung eine idyllische Szene mit Menschen, die unter Flötenklang einherschreiten (הלך), um zum Gottesberg zu gelangen (בוא + ב). So stehen sich hier das Unheil der Nationen (גוים, עמים, v.28) und das Glück der Israeliten[284] antithetisch gegenüber, ja, ersteres ist die Voraussetzung für letzteres. Genau diese Selbstverständlichkeit werden die Völkerwallfahrtstexte, denen wir uns im Hauptteil dieser Arbeit zuwenden werden, in Frage stellen und prophetisch revidieren.

Das zweite Hauptverb ist עלה. Da Städte im Altertum, wenn möglich, auf einer Anhöhe errichtet wurden, bezeichnet es häufig „das Hingehen zu einer Stadt bzw. das in sie Hineingehen".[285] Nicht selten fungiert es dann auch als militärischer Terminus: „in den Kampf ziehen bzw. führen".[286] Ein Beispiel dafür ist die Bedrohung durch Rezin und Pekach in *7,1*, ein weiteres diejenige durch Sanherib in *36,1*. In beiden Fällen wird das Objekt, gegen das sich die Aggression richtet, mit der Präposition על eingeführt. Dass עלה in *2,3* mit אל konstruiert ist, könnte

---

282 Das Gotteswort von 37,33 – לא יבוא אל־העיר הזאת, *er (Sanherib) wird nicht in diese Stadt gelangen* – bestätigt im Grunde, was die Spötter in 28,15 behaupten: שוט שוטף כי־יעברᴼ לא יבואנו, *wenn die strömende Geißel herbeizieht, wird sie uns nicht erreichen.* Diese befremdliche Parallele erklärt sich am ehesten mit der redaktionsgeschichtlichen These, dass Jesaja und die ersten Tradenten den Missbrauch der Zionstheologie durch die Politiker anprangerten, während die spätvorexilischen Bearbeiter unter dem Eindruck der Verschonung Jerusalems deren Uneinnehmbarkeit propagierten.

283 Der göttliche Name „bezeichnet mehrfach Jahwe in seinem machtvollen Wirken" (Barth, *Jesaja-Worte*, 100). Die für die Gerichtstheophanie typische Formel „Siehe, JHWH kommt..." (vgl. Kreuch, *Unheil und Heil*, 369) kehrt am Ende des Jesajabuchs als Eröffnung der abschließenden Völkerwallfahrtsvision wieder (vgl. 66,15).

284 "Vom Zusammenhang und Inhalt her können eigentlich nur die Jerusalemer bzw. das Volk Israel gemeint sein" (Kreuch, *Unheil und Heil*, 371). Das stärkste Argument dafür ist die direkte Anrede לכם, *für euch* (v.29).

285 Fuhs, „עלה", 89. Vgl. G. Wehmeier, „עלה *'lh* hinaufgehen", *THAT* 2 (1976) 275.

286 Vgl. Fuhs, „עלה", 92 – 93.

demnach eine bewusste Absetzung von der in על enthaltenen negativen Konnotation signalisieren.

In *8,7* behält das Verb seine wörtliche Bedeutung. Die metaphorische Darstellung vergleicht die angreifenden Truppen der Assyrer mit der anschwellenden Flut. Dabei wird auch hier die Grammatik zu Hilfe genommen, um die göttliche und die menschliche Dimension des Geschehens ins Wort zu heben: עלה *hif.* drückt die vorausgehende Initiative Jhwhs aus, עלה *qal* die militärische Operation des Assyrerkönigs. In beiden Fällen regiert das Verb die Präposition על, hier aber durch das Bild bedingt in der Bedeutung „über".

Auf עלה folgt in *8,7–8* eine Reihe weiterer Bewegungsverben, welche die durch nichts aufhaltbare „Überflutung" des Landes sprachlich eindrucksvoll in Szene setzen: הלך, *gehen* – חלף, *dahinfahren* – שטף, *einherfluten* – עבר, *hindurchziehen* – נגע *hif., gelangen*. Auch in dem bereits erwähnten Passus *10,28–29* kennzeichnet עבר das militärische Vorrücken der feindlichen Truppen. In *28,18–19* kommt es sogar dreimal vor, um der Behauptung von 28,15 energisch zu widersprechen: Nein, Assurs siegreicher Vormarsch ist nicht aufzuhalten! In *31,9* erscheint das Verb noch einmal in der gleichen *yiqtol*-Form יעבור. Der Heereszug geht nun aber in die umgekehrte Richtung: die Assyrer werden voll Schrecken von Jerusalem abziehen.[287]

Der Vollständigkeit halber soll noch der Vers *34,1* erwähnt werden, der ein weiteres Bewegungsverb enthält: קרב, *sich nähern*. Der Imperativ und die direkte Anrede unterscheiden ihn von den bisherigen Orakeln, und auch thematisch hat er wenig mit ihnen zu tun. Er handelt nicht von einem Kriegszug, sondern von einem Prozess, zu dem die fremden Nationen vorgeladen werden, um verurteilt und bestraft zu werden. Darin ähnelt 34,1 den Stellen im exilischen Jesajabuch, die ein Gerichtsverfahren mit internationaler Beteiligung schildern. Dieser neue inhaltliche Akzent bewirkt zum einen, dass sich der Adressatenkreis global erweitert (הארץ ומלאה תבל וכל־צאצאיה, *die Erde und ihre Fülle, der Weltkreis und all seine Sprösslinge*), zum anderen, dass der konkrete Zielpunkt der Bewegung an Bedeutung verliert. Im Unterschied zu den anderen Völkersturmtexten spielen in 34,1–4 Zion-Jerusalem bzw. der Jhwh-Berg keine Rolle.

---

287 Die gegensätzliche Verwendung desselben Verbs ist eine weitere Stütze für die Unterscheidung zwischen einer frühen Jesajatradition, in der Assur das göttliche Gericht an Jerusalem vollstreckt, und einer späteren Bearbeitungsschicht („Assur-Redaktion"), in der Jerusalem gerettet, Assur aber vernichtet wird.

4.2.3. Das Ziel

Wohin ziehen die Feinde Israels? Wie wird das Ziel ihres Angriffs definiert? Und was uns am meisten interessiert: Erweisen sich Völkerkampf und Völkerwallfahrt auch in diesem Punkt als eng aufeinander bezogene Kontrastmotive?

Nicht alle Texte nennen das Ziel der feindlichen Aggression. Entweder weil es sich aus der ursprünglichen Redesituation oder aus dem jetzigen literarischen Kontext ergibt oder weil (in der zweiten Variante des Motivs) der Akzent gar nicht auf dem Herankommen, sondern auf dem Zurückdrängen liegt. In einigen Fällen wird das Angriffsziel pronominal bezeichnet, in anderen umschrieben, wie wir sogleich sehen werden. Einer der jesajanischen Völkerkampftexte ist gar nicht an Juda und Jerusalem, sondern an Efraim adressiert: *28,1–4*. In ihm wird עטרת גאות שכרי אפרים, *der stolze Kranz der Trunkenen Efraims*, von einem ungenannten Feind in den Boden getreten.

An den übrigen Stellen finden sich folgende Ziel- bzw. Ortsangaben:
- Juda (כל־ערי יהודה, יהודה),
- Jerusalem (אריאל, העיר הזאת, ירושלם),
- ציון bzw. הר־ציון,
- הר־יהוה.

In *8,6–8* wird das Angriffsziel zunächst durch eine Präpositionalverbindung ausgedrückt: עליהם, *über, gegen sie* (v.7). Sie ist zwar durch das vorhergehende העם הזה, *dieses Volk* (v.6), inhaltlich bestimmt, doch erst v.8 präzisiert, dass es das Volk bzw. das Land Juda ist, das die Truppen Assurs „überschwemmen" (בארצך, ביהודה). Auch in *10,5–15* wird das Objekt der Aggression zunächst nicht anhand seines Namens, sondern seiner moralischen Qualitäten identifiziert: בגוי חנף... ועל־עם עברתי, *zu einer ruchlosen Nation und gegen das Volk meines Zorns* (v.6). Der Name Jerusalem fällt erst in der Prahlrede Assurs (v.10.11).

Im Unterschied dazu macht *28,14–22* von Anfang an klar, dass sich die Gerichtsdrohung gegen die Anführer des Volks „in Jerusalem" (אשר בירושלם, v.14) richtet. Sie werden als erste von der strafenden „Geißel" Assur getroffen werden, was sie selbst nicht wahrhaben wollen (לא יבואנו, *sie wird nicht zu uns gelangen*, v.15), Gott aber mit Nachdruck unterstreicht (והייתם לו למרמס, *ihr werdet für sie zum zertrampelten Land*, v.18; יקח אתכם, *sie wird euch erfassen*, v.19).

Im Ablauf des Jesajabuchs ist jedoch *7,1* die erste Stelle, die Jerusalem als Ziel einer Militäraktion erwähnt. Auf das Verb עלה folgt der *accusativus loci* ירושלם, den ein zweimaliges עליה noch verstärkt.[288] *36,1* berichtet ganz ähnlich über den

---

[288] למלחמה עליה, *zum Krieg gegen es* (v.1a), und להלחם עליה, *um es zu bekriegen* bzw. *einzunehmen*

Feldzug des Sanherib. Das Angriffsziel sind hier aber die Städte Judas (על כל־ערי יהודה).[289] Zur möglichen Eroberung der Hauptstadt nimmt am Ende der langen Erzählung der Gottesspruch *37,33 – 35* Stellung. Eine Formulierung des assyrischen Generals aufgreifend (36,15) erklärt er kategorisch: לא יבוא אל־העיר הזאת, *er wird nicht in diese Stadt gelangen* (37,33; vgl. v.34).

Andere durch das Völkerkampfmotiv geprägte Texte verwenden den geographisch engeren und theologisch volleren Terminus ציון bzw. הר־ציון. *10,12* spricht von dem Werk, das JHWH auf bzw. an Zion und Jerusalem verrichtet (בהר ציון ובירושלם), um danach Assur zur Rechenschaft zu ziehen. Dieses befremdliche Tun, wie 28,21 es nennt (זר מעשהו), besteht darin, dass er die Untreue der Judäer straft, indem er seine Stadt, das heißt, seinen eigenen Wohnsitz an die Assyrer ausliefert. Gott selbst ist also der Hauptangreifer, der eigentliche Kriegsherr, der die feindlichen Truppen herbeiholt.[290] Dabei ist das Ziel der Aggression nicht nur das politische Zentrum Judas, die Residenzstadt, sondern auch der Tempelberg. Denn nicht nur die falsche Politik, auch der falsche Kult, der dort praktiziert wird, müssen korrigiert werden.

Dasselbe Wortpaar findet sich etwas erweitert noch einmal am Ende des Kapitels: der Invasor hebt drohend die Hand gegen „den Berg der Tochter Zion, den Hügel Jerusalems" (הר בת־ציון גבעת ירושלם[Q], *10,32*). Auch hier geht die spezifischere Ortsangabe der allgemeineren voraus. Letztere trägt dabei gar keine eigenständige Bedeutung, sondern fungiert in der nur hier belegten Wendung „Hügel Jerusalems" lediglich als Apposition zu „Berg Zion".

In *29,1 – 8* ist der ominöse „Ariel" Ziel einer von JHWH selbst durchgeführten Belagerung. Auch wenn Bedeutung und Herkunft dieses Namens nicht völlig geklärt sind, ist doch unbestritten, dass er sich auf Jerusalem bezieht und zwar unter einem kultisch-religiösen Aspekt.[291] Die gegen es gerichtete Angriffswelle

---

(v.1b). In der Parallelstelle 2 Kön 16,5 fehlen beide עליה, dafür steht ויצרו על־אחז, *sie schlossen Achas ein*. Der Verfasser von Jes 7,1 verlagert also den Fokus von dem König zu der Stadt, wie de Jong, *Isaiah Among the Ancient Near East Prophets*, 64, richtig bemerkt. Daraus lässt sich aber kaum auf eine königskritische Tendenz schließen („The assalt was thwarted, not because of Ahaz' merits, but for the sake of Yahweh's city Jerusalem"), da es hier ja nicht um die erfolgreiche Abwehr, sondern um den Angriff geht. Wahrscheinlicher ist, dass Jerusalem in Jes 7,1 unter dem Eindruck der Völkersturmvorstellung hervorgehoben wird. Die Textänderung macht aus dem historischen Ereignis (das vor allem den König Ahas betraf) eine typische Situation.

289 In der folgenden Rabschake-Rede ist, ebenfalls nach einer Form von עלה, „dieses Land" (הארץ הזאת, v.10[2x]) das Objekt des assyrischen Feldzugs.

290 Breiter ausgemalt findet sich diese kühne Vorstellung in Jer 21,4 – 6 und ähnlich schon in Jer 7,14.

291 So Keel, *Geschichte Jerusalems*, 67 – 8. Die plausibelste Bedeutung ist nach ihm „Altarherd" (s. Ez 43,15 – 16). Vgl. Kreuch, *Unheil und Heil*, 177.

kommt u. a. in der Präposition עַל zum Ausdruck; in v.3 wird sie durch ein drei-
faches עָלָיִךְ, *gegen dich*, besonders deutlich akzentuiert. V.7 leitet vom göttlichen
Urheber des Gerichts zu den Nationen über, die in seinem Namen „gegen Ariel"
vorgehen: הֲמוֹן כָּל־הַגּוֹיִם הַצֹּבְאִים עַל־אֲרִיאֵל. V.8 greift diese Phrase auf, ersetzt aber
אֲרִיאֵל durch das ebenfalls dreisilbige und fast vokalgleiche הַר־צִיּוֹן. Ganz am Ende
des Abschnitts, wirkungsvoll am Zeilenschluss, wird so das Rätsel gelöst, die
Identität des geheimnisvollen „Altarherds" enthüllt. Es ist der Zionsberg, der
heimgesucht und bis in den Staub erniedrigt wird (vgl. v.5), sich am Ende aber als
Falle für seine allzu selbstsicheren Angreifer erweist.

Dieselbe Vorstellung steht im Hintergrund von *31,9*. Ein Gerichtsorakel gegen
Assur wird dort durch die doppelte Feststellung ergänzt, dass Jhwh einen Feu-
erherd in Zion (בְצִיּוֹן), einen Ofen in Jerusalem (בִירוּשָׁלָם) besitze, ganz offensichtlich, um damit ein „flammendes" Gericht zu vollstrecken. Bereits wenige Zeilen
davor stehen die beiden Ortsnamen in einem Parallelismus, wobei auch hier der
prägnantere Begriff vorangeht. In *v.4–5* steigt der göttliche Kämpfer „auf den Berg
Zion" (עַל־הַר־צִיּוֹן, v.4) herab[292] und breitet schützend seine Flügel „über Jerusalem"
(עַל־יְרוּשָׁלַם, v.5) aus. Die anderen Nationen tauchen nicht bzw. nur als Nebenfiguren
auf (nämlich im Bild der machtlos um den brüllenden Löwen versammelten Hirten
in v.4). Dennoch ist klar, dass Jerusalem gerettet wird, indem „andere" abgewehrt
und zurückgeschlagen werden. Das Heil des Gottesvolkes und das Unheil der
Nationen sind auch hier zwei Effekte derselben göttlichen Handlung, wobei der
eine nicht ohne den anderen zu haben ist.

Nach dieser theologischen Konzeption (die wir in die letzte Phase der assyrischen Oberherrschaft über Juda datieren)[293] ist der Zionsberg ein Ort der
Scheidung, der Ort nämlich, an dem das bedrängte Gottesvolk gerettet, die
feindlichen Nationen aber vernichtet werden. Dass er eine für beide Seiten heilvolle Funktion haben könnte, erscheint in diesem Denken ausgeschlossen.

Der letzte in der Reihe der Ausdrücke, die das Ziel der Annäherung bezeichnen, ist הַר־יְהוָה, *Berg Jhwhs*.[294] Allerdings bezieht sich diese geographische
Bezeichnung in *30,29* gerade nicht auf den Ansturm der Nationen, sondern auf
den Zug der Festpilger aus Juda und Jerusalem.[295] Dieser versprengte Vers, für den
das Heil des Gottesvolkes in einer fröhlichen Prozession zum Tempelberg besteht,

---

292 Zur Begründung der Deutung als Heilswort (und der Übersetzung von עַל mit „auf") s. Kreuch,
Unheil und Heil, 378–89.
293 Mit Kreuch, *Unheil und Heil*, 387, u. a. m.
294 Diese *cs.*-Verbindung ist in der hebräischen Bibel achtmal belegt. In Gen 22,14 bezeichnet sie
den Morija (der implizit mit dem Tempelberg identifiziert wird), in Num 10,33 den Sinai, in den
übrigen Belegen Ps 24,3; Jes 2,3; 30,29; Mi 4,2; Sach 8,3 den Zion.
295 Zu dieser Identifizierung s. o.

bildet in gewisser Weise den Übergang vom Völkerkampf- zum Völkerwallfahrtsmotiv. Die fremden Nationen nehmen zwar noch nicht am kultischen Geschehen teil, doch der Zion hat seine Funktion bereits gewandelt: nachdem der Ansturm der feindlichen Völker gestoppt ist, kann er zum Ziel einer neuen, friedlichen Annäherung werden, einer Wallfahrt, auf der die Geretteten dem „Felsen Israels" (צור־ישׂראל, 30,29*fin*) begegnen.

4.2.4. Weitere Bildmotive und Begriffe

Die Vorstellung einer Völkerattacke gegen Jerusalem hat ihren historischen Anhalt in den Straf- und Eroberungsfeldzügen, mit denen Assur in der zweiten Hälfte des 8. Jahrhunderts seine Herrschaft über Syrien-Palästina festigte.[296] Über den äußeren Anlass hinaus ist sie aber auch literarisch von der assyrischen Kultur geprägt. Sie greift nämlich Bilder und Metaphern der durch Schrift und Baukunst verbreiteten Königsideologie auf und macht daraus eine Gerichts- und Heilsbotschaft für Israel.[297]

Das wichtigste sprachliche Mittel, um die feindliche Invasion ins Bild zu setzen, ist die *Flut*- und *Gewittermetaphorik*. Sie ist im Jesajabuch vielfach belegt und in den Völkerkampftexten fest verankert. Dass eine motivgeschichtliche Verbindung zum Chaoskampfmythos besteht, ist wahrscheinlich, literarisch aber schwer zu fassen. Deutlich nachweisbar ist hingegen der Bezug zu neuassyrischen Texten, die den kriegführenden König mit der Urflut vergleichen.[298]

---

296 Nach Kreuch, *Unheil und Heil*, 47, gab es zur Zeit Jesajas sechs größere Kampagnen im unmittelbaren Umfeld Jerusalems: 734, 722 – 720, 716, 713, 712 und 701 v. Chr.

297 Auf die neuassyrischen Bildmotive im Jesajabuch hat zunächst P. Machinist, „Assyria and Its Image in the First Isaiah", *JAOS* 103 (1983) 719 – 37, hingewiesen und in seinem Gefolge F. Hartenstein, „JHWH und der »Schreckensglanz« Assurs (Jesaja 8,6 – 8). Traditions- und religionsgeschichtliche Beobachtungen zur »Denkschrift« Jesaja 6 – 8*", ders., J. Krispenz u. A. Schart (Hg.), *Schriftprophetie. Festschrift für Jörg Jeremias zum 65. Geburtstag* (Neukirchen-Vluyn: Neukirchener Verlagsgesellschaft, 2004) 83 – 102; F. Hartenstein, „Unheilsprophetie und Herrschaftsrepräsentation. Zur Rezeption assyrischer Propaganda im antiken Juda (8./7. Jh. v.Chr.)", M. Pietsch u. F. Hartenstein (Hg.), *Israel zwischen den Mächten. Festschrift für Stefan Timm zum 65. Geburtstag* (AOAT 364; Münster: Ugarit-Verlag, 2009) 121 – 143; F. Hartenstein, „»Wehe, ein Tosen vieler Völker...« (Jesaja 17,12). Beobachtungen zur Entstehung der Zionstradition vor dem Hintergrund des judäisch-assyrischen Kulturkontakts", ders., *Das Archiv des verborgenen Gottes. Studien zur Unheilsprophetie Jesajas und zur Zionstheologie der Psalmen in assyrischer Zeit* (Neukirchen-Vluyn: Neukirchener Verlagsgesellschaft, 2011) . Vgl. Keel, *Geschichte Jerusalems*, 400 – 2; Kreuch, *Unheil und Heil*, 13 – 6.

298 Vgl. Machinist, „Assyria", 726 – 8; Hartenstein, *Archiv des verborgenen Gottes*, 16 – 23.39 – 41.150 – 1; Kreuch, *Unheil und Heil*, 85 – 90.131 – 3.

Die Flutmetapher kann mit unterschiedlichen Begriffen ausformuliert werden. מים, *Wasser*, symbolisiert in *8,7 – 8* den feindlich „heranflutenden" Assyrerkönig: מי הנהר העצומים והרבים, *die gewaltigen und großen Wasser des Stromes*
(Euphrat). Durch weitere Lexeme aus demselben semantischen Feld wird das Bild
ausgemalt: אפיק, *Kanal*, גדיה, *Ufer*, חלף, *durchziehen*, שטף, *strömen*.

Letzteres Verb ist auch in *28,2* und *28,17* mit מים verbunden und erzeugt in
28,15.18 zusammen mit שוט ein – auch lautlich – eindrucksvolles Bild: Assur zieht
als שוט שוטף, *strömende Geißel*,[299] über Jerusalem hinweg. In *30,28* erscheint es im
Ausdruck נחל שוטף, *strömender Bach*, nun aber nicht, um den Angriff des Feindes,
sondern um die Gegenattacke Gottes zu illustrieren. Die Flutmetapher ist also von
ihrer Intention her ins Gegenteil verkehrt.[300] In den Völkerwallfahrtstexten wird
sie dann noch einmal modifiziert, wie wir in dem Ausblick am Ende dieses Kapitels
zeigen werden.

17,12 – 13 charakterisiert die bedrohlichen Wassermassen mit denselben Ad-
jektiven wie 8,7 und 28,2 (מים רבים, מים כבירים). Darüber hinaus beschreibt es auch
das Getöse, das diese von sich geben. Nicht weniger als achtmal erscheinen die
Verben המה und שאה, *brausen*, und die davon abgeleiteten Nomina המון und שאון,
in v.12 gar in einem vollkommenen Parallelismus (A–B–C–A'–B'–C'):

המון עמים רבים – כהמות ימים – יהמיון // ושאון לאמים – כשאון מים כבירים – ישאון

Wenn dabei das Epitheton רבים bzw. כבירים vom ersten Glied (A) ins zweite (B')
wechselt, verstärkt das noch die Identifizierung der Völker mit den Wassermassen.

Weitere Belege für המון finden sich in *29,5.7 – 8*; *31,4* und *33,3*. Im letzten bezeichnet es den Lärm, vor dem die Völker selber fliehen (jedoch ohne Erwähnung
von Wasser). In den übrigen ist es in seiner zweiten Bedeutung „Fülle, Menge"
verwendet (z. B. 29,7: המון כל־הגוים). Auch in den Völkerwallfahrtstexten kommt
dieser Terminus, wie wir gleich sehen werden, vor.

Andere Begriffe aus diesem semantischen Feld sind נהם, *tosen*, und das zugehörige Nomen נהמה. In *5,30* illustrieren sie den Vormarsch des Feindes durch
einen Vergleich mit dem brausenden Meer (וינהם עליו... כנהמת־ים).

Dasselbe Verb kann aber auch andere, ähnliche Geräusche bezeichnen und
deshalb für Metaphern aus dem *Tierreich* herangezogen werden. In *5,29* steht es

---

299 Zum traditions- und religionsgeschichtlichen Hintergrund dieser Metapher s. Kreuch, *Unheil*
und Heil, 131 – 3.
300 Über die genannten Texte hinaus ist 30,28 auch mit 8,8 intertextuell verbunden, wiederum
um die Metaphorik in ihrer Sinnrichtung umzukehren: wie die Flut, die Juda überschwemmt, „bis
zur Schulter" reicht (עד־צואר יגיע, 8,8), so auch die Flut, die diese Feinde zurückdrängt (עד־צואר
יחצה, 30,28).

parallel zu שׁאג, um das bedrohliche Knurren von Raubkatzen zu benennen. Der unaufhaltsam vorrückende Eroberer als wilder, Beute schlagender Löwe (לביא, כפיר, vgl. Jer 2,15; 51,38) – auch dieses Bild hat seine Parallele in neuassyrischen Königsinschriften.[301] Dasselbe gilt für den Vogel bzw. Adler.[302] In *8,8* bedeckt er mit seinen ausgebreiteten Flügeln (מטות כנפיו) das ganze Land Juda. In *10,14* verwendet der assyrische König selbst die Vogelmetapher, um seine erfolgreichen Eroberungszüge anschaulich darzustellen.

Anders in *31,4 – 5*. Dort symbolisieren die beiden räuberischen Tiere nicht die militärische Potenz des Angreifers, sondern gerade umgekehrt die rettende Macht JHWHS. Wie ein Löwe, der seine Beute verteidigt, und wie ein Adler, der sein Nest beschützt, wird er Zion gegen den Feind verteidigen. Die ursprüngliche Intention der Bilder ist also auch hier ins Gegenteil verkehrt.[303]

Der Völkeransturm kann schließlich noch mit Hilfe von *Pflanzenmetaphern* veranschaulicht werden. Im Krieg werden Bäume gefällt, um Brennmaterial zu gewinnen, Belagerungsgeräte herzustellen oder um dem Gegner einen materiellen Schaden zuzufügen. In der literarischen Verdichtung kann dieses reale Geschehen aber auch symbolisch verwendet werden: der Gegner wird selbst mit einem Gebüsch, einem Baum oder einem Wald verglichen, die abgeholzt werden.[304] So brüstet sich der assyrische König in *37,24*, er sei in den Wald (d. h. in das feindliche Gebiet) eingedrungen und habe dort die höchsten Zedern und die erlesensten Zypressen abgehauen. Diese Kriegspropaganda[305] wird in *10,18 – 19* aufgegriffen und in ihr Gegenteil verkehrt, um den Fall (das „Gefälltwerden") des überheblichen Assur zu prophezeien.[306]

---

301 Vgl. Machinist, „Assyria", 728 – 9.735 – 6; Hartenstein, *Archiv des verborgenen Gottes*, 11 – 6.

302 Vgl. Hartenstein, *Archiv des verborgenen Gottes*, 11 – 6.81.93. Dort finden sich auch literarische und ikonographische Beispiele für die Kombination der beiden Tiermetaphern in der Gestalt des geflügelten Löwen.

303 So nach der bereits erwähnten Deutung von Kreuch, *Unheil und Heil*, 382 – 5.

304 Der Sieger kann dementsprechend mit einer Axt oder Säge verglichen werden (so Assur in 10,15). Häufiger ist im Jesajabuch aber das Bild des Stocks, mit dem JHWH sein sündiges Volk schlägt (10,5 u. ö.).

305 Zu Parallelen in der neuassyrischen Königsideologie s. Machinist, „Assyria", 723 – 4.

306 Dieselbe Metaphorik wird auch in 10,33 – 34 verwendet, wo JHWH im Gewand eines Holzfällers auftritt, der Zweige, Bäume, ja, einen ganzen Wald umhaut. Da der kurze Spruch die Identität der „Hochaufragenden" offen lässt, wird er von einigen als Gerichtswort gegen Assur (z. B. Delitzsch, *Jesaia*, 190 – 191; W. A. M. Beuken, *Jesaja 1 – 12* [HThKAT; Freiburg; Basel; Wien: Herder, 2003] 296; Vermeylen, *Jérusalem*, 54; de Jong, *Isaiah Among the Ancient Near East Prophets*, 135 – 6), von anderen als Gerichtswort gegen Jerusalem interpretiert (z. B. Wildberger, *Jesaja I*, 433 – 5; Barth, *Jesaja-Worte*, 70 – 2; M. C. A. Korpel, „The Messianic King: Isaiah 10:33 – 11:10", G. Eidevall u. B. Scheuer [Hg.], *Enigmas and Images. Studies in Honor of Tryggve N. D. Mettinger*

Zum Abschluss sollen noch zwei abstrakte Begriffe erwähnt werden, die die physische und militärische Stärke, den Reichtum und das Ansehen eines Individuums oder einer Nation bezeichnen. Das profane חיל bezeichnet in *10,14* das, was die Assyrer mit ihren Kriegszügen erlangen wollen: חיל העמים, *den Reichtum der Völker*. Diese *cs.*-Verbindung ist zwar nur hier belegt, doch *60,5.11*, einer der wichtigsten Völkerwallfahrtstexte, und *61,6* verwenden mit חיל גוים eine ganz ähnliche.

Noch wichtiger ist der Terminus כבוד. Er entspricht dem assyrischen *melammu*, dem Schreckensglanz, der den Göttern zu eigen ist, der aber auch vom König ausgeht, wenn er machtvoll gegen seine Feinde in den Kampf zieht.[307] Von diesem religionsgeschichtlichen Hintergrund her erklären sich die Stellen im Jesajabuch, die den כבוד des assyrischen Königs erwähnen. In Zusammenhang mit der Flutmetapher in *8,7* und der Waldmetapher in *10,16.18* ist die erste Assoziation natürlich die einer gewaltigen Armee. Das schließt aber nicht aus, dass sich darin eine übernatürliche, göttliche Macht manifestiert. Im Gesamtkontext des Jesajabuchs steht dieser *kavod* Assurs, der zeitweise das Land Juda bedeckt (מלא רחב־ארצך, 8,8), jedenfalls in unversöhnlichem Gegensatz zu demjenigen Jhwhs, der vom Zion aus die ganze Erde erfüllt (מלא כל־הארץ כבודו, 6,3).[308]

4.3. Vom Völkerkampf zur Völkerwallfahrt – ein Ausblick

Dass ausländische Nationen gegen die von Jhwh erwählte Stadt anstürmen, ist ein im Jesajabuch fest verankertes theologisches Motiv. Sprachlich ist es durch die drei Elemente – fremde Völker als Subjekt, ein Verb der Annäherung, Jerusalem oder Zion als Zielangabe – definiert, wobei diese aber immer variabel bleiben und nicht zu einer formalhaften Redeweise erstarren.

Traditionsgeschichtlich liegen die Wurzeln dieser Vorstellung mit großer Wahrscheinlichkeit in der Epoche, in der das neuassyrische Reich den Vorderen Orient beherrschte (8./7. Jahrhundert). Im Jesajabuch ist sie bemerkenswerter-

---

[CB.OT 58; Winona Lake, IN: Eisenbrauns, 2011] 152 – 153). Zu unserer Deutung im Kontext von Jes 11 s. u. I.2.1.

307 Vgl. Machinist, „Assyria", 727 – 8; Hartenstein, „Der »Schreckensglanz« Assurs"; Hartenstein, *Archiv des verborgenen Gottes*, 76 – 80. Wie göttlicher und menschlicher „Schreckensglanz" zusammenwirken, verdeutlicht eine Passage aus den Annalen Assurbanipals, in der dieser seinen Sieg über den ägyptischen König beschreibt: „Der Glanz von Assur und Ištar warf ihn nieder, und er verlor den Verstand. Mein königlicher Glanz bedeckte ihn, mit dem mich die Götter von Himmel und Erde schmückten" (Rassam-Prisma I 86 – 89, zitiert nach TUAT.NF 2, 76).

308 Auf diesen Kontrast weist Hartenstein, *Archiv des verborgenen Gottes*, 10 – 1, hin.

weise nur in den ersten neununddreißig Kapiteln belegt, in Texten, die auf den Propheten selbst zurückgehen, um seine Person kreisen oder Themen seiner Verkündigung an veränderte historische Bedingungen adaptieren. Der Schwerpunkt des Völkerwallfahrtsmotivs liegt demgegenüber im zweiten und dritten Buchteil, von Jes 45 bis 66, mit nur wenigen kurzen Texten in „Protojesaja" (2,2–4; 11,10; 14,1–2; 18,7; 25,6–8). Historische Anknüpfungspunkte fehlen fast ganz; Assur wird z. B. nicht mehr erwähnt.[309] In 45,14 werden zwar konkrete Völker aufgeführt (Ägypten, Nubien, Äthiopien), doch geschieht das, wie die Erwähnung des Perserkönigs Kyros im unmittelbaren Kontext zeigt (44,28; 45,1), in einem völlig neuen zeitgeschichtlichen Rahmen.

In Bezug auf das *Subjekt* der Annäherung ist eine Tendenz zur Verallgemeinerung und Entgeschichtlichung zu beobachten. Das ist kaum verwunderlich, wenn man davon ausgeht, dass die Vorstellung des Völkerkampfs aus einer konkreten geschichtlichen Erfahrung Israels erwachsen, die der Völkerwallfahrt hingegen als eine prophetische Vision entstanden ist.

Bei den *Bewegungsverben* fehlen natürlich die explizit militärischen Termini. Ansonsten liegt der Unterschied, wenn überhaupt, nur in der Präposition. Wegen seiner Nebenbedeutung „gegen" eignet sich על weniger für die friedliche Annäherung. Häufiger wird deshalb אל verwendet, das nur die Richtung anzeigt, ohne etwas über die Intention der Herbeikommenden zu verraten.

Auch bei der *Zielangabe* sind die Unterschiede, was die sprachliche Gestalt angeht, gering. Eine entscheidende Weiterentwicklung bedeutet es aber, wenn in den Völkerwallfahrtstexten ab Jes 49 Zion personifiziert wird, also nicht nur als Ort und Gelände, sondern auch als weibliche Gestalt auftritt.[310] Das Motiv wird dadurch farbiger und inhaltsreicher, da das Verhältnis zwischen den Ankommenden und der sie aufnehmenden Stadt nun als eine personale Beziehung beschrieben werden kann.

Die Bilder, Begriffe und sprachlichen Wendungen, die das Völkerkampfmotiv prägen, spielen auch bei der Ausgestaltung der Völkerwallfahrtsidee eine wichtige Rolle. So begegnet der Terminus כבוד bereits in 11,10 (vgl. 4,5; 24,23). In Jes 60 wird er zum Schlüsselwort, auch deshalb, weil er die geistige und die materielle

---

309 Die Identität des in 18,7 erwähnten Volkes ist umstritten. Die meisten Ausleger identifizieren es mit Kusch, einige mit Assur. Näheres s. u. II.2.

310 Vgl. den Titel des Aufsatzes von O. H. Steck, „Zion als Gelände und Gestalt. Überlegungen zur Wahrnehmung Jerusalems als Stadt und Frau im Alten Testament", *ZThK* 86 (1989) 261–81. Zwar erscheint die „Tochter Zion" (בת־ציון) schon in 1,8, sie wird aber, wie der Vergleich mit der „Hütte im Weinberg" zeigt, nicht wirklich als eine Frau vorgestellt. In 10,32 und 16,1 ist vom Tochter-Zion-*Berg* die Rede, dem jegliche personale Züge fehlen. Die einzige Ausnahme bildet 37,22.

Wirklichkeit gleichermaßen umfasst. Er erlaubt es, den Gedanken zu formulieren, dass sich die unsichtbare göttliche Herrlichkeit in der irdischen, gesellschaftlichen Gestalt Jerusalems widerspiegelt.

Dass unter den Bildmotiven die *Tiermetapher* keine Fortsetzung findet, lässt sich damit erklären, dass die Völker ihre „Raubtiernatur" abgelegt und sich in Anbeter verwandelt haben.[311] Die *Pflanzenmetapher* wird selten verwendet. Für 11,1–9 und damit auch für 11,10 ist sie zentral, dagegen sind die in 60,13 genannten Bäume nicht übertragen, sondern real gemeint.

Weitaus am wichtigsten ist wiederum die *Wasser-* und *Flutmetapher*. Im Unterschied zum Völkerkampfmotiv erscheint sie in den Völkerwallfahrtsorakeln aber nur in der Form von Einzelelementen, von Begriffen, die aus dem Kontext gerissen sind und deren bildhafte Grundbedeutung verblichen ist. Beim Leser erzeugen die intertextuellen Beziehungen, die einen Bogen zwischen der ersten und zweiten Buchhälfte schlagen, den Eindruck: Statt der verheerenden „Flut" Assurs kommt nun eine heilbringende „Flut" über das Land, die nicht Soldaten und Kampfmaschinen, sondern die Schätze der Nationen herbeischwemmt. An zwei Termini lässt sich diese Resemantisierung besonders deutlich ablesen: המון bezeichnet in 60,5 nicht mehr die furchterregend tobenden Aggressoren, sondern die Kostbarkeiten, die über das Meer nach Jerusalem gelangen, und שטף illustriert in 66,12 nicht mehr die Verwüstung bringenden Wasser, sondern den Überfluss an Gütern.

In diesen Zusammenhang gehört schließlich auch נהר in 2,2, das erste Bewegungsverb in einer Völkerwallfahrtsprophezeiung überhaupt. Das zugehörige Nomen folgt in 7,20 und dann in 8,7, wo מי הנהר, *die Wasser des Stromes (Euphrat)*, die assyrischen Truppen symbolisieren. Auch hier findet eine Transformation statt: auf der einen Seite eine Feindesinvasion, auf der anderen Seite eine Pilgerprozession. Dass in diesem Fall die positive Version der negativen vorangeht, so dass das kanonische Jesajabuch nicht mit dem Ansturm, sondern mit der Wallfahrt der Völker beginnt, ist von hoher hermeneutischer Relevanz. Damit wird nämlich unmittelbar nach dem Einleitungskapitel die wahre Rolle der heidnischen Nationen definiert, ihre letztendliche Berufung, die ihnen selbst noch unbewusst sein mag, in Israel aber von Anfang an die Hoffnung auf eine gemeinsame friedliche Zukunft weckt.

---

311 Eben diese Verwandlung wäre in 11,6–8 beschrieben, wenn man den Text metaphorisch interpretiert, eine Auslegung, auf die bereits David Kimchi hinweist: כל זה משל משל כי הזאב והנמר והדוב והאריה הם משל משל לרשעים [...] והכבש והפרה והעגל והגדי הם משל לעני ארץ (L. Finkelstein [Hg.], *The Commentary of David Kimhi on Isaiah I. Chapters 1–39* [OSCU 19; New York: Columbia University Press, 1926] 76).

I. Die Völkerwallfahrt in Jesajas „Wort über Juda und Jerusalem" (Jes 2 – 12)

1. Der Zug der Nationen zum Berg der Unterweisung (Jes 2,1–5)

1.1. Ein Völkerwallfahrtsorakel im Eingang des Jesajabuchs

Jes 2,1–5, die erste Verheißung einer Völkerwallfahrt im Jesajabuch, folgt unmittelbar auf das programmatische Einleitungskapitel. Zuerst die heftige Anklage der sozialen und kultischen Missstände im Gottesvolk, die scharfe Invektive gegen eine Stadt, die nicht mehr Hort der Gerechtigkeit ist, sondern zu einer „Hure" wurde, der drohende Hinweis auf bereits erlittene und noch ausstehende Katastrophen. Und nun die faszinierende Vision eines herrlich aufragenden Tempelbergs, auf dem die Völker der Welt zusammenkommen, um die Grundregeln eines friedlichen Miteinanders zu erlernen. Mit dem zweiten Kapitel wird eine völlig neue Seite aufgeschlagen, wird der Blick von der deprimierenden Gegenwart auf das neue, zukünftige Jerusalem gerichtet. Von ihm geht Weisung für alle Nationen aus, weil JHWH dort nicht nur angebetet wird, sondern schlichtend und richtend in die konkreten Lebensvollzüge der Menschen eingreift.

Die Prophezeiung einer internationalen Zionsreise ist auf diese Weise als ein wesentliches Motiv im theologischen Grundsatzprogramm des Buches verankert, eine Prophezeiung, die in stets neuen Variationen erscheint, in der zweiten Buchhälfte immer größere Bedeutung gewinnt, bis sie in Jes 66 als das letzte und definitive Wort Jesajas präsentiert wird. Unter allen Texten aber ragt Jes 2 heraus. Zum einen wegen seiner kanonstrategischen Position, die ihm eine lektüreleitende Funktion für das gesamte *corpus propheticum* verleiht, zum anderen, weil es eine Dublette im Zwölfprophetenbuch hat.

Die Tatsache, dass das Orakel vom endzeitlich erhöhten Zion doppelt, nämlich in Jes 2,2–4 und Mi 4,1–3 überliefert ist, wird in der modernen Exegese heftig diskutiert.[1] Ein Konsens ist bisher nicht abzusehen, und auch in unserem Rahmen können die vielfältigen literarischen Probleme nicht neu verhandelt werden. Auf der Grundlage einer Reihe sorgfältiger Einzelstudien hat sich jedoch eine Hypothese herauskristallisiert, die die Geschichte des Textes am überzeugendsten erklärt und deshalb, mit Unterschieden im Detail, von der Mehrzahl der Exegeten

---

1 Für die mittelalterlichen Ausleger stellte diese Doppelüberlieferung offensichtlich kein Problem dar. So begnügt sich Andreas von Sankt Viktor damit, in seinen Kommentaren jeweils auf die Auslegung der Parallelstelle zu verweisen. In seinem Jesajakommentar vermerkt er lediglich: „Dieses Kapitel haben wir bei Micha dargelegt. Um also nicht bereits Behandeltes noch einmal zu behandeln, ersparen wir uns jetzt seine Behandlung. Wenn daher der Leser eine Darlegung wünscht, möge er [sie dort] suchen" (Andreas de Sancto Victore, *Super Ysaiam*, ad Is 2,2).

geteilt wird. Ihr zufolge stammt die Prophezeiung aus der nachexilischen, wohl persischen Zeit und wurde von dem Michabuch in das Jesajabuch übernommen.[2]

Mit Reinhard Müller lassen sich vier Etappen dieses redaktionsgeschichtlichen Prozesses unterscheiden: Die Vision vom Zionsberg als Zentrum einer befriedeten Welt entstand *erstens* im Kontext des Michabuchs, wobei sie zunächst nur Mi 4,1–3 umfasste. Sie wurde *zweitens* mit leichten Änderungen in das Jesajabuch übernommen.[3] In Jes 2 wurde das Orakel *drittens* durch die Überschrift in v.1 und die paränetische Anwendung in v.5 in seinen Kontext redaktionell eingepasst. In Mi 4 wurde es *viertens* (wohl nach seiner Übernahme in das Jesajabuch) zuerst durch v.4 und dann durch v.5 erweitert.

Neben der Aufgabe, die beiden Versionen zu vergleichen, ihre Unterschiede aufzuzeigen und daraus literargeschichtliche Schlüsse zu ziehen, stellt sich eine zweite, vielleicht noch wichtigere Aufgabe. Sie besteht darin, das Orakel in seinem jeweiligen Kontext auszulegen. Seine theologische Aussage änderte sich nämlich nicht erst durch die Zusätze in Jes 2,5 und Mi 4,4–5, sondern bereits dadurch, dass es in Prophetenbücher eingefügt wurde, die unterschiedliche Geschichtskonzeptionen vertreten.[4] Mit Marvin A. Sweeney lassen sich diese folgendermaßen charakterisieren: „Whereas the book of Isaiah presents a scenario of worldwide punishment of both the nations and Israel by YHWH that will result in peace and universal recognition of YHWH at Zion, Micah presents a scenario in which peace

---

2 Die wichtigsten Argumente finden sich immer noch bei L. Schwienhorst-Schönberger, „Zion – Ort der Tora. Überlegungen zu Mi 4,1–3", F. Hahn u. a. (Hg.), *Zion – Ort der Begegnung. Festschrift für Laurentius Klein zur Vollendung des 65. Lebensjahres* (BBB 90; Bodenheim: Athenäum Hain Hanstein, 1993) 109–114. Die These wurde u. a. von Berges, *Buch Jesaja*, 71–6; R. Kessler, *Micha* (HThKAT; Freiburg; Basel; Wien: Herder, ²2000) 178–183; F. I. Andersen u. D. N. Freedman, *Micah. A New Translation with Introduction and Commentary* (AncB 24E; New York: Doubleday, 2000) 413–427, und zuletzt von R. Müller, „Doubled Prophecy. The Pilgrimage of the Nations in Mic 4:1–5 and Isa 2:1–5*", H. von Weissenberg, J. Pakkala u. M. Marttila (Hg.), *Changes in Scripture. Rewriting and Interpreting Authoritative Traditions in the Second Temple Period* (BZAW 419; Berlin; New York: Walter de Gruyter, 2011) 177–191, aufgenommen und vertieft.

3 Als intentionale Änderungen betrachten wir die betonte Anfangsstellung von נכון in Jes 2,2a, die Ersetzung der ambivalenten Präposition על, *auf, gegen*, durch אל und die Steigerung von עמים zu כל־הגוים in Jes 2,2b, die Weglassung des überschüssigen עד־רחוק in Jes 2,4. Die zahlreichen kleineren Abweichungen, die den Sinn nicht verändern, lassen sich auf die mündlich-schriftliche Überlieferung („oral-written transmission") zurückführen und als „memory variants" erklären. Vgl. dazu die grundlegenden Ausführungen bei D. M. Carr, *Writing on the Tablet of the Heart. Origins of Scripture and Literature* (Oxford; New York: Oxford University Press, 2005), und D. M. Carr, *The Formation of the Hebrew Bible. A New Reconstruction* (Oxford; New York: Oxford University Press, 2011).

4 Vgl. M. A. Sweeney, „Micah's Debate with Isaiah", *JSOT* 93 (2001) 111–24, und Y. Bin-Nun u. B. Lau, כציפורים עפות – ישעיהו (Tel Aviv: Miskal, 2013) 291–312.

among the nations and universal recognition of YHWH will emerge following a period in which a new Davidic king will arise to punish the nations for their own prior abuse of Israel."[5]

Entsprechend unterschiedlich ist die Botschaft, die den Lesern der Prophezeiung vermittelt wird. Durch das Michabuch werden sie in der Hoffnung bestärkt, ein neuer Davidide könne die Herrschaft der fremden Völker abschütteln und das kommende Friedensreich heraufführen. Durch das Jesajabuch werden sie motiviert, einerseits die ausländischen Könige (vor allem den Perser Kyros) als Werkzeuge JHWHs zu akzeptieren und andererseits das eigene Verhalten zu revidieren. Denn bevor das neue Friedensreich auf dem Zion beginnt, wird, wie Jes 1,27–31 betont, Israel selbst gerichtet werden.

Bereits diese kurzen Hinweise zeigen, dass die Auslegung von Jes 2,1–5 und Mi 4,1–5 neben der diachronen auch die synchrone Perspektive umfassen muss. Neben die Frage, wie der Text entstanden ist, muss die Frage treten, wie er in seinem jetzigen Kontext „funktioniert" bzw. wie er von dem Leser des jeweiligen Endtextes verstanden wird. Für denjenigen, der dem Kanon folgend auf Jes 2 stößt, besteht kein Zweifel, dass diese Prophetie ein „Wort" ist, „das Jesaja, der Sohn des Amoz, geschaut hat". Gemäß der Überschrift handelt sie auch gar nicht von fremden Nationen, sondern ergeht „über Juda und Jerusalem" (על־יהודה וירושלם, v.1; vgl. 1,1). Wie das erste Kapitel „unsere" Sünden anprangerte, ihre verheerenden Konsequenzen aufzeigte und mit dem göttlichen Strafgericht drohte, so kündet das zweite von „unserer" Erlösung, nämlich davon, wie die anderen Völker zum Zion kommen werden, um von „unserem" Gott, dem „Gott Jakobs", gerichtet und zu einem neuen, friedlichen Miteinander angeleitet zu werden. Die Wallfahrt der Nationen und ihre Bekehrung zu JHWH ist somit *auch* eine Verheißung über das Heil der nichtisraelitischen Menschheit, in erster Linie aber ist sie eine Verheißung über die Rettung Israels. Dazu kann und muss dieses allerdings selbst beitragen, wie der abschließende v.5 betont. Nicht durch ein direktes, missionarisches Einwirken auf die „Heidenvölker", sondern dadurch, dass es sein Leben ändert und die Gebote seines Gottes selbst praktiziert.

So enthält bereits die Platzierung des ersten Völkerwallfahrtsorakels im Eingang des Jesajabuchs eine wichtige theologische Aussage. Der Pilgerzug der *gojim* wird dadurch nämlich in einen literarischen Rahmen eingefügt, in dem sich das sündige, schuldbeladene Volk (גוי חטא עם כבד עון, 1,4) in das Volk transformiert, das im Licht JHWHs wandelt (2,5). Die Fremden kommen nicht zu der „Hure Je-

---

5 Sweeney, „Micah's Debate", 113.

rusalem" (1,21), sondern zu Zion, die[6] durch „Recht und Gerechtigkeit" erlöst ist
(1,27).[7] Sie werden in deren Umkehrprozess hineingenommen, den sie durch ihr
erwartungsvolles Kommen ihrerseits beflügeln.

Für den kanonisch Lesenden, der in Mi 4 auf dieselbe Verheißung noch einmal
stößt, stellt sich nicht die Frage, ob sie von Jesaja, Micha oder einem Dritten
komponiert wurde. Auch Jes 2,1 erklärt ja nicht, dass Jesaja sie verfasst, sondern
dass er sie *geschaut* habe. Dasselbe wird er nun auch von dem Propheten Micha
annehmen. Die doppelte Überlieferung ist in einer leserorientierten Perspektive
also kein Problem, sondern im Gegenteil eine Bestätigung, dass eine authentische,
besonders wichtige Prophezeiung übermittelt wird. Die beiden Propheten sind
dann nicht konkurrierende Autoren, sondern Zeugen, die durch ihre übereinstimmende Aussage garantieren, dass Gott selbst der Autor dieses faszinierenden
Heilsorakels ist.[8]

1.2. Jes 2,1 – 5: Abgrenzung, Übersetzung und Textkritik

Sowohl die masoretische Überlieferung als auch die große Jesajarolle von Qumran
grenzen 2,1 – 4 als eine eigene Texteinheit ab. In 𝔐[L] wird sie durch eine *Setuma*
eröffnet und durch eine *Petucha* abgeschlossen (in 𝔐[A] jeweils durch eine *Petucha*), während 1QIsa[a] an beiden Stellen ein freies Zeilenende und eine neue Zeile
(frZE/NZ) hat.[9]

Dass mit 2,1 ein neuer Abschnitt beginnt, bedarf keiner weiteren Begründung.
Auf die Anklage- und Drohworte von Kap. 1 folgt nun eine Heilsankündigung. Sie
wird durch eine Überschrift eröffnet, die als kürzere Variante von 1,1 erscheint.

---

6 In Anlehnung an den hebräischen Sprachgebrauch verwenden wir in der vorliegenden Arbeit
für die weiblich personifizierte Gestalt „Zion-Jerusalem" immer wieder auch die femininen Pronomina.
7 Vgl. Berges, *Buch Jesaja*, 57: „Die Dialektik von Worten gegen Juda und Jerusalem und solchen
von der Völkerwallfahrt zum Zion bestimmen das Jesajabuch von Anbeginn: Zentrum der Völkerversammlung kann der Zion nur nach seiner Reinigung sein."
8 Vgl. K. Schmid, *Jesaja I. Jes 1 – 23* (ZBK.AT 19.1; Zürich: Theologischer Verlag Zürich, 2011) 61:
„Der dahinter stehende Gedanke lautet, dass die von Gott den Propheten übermittelte Botschaft
letztlich ein und dieselbe ist." N. Lohfink, „Bund und Tora", 40, vergleicht das doppelt überlieferte
Prophetenwort mit dem Dekalog: „Ähnlich wie der Dekalog im Pentateuch zweimal steht, steht im
Prophetenkanon der Text über die Wallfahrt zum Zion zweimal. Das zeigt sein Gewicht an."
9 Der fragmentarische Charakter der anderen Qumranhandschriften lässt keinen Aufschluss über
deren Textgliederung zu.

Eine dritte analoge Überschrift wird in 13,1 verwendet, um die jesajanischen Völkerorakel (Kap. 13 – 23) einzuleiten.[10]

Wo die Einheit endet, ist weniger klar. Für einen Einschnitt nach v.4 werden u. a. folgende Argumente angeführt: „[t]he lack of a syntactical link between vv. 4 and 5, the use of an imperative address to the »house of Jacob«, and the explanatory *kî* in v. 6".[11] Außerdem hätten dieselben Lexeme in v.5 eine andere Bedeutung als in den vorhergehenden Versen.[12] Doch können diese Argumente letztlich nicht überzeugen. Ein Autor oder Redaktor kann mit den unterschiedlichen Bedeutungen eines Lexems spielen, um einen rhetorischen Effekt zu erzeugen: die Ausländer, die zum „*Haus* des Gottes Jakobs" pilgern, erinnern das „*Haus* Jakob" an die Verantwortung, ihren Gott durch ein vorbildliches Verhalten zu bezeugen. Und הלך, *gehen*, wird nicht erst in v.5, sondern bereits in v.3 metaphorisch verwendet. Genauso wenig zwingend sind die syntaktischen Einwände. V.5 ist zwar syntaktisch nicht mit dem Vorhergehenden verbunden, לכו ונלכה ahmt aber zweifellos die Selbstaufforderung der Völker נלכו ונעלה in v.3a nach.[13]

Auch wenn das ursprüngliche Orakel nur v.2 – 4 umfasst haben sollte, liegt es jetzt doch wie in Mi 4 in einer erweiterten Fassung vor, die das Geschilderte auf die Situation der Adressaten appliziert. Auf diese wird schon in v.1 mit „Juda und Jerusalem" verwiesen, bevor sie in v.5 direkt angesprochen werden. Aus der Vision über die Nationen wird so eine Vision über und für das Gottesvolk.

Der hier vertretenen Abgrenzung widerspricht auch nicht, dass sich der letzte Vers der Einheit auf das Folgende bezieht. Gerade darin erweist er sich als ein redaktioneller Brückenvers, dass er von der Verheißung in v.2 – 4 zu dem Gerichtswort in v.6 – 22 überleitet und somit gewissermaßen zu beiden Texteinheiten gehört. Wir betrachten den Appell von v.5 deshalb trotz der masoretischen Ab-

---

10 Zum Verhältnis von 2,1 zu 1,1 s. R. Müller, „Doubled Prophecy", 186 – 187. Die buchstrukturierende Funktion der drei Überschriften hat bereits L. J. Liebreich, „The Compilation of the Book of Isaiah", *JQR* 46 (1956) 260 – 2, erkannt. Er macht u. a. darauf aufmerksam, dass sie dasselbe Verb חזה aber unterschiedliche Nomina, nämlich חזון, דבר und משא verwenden. Zur Funktion der Überschriften für die Struktur von Jes 1 – 39 s. nun auch P. D. Wegner, „Seams in the Book of Isaiah. Looking for Answers", R. Heskett u. B. Irwin (Hg.), *The Bible as a Human Witness to Divine Revelation. Hearing the Word of God Through Historically Dissimilar Traditions* (LHBOTS 469; New York; London: T & T Clark International, 2010) 66 – 80.

11 M. A. Sweeney, *Isaiah 1 – 39 with an Introduction to Prophetic Literature* (FOTL 16; Grand Rapids, MI; Cambridge: William B. Eerdmans, 1996) 98.

12 So Vermeylen, *Jérusalem*, 218. בית bezeichne in v.5 eine Personengruppe, davor aber ein Gebäude, הלך ein ethisches Verhalten, davor aber eine Fortbewegung.

13 Vgl. J. Blenkinsopp, *Isaiah 1 – 39. A New Translation with Introduction and Commentary* (AncB 19; New York: Doubleday, 2000) 191: „[T]he final v 5 is an exhortation to the »household of Jacob« to take up the invitation addressed to Gentiles immediately preceding."

schnittmarkierung als einen Teil des Völkerwallfahrtsorakels.[14] Auch wenn er ihm redaktionell angefügt wurde, ist er im jetzigen kanonischen Text doch dessen unverzichtbarer Schluss.[15]

1	(Dies ist) das Wort, das Jesaja, der Sohn des Amoz,	הַדָּבָר אֲשֶׁר חָזָה[a] יְשַׁעְיָהוּ
	über Juda und Jerusalem schaute.	בֶּן־אָמוֹץ עַל־יְהוּדָה וִירוּשָׁלָ͏ִם׃
2aα	Und es wird geschehen am Ende d(ies)er Tage:	וְהָיָה בְּאַחֲרִית הַיָּמִים[b]
β	Fest gegründet wird **der Berg des Hauses** J<small>HWH</small>s sein	נָכוֹן[c] יִהְיֶה הַר בֵּית־יְהוָה[d]
	an der Spitze der Berge und erhaben über die Hügel.	בְּרֹאשׁ הֶהָרִים וְנִשָּׂא[e] מִגְּבָעוֹת
b	Da _werden_ <u>alle Nationen</u> **zu ihm** _strömen._	וְנָהֲרוּ[f] אֵלָיו[g] כָּל־הַגּוֹיִם׃
3aα	Und <u>viele Völker</u> _werden hingehen_ und sagen:	וְהָלְכוּ עַמִּים רַבִּים וְאָמְרוּ
	Kommt, lasst uns hinaufsteigen **zum Berg** J<small>HWH</small>s,	לְכוּ וְנַעֲלֶה אֶל־הַר־יְהוָה[h]
	zum Haus des Gottes Jakobs!	אֶל־בֵּית[i] אֱלֹהֵי יַעֲקֹב
β	Er unterweise uns in seinen Wegen,	וְיֹרֵנוּ[j] מִדְּרָכָיו[k]
	und _wir wollen gehen_ auf seinen Pfaden.	וְנֵלְכָה בְּאֹרְחֹתָיו
bα	Denn von **Zion** geht Weisung aus	כִּי מִצִּיּוֹן תֵּצֵא תוֹרָה
β	und J<small>HWH</small>s Wort von **Jerusalem.**	וּדְבַר־יְהוָה מִירוּשָׁלָ͏ִם׃
4aα	Und er wird richten zwischen <u>den Nationen</u>	וְשָׁפַט בֵּין הַגּוֹיִם
β	und entscheiden für <u>viele Völker</u>.	וְהוֹכִיחַ לְעַמִּים רַבִּים
bα	Sie werden ihre Schwerter zu Pflugscharen schmieden	וְכִתְּתוּ חַרְבוֹתָם לְאִתִּים
	und ihre Speere zu Winzermessern.	וַחֲנִיתוֹתֵיהֶם לְמַזְמֵרוֹת
β	Nicht wird <u>Nation gegen Nation</u> (das) Schwert erheben,	לֹא־יִשָּׂא גוֹי אֶל־גּוֹי חֶרֶב
	und nicht mehr werden sie Krieg erlernen.	וְלֹא־יִלְמְדוּ עוֹד[m] מִלְחָמָה׃
5	Haus Jakob, _komm, lasst uns gehen_ im Licht J<small>HWH</small>s!	[n]בֵּית יַעֲקֹב לְכוּ וְנֵלְכָה בְּאוֹר יְהוָה׃

---

14 Ein weiteres Argument für die Zusammengehörigkeit von v. 2 – 4 und v. 5 verdanken wir einem Hinweis von Norbert Lohfink. In seinem gemeinsam mit Georg Braulik erarbeiteten, noch unveröffentlichten Deuteronomiumkommentar beschreibt er ein literarisches Aussagesystem, das sich vor allem in Erzählungen und zwar innerhalb von wörtlich zitierten Reden findet: das Schema „Faktum – Appell". Es lässt sich in Gen 2,23; 3,17 – 19; Ex 7,1 – 2; 34,11b–16; Dtn 1,6 – 7; 10,17 – 19 u. ö. nachweisen. In ihm folgt auf eine Feststellung regelmäßig eine Aufforderung, oder genauer: eine Aufforderung wird durch eine zuvor gemachte Feststellung grundgelegt. Zuerst wird also das Faktum genannt, aus dem sich dann der Appell zum Handeln ergibt (in direktiver oder kommissiver Rede), ohne dass die beiden Elemente durch eine Konjunktion verbunden wären. Fakultativ kann eine Interjektion voran- und eine durch כי eingeleitete Begründung nachgestellt werden. Diesem Schema folgt auch Jes 2: v. 2 – 4 enthalten das Faktum, v. 5 den Appell und v. 6 die Begründung (die gleichzeitig als Beginn der nachfolgenden Einheit fungiert). Entsprechend der prophetischen Natur unseres Textes ist das „Faktum" hier allerdings keine vorliegende Tatsache, sondern ein für die Zukunft erwartetes Ereignis.

15 In der Übersetzung dieses und der folgenden Völkerwallfahrtstexte werden die drei Hauptkomponenten des Motivs graphisch hervorgehoben: das Subjekt der Bewegung durch Unterstreichung, die _verba eundi_ durch kursive Schreibweise, das Ziel durch Fettdruck. Zur metrischen Struktur von Jes 2,1 – 5 vgl. K. Seybold, _Poetik der prophetischen Literatur im Alten Testament_ (PStAT 4; Stuttgart: W. Kohlhammer, 2010) 292 – 3.

[a] Die MT-Lesart wird von 1QIsa[a] und, soweit erhalten, von 4QIsa[f] gestützt (vgl. ʋ: „verbum quod vidit"). Demgegenüber verwendet LXX eine formelhafte Wendung, die im Jeremiabuch öfter eine neue Sektion einleitet (vgl. Jer 11,1; 18,1; 21,1; 32,1; 40,1): ὁ λόγος ὁ γενόμενος παρὰ κυρίου πρὸς…, *das Wort, das vom Herrn an… erging*. Damit wird einerseits die ungewöhnliche Vorstellung, dass ein Wort *gesehen* wird, getilgt und andererseits ergänzt, dass dieses auf göttliche Inspiration zurückgeht (vgl. dazu J. R. Wagner, *Reading the Sealed Book. Old Greek Isaiah and the Problem of Septuagint Hermeneutics* [FAT 88; Tübingen: Mohr Siebeck, 2013] 67). ‎ℑ löst das Problem, indem er das Verb נבי, *prophezeien*, wählt und die Vision als פתגם נבואה, *Wort der Prophetie*, charakterisiert. Beide Varianten sind als theologisch motivierte Änderungen des Originaltextes anzusehen.

[b] Gegenüber den zahlreichen Alternativübersetzungen wie „in zukünftigen Tagen" (Beuken, *Jesaja I*, 88), „in days to come" (Blenkinsopp, *Isaiah I*, 189), „dans la suite des jours" (Vermeylen, *Jérusalem*, 204), „nel seguito dei giorni" (A. Mello, *Isaia. Introduzione, traduzione e commento* [Nuova versione della Bibbia dai testi antichi 10; Cinisello Balsamo: Edizioni San Paolo, 2012] 57), halten wir an der traditionellen Übersetzung fest, da sie den Bruch zur Jetztzeit deutlicher zum Ausdruck bringt (so auch I. Fischer, „Israel und das Heil", 192). Näheres zum nicht-eschatologischen Verständnis dieser Datumsangabe s. u.

[c] LXX übersetzt ἐμφανές, *sichtbar* (in Mi 4,1 jedoch ἐμφανές… ἕτοιμον, *sichtbar… bereitet*). Doch ist נכון sowohl in 1QIsa[a] als auch in 4QIsa[e] bezeugt und liegt überdies der aramäischen (מתקן) und der lateinischen Übersetzung („praeparatus") zugrunde. Nach R. L. Troxel, *LXX-Isaiah as Translation and Interpretation. The Strategies of the Translator of the Septuagint of Isaiah* (JSJ.S 124; Leiden; Boston, MA: Brill, 2008) 187 n.67, handelt es sich um eine interpretierende Wiedergabe ohne textkritischen Wert. Vgl. H. G. M. Williamson, *A Critical and Exegetical Commentary on Isaiah 1 – 27. Vol. 1: Commentary on Isaiah 1 – 5* (ICC; London; New York: T & T Clark International, 2006) 167: „[T]here is no case of emending the Hebrew text on the basis of the Greek."

[d] Die doppelte *cs.*-Verbindung ist in 𝔊 in zwei Ausdrücke aufgelöst: τὸ ὄρος κυρίου καὶ ὁ οἶκος τοῦ θεοῦ, *der Berg des Herrn und das Haus Gottes*. Sollte 𝔊[V] wirklich הר יהוה statt הר יהיה gelesen haben, wie Troxel, *LXX-Isaiah*, 187 n.67, annimmt? Wahrscheinlicher ist, dass der umständliche Ausdruck (entweder durch den Übersetzer oder bereits in dessen Vorlage) an v.3 angepasst wurde (vgl. A. van der Kooij u. F. Wilk, „Erläuterungen zu Jes 1 – 39", M. Karrer u. W. Kraus [Hg.], *Septuaginta Deutsch. Erläuterungen und Kommentare zum griechischen Alten Testament II. Psalmen bis Daniel* [Stuttgart: Deutsche Bibelgesellschaft, 2011] 2510). Eine nationalistische Motivation nimmt D. A. Baer, *When We All Go Home. Translation and Theology in LXX Isaiah 56 – 66* (JSOT.S 318; Sheffield: Sheffield Academic Press, 2001) 267 – 9, an. Durch das Neutrum ἐπ᾽ αὐτὸ, *zu ihm*, im zweiten Halbvers werde nämlich nur τὸ ὄρος, nicht aber ὁ οἶκος aufgegriffen; die Nationen gelangten also nur bis zum Berg, nicht aber bis zum Haus Gottes.

[e] 4QIsa[e] folgt dem Micha-Text und fügt הוא ein. Demgegenüber ist die *lectio dissimilis*, die sich auch in 1QIsa[a] findet, zu bevorzugen.

[f] Die Wiedergabe in LXX – καὶ ἥξουσιν, *und sie werden kommen* – „is simply the translator's attempt to translate ונהרו" (Troxel, *LXX-Isaiah*, 187 n.67). Dieselbe Übersetzung findet sich auch in Jer 31,12. In jedem Fall hat LXX נהר als Bewegungsverb aufgefasst. Gegen die Herleitung von נהר II, *strahlen*, verteidigt Williamson, *Isaiah 1*, 169, die übliche, auch von uns bevorzugte Deutung. Näheres s. u.

[g] 1QIsa[a] und ‎ℑ lesen wie in Mi 4,1 עלוהי, *auf ihn*. Der 𝔐-Lesart, die auch von 4QIsa[e] und 4QIsa[f] bezeugt wird, ist als *lectio dissimilis* der Vorzug zu geben. Für B. Wiklander, *Prophecy as Literature. A Text-Linguistic and Rhetorical Approach to Isaiah 2 – 4* (CB.OT 22; Stockholm: CWK Gleerup, 1984) 58, handelt es sich allerdings nur um orthographische Varianten. Sie könnten in der

mündlich-schriftlichen Überlieferung nebeneinander kursiert haben, ohne dass sich entscheiden ließe, welche die ursprüngliche ist.

[h] Dass in 1QIsaᵃ die erste der beiden Ortsangaben fehlt, ist mit Williamson, *Isaiah 1*, 170, als ein Fall von Parablepse zu erklären (auch im folgenden Vers unterlaufen dem Schreiber zwei Flüchtigkeitsfehler, s. E. Ulrich [Hg.], *The Biblical Qumran Scrolls. Transcriptions and Textual Variants* [VT.S 134; Leiden; Boston, MA: Brill, 2010] 333). Einen Doppelausdruck wie MT haben auch 4QIsaᵉ, 𝔊 (εἰς τὸ ὄρος κυρίου καὶ εἰς τὸν οἶκον τοῦ θεοῦ Ιακωβ) und 𝔙 („ad montem Domini et ad domum Dei Iacob"), wenn auch mit Syndese (s. die folgende Anmerkung). Der Targum hat die Ortsangaben theologisch präzisiert: טור בית מקדשא דיי, *der Berg* des Heiligtums *JHWHs*, und בית שכינת אלהיה דיעקב, *das Haus* der Gegenwart *des Gottes Jakobs*.

[i] Im MT stehen die beiden Zielangaben asyndetisch nebeneinander. 4QIsaᵉ liest ואל, und auch die Versionen 𝔊, 𝔖 und 𝔙 (nicht aber 𝔗) haben eine Konjunktion. Dies entspricht der Lesart in Mi 4,2. Als *lectio difformis* verdient die masoretische Lesart den Vorzug (vgl. Williamson, *Isaiah 1*, 170).

[j] Die masoretische Lesart wird durch 4QIsaᵉ, LXX, 𝔗 und 𝔙 gestützt. 1QIsaᵃ liest demgegenüber וירונו, *sie sollen uns unterweisen*. Wegen des fehlenden syntaktischen Bezugs (gemeint sind wohl die am Tempel amtierenden Priester) ist das zwar die *lectio difficilior*, dennoch plädiert Williamson, *Isaiah 1*, 170, dafür, an 𝔐 festzuhalten. Nach den von Carr, *Formation of the Hebrew Bible*, 13–36, aufgezeigten Kriterien der mündlich-schriftlichen Textüberlieferung könnte es sich auch um „Gedächtnisvarianten", also um gleichwertige Lesarten handeln.

[k] In 𝔊 fehlt das wohl partitiv aufzufassende (so Williamson, *Isaiah 1*, 184) מן, statt des Plurals steht der Singular (τὴν ὁδὸν αὐτοῦ, *seinen Weg*) und im folgenden Kolon ist die zweite Umstandsbestimmung durch ἐν αὐτῇ, *auf ihm* (sc. *dem Weg*), ersetzt. Die Aussage wird dadurch kürzer und klarer. Da 𝔐 auch durch 𝔔 gestützt wird, ist an seiner Lesart festzuhalten.

[l] Während 𝔗 (לא) und 𝔙 („non") der masoretischen Lesart folgen, haben 1QIsaᵃ (ולוא) und LXX (καὶ οὐ) eine Syndese. Wir bevorzugen MT, da die Asyndese dem Einschnitt, der durch die zweifache Negation und den Wechsel von *wᵉqatal* zu *x-yiqtol* hervorgerufen wird, besser entspricht.

[m] LXX liest auch im ersten Kolon ἔτι, ein weiterer Beleg für ihre auch sonst beobachtbare Tendenz zur Harmonisierung.

[n] Die einleitenden Worte in LXX καὶ νῦν = ועתה, *nun aber*, werden von van der Kooij u. Wilk, „Erläuterungen", 2510, als „Zusatz (wie in V.10), der den Aufruf dringlicher macht", gedeutet.

1.3. Die Wallfahrt der Nationen, eine Vision „über Juda und Jerusalem"

Jes 2,1–5 ist die hermeneutische Eingangspforte zu dem Völkerwallfahrtsthema im Jesajabuch. Die Überschrift, die die Vision als „Wort über Juda und Jerusalem" deklariert, und der abschließende Appell machen klar, dass hier nicht nur die Zukunft der fremden Nationen, sondern auch die Zukunft des Volkes Israel verhandelt wird. Der Zion, zu dem jene pilgern, ist ja der Berg, auf dem das „Haus JHWHs" steht, der Tempel dessen, der sich als „Gott Jakobs" offenbart hat (בית אלהי יעקב). Neben der Wanderung der Völkerscharen, die nach Jerusalem strömen, braucht es deshalb auch eine „Wanderung" derer, die bereits dort leben. Die dem Haus Jakob angehören, müssen nicht mit den anderen Nationen auf den Zion steigen, sie müssen aber da, wo sie sich befinden, in den Geboten ihres Gottes „gehen".

Während die Rahmenverse auf die Rolle des Gottesvolks verweisen, handelt das Korpus des Orakels von der eigentlichen Völkerwallfahrt. In v.2–4 ist das Motiv in seinen drei konstituierenden Elementen präsent. Die Wallfahrer werden als כל־הגוים, *alle Nationen* (v.2b), und עמים רבים, *viele Völker* (v.3), identifiziert, ein Parallelismus, der in v.4 (mit הגוים, *die Nationen*, an erster Stelle) wieder aufgegriffen wird. Das Heilsgeschehen wird so von Anfang an in einen universalen Horizont gestellt, einen Horizont, der, wie die Abschlussvision 66,15–24 eindrucksvoll bestätigen wird, die gesamte Menschheit umfasst. Durch die Wendung גוי אל־גוי, *Nation gegen Nation* (2,4), wird diese Perspektive noch verstärkt. Der indeterminierte Singular signalisiert nämlich wie in 55,5 (גוי... וגוי), dass dieses Heilswort nicht für bestimmte einzelne, sondern ohne jede Einschränkung für jedes Volk gilt.

Die Wanderungsbewegung wird durch das Grundwort הלך, *gehen*, ausgedrückt. Es findet sich sowohl in der Schilderung der Vision (והלכו) als auch in der wörtlich wiedergegebenen Völkerrede (לכו ונעלה, v.3a). Dort ist es mit עלה kombiniert, das den Weg als einen Aufstieg charakterisiert. Darüber hinaus begegnet הלך aber auch in übertragener Bedeutung, einmal bezogen auf die Nationen (ונלכה, v.3a), einmal auf das Haus Jakob (לכו ונלכה, v.5). In beiden Fällen fungiert es als *terminus technicus* für das ethische Verhalten. Sein besonderes Kolorit erhält dieses Orakel aber durch das Bewegungsverb, das allen anderen vorausgeht: ונהרו, *sie werden strömen* (v.2b). Die Menschenmassen werden auf diese Weise mit den Fluten eines Stromes bildlich gleichgesetzt. Entgegen der Naturgesetze fließen sie aber nicht nach unten, sondern nach oben, kommen nicht im Meer, sondern auf einem Berg zusammen.

Die zweifache Bedeutung von הלך spiegelt sich auch in den Ortsangaben wider. Zunächst wird das Ziel der Wallfahrt geographisch definiert: die Völker streben zu dem Berg, auf dem Jhwh angebetet wird (הר בית־יהוה, v.2; הר־יהוה, v.3), genauer, zu seinem Tempel, dem „Haus des Gottes Jakobs" (בית אלהי יעקב, v.3). Darüber hinaus wird aber auch ein „geistliches" Ziel erwähnt und zwar sowohl für sie als auch für das Gottesvolk: sie sollen, nein, sie *wollen* „in Seinen Wegen" (בארחתיו, v.3) und „im Licht Jhwhs" (באור יהוה, v.5) gehen. In der Mitte des Orakels werden dann noch konkrete Orte erwähnt: Zion (ציון) und Jerusalem (ירושלם, v.3). Die Richtung ist hier aber umgekehrt, sie führt nicht mehr zum Zentrum hin (הלך אל), sondern geht von dort nach außen (יצא מן). Die bis dahin vorherrschende Bewegung wird also durch eine Gegenbewegung ergänzt. Während die nichtisraelitischen Nationen von den Rändern der Erde aufbrechen, um nach Jerusalem zu ziehen, kommt ihnen von dort das göttliche Wort, die göttliche Weisung entgegen. Die Stätte, an der Jhwh wohnt, ist so das pulsierende Herz der Welt. Von ihm geht das Licht der Offenbarung aus und zu ihm strömen alle, die in diesem Licht leben wollen.

1.3.1. Wann ist das – באחרית הימים?

Bevor die Zionswallfahrt der Nationen im Einzelnen beschrieben wird, wird das Geschaute durch den Tempusmarker והיה, *und es wird geschehen*, auf die Zeitstufe des Futurs festgelegt.[16] Im Anschluss daran wird die Ausgangssituation, der eindrucksvoll aufragende Tempelberg, im *yiqtol* (יהיה + Ptz) formuliert, die dadurch ausgelösten Vorgänge hingegen im *weqatal*, wobei als Akteure zuerst die Nationen (ונהרו... והלכו... ואמרו), dann JHWH (ושפט... והוכיח) und dann wieder die Nationen fungieren (וכתתו). Die Vision endet mit zwei Verben im *yiqtol*, die nicht weitere Aktionen, sondern die Unterlassung negativer Handlungen schildern (לא־ישא... ולא־ילמדו), bevor mit einem Kohortativ die Konsequenzen für das Gottesvolk angedeutet werden (לכו ונלכה).

Im Unterschied zu den meisten anderen Völkerwallfahrtsorakeln des Jesajabuchs beginnt 2,1–5 mit einer Datumsangabe: באחרית הימים.[17] In der Septuaginta mit ἐν ταῖς ἐσχάταις ἡμέραις, im Targum mit בסוף יומיא, in der Vulgata mit „in novissimis diebus" wiedergegeben, wurde sie von jüdischen wie christlichen Auslegern traditionell als Hinweis auf die *messianische* Zeit gelesen.[18] Dabei übersahen sie jedoch, dass in dieser Vision überhaupt keine Messiasgestalt auftritt. In ihr wird das Gericht, im Unterschied zu einer Heilsankündigung wie Jes 11,1–9, nicht von einem irdischen Herrscher, sondern von Gott selbst ausgeübt.[19]

Aus diesem Grund hat die neuzeitliche Exegese Jes 2 gewöhnlich als ein *eschatologisches* Orakel klassifiziert.[20] Diese Terminologie kann sich zwar auf die

---

16 Zur deiktischen Funktion von והיה s. Waltke – O'Connor, 32.2.6c.

17 Die wenig prägnanten Formulierungen in 11,10 (והיה ביום ההוא) und 18,7 (בעת ההיא) sind eher redaktionelle Überleitungen als echte Zeitangaben.

18 So ausdrücklich Abraham Ibn Ezra (והם ימי המשיח שהם אחרית ימי עולם) und David Kimchi (כל מקום שנאמר באחרית הימים הוא ימות המשיח, M. Cohen, *Isaiah*, 14–15). Auf der anderen Seite unterstreichen Andreas von Sankt Viktor und Nikolaus von Lyra, dass diese Weissagung von Juden wie Christen gleichermaßen auf „die Zeit des Messias" bzw. „Christi" bezogen wird. Im letzten Abschnitt dieses Kapitels (1.4.) wollen wir auf die Diskussion darüber näher eingehen.

19 Eine Auslegung wie die von Ibn Ezra – „He, who is the judge, the Messiah, shall judge" (Friedländer, *Ibn Ezra on Isaiah*, 14) – widerspricht demnach dem einfachen, wörtlichen Sinn.

20 So z. B. in den klassischen Auslegungen bei von Rad, „Stadt auf dem Berge", und Wildberger, „Völkerwallfahrt".

griechische Übersetzung berufen,[21] sie bedeutet aber eine implizite Abwendung von dem hebräischen Original. Aufgrund ihrer Herkunft aus der christlichen Dogmatik enthält sie zudem eine Reihe von Konnotationen, die die Intention des biblischen Textes eher überdecken als offenlegen.

Die wirkungsgeschichtlich sehr einflussreiche Deutung im Rahmen der *Eschata*, die das Ende der Geschichte markieren, wurde in neueren Arbeiten in Frage gestellt[22] und zuletzt durch kontextuelle und sprachvergleichende Studien widerlegt.[23] Sie stellten u. a. fest, dass sich באחרית הימים an den meisten Parallelstellen[24] auf eine Epoche bezieht, die sich grundlegend von der gegenwärtigen unterscheidet. Sie beginnt nach einem einschneidenden Ereignis wie z. B. dem Tod einer Führungsgestalt (Jakob, Mose). Mit Ausnahme der apokalyptischen Passagen im Danielbuch geht es dabei aber nicht um eine metahistorische, transzendente Wirklichkeit, nicht um ein Zeiten*ende*, sondern um eine Zeiten*wende*, die eine neue Phase *innerhalb* der Geschichte einleitet.[25] Mit Alberto Mello lässt sich zusammenfassend konstatieren, dass die Datumsangabe nicht eschatologisch aufzufassen ist, „wenn man unter eschatologisch ein »Ende«, einen Zeitpunkt versteht, über den hinaus es keine weitere historische Existenzmöglichkeit mehr gibt, sondern als Hinweis auf eine Zukunft, die der Prophet als möglich und nahe bevorstehend vorhersieht."[26]

Sollte man den Ausdruck also zurückhaltender übersetzen: „in künftigen Tagen" oder „in der Folge der Tage"? Aber werden derartige Formulierungen der

---

21 Nach T. Muraoka, „Isaiah 2 in the Septuagint", M. N. van der Meer u. a. (Hg.), *Isaiah in Context. Studies in Honour of Arie van der Kooij on the Occasion of His Sixty-Fifth Birthday* (VT.S 138; Leiden; Boston, MA: Brill, 2010) 318, meint allerdings auch ἐν ταῖς ἐσχάταις ἡμέραις nicht die Endzeit im strengen Sinn. Vgl. die ausführliche Diskussion bei Troxel, *LXX-Isaiah*, 179–88.
22 Vgl. schon H. Schmidt, *Israel, Zion und die Völker*, 143 n.2, und sein Plädoyer für eine nicht-eschatologische Interpretation.
23 Vgl. S. Talmon, „The Signification of אחרית and אחרית הימים in the Hebrew Bible", S. M. Paul u. a. (Hg.), *Emanuel. Studies in Hebrew Bible, Septuagint, and Dead Sea Scrolls in Honor of Emanuel Tov* (VT.S 94; Leiden; Boston, MA: Brill, 2003) 795–810; P. Artzi, „The Mesopotamian Background of the Term אחרית הימים in the World-Peace Vision of Isaiah 2:2a", C. Cohen u. a. (Hg.), *Birkat Shalom. Studies in the Bible, Ancient Near Eastern Literature, and Postbiblical Judaism. 2 Vol.* (Winona Lake, IN: Eisenbrauns, 2008) 427–431; Troxel, *LXX-Isaiah*, 177–88.
24 Die Wendung ist noch in Gen 49,1; Num 24,14; Dtn 4,30; 31,29; Jer 23,20; 30,24; 48,47; 49,39; Ez 38,16; Hos 3,5; Dan 10,14 belegt, ihr aramäisches Pendant באחרית יומיא in Dan 2,28.
25 So Talmon, „The Signification of אחרית", 804. Vgl. Williamson, *Isaiah 1*, 180: „[T]he emphasis is on the end of the days as they are currently experienced, characterized by enmity and war, and so especially on the transition to a new era or phase of history."
26 Mello, *Isaia*, 56 (*unsere Übersetzung*). Ähnlich bereits Talmon, „The Signification of אחרית", 805: „[...] events that are fervently expected to occur in the near future, in the lifetime of the next generation or of one of the next generations."

Tatsache gerecht, dass hier tatsächlich etwas Neues geschieht, das den Lauf der bisherigen Ereignisse durchbricht? Immerhin ist zu beachten, dass באחרית הימים in unserem Text als feierliche Eröffnungsformel fungiert[27] und somit auch syntaktisch einen Einschnitt erzeugt. Und im späteren Jesajabuch wird אחרית als Antonym zu ראשית gebraucht, um Anfang und Ziel der von Gott geführten Geschichte gegenüberzustellen.[28]

Jes 2,2 prophezeit also wirklich ein Ende, nicht das Ende der Zeit als solcher, sondern das Ende der Epoche, in der der Zion, bildlich gesprochen, niedrig war und wankte. Statt „am Ende der Zeit" sollte man deshalb „am Ende der Tage" oder noch deutlicher „am Ende *dieser* Tage" übersetzen.

Was aber sind das für Tage, die vergehen müssen, bevor die Völkerwallfahrt beginnt? Für den impliziten Leser sind das die Tage, die in *1,1* genannt wurden, um die Vision Jesajas zu datieren: בימי עזיהו ... מלכי יהודה, *in den Tagen des Usija, Jotam, Ahas und Hiskija, der Könige von Juda.*[29] Damals regierten in Jerusalem Davididen über einen von Assur abhängigen, tributpflichtigen Kleinstaat. In der von Jes 2 angekündigten Zukunft regiert am selben Ort Jʜwʜ als Richter aller Nationen. Die Zeit wird deshalb nicht mehr nach einem irdischen Machthaber datiert, nach dem judäischen Monarchen, aber auch nicht nach dem assyrischen, babylonischen oder persischen Großkönig. Die Tage werden nicht mehr „Tage Usijas" oder „Tage Hiskijas", sondern „Tage Gottes" sein.

In dem Orakel, das auf unseren Text folgt, wird dieser Wechsel auch terminologisch vollzogen. *2,12* verheißt einen „Tag für Jʜwʜ der Heere" (יום ליהוה צבאות). An ihm wird alles stolz Aufragende erniedrigt, damit Er sich als der einzig Er-

---

27 Diesen Unterschied zu den anderen Stellen, an denen die Wendung in den Kontext integriert ist und oft am Ende steht, stellt T. Lescow, „Redaktionsgeschichtliche Analyse von Micha 1 – 5", *ZAW* 84 (1972) 79, heraus.

28 Vgl. Jes 46,10 (מגיד מראשית אחרית, *der vom Anfang her das Ende ankündigt*) und dessen Auslegung bei Berges, *Jesaja I*, 468 – 9: „Erneut geht es hier nicht etwa um einen urzeitlichen protologischen Beginn [...], sondern um die Vergangenheit, die verflossene Zeit, die von Anfang an von JHWHs planendem Wort durchdrungen ist. Analog dazu bezieht sich אַחֲרִית [...] ebenso wenig auf die eschatologische Zukunft, sondern auf die noch offenen geschichtlichen Zeiten."

29 Auf diese intertextuelle Verbindung weist A. L. H. M. van Wieringen, „The Day Beyond the Days. Isaiah 2:2 Within the Framework of the Book Isaiah", F. Postma, K. Spronk u. E. Talstra (Hg.), *The New Things. Eschatology in Old Testament Prophecy. Festschrift for Henk Leene* (ACEBT.S 3; Maastricht: Uitgeverij Shaker Publishing, 2002) 253 – 256, hin. Er zeigt darüber hinaus, dass sich die Regierungsperioden der genannten Könige anhand der Datumsangaben in 6,1 (Tod des Usija), 14,28 (Tod des Ahas), 36,1 (14. Jahr Hiskijas) und 38,5 (weitere 15 Jahre für Hiskija) bestimmten Sektionen des Jesajabuches zuordnen lassen. Da der Tod Hiskijas nicht erwähnt wird, umfassen seine „Tage" für den impliziten Leser den ganzen Textbereich 14,28 – 66,24. Demgegenüber werde in 2,2 ein „day beyond the days" angekündigt, der jenseits dieser Zeitläufte liegt und im Buch selbst nicht erreicht wird.

habene erweisen kann. In „jenen Tag", wie ihn 2,11.17.20 nennen, münden alle anderen Tage, in diesen einen großen Tag werden die vielen kleinen Tage aufgenommen, mit ihm beginnt die Heilsepoche, über die 2,1–5 prophezeit.[30]

Ganz unvorbereitet kommt die Weissagung von der Zeitenwende jedoch nicht. Bereits *1,26* hatte verheißen, Jᴴᵂᴴ werde in Jerusalem gerechte Richter und uneigennützige Politiker „wie am Anfang" (כבראשנה, כבתחלה) einsetzen. Die kommende Erlösung bedeutet hier also eine Rückkehr zu der idealen Vergangenheit. Mit ראשנה und תחלה, zwei Antonymen von אחרית, wird diese nicht nur zeitlich, sondern auch qualitativ definiert. „Im Anbeginn", d. h. von seiner ursprünglichen Berufung her, war Zion nämlich קריה נאמנה, *eine treue Stadt*, ein Hort von Recht und Gerechtigkeit (v.21), und zu einer solchen Stadt soll sie in Zukunft wieder werden (v.26).

Die Gegenwart wird dadurch zu einer negativen Zwischenphase, die vorübergehen muss, damit „danach" – אחרי־כן (1,26) – etwas Neues beginnen kann. Durch ihre etymologische Verwandtschaft mit אחרית erzeugt diese an sich unauffällige Zeitpartikel eine intertextuelle Brücke zu 2,2. Sie besagt: Jerusalem wird zum Zentrum der Völkerwallfahrt, *nachdem* es wieder zu einem Gemeinwesen geworden ist, in dem gerechte Gesetze gelten und unparteiisch Recht gesprochen wird.[31] Das „Ende der Tage" setzt somit voraus, dass Zion selbst erlöst ist, dass die Umkehrwilligen gerettet und die in ihrer Sünde Verharrenden untergegangen sind (1,27–28).[32]

Zusammenfassend lässt sich sagen, dass באחרית הימים nicht eine von der jetzigen Geschichte getrennte, transzendente Wirklichkeit bezeichnet. Dass es aber auch nicht einfach eine historische Epoche meint, die nahtlos auf die vorhergehende folgt. Es weist vielmehr auf etwas Neues hin, das sich mitten in der Menschheitsgeschichte ereignet und dennoch „jenseits" von ihr liegt: auf die Macht Gottes, die Missstände in Israel und in der Völkerwelt zu beseitigen und in der Welt einen Ort zu schaffen, an dem alle Menschen Heil erlangen können. Dieses „Ende" lässt sich nicht zeitlich definieren, es liegt, um mit Hermann Cohen zu sprechen, „weder in der Nähe noch in blauer Ferne; es ist das Ziel der Welt-

---

30 Nach van Wieringen, „The Day Beyond", 256–257, fällt der in 2,6–22 geschilderte „Tag Jᴴᵂᴴs" nicht mit der Ära von 2,1–5 zusammen, sondern geht dieser voraus. Die „Erhöhung" Jᴴᵂᴴs wäre demnach die unmittelbare Ursache für die Erhöhung des Zionbergs.

31 Die passivische Formulierung ...יקרא לך עיר הצדק, *man wird dich Stadt des Rechts nennen* (1,26), lässt offen, wer diesen neuen Status proklamiert. Der Kontext und Parallelstellen wie 62,4.12 legen aber nahe, dass dieser Ehrenname von Außenstehenden, also von den nichtjüdischen Nationen verliehen wird.

32 Raschi unterstreicht diesen Zusammenhang, indem er באחרית direkt mit 1,28 verbindet. Das in Jes 2 Prophezeite erfülle sich למעלה לאחר שיכלו הפושעים כמו שאמר, *nachdem die Frevler zugrunde gegangen sind, wie er* (sc. *der Prophet*) *oben gesagt hat* (M. Cohen, *Isaiah*, 14).

geschichte."[33] Ein Ziel, das den Lesern von Jes 2 präsentiert, d. h. gegenwärtig gemacht wird, damit sie nicht nur darauf warten, sondern veranlasst werden, selbst an seiner Verwirklichung mitzuwirken.

1.3.2. Die Erhöhung des Zionbergs (v.2a)

Im Unterschied zu Mi 4,1 beginnt die jesajanische Fassung des Orakels nicht mit dem blassen Hilfsverb יהיה, sondern mit dem emphatisch vorangestellten Attribut. Der Akzent liegt damit von Anfang an auf der neuen Qualität des Zionbergs. Er ist נכון, *fest gegründet*, und נשא, *erhaben*, so dass er alle anderen Berge überragt. Dabei unterstreicht die periphrastische Konstruktion היה + *Ptz*,[34] dass es sich um einen dauerhaften Zustand handelt. Wer diese Transformation bewirkt, wird nicht gesagt. Das Vokabular (vor allem das Verb כון) und die passivische Ausdrucksweise weisen aber darauf hin, dass JHWH selbst seinen Wohnsitz neu gründen und erhöhen wird.

Mit dieser bildlichen Vorstellung fügt sich Jes 2,1–5 in die Zionstradition ein, die ihre Wurzeln im außerisraelitischen Mythos vom Götterberg hat und am deutlichsten im Psalter bezeugt ist.[35] Die Zionspsalmen besingen den Jerusalemer Tempelberg als Zentrum des Erdkreises und einzigen Fixpunkt inmitten einer von Unheil bedrohten Welt (Ps 46; 48; 87).[36] Seine Umgebung, die Naturelemente ebenso wie die benachbarten Völker, ist demgegenüber labil, chaotisch, in Aufruhr begriffen. Während der Zion dank der Präsenz JHWHs unerschütterlich dasteht, schwankt und wankt jene,[37] ist sie nahe daran, sich aufzulösen.

---

33 H. Cohen, *Jüdische Schriften I. Ethische und religiöse Grundfragen* (VAWJ; hg. v. B. Strauß; Berlin: C. A. Schwetschke & Sohn, 1924) 117.

34 Siehe dazu G–K §116r; Waltke – O'Connor, 37.7.1C. Wegen des Parallelismus mit נכון fassen wir נשא ebenfalls als Partizip auf. Ein finites Verb, nämlich ein *wᵉqatal*, das die Reihe der Handlungen eröffnet, findet sich demnach erst in v.2b.

35 Zur Zionstheologie s. die klassischen Arbeiten von R. J. Clifford, *Cosmic Mountain*; Steck, *Friedensvorstellungen*, und die neueren von Weinfeld, „Zion and Jerusalem"; Ollenburger, *Zion, the City*; E. Otto, „צִיּוֹן ṣjôn", ThWAT 6 (1989) 994–1028; Keel, *Geschichte Jerusalems*; Vermeylen, *Jérusalem*; Hartenstein, „Ein Tosen vieler Völker"; Ego, „Völkerchaos", 123–141. Zum Verhältnis zwischen Jes 2 und den Zionspsalmen s. J. T. Willis, „Isaiah 2:2–5 and the Psalms of Zion", C. C. Broyles u. C. A. Evans (Hg.), *Writing and Reading the Scroll of Isaiah. Studies of an Interpretative Tradition I* (VT.S 70.1; Leiden; New York; Köln: Brill, 1997) 295–316.

36 Für Willis, „Isaiah 2:2–5", 296–307, ist dies eines von neun Themen, die unser Text mit den Psalmen teilt. Bei seiner Suche nach Parallelen übersieht er aber die gleichzeitig vorhandenen gravierenden Unterschiede. Vgl. dazu Williamson, *Isaiah 1*, 175–6.

37 Der Terminus מוט kann sowohl die geologische Erschütterung als auch die politische Umwälzung bezeichnen (vgl. Ps 46,3.6.7; 60,4; 82,5). Er wird auch für die gegenteilige Aussage – „er

Die Stabilität des Zion wird nicht nur bei Jesaja, sondern auch in den Psalmen mit Hilfe des Verbs כון zum Ausdruck gebracht: אלהים יכוננה עד־עולם (Ps 48,9) und והוא יכוננה עליון (Ps 87,5).[38] Auf diese Weise wird er in die Reihe der Schöpfungswerke eingeordnet, ja, er wird Himmel und Erde zur Seite gestellt, die wie er von Gott gegründet wurden (כון: Ps 8,4; 24,2; 93,1; 96,10 u. ö.). Während aber die Psalmen mit ihren verbalen Formen den göttlichen Gründungs*akt*, das Gegründet*werden* (bzw. -*wordensein*) am Anfang der Schöpfung betonen, legt Jesaja mit den Partizipien נכון und נשׂא den Akzent auf das Gegründet*sein* als neuen, zukünftigen Zustand. Aus der präsentischen Zionstheologie wird somit eine prophetische Heilsansage, aus der kultischen Selbstvergewisserung in Dank und Lobpreis eine Zukunftsvision, die Hoffnung weckt, implizit aber auch die gegenwärtige Lage kritisiert.

Wie aber ist diese Transformation des Gottesberges zu verstehen? Wird eine physikalische Veränderung erwartet oder sind Festigkeit und Höhe Metaphern, die die „hervorragende" Qualität dessen, was dort geschieht, illustrieren? Wird der Zion als topographischer Punkt verstanden und mit anderen Anhöhen verglichen oder repräsentieren die Hügel die Kultorte anderer Gottheiten, die nun entmachtet werden,[39] und vielleicht sogar die Völker, die dort anbeten?[40]

Die metaphorische Deutung wird vor allem durch den nachfolgenden Kontext 2,6–22 gestützt. In ihm kreist alles um die Begriffe „hoch" und „niedrig", und auch die universale Ausrichtung macht ihn zu einem wichtigen Intertext von 2,1–5.[41] Denn wie die Verheißung der Völkerwallfahrt jede nationale Begrenzung übersteigt, so wendet sich auch das Drohorakel über den „Tag Jʜᴡʜs" (mit Ausnahme der einleitenden v.6–8) an die ganze Menschheit. Fünfmal erscheint

---

wankt nicht" – verwendet und zwar gleichermaßen für den Erdkreis (אף־תכון תבל בל־תמוט, Ps 93,1) wie für den Zionsberg (הבטחים ביהוה כהר ציון לא־ימוט, Ps 125,1).

38 Ausführlich dazu K. Koch, „כּוּן *kûn*", ThWAT 4 (1984) 95–107. Daneben kommen auch andere Lexeme aus dem semantischen Feld des Bauens zur Anwendung, z. B. יסודה, *Gründung* (Ps 87,1), und חבר pu., *zusammengefügt werden* (Ps 122,3).

39 So dezidiert A. Groenewald, „Isaiah 2:1–5. A Post-Exilic Vision of the Pilgrimage of the Nations to Zion", G. Baumann u. a. (Hg.), *Zugänge zum Fremden. Methodisch-hermeneutische Perspektiven zu einem biblischen Thema* (LPhThB 25; Frankfurt am Main: Peter Lang, 2012) 60: „[W]e need to regard the lower hills as analogous to the temples and oracle loci of other gods throughout the world. [...] The gods of these other oracle loci will become powerless at the envisaged point of history."

40 Da es in Jes 2 vor allem um das Zusammenleben der Völker geht, vermutet N. Lohfink, „Bund und Tora", 42, dass „wohl auch schon im anfänglichen Bild die Hügel die Völker gemeint haben: als Realitäten, in denen es um Streit oder Frieden geht, als gesellschaftliche Größen also."

41 Zu den Parallelen der beiden Texte s. Willis, „Isaiah 2:2–5", 308–9.

das Schlüsselwort אדם (v.9.11.17.20.22) und dreimal der Parallelbegriff איש (v.9: Singular; v.11.17: Plural).

Das theologische Problem, das diesen Text durchzieht, ist der skandalöse Kontrast zwischen der Majestät Gottes und der hybriden Selbsterhöhung seiner Kreatur. In 2,12–16, dem Kern der Texteinheit,[42] werden mit einem zehnfach wiederholten על־כל, *über alle(s)*, Naturphänomene und menschliche Erzeugnisse aufgezählt, die sich durch ihre Höhe auszeichnen und dennoch von Jhwh überragt werden. Unter ihnen sind auch die „hohen Berge" (ההרים הרמים) und die „erhabenen Hügel" (הגבעות הנשאות, v.14),[43] von denen es in v.2 heißt, dass sie vom Zion übertroffen werden.

Der bildreiche Mittelteil wird von zwei Refrains umrahmt, die antithetische Maximen formulieren. Der eine kritisiert das Streben des Menschen nach „Höhe" (גבהות, רום, v.11.17) und droht ihm mit dem „Niedergang" (שחח, שפל, v.9.11.17), der andere kündigt im Gegenzug die definitive „Erhöhung" Gottes an: ונשגב יהוה לבדו, *Jhwh allein wird erhaben sein* (v.11.17).

All dies wird „an jenem Tag" (ביום ההוא, v.11.17.20) geschehen, dem „Tag Jhwhs", mit dem, wie wir gesehen haben, das Regiment der irdischen Machthaber endet. An ihm werden die „Berge" und „Hügel" erniedrigt, so dass die auf ihnen lebenden Völker sie verlassen und zum Zion eilen, der nun alle anderen überragt. Damit trennen sie sich von ihren sozialen und religiösen Traditionen. Sie verzichten auf ihre stolze Autonomie, um im Angesicht des allein erhabenen Gottes ihre Niedrigkeit zu demonstrieren.

Die Schlussverse prophezeien zwei entgegengesetzte Bewegungen, die die ursprüngliche Rangordnung wiederherstellen werden: Jhwh wird sich erheben (קום, v.19.21), um die Erde zu erschüttern,[44] d. h. um als Weltenrichter das missachtete Recht wieder aufzurichten. Der Mensch hingegen wird seine Götzen zu Boden schleudern (שלך, v.20), vor denen er sich selbst niedergestreckt hatte (חוה eštaf., v.8.20). Die schöpfungsgemäßen Größenverhältnisse sind nämlich pervertiert, wenn der Mensch sich Nichtgöttern unterwirft. Die Strafe der Erniedrigung ist deshalb nur das Offenbarwerden seiner eigenen, freiwilligen Selbsterniedrigung.

---

42 Zu ihrer konzentrischen Struktur s. Berges, *Buch Jesaja*, 76–7; Beuken, *Jesaja I*, 100–2, zu ihrer komplizierten Entstehungsgeschichte s. Williamson, *Isaiah 1*, 205–13.
43 Für Vermeylen, *Jérusalem*, 217–8, symbolisieren sie die lokalen Heiligtümer im Unterschied zu dem zentralen Kultort in Jerusalem, für Beuken, *Jesaja I*, 105, sind sie „Symbol der menschlichen Gesellschaft, insofern diese sich zur eigenen Sicherheit verschanzt." Wegen der engen Verquickung von Religion und Politik im Alten Orient brauchen sich die beiden Deutungen nicht auszuschließen.
44 Beuken, *Jesaja I*, 105, sieht darin ein Motiv der Klagepsalmen.

„Adam" macht sich selbst klein, wenn er anbetet, was *er* geschaffen hat (מעשׂה ידיו, v.8; vgl. v.20), statt den anzubeten, der *ihn* geschaffen hat.

So erhält das Hauptmotiv von Jes 2 durch das „Jhwh-Tag"-Orakel seinen eigentlichen, tieferen Sinn. Festigkeit und Höhe des Zion sind keine übernatürlichen geologischen Phänomene, sie sind der bildhafte Ausdruck für die Erhabenheit Jhwhs selbst. Der hoch aufragende Berg repräsentiert, wenn man so sagen darf, den transzendenten Gott, der unsichtbar in der Höhe thront (רם ונשׂא, 6,1) und dennoch in der Welt anwesend ist und wirkt.[45] Deshalb genügt es nicht, den Zion mit Israel zu identifizieren und sein Erhabensein mit dessen religiöser und ethischer Praxis. Auch wenn die Völker das „Antlitz Jakobs" suchen,[46] so tun sie das, weil sich auf ihm das Licht Jhwhs widerspiegelt. Oder um in der Bildwelt unseres Textes zu bleiben: weil Jhwh seinen Berg erhöht, indem er an und mit seinem Volk Wunder tut.[47]

1.3.3. Ein internationaler Pilgerzug (v.2b–3a)

Jes 2,1– 5 ist nicht nur der Reihenfolge nach der erste Text zum Völkerwallfahrtsthema im Jesajabuch, es fungiert auch als Leitorakel, das dessen hermeneutische Grundkategorien definiert. Dies gilt, wie wir gesehen haben, für die zeitliche Dimension, dies gilt auch für den globalen Horizont, der diese Prophezeiung charakterisiert und die Lektüre der folgenden Texte bis hin zu 66,15 – 24 bestimmt.

Die Universalität von Jes 2 ergibt sich vor allem aus dem Ausdruck כל־הגוים, *alle Nationen*, der zusammen mit dem parallelen עמים רבים, *viele Völker*, die weniger umfänglichen עמים und גוים רבים von Mi 4,1– 2 ersetzt.[48] Beide Begriffe werden dem

---

45 Vgl. Ego, „Völkerchaos", 124: „Die besondere Qualität des Gottesbergs liegt in seiner Höhe, er wird so zur Axis mundi, die Himmel und Erde verbindet. Es handelt sich gewissermaßen um ein »Denkbild«, das die Transzendenz des auf dem Zion einwohnenden Gottes zum Ausdruck bringt."

46 Vgl. Ps 24,6: מבקשׁי פניך יעקב, *die dein Antlitz suchen, Jakob*. Mit N. Lohfink, „Bund und Tora", 61 – 62, ist diese Lesart gegenüber der *lectio facilior* der LXX – „dein Antlitz, *Gott* Jakobs" - beizubehalten. Über Ps 24 als Völkerwallfahrtspsalm und seine Parallelen zu Jes 2 s. u.

47 So schon Raschi (יגדל נס שׁנעשׂה בו מניסי סיני וכרמל ותבור, M. Cohen, *Isaiah*, 14) und vielleicht von ihm beeinflusst Nikolaus von Lyra („Diese Erhebung ist nicht im Sinne einer Ortsveränderung zu verstehen, sondern im Sinne des Wirkens von Wunderzeichen: dass dann auf dem Berg Zion größere Wunder geschehen sollen als auf den anderen Bergen geschehen sind", Nicolaus de Lyra, *Postilla litteralis*, Introd. ad Is 2).

48 Für Andersen u. Freedman, *Micah*, 418 – 421, ist das unpoetische כל, das für die universale Dimension wesentlich ist, ein Indiz für den sekundären Charakter der jesajanischen Version. עמים רבים stelle dazu keine Antiklimax dar, da רבים hier inklusiv im Sinn von „alle" aufzufassen sei (vgl.

Leser bei seiner weiteren Lektüre auch in den Sprüchen über den Völkerkampf begegnen, כל־הגוים in 14,26; 29,7–8; 34,2 und עמים רבים in 17,12. Dort greifen die Nationen den Zion an, um dann von Jhwh aufgerieben zu werden. Hier im Bucheingang werden sie im Kontrast dazu als Pilger eingeführt, wie um ein alternatives Verhaltensmodell vorzustellen, das ihr eigenes Überleben und die friedliche Koexistenz aller Menschen garantieren würde.

Dieses Geschehen wird ab *v.2b* geschildert, wobei der Wechsel von *yiqtol* (יהיה) zu *wᵉqatal* (ונהרו) den Übergang vom Ausgangszustand zur Handlung markiert. Auch syntaktisch folgt das Herbeiströmen der Völker also auf die Erhöhung des Tempelbergs. Sie reagieren auf dieses auffällige Phänomen,[49] indem sie sich zu ihm hin in Bewegung setzen. Über das Motiv ihrer Reise äußert sich der Verfasser zunächst nicht.[50] Er deckt es erst in v.3 auf, indem er die Herbeikommenden miteinander sprechen lässt. Mit diesem literarischen Trick macht er seine Leser (hier besser, seine Zuhörer) zu Zeugen ihres Gedankenaustauschs; sie nehmen gewissermaßen selbst an der Wallfahrt teil. Bis dahin aber müssen sie ihre Schlüsse aus dem Kontext ziehen. Der plötzliche Aufbruch muss durch die Höhe und Stabilität des Tempelbergs veranlasst sein, d. h. durch die wunderbaren Ereignisse, die auf ihm geschehen. In der Bildwelt der traditionellen Zionstheologie gehören die fremden Reiche zur schwankenden, chaotischen Welt. Deshalb liegt es nahe, dass ihre Suche nach Orientierung, Sicherheit und Ruhe sie zum Wohnsitz Jhwhs führt.

Das Tun der Völker wird in zwei Sätzen ausgedrückt, im ersten mit dem seltenen נהר, im zweiten mit dem allgemeinsten Bewegungsverb הלך. Diese Parallele zusammen mit der Richtungsangabe אליו (v.2b) sprechen dafür, נהר hier ebenfalls als *verbum eundi* aufzufassen, nämlich als ein von נהר, *Fluss*, *Strom*, denominiertes Verb.[51] Die für die Völkersturmtexte typische Flutmetaphorik ist also auch hier präsent, doch ohne deren negative, aggressive Konnotation. Diese veränderte Tendenz könnte die Wahl der Konjunktion bestimmt haben. Mit אל hat der Verfasser von Jes 2 nämlich den adversativen Nebenaspekt des in Mi 4,1 ver-

---

Andersen u. Freedman, *Micah*, 412, und HALAT, 1092). Wie in v.4 fungiert der zweite Ausdruck vor allem als verstärkendes Echo für das vorangehende, die Bedeutung festlegende כל־הגוים.

49 Die griechische Übersetzung unterstreicht mit ἐμφανής genau diesen Aspekt, nämlich den visuellen Effekt, den der Zion auf die umliegenden Nationen ausübt.

50 Der Targum hat darin offensichtlich einen Mangel gesehen. Er fügt in seiner Übersetzung nämlich einen Zweck hinzu: למפלח עלוהי, *um auf ihm anzubeten.*

51 So mit Williamson, *Isaiah 1*, 169, und gegen Beuken, *Jesaja I*, 88, der für die Ableitung von נהר II, *strahlen*, eintritt. HALAT, 639, rechnet Jes 2,2 *par* Mi 4,1 zusammen mit Jer 51,44 zu נהר I, *strömen*, und Jes 60,5 zusammen mit Jer 31,12 und Ps 34,6 zu נהר II, *strahlen*. Da das Verb in Jer 31,12 aber die Präposition אל regiert, dürfte auch dort von der ersten Bedeutung auszugehen sein.

wendeten על beseitigt und gleichzeitig die irritierende Vorstellung des Bergauf-wärts-Fließens abgeschwächt.

Das im Tanach nur sechsmal belegte Verb נהר taucht auch in *60,5* im Rahmen eines Völkerwallfahrtstextes auf. Dort kennzeichnet es allerdings nicht die her-beieilenden Pilger, sondern die Stadt Zion, die diese bei sich aufnimmt. Vor allem aber leitet es sich nicht wie in unserem Text von נהר I, *strömen*, sondern von נהר II, *strahlen*, ab. Etymologisch und semantisch gibt es also keine direkte Beziehung. Das verhindert aber nicht, dass sich die gleichlautenden ונהרו und ונהרת im Le-seprozess sekundär verbinden.[52] Für den Leser rücken die beiden Protagonisten der Völkerwallfahrt dadurch noch enger zusammen: die Nationen, die zu Zion „strömen", und Zion, die diese „vor Freude strahlend" empfängt.

Eindeutiger ist die intertextuelle Verbindung zu zwei Stellen im Jeremiabuch, an denen נהר ebenfalls Pilgerzüge beschreibt. Die erste, *Jer 31,12*, steht im jere-mianischen „Trostbüchlein" (Kap. 30 – 31). Sie verheißt den exilierten Mitgliedern des Gottesvolks, dass sie wieder „auf Zions Höhe" (במרום־ציון) jubeln und zu Jhwhs Gütern „strömen" werden (ונהרו אל־טוב יהוה). Die Wallfahrt ist also auf Israel be-schränkt. Doch unmittelbar zuvor wurden die anderen Völker angesprochen: שמעו דבר־יהוה גוים, *hört das Wort Jhwhs, Nationen!* (31,10). Auch sie sollen die Verhei-ßung, die an die *Golah* ergeht, vernehmen, damit sie danach Zeugen ihrer Erfül-lung werden.

Der zweite Hypotext ist *Jer 51,44*. Innerhalb des langen Fremdvölkerspruchs Jer 50 – 51 droht dieser Vers dem babylonischen Gott Bel (= Marduk) damit, Jhwh werde ihm seinen „Fraß" entreißen, so dass „die Nationen nicht mehr zu ihm strömen werden." Im Hintergrund steht das in der altorientalischen Ikonographie und Literatur häufig vorkommende Motiv, dass nach einem erfolgreichen Kriegszug die Gefangenen mit ihren Schätzen in feierlicher Prozession zum Sieger ziehen, um ihre Unterwerfung zu bekunden. Die sprachliche Nähe zu Jes 2,2 (nicht nur die Wörter, auch deren Abfolge ist identisch!) ist dabei unverkennbar:

Jer 51,44:   ולא־ינהרו אליו עוד גוים

Jes 2,2:   ונהרו אליו כל־הגוים

Was der eine Vers negiert, wird in dem anderen positiv formuliert, so dass die jeremianische Prophezeiung als negative Hintergrundfolie der jesajanischen Verheißung erscheint.[53] Die Völker der Erde werden künftig nicht mehr nach

---

52 Die Intertextualität könnte auch von einem Autor geschaffen worden sein. Denn obschon die Verben auf unterschiedliche Wurzeln zurückgehen, wurden sie aufgrund ihrer Lautgleichheit doch als verwandt empfunden.

53 Vgl. Williamson, *Isaiah 1*, 182.

Babylon „strömen", um sich dessen König bzw. Göttern zu unterwerfen, sie werden stattdessen nach Jerusalem ziehen. Nicht um etwas darzubringen (darin unterscheidet sich Jes 2 von den meisten anderen Völkerwallfahrtsorakeln), sondern um eine Wohltat, nämlich das richtende und schlichtende Wort JHWHs zu empfangen. Aus militärisch Unterworfenen sollen Freiwillige werden, aus Gefangenen Pilger, aus Opfern des Krieges solche, die lernen, den Krieg zu überwinden und in Frieden zusammenzuleben.

Die beiden Jeremiatexte werden durch Jes 2 überboten; hier tritt die Geschichte in eine Phase, die jenseits des dort Prophezeiten liegt. So erfasst die in Jer 31,12 angekündigte Rückkehrwelle nun auch Menschen, die von ihrer Abstammung her nicht zu Israel und Juda gehören. Sie bleiben nicht passive Zuhörer und Betrachter, sondern lassen sich mitreißen und eilen selbst zum Zion. Jer 51,44 aber wird darin übertroffen, dass an der Wallfahrt nach Jerusalem nicht nur die Nationen teilnehmen, die bisher nach Babylon zogen (גוים), sondern *alle* Nationen (כל־הגוים), also selbst jene, die bisher keine Vasallen der Chaldäer waren. „Das Zentrum der Weltmacht, das durch kriegerische Gewalt und Zwang zum Mittelpunkt der Völker wurde, wird durch den Zion abgelöst, von dem die einladende Wirkung einer von JHWH promulgierten Völkerordnung ausgeht, die durch das friedliche Zusammenleben geprägt ist."[54]

Wie bereits festgestellt, unterscheidet sich die Reise nach Jerusalem von der Gefangenenprozession nach Babylon vor allem darin, dass sie aus freien Stücken geschieht. Dies wird dadurch verdeutlicht, dass die Worte zitiert werden, mit denen sich die Herbeikommenden gegenseitig ermuntern. Wie zur Bestätigung greifen sie das Verb הלך, das der Erzähler verwendet hatte, auf und präzisieren es, indem sie ihren Weg als einen Aufstieg interpretieren: לכו ונעלה, *auf, lasst uns hinaufsteigen!*[55]

Die Pilgerreise führt also an einen Ort, der höher liegt als der Ausgangspunkt. Entsprechend der in v.2 skizzierten Bildwelt „strömen" die einzelnen Nationen von ihren niedriger gelegenen Anhöhen herab und steigen dann gemeinsam den höheren Zionsberg hinauf.[56] Auch unabhängig von ihrem metaphorischen Sinn nimmt diese Bewegung etwas von dem Zweck der Wallfahrt voraus. Denn da-

---

54 I. Fischer, „Israel und das Heil", 193.

55 Das Hauptverb נעלה steht im Kohortativ. Zur Verstärkung ist ihm der Imperativ לכו vorangestellt, der syntaktisch somit als Interjektion fungiert. Zur Syntax vgl. G–K §108a; Waltke – O'Connor, 34.5.1.

56 Auf die Differenziertheit dieses Vorgangs macht Beuken, *Jesaja I*, 91 – 2, aufmerksam: „Die Bewegung der Völker ist sowohl horizontal [...] als auch vertikal, Zions Erhebung nachstrebend [...] ausgerichtet. So zieht Gottes Wohnung die Völker nicht nur an, sondern einigt sie auch in ihrem gemeinsamen Hinaufzug."

durch, dass alle Völker (und nicht nur die gefangenen Kriegsverlierer) ihre angestammten Wohnsitze verlassen und miteinander *einen* Berg besteigen, machen
sie schon unterwegs die Erfahrung der Gleichheit und der Solidarität. Auf diese
Weise entsteht das „Wir", das sich in der kurzen Rede zu Wort meldet.

Wie wichtig dieses gemeinsame Gehen ist, wird daran deutlich, dass dasselbe
הלך kurz danach ein drittes Mal auftaucht: ונלכה בארחתיו, *wir wollen in seinen
Wegen gehen* (v.3afin). Hier ist das Verb ebenso wie die Nomina דרך und ארח, die es
umschließen, nicht wörtlich, sondern übertragen gemeint. Es bezeichnet nicht
wie zuvor die physikalische Ortsveränderung, sondern das Leben nach den
göttlichen Geboten.[57] Der Weg der Völker endet also nicht in dem Moment, in dem
sie ihr Ziel erreichen, er setzt sich auf einer anderen Ebene fort. Die äußere Bewegung wird zu einer inneren, zu einem gottgefälligen Lebens*wandel*, den die von
Jhwh Belehrten von nun an führen, egal ob sie auf dem Zion bleiben oder zu ihren
heimatlichen Bergen zurückkehren.

Bevor wir diese Ausführungen beschließen, müssen wir noch einen Text erwähnen, der wegen seiner Stellung am Ende des Prophetenkorpus ein besonders
wichtiger Hypotext ist: *Sach 8,20 – 23*.[58] Neben den unübersehbaren lexikalischen
Parallelen (הלך, v.21[4x].23; עמים רבים, v.22; גוים, v.23) ist es vor allem die Abfolge der
Aktionen, die an Jes 2 erinnert: die Völker begeben sich auf die Reise, sie sprechen
miteinander und sie ermuntern sich gegenseitig zur Wallfahrt nach Jerusalem:
והלכו... לאמר נלכו הלוך ..., *und sie werden gehen, wobei sie sprechen: Lasst uns gehen!*
(v.21). Auf dem Hintergrund dieser gemeinsamen Grundstruktur treten aber auch
die Abweichungen klar hervor.[59] So präzisiert Sach 8, dass die Wallfahrer aus
einzelnen „großen Städten" stammen[60] und dass sie noch vor ihrer Jerusalemfahrt

---

57 Für diese Verwendung s. I. Fischer, *Tora für Israel – Tora für die Völker. Das Konzept des Jesajabuches* (SBS 164; Stuttgart: Katholisches Bibelwerk, 1995) 31, mit weiteren Belegen aus dem Jesajabuch.
58 Für D. Rudman, „Zechariah 8:20 – 22 & Isaiah 2:2 – 4//Micah 4:2 – 3. A Study in Intertextuality", *BN* 107/108 (2001) 52, ist er „an interpretative expansion of the Isaiah-Micah text". Zur Intertextualität der beiden Texte s. auch Stead, *Intertextuality*, 34 – 5. Näheres zur Interpretation von Sach 8,20 – 23 bei R. Lux, „»Wir wollen mit euch gehen...«. Überlegungen zur Völkertheologie Haggais und Sacharjas", ders., *Prophetie und Zweiter Tempel. Studien zu Haggai und Sacharja* (FAT 65; Tübingen: Mohr Siebeck, 2009) 260 – 263; Irsigler, „Ein Gottesvolk?", 220 – 2.
59 Vgl. dazu Rudman, „Zechariah 8:20 – 22", 52 – 3. Für Rudman handelt es sich bei den literarischen Beziehungen zwischen Sach 8 und Jes 2 *par* Mi 4 nicht nur um Zitate oder Anspielungen, sondern um intentionale Veränderungen, also um innerbiblische Exegese.
60 Vermeylen, *Jérusalem*, 158 – 61, nimmt an, dass die hellenistischen Metropolen des östlichen Mittelmeerraums, insbesondere Antiochien und Alexandrien, zwei Zentren der jüdischen Diaspora, gemeint sind. Dass die (jüdische oder „heidnische") Identität der Ankömmlinge offen bleibe, wie er behauptet, kann daraus jedoch nicht geschlossen werden, stellt v.22 doch ausdrücklich fest, dass sie aus „vielen Völkern" kommen.

zueinander kommen, um dann gemeinsam die Reise anzutreten. Deren Zweck wird durch einen zweifachen Infinitiv bezeichnet, der zuerst in v.21 und dann in umgekehrter Reihenfolge in v.22 erscheint: לחלות את־פני יהוה und לבקש את־יהוה צבאות. Stärker als in Jes 2 wird so die Aktivität der Beteiligten hervorgehoben; sie wollen nicht nur belehrt werden, sondern selbst eine kultische Handlung vollziehen, um Gottes Wohlgefallen zu gewinnen.[61] Die dritte Abweichung könnte als Individualisierung beschrieben werden. An die Stelle des kollektiven „Lasst uns gehen!" tritt in v.21b nämlich eine einzelne Stimme. Einer der Bewohner der großen Städte meldet sich zu Wort, indem er erklärt: אלכה גם־אני, *auch ich will gehen!* Dieses schlichte Sätzchen weist darauf hin, dass die globale Völkerwallfahrt nicht als Massenbewegung beginnt und nicht durch den Befehl einer zentralen Machtinstanz ausgelöst wird, sondern durch den persönlichen Entschluss eines bzw. mehrerer Einzelner. „Es bedarf also allem Anschein nach der klaren Entscheidung vieler Einzelner, dass sich dann »viele Völker und mächtige Nationen« in der universalen Verehrung JHWHs zusammenfinden und sich auf den Weg machen nach Jerusalem."[62]

1.3.4. Das Ziel der Wallfahrt: der Berg und das Haus JHWHs

Das Ziel der Völkerwallfahrt wird in Jes 2 unterschiedlich definiert. In v.2a heißt es הר בית־יהוה, *Berg des Hauses JHWHs*, in v.3a nennen es die Völker zunächst הר־יהוה, *Berg JHWHs*, und dann בית אלהי יעקב, *Haus des Gottes Jakobs*, in v.3b wird es schließlich mit den Eigennamen ציון und ירושלם identifiziert.

Das umständliche הר בית־יהוה ist neben Jes 2,2 *par* Mi 4,1 nur noch in *2 Chr 33,15* belegt, wo es „den von Fremdkulten gereinigten Tempelberg"[63] bezeichnet. Ohne Zweifel handelt es sich um einen späten Begriff, vielleicht eigens kreiert, um die traditionsgeschichtlich getrennten Motive des Gottesbergs und des Gotteshauses zu verbinden. Mit dem in der Bibel sehr häufigen בית־יהוה (255x) verweist er auf das von Salomo erbaute Heiligtum, stellt aber durch das vorangestellte הר und den Vergleich mit den anderen Erhebungen doch den ganzen Zionsberg in den Vor-

---

61 Nach C. L. Meyers u. E. M. Meyers, *Haggai, Zechariah 1 – 8. A New Translation with Introduction and Commentary* (AncB 25B; Garden City, NY: Doubleday, 1987) 438 – 439, lassen sich die durch die beiden Infinitive angezeigten Vorgänge nicht klar abgrenzen. Sie seien vielmehr als eine Einheit aufzufassen, die sowohl das Gebet als auch die Bitte um ein Orakel umfasst.
62 Irsigler, „Ein Gottesvolk?", 221. Ähnlich Lux, „Wir wollen mit euch gehen", 261.
63 I. Fischer, *Tora für Israel*, 26.

dergrund.[64] Was das Interesse der Völker erregt, ist also in erster Linie nicht der Tempel mit dem in ihm vollzogenen Kult, sondern ein größerer, offener Raum, in dem Menschen leben, die Jhwh verehren und nach seinen Geboten leben.

Der Vorrang des Bergmotivs spiegelt sich auch in der Rede der Wallfahrer, wenn sie das Ziel ihrer Reise zunächst הר־יהוה und erst dann בית אלהי יעקב nennen. Ein „Berg Jhwhs" wird im Alten Testament neben Jes 2,3 *par* Mi 4,2 nur noch an fünf Stellen erwähnt:[65] in Num 10,33 zur Bezeichnung des Sinai, in Jes 30,29; Sach 8,3; Ps 24,3 (und in verhüllter Form in Gen 22,14) zur Bezeichnung des Zion. Die beiden Berge werden also terminologisch gleichgestellt, der Berg, auf dem Israel einst die Torah empfing, und der Berg, auf dem in Zukunft die anderen Nationen Torah empfangen werden. Beide sind Berge Jhwhs, auserwählte Stätten, an denen er den Menschen begegnen will.

In *Sach 8,3* kündigt Jhwh an, er werde nach Jerusalem zurückkehren und seine Stadt wieder zu einer „Stadt der Wahrheit" und seinen Berg (הר־יהוה צבאות) wieder zu einem „heiligen Berg" machen. Dies ist die notwendige Voraussetzung, damit die in 8,20 – 22 geschilderte Völkerwallfahrt einsetzen kann. Denn wenn der Gott, den sie suchen, nicht in Zion wäre, kämen die fremden Nationen ja umsonst herbei bzw. würden gar nicht erst aufbrechen.

Zwei andere Texte stehen Jes 2,3 intertextuell noch näher, da in ihnen der Gottesberg als unmittelbares Ziel einer Wallfahrt fungiert. *Jes 30,29* beschreibt den Zug von Pilgern, die unter Flötenklang einherschreiten, „um zum Berg Jhwhs zu kommen" (לבוא בהר־יהוה). Dabei wird zwischen denen, die an der Prozession teilnehmen, und den ausländischen Nationen (גוים, עמים, v.28) klar geschieden. Die fröhliche Kultfeier kann erst beginnen, wenn jene, die Feinde Jhwhs, niederge-worfen sind. Diese üblichen Kategorien sind in unserem Text auf den Kopf gestellt, indem auch die Fremden in die Wallfahrt einbezogen werden. Die Freude ent-springt nun nicht mehr daraus, dass jene vernichtet werden, sondern daraus, dass sie sich bekehren und zusammen mit den Israeliten dem Zionsgott huldigen.

Wie es zu einem solch radikalen Wechsel kommen kann, deutet *Ps 24,3* mit der Frage – מי יעלה בהר־יהוה, *wer darf auf den Berg Jhwhs steigen?* – und der sich

---

64 So mit I. Fischer, *Tora für Israel*, 26: „Dennoch steht der Tempel, etwa im Sinne einer inter-nationalen Orakelstätte, nicht im Zentrum des Interesses, sondern der Berg, der auch dadurch hervorgehoben wird, dass er alle Hügel überragt." Andersen u. Freedman, *Micah*, 402, sehen bereits darin eine Synthese der Sinai- und der Ziontradition.
65 Zu הר־יהוה als Referenzsignal und den dadurch eingespielten Intertexten s. Seremak, *Psalm 24*, 153 – 61.

anschließenden Antwort an (vgl. v.4).[66] Wie Jes 2,3 verwendet es den Ausdruck עלה + הר, mit dem in der hebräischen Bibel „gewöhnlich die Besteigung jenes Berges zum Ausdruck gebracht [wird], die zum Ziel eine Begegnung mit Jahwe hat."[67] Im Pentateuch ist dieser Berg stets der Sinai bzw. Horeb. Mose und die Israeliten steigen zu ihm hinauf, um von Jhwh die Torah zu empfangen. Dieses Privileg wird sowohl in Jes 2,3 als auch in Ps 24,3 auf die nichtisraelitischen Nationen ausgedehnt.[68] Auch sie dürfen nun den Gottesberg betreten. Für sie liegt dieser nicht in der Wüste, im Niemandsland zwischen Ägypten und Kanaan, sondern in der Stadt Jerusalem, wo Jhwh bleibend inmitten seines Volkes thront. Der „zweite Sinai" ersetzt damit aber nicht den ersten, sondern führt die dort begonnene Geschichte fort, damit auch andere Nationen dem Gott Israels begegnen und seine Weisung empfangen können.[69]

Die lexikalische Parallele zwischen Ps 24 und Jes 2 macht aber auch auf eine grundlegende Differenz aufmerksam. Im Psalm bedeutet „die Wallfahrt der Völker zum Berg Jahwes [...] nicht den Anfang ihrer Anerkennung Gottes, sondern deren Erfüllung, den Schlussakt."[70] Sie dürfen den Zion betreten, weil sie Hände und Herz gereinigt und ihren Göttern abgeschworen haben (vgl. Ps 24,4). Die entscheidende Wende in ihrem Leben ist bereits eingetreten, und nun werden sie dafür belohnt. Dagegen ist im prophetischen Orakel der Aufstieg auf den Berg nur der Anfang ihrer Umkehr. Sie ziehen ja nach Jerusalem, damit sie erfahren, wie sie ein neues, gottgefälliges Leben führen können.

Vielleicht ist das der Grund für die unterschiedliche syntaktische Konstruktion: in Ps 24,3 regiert das Verb עלה die Präposition ב, in Jes 2,3 die Präposition אל. Im Pentateuch ist dieser Unterschied auch inhaltlich relevant. עלה אל wird dort

---

66 Zum intertextuellen Vergleich von Ps 24,3 und Jes 2,3 s. Seremak, *Psalm 24*, 149 – 53. Er behandelt die Syntagmen עלה + הר und הר־יהוה, die die beiden Texte verbinden, als zwei unterschiedliche Referenzsignale.

67 Seremak, *Psalm 24*, 139. Die Mehrzahl der 22 Belege, nämlich 19, findet sich im Pentateuch (Ex 19,12.13.23; 24,12.13.15.18 u. ö.), die übrigen Belege in den hier behandelten Stellen Jes 2,3 *par* Mi 4,2 und Ps 24,3.

68 Das Verständnis von Ps 24 als Völkerwallfahrtspsalm ist von N. Lohfink, „Der neue Bund und die Völker", *KuI* 6 (1991) 120 – 2; N. Lohfink, „Psalmengebet und Psalterredaktion", *ALW* 34 (1992) 15 – 20; N. Lohfink, „Bund und Tora", 58 – 64, grundgelegt und von Seremak, *Psalm 24*, im Detail begründet worden.

69 I. Fischer, *Tora für Israel*, 25 – 9, zeigt eindrücklich, wie das Jesajabuch ursprünglich mit dem Sinai verknüpfte Bildmotive auf den Zion überträgt und diesen so zu einem zweiten Offenbarungsberg für die nichtisraelitische Menschheit stilisiert.

70 Seremak, *Psalm 24*, 152.

nämlich für den Aufstieg des Mose, עלה ב für den der Israeliten verwendet.[71] Werden die ausländischen Nationen in dem Wallfahrtspsalm also mit dem Gottesvolk gleichgestellt, in der prophetischen Vision aber mit Mose selbst? Eine solche Deutung würde den Textbefund wohl überstrapazieren. Die einfachere Erklärung ist, dass sich die Pilger in Ps 24 schon auf dem Berg befinden (worauf auch das im *parallelismus membrorum* stehende קום ב hinweist). Sie haben die Umkehr bereits vollzogen und kommen als Gerechtfertigte, denen nur noch der letzte Schritt fehlt, um den Zionsgott im Tempel anzubeten. Dagegen befinden sich die Völker in Jes 2 noch an ihren tiefer gelegenen Orten. Sie haben den Aufstieg (im wörtlichen wie im übertragenen Sinn) noch vor sich und müssen erst noch auf den Berg hinaufgelangen, damit sie „in den Wegen Gottes" gehen können.

Auf die erste Zielangabe „Berg Jʜwʜs" folgt in Jes 2,3 eine zweite, die mit derselben Präposition eingeführt wird: אל־בית אלהי יעקב, *zum Haus des Gottes Jakobs*. Von dem die ganze Stadt und deren Bevölkerung umfassenden Gottesberg wird so zum Tempel übergeleitet. Der Wechsel von dem in v.2 verwendeten Titel „Haus Jʜwʜs" zu dem seltenen Ausdruck „Haus des Gottes Jakobs" ist sicher nicht nur rhetorisch motiviert. Mit ihm wird vielmehr ein Gottesname eingeführt, der in der Jerusalemer Tempelliturgie fest verankert ist (vgl. Ps 20,2; 46,8.12; 75,10; 76,7; 81,2.5; 84,9; 94,7) und „sowohl auf die Gabe der Tora für Israel als auch auf JHWHs Wohnsitz am Zion und seine Funktion als Kriegsbeender"[72] verweist. Der Name spricht aber nicht nur von dem Gott, der auf dem Zion wohnt, sondern auch von dem Volk, mit dem sich dieser Gott identifiziert. Indem die ausländischen Wallfahrer ihn nicht nur Jʜwʜ, sondern auch „Gott Jakobs" nennen, bekennen sie, dass er durch ein Verhältnis gegenseitiger Zugehörigkeit an dieses Volk gebunden ist. Für sie selbst bedeutet das, dass sie nicht „an Israel vorbei" zu seinen Verehrern werden können, sondern nur, indem sie an dessen Gotteserfahrung partizipieren und ihren zukünftigen Weg danach ausrichten.[73]

In *Jes 2,3b* wird das Ziel der Pilgerfahrt zum dritten Mal benannt und zwar mit Hilfe der Ortsnamen „Zion" und „Jerusalem". Auf die anschaulichen Bilder vom Gottesberg und Gotteshaus folgt damit eine allgemeine, abstrakte Vorstellung, die die Stadt als solche, das religiöse und politische Zentrum Judas in den Vorder-

---

71 Vgl. Seremak, *Psalm 24*, 140. Durch die scheinbare Ausnahme Ex 19,23 wird diese Regel sogar bestätigt. Dort wird עלה אל zwar für das Volk verwendet, doch nur um festzustellen, dass es anders als Mose den Sinai *nicht* betreten darf.

72 I. Fischer, *Tora für Israel*, 29. Zum theologischen Hintergrund des Titels „Gott Jakobs" vgl. Wildberger, „Völkerwallfahrt", 67; Willis, „Isaiah 2:2 – 5", 300 – 1.

73 Genau diesen Wunsch würde v.5 ausdrücken, wenn man ihn als Fortsetzung der Rede von v.3 interpretieren dürfte: die Völker bitten Jakob-Israel darum, gemeinsam mit ihm „im Licht" seines Gottes zu gehen. Doch vgl. unsere Auslegung des Verses in 1.3.8.

grund stellt. Gleichzeitig wird, wie bereits gesehen, die Richtung umgekehrt: was bis dahin das Ziel einer die ganze Menschheit umfassenden zentripetalen Bewegung war (נהר, הלך, עלה + אל) ist nun der Ausgangspunkt einer zentrifugalen Gegenbewegung (יצא + מן). Das Völkerwallfahrtsmotiv wird so um einen bedeutenden zweiten Aspekt ergänzt. Nach Jes 2 ist die Pilgerreise der Nationen keine „Einbahnstraße", kein einseitiger Prozess, bei dem alle Aktivität auf Seiten der Herbeikommenden läge. Sie enthält auch ein Moment des Herausgehens und Entgegenkommens, das eine Begegnung überhaupt erst möglich macht.[74]

Im Unterschied zum Michabuch, in dem das Wortpaar ירושלם – ציון schon zweimal im vorhergehenden Kapitel vorkam,[75] erscheint es bei Jesaja hier zum ersten Mal. Jes 1 hatte zwar zweimal „Zion" (v.8.27) und einmal „Jerusalem" (v.1) erwähnt, nicht aber als einander ergänzende Parallelbegriffe.[76] In den folgenden Kapiteln erscheinen die beiden Namen dann aber umso häufiger nebeneinander (Jes 4,3.4; 10,12.32; 24,23; 30,19; 31,9; 33,20; 37,22.32; 40,9; 41,27; 52,1.2; 62,1; 64,9).[77]

Die intertextuellen Verbindungen, die durch den Doppelausdruck „Zion – Jerusalem" geschaffen werden, weisen also nicht in das einleitende Kapitel zurück, sondern auf die folgenden Kapitel voraus. Wichtig ist dabei vor allem der nächste Intertext 4,2–6, der den durch 2,1–5 eröffneten Textblock beschließt.[78] Auch er enthält eine Heilsweissagung für Jerusalem. Anders als unser Text ist diese aber nicht an den fremden Völkern, sondern nur am Überleben Israels (פליטת ישראל 4,2) interessiert. Der Zionsberg ist in ihr nicht das Zentrum einer internationalen Pilgerfahrt, sondern der Zufluchtsort einer kleinen, heiligen Gemeinde

---

74 Vgl. I. Fischer, *Tora für Israel*, 32: „Tora ist für die Völker nicht verborgen, sie müssen sie nicht erst suchen, sondern sie wendet sich aktiv zu."

75 Nämlich in Mi 3,10.12. Im ersten Text wird über die kriminelle Amtsausübung der politischen Führer geklagt, im zweiten die Zerstörung der Hauptstadt angekündigt. Die dritte Phase wird erreicht, wenn Mi 4,2 verheißt, dass Zion-Jerusalem nicht nur für das Gottesvolk, sondern für alle Nationen wieder zu einer Quelle des Rechts und der Belehrung werden wird.

76 Für Schwienhorst-Schönberger, „Zion – Ort der Tora", 112, ist das ein Argument dafür, dass das Jesajabuch nicht der ursprüngliche Kontext des Völkerwallfahrtsorakels ist.

77 Unter diesen Belegen finden sich auch Orakel über Assur und den Völkerkampf, nicht aber über die friedliche Zionsfahrt der Nationen. Jes 2,1–5 ist demnach der einzige Völkerwallfahrtstext, der „Zion" und „Jerusalem" im *parallelismus membrorum* verwendet.

78 Zu dieser Abgrenzung s. Sweeney, *Isaiah 1–39*, 87–112, aber auch schon L. Philippson, *Die Israelitische Bibel. Enthaltend: Den heiligen Urtext, die deutsche Uebertragung, die allgemeine, ausführliche Erläuterung mit mehr als 500 englischen Holzschnitten II. Die Propheten* (Leipzig: Baumgärtner's Buchhandlung, 1848) 712–23. Gegenüber der von Berges, *Buch Jesaja*, 56–87; Beuken, *Jesaja I*, 60–129, vertretenen These, Kap. 1–4 bilde eine doppelte Ouvertüre zum Jesajabuch (1,2–2,5 + 2,6–4,6), verdient diese Abgrenzung den Vorzug, da sie einerseits die Zäsur in 2,1 und andererseits die rahmende Funktion der Zionsvisionen 2,2–4 und 4,2–6 berücksichtigt.

(v.3). Auf ihn wird in v.5 „der Motivkomplex sowohl der Sinaitheophanie (Ex 19,16 – 18; 20,18 – 21; 24,15 – 18) als auch der Einwohnung JHWHs im Offenbarungszelt (Ex 40,38) [...] übertragen."[79] Wolke, Rauch und Feuer, die einst den Gottesberg und das Bundeszelt bedeckten, liegen nun über Jerusalem, ein sichtbarer Hinweis auf die Herrlichkeit (כבוד) JHWHs.[80]

Auch in 4,2 – 6 wird der Zion somit als ein neuer Sinai präsentiert. Doch nur für den „Rest Israels" und nur als Schutz- und Überlebensraum (vgl. v.6), nicht aber als Stätte einer neuen Offenbarung. Die Verheißung von 2,3, von ihm werde ein Gotteswort für alle Völker ausgehen, eröffnet demgegenüber eine völlig neue Perspektive.

Vom Leseablauf her stellt sich dieses Verhältnis aber genau umgekehrt dar, geht doch das universale Heilsorakel dem national ausgerichteten voraus. Die in 1,27 angekündigte Erlösung Jerusalems schließt demnach von Anfang an die Gottsucher der übrigen Nationen ein. Auch sie gehören zu den „Umkehrenden" (שׁביה), zu denen, die sich dem auf dem Zion wohnenden Gott zuwenden, um durch sein Recht (במשׁפט) gerichtet und durch seine Gerechtigkeit (בצדקה) gerettet zu werden.

1.3.5. Der Zweck der Wallfahrt: Belehrung durch JHWH (v.3)

Das geographische Ziel als solches sagt noch nichts über den Zweck der Reise aus. In anderen Völkerwallfahrtstexten stehen liturgische Akte wie die Anbetung der Gottheit und die Darbringung von Opfern im Vordergrund. Der Tempel und die als königliche Frau personifizierte Zionsfigur spielen dabei eine vermittelnde Rolle. Dagegen fehlen in Jes 2 im engeren Sinn kultische Vollzüge, weshalb einige Exegeten nicht einmal von einer Wallfahrt sprechen wollen.[81]

Die moderne Unterscheidung zwischen „religiös" und „profan" wird aber den biblischen Texten nicht gerecht. Für sie hat alles Weltliche mit Gott und alles Religiöse mit dem alltäglichen Leben zu tun. Das Hauptanliegen der Propheten ist

---

79 I. Fischer, *Tora für Israel*, 29.
80 Vgl. die ausführlichen Erläuterungen zum כבוד Motiv in Jes 4,2 – 6 bei T. Wagner, *Gottes Herrlichkeit. Bedeutung und Verwendung des Begriffs* käbôd *im Alten Testament* (VT.S 151; Leiden; Boston, MA: Brill, 2012) 221 – 5.
81 So z. B. Keel, *Geschichte Jerusalems*, 883: „Die traditionelle Bezeichnung des Aufbruchs der Völker als »Wallfahrt« scheint mir nicht ganz angemessen, es sei denn, man brauche den Ausdruck metaphorisch. »Wallfahrt« im eigentlichen Sinn wird als Reise zu heiligen Stätten aus religiösen Motiven definiert. [...] Das Ziel der Völker, Belehrung und Rechtsentscheid zu bekommen, nimmt sich daneben recht profan aus."

es gerade, die fatale Trennung zwischen Kult und Sozialverhalten zu überwinden. Statt die Prophezeiung nach unseren modernen Kategorien zu bemessen, müssten diese umgekehrt von ihr her überprüft werden: Was ist eine Wallfahrt? Was ist die religiöse Handlung, die den Menschen, die Gemeinde mit Gott verbindet? Zu welchem Zweck zieht jemand zu einem heiligen Ort? Um Gott etwas darzubringen? Um seine eigenen Wünsche erfüllt zu sehen? Oder um eine Ausrichtung für sein Leben zu erhalten, die er nirgendwo sonst bekommen kann?

Wie wir gesehen haben, schildert der Autor das Geschehen nicht nur als externer, unbeteiligter Beobachter, sondern nimmt mit dem Zitat in v.3 auch die Perspektive der Akteure ein. Zwar ergreifen die Nationen auch in 45,14.24 und 60,14 das Wort, doch handelt es sich dort um Proklamationen, die andere, nämlich JHWH bzw. seine Wohnstätte betreffen. Nur hier (und in dem erwähnten Sach 8,20 – 23) sprechen sie von sich selbst, von den Motiven, die sie zum Aufbruch veranlassen. Sie verwenden, um es noch einmal zu sagen, sowohl das Tetragramm als auch den kultischen Titel „Gott Jakobs", kennen also die Gottheit, die sie aufsuchen, mit Namen und wissen um ihre besondere Beziehung zu Israel. Anders gesagt: Der Autor kennzeichnet die herbeiströmenden „Heiden" als Personen, die eine klare Vorstellung von JHWH haben, ihn im Grunde bereits als ihren Gott anerkennen[82] und darüber hinaus in einem positiven Verhältnis zu dessen Erstverehrern aus Israel stehen.

Nach der einleitenden Selbstaufmunterung kommen die ausländischen Wallfahrer im zweiten Teil ihrer kurzen Rede auf den Zweck der Reise zu sprechen: sie wollen in den Wegen JHWHs unterwiesen werden (ויֹרֵנוּ מִדְּרָכָיו), um nach seinen heilbringenden Geboten zu leben (וְנֵלְכָה בְּאֹרְחֹתָיו, v.3aβ). Die beiden Kola stehen im *parallelismus membrorum*, wobei auf einen Jussiv der 3. Pers. Sg. („er" = JHWH) ein Kohortativ der 1. Pers. Pl. („wir" = die Völker) folgt. Das zweite Element ist jeweils ein Präpositionalausdruck, der aus den synonymen Begriffen דֶּרֶךְ, *Weg*, und אֹרַח, *Pfad*, gebildet ist. Sie bezeichnen metaphorisch den neuen Lebenswandel, das neue Ethos, das die Neuankömmlinge auf dem Zion erlernen wollen.[83]

---

82 Vgl. Seremak, *Psalm 24*, 151: „Diese Erklärung der Völker [...] bedeutet schon die völlige Anerkennung Jahwes, des Gottes Jakobs, als ihres einzigen Gottes."

83 Zur übertragenen Bedeutung von דרך als Lebenswandel s. J. Bergman u. a., „דֶּרֶךְ *dæræk*", *ThWAT* 2 (1977) 288 – 312. Wie der Vergleich zwischen Ps 25,4 (דרכיך/אֹרְחוֹתֶיךָ) und Ps 27,11 (אֹרַח/דֹרְכֶּךָ) zeigt, kann das Wortpaar ohne erkennbaren Bedeutungsunterschied im Singular und Plural verwendet werden. Die partitive Bedeutung von מן sollte wegen der Parallele von מִדְּרָכָיו und בְּאֹרְחֹתָיו nicht überbetont werden (in dem Sinn etwa, dass die Nationen nur bestimmte Passagen der Torah lernen wollten). Treffend paraphrasiert Delitzsch, *Jesaia*, 71: „aus seinen Wegen – ein reicher Lehrstoff, mit dem sie nach und nach vertraut werden möchten."

Die beiden wichtigsten Hypotexte dieser Verszeile, die in der bergförmigen konzentrischen Struktur von Jonathan Magonet das mittlere und höchste Plateau bildet,[84] finden sich im Pentateuch und in den Psalmen. Über die konkreten Parallelen hinaus exemplifizieren diese drei Texte die theologischen Grundrelationen zwischen den Kanonteilen: Die Torah definiert die rechtlichen Normen, nach denen das Volk des Bundes lebt, die prophetische Verkündigung weitet diese in eine Heilsverheißung für alle Nationen aus und der Psalter holt die universale Zukunftsvision in die Gegenwart des vor Gott stehenden Beters hinein.

Der Torah-Text, der in Jes 2 *par* Mi 4 eingespielt wird, ist *Dtn 17,8 – 11*. Wie Moshe Weinfeld und Baruch J. Schwartz gezeigt haben, werden dessen Anweisungen für das sakrale Gerichtsverfahren in unserem Orakel auf die internationale Ebene übertragen.[85] So wie sich der mit einem komplizierten Fall überforderte Richter an den zentralen Gerichtshof wendet, indem er zu dem von JHWH erwählten Ort hinaufsteigt (ועלית אל־המקום אשר יבחר יהוה אלהיך בו, Dtn 17,9), ziehen auch die Nationen nach Jerusalem hinauf (ונעלה אל־הר־יהוה, Jes 2,3), um ihre ungelösten Konflikte beizulegen.[86] Und so wie die dort amtierenden Richter ein Urteil sprechen (דבר המשפט, Dtn 17,9) und die Priester eine Weisung aus der Torah erteilen (אשר יורוך התורה, 17,11), werden auch jene in der Torah unterwiesen (ויֹרנו תורה; ודבר־יהוה, Jes 2,3) und erhalten einen verbindlichen Rechtsbescheid (ושפט... ויֹכיח, 2,4). In beiden Fällen ist die Torah ein Korpus göttlicher Normen, mit deren Hilfe der konkrete Streitfall, sei es zwischen einzelnen Personen, sei es zwischen Staaten und Nationen, gelöst wird.

Während Dtn 17 als Spendetext fungiert, ist *Ps 86* mit Jürgen Vorndran als aufnehmender Text zu betrachten.[87] Bereits in v.9 beschreibt er die Völkerwallfahrt

---

84 Vgl. J. Magonet, „Isaiah's Mountain or the Shape of Things to Come", *Prooftexts* 11 (1991) 178 – 9.

85 Vgl. Weinfeld, „Zion and Jerusalem", 113; B. J. Schwartz, „Torah from Zion. Isaiah's Temple Vision (Isaiah 2:1 – 4)", A. Houtman, M. J. H. M. Poorthuis u. J. Schwartz (Hg.), *Sanctity of Time and Space in Tradition and Modernity* (JCPS 1; Leiden; Boston, MA; Köln: Brill, 1998) 18 – 21. Das wichtigste Intertextualitätssignal ist das zweimal verwendete יורוך, *sie werden dich belehren* (Dtn 17,10.11), das die Tätigkeit der am Zentralheiligtum amtierenden Priester umschreibt. Vgl. Dtn 24,8; 33,10; Ez 44,23; Mi 3,11, wo יורו, *sie werden lehren*, ebenfalls den priesterlichen Torahbescheid meint. Die intertextuelle Parallele wäre noch enger, wenn Jes 2,3 nach 1QIsaᵃ gelesen würde: וירונו, *sie sollen uns unterweisen*. In diesem Fall würde die Gerichtsbarkeit über die fremden Völker ebenfalls von den Jerusalemer Priestern ausgeübt.

86 Schwartz, „Torah from Zion", 20 – 1, vermutet deshalb einen Fehler im masoretischen Text von Jes 2,3. Statt עמים רבים, *viele Völker*, sei עמים רבים, *streitende Völker*, zu lesen. Gegen diese kühne Konjektur spricht jedoch der intertextuelle Bezug zum Völkerkampforakel 17,12, das hier ins Gegenteil verkehrt wird.

87 Vgl. den ausführlichen intertextuellen Vergleich bei Vorndran, *Alle Völker*, 145 – 51.

in einer Sprache, die Elemente aus Jes 2 und Jes 66 kombiniert: כל־גוים... יבואו וישתחוו לפניך אדני, *alle Nationen werden kommen und sich vor dir, Herr, niederwerfen.*[88] Darauf folgt in v.11 eine Bitte des Psalmenbeters, die sich eng mit der Bitte der Völker in Jes 2 berührt:

Jes 2,3:	ונלכה בארחתיו	וירנו מדרכיו
Ps 86,11:	אהלך באמתך	הורני יהוה דרכך

„Er belehre uns in seinen Wegen, damit wir wandeln in seinen Pfaden", bitten die Nationen. „Lehre mich, JHWH, deinen Weg, damit ich wandle in deiner Treue", bittet der arme und elende Knecht. Nicht nur für sich und die Angehörigen seines Volkes (durch die Überschrift in v.1 wird er ja als König David identifiziert), sondern auch für die ausländischen Nationen, die herbeikommen, um gemeinsam mit ihm JHWH zu huldigen. So verwandelt der Psalm die prophetische Verheißung in eine persönliche Bitte, die dennoch die ganze Menschheit umschließt. Er „transformiert die Vision der Prophetenbücher in ein Gebet um den ersehnten Anbruch der Gottesherrschaft und der von allen gelebten Tora auf dem Zion."[89]

Damit in den Nationen der Wunsch erwacht, in der Torah belehrt zu werden, müssen sie erfahren haben, wie der Gott Jakobs die Konflikte seines Volkes löst und wo dieser Schatz an rechtlichem Wissen gesammelt ist. Genau diese Einsicht wird in *Jes 2,3b* formuliert. Von den meisten Exegeten wird dieser Satz als ein Kommentar des Propheten interpretiert, der den Grund der Wallfahrt erläutert.[90] Jedoch folgt er direkt auf v.3aβ, ohne dass ein Sprecherwechsel angezeigt würde. Nicht nur die kausale Konjunktion כי, auch die wurzelgleichen Lexeme ירה und תורה erzeugen eine so enge Verbindung zu dem Vorhergehenden, dass die Verszeile auch als dritter und letzter Teil der Völkerrede verstanden werden kann.[91] Das emphatisch an den Anfang gestellte מציון und das parallele, den Satz beschließende מירושלם würde dann die Wahl ihres Reiseziels rechtfertigen. Sie ziehen zum

---

88 כל־גוים ist das poetische Pendant zu כל־הגוים in Jes 2,2. Mit Jes 66,23 teilt der Psalmvers die Verben בוא und חוה *eštaf.* + לפני.

89 Vorndran, *Alle Völker*, 151.

90 So u. a. Beuken, *Jesaja I*, 92, und schon Delitzsch, *Jesaia*, 71: „Der Proph. fügt noch Grund und Beweggrund dieser heiligen Völkerwanderung hinzu."

91 Diese Auffassung vertritt z. B. I. Fischer, *Tora für Israel*, 32, aber auch schon F. Hitzig, *Der Prophet Jesaja* (Heidelberg: C. F. Winter, 1833) 25: „Diese Worte enthalten den Grund, warum die Heiden also reden, und sind auch selber als noch von denselben gesprochen aufzufassen. Sonst wäre ihre Rede mitten im Fluss ins Stocken geraten, und man müsste die Hinweisung von תורה auf ירנו leugnen." Zur Begründung s. auch J. Jensen, *The Use of tôrâ by Isaiah. His Debate with the Wisdom Tradition* (CBQ.MS 3; Washington, DC: The Catholic Biblical Association of America, 1973) 94.

Zion, weil von dort die heilbringende Weisung stammt, in der sie unterrichtet werden wollen,[92] und weil dort das Wort verkündigt wird, das nicht nur Israel, sondern allen Völkern den Weg zu einem friedvollen Miteinander zeigt.

Die synonym gebrauchten Größen תורה und דבר־יהוה fassen also zusammen, was die ausländischen Pilger auf dem Zion erlernen und dann auch praktizieren wollen. Es ist derselbe „Lehrstoff", der in *1,10* den Führern Jerusalems vorgelegt wurde: ...שמעו דבר־יהוה... האזינו תורת אלהינו, *hört das Wort JHWHs, vernehmt die Weisung unseres Gottes!* Dass die Torah in 2,3 nicht als die „unseres Gottes" identifiziert wird, ist kein Zufall. Denn *„unseren* Gott" können die Fremden JHWH nicht nennen; er bleibt für sie der „Gott Jakobs". Außerdem ist die Reihenfolge der beiden Termini invertiert. Der Leser des Endtextes könnte das so verstehen, dass sich in dem Verhältnis zur Torah etwas „verkehrt" hat: während sich das Gottesvolk, das sie zuerst empfing, als desinteressiert und ungehorsam erweist, sehnen sich die „Heidenvölker" danach, sie kennenzulernen und nach ihr zu leben.

Die Kombination der Wörter תורה und יצא מן und damit der Gedanke, dass die göttliche Weisung von einem bestimmten Ort ausgeht, führt zu einem weiteren Hypotext: *Jes 51,4*.[93] Dort appelliert JHWH an sein Volk,[94] auf ihn zu hören – כי תורה מאתי תצא, *denn von mir geht Torah aus.* Ihr Ursprung wird also nicht wie in unserem Text in Jerusalem lokalisiert, sondern auf Gott selbst zurückgeführt.[95]

Wer wie Michael Segal das Verhältnis der beiden Texte diachron betrachtet, den einen auf den judäischen Propheten und den anderen auf in Babylonien

---

[92] Was der Terminus „Torah" hier genau bedeutet, ist umstritten. Ist die mosaische, im Pentateuch fixierte Sinai-Torah gemeint? Oder der fallweise ergehende priesterliche oder prophetische Bescheid? Oder eine weisheitliche Belehrung, wie Jensen, *The Use of tôrâ,* zu zeigen versucht? Und welche Valenz hat der fehlende Artikel: תורה nicht התורה? Statt eines strikten *aut – aut* ist eine differenzierende Lösung zu bevorzugen, wie sie z. B. I. Fischer, *Tora für Israel,* 32, vorschlägt: „[...] dass Tora nicht einfach die Mosetora ist, sondern durch das aktuelle Wort JHWHs vermittelte Tora. Und diese [...] findet sich entweder bei den Propheten oder bei der Gemeinschaft, die nach der Tora lebt."

[93] Die erwähnte Wortkombination findet sich in der ganzen hebräischen Bibel nur an diesen beiden Stellen. Zum literarischen und theologischen Verhältnis der beiden Texte vgl. I. Fischer, *Tora für Israel,* 100 – 15; B. D. Sommer, *A Prophet Reads,* 78 – 80; I. Fischer, „Israel und das Heil", 192 – 195; M. Segal, »For from Zion Shall Come Forth Torah...« (Isaiah 2:3). Biblical Paraphrase and the Exegetical Background of Susanna", G. A. Anderson, R. A. Clements u. D. Satran (Hg.), *New Approaches to the Study of Biblical Interpretation in Judaism of the Second Temple Period and in Early Christianity* (STDJ 106; Leiden; Boston, MA: Brill, 2013) 24 – 26.

[94] Entgegen der von BHS vorgeschlagenen Korrektur ist an der in 𝔐 und 𝔔 belegten singularischen Lesart עמי und לאמי festzuhalten.

[95] Vgl. 55,11, wo mittels derselben Konstruktion Entsprechendes über den Parallelbegriff דבר ausgesagt wird: דברי אשר יצא מפי, *mein Wort, das von meinem Mund ausgeht.*

lebende Exilsautoren zurückführt, kann zu dem folgenden Schluss gelangen: Jes 51,4 ist eine polemische Reaktion auf Jes 2,3. Es weist den Anspruch zurück, Jerusalem, d. h. die dort lebende Gemeinde, sei die maßgebliche Autorität in Fragen der Rechtsprechung und der religionsgesetzlichen Weisung. Stattdessen proklamiert es, dass Gottes Wort an jedem Ort, also auch in der Diaspora, durch einen Propheten verkündet werde kann.[96]

Lässt sich der scheinbare Widerspruch zwischen „von Jerusalem aus" und „von Gott aus" auch anders auflösen? Wer von diachronen Hypothesen und literarischer Abhängigkeit absieht und die beiden Worte synchron betrachtet, wird tatsächlich zu einem anderen Ergebnis gelangen. Dazu ist es wichtig, die unterschiedlichen Adressaten zu beachten: Jes 2,3 ist auf die nichtisraelitischen Nationen hin formuliert, während Jes 51,4 sich ausdrücklich an das Gottesvolk wendet. Für die *gojim* geht die Weisung „von Zion aus", denn sie müssen sich an den Ort begeben, wo sie gelehrt (wenn auch nicht immer gelebt!) wird. Für die Angehörigen des Gottesvolks genügt das nicht, die pure Anwesenheit in Jerusalem und das regelmäßige Besuchen des Tempels. Ihr „Pilgerweg" muss ein innerer sein, eine Umkehr zu Gott, dem eigentlichen Ursprung der Torah, wie sie den anderen Völkern noch gar nicht abverlangt werden kann. Israel muss die „von Jhwh" ausgehende Weisung aufnehmen und zu einem „Volk mit der Torah im Herzen" (עם תורתי בלבם, 51,7) werden, damit diese zum „Licht der Völker" (אור עמים, 51,4) werden kann.

Diesen theologischen Zusammenhang zwischen der Torah Israels und der „endzeitlichen Torah" der Völker setzt Jes 2,5 voraus, wo mit derselben Metapher das Gottesvolk aufgerufen wird, „im Licht Jhwhs" zu wandeln. Denn „[e]rst wenn die Tora im Handeln der Menschen auf dem Zion als Gerechtigkeit leuchtet, kann aus ihr Zionstora in die Welt der Völker hinein ergehen."[97]

1.3.6. Jhwh als Richter der Nationen (v.4a)

Nach der Völkerrede ergreift in *v.4* der Seher wieder das Wort und schildert die konkreten Folgen der Pilgerfahrt. Es bleibt nicht bei der theoretischen Unterweisung, die göttliche Offenbarung wird auch praktisch angewandt, indem mit

---

96 Vgl. M. Segal, „For from Zion", 26: „[T]he dispensing of justice and divine instruction is not a function of the Temple's location, but rather of the presence of God in that or any other location. If God, through his prophet, is present in the Diaspora, then they will receive instruction there, because the instruction emanates from him."

97 Vorndran, *Alle Völker*, 149. Mit diesem theologischen Resümee fasst er die Reflexionen von N. Lohfink, „Bund und Tora", 40–44, zusammen. Zur weiteren Auslegung von Jes 2,5 s. u. 1.3.8.

ihrer Hilfe die Konflikte der Nationen beigelegt werden. Durch die Verben שפט und יכח *hif.* wird Jhwhs Tun als eine Jurisdiktion charakterisiert, die sowohl den formalen Gerichtsprozess als auch die außergerichtliche Schlichtung umfasst.[98]

Gleichzeitig wird eine lexikalische Brücke zum Einleitungskapitel geschaffen. Dort hatte Jhwh die führenden Männer ermahnt, den Waisen zu ihrem Recht zu verhelfen (שפטו יתום, 1,17), und ihnen vorgeworfen, dass sie eben dies nicht tun (לא יתום ישפטו, v.23). Dort hatte er Jerusalem verheißen, er werde der Stadt gesetzestreue Richter geben (ואשיבה שפטיך כבראשנה, v.26), damit sie „durch Recht und Gerechtigkeit" (במשפט...בצדקה, v.27) erlöst werde. Und das judäische Volk hatte er aufgefordert, seine Zurechtweisung anzunehmen und sich zu bekehren (לכו־נא ונוכחה, v.18).

Die Weissagung der Völkerwallfahrt erhält so die Funktion eines in die Zukunft projizierten Gegenbilds zu der in Jes 1 kritisierten Gegenwart. Während das jetzige Israel unwillig ist, den Willen *seines* Gottes zu erfüllen (vgl. 1,10: אלהינו), zeigen die nichtisraelitischen Nationen großen Eifer, sich von dem Gott *Jakobs* belehren zu lassen (vgl. 2,3: אלהי יעקב). Während Juda nicht korrigiert werden will, bitten die anderen Nationen darum, dass der auf dem Zion thronende Jhwh in ihre strittigen Angelegenheiten eingreift. Die Führer Jerusalems vernachlässigen ihre wichtigste Aufgabe, den Schwachen zum Recht zu verhelfen und den sozialen Frieden zu stärken, in der kommenden Zeit aber werden selbst fremde Nationen vom Zion her das Recht empfangen.

Die Referenzsignale שפט und יכח zeigen demnach einen scharfen Kontrast auf: zwischen dem untreuen Gottesvolk und den lernbegierigen Nationen, zwischen den untauglichen Richtern, die nicht einmal im eigenen Volk für Recht sorgen, und Jhwh, der eine Rechts- und Friedensordnung für alle Völker erstellt.

Gegen Ende des „Wortes über Juda und Jerusalem", das mit Jes 2,1–5 beginnt, wird der Leser auf einen Text stoßen, der ganz ähnliche Formulierungen verwendet und ebenfalls einen idealen Richter beschreibt. Die Aufgabe, die in der Völkerwallfahrtsvision Gott selbst erfüllt, wird dort von einem irdischen Monarchen übernommen. Intertextuell sind die beiden Prophezeiungen eng verbunden, vor allem durch die Verbformen ושפט und והוכיח, die die entsprechenden Kola eröffnen:[99]

Jes 2,4:	והוכיח לעמים רבים	ושפט בין הגוים
Jes 11,4:	והוכיח במישור לענוי־ארץ	ושפט בצדק דלים

---

98 Die Ausgewogenheit des göttlichen Gerichts spiegelt sich auch in Metrum und Stil wider. V.4a besteht aus zwei gleich langen Kola (3+3) und enthält einen synonymen Parallelismus, in dem auf das Verb jeweils das personale Objekt folgt.

99 In negierter Form erscheinen die beiden Verben auch schon in 11,3 (ולא...ישפוט ולא...יוכיח), um das Tun des messianischen Herrschers gegen eine falsche Rechtspraxis abzusetzen.

Subjekt der Verben ist im ersten Fall JHWH, im zweiten der mit seinem Geist ausgestattete Messiaskönig.[100] Er kommt aus dem „Stamm Isais" (11,1), ist also ein neuer David, der auf dem Zion seine Herrschaft ausübt (vgl. v.9) und dabei das tut, was die bisherigen Herrscher versäumten: er verhilft den sozial Benachteiligten, den Armen und Schwachen im Land (דלים ,עני־ארץ) zu ihrem Recht.[101]

Die sprachlichen Gemeinsamkeiten lassen Jes 2 und Jes 11 als parallele Szenen erscheinen. Sie zeigen, was auf dem Zion der kommenden Heilszeit geschehen wird: JHWH wird für die ausländischen Nationen, der davidische König für die Angehörigen seines Volkes Recht sprechen. Wie aber hängen die beiden Verheißungen zusammen? Die Antwort fällt je nach Perspektive unterschiedlich aus.

Ein diachrones Urteil könnte lauten:[102] Jes 11,1–9, ein vielleicht von Jesaja selbst stammendes und in der Regierungszeit Joschijas aktualisiertes Orakel, erhofft einen idealen („messianischen") Herrscher aus dem alten judäischen Königsgeschlecht. Nach dem definitiven Untergang der Monarchie dehnt Jes 2,1–5 diese nationale Erwartung auf die ganze Menschheit aus. Die Theologen der persischen Zeit erwarten keinen neuen, besseren David, sondern führen seine richterlichen Funktionen auf JHWH selbst zurück.

Was von einem diachronen Gesichtspunkt aus als Ablösung einer partikularen durch eine universale Heilsvision erscheint, stellt sich in einer synchronen Perspektive ganz anders dar. Für den Leser, der dem kanonischen Text folgt, umfasst das mit dem Zion verbundene Heilsgeschehen von Anfang an die gesamte Menschheit. Der Gott Jakobs garantiert eine gerechte, unparteiische Rechtsprechung für Israel ebenso wie für die übrigen Nationen. In Jes 11 wird diese globale Vision ergänzt und präzisiert. Vor allem ein Punkt wird konkretisiert. „Er wird richten, er wird schlichten" – das ist JHWH. Das ist aber auch derjenige, den er mit seinem Geist erfüllt. Unter seiner Herrschaft wird der Zion zu einem Ort, an dem nicht nur die Armen des *Landes* Gerechtigkeit erfahren, sondern auch die Armen der *Erde*, nämlich die Nationen, die aus eigener Kraft keine Sicherheit und keinen Frieden finden können.

---

100 Nach David Kimchi und Ibn Ezra ist auch in Kap. 2 der Messias gemeint (vgl. M. Cohen, *Isaiah*, 14–15). Doch ist dort, wie Philippson, *Israelitische Bibel*, 713, zutreffend bemerkt, „nirgends vom persönlichen Messias die Rede."

101 Mit ארץ ist das Land Israel gemeint. Die Verheißung betrifft also in erster Linie das Gottesvolk. Der nationale Horizont wird erst in 11,10 überschritten, einem Vers, den Duhm, *Jesaia*, 108, als eine Kurzfassung von 2,2–4 definiert. Ausführlich dazu im folgenden Kapitel.

102 Vgl. die knappen, aber ausgewogenen Überlegungen zur Diachronie der Texte bei Beuken, *Jesaja I*, 90.305–6.

1.3.7. „Opus iustitiae pax" (v.4b)

Der Friede, eine Frucht der Gerechtigkeit! Dieses Wort aus Jes 32,17 könnte auch über unserem Orakel stehen. Das *wᵉqatal* וכתתו in *v.4b* drückt nämlich syntaktisch genau diesen Zusammenhang aus. Was die Nationen nun tun, ist die Fortsetzung, richtiger, die Folge dessen, was zuvor JHWH getan hat. Weil er unter ihnen Gerechtigkeit hergestellt hat, können sie ihre nutzlos gewordenen Waffen vernichten.

Für John T. Willis ist dies auch ein typisches Motiv der Zionspsalmen (vgl. Ps 46,10; 76,4).[103] Allerdings beschränken sich die Parallelen zu Jes 2 auf wenige Textsignale, nämlich die Nomina חרב, *Schwert* (Ps 76,4), חנית, *Speer* (Ps 46,10), und מלחמה, *Krieg* (Ps 46,10; 76,4). Bei den Verben gibt es keine Übereinstimmungen. In den Psalmen werden die Waffen vernichtet (שבר [2x]; קץץ), in der prophetischen Vision in landwirtschaftliche Geräte umgeschmiedet (כתת + ל). Im einen Fall werden die Kriegshandlungen von außen her gestoppt (שבת *hif.*), im anderen Fall wird die militärische Ausbildung aus eigenem Entschluss eingestellt (למד + לא).

Der Hauptunterschied liegt aber darin, wie der Friede zustande kommt und welche Rollen der göttliche und der menschliche Akteur spielen. Die Zionspsalmen präsentieren JHWH als einen Helden, der die Aggressoren mit Gewalt besiegt, ihre Waffen zerstört und so den Krieg endgültig beendet.[104] In Jes 2 ist diese aus der Tradition des Völkerkampfs stammende Vorstellung in etwas Neues verwandelt. Hier tritt JHWH den friedlich herbeikommenden Nationen als Lehrer und Richter entgegen. Indem er sie die Regeln eines torahgemäßen Miteinanders lehrt und ihre Konflikte löst, befähigt er sie, ihrer unheilvollen Lage zu entkommen und ihre gegenseitigen Beziehungen neu zu ordnen.[105] Die mythische Vorstellung eines Kriegsgottes, der Gewalt durch Gegengewalt überwindet, ist somit durch die op-

---

103 Willis, „Isaiah 2:2 – 5", 305 – 307, nennt als achte Parallele zwischen den Psalmen und unserem Orakel „Yahweh's quieting and quelling of the military weapons", als neunte „the cessation of wars". Vgl. zu diesem Motiv auch Wildberger, „Völkerwallfahrt", 68 – 9; J. Limburg, „Swords to Plowshares. Text and Contexts", C. C. Broyles u. C. A. Evans (Hg.), *Writing and Reading the Scroll of Isaiah. Studies of an Interpretative Tradition I* (VT.S 70.1; Leiden; New York; Köln: Brill, 1997) 288 – 289.

104 Schmid, *Jesaja I*, 63, weist darauf hin, dass sich auch im Jesajabuch eine ähnliche Vorstellung findet, nämlich in 9,3 – 4: „Denn das Joch, das auf ihnen lastet, und den Stab auf ihrer Schulter, den Stock dessen, der sie treibt, hast du zerschmettert (החתת) wie am Tag Midians..." (Übersetzung nach Schmid, *Jesaja I*, 107).

105 Auf diesen Unterschied weist bereits Wildberger, *Jesaja I*, 86, hin. Vgl. Limburg, „Swords to Plowshares", 289, und ähnlich Schmid, *Jesaja I*, 63: „Während gemäß Jes 2,2 – 4 Kriege aufgrund eigener Einsicht der Völker beendet werden, die auch aus eigenem Antrieb ihr Kriegsgerät für nichtmilitärische Zwecke umfunktionieren, handelt in Ps 46,9 – 10 Gott mit Gewalt: Er zerstört alles militärische Gerät, er selbst bereitet den Kriegen ein Ende."

timistische Vision abgelöst, dass der Friede auch ohne Zwang erreicht werden kann. Dann nämlich, wenn Menschen sich von Israels Gott unterweisen und richten lassen und ihr bisheriges Verhalten revidieren.

Dem Propheten geht es dabei nicht nur darum, dass ein Missstand beseitigt, sondern dass eine neue, positive Situation geschaffen wird. Er deutet sie mit den Begriffen „Pflug" (את) und „Winzermesser" (מזמרה) an. Dasselbe Eisen, das bisher dem gegenseitigen Morden diente, soll in der erhofften Zukunft verwendet werden, um den Boden zu bestellen und seine Früchte zu ernten.[106]

In diesem Punkt steht Jes 2,4 in diametralem Gegensatz zu einem anderen Prophetentext, der gerade umgekehrt dazu aufruft, die landwirtschaftlichen Geräte in Waffen zu verwandeln. *Joel 4,10* ist Teil einer Völkerkampfschilderung, die mehrere Referenzsignale mit unserem Orakel teilt. Auch diese Ereignisse finden in einer noch bevorstehenden Epoche statt (בימים ההמה ובעת ההיא) und betreffen Juda und Jerusalem (יהודה וירושלם, v.1; vgl. v.6). Auch dort versammeln sich „alle Nationen" (כל־הגוים), doch nicht um den Berg Zion zu besteigen, sondern um in das Tal Joschafat hinabgeführt zu werden (והורדתים אל עמק יהושפט, v.2). Auch dort wird über sie Gericht gehalten (ונשפטתי עמם, v.2; vgl. v.12), doch nicht zu ihrem Vorteil, sondern um sie für ihre Missetaten zu strafen und Israel ins Recht zu setzen.

In v.9 – 11 werden die feindlichen Völker direkt angesprochen und dazu aufgefordert, sich für die entscheidende Schlacht zu rüsten. Bereits in v.9 fällt zweimal das Schlüsselwort מלחמה. V.10 ergänzt den Schlachtruf um einen Befehl, der fast alle Lexeme mit Jes 2,4 teilt:

Joel 4,10:	ומזמרתיכם לרמחים	כתו אתיכם לחרבות
Jes 2,4:	וחניתותיהם למזמרות	וכתתו חרבותם לאתים

Anstelle des futurischen *weqatal* steht ein Imperativ, und die Substantive haben ihre Position vertauscht: die direkten Objekte des einen Textes sind die präpositionalen Objekte des anderen und umgekehrt. Ansonsten aber sind die Sätze mit Ausnahme des letzten Wortes gleich. Wo Jesaja die endgültige Vernichtung der Waffen verheißt, fordert Joel die totale Aufrüstung. In Wirklichkeit aber stehen sich die beiden Aussagen näher, als es auf den ersten Blick scheint. Joels Befehl ist nämlich ironisch gemeint; er verhöhnt die Nationen, indem er zu ihnen sagt: Selbst wenn ihr alle eure Ackergeräte in Waffen verwandelt, wird es euch nichts

---

106 Vgl. Beuken, *Jesaja I*, 93: „Betont ist das positive Ziel, Ackerbau und Weinlese seien zukünftig die einzigen Sorgen der Völker." Die landwirtschaftlichen Geräte haben dann aber nicht, wie er behauptet, einen metaphorischen, sondern einen metonymischen Sinn. Sie symbolisieren die gesamte landwirtschaftliche Arbeit, vom Pflügen des Bodens bis zur Ernte.

nützen![107] Unmittelbar danach, in Joel 4,12–17, werden dann auch der „Tag JHWHs" und das Gericht über die Völker angekündigt, die jede Verteidigungsmaßnahme zu einem aussichtslosen Unterfangen machen.

Den meisten Auslegern gilt Joel 4,10 als „eine bewusste Antithese zur jesajanischen Zukunftsvision".[108] Da dieser Spruch der Gattung „Aufforderung zum Kampf" entspricht, könnte es sich aber auch umgekehrt verhalten. Jes 2,4 *par* Mi 4,3 könnte als Inversion des traditionellen Kriegsmotivs entstanden sein.[109]

Das einmalige Vernichten der Waffen ist jedoch noch nicht genug. Um einen echten Frieden zu erhalten, braucht es ein dauerhaft verändertes Verhalten. Dies wird in dem Bikolon *v.4bβ* geschildert. Es nennt nicht weitere Aktionen, sondern malt den Zustand aus, in dem die Menschen künftig leben werden. Mit zwei parallelen לא-Sätzen definiert es die Rahmenbedingungen, unter denen die Völker friedlich zusammenleben können. Vor allem müssen sie auf die Anwendung von Gewalt verzichten. Und darüber hinaus müssen sie die praktische und theoretische Vorbereitung auf den Krieg einstellen und durch das Studium der Torah ersetzen. Sie brauchen ein neues „Curriculum", das sie nur auf dem Zion, nur durch den Gott Israels erhalten können.

Wo aber findet all das statt? Wo wird das Kriegsgerät umgeschmiedet und das neue Miteinander eingeübt? Kehren die Wallfahrer in ihre Heimatländer zurück, so dass jede Nation für sich ihre Lebensverhältnisse verändert?[110] Die Fortsetzung des Orakels in Mi 4,4–5 vertritt eine solche Konzeption: eine „distanzierte Koexistenz". Dagegen enthält unser Text keinen Hinweis darauf, dass „jeder zu seinem Weinstock" zurückkehrt, und die enge syntaktische Verbindung zwischen v.4a und v.4b spricht eher gegen eine solche Zäsur. Von daher muss mit der Möglichkeit gerechnet werden, dass die Nationen (oder wenigstens einzelne aus ihnen) in Jerusalem bleiben und das Erlernte an Ort und Stelle anwenden. Sie würden dann nicht die eigenen Felder und Weinberge bestellen, sondern die der Israeliten. Im letzten Teil des Jesajabuchs wird genau diese Erwartung vertreten.

---

107 Vgl. die Auslegung bei H. W. Wolff, „Swords into Plowshares. Misuse of a Word of Prophecy?", *CThMi* 12 (1985) 134–5.

108 Wildberger, *Jesaja I*, 87. So auch schon Duhm, *Jesaia*, 39. Vgl. Blenkinsopp, *Isaiah I*, 191, u. a.

109 So Limburg, „Swords to Plowshares", 286–8. Diese These lässt sich durch ein sprachliches Argument stützen. In Joel wird die zweite Waffenart רמח, in Jesaja חנית genannt, wobei das erste Lexem in der hebräischen Bibel 15x, das zweite aber 48x vorkommt. Die Wahrscheinlichkeit spricht nun dafür, dass bei einer literarischen Übernahme ein selteneres durch ein häufigeres Wort ersetzt wird. Vielleicht wollte der Autor mit חנית auf Ps 46,10 anspielen und dessen Antikriegspropaganda, bei der die Aktivität allein bei Gott liegt, revidieren.

110 So die übliche Auffassung, wie sie z. B. von Rad, „Stadt auf dem Berge", 216, explizit formuliert: „Die Vorstellung des Propheten ist offenbar die, dass sie das Umschmieden erst nach der Rückkehr in ihre Länder vollziehen."

Im Anschluss an das ausführlichste aller Völkerwallfahrtsorakel Jes 60 wird nämlich prophezeit, dass die Ausländer, die zum Zion kommen, der dortigen Bevölkerung als Bauern und Weinbergarbeiter dienen werden (ובני נכר אכריכם וכרמיכם, 61,5) – mit den Instrumenten, den Hacken und Winzermessern, die sie in 2,4 hergestellt haben!

1.3.8. „Lasst uns gehen, Haus Jakob!" (v.5)

Die Vision der Völkerwallfahrt endet in v.4. Im masoretischen Text wird dies durch eine *Petucha* signalisiert.[111] Aber auch sprachliche Indizien weisen auf einen Einschnitt hin: mit dem „Haus Jakob" wird ein neuer Akteur eingeführt, die Form der Verben wechselt vom Futur zum Kohortativ, die Schilderung der kommenden Ereignisse geht in einen gegenwartsbezogenen Appell über (textpragmatisch, der repräsentative Sprechakt wird durch einen kommissiven abgelöst). Das kausale כי am Anfang von v.6 und die Wiederholung von בית יעקב sind weitere Argumente, die v.5 als Vordersatz der folgenden Texteinheit erscheinen lassen.

   Gleichzeitig fungiert dieser Vers aber auch als Abschluss des vorhergehenden Orakels. Für die Adressaten formuliert er nämlich die praktische Quintessenz aus dem Geschauten.[112] Dass v.5 von v.2 – 4 her und v.2 – 4 auf v.5 hin zu interpretieren sind, zeigt insbesondere die Aufforderung לכו ונלכה, *auf, lasst uns gehen!*, in der der Ruf der Völker לכו ונעלה, *auf, lasst uns hinaufziehen!*, widerhallt.[113]

   Doch wer spricht hier überhaupt? Wer wendet sich an Jakob-Israel mit dem Wunsch, im „Licht JHWHs" zu gehen? Die beiden möglichen Deutungen hat schon Raschi diskutiert: entweder ermahnt der Prophet sein eigenes Volk oder die Nationen richten eine Bitte an Israel.[114] Es lässt sich nämlich nicht von vornherein ausschließen, dass dieselben, die in v.3 ihre Absicht formulierten, nach Jerusalem

111 Der parallele Michatext hat an dieser Stelle keinen Einschnitt; erst nach v.5 findet sich in MT eine *Petucha*. Mi 4,4 – 5 wird also anders als Jes 2,5 als integraler Bestandteil der Vision, als deren Fortsetzung und Ausfaltung aufgefasst. Dies drückt sich auch darin aus, dass die beiden Verse wie die vorhergehenden im Futur stehen.
112 Für Wiklander, *Prophecy as Literature*, 182 – 4.231 – 3, kommt die „thesis", d. h. die grundlegende Einstellung und die performative Absicht des Autors in Jes 2,5 am klarsten zum Ausdruck.
113 Auf weitere sprachliche Verbindungen zwischen v.1 – 4 und v.5 weist Wiklander, *Prophecy as Literature*, 101, hin.
114 Vgl. M. Cohen, *Isaiah*, 16: הנביא מוכיחין ואמר להם כן. דבר אחר: האומות יאמרו להם כן. Für eine dritte Möglichkeit entscheidet sich der Targum, indem er ergänzt: „*Those of* the house of Jacob *will say*..." (B. D. Chilton, *The Isaiah Targum. Introduction, Translation, Apparatus and Notes* [ArBib 11; Edinburgh: T & T Clark, 1987] 6).

hinaufzuziehen, nun noch einmal das Wort ergreifen. Nachdem sie von JHWH unterwiesen wurden, würden sie die Angehörigen des Hauses Jakob bitten, ihnen bei der Verwirklichung der neuen Lebensweise beizustehen. In *Sach 8,23* wird dieser schöne Gedanke einer Weggemeinschaft zwischen den *gojim* und dem Gottesvolk in deutlichem Anklang an unseren Text ausformuliert: נלכה עמכם כי שמענו אלהים עמכם, *wir wollen mit euch gehen, weil wir gehört haben, dass Gott mit euch ist.*[115]

In Jes 2,5 dürfte das aber kaum gemeint sein. Die Rede der Völker endet ja mit v.3 und in v.4 ergreift der Erzähler wieder das Wort, um das eigentliche Visionsgeschehen zum Abschluss zu bringen. Vor allem aber spricht die kausale Weiterführung dagegen. *Weil* das „Haus Jakob", wie v.6–8 erklärt, von JHWH abgefallen ist und seine Identität verloren hat,[116] wird es in v.5 aufgerufen, von nun an dem Willen JHWHs zu folgen.

„Auf, lasst uns gehen!" ist also ein dringlicher Aufruf, den bisherigen Lebenswandel radikal zu ändern. Er ist an Israel gerichtet, doch so, dass der Prophet sich nicht von seinem Volk distanziert, sondern sich mit ihm zusammenschließt.[117] Er fordert nicht nur andere zur Umkehr auf, sondern will den Weg der Umkehr zusammen mit diesen selber gehen.

Ist das, wie Marvin A. Sweeney formuliert, „an invitation to the house of Jacob, or people of Israel in general, to join the nations or peoples in their pilgrimage to Mount Zion"?[118] Sicher nicht! Was von Israel verlangt wird, ist nicht ונעלה

---

[115] Dies ist die theologische Gegenstimme zu der partikularen Erwartung von Mi 4,5, auch in Zukunft werde jedes Volk „im Namen *seines* Gottes" und nur Israel „im Namen JHWHs, *unseres* Gottes", gehen.

[116] V.6 wird gewöhnlich wie folgt aufgefasst: „Ja, du (*sc.* JHWH) hast dein Volk, das Haus Jakob, verstoßen" (EÜ). Die direkte Anrede an Gott kommt dabei aber völlig unvermittelt, und der logische Zusammenhang zwischen v.5 und v.6 ist praktisch aufgelöst. Denn wenn Gott sein Volk verstoßen hätte, würde dessen Umkehr nicht genügen. Er müsste vielmehr selbst seinen Beschluss revidieren. Deshalb liegt es näher, die 2. Pers. Sg. auf Jakob zu beziehen und בית יעקב wie in v.5 als Vokativ aufzufassen: „Denn du hast dein Volk verworfen, Haus Jakob." Dass eine solche Differenzierung innerhalb des Gottesvolkes nicht ungewöhnlich ist, zeigen 10,22 (Israel – „dein Volk") und 60,21 (Zion – „dein Volk"). Mit עם könnte Israels Bevölkerung gemeint sein, eher noch seine national-religiöse Identität, seine Identität als Volk JHWHs. Jakob hätte dann sein „Volksein", d. h. sein „Volk-Gottes-Sein" verworfen und stattdessen die Güter und Eigenarten der anderen Nationen übernommen. Vgl. Philippson, *Israelitische Bibel*, 713 („Isr. hat sein eigenes Wesen aufgegeben"), und Wiklander, *Prophecy as Literature*, 71–2, der unter עם die „(covenant) community of Yahweh worshippers" versteht.

[117] Ibn Ezra erinnert an die analoge Szene in Ex 34,9 (vgl. Friedländer, *Ibn Ezra on Isaiah*, 15). Auch dort solidarisiert sich Mose durch ein „Wir" mit dem sündigen Volk: „Vergib uns *unsere* Schuld und Sünde!"

[118] Sweeney, „Micah's Debate", 115.

אל־הר־יהוה, der Aufstieg auf den Zionsberg. Es befindet sich ja bereits dort und sieht, wie die anderen Völker zu ihm kommen. Was von ihm verlangt wird, ist vielmehr ונלכה בארחתיו, das Gehen in den Wegen, d. h. nach den Geboten Gottes. V.5 drückt dieselbe Idee mit Hilfe der Lichtmetapher aus.

Die soeben zitierte Interpretation übersieht aber vor allem einen für die Gesamtaussage entscheidenden Aspekt. Israel kann sich der Völkerwallfahrt gar nicht anschließen! Sie findet nämlich nicht in der Sprechergegenwart, sondern erst „am Ende dieser Tage" statt. Diese zeitliche Differenz ist aber wesentlich. Die fremden Nationen werden, so die prophetische Verheißung, *einst* nach Zion wallfahren und lernen, ihre Konflikte friedlich beizulegen. Das Haus Jakob muss aber *schon jetzt* umkehren und in den Wegen seines Gottes gehen. Es muss das tun, weil es nach v.6–8 bisher damit beschäftigt war, Schätze anzuhäufen und selbstgemachte Götzen anzubeten.

Die Zeitstruktur belegt, dass Jes 2,5 tatsächlich „the most strategic position in the composition of the discourse"[119] innehat. Es ist der Angelpunkt zwischen der Zukunft, die v.2–4 verheißt, und der Vergangenheit, die v.6–8 kritisiert, zwischen der Zionswallfahrt der Nationen und den Irrwegen Israels. Jes 2,5 handelt von dem gegenwärtigen Augenblick, dem *Kairos*, in dem Jakob umkehren und wieder nach den Geboten JHWHs leben soll. Dieser Neuanfang wird nicht als ein objektiver Sachverhalt beschrieben, er wird nicht einmal vorhergesagt. Er ist ein Angebot, das von den Angesprochenen angenommen werden muss. Die Kraft dazu käme einerseits aus der Reue über das eigene Versagen und andererseits aus der Vorfreude über die Bekehrung der anderen Nationen. So markiert die Umkehr Israels nicht nur zeitlich, sondern auch theologisch den Wendepunkt von der bisherigen Unheils- zur kommenden Heilsgeschichte.

Die Texteinheit klingt mit dem Ausdruck אור יהוה, *Licht JHWHs*, aus. Nach בית־יהוה, הר־יהוה und דבר־יהוה ist es das vierte Syntagma, das mit dem Tetragramm gebildet ist. Alle sind mit einem Bewegungsverb verbunden: Die Nationen ziehen zum Berg und zum Haus JHWHs, von dort geht das Wort JHWHs aus, und nun soll Israel im Licht JHWHs wandeln.

Zum ersten Mal erscheint hier dieser wichtige, im Jesajabuch häufig verwendete Terminus. Er ist „eine Metapher für das durch Gott bewirkte Heil, während die Abwesenheit von Licht das Gericht umschreibt."[120] Diese heilvolle gött-

---

119 Wiklander, *Prophecy as Literature*, 183.
120 Beuken, *Jesaja I*, 94. Vgl. die dort angeführten jesajanischen Belege. Zur metaphorischen Verwendung des Begriffs s. S. Aalen, „אור", *ThWAT* 1 (1973) 174–181.

liche Präsenz muss sich dann auch in einem ethischen Lebenswandel wider-spiegeln.[121]

Jes 2,5 spricht jedoch nicht allgemein, sondern sehr präzise vom Gehen im Licht *JHWHs*. Dieses singuläre Syntagma unterscheidet die Stelle von Jes 60, dem anderen großen Völkerwallfahrtsorakel. Denn dieses verheißt, dass *dein*, d. h. Jerusalems Licht (אורך, v.1.3) erscheinen wird. Dieses Licht symbolisiert JHWH bzw. seine Herrlichkeit.[122] Wenn diese in Zion aufstrahlt, werden die Völker angelockt herbeizukommen (הלך ל).

Unser Orakel handelt nicht von dem Licht, das JHWH selbst ist, sondern von dem Licht, das von ihm ausgeht. Im Kontext kann dieses Bild nichts anderes meinen als die in v.3b erwähnte göttliche Willensoffenbarung, die Torah bzw. das Wort JHWHs.[123] In ihrem „Licht" soll Israel schon jetzt, also noch bevor die Nationen zum Zion kommen, gehen (הלך ב).

Damit erweist sich Jes 2,5 als eine vorweggenommene Kurzfassung der „deuterojesajanischen" Völkertheologie.[124] Die Torah, die nach 51,4 von JHWH ausgeht und zum „Licht der Völker" (אור עמים) werden soll, muss von Israel „heute" gelebt werden. Dadurch erfüllt es seine Berufung, es wird zum „Licht der Nationen" (אור גוים, 42,6; 49,6),[125] weil jene an ihm die heilvollen Auswirkungen der göttlichen Rechtsordnung ablesen können. Im Unterschied zu den Gottes-knechtsliedern propagiert unser Text aber kein missionarisches Engagement „nach außen". Die Torah kommt nicht zu den Menschen, indem Israel zu ihnen geht, sondern indem diese zu ihm kommen. Nationen, die sich auf dem Zion versammeln, und in ihrer Mitte ein Volk, das sich nicht nur nach JHWH benennt, sondern auch nach dessen Weisung lebt – das ist das ebenso partikulare wie universale Heilskonzept des ersten Völkerwallfahrtsorakels.

---

121 Vgl. S. Virgulin, „»Casa di Giacobbe, venite, camminiamo alla luce di Jahweh« (Is. 2,5)", *RivBib* 27 (1979) 55: „La grazia di Jahweh [...] esige una contropartita da parte del popolo: questa è una vita morale in sintonia con le esigenze della salvezza garantita dal Signore."

122 In 60,19–20 wird diese Identifikation explizit vollzogen: והיה־לך יהוה לאור עולם, *JHWH wird dein ewiges Licht sein*. Vgl. 10,17, wo JHWH als אור־ישראל, *Licht Israels*, bezeichnet wird.

123 Diese Gleichsetzung wird in zwei weisheitlichen Texten ausdrücklich vollzogen: in Ps 119,105 für das göttliche Wort (נר־לרגלי דברך ואור לנתיבתי) und in Spr 6,23 für die Torah (כי נר מצוה ותורה אור). Auf diesem Hintergrund kann der Targum in seiner Übersetzung von Jes 2,5 die Metapher durch das mit ihr Gemeinte ersetzen: „Come, and let us walk in *the teaching of the law* of the Lord!" (Chilton, *Isaiah Targum*, 6).

124 Vgl. die Ausführungen von N. Lohfink, „Bund und Tora", 47–54, über die Torah-Texte in Jes 40–55 und ihr Verhältnis zu 2,1–5.

125 Im definitiven Text von Jes 40–55 beziehen sich diese Aussagen auf den Gottesknecht Israel. Vgl. dazu N. Lohfink, „Bund und Tora", 48 n.38, und unsere Ausführungen über die Gottes-knechtslieder in III.2.4.

1.4. Mittelalterliche Exegeten im Streit um die rechte Hermeneutik von Jes 2[126]

Die Frage, was die Wallfahrt der *gojim* und der an das Haus Jakob gerichtete Appell für heutige Leser bedeutet, wird in der modernen Exegese kaum gestellt. Vor allem wird nicht darüber reflektiert, welche Folgen sich aus dieser Prophezeiung für Juden und (Heiden)christen und ihr Verhältnis zueinander ergeben. Was ist der Beitrag dieser so wichtigen Verheißung für die Theologie Israels und der Kirche? Was ihr Beitrag für die Theologie des einen Volkes Gottes? Im Unterschied dazu waren die mittelalterlichen Bibelausleger sehr an den Implikationen dieser Vision für ihre jüdische bzw. christliche Identität interessiert.[127] Doch so einig sie sich waren, dass sie von den „Tagen des Messias" handelt, so uneinig waren sie sich, ob diese Zeit schon angebrochen sei oder nicht.[128]

Interessanter als die Antwort selbst sind die Kriterien, nach denen sie gegeben wurde: Hat sich der Zion wie vorhergesagt verwandelt? Haben die nichtjüdischen Nationen (alle Nationen!) eine Pilgerreise angetreten und sich zu dem Gott Israels bekehrt? Ist der verheißene Friedenszustand eingetreten?

Raschi äußert sich nicht explizit zu diesen Fragen. Eine indirekte Stellungnahme lässt sich aber aus seiner Interpretation des erhöhten Zionsbergs ableiten. In der künftigen Zeit, so erklärt er, würden auf ihm größere Wunder als auf den

---

126 Diese abschließende Reflexion will keine Exegesegeschichte, keine erschöpfende Darstellung der rabbinischen und patristischen Auslegung von Jes 2 bieten. Sie beschränkt sich vielmehr auf die in der Einleitung genannten Autoren und auf die hermeneutische Frage, wie sich deren jüdisches bzw. christliches Bekenntnis auf die Interpretation auswirkt. Einen bedeutenden Beitrag zur christlichen Rezeptionsgeschichte unseres Textes hat G. Lohfink, „»Schwerter zu Pflugscharen«. Die Rezeption von Jes 2,1 – 5 par Mi 4,1 – 5 in der Alten Kirche und im Neuen Testament", *ThQ* 166 (1986) 184 – 209, geleistet. Besonders wichtig ist seine Einsicht, wie sehr die „konstantinische Wende" die Auslegung der Kirchenväter verändert hat. Aus einer Prophezeiung über die gesellschaftliche Realität der Kirche (Justin) wurde eine Apologie der Politik des *imperium Romanum* (Eusebius) und schließlich eine Vision des himmlischen Friedensreichs (Augustinus).
127 Ein eindrückliches Beispiel für die leserorientierte Interpretation der Kirchenväter ist ein Text des Origenes, der Jes 2 aus der Sicht der Heidenkirche paraphrasiert: „*Wir*, alle Völker, kommen zu ihm (sc. dem Haus des Herrn), und *wir*, die vielen Völker, brechen zu ihm auf und ermahnen einander, die in den letzten Tagen durch Jesus Christus aufstrahlende Gottesverehrung anzunehmen, und rufen *uns* gegenseitig zu..." (*Contra Celsum* V 33, zitiert nach G. Lohfink, „Schwerter zu Pflugscharen", 192).
128 Nikolaus von Lyra weist am Anfang seiner Auslegung ausdrücklich auf diese grundlegende Differenz hin: „Die Christen sagen, diese Schriftstelle sei bei der Ankunft Jesu von Nazareth erfüllt worden, den sie als den im Gesetz von den Propheten verheißenen Christus bekennen. Die Juden aber sagen, diese Schriftstelle müsse erst zur Zeit des Messias, die sie noch erwarten, erfüllt werden" (Nicolaus de Lyra, *Postilla litteralis*, Introd. ad Is 2).

anderen heiligen Bergen geschehen.[129] Dadurch, dass er dann keine derartigen Wunder nennt (er könnte z. B. die wunderbare Bewahrung Jerusalems vor Sanherib anführen, von der in Jes 36 – 37 berichtet wird), macht er klar, dass dieser Zustand für ihn noch nicht eingetreten ist.

Anders als er stellt *Ibn Ezra* unmissverständlich fest, dass sich diese Prophezeiung noch nicht erfüllt habe. Sein Argument: Die messianische Zeit könne noch nicht gekommen sein, weil es seit der Zeit Jesajas keine Epoche ohne Krieg gegeben habe.[130]

Im Gegenzug versuchen die christlichen Ausleger zu beweisen, dass Jes 2 in Jesus und in der „ecclesia ex gentibus" in Erfüllung gegangen sei. Eine gewisse Ausnahme bildet dabei *Andreas von Sankt Viktor*, der wie auch sonst darauf verzichtet, den alttestamentlichen Text zu „verchristlichen". Am Anfang seiner Exegese[131] konstatiert er zwar, es sei sonnenklar, dass das Verheißene eingetroffen sei, und lässt im weiteren Verlauf auch keinen Zweifel daran, dass das Orakel über die christliche Kirche spreche.[132] Er führt dafür dann aber keine positiven Belege an. Ihm scheint die Tatsache zu genügen, dass der Zion, wie in Mi 3,12 angekündigt, zerstört wurde – „a Romanis scilicet".[133] Die für die Zeit danach verheißene Erhöhung,[134] so scheint er vorauszusetzen, sei damit ebenfalls schon eingetreten. In seinem Kommentar behält er dann aber das Futur des Prophetentextes bei und erklärt zum Abschluss, „es soll[e] niemand daran zweifeln, dass das Gesagte eintreffen *wird*."[135] Er bleibt also auch als christlicher Ausleger in der jesajanischen Erwartungshaltung, ohne deren visionäres Potential im Sinne des „Verheißung-Erfüllung-Schemas" in seine eigene geschichtliche Erfahrung hinein aufzulösen.

---

129 ונשא מגבעות – יגדל נס שנעשה בו מניסי סיני וכרמל ותבור (M. Cohen, *Isaiah*, 14).

130 "Those days have not yet come; for since the days of Isaiah there has never been a period free from war. [...] during the whole time of the second temple in Jerusalem war had never ceased" (Friedländer, *Ibn Ezra on Isaiah*, 14).

131 Nämlich von Mi 4. Wie bereits erwähnt, legt der Viktoriner das Orakel in seinem Kommentar zu Micha aus und verweist in seinem Kommentar zu Jesaja nur noch darauf. Zum literarischen Verhältnis dieser beiden Passagen vgl. Andreas de Sancto Victore, *XII prophetas*, XII.

132 Vgl. Andreas de Sancto Victore, *XII prophetas*, ad Mi 4,1: „*Ad domum Dei Iacob* – templum scilicet secundum Iudaeos, secundum nos ecclesiam."

133 Andreas de Sancto Victore, *XII prophetas*, ad Mi 3,12.

134 Vgl. Andreas de Sancto Victore, *XII prophetas*, ad Mi 4,1: „Nachdem der Tempel wegen der oben erwähnten Vergehen zerstört und das Haus der Juden verlassen ist, wird der Berg des Herrn erhoben werden."

135 "Nec dubitet quis ista quae dicuntur futura" (Andreas de Sancto Victore, *XII prophetas*, ad Mi 4,4).

Ganz anders *Nikolaus von Lyra*. Er schickt seinen Ausführungen einen langen Abschnitt voraus, in dem er die Gründe diskutiert, die gegen das Eingetroffensein der Verheißung und damit gegen die Messianität Jesu vorgebracht werden. Diese Passage ist in mehrfacher Hinsicht interessant. Sie bezeugt, wie vertraut ein christlicher Theologe des Mittelalters mit jüdischer Schriftauslegung sein konnte. Sie gewährt einen Einblick in den exegetischen Disput zwischen Juden und Christen, der in gleicher Intensität, aber unter anderen Vorzeichen heute fortgesetzt werden müsste. Und sie ist ein illustratives Beispiel für eine nicht nur deskriptive, sondern „konfessionelle" Exegese, eine Auslegung also, die den biblischen Text mit dem eigenen Credo konfrontiert.[136] Nikolaus rekurriert dazu nicht wie die meisten seiner Zeitgenossen auf den *sensus spiritualis*, sondern bleibt beim *sensus litteralis*, dem einzigen, der überhaupt kontrovers diskutiert werden kann.

Tatsächlich beziehen sich auch die vier Gegenargumente, die er zitiert, auf den Wortlaut des Prophetentextes:[137] 1. Die Tage Jesu seien nicht die „letzten" gewesen, da auf sie viele weitere folgten. 2. Der Zion habe sich weder damals noch in der Folgezeit gehoben. 3. Nicht alle Völker hätten den Glauben an Jesus angenommen. 4. Ein dauerhafter, globaler Friede sei nicht zustande gekommen.

Diese Argumente, die einer christologischen Deutung von Jes 2 den Boden entziehen würden, versucht Nikolaus zu widerlegen, indem er den tatsächlichen (wörtlichen!) Sinn der Aussagen erforscht. Er gelangt dabei zu Einsichten, die auch die moderne, wissenschaftliche Exegese nicht einfach ignorieren kann.

Bei dem Ausdruck „in novissimis diebus" (seine Auslegung stützt sich natürlich auf den lateinischen Wortlaut der Vulgata) präzisiert er, ähnlich wie wir es getan haben, dessen eschatologische Bedeutung. Man müsse zwischen einem absoluten und einem relativen Gebrauch unterscheiden. Im vorliegenden Fall sei von dem zweiten auszugehen, da Jes 2 zwar einen radikalen Wechsel, nicht aber das totale Ende der Geschichte prophezeie. Die „letzten Tage" könnten durchaus einen längeren Zeitraum umfassen. Genau dies gelte für die Ankunft Christi: mit dem „Gesetz des Evangeliums" sei eine neue Epoche angebrochen, die durch keine andere mehr abgelöst werde. Als Beleg für diese Deutung zitiert unser Autor Gen 49,1. Auch dort würden Ereignisse für die „letzten Tage" angekündigt, die in der Zwischenzeit längst eingetroffen seien.

Bezüglich des zweiten Arguments betont Nikolaus, dass die Erhöhung des Zion nicht als ein geologisches Wunder zu verstehen sei. Dem widerspreche die „sana ratio". Sie sei vielmehr ein Bild dafür, „dass dann auf dem Berg Zion größere

---

136 Vgl. dazu die wichtigen Überlegungen von J. Stromberg, *An Introduction to the Study of Isaiah* (ABS; London; New York: T & T Clark International, 2011) 95–8.
137 "Iudaei vero [...] arguunt *ex littera* huius partis" (Nicolaus de Lyra, *Postilla litteralis*, Introd. ad Is 2). Auch die folgenden Zitate stammen aus der Einleitung zur Kommentierung von Jes 2.

Wunder geschehen werden als auf den anderen geschehen sind." Ohne es zu erwähnen,[138] beruft er sich hier also auf die bereits erwähnte Interpretation Raschis. Er revidiert sie aber durch die Feststellung, die für die Zukunft erwarteten Wunder seien durch Jesus von Nazareth bereits gewirkt worden. Worin bestehen für ihn diese „signa maiora"? Auf dem Sinai sei das Gesetz durch Vermittlung eines Engels gegeben worden.[139] Dagegen sei auf dem Zion, nämlich im Tempel von Jerusalem, das Evangelium („lex evangelica") von dem „wahren Menschen und wahren Gott" Christus gegeben worden.

Stärker als dieses Argument, das voraussetzt, dass jemand das christologische Dogma akzeptiert, sind die Belege, die unmittelbar dem Neuen Testament entnommen sind: Auf dem Berg Zion habe Jesus Kranke geheilt, sei seinen Jüngern als Auferstandener erschienen und habe auf sie dann seinen Geist gesandt. Dies sei überhaupt das größte Wunder, „da ja einfache und ungebildete Menschen alle Schriften verstanden und in den Sprachen aller redeten."[140]

Die dritte Präzisierung betrifft den Ausdruck „omnes gentes". Mit Hilfe der Unterscheidung zwischen Gattung und Individuum erklärt unser Autor, dass jener Ausdruck nicht alle Menschen, sondern einige Menschen aus allen Nationen („de omnibus gentibus aliqui") bezeichne. In diesem Sinne heiße es auch in Gen 7,14, dass jedes Tier in der Arche gewesen sei, wo doch in Wirklichkeit „nur einige Individuen von den einzelnen Tierarten dort waren." Zum Glauben an Christus hätten sich aus den einzelnen Völkern aber nicht nur einige, sondern sogar viele bekehrt.

Der vierte Einwand betrifft die Prophezeiung über das Ende aller Kriegshandlungen. Nikolaus widerlegt ihn mit dem Argument, dass Jesus zur Zeit des Kaisers Augustus, also in einer Ära universalen Friedens geboren worden sei. Wenn es aber heiße, die Völker würden nicht weiterhin für den Krieg üben, sei damit nicht gemeint, „dass nach dem Kommen des Messias kein Kampf mehr stattfinden

---

138 Dass er zitiert, deutet Nikolaus nur an: „super istum locum diceres...", *über diese Stelle könnte man sagen*, und „in hoc dicit veritatem, sed in hoc deficit...", *darin sagt er die Wahrheit, aber darin irrt er.*

139 Nikolaus beruft sich dazu auf Apg 7,53: „ihr, die ihr durch die Anordnung von Engeln das Gesetz empfangen habt." Diese Vorstellung ist nicht nur im Neuen Testament (vgl. noch Gal 3,19; Hebr 2,2), sondern auch in der frühjüdischen Tradition bezeugt (vgl. Josephus, *Ant.* 15,136; *Jub.* 1,27 – 2,1).

140 Es erstaunt, dass Nikolaus von Lyra das Pfingstwunder für das größte hält. Für das Verständnis von Jes 2 ist es aber tatsächlich wesentlich, kann doch die pfingstliche Versammlung der Nationen und das Verstehen in unterschiedlichen Sprachen als die anfängliche Erfüllung der Völkerwallfahrt gelten.

dürfe."[141] Der Vergleich mit anderen Bibelstellen zeige,[142] dass „ultra" bzw. das hebräische ʿod (er zitiert das Wort in transkribierter Form) manchmal einfach einen längeren Zeitraum bezeichne. Für die „pax Augusta" treffe das in jedem Fall zu.[143]

Obwohl Nikolaus von Lyra damit ein klassisches Argument der christlichen Apologetik aufgreift, überzeugt er gerade an diesem Punkt am wenigsten. Die Ruhe im römischen Reich wurde ja nicht durch eine neue Ethik und auch nicht freiwillig hergestellt, sondern durch die militärische Unterwerfung der anderen Völker. Vor allem aber war sie schon vor und unabhängig von Jesus eingetreten, und dessen Auftreten hatte an den machtpolitischen Strukturen zunächst nichts geändert. Ein solcher, durch Waffen garantierter Friede, müsste man entgegnen, ist in Jes 2 gerade nicht gemeint, und für ihn bräuchte auch kein Messias zu kommen!

Mit Ausnahme dieses vierten Punkts, auf den wir später noch einmal zurückkommen wollen, gelingt es dem mittelalterlichen Ausleger, einige hermeneutische Hindernisse auszuräumen. Auch wer seiner These, die jesajanische Verheißung habe sich mit der Geburt Jesu und der Entstehung der heidenchristlichen Kirche erfüllt,[144] nicht zustimmt, muss doch zugeben, dass diese Ereignisse von Jes 2 her gedeutet werden können und dass umgekehrt Jes 2 durch sie eine nicht vorhersehbare Aktualität erhielt.

Auch unabhängig von den christologischen Schlussfolgerungen können die ersten drei Präzisierungen helfen, die Völkerwallfahrtsvision besser zu verstehen, nämlich als ein nicht utopisches, sondern den Leser existentiell betreffendes Orakel. Er braucht nach dieser Deutung nicht auf einen Tag, der irgendwann, aber kaum zu seinen Lebzeiten kommen wird, zu warten (d. h. in Wirklichkeit *nicht* zu warten). Die Zeit kann sich jederzeit „wenden", ja, sie kann sogar schon „ge-

---

141 Für Ibn Ezra ist genau dies ein wichtiges Argument gegen die christliche Behauptung, die Friedensvision von Jes 2 habe sich bereits erfüllt (vgl. Friedländer, *Ibn Ezra on Isaiah*, 14 mit n.4).

142 Er verweist im Besonderen auf 2 Kön 6,23 („Und *über diesen Zeitpunkt hinaus* kamen keine Räuber aus Syrien mehr in das Land Israel") und Gen 35,10 („Du wirst *fernerhin* nicht mehr Jakob, sondern Israel genannt werden").

143 Nach seiner Auffassung begann diese zwanzig Jahre vor der Geburt Jesu, also mit dem Prinzipat des Augustus, und endete vierzig Jahre nach seinem Tod, also mit dem jüdisch-römischen Krieg (vgl. Nicolaus de Lyra, *Postilla litteralis*, ad Is 2,4). Mit dieser Einschätzung des römischen Imperiums stellt sich Nikolaus in die von Eusebius von Cäsarea begründete und dann von den meisten Kirchenvätern übernommene Auslegungstradition. Nach ihr ist die durch Jesus Christus heraufgeführte messianische Heilszeit unlösbar mit dem Wirken der Kaiser Augustus und Konstantin verknüpft. Zur politischen Theologie des Eusebius und ihrem Einfluss auf die Auslegung von Jes 2 s. G. Lohfink, „Schwerter zu Pflugscharen", 195–201.

144 Dies war, wie G. Lohfink, „Schwerter zu Pflugscharen", 190–5, zeigt, die allgemeine Überzeugung der Kirchenväter vor der Konstantinischen Wende.

wendet" sein. Er braucht auch nicht nach Phänomenen Ausschau zu halten, die die Naturgesetze außer Kraft setzen und dem Verstand widersprechen. Vielmehr muss er darauf achten, wo Wunder der Heilung und des Verstehens geschehen, die Gott unter denen wirkt, die ihn verehren und sich an seine Gebote halten. Und schließlich braucht er sich nicht der irrealen Hoffnung hinzugeben, die Menschheit würde eines Tages geschlossen zum Zion ziehen. „Alle Nationen" bedeutet nach Nikolaus, dass die Verehrer JHWHs aus allen Nationen stammen und sich zusammen mit Israel zu einem „neuen Rest" sammeln. Nach Sacharja würde es sogar genügen, wenn zehn Menschen aus ebenso vielen Nationen sich zu dem Gott Israels bekehren und das Miteinander mit den Juden suchen würden (vgl. Sach 8,23).

Aus einer solchen Perspektive heraus kann auch die Friedensverheißung anders gedeutet werden. Nicht als Hoffnung auf ein machtvolles Imperium, das die nationalen Konflikte mit Waffengewalt beseitigt, sondern als Beschreibung der „Umgangsformen" derer, die in der vom Zion ausgehenden Tora belehrt werden. „Nicht mehr wird Nation gegen Nation das Schwert erheben" ist dann keine Weissagung mehr, deren Eintreffen objektiv festgestellt werden könnte. Es wird zu einer Anfrage an die Leser, an die, die aus den Heidenvölkern kommen, wie an die, die zu dem Haus Jakob gehören, ob sie gemeinsam den Weg des Friedens gehen wollen.

2. Die Nationen auf der Suche nach der „Wurzel Isai" (Jes 11,10)

2.1. Zion und die Völker in Jes 2 – 11

Jesajas „Wort über Juda und Jerusalem" beginnt in Kap. 2 mit einer internationalen Wallfahrt zum Ursprungsort der Völkertora und endet in Kap. 11 mit dem Besuch der Nationen bei der „Wurzel Isai". Auf diese Weise wird programmatisch festgestellt, dass auf dem Zion nicht nur Israel, sondern alle Völker Heil erfahren sollen, dass er ein Ort sein soll, an dem die gesamte Menschheit Jhwh begegnen und seine gerechte, Frieden stiftende Lebensordnung erlernen kann.

Vor der detaillierten Auslegung von 11,10 soll zunächst untersucht werden, welche Rolle der Gottesberg und die nichtisraelitischen Nationen in Jes 2–11, d. h. zwischen dem ersten und dem zweiten Völkerwallfahrtsorakel spielen und wie beide Motive aufeinander bezogen sind. Das Kapitel soll mit einem Blick auf Jes 12 enden, einen Dankpsalm mit einer expliziten Völkerperspektive, der den ersten Teil des Jesajabuchs beschließt und zu den Fremdvölkersprüchen in Jes 13–23 überleitet.

Jes 2–4, von Ronald E. Clements „Little Book of Zion" genannt,[145] enthält scharfe Anklagen und heftige Drohungen (gegen die menschliche Überheblichkeit im Allgemeinen und gegen die führende Schicht Jerusalems und deren weibliche Bewohner im Besonderen) wie auch tröstliche Verheißungen für eine bessere Zukunft. Dass diese zwei Aspekte dennoch nicht gleichgewichtig sind, wird dadurch signalisiert, dass der Mittelteil, der von der negativen Gegenwart handelt, durch eine doppelte Schilderung der künftigen Herrlichkeit umrahmt wird (*inclusio*). In ihr bietet 2,2–4 „die zukünftige »Außenperspektive« des Zion [...], während es in 4,2–6 um die »Innenperspektive« geht."[146]

In der kommenden Heilszeit (באחרית הימים, 2,2; ביום ההוא, 4,2) soll der Tempelberg demnach eine universale *und* eine partikulare Funktion erfüllen. Er soll zu einem zweiten Sinai werden – für die Völker, die auf ihm in der Torah unterwiesen werden, und für den „Rest Israels", der dort die schützende Nähe Jhwhs und

---

145 R. E. Clements, *Jerusalem and the Nations. Studies in the Book of Isaiah* (HBM 16; Sheffield: Sheffield Phoenix Press, 2011) 216–9. Wie M. A. Sweeney, *Isaiah 1–4 and the Post-Exilic Understanding of the Isaianic Tradition* (BZAW 171; Berlin; New York: Walter de Gruyter, 1988); Sweeney, *Isaiah 1–39*, 51–7, geht er davon aus, dass Jes 2–4 als eigenständige Buchrolle über Jerusalem und dessen Geschick existierte, bevor diese relativ spät in das Jesajabuch eingefügt wurde.

146 Berges, *Buch Jesaja*, 83.

seinen *kavod* erfährt. Im Endtext fungieren die beiden Szenen somit als vorderer und hinterer Rahmen und sind strukturell eng miteinander verbunden. Dennoch fügen sie sich im Leseprozess aus Mangel an gemeinsamen Textsignalen nur schwer zu *einem* Bild zusammen. Das einzige verbindende Element ist שפט in 2,4 und משפט in 4,4, also das gerichtliche Prozedere, durch das Jhwh die Schuld seines Volkes heimsucht und den ausländischen Pilgern zu ihrem Recht verhilft. In *3,13 – 14* folgt das eine tatsächlich unmittelbar auf das andere: zuerst geht Gott gegen die fremden Völker vor (ועמד לדין עמים)[147] und dann bestraft er die Führer seines eigenen Volkes (יהוה במשפט יבוא עם־זקני עמו).[148]

Der Zion bietet also Israel und den Nationen gleichermaßen Sicherheit und Friede, doch nur um den Preis, dass sie sich dem Richterspruch des dort residierenden Jhwh unterwerfen und seine Rechtsordnung übernehmen.

Der auf das Zionsbüchlein folgende Textblock *5,1 – 10,4* ist chiastisch aufgebaut.[149] In seiner Mitte steht Jesajas „Denkschrift" 6,1 – 8,18 (bzw. 9,6). Sie ist dreifach gerahmt: durch die Schilderung der im unheilvollen Dunkel gefangenen Welt in 5,30 und 8,22, das Kehrversgedicht von der „ausgestreckten Hand Jhwhs" in 5,25 – 29 und 9,7 – 20 und die sieben Weherufe in 5,8 – 24 und 10,1 – 4. Als Prolog zu dieser literarischen (redaktionellen) Komposition fungiert das „Weinberglied" in 5,1 – 7.

Für unser Thema ist, wie die Erörterung des Völkersturmmotivs gezeigt hat, das zentrale *Kap. 7* besonders wichtig. Es beschreibt, wie die Armeen zweier feindlicher Staaten, Aram und Israel, gegen die Hauptstadt Judas ziehen (...עלה ירושלם למלחמה עליה, v.1). Genau in der Mitte zwischen Jes 2 und 11 steht somit das exakte Gegenbild zur Völkerwallfahrt.[150] Richtiger ausgedrückt: Die beiden Visionen am Anfang und am Ende der Komposition sind das Gegenbild, das prophetische Kontrastmodell zu der historischen Wirklichkeit. Derselbe Zion, der in

---

147 Mit Barthélemy, *Critique textuelle*, 25 – 26, und Beuken, *Jesaja I*, 108, sollte das pluralische עמים beibehalten und nicht in עמו geändert werden.

148 Zur inhaltlichen Verknüpfung der beiden Motive s. die Auslegung bei Beuken, *Jesaja I*, 113 – 4.

149 Darin sind sich die meisten Autoren einig, auch wenn sie den Umfang der Einheit unterschiedlich bestimmen. Vgl. die diachrone Studie von E. Blum, „Jesajas prophetisches Testament. Beobachtungen zu Jes 1 – 11 (Teil I)", *ZAW* 108 (1996) 547 – 68; E. Blum, „Jesajas prophetisches Testament. Beobachtungen zu Jes 1 – 11 (Teil II)", *ZAW* 109 (1997) 12 – 29, die synchrone von Laato, *About Zion*, 47 – 9, und die beide Methoden integrierende von Berges, *Buch Jesaja*, 87 – 124.

150 An dem Feldzug gegen Jerusalem nehmen zwar nicht alle, sondern nur zwei Völker teil, doch wird die Situation dadurch verschärft, dass sich unter ihnen das Schwesterreich Israel befindet. Die Antwort auf diesen internen Konflikt wird in der Prophezeiung von 11,13 gegeben: die Überwindung der Feindschaft und die Versöhnung zwischen Efraim und Juda.

der Erzählergegenwart von inneren und äußeren Konflikten erschüttert wird, soll in der erhofften Zukunft ein Ort des Friedens und der Versöhnung für alle Völker werden.

Die negative Rolle der fremden Nationen wird im Folgenden noch unterstrichen, wenn von Assur, dem Erzfeind Israels, die Rede ist. JHWH führt dessen König herbei (בוא *hif.*, 7,17; עלה *hif.*, 8,7), um die sozialen und politischen Vergehen Jerusalems zu bestrafen. Dabei erscheinen dieselben Metaphern und literarischen Motive wie in den Völkerwallfahrtsorakeln, sie sind jedoch ins Gegenteil verkehrt bzw. gegensätzlich konnotiert. So veranschaulichen die strömenden *Wasser* in 8,7–8 den Angriff der feindlichen Soldaten, während sie in 2,2 das friedliche Herbeikommen der ausländischen Pilger illustrierten. In 8,7–8 zieht die *Pracht* (כבוד), d. i. die Heeresmacht des assyrischen Königs gegen Jerusalem, so dass seine „Flügel" das ganze Land *erfüllen*.[151] Dagegen ist in 11,9–10 der Tempelberg von der Erkenntnis JHWHs *erfüllt*, so dass er die göttliche *Pracht* widerspiegelt.[152]

Die „Denkschrift" endet (in ihrer kürzeren, ursprünglichen Fassung) mit einem theologischen Grundaxiom: יהוה צבאות השכן בהר ציון, JHWH *der Heere, der auf dem Berg Zion wohnt* (8,18; vgl. Joel 4,17.21). Auf ihm und der darin enthaltenen Zusage einer unbedingten Gottespräsenz basiert die ganze Zionstheologie, auch die Vision des universalen Heils, das an diesem (und nur an diesem) Ort empfangen werden kann. In der folgenden Texteinheit wird dieser Gottestitel um einen entsprechenden Gottesvolk-Titel ergänzt: עמי ישב ציון, *mein Volk, das auf dem Zion wohnt* (10,24). Die Nationen, die nach Jerusalem kommen, treffen dort also auf zwei „Bewohner": auf JHWH und auf dessen Volk, das durch das von Assur vollstreckte Strafgericht hindurchgegangen ist (vgl. 10,25–26).

In den Rahmenteilen, die Kap. 6–8 umschließen (s. o.), kommt Zion bzw. Jerusalem nicht vor; sie handeln nämlich vor allem von der Bedrohung des Nordreichs durch innere und äußere Feinde. Gleichwohl enthalten sie literarische Motive, die als Kontrastfolie zu den Zionsweissagungen fungieren. Das Thema des *inneren* Rahmens, die Finsternis, die über der Erde liegt, wird z. B. in dem großen

---

151 Die ausgespannten Flügel symbolisieren nach Hartenstein, *Archiv des verborgenen Gottes*, 11–6, ebenso wie das Wasser das angreifende Heer. Anders T. Wagner, „The Glory of the Nations. The Idea of כבוד in the Early Isaian Tradition", *SJOT* 23 (2009) 202, der darin einen Hinweis auf die militärischen Feldzeichen sieht: „The image of the wings describes the positioning of steles and military banners around the country. The wings we see on Assyrian images are always those of the winged sun, the sign of the highest Assyrian deity Šamaš." Siehe dazu auch T. Wagner, *Gottes Herrschaft. Eine Analyse der Denkschrift (Jes 6,1–9,6)* (VT.S 108; Leiden; Boston, MA: Brill, 2006) 173–5.
152 Näheres dazu s. u. 2.3.4.

Völkerwallfahrtsorakel Jes 60 aufgenommen und als Ausgangspunkt seiner Heilsschilderung genutzt.[153]

Im *mittleren* Rahmen steht die aggressive Haltung der fremden Völker im Vordergrund. Im Kehrvers בכל־זאת לא־שב אפו ועוד ידו נטויה, *bei all dem hat sich Sein Zorn nicht abgewandt und ist Seine Hand noch ausgestreckt* (5,25; 9,11.16.20; vgl. 10,4), wird die Bedrängnis des Gottesvolks zwar auf Jhwh selbst zurückgeführt, doch dieser vollzieht sein Strafgericht mit Hilfe einer ausländischen Nation. Deren Identität wird anfangs nur angedeutet, am Ende aber klar ausgesprochen. In 10,5, unmittelbar nach dem letzten Kehrvers, wird nämlich Assur explizit als שבט אפי, *Stab meines Zornes* (freier, *Stab, mit dem ich meinen Zorn vollstrecke*), bezeichnet.

Im Unterschied dazu werden im *äußeren* Rahmen die sozialen Missstände innerhalb des Gottesvolks kritisiert. Sie verhindern, dass dieses zum Vorbild wird und so die anderen Nationen zur Zionswallfahrt animiert werden. Der letzte Weheruf 10,1–4[154] wirft den Führern des Volkes vor, dass sie die Armen um ihr Recht bringen (להטות מדין דלים ולגזל משפט עניי עמי, v.2), und bereitet damit die Weissagung vom „Isai-Spross" vor. Im Gegensatz zu ihnen wird er nämlich dafür sorgen, dass auch den sozial Schwachen Gerechtigkeit widerfährt (דלים...ושפט... לענוי־ארץ, 11,4).

Damit sind wir bereits bei der dritten Texteinheit von Jes 2–12 angelangt, dem Diptychon *10,5–11,16*.[155] Dessen erste Tafel *10,5–34* erläutert die Rolle Assurs im Geschichtsplan Jhwhs; es ist das Werkzeug seines Gerichtshandelns, das wegen seiner Eigenmächtigkeit dann aber selbst vernichtet wird. Auch hier steht Zion im Zentrum feindlicher Attacken, in *v.11*, wo der assyrische König seinen Vernichtungsplan formuliert, in *v.12*, wo der Prophet die Belagerung Jerusalems als Jhwhs eigenes Werk interpretiert, und in *v.32*, wo nach einem surreal anmutenden Feldzug ein anonymer Angreifer dem Berg der „Tochter Zion" droht.

Den Übergang zur zweiten Tafel bildet das kurze Gerichtsorakel *v.33–34*, das die Vernichtung der „Hochaufragenden" (רמי הקומה) und „Erhabenen" (הגבהים) prophezeit. Die Mehrheit der Exegeten geht davon aus, dass nach der in *v.28–32*

---

153 Die beiden Textpartien sind durch eine Reihe von Signalen intertextuell verknüpft, vor allem חשך bzw. השבה (5,30; 8,22; 60,2) und אור (5,30; 60,1.3) in Verbindung mit ארץ (5,30; 8,22; 60,2) und die Lexeme der optischen Wahrnehmung הנה (5,30; 8,22; 60,2) und נבט (5,30; 8,22) bzw. ראה (60,2.4.5).

154 Er beginnt mit הוי und endet mit dem Kehrvers von der ausgestreckten Hand, verknüpft also die beiden äußeren Rahmenteile. Zur redaktionsgeschichtlichen Beurteilung dieses Weherufs s. Berges, *Buch Jesaja*, 89 n.183.

155 Vgl. Beuken, *Jesaja I*, 32–3.

beschriebenen Offensive nun Assurs Scheitern beschrieben werde.[156] Doch wendet Erhard Blum zurecht ein, dass die Syntax von v.33 (הנה + *Ptz*) nicht einen abrupten Umschlag signalisiert, sondern im Gegenteil das zuvor Geschilderte entfaltet (indem sie JHWH als Akteur einführt und so das militärische Geschehen theologisch interpretiert).[157] In den vorhergehenden Kapiteln war immer wieder von angemaßter „Höhe", also von Hybris die Rede, der alle Menschen, in besonderer Weise aber die Verantwortungsträger in Israel verfallen sind.[158] Nur wenn die Passage von *ihrer* Bestrafung handelt, lassen sich die in v.34 erwähnten Werkzeuge dechiffrieren: Gott verrichtet seine „Holzfällerarbeit" בברזל, *mit dem Eisen*, und באדיר, *mit einem Starken*. Beides sind Bilder für Assur. In v.15 wird dieses nämlich mit einer Axt und einer Säge verglichen, die gegen die mit ihnen Arbeitenden aufbegehren. Und in v.13 tritt es als Kriegsheld auf, der sich der „Stärke seiner Hand" rühmt. Assur ist, ob es will oder nicht, nur ein Instrument, Gott aber der „Handwerker", der es gebraucht, um sein Werk zu vollbringen, der es nach getaner Arbeit aber auch zerstören kann.

Am Ende der ersten Tafel wird also aller Wahrscheinlichkeit nach nicht der äußere Feind, sondern das „Zu-hoch-Gewachsene" in Juda und Jerusalem, einschließlich des davidischen Königshauses[159] abgeschlagen. Dann aber besteht der Kontrast, den die *wᵉqatal*-Konstruktion am Anfang von 11,1 anzeigt, nicht zwischen dem Fall Assurs und dem Aufstieg eines judäischen Königs, sondern zwischen den arroganten Führern Israels und dem von Gottes Geist inspirierten Herrscher. Gerade weil jene „hoch aufragend" und „erhaben" sind, muss er von „unten", nämlich aus dem Stamm, der Wurzel kommen.

Dieser neue, ideale Herrscher wird zu Beginn der zweiten Tafel angekündigt und sein künftiges Friedensreich beschrieben (11,1–9).[160] Von ausländischen

---

156 So z. B. Blenkinsopp, *Isaiah I*, 261–2; Beuken, *Jesaja I*, 296, aber auch schon Ibn Ezra („The Assyrian army, which is now attacking Jerusalem, will perish", Friedländer, *Ibn Ezra on Isaiah*, 59). Für Berges, *Buch Jesaja*, 128, ist JHWHs Eingreifen „nur vordergründig gegen Assur, eigentlich jedoch gegen aktuelle Gegner gerichtet."

157 Blum, „Jesajas Testament I", 561–2.

158 Høgenhaven, *Gott und Volk*, 122, verweist auf die intertextuellen Beziehungen zu 2,10–17 und 5,15–16 und plädiert dafür, die Verse als „eine Gerichtsankündigung wider die für diese (*sc.* antiassyrische) Politik verantwortlichen Kreise am judäischen Hof" aufzufassen.

159 Nach Auffassung von Blum, „Jesajas Testament I", 561; Berges, *Buch Jesaja*, 128, wird auf dieses mit dem Terminus „Libanon" (v.34b) angespielt.

160 Die ursprüngliche Zusammengehörigkeit von v.1–5 und v.6–9 wird häufig aus traditionsgeschichtlichen Gründen bestritten (zur Diskussion s. Barth, *Jesaja-Worte*, 58–63; B. Janowski, „Der Wolf und das Lamm. Zum eschatologischen Tierfrieden in Jes 11,6–9", H.-J. Eckstein, C. Landmesser u. H. Lichtenberger [Hg.], *Eschatologie – Eschatology. The Sixth Durham-Tübingen Research Symposium: Eschatology in Old Testament, Ancient Judaism and Early Christianity*, Tü-

Nationen ist dabei nicht die Rede (sofern man nicht der schwer belegbaren These folgt, v.6 – 8 sei eine Allegorie, in der die Tiere unterschiedliche Völker symbolisieren).[161] Indirekt ist die universale Dimension aber dadurch präsent, dass das messianische Reich in v.9 an demselben Ort lokalisiert wird, zu dem in 2,1 – 5 die ausländischen Pilger strömen. Im Leser wird dadurch die Erwartung geweckt, dass aus dem verdorbenen Jerusalem wieder Jhwhs „heiliger Berg" und aus dem Objekt militärischer Attacken das Ziel eines friedlichen Völkerzugs wird.

2.2. Jes 11,10: Abgrenzung, Übersetzung und Textkritik

Jes 11,10 ist ein kurzer, in sich geschlossener Spruch, der aber, wie die lexikalische Verbindung zu v.1 zeigt, nicht selbstständig ist, sondern von vornherein als Fortführung („Fortschreibung") der vorausgehenden Weissagung konzipiert war. Er wird durch die formelhafte Zeitangabe והיה ביום ההוא eingeleitet (vgl. 10,20.27; 11,11), die das Geschilderte mit dem vorhergegangenen und nachfolgenden Geschehen „synchronisiert" und als *eine* Phase der kommenden Heilszeit präsentiert.

Im masoretischen Text ist der Vers als eine eigene Texteinheit markiert.[162] In 𝔐[L] ist er durch *Petuchot* am Anfang und Ende von seinem Kontext deutlich abgegrenzt. Dagegen hat 𝔐[A] vor v.10 nur eine *Setuma*, betrachtet das Orakel also als Anhang zu v.1 – 9. Umgekehrt verfährt 1QIsa[a]: nach v.9 lässt er das Zeilenende frei und beginnt eine neue Zeile (frZE/NZ), während er nach v.10 nur ein Spatium

---

bingen 2009 [WUNT 272; Tübingen: Mohr Siebeck, 2011] 9 – 15; R. A. Young, *Hezekiah in History and Tradition* [VT.S 155; Leiden; Boston, MA: Brill, 2012] 165 – 70). Im Endtext ist der zweite Teil aber durch w[e]*qatal* (וגו, v.6*init*) eng an den ersten angeschlossen. Der Targum verdeutlicht den implizit vorausgesetzten Zusammenhang durch einen Einschub: „In the days of the Messiah of Israel shall peace increase in the land..." (Chilton, *Isaiah Targum*, 28).

161 So z. B. M. Buber, *Der Glaube der Propheten* (Heidelberg: Verlag Lambert Schneider, [2]1984) 188 – 189; C. R. Seitz, *Isaiah 1 – 39* (Interpretation; Louisville, KY: John Knox Press, 1993) 106 – 7. Eine Kritik der allegorischen und einen Überblick über weitere Interpretationen bietet E. Zenger, „Die Verheißung Jesaja 11,1 – 10: universal oder partikular?", J. van Ruiten u. M. Vervenne (Hg.), *Studies in the Book of Isaiah. Festschrift Willem A. M. Beuken* (BEThL 132; Leuven: Leuven University Press; Uitgeverij Peeters, 1997) 138 – 143.

162 Zu den Abschnittmarkierungen der wichtigsten Handschriften s. M. C. A. Korpel, „The Demarcation of Hymns and Prayers in the Prophets (2)", B. Becking u. E. Peels (Hg.), *Psalms and Prayers. Papers Read at the Joint Meeting of the Society of Old Testament Study and Het Oudtestamentisch Werkgezelschap in Nederland en België, Apeldoorn 2006* (OTS 55; Leiden; Boston, MA: Brill, 2007) 145.

lässt. Auf diese Weise erzeugt er einen HA, der mit v.10 beginnt und für den „die Thematik Völker im Heilszustand des Gottesvolkes leitend [ist]."[163]

10aα	Und es wird sein an jenem Tag:	וְהָיָה בַּיּוֹם הַהוּא
β	**Die Wurzel Isai**, die dasteht als Signal der <u>Völker</u>,	שֹׁרֶשׁ[a] יִשַׁי אֲשֶׁר עֹמֵד[b] לְנֵס[c] עַמִּים
	zu ihr werden <u>Nationen</u> *suchend kommen*,	אֵלָיו גּוֹיִם יִדְרֹשׁוּ[d]
b	und **ihr Ruheplatz** wird herrlich sein.	וְהָיְתָה[e] מְנֻחָתוֹ כָּבוֹד:

[a] 𝔊 und 𝔙 übersetzen wörtlich mit ἡ ῥίζα bzw. „radix". Dagegen löst 𝔗 wie schon in v.1 die Metapher auf: בר בריה דישי, *der Sohn des Sohnes Isais*.

[b] Der Text ist durch die übereinstimmende Lesart von 𝔐 und 𝔔 gesichert. LXX gibt den Relativsatz mit καὶ ὁ ἀνιστάμενος, *und der, der sich erhebt*, wieder. Durch die maskuline Form, die mit dem femininen ῥίζα nicht kongruiert (ähnlich die Vulgata: „radix Iesse *qui* stat"), drückt der Übersetzer aus, dass ein männlicher Herrscher gemeint ist. Unklar bleibt, weshalb er אשר mit der Konjunktion καὶ wiedergibt (in W. Kraus u. M. Karrer [Hg.], *Septuaginta Deutsch. Das griechische Alte Testament in deutscher Übersetzung* [Stuttgart: Deutsche Bibelgesellschaft, 2009] 1214, nicht übersetzt!). Will er damit eine individuelle Rettergestalt von der kollektiv verstandenen „Wurzel" abheben? Vgl. jedoch A. T. Ngunga, *Messianism in the Old Greek of Isaiah. An Intertextual Analysis* (FRLANT 245; Göttingen: Vandenhoeck & Ruprecht, 2013) 107: „two names (connected by καὶ) that describe one person."

[c] Der Ausdruck לְנֵס עַמִּים wird in LXX zu ἄρχειν ἐθνῶν, *um über Völkerschaften zu herrschen*. Hatte sie eine abweichende Vorlage, in der der Infinitiv von נצח pi., *beaufsichtigen, leiten*, stand? Verlas sie sich oder änderte sie den Text? Nach R. F. de Sousa, *Eschatology and Messianism in LXX Isaiah 1–12* (LHBOTS 516; New York; London: T & T Clark International, 2010) 151 n.40, könnte sie נס metaphorisch aufgefasst haben, nämlich als Ausdruck von Macht, Herrschaft, Autorität.

[d] Die Konstruktion דרש + אל lässt sich mit G–K §119g als *constructio praegnans* auffassen, in der ein *verbum eundi* vorausgesetzt, der Kürze halber aber nicht ausgedrückt ist. 𝔊 vereinfacht die Syntax, indem sie דרש mit ἐλπίζω übersetzt: ἐπ' αὐτῷ ἔθνη ἐλπιοῦσιν, *auf ihn werden Völkerschaften hoffen*. De Sousa, *Eschatology and Messianism*, 151 n.40, stellt die ungewöhnliche Wortwahl fest, ohne eine besondere Intention zu vermuten („it simply picks up on the general sense of דרש as religious devotion"). Er übersieht jedoch den intertextuellen Bezug zu Jes 42,4 (ἐπὶ τῷ ὀνόματι αὐτοῦ ἔθνη ἐλπιοῦσιν, *auf seinen Namen werden Völkerschaften hoffen*), durch den der Messiaskönig dieselbe Rolle erhält wie der Gottesknecht.

[e] Nach Ulrich, *Biblical Qumran Scrolls*, 353, liest 1QIsaᵃ והיא, wobei das א über ein ursprüngliches ה geschrieben sei. J. R. Rosenbloom, *The Dead Sea Isaiah Scroll. A Literary Analysis. A Comparison with the Masoretic Text and the Biblia Hebraica* (Grand Rapids, MI: William B. Eerdmans, 1970) 20, hält diese Lesart zwar für grammatikalisch möglich, bevorzugt aber MT. Da dieser zudem von 4QIsaᶜ gestützt wird, sollte er beibehalten werden.

---

163 O. H. Steck, *Die erste Jesajarolle von Qumran (1QIsᵃ). Schreibweise als Leseanleitung für ein Prophetenbuch* (SBS 173.1; Stuttgart: Katholisches Bibelwerk, 1998) 68.

2.3. Das Kommen der Nationen und die Herrlichkeit Zions

Das kurze Völkerwallfahrtsorakel Jes 11,10 steht in der Mitte zwischen den Verheißungen über den messianischen Herrscher (11,1–9) und Israels Rückkehr aus dem Exil (11,11–16). Ob es als Erweiterung des voranstehenden Kontextes verfasst wurde[164] oder als redaktionelle Brücke, um beide Texte nachträglich zu verknüpfen,[165] soll an dieser Stelle nicht diskutiert werden. Auch wenn die diachronen Probleme nicht ignoriert werden dürfen, ist für uns auch hier das Nacheinander im Leseprozess und damit die Sinnrichtung des Endtextes entscheidend. In ihm fungiert unser Vers als Fortsetzung von v.1–9 und als Ausgangspunkt für v.11–16.

Mit עמים und גוים enthält er zwei Lemmata, die auch in anderen Texten das Subjekt der Wallfahrt bezeichnen. Dagegen fehlen die üblichen Bewegungsverben; stattdessen wird das Herbeikommen der Nationen durch das nur hier verwendete דרש bezeichnet. Das Ziel der Reise wird zwar wie sonst auch mit Hilfe der Konjunktion אל angezeigt, ist aber kein geographischer Ort, sondern eine Person oder Personengruppe. Wo deren „Ruheort" (מנחה) liegt, muss aus dem Kontext erschlossen werden.

2.3.1. Wohin wenden sich die Völker „an jenem Tag"?

Durch das einleitende והיה ביום ההוא, *und es wird geschehen an jenem Tag*,[166] ist unser Orakel eng an die vorhergehende Prophezeiung angeschlossen. Die gerechte, friedliche Regierung des Isai-Sprosses und das Kommen der Völker sind

---

164 K. Schmid, „Herrschererwartungen und -aussagen im Jesajabuch. Überlegungen zu ihrer synchronen Logik und zu ihren diachronen Transformationen", ders. (Hg.), *Prophetische Heils- und Herrschererwartungen* (SBS 194; Stuttgart: Katholisches Bibelwerk, 2005) 63, hält Jes 11 für eine „sukzessive Fortschreibungskette, die von vorne nach hinten angewachsen ist."
165 So Korpel, „Messianic King", 154; J. Stromberg, *Isaiah After Exile. The Author of Third Isaiah as Reader and Redactor of the Book* (OTM; Oxford; New York: Oxford University Press, 2011) 185–91.
166 Die formelhafte Wendung kommt im Jesajabuch insgesamt 13x vor (und zwar nur in Kap. 7–27), um künftige Ereignisse einzuleiten. Die meisten Autoren betrachten sie als Zeichen redaktioneller Erweiterung (s. J. Stromberg, „The »Root of Jesse« in Isaiah 11:10. Postexilic Judah, or Postexilic Davidic King?", *JBL* 127 [2008] 157, u. a. m., vgl. aber die Kritik von Young, *Hezekiah*, 166). Die vier benachbarten Abschnitte 10,20–26; 10,27–11,9; 11,10 und 11,11–16 handeln nach Haran, *Biblical Collection*, 142–3, alle von der Zeit nach dem Fall Assurs.

demnach Ereignisse, die gleichzeitig bzw. unmittelbar nacheinander[167] eintreten, sind aufeinanderfolgende, einander bedingende Etappen innerhalb eines einzigen Geschichtsverlaufs.

Dass nicht nur eine zufällige zeitliche Sukzession, sondern ein innerer Zusammenhang vorliegt, wird daran deutlich, dass der Schlüsselbegriff von v.10 aus v.1 übernommen ist. Mit שרש ישי, das als *casus pendens* betont am Satzanfang steht,[168] werden beide Subjekte – חטר מגזע ישי und נצר משרשיו – aufgenommen und so die mit ihnen verbundenen Aussagen eingespielt. Doch warum wird hier die Wurzel und nicht, wie zu erwarten wäre, der aus ihr hervorgehende Spross genannt? Liegt eine verkürzende, unpräzise Redeweise vor?[169] Oder wird der Terminus שרש hier anders verwendet?[170] Oder ist er doch absichtlich gewählt, um eine kollektive Größe, nämlich das nachexilische Juda zu bezeichnen?[171]

In jüngster Zeit hat Jacob Stromberg die individuelle Auslegung noch einmal ausführlich begründet.[172] Mit Hinweis auf biblische und außerbiblische Parallelen zeigt er, dass der Begriff „Wurzel" einen königlichen Nachkommen bezeichnen und שרש demnach als Synonym für נצר משרשיו fungieren kann. שרש ישי, so seine Schlussfolgerung, meine nicht ein „nachexilisches Juda", sondern einen „nachexilischen davidischen König".

Dabei übersieht er allerdings einen Beleg, der unserem Text literarisch näher steht als die von ihm angeführten. In *Jes 53,2* wird שרש parallel zu יונק, *Schössling*, verwendet, und beide sind mit dem Verb עלה verbunden, um den „Aufstieg" des Gottesknechtes zu illustrieren. Es liegt also ein ganz ähnliches Bild wie in 11,10 vor. Allerdings ist auch dort umstritten, ob eine individuelle oder eine kollektive Gestalt gemeint ist. Ohne eine eingehende Studie von Jes 53 lässt sich deshalb kein

---

167 Gegenüber dem kürzeren ביום ההוא wird durch das vorangestellte והיה ein Progress in der Zukunft angezeigt.

168 Diese übliche Auffassung ist zuletzt noch einmal von Stromberg, „The »Root of Jesse«", 655 n.1, verteidigt worden.

169 So zuletzt Young, *Hezekiah*, 166. Nach David Kimchi würde der korrekte, unabgekürzte Ausdruck lauten: היוצא משורש ישי, *der aus der Wurzel Isai hervorgeht* (M. Cohen, *Isaiah*, 93).

170 Beuken, *Jesaja I*, 316, begründet diese These damit, dass שרש zwei Bedeutungen, nämlich „Wurzelstock" und „Wurzelspross", habe. Vgl. Duhm, *Jesaia*, 108: „Die Wurzel Isais, also eigentlich die Vorfahren Isais, hier aber gemeint als der messianische Nachfahre Isais."

171 So z. B. Barth, *Jesaja-Worte*, 59.

172 Stromberg, „The »Root of Jesse«". Die individuelle, messianische Deutung von Jes 11,10 hat eine lange, autoritative Tradition, die bereits mit der altgriechischen Übersetzung einsetzt (s. o. unter Textkritik). Ihr folgt auch der Apostel Paulus, wenn er unsere Stelle in Röm 15,12 zitiert. Dabei lässt er die Zeitangabe „an jenem Tag" aus, weil er überzeugt ist, dass sich die Prophezeiung bereits erfüllt hat: in dem „Spross" Jesus und in der auf ihn gegründeten jüdisch-christlichen Gemeinde (s. dazu J. R. Wagner, „Moses and Isaiah", 100–102).

Hinweis gewinnen, um die Frage – „messianischer König oder messianische Gemeinde?" – zu beantworten.[173]

Stromberg mag bewiesen haben, dass שרש einen einzelnen Thronfolger bezeichnen *kann*, nicht aber, dass es an dieser Stelle tatsächlich einen solchen bezeichnet. Er erklärt nämlich nicht, weshalb derselbe Terminus in v.1 die Vorfahren und in v.10 die Nachfahren Isais bezeichnen soll, oder anders gesagt, weshalb der Autor bzw. Redaktor den Ausdruck wechselt, wo er doch dasselbe sagen will.

Doch hat Jes 11,1 wirklich Isais Ahnen, also den Vater Boas und den Großvater Obed (vgl. Rut 4,21–22; 1 Chr 2,12), im Blick? Sein Anliegen ist ja offensichtlich, den kommenden Herrscher nicht von David abzuleiten, sondern ihn über diesen hinaus im Ursprung der Dynastie zu verankern. Er soll ein direkter Abkömmling Isais sein, nicht nur ein Nachfahre Davids, sondern gleichberechtigt neben diesem stehen oder ihn sogar ersetzen. Er soll wie jener בן־ישי, *Sohn Isais*, sein, um die Geschichte des Königtums gleichsam rückgängig zu machen und neu zu beginnen.[174] Dann aber meint גזע ישי, dem er entspringt, nicht die Vorfahren Isais, sondern diesen selbst, dann ist שרש ישי nicht die „Wurzel", aus der Isai stammt, sondern die „Wurzel", die er selber ist.[175] Die cs.-Verbindung drückt also keinen eigentlichen, sondern einen appositionellen Genitiv aus (*genitivus epexegeticus*),[176] so dass die richtige Übersetzung nicht „Wurzel *Isais*", sondern „Wurzel *Isai*" lautet.

Dabei fungiert „Isai" nicht mehr als eine historische Person, sondern als eine ideale Gestalt,[177] die metonymisch für das ursprüngliche, von Gott erwählte Königtum steht. In Jes 11 wird dieses „von der Wurzel her" erneuerte Königtum beschrieben, zuerst im Blick auf den, der die Herrschaft ausübt (v.1–5), und dann

---

173 In unseren Ausführungen zu Jes 53 (s. u. III.2.4.) werden wir zu zeigen versuchen, dass der *Eved* JHWH wie im gesamten (Deutero-)Jesajabuch so auch hier das im Exil leidende Gottesvolk symbolisiert. Demnach würde dort die „ecclesia militans" beschrieben, hier aber die „ecclesia triumphans".

174 Vgl. Beuken, *Jesaja I*, 307: „Dadurch, dass die Prophetie Jesajas über David hinweg auf seinen Vater zurückgreift, macht sie deutlich, dass das Kommen des Schösslings auf eine unerwartet neue Initiative Gottes zugunsten dieses Herrschergeschlechts zurückzuführen ist."

175 So bereits Radak: כי ישי הוא השורש (M. Cohen, *Isaiah*, 93).

176 Vgl. G-K §128k. Dasselbe grammatikalische Phänomen findet sich in 14,29: משרש נחש, *aus der Wurzel, die eine Schlange ist* (so HALAT, 1531).

177 Die Bibel äußert sich zwar nie über seine moralischen Qualitäten, doch erwähnt 1 Sam 16,5 immerhin, dass Samuel ihn noch vor der Erwählung seines Sohnes David „geheiligt" habe. Andreas von Sankt Viktor dürfte die traditionelle Auffassung wiedergeben, wenn er ihn als „vir sanctissimus et optimus et Domino per omnia placens" (Andreas de Sancto Victore, *Super Ysaiam*, ad Is 11,10) charakterisiert.

auf die, die von ihm regiert werden (v.6 – 8). So verschiebt sich im Lauf des Kapitels der Fokus von dem König zu seinem Reich, von dem gerechten Richter zu den Lebewesen, die unter seiner Leitung friedlich zusammenleben.[178] Der abschließende v.9 schildert dementsprechend nicht den idealen, auserwählten Einzelnen, sondern die ideale Gesellschaft, die infolge seines gerechten Waltens entsteht. In deutlicher Anspielung auf die Sintflutgeschichte[179] verheißt er eine neue Schöpfung, in der die Menschen sich nicht mehr vom Bösen, sondern von der Erkenntnis Gottes (דעה את־יהוה) leiten lassen. Das Charisma, das den messianischen Herrscher auszeichnet, der „Geist der Erkenntnis und der JHWH-Furcht" (רוח דעת ויראת יהוה, v.2), soll auf alle Untertanen übergehen. Das Wunder ist dann nicht nur der „Schössling", sondern auch der „Stamm", aus dem er hervorgeht, nicht nur der König, sondern auch das königliche Volk, in dessen Mitte er regiert.[180]

Genau diese Bewegung greift v.10 auf, wenn er v.1 zitiert und dabei חטר und נצר auslässt. Auf diese Weise lenkt er den Blick vom „Spross" zur „Wurzel", zu der Wurzel nämlich, aus der einst David hervorging und aus der auch der neue König hervorgehen wird. In ihr ist potentiell all das enthalten, was v.1 – 9 beschreiben, die ganze „Geninformation" einer erlösten Schöpfung.

Im Unterschied zu anderen Völkerwallfahrtsorakeln ist das Ziel in 11,10 also primär nicht geographisch, sondern theologisch definiert. Wo die „Wurzel Isai" sich erhebt, kann nur aus dem Kontext geschlossen werden, nämlich aus v.9, der das messianische Friedensreich בכל־הר קדשי, *auf meinem ganzen heiligen Berg*, d. h. auf dem Zion lokalisiert (vgl. Ps 2,6: ציון הר־קדשי). Es ist derselbe Ort, zu dem in 2,1 – 5 die Völker strömen. Hier aber fehlt der Hinweis auf das „Haus", in dem JHWH wohnt und angebetet wird. Stattdessen erweitert v.9b den Radius auf das umliegende Land;[181] auch dessen Bewohner werden JHWH kennen und nach seiner Gemeinschaftsordnung leben.

---

178 Zum inneren Zusammenhang der beiden Szenen s. Janowski, „Wolf und Lamm", 13: „Jes 11,*1 – 5 bereitet vorstellungsmäßig den Boden für die Bilder vom Tierfrieden in Jes 11,6 – 9, die ihrerseits transparent sind für das Gerechtigkeitshandeln des künftigen Herrschers an den Geringen und Elenden und gegenüber dem Frevler (V. 3b–4)."

179 Besonders markant sind die Referenzsignale, die diesen Vers mit Gen 6,11 – 13 verbinden: שחת, מלא und ארץ. Zu den Details s. Janowski, „Wolf und Lamm", 13 – 5.

180 Diese gedankliche Linie kulminiert in der Verheißung von Jes 60,21, dass nach der Völkerwallfahrt alle Bewohner des Zion צדיקים, *Gerechte*, sein werden. Dazu wird der messianische Terminus נצר aus 11,1 aufgenommen und auf das ganze Gottesvolk übertragen.

181 Mit הארץ ist wohl nicht wie in Gen 6 – 9 die Erde, sondern das Land Juda gemeint. Vgl. Beuken, *Jesaja I*, 315, mit Verweis auf das Nebeneinander von „Zion" und „Land" in Jes 1,7 – 8.

2.3.2. Was für ein Signal wird auf dem Zion aufgerichtet?

Noch bevor die eigentliche Wallfahrt geschildert wird, wird das Verhältnis zwischen der „Wurzel Isai" und den fremden Nationen definiert. Sie ist als נס עמים, d. h. wie eine Standarte aufgerichtet, so dass die ringsum Wohnenden sie sehen und bei ihr zusammenkommen können. Die Funktion, die in Jes 2 der erhöhte Zionsberg erfüllt, indem er die Aufmerksamkeit der nichtisraelitischen Menschheit auf sich zieht, ist hier also auf die dort lebende Gemeinde übertragen.

Der Ausdruck selbst steht in einem intertextuellen Zusammenhang, der sich durch das ganze Jesajabuch zieht. Mit geringen Variationen findet er sich in 5,26 (ונשא־נס לגוים מרחוק), dann in unserem Vers (עמד לנס עמים) und gleich darauf in 11,12 (ונשא נס לגוים), dann wieder in 49,22 (הנה אשא אל־גוים ידי ואל־עמים ארים נסי) und schließlich in 62,10 (הרימו נס על־העמים).[182]

Im Buchverlauf begegnet dieses Motiv zum ersten Mal in *5,26* im Rahmen einer Gerichtsankündigung. נס steht damit in einem militärischen Kontext: ein Feldzeichen, das bei einem Manöver aufgerichtet wird, um eine Kampfeinheit zu lokalisieren, um Befehle zum Angriff oder Rückzug zu übermitteln oder um den Ort zu markieren, an dem versprengte Soldaten sich wieder sammeln können. Dabei wird JHWH als Oberbefehlshaber vorgestellt, der nicht nur die eigenen, sondern auch die feindlichen Truppen kommandiert. Er ruft sie durch das erhobene Signal herbei, damit sie sein Volk für die in 5,1–24 beschriebenen Vergehen strafen.

An zwei weiteren Stellen fungiert נס als militärisches Signal, das auf einem Berg installiert wird, und zwar jeweils im Rahmen eines Gerichtsorakels: gegen Babel in *13,2* (על הר־נשפה שאו נס) und gegen Kusch in *18,3* (כנשא־נס הרים). In ihnen ist jedoch nicht Gott das ausführende Subjekt, und auch die Ausrichtung auf die Nationen wird, wenn überhaupt, nur indirekt angegeben (in 13,4 werden גוים immerhin nachträglich erwähnt).

11,10 und *11,12*, zwei Verse, die nach allgemeiner Auffassung literarisch aufeinander bezogen sind, weisen beide Elemente auf. Das Motiv als solches tritt hier aber nicht in einem Kriegskontext, sondern in einem Heilsorakel auf. Damit

---

[182] Vgl. die redaktionsgeschichtlich ausgerichteten Analysen dieser Passagen bei R. E. Clements, „Beyond Tradition-History. Deutero-Isaianic Development of First Isaiah's Themes", *JSOT* 31 (1985) 108–9; H. G. M. Williamson, *The Book Called Isaiah. Deutero-Isaiah's Role in Composition and Redaction* (Oxford: Clarendon Press, 1994) 63–7; Stromberg, *Isaiah After Exile*, 127–34. Jacob Stromberg rechnet zu diesen Stellen auch 66,19 (ושמתי בהם אות), ja, für ihn laufen in diesem Vers alle anderen zusammen. U. E. sind die lexikalischen Abweichungen aber zu stark, um als Intertext zu gelten (אות statt נס, שים statt נשא bzw. רום, ב- statt ל- bzw. על/אל). Zu den Belegen des Motivs außerhalb des Jesajabuchs vgl. J. L. Koole, *Isaiah III. Vol. 2: Isaiah 49–55* (HCOT; Leuven: Peeters, 1998) 73.

verliert נס seine konkrete, materielle Bedeutung – „ein Zeichen der Sammlung, auf dessen Spitze man ein Stück Stoff anbringt"[183] – und wird zum metaphorischen Ausdruck für ein auffälliges Phänomen. Dieser Umschlag ist besonders deutlich in 11,10, wo das Banner überhaupt kein Gegenstand ist, sondern mit einer Personengruppe identifiziert wird.[184] Ihr friedliches Zusammenleben hat Signalcharakter, es wirkt auf die Völker wie ein Zeichen, das ihrer Suche die Richtung weist.

Während 11,10 das Kommen der ausländischen Nationen beschreibt, prophezeit 11,12 die Heimkehr der exilierten Judäer. Dieser Vorgang, dass sich der „Rest" des Gottesvolkes wider alles Erwarten aus seiner weltweiten Zerstreuung sammelt (vgl. v.11), wird als נס לגוים interpretiert, als ein wunderbares Geschehen, das auch die anderen Nationen betrifft. Sie erkennen daran nämlich JHWHs Macht, sein Volk neu zu beleben und die fatale Spaltung zwischen Efraim und Juda zu überwinden. Diese theologische Dimension kommt nicht zuletzt darin zum Ausdruck, dass Gott genauso wie in 5,26 Subjekt des Verbs נשא ist. Er „erhebt" ein Zeichen, um, wie dort strafend, so nun rettend an seinem Volk zu handeln, im Angesicht der anderen Nationen. Von ihrer Mitwirkung an der Wiederherstellung Israels ist allerdings nicht die Rede.[185] Nur in 11,10, nicht aber in 11,12 verlassen sie die Rolle der Augenzeugen, um selbst die Initiative zu ergreifen.

In *49,22* sind beide Aktionen, die Wallfahrt der Nationen und die Heimkehr der exilierten Judäer, zu einer einzigen Vorstellung verschmolzen: die Fremden gelangen dadurch zum Zion, dass sie an der Repatriierung des Gottesvolks mitwirken. Auch das wird auf eine göttliche Intervention zurückgeführt, die diesmal in direkter, kommissiver Rede – „Ich werde/will ein Signal aufrichten..." – angekündigt wird. Durch die Aufspaltung in zwei parallele Sätze erhält sie überdies eine besonders feierliche Note. Entsprechend wird auch die Reaktion der Völker doppelt beschrieben. Sie kommen nicht, um etwas für sich selbst zu erhalten, sondern um die ehemaligen Bewohner Jerusalems zurückzubringen.

Auch im letzten Beleg *62,10* wird mit dem Terminus נס die Heimkehr der Diasporagemeinde als ein Signal für die nichtisraelitische Welt gedeutet.[186] Doch

---

183 So die Definition von Raschi: סימן קיבוץ ונותנין בראשה בגד (M. Cohen, *Isaiah*, 318).

184 Zum besonderen Charakter von נס in 11,10 vgl. Stromberg, *Isaiah After Exile*, 186, der die „Wurzel Isais" allerdings als individuelle Gestalt auffasst.

185 Gegen Beuken, *Jesaja I*, 319. Die Initiative bleibt ganz bei JHWH. Dies wird daran deutlich, dass er auch das Subjekt der folgenden Sammlungsverben ist: ...יקבץ ואסף.

186 Nach W. Lau, *Schriftgelehrte Prophetie in Jes 56–66. Eine Untersuchung zu den literarischen Bezügen in den letzten elf Kapiteln des Jesajabuches* (BZAW 225; Berlin; New York: Walter de Gruyter, 1994) 111–2, ist 62,10 literarisch von 49,22 abhängig. Stromberg, *Isaiah After Exile*, 132, erweitert diese redaktionsgeschichtliche These, indem er 62,10–11 als Synthese von 40,3–4.9–10 – „the prologue of DI, which speaks of a return" – und 11,10.12; 49,22–23 – „those texts in which the return is initiated by a »signal« to the nations" – erklärt.

wird das Zeichen hier nicht von Jʜᴡʜ, sondern von denen gegeben, die zu dem neu erbauten Jerusalem heimgekehrt sind. Soll damit die anthropomorphe Vorstellung einer kriegführenden Gottheit zurückgedrängt werden? Das mag sein. Der nur hier belegte direktive Sprechakt – „Richtet ein Zeichen auf!" – hebt aber einen anderen Aspekt hervor: Nachdem bisher Gott gehandelt und alles aufgeboten hat, um die Seinen zum Zion heimzuführen, soll nun die neu konstituierte Gemeinde tätig werden; sie soll eine Botschaft übermitteln bzw. durch das, was mit ihr geschehen ist, selbst zu einer Botschaft werden. Im Unterschied zu 49,22 wird hier keine Reaktion der Nationen erwähnt. Das braucht nicht zu verwundern. Sie sind ja bereits (nämlich in Kap. 60) nach Jerusalem gekommen, so dass diese auch ihretwegen nun דרושה, *eine Aufgesuchte* (62,12), geworden ist.

Am Ende dieses kurzen Überblicks ist festzuhalten, dass das Motiv des erhobenen Paniers im Jesajabuch zunächst in einem Gerichtsorakel begegnet, als Instrument des Unheils für Israel, und dass es von dort in die Heimkehr- und Völkerwallfahrtsverheißungen hinüberwanderte. Aus einem Menetekel wird so ein Zeichen des Heils für Israel und indirekt auch für die Völker. In diesem Prozess markiert 11,10 den Wendepunkt, da נס in ihm zum ersten Mal positiv verwendet wird: die endzeitliche Zionsgemeinde ist das „Signal", durch das die Heidenvölker angezogen werden.

2.3.3. Wonach suchen die Nationen?

Wie die Nationen auf dieses Zeichen reagieren, schildert der nachgestellte kurze Hauptsatz: אליו גוים ידרשו. Mit dem ersten Völkerwallfahrtsorakel teilt er nur die präpositionale Zielangabe אליו (vgl. 2,2b), bei allen anderen Elementen weicht er von ihm ab. So kommen statt כל־הגוים nur גוים, d. h. einige Nationen, vor allem aber wird deren Zug nicht durch spezielle Bewegungsverben ausgedrückt, sondern ist in dem prägnanten Ausdruck דרש אל, *zu jemandem gehen, um ihn zu befragen,*[187] implizit enthalten.

Ein von den Exegeten kaum beachtetes Detail ist, dass mit גוים das Subjekt wechselt. Zwar unterscheidet es sich semantisch nicht von עמים, und beide Nomina erscheinen in 2,2–3 u. ö. in parallelen Sätzen, doch liegt hier kein wirklicher *parallelismus membrorum* vor. Von daher ist die Frage nicht abzuweisen, ob diejenigen, die kommen, und diejenigen, denen das Zeichen gegeben wurde, überhaupt identisch sind. Der einzige Autor, der u. W. dieses Problem diskutiert, ist der

---

[187] Kritisch zu dieser Übersetzung Barth, *Jesaja-Worte*, 59 n.248. Aber s. S. Wagner, „דָּרַשׁ *dāraš*", *ThWAT* 2 (1977) 323.

Viktoriner Andreas. Mit Blick auf den nachfolgenden Kontext vertritt er tatsächlich die Meinung, dass die unterschiedlichen Lexeme auf unterschiedliche Gruppen hinweisen: mit „populi" (עמים) seien Efraim und Juda gemeint, mit „gentes" (גוים) dagegen die nichtisraelitischen Nationen. Für ihn ergibt sich dadurch eine doppelte Sammlungsbewegung: „Nicht nur seine eigenen Völker werden zu ihm (sc. dem Messias) von überallher zusammenströmen, sondern auch die Heiden werden ihn anflehen, dass er sie unter seine eigenen Völker zähle."[188] Die Fremden würden dadurch zwar nicht mit Israel zu *einem* Gottesvolk vereint, aber immerhin als Gottes *Völker* angenommen.

Die These, dass mit עמים die Deportierten des Nord- und Südreiches gemeint seien, wurde in jüngster Zeit auch von Jacques Vermeylen vertreten.[189] Doch wird weder in 11,11–16 noch irgendwo sonst im Jesajabuch der Plural von עם auf Israel oder einen seiner Teile angewendet. Wir gehen deshalb davon aus, dass der beobachtete Wechsel eine rhetorische Variation darstellt und 11,10 ausschließlich von den ausländischen Nationen handelt.

Wie wir bereits festgestellt haben, wird ihr Tun nicht mit einem der üblichen *verba eundi* ausgedrückt, sondern mit דרש, das neben der Bewegung auch den Zweck anzeigt. Dass es auch als *terminus technicus* für Wallfahrten fungieren kann, zeigt das prophetische Wort *Am 5,4–6:* „Sucht mich (דרשוני), dann werdet ihr leben. Doch sucht nicht Bet-El auf (ואל־תדרשו בית־אל), geht nicht nach Gilgal, zieht nicht nach Beerscheba... Sucht JHWH (דרשו את־יהוה), dann werdet ihr leben!"[190]

In unserem Text wird dieses Verb nicht für Israeliten, sondern für Fremde verwendet. Wie außergewöhnlich sich diese verhalten, zeigt der intertextuelle Vergleich. In *Jes 8,19* wird nämlich mit derselben Konstruktion דרש + אל ihr „normales" Verhalten beschrieben: Um wichtige Lebensfragen zu klären, rufen sie die Totengeister an, wenden sich an Spezialisten für Magie und Orakelwesen, „befragt" ein jedes Volk seine Götter (עם אל־אלהיו ידרש).[191] Das Deuteronomium kündigt ihnen dafür die Vertreibung an (vgl. Dtn 18,12). Von diesen „Gräueln" der *gojim* müssen sich die Israeliten fernhalten, damit sie deren Land in Besitz nehmen können. Wie anders, man möchte sagen, wie optimistisch erscheint demgegenüber die jesajanische Prophetie! Statt die anderen Nationen wegen ihrer angestammten Bräuche zu verdammen und eine Politik der Abgrenzung zu pro-

---

188 Andreas de Sancto Victore, *Super Ysaiam*, ad Is 11,10.

189 Vermeylen, *Jérusalem*, 193: „les peuples, qui sont en réalité »les bannis d'Israël«, »les dispersés de Juda« (vv. 11–16)."

190 Vgl. Liwak, „Wallfahrtstraditionen", 249. Nach ihm ist das eine der wenigen Stellen, die für die mittlere Königszeit Wallfahrten an regionale Heiligtümer belegen.

191 Vgl. Jes 19,3 (ודרשו אל־האלילים...) und Dtn 18,11 (ודרש אל־המתים).

pagieren, setzt sie darauf, dass diese ihr Verhalten ändern und auf dem Zion Rat einholen werden.

Sie werden dies tun, auch wenn sie in Israel kein Vorbild finden. Nach dem Deuteronomium müsste dieses nämlich Auskunft heischend den Ort aufsuchen, den Jhwh für seinen Namen auserwählte (אל־מקום...תדרשו, Dtn 12,5). Das entspricht aber nicht der Wirklichkeit, wie der Prophet konstatiert: Israel selbst ist nicht bereit, von seinem Gott Auskunft einzuholen (ואת־יהוה לא דרשו, Jes 9,12)!

Durch das Verb דרש wird darüber hinaus *Dtn 17,8 – 11* eingespielt, das Gesetz über den zentralen Gerichtshof, das Jes 2,1 – 5 auf die internationale Ebene übertrug. In ihm wird nämlich die Phase zwischen der Ankunft an dem „erwählten Ort" und der Erteilung des Rechtsbescheids mit eben diesem Verb bezeichnet: ודרשת, *du sollst genaue Ermittlungen anstellen lassen* (Dtn 17,9).[192] Dieser Zwischenschritt der juristischen Nachfrage fehlte in Jes 2 und wird hier gleichsam nachgetragen.

Welche Auskunft die Völker auf dem Zion zu erhalten hoffen, wird in 11,10 nicht ausgeführt, kann aber aus 11,1 – 9 erschlossen werden. Sie kommen ja an den Ort, wo nicht das Recht des Stärkeren gilt, sondern die Schwachen geschützt werden, den Ort, wo jedes Unrecht, jede Bosheit beseitigt sind, weil Recht gesprochen und Streit geschlichtet wird. Noch deutlicher als im ersten Völkerwallfahrtsorakel sehen sie bereits ein „Zeichen", eine Gesellschaft nämlich, die nach צדקה und משפט geordnet ist.

Was ist es also, das die nichtisraelitischen Nationen auf dem Zion „erfragen"? Mit Erich Zenger können wir antworten: „Die Völker sollen auf dem Zion erfahren und lernen, dass und wie die Schöpfung als Ort der Gottesherrschaft und als Haus des Lebens zu jener Vollendung kommt, die in Gen 1 – 9 entworfen ist. Sie sollen lernen, dass und wie die eschatologische Erneuerung der Schöpfung in und mit der messianischen Zionsgemeinde beginnt."[193]

2.3.4. Wie entsteht die endzeitliche Herrlichkeit?

Der abschließende Halbvers *v.10b* lenkt den Blick des Lesers von den Nationen noch einmal auf den Ort, an dem sich die „Wurzel Isai" erhebt. Auch sie wollen dort sein, wo die endzeitliche Gemeinde lebt, und wollen den Glanz (כבוד) erleben, der dort entsteht. Weshalb aber wird diese Stätte מנ(ו)חה, *Ruheplatz*,[194] genannt?

---

192 Übersetzung nach EÜ. Zur Sache s. S. Wagner, „דרש", 317.

193 Zenger, „Verheißung", 145.

194 Das maskuline Suffix bei מנחתו bezieht sich natürlich auf das maskuline Nomen שרש (auf Deutsch allerdings: „*ihr* Ruheplatz", da „Wurzel" feminin ist).

Im Alten Testament wird dieser theologische Begriff für zwei Heilsgüter verwendet: das Land, das dem durch die Wüste wandernden Gottesvolk verheißen wird (vgl. Dtn 12,9; 1 Kön 8,56; Ps 95,11; Jes 32,18), und der Tempel, in dem Jhwh inmitten seines Volkes wohnt (vgl. Ps 132,8.14; 1 Chr 28,2; Jes 66,1).[195] In welchem Sinn ist das Wort hier aufzufassen?

Mehrere Gründe sprechen für die erste Bedeutung. Zum einen spielt der Tempel in der vorhergehenden Vision vom Isai-Spross keine Rolle, während das Land dreimal erwähnt wird. Es ist der Bereich, in dem er seine Herrschaft ausübt (ארץ, v.4[2x]) und in dem die Menschen leben, die nichts Böses mehr tun (הארץ, v.9). Vor allem aber ist es das Possessivpronomen der 3. Pers. Sg., das deutlich macht, dass nicht wie in 2,2 das „Haus Jhwhs" gemeint ist (Gott wird in 11,10 überhaupt nicht erwähnt!),[196] sondern die Wohnstätte der „Wurzel Isai", die nach v.9 den Zion zusammen mit dem ihn umgebenden Land Juda umfasst.

Darüber hinaus führt מנחה auch einen Gedanken aus v.2 weiter: ונחה עליו רוח יהוה, *und ruhen wird auf ihm der Geist Jhwhs*.[197] Wonach die ausländischen Pilger suchen, ist nicht nur eine Stätte der physischen Ruhe, also der Untätigkeit, sondern ein Ort, an dem der Geist Gottes anwesend ist und wirkt. Als solcher ist er nicht mehr wie im Deuteronomium auf Israel begrenzt, sondern steht allen Menschen offen. Sie kommen herbei, nicht um im Tempel Opfer darzubringen, sondern um von denen, die nach der Ordnung der neuen Schöpfung leben, Auskunft für ihre ungelösten Probleme zu erhalten.

Dieser „Ort" wird abschließend mit einem artikellosen כבוד qualifiziert, ein theologischer Schlüsselbegriff, durch den 11,10 in einen größeren intertextuellen Zusammenhang gestellt wird. Der nächste Bezugstext ist dabei die ebenfalls auf „jenen Tag" (ביום ההוא) datierte Verheißung *4,2 – 6*. Auch sie beschreibt die Bewohnerschaft des endzeitlichen Zion mit einer Pflanzenmetapher (צמח, *Sprössling*) und hebt zweimal deren „Herrlichkeit" (כבוד) hervor. Im einen Fall ist damit eine menschliche Qualität gemeint, die die auf Jhwh vertrauende Gemeinde auszeichnet (v.2), im anderen das Sichtbarwerden der göttlichen Transzendenz in einer sinaiähnlichen Theophanie (v.5).[198]

---

195 Vgl. HALAT, 568. Dagegen geht Beuken, *Jesaja I*, 316, von einer profanen, politisch-soziologischen Bedeutung aus: „Wohnen in Freiheit und Frieden" (vgl. Gen 49,15; Ps 23,2 u. ö.). מנחתו, *seine Ruhestätte*, bedeute dabei nicht „die Stätte, wo er (*sc.* der Messiaskönig) Ruhe findet", sondern „die von ihm gewährte Ruhestätte".

196 Gegen Stromberg, *Isaiah After Exile*, 184, der mit der Nähe von הר קדשי und מנ(ו)חה in 11,9 – 10 und 65,25 – 66,1 argumentiert, dabei aber übersieht, dass der „Ruheort" im einen Fall für Menschen, im anderen für Gott bestimmt ist.

197 So Blenkinsopp, *Isaiah I*, 266 – 7.

198 Vgl. Beuken, *Jesaja I*, 125.128.

Innerhalb von Kap. 2 – 12 bildet 11,10 aber auch das letzte Glied einer Textkette, die den Konflikt zwischen Jhwh und Assur mit Hilfe des Terminus כבוד thematisiert (vgl. 6,3; 8,7; 10,16.18).[199] Sie beginnt mit der feierlichen Proklamation der Serafim, dass die Erde bzw. das Land ganz von Jhwhs Herrlichkeit *erfüllt* sei (מלא כל־הארץ כבודו, 6,3). So wie im Innern des Tempels seine überwältigende Heiligkeit erscheint, breitet sich auch im äußeren Bereich sein machtvoller Glanz aus. In der geschichtlichen Realität ist es jedoch die „Herrlichkeit" des assyrischen Königs (את־מלך אשור ואת־כל־כבודו, 8,7), d. h. seine Truppen, die das Land *erfüllen* (מלא רחב־ארצך, 8,8). Auch wenn sie nichts anderes als Jhwhs Strafwerkzeug sind, verdecken sie doch dessen heilvolle Präsenz. Und wenn sie gar die ihnen zugewiesene Rolle übertreten (vgl. 10,5 – 15), werden sie zu einer widergöttlichen Macht, die den zugrunde liegenden Plan völlig unkenntlich macht. Vor allem deshalb muss Assurs Dominanz gebrochen, muss sein *kavod* beseitigt werden. Genau dies kündigt das Gerichtsorakel 10,16 – 19 an: ותחת כבודו יקד יקד, *und unter seiner Herrlichkeit wird ein Brand entbrennen* (v.16); וכבוד יערו וכרמלו... יכלה, *und die Herrlichkeit seines Waldes und seines Gartens wird Er vertilgen* (v.18).

Erst danach kann wieder der göttliche *kavod* erscheinen – wenn der Isai-Sohn, die schiere Kontrastfigur zum Assyrerkönig, regiert, wenn unter seinem gewaltlosen Regiment Starke und Schwache zusammenleben und wahre Gotteserkenntnis das Land *erfüllt* (כי־מלאה הארץ דעה את־יהוה) und wenn sich zuletzt auch andere Nationen in seinem Reich versammeln. Dabei ist der so entstehende כבוד, wie die Syntax verdeutlicht, nicht Ursache, sondern Folge des Völkerzugs.[200] Er ist kein Zustand, den die Völker vorfinden, sondern einer, den sie mit hervorbringen, dadurch, dass sie um Rat nachsuchen und diesen, wie anzunehmen ist, dann auch befolgen.[201]

Die sonst getrennten Dimensionen von כבוד, der von oben kommende göttliche Glanz (vgl. Jes 60,1 – 2; 62,2) und der von den Nationen herbeigebrachte Reichtum (vgl. Jes 60,13; 61,6; 66,11 – 12; Hag 2,7.9), sind in unserer Verheißung also auf eine spezifische Weise verbunden. Statt mit materiellen Gütern kommen die Wallfahrer hier mit einer geistigen Disposition, mit der Bereitschaft nämlich, die

199 Zu den einzelnen Texten vgl. T. Wagner, „Glory of the Nations", 200 – 4; Wagner, *Gottes Herrlichkeit*, 134 – 61. Über das literarische Verhältnis zwischen Jes 6,3 und 8,7 s. Hartenstein, „Der »Schreckensglanz« Assurs".

200 Dies ergibt sich aus der *wᵉqatal*- Form והיתה die v.10b einleitet. Zu Recht betont Barth, *Jesaja-Worte*, 59 n.250, die zeitliche und sachliche Reihenfolge „Kommen der Völker – כבוד der מנוחה".

201 𝕿 macht diesen unausgesprochenen Aspekt zum Hauptpunkt, indem er אליו גוים ידרשו frei übersetzt: „to him shall kingdoms be obedient" (Chilton, *Isaiah Targum*, 28). Nach David Kimchi kommen „Ruhe" und „Herrlichkeit" dadurch zustande, dass die fremden Nationen dem Messias Ehre erweisen und seinen Befehlen gehorchen (והיה לו מנוחה וכבוד כי כל הגוים יכבדוהו ויעבדוהו, M. Cohen, *Isaiah*, 93).

Rechtsbescheide Jhwhs anzunehmen. Damit leisten sie ihren Beitrag zu einem harmonischen Miteinander – zwischen dem göttlichen und dem menschlichen Tun, zwischen der gerechten Herrschaft des Einzelnen und der Solidarität der Vielen, zwischen der modellhaften Existenz des Gottesvolkes und der Suche der Nationen –, so dass inmitten einer zerstrittenen Welt der Glanz des Paradieses aufstrahlen kann.

2.4. Von Zion zu den Völkern: Das Danklied der Erlösten in Jes 12

Jesajas „Wort über Juda und Jerusalem" endet mit einem kurzen Hymnus, „einem Patchwork biblischer Zitationen und Allusionen".[202] Er stellt nicht nur gattungsmäßig ein Novum in diesem ersten Buchteil dar, er ergänzt auch das Thema „Zion und die Nationen" um einen neuen theologischen Aspekt. Nach den zentripetalen Vorstellungen der Völkerwallfahrt und des Völkersturms spricht er zum ersten Mal von der zentrifugalen Gegenbewegung: die Kunde der göttlichen Heilstaten soll vom Zentrum zur Peripherie, vom Zion bis an die Enden der Erde getragen werden.

Mit ביום ההוא, *an jenem Tag*, nimmt Jes 12 die Endzeitperspektive der vorhergehenden Orakel auf und antwortet auf deren Weissagungen über den Fall Assurs, das Auftreten des Messiaskönigs, die Völkerwallfahrt und die Sammlung des Gottesvolkes. Gleichzeitig führt dieses abschließende Kapitel die Rede *über* die Taten Jhwhs in eine Anrede *an* Jhwh über; aus der distanzierten Schilderung wechselt es zum persönlichen Gebet, in dem das sprechende „Ich" sich an das „Du" Gottes wendet, um ihm für das empfangene Heil zu danken.

Wer aber preist Jhwh und erinnert an seine frühere Not (אודך יהוה כי אנפת בי), nachdem ein anonymer Sprecher ihn dazu aufgefordert hatte (ואמרת, *und du wirst sagen*, v.1init)? Von der narrativen Logik her liegt es nahe, dass das Danklied von den Personen gesungen wird, die in 11,11–16 aus dem Exil heimgeführt und mit der Gemeinde von 11,1–9 und den fremden Nationen von 11,10 zusammengeführt wurden. Dieses Verständnis ist jedenfalls im MT vorausgesetzt, wie das Fehlen eines Abschnittmarkers vor 12,1 signalisiert.[203] Tatsächlich findet sich dieselbe

---

202 So Blenkinsopp, *Isaiah I*, 270. Er führt (in dieser Reihenfolge) folgende Parallelen aus dem Psalter an: Ps 118,21; 88,22(?); 25,5; 118,14; 105,1; 148,13; 9,12; 30,5.
203 Ausführlich dazu Korpel, „Demarcation of Hymns", 142–149. Der literarische Zusammenhang mit dem Vorhergehenden ist einer der Hauptgründe für ihre Schlussfolgerung: „[T]he singular addressed in 12:1a and 12:2 cannot be an individual, for example the prophet, but has to be a corporate personality, probably the »rest of his people« or »Israel« mentioned in Isa. 11:16" (Korpel, „Demarcation of Hymns", 149).

Sprechsituation – ein „Ich" wendet sich an ein (männliches) „Du" – im vorauslaufenden Kontext letztmals in 10,24 – 27.[204] Dort hatte Jhwh seinem Volk (עמי ישב ציון, *mein Volk, das auf dem Zion wohnt*, v.24) das Ende der assyrischen Zwangsherrschaft angekündigt. Die Erfüllung dieser Verheißung wurde in Jes 11 beschrieben und zwar so, dass am Ende auch der „Rest Seines Volkes" (שאר עמו, v.11.16) aus der Diaspora zurückgekehrt und auf dem Zion angekommen ist.

Die Identifikation des sprechenden Subjekts mit den heimgekehrten Israeliten, wie sie bereits von Ibn Ezra und Andreas von Sankt Viktor vertreten wurde,[205] lässt sich intertextuell weiter untermauern. Zu Beginn des Danklieds werden nämlich frühere Aussagen über Israel bzw. Juda eingespielt. אנפת בי ישב אפך, *du hast mir gezürnt, dein Zorn möge sich wenden* (12,1), erinnert einerseits an die Epoche der assyrischen Fremdherrschaft – לא־שב אפו, *nicht wandte sich Sein Zorn* (10,4 u. ö.) –, andererseits an das göttliche Versprechen, dass diese enden werde – וכלה זעם ואפי, *vergehen wird der Groll und mein Zorn* (10,25). Und אבטח ולא אפחד, *ich werde vertrauen und nicht erschrecken* (12,2), bezeugt, dass die Beter den Zuspruch אל־תירא עמי ישב ציון, *fürchte dich nicht, mein Volk, das auf dem Zion wohnt* (10,24), beherzigt haben.

Der Jes 2 – 12 beschließende Hymnus wird also von dem endzeitlichen Volk Jhwhs gesungen: von den Exilierten, die nach 11,11 – 16 „von den vier Enden der Erde" (מארבע כנפות הארץ) heimgeführt wurden, von den Angehörigen des Gottesvolks, die nach 4,2 – 6 in Jerusalem „übrig geblieben sind", und von den fremden Nationen, die nach 2,1 – 5 und 11,10 zum Zion gekommen sind. Dabei zitieren sie auch das Lied, das Mose beim Auszug aus Ägypten sang (Jes 12,2b = Ex 15,2a), denn mit ihnen wird die damalige Befreiungstat erneuert, ausgeweitet und endgültig besiegelt.[206]

In v.3 und v.4 wechselt die Anrede von der 2. Pers. Sg. zur 2. Pers. Pl. Dabei bleibt offen, ob sich der erste Sprecher (Jhwh) nun an einen zweiten Adressaten

---

204 Beuken, *Jesaja I*, 332 – 3, erkennt dies zwar, entscheidet sich aber aufgrund entfernterer Parallelen für den Propheten als Adressaten von ואמרת und als Sprecher von v.1 – 4. Eine ausführliche Analyse der gesamten Kommunikationsstruktur bietet A. L. H. M. van Wieringen, „Isaiah 12,1 – 6. A Domain and Communcation Analysis", J. van Ruiten u. M. Vervenne (Hg.), *Studies in the Book of Isaiah. Festschrift Willem A. M. Beuken* (BEThL 132; Leuven: Leuven University Press; Uitgeverij Peeters, 1997) 149 – 172; A. L. H. M. van Wieringen, *The Implied Reader in Isaiah 6 – 12* (BIS 34; Leiden; Boston, MA; Köln: Brill, 1998) 213 – 42.

205 Vgl. Friedländer, *Ibn Ezra on Isaiah*, 63, und Andreas de Sancto Victore, *Super Ysaiam*, Introd. ad Is 11.

206 Nicht nur die endzeitliche Sammlung der Diaspora (vgl. 11,16), auch die Bestrafung Assurs (vgl. 10,26) wird als Aktualisierung des Exodus gedeutet. Wahrscheinlich erklärt sich von daher auch שנית, *zum zweiten Mal*, in 11,11. Zur Parallele mit Ps 118,14, wo Ex 15,2 ebenfalls zitiert wird, s. Berges, *Buch Jesaja*, 135.

wendet oder ob der Beter (Israel) weiterspricht und ein nicht näher bestimmtes „Ihr" anredet.[207] In jedem Fall dürften die Menschen gemeint sein, die in Jerusalem und im Land Juda versammelt sind (und die im zweiten Teil des Jesajabuchs als „Kinder Zions" apostrophiert werden). Der Übergang vom „Du" zum „Ihr" signalisiert also nicht einen neuen Adressaten, sondern eine neue Perspektive:[208] Während das Danklied vom Chor der ganzen Gemeinde gesungen wird, sollen sich nun die einzelnen Mitglieder das von JHWH geschenkte Heil aneignen (v.3) und dafür Zeugnis ablegen (v.4–6). Unter ihnen befinden sich Juden aus der Diaspora und Ausländer, die dank ihrer Zionswallfahrt die Neusammlung des Gottesvolkes miterlebt haben,[209] zwei Gruppen also, die bereits Kontakt mit Nichtisraeliten hatten.

Dennoch überrascht es, dass sie im zweiten Teil des Hymnus einen ausdrücklichen Verkündigungsauftrag erhalten: הודיעו בעמים עלילתיו, *macht bei den Völkern Seine Taten kund* (v.4b). Der im Jesajabuch singuläre Begriff עלילות dient in den Psalmen „als zusammenfassende Bezeichnung für die Taten Gottes".[210] Dabei repräsentiert *Ps 103,7* gleichsam die Jes 12,4 vorausliegende „partikulare Phase", wenn er ebenfalls mit dem Syntagma ידע *hif.* + עלילות konstatiert, dass JHWH sein heilvolles Tun den בני ישראל, also seinem eigenen Volk offenbart habe. *Ps 105,1*, eine wörtliche Parallele zu unserer Stelle,[211] fordert dieses dann auf, das von ihm erfahrene Handeln Gottes den übrigen Nationen bekannt zu machen (vgl. Ps 9,12: הגידו בעמים עלילותיו, *erzählt bei den Völkern von Seinen Taten*). Noch einen Schritt weiter geht *Ps 66*. Er ruft die ganze Welt (כל־הארץ, v.1.4) zur Anerkennung des einen Gottes auf und lässt dessen Heilswerk die nationalen Grenzen überschreiten: wie an den „Söhnen Israels" handelt JHWH auch an den „Söhnen Adams" (נורא עלילה על־בני אדם), d. h. an allen Menschen.

Derselbe Universalismus, der sich noch in weiteren Psalmen findet (vgl. Ps 96; 98), prägt auch Jes 12. Durch das abschließende מודעת^Q זאת בכל־הארץ, *dies werde*

---

207 Nach van Wieringen, *Implied Reader*, 227–8, wird das „Ihr" von v.3 (das mit dem „Ihr" von v.4 identisch ist) von dem zweiten Sprecher angesprochen. Nach Beuken, *Jesaja I*, 330–1, wendet sich der anonyme Sprecher von v.1aα zuerst an das „Du" von v.1 und dann an das „Ihr" von v.3–4. Für diese These spricht der parallele Aufbau der beiden Redeeinleitungen: ואמרת ביום ההוא – ואמרתם ביום ההוא.

208 So mit van Wieringen, *Implied Reader*, 227–8, und den von ihm zitierten Autoren. Wie bekannt, wird derselbe Numeruswechsel im Deuteronomium häufig als rhetorisches Mittel eingesetzt.

209 Der Völkerbezug von Jes 12,3 ergibt sich auch aus den Parallelen zu Ps 87,7 und Jes 55,1 (s. Berges, *Buch Jesaja*, 135–6).

210 Beuken, *Jesaja I*, 336. Vgl. Ps 9,12; 66,5; 77,13; 78,11; 103,7; 105,1.

211 Die Wendung הודו ליהוה קראו בשמו הודיעו בעמים עלילותיו kommt ein weiteres Mal in 1 Chr 16,8 vor. Beide Stellen dürften literarisch von Ps 105,1 abhängen.

auf der ganzen Erde kund (v.5b), das mit ...הודיעו בעמים in v.4a eine *inclusio* bildet, wird er noch einmal unterstrichen. Sein wesentliches Merkmal besteht darin, dass er zentralistisch strukturiert, d. h. an den einmaligen Ort „Zion" gebunden ist. Nach v.6 ist es nämlich יושבת ציון, *die Einwohnerschaft Zions*, in deren Mitte der „Heilige Israels" wohnt und der deshalb die weltweite Verkündigung zufällt. Nach der zentripetalen Bewegung der Völkerwallfahrt soll es nun, wie schon in Jes 2,3 angedeutet, auch eine zentrifugale geben; die rettende Botschaft soll dahin gelangen, wo jene Pilger herstammen.

Am Ende von Jes 1–12 lässt sich allerdings nicht mehr klar scheiden – zwischen Israel, das die Heilstaten seines Gottes vermeldet, und den Nationen, die daraufhin zum Zion reisen.[212] Auch deshalb, weil im Endtext die Geschehensabfolge genau umgekehrt erscheint: zuerst kommen die fremden Pilger und dann ziehen die Freudenboten in die Welt hinaus.[213] Zu ihnen gehören deshalb auch die Ausländer, die in 2,2–4 und 11,10 nach Jerusalem gekommen sind. Der missionarische Auftrag wird nicht von Israel allein, sondern von der aus Juden und Heiden gesammelten Gemeinde ausgeübt.

So wird hier schon die doppelte Völkerwallfahrt vorbereitet, die 66,15–24 verheißen wird: dass nämlich zunächst einige Pioniere aus den Heiden dem Gott Israels begegnen, die dann zu allen übrigen Menschen gesandt werden können. Sie, die die Sammlung und Neuschaffung des Gottesvolkes miterlebt haben, werden zu „Aposteln" (*schlichim*), die anderen *gojim* den Weg zur „herrlichen Ruhestätte" zeigen.

---

212 Vgl. die zusammenfassenden Reflexionen bei Beuken, *Jesaja I*, 336–7.
213 Dies wird von Berges, *Buch Jesaja*, 135, richtig gesehen: „Dem Zug der Völker zum Zion soll eine Verkündigungswelle vom Zion her an die Nationen folgen."

II. Die Völkerwallfahrt in Jesajas „Sprüchen über die Völker und die ganze Welt" (Jes 13–23 und 24–27)

1. Die Völker als Helfer bei der Heimkehr Israels (Jes 14,1–2)

1.1. Babylon als „Anti-Zion" in Jes 13

Mit einem „Spruch über Babel" (משא בבל, 13,1) beginnt der zweite Hauptabschnitt des Jesajabuchs, eine Sammlung von Fremdvölkerorakeln (Kap. 13–23), die in den Prophezeiungen über die Weltherrschaft und das Weltgericht JHWHs (Kap. 24–27) ihren Abschluss und Höhepunkt findet.[1] Nicht zufällig nimmt Babylon unter den Städten und Nationen, denen die Vernichtung angedroht wird, den ersten Rang ein. Es ist in dieser buchstrategischen Position kein Imperium unter anderen, sondern fungiert „als Urbild der JHWH feindlich gesinnten Mächte" und damit als Gegenbild zu Jerusalem, der „Stadt, in der JHWH seine Herrschaft gründen wird."[2]

Zion und Babel sind im Jesajabuch die beiden Zentren der Welt, zwei entgegengesetzte Pole, an denen sich das Schicksal aller Völker entscheidet. Die chaldäische Hauptstadt bedeutet für diese Krieg und Verderben, die judäische aber Friede und Gerechtigkeit. Während die eine sie erobern, unterdrücken und ausbeuten will, will die andere von ihnen aufgesucht und um Rat angegangen werden. Die in Jes 2,1–5 und 11,10 geschilderte Zionswallfahrt ist daher ein prophetischer Gegenentwurf zu der realen, von „Babylon", d. h. von Gewalt und Terror dominierten Weltordnung, eine Vision, die durch die Kraft des Wortes die bestehenden Machtverhältnisse unterminiert.

Die antithetische Beziehung der beiden Städte äußert sich bereits darin, dass das Babel-Kapitel Jes 13 strukturell, thematisch und lexikalisch auf das Jerusalem-Kapitel Jes 2 zurückgreift[3] und zudem Motive aus Jes 11 weiterführt. Gleichzeitig hat

---

[1] Aufgrund der zahlreichen intertextuellen Verbindungen werden die beiden Textblöcke in der neueren Forschung oft als redaktionelle und thematische Einheit aufgefasst (vgl. Berges, *Buch Jesaja*, 139–45; Blenkinsopp, *Isaiah I*, 271–3.346–8; W. A. M. Beuken, *Jesaja 13–27* [HThKAT; Freiburg; Basel; Wien: Herder, 2007] 18–26). Gleichzeitig wächst die Kritik an der traditionellen Bezeichnung von Jes 24–27 als „Jesaja-Apokalypse", da wesentliche Elemente dieser literarischen Form fehlen.

[2] Beuken, *Jesaja II*, 311. Dementsprechend definiert B. M. Zapff, *Schriftgelehrte Prophetie – Jes 13 und die Komposition des Jesajabuches. Ein Beitrag zur Erforschung der Redaktion des Jesajabuches* (FzB 74; Würzburg: Echter, 1995) 229, die Rolle Babels mit dem Terminus „Antijerusalem".

[3] Darauf verweisen B. Gosse, *Isaïe 13,1–14,23 dans la tradition littéraire du livre d'Isaïe et dans la tradition des oracles contre les nations* (OBO 78; Freiburg, Schweiz: Universitätsverlag; Göttingen: Vandenhoeck & Ruprecht, 1988) 118–119; Zapff, *Schriftgelehrte Prophetie*, 215; Sals, „Hure Babylon", 232–3. Zur Auslegung von Jes 13 s. auch K. Jeppesen, „The Maśśā Bābel in Isaiah 13–14", *PIBA* 9 (1985) 63–80.

es enge literarische Bezüge zu dem langen Gerichtswort *Jer 50–51*, das seinerseits wichtige Parallelen zu dem ersten Völkerwallfahrtstext in unserem Buch aufweist (v. a. נהו in Jer 51,44 und Jes 2,2).[4]

Bereits die Überschrift *Jes 13,1* stellt Babylon neben die JHWH-Residenz Jerusalem. Denn während die erste Hälfte des Verses mit dem Stichwort משא die Reihe der Fremdvölkerorakel bis Kap. 23 einleitet, blickt dessen zweite Hälfte – אשר חזה ישעיהו בן־אמוץ – auf 2,1 zurück. Derselbe Relativsatz, der das „Wort über Juda und Jerusalem" qualifizierte, begleitet nun auch den „Ausspruch über Babel". Nur bei diesen beiden Städten, nicht einmal bei Assur, wird eine Prophezeiung ausdrücklich als eine Vision Jesajas autorisiert.

Wie Jes 2 beginnt auch Jes 13 mit einer Szene, die das Verhältnis zwischen der Metropole und den anderen Nationen illustriert. Doch während 2,2–4 „ein Friedenstext über Jerusalem, Gott und die Völker" ist, ist *13,2–5* „ein Untergangstext über Babylon und die ganze Welt".[5] Wie dort steht auch hier ein Berg im Mittelpunkt des Geschehens. Dabei ist הר־נשפה, *kahler Berg* (v.2), wahrscheinlich kein geographisch identifizierbares Toponym, sondern ein bildhafter Begriff, der plakativ zum Ausdruck bringt, was diesem Ort widerfährt: er wird durch einen verheerenden Sturmwind „kahl gefegt".[6] Vom Kontext her kann damit nur Babylon gemeint sein, auch wenn es in Wirklichkeit nicht im Gebirge, sondern in einer Flussniederung liegt. „Berg" wird es nämlich auch in Jer 51,25 genannt: הר המשחית, *Berg des Verderbens*, der alles verwüstet und dann selber verwüstet und in einen הר שרפה, *verbrannten Berg*, verwandelt wird.[7]

Auf dieser Anhöhe soll wie in 11,10.12 ein Feldzeichen aufgerichtet werden (שאו־נס, 13,2). Anders als dort soll dieses aber keinen friedlichen Zug, sondern wie in 5,26 eine Militäraktion auslösen.[8] Die Identität der Herbeigewunkenen und

4 Eine Zusammenstellung der Parallelen zwischen Jer 50–51 und Jes 13–14 bietet J. A. Goldstein, „The Metamorphosis of Isaiah 13:2–14:27", R. A. Argall, B. A. Bow u. R. A. Werline (Hg.), *For a Later Generation. The Transformation of Tradition in Israel, Early Judaism, and Early Christianity* (Harrisburg, PA: Trinity Press International, 2000) 86 n.29. Im Gegensatz zu ihm, für den der Jeremiatext von der jesajanischen Weissagung literarisch abhängt, geht Blenkinsopp, *Isaiah I*, 277–9, davon aus, dass der Autor von Jes 13 die antibabylonischen Aussagen Jeremias als „Rohmaterial" benutzte, das er dann harmonisierte und stärker universal akzentuierte.
5 Sals, „*Hure Babylon*", 233.
6 Zu dieser Bedeutung von שפה *nif.* s. HALAT, 1495. Sturm (סופה) ist in der Tat ein häufiges Motiv in prophetischen Gerichtsworten. Bei Jesaja begegnet es nicht nur in 5,28; 17,13; 66,15, sondern auch in 21,1, also zu Beginn des zweiten Babelorakels.
7 Goldstein, „The Metamorphosis", 87, verweist auf die gleichlautende Endung der Attribute נשפה und שרפה. Er selbst geht allerdings davon aus, dass Jes 13,2 ursprünglich von Ninive handelte.
8 Gegen Berges, *Buch Jesaja*, 159–61. Nur bei Außerachtlassung des Kontextes lässt sich Jes 13,2 als Prophezeiung eines Völkerzugs nach Jerusalem deuten. So übersieht Berges z. B., dass das vage

Herbeigerufenen bleibt zunächst im Dunkeln – sicher ein rhetorisches Mittel, um die Spannung zu steigern. In 13,3 werden sie dann aber als Jhwhs „Geweihte" (מקדשי) und „Helden" (גבורי) definiert, d. h. als Soldaten, die zu einem heiligen Krieg einberufen werden. 13,4 stellt noch den schreckenerregenden Lärm (mit der Anapher קול) und die beeindruckende Größe des angreifenden Heeres (עם־רב) heraus und erläutert dessen Zusammensetzung aus ausländischen Königreichen (ממלכות) und Nationen (גוים). Zusammen bilden sie eine internationale, globale, ja, kosmische Armee (vgl. מקצה השמים, *vom Ende des Himmels*, v.5), die auf göttlichen Befehl gegen Babel und den von ihm beherrschten und zum Bösen verführten[9] Erdkreis zieht.

Zu Beginn von Jes 13 wird die Hauptstadt des Chaldäerreichs somit als „Anti-Jerusalem" präsentiert. Auch sie ist ein Sammelpunkt für die Völker. Doch während diese in Zion eine friedliche Lebensweise erlernen, so dass sie ihre Waffen vernichten und das Kriegshandwerk vergessen können, wird in Babel ihr militärisches Potential benötigt, um gegen die gottfeindliche Macht zu kämpfen. Wie am Anfang von Kap. 2–12 die Stadt des Friedens und der Gewaltlosigkeit steht, steht am Anfang von Kap. 13–23 die Stadt, welche die anderen Völker mit Krieg überzieht und deshalb selbst durch Krieg bezwungen werden muss.

Ähnlich wie in Jes 2 schließt sich auch im Babel-Orakel eine Weissagung über den „Tag Jhwhs" an (*13,6–16*; vgl. 2,12–16). Sie unterstreicht, dass der Kampf um diese Stadt nicht nur deren Bewohner und die angreifenden Nationen, sondern die ganze Erde betrifft. Am יום־יהוה werden nämlich nicht nur die überheblichen Angehörigen des Hauses Jakob (vgl. 2,6–8) und die „arroganten Chaldäer" (גאון כשדים, 13,19) gerichtet, sondern alle Menschen (אדם: 2,9.11.17.20.22 und 13,12; איש: 2,9.11.17 und 13,8.14; אנוש: 13,7.12), die wie jene auf ihre eigene Stärke bauen.

Weil Babylon der Inbegriff menschlicher Hybris ist, können in diesem mittleren Abschnitt die Aussagen über seine Bestrafung und über das Weltgericht nahtlos ineinander übergehen. Erst in dem Schlussabschnitt *13,17–22* wird die chaldäische Hauptstadt namentlich erwähnt, und hier finden sich auch wieder intertextuelle Bezüge zu den Zionstexten der früheren Kapitel. Zum einen wird ihr Untergang mit dem „Umsturz" Sodoms und Gomorras verglichen (כמהפכת אלהים את־סדם ואת־עמרה, v.19 *par* Jer 50,40) und so der Katastrophe gleichgestellt, die Jerusalem bereits erlitten hat (כמהפכת זרים, Jes 1,7; כסדם ... לעמרה, 1,9). Zum anderen wird sie dem künftigen Zion, wie er in Kap. 11 geschildert wird, entgegengesetzt.

ויבאו, *und sie werden kommen*, in v.5 präzisiert wird: באים ... לחבל כל־הארץ, *sie kommen, um die ganze Erde zu verderben.*

9 Das wird in Jes 13 zwar nicht ausgesprochen, ist aber als Begründung für das Weltgericht implizit vorausgesetzt. Tatsächlich erklärt Jer 51,25 von derselben כל־הארץ, die hier vernichtet wird, sie sei von Babylon „verdorben" worden.

Denn während dieser eine Idylle ist, wo Mensch und Tier gemeinsam lagern (רבץ: 11,6.7), wird Babel zu einer Wildnis, die von Menschen verlassen (לא + רבץ, 13,20) und stattdessen von wilden, dämonischen Kreaturen besiedelt wird (רבץ, 13,21).

Im Übergang von Kap. 13 zu Kap. 14 wird deutlich, dass der Gegensatz zwischen Zion und Babylon nicht künstlich konstruiert ist, sondern eine konkrete, existentielle Bedeutung hat: wenn der „Anti-Zion" fällt (13,22b),[10] werden die dort lebenden Judäer frei und können in ihre Heimat zurückkehren (14,1). Sie werden Teil einer umfassenden Migrationsbewegung, die durch den Untergang des babylonischen Imperiums in Gang gesetzt wird und die in Jes 13,14 und in Jer 50,16 gleichlautend beschrieben wird: איש אל־עמו יפנו ואיש לארצו ינסו, *jeder wird sich zu seinem Volk wenden und jeder wird in sein Land fliehen.*

Nach Jes 14,2 kehren die Angehörigen des Gottesvolkes zum „Boden Jhwhs" (אדמת יהוה), also in das Land Israel zurück. Demgegenüber spitzt Jer 50 den Kontrast zwischen den beiden rivalisierenden Städten noch zu, indem es die Flüchtlinge aus dem zerstörten Babylon (v.2 – 3) direkt nach Jerusalem ziehen lässt (v.4 – 5). Ihr Zug ist auch und vor allem eine religiöse „Heimkehr", eine *teschuvah.* Denn die Exilierten „fragen" zwar nach Zion (ציון ישאלו, v.5), zuallererst aber suchen sie Jhwh (ואת־יהוה אלהיהם יבקשו, v.4), um mit ihm einen neuen, ewigen Bund zu schließen.[11] Dass auch Nichtisraeliten zum Zion wallfahren werden, wurde, wie wir gesehen haben, in Jes 2 – 12 schon zweimal prophezeit. Das kurze Orakel am Anfang von Jes 13 – 27 geht über jene Verheißungen aber noch hinaus, indem es zum ersten Mal eine aus Juden und Nichtjuden gemischte „Pilgergruppe" anvisiert.

1.2. Jes 14,1 – 2: Abgrenzung, Übersetzung und Textkritik

Der משא gegen Babylon endet mit der zusammenfassenden Bemerkung, dass „ihre Zeit", d. h. die Zeit ihres Untergangs nahe bevorstehe (13,22b). Darauf folgt ein Heilsorakel über die Wiederherstellung Israels, das durch die Konjunktion כי syntaktisch an das Vorhergehende angeschlossen ist (14,1). MT hat an dieser Stelle

---

10 Das Bikolon וקרוב לבוא עתה // וימיה לא ימשכו nimmt Formulierungen aus der Prophezeiung vom „Tag Jhwhs" auf. Seine Schlüsselwörter קרוב, בוא und יום erscheinen bereits in v.6 und v.9. Dagegen stammt das Syntagma „die Zeit kommt" (ובאה עת), bezogen auf den Untergang Babylons, wiederum aus Jeremia, nämlich aus Jer 51,33.

11 Zur intertextuellen Relevanz dieses „Anschlusses" an Jhwh (ונלוו אל־יהוה, Jer 50,5) für den in Jes 14,1 prophezeiten „Anschluss" der Fremden an Israel s. u. 1.3.2.

keinen Abschnittmarker, versteht also den Vers, mit dem in den modernen Textausgaben ein neues Kapitel beginnt, als Epilog des Babel-Orakels.[12]

Im Unterschied dazu setzt 1QIsa[a] vor 14,1 ein Spatium, um einen Unterabschnitt innerhalb des HA 13,17 – 14,2 anzuzeigen. Der Einschnitt ist vor allem inhaltlich motiviert, denn nach dem Untergang der feindlichen Metropole geht es nun um die Rettung des Gottesvolks. Gleichzeitig wechselt das Subjekt, denn Jhwh, der in 13,2 – 22 immer wieder in der 1. Pers. sprach (zuletzt in v.17), wird nun in der 3. Pers. erwähnt. Ein letztes Argument dafür, dass mit 14,1 eine kleine literarische Einheit beginnt, ist der Wechsel von der Poesie zu einer zwar rhythmisch stilisierten, aber sprachlich umständlichen Prosa.[13]

Das Ende der Einheit ist im MT durch eine *Setuma*, in 1QIsa[a] durch ein freies Zeilenende (frZE/NZ) nach 14,2 markiert. 14,3 beginnt mit einer ausführlichen Zeitangabe und geht zur direkten Anrede über (2. Pers. Sg. m.), um so das folgende Spottlied vorzubereiten.[14] Schließlich spricht auch die unterschiedliche Konstruktion von נוח *hif.* in v.1 (direktes Objekt + על) und v.3 (indirektes Objekt + מן) dafür, die beiden Passagen voneinander zu trennen.[15] Innerhalb von Jes 13 – 14 erfüllen diese Verse demnach die Funktion eines Scharniers: durch 14,1 – 2 wird das Vorhergehende abgeschlossen und durch 14,3 – 4a das Nachfolgende eingeleitet.

1aα	Denn Jhwh wird sich Jakobs erbarmen	כִּי[a] יְרַחֵם יְהוָה אֶת־יַעֲקֹב
β	und Israel noch einmal erwählen	וּבָחַר עוֹד בְּיִשְׂרָאֵל
γ	und wird sie **auf ihrem Boden** lagern lassen.	וְהִנִּיחָם[b] עַל־אַדְמָתָם
bα	Dann wird sich <u>der Fremdling</u> ihnen anschließen,	וְנִלְוָה הַגֵּר עֲלֵיהֶם
β	und sie werden sich dem Haus Jakob zugesellen.	וְנִסְפְּחוּ עַל־בֵּית יַעֲקֹב׃
2aα	<u>Völker</u> werden sie nehmen	וּלְקָחוּם עַמִּים[c]
	und werden sie **an ihren Ort** bringen.	וֶהֱבִיאוּם אֶל־מְקוֹמָם[d]

---

12 Vgl. Gosse, *Isaïe 13,1 – 14,23*, 201; C. Fischer, *Die Fremdvölkersprüche bei Amos und Jesaja. Studien zur Eigenart und Intention in Am 1,3 – 2,3.4 f. und Jes 13,1 – 16,14* (BBB 136; Berlin; Wien: Philo Verlagsgesellschaft, 2002) 99. Die beiden Verse sind auch in der Vulgata eng verbunden. In der wissenschaftlichen Ausgabe von R. Weber u. R. Gryson (Hg.), *Biblia Sacra iuxta Vulgatam Versionem* (Stuttgart: Deutsche Bibelgesellschaft, [5]2007) 1110, die in der Kapitel- und Verseinteilung der Sixto-Clementina von 1592 folgt, steht die zweite Vershälfte von 13,22 – „prope est ut veniat tempus eius...“ – am Anfang von Kap. 14, so dass sie als Einleitung des Heilsorakels für Israel fungiert.

13 Dieser Stilwechsel ist für Williamson, *The Book Called Isaiah*, 158, ein wichtiges Indiz für den redaktionellen Charakter von 14,1 – 4a.

14 Derselbe Übergang von der 3. zur 2. Pers. ist zwischen 11,16 und 12,1 zu beobachten. Auch dort wird der Adressat mit ואמרת aufgefordert, das folgende Lied zu rezitieren.

15 Zu den beiden *Hifil*-Formen von נוח und ihren unterschiedlichen Bedeutungen s. Joüon – Muraoka, §80p.

β   Und das Haus Israel wird sie zum Erbe erhalten
auf dem Boden Jʜwʜs als Sklaven und Sklavinnen,
bα und sie werden die gefangen nehmen, die sie gefangen
nahmen,
β   und werden über die herrschen, die sie bedrückten.

וְהִתְנַחֲלוּם בֵּית־יִשְׂרָאֵל[e]
עַל אַדְמַת יְהוָה לַעֲבָדִים וְלִשְׁפָחוֹת
וְהָיוּ שֹׁבִים לְשֹׁבֵיהֶם
וְרָדוּ[f] בְּנֹגְשֵׂיהֶם׃

[a] In 𝔊 beginnt der Satz mit einem einfachen, koordinierenden καί. In ihrer Vorlage müsste demnach ורהם gestanden haben. Das prägnante כי ist aber auch in 1QIsa[a] und wohl auch in dem fragmentarischen 4QIsa[c] überliefert, so dass kein Grund besteht, 𝔐 zu ändern.

[b] Das Subjekt des kausativen Verbs ist weiterhin Jʜwʜ. Das Objekt (Jakob-Israel) wird dem Sinn nach durch das ePP der 3. Pers. Pl. bezeichnet. Dagegen wählt 𝔊 eine mediale Form, die die Israeliten zum Subjekt macht: καὶ ἀναπαύσονται, *und sie werden sich ausruhen.* Wegen der äußeren Bezeugung (𝔔: והניחם; 𝔗: וישרינון [*hafel*]; 𝔙: „et requiescere eos faciet") und weil sie stilistisch besser zum Trikolon passt, ist die masoretische Lesart zu bevorzugen.

[c] Als einziger Textzeuge ergänzt 1QIsa[a] nach עמים das Adjektiv רבים. Nach Barthélemy, *Critique textuelle*, 96, handelt es sich um eine kontextuelle Änderung, die unter dem Einfluss von Jes 2,3 – 4; 17,12 (עמים רבים) und eventuell Sach 2,15 (גוים רבים) durchgeführt wurde. Die *lectio brevior* des MT und der Versionen ist deshalb beizubehalten.

[d] 1QIsa[a] hat eine doppelte Ortsangabe: [!] אל אדמתם ואל מקוממם. Bei der mündlich-schriftlichen Textüberlieferung könnte unter der gedächtnismäßigen Einwirkung von אדמתם aus v.1 eine Variante zu מקוממם entstanden sein. Die beiden Varianten wären dann in der Qumran-Handschrift oder ihrer Vorlage vereinigt und nebeneinander gestellt worden. Gegenüber dieser Einzelbezeugung bevorzugen wir die von MT und den sonstigen Textzeugen überlieferte *lectio brevior*.

[e] In 𝔊 fehlt das ePP beim Prädikat und anstelle von בית־ישראל steht ein zweites Verb, so dass ἔθνη weiterhin als Subjekt fungiert: καὶ κατακληρονομήσουσιν καὶ πληθυνθήσονται, *und sie (die Völkerschaften) werden ihr Erbteil empfangen und sich mehren.* Diese Lesart bringt ein völlig neues Motiv ein, nämlich eine Segensverheißung für die Völker. Die schwierige Syntax von MT mit ihrem abrupten Subjektwechsel wird dadurch zwar erleichtert, es entsteht aber ein kaum erträglicher Kontrast zum unmittelbaren Kontext, der ja die Unterjochung der Völker ankündigt. I. L. Seeligmann, *The Septuagint Version of Isaiah. A Discussion of Its Problems* (MEOL 9; Leiden: E. J. Brill, 1948) 35, vermutet, der Übersetzer habe den negativen Duktus der hebräischen Vorlage abschwächen wollen, indem er den Teil weglieβ „according to which the Israelites, on their return to Palestine, will make the Gentile peoples their slaves." Ein Korrektor habe die Divergenz bemerkt und nachträglich εἰς δούλους καὶ δούλας, *zu Knechten und Mägden*, eingefügt. Als freie, interpretierende Übersetzung ist die LXX-Variante hier demnach ohne textkritischen Wert.

[f] In 𝔐 wechselt das Verb von einer partizipialen zu einer finiten Form, dagegen steht in 1QIsa[a] zweimal ein Partizip: שׁובים... רדים. Diese Variante dürfte das Ergebnis einer syntaktischen Harmonisierung sein. Die masoretische Lesart, die auch von 4QIsa[c] bezeugt wird, sollte darum beibehalten werden.

1.3. Integration und Unterwerfung von Fremden bei der Heimkehr aus der Diaspora

Ist Jes 14,1–2 überhaupt ein Völkerwallfahrtsorakel? Immerhin fehlt ihm von den drei konstitutiven Elementen das dritte, nämlich die Zielangabe „Zion". Es nennt zwar ausländische Nationen (עמים), die eine Reise unternehmen (בוא hif.), doch führt diese nicht bis in die Stadt Jerusalem, sondern nur allgemein zum Land Israel (על־אדמתם) bzw. zum Land Jʜwʜs (על אדמת יהוה). Sein traditionsgeschichtlicher Hintergrund ist demnach nicht die an den Tempel gebundene Zionstheologie, sondern die Überlieferungen von Exodus und Landnahme. Darüber hinaus ist der Zug, zumindest auf den ersten Blick, nicht religiös motiviert, und die Völker sind auch gar nicht die Hauptakteure, die herbeikommen, sondern sekundäre Charaktere, Hilfsfiguren, die dazu dienen, andere herbeizubringen. Am Ende des Kapitels wird deshalb zu fragen sein, ob hier überhaupt von einer Völkerwallfahrt gesprochen werden kann.

Wegen seiner Funktion im Gesamtjesajabuch kann dieses Heilsorakel aber auch nicht ausgelassen werden. Es nimmt nämlich Themen voraus, die die Völkerwallfahrtstexte der zweiten Buchhälfte prägen werden: die Integration von Fremden in das Gottesvolk und der Dienst der Völker bei der Repatriierung der *Golah*. Beide Motive sind hier recht unvermittelt nebeneinander gestellt.[16] Im Rahmen der Fremdvölkersprüche erhalten sie noch größere Bedeutung, weil sie innerhalb der vorherrschenden Gerichtsperspektive anzeigen, wie auch die „nicht erwählten" Nationen zum Heil gelangen können: indem sie sich dem „wieder erwählten" Jʜwʜ-Volk anschließen oder indem sie diesem und damit seinem Gott dienen. Auf diese Weise liefert Jes 14,1–2 einen wichtigen Beitrag, um das Theologumenon vom Zionszug der Völker den Verheißungen über die Sammlung und Wiederherstellung Israels zuzuordnen.

Unsere Einzelauslegung folgt der vom Text vorgegebenen Struktur. Wie Markus Zehnder minutiös gezeigt hat,[17] wechselt in den wenigen Zeilen nämlich viermal das Subjekt, so dass die Handlung von ebenso vielen Akteuren getragen wird. Der erste Akteur und damit der eigentliche Protagonist, der das gesamte Geschehen auslöst, ist Jʜwʜ (v.1a). Darauf ergreifen die Fremdlinge (v.1b) und die

---

16 Nach Auffassung von Wildberger, *Jesaja II*, 524–7, handelt es sich um zwei Nachträge zu Kap. 13, die sukzessiv angefügt wurden. Auch Beuken, *Jesaja II*, 79, geht von einer redaktionellen Komposition aus, datiert aber v.1 (nachexilisch) *nach* v.2 (exilisch).

17 M. Zehnder, „Jesaja 14,1 f.: Widersprüchliche Erwartungen zur Stellung der Nicht-Israeliten in der Zukunft?", B. Huwyler, H.-P. Mathys u. B. Weber (Hg.), *Prophetie und Psalmen. Festschrift für Klaus Seybold zum 65. Geburtstag* (AOAT 280; Münster: Ugarit-Verlag, 2001) 13–14, bzw. Zehnder, *Umgang mit Fremden*, 518.

Völker (v.2aα) die Initiative. Den Abschluss macht das wiederhergestellte, um neue Mitglieder erweiterte „Haus Israel" (v.2aβ-b).

1.3.1. Jнwн erbarmt sich seines Volkes (v.1a)

Das kurze Heilsorakel beginnt mit einem Trikolon (3+3+2), das drei Aktionen benennt, mit denen Jнwн das Schicksal seines Volkes wenden wird. Durch ein vorangestelltes כי ist die Gesamtaussage dem vorhergehenden Kontext syntaktisch zugeordnet. Doch wie ist diese multifunktionale Konjunktion zu verstehen? Sie könnte einen Konditionalsatz einleiten, dessen Apodosis in der zweiten Vershälfte steht: „*wenn* Jнwн sich Israels erbarmen wird..., *dann* wird der Fremde sich ihnen anschließen."[18] Dagegen spricht aber der enge Anschluss an das Vorausgehende, der im masoretischen Text durch das Fehlen eines Abschnittmarkers angezeigt wird. Es ist deshalb wahrscheinlicher, dass כי zurückverweist und einen inhaltlichen Neueinsatz signalisiert.

Als Hauptsatzkonjunktion kann es eine affirmative („ja, fürwahr"),[19] adversative („doch") oder kausale Bedeutung („denn") haben.[20] Dass zwischen dem Fall Babels und dem Aufstieg Israels ein Gegensatz besteht, liegt auf der Hand. Doch fällt es schwer, ein einzelnes Element zu nennen, auf das sich 14,1 kontrastierend bezöge. Näherliegend ist deshalb, von einem Kausalzusammenhang auszugehen, wie er z. B. in der lateinischen Übersetzung („enim") deutlich zum Ausdruck kommt. Von den Exegeten wird dieser aber nicht selten ungenau, wenn nicht sogar falsch bestimmt.[21] Denn nicht der Untergang Babels ist die Ursache der Rettung Israels, sondern die Rettung Israels ist die Ursache des Untergangs Babels! Das Richtige hat bereits Ludwig Philippson klar ausgesprochen: „Das כי deutet an, dass der Hauptgrund der Zerstörung Babels in dem Erbarmen Gottes über Jisr[ael] zu finden sei."[22] Da aber beides, nicht nur die Folge, sondern auch die Ursache,

---

18 So Zehnder, „Jesaja 14,1 f.", 5 – 6. Allerdings nimmt er für den jetzigen Kontext dann doch eine kausale Verknüpfung zu Jes 13 an.

19 Vgl. Joüon – Muraoka, §164b („asseverative clause"). Nach Waltke – O'Connor, 39.3.1d, fungiert כי in diesem Fall aber nicht als Konjunktion, sondern als emphatisches Adverb (s. auch Waltke – O'Connor, 39.3.4).

20 Nach Beuken, *Jesaja II*, 79, stellt die einleitende Präposition [*sic*] „sowohl einen Kontrast als auch eine Begründung her". Bei seiner Übersetzung entscheidet er sich aber für die Wiedergabe mit einem blassen „Ja".

21 So z. B. von Sals, „*Hure Babylon*", 254 („[W]eil JHWH sich Israels erbarmt hat, wird Babel nun untergehen") und C. Fischer, *Fremdvölkersprüche*, 99 („[Jes 14,1] soll zeigen, dass Israel erst nach einem Gericht über die Völker Heil erfahren kann").

22 Philippson, *Israelitische Bibel*, 761.

noch aussteht, liegt nicht ein gewöhnlicher Kausalnexus zwischen zwei geschichtlichen Ereignissen vor, sondern einer, der zwei Vorhaben innerhalb der göttlichen Vorsehung verbindet. Die künftige Errettung Israels ist, scholastisch formuliert, nicht *causa efficiens*, sondern *causa finalis:* JHWH zerbricht die Vorherrschaft Babylons, weil er sein Volk befreien möchte (um sein Volk zu befreien).[23]

Die ersten Aktionen, die diesen radikalen Umschwung bewirken, werden Gott selbst zugeschrieben. Damit verdeutlicht der Verfasser, dass nicht nur die äußeren, politischen Verhältnisse (Deportation, Fremdherrschaft, Landverlust) geändert werden müssen, sondern dass Israel seine Identität als JHWH-Volk wiedererlangen muss. Es muss Erbarmen finden, weil es bisher unter dem Zorn Gottes stand. Es muss neu erwählt werden, weil es seine erste Erwählung, sein ursprüngliches Gottesverhältnis in der Diaspora verloren hat. Es muss in das Land zurückgebracht werden, von dem es weggeführt wurde. Das Objekt dieses göttlichen Handelns wird zuerst „Jakob" und dann „Israel" genannt, ein Wortpaar, typisch für Jes 40 – 48,[24] das die Ganzheit und Einheit des Gottesvolkes unterstreicht.

Die Handlungen selbst werden durch רחם, בחר und נוח ausgedrückt, drei theologisch bedeutungsvolle Verben, die eine reiche Intertextualität innerhalb und außerhalb des Jesajabuchs aufweisen.[25]

Die erste Verheißung – ירחם יהוה את־יעקב – setzt den *barmherzig* agierenden JHWH in Gegensatz zu den Angreifern, die ohne Mitleid gegen Babylon vorgehen (לא ירחמו, 13,18). Darüber hinaus setzt sie diesen aber auch in Gegensatz zu sich selbst. *9,16* hatte ja konstatiert, er werde sich nicht einmal der Waisen und Witwen erbarmen (ואת־יתמיו ואת־אלמנתיו לא ירחם) und werde seinen Zorn nicht aufgeben (לא־שב אפו). Die nun verkündete Heilswende war also nicht erwartbar. Nach 14,1 ist sie nicht einmal durch eine Verhaltensänderung des Volkes motiviert, sondern

---

23 So die übereinstimmende Auslegung bei David Kimchi („Deswegen weil [...ש בעבור] JHWH sich Jakobs erbarmen wird, wird er bald die Zeit des Untergangs Babels herbeibringen", vgl. M. Cohen, *Isaiah*, 102), und Andreas von Sankt Viktor („Die Übel werden über die Babylonier kommen, weil [„quia"] sich der Herr Jakobs erbarmen wird", vgl. Andreas de Sancto Victore, *Super Ysaiam*, ad Is 14,1).

24 Vgl. Williamson, *The Book Called Isaiah*, 165. Die Liste der Belege ist weder bei Gosse, *Isaïe 13,1 – 14,23*, 202 n.1, noch bei C. Fischer, *Fremdvölkersprüche*, 100 n.452, exakt. In Jes 40 – 49 (also einschließlich des Gottesknechtstextes 49,1 – 13) kommt das Wortpaar 17x vor, davon 16x in der Reihenfolge „Jakob – Israel" (40,27; 41,14; 42,24; 43,1.22.28; 44,1.5.21.23; 45,4; 46,3; 48,1.12; 49,5.6) und 1x in der Reihenfolge „Israel – Jakob" (41,8).

25 Vgl. die umfassenden Zusammenstellungen der Einzelbelege bei Gosse, *Isaïe 13,1 – 14,23*, 201 – 4; Zapff, *Schriftgelehrte Prophetie*, 263 – 5, und die kommentierenden Bemerkungen von Beuken, *Jesaja II*, 79 – 81.

entspringt Seinem freien, unableitbaren Entschluss. Damit wird eine für das exilische Jesajabuch charakteristische Idee antizipiert: die Hoffnung, dass die Ära des Zorns durch eine Ära des Erbarmens abgelöst wird (vgl. 54,7–8; 60,10), in der רחם nicht nur einzelne Taten, sondern das Wesen Gottes selbst definiert.[26]

Auch die *Erwählung* Israels ist ein Schlüsselkonzept von Jes 40–55. Sie ist das zentrale Heilsereignis der Vergangenheit und die Basis der künftigen Zuwendung JHWHs (בחר: 41,8.9; 43,10; 44,1.2; 48,10; 49,7). Dieses besondere Verhältnis, das gleichzeitig Auszeichnung und Auftrag, Würde und Bürde bedeutet, wird meist verbal ausgedrückt, kann aber auch nominal verdichtet werden und zwar in dem Titel בחיר, *Erwählter* (42,1; 43,20; 45,4). Gerade hier zeigt sich aber eine eigenartige Spannung zu 14,1. Dass JHWH sein Volk „noch einmal" (עוד) erwählt, setzt ja voraus, dass die ursprüngliche Erwählung nach dem Auszug aus Ägypten[27] aufgehoben oder zumindest unwirksam wurde und deshalb repristiniert werden muss. In der Zwischenzeit hätte Israel gleichsam ohne Erwählung gelebt, außerhalb des Landes, unter der drückenden Herrschaft fremder Völker.

Von daher überrascht es nicht, dass diese brisante Idee einer *Wieder*erwählung Israels im weiteren Jesajabuch kein Echo findet. Dagegen taucht sie zweimal bei dem Propheten Sacharja auf. Auch dort wird das Syntagma בחר עוד (im futurischen *w^eqatal*) verwendet, um die Erneuerung einer früheren Heilstat anzukündigen. Deren Empfänger ist allerdings nicht das Volk, das aus der Zerstreuung heimgeführt, sondern die Stadt, die aus ihren Ruinen wieder aufgebaut wird: ובחר עוד בירושלם, *und er wird Jerusalem wieder erwählen* (Sach 1,17; 2,16). Traditionsgeschichtlicher Bezugspunkt ist somit nicht der Auszug aus Ägypten, sondern die Gründung des Zion unter David und Salomo. Trotz dieser Akzentverschiebung, die eine konsequente Fortschreibung der jesajanischen Zionstheologie darstellt, ist eine bemerkenswerte Gemeinsamkeit festzustellen. In beiden Prophezeiungen überschreitet das neue Geschichtshandeln JHWHs nämlich die nationalen Grenzen. Wie das „wieder erwählte" Israel in Jes 14,1 so wird auch das „wieder erwählte" Jerusalem in Sach 2,15 Menschen nichtjüdischer Herkunft einschließen; die erneuerte Gottesstadt wird ebenso wie das erneuerte Gottesvolk international sein.

Auf die beiden abstrakten Vorstellungen folgt im dritten Kolon eine konkrete Aktion, die *Rückführung* des deportierten Volkes. In *Ps 47,5* wird auch sie mit dem theologischen Terminus בחר beschrieben: JHWH wird für Jakob den Erbbesitz

---

[26] Im Unterschied zu den finiten Verbformen in 14,1; 49,13; 54,8 u. ö. verwenden 49,10 und 54,10 (vgl. Ps 116,5) das Partizip מרחם. Das Erbarmen wird somit zu einem ständigen Gottesattribut.

[27] Zu den (vor allem deuteronomistischen) Belegen von בחר in Exodusaussagen s. Beuken, *Jesaja II*, 80.

(נחלה) „erwählen", d. h. ihm das verloren gegangene Verheißungsland noch einmal übereignen. Unser Text verwendet dafür das Verb נוח *hif.*, so dass die hexateuchischen Landnahmetraditionen eingespielt werden (vgl. Ex 33,14; Dtn 3,20; 12,10; 25,19; Jos 1,13.15; 21,44; 22,4; 23,1). Wie damals, als Jhwh sein Volk aus Ägypten befreite, wird er es auch nun, da Babels Herrschaft zu Ende geht, ins Land führen.

Gleichzeitig unterscheidet sich unser Text aber erheblich von den genannten Stellen, denn nur er verwendet das Verb in der *Hifil*-Form הֵנִיחַ (statt הֵנִיַח) und mit der Konstruktion על אדמה.[28] Beides findet sich hingegen in zwei Prophetentexten, die ebenfalls von künftigem Landbesitz handeln. In *Jer 27,11* verheißt Jhwh, er werde jedes Volk, das sich bereitwillig dem Joch seines Knechtes Nebukadnezzar unterwirft, „auf seinem Boden ruhen lassen" (והנחתיו על־אדמתו). Jes 14,1 wendet dieses Wort auf Israel an und transponiert es in die Epoche nach dem Untergang Babylons. In ihr wird das sichere Wohnen im Land nicht mehr durch den babylonischen König, sondern durch die erbarmende Zuwendung Gottes garantiert.[29]

Während in Jer 27 das Exil noch vermeidbar erscheint, setzt *Ez 37,14* wie Jes 14,1 die Existenz einer Diasporagemeinde voraus. Mit der plastischen Vision der Totengebeine wird dieser verheißen, dass Jhwh sie wiederbeleben, in die Heimat zurückführen und „auf ihrem Boden ruhen lassen" werde (והנחתי אתכם על־אדמתכם). Die Folgen dieser Heilstat werden in den beiden Texten jedoch unterschiedlich ausgemalt: Ezechiel erwartet, dass Israel selbst darin die Macht seines Gottes erkennt, Jesaja, dass andere Personen darauf aufmerksam werden und ebenfalls zu diesem Volk gehören wollen.

1.3.2. Fremde schließen sich Israel an (v.1b)

Als Israel aus Ägypten zog, schlossen sich ihm Fremde an (Ex 12,38 nennt sie ערב, *Mischvolk*, Num 11,4 אספסף, *Ansammlung*), die ebenfalls die Freiheit gewinnen wollten. Sie hatten die Wunder erlebt, die Jhwh zugunsten seines Volkes an den

---

28 Jene gebrauchen נוח entweder absolut oder konstruieren es wie Jes 14,3 mit ל der Person und מן der Sache, von der diese befreit wird. Beuken, *Jesaja II*, 80 – 1, vermutet, dass Jes 14,1 den agrarischen Begriff אדמה gegenüber dem geographischen ארץ bevorzuge, um den Kontrast zu der in 13,20 – 22 geschilderten Verödung Babylons hervorzuheben.

29 Im weiteren Verlauf des Jesajabuchs wird dann auch die parallele Drohung aus Jer 27,8, dass jedes Volk, das sich dem babylonischen Joch widersetzt, zugrunde gehen werde, transformiert. Sie wird in Jes 60,12 zitiert, doch so, dass Jerusalem die Rolle seines gestürzten Antagonisten Babel übernimmt. Eine Nation, die nicht untergehen, sondern am endzeitlichen Heil teilhaben will, muss nun ihr gehorsam sein (z. B. indem sie deren exilierte Bewohner heimführt und Gaben für den Tempel bringt).

Ägyptern wirkte. Nach Jes 14 wird sich Ähnliches vollziehen, wenn Israel die babylonische Gefangenschaft verlassen wird: Ausländer werden sich ihm anschließen, um mit ihm die Reise in das Land JHWHs anzutreten. Dieser Vorgang wird in einem Bikolon (3+3) beschrieben, in zwei parallelen Sätzen, die zwei synonyme Verben,[30] zwei Objekte, aber nur ein Subjekt enthalten. Dieses steht im Singular, wird aber im zweiten Kolon pluralisch weitergeführt. הגר, *der Fremde, Beisasse*, ist deshalb hier ein Kollektivbegriff, meint nicht ein einzelnes Individuum, sondern eine Gruppe, die mehrere Personen umfasst.[31]

Den kurzen Aussagen über den Anschluss der *gerim* wird in der Exegese großes Gewicht beigelegt. Doch kann das verständliche Interesse, die Wurzeln der für das Judentum so wichtigen Institution des *giur* (d. i. die Konversion von Heiden) aufzuspüren, leicht das in dem Text selbst Gemeinte überdecken. Rabbinische Klassifikationen können zwar auch für die Auslegung alttestamentlicher Texte erkenntnisleitend sein, man muss sich aber davor hüten, spätere halachische Normen anachronistisch in den biblischen Text hineinzulesen.[32] Dies gilt insbesondere für die Frage, ob Jes 14,1b von einem גר צדק, einem Proselyten, der durch Beschneidung Jude wird, oder einem גר תושב, einem Fremden, der nicht zum Judentum übertritt, sondern ihm als „righteous gentile" verbunden bleibt, handelt. Die Tatsache, dass der Begriff גר im Jesajabuch nur hier vorkommt und sein Kontext kaum weiterführende Informationen enthält, erlaubt es jedenfalls nicht, aus dieser Stelle eine allgemeine Definition abzuleiten.

Ähnlich verhält es sich mit dem Verb לוה. Die wenigen Stellen, an denen es als *terminus technicus* verwendet wird, sind eine zu schmale Basis für die These, die hebräische Bibel unterscheide zwei Formen der Konversion: die religiöse Hinwendung zum *Gott* Israels und der sozio-ethnische Anschluss an das *Volk* Israel.[33] Im ersten Fall, der sprachlich durch das Syntagma לוה *nif.* + על/אל + JHWH realisiert

---

30 Als Hauptverb fungiert לוה *nif.* Zu dem seltenen, theologisch weniger bedeutsamen ספח s. Zehnder, „Jesaja 14,1 f.", 11 – 12. Für den griechischen Übersetzer waren die beiden Verben offensichtlich bedeutungsgleich, da er sie jeweils mit προστεθήσεται, *er wird sich zugesellen*, übersetzt.

31 Zu dieser Funktion des Artikels s. Joüon – Muraoka, §137i. So erklärt sich auch der Numeruswechsel in Jes 56. Dort werden durch das determinierte singularische בן־הנכר (v.3) die „Species" und durch das pluralische בני הנכר (v.6) die einzelnen Personen bezeichnet. Zur stilistischen Funktion des Numeruswechsels in 14,1b s. Zehnder, „Jesaja 14,1 f.", 11 – 12.

32 Vgl. die selbstkritischen Reflexionen bei Haarmann, *JHWH-Verehrer*, 54 – 7.

33 Diese Unterscheidung von M. Greenberg, „A House of Prayer for All Peoples", A. Niccacci (Hg.), *Jerusalem, House of Prayer for All Peoples in the Three Monotheistic Religions* (SBFA 52; Jerusalem, 2001) 32 – 33, hat Haarmann, *JHWH-Verehrer*, 51 – 4, aufgenommen und weiter entfaltet. Auf Jes 14 geht er nur beiläufig ein, da es das von ihm nicht behandelte erste „Konversionsmodell" vertritt.

wird (Jes 56,3.6; Sach 2,15), übernehme der Betreffende den Glauben Israels, bleibe im Übrigen aber Nichtjude. Im zweiten Fall, in dem Israel oder ein entsprechendes Personalpronomen die Objektstelle einnimmt (Jes 14,1; Est 9,27; Dan 11,34), werde die Person in die kultisch, ethisch und ethnisch definierte Größe „Israel" integriert, verliere also seine bisherige nationale Identität.

Doch lässt sich dieses Schema überhaupt auf unseren Text anwenden? In der Reihenfolge des biblischen Kanons ist er ja der allererste Beleg für das Phänomen der „Konversion" von Fremden. Vor allem aber unterscheidet er gar nicht zwischen ethischer und religiöser Motivation. Die Fremden, die sich dem „Haus Jakob" anschließen, tun dies sicher auch, weil sie von dessen Lebensweise angezogen werden. Vor allem aber tun sie es, weil sie an ihm ein wunderbares göttliches Handeln wahrgenommen haben. Ihre Beweggründe werden zwar nicht explizit benannt, doch drückt der syntaktische Anschluss mit w^e*qatal* (ונלוה) aus, dass ihre „Hinwendung" zum Volk Israel eine Reaktion auf die vorgängige „Hinwendung" Jhwhs zu eben diesem Volk ist.[34] Sie schließen sich einer Gemeinschaft an, die in der Verbannung zu ihrem ursprünglichen Gottesverhältnis zurückgefunden hat, die sich nicht in ihre Umgebung aufgelöst, sondern ihre Identität wiedergefunden hat und von der einige wohl auch schon in die Heimat zurückgekehrt sind.

Gerade weil die Integration als ein noch bevorstehendes Geschehen präsentiert wird, kann גר hier nicht den Proselyten meinen.[35] Ansonsten käme es zu der sinnlosen, da tautologischen Aussage, dass der zum Judentum Konvertierte zum Judentum konvertieren wird. Dem jüdischen Volk anschließen kann sich aber nur der, der ihm (noch) nicht angehört!

Wenn der Terminus als solcher keinen religiösen Status bezeichnet und offensichtlich auch keine soziale Klasse im Sinne der deuteronomischen *personae miserae*, dürfte in unserem Text doch die ethnische Komponente im Vordergrund stehen. Wir kämen damit auf die grundlegende Definition zurück, nach der „der גר eine Zwischenstellung ein[nimmt] zwischen einem Eingeborenen (אזרח) und einem Fremden (נכרי). Er lebt unter Leuten, die nicht blutsverwandt mit ihm sind."[36] In dieser „Zwischenstellung" befindet er sich deshalb, weil er ethnisch zwar ein

---

[34] Diese implizite Anknüpfung von v.1b an v.1a arbeitet David Kimchi heraus: „Die Fremden werden sich mit ihnen verbünden, sobald sie sehen, dass die Zerstörung Babels ihre (*sc.* der Israeliten) Rettung sein wird; sie werden (nämlich) erkennen, dass dieser Untergang um ihretwegen geschah" (vgl. M. Cohen, *Isaiah*, 102).

[35] Auch die Septuaginta verwendet an dieser Stelle nicht das übliche προσήλυτος, sondern das aramäische Lehnwort γιώρας. Ramírez Kidd, *Alterity and Identity*, 64 – 5, zeigt, dass selbst die spätesten Texte der hebräischen und griechischen Bibel keine feste Terminologie besitzen und erst die Mischna גר als *terminus technicus* für „converted foreigner" verwendet.

[36] D. Kellermann, „גור", *ThWAT* 1 (1973) 983.

Außenstehender ist, die Trennung zu seinen jüdischen Nachbarn aber aus eigener Initiative überwunden hat.[37] Als nicht Blutsverwandter lebt er in räumlicher Nähe zu ihnen, pflegt den sozialen Kontakt und orientiert sich an ihren ethischen und religiösen Normen. Bemerkenswert ist dieser Vorgang insofern, als in der Diaspora die gesellschaftliche Lage ja gerade umgekehrt ist: die Israeliten sind die Fremden und die Beitrittswilligen aller Wahrscheinlichkeit nach die Einheimischen. Das zeigt, selbst im Ausland kann die Lebensform einer Gemeinde so attraktiv sein, dass nichtjüdische Nachbarn ihr beitreten und dann sogar ihr Land verlassen wollen.

Von daher wird es sich bei dem Fremden in 14,1 und dem Ausländer, der sich in 56,3 Jhwh anschließt (בן־הנכר הנלוה אל־יהוה) trotz der terminologischen Differenz um dieselbe Personengruppe handeln. Ausländer ist ja auch der גר, er wird nur aus einer anderen Perspektive gesehen. Denn während unser Text die räumliche Nähe betont und auf die Integration der Fremden zielt, unterstreicht Jes 56 den Abstand, aufgrund dessen einige ihren (Wieder)ausschluss aus der Volksgemeinschaft fordern.[38] Damit erklärt sich u. E. auch das unterschiedliche Objekt. Es weist nicht auf prinzipiell verschiedene Formen der Konversion hin – Hinwendung zum Gott Israels *vs.* Hinwendung zum Volk Israel –, sondern hebt je nach Kontext einen bestimmten Aspekt hervor. In Jes 14 steht die soziale Komponente im Vordergrund, weil die Fremden das Schicksal der Exilierten teilen und sie bei ihrer Rückkehr begleiten wollen, in Jes 56 die theologische, weil sie durch ihren Anschluss an Israel eine Beziehung zu dessen Gott gewonnen haben, die ihnen nicht mehr abgesprochen werden kann.

Neben diesem Jesajatext, dessen Aussagen zur Völkerwallfahrt im vierten Teil dieser Arbeit ausführlich behandelt werden, hat Jes 14,1 auch intertextuelle Bezüge zu anderen Propheten. *Ez 47,22 – 23* teilt seine positive Einschätzung der *gerim* und begründet diese ebenfalls eschatologisch.[39] In der künftigen Heilsgemeinde sollen auch die Fremden, die in Israel leben, Anteil am Land erhalten und in die Stämmestruktur integriert werden, so dass sie in allem als Einheimische (כאזרח, v.22) gelten.

---

37 Ähnlich Zehnder, „Jesaja 14,1 f.", 7. Für ihn besteht der Unterschied zum נכרי darin, dass „der גר in einem nicht nur kurzzeitigen, sondern in einem auf längere Dauer angelegten Beziehungsverhältnis zu Israel steht."

38 Die unterschiedlichen syntaktischen Formen des Verbs לוה könnten darauf hinweisen, dass sukzessive Stadien ein und desselben Prozesses gemeint sind: in 14,1 steht es im *wᵉqatal*, weil die Eingliederung der Nichtjuden noch bevorsteht, in 56,3 im *qatal* bzw. *Ptz*, weil sie bereits vollzogen ist. Vgl. Zehnder, „Jesaja 14,1 f.", 18.

39 Auf diesen Unterschied zu Dtn 10,19, das die Liebe zum Fremden *historisch* begründet, macht Ramírez Kidd, *Alterity and Identity*, 74 – 5, aufmerksam.

Nicht über das Nomen גר, sondern über das futurisch verwendete Verb לוה *nif.* läuft die Beziehung zu zwei Stellen aus Jeremia und Sacharja, die bereits bei der Auslegung von Jes 13 in Blick kamen. Beide verheißen ונלוו אל־יהוה, *sie werden sich JHWH anschließen.* Subjekt sind in *Jer 50,5* nur Israeliten, die aus dem Exil nach Jerusalem heimkehren, in *Sach 2,15* hingegen „zahlreiche Nationen" (גוים רבים). Jes 14 markiert gleichsam die Mitte zwischen der partikularen und der universalen Heilsperspektive dieser beider Texte. Es überschreitet die nationale Eingrenzung des Gottesvolkes, ohne den Vorrang Israels aufzuheben.[40] Dabei ist seine Vision realistischer als die Sacharjas, weil sie nicht die Bekehrung ganzer Völker, sondern von Einzelnen beschreibt; sie sind „part of that *remnant among the nations* who will be joined to Israel".[41] Dieser „Rest aus den Heiden" wird sich mit Israel verbinden, um mit ihm *ein* Volk zu bilden[42] – ein Volk JHWHs, dem dann nicht nur die „Söhne Israels" und die „Söhne Judas" (vgl. Jer 50,4), sondern auch einige „Söhne der Fremde" (vgl. Jes 56,6) angehören werden.

1.3.3. Völker unterstützen die Heimkehr der *Golah* (v.2aα)

Mit v.2 wechselt erneut das Subjekt. Nach den Fremden, die sich dem Volk Israel anschließen, ergreifen nun nicht näher spezifizierte עמים, *Völker*, die Initiative. Das Gesamtgeschehen, die Erneuerung Israels, tritt damit in eine neue Phase. Dies wird auch durch einen Wechsel im Metrum signalisiert, denn auf das Trikolon und das lange Bikolon folgen nun zwei Kurzkola (2+2).

Hans Wildberger meint, dass v.2 „äußerlich sehr ungeschickt" an das Vorhergehende angeschlossen sei.[43] Das pronominale Objekt von ולקחום (3. Pers. *Pl.*) passe grammatikalisch nicht zu dem singularischen בית יעקב und inhaltlich nicht zu dem pluralischen Subjekt des letzten Verbs („sie" = „die Fremden"). Dieser Einwand kann aber entkräftet werden, wenn man „Haus Jakob" als Kollektivbegriff auffasst, der auch pluralisch konstruiert werden kann.[44] Der Plural könnte

---

40 Sach 2,15 verheißt den fremden Völkern im Zuge ihres „Anschlusses an JHWH", dass auch sie „zu Seinem Volk" werden (והיו לי לעם), überträgt also auf sie die Bundesformel, die bisher Israels Erwählung charakterisierte.
41 Ramírez Kidd, *Alterity and Identity*, 76 [Hervorhebung d. Vf.].
42 Andreas de Sancto Victore, *Super Ysaiam*, ad Is 14,1, sieht darin den Haupteffekt der Konversion: „Der Fremde wird sich ihnen anschließen, so dass er ihre Kräfte erhält und mit diesem (*sc.* Israel) ein einziges Volk wird."
43 Wildberger, *Jesaja II*, 525. Seiner Einschätzung schließt sich u. a. C. Fischer, *Fremdvölkersprüche*, 101, an.
44 So Zapff, *Schriftgelehrte Prophetie*, 266. Vgl. nur Jes 2,5, wo auf בית יעקב ebenfalls eine pluralische Verbform folgt (בית יעקב לכו...).

aber auch bewusst gewählt sein, um beide Personengruppen zu umfassen, Israel und diejenigen, die sich ihm angeschlossen haben. Diese Erklärung, die u. W. bisher noch nicht erwogen wurde, löst nicht nur das syntaktische Problem, sie hilft auch, den Sinn des schwierigen Textes besser zu verstehen. Wenn גרים und עמים unterschieden werden, entfällt nämlich der vermeintliche Widerspruch zwischen v.1 und v.2. Die beiden Verse vertreten dann nicht mehr widersprüchliche Positionen gegenüber denselben Personen,[45] sondern illustrieren das Verhalten zweier unterschiedlicher Akteure bzw. zwei Möglichkeiten, wie Nichtjuden sich den jüdischen Exulanten gegenüber verhalten können. Darüber hinaus schafft diese Annahme eine logische Verbindung zwischen den ansonsten unzusammenhängenden Motiven der Integration der Fremden und der Heimkehr der Israeliten. Die *gerim* treten demnach zuerst der jüdischen Diasporagemeinde bei und begleiten diese dann auf ihrer Heimreise.[46] Dass die im Land Angekommenen in v.2 mit einem neuen Namen – בית־ישראל – bezeichnet werden, könnte genau dieses zum Ausdruck bringen: es ist etwas Neues entstanden, eine Gemeinschaft aus Israeliten und Nichtisraeliten, die es vor der Exilierung so nicht gab.

Wer aber sind die fremden Völker? Und weshalb bringen sie die *Golah* zurück und vollbringen damit, was in v.1a noch als Handeln Gottes beschrieben wurde? Da der Spruch nur das Nötigste mitteilt, muss die Antwort aus dem Kontext, d. h. in diesem Fall aus den vorhergehenden und nachfolgenden Belegen von עמים gewonnen werden. In *11,10* wurde ihnen ein wunderbares „Zeichen" präsentiert: eine Gemeinschaft, die auf dem Zion lebt und sich von dem Einheit stiftenden Geist Jhwhs leiten lässt. In *12,4* waren sie darüber hinaus Empfänger einer Botschaft über die Heilstaten des Gottes Israels. Dagegen beschreibt *14,6*, wie grausam sie von dem babylonischen Reich behandelt wurden: מכה עמים בעברה... רדה באף גוים, *es schlägt Völker im Grimm, es herrscht im Zorn über Nationen*. Diese gegensätzlichen Erfahrungen erklären ihr Verhalten in dem Augenblick, in dem der „Stecken", der sie schlug, zerbricht und sie die Freiheit wiedererlangen: Sie reagieren auf das Positive, das sie von Israel gesehen und gehört haben, indem sie dazu beitragen, dass die Prophezeiung der Heimkehr in Erfüllung gehen kann.

In der zweiten Hälfte des Jesajabuchs wird die Verheißung, dass Ausländer bei der Repatriierung helfen werden, die hier ganz unbestimmt, ohne irgendwelche Details ausgesprochen ist, geschichtlich konkretisiert. Die kanonisch lesenden Exegeten des Mittelalters fanden sie z. B. in den Worten wieder, mit denen Jhwh das Wirken seines „Messias" Kyros umschreibt: „er wird meine Stadt erbauen und

---

45 Im Gefolge von Wildberger wird diese Auffassung immer wieder vertreten, z. B. von Ramírez Kidd, *Alterity and Identity*, 73: „An author who had a different idea about the relation between Israel and the nations added this verse (*sc.* v.2) later."
46 Gegen Zehnder, „Jesaja 14,1 f.", 18 – 19.

meine Verbannten freilassen" (45,13).[47] Der unbestreitbare inhaltliche Bezug kann aber nicht darüber hinwegtäuschen, dass die beiden Texte sprachlich nichts miteinander zu tun haben. Intertextuell ist Jes 14,2 vielmehr die erste von mehreren Passagen, die unter Verwendung des Verbs בוא *hif.* prophezeien, dass anonyme Fremdvölker die heimkehrenden Deportierten unterstützen werden (49,22; 60,4.9; 66,20; vgl. 43,6). Dadurch, dass sie diese „an ihren Ort" bringen, gelangen sie selbst dorthin, werden fast unbeabsichtigt zu Wallfahrern, die als „Opfergabe" die Kinder Jhwhs oder die Kinder Zions, wie es später heißen wird, mitbringen.

Dieses originale Motiv wird die Völkerwallfahrtsvorstellung des zweiten, exilischen Buchteils prägen. Hier klingt es im Rahmen der Fremdvölkerorakel zum ersten Mal an. Es steht passend zwischen den Sprüchen über den Untergang Babylons; das Neue kann ja erst beginnen, wenn dessen „Zeit" gekommen ist. Und es steht passend am Anfang der Orakel über die anderen Nationen; diese stehen nämlich vor der Entscheidung, welche Konsequenzen sie aus dessen Scheitern ziehen und wie sie sich dem Volk gegenüber verhalten, das aus seiner Zerstreuung neu gesammelt wird.

1.3.4. Israel herrscht über seine Unterdrücker (v.2aβ–b)

In v.2aβ wechselt noch einmal das Subjekt. Nach seiner Rückkehr in das Land übernimmt nun das „Haus Israel" die Initiative, indem es diejenigen, die ihm das Geleit gaben, in den Sklavenstand versetzt (והתנחלום... לעבדים ולשפחות). Auf die Problematik dieser Vorstellung weist Hans Wildberger hin: „Psychologisch ist es nicht unverständlich und keineswegs wirklichkeitsfremd, dass eine versklavte Bevölkerungsschicht, wenn sie die Freiheit erlangt, der Versuchung schlecht widersteht, ihren eigenen, lang unterdrückten Herrschaftsgelüsten die Zügel frei zu geben. Theologisch ist es mehr als bedenklich."[48]

Jes 14,2 wäre demnach „theologically incorrect". Oder werden hier Wertmaßstäbe angelegt, die denen des biblischen Autors nicht entsprechen? Das Problem läge dann nicht im Text, sondern im Vorverständnis des modernen (nicht zufällig christlichen) Exegeten. Hermeneutisch ist es jedenfalls äußerst fragwürdig, ein Prophetenwort psychologisch zu rechtfertigen, theologisch aber abzu-

---

47 Vgl. Ibn Ezra, der die beiden Stellen folgendermaßen kombiniert: כאשר נלכדה בבל אז שלח כורש הגולה, *nachdem Babel erobert worden war, ließ Kyros die Golah frei* (M. Cohen, *Isaiah*, 103). Dieselbe Verbindung stellt Nikolaus von Lyra her, wenn er erläutert, dass die Deportierten heimkehren konnten, „quod Cyrus dedit eis conductum", *weil Cyrus ihnen das Geleit gab* (Nicolaus de Lyra, *Postilla litteralis*, ad Is 14,2).
48 Wildberger, *Jesaja II*, 527.

lehnen. Eine unvoreingenommene Rezeption muss auch in diesem Fall vor allem das intertextuelle Netz berücksichtigen, in das der Passus hineinverwoben ist.

Durch das einleitende Verb נחל wird der künftige Status der fremden Nationen von zwei zentralen Theologumena her definiert: Israel als Jhwhs נחלה und Kanaan als Israels נחלה.[49] Diese Trias aus Gott, Volk und Land wird nun um ein viertes Element erweitert: die Völker als Erbbesitz Israels. Vor allem anderen werden sie damit in das Innerste der biblischen Erwählungstraditionen hineingenommen. Sie sind nicht mehr „Heiden", die *eo ipso* außerhalb des Bundes stehen, sondern Fremdstämmige, die dem Gottesvolk nicht nur sporadisch, sondern dauerhaft zu Diensten sind.

Sprachlich verweist die Formulierung auf die Sklavengesetzgebung von *Lev 25,39 – 46*, die mit unserem Text nicht nur die Schlüsselbegriffe עבד und נחל *hitpa.*, sondern auch das Verb רדה teilt. Wesentlich ist dort der Unterschied zwischen Volksgenossen (אחים) und Nichtisraeliten. Erstere dürfen nicht versklavt werden, da Jhwh sie aus Ägypten befreit und zu *seinen* Knechten gemacht hat (v.42). Dagegen darf Israel von den Gastsassen und den Nachkommen der Halbbürger (תושבים) Sklaven erwerben. Diese dürfen auch weitervererbt werden (והתנחלתם אתם, v.46), so dass sie auf Dauer im Familienbesitz bleiben.

Dasselbe Schicksal wird den עמים in Jes 14,2 zuteil. Sie werden nicht wie „Brüder" behandelt, fallen genau betrachtet aber auch nicht unter die Kategorie der „Nationen in eurer Umgebung" (הגוים אשר סביבתיכם, Lev 25,44), da sie sich ja bereits auf der אדמת יהוה, *dem Boden Jhwhs*, befinden. Mit diesem prägnanten, nur hier belegten Ausdruck (vgl. aber Hos 9,3: ארץ יהוה) wird das Land, das bis dahin als Eigentum der Israeliten präsentiert wurde (אדמתם, *ihr Boden*; מקומם, *ihr Ort*), nun für Gott reklamiert. Er „allein bestimmt darüber, wer dort wohnen darf, weil der Boden ihm gehört und weil er ihn Israel versprochen und geschenkt hat."[50] Er ist der Herr des Landes und der Herr derer, die es bewohnen. So sind die fremden Völker zwar Sklaven der Israeliten, diese aber ihrerseits „Sklaven Jhwhs" (vgl. Lev 25,42.55).

Dass Fremde sich dem Volk Israel unterwerfen, wird im weiteren Verlauf des Jesajabuchs immer wieder, gerade auch im Kontext der Völkerwallfahrt, prophezeit (vgl. 45,14; 49,7.22 – 23; 60,10 – 16; 61,5 – 7). Unsere Stelle ist also ein erster, proleptischer Hinweis auf eine wesentlich breitere Tradition, die dann zunehmend

---

49 Vgl. Beuken, *Jesaja II*, 82 (mit Belegen). Im Jesajabuch ist das erste Konzept in 19,25; 47,6; 63,17, das zweite in 49,8; 57,13; 58,14 bezeugt.
50 Beuken, *Jesaja II*, 82. Unklar bleibt hingegen die Behauptung von Gosse, *Isaïe 13,1 – 14,23*, 204, der Wechsel in der Bezeichnung von אדמה unterstreiche die religiöse Opposition zwischen den Proselyten in v.1 und den nicht konvertierten Fremden in v.2.

zionstheologisch akzentuiert wird.[51] In ihr bedeutet „Sklave" bzw. „Knecht sein", sich an der Neusammlung des Gottesvolks und an dem Aufbau und der Ausschmückung des Tempels zu beteiligen. Dieser Dienst wird aus eigenem Antrieb, freiwillig erbracht und nicht durch göttliche oder menschliche Macht erzwungen. Nicht ohne Grund kann Ibn Ezra deshalb dasselbe auch für Jes 14,2 annehmen: „When people will see how Cyrus honours Israel, they *will like* to be servants to the Israelites."[52]

Auf diese Weise werden die bisherigen Machtverhältnisse umgekehrt und die gestörte Ordnung wiederhergestellt. Der Knechtsdienst, zu dem Israel im Exil gezwungen war (vgl. 14,3: העבודה הקשה אשר עבד בך), muss ein Ende finden, damit erkennbar wird, wer sein wahrer Herr ist. *V.2b* veranschaulicht diesen Prozess mittels einer *figura etymologica:* die Israeliten werden die „gefangen nehmen", die sie zuvor „gefangen nahmen" (d. h. in die Verbannung führten) – והיו שבים לשביהם.

Dieselbe Erwartung wird in *Obd 17* durch ein Wortspiel mit der Wurzel ירש ausgedrückt: וירשו בית יעקב את מורשיהם, *und das Haus Jakob wird die in Besitz nehmen, die es besetzten.* Noch ähnlicher formuliert *Sach 2,13:* והיו שלל לעבדיהם – die fremden Nationen sollen „zur Beute" der judäischen Exulanten werden, die sie zuvor geknechtet und „zur Beute genommen" hatten (הגוים השללים אתכם, v.12). Auch hier also eine *figura etymologica* (wenn auch auf zwei Verse zerlegt), derselbe Satzbau und derselbe Terminus עבדים wie in Jes 14,2. Verändert ist lediglich die Perspektive. Denn wo Jesaja die Rehabilitation der Opfer beschreibt, richtet Sacharja das Augenmerk auf die Bestrafung der Täter.[53]

Die Völker, über die die Israeliten in Zukunft herrschen werden, sind durch die Partizipien שביהם und נגשיהם charakterisiert. Dies könnte als Einschränkung

---

[51] In dem Fehlen des Zion könnte man das eigentliche „Defizit" von Jes 14,1 – 2 sehen. Die weiblich personifizierte Gestalt ist nämlich nicht identisch mit den Einwohnern Jerusalems, sondern verweist als „heiliger Berg" immer auch auf ihren Hauptbewohner JHWH. Mit ihr fehlt also eine dritte, zwischen Israel und den Nationen vermittelnde Instanz. In 45,14; 49,23; 60,14 ist in der Tat sie die Adressatin der Völkerhuldigung.

[52] Friedländer, *Ibn Ezra on Isaiah*, 69 [Hervorhebung d. Vf.]. Ähnlich urteilt J. D. W. Watts, *Isaiah 1 – 33* (WBC 24; Nashville; Dallas; Mexico City; Rio de Janeiro; Beijing: Thomas Nelson, ²2005) 256: „The speech foresees such economic prosperity and earned esteem that wandering people will volunteer to serve them."

[53] Sach 2,10 – 16 erweist sich damit zum dritten Mal als Intertext von Jes 14,1 – 2. Neben den Akteuren – JHWH, Israel und die Völker – sind den beiden Texten folgende Referenzsignale gemeinsam: ונלוו (Jes 14,1) // ונלוה הגר עליהם (Sach 2,16); ובחר עוד בירושלם (Jes 14,1) // ובחר עוד בישראל (Jes 14,1) // והיו שלל לעבדיהם (Sach 2,12). Dazu kommen das Verb נחל im *Hitpael* (Jes 14,2) bzw. im *Qal* (Sach 2,16) und die parallelen Ortsangaben על אדמת יהוה (Jes 14,2) und על אדמת הקדש (Sach 2,16). Die Hauptetappen – Neuerwählung, Integration von Fremden und Umsturz der Machtverhältnisse – werden in Sach 2 allerdings in umgekehrter Reihenfolge präsentiert.

aufgefasst werden: nicht alle, die ihnen bei der Heimkehr assistiert haben, sondern nur diejenigen, die sie zuvor deportiert und unterdrückt hatten (vgl. 60,14).[54] Dass damit in erster Linie die Babylonier gemeint sind, ergibt sich bereits aus dem Kontext von Jes 13–14. Darüber hinaus kommt der Ausdruck שביהם aber auch in dem jeremianischen Babelorakel vor. *Jer 50,33* wendet ihn ausdrücklich auf die Babylonier an und wirft ihnen vor, dass sie die Verbannten nicht freilassen. 50,34 droht ihnen dann mit einer Intervention JHWHs, die wie in Jes 49,25 als Rechtsstreit (ריב) stilisiert ist.

Das zweite Partizip findet seine Erklärung im unmittelbaren Kontext. Im Spottlied auf den babylonischen König wird dieser nämlich zuallererst als נגש, *Bedrücker* (Jes 14,4), tituliert. Gleichzeitig schafft dieser Terminus (in Verbindung mit dem Gegenbegriff עבדים) eine intertextuelle Brücke zum Exodusbuch. Denn auch in Ägypten litt Israel unter den Misshandlungen seiner „Treiber" (נגש: Ex 3,7; 5,6.10.13–14). So wird der Leser einerseits an das babylonische Exil erinnert und andererseits an die ägyptische Knechtschaft und damit an die Erfahrung, dass JHWH sein Volk schon einmal in die Freiheit führte. „Auf Seinem Boden" soll eine neue Gesellschaft entstehen, in der die einstigen Herren zu Sklaven und die einstigen Sklaven zu Herren werden.

Also ein neues Unterdrückungssystem unter umgekehrten Vorzeichen? Dies wäre tatsächlich der Fall, wenn die mit רדה bezeichnete Herrschaft stets den Nebensinn der gewaltsamen Oppression hätte.[55] Dann hätte der Verfasser aber auch das eindeutige Verb נגש verwenden und eine zweite *figura etymologica* bilden können. Die sorgfältige semantische Untersuchung von Hans-Jürgen Zobel zeigt jedoch, dass das hier verwendete Verb „jede Art von Suprematie" ausdrückt, darunter auch ein „königliches Herrschen über fremde oder auch feindliche Völker",[56] aus dem ein umfassender Friede entstehen kann (vgl. 1 Kön 5,4; Ps 72,8; 110,2). Es kann dabei auch zur Anwendung von Gewalt kommen, doch wird dies gewöhnlich durch einen eigenen Präpositionalausdruck angezeigt (z. B. בפרך, Lev 25,43.46.53). Ein solcher fehlt hier. Dies fällt umso mehr auf, wenn wenige Zeilen später beschrieben wird, wie der babylonische König seine Herrschaft ausübt: מכה

---

54 Vgl. Zehnder, „Jesaja 14,1 f", 14–5: „[D]as עבדים bzw. שפחות-Sein der Völker gegenüber Israel [gestaltet] sich nur dann im Sinne eines Zustands der Bedrückung aus [...], wenn die betreffenden Völkerschaften zuvor ihrerseits an der Bedrückung Israels beteiligt waren."
55 So HALAT, 1110–1111. Das Wort ist in Zusammenhang mit Gen 1,26 viel diskutiert worden. Die jüngste Darstellung der Diskussion und eine Stellungnahme dazu findet sich bei A. Schellenberg, *Der Mensch, das Bild Gottes? Zum Gedanken einer Sonderstellung des Menschen im Alten Testament und in weiteren altorientalischen Quellen* (AThANT 101; Zürich: Theologischer Verlag Zürich, 2011) 46–59.
56 H.-J. Zobel, „רָדָה rāḏāh", ThWAT 7 (1993) 353–354.

עמים באף רדה ...בערבה גוים, *der Völker schlägt im Grimm, der Nationen beherrscht im Zorn* (Jes 14,6). Im Unterschied dazu sollte Israel „sine ira et studio" herrschen, sollte bei den Völkern ebenso wie bei seinen Sklaven nicht mit brachialer Gewalt vorgehen, sondern die ihm verliehene Machtstellung nutzen, um die Gerechtigkeit und das friedliche Zusammenleben zu fördern.[57]

Wie die neue Gesellschaftsform im Einzelnen funktioniert, wird in dem kurzen Orakel nicht ausgeführt. Am Anfang der Sektion Jes 13 – 23 will es vor allem zeigen, dass das Gericht über die Fremdvölker auch positive Seiten hat, für die Verbannten Israels, aber auch für diese selbst. Die Rückkehr der *Golah* eröffnet nämlich auch ihnen neue Heilswege, sei es, dass sie sich ihr anschließen, sei es, dass sie diese von außen unterstützen. Auf diesem Weg gelangen sie auf „den Boden Jнwнs", das Erbteil Israels, das nun auch ihre Heimat wird.

1.4. Eine eigentümliche Völkerwallfahrt

Ob Jes 14,1– 2 überhaupt unter die Völkerwallfahrtsorakel zu zählen sei, haben wir zu Beginn des vorhergehenden Abschnitts gefragt, also unter die Sprüche, die eine Pilgerreise von Nichtisraeliten zum Zion weissagen. In seiner Darstellung der prophetischen Zukunftsentwürfe, in denen Fremde am Heil Israels partizipieren, reiht Markus Zehnder unseren Text jedenfalls nicht unter die Rubrik „Der Zug der Fremden zum Zion", sondern unter „Die Herrschaft Israels über Fremde" und „Die Eingliederung Fremder ins endzeitliche Gottesvolk" ein.[58] Von einem thematischen Gesichtspunkt her ist diese Klassifizierung sicher berechtigt. Sie hilft aber nicht, wenn es darum geht, ein komplexes Motiv in all seinen Facetten über ein ganzes Buch hinweg zu verfolgen. In diesem Fall empfiehlt es sich, den Terminus „Völkerwallfahrt" nicht inhaltlich zu beschränken (indem man diese z. B. als eine kultische Prozession definiert), sondern als einen Suchbegriff zu verwenden, der eine unterschiedlichen theologischen Konzepten gemeinsame Struktur anzeigt. Konstituiert wird diese durch die Komponenten „nichtisraelitische Nationen", „zentripetale Bewegung" und „Zion-Jerusalem" als Zielangabe (dass letztere hier fehlt bzw. durch „Land" ersetzt ist, wird noch zu erörtern sein). Wesentlich ist außerdem die futurische Dimension, die mit einer heilvollen Perspektive einhergeht („Heilsorakel").

Auch Jes 2,1– 5 und 11,10 beschreiben keine Wallfahrt im engen Sinn. Am Ziel angekommen, beten die Völker weder den Zionsgott an noch bringen sie ihm Opfer

---

57 Vgl. Zobel, „רדה", 357.
58 Zehnder, *Umgang mit Fremden*, 511 – 23.524 – 35.

dar. In 14,1– 2 tritt der kultisch-religiöse Aspekt noch stärker zurück. Dies gilt für die Fremden, die sich dem Haus Jakob anschließen und dann mit ihm die Reise antreten.[59] Noch mehr aber gilt es für die Völker, die den Reisenden das Geleit geben. Sie sind nicht Pilger, die ein Heiligtum besuchen, sondern Lastenträger in einer Handelskarawane. Im Vordergrund steht auch nicht die Frage, ob sie gerettet werden, sondern ob Israel als Gottesvolk wiederhergestellt wird. Sie sind Werkzeuge, mit denen JHWH sein Geschichtsprojekt verwirklicht. Ihre Berufung ist es, dieses zu unterstützen, und gerade darin liegt ihr „Heil".

Das in Jes 14 Prophezeite ist deshalb nur indirekt, nur sekundär ein Zug oder gar eine Wallfahrt der Nationen. Diese ergreifen zwar die Initiative und gelangen am Ende in das Land JHWHs. Doch im Unterschied zu Jes 2 suchen sie dort nichts für sich selbst, handeln nicht aus Eigennutz, sondern im Interesse Israels. Nicht das *Kommen* (בוא *qal*) von Nichtisraeliten wird verheißen, sondern das *Herbeibringen* (בוא *hif.*) von Israeliten durch Nichtisraeliten, das später noch weiter ausgefaltet wird (vgl. 43,6; 49,22; 60,9; 66,20). Der Status der Unter- bzw. Zuordnung bleibt auch nach der Ankunft bestehen. Indem die ehemaligen Herren zu Sklaven werden, gelangt die Umkehrung der Verhältnisse an ihr Ziel. Nicht dadurch, dass ihnen ihre Grausamkeiten (vgl. 47,6) heimgezahlt werden, sondern dadurch, dass sie in dem Land, das JHWH gehört, eine Form von Herrschaft erfahren, die nicht „mit Zorn" und nicht „mit Gewalt" ausgeübt wird.

Worin der Dienst der Fremden im Einzelnen besteht und wie sie mit dem neu konstituierten Gottesvolk koexistieren, wird nicht ausgeführt. Auch darin zeigt sich der vorläufige, auf Ergänzung angelegte Charakter dieses Orakels. Nach Jes 61,5 – 6 werden sie Hirten und Ackerbauern sein, die für den Lebensunterhalt der Israeliten sorgen, so dass sich diese ihren priesterlichen Aufgaben widmen können. Vor allem aber ist es die Gestalt Zions, die diese Lücke ausfüllen wird. Ihr werden die Völker Opfertiere und Geschenke bringen (60,5 – 7.11.13), ihre zerstörten Mauern werden sie aufbauen (60,10), vor allem aber werden sie sich vor ihr niederwerfen (45,14; 49,23; 60,14), in einem Akt, der politische und kultische Huldigung gleichermaßen umfasst.[60]

Doch nicht nur das, was die Fremden nach ihrer Ankunft tun, macht ihren Zug zu einer Pilgerfahrt. In anderen Prophetensprüchen wird der Transport als solcher

---

59 Da keine Gründe genannt werden, muss die Behauptung, „dass auch in Jes 14,1 ein Anschluss primär auf der religiösen Ebene gemeint ist" (Zehnder, *Umgang mit Fremden*, 525), hypothetisch bleiben. Gerade umgekehrt vermutet Greenberg, „A House of Prayer", 32: „the alien […] adopting but not primarily motivated by, their religion."

60 Nach Zehnder, *Umgang mit Fremden*, 522, drückt die Proskynese vor Zion aus, „dass die Anerkennung JHWHs mit der Anerkennung Israels als des wahren Gottesvolkes notwendig verbunden ist und in manchen Fällen […] mit der Unterordnung unter das Gottesvolk einhergeht."

religiös gedeutet. Dies geschieht z. B. dadurch, dass die Herbeigetragenen als Kinder Zions präsentiert werden (49,22 u. ö.). Sie sind die ursprünglichen Bewohner Jerusalems, heimisch in der „Stadt JHWHs" (עיר יהוה, 60,14), die nur mit ihnen und nur durch sie ihre vollkommene Schönheit wiedererlangen kann (vgl. 60,9.13). Am Ende des Buches wird dieses Geschehen dann explizit als ein Kultakt gedeutet. Nach 66,20 werden Israels Exilierte in einer feierlichen Prozession zum Tempelberg gebracht, als מנחה ליהוה, die alle tierischen und pflanzlichen Opfer übertrifft.

Im Unterschied dazu ist unser Orakel weit davon entfernt, dem Tun der heidnischen Nationen eine kultische oder sonst wie religiöse Qualität beizulegen. Seine Erwartung ist so profan und überdies auf die nahe Zukunft ausgerichtet (vgl. 13,22), dass eine Reihe von Exegeten sie auf konkrete Ereignisse in der Geschichte Israels bezieht.[61] Zu Recht kritisiert Zehnder die Einseitigkeit solcher historischer Verortungen. Sie übersehen nämlich nicht nur die metahistorischen, theologischen Implikationen der Verheißung, sondern verändern auch dessen pragmatische Funktion: aus einer Vision, die ihre Hörer bzw. Leser ermutigen und deren Einstellung gegenüber den ausländischen Nachbarn positiv verändern will, wird die bloße Vorhersage eines inzwischen eingetroffenen Faktums.

Diese hermeneutische Engführung wird überwunden, wenn der „Überschuss" der Prophetie gegenüber der geschichtlichen Wirklichkeit wahrgenommen wird.[62] Dann bleibt sie nämlich für eine weitergehende Realisierung offen. Für David Kimchi handelt unser Orakel deshalb von historischen Tatsachen *und* von einer noch ausstehenden messianischen Wirklichkeit. Was bereits eingetroffen ist, bestätigt seine Authentizität und motiviert, auf „noch mehr Erfüllung" zu hoffen. Eine solche doppelte Interpretation, die neben der geschichtlichen Faktizität noch Raum für eine theologisch begründete Erwartung lässt, vertritt auch Andreas von Sankt Viktor.[63] Ohne irgendeine Wertung referiert er zunächst, was Israel (das er mit dem jüdischen Volk seiner Zeit gleichsetzt) bereits erfahren hat und was es für die Zukunft noch erwartet. An einem bestimmten Punkt wechselt er dann zu einer leserorientierten Auslegung, indem er eine Brücke von der jesajanischen Weissagung zu seiner eigenen Gegenwart schlägt. Um die künftige Rolle der Völker zu illustrieren, zitiert er Jes 61,5, die Erwartung der Juden, „dass sie Winzer und

---

61 Siehe die Belege bei Zehnder, „Jesaja 14,1 f.", 15.

62 Dies tut u. a. David Kimchi, der das Orakel zwar auf das babylonische Exil bezieht, aber zugleich bemerkt, dass damals weder Fremde konvertierten noch andere Völker die Heimkehrer unterstützten (vgl. M. Cohen, *Isaiah*, 102).

63 Siehe Andreas de Sancto Victore, *Super Ysaiam*, ad Is 14,1 – 2: „tale quid factum fuisse legimus..." und wenig später: „hoc in diebus messiae sui Iudaei futurum exspectant."

Ackerbauern *von uns* haben werden."[64] Mit diesem unerwarteten „Wir" identifiziert er sich und seine Leser mit den Heidenvölkern, die die Neusammlung und Wiederansiedlung des zerstreuten Gottesvolkes unterstützen sollen. Da er diese Vorhersage als ein authentisches Prophetenwort anerkennt, ist sie für ihn nicht auf die Vergangenheit beschränkt und auch nicht „theologisch bedenklich". Vielmehr enthält sie neben der Hoffnungsbotschaft für die jüdischen Erstadressaten auch einen dringlichen Appell an die christlichen Zweitadressaten. Das von Jesaja Verheißene würde sich erfüllen, wenn *sie* dem erwählten und wieder erwählten Israel zu Hilfe kämen.

---

64 Andreas de Sancto Victore, *Super Ysaiam*, ad Is 14,2.

2. Eine Gabenprozession zum Zionsberg (Jes 18)

2.1. Israels Bündnis mit Ägypten, eine „Antiwallfahrt"

In Jes 1–39 repräsentieren Assur (und seine Nachfolgerin Babel) und Ägypten (zusammen mit Kusch) zwei unterschiedliche Typen von Fremdvölkern. Das erste ist, historisch betrachtet, die politisch, wirtschaftlich und militärisch dominierende Macht, die in immer neuen Eroberungs- und Strafexpeditionen die Grenzen Israels und Judas überschreitet. In der theologischen Deutung Jesajas fungiert es dabei jedoch nur als ein Werkzeug JHWHs; es führt seine Befehle aus, um die Vergehen seines Volkes zu ahnden. Auch die gegen es gerichteten Gerichtsorakel stellen diese göttliche Legitimation nicht in Frage, sie betonen lediglich, dass es seine Befugnisse übertreten und sich gegen seinen Auftraggeber aufgelehnt habe (vgl. 10,15: „Prahlt denn die Axt gegenüber dem, der mit ihr hackt...?"). Der Untergang Assurs ist deshalb Vorbedingung für das Heil des Gottesvolkes, genauso wie der Untergang des Folgereichs Babylon nach Jes 13–14 Vorbedingung für das Heil Judas, nämlich für die Rückkehr seiner Exilierten, ist.

Ägypten wird demgegenüber nicht als ein aggressives, auf Eroberung ausgerichtetes Imperium dargestellt, sondern als eine Militärmacht, die um Hilfe angegangen wird. Es ist der natürliche Verbündete in einer antiassyrischen (und später antibabylonischen) Allianz.[65] Emblematisch für diese Rolle ist eine in *2 Kön 17,4* überlieferte Episode: Hoschea von Israel sucht die Unterstützung Ägyptens (שלח מלאכים אל־סוא מלך־מצרים, *er sandte Boten zu So, dem König von Ägypten*),[66] um die Oberherrschaft Assurs abzuschütteln. Auf diesem Hintergrund kritisiert Jesaja nicht so sehr die Aktivitäten des ausländischen Staates als vielmehr den Versuch der eigenen Führer, ihre antiassyrische Politik durch ein Bündnis mit dem Pharaonenreich abzusichern. Die antiägyptischen Orakel sind deshalb nur auf den ersten Blick eine Drohbotschaft gegen Ägypten, in Wirklichkeit sind sie eine Warnung an die Verantwortlichen im Gottesvolk. Wer auf die Hilfe Ägyptens

---

65 Im Jeremiabuch nimmt die Kritik an der proägyptischen Politik Judas breiten Raum ein. Zu der jeremianischen „Ägyptentheologie" und der literarischen Funktion dieses Begriffs im Buchganzen vgl. unsere Studie M. P. Maier, *Ägypten – Israels Herkunft und Geschick. Studie über einen theopolitischen Zentralbegriff im hebräischen Jeremiabuch* (ÖBS 21; Frankfurt am Main: Peter Lang, 2002).

66 Zu den verschiedenen Versuchen, diesen Pharao zu identifizieren, s. P. M. Cook, *A Sign and a Wonder. The Redactional Formation of Isaiah 18–20* (VT.S 147; Leiden; Boston, MA: Brill, 2011) 53 n.14.

vertraut, so heißt es stereotyp, wird „enttäuscht" und geht mit ihm zusammen unter (vgl. Jes 20,3 – 6; 30,1 – 7; 31,1 – 3; 36,4 – 6.9).[67]

Politisch gesehen sind die Bemühungen um eine Koalition mit dem Nil-Land eine Reaktion auf die assyrischen Expansionsbestrebungen seit Tiglat-Pileser III. Sie erreichen ihren Höhepunkt in der Regierungszeit Hiskijas von Juda.[68] Im Jesajabuch werden sie dennoch scharf kritisiert (ohne dass der „fromme" König direkt angegriffen würde): sie sind Ausdruck eines mangelnden Vertrauens in Jhwh und den von ihm gegründeten Zion (vgl. 14,28; 28,16 – 17 u. ö.). Innerhalb der theologischen Topographie Jesajas ist dieser der Ort der Zuflucht und der Rettung, Ägypten hingegen der Ort des Untergangs und des Todes. Zu diesem „steigt man hinauf", um sich in Jhwhs Schutz zu bergen, zu jenem „steigt man hinab", so die klassische Ausdrucksweise, in der fatalen Illusion, Hilfe gegen einen übermächtigen Feind zu erhalten. Während die auf Jhwh Vertrauenden zum Zion pilgern, ziehen die, die „auf Pferde und Reiter" bauen (vgl. 31,1), nach Ägypten.

Auch wenn das Bild der „Antiwallfahrt" im Jesajabuch nicht systematisch entfaltet wird, weisen die Ägyptenorakel doch einige Züge auf, die die Vorstellung einer Wallfahrt unter umgekehrten Vorzeichen evozieren:

1. Statt wie die Völker in Jes 2 zum Zion hinaufzusteigen (עלה), ziehen die Judäer nach Ägypten hinab (ירד): הוי הירדים מצרים לעזרה, *weh denen, die nach Ägypten hinabsteigen, um Hilfe zu erhalten* (31,1); ההלכים לרדת מצרים, *(weh denen,) die hingehen, um nach Ägypten hinabzusteigen* (30,2).

2. Statt wie die Nationen in Jes 60 ihre Habe zum Jerusalemer Tempel zu bringen, schaffen diese sie auf einem mühevollen Weg durch die Negev-Wüste in das Reich Pharaos: ישאו על־כתף עירים חילהם ועל־דבשת גמלים אוצרתם על־עם לא יועילו, *sie*

---

67 Zu diesen Orakeln rechnet J. J. M. Roberts, „Isaiah's Egyptian and Nubian Oracles", B. E. Kelle u. M. B. Moore (Hg.), *Israel's Prophets and Israel's Past. Essays on the Relationship of Prophetic Texts and Israelite History in Honor of John H. Hayes* (LHBOTS 446; New York; London: T & T Clark, 2006) 206, auch Jes 28,14 – 19. Auf Ägypten wird dort mit der Chiffre „Scheol" bzw. „Tod" angespielt, auf Assur mit dem Bild der „strömenden Geißel". Eine Sonderstellung nimmt 19,1 – 15 ein, da dort die Vernichtung Ägyptens im Vordergrund steht und Juda nur im Nachtrag v.16 – 17 vorkommt.

68 Zu den diplomatischen Beziehungen zwischen Israel/Juda und Ägypten/Kusch in der 2. Hälfte des 8. Jahrhunderts s. Roberts, „Egyptian and Nubian Oracles", 201 – 209; Cook, *A Sign*, 53 – 7; C. Balogh, *The Stele of YHWH in Egypt. The Prophecies of Isaiah 18 – 20 Concerning Egypt and Kush* (OTS 60; Leiden; Boston, MA: Brill, 2011) 193 – 200. Für diese Autoren ist der wahrscheinlichste historische Hintergrund für die in Jes 18 geschilderten Ereignisse der Feldzug Sanheribs in Syrien und Palästina 705 – 701 v.Chr.

bringen ihren Reichtum auf dem Rücken der Esel und ihre Schätze auf dem Höcker der Kamele zu einem Volk, das nichts nützt (30,6).[69]

3. Statt einen Beitrag zu leisten, um Zions Pracht (תפארת, 4,2; 60,7) zu mehren und Gott als dessen wahren „Schmuck" zu preisen (60,19), machen sie Ägypten zu ihrem Prunk und Ruhm: וחתו ובשו מכוש מבטם ומן־מצרים תפארתם, *sie werden zusammenbrechen und zuschanden werden wegen Kusch, ihrer Hoffnung, und Ägypten, ihrer Pracht* (20,5).

4. Statt an dem Bund mit JHWH festzuhalten und sich bei ihm zu bergen, verbünden sie sich mit dem Totenreich Ägypten: כרתנו ברית את־מות... כי שמנו כזב מחסנו, *wir haben einen Bund mit dem Tod geschlossen, ja, wir haben unsere Zuflucht zur Lüge genommen* (28,15).

5. Statt wie die heidnischen Nationen in 11,10 zur Residenz des messianischen Herrschers zu kommen und dort Rat einzuholen, folgen sie hochmütig ihren eigenen Vorstellungen: ופי לא שאלו, *meinen Ausspruch aber haben sie nicht erfragt* (30,2); ואת־יהוה לא דרשו, *nach JHWH aber haben sie sich nicht erkundigt* (31,1).

6. Statt auf dem Zion „Schatten" (צל, 4,6) und Zuflucht (מחסה, 4,6) zu suchen, im Wissen darum, dass JHWH den eigentlichen Schutz gewährt (צל...מחסה מעוז, 25,4), setzen sie ihre Hoffnung auf den ägyptischen König: לעוז במעוז פרעה ולחסות בצל מצרים, *um Schutz zu suchen im Schutz Pharaos und sich zu bergen im Schatten Ägyptens* (30,2).

Das Bündnis mit Ägypten und das Vertrauen auf dessen militärische Stärke führen, so die ständig wiederholte Warnung, unweigerlich in die Katastrophe. Diese Wahrheit wird ein letztes Mal, polemisch verzerrt, aber rhetorisch umso wirkungsvoller, von dem assyrischen General formuliert, der den in Jerusalem eingeschlossenen Hiskija zur Kapitulation bewegen will: הנה בטחת על־משענת הקנה הרצוץ הזה על־מצרים, *siehe, du vertraust auf die Stütze dieses geknickten Rohrs, auf Ägypten* (36,6; vgl. Ez 29,6–7). Zur gleichen Zeit diskreditiert er aber auch die von dem Propheten vertretene Alternative, nämlich das Vertrauen in JHWH (בטח: 36,15; 37,10), als eine Illusion, denn nur der assyrische Großkönig könne „retten". Die Diskussion wird dadurch beendet, dass die „Jungfrau, Tochter Zion" persönlich auftritt, um die assyrische Propaganda zurückzuweisen und JHWHs Schutzverheißung zu bekräftigen (37,22–35).

In der theologischen Topographie des Jesajabuchs repräsentieren Zion und Ägypten somit zwei antithetische Orte. „Oben" ist der Berg mit dem Tempel JHWHs, zu dem die von Konflikten geplagten Nationen pilgern. „Unten" ist das Reich

---

69 Beachtenswert ist auch die durch das Syntagma נשא על־כתף erzeugte intertextuelle Verbindung zu 49,22. Die Judäer, die ihre Schätze nach Ägypten bringen, werden auf diese Weise mit den ausländischen Nationen kontrastiert, die ebenfalls „auf dem Rücken" die exilierten Judäer nach Zion tragen.

Pharaos, zu dem die Israeliten ziehen, damit seine Streitmacht sie vor ihren Feinden schütze. Wer zum Zion aufsteigt, so verheißt das erste Völkerwall-fahrtsorakel, gewinnt Sicherheit und Friede, wer aber nach Ägypten hinabsteigt, wird scheitern und zugrunde gehen (vgl. 30,5; 31,3).

Den Auftakt zu allen Ägyptensprüchen bildet *Jes 18*. Indem dieser Spruch mit der Vision endet, dass die Kuschiter nach Jerusalem wallfahren und Jhwh Ge-schenke bringen werden, vermittelt er seinen Adressaten eine klare Botschaft: Wenn künftig sogar die am äußersten Ende der Welt Wohnenden herbeikommen werden, wie kann das Volk, das sich schon auf dem Zion befindet (10,24; 12,6; 30,19) und den Gott verehrt, der auf dem Zion residiert (8,18; 24,23), weggehen und nach Ägypten laufen?

Ein völlig anderes, singuläres Konzept des universalen Heils wird in *19,16 – 25*, im Anschluss an das zweite Ägyptenorakel präsentiert. Es bietet ein theologisches Alternativmodell zur jerusalemzentrierten Völkerwallfahrt. Deshalb soll es am Ende dieses Kapitels auch noch kurz behandelt werden.

2.2. Jes 18: Abgrenzung, Übersetzung und Textkritik

Mit Jes 18,1 beginnt innerhalb der Sammlung Kap. 13 – 23 ein neues Fremdvöl-kerorakel, ein Drohwort gegen Kusch. Im Unterschied zu den meisten anderen Sprüchen wird es nicht durch משא eingeleitet, sondern wie der vorhergehende Abschnitt 17,12 – 14 durch die Interjektion הוי. Der Umfang der Texteinheit ist durch eine *inclusio* definiert, die dadurch entsteht, dass v.7 die ausführliche Charakte-risierung der Kuschiter von v.2 fast wörtlich wiederholt.[70] Ihr Ende wird durch die Überschrift משא מצרים, *Spruch gegen Ägypten*, in 19,1 angezeigt.

Der masoretische Text weist dementsprechend vor *v.1* und nach *v.7* je einen Einschnitt auf (der in 𝔐^L durch *Setumot*, in 𝔐^A durch *Petuchot* markiert ist). 1QIsa^a lässt an beiden Stellen das vorhergehende Zeilenende frei und beginnt eine neue Zeile (frZE/NZ), erzeugt also einen eigenen HA.[71]

Innerhalb dieser Einheit haben beide masoretische Handschriften eine *Se-tuma* vor *v.4*, die die folgende Gottesrede als eine eigene Untereinheit abhebt.

---

70 Vgl. die rhetorische Analyse bei M. Høyland Lavik, *A People Tall and Smooth-Skinned. The Rhetoric of Isaiah 18* (VT.S 112; Leiden; Boston, MA: Brill, 2007) 16. In diachronen Studien wird diese Wiederholung meist als Hinweis auf den sekundären Charakter von v.7 verstanden (vgl. zuletzt Cook, *A Sign*, 66 – 70).

71 In 4QIsa^b wird dessen Ende durch eine leere Zeile angezeigt. Entgegen der Textdarstellung von O. H. Steck, *Die erste Jesajarolle von Qumran (1QIs^a). Textheft* (SBS 173.2; Stuttgart: Katholisches Bibelwerk, 1998) 22, hat 1QIsa^a innerhalb von v.1 – 7 keine weiteren Abschnittmarker.

Durch die einleitende Konjunktion כִּי ist diese aber gleichzeitig eng mit dem vorhergehenden Kontext verknüpft. 4QIsa[b] ist der einzige hebräische Textzeuge, der einen Einschnitt vor *v.7* markiert (frZE/NZ) und diesen Vers damit zu einem eigenen UA macht. Dagegen steht für die hauptsächlichen Textzeugen nicht die trennende, sondern die verbindende Funktion der Zeitangabe בָּעֵת הַהִיא im Vordergrund.[72]

1a	Wehe, du Land des geflügelten Käfers	הוֹי אֶרֶץ צִלְצַל[a] כְּנָפָיִם
b	jenseits der Flüsse von Kusch,	אֲשֶׁר מֵעֵבֶר לְנַהֲרֵי־כוּשׁ:
2aα	das auf dem Meer Gesandte ausschickt	הַשֹּׁלֵחַ בַּיָּם צִירִים
	und in Papyruskähnen auf der Fläche des Wassers!	וּבִכְלֵי־גֹמֶא עַל־פְּנֵי־מַיִם
β	Geht, ihr leicht(füßig)en Boten,	לְכוּ מַלְאָכִים קַלִּים
	zu einer Nation, lang gestreckt und glatt(häutig),	אֶל־גּוֹי מְמֻשָּׁךְ וּמוֹרָט[b]
	zu einem Volk, weit und breit gefürchtet,	אֶל־עַם נוֹרָא מִן־הוּא וָהָלְאָה
bα	einer Nation der Kraft und der Zermalmung,	גּוֹי קַו־קָו[c] וּמְבוּסָה
β	deren Land Flüsse durchschneiden!	אֲשֶׁר־בָּזְאוּ[d] נְהָרִים אַרְצוֹ:
3aα	All ihr Bewohner des Erdkreises	כָּל־יֹשְׁבֵי תֵבֵל
β	und Bürger der Erde,	וְשֹׁכְנֵי אָרֶץ
bα	wie beim Aufrichten des Banners auf Bergen seht hin	כִּנְשֹׂא־נֵס הָרִים תִּרְאוּ
β	und wie beim Blasen der Posaune hört hin!	וְכִתְקֹעַ שׁוֹפָר תִּשְׁמָעוּ:
4aα	Denn so hat Jhwh zu mir gesprochen:	כִּי־כֹה אָמַר יְהוָה אֵלַי
β	Ich will stillhalten und zuschauen an meiner Stätte,	אֶשְׁקוֹטָה[e] וְאַבִּיטָה בִמְכוֹנִי
bα	wie flimmernde Hitze bei (Tages)licht,	כְּחֹם צַח עֲלֵי־אוֹר
β	wie Taugewölk in der Hitze der Ernte.	כְּעָב טַל בְּחֹם[f] קָצִיר:
5aα	Doch noch vor der Ernte, wenn die Blüte vorbei ist	כִּי־לִפְנֵי קָצִיר כְּתָם־פֶּרַח
β	und die Knospe zur fertigen Traube wird,	וּבֹסֶר גֹּמֵל[g] יִהְיֶה נִצָּה
bα	wird er die Ranken mit Winzermessern abschneiden,	וְכָרַת הַזַּלְזַלִּים בַּמַּזְמֵרוֹת
β	und die Schösslinge entfernt er, reißt er ab.	וְאֶת־הַנְּטִישׁוֹת הֵסִיר הֵתַז:
6aα	Sie werden miteinander den Raubvögeln der Berge	יֵעָזְבוּ[h] יַחְדָּו לְעֵיט הָרִים
β	und den Tieren des Landes überlassen,	וּלְבֶהֱמַת הָאָרֶץ[i]
bα	und die Raubvögel werden darauf übersommern	וְקָץ עָלָיו הָעַיִט
β	und alle Tiere des Landes werden darauf überwintern.	וְכָל־בֶּהֱמַת הָאָרֶץ עָלָיו תֶּחֱרָף:
7aα	In jener Zeit *werden* Jhwh der Heere Geschenke *dargebracht werden*	בָּעֵת הַהִיא יוּבַל־שַׁי
		לַיהוָה צְבָאוֹת
β	(von) einem Volk, lang gestreckt und glatt(häutig),	עַם[j] מְמֻשָּׁךְ וּמוֹרָט
	von einem Volk, weit und breit gefürchtet,	וּמֵעַם נוֹרָא מִן־הוּא וָהָלְאָה
bα	einer Nation der Kraft und der Zermalmung,	גּוֹי קַו־קָו וּמְבוּסָה
β	deren Land Flüsse durchschneiden,	אֲשֶׁר־בָּזְאוּ נְהָרִים אַרְצוֹ
γ	**zu dem Ort des Namens Jhwhs der Heere,** **dem Berg Zion.**	אֶל־מְקוֹם שֵׁם־יְהוָה צְבָאוֹת
		הַר־צִיּוֹן:

---

72 Bei unseren Anmerkungen zum Text und seiner Übersetzung behandeln wir im Folgenden nur die wichtigsten Probleme. Die zahlreichen, z.T. nicht endgültig lösbaren semantischen Schwierigkeiten werden ausführlich bei Høyland Lavik, *A People Tall*, *passim*; Cook, *A Sign*, 57 – 78; Balogh, *Stele of YHWH*, 140 – 60, diskutiert.

a In 1QIsaᵃ ist das Wort in צל צל aufgespalten, d. i. wohl eine intensivierende Verdoppelung von צל, *Schatten*. Balogh, *Stele of YHWH*, 143, beurteilt dies als einen Versuch, dem enigmatischen Begriff צלצל eine passende Bedeutung abzugewinnen. Die Deutung als „Käfer" (gemeint ist der Skarabäus als Symbol der Pharaonen) wird von M. Lubetski u. C. Gottlieb, „Isaiah 18. The Egyptian Nexus", dies. u. S. Keller (Hg.), *Boundaries of the Ancient Near Eastern World. A Tribute to Cyrus H. Gordon* (JSOT 273; Sheffield: Sheffield Academic Press, 1998) 369 – 371; Balogh, *Stele of YHWH*, 142 – 5, überzeugend begründet. Für sie und gegen die Übersetzung von LXX – πλοίων πτέρυγες, *Flügel (= Segel) der Schiffe* – spricht nicht zuletzt der *Dual* כנפים, *zweiflüglig*.

b Nach G–K §52s handelt es sich um ein *ptz pu.* ohne das Präformativ -מ. 1QIsaᵃ liest die korrekte vollständige Form ממורט (mit einem nachträglich über die Zeile geschriebenen ו), gleicht die Schreibweise also an das unmittelbar vorangehende ממשך an. Die masoretische Textvariante ist schwieriger und dürfte deshalb ursprünglich sein. In v.7 ist sie auch durch 4QIsaᵇ bezeugt. In 𝔊 wird das Volk hier und in v.7 völlig anders beschrieben. Für E. Tov, „Did the Septuagint Translators Always Understand their Hebrew Text?", *The Greek and Hebrew Bible. Collected Essays on the Septuagint* (VT.S 72; Leiden; Boston, MA; Köln: Brill, 1999) 209 – 10, sind es unterschiedliche Versuche, die lexikalischen Probleme des hebräischen Textes zu lösen. Zur Rekonstruktion der ursprünglichen Lesart tragen sie kaum etwas bei.

c Mit BHS und HALAT, 1011, sollte MT hier nach 1QIsaᵃ und der orientalischen Textüberlieferung korrigiert und *ein* Wort gelesen werden: קוקו. Nach Balogh, *Stele of YHWH*, 152 – 3, handelt es sich um ein arabisches Lehnwort, dessen Bedeutung durch die Reduplikation gesteigert ist.

d באז ist ein *hapax legomenon* mit unsicherer Bedeutung. 1QIsaᵃ liest hier und in v.7 באזי, also eine pluralische *cs.*-Form. Nach Balogh, *Stele of YHWH*, 154, wäre der Attributsatz dann mit „whose land is the riverbed" zu übersetzen. Die Verbalform von MT ist für v.7 aber auch in 4QIsaᵇ belegt und sollte deshalb beibehalten werden.

e Das *Qere* hat die reguläre Form des Kohortativs: אֶשְׁקֳטָה. Da sich das *Ketiv* אשקוטה (nach Joüon – Muraoka, §7b n.7, fungiert ו hier als *mater lectionis*) auch in 1QIsaᵃ findet, könnte dies die ursprüngliche, das *Qere* die korrigierte Lesart darstellen.

f BHS schlägt vor, mit einigen hebräischen Handschriften, LXX, 𝔖 und 𝔙 ביום, *am Tag (der Ernte)*, zu lesen. Nach Barthélemy, *Critique textuelle*, 134 – 5, ist jedoch die übereinstimmend von 𝔐 und 𝔔 bezeugte Lesart zu bevorzugen. Die Variante ist entweder infolge eines Schreib- oder Lesefehlers entstanden oder infolge einer absichtlichen stilistischen Verbesserung, durch die ein zweifaches חם in derselben Zeile vermieden werden sollte (vgl. Høyland Lavik, *A People Tall*, 127 – 8).

g 1QIsaᵃ liest ובסור גמול. In beiden Fällen handelt es sich um aramäisch beeinflusste Nebenformen (vgl. E. Y. Kutscher, *The Language and Linguistic Background of the Isaiah Scroll [1 Q Isaᵃ]* [StTDJ 6; Leiden: E. J. Brill, 1974] 201.203), die keine Änderung des MT erfordern.

h Die Septuaginta übersetzt καὶ καταλείψει, *und er wird liegen lassen*, setzt also syntaktisch die Reihe der Verben von v.5 fort. In 𝔊ᵛ müsste demnach עזב stehend haben oder wie in 1QIsaᵃ ועזבו, sofern diese Form als 3. Pers. Sg. + *ePP* aufgefasst wird: „und Er wird es (sc. das Abgeschnittene) überlassen..." (vgl. Kutscher, *Language and Linguistic Background*, 353). Die masoretische Lesart wird aber durch 4QIsaᵃ und die Versionen 𝔙 („relinquentur") und 𝔗 (ישתבקון) שבק *a* שבק *hitpeel*) gestützt und sollte deshalb beibehalten werden.

i 1QIsaᵃ liest hier בהמות ארץ (vgl. Ijob 35,11) und im zweiten Versteil בהמות הארץ, also zweimal den Plural. Demgegenüber verwenden MT und 4QIsaᵇ jeweils die singularische „Normalform" בהמת הארץ, wie sie sich auch in Dtn 28,26; Jer 7,33; 15,3; 16,4; 19,7; 34,20 findet. Während das Griechische (τὰ θηρία) und das Lateinische („bestiae") das kollektive בהמה pluralisch wiedergegeben, behält das Aramäische den Singular bei (בעיר).

ʲ Die Syntax im MT ist offensichtlich gestört. Das präpositionslose עם ממשך ומורט müsste nämlich eine Apposition zu גוי, dem Subjekt des Satzes, sein, und ומעם נורא מן־הוא והלאה müsste den Urheber der Handlung bezeichnen („ein Geschenk wird gebracht, und zwar ein Volk..., von einem Volk...“). Dann dürften die beiden Ausdrücke aber nicht durch ו verbunden sein. 4QIsaᵇ hat dieses grammatikalische Problem durch Streichung der Konjunktion beseitigt (מעם ...עם). Da sich die beiden Ausdrücke jedoch in v.2 auf ein und dasselbe Volk beziehen, ist davon auszugehen, dass sie auch hier dieselbe syntaktische Funktion erfüllen. Dies ist sowohl in 1QIsaᵃ als auch in 𝔊 der Fall: ...מעם ומעם bzw. ἐκ λαοῦ... καὶ ἀπὸ λαοῦ. Mit BHS und Barthélemy, *Critique textuelle*, 135 – 7, betrachten wir dies als die ursprüngliche Lesart. Dagegen möchte Høyland Lavik, *A People Tall*, 225, aus rhetorischen Gründen an dem MT festhalten. Durch das Weglassen der Präposition („gapping“) solle der Leser verunsichert und vor die Frage gestellt werden: Bringen die Kuschiter Gaben herbei oder werden sie selbst als Gabe dargebracht?

2.3. Die Kuschiter zwischen Diplomatie und JHWH-Dienst

Jes 18 ist eines der schwierigsten, wenn nicht das schwierigste Kapitel im Jesajabuch. Auch nach den ausführlichen Studien von Marta Høyland Lavik, Csaba Balogh und Paul M. Cook[73] ist nicht einmal bei elementaren Verständnisfragen ein Konsens erreicht: Ist das einleitende Wort הוי ein Aufmerksamkeits- oder ein Weheruf? Was bedeutet צלצל? Sind mit צירים und מלאכים dieselben Boten gemeint? Und wer spricht überhaupt in v.2: Kusch, JHWH oder der Prophet? Wer ist das mysteriöse Volk, zu dem gesandt wird, die Israeliten, wie die traditionelle jüdische Exegese annahm, die „weit und breit gefürchteten“ Assyrer oder die Kuschiter, die ja die Hauptpersonen sein müssten? Oder ist vielleicht gar nicht von einem, sondern von zwei oder drei Völkern die Rede (davon scheint die Septuaginta auszugehen)? Kündigt v.3 einen tatsächlichen Kampf an oder spricht er von Fahnen und Posaunen nur metaphorisch? Was sollen die Naturbilder in v.4 veranschaulichen? Wer wird in v.5 – 6 vernichtet? Ist v.7 integraler Bestandteil und damit Sinnspitze des Orakels oder ein disparater Zusatz? Bringt das Volk – welches? – Gaben herbei oder wird es selbst als Gabe dargebracht? Und kündigt die Schlussvision dieser anonymen Nation wirklich Heil an oder vielmehr, dass sie sich *nolens volens* JHWH unterwerfen muss?

Neben diesen Einzelfragen ist auch das Gesamtverständnis umstritten; es hängt wesentlich daran, in welchen Kontext man Jes 18 stellt. Wer es wie Balogh als redaktionellen Anhang an Kap. 17 liest, entdeckt in ihm dieselbe antiisraeli-

---

73 Die Monographie von Høyland Lavik, *A People Tall*, widmet sich der Rhetorik von Kap. 18, die unabhängig voneinander entstandenen Arbeiten von Balogh, *Stele of YHWH*, und Cook, *A Sign*, der Redaktionsgeschichte von Kap. 18 – 20.

tische Tendenz.[74] Wer es hingegen wie Høyland Lavik als selbstständige Einheit auffasst oder wie Cook als Anfang einer die beiden folgenden Kapitel mitumfassenden Komposition, versteht es als antiägyptisches Orakel, durch das Juda (nicht das Nordreich Israel!) vor einer Koalition mit Ägypten gewarnt werden soll.[75]

Unsere Auslegung wird sowohl den näheren als auch den ferneren[76] Kontext einbeziehen, ohne einer bestimmten diachronen Hypothese zu folgen. Sie wird sich dabei an den intertextuellen Referenzsignalen orientieren, die aber stets kritisch verwendet und in den theologischen Gesamtzusammenhang, wie wir ihn im Einleitungsteil dieser Arbeit skizzierten, eingebettet werden müssen.

2.3.1. Kuschs diplomatische Aktivitäten (v.1–2)

Innerhalb der jesajanischen Sammlung von Fremdvölkersprüchen ist das Kusch-Orakel das einzige, das durch הוי eingeleitet ist. Wie Csaba Balogh aufgrund eines syntaktischen Vergleichs gezeigt hat, fungiert es hier nicht als Interjektion, die wie in Jes 55,1 oder Sach 2,10.11 Aufmerksamkeit erregen und ermutigen soll („He! Auf!"), sondern als klagender Ruf, der dem Betreffenden Unheil ankündigt („Wehe!").[77] Mit הוי beginnt auch das unmittelbar vorhergehende Völkerkampf-orakel *17,12–14*. Dieses hatte zuerst das „Toben vieler Völker" (המון עמים רבים) beschrieben, also die politischen und militärischen Intrigen der führenden

---

74 Vgl. Balogh, *Stele of YHWH*, 184: „[R]egardless of the role that the African kingdom played in this prophecy in its original context, on its present position, following the intentions of the editors, Isa. 18:1–7 can be and is to be read as an anti-Israelite text." Allerdings wird Israel weder direkt noch indirekt erwähnt. Wenig plausibel ist insbesondere Baloghs Grundannahme, das ursprüngliche Orakel beziehe sich auf den Feldzug Sanheribs 701 v.Chr. und sei sekundär auf die syrisch-efraimitische Krise übertragen worden. Der Redaktor hätte es also von einer späteren in eine frühere historische Situation zurückverlegt und seine antiägyptische in eine antiisraelitische Intention verwandelt – und das, obwohl das Nordreich längst untergegangen war!

75 Vgl. die ganz ähnlichen Beurteilungen bei Høyland Lavik, *A People Tall*, 22 („a text with *one* superior aim, namely to persuade the Judeans to keep to YHWH and avoid the foreign people from Cush"), und Cook, *A Sign*, 57 („the oracle in 18 condemns seeking aid from Cush, because Judah should wait for Yhwh's timing").

76 Cook, *A Sign*, 65–6, verweist z. B. auf die inhaltlichen und formalen Parallelen zu den We-herufen in Kap. 28–31. Auch wenn man seiner redaktionsgeschichtlichen These, dies sei der ursprüngliche Kontext des Kusch-Orakels, nicht folgt, verdienen die intertextuellen Bezüge zu den Ägypten-Orakeln in Kap. 30 und 31 doch besondere Beachtung.

77 Vgl. Balogh, *Stele of YHWH*, 141–2. Im ersten Fall folgt eine direkte Anrede (2. Pers.), oft verbunden mit einem Imperativ, im zweiten eine 3. Pers. Dass der Adressat im Weheruf nicht direkt angesprochen wird, könnte damit zusammenhängen, dass diese literarische Form von der Klage über einen Toten abzuleiten ist.

Mächte, die die Welt ins Chaos stürzen, und dann, wie diese durch die Intervention Jhwhs vereitelt werden. Trotz des Aufsehens, das sie erregen, führen diese eigenmächtigen Aktivitäten am Ende zu nichts, d. h. sie enden im Nichts. Wenn also der Weheruf von 17,12 in 18,1 erneut erklingt, wird die generelle, man könnte sagen, geschichtsphilosophische Aussage über die Eitelkeit militärischer Großmachtsambitionen auf ein einzelnes Land angewendet. Auch Kusch, das im ausgehenden 8. Jahrhundert eine führende Rolle in der antiassyrischen Aufstandsbewegung spielte, wird scheitern! Die regen diplomatischen Kontakte, die v.2 beschreibt, werden erfolglos bleiben und seine Bündnispartner mit ihm zusammen scheitern (vgl. 20,4–6)!

Dass der Weheruf auch Juda gilt, hat wiederum Balogh wahrscheinlich gemacht.[78] Der zweiflüglige Skarabäus, das Symboltier der ägyptischen und dann auch nubischen Herrscher, wurde nämlich auch auf den Siegeln des Königs Hiskija verwendet. Der Spruch gegen das „Land des zweiflügligen Käfers" ist also eine *direkte* Drohung gegen die ausländische Nation und eine *indirekte* Warnung an das eigene Land.[79] Von *Dtn 28,42* her gesehen könnte die enigmatische Bezeichnung sogar einen satirischen Unterton haben. Dort wird nämlich innerhalb des großen Fluchteils ebenfalls ein צלצל-Käfer (wenn auch anders vokalisiert) als Verursacher einer Naturkatastrophe erwähnt. Der Skarabäus von Jes 18,1 wäre demnach nichts anderes als ein Schädling, der Bäume und Feldfrüchte zerstört, das imposante Kusch nur ein Parasit und nicht ein Helfer Israels.

In *v.1* wird dieses Land zunächst geographisch beschrieben, wobei mit נהרי־כוש der Weiße Nil, der Blaue Nil und der Atbara gemeint sein dürften.[80] Es liegt *jenseits* dieser Flüsse, von denen es nach v.2*fin* gleichwohl durchschnitten wird.[81] Durch diese Angabe soll vielleicht das benachbarte Seba (סבא), das in 43,3 und 45,14 neben Kusch erscheint, miteingeschlossen werden. In jedem Fall wird dadurch der Horizont noch über die äußerste Südgrenze, für die dieses Land steht, hinaus erweitert.

Wichtiger als die Geographie sind aber die Aktivitäten, die von dem nubischen Reich ausgehen. Wie in vielen Weherufen folgt auch hier auf den Adressaten ein „Partizipialsatz, welcher die Schuld in knappen Worten namhaft macht."[82] Was Kusch vorgeworfen wird, ist also nicht ein einmaliges, spezifisches Delikt, sondern

---

78 Vgl. Balogh, *Stele of YHWH*, 197–9.

79 "The doom announced for the land of the *scarabaeus sacer* was an omen forecasting the fall of the Judaean winged beetle" (Balogh, *Stele of YHWH*, 199).

80 Vgl. Roberts, „Egyptian and Nubian Oracles", 201 n.1.

81 Oder: „fortgeschwemmt wird" (nach HALAT, 113). In diesem Fall würde auf die regelmäßigen Nilüberschwemmungen und den dadurch angespülten fruchtbaren Schlamm angespielt.

82 Wildberger, *Jesaja II*, 688.

die Entsendung von Boten als solche. Dies dürfte der Grund sein, weshalb v. 2aα zwar die Verkehrswege[83] und die Fortbewegungsmittel, nicht aber den Empfänger und den Inhalt der Botschaft nennt.

Dasselbe Desinteresse an konkreten Details kennzeichnet auch den Rest des Verses. So bleibt unklar, wer den Befehl לכו מלאכים קלים erteilt und an wen er sich dabei richtet. Da in v.4 eine Rede JHWHs eigens eingeführt wird, dürfte dieser kaum hier schon sprechen, um „Boten", d. h. Engel vom Himmel auszusenden.[84] Historisch spricht einiges dafür, „that Judean envoys are on their way to the court of the Nubian royal house at distant Napata near the fourth cataract of the Nile."[85] Doch all das bleibt dem (vom Autor intendierten, impliziten) Leser verborgen. Er „hört" nur irgendwelche Stimmen, ohne den Sprecher zu „sehen". Alles, was er erfährt, ist, dass – dieselben oder andere – Boten zu einem ominösen Volk gesandt werden. Dass „die hoch gestreckte und glatthäutige Nation" die Kuschiter sind (und nicht etwa die Assyrer), wird er nicht deshalb verstehen, weil Herodot sie als „groß und schön" beschreibt,[86] sondern weil sie die Hauptadressaten des Orakels sind, denen auch die Schlussweissagung in v.7 gilt. Zwar bleibt das Volk auch dort anonym, doch legen die Parallelen in Ps 68,30 – 32 und Zef 3,10 nahe, dass die Huldigungsgeschenke aus Kusch gebracht werden (s. u. 2.3.4.).

Auf die Charakterisierung brauchen wir nicht im Detail einzugehen.[87] Die Stichworte נורא, *gefürchtet*, und מבוסה, *Zertrampelung*, genügen, um das Bild einer machtvoll und brutal agierenden Nation zu erwecken, zu der die anderen, wie 20,5 formuliert (כוש מבטם), „aufblicken". Zwischen ihr und ihnen herrscht ein reger diplomatischer Verkehr. Das ist die Hauptaussage der einleitenden Verse. Welche Völker im Einzelnen daran beteiligt sind und welches Ziel die Abordnungen verfolgen, ist nebensächlich. Insofern geht Jes 18 über 30,1– 5 und 31,1– 3 hinaus, die speziell die proägyptische Allianz kritisieren. Hier wird jede Bündnispolitik verworfen, egal ob sie von auswärtigen Mächten oder von Israel/Juda betrieben

---

83 Ob ים das Mittelmeer oder, wie Wildberger, *Jesaja II*, 680, u. a. annehmen, den Nil meint, ist dabei unerheblich. ים und מים wollen nicht geographische Informationen vermitteln, sondern eine allgemeine Idee veranschaulichen. Der Leser wird zudem an 17,12 erinnert, wo dasselbe Wortpaar den Aufruhr der Nationen illustriert.

84 Gegen Balogh, *Stele of YHWH*, 168.

85 Blenkinsopp, *Isaiah I*, 310. Vgl. Høyland Lavik, *A People Tall*, 68 – 70. Deren intertextuelle Argumentation wird jedoch von Cook, *A Sign*, 59 – 60, zurückgewiesen. Tatsächlich genügt das gemeinsame Referenzsignal קל in 18,2 und 30,16 nicht, um die Boten als Judäer zu identifizieren.

86 Herodot, *Hist.* III 20: μέγιστοι καὶ κάλλιστοι ἀνθρώπων πάντων (zitiert bei Delitzsch, *Jesaia*, 241). Vgl. immerhin Jes 45,14, wo aber nicht die Körpergröße der Kuschiter, sondern der Sebäer (= Äthiopier?) herausgestellt wird – sofern אנשי מדה überhaupt in diesem Sinn aufzufassen ist (zur Diskussion s. u. III.1.2.).

87 Vgl. die ausführlichen Diskussionen in den Kommentaren und den zitierten Monographien.

wird. Sie setzt sich nämlich darüber hinweg, dass Jhwh selbst, verborgen und doch effektiv, die Geschichte leitet.

Der diplomatische Aktionismus verdeckt also die eigentliche Schuld, die im Unterlassen besteht. In Kap. 30 und 31 wird sie, spiegelbildlich zu den Koalitionsbemühungen, mit einem mehrfachen לא gebrandmarkt: das *Nicht*-Interesse für den Plan Jhwhs (עצה ולא מני, 30,1), das *Nicht*-Hören und -Befragen Seiner Boten (לא שאלו, 30,2; לא דרשו, 31,1), das *Nicht*-Schauen auf den „Heiligen Israels" (ולא שעו על־קדוש ישראל, 31,1).

2.3.2. Die universale Zeugenschaft (v.3)

Der Eindruck, dass Jes 18 eine allgemeingültige Botschaft jenseits aller geographischen und historischen Begrenzungen vermitteln will, wird durch *v.3* bestätigt. ארץ, das in v.1–2 das mächtige Reich des Skarabäus bezeichnete, steht nun, parallel zu תבל, für die ganze Welt. Deren Bewohner, also nicht nur Kusch und seine Verbündeten, sondern alle Menschen werden zum Sehen und Hören aufgerufen. Dabei ist erneut unklar, wer die Stimme erhebt. Es könnten die Gesandten sein, die, ihr Mandat stillschweigend ausweitend, nun allen Ländern eine Botschaft übermitteln.[88] Wahrscheinlich aber ist es der Prophet (d. h. der implizite Autor). Er ruft ja deshalb zur Aufmerksamkeit, weil (vgl. כי, v.4*init*) er im Folgenden ein Gotteswort ausrichten möchte, das an ihn ergangen ist.

Beide Vershälften bilden einen sorgfältig konstruierten inneren Parallelismus.[89] Die erste besteht aus zwei identischen Subjekten (שכני ארץ // כל־ישבי תבל), die zweite aus zwei Umstandsbestimmungen (כנשא־נס הרים // כתקע שופר) und zwei Prädikaten (תשמעו // תראו), die korrespondierende Aktionen bzw. Sinneswahrnehmungen bezeichnen. Zwei Elemente schießen über die parallele Struktur hinaus: die Näherbestimmung des ersten Subjekts durch כל und das präzisierende הרים im ersten Präpositionalausdruck. כל, *alle*, das bereits durch seine Anfangsstellung hervorgehoben ist, unterstreicht die Universalität des Adressatenkreises. הרים, *Berge*, ist ein wichtiges Referenzsignal, das inhaltliche Bezüge zum engeren und weiteren Kontext herstellt.[90] Nach הוי und ים/מים ist es das dritte Lexem, das

---

88 So Philippson, *Israelitische Bibel*, 774.

89 Eine ausführliche syntaktische und semantische Analyse bietet Høyland Lavik, *A People Tall*, 105–9. Zum stilistischen Phänomen des „internal parallelism", d. h. des Parallelismus innerhalb eines Verses, allgemein vgl. W. G. E. Watson, *Traditional Techniques in Classical Hebrew Verse* (JSOT.S 170; Sheffield: Sheffield Academic Press, 1994) 104–91.

90 Høyland Lavik, *A People Tall*, 106–7, definiert das Phänomen gerade umgekehrt als „gapping": im zweiten Kolon fehle das vom Leser erwartete zweite הרים Doch erwartet dieser tat-

auf das voranstehende Völkerkampforakel verweist. Die Verbindung ist besonders auffällig, da es sowohl in 17,13 als auch in 18,3 ein anderes Nomen näher bestimmt.[91] Dort illustriert die „Spreu *der Berge*", die vom Sturm weggeweht wird, wie es den feindlichen Nationen ergeht. Diese Assoziation – die Berge als Ort des Gerichts (vgl. 14,25) – wird somit in 18,3 eingetragen. Darüber hinaus weist das zusätzliche הרים aber auch auf die Verheißung von *25,6 – 8* voraus, „die politische Rivalität unter den Völkern werde dem gemeinsamen Mahl weichen, das JHWH ihnen auf seinem Berg bereitet."[92]

Das aufgerichtete Banner begegnet, wie wir gesehen haben, auch in 5,26; 11,10.12; 13,2 und 49,22. Hier wird es durch das korrespondierende Motiv des geblasenen Schofarhorns verstärkt (vgl. 27,13). Beides sind militärische Signale, das eine visuell, das andere akustisch, die eine bevorstehende Kampfhandlung ankündigen.[93] Im Unterschied zu den Parallelstellen werden in 18,3 nicht die Völker (עמים, גוים) als Adressaten genannt, da sich die Aufforderung ja an die ganze Menschheit, an die Fremdnationen *und* an Israel richtet. Es wird auch kein Heerbann einberufen oder eine andere Aktivität wie z. B. die Sammlung der Verbannten befohlen. Diese eigenartige Folgenlosigkeit könnte dafür sprechen, die mit dem Infinitiv verbundene Präposition כ hier nicht temporal, sondern vergleichend aufzufassen. Dann wäre nicht ein wirkliches Hissen des Banners, nicht ein wirkliches Blasen des Horns gemeint, sondern diese militärischen Operationen würden nur als Vergleich dienen: Seid so aufmerksam *wie* Soldaten, die auf das Signal zum Angriff warten oder, im hiesigen Kontext passender, die der feindlichen Attacke entgegenfiebern!

Mit derselben gespannten Aufmerksamkeit müssten die Angesprochenen auf das achten, was JHWH spricht und tut. Dann würde die Verstockung weichen, die

---

sächlich zweimal dieselbe Ortsangabe? Unbefriedigend bleibt deshalb auch ihre Folgerung bezüglich der rhetorischen Funktion der Lücke: „to intensify the message as the focus is even more on what will *happen* than on the mountains as such" (Høyland Lavik, *A People Tall*, 119 [Hervorhebung i. Orig.]).

91 מץ הרים bzw. נס הרים. Es fungiert also syntaktisch nicht als Ortsangabe, wie die Übersetzung „auf den Bergen" (EÜ) suggeriert, sondern als *nomen rectum* innerhalb einer cs.-Verbindung.

92 Beuken, *Jesaja II*, 167.

93 Zur Semantik und literarischen Verwendung der Motive s. Høyland Lavik, *A People Tall*, 110 – 5. Cook, *A Sign*, 71 – 2, will eine thematische Entwicklung innerhalb der drei Stellen erkennen, an denen die Motive zusammen vorkommen: von einer negativen militärischen Bedeutung in Jer 4,5 – 6 über eine positive militärische Bedeutung in Jer 51,17 zu einer positiven nichtmilitärischen Bedeutung in Jes 18,3. Er zeigt aber nicht, worin die positive Bedeutung an unserer Stelle besteht. Ebenso haltlos ist die Behauptung von Berges, *Buch Jesaja*, 162 – 3, die beiden Motive würden einen kultischen Kontext erzeugen und somit bereits hier die Völkerwallfahrtsvorstellung einspielen.

auf dem Gottesvolk liegt und die in 6,9 – 10 mit demselben Wortpaar „Sehen" (ראה)
und „Hören" (שמע) beschrieben wurde.[94] Und alle, Israel *und* die heidnischen
Nationen, würden erkennen, dass nicht ihre Diplomatie, sondern der Plan Gottes
ihr Geschick bestimmt.

2.3.3. Das Abwarten und Eingreifen Jhwhs (v. 4 – 6)

Worauf die ganze Welt achten soll, wird zunächst in einem Jhwh-Spruch (v. 4),
dann in einer erläuternden Prophetenrede (v. 5 – 6) ausgeführt. Eingeleitet wird
dieser Abschnitt durch die um אלי erweiterte Zitationsformel כי כה אמר יהוה: „denn
so hat Jhwh zu mir gesprochen" (vgl. 8,11; 21,6.16; 31,4). Wie Andreas Wagner
gezeigt hat,[95] erfüllt diese Formel mehrere Funktionen. Vor allem *zitiert* sie das in
der Vergangenheit ergangene (bzw. als ergangen vorgestellte) Gotteswort, sodann
begründet sie, warum in v. 3 zur Aufmerksamkeit gerufen wurde, und schließlich
autorisiert sie die Offenbarung mit dem Hinweis, dass der Prophet sie persönlich
empfangen hat.

Die Rede, in der Jhwh zu den diplomatischen Aktivitäten Kuschs und seiner
Verbündeten Stellung nimmt, ist extrem kurz. Im Grunde besteht sie nur aus drei
Wörtern: אשקוטה ואביטה במכוני. Ruhig sein, geduldig abwarten und genau beob-
achten, und dies an einer fest gegründeten (die Wurzel כון!) Stätte – *so* verhält sich
Jhwh und *so* übt er seine Herrschaft aus.

Aber von woher betrachtet er die Umtriebe der Nationen? Aufgrund der
Parallelen zu *Ps 33,13 – 15* scheint es, als ob er vom Himmel auf die Erde blickte.[96]
Jedoch kann der Begriff מכון auch das irdische Heiligtum, den Tempel in Jerusalem
bezeichnen (Ex 15,17; 1 Kön 8,13 *par* 2 Chr 6,2; Jes 4,5; Esra 2,68; Dan 8,11).[97] Für
diese Bedeutung spricht, dass er in *Jes 4,5*, dem einzigen anderen Beleg im Je-

---

94 Zu den übrigen Belegen s. Beuken, *Jesaja II*, 167.

95 Zu den כי כה אמר אלי und כה אמר אלי -Formeln s. A. Wagner, *Prophetie als Theologie. Die* so
spricht Jahwe-*Formeln und das Grundverständnis alttestamentlicher Prophetie* (FRLANT 207;
Göttingen: Vandenhoeck & Ruprecht, 2004) 259 – 69. Jes 18,4 folgt dem üblichen Schema, insofern auch hier der כי כה אמר -Formel eine Aufforderung vorangeht (v. 3), die durch das Gotteswort
begründet wird.

96 So u. a. Beuken, *Jesaja II*, 168. Die beiden Texte sind durch folgende Referenzsignale verbunden: 1. das Verb נבט *hif.* mit Jhwh als Subjekt, 2. כל-ישבי הארץ als Objekt des Sehens, 3. מכון
parallel zu שמים als Ortsangabe, in Ps 33,14 allerdings mit der Präposition מן statt ב.

97 Im Tempelweihegebet 1 Kön 8 wird mit dieser Doppelbedeutung geradezu gespielt, wenn
Salomo Gott bittet, die Gebete vom Himmel, „der Stätte deines Wohnens" (מכון שבתך, v. 39.43.49),
zu erhören, nachdem er zuvor festgestellt hat, er habe ihm ein fürstliches Haus, „eine Stätte für
dein Wohnen" (מכון לשבתך, v. 13), gebaut.

sajabuch, für den Zionsberg verwendet wird (כל־מכון הר־ציון) und eben dieser auch in *18,7* wieder erscheint (מקום שם־יהוה צבאות הר־ציון). Der Leser des Endtextes kann kaum anders als anzunehmen, dass JHWH die Welt von dem Ort aus regiert, zu dem dann auch die ihm geweihten Gaben gebracht werden.[98]

Die göttliche Untätigkeit[99] steht dem hektischen Treiben der menschlichen Akteure diametral entgegen. Während diese Boten zwischen den Staaten hin- und hersenden, ruht jener im Wissen um seine Allmacht in sich selbst. Das ist nur scheinbar Passivität, in Wirklichkeit aber höchste Konzentration, zurückhaltende und gerade dadurch souveräne Kontrolle des Geschehens. Mit dieser Haltung ist JHWH ein Vorbild, das die Menschen nachahmen müssten. Gelassenheit und konzentriertes Hinschauen sind bei Jesaja nämlich Umschreibungen des Glaubens. So liegt die Schuld der Frevler vor allem darin, dass sie nicht auf JHWH und sein geschichtliches Handeln „blicken" (את פעל יהוה לא יביטו, 5,12; ולא הבטתם אל־עשיה, 22,11). Dagegen bestünde die Stärke der Glaubenden darin, dass sie auf Gott vertrauen und „Ruhe bewahren" (השמר והשקט, 7,4; בשובה ונחת תושעון בהשקט ובבטחה תהיה גבורתכם, 30,15).

Illustriert wird dieses Verhalten mit zwei Wetterphänomenen: die brütende Hitze und die Tauwolke zur Erntezeit. Beide befinden sich in einer erhöhten Position, schweben in angespannter Stille über der Erde, bevor sie sich in einem plötzlichen Unwetter mit Blitz, Donner und Regenschauer entladen. Genau dieser Umschlag wird in *v.5* geschildert: das unerwartete, alle Beteiligten überrumpelnde Eingreifen JHWHs. Sprachlich ist er dadurch markiert, dass die Gottesrede zur Prophetenrede wechselt, wobei der Übergang durch das aus *v.4fin* übernommene Stichwort קציר, *Ernte*, aber fast verschliffen ist.

וכרת, *da schneidet er ab* – formal ähnelt diese Wendung der sinnverwandten Aussage in *17,13:* וגער בו, *da fährt er es an*. Auch dort wird die Reaktion auf den Aufruhr der Nationen mit einem *wᵉqatal* der 3. Pers. Sg. ausgedrückt, wobei der Urheber an beiden Stellen ungenannt bleibt. Wird JHWH, der offensichtlich gemeint ist, nicht namentlich genannt, um ein – allzu – menschliches Verhalten von ihm fernzuhalten? Doch in anderen Gerichtsorakeln scheuen sich die Propheten nicht davor, ihm aggressive Akte zuzuschreiben. Jedenfalls steigert die Anonymität

---

98 Bei alldem ist vorausgesetzt, dass במכוני den Ort angibt, an dem JHWH sich befindet und von dem er in Ruhe zuschaut. Dagegen betrachtet David Kimchi den Ausdruck als präpositionales Objekt von נבט: „*auf meine Stätte*, das ist das Heiligtum: ich werde zum Guten auf es schauen" (vgl. M. Cohen, *Isaiah*, 126). Doch regiert das Verb in Jesaja sonst nie die Präposition ב und die folgenden Verse beschreiben nicht eine Wohltat für Jerusalem, sondern ein Gericht über die Welt.
99 Hat der Targum die Charakterisierung als *deus otiosus* für unpassend gehalten? Vielleicht hat er deshalb aus dem Ruhen Gottes ein Handeln zugunsten Israels gemacht: „I will give rest to my people, Israel, and give them quiet (שקט *hafel*)" (Chilton, *Isaiah Targum*, 37).

das Bedrohliche, Mysteriöse des Geschehens. Der Leser wird nämlich in die Lage der Völker versetzt, die gar nicht wissen, wen sie gegen sich haben.

Die Winzertätigkeit, die als Gerichtsmetapher dient, wird von Otto Kaiser so beschrieben: „Die Weinstöcke werden zweimal im Jahr beschnitten. Bei der ersten Beschneidung vor der Blüte werden die Reben, die im Vorjahr keine Frucht trugen, entfernt [...], bei der zweiten nach der Blüte in der Zeit des Fruchtansatzes werden zur Steigerung des Ertrages die Ranken und Blätter abgeschnitten, welche die Trauben bedecken."[100] Doch ist hier die reguläre Tätigkeit gemeint, die kurz vor der Lese durchgeführt wird, um den Ertrag zu steigern? Oder wird nicht vielmehr die Ernte selbst vernichtet?[101] Dann aber müssten die זלזלים und נטישות frucht-tragende Reben sein.[102] Dies geht aus 18,5 aber nicht hervor; vielmehr werden die Trauben, die heranreifen, in der ersten Vershälfte und die Ranken, die entfernt werden, in der zweiten deutlich auseinander gehalten. Zu demselben Ergebnis führt der Vergleich mit *Jer 5,10*, wo das Abschneiden von Schösslingen (סור *hif.* + נטישות) ebenfalls als Metapher für das Gericht fungiert. Wie vorausgeschickt wird, soll dadurch aber nicht der ganze Weinberg zerstört werden, sondern nur das vertilgt werden, was „nicht zu JHWH gehört" (לוא ליהוה המה).

Doch was symbolisieren die nutzlosen Triebe in unserem Text? Das heißt, wer ist das Objekt der göttlichen Strafaktion? Da konkrete Angaben fehlen, die eine eindeutige Identifizierung erlauben, nennen einige Kommentatoren die Assyrer, andere die Kuschiter, wieder andere die Judäer.[103] Demgegenüber vertritt Paul M. Cook die Ansicht, die Prophezeiung richte sich gar nicht gegen eine einzelne Nation, sondern gegen „Judah's policies of seeking ill-conceived alliances with foreign nations."[104] Diese plausible These müsste allerdings noch erweitert wer-den, da Jes 18 ja ein Weheruf gegen Kusch ist, die Nation also, die als erste Boten aussandte. Dann aber symbolisieren die *Ranken* nicht nur die proägyptische Koalitionspolitik des Reiches Juda, sondern generell die *Ränke* der Diplomatie, wo ein Land sich mit einem anderen verbündet, um ein drittes zu bekriegen. Dabei verhalten sich die Beteiligten so, als ob der auf dem Zion Thronende nicht exis-tierte oder jedenfalls in das politische Geschehen nicht eingriffe. Sie „blicken nicht

---

100 Kaiser, *Jesaja II*, 78.

101 Diese Ansicht wird, allerdings mit unterschiedlicher Akzentuierung, von Høyland Lavik, *A People Tall*, 163 – 86 („a destruction of parts of the vineyard"), und Balogh, *Stele of YHWH*, 174 – 5 („complete destruction"), vertreten.

102 So Balogh, *Stele of YHWH*, 174 – 5 („the fruit bearing branches of the vine"). Dagegen be-deutet זלזל nach HALAT, 261, gerade umgekehrt den „Schoss ohne Fruchtansatz".

103 Zu den einzelnen Positionen s. Høyland Lavik, *A People Tall*, 179 – 85; Cook, *A Sign*, 63 – 5.

104 Cook, *A Sign*, 64.

auf ihn" bzw. werden erst dann wieder auf ihn aufmerksam, wenn es zur Katastrophe kommt.

In *v.6* wird diese Katastrophe bildhaft ausgemalt. Der Verfasser benutzt dazu
das in Gerichtsorakeln häufige Doppelmotiv der „Vögel des Himmels" und der
„Tiere der Erde". Normalerweise besteht dies aus den Syntagmen עוף השמים und
בהמת הארץ (Dtn 28,26; Jer 7,33; 15,3; 16,4; 19,7; 34,20).[105] Hier aber steht an der ersten
Position das singuläre עיט הרים, *Raubvögel der Berge*. Nach 17,13 und 18,3 wird
damit ein weiteres Mal der Ort des Untergangs erwähnt, bevor in v.7 dann auf den
einen Berg des Heils verwiesen wird. Von daher könnte man meinen, das ge-
wöhnliche עוף sei durch עיט ersetzt, um die Szene gewalttätiger zu machen. In
Wirklichkeit spricht unser Vers aber gar nicht wie die deuteronomistischen Parallelen von Leichen, die gefressen werden. Dazu fehlen die sinntragenden Begriffe
„Kadaver" (נבלה) und „Fraß" (מאכל, אכלה). Vielmehr adaptiert er die übliche
Vorstellung an den Kontext und macht die abgeschnittenen Zweige zum Material,
aus dem die Vögel ein Nest zum Brüten und die Landtiere einen Unterschlupf zum
Überwintern bauen.[106]

Mit einem Chiasmus, der durch den Merismus „Sommer – Winter" eingerahmt
ist (A–B–C–C'–B'[=B]–A'), endet die Unheilsankündigung. Stilistisch und inhaltlich (Sommer und Winter ergeben zusammen ein ganzes Jahr) erscheint das
Orakel damit als abgerundet. Doch seine Spitzenaussage, die es zu einem Völkerwallfahrtstext macht, folgt erst noch.

2.3.4. Der Tribut für JHWH, den Zionsgott (v.7)

Die Formel בעת ההיא, *in jener Zeit*, eröffnet in *v.7* eine weitere Vision, die einerseits
an das Vorhergehende anknüpft, es andererseits aber überschreitet, indem sie auf
agrarische und botanische Bilder verzichtet und auf die Gerichtsschilderung eine
positive Schlussszene folgen lässt. Wie באחרית הימים in 2,2 wird auch diese Zeitangabe im Jesajabuch nur dieses eine Mal verwendet, um eine Prophezeiung

---

105 In nichtformelhaften vordeuteronomistischen Texten kann das zweite Glied בהמת השדה
(1 Sam 17,44), חית הארץ (1 Sam 17,46) oder חית השדה (2 Sam 21,10) lauten. Weitere Belege bei
Balogh, *Stele of YHWH*, 175 n.170.
106 Vgl. Beuken, *Jesaja II*, 169. Es findet in v.6 also gerade kein Überschritt von der symbolischen
zur realen Welt statt (gegen Balogh, *Stele of YHWH*, 175). Am Text vorbei geht auch die Deutung
von Høyland Lavik, *A People Tall*, 203, nach der – ein seltsamer Bildermix! – die Vögel und die
Landtiere das Laub auffressen.

einzuleiten.[107] Die übliche Eröffnungsformel, die u. a. in Jes 7, 10 – 11, 19 und 27 mehrfach erscheint, ist ביום ההוא. Für 18,7 folgert Simon J. de Vries deshalb, „this addition must stand outside the normative Isaianic scribal tradition."[108]

In der Tat betrachten fast alle neuzeitlichen Autoren diesen letzten Vers als eine nachträgliche prosaische Erweiterung. Doch gibt es auch Gründe, ihn als integralen Bestandteil des Orakels zu betrachten.[109] So stammen seine prosaischen Elemente zum größten Teil aus v.2,[110] בעת ההיא ist in 20,2 ein integraler Bestandteil des – allerdings nicht prophetischen, sondern narrativen – Textes, und die Masoreten sehen keinen Einschnitt zwischen v.6 und v.7. Vor allem aber sind es inhaltliche Gründe, die dafür sprechen, den Vers in seinem Kontext und den Kontext auf diesen Schlussvers hin zu lesen.

Das auffälligste Merkmal von v.7 ist, dass er die Beschreibung Kuschs fast wörtlich aus v.2 übernimmt (und dabei lediglich einmal גוי durch עם ersetzt). Im Mittelteil war diese mächtige Nation völlig aus dem Blick geraten. Natürlich erging auch über sie das göttliche Strafgericht. Weil sie es aber in erster Linie verschuldete und zudem der Hauptadressat des Weherufs war, würde einem mit v.6 endenden Orakel die Schlusspointe fehlen. Daher erfüllt die Wiederaufnahme, gerade auch in ihrer umständlichen Breite, die Lesererwartung, etwas über das weitere Schicksal dieses Volkes zu erfahren.

Bei seiner zweiten Erwähnung spielt das nubische Reich, das gewissermaßen die ganze gottvergessene Völkerwelt repräsentiert, eine völlig andere Rolle. Dies wird bereits an den Präpositionen deutlich: אל in v.2, מן in v.7. Am Anfang führt die „weit und breit gefürchtete Nation" die antiassyrische Aufstandsbewegung an. *Zu ihr* senden die Alliierten ihre Delegationen, mit Botschaften und sicher auch Geschenken. Am Ende hat sie zwar immer noch dieselben Charakteristika (die nach der verheerenden Katastrophe allerdings deplatziert wirken), doch nun werden die Gaben *von ihr* weggebracht und zwar *zu dem* (...אל ...ל.), der sich als

---

107 Zum Vorkommen und Gebrauch der בעת ההיא-Formel s. S. J. de Vries, *From Old Revelation to New. A Tradition-Historical and Redaction-Critical Study of Temporal Transitions in Prophetic Prediction* (Grand Rapids, MI: William B. Eerdmans, 1995) 64 – 74. Für ihn liegt in Jes 18,7 eine redaktionelle Einleitungsformel vor („introductory transition"), mit deren Hilfe Prosazusätze an bestehende Orakel angefügt werden.

108 De Vries, *From Old Revelation*, 68.

109 Zur Diskussion s. Høyland Lavik, *A People Tall*, 212 – 3. Die Ursprünglichkeit des Verses wird u. a. von B. S. Childs, *Isaiah* (OTL; Louisville, KY: Westminster John Knox Press, 2001) 139, verteidigt: „Verse 7 is not a scribal gloss, but integral to the editor's intention of shaping the entire passage as a testimony to God's future rule over the nations of the world."

110 Auf das grundsätzliche Problem der Unterscheidung zwischen Prosa und Poesie und seine Folgen für die druckgraphische Gestaltung macht Høyland Lavik, *A People Tall*, 214 n.12, aufmerksam.

stärker erwiesen hat. Die anfängliche Bewegung „nach Kusch" hat sich in die Gegenbewegung „nach Zion" verwandelt. Der Berg mit dem Tempel JHWHs hat das von Flüssen durchzogene Land als Zentrum der Welt abgelöst. Innerhalb des Jesajabuchs taucht damit zum ersten Mal ein Aspekt der Völkerwallfahrt auf, der ab Kap. 40, vor allem in Kap. 60, im Vordergrund stehen wird: der Transport von Huldigungsgaben nach Jerusalem.

Sprachlich wird diese Idee allerdings ganz unterschiedlich realisiert; nur 18,7 verwendet als Bewegungsverb das seltene יבל (18x in der hebräischen Bibel, davon 11x im *Hofal*), verbunden mit dem noch selteneren שי (3x). Dieses Syntagma verweist auf zwei Hypotexte aus dem Psalter, die ebenfalls von Pilgerfahrten handeln. *Ps 76* war durch die Friedensthematik in v.4 bereits als Parallele zu Jes 2,4 aufgefallen. Mit unserem Völkerwallfahrtstext berührt er sich, wenn er in *v.12* dazu aufruft, den Zionsgott anzuerkennen und ihm zu huldigen: יובילו שי למורא, *sie sollen dem Gefürchteten Gaben bringen.* Ganz ähnlich formuliert *Ps 68,30:* לך יובילו מלכים שי, *Könige werden dir Gaben bringen.* Wenig später werden die Kuschiter dann sogar *expressis verbis* als künftige JHWH-Verehrer erwähnt: כוש תריץ ידיו לאלהים, *Kusch wird seine Hände zu Gott ausstrecken* (v.32). Im Unterschied zu Jes 18,7 zieht an den beiden Psalmstellen aber nicht nur dieses eine Volk, sondern eine Vielzahl anonymer Könige (מלכים, 68,30; מלכי־ארץ, 76,13) mit Gaben nach Jerusalem. Diese Vorstellung wird auch die Prophezeiungen im zweiten Teil des Jesajabuches prägen, so dass für den Endtextleser, der von Kap. 18 zu Kap. 49 und 60 fortschreitet, die Völkerwallfahrt und -huldigung geographisch entgrenzt und universalisiert wird.[111]

Noch enger als zu den Psalmen ist die intertextuelle Verbindung zu einem anderen Prophetentext: *Zef 3,10.* Er kombiniert nämlich die Vision der nach Jerusalem führenden Gabenprozession (wobei er das seltene שי durch das übliche מנחה ersetzt) mit der Ortsangabe aus Jes 18,1: מעבר לנהרי־כוש עתרי בת־פוצי יובלון מנחתי, *von jenseits der Ströme Kuschs werden meine Anbeter, die Gemeinde (*wörtl. *die Tochter) meiner Zerstreuten, meine Gabe bringen.*[112] Kusch ist demnach der Ort,

---

111 Wenig plausibel erscheint die These, dass die diachrone Entwicklung umgekehrt verlief, dass also, wie H. Schmidt, *Israel, Zion und die Völker*, 235, behauptet, in Jes 18 „die anonyme Vorstellung einer Völkerwallfahrt [...] angewendet wurde auf ein bestimmtes Volk."

112 Vgl. dagegen die Übersetzung von Irsigler, *Zefanja*, 369: „Aus dem Umland der Ströme von Kusch werden sie (, meine Verehrer, die Gemeinde [»Tochter«] meiner Verstreuten) mir (als) Gabe bringen" [*sic*]. Seine Deutung von בת־פוצי als Objekt ist grammatikalisch fragwürdig, da einerseits die *nota accusativi* fehlt und andererseits die Wortstellung und das *ePP* der 1. Pers. Sg. den Ausdruck als Apposition zu עתרי ausweisen. Das Argument, Zef 3,10 drücke denselben Gedanken wie Jes 66,20 aus – die bekehrten Heiden bringen die jüdische Diaspora zurück –, setzt voraus, was zu beweisen wäre. Hätte ein Schreiber ihn tatsächlich von dort übernommen, hätte er ihn sicher syntaktisch klarer formuliert.

von dem der Zug ausgeht, aber nicht unbedingt das Volk, das die Gaben herbei-
bringt. Subjekt ist nämlich עתרי, *meine Anbeter*, womit sowohl bekehrte Heiden als
auch Angehörige des Gottesvolks gemeint sein können. Für die erste Option
spricht, dass Zef 3,9 die Umkehr und das Jhwh-Bekenntnis der עמים verheißt. Sie
lässt sich aber kaum mit der Angabe בת־פוצי vereinen, die syntaktisch am ehesten
als Apposition zu עתרי zu deuten ist. Diese identifiziert nämlich diejenigen, die
Jhwh verehren und ihm mit Geschenken huldigen, mit der jüdischen Diasporagemeinde. Zu ihr könnten auch nichtjüdische Konvertiten gehören (vgl. Jes 14,1),
im Wesentlichen aber ist sie der „Rest des Volkes", der nach Jes 11,11 in Kusch lebt
und von Jhwh als Teil der „Zerstreuten Judas" (נפוצות יהודה) nach Jerusalem zurückgeführt wird.[113]

Welche Art von Prozession wird nun aber in unserem Text prophezeit? Bringen
die unterworfenen Kuschiter ihren Tribut nach Jerusalem oder bringen sie freiwillige Opfergaben für den Tempel? Geht es also um politische Unterwerfung oder
um kultischen Dienst? Die beiden Sphären, Politik und Religion, die sich schon
allgemein im altorientalischen Kontext nicht trennen lassen, gehen auch in Jes 18
ineinander über. Zu Beginn wird ja nicht Kuschs Götzendienst, sondern seine
Diplomatie kritisiert und deren gewaltsames Scheitern prophezeit. Die politische
Frage wird dann aber auf die religiöse Ebene überführt, wenn mit Jhwhs un-
sichtbarer Weltregierung argumentiert wird. Am Ende werden die Geschenke dann
zum Jerusalemer Tempel gebracht, weshalb Helmut Schmidt folgert: „Da der
Gottesberg genannt ist, wird man an Opfergaben denken müssen. Nicht ein politischer Anspruch, auch nicht die Würde Israels oder des Tempels, sondern die
Hoheit Jahwes als Richter und König der Welt begründet die Wallfahrt und die
Hoffnung Israels. Die Heilserwartung ist theozentrisch."[114] Doch theozentrisch
heißt nicht unpolitisch! Es heißt nur, dass kein irdischer Herrscher, nicht einmal
ein Davidide dominiert. Es heißt aber nicht, dass der „Richter und König der Welt"
die inneren und äußeren Belange der Völker unberührt ließe. Im Gegenteil, sobald
ein Volk sich zu Ihm bekennt, wird es auch politisch anders handeln, wird es z. B.
nicht mehr nach Krieg, sondern nach Frieden trachten.

Jes 18 endet mit einem betonten הר־ציון. Der Zionsberg ist das Ziel der Gabenprozession, hier kommt die große Bewegung zur Ruhe, die „jenseits der Flüsse
Kuschs" begann. Syntaktisch fungiert der symbolträchtige Name aber nur als
Apposition zu dem theologischen Hauptbegriff, dem in der gesamten Bibel singulären Ausdruck מקום שם־יהוה צבאות, *Ort des Namens Jhwhs der Heere*. In ihm ist
die verbal formulierte deuteronomisch-deuteronomistische Namenstheologie –

---

113 So mit Høyland Lavik, *A People Tall*, 216 – 7.
114 H. Schmidt, *Israel, Zion und die Völker*, 237.

„der Ort, den JHWH erwählt, indem er seinen Namen dort wohnen lässt" (Dtn 12,11 u. ö.) – gleichsam zu einem substantivischen *terminus technicus* geronnen.[115] Der Zion ist hier also nicht die Stätte, an der JHWH selbst residiert (vgl. 8,18: יהוה צבאות השכן בהר ציון), sondern an der sein Name „wohnt" und angerufen wird. In einer diachronen Perspektive wird man diese Differenz als eine theologische Korrektur und Weiterentwicklung begreifen.[116] Eine synchrone Lektüre hingegen wird daraus folgern, dass die Kuschiter auf dem endzeitlichen Zion JHWH nicht direkt begegnen, dass er ihnen nicht wie einst den Israeliten am Sinai persönlich erscheint. Stattdessen wird er ihnen seinen Namen, d. h. sein Wesen und Wollen offenbaren und sie belehren, wie sie ihn betend und handelnd verehren können.[117]

Ist Jes 18,7 also ein Heilsorakel für Kusch? Csaba Balogh warnt davor, die Schlussvision, die ja unmittelbar auf das Gericht folgt, zu positiv zu deuten. Für ihn ist sie „rather a further expression of the subordination of the powerful Nile land to YHWH, as well as a witness to God's might reaching the most distant corners of the earth."[118] Dieses *caveat* ist auch bei anderen Völkerwallfahrtstexten zu beachten: Was ist ihre primäre Intention: das Wohlergehen der Völker oder die Verherrlichung JHWHs und „der Stätte Seines Namens"? Dass beide Erwartungen nicht einfach zusammenfallen, sondern in einer Spannung stehen, zeigt u. a. *Jes 45,14*, eine Stelle, die ebenfalls eine Zionswallfahrt von Kuschitern verheißt.[119] Dort müssen diejenigen, die den wahren Gott suchen, nämlich dem Ort dienen, an dem er gefunden und angebetet werden kann.

2.4. „In der Mitte der Welt" – die alternative Vision von Jes 19,16 – 25

Die für die Völkerwallfahrt charakteristische Bewegung von der Peripherie zum Zentrum ist in Jes 18 deutlich ausgeprägt: von „jenseits der Ströme Kuschs" kommen die Wallfahrer nach Jerusalem. Dabei wird das Ziel der Reise, wie wir gesehen haben, sogar doppelt identifiziert, mit dem Toponym הר־ציון, das der

---

115 So mit Kaiser, *Jesaja II*, 79 – 80; Wildberger, *Jesaja II*, 696.

116 Vgl. Wildberger, *Jesaja II*, 696.

117 Dieselbe Tendenz ist in Jer 3,17 zu beobachten, ein Text, der bereits durch die einleitende Zeitangabe בעת ההיא mit Jes 18,7 verbunden ist. Auch dort versammeln sich die fremden Nationen nicht im Tempelgebäude, sondern לשם יהוה, *bei dem Namen JHWHs*.

118 Balogh, *Stele of YHWH*, 181.

119 Vor einer zu schnellen, oberflächlichen Gleichsetzung von 18,7 und 45,14 warnt Blenkinsopp, *Isaiah I*, 311: „[A]part from the mention of Nubians in both passages the similarity is not very striking."

Prophezeiung einen knappen, eindeutigen Abschluss verleiht, und dem umschreibenden מקום שם־יהוה צבאות, das dessen religiöse Funktion verdeutlicht und den Gottesbezug in den Vordergrund stellt.

Der Gerichtsspruch *Jes 19* endet ebenfalls mit einem positiven Ausblick, mit der Verheißung nämlich, dass auch die Ägypter zu Anbetern JHWHs werden und von diesem gerettet werden. Anders als die Kuschiter müssen sie aber nicht zum Zion pilgern, sondern können ihn im eigenen Land verehren. Diese nicht jerusalemzentrierte Bekehrung von Heiden(völkern) stellt ein alternatives Modell zur Völkerwallfahrt dar.[120] In ihm ist der eine, einheitsstiftende Kultort Zion durch eine Vielzahl dezentraler Orte ersetzt, an denen unterschiedliche Völker oder Individuen dem Gott Israels huldigen.[121] Der Sache nach findet sich diese Idee in *Jona 1,14*, wo nichtisraelitische Matrosen auf einem Schiff zu JHWH um Hilfe flehen und seine Gottheit anerkennen (כי־אתה יהוה).[122] Über diesen narrativ wiedergegebenen Einzelfall hinaus wird sie in zwei Prophetentexten aber auch programmatisch formuliert. Nach einer Invektive gegen mehrere Völker, die Israel unterdrücken, kündigt *Zef 2,11* das Ende ihrer Götter und die alleinige Verehrung JHWHs an. Alle Nationen würden sich vor ihm niederwerfen – איש ממקומו, *jeder von seinem Ort her*. Im Unterschied dazu prophezeit *Mal 1,11* einen universalen Gottesdienst, um die Missbräuche im Jerusalemer Heiligtum zu kritisieren. JHWHs Name werde, wenn schon nicht in Israel, dann wenigstens bei den heidnischen Nationen geehrt. Von ihnen würden ihm wohlgefällige Opfer dargebracht – בכל־מקום, *an jedem Ort*. Der Gegensatz zu Jes 18,7, wo die Gaben אל־מקום שם־יהוה, *zu dem Ort des Namens JHWHs*, gebracht werden, lässt sich damit sogar terminologisch greifen.[123]

---

120 Unter den Modellen für eine positive Beziehung von Nichtisraeliten zum Gottesvolk wird es von W. Groß, „YHWH und die Religionen der Nicht-Israeliten", *ThQ* 169 (1989) 38 – 40, noch vor der Völkerwallfahrt aufgeführt und folgendermaßen definiert: „Die Völker verehren YHWH in ihren Ländern, ohne in Israel aufzugehen oder am Sion Wohnsitz zu nehmen." Zur Auslegung von Jes 19,18 – 25 vgl. J. Hausmann, „Eschatologische Zuversicht – Erwartung an die Zukunft und Bewältigung von Gegenwart. Überlegungen zu Jes 19,18 – 25", A. Berlejung u. R. Heckl (Hg.), *Ex oriente Lux. Studien zur Theologie des Alten Testaments. Festschrift für Rüdiger Lux zum 65. Geburtstag* (ABG 39; Leipzig: Evangelische Verlagsanstalt, 2012) 381 – 89, und die dort angegebene Literatur.

121 Einen Überblick über die betreffenden Texte gibt Irsigler, „Ein Gottesvolk?", 234 – 8. Seine Überschrift „von der Jerusalem-zentrierten zur davon unabhängigen weltweiten Verehrung des einzigen Gottes" insinuiert eine – nicht bewiesene und wohl auch nicht beweisbare – Entwicklung von einer partikularen, zionstheologischen zu einer universalen Heilsvorstellung.

122 V.16 erzählt, dass sie darüber hinaus Opfer darbrachten. Es wird aber nicht gesagt, dass sie das ebenfalls auf dem Schiff taten. Man könnte sich also vorstellen, dass sie erst nach ihrer Heimkehr, womöglich an einem Kultort JHWHs opferten.

123 Der Kontrast zwischen den beiden Texten ist deshalb besonders stark, weil jeweils dem *Namen* JHWHs geopfert wird. Für Jes 18,7 ist dieser geographisch gebunden, für Mal 1,11 hingegen

Eine ähnliche Vision wie die zitierten Prophetentexte vertritt *Jes 19,16–25*, wenn es Ägypten zuerst eine verheerende Katastrophe und dann einen eigenen, vom Zion unabhängigen JHWH-Kult verheißt. Es geht über diese aber noch hinaus, wenn es diesem und Assur den gleichen Status wie Israel zuerkennt: עמי מצרים ומעשׂה ידי אשׁור ונחלתי ישׂראל, *Ägypten, mein Volk, und Assur, das Werk meiner Hände, und Israel, mein Erbbesitz* (v.25). Doch kann es drei selbstständige Gottesvölker geben? Wie verhalten sich diese zueinander? Müssten sie nicht in einem umfassenderen theologischen Begriff zusammengeführt werden? Und wo bleibt da noch die besondere Berufung Israels? Diese Fragen, so berechtigt sie sind, haben die exegetische Diskussion leider auf ein Nebengleis geführt. Ausgehend von der Befürchtung, dass Israel sein Proprium verliere,[124] wurde Jes 19,24–25 als eine theologische Sackgasse gedeutet, als untauglicher Versuch, die partikulare Gotteserfahrung Israels auf andere Völker auszuweiten.

Ein derart negatives Urteil kann überwunden werden, wenn die Prophezeiung in ihrem Kontext interpretiert, d. h. mit der Gerichtsverkündigung der ersten Kapitelhälfte (v.1–15) verbunden wird. Sodann darf v.16–17 nicht aus inhaltlichen Gründen ausgeschieden werden, sondern muss als erste Etappe der durch ביום ההוא strukturierten Geschehenskette ernst genommen werden. Vor allem aber sollte sich die Auslegung nicht auf den Begriff des Gottesvolkes verengen und damit einen Standpunkt einnehmen, nach dem Ägypten und Assur durch ihre Bekehrung zu Konkurrenten Israels werden. Der Protagonist des Orakels sind nämlich gar nicht diese drei Nationen, der Protagonist ist JHWH, der am Anfang und am Ende des Kapitels, in v.1 strafend und in v.25 segnend, agiert.[125] Würden die Erzfeinde Ägypten und Assur ihn erkennen, so könnte dies der Würde Israels

---

allgegenwärtig, richtiger, *dort* gegenwärtig, wo Menschen zu ihm beten. Ähnlich wird diese theologische Frage in Joh 4,21.23 beantwortet: „Die Stunde kommt, zu der ihr weder auf diesem Berg noch in Jerusalem den Vater anbeten werdet... Die Stunde kommt, und sie ist schon da, zu der die wahren Beter den Vater anbeten werden im Geist und in der Wahrheit." Auf diese Weise wird zwar die geographische Fixierung aufgegeben, doch eine diffuse Universalisierung vermieden, indem der „Ort" des Namens Gottes mit Jesus Christus und der von seinem Geist erfüllten Gemeinde identifiziert wird.

124 Diese Frage, von Wildberger, *Jesaja II*, 746, noch offen formuliert, wird bei Groß, „Wer soll YHWH verehren?", 21–22; Groß, „Israel und die Völker", 158–159, eindeutig bejaht. Im gleichen Sinn urteilt Zenger, „Israel und Kirche", 10: „Der Universalismus geht hier so weit, dass das Proprium Israeliticum begrifflich preisgegeben wird."

125 Insofern trifft Philippson, *Israelitische Bibel*, 776, mit seinem knappen Kommentar das Entscheidende: „Dem Pr[opheten] ist überall die Erkenntnis des Einigen die Hauptsache."

gar keinen Abbruch tun! Im Gegenteil, gerade dadurch würde es sein Proprium verwirklichen, „ein Segen inmitten der Erde" zu sein.[126]

Der Ausgangspunkt der Interpretation muss die rhetorische Struktur des Textes sein. Sie ist durch die fünffache Einleitungsformel ביום ההוא determiniert, auf die jeweils eine *yiqtol*-Form des Verbs היה folgt:[127]

I.   „An jenem Tag wird Ägypten sein..." (v.16 – 17)
II. „An jenem Tag werden fünf Städte im Land Ägypten sein..." (v.18)
III. „An jenem Tag wird ein Altar in der Mitte des Landes Ägypten sein..." (v.19 – 22)
IV. „An jenem Tag wird eine Straße von Ägypten nach Assur sein..." (v.23)
V.   „An jenem Tag wird Israel sein..." (v.24 – 25)

Die fünf Abschnitte (im masoretischen Text durch *Setumot* abgegrenzt) sind einerseits konzentrisch, andererseits linear aufgebaut. Die konzentrische Struktur ergibt sich aus der Zahl der Verse (2 – 1 – 4 – 1 – 2), wobei das mittlere Glied nicht nur durch seine Länge, sondern auch durch ein zusätzliches ביום ההוא (v.21a) hervorgehoben ist. Gleichzeitig findet aber auch ein gedanklicher Fortschritt statt, da der erste Abschnitt ein „Drohwort über Ägypten" und der letzte ein „unbedingtes Heilswort über die drei Völker Ägypten, Assur und Israel" enthält, so dass ein „Weg vom Gericht zum Heil durchschritten [wird]."[128] Auch geographisch wird ein Parcours durchlaufen, der bei den Bewohnern Ägyptens beginnt, über die fünf Städte *in Ägypten*, den Altar *in der Mitte Ägyptens* und der Stele *an seiner Grenze* bis zu der Straße *von Ägypten nach Assur* führt und bei dem Volk Israel endet. So ist zwar weder vom Zion selbst noch von einer Wallfahrt zu ihm hin die Rede, doch der Text als solcher vollzieht eine Bewegung von Ägypten nach Israel.

Der *Abschnitt I* ist für die Gesamtaussage des Orakels unverzichtbar. Denn im Rückgriff auf die Gerichtsverkündigung von v.1 – 15 macht er deutlich, dass nur ein „zitterndes" Ägypten, das seine Ausweglosigkeit erkennt, Gottes Volk werden

---

126 So die Hauptthese von F. Sedlmeier, „Israel – »ein Segen inmitten der Erde«. Das JHWH-Volk in der Spannung zwischen radikalem Dialog und Identitätsverlust nach Jes 19,16 – 25", J. Frühwald-König, F. R. Prostmeier u. R. Zwick (Hg.), *Steht nicht geschrieben? Festschrift für Georg Schmuttermayr* (Regensburg: Verlag Friedrich Pustet, 2001) 89 – 108. Seinem Beitrag ist es wesentlich zu verdanken, dass die Exegese von Jes 19,16 – 25 aus ihrer theologischen Sackgasse herausgefunden hat.
127 Vgl. Sedlmeier, „Israel – ein Segen", 93 – 94. Zur redaktionellen Funktion der Formel als „introductory transition" s. de Vries, *From Old Revelation*, 49 – 50. Das Problem, ob Jes 19,16 – 25 eine redaktionelle Einheit darstellt oder aus sukzessiven Erweiterungen besteht, braucht hier nicht diskutiert zu werden.
128 Sedlmeier, „Israel – ein Segen", 94.

kann.[129] Erst muss es ratlos geworden sein (v.3), erst müssen Pharaos Berater um Rat verlegen sein (v.11), damit sie überhaupt nach dem Ratschluss Jhwhs fragen können (מה־יעץ יהוה צבאות על־מצרים, v.12). Genau diese, mit den Stichwörtern עצה, *Rat, Plan,* und יעץ, *raten, planen,* verbundene Gedankenkette wird in *v.17* eingespielt, wenn die Furcht Ägyptens auf „den Plan, den Jhwh der Heere gegen es plant" (עצת יהוה צבאות אשר־הוא יועץ עליו), zurückgeführt wird. Die Haltlosigkeit seiner Überlegungen muss offenbar werden und damit auch die Nutzlosigkeit seiner Götter, von denen es Auskunft erhofft (דרש, v.3b). Tatsächlich sind die אלילי מצרים, *die Götzen Ägyptens* (v.1), auch die ersten, die von dem zum Gericht herbeikommenden Jhwh erschüttert werden.

Dieser „Entgötterungsprozess" ist aber nicht unabhängig von dem Volk Jhwhs, denn die Furcht vor Ihm (פחד, v.16) konkretisiert sich in der Furcht vor dem „Land Juda" (פחד, v.17). Historisch lässt sich die Situation, auf die hier angespielt wird, nicht bestimmen.[130] Dafür gibt es aber klare literarische Bezüge zu thematisch verwandten Texten. So finden sich die Schlüsselwörter יעץ und עצה und das Motiv des ausgestreckten Arms z. B. in dem Gerichtsorakel *14,24 – 27.* Dort kündigt Jhwh die Vernichtung Assurs „in meinem Land", „auf meinen Bergen" an und droht damit, dass alle Nationen dasselbe Schicksal ereilen wird. Die Ägypter würden demnach nicht vor dem Volk oder dem Reich Juda als solchem erschrecken, sondern vor dem, was in dessen Land geschieht. Noch enger sind die Bezüge zu *11,11 – 16,* dem wichtigsten Intertext zu *19,16 – 25.*[131] Dort wird erläutert, zu welchem Zweck Jhwh „seine Hand erhebt", wie es in 19,16 heißt: um die Verbannten seines Volkes zu befreien (auch aus Ägypten und Kusch!) und die Verstreuten Israels und Judas in ihr Land zurückzubringen. Gemeinsam können sie die umliegenden Völker besiegen, und in der Folge davon kommt es dann auch zu einer Strafaktion gegen das Reich am Nil (11,15).

Die Zukunft Ägyptens hängt also sowohl im Negativen als auch, wie *19,24 – 25* verheißen wird, im Positiven mit Juda/Israel zusammen. Es ist der erste Adressat, an dem Jhwh handelt, und das Instrument, durch das er seinen Plan mit den übrigen Nationen ausführt.

Die folgenden *Abschnitte II, III* und *IV* beschreiben die Etappen, über die sich der Jhwh-Glaube in Ägypten verbreiten wird. Die historischen und exegetischen

---

129 Vgl. Berges, *Buch Jesaja,* 167: „Nur ein politisch gedemütigtes Ägypten, das vor dem Plan JHWHs erzittert, wird offen sein für die Zukunft als JHWH-Volk."

130 Cook, *A Sign,* 100 – 2, bezeichnet seine historische Rekonstruktion – Judäer könnten Kambyses II. bei dessen Eroberung Ägyptens im Jahr 525 v.Chr. unterstützt haben – selbst als spekulativ. Ähnlich urteilt Blenkinsopp, *Isaiah I,* 318 („no more than guesses").

131 Die Parallelen (v. a. das Schwingen der Hand und die in 11,16 und 19,23 erwähnte Straße) werden in den Kommentaren immer wieder erwähnt, aber nicht systematisch ausgewertet.

Detailfragen werden in der Forschung kontrovers diskutiert. Für uns ist wichtig, dass auch diese Prophezeiungen nicht unabhängig von der Heilsgeschichte Israels formuliert werden. Dies zeigt sich z. B. in der Weissagung über die fünf Städte, die „bei Jнwн schwören" (נשבעות ליהוה צבאות, v.18), d. h. sich ihm unterwerfen werden.[132] Sie sprechen die „Sprache Kanaans" (מדברות שפת כנען), d. i. wahrscheinlich nicht das Idiom als solches, das hebräische oder aramäische Vokabular, sondern deren Inhalt, das Bekenntnis.[133] Entsprechend der Verheißung von *Zef 3,9* werden also auch die Ägypter שפה ברורה, *eine reine Lippe*, erhalten, mit der sie den Namen Jнwнs anrufen können.

Noch ausgeprägter sind die Israel-Parallelen in *v.19 – 22*, dem zentralen Hauptabschnitt der Texteinheit. Den Ägyptern wird eine eigene heilsgeschichtliche Erfahrung mit Jнwн gewährt, die aber in allem der heilsgeschichtlichen Erfahrung Israels entspricht. Wie die Erzväter errichten auch sie einen Altar (מזבח ליהוה, v.19; vgl. Gen 12,7.8; 13,18; 26,25), der zusammen mit der Stele (מצבה... ליהוה) an der Grenze des Landes zu einem „Zeichen und Zeugen" wird (והיה לאות ולעד, v.20).[134] Durch sie wird das Nil-Land nämlich als Herrschaftsbereich Jнwнs markiert, „als ein Land, das unter dem mächtigen Schutz Jнwнs steht."[135] V.20b– 22 erläutern, was dies konkret bedeutet, indem sie die wichtigsten Topoi der Exodus- und Richtertradition einspielen.[136] Die Spitzenaussage von v.25 – „mein Volk Ägypten" – ist dadurch vorbereitet, ja, im Grunde fügt diese nur noch den Begriff hinzu, nachdem die Sache bereits beschrieben wurde: Ägypten erkennt Jнwн, bekennt sich zu ihm und dient ihm. In gewissem Sinn ist damit auch das Skandalöse dieser Anrede beseitigt. Denn nicht das „alte Ägypten" wird als Volk Jнwнs bezeichnet, sondern das Ägypten, das wie Israel geworden ist. Oder präziser: die Ägypter, die (wie) Israeliten geworden sind.[137]

---

132 Nach Beuken, *Jesaja II*, 193, ist diese Sonderbedeutung von שבע *nif.* + ל („sich ihm zuschwören") hier und in Jes 45,23; 2 Chr 15,14 belegt. Die fünf Städte in Ägypten sind somit Vorläufer der künftigen Menschheit, die sich nach Jes 45,23 zu Jнwн bekennen wird.

133 So mit Sedlmeier, „Israel – ein Segen", 97 n.24; Beuken, *Jesaja II*, 192.

134 Nach v.21 dürfte der Altar auch zur Darbringung von Opfern dienen. Im Vordergrund steht hier aber nicht seine kultische, sondern seine Verweis- und Zeugenfunktion. Als nächste Parallele nennt Cook, *A Sign*, 114 – 6, Jos 22,9 – 34. Dort verteidigen die zweieinhalb Stämme den Bau eines Altars jenseits der durch den Jordan gebildeten Grenze (גבול, v.25) mit dem Argument, dass er nicht als Opferstätte, sondern als Zeuge diene (לא לעולה ולא לזבח כי עד הוא, v.26 – 27.28), um künftige Generationen an ihre Verbundenheit mit Jнwн zu erinnern.

135 Beuken, *Jesaja II*, 195.

136 Eine detaillierte Aufstellung der lexikalischen Parallelen findet sich bei Groß, „Wer soll YHWH verehren?", 19 n.3 und 24.

137 Von daher wäre das Urteil über die Septuaginta zu hinterfragen, das von Seeligmann, *Septuagint Version*, 117, grundgelegt wurde und inzwischen zu einem Gemeinplatz geworden ist:

Die in dem *Abschnitt IV* erwähnte מסלה, *Straße*, zwischen Ägypten und Assur
hat ihr Vorbild in der Straße, auf der die verbannten Israeliten aus dem Exil
heimkehren (vgl. 11,16; 40,3; 62,10). „Sie dient nicht nur der friedlichen Koexistenz
der Erzrivalen, sondern bringt auch ihre religiös-kultische Gemeinsamkeit zum
Ausdruck: Beide werden [JHWH] dienen."[138] Könnte dieser neue Verkehrsweg
dann nicht, wie Georg Fohrer vermutet, für Wallfahrtszüge bestimmt sein?[139] Die
Assyrer könnten zwar die in Ägypten liegenden JHWH-Altar und -Stele besuchen,
doch zu welchem assyrischen Heiligtum sollten die Ägypter pilgern? Noch weniger
kann eine Wallfahrt zum Zion gemeint sein.[140] Als wahrscheinlichste Deutung
bleibt deshalb, dass die Straße zwischen Ägypten und Assur den regelmäßigen,
freundschaftlichen Umgang der beiden Nationen symbolisiert (der natürlich auf
dem gemeinsamen Glauben an JHWH basiert), ein positives Bild der Friedensvision, die Jes 2,4 negativ formuliert – „eine Nation wird nicht mehr das Schwert
gegen die andere erheben."

Auch wenn Jes 19 keine Zionswallfahrt prophezeit, ist sein Universalismus
dennoch „zentralistisch", d. h. auf eine Mitte ausgerichtet. Das wird im abschließenden *Abschnitt V* deutlich. Dessen Hauptgegenstand sind nämlich nicht,
wie man meinen könnte, die neuen Gottesvölker Ägypten und Assur, sondern das
ursprüngliche Gottesvolk Israel.[141] Neben den beiden Großmächten ist es die *dritte*
Nation (שלישיה), nicht dem Rang, sondern nur der Reihenfolge nach. Indem es
hinzutritt und den Platz „in der Mitte der Welt" (בקרב הארץ, v.24*fin*) einnimmt,
werden die beiden anderen, die an den Endpunkten der von Südwesten nach
Nordosten verlaufenden Trasse liegen, zur Peripherie. Als „Dritter im Bunde"
bewirkt es aber auch eine neue, höhere Einheit, die deren Gottesbeziehung und

durch die Einfügung von ἐν – „mein Volk, das *in* Ägypten und das *unter* den Assyrern ist" (so
Sedlmeier, „Israel – ein Segen", 89) – mildere sie die provokante Aussage des hebräischen Textes
ab. Diese Änderung kann nämlich auch als eine Präzisierung der plakativen Aussage verstanden
werden: „Ägypten" wird dadurch zum Gottesvolk, dass einzelne in ihm den Glauben Israels annehmen. „Mein Volk in Ägypten" wäre dann nicht nur die dort lebende, immer schon jüdische
Golah, sondern das dort entstandene „neue Gottesvolk", in dessen Gemeinden Judäer und konvertierte Ägypter zusammenleben. Zu einer Gesamtauslegung der griechischen Version von Jes
19,16 – 25 s. Ngunga, *Messianism*, 127 – 45.
138 Berges, *Buch Jesaja*, 169. Zu dieser Deutung von v.23b (statt: „und Ägypten wird *Assur*
dienen") vgl. Beuken, *Jesaja II*, 177.
139 Vgl. G. Fohrer, *Das Buch Jesaja I. Kapitel 1 – 23* (ZBK 19.1; Zürich; Stuttgart: Zwingli Verlag,
²1966) 232.
140 Dies unterstreicht zu Recht Berges, *Buch Jesaja*, 169.
141 Vgl. Cook, *A Sign*, 121: „[T]he main emphasis in this concluding section is on the future of
Israel among the nations." Stilistisch wird dies dadurch ausgedrückt, dass ישראל am Beginn von
v.24 und am Ende von v.25 steht und somit eine *inclusio* um den ganzen Passus bildet.

gemeinsames Bemühen um ein friedliches Miteinander besiegelt.[142] So wird Israel zum Segen (ברכה, v.24b) und löst die Verheißung ein, die einst an Abraham und seine Söhne ergangen war (vgl. Gen 12,2 – 3; 18,18; 22,18; 26,4; 28,14).[143]

Indem Israel sich mit den Nationen verbindet, die ähnliche Gotteserfahrungen wie es selbst machen, riskiert es nicht seine Identität, sondern verwirklicht sie gerade.[144] Worin sollte sonst sein Proprium, der Sinn seiner Erwählung liegen, wenn nicht darin, dass es „in der Mitte der Welt" lebt, um diese, bildhaft gesprochen, in der Balance zu halten? Dank seiner exemplarischen Heilsgeschichte und seiner Solidarität wird es zum Segen – nicht für sich, sondern zuerst für Ägypten und Assur und dann für alle übrigen Nationen. Und doch ist Israel nicht Quelle, sondern, wie der abschließende Vers unterstreicht, selber Empfänger des Segens.[145] Dieser aber wird fruchtbar, wenn auch andere Nationen Jhwh erkennen und zu seinen Völkern, d. h. zu Werkzeugen seines Geschichtsplans werden.

Nach dem bisher Gesagten verwundert es nicht mehr, dass jene nicht zum Zion kommen. Es wäre geradezu anachronistisch, da Jes 19,16 – 25 mit seiner Segenskonzeption, wie Franz Sedlmeier richtig bemerkt, hinter den Zion und hinter den Sinai zu Abraham zurückgeht.[146] Im Grunde führt die Prophetie sogar bis zu der Schöpfung zurück, wird dieser doch gesegnet, um den Fluch, der über ihr liegt, aufzuheben. Von daher ist sie nicht eine „Weiterentwicklung der Vision von der Völkerwallfahrt zum Zion",[147] sondern tatsächlich ein alternatives Modell. Statt einer globalen Wanderung zum zentralen Heiligtum sieht dieses Modell einen Völkerbund vor, der sich auf der Basis des gemeinsamen Glaubens um Israel

---

142 Vgl. Sedlmeier, „Israel – ein Segen", 101.

143 Dass Jes 19,24 – 25 auf Gen 12,2 – 3 anspielt, ist vielfach beobachtet und durch Beuken, *Jesaja II*, 200 – 1, mit einem detaillierten Strukturvergleich nachgewiesen worden. Einen Überblick über alle genannten Parallelstellen bietet W. Kraus, *Das Volk Gottes. Zur Grundlegung der Ekklesiologie bei Paulus* (WUNT 85; Tübingen: J. C. B. Mohr [Paul Siebeck], 1996) 33 – 42. Allerdings erscheint seine These, Abraham verkörpere nur den Segen, vermittle ihn aber nicht, überspitzt. Ausgewogener erscheint der Ansatz von Sedlmeier, „Israel – ein Segen", 102 – 103, der die verschiedenen Bedeutungen des ברכה-Seins Abrahams bzw. Israels diskutiert („Segenswunsch", „Segensträger", „Segensmittler").

144 So das überzeugende Resümee von Sedlmeier, „Israel – ein Segen", 104 – 106, gegen Groß, „Israel und die Völker", 149 – 167. Vgl. Hausmann, „Eschatologische Zuversicht", 386: „Zwar ist die absolute Sonderstellung Israels in der Vision aufgelöst, aber eben zugunsten Israels."

145 Grammatikalisch ist ישראל aus v.24 der wahrscheinlichste Bezugspunkt für das maskuline Suffix bei ברכו. Dies führt nicht zu der von Duhm, *Jesaia*, 147, behaupteten unsinnigen Aussage „Israel ist ein Segen, mit dem Jahwe Israel segnet", wenn אשר mit Beuken, *Jesaja II*, 177, als kausale Konjunktion aufgefasst wird: „denn Jhwh hat es (sc. Israel) gesegnet."

146 Sedlmeier, „Israel – ein Segen", 105.

147 Berges, *Buch Jesaja*, 171. Dieser traditionsgeschichtlichen These wird von Sedlmeier, „Israel – ein Segen", 105 n.36, klar widersprochen.

herum formiert. Dessen Funktion, integrierende „Mitte" der anderen Nationen zu sein, hat wohl auch den Titel נחלתי, *mein Erbteil*, inspiriert. Er begründet ja keine Vorrangstellung gegenüber den anderen, die עמי, *mein Volk*, und מעשׂה ידי, *Werk meiner Hände*, heißen dürfen. Doch im Unterschied zu diesen verweist er auf das Land und hebt so noch einmal die geographische Sonderstellung Israels hervor. „In der Mitte der Welt" beginnt die Erlösung und breitet sich von dort bis an deren „Enden" aus.

Ganz so isoliert, wie immer wieder angenommen wird, steht Jes 19,16 – 25 übrigens nicht da. Sein Grundgedanke, dass es neben Israel weitere Jhwh-Völker geben könne, kehrt nämlich, erweitert und konkretisiert, noch einmal am Ende des Prophetenkanons wieder. Nach *Sach 2,15* werden sich „an jenem Tag" nicht nur zwei, sondern „viele Nationen" zu Jhwh bekehren und „ihm zum Volk" werden: ונלוו גוים רבים אל־יהוה ביום ההוא והיו לי לעם. Damit ist nicht gesagt, dass alle zu *einem* großen Gottesvolk verschmelzen,[148] sondern dass alle dieselbe Gottesbeziehung haben werden, indem sie ihn kennen und nach seinen Geboten leben. Gleichzeitig wird noch deutlicher als in Jes 19 an der Zentralität Israels festgehalten. Der Gott, zu dem sich die Nichtisraeliten bekennen, wird nämlich nicht bei ihnen, sondern in Jerusalem wohnen,[149] so dass Juda auch künftig der ihm „geweihte Boden" (אדמת הקדשׁ, Sach 2,16) sein wird. Auf diese Weise bleibt der Zion in das Credo der *gojim* fest eingeschrieben; sie können überhaupt nicht an einen davon abgelösten, allgegenwärtig-ortlosen Jhwh glauben.

Sach 2,15 – 16 kann daher als Kommentar zu Jes 19,16 – 25 gelesen werden, der dessen alternatives Modell noch einmal von der Völkerwallfahrtsidee her präzisiert. In ihm sind Heilsuniversalismus und zionstheologischer Partikularismus so vermittelt, dass die Würde Israels durch die Berufung der anderen Nationen nicht geschmälert wird, sondern zu ihrer gottgewollten Vollendung kommt.

---

148 Gegen Irsigler, „Ein Gottesvolk?", 217 – 20. Um die Vereinigung aller Nationen auszudrücken, müsste es והיו לי לעם אחד o. ä. heißen (vgl. Ez 37,22).
149 Vgl. Sach 2,15b: ושׁכנתי בתוכך, *und ich werde in deiner Mitte wohnen*. Die Verheißung der bleibenden Präsenz Jhwhs in Zion erhält deswegen ein besonderes Gewicht, weil an dieser Stelle eigentlich die zweite Hälfte der Bundesformel – „und ich werde ihr (*sc.* der Nationen) Gott sein" – zu erwarten wäre.

3. Das Völkermahl auf dem Zionsberg (Jes 25,6 – 8)

3.1. Weltgericht und Königsherrschaft JHWHs

Auf die Sammlung der Völkersprüche in Jes 13 – 23 folgt eine kompositionelle Einheit, die deren theologischen Horizont noch erweitert, die sog. „Jesaja-Apokalypse": *Jes 24 – 27*.[150] Wo jene von einzelnen Städten und Nationen handelt, von der Bestrafung ihrer Schuld und der Möglichkeit der Umkehr und Rettung eines Restes, geht es in ihr um das Schicksal der ganzen Welt. Diese globale Dimension wird durch die Schlüsselwörter „Erde" (ארץ, אדמה),[151] „Welt" (תבל), „Völker, Nationen und Bewohner" (ישבים, גוים, עמים) angezeigt. Bereits Jes 13 – 14 hatte das göttliche Weltgericht angekündigt und zwar in Zusammenhang mit dem Fall Babylons, nun wird es ausführlich ausgemalt. Auf diese Weise entsteht ein Rahmen, der den ganzen Buchteil Jes 13 – 27 umschließt.

Die Erde und die auf ihr lebenden Menschen sind in dem endzeitlichen Gerichtsszenario nur passive Objekte. Der eigentliche, vielleicht sogar einzige Akteur ist ein anderer, wie schon die ersten Worte unmissverständlich klar machen: הנה יהוה בוקק הארץ, *siehe, JHWH verheert die Erde* (24,1). Die Katastrophen, die die folgenden vier Kapitel schildern werden, sind demnach vor allem Manifestationen der souveränen Herrschaft JHWHs. Er ahndet nicht nur die Schuld seines eigenen Volkes, nicht nur die Schuld Assurs, Babylons und Ägyptens, sondern die der ganzen Welt, wie 26,21, an 24,1 anknüpfend, konstatiert: כי־הנה יהוה יצא ממקומו לפקד

---

150 Zur neueren Forschung an diesem Textbereich vgl. H. J. Bosman u. a. (Hg.), *Studies in Isaiah 24 – 27. The Isaiah Workshop – De Jesaja Werkplaats* (OTS 43; Leiden; Boston, MA; Köln: Brill, 2000); D. C. Polaski, *Authorizing an End. The Isaiah Apocalypse and Intertextuality* (BIS 50; Leiden; Boston, MA; Köln: Brill, 2001); Hibbard, *Isaiah 24 – 27*; S. A. Nitsche, *Jesaja 24 – 27: ein dramatischer Text. Die Frage nach den Genres prophetischer Literatur des Alten Testaments und der Textgraphik der großen Jesajarolle aus Qumran* (BWANT 166; Stuttgart: W. Kohlhammer, 2006); J. T. Hibbard u. H. C. P. Kim (Hg.), *Formation and Intertextuality in Isaiah 24 – 27* (SBL.AIL 17; Atlanta, GA: Society of Biblical Literature, 2013). Dass die Textblöcke Jes 13 – 23 und Jes 24 – 27 strukturell und thematisch zusammengehören, wurde bereits von Liebreich, „Compilation of the Book of Isaiah I", 265 – 8, aufgezeigt und ist in neueren Arbeiten ausführlich begründet worden (z. B. von M. A. Sweeney, „Textual Citations in Isaiah 24 – 27. Toward an Understanding of the Redactional Function of Chapters 24 – 27 in the Book of Isaiah", *JBL* 107 [1988] 39 – 52; Seitz, *Isaiah*, 115 – 27; Berges, *Buch Jesaja*, 139 – 45; Beuken, *Jesaja II*, 13 – 26).

151 Stellenangaben für die einzelnen Termini bei Seitz, *Isaiah*, 174. Dass ארץ bzw. הארץ, wie es häufiger heißt, tatsächlich die ganze Erde und nicht nur das Land Juda meint, zeigt u. a. 24,4, wo es mit תבל im *parallelismus membrorum* steht. Vgl. Beuken, *Jesaja II*, 319.

עוֹן ישׁב־הארץ עליו‎, *denn siehe, JHWH zieht aus von seiner Stätte, um die Schuld des Erdbewohners an ihm zu vergelten.*

Universalismus und partikularer Zentralismus gehen also auch in diesen eschatologischen Visionen, die nach allgemeiner Auffassung zu den spätesten Texten des Jesajabuchs gehören, Hand in Hand: JHWH herrscht über die ganze Erde und wohnt gleichwohl an einem bestimmten Ort. Dort, „im Zentrum der Erde, in der Mitte der Völker" (בקרב הארץ בתוך העמים‎, 24,13),[152] stellt er zuerst das göttliche Recht wieder her, damit es dann auch die an der Peripherie wohnenden Stämme erreicht.

25,6 – 8 scheint demgegenüber eine noch weiter in der Zukunft liegende Ära anzukündigen. In ihr ist JHWHs universales Königtum auf dem Zion etabliert, sind die widergöttlichen Mächte besiegt, beugen sich selbst Sonne und Mond dem alleinigen Souverän (vgl. 24,21– 23). In diesem weltgeschichtlichen Moment findet ein Bankett für alle ausländischen Nationen statt – vielleicht als Lohn, dass sie entsprechend 2,1– 5 zum Zion gekommen sind und die Torah gelernt und angewendet haben?

3.2. Jes 25,6 – 8: Abgrenzung, Übersetzung und Textkritik

Sowohl MT als auch 1QIsa^a signalisieren (durch *Petucha* bzw. frZE/NZ) einen Einschnitt vor v.6 und nach v.8 und markieren die drei Verse so als eine kleine eigene Einheit. Deren Anfang ist dadurch bestimmt, dass zwischen v.5 und v.6 die Gattung und damit auch die Sprechrichtung wechseln: v.1– 5 ist ein Danklied, in dem sich ein Beter direkt an das göttliche „Du" wendet, mit v.6 beginnt eine Schilderung, die JHWH in der 3. Pers. erwähnt. Der Schluss der Passage wird durch die formelhafte Wendung כי יהוה דבר‎, *denn JHWH hat gesprochen* (v.8fin), ange-zeigt.[153] Dazu kommt ein Wechsel des Subjekts. Zwar steht auch das erste Verb von v.9 in der 3. Pers. Sg., doch bezieht sich diese nicht auf Gott, sondern auf einen

---

[152] Wegen des intertextuellen Bezugs zu 19,24 sollte der Doppelausdruck nicht als allgemeine („mitten auf der Erde, mitten unter den Völkern", Beuken, *Jesaja II*, 316), sondern als präzise Ortsangabe aufgefasst werden. Dass tatsächlich von dem Gericht über Israel, nämlich von der Deportation Jerusalems die Rede ist, geht aus 24,11 hervor: גלה משׂושׂ הארץ‎, *weggeführt wurde die Wonne der Erde.* Dieser Ausdruck ist nur dann „rätselhaft" (so Beuken, *Jesaja II*, 326 n.10), wenn der Bezug zu Ps 48,3 nicht erkannt wird: משׂושׂ כל־הארץ הר־ציון‎, *die Wonne der ganzen Erde (ist) der Berg Zion.*

[153] Die Wendung kann sowohl einleitende (z. B. Jes 1,2; Jer 13,15) als auch abschließende Funktion haben (z. B. Jes 22,25; Joel 4,8; Obd 18). In Jes 25,8 fungiert sie darüber hinaus als Rückverweis auf 24,3 (כי יהוה דבר את־הדבר הזה‎).

nicht explizit genannten neuen Sprecher. Die literarische Naht wird durch die Zeitangabe ביום ההוא zusätzlich verstärkt.

Diesen sprachlichen Signalen stehen jedoch andere entgegen, die auf die Kontextgebundenheit von v.6 – 8 hinweisen.[154] Die fehlende Überschrift und Zeitangabe und insbesondere die Verbform des *w^{e}qatal* lassen v.6 nicht als narrativen Neueinsatz, sondern im Gegenteil als Fortsetzung einer bereits begonnenen Handlung erscheinen. Zum selben Schluss führt die Ortsangabe בהר הזה. Sie setzt nämlich voraus, dass „*dieser* Berg" im vorauslaufenden Kontext bereits erwähnt wurde. Beide Beobachtungen verweisen auf 24,21 – 23, wo J$_{HWH}$s Königsherrschaft בהר ציון, *auf dem Berg Zion*, lokalisiert wird, wo dieser ebenfalls als handelndes Subjekt auftritt und zudem wie hier als יהוה צבאות bezeichnet wird.[155]

Dieser doppelte Befund qualifiziert Jes 25,6 – 8 als eine kleine, in sich gerundete Texteinheit und gleichzeitig als Glied einer größeren literarischen Komposition, die in 24,21 beginnt und in 25,12 endet.[156] Metrisch lässt sie sich in drei Strophen unterteilen, die jeweils mit *w^{e}qatal* beginnen und eine Handlung J$_{HWH}$s beschreiben: v.6 (ועשׂה) – v.7 – 8aα (ובלע) – v.8aβ-b (ומחה).[157]

6aα	Und bereiten wird J$_{HWH}$ der Heere	וְעָשָׂה יְהוָה צְבָאוֹת
	für alle Völker **auf diesem Berg**	לְכָל־הָעַמִּים בָּהָר הַזֶּה
β	ein Gelage von Öl(speisen), ein Gelage von Hefeweinen,	מִשְׁתֵּה[a] שְׁמָנִים מִשְׁתֵּה שְׁמָרִים
b	von markigen Öl(speisen), von geseihten Hefeweinen.	שְׁמָנִים מְמֻחָיִם שְׁמָרִים מְזֻקָּקִים׃

---

154 In diese Richtung weist die Textgraphik von 1QIsa^b, der zwar ein Spatium vor v.1, nicht aber vor v.6 hat. Über das Ende der Passage lässt sich wegen des fragmentarischen Charakters der Handschrift leider keine Aussage machen (s. Ulrich, *Biblical Qumran Scrolls*, 496).

155 Blenkinsopp, *Isaiah I*, 357, geht deshalb davon aus, dass beide Texte aus *einer* Hand stammen. Zur Auslegung von Jes 24,21 – 23 und seiner Theologie des Königtums J$_{HWH}$s vgl. W. de Angelo Cunha, „»Kingship« and »Kingdom«. A Discussion of Isaiah 24:21 – 23; 27:12 – 13", J. T. Hibbard u. H. C. P. Kim (Hg.), *Formation and Intertextuality in Isaiah 24 – 27* (SBL.AIL 17; Atlanta, GA: Society of Biblical Literature, 2013) 62 – 69.

156 Nach Polaski, *Authorizing an End*, 162, steht sie im Zentrum einer konzentrischen Struktur:
    A Die Bestrafung der Könige – Beginn der Königsherrschaft J$_{HWH}$s (24,21 – 23)
      B Hymnus: Danklied für J$_{HWH}$s Taten (25,1 – 5)
        C Völkermahl auf dem Berg Zion (25,6 – 8)
      B' Hymnus: Jubel über J$_{HWH}$s Rettung (25,9 – 10a)
    A' Die Bestrafung Moabs (25,10b – 12).
Zu einer leicht abweichenden Struktur führt die Analyse der Kommunikationssituationen bei A. L. H. M. van Wieringen, „Isaiah 24:21 – 25:12. A Communicative Analysis", J. T. Hibbard u. H. C. P. Kim (Hg.), *Formation and Intertextuality in Isaiah 24 – 27* (SBL.AIL 17; Atlanta, GA: Society of Biblical Literature, 2013) 79 – 81.

157 Vgl. H. W. M. van Grol, „An Analysis of the Verse Structure of Isaiah 24 – 27", H. J. Bosman u. a. (Hg.), *Studies in Isaiah 24 – 27. The Isaiah Workshop – De Jesaja Werkplaats* (OTS 43; Leiden; Boston, MA; Köln: Brill, 2000) 67 – 68.

7aα	Und er wird vertilgen **auf diesem Berg**	וּבִלַּע בָּהָר הַזֶּה
β	den Gesichtsschleier, den Schleier über <u>allen Völkern</u>	פְּנֵי־הַלּוֹט[c] הַלּוֹט[b] עַל־כָּל־הָעַמִּים
b	und das Gewebe, das über <u>alle Nationen</u> gewoben ist;	וְהַמַּסֵּכָה הַנְּסוּכָה עַל־כָּל־הַגּוֹיִם׃
8aα	er wird den Tod vertilgen für immer.	בִּלַּע[d] הַמָּוֶת לָנֶצַח
β	Und abwischen wird der Herr JHWH	וּמָחָה אֲדֹנָי יְהוִה
	die Träne von jedem Angesicht,	דִּמְעָה מֵעַל כָּל־פָּנִים
bα	und die Schande seines Volkes	וְחֶרְפַּת עַמּוֹ
	wird er von der ganzen Erde entfernen.	יָסִיר מֵעַל כָּל־הָאָרֶץ
β	Ja, JHWH hat gesprochen.	כִּי יְהוָה[e] דִּבֵּר׃

[a] 𝔊 gibt משתה jeweils verbal wieder und deutet שמנים offensichtlich als eine Metapher für die Freude. In der folgenden Zeile übersetzt sie nur das erste Wort und ergänzt ein dazu passendes Verb (so van der Kooij u. Wilk, „Erläuterungen", 2568): πίονται εὐφροσύνην πίονται οἶνον χρίσονται μύρον, *sie werden Freude trinken, sie werden Wein trinken, sie werden sich mit Duftöl salben*. Es mag dahingestellt bleiben, ob dies wirklich eine „clumsy and badly proportioned translation" (Seeligmann, *Septuagint Version*, 72) ist. Jedenfalls erweist sich die Septuaginta auch an den folgenden Stellen als eine „[d]eutende Wiedergabe des MT" (van der Kooij u. Wilk, „Erläuterungen", 2568), so dass ihre Varianten weniger für die Textkritik als für die Rezeptionsgeschichte des Textes relevant sind.

[b] Statt פני liest 1QIsaᵃ פנו. Es müsste sich um eine Form des Verbs פנה pi. handeln und zwar um eine 3. Pers. Pl. des *qatal* („sie schafften die Hülle weg") oder um einen pluralischen Imperativ („schafft die Hülle weg!"). Könnte diese Variante unter dem Einfluss des sinnverwandten בלע entstanden sein? Es ist jedoch unwahrscheinlich, dass die Völker hier selbst aktiv werden. Da der abweichende dritte Buchstabe überdies nicht klar zu lesen ist (Ulrich, *Biblical Qumran Scrolls*, 376, markiert ihn als „probable letter"), sollte an dem MT festgehalten werden.
Über den Ausdruck פני־הלוט ist viel gerätselt worden (zu den unterschiedlichen Erklärungen s. S. Ö. Steingrímsson, *Im Lichte des Herrn. Literaturwissenschaftliche Beobachtungen zur Redaktion von Jes 2,2 – 25,10a** [ATSAT 85; St. Ottilien: EOS Verlag, 2008] 110 n.546). Warum soll gerade „das Angesicht (= die Vorderseite) der Hülle" vertilgt werden? Steingrímsson, *Im Lichte des Herrn*, 110 – 4, nimmt deshalb an, dass פני־הלוט und המסכה hier nicht als direktes Objekt zu בלע, sondern als präzisierende Ortsangaben neben בהר הזה fungieren: „vor dem Vorhang, der vor allen Völkern hängt, und den [*sic*] Teppich, der vor allen Nationen abschirmt". Doch hat auch diese originelle These ihre Schwächen. פני müsste nämlich die Bedeutung von לפני haben und על müsste im Sinne von מעל verwendet sein. Am einfachsten ist es deshalb, mit Beuken, *Jesaja II*, 342, von einer stilistischen Umstellung auszugehen (Metathesis). Mit „das Gesicht der Hülle" wäre demnach „die Hülle des Gesichts", d. i. der Schleier gemeint.

[c] Nach G-K §72p handelt es sich um eine Nebenform des aktiven Partizips von לאט („der einhüllt"). In diesem Fall sollte allerdings wie in 1 Kön 19,13 ein direktes Objekt folgen. BHS schlägt deshalb vor, הלוט zu vokalisieren, um wie in 1 Sam 21,10 und parallel zu הנסוכה im zweiten Kolon ein passives Partizip zu erhalten („der gehüllt ist"). Einfacher ist die Lösung von A. Caquot, „Remarques sur le »banquet des nations« en Esaïe 25, 6 – 8", *RHPhR* 69 (1989) 115 – 6, nach der eine *reduplicatio* vorliegt. Dies würde auch den *Paseq* zwischen הלוט und הלוט erklären. Er wäre gesetzt, um die zwei identischen Wörter zu trennen (vgl. G-K §15f n.2).

[d] BHS schlägt vor, das *qatal* mit einigen hebräischen Handschriften in ein *yiqtol* (also in ובלע) zu korrigieren, um es an das futurische Tempus der übrigen Verben anzugleichen. Demgegenüber halten wir mit P. K.-K. Cho u. J. Fu, „Death and Feasting in the Isaiah Apocalypse (Isaiah 25:6 – 8)", J. T. Hibbard u. H. C. P. Kim (Hg.), *Formation and Intertextuality in Isaiah 24 – 27* (SBL.AIL 17; At-

lanta, GA: Society of Biblical Literature, 2013) 118 – 120, an dem überlieferten בלע als der *lectio difficilior* fest und betrachten es mit Sweeney, *Isaiah 1 – 39*, 334, als eine „appositional explanation" (d. h. es nennt nicht eine weitere Aktion, sondern erläutert die vorhergehende). Zur futurischen Übersetzung vgl. W. Herrmann, „Die Implikationen von Jes 25,8aα", *BN* 104 (2000) 26 – 31, und die Versionen (ט: „praecipitabit"; ת: יתנשׂן).

Die passivische Form in ﬥ, Theodotion und dem Zitat in 1 Kor 15,54 (κατεπόθη ὁ θάνατος εἰς νῖκος, *verschlungen ist der Tod in den Sieg*) dürfte auf eine sekundäre Änderung zurückgehen, mit der die anthropomorphe Gottesvorstellung zurückgedrängt werden sollte.

[e] In LXX ist die Schlusswendung wie in 24,3 um τὸ στόμα erweitert: „denn *der Mund* des Herrn hat gesprochen." Ob diese Variante auf den Übersetzer oder eine abweichende Vorlage (כי פי יהוה דבר, vgl. 1,20; 40,5; 58,14) zurückgeht, lässt sich nicht entscheiden. Wegen des übereinstimmenden Zeugnisses von ﬡ und ט („quia Dominus locutus est") sollte die *lectio brevior* von MT beibehalten werden.

3.3. Angekommen auf dem Berg: Die Völker als Gäste bei Jнwнs Festbankett

Die Prophezeiung über das endzeitliche Festbankett erfüllt nur zwei der drei Kriterien, die das Motiv der Völkerwallfahrt ausmachen: die Präsenz ausländischer Nationen (כל־הגוים, כל־העמים) und die Lokalisierung des Geschehens auf dem Zion (בהר ציון = בהר הזה). Es fehlt die zentripetale Bewegung, die das Ganze erst zu einer Pilgerreise macht. Zudem verrichten die Völker, anders als in den übrigen Texten, keine Aktivität; sie sind nicht Subjekte, sondern Objekte, nicht Akteure, sondern passive Rezipienten eines Tuns, das allein von Jнwн ausgeht.

Gehört Jes 25,6 – 8 dann überhaupt in den Vorstellungskreis der Völkerwallfahrt? Von einem traditionsgeschichtlichen Standpunkt aus kann dies durchaus bestritten werden.[158] Allerdings schließt eine ursprüngliche literarische Unabhängigkeit nicht aus, dass Motive sekundär zusammengeführt werden können. Im Endtext des Jesajabuchs schließt sich das Orakel jedenfalls gut an die Reihe der Prophezeiungen an, die einen friedlichen Zionszug nichtisraelitischer Nationen verheißen.[159] Als letzte innerhalb von Jes 1– 39 (und vielleicht auch zeitlich späteste) konnte sie auf das hinführende Element, den Anmarsch zum Gottesberg, verzichten, um stattdessen auszumalen, was die dort Versammelten widerfährt.

---

158 Vgl. P. Welten, „Die Vernichtung des Todes und die Königsherrschaft Gottes. Eine traditionsgeschichtliche Studie zu Jes 25,6 – 8; 24,21 – 23 und Ex 24,9 – 11", *ThZ* 38 (1982) 132: „[...] so dass davon auszugehen ist, dass das Motiv der Völker bzw. der Völkerwallfahrt für die Tradition des hier vorkommenden Mahles keine konstitutive Rolle spielt."
159 Vgl. Steingrímsson, *Im Lichte des Herrn*, 133: „In Jes 25,6 wird die Reise der Völker zum Berg Zion vorausgesetzt, weil sie in den vorhergehenden Gliedtexten der Textschicht, Jes 2,2 – 5; 4,2 – 6; 11,10 und 24,23 angedeutet worden ist."

Helmut Schmidt betrachtet sie deshalb als einen literarischen Spätling, als eine Mischform, die unterschiedliche, teilweise nicht explizit ausgeführte Motive vereint: „[H]ier verbindet sich die grundsätzlich-theologische Aussage von Jahwes Herrschaft in der Völkerversammlung um seinen Thron mit der Völkerwallfahrt zum Gottesberg, die implizit vorausgesetzt ist."[160]

3.3.1. Ein Krönungsmahl für alle Nationen (v.6)

Wie wir gesehen haben, bezeichnet Jes 25,6 keinen absoluten Neuanfang, sondern eine Etappe innerhalb eines umfassenderen narrativen Ablaufs. Darauf verweisen die wᵉqatal-Form ועשׂה, die einen bereits begonnenen Handlungsstrang weiterführt, und das Demonstrativpronomen in der Ortsangabe בהר הזה, das voraussetzt, dass der Berg dem Leser bekannt ist. Tatsächlich wird in *24,23* JHWHs Königsherrschaft בהר ציון, *auf dem Berg Zion*, lokalisiert. Davor wurde הר־ציון bereits in *18,7* verwendet, um den Platz zu bezeichnen, an den die Kuschiter ihre Huldigungsgaben bringen. Nun ist er der Ort, an dem JHWH die Chaosmächte bezwingt und danach alle Völker zum Mahl versammelt.

Dass 25,6 auch den feierlichen Gottesnamen יהוה צבאות mit 24,23 gemeinsam hat (innerhalb von Kap. 24 – 27 kommt er überhaupt nur an diesen beiden Stellen vor), ist ein weiteres Indiz, dass unser Text die Fortsetzung der Episode 24,21 – 23 bildet. Nachdem JHWH seine Feinde im Himmel und auf der Erde unterworfen und auf dem Zion bzw. in Jerusalem seine universale Königsherrschaft angetreten hat, veranstaltet er auf eben diesem Berg ein feierliches Mahl. Gegenüber allen anderen möglichen Deutungen[161] ist dies der primäre literarische Kontext des Völkermahls. Es ist das Festbankett, das JHWH „an jenem Tag" (ביום ההוא), nämlich am

---

160 H. Schmidt, *Israel, Zion und die Völker*, 252. Wie wenig selbstverständlich diese Annahme ist, zeigt ein Blick in die jüdische Auslegungstradition. Sie setzt nämlich nicht eine Völker*wallfahrt*, sondern einen Völker*kampf* voraus und interpretiert unseren Text dementsprechend nicht als Heils-, sondern als Gerichtsorakel. Auf diese alternative Deutung, deren Wurzeln in der Septuaginta und im Targum liegen, soll am Ende dieses Kapitels eigens eingegangen werden.
161 Nach Polaski, *Authorizing an End*, 164 – 81, und Hibbard, *Isaiah 24 – 27*, 77 – 86, kennt die biblische und außerbiblische Literatur folgende Anlässe, um öffentliche Mähler abzuhalten: Vertragsabschlüsse, Thronbesteigungen, Staatsbankette, Siegesfeiern, Opfer und Pilgerfeste. Für Hibbard, *Isaiah 24 – 27*, 76, führt der intertextuelle Vergleich mit Jes 25,6 zu einem negativen Ergebnis: „[T]his text is not an exact reproduction of any of the feast traditions." Vgl. A. T. Abernethy, *Eating in Isaiah. Approaching the Role of Food and Drink in Isaiah's Structure and Message* (BIS 131; Leiden; Bosten, MA: Brill, 2014) 75 – 9, der zu demselben Befund gelangt und daraus das Fazit zieht: „It seems best not to limit this feast to one type. Instead, a multifaceted understanding of this feast is better."

Tag seiner Thronbesteigung abhalten und zu dem er seine Untertanen, das heißt, die von ihm unterworfenen Weltbewohner einladen wird.

Das Syntagma עשה משתה wird im Alten Testament häufig verwendet, um die Ausrichtung eines Gastmahls oder Gelages zu beschreiben.[162] Während der Veranstalter, in der Regel eine höhergestellte Persönlichkeit, als Subjekt fungiert, werden die Gäste mit der Präposition ל eingeführt. Die nächsten Parallelen sind drei Texte, in denen die Eingeladenen wie hier mit לכל-... eingeführt werden, die also darauf abheben, dass die Betreffenden vollständig erscheinen. In allen drei Fällen ist es ein König, der ein freudiges Ereignis feiert und dazu alle seine Diener einlädt: Pharao aus Anlass seines Geburtstags (ויעש משתה לכל-עבדיו, Gen 40,20), Salomo, nachdem ihm Gott im Traum erschienen ist (ויעש משתה לכל-עבדיו, 1 Kön 3,15), und Artaxerxes zu Ehren seiner neuen Ehefrau Ester (ויעש המלך משתה גדול לכל-שריו ועבדיו, Est 2,18).

Worin liegt nun die Besonderheit des Banketts in Jes 25,6? Auch sein Gastgeber ist ein König. Er regiert aber nicht nur über ein bestimmtes Land (Ägypten, Israel, Persien), sondern ist König geworden (מלך יהוה צבאות, 24,23), nachdem er die „Könige der Erde" (מלכי-האדמה, 24,21) unterworfen hat. Als „König der Könige" lädt er nicht nur die Diener seines Palastes, sondern alle Völker, die auf der Erde leben, ein. Diese sind für ihn demnach die Untergebenen, mit denen er seinen Triumph feiern will. Eine weitere folgenreiche Transformation erfährt das Motiv in Bezug auf die zeitliche Dimension. Die narrativen Texte schildern im *wayyiqtol* vergangene Ereignisse, in denen sich die königliche Macht manifestierte. Demgegenüber wird hier im *w^eqatal* eine künftige Wirklichkeit beschrieben, wird die Vision einer neuen Ära entfaltet, in der nur noch der Gottkönig regieren und alle irdischen Machthaber um sich herum versammeln wird.

Ungewöhnlich sind auch die Speisen und Getränke, die bei diesem Mahl gereicht werden. Die raffinierte rhetorische Präsentation in zwei synthetischen Parallelismen, voll von Alliterationen (*m – sch – m – sch*; *sch – m – sch – m*), Paronomasien (*m^emuchayim – m^ezuqqaqim*), Wortwiederholungen (*schmanim – schmanim*; *schmarim – schmarim*) und Endreimen (*-im*), erzeugen den Eindruck von Fülle und erlesener Qualität. Tatsächlich werden aber keine kulinarischen Delikatessen, nicht einmal die grundlegenden Nahrungsmittel Fleisch, Brot, Wasser und Wein gereicht, sondern in Öl frittiertes Gebäck oder Gemüse (שמנים) und neuer Wein (שמרים).[163]

---

162 Zu den einzelnen Belegen s. HALAT, 617.

163 Die von den Kommentatoren stereotyp wiederholte Aussage über die „erlesene Qualität des Gastmahls" (Beuken, *Jesaja II*, 348) ist deshalb zu hinterfragen. Das gilt insbesondere für die Übersetzung „alte Weine", da שמר ja die Weinhefe und den auf ihr sitzenden jungen (Hefe)wein bezeichnet. Delitzsch, *Jesaia*, 295, der das Problem ausführlicher als andere diskutiert, räumt ein,

Während der persische König seinen Gästen ein משתה היין (Est 5,6; 7,2.7.8) bereitet und Daniel mit seinen Gefährten von der Tafel des babylonischen Königs יין zugeteilt wird (Dan 1,5.8.16), wird den auf dem Zion versammelten Völkern שמר serviert, ein Wein also, der eben erst von seiner Hefe abgezogen wurde und besonders schnell berauscht. Sollte der Begriff nur aus Gründen der Assonanz gewählt sein?[164] Und sollte er nur hier eine positive Bedeutung haben, während er an den anderen drei Fundstellen (Jer 48,11; Zef 1,12; Ps 75,9) negativ besetzt ist?

Zweifel an der üblichen Einordnung als Heilsorakel könnte eine innerjesajanische Parallele wecken. Im ganzen Buch erwähnt nämlich außer 25,6 nur noch *5,12* ein משתה und zwar in einem Weheruf gegen die Trunksüchtigen in Israel. Sie feiern ausschweifende Gelage und ignorieren dabei das geschichtliche Handeln ihres Gottes. Sie tragen die Schuld dafür, dass das Volk von dem weit geöffneten Rachen der Scheol verschlungen wird (v.14).

Beachtenswert ist auch der Hinweis von Donald C. Polaski, dass in der hebräischen Bibel Jhwh nur zweimal als Gastgeber eines Mahls auftritt, nämlich an unserer Stelle und in *Jer 51,38*.[165] Dort bereitet er den Babyloniern, die Israel misshandelt haben, ein „Festmahl" (אשׁית את־משׁתיהם), um sie betrunken zu machen und dann dem „ewigen Schlaf" (שׁנת־עולם) anheimzugeben.

Ein derartiges Strafgericht ist in Jes 25,6 nach Ansicht fast aller Exegeten nicht intendiert. Nach 24,21 – 22 wurden die gottwidrigen Mächte „in der Höhe" und „auf der Erde" ja bereits verurteilt und eingesperrt. Doch was wird mit ihnen geschehen, wenn sie „nach vielen Tagen – noch einmal – heimgesucht werden" (v.22b)? Und immerhin wird Jhwh auch in 25,1 – 5 dafür gepriesen, dass er die Armen rettet und die Frevler vernichtet. Gehören die Gäste des endzeitlichen Banketts etwa zu dem „starken Volk" (עם־עז) und den „tyrannischen Nationen" (גוים עריצים), die von ihm besiegt werden und ihm voll Ehrfurcht dienen müssen (vgl. v.3)?

Dass der wahre Charakter des Völkermahls an dieser Stelle noch verborgen bleibt, ist nicht ohne Bedeutung. Der Leser muss sich nämlich fragen: Wird den auf

---

dass שמרים eigentlich „schlechte Weine" seien, nimmt dann aber an, dass der Begriff des Hefigen durch das Partizip מזקקים weggenommen werde. Raschi legt diesen Passus jedoch gerade umgekehrt aus: „geseiht von jedem Öl- und Weintrank, so dass nichts mehr da ist als nur die Weinhefe" (vgl. M. Cohen, *Isaiah*, 50). Die neueste Studie von W. D. Barker, „Wine Production in Ancient Israel and the Meaning of שְׁמָרִים in the Hebrew Bible", D. A. Baer u. R. P. Gordon (Hg.), *Leshon Limmudim. Essays on the Language and Literature of the Hebrew Bible in Honour of A. A. Macintosh* (LHBOTS 593; London; New Delhi; New York; Sidney: Bloomsbury, 2013) 268 – 274, kommt zu dem Schluss, es handle sich um „ausgezeichneten, hefefreien Wein". Aus dem Text lässt sich aber nur das zweite Attribut herleiten, das erste ist stillschweigend vorausgesetzt.

164 Vgl. Polaski, *Authorizing an End*, 168 n.79.

165 Für Polaski, *Authorizing an End*, 179 – 81, sind dies Beispiele dafür, dass משתה auch eine Gelegenheit für das Gericht sein kann.

dem Zion Versammelten ein Galadiner oder eine Henkersmahlzeit bereitet? Doch hat die Ambivalenz der Szene nicht nur den rhetorischen Effekt, Spannung zu erzeugen. Sie könnte sogar ein Ausdruck der fundamentalen Ungewissheit sein, die jede Gottesbegegnung in sich birgt: Führt sie zum Leben oder zum Tod?[166]

3.3.2. Die Beseitigung der „Hülle" und des Todes (v.7 – 8aα)

Die zweite Strophe wird durch das Verb בלע gerahmt, das als Anapher sowohl v.7 als auch v.8 eröffnet. Die *qatal*-Form, in der es beim zweiten Mal erscheint, unterbricht die syntaktische Folge der *weqatal*-Verben. Sie dürfte in diesem Fall kaum einen Tempuswechsel anzeigen. Vielmehr setzt sie eine rhetorische Zäsur, die die Vernichtung des Todes als zusammenfassenden Höhepunkt der vorhergehenden Ausführungen hervorhebt.[167]

Von der Lesererwartung her müsste an dieser Stelle das eigentliche Mahl folgen, d. h. die Schilderung der auf dem Berg versammelten internationalen Festgesellschaft, die fröhlich die angerichteten Speisen verzehrt. Diese erzählerische Lücke fällt umso mehr auf, als 24,23 die Szene der Ältesten auf dem Sinai aus Ex 24,9 – 11 aufgerufen hatte,[168] für die das Essen und Trinken im Angesicht Jhwhs wesentlich war. Statt zu schildern, wie die Gäste Mahl halten, bleibt der Fokus in Jes 25 weiter auf den Gastgeber gerichtet. Überraschenderweise ist er es, der isst, nein, geradezu verschlingt!

Wahrscheinlich handelt es sich bei diesem Erzähldetail um eine mythische Reminiszenz, „eine wortspielerische Auseinandersetzung mit dem kananäischen Baal-Mythos".[169] Was Baal (בעל) nicht vermochte, nämlich den Anführer der Unterwelt *Mot* zu besiegen, wird demnach Jhwh gelingen, wenn er auf dem Zion *Mawet*, d. h. den Tod verschlingt (בלע). Dabei behält das Verb, selbst wenn man es nicht wörtlich, sondern übertragen versteht, die Konnotation des Gewaltsamen, Brutalen (vgl. Ex 15,21; Num 16,30.32.34). Die Assoziation eines zornigen Rache-

---

166 Ex 24,11, das oft als Paralleltext von Jes 24,23 betrachtet wird, weist klar auf diese Lebensgefahr hin: ואל־אצילי בני ישראל לא שלח ידו, *aber gegen die Edlen der Söhne Israels reckte Er seine Hand nicht aus.*

167 Vgl. G–K §106n über den futurischen Gebrauch des Perfekts: „[D]er Prophet versetzt sich so lebhaft in die Zukunft, dass er das Zukünftige als ein bereits von ihm Geschautes [...] beschreibt." In Jesaja findet sich dieses Phänomen u. a. in 5,13; 9,1 – 6; 10,28; 11,9; 19,7.

168 Zu dieser Parallele vgl. Hibbard, *Isaiah 24 – 27*, 77 – 80. Die beiden Texte teilen allerdings nur die Referenzsignale זקנים und כבוד.

169 Berges, *Buch Jesaja*, 189. Vgl. Hibbard, *Isaiah 24 – 27*, 80 – 2; Beuken, *Jesaja II*, 349.

gottes, wie er in Ps 21,10 und anderswo erscheint, ist deshalb durchaus nicht
abzuweisen.

Noch vor der Spitzenaussage in v.8aα nennt v.7 aber zwei andere Objekte, die
von Jhwh „verschlungen" werden: לוט und מסכה. Aufgrund des *parallelismus
membrorum* ist klar, dass dieselbe Sache gemeint ist. Doch was ist das, das „über
alle Völker" (על־כל־העמים), „über alle Nationen" (על־כל־הגוים) gebreitet ist und
weggerissen werden muss?

Nach der klassischen, von christlichen wie jüdischen Autoren vertretenen
Interpretation sind Hülle und Decke Metaphern „der Unwissenheit, welche die
Geister der Völker verdunkelt",[170] „Symbol [...] der geistlichen Blindheit",[171] in der
sich die heidnischen Nationen befinden, solange sie nicht zum Zion kommen.
Dadurch, dass Jhwh diese hinderliche „Hülle" entfernt, schenkt er ihnen die
wahre Gotteserkenntnis. Diese Auffassung hat einen intertextuellen Anhalt in
1 Kön 19,13, wo beim Erzählen über Elija am Sinai dieselben Schlüsselwörter לוט
und פנים erscheinen: וילט פניו באדרתו, *und er hüllte sein Gesicht in seinen Mantel*.
Elija tut dies, um den Anblick des sich ihm offenbarenden Gottes zu vermeiden.
Was dem Propheten auf dem Sinai nicht möglich war, ja, was selbst Mose verwehrt
blieb (vgl. Ex 33,20: „Du kannst mein Angesicht nicht sehen; denn kein Mensch
kann mich sehen und am Leben bleiben"), würde demzufolge den Völkern auf dem
Zion gewährt: dass sie mit unverhüllten Augen Gott erblicken!

Dasselbe Problem wird in *Num 4,20* berührt, im Rahmen der Anordnungen für
den Dienst am Wüstenheiligtum. Diese Stelle ist deshalb von besonderem Interesse, weil sie mit unserem Text das Referenzsignal בלע teilt. Zuerst wird dort
ausführlich geschildert, wie die aaronitischen Priester beim Weiterzug des Heiligtums die einzelnen Geräte einpacken und verhüllen. Erst dann dürfen sich die
mit dem Transport betrauten Leviten nähern, „damit sie nicht kommen und sehen,
wenn man das Heilige bloßlegt (כבלע את־הקדש),[172] und sterben."

All das würde in der kommenden Zeit nicht mehr gelten. Nicht nur *das* Heilige,
sondern *der* Heilige würde „bloßgelegt", wäre den Blicken der auf dem Zion
Anwesenden preisgebe. Der nächste Schritt, die Vernichtung des Todes, würde
daraus logisch folgen. Er müsste ja beseitigt werden, damit die Empfänger der
Offenbarung nicht sterben. Anders formuliert: In dem Moment, in dem Menschen
Gott schauen können, ohne zu sterben, ist der Tod bereits überwunden, sind sie
bereits vom Tod ins (ewige) Leben hinübergetreten.

---

170 Philippson, *Israelitische Bibel*, 798.
171 Delitzsch, *Jesaia*, 296, mit Verweis auf 2 Kor 3,15 („Bis heute liegt eine Hülle auf ihrem
Herzen, wenn Mose vorgelesen wird").
172 Übersetzung nach N. H. Tur-Sinai, *Die Heilige Schrift* (Neuhausen-Stuttgart: Hänssler-Verlag,
³1997) 234.

Diese theologisch interessante, aber recht spekulative symbolische Deutung wurde in neuerer Zeit durch eine religionsgeschichtliche Erklärung abgelöst. Es wurde nämlich erkannt, dass die Verhüllung eines Körperteils, vor allem des Kopfes, zum altorientalischen Trauerritus gehört.[173] Tatsächlich kennt die hebräische Bibel den Brauch, beim Tod eines Angehörigen oder einem anderen Unglücksfall den Kopf bzw. das Gesicht zu bedecken. David und seine Getreuen tun dies, als sie vor Abschalom aus Jerusalem fliehen (2 Sam 15,30); die Bewohner von Jerusalem bringen damit ihre Verzweiflung über die Dürrekatastrophe zum Ausdruck (Jer 14,3–4); Haman trauert so über die Bevorzugung Mordechais (Est 6,12).[174] In allen drei Fällen wird dieser Gestus allerdings mit dem Verb חפה und dem Objekt ראש zum Ausdruck gebracht.

Als einzige intertextuelle Parallele bleibt somit *2 Sam 19,5*. Unter Verwendung des Verbs לאט, eine Nebenform von לוט, schildert dieser Vers, wie David seinen verstorbenen Sohn Abschalom betrauert: והמלך לאט את־פניו, *und der König verhüllte sein Gesicht*.

Wenn diese Verhüllung beim endzeitlichen Mahl weggenommen wird, würde damit das Ende der Trauerzeit angezeigt.[175] Mehr noch, nach Jes 25,8 würden sogar die Ursache der Trauer (der Tod) und deren Konsequenzen (die Tränen) beseitigt. Dabei bliebe jedoch ungeklärt, worüber die Völker trauern, welche Toten sie beklagen. Noch in 25,1–5 wurden sie ja nicht als Leidtragende, sondern als Gewalttäter, die selber Leid verursachen, präsentiert.

Die Schwierigkeit, Jes 25,7 von der Theophanievorstellung oder einem Trauerritus her zu verstehen, hat weitere Deutungen hervorgebracht. Ohne nähere Begründung hält Christopher R. Seitz Hülle und Decke für „symbols of the vast destruction that God has wreaked on all nations and people but is about to remove."[176]

Dagegen argumentiert Irmgard Fischer mit der sprachlichen Parallele zwischen מסכה und מסך, das im Pentateuch die Vorhänge bezeichnet, die den Vorhof und den Eingang zum Offenbarungszelt und die Bundeslade abdecken. „Wenn JHWH diesen Vorhang zerreißt, haben alle Völker Zugang zum Heiligtum, un-

---

173 Vgl. A. Chester, *Future Hope and Present Reality I. Eschatology and Transformation in the Hebrew Bible* (WUNT 293; Tübingen: Mohr Siebeck, 2012) 286, der diese Auslegung ohne weitere Diskussion als „very plausibly" akzeptiert. Vorsichtiger urteilt Welten, „Vernichtung des Todes", 133–5. Er bevorzugt zwar dieses Verständnis, lehnt aber das ältere nicht völlig ab. Neben dem Motiv der Trauer sei in unserem Text nämlich auch die Theophanievorstellung präsent.
174 Ez 24,17.22 erwähnt darüber hinaus das Verhüllen des Barts (עטה על־שׂפם) als Trauerbrauch.
175 Vgl. Blenkinsopp, *Isaiah I*, 359.
176 Seitz, *Isaiah*, 190.

mittelbaren Zugang zur Bundeslade und ihren Tafeln – zur Tora."[177] Gegen diese These spricht allein schon, dass in Jes 25,7 die Tücher über die Menschen gebreitet sind. Zudem wird der Tempel nicht erwähnt, und auch das Symposion hat keinen sakralen Charakter. Von daher erscheint es unwahrscheinlich, dass JHWH den Völkern zuerst ein Essen zubereitet und ihnen danach (so die Reihenfolge im Text) vor dem Tempelvorhang erscheint. Müssten sie ihn dann nicht sehen, erkennen und vor ihm zu Boden fallen? Eine derartige Huldigung, wie sie z. B. 45,18 – 25 ausmalt, wird in unserem Text aber nicht einmal angedeutet.

Die bisherigen Interpretationen gehen alle von der unausgesprochenen Annahme aus, dass das Wegnehmen der Hülle für die fremden Nationen Heil bedeutet. Die nächstliegende Erklärung wird dabei aber übersehen: dass nämlich eine Hülle, ein Schleier in erster Linie dazu dient, um sich zu bedecken und zu schützen. Eine Verhüllung kann wie im Fall Elijas daran hindern zu *sehen*, sie hindert aber in jedem Fall daran, *gesehen zu werden*. Die Völker wären demzufolge nicht in Trauer oder in „geistlicher Blindheit" gefangen, sondern zugedeckt, verschleiert, vermummt, um sich dem Anblick und Zugriff der anderen (vor allem Gottes) zu entziehen.

Die intertextuelle Begründung für diese Deutung, die bereits von David Kimchi vertreten wurde,[178] findet sich im Jesajabuch selbst, nämlich in den beiden Belegen für מסכה und das synonyme מסך. Im Rahmen eines Gerichtsorakels warnt *28,20* die Herrscher Jerusalems, dass „die Decke zu schmal sei, um sich darin einzuhüllen" (והמסכה צרה כהתכנס), d. h. dass ihre Schutzmaßnahmen nicht ausreichen, um die drohende Katastrophe abzuwehren. Noch näher ist die Parallele zu *22,8*, wo JHWH selbst die „Deckung" Judas entfernt (ויגל את מסך יהודה), um sein treuloses Volk zu strafen.

Auf diesem Hintergrund symbolisierte die Hülle, die über den heidnischen Nationen liegt (die sie selbst über sich gelegt haben!), die Barrieren, die von dem Gott Israels trennen, vor allem das militärische Potential, das jene aufgebaut haben, um sich zu schützen und andere anzugreifen. All das wird JHWH ihnen (gewaltsam, wie wir gesehen haben) nehmen, wird ihnen den Schutz, in dem sie

---

177 I. Fischer, *Tora für Israel*, 30. Vgl. Steingrímsson, *Im Lichte des Herrn*, 112.
178 Vgl. M. Cohen, *Isaiah*, 166. Nach Kimchi nimmt JHWH den Völkern in Jes 25,7 das Versteck weg, in dem sie sich bisher bargen, so dass sie dem kommenden Unheil „entblößt" entgegengehen – ולא יהיה מכסה ומחסה ממנה, *und es wird vor ihm keine Deckung und keinen Schutz geben*. Ihnen widerfährt damit das entgegengesetzte Los wie den Schwachen von 25,4, denen Gott selbst zum Obdach (מחסה) gegen Regen und Sturm wird.

bis dahin sicher, aber gleichzeitig von Ihm abgeschirmt lebten, rauben und sie entwaffnen.[179]

Damit erhielt auch v.8aα einen neuen, konkreteren Sinn. המות bedeutete dann nicht allgemein „[a]lle Mächte, die dem Wohlergehen des Menschen entgegenstehen",[180] sondern alle Mächte, die dem Willen und dem universalen Heilsprojekt Jhwhs entgegenstehen. Das sind vor allem die politischen Kräfte, die Israel zum Abfall verführen und die in *28,15.18* deshalb selbst als „Tod" und „Scheol" gebrandmarkt werden.[181] 25,8 würde dann die Vernichtung all dessen prophezeien, was zum Tod führt, weil es sich gegen den Spender des Lebens richtet. Das heißt wohlgemerkt nicht, dass auf dem Zion alle nichtisraelitischen Nationen vernichtet werden. Vielmehr wird der *Tod* vernichtet, nämlich alles Tödliche, das von diesen ausgeht und von dem sie selbst gefangen sind, alle Einstellungen und Verhaltensweisen, die Gottes geschichtlichem Plan entgegenlaufen und dadurch Unheil und Verderben bringen.

3.3.3. Das Ende der Tränen und der Schmach Israels (v.8aβ–b)

Die dritte Strophe, die mit dem feierlichen Gottesnamen יהוה אדני beginnt, wendet den Blick von den ausländischen Nationen zu Israel. Der universale Horizont ist durch מעל כל־פנים und מעל כל־הארץ, die jeweils eine Verszeile beschließen, zwar weiterhin präsent, der Akzent liegt nun aber auf dem, was Jhwh zugunsten seines Volkes (עמו) tut.[182] Dieser inhaltliche Neuansatz ist auch syntaktisch markiert. An die Stelle des bis dahin dominierenden *weqatal* tritt in v.8b nämlich eine invertierte *x-yiqtol*-Form, mit der die in v.6a eröffnete Satzkette zum Abschluss kommt.

Dass die Tränen abgewischt werden, fügt sich gut an das Vorhergehende an, wenn v.7 vom Ablegen der Trauerkleider handelt. Dasselbe Geschehen wäre dann ein zweites Mal intensiver ausgedrückt. Aber auch ohne diese Annahme lässt sich diese Verheißung als Konkretisierung der allgemeinen Aussage über die Vernichtung des Todes verstehen: wenn es den Tod nicht mehr gibt, wenn also kein

---

179 Dieselbe Idee wird in Jer 49,10 (allerdings mit anderem Vokabular) in Bezug auf Edom formuliert: „Ja, ich decke Esau auf, enthülle sein Verstecktes; er will sich verbergen, kann es aber nicht." In v.12 wird die Bestrafung Edoms dann noch mit Hilfe des Motivs des „Taumelbechers" veranschaulicht.
180 Berges, *Buch Jesaja*, 189. Ähnlich Blenkinsopp, *Isaiah I*, 359: „a force of disorder, negativity, and aridity, morally and physically."
181 Vgl. Cho u. Fu, „Death and Feasting", 130–132. Für diese Autoren sind die fremden Nationen auch die Ursache der in der zweiten Vershälfte genannten „Schande" (חרפה) Israels.
182 Vgl. Beuken, *Jesaja II*, 351: „Die vorangehende Heilszusage für alle Völker mündet in die Zusage, dass JHWH Israel in seiner Ehre wiederherstellen wird."

Mensch mehr stirbt (und leidet, wie man wohl folgern darf), gibt es auch keinen Grund mehr, Tränen zu vergießen.

Gegen die Annahme einer solchen universalen, geradezu metaphysischen Heilserwartung spricht jedoch der parallele Aufbau der Strophe. Sie beschreibt zwar, einmal mit dem bildhaften מחה, einmal mit dem abstrakteren סור *hif.*, zwei Aktionen, meint damit aber ein und denselben Vorgang: JHWH entfernt alle Tränen, die an irgendeinem Ort der Erde aufgrund der „Schande" Israels vergossen werden. Mit חרפה wird dabei die Zerstreuung im Exil und das Joch der Fremdherrschaft theologisch qualifiziert:[183] Dass JHWHs Volk fern von der Heimat lebt, unter andere Völker zerstreut ist und womöglich sogar deren Göttern dient, ist eine Situation, die seine Erwählung konterkariert. Sie verursacht nicht nur ihm selbst Leid, sondern schadet auch den anderen Menschen, denen es den wahren Gott bezeugen sollte.

Aus diesem teils fremd-, teils selbstverschuldeten Unheilszustand will JHWH sein Volk befreien, um es wieder als sein Eigentumsvolk einzusetzen. *27,12 – 13* wird diese Vision der Sammlung und Heimführung im Detail ausführen und damit die gesamte Sektion Kap. 24 – 27 beschließen. Dagegen wird hier kein eigener, zusätzlicher Akt angekündigt, sondern lediglich das Vorhergehende auf Israel hin gedeutet: Dadurch, dass sein Gott die heidnischen Nationen auf dem Zion sammelt und an ihnen seine Macht erweist (je nach Auslegung entweder, indem er ihnen ein Symposion bereitet, oder, indem er ihre Machenschaften entlarvt), kommt auch es selbst wieder zu Ehren. Diejenigen, die es zuvor z. B. durch ein höhnisches „Wo ist denn dein Gott?" (vgl. Ps 42,4.11; 79,10) verspotteten, erkennen nämlich, dass sie sich getäuscht haben – in Israel, vor allem aber in dem Gott, zu dem es sich bekennt.

Das Orakel endet mit der prägnanten Formel כי יהוה דבר, *ja, JHWH hat gesprochen.* Sie markiert hier allerdings nicht eine tatsächliche Gottesrede, sondern fungiert als ein rhetorisches Ausrufezeichen.[184]

Dass die gesamte Vision in erster Linie auf Israels Rehabilitierung zielt, wird durch das anschließende Danklied (v.9a–10) unterstrichen. In ihm besingt Isra-

---

183 So Blenkinsopp, *Isaiah I*, 360; Beuken, *Jesaja II*, 351, und schon Ibn Ezra: שהיו מפוזרים בכל הארץ והיתה להם חרפה בכל מקום, *denn sie waren auf der ganzen Erde verstreut und an jedem Ort lag Schande auf ihnen* (M. Cohen, *Isaiah*, 166). Vgl. Jes 30,5; 47,3; 51,7; 54,4. Die Vorstellung, dass das exilierte Israel zur „Schande", d. h. zum Anstoß für seine Nachbarn wird, findet sich auch in Ps 44,14; 89,42; Jer 24,9; 29,18 u. a.

184 Zu den übrigen Belegen und zur Funktion dieser Formel im Jesajabuch s. W. A. M. Beuken, „The Prophet Leads the Readers into Praise. Isaiah 25:1 – 10 in Connection with Isaiah 24:14 – 23 Seen against the Background of Isaiah 12", H. J. Bosman u. a. (Hg.), *Studies in Isaiah 24 – 27. The Isaiah Workshop – De Jesaja Werkplaats* (OTS 43; Leiden; Boston, MA; Köln: Brill, 2000) 141 n.86.

el[185] seine Errettung, richtiger gesagt, es preist den, der es gerettet hat. Wie הנה
אלהינו זה, *seht, das ist unser Gott*, und זה יהוה, *das ist JHWH*, zeigen, handelt es sich
um ein öffentliches Bekenntnis, das einerseits im Angesicht Gottes, andererseits
im Beisein der auf dem Zion Versammelten abgelegt wird. Die dort ansässige bzw.
wieder ansässig gewordene Gemeinde singt ein Lied, um ihrem Gott zu danken
und ihn gleichzeitig den anderen Menschen zu präsentieren. Gerade diese doppelte Relation, Israel als Mittler zwischen JHWH und den Völkern, zeichnet diesen
kurzen Hymnus aus.[186] Das Gottesvolk besingt seine eigene Heilserfahrung, singt
sein Danklied den Neuankömmlingen vor, damit diese in es einstimmen können.
Dabei deutet es sogar an, dass seine Erlösung auf eine weitere, umfassendere
Verwirklichung hin offen ist, indem es nicht singt „Wir haben auf ihn gehofft, und
er *hat* uns gerettet", sondern „Wir haben auf ihn gehofft, und er *wird* uns retten."

3.4. Eine Henkersmahlzeit für die Völker – die andere Wirkungsgeschichte von Jes 25,6 – 8

Dass Jes 25 ein eschatologisches Freudenmahl prophezeit, ist zu einer nicht mehr
hinterfragten *opinio communis* der modernen Exegese geworden. Sie geht davon
aus, dass die heidnischen Nationen zum Zion gewallfahrt sind und nun,
gleichsam als Belohnung, von JHWH bewirtet werden. Allerdings hängt dieses
Verständnis, wie wir gesehen haben, an der Deutung einiger ambivalenter Begriffe
(שמרים; לוט und מסכה; מות) und an der Bestimmung des Subjekts von ואמר in v.9*int*,
und außerdem steht es in Spannung zu der Gerichtsthematik, die den vorausgehenden und nachfolgenden Kontext (24,21 – 23; 25,1 – 5; 25,10b – 12) dominiert.
Auffällig ist weiterhin, dass der Text die Nationen, im Unterschied etwa zu 2,1 – 5,
als völlig passiv beschreibt und nichts von der fröhlichen Atmosphäre weiß, die
die Kommentatoren selbstverständlich voraussetzen.

Nicht abzuweisen ist deshalb die alternative Deutung, nach der das Gelage
von Jes 25,6 – 8 dazu dient, die nichtjüdische Menschheit betrunken zu machen

---

185 Die 3. Pers. Sg. m. von ואמר kann sich im Kontext nur auf עמו beziehen, wie Steingrímsson, *Im Lichte des Herrn*, 123, richtig beobachtet. Die Wiedergabe mit „man" beruht auf der falschen Voraussetzung, dass der Prophet hier „den zukünftigen Lobpreis einer *unbestimmten* Gruppe" ankündige (Beuken, *Jesaja II*, 343 [Hervorhebung d. Vf.]). Die vermeintliche Unklarheit von MT ist in 1QIsaᵃ durch ואמרת beseitigt. Nach Nitsche, *Jesaja 24 – 27*, 168 n.92, handelt es sich dabei um eine 2. Pers. Sg. *f.*, mit der die „Frau Zion" direkt angesprochen werde.

186 Die Sinnspitze von 25,9 – 10a wird deshalb verfehlt, wenn man wie Steingrímsson, *Im Lichte des Herrn*, 125 n.602, annimmt, „alle Völker" seien durch die Teilnahme am Mahl zu „Seinem Volk" geworden, oder wie Beuken, *Jesaja II*, 351, davon ausgeht, in dem „Wir" des Danklieds seien die anderen Völker bereits eingeschlossen.

und zu verderben.[187] So wird in *Ps 75,9* das göttliche Gericht über die Übeltäter der Erde durch das Trinken von jungem Wein (שמרים) vollzogen. Zu derselben Tradition vom „Zornbecher" gehören auch zwei Orakel, die das Endgericht über die feindliche Völkerwelt in Jerusalem lokalisieren. Nach *Obd 15 – 16* werden am „Tag Jhwhs" alle Nationen (כל־הגוים) auf dem Zionsberg (על־הר קדשי) diesen Becher trinken und daran zugrunde gehen, während nach *Sach 12,2* Jerusalem selbst zur „Taumelschale" für alle Völker (כל־העמים) wird. Da das Sacharjabuch auch sonst Jesajatexte aufnimmt und weiterentwickelt, könnte die zweite Stelle geradezu ein innerbiblischer Kommentar zu Jes 25,6 sein.

Das negative Sinnpotential wird in der altgriechischen und aramäischen Übersetzung an die Oberfläche des Textes geholt. Die *Septuaginta* bleibt dabei ihrer auch anderswo beobachtbaren Tendenz, völkerfreundliche Orakel zu relativieren oder ins Gegenteil zu verkehren, treu. In Jes 25,6 lässt sie das Objekt des ersten Satzes aus, so dass offen bleibt, was den heidnischen Nationen wirklich vorgesetzt wird: καὶ ποιήσει κύριος σαβαωθ πᾶσι τοῖς ἔθνεσιν ἐπὶ τὸ ὄρος τοῦτο, *und der Herr Sebaoth wird allen Völkerschaften auf diesem Berg (etwas) zubereiten.*[188] Ähnlich absolut wird das Verb ποιεῖν in einigen Texten gebraucht, welche die Vernichtung feindlicher Völker ankündigen: in Dtn 3,21; 31,4; Jos 10,25 und vor allem *Dtn 7,19*, wo Gott wie hier an „allen Völkerschaften" handelt (οὕτως ποιήσει κύριος ὁ θεὸς ἡμῶν πᾶσιν τοῖς ἔθνεσιν).

Eine weitere Besonderheit der altgriechischen Version ist, dass in ihr die Geladenen als handelnde Subjekte auftreten: πίονται εὐφροσύνην πίονται οἶνον χρίσονται μύρον, *sie werden Freude trinken, sie werden Wein trinken, sie werden sich mit Öl salben.* Auf diese Weise wird einerseits die Parallele zu dem zitierten Gerichtsorakel *Obd 16* (πίονται πάντα τὰ ἔθνη οἶνον) verstärkt. Andererseits wird eine neue intertextuelle Beziehung zu *Am 6,6* geschaffen, einem Spruch, der die achtlosen Bewohner Zions, „die gefilterten Wein trinken und sich mit erstklassigem Öl salben", mit der Verbannung bedroht.

In Jes 25,7 wird, anders als im hebräischen Text, auch der Prophet in das Geschehen einbezogen: παράδος ταῦτα πάντα τοῖς ἔθνεσιν, *übergib dies alles den*

---

187 Dass das „Festbankett auf dem Zionsberg" in Wirklichkeit ein Gerichtsmahl ist, hat Caquot, „Remarques", im Anschluss an ältere, vor allem jüdische Autoren ausführlich begründet. In unserem Beitrag M. P. Maier, „Festbankett oder Henkersmahl? Die zwei Gesichter von Jes 25,6 – 8", *VT* 64 (2014) 445 – 64, liefern wir neue Argumente für diese These und versuchen darüber hinaus, die kontrastierenden Interpretationen in den größeren Horizont der jüdisch-christlichen Bibelhermeneutik zu stellen.

188 So W. Kraus u. M. Karrer, *Septuaginta Deutsch*, 1251. Diese Wiedergabe orientiert sich stark am hebräischen Urtext. Dem Griechischen mehr entsprechen würde die folgende Übersetzung: „Und der Herr Sebaoth wird auf diesem Berg an allen Völkerschaften handeln."

Völkerschaften! Innerhalb der Tradition vom „Taumelbecher" erinnern diese Worte an *Jer 25,15*, wo Jнwн Jeremia damit beauftragt, den Völkern der Erde seinen Zorneswein zu übergeben. Dieser Gerichtskontext wird durch den Zusatz ἡ γὰρ βουλὴ αὕτη ἐπὶ πάντα τὰ ἔθνη, *dies ist der Ratschluss über alle Völkerschaften*, noch unterstrichen. Durch ihn wird nämlich *Jes 14,26* eingespielt. Dort wurde die Vernichtung Assurs als göttlicher „Ratschluss" definiert, „der über die ganze Erde beschlossen ist."

Seinen Höhepunkt erreicht dieses interpretierende Übertragen in der drastischen Bemerkung κατέπιεν ὁ θάνατος ἰσχύσας, *der Tod, mächtig geworden, hat sie verschlungen* (25,8).[189] Der Sinn des hebräischen Textes ist dadurch in sein Gegenteil verkehrt: aus dem verschlungenen Tod ist ein die Menschen verschlingendes Ungeheuer geworden![190]

Der *Targum Jonathan* liest Jes 25,6 – 8 ebenfalls als eine Prophezeiung über die Bestrafung der feindlichen Nationen. Dabei entfernt er sich, wie es seine Art ist, noch weiter vom hebräischen Original. Die im Text enthaltene Spannung zwischen Heils- und Gerichtsorakel deutet er als einen subjektiven Irrtum. Die Völker täuschen sich über den wahren Charakter des Gelages: „[T]hey think that it is of glory, but it will be to them for shame, strokes from which they will not be rescued, strokes by which they will come to an end."[191]

Darüber hinaus aktualisiert der aramäische Übersetzer den vorgegebenen Text, indem er ihn auf die Lage seiner Gemeinde bezieht. So werden nach seiner Auffassung die Weltnationen nicht von irgendwelchen Tüchern, sondern von tyrannischen Herrschern „zugedeckt". Diese werden von Jнwн nun vernichtet, nämlich רבא, *the great one who is master of all the peoples*, und מלכא, *the king who rules over all the kingdom.*[192] Wahrscheinlich sind damit die Könige von Assur und Rom gemeint und mit ihnen die Idolatrie und Fremdherrschaft, die sie verkörpern.[193]

---

189 Das direkte Objekt „sie", das auf die Völker zu beziehen ist, fehlt im griechischen Text; es ist bei W. Kraus u. M. Karrer, *Septuaginta Deutsch*, 1251, sinngemäß ergänzt.

190 Allerdings lässt sich auch in MT המות als Subjekt deuten, so dass kein Übersetzungsfehler oder eine abweichende hebräische Vorlage angenommen werden muss. Nach E. Tov, *The Text-Critical Use of the Septuagint in Biblical Research* (JBS 3; Jerusalem: Simor, 1981) 162 – 71, ist vielmehr von einer „Pseudo-Variante" auszugehen, von einer Variante also, die nicht in einer Handschrift, sondern nur im Kopf des Übersetzers existierte.

191 Chilton, *Isaiah Targum*, 49.

192 Chilton, *Isaiah Targum*, 49 – 50.

193 Vgl. W. D. Barker, „The Condemned Rulers in Targum Isaiah's Eschatological Banquet", G. Khan u. D. Lipton (Hg.), *Studies on the Text and Versions of the Hebrew Bible in Honour of Robert Gordon* (VT.S 149; Leiden; Boston, MA: Brill, 2012) 315 – 324. Der Parallelismus könnte aber auch auf eine einzige Gestalt, nämlich den römischen Kaiser anspielen (so Chilton, *Isaiah Targum*, 49).

Diese „negative" Auslegungstradition wird von den jüdischen Exegeten des Mittelalters bruchlos übernommen. Sie brauchten dazu nicht einmal die Versionen heranzuziehen, sondern konnten mit dem hebräischen Original argumentieren. Vielleicht fanden sie den grundlegenden Hinweis in diese Richtung bereits in der Randmasora. Diese notiert nämlich zu den ersten beiden Worten des Orakels, dass sie eine einzige Parallele im Tanach haben. Tatsächlich verwendet außer Jes 25,6 nur *Dtn 31,4* die Wortkombination ועשה יהוה und kündigt damit die Vernichtung der Völkerstämme an, auf die das in das Land hineinziehende Israel stoßen wird.

Die wichtigsten Beobachtungen der von uns berücksichtigten Autoren sollen im Folgenden stichpunktartig zusammengestellt werden.[194]

Nach Auffassung von *Raschi* wird den Völkern das Mahl gerichtet, „wenn sie kommen, um gegen Jerusalem zu kämpfen." Das ganze Orakel handle überhaupt nur vom Krieg Gogs und Magogs und deren endgültiger Vernichtung.

Mit dem Targum geht er davon aus, dass die Gäste durch den Anblick der Speisen und Getränke getäuscht werden. Der junge Wein sei zwar geseiht, doch so, dass ihnen nur der Bodensatz zum Trinken bleibt.

נסוכה verbindet er mit dem Nomen נסיכות und folgert daraus, dass den heidnischen Nationen ihr „Fürstentum" entrissen werde.

In v.8 verstärkt er die partikulare Auslegung, indem er die Vernichtung des Todes nur dem Gottesvolk zugutekommen lässt: „Er (sc. JHWH) wird ihn (sc. den Tod) für immer zudecken und vor Israel verbergen."

Dass Jes 25,6 – 8 den heidnischen Nationen Unheil prophezeit, steht auch für *Ibn Ezra* außer Frage. Wenn JHWH ihnen שמרים מזקקים zu trinken gibt, führe das wie in Obd 16 dazu, „dass sie betrunken werden." Die Folge davon sei in v.8 beschrieben: המות יבלע אותם, *der Tod wird sie verschlingen*.[195] Daraus ergibt sich ganz natürlich die folgende Aktion. Nachdem jene vernichtet sind, können die Tränen getrocknet werden, כי רעות גדולות עשו לכל, *denn sie haben allen große Übel zugefügt*.[196]

David Kimchi kommentiert die Passage wie sonst auch ausführlicher als seine beiden Vorläufer. Dabei übernimmt er deren Grundthese und vertieft sie, indem er weitere Intertexte zitiert. Wie Raschi führt er die Versammlung auf dem Zion nicht auf die Völkerwallfahrt, sondern auf den Völkersturm zurück. Die Anwesenden

---

194 Für die hebräischen Originalzitate s. M. Cohen, *Isaiah*, 166 – 167.

195 Ibn Ezra interpretiert also wie der griechische Übersetzer המות als Subjekt von בלע.

196 Michael Friedländer erläutert diese ungewöhnliche, aber in sich stringente Exegese folgendermaßen: „They have caused by their wicked actions, tears and sorrow to everybody; those tears will be shed no longer, when death has swallowed up the evil-doers" (Friedländer, *Ibn Ezra on Isaiah*, 115 n.13).

sind keine Pilger, sondern Krieger, die gekommen sind, um Jerusalem zu zerstören. Das Gastmahl wird so zu einem *Maschal* für das Gericht durch den trunken machenden Taumelbecher, wie es Obd 16 und Sach 12,2 beschreiben. Die in Jes 25,6 – 8 fehlenden Details ergänzt er aus *Ez 39,2*, wo angekündigt wird, dass Jhwh seinen Erzfeind Gog in Israels Bergland führt, um ihn zu vernichten, und *Sach 14,13*, das den „Gottesschrecken" (מהומת־יהוה) beschreibt, der die angreifenden Soldaten befällt, so dass sie sich gegenseitig erschlagen.

Bei 25,8 vertritt Kimchi die syntaktisch wahrscheinlichere Deutung von המות als Objekt, präzisiert aber, dass nicht der natürliche, sondern der durch ein Unglück verursachte Tod gemeint sei (מיתה מקרית לא מיתה טבעית). Konkret denkt er an die ermordeten Mitglieder der jüdischen *Golah*. כל־פנים, von denen die Tränen abgewischt werden, seien deshalb nicht die Gesichter aller Menschen, sondern die Gesichter aller Israeliten, שהיו בוכים בגלות תמיד מהרעות שהיו עושים להם הגוים, *die in der Galut wegen des Bösen, das ihnen die Heiden zufügten, immer weinten*. Nach deren Bestrafung gebe es für Israel keinen Grund zum Weinen mehr.

Wie dieser kurze Überblick zeigt, basiert die völkerfeindliche Deutung des jesajanischen Orakels nicht auf einer willkürlichen, tendenziösen Lektüre, sondern auf objektiven Textsignalen. Zum Teil sind es sogar dieselben, auf die sich die heilsuniversalistische Auslegung beruft. Daran wird deutlich, wie sehr jede Exegese durch das Vorverständnis, die Vor-erfahrung des Lesers bzw. der Rezeptionsgemeinschaft geprägt ist. Raschi, Abraham Ibn Ezra und David Kimchi lebten selbst in der *Galut* und machten dort Erfahrungen mit den *gojim*, ihren christlichen und muslimischen Nachbarn. Das friedliche Zusammenleben wurde immer wieder (vor allem in der Zeit der Kreuzzüge) durch antijüdische Polemik und gewalttätige Ausschreitungen getrübt. In ihrem Denken und Empfinden gehörten Israel und die „heidnischen" Nationen deshalb zwei konträren Welten an, so dass sie sich ein gemeinsames Festbankett, dazu noch in dem umkämpften Jerusalem, nicht vorstellen konnten (und wollten).

Von einem Mitglied der christlichen Rezeptionsgemeinschaft wurde derselbe Text natürlicherweise ganz anders gelesen. Auch für *Nikolaus von Lyra* enthält er eine Gerichtsankündigung, nämlich gegen den Antichrist. Dieser ist „das über allen Völkern zusammengeknüpfte Band", das weggerissen werden muss. Vor allem aber ist der Text für ihn ein Heilsorakel, allerdings nur für die Christen. Indem er nämlich den Gastgeber mit Christus identifiziert, macht er aus dem Bankett der heidnischen Nationen ein eucharistisches Mahl, das jener „für alle Völker, d. h. für seine Auserwählten, die aus allen Völkern aufgenommen werden",[197] zubereitet.

---

[197] Vgl. Nicolaus de Lyra, *Postilla litteralis*, ad Is 25,6.

Nur nebenbei erwähnt Nikolaus eine andere Auslegung, die „aliqui", *einige*, vertreten, nämlich „das Festmahl, das von den Juden aus Freude über die Tötung des Holofernes veranstaltet worden ist."[198] Doch lehnt er sie auch deshalb ab, „weil diese Geschichte nicht im Kanon steht und auch nicht bei den Hebräern im Gebrauch ist." So bleibt er bei seiner explizit christlichen Interpretation, die den Literalsinn durch einen philologisch letztlich nicht mehr kontrollierbaren geistlichen Sinn ersetzt.

Im Unterschied zu dieser „konfessionellen Exegese" bemüht sich *Andreas von Sankt Viktor* darum, den wörtlichen Sinn zu erfassen, und findet auf diese Weise zu einem Juden und Christen verbindenden Verständnis. Auch er identifiziert das „vinculum" in v.7 mit dem Antichrist, weiß aber gleichzeitig, dass jüdische Exegeten diesen als „Gog" bezeichnen.[199] Im Vordergrund steht aber auch für ihn die Heilsverheißung. Mit Blick auf den vorauslaufenden Kontext nimmt er dabei eine wichtige Differenzierung vor. Wenn das festliche *convivium* erst stattfindet, nachdem alle Feinde vernichtet sind (vgl. 25,1 – 5), können an ihm gar nicht mehr alle Völker teilnehmen. Von daher bereitet Gott es nicht unterschiedslos „omnibus populis", sondern „omnibus in se credentibus populis", *allen Völkern, die an ihn glauben.* In ähnlicher Weise präzisiert er auch die Verheißung, dass nach dem Mahl der Tod vernichtet wird: „Schmerz und jeden Grund, Tränen zu vergießen, und Schande wird Er *von den Seinen* wegnehmen."[200]

Mit diesem abschließenden Kommentar verbindet Andreas die universale erste – „die Träne auf jedem Angesicht" – und die partikulare zweite Vershälfte – „die Schande Seines Volkes" –[201] und erzielt dadurch, vielleicht sogar unabsichtlich, eine neue theologische Aussage. Bei dem endzeitlichen Festmahl auf dem Zion sind Israel und die Völker nicht mehr geschieden. Miteinander sind sie „die Seinen"; sie tragen gemeinsam die Schande und werden gemeinsam von ihr befreit. Statt Abgrenzung und Substitution leuchtet so die Vision einer Völkergemeinschaft auf, die Israel und „alle Nationen, die an Ihn glauben", verbindet.

---

198 Vgl. Nicolaus de Lyra, *Postilla litteralis*, ad Is 25,6. Dieses freudige Ereignis wird in Jdt 16,20 erwähnt: „Drei Monate lang feierte das Volk vor dem Heiligtum in Jerusalem ein Freudenfest."
199 "Das über allen Völkern zusammengeknüpfte Band bezeichnet entweder den Antichrist, für den jene Gog halten, oder die Notwendigkeit zu sterben" (Andreas de Sancto Victore, *Super Ysaiam*, ad Is 25,7). Mit „jene" meint er offensichtlich die von ihm konsultierten jüdischen Ausleger.
200 Vgl. Andreas de Sancto Victore, *Super Ysaiam*, ad Is 25,8.
201 Dieser Überschritt wird durch die Vulgata insofern erleichtert, als sie die hebräischen Verben ומחה und יסיר jeweils mit „auferet", *er wird wegnehmen*, wiedergibt.

III. Die Völkerwallfahrt in dem „Trostbuch für Jerusalem" (Jes 40 – 55)

1. Die Bekehrung der Nationen zum Zion-Gott Jhwh (Jes 45,14 – 25)

1.1. Der eine Gott und die vielen Völker in Jes 40 – 48

Die Völkerwallfahrtstexte in Jes 40 – 55 sind dadurch geprägt, dass sie auf zwei für die Exilszeit typische Theologumena hingeordnet sind: die Proklamation des exklusiven Gottseins Jhwhs auf der einen Seite und die Verheißung von der Heimkehr der Exilierten und dem Wiederaufbau Jerusalems auf der anderen. Das erste Thema wird vorwiegend in Kap. 40 – 48 behandelt, einer Sektion des Buchs, deren Grundbestand von allen Auslegern in die Epoche der babylonischen Diaspora datiert wird.[1] Nicht nur die militärische Niederlage gegen die Babylonier, auch der imposante Staatskult, mit dem die Exilierten konfrontiert waren, machte es nötig, den Jhwh-Glauben neu zu reflektieren und zu vertiefen. In diesem Kontext dient die Völkerwallfahrt als ein literarisches Motiv, das es erlaubt, den Sieg des Ziongottes nicht nur zu behaupten, sondern auch bildhaft auszumalen. Die nichtjüdischen Nationen, so sagt sie voraus, werden ihren Irrtum einsehen, die Nutzlosigkeit ihrer Götter erkennen und dann eine Pilgerreise nach Jerusalem unternehmen, um die dort verehrte Gottheit anzubeten.

Um dieses monotheistische Bekenntnis zu formulieren und argumentativ zu unterstützen, werden unterschiedliche Textgattungen herangezogen (Disputationsworte, Gerichtsreden, Götzenpolemiken),[2] die sich ihrerseits bestimmter formelhafter Wendungen bedienen (Unvergleichlichkeitsaussagen, Weissagungsbeweis, Selbstvorstellungsformel).

---

1 Zum geschichtlichen Hintergrund vgl. Berges, *Jesaja I*, 43 – 5. Die literarische Sonderstellung dieser Kapitel gegenüber Kap. 49 – 55 lässt sich an einer Reihe sprachlicher und thematischer Besonderheiten aufweisen. So werden nur in ihnen der Perserkönig Kyros und Babylon erwähnt, fremde Götter kritisiert, mit dem sog. Weissagungsbeweis argumentiert, „frühere" und „spätere", „alte" und „neue Dinge" gegenübergestellt. Nur in ihnen, nicht aber in den folgenden Kapiteln finden sich die Selbstvorstellungsformel אני יהוה und die Lexeme אל, *Gott*, und עצה, *planen* bzw. *Plan*.

2 Zu den literarischen Gattungen im „Deuterojesajabuch" vgl. die grundlegende Studie von J. Begrich, *Studien zu Deuterojesaja* (TB 20; München: Chr. Kaiser Verlag, ²1969) 13 – 67, die Ausführungen über „Sprache, Struktur und Redeformen" bei Berges, *Jesaja I*, 46 – 64, und den tabellarischen Überblick bei Albertz, *Exilszeit*, 287.

Die Reihe der *Disputationsworte*[3] beginnt unmittelbar nach dem Prolog 40,1–11. Bereits dort war der Zuspruch für die gedemütigte Gottesstadt mit der Erwartung kombiniert, die ganze Menschheit werde die Herrlichkeit Jʜwʜs erblicken (v.5). In *40,12 – 31* wird diese programmatische Aussage (die in 52,10 ihr strukturelles Pendant hat) untermauert und ausgefaltet. In einem fiktiven Diskussionsforum werden die Argumente für die Macht des Gottes Israels und die Ohnmacht der anderen Götter vorgebracht. Typisch für diese literarische Form sind die – hier *staccato*-mäßig aufeinanderfolgenden – Fragen und die direkte Anrede, die die Kontrahenten zu einer Stellungnahme provoziert. Durch מי, *wer?* (v.12.26), wird nach der Identität dessen gefragt, der die Welt ins Dasein gerufen hat und regiert.[4] Durch אל־מי, *mit wem?* (v.18.25), wird die Möglichkeit diskutiert, ob es daneben eine andere göttliche Macht geben könne. Dabei verlangt die rhetorische Frageform nach einer negativen Antwort: ואל־מי תדמיון אל, *und mit wem wollt ihr Gott vergleichen?* – er lässt sich doch mit niemandem vergleichen! ואל־מי תדמיוני ואשוה, *und mit wem wollt ihr mich vergleichen und (wem) sollte ich ähnlich sein?* – es gibt doch keinen, der mir gleicht!

Angesichts der unvergleichlichen Erhabenheit Jʜwʜs erscheinen die irdischen Realitäten unbeständig und bedeutungslos (v.15 – 16). Dies gilt auch für die nichtisraelitischen Nationen – כל־הגוים כאין נגדו, *alle Nationen sind wie ein Nichts vor ihm* (v.17). Denn sie verehren Götter(bilder), die Produkte handwerklichen Bemühens sind und keinen Vergleich mit dem Gott Israels aushalten (vgl. v.19 – 20). Im Grunde müssten sie den Unterschied zwischen diesen, den Geschöpfen von Menschen, und jenem, dem Schöpfer der Welt, erkennen, wie ihnen mit einer Serie rhetorischer Fragen vorgehalten wird: הלוא תדעו הלוא תשמעו הלוא הגד מראש לכם, *wisst ihr es nicht? hört ihr es nicht? wurde es euch nicht von Anfang an kundgetan?* (v.21); הלוא ידעת אם־לא שמעת, *weißt du es nicht? hast du es nicht gehört?* (v.28).

Zum ersten Mal wird hier das entscheidende Kriterium für das Gottsein formuliert, nach dem sich überprüfen lässt, ob einer zu Recht oder zu Unrecht als Gott bezeichnet wird, die Fähigkeit nämlich, Geschichte vorherzusagen, Ereignisse im Voraus anzukündigen. Im Folgenden wird diese Argumentationsstruktur, der sog. „Weissagungsbeweis", immer wieder herangezogen, um zu erweisen, dass nur ein einziger den Titel אל verdient. Damit wird der auch in Israel ver-

---

3 Dieser Redeform lassen sich folgende Texte zuordnen: Jes 40,12 – 31; 44,24 – 28; 45,9 – 13.18 – 19; 46,9 – 11; 48,1 – 11.12 – 16. Zur gattungskritischen und forschungsgeschichtlichen Diskussion s. Berges, *Jesaja I*, 52 – 4.

4 In v.13 (מי) und v.14 (את־מי) wird im Unterschied dazu die Frage nach einem potientiellen Ratgeber Gottes gestellt. Durch die implizit vorausgesetzte negative Antwort wird die Allwissenheit Gottes unterstrichen.

breiteten religiösen Idee widersprochen, dass es entsprechend der Zahl der Völker eine Vielzahl von Göttern gebe.[5] Für den prophetischen Autor von Jes 40 – 48 existiert zwar die Gattung der Götter, doch gibt es nur *einen*, der die Voraussetzung erfüllt, um ihr anzugehören. Nur JHWH kann zukünftige Ereignisse vorhersagen und die Geschichte dementsprechend leiten, während die „Götter" der anderen Nationen macht- und deshalb nutzlos sind.[6]

Die Debatte um den einen Gott und die vielen Nationen wird auch in den *Gerichtsreden*[7] geführt. Während sie in den Disputationsworten als ein intellektuelles Spiel erscheint, wird sie hier auf einer juridischen, rechtlich verbindlichen Ebene ausgetragen. Nach Art eines echten Prozesses werden Angeklagte vorgeladen, Zeugen benannt, Plädoyers abgegeben und ein Urteilsspruch gefällt. Dabei ist Gott selbst Ankläger und Richter, und in dieser doppelten Rolle wendet er sich an die Nichtisraeliten bzw. deren Götter. In der ersten Gerichtsrede werden die Adressaten als איים, *Inseln*, und לאמים, *Völkerschaften*, identifiziert (41,1), in der dritten werden neben den לאמים wie in den Völkerwallfahrtsorakeln כל־הגוים, *alle Nationen* (43,9), angesprochen und zur Rechenschaft gezogen.

Der zentrale Verhandlungsgegenstand wird gleich in der ersten Rede benannt: Wer hat Kyros zum Beherrscher der Völker und ihrer Könige „erweckt" (מי העיר ...ממזרח, 41,2)? *V.4* greift darauf zurück, geht aber verallgemeinernd über das historische Einzelereignis hinaus und antwortet, indem er zum ersten Mal nicht nur die Unvergleichlichkeit, sondern die Einzigkeit JHWHs proklamiert: אני יהוה ראשון ואת־אחרנים אני־הוא, *ich bin es, JHWH, der Erste, und bei den Letzten bin ich es*. Dieselben zwei Wörter אני יהוה werden in den folgenden Gerichts- und Disputationsreden noch öfter erklingen, als stereotype Antwort auf die in immer neuen Variationen vorgetragene Frage nach dem, der die Welt erschaffen, den Perserkönig berufen und seinen Siegeszug vorhergesagt hat. Verbunden mit ואין עוד, *und keiner sonst*, werden sie zu einer Kurzformel des exklusiven Monotheismus, der in

---

5 Vgl. Dtn 32,8 – 9: „Als der Höchste (den Göttern) die Völker übergab, als er die Menschheit aufteilte, legte er die Gebiete der Völker *nach der Zahl der Götter* fest; der Herr nahm sich sein Volk als Anteil, Jakob wurde sein Erbland." EÜ legt hier den textkritisch erhebbaren Urtext zugrunde (vgl. jetzt BHQ, Kommentar zur Stelle). Dagegen dürften die Lesarten von MT (למספר בני ישראל, *nach der Zahl der Söhne Israels*) und LXX (κατὰ ἀριθμὸν ἀγγέλων θεοῦ, *nach der Zahl der Engel Gottes*) auf dogmatisch motivierte Umdeutungen des ursprünglichen Textes zurückgehen.
6 Dieser Kontrast wird in 45,20 – 21 mit Hilfe des Verbs ישע illustriert: Die fremden Nationen verehren einen אל לא יושיע, während Israel zu einem אל צדיק ומושיע betet. Zur Doppelbedeutung des Terminus אל – „Gott" und „Götze" – und dem dadurch erzeugten Wortspiel s. K. Holter, „The Wordplay on אֵל (»God«) in Isaiah 45,20 – 21", *SJOT* 7 (1993) 88 – 98.
7 Dieser Gattung werden folgende Texte zugerechnet: Jes 41,1 – 5.21 – 29; 43,8 – 13; 44,6 – 8; 45,20 – 25. Vgl. den Überblick zur Gattungskritik und Forschungsgeschichte bei Berges, *Jesaja I*, 50 – 2.

Jes 40 – 48 so deutlich wie nirgendwo sonst im Tanach ausformuliert ist. Der abschließende *v.5* formuliert, was der Verfasser von seinen (fiktiven) Adressaten erwartet: „Die Seelande, sie schauen's und erschauern."[8]

Einzigkeitsaussage und Weissagungsbeweis, verbunden mit der mehr oder weniger expliziten Erwähnung des Kyros, prägen auch die folgenden Gerichts- und Disputationsworte. Immer wieder geht es darum, Jнwн als den alleinigen Gott zu erweisen, der gleichermaßen in der Schöpfung und in der Geschichte wirkt. Um zu diesem Urteil zu gelangen, werden gemäß der vorgestellten Gerichtssituation Zeugen berufen. Dabei sollen die fremden Nationen zugunsten ihrer Götter, Israel aber zugunsten seines Gottes aussagen (vgl. 43,9 – 10.12). Vor allem aber muss Israel selbst zu der Erkenntnis gelangen, dass Jнwн der einzig wirkmächtige Gott ist – למען תדעו, *damit ihr erkennt...* (v.10)! Aufgrund seines Zeugnisses können ihn dann auch die anderen Völker erkennen, nachdem sie die Ohnmacht ihrer eigenen Götter eingesehen haben.

Neben dem positiven Erweis der Gottheit Jнwнs braucht es deshalb auch die negative Argumentation, um die Nutzlosigkeit der heidnischen Idole aufzuzeigen. Diese wird in den *götzenpolemischen Texten*[9] durchgeführt. Meist sind sie als kurze Bemerkungen in die Gottesreden eingestreut; die längste eigenständige Passage ist *44,9 – 20*. In ihr wird einerseits der Herstellungsprozess bis ins Detail beschrieben, andererseits das Tun der Künstler und ihr fertiges Produkt bewertet. Zwischen der Statue und der durch sie repräsentierten Gottheit wird dabei nicht unterschieden. פסל und אל sind nicht getrennte Wirklichkeiten, vielmehr ist das materielle Objekt sichtbarer Ausdruck des Göttlichen und erfüllt von dessen Fluidum.[10] Von daher ist die bloße Schilderung, wie Idole gefertigt werden, aus welchen Materialien sie bestehen und welche Techniken zur Anwendung kom-

---

8 So übersetzt Tur-Sinai, *Heilige Schrift*, 718, das syntaktisch schwierige ראו איים וייראו (*qatal* + w^e*yiqtol*).

9 Die meisten Autoren ordnen diese Texte einer sekundären „Götzen(bilder)-Schicht" zu. Vgl. Kratz, *Kyros im Deuterojesaja-Buch*, 192 – 206; van Oorschot, *Von Babel*, 312 – 9, den Überblick bei Berges, *Jesaja I*, 54 – 60, und die detaillierte Diskussion bei S. Petry, *Die Entgrenzung JHWHs. Monolatrie, Bilderverbot und Monotheismus im Deuteronomium, in Deuterojesaja und im Ezechielbuch* (FAT II.27; Tübingen: Mohr Siebeck, 2007) 141 – 88. Nach Petry ist zwischen den Texten zu unterscheiden, die die Fabrikation der Kultbilder schildern (40,19 – 20; 41,6 – 7; 44,9 – 20; 46,6 – 8), und denen, die die Götzen und ihre Verehrer kritisieren (41,24.29; 42,17; 45,16.20b; 46,1 – 2).

10 Vgl. Berges, *Jesaja I*, 58: „Das Kultbild ist die sichtbare und irdische Entsprechung der unsichtbaren und göttlichen Wirklichkeit." Im Unterschied zu der dualistischen Ontologie des modernen westlichen Denkens ist für die altorientalischen Religionen also von einer monistischen Ontologie auszugehen, in der das sichtbare Kultbild und die unsichtbare Gottheit eine unlösbare Einheit bilden. Zum Verhältnis zwischen Idol und Gottheit s. auch Holter, „Wordplay", 91 – 5.

men, bereits eine scharfe Götterkritik. Sie zerstört nämlich die religiöse Illusion einer überirdischen Macht, indem sie die Gottheit zusammen mit ihrer bildlichen Repräsentation dem menschlichen Vermögen unterordnet.

Die Hauptvorwürfe gegen den Fremdgötterdienst sind in den einleitenden und abschließenden Versen (v.9 – 11.18 – 20) zusammengefasst: Die Idole haben keinen Nutzen (בל־יועילו, v.9; לבלתי הועיל, v.10) und die sie herstellen keinen Verstand (ובל־ידעו, v.9; לא ידעו ולא יבינו, v.18; ולא דעת ולא־תבונה, v.19). Nachdem jene bereits in *41,29* als תהו, d. h. als substanzloses Nichts qualifiziert wurden, wird dasselbe Prädikat nun auch auf diese angewandt (44,9). Gleichzeitig wird auf die fatalen Folgen des religiösen Irrtums hingewiesen. Denn wer sich auf machtlose Nicht-Götter stützt, wird notwendig „zuschanden" werden. *42,17* hatte diese Warnung zum ersten Mal unmissverständlich formuliert: נסגו אחור יבשו בשת הבטחים בפסל, *zurückweichen und zuschanden werden, die auf ein Götzenbild vertrauen.* In 44,9 – 11 wird dasselbe Leitwort in derselben Form – יבשו, *sie werden zuschanden* – dreimal wiederholt. Damit ist nicht nur eine moralische Demütigung, ein Verlust an Ansehen gemeint, sondern eine existentielle Krise, die bis zum physischen Untergang führen kann. Dies wird am Ende der Perikope deutlich, wenn *44,20* erklärt, dass die Verfertiger und Verehrer von Götzen ihr Leben nicht zu retten vermögen (ולא־יציל את־נפשו), es also verlieren werden.

Dabei gilt, was Sven Petry zu 42,17 bemerkt, auch hier: „Eine mögliche Umkehr der Bilderverehrer zu Jhwh ist angesichts der Ansage ihres vollkommenen Zuschandenwerdens [...] sicher nicht im Blick."[11] Trotzdem kann sich der Leser angesichts der Disputationsworte und Gerichtsreden, die die Einzigkeit Jhwhs postulieren, und der Invektiven gegen die nutzlosen Idole der Frage nicht entziehen: Gibt es nicht auch solche, die ihren Irrtum einsehen werden? Und was werden sie tun, wenn sie ihn eingesehen haben?

Natürlich zielen die prophetischen Texte in erster Linie darauf, Judäer, die in einer heidnischen Umgebung leben, in ihrem Glauben zu stärken. Wenn diese aber, wie in 43,10.12; 44,8 gefordert, ein überzeugendes Zeugnis ablegen, müssten dann nicht auch einige ihrer nichtjüdischen Nachbarn zur Erkenntnis Jhwhs gelangen?

Genau dies wird in 45,14 – 25 prophezeit: dass einige aus den Nationen nach Zion kommen werden, nicht nur als Teilnehmer an einem Prozess, in dem sie angeklagt und verurteilt werden, sondern als Pilger, die den Gott kennenlernen wollen, der seine Verehrer zu retten vermag.

---

11 Petry, *Entgrenzung JHWHs*, 155.

1.2. Jes 45,14 – 25: Abgrenzung, Übersetzung und Textkritik

Mit der Zitationsformel אמר יהוה צבאות endet in *45,13* eine Texteinheit, in der der
militärische Erfolg des Perserkönigs Kyros II. von der Gotteserfahrung Israels her
gedeutet wurde.[12] Im MT ist der folgende Einschnitt durch eine *Petucha* (𝔐ᴸ) bzw.
Setuma (𝔐ᴬ) markiert, in 1QIsaᵃ durch frZE/NZ. Mit *v.14* beginnt eine neue Einheit,
die durch die Botenformel כה אמר יהוה eingeleitet und die Zeitangabe עד־עולמי עד in
v.17 abgeschlossen wird. Dazwischen wechselt mehrfach die Kommunikationssituation: in v.14 wird eine nicht näher definierte weibliche Person angesprochen
(2. Pers. Sg. f.), in v.15 Jʜᴡʜ, in v.17b ein „Ihr" (2. Pers. Pl.), mit dem offensichtlich
die Mitglieder des Gottesvolkes gemeint sind, während in v.16 – 17a Feststellungen
in der 3. Pers. Pl. und Sg. getroffen werden. Noch unklarer ist, wer jeweils redet.
Zwar identifiziert die einleitende Formel Jʜᴡʜ als Sprecher, doch im Folgenden
erscheint nicht ein einziges Mal das sonst übliche göttliche „Ich".

Eine *Petucha* am Ende von v.17 (in 1QIsaᵃ erneut frZE/NZ) und eine zweite
Botenformel am Anfang von *v.18* markieren den Beginn eines neuen Abschnitts. In
ihm wendet sich Jʜᴡʜ nach einer ausführlichen Selbstvorstellung (v.18 – 19) in
zwei Anläufen an unterschiedliche Personengruppen, um sie zur Anerkennung
seiner Göttlichkeit zu bewegen (v.20 – 21; v.22 – 25). Der Schluss ist weniger deutlich markiert. MT lässt den Text ohne Unterbrechung bis 46,2 weiterlaufen, dagegen signalisiert 1QIsaᵃ durch ein Spatium, dass mit *45,25* ein Unterabschnitt
endet. Diese Abgrenzung lässt sich zum einen mit dem neuen Thema von Kap. 46
begründen (der Fall der babylonischen Götter), zum anderen mit „dem hymnisch
orientierten Schlussvers von Jes 45,25",[13] der mit dem feierlichen, sonst nur noch
in 2 Kön 17,20; Jer 31,37 und Ps 22,24 belegten Appellativum כל־זרע ישראל ausklingt.

Auf den ersten Blick erscheinen v.14 – 17 und v.18 – 25 als zwei selbstständige
literarische Einheiten. Sie sind aber gleichzeitig eng miteinander verbunden, z. B.
dadurch, dass die zweite das Thema der Einzigkeit Jʜᴡʜs und der Nutzlosigkeit
der Idole aus der ersten wieder aufnimmt und vertieft.[14] Darüber hinaus stellt die
Konjunktion כי, mit der v.18 beginnt, eine formale Verknüpfung her, so dass Jan L.

---

12 Für Berges, *Jesaja I*, 371, bilden 44,24 – 45,13 und 45,14 – 25 die zwei Teile des zentralen
dritten Akts von Jes 40 – 55. „Die Haupttrennlinie liegt mit Jes 45,14 vor, wo mit der Nennung von
Ägypten, Kusch und den Sebäern die Völkerperspektive eingespielt wird."
13 Berges, *Jesaja I*, 370. Vgl. H.-J. Hermisson, *Deuterojesaja II. Jesaja 45,8 – 49,13* (BK 11.2;
Neukirchen-Vluyn: Neukirchener Verlag, 2003) 55: „V.25 ist ein volltönender Schluss, und 46,1
setzt neu ein."
14 Berges, *Jesaja I*, 371, weist insbesondere auf die verbindende Funktion der Formel אין עוד in
v.14 und v.18.21.22 hin.

Koole zusammenfassend urteilen kann: „Despite the relative independence of
vv. 18 – 25, the passage should be seen as a continuation of vv. 14 – 17."[15]

14aα	So hat Jʜᴡʜ gesprochen:	כֹּה אָמַר יְהוָה
	Die Mühe <u>Ägyptens</u> und der Erwerb <u>Kuschs</u>	יְגִיעַ מִצְרַיִם[a] וּסְחַר־כּוּשׁ
	und <u>die Sebäer</u>, Männer des Tributs,	וּסְבָאִים אַנְשֵׁי מִדָּה[b]
	werden **zu dir** ziehen und dir gehören,	עָלַיִךְ יַעֲבֹרוּ וְלָךְ יִהְיוּ[c]
β	**hinter dir** *werden sie gehen*, in Fesseln *einherziehen*,	אַחֲרַיִךְ יֵלֵכוּ בַּזִּקִּים[d] יַעֲבֹרוּ
bα	und **zu dir** werden sie sich niederwerfen, **zu dir** beten:	וְאֵלַיִךְ יִשְׁתַּחֲווּ אֵלַיִךְ[e] יִתְפַּלָּלוּ
β	Nur **bei dir** ist Gott und sonst gibt es keinen,	אַךְ בָּךְ אֵל[f] וְאֵין עוֹד
	(da ist) kein Gott.	אֶפֶס אֱלֹהִים:
15a	Fürwahr, du bist ein Gott, der sich verbirgt,	אָכֵן אַתָּה אֵל מִסְתַּתֵּר[g]
b	der Gott Israels, ein Retter.	אֱלֹהֵי יִשְׂרָאֵל מוֹשִׁיעַ:
16a	Beschämt und sogar zuschanden wurden alle miteinander,	בּוֹשׁוּ וְגַם־נִכְלְמוּ כֻּלָּם יַחְדָּו[h]
b	in Schande gingen die Hersteller von Götterbildern dahin.	הָלְכוּ בַכְּלִמָּה חָרָשֵׁי צִירִים:[i]
17aα	Israel (aber) wurde gerettet durch Jʜᴡʜ	יִשְׂרָאֵל נוֹשַׁע בַּיהוָה
β	(mit) einer Rettung für Ewigkeiten.	תְּשׁוּעַת עוֹלָמִים
bα	Ihr werdet nicht beschämt und nicht zuschanden	לֹא־תֵבֹשׁוּ[j] וְלֹא־תִכָּלְמוּ
β	für ewige Zeiten.	עַד־עוֹלְמֵי עַד:
18aα	Ja, so hat Jʜᴡʜ gesprochen,	כִּי כֹה אָמַר־יְהוָה
	der den Himmel geschaffen hat – er ist der Gott;	בּוֹרֵא הַשָּׁמַיִם הוּא הָאֱלֹהִים
	der die Erde gebildet und sie gemacht hat	יֹצֵר[k] הָאָרֶץ וְעֹשָׂהּ
	– er hat sie gegründet.	הוּא כוֹנְנָהּ
β	Nicht als Öde hat er sie geschaffen,	לֹא־תֹהוּ[l] בְרָאָהּ
	(sondern) zum Bewohnen hat er sie gebildet:	לָשֶׁבֶת יְצָרָהּ
b	Ich bin Jʜᴡʜ und keiner sonst.	אֲנִי יְהוָה וְאֵין עוֹד:
19aα	Nicht im Verborgenen habe ich gesprochen,	לֹא בַסֵּתֶר דִּבַּרְתִּי
	am Ort eines dunklen Landes.	בִּמְקוֹם אֶרֶץ חֹשֶׁךְ
β	Nicht habe ich zu den Nachkommen Jakobs gesagt:	לֹא אָמַרְתִּי לְזֶרַע יַעֲקֹב
	Sucht mich umsonst!	תֹּהוּ בַקְּשׁוּנִי[m]
bα	Ich bin Jʜᴡʜ, der Verlässliches redet,	אֲנִי יְהוָה דֹּבֵר צֶדֶק
β	der Rechtes verkündet.	מַגִּיד מֵישָׁרִים:
20aα	*Versammelt euch und kommt,*	הִקָּבְצוּ וָבֹאוּ
β	*tretet herzu* miteinander,	הִתְנַגְּשׁוּ יַחְדָּו[n]
γ	<u>ihr Entronnenen der Nationen</u>!	פְּלִיטֵי הַגּוֹיִם[o]
bα	Nichts erkennen, die das Holz ihrer Götzenbilder tragen	לֹא יָדְעוּ הַנֹּשְׂאִים אֶת־עֵץ פִּסְלָם
β	und zu einem Gott beten, der nicht retten kann.	וּמִתְפַּלְלִים אֶל־אֵל[p] לֹא יוֹשִׁיעַ:
21aα	Verkündet und bringt (eure Beweise) herbei,	הַגִּידוּ[q] וְהַגִּישׁוּ

---

15 J. L. Koole, *Isaiah III. Vol. 1: Isaiah 40 – 48* (HCOT; Kampen: Kok Pharos Publishing House,
1997) 463. Vgl. das Urteil von R. F. Melugin, *The Formation of Isaiah 40 – 55* (BZAW 141; Berlin;
New York: Walter de Gruyter, 1976) 129 – 30, nach dem die beiden Perikopen unabhängig entstanden sind und nachträglich verbunden wurden.

β	auch beraten sollen sie sich miteinander!	אַף יִוָּעֲצוּ יַחְדָּו
bα	Wer hat dies von Urzeit her zu Gehör gebracht,	מִי הִשְׁמִיעַ זֹאת מִקֶּדֶם
	es seit langem kundgetan?	מֵאָז הִגִּידָהּ
β	Bin nicht ich es, Jhwh?	הֲלוֹא אֲנִי יְהוָה
	Es gibt ja sonst keinen Gott außer mir.	וְאֵין־עוֹד אֱלֹהִים מִבַּלְעָדַי
γ	Einen gerechten und rettenden Gott	אֵל־צַדִּיק וּמוֹשִׁיעַ
	gibt es nicht außer mir.	אַיִן זוּלָתִי:
22a	*Wendet euch **zu mir*** und lasst euch retten,	פְּנוּ־אֵלַי וְהִוָּשְׁעוּ
	<u>alle Enden der Erde!</u>	כָּל־אַפְסֵי־אָרֶץ°ᵉ
b	Denn ich bin Gott, und sonst gibt es keinen.	כִּי אֲנִי־אֵל וְאֵין עוֹד:
23aα	Bei mir schwöre ich hiermit,	בִּי נִשְׁבַּעְתִּי
β	aus meinem Mund geht Verlässliches hervor,	יָצָא מִפִּי צְדָקָהᶠ
	ein Wort, das nicht zurückkehrt:	דָּבָר וְלֹא יָשׁוּב
bα	**Mir** wird <u>jedes Knie</u> sich beugen,	כִּי־לִי תִּכְרַע כָּל־בֶּרֶךְ
β	wird <u>jede Zunge</u> zuschwören.	תִּשָּׁבַעᵘ כָּל־לָשׁוֹן:
24a	Nur bei Jhwh, wird man über mich sagen,	אַךְ בַּיהוָה לִי אָמַרᵛ
	sind Heil und Macht.	צְדָקוֹתᵂ וָעֹז
b	Zu ihm werden kommen und beschämt werden	עָדָיו יָבוֹאˣ וְיֵבֹשׁוּ
	alle, die ihm zürnen.	כֹּל הַנֶּחֱרִים בּוֹ:
25	Durch Jhwh werden Recht behalten und sich rühmen	בַּיהוָה יִצְדְּקוּ וְיִתְהַלְלוּ ʸ
	alle Nachkommen Israels.	כָּל־זֶרַע יִשְׂרָאֵל:

ᵃ Die Septuaginta hat die *cs.*-Verbindung in einen Verbalsatz aufgelöst (ἐκοπίασεν Αἴγυπτος, *Ägypten hat sich abgemüht*), als ob nicht das Nomen יגיע, sondern die Verbform יגע stünde. Dies könnte auf eine abweichende 𝔊ⱽ oder einen Lesefehler des Übersetzers zurückzuführen sein. BHS schlägt vor, יגיע in die Partizipialform יגעי zu ändern und das folgende סחר dementsprechend in סחרי (vgl. 𝔖 und 𝔗). Subjekt wären dann drei Personengruppen und nicht zwei Abstrakta und ein Volksstamm. Da dies aber eine Harmonisierung, nämlich eine Assimilation an den Kontext bedeuten würde, halten wir mit Barthélemy, *Critique textuelle*, 343, an der *lectio difficilior* von 𝔐 fest; sie wird auch durch 1QIsaᵃ und 𝔙 bezeugt.
ᵇ Das Syntagma wird meist mit „Männer von (hohem) Maß, großgewachsene Männer" wiedergegeben. Doch hat מִדָּה im spätbiblischen Hebräisch auch die Bedeutung von „Abgabe, Steuer" (vgl. Neh 5,4; Esra 4,20; 6,8). Wegen der Parallele zu יגיע und סחר, die beide finanzielle Mittel bezeichnen, bevorzugen wir deshalb die Übersetzung von Tur-Sinai, *Heilige Schrift*, 725.1414 (vgl. S. M. Paul, *Isaiah 40 – 66. Translation and Commentary* [ECC; Grand Rapids, MI; Cambridge: William B. Eerdmans, 2012] 265, der überdies אנשי in נשאי korrigieren will: „bearing tribute"). 1QIsaᵃ hat den Plural מדות und folgt damit der in Num 13,32 (אנשי מדות) und 1 Chr 11,23; 20,6 (איש מדה) zu beobachtenden Tendenz, den Numerus des *nomen rectum* an den des *nomen regens* anzugleichen.
ᶜ LXX ergänzt δοῦλοι, *Knechte*, und verdeutlicht so die Aussage im Sinne von Jes 14,2.
ᵈ Dem griechischen Sprachgefühl entsprechend fügt LXX zu der Umstandsbestimmung ein Partizip hinzu: δεδεμένοι χειροπέδαις, *gebunden mit Handschellen*. Dafür lässt sie das zweite יעברו aus. Da beide Eingriffe eine stilistische Verbesserung darstellen, ist die Lesart von 𝔐 und 𝔔 als ursprünglich anzusehen.
ᵉ In 1QIsaᵃ steht auch bei dem zweiten אליך die Konjunktion ו. Dies entspricht der syndetischen Ausdrucksweise von LXX, die ebenfalls zweimal καί verwendet. Im MT könnte die Konjunktion durch Haplographie ausgefallen sein, weil das vorhergehende Wort mit zwei ו endet. Dagegen

plädieren J. Goldingay u. D. Payne, *A Critical and Exegetical Commentary on Isaiah 40 – 55. Vol. 2: Commentary on Isaiah 44.24 – 55.13* (ICC; London; New York: T & T Clark International, 2006) 45, mit Blick auf die asyndetische Konstruktion in der vorhergehenden Zeile dafür, an dem MT festzuhalten.

LXX gibt das zweite אליך mit ἐν σοί, *in dir*, wieder. Nach Goldingay u. Payne, *Isaiah II*, 45, handelt es sich um eine Assimilation an das folgende בך (das ebenfalls mit ἐν σοί übersetzt wird). Auf diese Weise wird der Eindruck abgewehrt, dass die Pilger Zion wie eine Gottheit verehren. Die Präposition ἐν macht nämlich deutlich, dass die Stadt nicht der Adressat, sondern nur der Ort der Anbetung ist.

[f] LXX gibt den ersten Teil der Zeile als Kausalsatz wieder: ὅτι ἐν σοὶ ὁ θεός ἐστιν, *weil in dir Gott ist*. Erst dann folgt das Gebet der ausländischen Pilger, das mit der im MT fehlenden Redeeinleitung καὶ ἐροῦσιν beginnt und in v.15 weiterläuft. Dadurch ist das Problem, dass sich im hebräischen Text v.14 und v.15 an unterschiedliche „Du's" wenden, behoben. Der kürzere und schwierigere Text von MT erscheint demgegenüber als ursprünglicher.

[g] 𝔊 gibt das inhaltlich problematische Attribut mit einem Verbalsatz wieder: καὶ οὐκ ᾔδειμεν, *und wir kannten (dich) nicht*. Sie führt das Verborgensein Gottes also auf die Ignoranz dieser Völker zurück (und gerade nicht, wie Berges, *Jesaja I*, 424, annimmt, auf „die zeitweise Abwesenheit seiner schützenden und rettenden Gegenwart" in Israel).

[h] Mit Paul, *Isaiah*, 267, versetzen wir den *Atnach* unter יחדו, so dass ein gleichmäßiges Bikolon (4+4) entsteht. Die beiden Wörter כל und יחדו bilden auch in Neh 4,2 und in umgekehrter Reihenfolge in Jes 31,3 eine Einheit. Dass auch in 1QIsa[a] die erste Vershälfte erst hier endet, zeigt die *wayyiqtol*-Form des folgenden Verbs: וילכו (statt הלכו). LXX hat statt יחדו כלם den wohl aus 41,11 übernommenen Ausdruck οἱ ἀντικείμενοι αὐτῷ, *die gegen ihn sind*. Nach Auffassung von Wilson, *Nations in Deutero-Isaiah*, 91, liegt eine sekundäre Verlesung des masoretischen Konsonantentexts vor. Mit Barthélemy, *Critique textuelle*, 344 – 5, sollte deshalb MT, der auch von 𝔒, 𝔖 und 𝔗 gestützt wird, beibehalten werden.

[i] 1QIsa[a] bietet eine leicht variierte Lesart, die den Sinn aber nicht verändert: statt des Nomens חרש das Partizip des zugehörigen Verbs und statt des seltenen ציר IV die nur noch in Ps 49,15[Q] belegte Nebenform צור (vgl. HALAT, 954.960). Größer ist der Unterschied zu LXX, die den Vers mit ἐγκαινίζεσθε πρός με νῆσοι, *erneuert euch zu mir hin, ihr Inseln*, enden lässt. Seeligmann, *Septuagint Version*, 117, nimmt an, dass der Übersetzer das Syntagma חרשי צירים nicht verstand und es deshalb mit einer Wendung wiedergab, die er bereits in 41,1 für das lautähnliche החרישו אלי איים verwendet hatte.

[j] In LXX stehen beide Verben in der 3. Pers. Pl. Gegenüber 𝔐 und 𝔔, die innerhalb des Verses von der 3. zur 2. Pers. Pl. wechseln, ist das eine offensichtliche *lectio facilior*.

[k] Die griechische Übersetzung – ὁ καταδείξας τὴν γῆν, *der die Erde ersonnen hat* – unterdrückt die in יצר enthaltene Vorstellung eines handwerklichen Schöpfungsakts. Dasselbe Verb verwendet sie in 40,26; 41,20; 43,15, um ברא wiederzugeben (vgl. K. Baltzer, „Erläuterungen zu Jes 40 – 55 [I]", M. Karrer u. W. Kraus [Hg.], *Septuaginta Deutsch. Erläuterungen und Kommentare zum griechischen Alten Testament II. Psalmen bis Daniel* [Stuttgart: Deutsche Bibelgesellschaft, 2011] 2622).

[l] 1QIsa[a] hat לתהו, was zum einen grammatikalisch einfacher ist und zum anderen einen Parallelismus mit לשבת erzeugt. Auch LXX hat eine Präposition, die das Ziel anzeigt (εἰς κενὸν). Die schwierigere masoretische Lesart kann aber beibehalten werden, da ברא einen doppelten Akkusativ regieren kann (vgl. G–K §117ii). LXX lässt das zweite יצר am Ende des Halbverses aus und macht den Ausdruck dadurch wie schon in v.14a prägnanter.

[m] In 𝔊 fehlt das Suffix, da תהו als Objekt von בקש aufgefasst ist. Dafür ist das unmittelbar folgende göttliche „Ich" verdoppelt: μάταιον ζητήσατε ἐγώ εἰμι ἐγώ εἰμι κύριος, *sucht vergebens! Ich bin, ich*

bin der Herr. Diese Variante könnte auf eine unterschiedliche 𝔊[v] zurückgehen (z. B. תהו בקשׁו אני אני יהוה), könnte aber auch Folge eines Lesefehlers oder einer absichtlichen Korrektur sein. Die von 𝔐 und 𝔔 bezeugte Lesart, in der תהו als Adverbiale fungiert, ist unanstößig und kann deshalb als ursprünglich gelten.

[n] 1QIsa[a] liest ein weiteres Verb (ואתיו, *und kommt*), so dass ein schöner Parallelismus aus je zwei Imperativen entsteht. Allerdings erscheint יחדו auch in v.16 und v.21 als emphatisches Füllwort. Da die masoretische Lesart durch 𝔊 (ἅμα), 𝔗 (כחדא) und 𝔙 („simul") gestützt wird, sollte sie beibehalten werden.

[o] LXX hat den ambivalenten Ausdruck, der als *gen. subi.* („die Entronnenen der Nationen" = Heiden) oder als *gen. partitivus* („die aus den Nationen Entronnenen" = Judäer) interpretiert werden kann, durch eine Präposition vereindeutigt: οἱ σῳζόμενοι ἀπὸ τῶν ἐθνῶν, *die ihr* vor *den Völkerschaften gerettet werdet.* Das ist ein weiteres Beispiel für die auch an anderen Stellen zu beobachtende Tendenz, die heilsuniversalistische Sicht des hebräischen Textes durch eine nationale Perspektive zu ersetzen.

[p] Die LXX-Übersetzung ὡς πρὸς θεούς, *wie zu Göttern,* bewirkt eine zweifache theologische Präzisierung: der Plural kennzeichnet den Götzendienst als Polytheismus, die Partikel ὡς drückt aus, dass es sich nur um „Scheingötter" handelt.

[q] Anstelle der drei Imperative hat LXX ein kompliziertes Satzgefüge, das aus einem Konditionalsatz, einem Hauptsatz und einem Finalsatz besteht: εἰ ἀναγγελοῦσιν ἐγγισάτωσαν ἵνα γνῶσιν ἅμα, *wenn sie berichten wollen, sollen sie herzutreten, damit sie zugleich erkennen.* Sie hat dazu die elliptische *Hifil*-Form הגישׁו (was sollen sie herbeibringen?) als *Qal* (נגשׁו) gedeutet und das seltene יועצו als ידעו gelesen. Das griechische Pendant zu יועצו – βουλεύσασθε, *beratschlagt!* – wurde bereits in v.20a verwendet, als Wiedergabe der nur dort belegten *Hitpael-* Form התנגשׁו. Diese Unterschiede beruhen entweder auf einer abweichenden 𝔊[v] oder auf bewussten Änderungen, die den schwierigen Urtext vereinfachen und stilistisch verbessern sollen. Da die 𝔐-Lesart auch von 1QIsa[a] und z.T. von 4QIsa[b] bezeugt wird, sollte an ihr festgehalten werden.

[r] Statt einer Doppelfrage hat 𝔊 einen vom Vorhergehenden abhängigen indirekten Fragesatz (τίς ἀκουστὰ ἐποίησεν ταῦτα ἀπ' ἀρχῆς, *wer dies von Anfang an hörbar gemacht hat*) und einen Aussagesatz, der auf Gottes Offenbarung in der Vergangenheit verweist (τότε ἀνηγγέλη ὑμῖν, *damals wurde euch verkündet*). Die rhetorische Wirkung des sowohl von 𝔐 als auch von 𝔔 bezeugten hebräischen Textes geht dadurch verloren.

[s] Wie in v.20a (s.o.) fügt LXX die Präposition ἀπό ein, so dass der Abstraktbegriff eine personale Note erhält: οἱ ἀπ' ἐσχάτου τῆς γῆς, *ihr* vom *Ende der Erde.* Vielleicht liegt auch hier die Absicht zugrunde, die Adressaten auf die in der weltweiten Diaspora lebenden Israeliten einzuschränken.

[t] Übersetzung mit HALAT, 944 (vgl. Paul, *Isaiah*, 272: „truth"). Die grammatikalische Inkongruenz zwischen dem maskulinen יצא und dem femininen צדקה ist erträglich, da das Verb dem Subjekt vorausgeht (vgl. G–K §145o). Alternativ könnte צדקה דבר mit Ibn Ezra als *ein* Ausdruck mit der Bedeutung דבר אמת, *ein wahres Wort*, aufgefasst werden (vgl. M. Cohen, *Isaiah*, 301), auf den sich dann die maskulinen Verbformen bezögen. Dies entspricht der Übersetzung von 𝔙: „iustitiae verbum".

LXX gibt die Verben im Futur wieder und verstärkt dadurch den Verheißungscharakter: „Gerechtigkeit *wird* aus meinem Mund kommen…" Wir bleiben bei der Lesart, die übereinstimmend von MT und 1QIsa[a] bezeugt ist, und deuten sie wie נשׁבעתי als performatives Perfekt.

[u] Nachdem 𝔊 das erste שׁבע *nif.* am Versanfang mit ὀμνύω wiedergegeben hat, übersetzt sie das zweite mit ἐξομολογέομαι, macht also einen terminologischen Unterschied zwischen dem göttlichen Eid und dem menschlichen Glaubensbekenntnis. Darüber hinaus zieht sie ביהוה aus v.24 vor und füllt damit das elliptische zweite Kolon auf („jede Zunge wird bekennen *vor Gott*"). Die beiden

Kola sind sowohl in 1QIsaᵃ (ותשבע) als auch in 𝔊 (καὶ) durch eine Konjunktion verbunden. Die asyndetische Lesart von MT und 4QIsaᵇ erscheint demgegenüber als *lectio difficilior*.

ᵛ לי אמר wird (auch wegen der masoretischen Akzente) am besten als Parenthese aufgefasst. Allerdings hat die MT-Lesart eine doppelte Schwierigkeit: 1. das Subjekt fehlt (das mögliche Bezugswort לשון ist feminin; die unpersönliche Übersetzung, die Barthélemy, *Critique textuelle*, 346, vorschlägt, ist unwahrscheinlich und kann auch nicht mit 25,9a [s. o. II.3.3.3.] begründet werden), 2. das Vergangenheitstempus passt nicht in den Kontext. BHS schlägt deshalb vor, den Text nach 𝔊, die den Vers mit λέγων eröffnet, zu ändern und לאמר zu lesen. Dabei handelt es sich jedoch offensichtlich um eine vereinfachende Lesart. Die korrekte grammatikalische Form, eine futurische *Nifal*-Form von אמר, dürfte in 1QIsaᵃ bewahrt sein: ליא יאמר (vgl. Wilson, *Nations in Deutero-Isaiah*, 93; J. Blenkinsopp, *Isaiah 40–55. A New Translation with Introduction and Commentary* [AncB 19 A; New York: Doubleday, 2002] 261). יֵאָמֵר + ל, *über X wird gesagt werden*, ist eine für Jesaja typische Wendung, die in 4,3; 19,18; 61,6; 62,4 und wie hier mit dem emphatisch vorangestellten Objekt in 32,5 belegt ist. Der ursprüngliche Konsonantentext dürfte demnach לי יאמר gelautet haben, woraus durch Haplographie das masoretische לי אמר entstand.

ʷ Übersetzung nach Tur-Sinai, *Heilige Schrift*, 725. Der Plural ist mit F. V. Reiterer, *Gerechtigkeit als Heil. צדק bei Deuterojesaja. Aussage und Vergleich mit der alttestamentlichen Tradition* (Graz: Akademische Druck- u. Verlagsanstalt, 1976) 52, als Intensivplural aufzufassen (vgl. Ps 103,6). LXX konstruiert die beiden Nomina als Subjekte des folgenden Prädikats: δικαιοσύνη καὶ δόξα πρὸς αὐτὸν ἥξουσιν, *Gerechtigkeit und Herrlichkeit werden zu Ihm kommen*. Dadurch entsteht aber ein inhaltlicher Widerspruch zu v.23, wo die Gerechtigkeit von Jнwн ausgeht.

ˣ Der Singular sollte wie in 1QIsaᵃ und den Versionen 𝔊, 𝔖 und 𝔙 in den Plural geändert werden. Nach Wilson, *Nations in Deutero-Isaiah*, 93; Paul, *Isaiah*, 273, könnte die fehlerhafte Lesart dadurch entstanden sein, dass ein ursprüngliches יבאו durch Metathesis in יבוא verschrieben wurde.

ʸ In 𝔐 und 𝔔 besteht der Vers aus einem einzigen Kolon. 𝔊 hat demgegenüber einen Parallelismus, in dem beide Verben im Passiv stehen und dem zweiten ἐν τῷ θεῷ hinzugefügt ist. Der Satz schließt mit der überladenen, sonst nicht mehr belegten Wendung πᾶν τὸ σπέρμα τῶν υἱῶν Ισραηλ. Die *lectio brevior* von 𝔐 und 𝔔 ist demgegenüber vorzuziehen.

1.3. Die Zionswallfahrt der Afrikaner und die „Jнwн-Wallfahrt" der übrigen Nationen

Auf der Ebene des Endtextes beschreiben Jes 45,14–17 und 45,18–25 unterschiedliche Etappen eines einzigen Prozesses: die Bekehrung der „heidnischen" Menschheit zu Jнwн. Vorreiter sind drei afrikanische Stämme, die nach Jerusalem kommen, um den Gott Israels anzubeten. Nach ihnen werden alle übrigen Nationen aufgefordert, dasselbe zu tun. Dementsprechend weitet sich der Kreis der Teilnehmer immer mehr aus: von den einzelnen Völkern מצרים, כוש und סבאים (v.14) über die Nichtisraeliten, die den Kriegswirren entronnen sind (פליטי הגוים, v.20), bis zu „allen Enden der Erde" (כל-אפסי-ארץ, v.22). Zum Abschluss wird diese geographisch definierte Universalität durch כל-ברך, *jedes Knie*, und כל-לשון, *jede Zunge* (v.23), noch einmal ins Menschlich-Personale übersetzt.

Für die Schilderung der Wallfahrt wird eine Fülle von Verben herangezogen, die teils die äußere Ortsveränderung, teils die damit verbundene innere Bewegung zum Ausdruck bringen: עבר und הלך (v.14), קבץ ,בוא und נגש (v.20), פנה (v.22).[16] Über die Semantik hinaus unterscheiden sie sich auch in ihrer syntaktischen und textpragmatischen Funktion. Die Verben von v.14 stehen nämlich im *yiqtol*; sie sagen die Wallfahrt in *repräsentativer* Rede als ein zukünftiges Geschehen voraus. Die Verben von v.20 und v.22 hingegen stehen im Imperativ; sie wenden sich in *direktiver* Rede an die Adressaten, um diese zum Handeln zu bewegen. Die Vision der Völkerwallfahrt geht also in einen Appell, in eine Paränese über.[17]

Das Ziel der Reise dürfte in v.14 – 17 Jerusalem sein. Allerdings wird die Stadt nicht namentlich genannt, sondern durch das Suffix der 2. Pers. Sg. f. nur angedeutet (עליך, אחריך, אליך, בך). In v.18 – 25 tritt der geographische Ort ganz zurück. Im Zentrum steht nun die Gottheit, auf die sich die Angesprochenen zubewegen sollen (אלי, לי).

In v.24b wird noch eine Reise geschildert, mit allen drei Formelementen (Subjekt, *verbum eundi*, Zielangabe). Doch macht sowohl die Charakterisierung der Ankömmlinge („alle, die Ihm zürnen") als auch deren Schicksal („sie werden beschämt werden") klar, dass es sich nicht um eine Wallfahrt, sondern um eine Anti-Wallfahrt handelt, um einen Strafmarsch, der ins Verderben führt.

1.3.1. Ägypter, Kuschiter und Sebäer huldigen dem Gott Israels (v.14)

Der erste Textabschnitt *v.14 – 17* folgt unmittelbar auf den Teil des Jesajabuchs, der am ausführlichsten die geschichtliche Rolle des Kyros diskutiert, 44,24 – 45,13.[18] Sein militärischer Erfolg wird so gedeutet, dass Jнwн ihn berufen habe, um 1. die fremden Völker zu unterwerfen (vgl. 45,2 – 3) und 2. das Exil Israels zu beenden (vgl. 44,26.28; 45,13). Auf diese Weise sollen 3. die Kenntnis und Anerkenntnis Jнwнs verbreitet werden, bei dem siegreichen Feldherrn ebenso (vgl. 45,3) wie bei den unterlegenen Nationen (vgl. 45,6).[19]

---

16 נגש *hif.* (v.21) gehört nicht in diese Reihe, da es hier wie in 41,21 – 22 als Rechtsterminus fungiert („Beweise beibringen").

17 Vgl. die formgeschichtliche Bestimmung von v.14 – 17 als „salvation oracle" und von v.18 – 25 als „trial speech" und „exhortation" bei Melugin, *Formation of Isaiah*, 126 – 31.

18 Nur hier wird der Perserkönig namentlich genannt (כורש, 44,28; 45,1) und nur hier wird er direkt angesprochen (45,2 – 5).

19 Die Gotteserkenntnis Israels wird in diesem Kontext nicht behandelt, wird aber an anderer Stelle deutlich ausgesprochen. So erkennt Zion in 49,23 die Macht ihres Gottes daran, dass die Deportierten mit Hilfe der fremden Nationen zu ihr heimkehren.

Dies ist der geschichtliche Horizont, in dem v.14–17 eine Völkerwallfahrt verheißt und v.18–25 die ganze Welt auffordert, sich ebenfalls dem einzigen Gott zuzuwenden. Ägypter, Kuschiter und Sebäer sind somit die ersten der Nationen, die „in Fesseln" (d. h. von Kyros unterworfen) sind und dennoch bzw. gerade deshalb Jнwн als souveränen Herrn der Geschichte erkennen.

Es ist kein Zufall, dass ausgerechnet diese Länder genannt werden. Historisch sind sie der machtpolitische Gegenpol zu den Reichen Mesopotamiens, und geographisch bilden sie die äußerste südwestliche Grenze auf der biblischen Weltkarte.[20] Wenn von dort die ersten nichtjüdischen Jнwн-Verehrer kommen, so hat das eine universale Bedeutung. Mit ihnen kommt gleichsam die eine Hälfte der Menschheit zum wahren Glauben; ein Teil des in *45,6* Verheißenen – למען ידעו ממזרח־שמש וממערבה, *damit sie vom Aufgang der Sonne bis zu ihrem Untergang erkennen* – beginnt sich zu erfüllen, im Zur-Einsicht-Kommen derer, die im Okzident leben. Tatsächlich treten Ägypter und Kuschiter auch in 18,7 und 19,18–25 als Jнwн-Verehrer auf, im Unterschied zu den Babyloniern, denen Kap. 13–14 und Kap. 47 nicht die Umkehr, sondern den Untergang verheißen.

Die nächste und wichtigste Parallele aber ist *43,3*. Denn dort werden die drei afrikanischen Völker in derselben Reihenfolge erwähnt: נתתי כפרך מצרים כוש וסבא תחתיך, *ich gebe*[21] *Ägypten als dein Lösegeld, Kusch und Seba an deiner statt*. Gerade weil Kyros diese Länder nicht erobern konnte (sondern erst sein Nachfolger Kambyses II.), kann Jнwн sie ihm als „Lösegeld" anbieten. Er soll sie zum Besitz erhalten, wenn er im Gegenzug die in der Diaspora lebenden Judäer heimkehren lässt (vgl. 43,5–6).

Müssten die in 45,14 genannten Afrikaner dann aber nicht zu ihm ziehen und ihre Habe ihm übergeben? Doch im masoretischen Text sind die *ePP* der Präpositionen alle feminin vokalisiert: בָּךְ, אֵלַיִךְ, אַחֲרַיִךְ, לָךְ, עָלַיִךְ. Im Gesamtkontext des Jesajabuches ist aber nur *eine* weibliche Figur als Ziel einer Jнwн-Wallfahrt vorstellbar: Zion, Jerusalem. 45,14–17 wäre somit ein „anonymer" Zionswallfahrtstext.

Dass dies der ursprünglichen Intention des Textes entspricht, ist mit guten Gründen angezweifelt worden. So kommt für Ulrich Berges „eine auf die Gottesstadt gerichtete Zukunftsschau [...] an dieser Stelle zu früh."[22] Die Zions- und

---

20 Zu den geographischen Details s. Berges, *Jesaja I*, 420–1. Nach Goldingay u. Payne, *Isaiah II*, 42–43, entsprechen die Bezeichnungen מצרים, כוש und סבא den heutigen Ländern Ägypten, Sudan und Äthiopien.

21 נתתי ist hier nicht als Vergangenheitstempus aufzufassen (gegen Berges, *Jesaja I*, 274), sondern als performatives Perfekt („hiermit gebe ich") oder wegen der parallelen Aussage in 43,4 (ואתן אדם תחתיך) als Futur.

22 Berges, *Jesaja I*, 419.

Wiederaufbau-Perspektive trete nämlich erst in Jes 49 – 55 in den Vordergrund, während in diesem Buchteil die Heimkehr der Exilierten dominiere. Vor allem aber lasse sich das Motiv der Fesseln kaum mit der Vorstellung eines (doch wohl freiwilligen) Pilgerzugs vereinbaren. Viel stimmiger sei es, wenn v.14 einen Zug prophezeie, in dem die Gefangenen ihre Tribute nicht nach Jerusalem, sondern zu dem siegreichen Perserkönig transportieren. In einer Vorstufe des Textes hätten sich die Suffixe, so Berges, auf Kyros bezogen und seien erst nachträglich feminin gedeutet und vokalisiert worden, um die Verheißung auf Zion umzudeuten.[23]

Die These eines ursprünglichen Kyros-Orakels ist also keineswegs abwegig, sondern fügt sich bruchlos in den Kontext ein. Nach ihr würde 45,14 beschreiben, wie das in 43,3 versprochene „Lösegeld" durch die betroffenen Völker selbst übergeben wird. Dem widerspricht auch nicht, dass sich die Ankömmlinge vor dem fremden König niederwerfen und אך בך אל, *nur bei dir ist Gott*, ausrufen. Nach 44,24 – 28 und 45,1 – 8 ist er ja der „Hirte" und „Messias", durch den Jнwн in der Weltgeschichte handelt und durch den er auch erkannt werden will.[24]

Die Änderung in ein Zion-Orakel müsste allerdings in einem sehr frühen Textstadium, noch vor der Differenzierung in verschiedene Texttypen geschehen sein. Auch in 1QIsaᵃ wird nämlich, wie die um י erweiterten Suffixformen אליכי (statt אליך) und בכי (statt בך) zeigen, eine weibliche Gestalt angesprochen. Textkritisch lässt sich deshalb keine Lesart rekonstruieren, die einen eindeutig männlichen Adressaten bezeichnet.

Dagegen hat die weibliche Anrede im jetzigen Kontext durchaus einen Referenzpunkt. Ja, in *45,13* finden sich sogar zwei Termini, die ein feminines Genus haben: עירי, *meine Stadt*, und גלותי, *meine Exilsgemeinde*. Welche der beiden ist in v.14 gemeint? Eine klare Entscheidung ist nicht möglich, denn in den verwandten Völkerwallfahrtsorakeln Jes 49 und 60 ziehen die ausländischen Pilger nach Jerusalem und dienen gleichzeitig der heimkehrenden Diaspora. Diese beiden Realitäten können auch deshalb nicht getrennt werden, weil die *Golah* ja nichts

---

23 Vgl. Berges, *Jesaja I*, 419 – 20, und K. Baltzer, *Deutero-Jesaja* (KAT 10.2; Gütersloh: Gütersloher Verlagshaus, 1999) 312. Beide Autoren zitieren fälschlicherweise Ibn Ezra als frühen Vertreter dieser These. Dieser mittelalterliche Exeget führt zwar die Gefangenschaft der afrikanischen Nationen auf Kyros zurück, lässt deren Tribut aber dennoch Israel zukommen. Dessen Land liege nämlich in der Mitte zwischen Ägypten und Persien, auf der Route also, die die Karawane nehmen musste (vgl. Friedländer, *Ibn Ezra on Isaiah*, 208). Den Adressaten von v.14 identifiziert Ibn Ezra offensichtlich mit der femininen ארץ ישראל.

24 So Berges, *Jesaja I*, 422. Ganz anders beurteilt Baltzer, *Deutero-Jesaja*, 312 – 3, diese Szene: „Höhepunkt ist die Huldigung vor Kyros. Aber für die Ohren Israels ist es auch ein Höhepunkt des Irrtums, wenn nicht der Blasphemie. [...] Diese Huldigung ist ein schreckliches Missverständnis, das nur durch Zwang »in Fesseln« zustande kommt." Dieser These widerspricht aber, dass das Verhalten der Ägypter in keiner Weise kritisiert wird.

anderes als die im Exil befindliche Jerusalemer Gemeinde ist.[25] Und wenn Jнwн Kyros befiehlt, er solle *seine* Stadt wiederaufbauen (הוא־יבנה עירי, 45,13) und *seine* Deportierten entlassen (וגלותי ישלח), dann zeigt das, dass man ihm an beiden Orten, in beiden Teilen des Gottesvolkes begegnen kann.

Vielleicht will v.14 mit dem weiblichen „Du" aber auch das Gottesvolk bezeichnen, das aus seinen getrennten Hälften bereits wiederhergestellt ist.[26] Dies würde indirekt die Ankündigung von v.13b, dass Kyros sein Werk „ohne Bezahlung und ohne Geschenke" (לא במחיר ולא בשחד) vollbringen muss, bestätigen. Denn dann würden die Schätze der afrikanischen Nationen nicht, wie in 43,3 vorhergesagt, ihm zufallen, sondern der Gemeinde, die sich dank seiner Intervention in Zion neu gebildet hat.

Dass es gerade Ägypter sind, die dem Gottesvolk Tribut bringen, dass sie ihr Land verlassen, nach Jerusalem kommen und deren Bewohnern als *Sklaven* dienen, wie die griechische Übersetzung betont, hat auf dem Hintergrund der kanonischen Heilsgeschichte eine besondere Brisanz. Einst waren die Israeliten Sklaven der Ägypter (vgl. Ex 1,13 – 14 u. ö.), nun hat sich die Beziehung, wie in Jes 14,2 prophezeit, in ihr Gegenteil verkehrt. Bei ihrer Flucht hatten sich die Israeliten durch List die Güter ihrer ägyptischen Nachbarn angeeignet (vgl. Ex 11,2 – 3; 12,35 – 36), nun werden ihnen diese von ihren Besitzern freiwillig übergeben. Damals hatte Pharao hochmütig erklärt, er kenne Jнwн nicht und lasse sich von ihm nichts befehlen (vgl. Ex 5,2), nun gesteht sein Volk, dass es keinen anderen Gott außer ihm gebe.

Der von den Ägyptern angeführte Pilgerzug erhält vor diesem Hintergrund eine paradigmatische Bedeutung. Mit ihm wird gleichsam die Geschichte neu geschrieben: ein williger Kyros statt eines verstockten Pharaos,[27] ein Auszug, der von den Fremdherrschern begünstigt wird, eine Rettungstat, die Jнwн Israel erweist und die sogar bei anderen Völkern Anerkennung findet. In gewisser Weise

---

25 Vgl. Goldingay u. Payne, *Isaiah II*, 44: „[T]his community (*sc.* die *Golah*) was the exiled Jerusalem community." Im Jeremiabuch werden die beiden Realitäten auch terminologisch zusammengebunden und zwar in den Wendungen גלות ירושלם (40,1) und גלות יהודה (24,5; 28,4; 29,22).

26 So der dezidierte Kommentar des Abraham Ibn Ezra: וזה היה אחרי שוב הגולה, *und dies geschah nach der Rückkehr der Diaspora* (M. Cohen, *Isaiah*, 299).

27 Der Kontrast zwischen den beiden Herrschern lässt sich auch lexikalisch greifen. So befiehlt Jнwн dem Pharao, sein Volk zu *entlassen* (שלח את־עמי, Ex 5,1), worauf dieser entgegnet, er *kenne* Jнwн nicht und werde Israel nicht *entlassen* (לא ידעתי את־יהוה וגם את־ישראל לא אשלח, 5,2). Dagegen wird bezüglich Kyros konstatiert, dass er zwar ebenfalls Jнwн nicht *kenne* (ולא ידעתני, Jes 45,5), aber dennoch die Exilierten *entlassen* werde (וגלותי ישלח, 45,13). Auffällig ist, wie stark sich Jнwн in beiden Fällen mit den Betroffenen identifiziert („mein Volk" – „meine Exilsgemeinde") und deren Befreiung so zu einer Angelegenheit macht, an der sich sein eigenes Gottsein erweist.

wird damit auch Jes 19 relativiert. In jenem Spruch wurde den Ägyptern Gericht und Heil im eigenen Land prophezeit, hier müssen sie ihr Land verlassen und eine Reise unternehmen, um zu dem wahren Gott zu gelangen. Dabei ist diese eigenartig ambivalent: Sie ist eine Prozession von Pilgern, die Weihegaben zum Heiligtum bringen und Gebete verrichten, und gleichzeitig eine Karawane von Kriegsgefangenen, die in Fesseln vor dem Sieger defilieren.[28] Im literarischen (nicht historischen!) Kontext kann es sich nur um Gefangene des Kyros handeln. Die alternative Erklärung, die Ketten seien „nicht [...] zwangsweise angelegte, sondern willig übernommene",[29] ist ein untauglicher Versuch, mit der ungewöhnlichen Idee einer „Pilgerfahrt in Ketten" zurechtzukommen. Der Text behauptet ja nicht, dass die Fremden gezwungen werden, nach Jerusalem zu ziehen. Vielmehr setzt er die Realität des Krieges voraus und verbindet sie mit seiner Vision vom Zion als Ort der Rettung aller Völker. Es ist gerade diese Janusköpfigkeit, die das Völkerwallfahrtsmotiv, das hier zum ersten Mal in Kap. 40 – 55 erscheint, kennzeichnet: Die Erkenntnis Jнwнs und die Hinwendung zu seinem Heiligtum sind nicht das Ergebnis philosophischer oder religiöser Spekulation, sie erwachsen aus einer konkreten geschichtlichen Erfahrung. Gott „spricht" im Aufstieg und Fall der Weltreiche, in militärischen Erfolgen und Niederlagen, in machtpolitischen Verschiebungen, die dem einen Volk nutzen und dem anderen schaden. Vor allem die Besiegten, die desillusionierten Verlierer der Geschichte hätten die Möglichkeit, über die aktuellen Ereignisse hinauszuschauen. Im hier vorliegenden Fall könnten sie erkennen, wie Israel von dem Siegeszug der Perser profitiert; sie könnten es vor allem deshalb, weil dessen Wiedergeburt aus Zerstörung und Verbannung, bevor sie eintrat, vorhergesagt wurde.

Wenn Ägypter, Nubier und Sebäer in Fesseln zum Zion kommen, ist dies also die erste Etappe zu einem weltweiten Jнwн-Kult. Nach ihnen sollten die „Entronnenen der Nationen", wie v.20 formuliert, aus der Geschichte lernen und die richtigen Konsequenzen daraus ziehen. Die Vorstufe dazu wird in *27,13* geschildert, ein Vers, der durch die Stichwörter מצרים und חוה *eštaf.* mit unserem Text verbunden ist. Dort wird nämlich die Zionswallfahrt derer prophezeit, die nach Assur und nach Ägypten verbannt waren. Auf dem „heiligen Berg", in Jerusalem angekommen, werden sie Jнwн anbeten: והשתחוו ליהוה בהר הקדש בירושלם. Nun werden ihre einstigen Bedrücker, von denen sie weggezogen sind, dasselbe tun. Allerdings mit einem signifikanten Unterschied, der an den Präpositionen und

---

28 Die Beschreibung ist in diesem Punkt eindeutig von dem aus assyrischen, ägyptischen und persischen Bildzyklen bekannten Motiv des Tributzugs unterworfener Nationen inspiriert (vgl. Baltzer, *Deutero-Jesaja*, 309 – 11).
29 Delitzsch, *Jesaia*, 463. Ebenso Goldingay u. Payne, *Isaiah II*, 44: „the chains are self-imposed as a sign of submission."

Objekten (27,13: ל + JHWH; 45,14: אל + Zion) abzulesen ist: Während die jüdischen Wallfahrer ihr Gebet direkt an Gott richten können, müssen sich die „neube-kehrten Heiden" zunächst dem Ort zuwenden, an dem dieser zu finden ist.[30] Sie brauchen Zion (den Tempel bzw. die dort lebende Gemeinde) als Mittlerin, damit deren Frohbotschaft für die Städte Judas – הנה אלהיכם, *seht, euer Gott!* (40,9) – auch sie erreicht.

1.3.2. Das Bekenntnis der Heidenvölker (v.14bβ–17)

Das Gebet der afrikanischen Nationen beginnt in der letzten Zeile von v.14, ohne Einleitung, nur durch den rhythmischen Wechsel von den Bikola zu einem Tri-kolon (3+2+2) markiert. Welche Teile des Textes es umfasst, ist auf den ersten Blick nicht zu erkennen. Nur das kurze Bekenntnis in v.14bβ? Auch die Gottesanrede in v.15? Vielleicht sogar die weiterführenden Reflexionen in v.16–17? Je nachdem nehmen einige Ausleger einen Sprecherwechsel in v.15a,[31] andere in v.15b,[32] wieder andere in v.16 an.[33] Allerdings ist an keiner dieser Stellen ein solcher Einschnitt angezeigt. Auch die Hilfsargumente „Woher sollen die Fremdvölker wissen, dass der Gott Israels hilft?"[34] oder „[S]ollten sie gefesselt den sich verbergenden Gott Israels als Retter bekennen?"[35] verlieren ihr Gewicht, wenn man die literarische Funktion dieser Verse richtig versteht: „[T]he suppliants [...] continue to voice the statements of faith that *the prophet wishes to hear* from the people's lips."[36] Da sich für eine Abtrennung keine positiven Gründe finden lassen, betrachtet man die ganze Passage am besten als *eine* Rede, mit wechselnden Adressaten und wechselnden Themen, in der die ausländischen Pilger nicht nur ein Glaubens-bekenntnis ablegen, sondern auch über ihre Bekehrung meditieren.[37]

---

30 Vgl. 1 Kön 8,42, wo der Fremde ebenfalls zum Tempel hin betet (והתפלל אל־הבית הזה). Zur Gebetsrichtung als Element der Wallfahrtstheologie s. Knowles, „Pilgrimage to Jerusalem", 14.
31 So Blenkinsopp, *Isaiah II*, 258; Berges, *Jesaja I*, 422–3; S.E. Balentine, „Isaiah 45: God's »I Am«, Israel's »You Are«", *HBT* 16 (1994) 108, u. a.
32 So Baltzer, *Deutero-Jesaja*, 314, u. a.
33 Vgl. Paul, *Isaiah*, 267.
34 Baltzer, *Deutero-Jesaja*, 314.
35 Berges, *Jesaja I*, 423.
36 Goldingay u. Payne, *Isaiah II*, 47 [Hervorhebung d. Vf.].
37 So mit Melugin, *Formation of Isaiah*, 126–7; Wilson, *Nations in Deutero-Isaiah*, 98–9; Gol-dingay u. Payne, *Isaiah II*, 45–47. Diese These wird durch den parallelen Aufbau von v.24–25 gestützt, wo ebenfalls „Heiden" ein JHWH-Bekenntnis ablegen (vgl. Melugin, *Formation of Isa-iah*, 127 n.25).

Zunächst wenden sich die Neuankömmlinge an die personifizierte Stadt Jerusalem, vor der sie sich ja bereits niedergeworfen haben. Sie bezeugen, dass nur in ihr Gott, nämlich der eine, wahre Gott zu finden sei: אך בך אל ואין עוד אפס אלהים. In diesem Satz ist der exklusive Monotheismus, der die vorhergehenden Kapitel prägte, auf bemerkenswerte Weise moduliert. Nicht nur: Es gibt nur *einen* Gott! Sondern auch: Dieser *eine* Gott ist, obschon er die ganze Welt regiert, nur an *einem* Ort anzutreffen![38]

Die theologischen Prämissen dieses ebenso knappen wie gewichtigen Axioms finden sich in einigen Texten, die enge sprachliche Parallelen zu Jes 45,14 aufweisen. In einem von ihnen wird die Voraussetzung definiert, damit der eine Gott in Zion gefunden und angebetet werden kann. Nichtjuden können dann „Nur bei dir ist Gott!" sagen, wenn Israel zuvor die Forderung erfüllt, die in *Ps 81,10* ergeht: לא־יהיה בך אל זר ולא תשתחוה לאל נכר, *nicht soll bei dir ein fremder Gott sein und nicht sollst du dich vor einem ausländischen Gott niederwerfen*. Erst wenn das Gottesvolk selbst keine anderen Götter verehrt, kann Jʜwʜ als einziger Gott erkannt werden. Seine Monolatrie, sein exklusives, ungeteiltes Gottesverhältnis bereitet den anderen Nationen den Weg, auf dem sie von ihrem Götzendienst zum richtigen Glauben gelangen können.

Joel 2,27 drückt dasselbe Theologumenon nicht in der Form einer Mahnung, sondern eines Heilsorakels aus. An den Segnungen, die es erfährt, wird Israel Gott in seiner Mitte erkennen und zwar als den einzig wirkmächtigen Gott (וידעתם כי בקרב ישראל אני ואני יהוה אלהיכם ואין עוד). Mit Jes 45 ist dieses Wort durch die Ortsangabe, die Selbstvorstellungsformel אני יהוה und die Einzigkeitsaussage ואין עוד verbunden und darüber hinaus durch die Verheißung, nicht beschämt zu werden. Denn was die ägyptischen und afrikanischen Wallfahrer zu den Bewohnern Zions sagen – לא־תבשו... עד־עולמי עד (45,17) –, ist wie ein Echo dessen, was Jʜwʜ selbst seinem Volk zuspricht: ולא־יבשו עמי לעולם, *und mein Volk wird in Ewigkeit nicht zuschanden* (Joel 2,27b).

Während die bisherigen Hypotexte die Frage nach dem einen Gott in einer nationalen Perspektive behandelten, geht es in *2 Kön 5,15* darum, wie Nichtjuden zur Erkenntnis Jʜwʜs gelangen.[39] Für den syrischen Feldherrn Naaman ist es die Heilung durch den Propheten Elischa, die ihn ausrufen lässt: אין אלהים בכל־הארץ כי אם־בישראל, *es gibt keinen Gott auf der ganzen Welt außer in Israel*. Wie die Pilger von

---

[38] Diese partikulare Bestimmung ist nicht als metaphysische Aussage über Jʜwʜ zu verstehen, sondern als Aussage über Israel, das ihn bereits erkannt hat und verehrt. An dieser geschichtlichen Offenbarung kann nur partizipieren, wer dieses Volk aufsucht, indem er nach Jerusalem zieht.

[39] Eine detaillierte Auslegung der Naaman-Erzählung als Beispiel für die Hinwendung von Heiden zu Jʜwʜ bietet Haarmann, *JHWH-Verehrer*, 132 – 69.

Jes 45,14 proklamiert also auch er in einem Atemzug die Einzigkeit Jhwhs und die „Einzigkeit" Israels.[40]

Dabei verwenden die Neubekehrten in beiden Fällen nicht das Tetragramm, sondern sprechen allgemein von אל bzw. אלהים. Nicht deshalb, weil sie ihn nicht kennen würden (Naaman verwendet den Gottesnamen bereits in 2 Kön 5,11, die Afrikaner nach unserer Auffassung in Jes 45,17), sondern weil sie ein universales Glaubensbekenntnis ablegen wollen. Es wäre ja nichts Besonderes zuzugeben, dass in Zion eine Gottheit namens Jhwh wohnt. Genauso gut könnte man sagen, dass Kamosch nur in Moab anzutreffen ist. Ganz anders verhält es sich, wenn man feststellt, dass nur dort *Gott* ist, d. h. dass es nur dort einen wirklichen Gott gibt. Damit wird nämlich mitbehauptet, dass alle anderswo verehrten Götter Idole sind.

Im Unterschied zu Naaman, dem das ihm widerfahrene Wunder die Augen öffnete, sind die Nationen in unserem Text schon mit einer bestimmten Erwartung nach Jerusalem gekommen. Das geht aus den ersten Worten hervor, die sie nach ihrer Ankunft (wohl beim Anblick des Tempels) zum Zion hingewandt äußern. Sie haben ihre Länder verlassen, als Gefangene, aber auch als solche, die, unzufrieden mit ihren Göttern, denjenigen suchen, der den Siegeszug der Perser vorhergesagt und ermöglicht hat. Für den Leser des Endtextes ist ihre Zionswallfahrt deshalb auch eine Folge der Kultbildpolemik von *Jes 44,9–20*.[41] Die Ägypter, Nubier und Sebäer haben sich als erste von der Nutzlosigkeit ihrer Götter überzeugen lassen, sie haben angefangen, ihr Fehlverhalten zu korrigieren und sich dem wahren Gott zuzuwenden. Allerdings ereignet sich dieser Umkehrprozess nicht in ihren Heimatländern; sie müssen vielmehr zum Zion reisen, um den Gott kennenzulernen, der anders als ihre Götter sein Volk vor Kyros bewahrt, ja, ihm durch diesen sogar geholfen hat.

---

40 Vgl. Haarmann, *JHWH-Verehrer*, 158: „Theologisch zeichnet sich das Bekenntnis Naamans durch das Nebeneinander der *Exklusivität JHWHs* als einzigem Gott auf Erden und der geographischen *Bindung JHWHs an das Land Israel* aus" [Hervorhebungen i. Orig.].

41 Dieser Zusammenhang wird durch eine Reihe intertextueller Signale angezeigt: חרש, *Handwerker* (44,11.12.13), wird durch חרשי צירים (45,16) aufgenommen, wobei צירים lautlich das Hauptverb für die Herstellung der Idole יצר (44,9.10.12) aufruft. Die Ankündigung des Scheiterns (בוש, 44,9.11) wird in 45,16 bestätigt. Das Niederwerfen vor den Götterbildern (חוה *eštaf.*, 44,15.17) und deren Anbetung (פלל *hitpa.*, 44,17) steht in Antithese zu dem in 45,14 geschilderten Huldigungsakt. Die Bezeichnung אל, die dort die Götzen bezeichnet (44,10.15.17[2x]), wird in 45,15 für die in Jerusalem verehrte Gottheit reklamiert. Die Illusion schließlich, dass der Mensch Gott „machen" könne, wird in 45,18 durch die Präsentation Jhwhs als Schöpfer korrigiert (vgl. dieselben Verben יצר und עשה in 44,9.10.12 bzw. 44,13.15.17.19 und in 45,18).

Mit der Ausschließlichkeitsformel עוד אין(ו)[42] und dem ergänzenden synony-men אפס אלהים übernehmen die Fremden die Begrifflichkeit, die kurz zuvor Jнwн selbst verwendet hatte (vgl. 45,5 – 6), stimmen also seinem Exklusivitätsanspruch zu. Allerdings wandeln sie sie, wie bereits festgestellt, bedeutungsvoll ab. Denn während dort die Formel אני יהוה vorausging, um das monotheistische Credo zu formulieren, steht hier אך בך אל, um ein Doppelbekenntnis abzulegen: zu dem einzigen Gott *und* zu dessen einzigartiger Stadt. Von daher charakterisiert ואין עוד wie an anderen Stellen den Gott Israels („und keiner sonst"), gleichzeitig aber auch den Ort Jerusalem („und nirgends sonst").

Die Interjektion אכן, *fürwahr*, verbindet durch ihre Assonanz mit אך *v.15* mit dem vorhergehenden Vers. Kein Textsignal weist darauf hin, dass mit der Sprechrichtung (nicht mehr Zion, sondern Jнwн wird angesprochen) auch der Sprecher wechselte. In der Tat wäre kaum erklärlich, wie ein Prophet Israels über die Verborgenheit Jнwнs klagen (אתה אל מסתתר) und ihn im gleichen Atemzug als Retter preisen könnte (אלהי ישראל מושיע).[43] Zudem wäre es höchst unpassend, in diesem dramatischen Moment, in dem die Ägypter dem Gott ihrer einstigen Sklaven huldigen, diesen als *deus absconditus* zu präsentieren.

Einen besseren Sinn erhalten die beiden Bekenntnisformeln im Mund der heidnischen Nationen; mit ihnen drücken sie zwei komplementäre Aspekte ihrer Gotteserfahrung aus. In Zion angekommen rufen sie zu dem Gott, der ihnen bis dahin verborgen war, den sie – wie die Septuaginta interpretiert – bisher nicht kannten, der ihnen aber nun als Retter Israels offenbar geworden ist.[44] Hier klagt

---

42 Sie erscheint im Alten Testament elfmal, um die Exklusivität Jнwнs zu proklamieren, mit einem deutlichen Schwerpunkt im „Deuterojesajabuch" (Dtn 4,35.39; 1 Kön 8,60; Joel 2,27; Jes 45,5.6.14.18.21.22; 46,9). Dass damit eine echte monotheistische Aussage gemacht wird, hat zuletzt H. Rechenmacher, „Unvergleichlichkeit und Ausschließlichkeit Jahwes. Formeln und ihre Relevanz für die Monotheismusdebatte am Beispiel Deuterojesajas", C. Diller u. a. (Hg.), *Studien zu Psalmen und Propheten. Festschrift für Hubert Irsigler* (HBS 64; Freiburg; Basel; Wien; Barcelona; Rom; New York: Herder, 2010) 237 – 250, in überzeugender Argumentation unterstrichen.

43 Durch eine Erklärung wie „So eng wie sonst nirgends im AT stehen hier die Klage über das sich Verbergen und die Gewissheit der Errettung in einem Gebetsruf an den Gott Israels nebenei-nander" (Berges, *Jesaja I*, 424) wird diese Schwierigkeit eher akzentuiert denn behoben. Auch die Auflösung in ein zeitliches Nacheinander von Gottesferne und -gegenwart, wie sie bereits Ibn Ezra vorschlägt (vgl. Friedländer, *Ibn Ezra on Isaiah*, 209), lässt sich aus dem Text nicht ableiten. Baltzer, *Deutero-Jesaja*, 314 – 5, zieht die Konsequenz daraus, indem er einen Sprecherwechsel mitten im Vers annimmt.

44 Auch in 43,3, wo die drei Völker zum ersten Mal erwähnt werden, präsentiert sich Jнwн als Gott Israels, nämlich als derjenige, der die Seinen rettet: אני יהוה אלהיך קדוש ישראל מושיעך.

also nicht Israel (wie z. B. in 8,17; 54,8; 57,17) über die Abwesenheit seines Gottes, sondern die ausländischen Pilger bekennen voll Reue ihre einstige Ignoranz.[45]

In gleicher Weise lassen sich alle Aussagen in v.15 – 17, über den verborgenen Gott, die Rettung Israels und die Beschämung der Götzendiener, aus der Perspektive der neuen Jнwн-Verehrer erklären.[46] Dieses Textverständnis wird nicht zuletzt dadurch gestützt, dass die Redner sich am Ende noch einmal direkt an Israel wenden (v.17b: „ihr") und dass in v.18 – 25 Gott zu ihren Äußerungen Stellung nimmt und ihr Verhalten zum Modell der universalen Bekehrung macht.

In *v.16 – 17* unterstreichen die Wallfahrer den elementaren Unterschied zwischen den Götzendienern (zu denen sie bis dahin gehörten) und den Verehrern Jнwнs (zu denen sie von nun an gehören). Dieser Kontrast wird rhetorisch wirkungsvoll inszeniert, indem die Gesamtaussage durch die Schlüsselwörter בוש und כלם *nif.*, zuerst in positiver, dann in negativer Formulierung, gerahmt wird: וגם בושו (v.16a) – ולא־תכלמו לא־תבשו (v.17b). Im Innern dieser *inclusio* stehen die beiden Personengruppen, die Hersteller von Kultstatuen (חרשי צירים, v.16b) und die Israeliten (v.17a). Deren Schicksal wird durch syntaktisch parallele, aber inhaltlich konträre Wendungen zusätzlich charakterisiert: הלכו בכלמה – נושע ביהוה. Die positive Aussage wird dadurch noch verstärkt, dass beide Zeilen von v.17 mit Zeitangaben schließen, die die Endgültigkeit der Rettung Israels hervorheben: תשועת עולמים – עד־עולמי עד.

Das negative Urteil der Neubekehrten über die Götzenhersteller und -verehrer fügt sich inhaltlich und lexikalisch in die Reihe der anderen idolatriekritischen Texte des Jesajabuchs ein.[47] Es geht über diese aber sogar noch hinaus, weil es deren Beschämung nicht nur prophezeit, sondern (offensichtlich aus eigener Erfahrung) als Faktum konstatiert und mit dem Erfolg des Gottesvolkes kontrastiert.[48] Jene haben auf „nutzlose" Götter gesetzt und sind gescheitert, Israel hin-

---

45 Für Melugin, *Formation of Isaiah*, 130, wird diese Deutung durch die redaktionelle Verbindung von v.14 – 17 und v.18 – 25 gestützt: „Yahweh has been hidden to the nations until his eschatological victory; up until that time the nations had no possibility of knowing him (v. 14 – 17). The collection contrasts this with the assertation that Yahweh has never spoken in secret to the »seed of Jacob« (v. 19)."

46 Dabei muss noch einmal auf die literarische Intention des Orakels hingewiesen werden. Es schildert nicht historische Ereignisse und zitiert nicht tatsächlich gesprochene Worte, sondern entwirft eine Vision, wie Nichtisraeliten aus einer negativen, schmerzhaften Erfahrung heraus zur richtigen Gotteserkenntnis gelangen könnten. Ihr Verhalten, ihre Worte sind also nicht real, nicht einmal realistisch, sondern spiegeln die ideale Erwartung des biblischen Autors wider.

47 Innerhalb von Jes 40 – 55 ist das Wortpaar בוש und כלם noch in 41,11; 42,17; 44,9.11; 45,24 und negiert in 49,23; 50,7; 54,4 belegt.

48 Die antithetische Beziehung ist durch die emphatische Anfangsstellung von ישראל markiert (v.17*init*), das dadurch unmittelbar auf חרשי צירים (v.16*fin*) folgt.

gegen wurde gerettet, weil es den Gott verehrt, der die Weltgeschichte und deren Protagonisten leitet. Durch das *qatal* der Verben sind sowohl das Scheitern wie auch die Rettung als in der Vergangenheit vollzogene Handlungen qualifiziert, deren Auswirkungen die Gegenwart bestimmen.[49] Sie lassen sich an den beteiligten Personen ablesen, an den gefesselt marschierenden Afrikanern ebenso wie an den in Zion neu versammelten Judäern.

In v.17a erklingt zum ersten Mal der Gottesname, eingerahmt durch das Verb ישע und das Substantiv תשועה. Schon v.15 nannte den Gott Israels מושיע und definierte damit seine hauptsächliche Wirkweise. Wer Jʜwʜ ist und was er tut, seine Macht zu retten, die ihn von den Idolen unterscheidet, können (und müssen!) also an seinem Volk abgelesen werden. Sammlung und Heimkehr der Exilierten, Wiederaufbau und Wiederbevölkerung der Gottesstadt, das sind die Zeichen, an denen die umkehrbereiten „Heiden" den Rettergott erkennen können. Dabei handelt dieser nicht zufällig und sporadisch, sondern gewährt entsprechend seinem Wesen תשועת עולמים, eine Erlösung, die keine zeitliche Begrenzung kennt. Israel wird spiegelbildlich dazu durch die entsprechende passivische Formulierung – נושע ביהוה – definiert. Es hat Seine Hilfe bereits erfahren, so dass es entsprechend der Seligpreisung von *Dtn 33,29* – אשריך ישראל... עם נושע ביהוה –[50] ein glückliches, mit keinem anderen vergleichbares Volk ist.

Diese bevorzugte Stellung wird in v.17b auch noch negativ beschrieben. Zugleich wechselt die Sprechhaltung zur direkten Anrede: *„Ihr* werdet nicht beschämt..." Die ausländischen Pilger verleihen ihrer kurzen Ansprache dadurch einen wirkungsvollen Abschluss und bekräftigen ihre – auch emotionale – Verbindung zu der Gemeinde, der sie in Jerusalem begegnet sind. Die Rettung, die dieser zuteil wurde, wollen auch sie erfahren!

Ihr singuläres Bekenntnis schließt passenderweise mit einer ebenso singulären Wendung: עד־עולמי עד, *bis in alle Ewigkeit.* Sie stellt an das Ende dieses Abschnitts einen grandiosen Ausblick in die Zukunft, der durch die sprachliche Nähe zu den Psalmen (vgl. לעולם ועד in Ps 9,6; 45,18; 119,44 u. ö.) aber in die Gebetsatmosphäre eingebunden bleibt. Die afrikanischen Völker sind so die ersten, die verstanden haben, was der Siegeszug des Kyros theologisch bedeutet, und die diese Einsicht durch ihre Pilgerfahrt, ihre Anbetung und ihre Solidarität mit Israel in einen neuen, praktischen Lebensentwurf verwandelt haben.

---

49 Zu dieser Bedeutung des *qatal* („Perfekt") s. G–K §106g.

50 Das Verb ist wie in Jes 45,17 mit *Patach*, d. h. als *qatal*-Form vokalisiert. Dagegen hat נושע in Sach 9,9 ein *Qameṣ* (vgl. Ps 33,16). Als Partizip erweist es sich dort auch dadurch, dass es parallel zu dem Adjektiv צדיק steht.

1.3.3. JHWH als Schöpfer und Offenbarer (v.18 – 19)

Mit einer Botenformel beginnt in *v.18* eine neue Gottesrede. Die vorangestellte Konjunktion כי signalisiert, dass sie an v.14 – 17 anknüpft. Doch welche Bedeutung von כי liegt hier vor, in welchem Sinn ist dieser Anschluss zu interpretieren? Soll das Folgende das Vorhergehende begründen („denn") oder einen Gegensatz einführen („doch")? Oder fungiert כי hier nur als emphatische Partikel, die das Gesagte rhetorisch unterstreicht („fürwahr")?[51]

Für alle diese Deutungen lassen sich Argumente finden. Denn einerseits vertiefen v.18 – 19 das monotheistische Thema der vorherigen Passage,[52] andererseits erklären sie, warum JHWH im Unterschied zu den übrigen Göttern sein Volk retten konnte,[53] und drittens korrigieren sie den missverständlichen Titel אל מסתתר durch die Feststellung לא בסתר דברתי.[54] Es könnte aber auch sein, dass die Partikel lediglich darauf verweist, dass die in v.14 eröffnete Rede weitergeht, ja, überhaupt erst richtig beginnt. Bisher hatte JHWH nämlich nur die Worte anderer zitiert, hatte nicht ein einziges Mal in eigener Person gesprochen; erst in v.18 erklingt das göttliche „Ich". Dazu kommt, dass die Botenformel, die v.14 – 17 einleitete, ungewöhnlich für Jes 40 – 55, nicht attributiv erweitert war.[55] Die zweite erscheint deshalb wie eine notwendige Ergänzung, die überhaupt erst deutlich macht, zu wem die Nichtisraeliten sich bekehren. V.18 – 25 bildet demzufolge den zweiten Teil der Rede, in dem JHWH auf die Äußerungen des ersten Teils antwortet[56] und sich über die drei Völker hinaus an die gesamte Menschheit wendet.

Bevor er jedoch selbst das Wort ergreift, wird er durch den Verfasser ausführlich vorgestellt. Seine Hauptqualifikation wird durch zwei Partizipialformen ausgedrückt, die dem Tetragramm als Attribute beigefügt sind: בורא השמים und יצר הארץ ועשה. Als Schöpfer des Himmels und der Erde wird JHWH auch in anderen

---

51 Zu den verschiedenen Deutungen s. die Kommentare. Dass die Konjunktion in LXX fehlt, zeigt nach Goldingay u. Payne, *Isaiah II*, 51, dass auch der Übersetzer sich über deren genaue Bedeutung nicht schlüssig war.

52 Vgl. Berges, *Jesaja I*, 427.

53 So schon Nicolaus de Lyra, *Postilla litteralis*, ad Is 45,18, dem diese Deutung allerdings durch die Vulgata-Übersetzung „quia" vorgegeben war: „Und dass Gott die Macht besitzt, solches Heil zu geben, wird klar, wenn hinzugefügt wird: Denn so spricht der Herr..."

54 Vgl. Blenkinsopp, *Isaiah II*, 259.

55 Die Kürze dieser Formel wird auch von Goldingay u. Payne, *Isaiah II*, 42 – 43, vermerkt. Sie ziehen daraus aber einen anderen Schluss, nämlich dass v.14 keinen völligen Neubeginn darstelle, sondern das Vorhergehende weiterführe.

56 Vgl. Goldingay u. Payne, *Isaiah II*, 49: „Yhwh responds to the statements attributed to the nations in vv. 15 – 17."

hymnischen Partien des „Deuterojesajabuchs" identifiziert,[57] doch keine andere enthält so viele Schöpfungsverben wie diese: ברא (2x), יצר (2x), עשׂה, כון pol.

Für den kanonisch bewanderten Leser sind die Anklänge an den priesterlichen Schöpfungsbericht unübersehbar. Mit *Gen 1* teilt unser Text den Merismus שׁמים und ארץ, die Verben, die Gottes Tätigkeit benennen, ברא und עשׂה, und die Termini, die den chaotischen Urzustand bezeichnen, תהו und חשׁך. Während dort aber ein vergangenes Geschehen berichtet wird und somit das Schöpfungs*werk*, die Welt mit ihren unterschiedlichen Ordnungen im Zentrum steht, wird hier eine „dogmatische" Aussage über deren Urheber, den *Schöpfer* getroffen. Dieser Absicht dient auch das determinierte האלהים, das sich sowohl von אלהים in Gen 1,1 als auch von אל in Jes 45,14 – 15 abhebt und wie האל in 42,5 den einen, wahren Gott bezeichnet.[58] Jʜwʜ übt die Macht, ins Dasein zu rufen, nicht nur einmal, nämlich am Anfang des Universums aus, vielmehr gehört diese bleibend zu seinem Wesen. Sie ist der Grund, weshalb er in 45,20 – 25 auch von den anderen Nationen verlangen kann, dass sie seine göttliche Einzigartigkeit anerkennen.

Während *ein* Ausdruck genügt, um Jʜwʜ als Schöpfer des Himmels zu identifizieren, werden zwei Partizipien und drei finite Verben aufgeboten, um sein Handeln an der Erde zu beschreiben.[59] Zunächst wird er als Erschaffer (עשׂה, יצר) der Welt präsentiert. Innerhalb des exilischen Jesajabuchs werden durch diese synonymen[60] Verben zwei Aussagesysteme eingespielt, die von anderen „Gebilden" handeln und sich in Texten über die Fabrikation der Götzen und in Texten über die Erwählung Israels finden. Der Glaubenssatz über den Schöpfergott wird auf diese Weise zweifach profiliert: dem *Bildner* des Alls stehen die von Menschenhand *gebildeten* Idole entgegen (vgl. 44,9.10.12.13.15.17.19 u. ö.), und das erste Schöpfungswerk wird durch ein zweites ergänzt, das von Gott erwählte und *gebildete* Volk Israel (vgl. 43,1.7.21; 44,2.21.24; 45,11 u. ö.). Die angesprochenen Fremdnationen aber werden durch diese intertextuellen Relationen vor eine zweifache Herausforderung gestellt: Sie werden einerseits mit ihrer bisherigen Existenz als Götzenanbeter konfrontiert und andererseits mit dem auf dem Zion

---

57 Unter Verwendung von Partizipien in 42,5 (רקע הארץ... בורא השׁמים), 44,24 (נטה שׁמים לבדי רקע) und 51,13 (נוטה שׁמים ויסד ארץ), von finiten Verbformen in 45,12 (אנכי עשׂיתי ארץ... אני ידי נטו) (הארץ) und 48,13 (אף־ידי יסדה ארץ וימיני טפחה שׁמים) (שׁמים).
58 So Goldingay u. Payne, *Isaiah II*, 51.
59 Sie ist nicht zuletzt auch der Ort, an dem die Angesprochenen leben (vgl. v.22: כל־אפסי־ארץ) und an dem der „Prozess" über die Gottheit Jʜwʜs stattfindet.
60 Wenig wahrscheinlich ist die These von Paul, *Isaiah*, 268, עשׂה meine hier „the finishing touches of the creation process". Dies mag für 46,11 zutreffen (יצרתי אף־אעשׂנה), nicht aber für 45,7, wo beide Verben parallel zu ברא verwendet werden, und auch nicht für 45,12, wo עשׂה den gesamten Schöpfungsprozess bezeichnet.

lebenden Volk, das in der Erlösungsordnung eine einzigartige, privilegierte Stellung einnimmt.

Die übrigen Gotteseigenschaften und -taten werden mit Hilfe von finiten Verben zum Ausdruck gebracht. Zunächst wird die Festigung der Erde (כון *pol.*) als ein eigener Schöpfungsakt thematisiert.[61] Entfesselte Naturgewalten, politische und soziale Konflikte mögen sie zum Wanken bringen, sie können aber nicht ihren Sturz bewirken und damit das göttliche Wirken annullieren.

Der abschließende antithetische Parallelismus greift ein zweites Mal die Verben auf, mit denen die Charakterisierung JHWHs begann: ברא und יצר. Seine Hauptintention bei der Erschaffung der Erde war, dass sie dem Menschen als Wohnung diene. Mit תהו fällt dabei ein weiteres Schlüsselwort aus dem Schöpfungsbericht. In *Gen 1,2* definiert es den Urzustand, der mit dem Schöpfungsakt überwunden wurde, hier verweist es als Gegenbegriff zu לשבת auf eine mögliche „andere Schöpfung", eine chaotische Welt, die keinen Raum für menschliches Leben böte (vgl. Jer 4,23 – 27).

Wenn nach dieser langen Einleitung JHWH in *v.18b* selbst das Wort ergreift, ist er für die Adressaten kein Unbekannter mehr. Sein Name ist durch die Schöpfungsaussagen so gefüllt, dass er seine Ansprache mit einem schlichten אני יהוה beginnen kann.[62] Dieses Wort war in den vorhergehenden Kapiteln mehrfach, zuletzt fünfmal in 45,1 – 8 erklungen. So dient es hier nicht dazu, um einen Unbekannten vorzustellen, sondern um einen bereits Bekannten zu identifizieren: „*Ich* bin dieser JHWH, der euch soeben als Schöpfer des Universums vorgestellt wurde!" Gleichzeitig unterstreicht es den Anspruch der Exklusivität, den das angefügte ואין עוד auch noch explizit formuliert. Darüber hinaus greifen diese

---

61 Berges, *Jesaja I*, 428, macht darauf aufmerksam, dass sich dieses Verb als Schöpfungsterminus sonst nicht mehr in Jes 40 – 55 findet, dafür aber im Jeremiabuch, in den Psalmen (24,2; 93,1; 96,10; 119,90) und an drei weiteren Stellen.

62 Zu Syntax, Bedeutung und geschichtlicher Entwicklung der אני יהוה-Aussage s. die ausführliche Studie von A. A. Diesel, *„Ich bin Jahwe". Der Aufstieg der Ich-bin-Jahwe-Aussage zum Schlüsselwort des alttestamentlichen Monotheismus* (WMANT 110; Neukirchen-Vluyn: Neukirchener Verlag, 2006), und auch M. Leuenberger, *„Ich bin Jhwh und keiner sonst". Der exklusive Monotheismus des Kyros-Orakels Jes 45,1 – 7* (SBS 224; Stuttgart: Katholisches Bibelwerk, 2010). Für das Jesajabuch weist Diesel das übliche Verständnis als Selbstvorstellungsformel zurück. Mit ihr stelle sich nicht ein unbekannter Gott vor, sondern: „Die 'ᵃnî Yhwh-Aussage bringt das Anliegen der Einzigkeit bzw. Alleinigkeit Jahwes auf den »Begriff«" (Diesel, *Ich bin Jahwe*, 338). Zu den altorientalischen Parallelen, vor allem in der neuassyrischen Prophetie s. Diesel, *»Ich bin Jahwe«*, 119 – 86; M. Weippert, „»Ich bin Jahwe« – »Ich bin Ištar von Arbela«. Deuterojesaja im Lichte der neuassyrischen Prophetie", B. Huwyler, H.-P. Mathys u. B. Weber (Hg.), *Prophetie und Psalmen. Festschrift für Klaus Seybold zum 65. Geburtstag* (AOAT 280; Münster: Ugarit-Verlag, 2001) 31 – 59.

beiden Kurzsätze das Glaubensbekenntnis der zuvor erwähnten Pilger auf (אך בך‎ אל ואין עוד‎, v.14). Sie bestätigen diese in ihrer Überzeugung, in Zion dem einzigen geschichtsmächtigen Gott begegnet zu sein.

Mit Himmel und Erde ist der Raum bereitet, in dem JHWH zu der nichtisraelitischen Menschheit sprechen kann. Deren Erschaffung ist nämlich nur sein erstes, grundlegendes Werk, das zweite besteht darin, sich zu offenbaren und eine Geschichte mit den Menschen einzugehen.[63] Dieses zweite „Werk" erläutert *v.19* mit Hilfe von drei *verba dicendi:* דבר‎ *pi.* und *qal*, אמר‎ und נגד‎ *hif.* Spiegelbildlich zu v.18 gehen hier die finiten Verben (also das Tun) voraus, bevor die Partizipien, wiederum als Attribute dem Gottesnamen beigefügt, das bleibende Charakteristikum – JHWH als Sich-Offenbarender – benennen.

Das bereits in v.18 verwendete לא‎ fungiert hier als Anapher, die die ersten beiden Zeilen des neuen Verses verbindet. Wie dort betont wurde, wozu die Erde *nicht* erschaffen wurde, wird hier herausgestellt, wie Gott *nicht* gesprochen hat. Durch diese Negationen wird die dialogische Kommunikationssituation in Erinnerung gerufen, die in v.14 – 17 erstellt wurde und in v.20 – 25 fortgeführt und erweitert werden wird. Irrige Auffassungen und ungerechtfertigte Vorwürfe werden zurückgewiesen, ohne dass im Detail auf sie eingegangen würde.[64] Die Erklärung, JHWH habe nicht בסתר‎, *im Verborgenen*, gesprochen (vgl. 48,16: לא מראש בסתר‎ דברתי‎), könnte eine Reaktion auf den missverständlichen Titel אל מסתתר‎ (v.15) sein.[65] Dass er für die Ägypter und Schwarzafrikaner bisher eine „verborgene Gottheit" war, ist ja nicht seine, sondern ihre Schuld, liegt an ihrer Unfähigkeit, ihn zu erkennen, nicht an seiner Unwilligkeit, sich mitzuteilen. Solange sie sich da befanden, wo er *nicht* sprach, nämlich „im Land der Finsternis" (במקום ארץ חשך‎),[66] konnten sie seine Stimme gar nicht hören, das aufklärende Licht seiner Weisung gar nicht sehen. Sie befanden sich gleichsam in dem vorgeschöpflichen Urzustand, in dem die Finsternis (חשך‎, Gen 1,2) regierte. Erst als sie aufbrachen und zum Zion kamen, konnte Gott aus seiner Verborgenheit treten und sich ihnen offenbaren. Für sie hat sich damit die Verheißung von *Jes 9,1* erfüllt: sie, die „im Dunkel" (בחשך‎) und „im Land der Finsternis" (בארץ צלמות‎) lebten, sind in Zion, wie

---

63 Zum Verhältnis zwischen Schöpfung, „die grundlegende Kategorie des Handelns Jahwes", und Geschichte s. Diesel, *Ich bin Jahwe*, 322 – 3.

64 Zu den verschiedenen Deutungsversuchen s. Hermisson, *Deuterojesaja*, 65.

65 So z. B. Blenkinsopp, *Isaiah II*, 259: „The declaration that Yahveh has not spoken in secret [...] suggests disquietude with the idea of a God who conceals himself. [...] It also seems to imply a need or desire to clarify a possible misunderstanding latent in the epithet."

66 Auch in diesem Fall werden zahlreiche Deutungen vorgeschlagen (s. dazu Goldingay u. Payne, *Isaiah II*, 53 – 54). Wahrscheinlich ist nicht ein spezieller geographischer Ort gemeint, sondern entsprechend der jesajanischen Licht-Dunkel-Metaphorik „the absence of salvation" (Koole, *Isaiah III.1*, 479).

60,1–3 ausführen wird, dem „Licht" (אור) begegnet, d. h. dem Gotteswort, das die Erlösung verheißt und dann auch realisiert.

Auch die zweite verneinte Feststellung in *v.19aβ* gewinnt ein klareres Profil, wenn sie auf dem Hintergrund von v.14–17 gelesen wird. Indem Jhwh erklärt, er habe zu seinem Volk gesprochen, um von ihm „gefunden" zu werden,[67] bestätigt er, was die ausländischen Wallfahrer zuvor bezeugt haben: dass Israel bereits gerettet ist (v.15b.17a) und sich anders als die Götzendiener nicht mehr vor dem Scheitern fürchten muss (v.17b). Mit dem aus v.17 wieder aufgenommenen תהו wird so ein Grundprinzip formuliert, das gleichermaßen für die Schöpfungs- und für die Erlösungsordnung gilt: Jhwh hat die Welt nicht als unbewohnbaren, lebensfeindlichen Raum erschaffen, und er ist den Menschen nicht als stummes, unbegreifliches Numen gegenübergetreten. Während die anderen Nationen sich um תהו-Götzen bemühen und dadurch selber תהו werden (vgl. 40,17; 41,29; 44,9), hat Israel den Gott gefunden, der die Welt dem Chaos entreißt und mitten in der Geschichte den Weg zum Heil offenbart.

Im zweiten Halbvers werden die Aussagen über die ergangene Offenbarung zu Gottesattributen umgeformt: Jhwh ist ein דבר צדק und מגיד מישרים. Die Partizipialformen verdeutlichen, dass dieses Sprechen und Sich-Mitteilen kein einmaliger, in der Vergangenheit abgeschlossener Akt, sondern ein andauerndes Geschehen ist, von dem in diesem Augenblick die neuen Jhwh-Verehrer profitieren. Schon die Grammatik weckt also Zweifel an der traditionellen Interpretation, nach der v.19 auf die Gabe der Torah am Sinai anspiele.[68] Auch intertextuell ist sie nicht zu begründen. Die richtige Deutung, die im Übrigen schon Ibn Ezra vertrat,[69] ergibt sich aus den intertextuellen Parallelen des Schlüsselverbs נגד *hif.*, „das in Jes 40 – 48 den Wahrsagungsbeweis, also die Übereinstimmung von göttlicher Ansage und tatsächlichem Eintreffen anzeigt."[70]

---

67 Der Sinn der doppelt verneinten Aussage „Ich habe *nicht* gesagt: Sucht mich *umsonst!*" ist nach Hermisson, *Deuterojesaja*, 66: „Ich lasse mich finden, wenn ihr mich sucht." In positiver Formulierung findet sich derselbe Gedanke in Jer 29,13 – 14: ובקשתם אתי ומצאתם... ונמצאתי לכם, *ihr werdet mich suchen und werdet (mich) finden, ich werde mich von euch finden lassen.* „Jhwh suchen" bedeutet insbesondere „ihn hinter den zeitgeschichtlichen Vorgängen zu erkennen trachten" (Reiterer, *Gerechtigkeit als Heil*, 94).

68 So die einhellige Auffassung von Raschi und Kimchi (vgl. M. Cohen, *Isaiah*, 298 – 299), von Andreas de Sancto Victore, *Super Ysaiam*, ad Is 45,19, und Nicolaus de Lyra, *Postilla litteralis*, ad Is 45,19.

69 "Many refer this verse to the revelation of Sinai; but I refer it to those future events, of which the Lord informed the prophet, and which the prophet announced to Israel and all other nations" (Friedländer, *Ibn Ezra on Isaiah*, 209 – 210).

70 Berges, *Jesaja I*, 430. Für נגד *hif.* führt er elf Belegstellen an. דבר wird im Wahrsagungsbeweis noch in 41,1; 46,11; 48,15.16 verwendet.

Dass Jhwh hier mit seiner Fähigkeit, weltgeschichtliche Ereignisse und insbesondere den Aufstieg des Kyros vorauszusagen, argumentiert, fügt sich gut in den Sinnzusammenhang der Texteinheit. Die Angesprochenen sind nämlich sowohl nach v.14 als auch nach v.20 Personen, die unter den Militärkampagnen der Perser gelitten haben. Ihre Götter konnten diese weder vorhersehen noch verhindern. Die in Zion lebende Gemeinde konnte dagegen die Erfahrung von Rettung machen. Der צדק, der hier verkündet wird, ist demnach „Jahwes Heilsratschluss, der genauerhin als Wille zur Befreiung gekennzeichnet werden kann."[71] Im Kontext des Wahrsagungsbeweises schwingt aber auch die Bedeutung „Wahrheit, Verlässlichkeit" mit, so dass sich eine Parallele zu v.23 ergibt.[72] Die dort prophezeite Bekehrung aller Menschen ist *ein* Beispiel für das Vergangenheit und Zukunft umfassende Reden Jhwhs.

Mit dieser eindrucksvollen Präsentation des einzigen Schöpfers und Offenbarers ist die Basis gelegt, um ausgehend von dem Bekenntnis der drei Nationen nun die übrige Menschheit anzusprechen und mit dem exklusiven Anspruch des Ziongottes zu konfrontieren.

1.3.4. Die Flüchtlinge werden aufgeklärt (v.20 – 21)

Nach der ausführlichen Selbstvorstellung wendet Jhwh sich in *v.20* an sein Gegenüber: die פליטי הגוים. Da diese *cs.*-Verbindung, wie festgestellt, als *gen. subi.* oder als *gen. obi.* (bzw. *partitivus*) aufgefasst werden kann, ist nicht auf Anhieb klar, wer angesprochen ist. Im ersten Fall wären die Entronnenen *der* Nationen gemeint, d. h. die Nichtisraeliten, die die Kriegswirren überstanden haben, im zweiten Fall die Entronnenen *aus den* Nationen, d. h. die Israeliten, die der Fremdherrschaft entronnen sind. Wie Hans-Jürgen Hermisson richtig bemerkt, ist die zweite Option aber nur dann möglich, wenn im *status rectus* eine Waffe, ein Vernichtungsinstrument steht (z. B. פליטי חרב, *die vor dem Schwert Entronnenen*).[73] Aus diesem Grund ist die erste Option, nach der hier tatsächlich *gojim* angesprochen werden, zu bevorzugen. Der Adressatenkreis wird also um Personen nichtjüdischer Herkunft erweitert, „die wie Israel Opfer der babylonischen Welt-

---

71 Reiterer, *Gerechtigkeit als Heil*, 95. Nach ihm fungiert in dem Parallelismus צדק als Hauptbegriff, dem מישרים den Aspekt der Nachdrücklichkeit und Sicherheit hinzufügt: „Das Befreiungsgeschehen wird nicht nur angekündigt, sondern auch tatsächlich und sicher zur Durchführung gebracht."
72 Vgl. Hermisson, *Deuterojesaja*, 67.
73 Vgl. Hermisson, *Deuterojesaja*, 68.

macht geworden waren"[74] oder „die nach dem großen Siegeszug des Kyros ent-
ronnen sind."[75] Als פליטים sind sie zu Leidens- und „Überlebensgenossen" des
Gottesvolkes geworden. Dessen „Entronnensein" war ja bereits in Kap. 1–39 mit
Hilfe des stammverwandten פליטה konstatiert worden (פליטת ישראל, 4,2; פליטת
בית־יעקב, 10,20; פליטת בית־יהודה, 37,31). Israel kennt diesen Zustand bereits, in dem
der Schock und die Trauer über die Katastrophe ebenso präsent sind wie die
Freude und die Dankbarkeit, als Rest bewahrt worden zu sein. Diese besondere
Erfahrung könnte nun auch den anderen Nationen helfen, Jhwh als einzigen
Garanten der Rettung zu erkennen.

Mit drei Imperativen, von denen die ersten beiden syndetisch verbunden und
der dritte durch יחדו verstärkt sind, werden jene nachdrücklich zum Herbeikommen aufgefordert. Die Vokabeln קבץ (vgl. 43,9; 44,11; 48,14) und נגש (vgl. 41,1.21.22;
45,21) weisen auf ein Gerichtsverfahren hin.[76] Doch bleibt die Rolle der Vorgela-
denen in der Schwebe: Sind sie Angeklagte? Oder sind sie Zeugen, die ihren Irrtum
eingesehen haben und nun mithelfen sollen, um die Wahrheit ans Tageslicht zu
bringen?

Zwischen diesen beiden Verben steht das unspezifische בוא. Auch in *2 Sam
15,2.4.6* bezeichnet es einen Gerichtsgang. Öfter aber begegnet es in Völkerwallfahrtsorakeln (*Qal:* Jes 49,18; 60,4; 66,18.23; *Hifil:* 14,2; 49,22; 56,7; 60,4.5.6.9.11;
66,20). Allerdings wird der Ort, zu dem die Angesprochenen kommen sollen, in
unserem Fall nicht benannt. Der Kontext legt nahe, dass der Prozess dort stattfinden soll, wo die drei Nationen von v.14–17 hingepilgert sind, also auf dem Zion.
Doch zeigt der Text als solcher kein Interesse, die Versammlungsstätte zu lokalisieren.[77] Wichtiger als der geographische Ort ist ihm, dass die nichtjüdischen
Nationen bei Jhwh zusammenkommen (vgl. v.22: פנו־אלי) und seinen Anspruch,
Herr der Schöpfung und der Geschichte zu sein, anerkennen. Der Völkerzug wird
deshalb auch nicht wie in Jes 49 und 60 als eine reale Karawane ausgestaltet,

---

74 Albertz, *Exilszeit*, 116.

75 Hermisson, *Deuterojesaja*, 69. Ebenso Berges, *Jesaja I*, 431, und schon Philippson, *Israelitische Bibel*, 864. Die Intertextualität spricht für diese zweite These. Die גוים werden zuvor nämlich
im Zusammenhang mit der Berufung des Kyros erwähnt: לרד לפניו גוים, *um vor ihm Nationen
hinzustrecken* (45,1).

76 Nach Berges, *Jesaja I*, 431, lassen sich in v.20–21 drei Momente eines solchen Verfahrens
unterscheiden: die Vorladung (v.20a), die Verhandlung (v.21a–bα), das Urteil (v.21b). In dem von
ihm nicht berücksichtigten v.20b wird das Vergehen formuliert, das den Nationen angelastet wird,
nämlich die fehlende Gotteserkenntnis.

77 Das Zurücktreten der Ortsbindung ist für H. Schmidt, *Israel, Zion und die Völker*, 194, ein
Charakteristikum der „deuterojesajanischen" Völkerversammlungstexte. Der Zentralismus bleibe
zwar erhalten, doch gehe die Funktion des Zion auf Israel oder auf den Gottesknecht (oder wie hier
auf Jhwh selbst) über.

sondern als eine „theologische Reise" präsentiert, bei der die Fremden sich von ihren nutzlosen Götzen ab- und dem einen, wahren Gott zuwenden.[78]

Bevor 45,21 die Vorladung durch weitere Imperative präzisiert, werden in einer Parenthese die Verehrer fremder Gottheiten kritisiert (*v.20b*). Sie werden als solche karikiert, die im Grunde nur Holz herumschleppen und *ihre* Statuen (פסלם), d. h. ihre eigenen Produkte anbeten. Von vielen Autoren wird diese Doppelzeile aus inhaltlichen Gründen für sekundär gehalten und einer vermeintlichen „Götzen-bilder-Schicht" zugeschrieben. Intertextuell ist sie gleichwohl gut in ihren Kontext integriert. Das erste Partizip הנשאים verweist auf die Kultprozessionen der Baby-lonier, wie sie in *46,1 – 2* geschildert werden. Dort werden die Götterstatuen von Tieren getragen. Doch nicht einmal sie sind in der Lage, ihre „Last", wie die Fi-guren spöttisch genannt werden, zu retten (לא יכלו מלט משא, v.2). Wie sollten jene dann ihre Anbeter retten können? Ganz anders verhält es sich mit Israel und Jhwh. Er ist derjenige, der die Seinen von Anfang an getragen hat (הנשאים מני־רחם, v.3) und sie auch weiter tragen und retten wird (ואני אשא... ואמלט, v.4).

Das zweite Partizip מתפללים weist hingegen auf יתפללו in 45,14 zurück, so dass die betenden Götzendiener in Gegensatz zu den bereits bekehrten Völkern treten. Der äußere Akt ist zwar derselbe,[79] das Objekt der Verehrung jedoch völlig ver-schieden. Denn während Jhwh ein מושיע, *Retter* (v.15.21), ist, fehlt dem Idol jede Macht zum Retten (לא יושיע, v.20; vgl. 46,7). Mögen sich auch beide אל nennen, so kann dieser gemeinsame Begriff doch nicht darüber hinwegtäuschen, dass allein der Gott Israels diesen Titel zu Recht trägt.[80]

Der Hauptvorwurf wird aber gleich zu Beginn formuliert: לא ידעו. Da das Objekt fehlt, ist unklar, worin ihre Unkenntnis besteht. Die von Ulrich Berges vertretene Deutung – „all denen, die das Holz ihrer Götterbilder tragen, fehlt die Erkenntnis, dass sie einen Gott anbeten, der nicht rettet"[81] – ergibt sich aus den Parallelen mit anderen götzenpolemischen Passagen (z. B. 44,9.18 – 19). Sie dürfte den ursprünglichen Sinn von v.20b treffen. Doch eingefügt in seinen jetzigen Kontext, das gerichtliche Beweisverfahren, erhält der Halbvers eine neue Be-

---

78 Dieser Unterschied lässt sich auch auf der textpragmatischen Ebene greifen. Während die anderen Orakel nämlich aus repräsentativen Sprechakten bestehen, die das künftige Geschehen schildern, ist 45,20 – 25 durch die direktive Rede charakterisiert. Sie will die Adressaten zum Kommen motivieren, ohne im Detail festzulegen, wie dieses aussehen wird.

79 Vgl. 45,14 und 44,17, wo der falsche und der richtige Gottesdienst gleich beschrieben werden. In beiden Fällen wird zuerst die Proskynese vollzogen (ישתחו bzw. ישתחוו), dann folgt das Gebet (אל + יתפללו bzw. יתפלל).

80 Als אל werden in Jes 40 – 46 sowohl die Götter der Heiden (43,10; 44,10.15.17[2x]; 45,20; 46,6) als auch der Gott Israels bezeichnet (40,18; 42,5; 43,12; 45,14.15.21.22; 46,9). Der Ter-minus eignet sich dadurch als Basis für ein rhetorisches Wortspiel (vgl. Holter, „Wordplay").

81 Berges, *Jesaja I*, 432.

deutung: Die Adressaten haben noch nicht verstanden, was die Kriege bedeuten, denen sie entronnen sind, vor allem nicht, was bzw. wer Kyros dazu befähigt hat, ihre Länder zu erobern und ihre Könige zu entthronen.[82] Genau dazu aber hatte Jhwh den Perserkönig auserwählt und mit Macht ausgestattet: damit alle Menschen *erkennen*, dass Er die Geschichte lenkt und der einzige Gott ist (למען ידעו... כי־אפס בלעדי, 45,6). Dieses Wissen, das ihnen verschlossen war, solange sie die falschen Götter verehrten, sollen die „Entronnenen der Nationen" nun erlangen; sie sollen aus ihrer Erfahrung die richtigen Schlüsse ziehen, indem sie in der Rettung Israels, der Heimführung der Exilierten und dem Wiederaufbau Jerusalems, die Hand des Rettergottes erkennen.

V.21 führt die erste Reihe von Befehlen weiter. Mit den durch Alliteration und Assonanz verbundenen Imperativen הגידו והגישו [83] und dem durch ein vorangestelltes אף und ein nachgestelltes יחדו verstärkten Jussiv יועצו werden die Versammelten aufgefordert, sich zu beraten und Auskunft zu erteilen. Wozu sie Stellung nehmen sollen, bleibt offen, da den Verben erneut das Objekt fehlt.[84] Aus dem Vergleich mit ähnlichen Passagen lässt sich schließen, dass es wieder um die richtige Deutung der Taten des Kyros geht. Wichtiger ist aber hier der rhetorische Effekt. Der Leser wird durch die Ellipse nämlich in die Lage der Adressaten versetzt. Er teilt ihr Gefühl, überrumpelt zu werden, ihren Eindruck, zu einem Prozess – als Angeklagte? als Zeugen? – geladen zu sein, ohne zu wissen, was in ihm verhandelt werden soll.

Entsprechend dem Formular des Weissagungsbeweises wird der Verhandlungsgegenstand in *v.21b* durch eine Frage benannt.[85] Sie besteht aus einem Chiasmus, in dem die Prädikate השמיע und הגידה die Zeitangaben מקדם und מאז umrahmen. Das einleitende Fragepronomen מי fragt nach dem Urheber einer Weissagung, die vor langer Zeit ergangen sei. Deren Inhalt wird durch זאת, *dieses*, nur vage angegeben. Vom Gesamtkontext her (vgl. 43,9; 48,14) ist wieder an die aktuellen politischen Ereignisse zu denken, die für die einen Heil, für die anderen Verderben bedeuten. Wer diese vorhersagen und richtig deuten kann, ist, wie die lange Einleitung v.18 – 19 betonte, der wahre Gott, der Schöpfer und der Offenbarer.

---

82 Vgl. Paul, *Isaiah*, 270: „They are completely unaware of the reasons for these historical events."

83 Die beiden Verben sind typisch für die literarische Form des Weissagungsbeweises (s. Berges, *Jesaja I*, 432). Nach Hermisson, *Deuterojesaja*, 70, kommen innerhalb von Jes 40 – 55 zwölf der 21 Belege für נגד *hif.* und alle drei Belege für נגש *hif.* in Gerichtsreden vor.

84 Bei הגישו dürfte wie in 41,21 עצמות, *Beweise*, zu ergänzen sein.

85 Die nächsten Parallelen sind 41,26 (מי־הגיד מראש), 43,9 (מי־יגיד זאת וראשנות ישמיענו) und 48,14 (מי בהם הגיד את־אלה).

Dass sich das „von Urzeit her"[86] Geweissagte tatsächlich auf Gottes Handeln mit dem Perserkönig bezieht, zeigt die Parallele *41,26*. Dort wird ganz ähnlich nach dem Verkünder einer Botschaft gefragt (מי־הגיד מראש, *wer hat von Anfang an verkündet?*). Deren Inhalt aber ist durch den vorhergehenden Vers definiert: die „Erweckung" des Kyros zum Beherrscher der Welt.[87]

Ohne die Reaktion der Befragten abzuwarten, setzt Gott seine Rede fort und beantwortet seine eigene Frage mit einer Gegenfrage: הלוא אני יהוה, *bin nicht ich es, JHWH?* Mit diesem rhetorischen Manöver legt er den Versammelten die erwartete Antwort in den Mund; sie brauchen nur durch eine Geste ihre Zustimmung zu bekunden. Gleichzeitig dient diese (nach v.18 und v.19 dritte) אני יהוה-Aussage als Anknüpfungspunkt, um nochmals JHWHs exklusives Gottsein zu erläutern.

Schon 45,5 – 6 und 45,18 hatten das monotheistische Credo mit Hilfe der Ausschließlichkeitsformel ואין עוד formuliert. Hier ist diese um אלהים מבלעדי er-weitert, so dass wie im Bekenntnis der Ägypter (אפס אלהים, v.14) die Existenz anderer Götter ausdrücklich geleugnet wird. Die „Gattung" אלהים hat demnach nur noch einen einzigen Vertreter: den Gott Israels, JHWH. Wie dieser seine Göttlichkeit erweist, zeigen die Attribute צדיק und מושיע an: er hat einen heilvollen Plan für die Menschen, den er im Voraus offenbart und in der Geschichte verwirklicht. Die afrikanischen Völker haben diesen Plan dadurch kennengelernt, dass sie zum Zion pilgerten und dem bereits geretteten Volk Israel begegneten. Deshalb konnten sie JHWH als אלהי ישראל מושיע (v.15) preisen. In v.22 – 25 geht es nun darum, dass Menschen aus allen Nationen zu derselben Einsicht gelangen, dass sie JHWH, den Gott, der die Welt ins Heil bringen kann, erkennen und mit ihm Israel, das Volk, das ihnen mit seiner Glaubensgeschichte beispielhaft vorangeht.

1.3.5. Die ganze Welt bekennt sich zu JHWH (v.22 – 25)

In *v.22* eröffnen die beiden Imperative פנו־אלי והושעו den dritten Abschnitt der Gottesrede. Das Beweisverfahren, zu dem die ausländischen Flüchtlinge durch die Imperativketten in v.20 und v.21 vorgeladen wurden, ist abgeschlossen. Es hat ergeben, dass JHWH den Siegeszug der Perser richtig vorhergesagt und sein eigenes Volk in den Kriegswirren bewahrt hat. Die vor aller Augen liegende Geschichte hat ihn als den einzig wirkmächtigen Gott erwiesen.

---

86 Zu den Belegen für מקדם und מאז s. Paul, *Isaiah*, 271.
87 Vgl. 48,14 – 15, wo ebenfalls in Zusammenhang mit einer מי-Frage – מי בהם הגיד את־אלה, *wer unter ihnen hat dies verkündet?* – die göttliche Beauftragung des Kyros geschildert wird: אף־קראתיו הביאתיו, *ja, ich habe ihn gerufen, ihn herbeigeholt.*

Auf dieser Grundlage kann er sich nun an כל־אפסי־ארץ wenden. Dass damit „die Gesamtheit der Völker bis an den Rand der Erde"[88] und nicht nur die über die Welt verstreuten Israeliten gemeint sind, ergibt sich aus *52,10*, wo dieser Ausdruck parallel zu כל־הגוים verwendet wird.[89] Über die in v.20 genannten Nationen hinaus wird nun also auch an diejenigen Menschen appelliert, die außerhalb der Grenzen des Perserreiches leben und von den Feldzügen des Kyros nicht betroffen wurden. Auch sie sollen sich Jhwh zuwenden, wobei פנה sowohl die körperliche als auch die innere, geistige Bewegung meint. Die äußere Hinwendung soll Ausdruck einer tiefgreifenden Umorientierung, einer echten Umkehr (*teschuwah, conversio*) sein, die alles Denken und Tun in eine neue Richtung lenkt.

Der ungewöhnliche Imperativ des *Nifal* von ישע, der überhaupt nur hier belegt ist,[90] weist auf v.17 zurück, wo die Ägypter, Kuschiter und Sebäer das „Gerettet-worden-Sein" Israels bezeugt hatten (ישראל נושע ביהוה). Dieselbe Erfahrung, die dieses in seiner langen Geschichte mit Jhwh immer wieder und zuletzt durch die Befreiung aus dem Exil machen durfte, wird nun allen Menschen angeboten. Um ihre Zustimmung zu erhalten, wird der Aufforderung noch eine Begründung (כי) hinzugefügt: die Ausschließlichkeitsformel, jedoch in einer abgewandelten Form: אני־אל ואין עוד.[91]

Weshalb ist das Tetragramm hier durch den allgemeinen Gottesbegriff ersetzt? Etwa weil die „am Ende der Welt" Wohnenden den Namen Jhwh nicht kennen? Oder um den Eindruck zu vermeiden, dass sie sich zu einem bestimmten Nationalgott bekehren? In *43,12*, der einzigen anderen Stelle, an der sich Jhwh mit אני אל vorstellt (vgl. noch 46,9: אנכי אל), ruft er die Israeliten auf, ihn vor den übrigen Völkern zu bezeugen. Offensichtlich sollen diese seine Einzigkeit auch unabhängig von seinem Eigennamen anerkennen. Wenn dies nun geschieht und alle Menschen in die Gemeinde seiner Verehrer eintreten, dann bedeutet das, dass es gar keinen anderen Gott mehr gibt, dass אל nichts anderes mehr bedeutet als „Jhwh".[92]

Die abgewandelte Einzigkeitsaussage lässt aber auch noch einmal das Glaubensbekenntnis der Ägypter nachklingen (vgl. 45,14: ...אל ואין עוד). Denn diese

---

88 So Hermisson, *Deuterojesaja*, 74. Zu Recht verwerfen er und Berges, *Jesaja I*, 435, die partikulare, nationale Deutung (die sich aber, wie die Textkritik gezeigt hat, schon in der LXX findet).

89 In Ps 22,28 hat כל־אפסי־ארץ als Äquivalent כל־משפחות גוים. Wie an dieser und der oben genannten Stelle erscheint der Terminus auch in Ps 67,8 und 98,3 im Kontext von universaler Rettung und Gotteserkenntnis.

90 Nach Goldingay u. Payne, *Isaiah II*, 57, lässt sich die Verbform als *Reflexivum* („sich retten") oder als *Tolerativum* („sich retten lassen") deuten. Vgl. G–K §51c.

91 Nach Diesel, *Ich bin Jahwe*, 329–30, ist אל hier determiniert aufzufassen und auf dem Hintergrund der אני יהוה-Aussage mit „Ich *allein* bin Gott" zu übersetzen.

92 Vgl. Holter, „Wordplay", 97–8.

haben mit ihrer Zionswallfahrt den anderen Nationen ein Vorbild gegeben. Sie haben den Eingottglauben Israels übernommen und darüber hinaus gezeigt, an welchen konkreten Ort die Zuwendung/Bekehrung zu Jʜwʜ führt.

V.23 schildert die näheren Umstände dieser Umkehr, beginnend mit einem feierlichen Gottesschwur (בי נשבעתי), wie er sich in *Gen 22,16* zur Besiegelung einer Verheißung und in *Jer 22,5* und *49,13* zur Bekräftigung von Unheilsprophetien findet. Als ob das nicht genügte, wird noch auf die Verlässlichkeit und Effizienz des göttlichen Wortes verwiesen, ein Gedanke, der hier in aller Kürze formuliert ist, in *Jes 55,10 – 11* aber zu einer regelrechten „Worttheologie" ausgebaut wird.

Der Inhalt des Schwurs,[93] der den Zielpunkt der ganzen Passage und vielleicht die theologische Spitzenaussage des ganzen „Zweiten Jesaja" bildet, folgt in *v.23b*. Mit zwei knappen, syntaktisch parallelen Sätzen[94] wird ein spektakuläres Endzeitbild entworfen. Dabei werden nicht wie in v.14 die Menschen in Blick genommen, die durch Gesten ihre Verehrung zum Ausdruck bringen, sondern die Organe, die diese Handlungen vollziehen: die Knie, die sich beugen, und die Zungen, die das Bekenntnis ablegen. Natürlich repräsentiert dieses *Pars pro Toto* nichts anderes als den ganzen Menschen bzw. alle Menschen. Mit seiner ungewöhnlichen Fokussierung bewirkt es aber auch, dass der Leser ganz nahe an das Geschehen herangeführt, ja, mit all seinen Sinnen in die universale Anbetung hineingenommen wird.

Dabei ist כרע kein spezifisch religiöser Terminus; er kann wie in Gen 48,12; 2 Kön 1,13 auch die politische Unterwerfung bezeichnen. Im Hintergrund mag diese Bedeutung hier sogar mitspielen, durch die korrespondierende zweite Aussage steht gleichwohl die erstgenannte im Vordergrund. Ein ironisches Spiegelbild zu dieser Szene ist *Jes 46,1*, wo sogar die babylonische Gottheit Bel (= Marduk) „die Knie beugt" – und dann zusammenbricht.

Als Parallelstelle, an der ebenfalls שבע *nif.* vorkommt, verweist Ibn Ezra auf *Dtn 6,13* (בשמו תשבע).[95] So wie am Horeb ganz Israel Jʜwʜ die Treue schwor, soll in der erhofften Zukunft die ganze Menschheit ihm Gehorsam leisten. Noch enger intertextuell verbunden ist aber *Jes 19,18*, wo שבע *nif.* wie hier mit ל konstruiert ist.

---

93 כי erfüllt hier die textgrammatische Funktion der Einleitung eines Zitats (vgl. A. Wagner, *Prophetie als Theologie*, 153). Wird das Perfekt der Verben als Koinzidenzfall aufgefasst, erübrigen sich die Spekulationen über ein früher ergangenes Gotteswort (vgl. Goldingay u. Payne, *Isaiah II*, 59).

94 תשבע כל-לשון // תכרע כל-ברך (A–B–A'–B'). Die Zusammengehörigkeit der beiden Aussagen wird durch die Asyndese unterstrichen. Das Dativobjekt ל ist betont vorangestellt und gehört zu beiden Sätzen. Man muss also nicht wie Ibn Ezra eine Ellipse in der zweiten Vershälfte annehmen (vgl. Friedländer, *Ibn Ezra on Isaiah*, 210).

95 Vgl. Friedländer, *Ibn Ezra on Isaiah*, 210 mit n.26. Nach Auffassung des Herausgebers liegt an beiden Stellen die Sonderbedeutung „to swear to be faithful" vor.

Dort sind es die Bewohner von fünf ägyptischen Städten, die „bei JHWH der Heere schwören" (נשבעות ליהוה צבאות), hier sind es Menschen von allen Enden der Erde. Wenn ihre Zungen dieses Bekenntnis ablegen, ist damit auch die Verheißung von *Zef 3,9* erfüllt,[96] dann sind die Lippen der Völker verwandelt, so dass sie den Namen des Ewigen ausrufen und ihm gemeinsam dienen können.

V.24–25 geben die gläubige Einsicht, zu der die „heidnischen" Nationen gelangen sollen, in der Form eines fiktiven Zitats wieder. Wie das Bekenntnis in v.14–17 enthält auch dieses neben den Sätzen über Gott Sätze über das Volk, in dessen Geschichte Gottes Macht anschaubar geworden ist. Tatsächlich schafft schon das erste Wort, die einschränkende Partikel אך, eine intertextuelle Verbindung zu v.14. אך ביהוה und אך בך, die Deklaration der Einzigkeit JHWHs und die Deklaration der Einzigkeit Zions erweisen sich so als zusammengehörige, einander ergänzende Aussagen. Eine weitere Klammer bildet der Ausdruck ביהוה, der in v.25 ebenso wie in v.17 angibt, wem Israel seine Rettung verdankt. Das endzeitliche Völker-Credo erschöpft sich demnach nicht in einem abstrakten Monotheismus, es umfasst auch Jerusalem, den Ort, an dem der eine Gott angebetet wird, und Israel, das Volk, das seine Rettungstat zuerst erfahren und bezeugt hat.

Nachdem v.22–23 die universale Bekehrung geweissagt hatten, kommt *v.24b* unerwartet. Er rechnet nämlich mit einem fortdauernden Widerstand gegen JHWH.[97] Ganz ähnlich wird später auch *66,23–24* zuerst die Anbetung „allen Fleischs" ankündigen, dann aber, im letzten Vers des Jesajabuchs, die Bestrafung derer ausmalen, die sich weiterhin gegen Gott auflehnen. Offensichtlich sieht der Autor bzw. Redaktor darin keinen Widerspruch. Die Weissagung zukünftigen Heils ist in ihrer Verwirklichung ja immer auf die Zustimmung und Mitwirkung der Adressaten angewiesen. Und genau das ist ihre pragmatische Funktion: die Angesprochenen durch die Darstellung der Konsequenzen ihres Verhaltens zu motivieren, dass sie dem Willen Gottes folgen und so das Verheißene mitherbeiführen. Da dieses Ziel durch Verlocken oder durch Abschrecken erreicht werden kann, kann die prophetische Rede nebeneinander ankündigen, was einem streng

---

96 Auf diese inhaltliche Parallele verweisen u. a. Raschi und David Kimchi (vgl. M. Cohen, *Isaiah*, 300). Für Nikolaus von Lyra ist diese Ankündigung inzwischen Wirklichkeit geworden, „quod per orbem cessavit idolatria et ab omnibus colitur verus Deus, licet vario modo a Christianis, Iudaeis et Saracenis et aliis", *weil auf dem ganzen Erdkreis der Götzendienst aufgehört hat und von allen, wenn auch auf verschiedene Weise, der wahre Gott verehrt wird, von Christen, Juden, Sarazenen und anderen* (Nicolaus de Lyra, *Postilla litteralis*, ad Is 45,23).

97 Das Problem wird nicht gelöst, sondern nur umgangen, wenn man כל הנחרים בו mit einem Vergangenheitstempus wiedergibt (vgl. Reiterer, *Gerechtigkeit als Heil*, 51: „diejenigen Völker, die einst Jahwes Gegner waren").

logischen Denken unvereinbar erscheint: dass *alle* Menschen Jʜᴡʜ anbeten und *einige* sich ihm widersetzen werden.

Die zweite Alternative wird dadurch diskreditiert, dass sie mit Hilfe des Verbs בוא und der emphatisch vorangestellten Richtungsangabe עדיו, *zu ihm*, als eine Anti-Wallfahrt gezeichnet wird, ein Zug zu Jʜᴡʜ, der in Schande endet. Die ungewöhnliche Bezeichnung der Betroffenen als כל הנחרים בו findet sich auch in *41,11*. Sie kennzeichnet dort die Feinde Israels, die dasselbe Schicksal erleiden werden: הן יבשו ויכלמו, *siehe, sie werden beschämt und zuschanden werden*. Durch diese textliche Parallele werden die Auflehnung gegen Jʜᴡʜ und die Feindschaft gegen Israel, das er zu seinem „Knecht", zu seinem Werkzeug in der Welt erwählt hat (vgl. 41,8 – 10), somit in eine Linie gestellt. Der Widerstand gegen den einen führt notwendig zum Widerstand gegen den anderen.

V.18 – 25 endet wie v.14 – 17 mit einer Gegenüberstellung zwischen den Götzendienern, die sich selbst den Untergang bereiten, und Israel, das von seinem Gott gerettet wird. Durch das doppelte כל – כל הנחרים בו und כל-זרע ישראל – werden sie jeweils als Repräsentanten einer Ganzheit, eines Kollektivs vorgestellt und eine klare Trennlinie gezogen, die die Menschheit in zwei entgegengesetzte Gruppen teilt.[98] Zwischen diesen beiden Existenzweisen muss die Entscheidung fallen: zwischen der Hingabe an Jʜᴡʜ und dem Widerstand gegen Jʜᴡʜ.

Mit צדק erscheint in *v.25* noch einmal eines der Leitwörter, das die ganze Texteinheit durchzieht. Aufgrund seines breiten Bedeutungsspektrums – „Gerechtigkeit, Heil, Verlässlichkeit, Wahrheit" – konnte es in v.21 eine Eigenschaft Jʜᴡʜs selbst bezeichnen (צדיק) und in v.19 (צדק), v.23 (צדקה) und v.24 (צדקות) die Qualität seines Sprechens und Tuns. Zum Abschluss trifft es auch noch eine Aussage über dessen Volk. Dabei fungiert das Verb צדק als juristischer *terminus technicus*, der anzeigt, welche Prozesspartei im Recht ist.[99]

Am Ende der universalen Vision steht also erneut die partikulare Heilserfahrung Israels. Durch die Geschichte werden die Völker wie in einem Gerichtsverfahren zur Anerkenntnis Jʜᴡʜs geführt. Gleichzeitig aber und gerade dadurch wird die andere „Prozesspartei", Israel mit seinem Gottesglauben und seiner besonderen Lebensweise, „ins Recht gesetzt". Vor den Augen aller Menschen wird deutlich, dass es von Anfang an auf den richtigen Gott gesetzt hat; sein Zeugnis wird als richtig beglaubigt.

Neben der Rechtssprache verwendet der kurze Schlussvers mit הלל *hitpa.* auch einen hymnischen Begriff. Das positive Urteil soll bei „allen Nachkommen Israels"

---

98 Vgl. Koole, *Isaiah III.1*, 492.
99 In dieser Bedeutung wird das Verb auch in 43,9.26, das Adjektiv in 41,26 verwendet. Vgl. Reiterer, *Gerechtigkeit als Heil*, 36 – 9.

(כל־זרע ישראל) Jubel auslösen, so dass sie gleichsam zu Vorsängern einer weltweiten Liturgie werden. Wie die reflexive Form des Verbs ausdrückt, besteht dieser Jubel nicht in einer sachlich-objektiven Feststellung, sondern in einem Lobpreis, der das Subjekt miteinbezieht. Ob er zum Selbstlob, zur arroganten Überheblichkeit wird, hängt an dem durch ב bezeichneten Grund. Die falschen Gründe werden in *Jer 9,22* angeführt: חכמה, *Weisheit*, גבורה, *Stärke*, und עשר, *Reichtum*. Hier aber ist wie schon in *Jes 41,16* (ואתה תגיל ביהוה בקדוש ישראל תתהלל, *du aber sollst jubeln in J*HWH *und dich preisen in dem Heiligen Israels*) Gott selbst der Grund des Rühmens (ביהוה).

So klingt 45,14 – 25 mit einem Lied aus, in dem die versammelten Nationen JHWH und sein heilvolles Wirken an Israel preisen und darin ihre eigene künftige Erlösung besingen.

1.4. Universalismus und Partikularismus in Jes 45,14 – 25

Das Motiv der Völkerwallfahrt nimmt in diesem Text eine eigentümliche Gestalt an. Die Vorstellung, die fremden Nationen würden nach Jerusalem kommen, um heimkehrende Exiljudäer zu begleiten oder um die Stadt aufzubauen, ist diesem Orakel völlig fremd. Stattdessen äußert es die Erwartung, jene würden die Nichtigkeit ihrer Götter einsehen und sich dem Gott zuwenden, der seine Macht an Israel erweist. Es stellt also nicht das Schicksal des JHWH-Volkes in die Mitte, sondern die Gottheit JHWHs selbst. Formal drückt sich dieser Unterschied darin aus, dass nur der erste Teil *v.14 – 17* – „repräsentativ" – einen Pilgerzug nichtjüdischer Nationen beschreibt, der zweite Teil *v.18 – 25* hingegen – „direktiv" – dazu auffordert, den Idolen abzuschwören und den auf dem Zion thronenden Gott anzubeten. Die Weissagung über eine mehr oder weniger entfernte Zukunft geht so in einen Appell über, der auf das Hier und Heute der Angesprochenen zielt.

Die zu diesem Zweck verwendete Form des Feststellungsverfahrens scheint auf den ersten Blick mit der religiösen Wallfahrtsidee unvereinbar. Sie dient jedoch nicht dazu, die Geladenen zu verurteilen und zwangsweise zu bestrafen, sondern vor allem dazu, einen zentralen Streitpunkt, nämlich das exklusive Gottsein JHWHs zu verhandeln. Erst wenn dieser geklärt ist und JHWH sich als einziger Gott erwiesen hat, sollen die Völker ihre Zustimmung durch einen Akt der Unterwerfung bekunden.

Wie aber wird in dieser Texteinheit die Beziehung zwischen JHWH, Israel und den Nationen definiert? Wie vereinbaren sich die globale Anerkennung JHWHs und seine lokale Verehrung? Wie ist es vorstellbar, dass der Gott *aller* Menschen zur gleichen Zeit ein „Eigentumsvolk" besitzt? Wie verhalten sich, um es auf den

Begriff zu bringen, Universalismus und Partikularismus in Jes 45,14–25 zueinander?[100]

Wie Joel S. Kaminski und Anne Stewart zu Recht betonen, ist das zentrale Anliegen unseres Textes (und auch des vorangehenden Kyros-Orakels) „the universal recognition of YHWH".[101] Diesem Ziel dienen sowohl die götzenkritischen Passagen als auch die formelhaften Einzigkeitsaussagen. Alle anderen Themen sind diesem Anliegen untergeordnet, das Heil der ausländischen Nationen ebenso wie die Erwählung Israels.

Wegen dieses Primats der Gottesfrage ist der theologische Horizont von Jes 45 von Anfang bis Ende universal. Schon im ersten Orakel wird die Erwartung ausgesprochen, dass JHWH „vom Aufgang der Sonne bis zum Untergang" (v.6) als einziger Gott erkannt wird. Und im letzten Abschnitt werden „alle Enden der Erde" (v.22), „jedes Knie" und „jede Zunge" (v.23), d. h. die gesamte Menschheit als dessen Verehrer apostrophiert. Dabei wird keine theoretische Gottesidee, kein abstrakter Monotheismus postuliert. Die Einzigkeit Gottes wird nämlich nicht durch philosophische Spekulation, sondern im geschichtlichen Wirken seines „Gesalbten" Kyros erkannt.

Was die kontingente Geschichte über den einen Gott offenbart, wird mittels zweier theologischer Termini markiert, die das ganze Kapitel durchziehen: ישע und צדק.[102] Sie bilden zwei Aussagereihen, die um die Akteure – JHWH, Israel und die Nationen – und deren wechselseitiges Verhältnis kreisen. Sie beginnen gemeinsam in *v.8*, dem hymnischen Aufruf an Himmel und Erde, „Gerechtigkeit" und „Rettung" hervorzubringen, und gipfeln in *v.21*, wo beide Begriffe erneut zusam-

---

100 Die Studien über den „deuterojesajanischen" Universalismus lassen sich nach K. Joachimsen, *Identities in Transition. The Pursuit of Isa. 52:13 – 53:12* (VT.S 142; Leiden; Boston, MA: Brill, 2011) 246 – 7, auf drei Grundpositionen zurückführen: 1. die universalistische (volle Teilhabe der Völker am Heil Israels), 2. die partikularistische (die Nationen sind lediglich Zeugen der Erlösung Israels) und 3. die vermittelnde Position. Aus der Fülle der Publikationen seien an dieser Stelle noch einmal genannt: Wodecki, „Heilsuniversalismus", 76 – 101; van Winkle, „Relationship of the Nations"; Davies, „Destiny of the Nations", 93 – 120; Ruppert, „Heil der Völker"; Levenson, „The Universal Horizon", 143 – 169; Grisanti, „Israel's Mission"; Begg, „The Peoples and the Worship", 35 – 55; Kaminsky u. Stewart, „God of All the World", 139–163.
101 Kaminsky u. Stewart, „God of All the World", 152.
102 Die beiden Wurzeln sind sieben- bzw. achtmal belegt, die erste in den Nomina ישע (v.8) und תשועה (v.17) und dem Verb ישע *hif.* (v.15.20.21) und *nif.* (v.17.22), die zweite in den Nomina צדק (v.8.13.19) und צדקה (v.8.23.24), dem Adjektiv צדיק (v.21) und dem Verb צדק (v.25). Durch die Alliteration der Laute צ und שׁ sind diese Schlüsselwörter auch stilistisch hervorgehoben (vgl. Y. Gitay, *Prophecy and Persuasion. A Study of Isaiah 40 – 48* [FThL 14; Bonn: Linguistica Biblica, 1981] 200 – 1).

menstehen, um Gottes Haupteigenschaften zu benennen: „gerecht" und „rettend".

Diese beiden Aussageketten enthalten die Antwort auf die Frage, wie universal das Heil hier gedacht ist und was die Erlösung des *einen* Volkes für *alle* Völker bedeutet. Dabei ist höchst bedeutsam, dass sie gerade in v.21 zusammenlaufen. ישע und צדק sind nämlich zuallererst Eigenschaften, Wirkweisen Gottes! Auch wenn der geschichtlichen Erfahrung nach die Rettung Israels das Primäre ist, aus dem in einem zweiten Schritt auf deren Urheber zurückgeschlossen wird, geht der „ontologischen" Ordnung nach der Rettergott voraus. Er rettet sein Volk, nicht nur einmal, beim Auszug aus Ägypten, sondern immer wieder. Deshalb wird er sowohl in v.15 als auch in v.21 als מושיע bezeichnet, mit einer Partizipialform also, die eine bleibende Wesenseigenschaft benennt. Im Vergleich zu ihm ist jede andere Gottheit אל לא יושיע, *ein Gott, der nicht retten kann* (v.20).

Auch in dem anderen Aussagesystem ist צדק vor allem ein Gottesprädikat: JHWH spricht Zutreffendes (v.19), ist gerecht (v.21) und verlässlich in dem, was er verheißt (v.23). Er ist die Quelle von Gerechtigkeit, Wahrheit und Heil, und nur wer sich bittend an ihn wendet, kann sie erlangen.

Aus diesen Gründen muss die theologische Reflexion über den Universalismus ihren Ausgang bei Gott nehmen. Ihre erste Frage ist nicht, in welchem Maß die Nationen an der Erlösung Israels partizipieren und ob sie Teil des Gottesvolkes werden. Ihr Ausgangspunkt ist nicht die Universalität des Heils, ihr Ausgangspunkt ist die Universalität Gottes, seine einzigartige, unbegrenzte, die ganze Welt umfassende Macht zu retten und zu erlösen. Wenn klar ist, wer das Heil *schenkt*, kann in einem zweiten Moment gefragt werden, wer das Heil *empfängt:* alle Nationen der Erde, ein einzelnes Volk, eine Teilgruppe dieses Volkes oder ein Rest, der sich aus diesem und aus jenen herausgebildet hat.

An dieser Stelle zeigt sich, dass Universalismus und Partikularismus einander nicht ausschließen, sondern in einer notwendigen Spannung stehen. Das „Erstlingsvolk" Israel ist bereits gerettet worden (v.17). Das sehen die anderen Nationen und sprechen es aus. Auf der Grundlage dieser Erfahrung – „Einmal ist es schon gelungen!" – ist dann auch ihre Erlösung, nämlich die richtige Gotteserkenntnis möglich. Auf welche Weise dies geschieht, deutet die ungewöhnliche *Nifal*-Form – הושעו, *lasst euch retten!* (v.22) – an. Sie meint nicht Untätigkeit, Passivität, sondern aktive Teilhabe durch Zulassen dessen, was von Gott her geschieht. Erst hier wird Universalität, nicht mehr auf Gott, sondern auf den Menschen bezogen, zu einer eschatologischen Größe, zu einer Potentialität („Alle können, ja, sollen gerettet werden!"), die nur an der menschlichen Freiheit ihre Grenze findet.[103]

---

103 Für Blenkinsopp, *Isaiah II*, 257, ist es genau dieser Aspekt, der den universalen Glau-

Eine ganz ähnliche Idee wird durch die Wurzel צדק ausgedrückt. Auch in den mit ihr gebildeten Aussagen liegt das universale Heil in der Zukunft, vorausgesetzt, dass alle Menschen Jʜᴡʜ als Quelle von „Gerechtigkeit und Macht" bekennen (v.24). Sie können dies, weil sie erleben, dass seine Gegner scheitern, die Angehörigen seines Volkes aber ins Recht gesetzt werden (v.25). Auch hier ist Israel Beispiel und Vorbild der Nationen, ein Werkzeug, mit dessen Hilfe Gott auch sie erlösen will. Dass dies nicht auf einen Schlag geschieht, illustriert die dem Haupttext vorangestellte Episode v.14 – 17. Bevor „alle Enden der Erde" zum Glauben gelangen, bekehren sich zunächst diese drei Völker (unter dem Eindruck ihrer militärischen Niederlage!) zu dem wahren Gott. Sie sind der „Prototyp" aller ausländischen Jʜᴡʜ-Verehrer und zeigen gleichzeitig, wie sich die Hinwendung zu dem omnipräsenten Gott konkret vollzieht: durch eine Wallfahrt zum Zion, um ihm dort zusammen mit seinen bisherigen Anbetern zu huldigen.

Die Frage nach dem Verhältnis zwischen Universalismus und Partikularismus hat somit auch eine geographische Komponente. Gott will auf der ganzen Erde erkannt und angebetet werden. Doch dieser universale Kult muss an *einem* Ort beginnen, von dem er sich dann ausbreiten kann. Wenn Jʜᴡʜ nicht an *einem* Ort angebetet würde, wie sollte er an *allen* Orten angebetet werden? Wenn seine heilvollen Taten nicht an *einem* Volk geschähen und gepriesen würden, wie sollte die *ganze* Menschheit ihrer teilhaft werden?

Nach Jes 45 finden die „Heiden" den universalen Gott in Zion, inmitten der dort lebenden Gemeinde. Dieses Grundprinzip der Vermittlung wird im Neuen Testament bestätigt. Paulus teilt nämlich nicht nur die generelle Erwartung von Jes 45,23, dass alle Menschen Gott huldigen werden (vgl. Röm 14,11),[104] sondern auch die spezielle von Jes 45,14, dass diese Bekehrung durch die Begegnung mit einer gläubigen Gemeinde geschieht. Dieselbe Gotteserfahrung, die die Afrikaner in Jerusalem machen, können die „Ungläubigen" bzw. „Unkundigen" machen, die in die Versammlung der korinthischen Gemeinde kommen. Wie jene werden auch sie bekennen: „Wahrhaftig, bei euch ist Gott!" (1 Kor 14,25).

Die unterschiedliche Erfahrung mit den *gojim/gentes* hat deutliche Auswirkungen auf das Verständnis der jesajanischen Prophetie. Denn während christliche Exegeten deren Universalismus betonen, bevorzugen jüdische die nationalpartikulare Deutung. Als repräsentativ für letztere kann die Auslegung gelten, die *Raschi* dem schwierigen v.24 gibt (אך ביהוה לי אמר צדקות ועז). Er löst das Textproblem

---

bensbegriff der Bibel vor der religionspluralistischen Beliebigkeit bewahrt: „Neither Judaism nor Christianity has ever held out the offer of *unconditional* universal salvation, without some form of confession of faith and adherence in some way to norms defined and accepted by the faith in question" [Hervorhebung i. Orig.].

104 Die Stelle wird noch einmal in Phil 2,10 – 11 zitiert, dort aber auf Christus umgedeutet.

durch Umstellung: statt ביהוה אך, *nur in* Jhwh..., liest er אך לי, *nur mir*..., und kommentiert sodann: „Obwohl sich alle Völker vor Ihm niederwerfen, wurden doch *nur mir*, der Versammlung Israel, von Jhwh Gerechtigkeit und Stärke versprochen, und die übrigen Nationen werden nicht in meine Herrlichkeit eingeschlossen sein."[105]

Auch *David Kimchi* beschränkt das Heil auf Israel.[106] Die in v.24b genannte Personengruppe fasst er nämlich nicht als einen unbelehrbaren kleinen Rest auf, sondern identifiziert sie mit den *gojim* insgesamt (als ob zuvor nicht deren Bekehrung prophezeit worden wäre): „*Alle Völker*, die gegen ihn erzürnt waren und seinen Dienst bis zum heutigen Tag verachten, werden dann zu ihm kommen und vor ihm ein Bekenntnis ablegen und sich für das schämen, was sie getan haben." In v.25 würden diese mit dem gläubigen Israel konfrontiert: „Die Völker werden beschämt, aber der Same Israels wird, weil sie Ihm gedient haben, ins Recht gesetzt, und sie werden sich Seiner im Angesicht der Völker rühmen, weil sie sogar in der Diaspora an Ihm festgehalten haben."

Die Exegese der christlichen Autoren steht diesem Ansatz diametral entgegen (auch wenn keine direkte Bezugnahme festzustellen ist). Für den Viktoriner *Andreas* ist es keine Frage, dass Jesaja die Bekehrung des ganzen Menschengeschlechts prophezeit.[107] Dabei verzichtet er allerdings wie an anderen Stellen darauf, diese explizit an Christus und das Evangelium zu knüpfen. Die „fides Domini" (v.24) kann er so als eine Wirklichkeit verstehen, die Juden und Christen nicht trennt, sondern vereinigt.

Nikolaus von Lyra erörtert im Unterschied dazu beide Bedeutungsebenen. Seiner Auffassung nach können die „aus den Nationen Geretteten" (v.20) sowohl zum Judentum als auch zum Christentum bekehrte Heiden sein.[108] Allerdings bevorzugt er selbst die zweite Deutung, nach der der Vers von der Bekehrung zum Glauben an Christus rede („de conversione gentium ad fidem Christi"), die durch die Predigt der Apostel vorbereitet worden sei.

Dasselbe Prophetenwort findet somit ganz unterschiedliche Deutungen. Sie hängen wesentlich von den Umständen ab, in denen der Ausleger lebt, ob er z. B. einer jüdischen Diasporagemeinde oder einer mehrheitlich christlich geprägten Gesellschaft angehört. Umgekehrt wirken diese Auslegungen begründend und stabilisierend auf die jeweiligen Lebensumstände zurück. Um die beiden Deute-

---

105 Vgl. M. Cohen, *Isaiah*, 300.
106 Zum Folgenden vgl. M. Cohen, *Isaiah*, 301.
107 Vgl. Andreas de Sancto Victore, *Super Ysaiam*, ad Is 45,23: „Das ganze Menschengeschlecht wird mich mit gebeugtem Knie anbeten [...]. Alle menschlichen Zungen werden bei meinem Namen, nicht beim Namen der Götzen schwören."
108 Vgl. Nicolaus de Lyra, *Postilla litteralis*, ad Is 45,20.

horizonte, die ja bis in die Gegenwart das Verständnis der Bibel prägen, einander anzunähern, gilt es einerseits, den wörtlichen Sinn des Textes möglichst exakt zu erfassen, und andererseits, die Lebens- und Verstehenswelten, die eigenen und die anderen, tiefer zu verstehen.

2. Die Völker als Begleiter der heimkehrenden „Zionskinder" (Jes 49,14 – 26)

2.1. Zion und Babel, die Geschichte zweier gegensätzlicher Frauen

In den bisher behandelten Texten wurde das Ziel der Völkerwallfahrt als ein *Ort* präsentiert, als Stadt oder Berg, die durch die Anwesenheit Jhwhs geheiligt sind. In Jes 49,14 – 26 tritt Zion zum ersten Mal als eine handelnde *Person* auf.[109] Sie ist eine Frau, die von ihrem Mann und ihren Kindern verlassen wurde, ihr trauriges Geschick beklagt und das Ende ihres Unglücks herbeisehnt. Zusammen mit verwandten Texten (51,17 – 52,2; 54) ergibt sich eine „Biographie" der Braut und Mutter Jerusalem, die in Kap. 40 beginnt und im dritten Buchteil endet (Kap. 60 – 62; 66,7 – 14).[110]

Wie Alfred Zillessen hervorhebt, dient diese Metapher (oder Allegorie, wie er sie nennt) in erster Linie dazu, um das Verhältnis zwischen Israel und Jhwh zu illustrieren. Es ist das Verhältnis „eines Weibes zu ihrem Mann, das sich an ihm versündigt hat, darum eine Weile von ihm getrennt sein musste und, dadurch kinderlos, Not und Schmach erfahren hat, nun aber nach Sühnung der Schuld von

---

109 Eine Personifikation Zions findet sich auch im ersten Teil des Jesajabuchs, doch nur an vereinzelten Stellen und nicht innerhalb von Völkerwallfahrtsorakeln. Siehe dazu J. J. Schmitt, „The City as Woman in Isaiah 1 – 39", C. C. Broyles u. C. A. Evans (Hg.), *Writing and Reading the Scroll of Isaiah. Studies of an Interpretative Tradition I* (VT.S 70.1; Leiden; New York; Köln: Brill, 1997) 95 – 119; H.-J. Hermisson, „»Die Frau Zion«", J. van Ruiten u. M. Vervenne (Hg.), *Studies in the Book of Isaiah. Festschrift Willem A. M. Beuken* (BEThL 132; Leuven: Leuven University Press; Uitgeverij Peeters, 1997) 20 – 23; J. Dekker, *Zion's Rock-Solid Foundations. An Exegetical Study of the Zion Text in Isaiah 28:16* (OTS 54; Leiden; Boston, MA: Brill, 2007) 266 – 75. Zur Darstellung Zions als Ort und als Person s. Steck, „Zion als Gelände"; C. M. Maier, *Daughter Zion, Mother Zion. Gender, Space, and the Sacred in Ancient Israel* (Minneapolis, MN: Fortress Press, 2008); A. van der Woude, „The Comfort of Zion. Personification in Isaiah 40 – 66", A. L. H. M. van Wieringen u. A. van der Woude (Hg.), *„Enlarge the Site of Your Tent". The City as Unifying Theme in Isaiah. The Isaiah Workshop – De Jesaja Werkplaats* (Leiden; Boston, MA: Brill, 2011) 159 – 167; U. Schmidt, *Zukunftsvorstellungen in Jesaja 49 – 55. Eine textpragmatische Untersuchung von Kommunikation und Bildwelt* (WMANT 138; Neukirchen-Vluyn: Neukirchener Verlagsgesellschaft, 2013) 134 – 44. Neuerdings hat Oosting, *Role of Zion*, die These aufgestellt, die Namen „Zion" und „Jerusalem" bezeichneten unterschiedliche Gestalten bzw. Rollen. Auf einzelne Stellen mag das zutreffen, es kann aber nicht verallgemeinernd für den ganzen Textbereich behauptet werden.

110 Die Details dieser *vita*, wie sie sich in Jes 40 – 55 finden, hat A. Zillessen, „Israel in Darstellung und Beurteilung Deuterojesajas (40 – 55)", *ZAW* 24 (1904) 253 – 73, anschaulich nachgezeichnet.

ihm wieder zu Ehren angenommen und mit reicherer Nachkommenschaft und neuem Glück beschenkt wird."[111]

In diese Zweierbeziehung werden die ausländischen Nationen als Dritte hineingenommen. Sie kommen nach Jerusalem, richtiger, *zu* Jerusalem, indem sie deren aus dem Exil heimkehrenden „Kinder" tragen und betreuen.

Im jetzigen Textzusammenhang steht Zion eine andere weibliche Gestalt gegenüber, die ebenfalls eine Stadt repräsentiert: die „Jungfrau Tochter Babel" (בתולת בת־בבל). Ihr ist das ganze Kapitel *Jes 47* gewidmet.[112] Beide Frauen werden mit derselben 2. Pers. Sg. f. angesprochen, und beiden wird eine radikale Veränderung ihrer bisherigen Lebensbedingungen prophezeit, der einen ein unverhofftes Glück, der anderen eine nicht abwendbare Katastrophe. Die politischen Kontrahenten sind somit auch literarisch Antagonisten, die Figur Babylons ist die Kontrastfolie für die Figur Zions: „Everything that Judah once was, Babylon becomes; all that Babylon thought she was, is given to Zion."[113]

Die Tatsache, dass Jes 47 den Zionstexten vorausgeht, ist dabei auch inhaltlich relevant: *zuerst* muss Babylon „fallen", *dann* kann Zion „aufstehen". Das heißt: Zion kann erst wieder aufgebaut und besiedelt werden, *nachdem* Babylon seine Vorherrschaft eingebüßt hat. Diese beiden Ereignisse bilden eine unumkehrbare dramatische Sequenz.[114]

---

111 Zillessen, „Darstellung und Beurteilung", 272.

112 Mit A. Sgrò, „*Scendi e siedi sulla polvere...*". *Studio esegetico-teologico di Isaia 47* (Studi e ricerche; Assisi: Cittadella, 2014), liegt nun eine monographische Untersuchung dieses Kapitels vor. Siehe auch die ausführliche Studie bei C. A. Franke, *Isaiah 46, 47, and 48. A New Literary Reading* (BJS 3; Winona Lake, IN: Eisenbrauns, 1994) 100 – 62. Zum Kontrast der beiden Figuren „Zion" und „Babylon" vgl. C. A. Franke, „The Function of the Satiric Lament over Babylon in Second Isaiah (XLVII)", *VT* 41 (1991) 416 – 7; Steck, *Gottesknecht und Zion*, 113 – 9; C. A. Franke, „Reversals of Fortune in the Ancient Near East. A Study of the Babylon Oracles in the Book of Isaiah", R. F. Melugin u. M. A. Sweeney (Hg.), *New Visions of Isaiah* (JSOT.S 214; Sheffield: Sheffield Academic Press, 1996) 119 – 120; M. E. Biddle, „Lady Zion's Alter Ego. Isaiah 47.1 – 15 and 57.6 – 13 as Structural Counterparts", R. F. Melugin u. M. A. Sweeney (Hg.), *New Visions of Isaiah* (JSOT.S 214; Sheffield: Sheffield Academic Press, 1996) 129 – 133; Oosting, *Role of Zion*, 203 – 5.

113 Franke, „Reversals of Fortune", 120.

114 Das verbindende mittlere Glied in dieser Geschehenskette ist der Auszug der exilierten Judäer aus Babylon. Nicht zufällig wird der Befehl dazu in 48,20, also zwischen Kap. 47 und 49,14 – 26, gegeben. Zu undifferenziert formuliert Franke, „Reversals of Fortune", 119: „In ch. 48 Zion is urged to go out from Babylon, and to flee Chaldea." Nicht Zion, sondern ihre „Kinder", d. h. die früheren und künftigen Bewohner Jerusalems sollen Babylon verlassen.

Die antithetische Beziehung der beiden Frauengestalten wird durch eine Fülle lexikalischer Parallelen angezeigt:[115]

Jungfrau Tochter Babel (בתולת בת־בבל, 47,1); *Tochter* der Chaldäer (בת־כשדים, 47,1.5).	*Tochter* Zion (בת־ציון, 52,2; 62,11); Zion (ציון, 49,14; 52,1; 60,14); Jerusalem (ירושלם, 51,17; 52,1.2).
Steig herab (רדי) und *setz dich* (ושבי) in den *Staub* (על־עפר), ...*setz dich* (שבי) auf die *Erde* (לארץ, 47,1)!	Raff dich auf, raff dich auf, steh auf (קומי, 51,17)! Schüttle den *Staub* (מעפר) von dir ab, steh auf (קומי), *setz dich* (שבי, 52,2)! Steh auf (קומי, 60,1)! Mit dem Gesicht zur *Erde* (ארץ) werden sie vor dir niederfallen und den *Staub* (ועפר) deiner Füße lecken (49,23).
Entblöße (גלי) deinen Schleier, heb auf (חשפי) die Schleppe, entblöße (גלי) den Schenkel (47,2)! Deine Scham wird entblößt werden (תגל, 47,3).	Bekleide dich (לבשי) mit deiner Stärke, bekleide dich (לבשי) mit den Gewändern deiner Schönheit (52,1)! Du wirst sie alle wie einen Schmuck anziehen (תלבשי, 49,18). Denn Er hat mich mit Gewändern des Heils bekleidet (הלבישני, 61,10).
Setz dich (שבי), verstumme (דומם) und gehe in der *Finsternis* (בחשך, 47,5)!	Werde licht (אורי)! Siehe, die *Finsternis* (החשך) bedeckt die Erde... Nationen werden zu deinem Licht (אורך) gehen (60,1–3). JHWH wird dir ein ewiges Licht (לאור עולם) sein (60,19.20). Frohlocken will ich über JHWH, meine Seele soll jubeln über meinen Gott (61,10). Um Zions willen kann ich nicht schweigen, um Jerusalems willen nicht still sein (62,1).
Sie werden dich *nicht mehr*... *nennen* (לא תוסיפי יקראו־לך, 47,1.5).	Du sollst *nicht mehr* daraus trinken (...לא־תוסיפי, 51,22). Unbeschnittene und Unreine werden dich *nicht mehr* betreten (...לא יוסיף, 52,1). Man wird *nicht mehr* zu dir sagen... (לא־יאמר לך עוד) und zu deinem Land wird man *nicht mehr* sagen... (ולארצך לא־יאמר עוד), sondern man wird dich *nennen*... (כי לך יקרא, 62,4).
Unser *Erlöser* (גאלנו), *Herr der Heere ist sein Name* (יהוה צבאות שמו), ist *der Heilige Israels* (קדוש ישראל, 47,4).	Denn dein Gemahl ist dein Erschaffer, *Herr der Heere ist sein Name* (יהוה צבאות שמו), und dein *Erlöser* (וגאלך) ist *der Heilige Israels* (קדוש ישראל, 54,5).

---

115 Zu den Parallelen zwischen Jes 47 und Jes 54 vgl. B. E. Beyer, „Isaiah 47 and 54. An Investigation into a Case of Intertextuality", B. T. Arnold, N. L. Erickson u. J. H. Walton (Hg.), *Windows to the Ancient World of the Hebrew Bible. Essays in Honor of Samuel Greengus* (Winona Lake, IN: Eisenbrauns, 2014) 41–50. Eine umfassende Studie zur Intertextualität von Jes 47 und den Zionstexten in Jes 49–54; 60–62 bleibt ein Desiderat.

	...dass ich Jhwh bin, dein Retter und dein *Erlöser* (וגאלך), der Starke Jakobs (49,26; 60,16). Sie werden dich nennen... „Zion *des Heiligen Israels*" (קדוש ישראל, 60,14).
Sie werden dich nicht mehr Herrin der *Königreiche* (גברת ממלכות) nennen (47,5).	*Könige* (מלכים) werden deine Wärter sein..., mit dem Angesicht zur Erde werden sie vor dir niederfallen (49,23). Das Volk und das *Königreich* (הממלכה), die dir nicht dienen, werden zugrunde gehen (60,12).
Nun aber *höre dies*, du Üppige (שמעי־זאת עדינה [ʿădînāh], 47,8)! Du aber *sagtest*... (ותאמרי, 47,7). ...die *in ihrem Herzen sagt*... (האמרה בלבבה, 47,8). Du *sagtest* (אמרת)... und du *sagtest in deinem Herzen*... (ותאמרי בלבך, 47,10). Ich und *keiner sonst* (אני ואפסי עוד, 47,8.10).	Darum höre doch dies, du Arme (שמעי־נא זאת עניה [ʿănîyyāh], 51,21)! Zion aber *sagte*... (ותאמר, 49,14). Und du wirst *in deinem Herzen sagen*... (ואמרת בלבבך, 49,21). Nur bei dir ist Gott und *sonst gibt es keinen*, da ist kein Gott (ואין עוד אפס אלהים, 45,14; vgl. 45,5.6.18.21.22; 46,9).
Ich werde nicht als *Witwe* (אלמנה) dasitzen und werde *Kinderlosigkeit* (שכול) nicht kennen (47,8). Doch *diese beiden* (שתי־אלה) werden über dich kommen: *Kinderlosigkeit* (שכול) und *Witwenschaft* (ואלמן, 47,9).	Wieder werden in deine Ohren die Söhne deiner *Kinderlosigkeit* (בני שכליך) sagen... (49,20). Ich war doch *kinderlos* (שכולה) und unfruchtbar (49,21). An die Schmach deiner *Witwenschaft* (אלמנותיך) wirst du nicht mehr denken (54,4). *Diese beiden* haben dich getroffen (שתים הנה, 51,19).
Für dich gibt es keinen *Retter* (אין מושיע, 47,15).	...dass ich Jhwh bin, dein *Retter* (מושיעך), und dein Erlöser, der Starke Jakobs (49,26; 60,16).

Die Synopse der intertextuellen Bezüge veranschaulicht die gegenläufigen Aktionen, die die beiden Frauen vollziehen: die eine steigt von ihrem Thron herab und setzt sich trauernd in den Staub, die andere steht vom Boden auf und nimmt den frei gewordenen Herrschersitz ein; die eine legt ihre Prachtgewänder ab, um Sklavenarbeit zu verrichten, die andere wird mit herrlichen Kleidern umhüllt und zur Königin erhoben; die eine wird von der Finsternis verschlungen und verstummt, die andere tritt ins Licht und bricht ob ihrer Rettung in Jubel aus; die eine, die sich ihres Glücks allzu sicher war, wird zu einer kinderlosen Witwe, die andere, die ihren Witwenstand und ihre Kinderlosigkeit beweinte, wird als Braut und Mutter rehabilitiert; die eine hört auf, die Königreiche der Erde zu unterjochen, der anderen dienen die Potentaten aller Nationen.

Dieser unversöhnliche Gegensatz wird durch die gemeinsamen Züge noch unterstrichen. So sprechen beide Frauen „in ihrem Herzen", d. h. sie reflektieren und interpretieren ihre Lage. Doch während Zion über ihr Elend nachdenkt, gibt Babel sich der Illusion hin, unvergleichlich und einzigartig, ja, gottgleich zu sein.

Ihr עוד ואפסי אני, *ich und keiner sonst*, ist ein verzerrtes Echo der Formeln, mit denen in den vorhergehenden Kapiteln die Unvergleichlichkeit Jhwhs gepriesen wurde: עוד ואין יהוה אני, *ich bin Jhwh und keiner sonst*.[116] Der eigentliche, tiefste Kontrast besteht also zwischen Babylon und Jhwh. Beide erheben den Anspruch exklusiver Göttlichkeit und beide fordern die Unterwerfung aller Bewohner der Erde.[117]

Für diejenige, die sich an die Stelle Gottes setzt, kann es keine Hilfe geben (אין מושיע); sie hat ja den einzigen, der zu helfen vermag, verdrängt. Dagegen wird Jhwh für Jerusalem zum Retter (מושיע יהוה אני) und offenbart sich als solcher auch den übrigen Nationen. Einen analogen Prozess wird *Jes 52,13 – 53,12* beschreiben. Dort sind die Erniedrigung und die Erhöhung des Jhwh-Knechts das Vehikel, durch das die fremden Könige zur Erkenntnis des einen Gottes gelangen. Da dieser Text einen zentralen Aspekt des Völkerwallfahrtsthemas vertieft, soll am Ende dieses Kapitels ausführlicher (wenn auch nicht erschöpfend) auf ihn eingegangen werden.

2.2. Jes 49,14 – 26: Abgrenzung, Übersetzung und Textkritik

Mit einem imperativischen Hymnus endet in *49,13* eine Texteinheit.[118] Der folgende Einschnitt ist im MT durch eine *Setuma* schwächer, in 1QIsaᵃ durch frZE/NZ stärker markiert. In der Tat enthält *v.14* sowohl trennende als auch verbindende Signale. Mit Zion tritt ein neuer Charakter auf. Gleichzeitig deutet die *wayyiqtol*-Form ותאמר aber an, dass ein narrativer Zusammenhang weitergeführt wird. Auch das Fehlen einer Zeitangabe oder einer anderen Umstandsbestimmung sprechen für einen relativen, nicht absoluten Neueinsatz.[119]

Die Figurenkonstellation „Jhwh – Zion", die durch das sprechende „Ich" (1. Pers. Sg.) und das angesprochene „Du" (2. Pers. Sg. f.) gebildet wird, bleibt bis zum Ende des Kapitels unverändert, so dass v.14 – 26 als *ein* zusammenhängender

---

116 Vgl. Diesel, *Ich bin Jahwe*, 332 n.588: „Damit wird der Anspruch Babels als Hybris entlarvt und in Konkurrenz zu demjenigen Jahwes gestellt."

117 Wie 45,14 zeigt, wird der Zugang zu Jhwh durch Zion vermittelt. Wer ihn anbeten will, muss *in* Jerusalem oder *zu* Jerusalem *hin* beten. Die Stadt partizipiert dadurch an der göttlichen Aura, ist aber im Unterschied zu Babel selbst keine Gottheit.

118 Zur strukturierenden Funktion der hymnischen Verse in Jes 40 – 55 vgl. Berges, *Buch Jesaja*, 328 – 31.

119 Von daher ist J. Muilenburg, *The Book of Isaiah. Chapters 40 – 66* (IntB 5; New York; Nashville, TE: Abingdon Press, 1956) 564, zuzustimmen, dass mit v.14 nicht eine in sich geschlossene Texteinheit beginnt, sondern die zweite Hälfte eines Gedichts, dessen erster Teil v.1 – 13 umfasst.

Text aufgefasst werden kann.[120] Im MT ist er durch eine *Petucha* nach v.21 und eine *Setuma* nach v.23 in drei Abschnitte unterteilt: *v.14–21, v.22–23* und *v.24–26.*[121]

Aus formalen Gründen vertritt Claus Westermann eine abweichende Struktur. Er versteht den Text als einen Dialog mit drei Redegängen. Dreimal stelle Zion eine Frage, in der sie ihr Schicksal beklagt und Zweifel an der raschen Erfüllung der Verheißung äußert (v.14; v.21; v.24), und dreimal antworte Jhwh, indem er seine Heilszusage bekräftigt und auf sein unmittelbar bevorstehendes Eingreifen hinweist (v.15–20; v.22–23; v.25–26).[122]

Dieser Vorschlag ist verlockend und hat auch eine Reihe von Anhängern gefunden.[123] Doch scheitert er daran, dass das v.21 einleitende ואמרת nicht auf derselben Ebene wie ותאמר am Anfang von v.14 steht. Dort spricht der Erzähler über Zion (3. Pers.) und zitiert, was sie gesagt hat (*wayyiqtol*), hier redet Jhwh die Stadt an (2. Pers.) und legt ihr Worte in den Mund, die sie voraussichtlich sprechen wird (*wᵉqatal*). V.21 ist deshalb nicht der Auftakt eines zweiten Zwiegesprächs, sondern der Schluss der ersten, mit v.15 beginnenden Gottesrede.

Die zweite und die dritte Untereinheit enden jeweils mit einer Erkenntnisformel. Mit ihr wird, ganz bewusst in dieser Reihenfolge, zuerst der Zionsgemeinde

---

120 Mit der Frage nach den redaktionellen Wachstumsprozessen, die die aktuelle Form des Textes hervorgebracht haben, beschäftigen sich R. P. Merendino, „Jes 49,14–26: Jahwes Bekenntnis zu Sion und die neue Heilszeit", *RB* 89 (1982) 321–69; O. H. Steck, „Beobachtungen zu Jes 49,14–26", *BN* 55 (1990) 36–46; J. Werlitz, *Redaktion und Komposition. Zur Rückfrage hinter die Endgestalt von Jesaja 40–55* (BBB 122; Berlin; Bodenheim: Philo, 1999) 293–316, u. a. m. Für unseren Zweck genügt es, dass die verbindenden Elemente (formal, die durchgehende Anrede an ein weibliches „Du", inhaltlich, die Probleme des Wiederaufbaus Jerusalems) so deutlich sind, dass einer durchgängigen synchronen Lektüre nichts im Weg steht. Vgl. Merendino, „Jes 49,14–26", 322, der von der literarischen Uneinheitlichkeit ausgeht und dennoch „eine klare gedankliche und stilistische Geschlossenheit" festellt, und Steck, „Jes 49,14–26", für den es sich um einen redaktionellen, aber literarisch einheitlichen Text handelt.

121 𝔐ᴬ hat eine zusätzliche *Setuma* vor v.25, um den Beginn der Gottesrede zu markieren. Der Aufbau in 1QIsaᵃ ist noch feingliedriger. Die Hauptgliederung erfolgt durch frZE/NZ vor v.14 und v.22, die Untergliederung durch Spatia vor v.16, v.19, v.24, v.25 und v.25b. Auf diese Weise ergeben sich zwei in Unterabschnitte gegliederte Hauptabschnitte: v.14–21 und v.22–26. Der erste HA umfasst die UA v.14–15, v.16–18 und v.19–21, der zweite HA die UA v.22–23, v.24, v.25a und v.25b–26. Vgl. die Erläuterungen in Steck, *Die erste Jesajarolle I*, 97.

122 Vgl. C. Westermann, *Das Buch Jesaja. Kapitel 40–66* (ATD 19; Göttingen; Zürich: Vandenhoeck & Ruprecht, ⁵1986) 177: „Deutlich setzt jeder der Teile mit der Bestreitung einer von Israel erhobenen Behauptung ein [...]. Aber alle drei Teile gehen dann in eine Heilsankündigung über. [...] Die drei Teile bilden dadurch ein Ganzes, dass es die drei Glieder der Klage sind, die den Eingang jedes der drei Teile bilden: die Anklage Gottes in V. 14; die Ich-Klage in V. 21; die Feind-Klage in V. 24."

123 Vgl. nur Diesel, *Ich bin Jahwe*, 333–4.

(וידעו כל־בשר כי אני יהוה, וידעת כי־אני יהוה, v.23b) und dann der ganzen Menschheit (וידעו כל־בשר כי אני יהוה, v.26b) die Erkenntnis der Einzigkeit Jhwhs prophezeit.

In *50,1* beginnt eine neue Texteinheit, die durch eine kurze Botenformel (כה אמר יהוה) eröffnet wird. Im MT ist sie durch eine *Setuma*, in 1QIsaᵃ durch frZE/NZ abgetrennt. Vom vorhergehenden Kontext unterscheidet sie sich vor allem durch die veränderte Kommunikationsstruktur. Jhwh wendet sich nun an Zions „Kinder" (2. Pers. Pl.) und spricht mit ihnen *über* ihre „Mutter" (3. Pers. Sg. f.).

14a	Zion aber sprach: Jhwh hat mich verlassen,	וַתֹּאמֶר צִיּוֹן עֲזָבַנִי יְהוָה
b	der Herr hat mich vergessen.	וַאדֹנָיᵃ שְׁכֵחָנִי׃
15aα	Kann denn eine Mutter ihren Säugling vergessen,	הֲתִשְׁכַּח אִשָּׁה עוּלָהּ
β	(kann sie vergessen,) sich des Kindes ihres Leibes zu erbarmen?	מֵרַחֵםᵇ בֶּן־בִּטְנָהּ
bα	Auch wenn diese vergessen sollten,	גַּם־אֵלֶּה תִשְׁכַּחְנָהᶜ
β	ich werde dich nicht vergessen.	וְאָנֹכִי לֹא אֶשְׁכָּחֵךְ׃
16a	Siehe, auf die Handflächen habe ich dich eingeritzt,	הֵן עַל־כַּפַּיִם חַקֹּתִיךְ
b	deine Mauern sind mir ständig vor Augen.	חוֹמֹתַיִךְ נֶגְדִּי תָּמִיד׃
17a	Schneller sind deine Erbauer als deine Zerstörer,	מִהֲרוּ בָּנָיִךְ מְהָרְסַיִךְᵈ
b	und deine Verwüster werden von dir wegziehen.	וּמַחֲרִבַיִךְ מִמֵּךְ יֵצֵאוּ׃
18aα	Erhebe ringsum deine Augen und sieh!	שְׂאִי־סָבִיב עֵינַיִךְ וּרְאִי
β	Sie alle *haben sich versammelt, sind* zu dir *gekommen.*	כֻּלָּםᵉ נִקְבְּצוּ בָאוּ־לָךְ
bα	So wahr ich lebe, Spruch Jhwhs:	חַי־אָנִי נְאֻם־יְהוָה
	Sie alle wirst du wie ein Geschmeide anlegen	כִּיᵍ כֻלָּם כָּעֲדִיᵈ תִלְבָּשִׁי
β	und wirst sie (dir) umbinden wie eine Braut.	וּתְקַשְּׁרִים כַּכַּלָּה׃
19aα	Denn deine Ruinen und deine Wüsteneien	כִּי חָרְבֹתַיִךְ וְשֹׁמְמֹתַיִךְ
β	und das Land deiner Trümmer –	וְאֶרֶץ הֲרִסֻתֵיךְ
bα	doch nun wird es dir (zu) eng vor Bewohnern,	כִּי עַתָּה תֵּצְרִי מִיּוֹשֵׁב
β	und die dich verschlungen haben (*oder* verschlingen wollten), werden sich entfernen.	וְרָחֲקוּ מְבַלְּעָיִךְ׃
20aα	Wieder werden dir in die Ohren sprechen	עוֹד יֹאמְרוּ בְאָזְנַיִךְ
β	die Söhne deiner Kinderlosigkeit:	בְּנֵי שִׁכֻּלָיִךְᵏ
bα	Eng ist für mich der Ort!	צַר־לִי הַמָּקוֹם
β	Rück ab von mir, damit ich sitzen kann!	גְּשָׁה־לִּי וְאֵשֵׁבָה׃
21aα	Du aber wirst in deinem Herzen sprechen:	וְאָמַרְתְּ בִּלְבָבֵךְ
	Wer hat mir diese erzeugt?	מִי יָלַד־לִי אֶת־אֵלֶּה
β	Ich war doch kinderlos und unfruchtbar,	וַאֲנִי שְׁכוּלָה וְגַלְמוּדָה
bα	verbannt und umherschweifend.	גֹּלָה וְסוּרָהˡ
	Und wer hat diese großgezogen?	וְאֵלֶּהᵐ מִי גִדֵּל
β	Siehe, ich war allein zurückgeblieben.	הֵן אֲנִי נִשְׁאַרְתִּי לְבַדִּי
	Wo (aber) waren diese?	אֵלֶּה אֵיפֹה הֵם׃
22aα	So spricht der Herr Jhwh:	כֹּה־אָמַר אֲדֹנָי יְהוִהⁿ
	Siehe, ich werde zu Nationen meine Hand erheben	הִנֵּה אֶשָּׂא אֶל־גּוֹיִם יָדִי
β	und zu Völkern mein Banner aufrichten.	וְאֶל־עַמִּיםᵒ אָרִים נִסִּי
bα	Dann werden sie deine Söhne am Busen *herbeibringen,*	וְהֵבִיאוּ בָנַיִךְ בְּחֹצֶן
β	und deine Töchter werden auf der Schulter *getragen werden.*	וּבְנֹתַיִךְ עַל־כָּתֵף תִּנָּשֶׂאנָה׃ᵖ

23aα	<u>Könige</u> werden deine Wärter sein	וְהָיוּ מְלָכִים אֹמְנַיִךְ
	und <u>ihre Fürstinnen</u> deine Ammen.	וְשָׂרוֹתֵיהֶם[a] מֵינִיקֹתַיִךְ
β	Mit dem Angesicht zur Erde werden sie **vor dir**	אַפַּיִם אֶרֶץ יִשְׁתַּחֲווּ לָךְ
	niederfallen und den Staub deiner Füße lecken.	וַעֲפַר רַגְלַיִךְ יְלַחֵכוּ
bα	Dann wirst du erkennen, dass ich Jhwh bin;	וְיָדַעַתְּ כִּי־אֲנִי יְהוָה
β	die auf mich harren, werden nicht beschämt.	אֲשֶׁר לֹא־יֵבֹשׁוּ קֹוָי׃
24a	Kann einem Helden die Beute weggenommen werden	הֲיֻקַּח מִגִּבּוֹר מַלְקוֹחַ[b]
b	oder kann der Gefangene eines Mächtigen entrinnen?	וְאִם־שְׁבִי צַדִּיק יִמָּלֵט׃
25aα	Doch so spricht Jhwh:	כִּי־כֹה אָמַר יְהוָה
	Auch der Gefangene eines Helden kann weggenommen werden	גַּם־שְׁבִי גִבּוֹר יֻקָּח
β	und die Beute eines Mächtigen kann entrinnen.	וּמַלְקוֹחַ עָרִיץ יִמָּלֵט
bα	Und gegen deinen Widersacher werde ich streiten	וְאֶת־יְרִיבֵךְ[c] אָנֹכִי אָרִיב
β	und deine Söhne werde ich retten.	וְאֶת־בָּנַיִךְ אָנֹכִי אוֹשִׁיעַ׃
26aα	Ich werde deinen Unterdrückern ihr Fleisch zu essen geben,	וְהַאֲכַלְתִּי אֶת־מוֹנַיִךְ אֶת־בְּשָׂרָם
β	und wie Most werden sie ihr Blut trinken.	וְכֶעָסִיס דָּמָם יִשְׁכָּרוּן
bα	Dann wird alles Fleisch erkennen,	וְיָדְעוּ כָל־בָּשָׂר
β	dass ich Jhwh bin, dein Retter,	כִּי אֲנִי יְהוָה מוֹשִׁיעֵךְ
γ	und dein Erlöser, der Starke Jakobs.	וְגֹאֲלֵךְ אֲבִיר יַעֲקֹב׃

[a] In 1QIsa[a] steht wie im MT ואדוני, über das aber ein durch zwei Punkte eingerahmtes ואלוהי ge-schrieben ist (s. Ulrich, *Biblical Qumran Scrolls*, 428, und die Reproduktion der Handschrift bei F. P. Miller, *The Great Isaiah Scroll Directory* [1998], www.moellerhaus.com/qum-41.htm [Zugriff: 31.1.2015]). Nach Barthélemy, *Critique textuelle*, 363, stellt ואדוני die ursprüngliche Lesart dar, die Variante ואלוהי sei auf einen ersten und die beiden Punkte auf einen zweiten Korrektor zurück-zuführen. Das Schriftbild lässt aber eher daran denken, dass der Schreiber selbst ואלוהי hinzufügte und mit Punkten markierte, vielleicht um seine Leser darauf hinzuweisen, den zweiten Gottes-namen nicht *'adonay*, sondern *'elohay* auszusprechen. Jedenfalls besteht kein Anlass, den ma-soretischen Text, der auch von den Versionen gestützt wird, zu ändern.
[b] Mit BHS deutet K. M. Heffelfinger, *I Am Large, I Contain Multitudes. Lyric Cohesion and Conflict in Second Isaiah* (BIS 105; Leiden; Boston, MA: Brill, 2011) 229 n.160, die Verbform als Partizip von רחם *pi.* und somit als Parallelbegriff zu אשה. Daraus entsteht jedoch die Schwierigkeit, dass eine weibliche Gestalt durch eine maskuline Form bezeichnet wird. HALAT, 1135, schlägt deshalb konsequenterweise vor, die Form in מרחמת zu ändern. MT kann jedoch beibehalten werden, wenn מרחם mit Goldingay u. Payne, *Isaiah II*, 185–186, als ein von תשכח abhängiger und mit der Präposition מן verbundener *inf. cs.* aufgefasst wird. Dieses Textverständnis setzen sowohl ⅁ (τοῦ μὴ ἐλεῆσαι) als auch ⅁ („ut non misereatur") voraus.
[c] MT, 1QIsa[a] und 4QIsa[d] lesen übereinstimmend eine pluralische Verbform. Im Kontext wäre aber ein Singular zu erwarten, wie z. B. in ⅁ und ⅁ zu finden. BHS schlägt deshalb vor, eine *forma energica* zu lesen: „auch wenn sie (sc. die Mutter) diese vergäße." In ⅁ steht das Verb im *Nifal*: „auch wenn diese vergessen würden." In beiden Lesarten bezieht sich „diese" (אלה) auf die Kinder. Dagegen spricht aber der parallele Satzbau, der eine Antithese zwischen אלה, den vergesslichen Müttern, und אנכי, dem nicht vergessenden Gott, erzeugt. MT ist deshalb als die ursprüngliche Lesart zu betrachten (*lectio difficilior*), die anderen Textzeugen und Konjekturen dagegen als syntaktische Vereinfachungen.

ᵈ Derselbe Konsonantentext wird durch die masoretische Vokalisation als eine Form von בֵן („deine Söhne"), durch die *plene*-Schreibung in 1QIsaᵃ als eine Form von בנה („deine Erbauer") gedeutet. Die zweite Variante wird durch ϑ („structores tui"), aber auch durch ȭ (οἰκοδομηθήσῃ, *du wirst aufgebaut werden*), Ϫ (יבנון, *sie werden aufbauen*) und 𝔄 gestützt – „una testimonianza testuale difficilmente confutabile" (Mello, *Isaia*, 340). Tatsächlich kommt die Rede von den „Kindern" im Kontext zu früh, da in v.16 – 17 der Wiederaufbau und erst ab v.18 die Wiederbesiedlung Jerusalems thematisiert wird. Wir betrachten die MT-Lesart deshalb als sekundäre Umvokalisierung, welche die in 49,22.25; 60,4 u. ö. vorausgesetzte Bedeutung bereits hier einträgt. Vgl. U. Schmidt, *Zukunftsvorstellungen*, 120 n.79.

ᵉ Im MT endet die zu kurze erste Vershälfte mit בניך, die zweite beginnt mit מהרסיך, ein Ptz des äußerst seltenen *Piel* von הרס. Den ursprünglichen Text dürfte 1QIsaᵃ bewahrt haben. In ihm fungieren בוניך, *deine Erbauer*, und הורסיך, *deine Zerstörer*, als Gegensatzpaar (vgl. Jer 1,10 u. ö.) und stehen miteinander im ersten Kolon; der Vers wird so zu einem regulären Bikolon (3+3). Mit dieser Lesart folgen wir einem bei HALAT, 246, zitierten Vorschlag von Isac Leo Seeligmann, der מהרסיך als Ptz von הרס *qal* erklärt, dem die Präposition מן präfigiert ist, um den von מהר geforderten Komparativ zum Ausdruck zu bringen (vgl. BHS und Barthélemy, *Critique textuelle*, 364 – 367).

ᶠ LXX fasst כלם als Objekt von וראי auf und ergänzt danach ἰδοὺ (= הנה): καὶ ἰδὲ πάντας ἰδού, *und sieh sie alle: Siehe...* Anders übersetzt sie 60,4a, das in 𝔐 und 𝔔 denselben Wortlaut hat. Ihr längerer Text an unserer Stelle ist sicher sekundär.

ᵍ Da die Partikel כי hier als Einleitung der direkten Rede nach der Schwurformel fungiert (vgl. Waltke – O'Connor, 40.2.2b), kann sie unübersetzt bleiben.

ʰ ȭ fasst כעדי und ככלה zu *einer* Wendung zusammen: ὡς κόσμον νύμφης, *wie den Schmuck einer Braut*. Das erscheint als eine prosaische Vereinfachung gegenüber 𝔐 und 𝔔, in denen der Vergleich zweigeteilt ist und beide Kola umfasst.

ⁱ Der Text ist selbst innermasoretisch nicht gesichert, da 𝔐ᴸ eine pluralische (ך-), 𝔐ᴬ eine singularische Form (ך-) liest. Das zugrunde liegende Nomen הריסות ist ebenso ein *hapax legomenon* wie הרוסה in 1QIsaᵃ. Angesichts des unklaren Befunds ist zu erwägen, die Form wie in Am 9,11 und Sir 49,13 von הריסה, *Trümmer*, abzuleiten und als הֲרִסֹתָיִךְ zu vokalisieren.

ʲ Die Verbform kongruiert in Genus und Numerus nicht mit den drei Substantiven der ersten Vershälfte. Dieser Anakoluth ist in LXX dadurch beseitigt, dass die Subjekte, die alle im Neutrum Pl. stehen, grammatikalisch korrekt durch ein Prädikat in der 3. Pers. Sg. aufgenommen werden (στενοχωρήσει, *es wird/sie werden eng werden*). Gegen die Versuche einer textkritischen Vereinfachung ist mit Barthélemy, *Critique textuelle*, 367 – 8; Koole, *Isaiah III.2*, 62, an der schwierigen MT-Lesart festzuhalten, zumal sie auch von 1QIsaᵃ und Ϫ gestützt wird.

ᵏ Auch in diesem Fall lässt sich die altgriechische Übersetzung von der Tendenz leiten, den hebräischen Text syntaktisch zu vereinfachen und stilistisch zu verbessern. Aus dem umständlichen, geradezu paradoxen „die Söhne deiner Kinderlosigkeit" macht sie οἱ υἱοί σου οὓς ἀπολώλεκας, *deine Söhne, die du verloren hast*. Demgegenüber hält ϑ mit „filii sterilitatis tuae" an dem ursprünglichen Ausdruck fest.

ˡ Die beiden Wörter fehlen in LXX. Nach Koole, *Isaiah III.2*, 66 – 7, gehören sie nicht zu dem originalen Text. Eine Dittographie ist jedoch unwahrscheinlich, da auch 1QIsaᵃ, Ϫ und ϑ an dieser Stelle zwei Adjektive haben. Mit Barthélemy, *Critique textuelle*, 368 – 9, ist deshalb umgekehrt davon auszugehen, dass die Attribute im griechischen Text entweder durch Haplographie ausgefallen sind oder von dem Übersetzer gestrichen wurden, weil sie offenkundig nicht zu einer Stadt passen.

ᵐ In 1QIsaᵃ fehlt hier ebenso wie bei dem folgenden אלה die Konjunktion, in LXX steht umgekehrt zweimal δέ. Es dürfte sich um unterschiedliche Versuche handeln, den unausgeglichenen MT zu harmonisieren. In 𝔗 ist der Wechsel zwischen syndetischer und asyndetischer Ausdrucksweise beibehalten (ואילן... אילן).

[n] In 1QIsaᵃ ist die Botenformel um die Konjunktion כיא erweitert, dafür fehlt der zweite Gottesname אדני (bei Ulrich, *Biblical Qumran Scrolls*, 429, übersehen!). LXX bietet eine kurze Fassung (οὕτως λέγει κύριος, vgl. v.25), während 𝔗 (כדנן אמר יי אלהים) und 𝔙 („haec dicit Dominus Deus") dem masoretischen Text folgen. Das Fehlen der Konjunktion in den drei Übersetzungen spricht für die kürzere 𝔐-Lesart. Was den Gottesnamen betrifft, so lässt 𝔊 auch an anderen Stellen ein auf יהוה folgendes אדני aus. Als Anknüpfung an v.14, wo יהוה und אדני auf die beiden Vershälften aufgeteilt sind, ist der Doppelname hier aber besonders passend. Nach Koole, *Isaiah III.2*, 73, lässt sich die Auslassung leichter erklären als die Hinzufügung, so dass MT beibehalten werden sollte.

[o] 1QIsaᵃ liest die determinierte Form העמים, was den Parallelismus mit dem indeterminierten גוים stört. LXX hat stattdessen εἰς τὰς νήσους, *zu den Inseln*, wiederholt also in umgekehrter Reihenfolge das Wortpaar von 49,1. Da das Nebeneinander von גוים und עמים für die Völkerwallfahrtstexte typisch ist (vgl. 2,4; 11,10; 25,7), sollte MT nicht geändert werden.

[p] 𝔊 gibt die *Nifal*-Form (in 1QIsaᵃ fälschlicherweise תנשׁנה geschrieben) aktivisch wieder: ἀροῦσιν, *sie werden tragen*. Damit harmonisiert sie den hebräischen Text, der vom Aktiv im ersten zum Passiv im zweiten Kolon wechselt.

[q] In der griechischen Version ist das Possessivpronomen ausgelassen: αἱ ἄρχουσαι, *die Herrscherinnen*. Gegenüber der MT-Lesart, die sich auch in 1QIsaᵃ und 4QIsaᵇ findet, erscheint das als eine Vereinfachung.

[r] Die 𝔔-Variante וידעתי ist mit G–K §44h als eine Nebenform der 2. Pers. Sg. f. zu interpretieren.

[s] Das archaische *Qal pass.* ist in 1QIsaᵃ durch üblichere Formen ersetzt, hier durch das impersonale יקחו, *sie werden/man wird nehmen*, in v.25 durch das *Nifal* ילקח, *er wird genommen werden* (vgl. Paul, *Isaiah*, 64). LXX übersetzt in beiden Fällen mit λήμψεται, *er wird nehmen*, hat also offensichtlich zweimal יקח gelesen, es aber aktivisch interpretiert. 𝔐 dürfte demnach die ursprüngliche Lesart bieten.

[t] Mit Barthélemy, *Critique textuelle*, 369 – 70; Blenkinsopp, *Isaiah II*, 314, u. a. betrachten wir die 𝔔-Lesart עריץ als ursprünglich. Die Variante צדיק dürfte daraus entstanden sein, dass unter dem zuvor genannten „Starken" Gott verstanden wurde (vgl. 9,5; 10,21: אל גבור). Unabhängig davon ist die Frage, ob die parallele oder die chiastische Stellung der Wortpaare ursprünglich ist. Während 1QIsaᵃ in v.24 und v.25 jeweils מלקוח + גבור und עריץ + שׁבי kombiniert, hat MT in v.24 מלקוח + גבור und שׁבי + צדיק, in v.25 aber שׁבי + גבור und מלקוח + עריץ. Der nicht harmonisierte MT dürfte in diesem Fall zu bevorzugen sein.

[u] In 1QIsaᵃ, 𝔊, 𝔗 und 𝔖 ist der personale Begriff durch einen abstrakten ersetzt, so dass die übliche Wendung „einen Streit streiten" entsteht. Demgegenüber ist MT zu bevorzugen, da „der Kontext den Bezug auf eine personifizierte Größe nahelegt" (Merendino, „Jes 49,14 – 26", 326). Der Kontext spricht auch gegen den Vorschlag von BHS, mit einigen hebräischen Handschriften und 𝔙 den Plural יריבִיך zu lesen. Der Widersacher (im Singular) ist nämlich kein anderer als der zuvor genannte גבור bzw. עריץ.

[v] Die Verbform in 1QIsaᵃ ואוכלתי kann unmöglich 1. Pers. Sg. sein (gegen Steck, *Die erste Jesajarolle II*, 63: „Ich [= JHWH] esse das Fleisch deiner Unterdrücker..."), sondern muss wie ידעתי in v.23 als 2. Pers. Sg. f. aufgefasst werden: „Du wirst... essen." LXX liest eine 3. Pers. Pl.: φάγονται, *sie werden essen*. Beide Lesarten erscheinen als eine theologische Korrektur der anstößigen Gottesvorstellung im MT. Dieselbe Vorstellung, mit Gott als Subjekt und בשר als Objekt von אכל *hif.*, findet sich aber auch in Jer 19,9: והאכלתים את־בשר בניהם, *ich werde ihnen das Fleisch ihrer Söhne zu essen geben*.

2.3. Die Heimführung der Kinder Zions durch die Nationen

Was 14,1–2 angedeutet hatte, wird in diesem Text ausführlich dargestellt: die nichtisraelitischen Nationen gelangen nach Jerusalem, indem sie die Judäer aus ihrer Verbannung in die Heimat zurückführen. Die Personifizierung der Akteure – Zion als klagendes Weib, die Exilierten als Kleinkinder, die getragen werden müssen, die Fremden als deren Betreuer – verleiht der Vision eine große Anschaulichkeit und Lebendigkeit. Der Leser wird so auch emotional in das dramatische Geschehen einbezogen, in Zions Trauer über den Verlust und ihre Freude über die von Gott initiierte Erlösung.

2.3.1. Zions Klage (v.14)

Zions kurzer Klageruf wird durch das *wayyiqtol* ותאמר eingeführt und dadurch als narrative Fortsetzung des Vorhergehenden markiert. V.12 hatte die Rückkehr aus der weltweiten Diaspora angekündigt, und v.13 hatte dazu aufgerufen, in Jubel auszubrechen. Diese freudige Aufbruchsstimmung wird in *v.14* durch einen schrillen Misston gestört.[124] Jerusalem kann die hoffnungsvolle Erwartung nicht teilen, da sie weiterhin in Trümmern liegt und die angekündigten Heimkehrer noch nicht bei ihr eingetroffen sind. Sie kann nichts davon spüren, dass „JHWH sein Volk getröstet hat", sondern nur dass „JHWH mich verlassen hat", nichts davon, dass „er sich seiner Armen erbarmt", sondern nur dass „er mich vergessen hat." Sie gleicht damit der trauernden Rahel von *Jer 31,15*, die sich ebenfalls nicht über den Verlust ihrer Kinder hinwegtrösten lässt (מאנה להנחם על־בניה כי איננו).[125]

Innerhalb des Jesajabuchs werden durch ותאמר zwei völlig unterschiedliche Aussageketten eingespielt: ותאמרי, *du aber sprachst*, hatte in *47,7* die hochmütigen Worte der „Tochter Babel", Zions großer Gegenspielerin, eingeleitet, למה תאמר, *warum sprichst du?*, in *40,27* die Rede der von Zweifeln geplagten Exilsgemeinde. Wie Zion hatte auch Jakob-Israel darüber geklagt, dass JHWH ihn verlassen habe: „Mein Weg ist vor JHWH verborgen und meinem Gott ist mein Recht entzogen." Derselbe resignative Ton findet sich auch in *49,4*, wo ואני אמרתי, *ich aber sprach*, ein Selbstzitat des Gottesknechts Israel einführt: „Vergeblich habe ich mich gemüht

---

124 Dass zwischen v.14 und v.12–13 eine Spannung besteht, wird u. a. von Heffelfinger, *I Am Large*, 233, konstatiert: „a sharp contrast to the immediately preceding exhortations to the audience to sing Yhwh's praise."

125 Auf diese Parallele verweist U. Berges, „Personifications and Prophetic Voices of Zion in Isaiah and Beyond", J. C. de Moor (Hg.), *The Elusive Prophet. The Prophet as a Historical Person, Literary Character and Anonymous Artist* (Leiden; Boston, MA; Köln: Brill, 2001) 68.

(יגעתי), umsonst und nutzlos meine Kraft (כחי) vertan."[126] Der negative Duktus ist dadurch noch verstärkt, dass beide Figuren ihre Klage nicht als Gebet formulieren, in dem sie Gott direkt ansprechen und zum Eingreifen auffordern würden. Vielmehr äußern sie sie in einem Selbstgespräch und bleiben so in ihrer Verzweiflung gefangen.

Diese monologische Kommunikationsstruktur unterscheidet Jes 49,14 von *Klgl 5,20*, einer der wenigen Stellen, an denen עזב und שכח ebenfalls in einem Parallelismus verwendet werden.[127] Auch dort klagt die Jerusalemer Bevölkerung über Zerstörung und Exil und deutet sie als ein absichtliches Tun Gottes: „Warum willst du uns für immer *vergessen* (תשכחנו), uns *verlassen* (תעזבנו) für lange Zeit?" Die Frageform und das futurische Tempus, vor allem aber die direkte Anrede an das göttliche „Du" spiegeln noch die Hoffnung wider, dass die Not enden könnte. Eine Hoffnung, die in unserem Text gänzlich fehlt. Denn in ihm fragt Zion nicht, sondern konstatiert. Sie erwartet auch keine Antwort mehr, denn JHWH ist ihr zu einem „Dritten" geworden, zu einem nicht mehr ansprechbaren Gegenüber.

Umso überraschender ist, dass dieser daraufhin selbst das Wort ergreift und die unberechtigten Vorwürfe zurückweist.[128]

2.3.2. JHWH vergisst Zion nicht: Der Wiederaufbau der Stadt (v.15 – 17)

Die doppelte Klage wird in der folgenden Gottesrede in einer zweifachen Argumentation widerlegt:[129] in v.15 – 17 antwortet JHWH auf den Vorwurf, er habe Zion vergessen (שכחני), indem er ihren baldigen Wiederaufbau verheißt, in v.18 – 21 auf die Anschuldigung, er habe sie allein gelassen (עזבני), indem er auf die Exulanten verweist, die sich bereits auf dem Heimweg befinden. Im ersten Teil wird Jerusalem dementsprechend als Stadt vorgestellt, im zweiten als Frau und Mutter.

---

126 Die beiden zuletzt genannten Reden sind intertextuell eng verbunden. Die Schlüsselbegriffe von 49,4 יגע und כח werden in 40,27 – 31 zusammen mit dem Verb יעף verwendet, um die „Glaubensmüdigkeit" des Volkes zu kritisieren. Während dieses sich dort aber noch beklagt, ומאלהי משפטי יעבור, ist es in 49,4 zur Gewissheit gelangt: אכן משפטי את־יהוה, *fürwahr, mein Recht ist bei JHWH.*
127 Nach Willey, *Remember the Former Things*, 189 – 91, zitiert unser Text den Vers aus dem Buch der Klagelieder. Durch den scharfen Kontrast zu den vorhergehenden Trostworten werde Zion als die eigentlich Vergessliche, Unachtsame entlarvt.
128 Dadurch, dass in v.15 kein Sprecherwechsel angezeigt wird, ist das Überraschungsmoment umso stärker.
129 Zum zweiteiligen Aufbau s. Begrich, *Studien*, 25, und ausführlicher Steck, „Jes 49,14 – 26", 36 – 7.

Mit einem dreifachen שכח greift *v.15* den Vorwurf der Vergesslichkeit auf. Um Gottes Verhältnis zu Israel zu veranschaulichen, bringt er das Beispiel einer Frau, die ihr Kind niemals vergessen kann. Das bedeutet nicht, dass hier, wie immer wieder behauptet wird, Jhwh als Mutter und Zion als Tochter identifiziert würden.[130] Dem widerspricht die Fortsetzung, die auf die Grenzen jeder menschlichen Beziehung verweist: גם־אלה תשכחנה, *auch diese können vergessen.* Der Vergleich zielt also nicht darauf, ein weibliches Gottesbild zu entwerfen, sondern die Einzigartigkeit der Beziehung zwischen Jhwh und seinem Volk hervorzuheben. Jhwh ist keine Mutter, sondern übertrifft jede Mutter! Entscheidend ist das *tertium comparationis:* das Nicht-Vergessen-Können oder, positiv ausgedrückt, das Erinnern, das Gedenken Gottes als Grundlage des menschlichen Heils.

Durch die rhetorische Frage von v.15 und die in v.18 verwendete Brautmetapher wird eine intertextuelle Verbindung zu *Jer 2,32* geschaffen.[131] Zu Beginn von Jer 2 wurde die ganze Heilsgeschichte auf die *memoria Dei* zurückgeführt, in die Zion unauslöschlich eingeschrieben ist (...זכרתי לך, v.2). Auf diesem Hintergrund ist es noch unerklärlicher, wie diese ihrerseits Jhwh vergessen konnte: התשכח בתולה עדיה כלה קשריה ועמי שכחוני, *vergisst etwa das Mädchen ihren Schmuck, die Braut ihre Bänder? Mein Volk aber hat mich vergessen* (v.32).

In der ganzen hebräischen Bibel findet sich die Frage – התשכח, *kann sie vergessen?* – nur an diesen beiden Stellen, Jer 2,32 und Jes 49,15, jeweils in einer an Jerusalem gerichteten Gottesrede. Die Unmöglichkeit zu vergessen wird einmal an der Braut und ihrem Hochzeitsschmuck, das andere Mal an der Mutter und ihren Kindern illustriert. Im ersten Fall wird damit die Vergesslichkeit des Gottesvolks konterkariert, im zweiten Fall das unvergleichliche Erinnerungsvermögen Gottes veranschaulicht. Für die eigentliche Verheißung greift Jes 49,18 dann auf die mit der Brautmetapher zusammenhängenden Lexeme zurück: Zion wird zu einer Braut (כלה), die ihren hochzeitlichen Schmuck (עדי) anlegt (קשר). In Jer 2,32 veranschaulicht dieses Bild Zions absurdes, schuldhaftes Verhalten, in Jes 49,18 ihre kommende Herrlichkeit. Wie an anderen Stellen greift der „exilische Jesaja" also

---

130 So M. I. Gruber, „The Motherhood of God in Second Isaiah", *RB* 90 (1983) 355 – 6; Hermisson, „Die Frau Zion", 31; Berges, „Personifications", 68; U. Schmidt, *Zukunftsvorstellungen,* 127 – 8, u. a. m. Dagegen betont Heffelfinger, *I Am Large,* 233 n.174, zu Recht, dass nicht Jhwh selbst mit einer Mutter, sondern seine Liebe mit der einer Mutter verglichen wird.

131 Für S. M. Paul, „Literary and Ideological Echoes of Jeremiah in Deutero-Isaiah", ders., *Divrei Shalom. Collected Studies of Shalom M. Paul on the Bible and the Ancient Near East 1967 – 2005* (CHANE 23; Leiden; Boston, MA: Brill, 2005) 410, ist Jes 49,15 – 18 „a Deutero-Isaianic recreation modeled on a Jeremian original." Zur Auslegung vgl. Willey, *Remember the Former Things,* 197 – 200; W. L. Holladay, „Was Trito-Isaiah Deutero-Isaiah After All?", C. C. Broyles u. C. A. Evans (Hg.), *Writing and Reading the Scroll of Isaiah. Studies of an Interpretative Tradition I* (VT.S 70.1; Leiden; New York; Köln: Brill, 1997) 196 – 197.

auch hier auf das poetische Material des vorexilischen Jeremia zurück, um dessen Anklage in eine Verheißung zu verwandeln.

Zunächst wird Zion aber nicht als Person, sondern als Stadt präsentiert: v.16 erwähnt ihre Mauern, v.17 ihre Zerstörer und Erbauer und, nachdem v.18 bereits die personale Vorstellung eingeführt hatte, spricht v.19 noch einmal von ihren Ruinen und zukünftigen Bewohnern. Angesichts der kritischen Lage muss JHWH glaubhaft machen, dass er seine Stadt nicht vergessen hat. Er tut dies, indem er in *v.16* darauf verweist, dass er sie, d. h. ihren Grundriss ständig vor Augen hat. Für das menschliche Auge ist der Mauerring, der die Sicherheit der Stadtbewohner garantierte, eingerissen, für Gott aber ist er ständig präsent, so dass er jederzeit wieder aufgebaut werden kann.

חקתיך, *ich habe dich eingraviert*, ist ein – fast zu – starker Ausdruck, um das Eintätowieren einer Zeichnung auf die Handfläche[132] zu bezeichnen. Doch bringt er das Irreversible des Vorgangs klar zum Ausdruck: was Gott in seine Hand, d. h. in seine Erinnerung eingeschrieben hat, kann nicht mehr ausgelöscht werden! Intertextuell verweist er auf *Ez 4,1*, wo das Objekt des Verbs חקק ebenfalls der Jerusalemer Stadtplan ist (וחקות עליה עיר את־ירושלם). Dort wird er von dem Propheten auf einen Ziegel geritzt, um die Eroberung der Stadt symbolisch darzustellen. Hier wird er von Gott auf seine eigenen Hände graviert, um auf den möglichen Wiederaufbau der eroberten und zerstörten Stadt hinzuweisen.

Die in die Hände eingezeichnete Bauskizze[133] beweist, dass JHWH Zion nicht vergessen hat, ja, nicht einmal vergessen kann. „Nicht vergessen" bedeutet somit, dass er nicht nur den Willen hat, sie wieder aufzubauen (vgl. 44,26.28), sondern auch das nötige Wissen. Er kennt ihre ursprüngliche Gestalt, die Maße, nach denen sie errichtet war. Auf dieser Grundlage kann er in *v.17* das Kommen ihrer Erbauer und den Abzug ihrer Zerstörer ankündigen. Dass jene schneller sind als diese, ist dabei keine Prognose über den Baufortschritt, sondern veranschaulicht deren Bereitwilligkeit. Sie müssen nicht einmal gerufen werden, sondern eilen freiwillig herbei, als Mitarbeiter Gottes, damit das in seiner *memoria* Bewahrte wieder zu einer Realität in Zeit und Raum werden kann.

Wer die Erbauer sind, wird nicht erklärt. Vielleicht ist ihre Identität bewusst offen gelassen, um niemanden auszuschließen. Alle Liebhaber Jerusalems sind eingeladen zu kommen und sich an ihrem Wiederaufbau zu beteiligen. So könnten unter ihnen auch die in Kap. 18 und in 45,14 – 17 erwähnten Afrikaner sein. In der Tat wird das Jes 49 nahe stehende Völkerwallfahrtsorakel Jes 60 verheißen, dass

---

132 Nach Auffassung der meisten Exegeten (z. B. Koole, *Isaiah III.2*, 56; Goldingay u. Payne, *Isaiah II*, 186 – 187) hat חקק hier diese Sonderbedeutung.
133 Durch die Interjektion הן wird der Eindruck erweckt, dass Gott der angesprochenen Stadt tatsächlich die Handflächen entgegenstreckt.

die Mauern, die in Gottes Hand eingeschrieben sind (חומתיד, 49,16), von Ausländern errichtet werden (ובנו בני־נכר חמתיד, 60,10). Demgegenüber scheinen die
Masoreten eine nationale Lösung favorisiert zu haben, weshalb sie die Herbeieilenden von 49,17 gegen die anderen Textzeugen und Versionen als Zions „Söhne"
vokalisierten (vgl. oben in der Textkritik). Damit legten sie auch das Verständnis
des folgenden Verses fest: „alle" (כלם), die Zion um sich versammelt sieht und mit
denen sie sich ziert, sind dann nämlich keine anderen als ihre früheren Bewohner.

2.3.3. Jhwh verlässt Zion nicht: Die Wiederbesiedlung der Stadt (v.18 – 21)

Der zweite Teil der Rede, in dem Jhwh dem Vorwurf, Zion verlassen zu haben,
begegnet, beginnt mit einem doppelten Imperativ: שׂאי־סביב עיניד וראי, *erhebe
ringsum deine Augen und sieh!* Die nunmehr als Frau personifizierte Stadt muss
also selbst aktiv werden, muss ihre auf sich selbst bezogene Trauer überwinden
und „die Augen erheben", um das Neue wahrzunehmen, das von Gott her auf sie
zukommt. Dass die Deportierten heimkehren, wurde ja bereits in 49,8 – 13 verheißen. Nun sind sie gewissermaßen auf Sichtweite herangekommen, und es
käme nur noch darauf an, dass „Mutter Zion" auf sie aufmerksam wird und ihnen
einladend die Arme entgegenstreckt.

Durch lexikalische Parallelen ist *v.18a* mit zwei anderen Texten eng verbunden. Innerhalb des Jesajabuchs wird dieser Halbvers in *60,4a* wörtlich wieder
aufgenommen.[134] Auch dort wird Zion aufgefordert, diejenigen in Blick zu nehmen, die zu ihr kommen. Hier sind das all die, die ihr tatkräftig zu Hilfe eilen. In
60,4 sind es die in v.1 – 3 genannten Wallfahrer aus den fremden Nationen, dieselben, die nach 49,22 – 23 die Repatriierung der Exilierten unterstützen werden.
Noch interessanter ist die intertextuelle Beziehung zu *Jer 3,2*, das, wie so oft bei
Jeremiaparallelen, den negativen Hintergrund für die positive Aussage unseres
Textes bildet. Anstelle des allgemeinen סביב steht dort nicht zufällig eine präzise
Ortsangabe: שׂאי־עיניד על־שׁפים וראי, *erhebe deine Augen zu den Höhen und sieh!* Auf
diesen Höhen hat sich nämlich der Ehebruch, d. h. der Götzendienst Israels ereignet, und dorthin soll das Volk schauen, um die Ursache seines Elends zu er-
kennen. Eben diese Sünde ist der Grund, weshalb Zion sich in Jes 49 als von Jhwh

---

134 Für eine redaktionsgeschichtliche Betrachtungsweise ist dieses Zitat ein wichtiger Beleg für
den „ongoing, incremental process of reflection and *relecture* within the Isaian tradition"
(Blenkinsopp, *Isaiah II*, 311). Die These von R. Nurmela, *The Mouth of the Lord Has Spoken. Inner-
Biblical Allusions in Second and Third Isaiah* (SJud; Lanham, MD: University Press of America,
2006) 55 – 6, Jes 49,18 zitiere 60,4, kann angesichts der unbezweifelbaren Priorität von Kap. 40 –
55 gegenüber Kap. 60 – 62 nicht überzeugen.

verlassen erfährt: nicht weil *er* sich von ihr, sondern weil *sie* sich von ihm abgewandt hat! Nun aber braucht sie nicht mehr auf ihre einstigen Vergehen zu starren (die nach 40,2 ja abgegolten sind), sondern kann voll Freude auf diejenigen blicken, in denen sich die göttliche Vergebung manifestiert.

Die Szene ähnelt der in *40,9 – 11* geschilderten. Dort wurde Jerusalem aufgerufen, auf einen Berg zu steigen und die Ankunft ihres Gottes zu vermelden. Sie sollte handeln, noch bevor das Verheißene eingetreten war,[135] es mit ihrem vorauseilenden Gehorsam gleichsam herbeilocken. Was dort noch eintreten muss, ist in unserem Text, wie die *qatal*-Formen der Verben signalisieren, eine bereits erfahrbare, ja, sichtbare Wirklichkeit: כלם נקבצו באו לך, *sie alle sind versammelt, sind zu dir gekommen.*

Wer aber sind כלם, *sie alle?* Da das *ePP* auf v.17 zurückverweist, wären sowohl die Erbauer als auch die Zerstörer der Stadt gemeint.[136] Dies ist zwar syntaktisch möglich, aber inhaltlich wenig wahrscheinlich, vor allem deshalb, weil nicht nur am Ende von v.17, sondern auch am Ende von v.19 vom Abzug der Feinde Zions die Rede ist. In *40,10 – 11* und *43,5* wird dasselbe Verbpaar wie hier, קבץ und בוא, verwendet, um die Heimkehr der Diaspora zu beschreiben. Dabei ist jeweils Jhwh Subjekt von קבץ *pi.* Er sammelt die Zerstreuten seines Volks und bringt sie in ihr Land zurück. Demgegenüber verwendet *45,20* wie unser Text קבץ *nif.*, durch das die Eigeninitiative der Beteiligten hervorgehoben wird. Da dort wie auch in *43,9* eine Versammlung nichtisraelitischer Nationen im Blick ist, könnten nach Jan L. Koole auch hier Ausländer mitgemeint sein.[137]

Um zu unterstreichen, dass an der Vollzahl der Ankömmlinge nichts mehr fehlt, wird כלם in *v.18b* wiederholt. „Sie alle" sind der Schmuck der wiederhergestellten Gottesstadt. Die Brautmetapher, die durch den Intertext Jer 2,32 zusätzlich aufgeladen ist, verstärkt den personalen Charakter des Geschehens und verleiht der Verheißung eine festlich-fröhliche Note. Dass dadurch eine Spannung zwischen der Darstellung Zions als kinderlose Mutter und als mit Kindern ge-

---

135 Dass die Ankunft Jhwhs noch aussteht, wird an dem *yiqtol* der Verben יבוא, יקבץ und ישא deutlich. Dies fällt umso mehr auf, als auf הנה (40,10*init*) gewöhnlich präsentische Partizipialformen folgen.

136 Ibn Ezra zitiert eine entsprechende Auslegung von R. Mosche Gikatilla, der dazu aber יצאו (v.17*fin*) als Vergangenheitstempus interpretieren muss („deine Zerstörer, die von dir *wegzogen*, kehren zu dir zurück"). Ibn Ezra selbst lehnt diese Deutung als „nicht notwendig" ab (vgl. Friedländer, *Ibn Ezra on Isaiah*, 226).

137 Koole, *Isaiah III.2*, 60, spricht von Proselyten. Die Frage der Konversion ist in unserem Text jedoch sekundär. Vorrangig ist der Beitrag zum Wiederaufbau Jerusalems. Dieser aber hängt für den prophetischen Autor (im Unterschied zu Esra und Nehemia) nicht an der religiösen oder nationalen Zugehörigkeit.

segnete Braut entstehe,[138] kann nur bei oberflächlicher Betrachtung behauptet werden. Zu einem Kontrast kommt es ja überhaupt nur, wenn man bereits in v.17 „Söhne" liest. Vor allem aber schildert v.18 gar nicht die Hochzeit zwischen Jhwh und Jerusalem. Letztere ist keine Braut, sondern sie ist geziert *wie* eine Braut (ככלה), d. h. die bunte Schar ihrer Bewohner wird mit einem hochzeitlichen Schmuck verglichen.

Das Bild dient hier also nur dazu, um dem Leser die Herrlichkeit der Gottesstadt so anschaulich wie möglich vor Augen zu führen. In den späteren Teilen des Jesajabuchs wird es zu einer zentralen Metapher werden, um das Heil Israels und seine neue Beziehung zu Jhwh auszumalen (vgl. 52,1; 54,6; 61,10 – 12; 62,3 – 5).

Auch die folgenden Verse zielen darauf, „der Jerusalemer Bevölkerung wieder Mut auf eine heilvolle Zukunft einzupflanzen."[139] Zu diesem Zweck stellt *v.19* deren aktuelle und künftige Verfassung gegenüber, ein Kontrast, der durch den Anakoluth stilistisch unterstrichen wird. Nach einem deiktischen כי besteht die erste Vershälfte lediglich aus der Aneinanderreihung dreier synonymer Begriffe: Ruinen, Öde, Trümmerland. Die verblose Konstruktion verstärkt noch den Eindruck des Starren, Toten. Demgegenüber schildert die zweite Vershälfte nach einem adversativen כי עתה, *doch nun*, das neue Jerusalem, das von Einwohnern wimmelt, so dass der Wohnraum knapp wird.

Im letzten Kolon wird in Anknüpfung an v.17b noch einmal der Abzug der Feinde verheißen. Dort, wo der Wiederaufbau Thema war, wurden sie als Zerstörer von Gebäuden bezeichnet (מחרביך). Hier, wo es um die Wiederbesiedlung geht, werden sie als Menschenfresser definiert (מבלעיך), d. h. als solche, die die früheren Bewohner „verschlungen" haben. Genau darüber klagt Zion in *Jer 51,34*: der babylonische König habe sie gefressen (אכלני[Q]), habe sie wie ein Drache verschlungen (בלענו[Q] כתנין) und sich mit ihren „Köstlichkeiten" (עדני) den Wanst gefüllt.

Ist hier mit עדן wie mit dem stammesgleichen עדי in Jes 49,18 die Bevölkerung der Stadt gemeint? Intertextuell bedeutsamer ist die Fortsetzung in Jer 51,35: חמסי ושארי על-בבל, *mein Raub, mein Fleisch auf Babel!* – ודמי אל-ישבי כשדים, *mein Blut auf die Bewohner des Chaldäerlands!*[140] Dieser doppelte Fluch wird in Jes 49,26 approbiert, indem Gott selbst ihn in eine Gerichtsankündigung verwandelt. Gemäß dem *ius talionis* müssen diejenigen, die Israel „verschlungen" haben, zur Strafe ihr

---

138 So Koole, *Isaiah III.2*, 61: „Zion already has many children and it is hard to imagine that God brings these children as a marriage gift in the renewal of his marital union with Zion."
139 Berges, *Buch Jesaja*, 373.
140 Übersetzung nach Tur-Sinai, *Heilige Schrift*, 839.

eigenes „Fleisch und Blut" verzehren.[141] Die Folgen ihrer Grausamkeit werden also auf sie selbst zurückfallen.

Im Gegensatz dazu wird diejenige, die sie entvölkert haben, einen wunderbaren Bevölkerungszuwachs erleben. *V.20* beschreibt mit geradezu komischen Zügen das Gedränge der Neubürger. Wo vorher Öde und Menschenleere waren (שממות, 49,19; vgl. v.8), fehlt es nun an Platz für die Ankömmlinge. Dadurch, dass deren Ausrufe wörtlich wiedergegeben sind, wird das turbulente Geschehen dem Leser nicht nur optisch, sondern auch akustisch präsentiert. Das Oxymoron „die Kinder der Kinderlosigkeit" fungiert dabei wie eine Kurzformel für die gegensätzlichen Sichtweisen: Zions, die irrtümlicherweise glaubte, von Gott verlassen und ihrer Einwohner für immer beraubt zu sein, und Jhwhs, der ununterbrochen an sie dachte und darauf sann, *seine* Kinder (בני, 43,6; 45,11) aus dem Exil heimzuführen, damit sie wieder *ihre* Kinder (בניך, 49,22.25) werden können.

Die Texteinheit endet in *v.21*, wie sie begonnen hatte, mit einer Rede der Gottesstadt. Doch wird diesmal nicht wie in v.14 eine tatsächliche Äußerung, sondern ein fiktives Selbstgespräch wiedergegeben, um ihre Reaktion vorwegzunehmen. Dass sie die göttlichen Verheißungen nicht akzeptiert, zeigt schon das einleitende ואמרת, *du aber wirst sprechen*. Es steht in deutlichem Kontrast zu יאמרו, *sie werden sprechen*, im vorhergehenden Vers, dem Wortgeplänkel der Kinder, das doch eigentlich das Herz der Mutter rühren müsste.[142]

In der Rede selbst konfrontiert Zion das Angekündigte mit ihrer aktuellen Lage, die Verheißung des reichen Kindersegens mit ihrer körperlichen und seelischen Not, besonders ihrer Unfähigkeit zu empfangen und zu gebären. Indem sie beides hart gegeneinander stellt, macht sie auch deutlich, dass sie zu ihrem neuen Glück nichts beitragen kann. Die Exulanten kehren zu ihr zurück, nicht weil sie sie herbeirufen oder mit irgendetwas herbeilocken könnte, sondern nur weil Gott sie heimführen möchte.

In der dreigliedrigen Frage[143] mag verhaltene Freude mitschwingen, mehr noch aber ist sie von Verwunderung, wenn nicht sogar Skepsis geprägt. Vor allem die erste Frage – מי ילד־לי את־אלה, *wer hat mir jene erzeugt?* – ist ungewöhnlich.

---

141 Näheres zu dieser drastischen Ausdrucksweise s. u. 2.3.6.

142 Die Rede der Kinder und die Gegenrede der Mutter finden ihre definitive Antwort in der in v.22 zitierten Gottesrede: כה־אמר אדני יהוה, *so spricht der Herr Jhwh*. Zur sprachlichen Funktion dieser Zitate vgl. U. Schmidt, *Zukunftsvorstellungen*, 125: „Diese eingebetteten direkten Reden sind ein kommunikatives Mittel, um die zukünftige, völlig veränderte Situation für die Adressatin lebendig zu machen und zugleich mögliche Einwände aufzunehmen."

143 Vgl. die formale Analyse des Verses bei Goldingay u. Payne, *Isaiah II*, 191 – 193. Nach Steck, „Jes 49,14 – 26", 37, handelt es sich nicht um rhetorische, sondern um echte Fragen, mit denen Zion sich nach Geburt, Erziehung und Herkunft ihrer Kinder erkundigt.

Sollte Zion tatsächlich vergessen haben, von wem sie ihre Kinder empfangen hat?[144] Da das Zeugen des Vaters üblicherweise durch ילד *hif.*, das Gebären der Mutter aber durch ילד *qal* ausgedrückt wird, könnte die hier verwendete Form die Verwirrung Zions widerspiegeln.[145] Einfacher ist jedoch die Annahme, dass das maskuline Genus bei ילד ebenso wie gleich darauf bei גדל geschlechtsneutral verwendet ist. Der Akzent der Frage läge dann nicht auf dem Geschlecht des Erzeugers, sondern auf der Rolle Jerusalems, die das an ילד angehängte לי zum Ausdruck bringt: Wer hat diese *für mich*, d. h. statt meiner und zu meinen Gunsten hervorgebracht?[146]

Die wahren Protagonisten sind aber nicht Zion, sondern ihre Kinder. Das macht das dreifach wiederholte אלה deutlich. Dasselbe Demonstrativpronomen wird auch in *49,12* dreimal verwendet: והנה אלה – ואלה.[147] הנה־אלה Dort geht es um Personen, die aus unterschiedlichen Regionen zusammenkommen (יבוא). Zwar werden die Umstände ihrer Reise geschildert, vor allem, dass sie von Gott herbeigeführt werden, wohin aber diese Reise führt, wird nicht erwähnt. Die intertextuelle Verknüpfung führt nun dazu, dass die in dem einen Text fehlende Information durch den anderen ergänzt wird. So wird das in 49,12 fehlende Ziel in 49,21 benannt: Sie kommen nach Zion-Jerusalem. Und umgekehrt beantwortet 49,12 die Frage, die 49,21 offen lässt: אלה איפה הם מרחוק, *woher (kommen) diese? –* יבאו... *sie kommen aus der Ferne, aus dem Norden und dem* מארץ סינים. ..מצפון ומים *Westen, aus dem Land Syene* (= Assuan).

Wer aber sind „diese"? Dass sie aus Gefangenschaft und Finsternis befreit wurden (vgl. v.9), könnte darauf hinweisen, dass es sich um Juden handelt, die im Exil leben. Es könnten aber auch Nichtjuden sein, die den wahren Gott nicht kennen. Wegen der universalen Ausrichtung des *Eved JHWH*-Lieds, dessen Abschluss 49,12 bildet, spricht einiges dafür, dass unter den Herbeikommenden (und damit unter den neuen Zionskindern) auch Menschen nichtisraelitischer Herkunft sind.

---

144 Vgl. Heffelfinger, *I Am Large*, 237: „Zion virtually confesses to having forgotten her children, and not remembering, or not knowing, either who fathered them or who raised them."
145 So Koole, *Isaiah III.2*, 65 – 6.
146 Die Septuaginta unterstreicht diesen Bezug auf Zion, indem sie auch in der zweiten und dritten Frage μοι ergänzt.
147 Heffelfinger, *I Am Large*, 236 – 7, verweist demgegenüber auf den intertextuellen Bezug zu v.15 (גם־אלה). Dort werde die Möglichkeit erörtert, dass Mütter ihre Kinder vergessen, hier werde Zion als eine solche Mutter präsentiert. Die Autorin übersieht aber, dass אלה sich in v.21 auf die Kinder, in v.15 aber auf die Mütter bezieht. Es handelt sich also um eine reine Wortwiederholung, die inhaltlich kaum relevant ist.

Wie aber sollte ein solches Miteinanderwandern von Juden und Nichtjuden zustande kommen? Genau dies wird in dem zweiten Abschnitt unseres Textes, in v.22 – 23 ausgemalt.

2.3.4. Das göttliche Signal für die Völker (v.22a)

Obwohl JHWH bereits in v.14 – 21 gesprochen hatte, wird die folgende Rede eigens durch eine Botenformel eingeleitet. Die darin ausgesprochenen Verheißungen, die Zions Zweifel ausräumen sollen,[148] erhalten dadurch ein besonderes Gewicht. Dazu trägt auch der feierliche Doppelname אדני יהוה bei, der einen Bogen zu der anfänglichen Klage schlägt (v.14), in der יהוה und אדני als Subjekte zweier paralleler Sätze fungierten.[149]

Auf das ungläubige Staunen, das die Zusage einer Wiederbesiedlung Jerusalems erregte, reagiert JHWH, indem er deren nähere Umstände erläutert und sie vor allem auf seine eigene Initiative zurückführt. Die einleitende Interjektion הנה weckt die Aufmerksamkeit der Adressatin und charakterisiert das im Folgenden Beschriebene als ein visionäres Ereignis. In ihr klingt überdies das bedeutungsgleiche הן nach, das in v.14 – 21 zweimal vorkam, um auf Jerusalem hinzuweisen: in v.16 auf ihre unauslöschlich in Gottes Hand eingeschriebenen Mauern und in v.21 auf ihre vermeintliche Verlassenheit. Vor allem wird dadurch aber noch einmal die Heimkehrverheißung von *v.12* eingespielt; neben dem dreifachen אלה hatte diese nämlich auch zweimal הנה verwendet. Der auf die eigene Not fixierte Blick wird so auf die bevorstehende Erlösung gelenkt, die JHWH seiner Stadt schenken möchte.

Das Geschehen selbst, der gemeinsame Zug der Exilierten und der fremden Völker, wird durch ein göttliches Handeln ausgelöst. Die Nationen kommen den Verbannten also nicht aus eigenem, spontanem Entschluss zu Hilfe, sondern folgen einem expliziten, wenn auch wortlosen göttlichen Befehl. In *v.22a* wird dieser mit Hilfe einer doppelten Metapher veranschaulicht: Gott streckt seine

---

148 Nach Steck, „Jes 49,14 – 26", 37 – 8, werden die drei Fragen von v.21 in v.22 – 26 in umgekehrter Reihenfolge beantwortet: die letzte Frage – „wo waren diese?" – in v.22b („bei den Völkern, von ihnen am Busen und auf der Schulter heimgetragen"), die mittlere – „wer hat diese großgezogen?" – in v.23a („Könige als Pfleger und Fürstinnen als Ammen"), die erste – „wer hat diese geboren?" – in v.25 – 26 („JHWH hat sie aus den Fängen Babels gerettet und sie so gleichsam geboren"). Damit ist sicher etwas Richtiges erkannt, insgesamt aber erscheint die Zuordnung, vor allem in Bezug auf den dritten Punkt, zu schematisch.

149 Die vertauschte Reihenfolge könnte auf die Spiegelbildlichkeit der Aussagen verweisen: „There Zion spoke about *'adōnāy yhwh*; here *'adōnāy yhwh* speaks about Zion" (Goldingay u. Payne, *Isaiah II*, 194).

Hand zu ihnen aus (אשׂא אל־גוים ידי) und pflanzt in ihre Richtung ein Feldzeichen auf (ואל־עמים ארים נסי).

Das Bikolon ist nach dem Schema A–B–C // B'–A'–C' konstruiert. Die ersten beiden Glieder, das Verb und das personale Objekt, sind chiastisch gestellt, während das Sachobjekt jeweils am Satzende steht. Durch das Wortpaar גוים – עמים wird ein intertextueller Bogen zu den Völkerwallfahrtstexten 2,4; 11,10 und 25,7 geschlagen.

Wie wir bereits bei der Auslegung von 11,10 sahen (s. o. I.2.3.2.), taucht das Motiv des erhobenen Paniers im Jesajabuch an mehreren Stellen auf, um das Verhältnis zwischen Jhwh und den Nationen zu charakterisieren. Es ist der bildliche Ausdruck dafür, dass er auch an ihnen handelt, dass er sie auf etwas aufmerksam macht bzw. ihnen einen Befehl erteilt. Da sich mit der unterschiedlichen Position im Buch auch die Intertextualität verändert, empfiehlt es sich, die dort gemachten Beobachtungen noch einmal aufzugreifen und auf unseren Text hin anzuwenden und zu vertiefen.

Unser Vers hebt sich von dem (literargeschichtlich und im Leseablauf) ersten Beleg *5,26* grundlegend ab, weil er das Motiv nicht mehr für eine Gerichtsankündigung, sondern für eine Heilsverheißung verwendet. Damit verliert נס seine konkrete Bedeutung als militärisches Signal und wird zu einer Metapher für ein unsichtbares Geschehen. Diese theologische Transformation spiegelt sich darin, dass der Ausdruck hier verdoppelt ist: neben, ja, noch vor die aufgerichtete Standarte tritt die ausgereckte Gotteshand. Damit wird ein im exilischen Jesajabuch häufig verwendetes Symbol der göttlichen Macht[150] eingespielt (יד: 40,2; 41,20; 48,13; 49,2; זרוע: 51,9; 52,10). Gleichzeitig wird ein intertextueller Bezug zu einigen Passagen hergestellt, die mit dem Syntagma נשׂא יד das göttliche Eingreifen beim Auszug aus Ägypten und bei der Landnahme umschreiben (Ex 6,8; Num 14,13; Ez 20,5[2x].6.15.23.28.42; 47,14). Die in unserem Text geschilderten Ereignisse erscheinen so als Fortsetzung und Ausweitung des Exodus: dieselbe Gotteshand, die damals die Israeliten aus dem Pharaonenreich führte, hilft ihnen nun auch, aus der Diaspora in die Heimat zurückzukehren.[151]

---

150 Vgl. die aramäische Übersetzung, die den vordergründigen Anthropomorphismus unterdrückt und das Gemeinte direkt formuliert: אגלין בעממיא גבורתי, *ich werde meine Macht unter den Völkern offenbaren* (M. Cohen, *Isaiah*, 318).

151 Dabei wird einmal mehr die unterschiedliche Position der beiden Exilspropheten Ezechiel und „Deuterojesaja" gegenüber den heidnischen Nationen deutlich. Wie Jes 49,22 nennt auch Ez 20,41 nebeneinander עמים und גוים. Sie beteiligen sich jedoch nicht an der Repatriierung der Israeliten, sondern diese werden aus ihnen herausgeführt (מן־העמים) und vor ihren Augen verherrlicht (לעיני הגוים).

Nicht erst in 49,22, bereits in *11,12* wird das erhobene Banner von der Unheils-
in die Heilsverkündigung überführt. Dort sind die beiden Themen, das Kommen
der Fremdvölker zum Zion (vgl. 11,10) und die Heimkehr der exilierten Judäer
(vgl. 11,11 – 16), aber noch klar getrennt.[152] Die Möglichkeit, Ausländer könnten den
Deportierten bei ihrer Heimreise behilflich sein, wird nicht erwogen. Zwar wird das
Banner zu den anderen Nationen hin erhoben (ונשא נס לגוים, v.12), doch ohne dass
damit ein Befehl verbunden wäre (zumindest wird keine Reaktion ihrerseits berichtet). Der Zusammenhang mit dem vorhergehenden נס עמים (v.10) legt vielmehr
eine kerygmatische Funktion nahe. Das „Signal", das Jhwh den Nachbarvölkern
übermittelt, sind das auf dem Tempelberg versammelte Gottesvolk und die ein-
setzende Repatriierung der *Golah*-Gemeinde. Auf diese, vor ihren Augen sich
vollziehende Erlösung weist er sie hin und motiviert sie damit, selbst nach Jerusalem zu ziehen.

Der letzte Beleg *62,10* (הרימו נס על־העמים) übernimmt aus unserem Vers zwar
alle Schlüsselwörter,[153] entfernt sich inhaltlich aber weit von ihm. Der Hauptunterschied liegt darin, dass die Standarte nicht mehr von Jhwh, sondern von den
Heimkehrern aufgerichtet wird. Die Aktion hat auch keine imperativische, sondern eine reine Hinweisfunktion; sie ist „ein eschatologisches Signalzeichen [...],
das – sicher nicht real – über den Völkern aufgerichtet werden soll, damit diese
wissen, dass die Zeit zum Beginn der Völkerwallfahrt gekommen ist."[154]

Was bedeutet dieses intertextuelle Geflecht nun für unser Orakel? Im Vergleich zu 5,26 hat das für die Weltstämme aufgerichtete Feldzeichen seine Funktion geändert. Aus einem Sinnbild des göttlichen Strafgerichts ist eine Metapher
für die Sammlung und Heimkehr Israels geworden. Diese werden, noch vor jeder
geschichtlichen Konkretisierung, als Resultat einer vorgängigen göttlichen Initiative gedeutet. Die erhobene Standarte drückt aus, dass Gott die Aufmerksamkeit der anderen Völker wecken möchte, dass er ihnen eine Botschaft übermitteln, ja, einen Auftrag erteilen will. Sie sollen herbeikommen und sich seinem
Kommando unterstellen. Dabei kann er von ihnen, wie der Vergleich von 5,26 und
49,22 zeigt, zu unterschiedlichen Zeiten Unterschiedliches verlangen; in jedem
Fall aber sollen sie ein Werkzeug sein, mit dem er an seinem Volk handeln kann.

---

152 Nach R. E. Clements, „Beyond Tradition-History", 109; Williamson, *The Book Called Isaiah*, 66 – 7, stellen die beiden Passagen spätere, eschatologisch ausgerichtete Weiterentwick-
lungen von 49,22 dar. Ein solches diachrones Urteil beeinflusst aber nicht die an der Reihenfolge
des Endtextes orientierte synchrone Lektüre.
153 Die Präposition אל aus 49,22 könnte im Anschluss an das dreifache עליך in 60,1 – 3 in על
geändert worden sein.
154 Lau, *Schriftgelehrte Prophetie*, 112.

An diesem Punkt wird eine weitere theologische Dimension des נס-Motivs erkennbar. Das Bild des Feldherrn, der sein Heer durch Signale dirigiert, beschreibt nämlich präzise, wie Gott in der Geschichte handelt.[155] Wie jener so leitet auch er die Ereignisse, ohne direkt einzugreifen. Alles, was in der Welt geschieht, wird durch Menschen vollbracht. Das göttliche Tun beschränkt sich darauf, Zeichen zu geben, Zeichen, die von bestimmten Personen gesehen und in konkrete Handlungen umgesetzt werden. Die hölzernen Fahnenstangen sind dabei symbolisch zu verstehen. Sie stehen für geschichtliche Konstellationen, Begegnungen zwischen Individuen und Völkern, Naturkatastrophen und Kriegsereignisse, politische und soziale Prozesse und geistige Erkenntnisse, die auf die Menschheit und in besonderer Weise auf das Gottesvolk einwirken. Diese „Zeichen der Zeit" sollen als Anrede Gottes entschlüsselt werden. Nach Auffassung des Autors unseres Orakels können auch Nichtjuden diese Anrede vernehmen und dadurch zu einem Handeln motiviert werden, durch das der Heilsplan Gottes für Israel und für die Welt verwirklicht wird.

2.3.5. Die Zionskinder getragen von den Völkern (v.22b–23)

Wie die Nationen auf das von Jhwh gegebene Signal reagieren, wird in *v.22b–23a* geschildert:[156] sie bringen die bei ihnen lebenden Judäer zu ihrer „Mutter-Stadt" Jerusalem zurück. Dabei setzt sich der parallele Satzbau, der v.22a charakterisierte, auch hier fort. So bildet *v.22b* ein Bikolon (3+3), das dem Schema A–B–C // B'–C'–A' folgt. Die Anfangs- und die Schlussposition ist durch die Bewegungsverben הביאו und תנשאנה besetzt, so dass auf ihnen der Akzent liegt. Sie bilden einen Rahmen um die personalen Objekte und die präpositionalen Ortsangaben, die ihrerseits in einem „gender-matched parallelism"[157] stehen: im ersten Kolon zwei maskuline Lexeme (בנים und חצן), im zweiten zwei feminine (בנות und כתף).

---

155 Diese Parallele stellt Andreas von Sankt Viktor heraus: „[I]ch werde bewirken, dass beim Heimtransport in euer Land die Völker so meinem Willen folgen wie die Heere dem Feldzeichen ihres Feldherrn folgen" (vgl. Andreas de Sancto Victore, *Super Ysaiam*, ad Is 49,22). Auch in diesem Fall unterlässt es Andreas, die Auslegung dadurch christologisch festzulegen, dass er das „signum" allegorisch deutet (vgl. im Unterschied dazu Nicolaus de Lyra, *Postilla litteralis*, ad Is 49,22: „signum meum, i.e. signum crucis").
156 Gegenüber dem *yiqtol* der Verben von v.22a (ארים, אשא) drücken die *weqatal*-Formen am Beginn der folgenden Verszeilen v.22b (והביאו) und v.23a (והיו) den erzählerischen Progress in der Zukunft aus.
157 Vgl. W. G. E. Watson, *Classical Hebrew Poetry. A Guide to Its Techniques* (JSOT.S 26; Sheffield: JSOT Press, 1984) 123: „The *genders* of the nouns in each colon *match* – masculine and feminine

Die Reihe der Verben beginnt mit dem für die Völkerwallfahrtsidee zentralen בוא. Innerhalb des Nahkontexts schafft es eine lexikalische Klammer zu v.18, in dem die Ankunft der neuen Bürger Zions angekündigt wurde (באו־לך). Durch den Wechsel von *Qal* zu *Hifil* wird dieses Kommen nun als ein Gebrachtwerden präzisiert. Darüber hinaus werden noch andere Heim*führungs*aussagen des Jesajabuchs eingespielt: Die Verheißungen von 14,2 und 43,5 – 6 werden aufgenommen und ausgebaut und die von 56,7; 60,9; 66,20 vorbereitet.

14,2 hatte zum ersten Mal die Erwartung geäußert, Ausländer könnten bei der Sammlung und Heimführung des exilischen Gottesvolkes mitwirken: ולקחום עמים והביאום אל־מקומם, *Völker werden sie nehmen und an ihren Ort bringen.* Diese Ankündigung wird in 49,22 mit konkreten Details gefüllt; die beteiligten Personen, die näheren Umstände und das Ziel des Transports werden angegeben. Ein theologischer „Fortschritt" kann darin gesehen werden, dass unser Orakel die Fremden nicht zu Arbeitssklaven degradiert, sondern einen Akt der Huldigung vollziehen lässt. Er gilt zwar Zion und nicht JHWH, doch auf dem Hintergrund von 45,14 ist auch er eindeutig religiös motiviert. Die sich vor Zion niederwerfen, tun dies nicht aufgrund ihrer politisch-militärischen Stärke, sondern weil sie der Ort ist, an dem der eine Gott wohnt.

Noch enger sind die intertextuellen Verbindungen zu *43,5 – 7.* Dort spricht JHWH zu Jakob-Israel (vgl. 43,1), wobei er im Grunde schon die Fragen beantwortet, die Zion in 49,21 stellen wird. Die Auszugsverheißung wird auch in diesen Versen mit Hilfe von בוא *hif.* formuliert. Dabei erscheint das Verb gleich zweimal, mit zwei unterschiedlichen Subjekten: in v.5 führt JHWH selbst sein Volk aus dem Exil heraus (ממזרח אביא זרעך), in v.6 beauftragt er die Himmelsrichtungen, d. h. diejenigen, die dort leben, damit (הביאי בני מרחוק). Wie in 49,12 wird auch hier nicht auf das Ziel, sondern auf den Ausgangspunkt der Reise geblickt, auf die Orte, von denen die Exulanten weggeführt werden: dem Osten und Westen, dem Norden und Süden.[158]

Nachdem 43,5 – 7 die Frage beantwortete, *woher* die Exulanten kommen, kann 49,14 – 26 schildern, *wohin* sie kommen und was mit ihnen dort geschieht.

Über das Bewegungsverb בוא *hif.* hinaus sind die beiden Texte auch dadurch verbunden, dass die Heimkehrer als „Söhne" und „Töchter" bezeichnet werden.[159]

---

genders occurring in *parallel* lines" [Hervorhebungen i. Orig.]. Nach Paul, *Isaiah*, 340, haben die biblischen Autoren dieses literarische Phänomen aus Texten von Ugarit übernommen.

158 Durch die vierfach verwendete Präposition מן – ממזרח, ממערב, מרחוק, מקצה הארץ – wird die Auszugsperspektive hervorgehoben, die den ganzen Buchteil Kap. 40 – 48 prägt.

159 Als parallele Ausdrücke finden sich בנים und בנות im Jesajabuch sonst nur noch in 60,4 und in anderer Bedeutung in 56,5. Zur literarischen Funktion dieses Doppelausdrucks s. Goldingay u. Payne, *Isaiah II*, 194: „The merism emphasizes that *all* the offspring are covered."

Doch mit einem signifikanten Unterschied: in 43,6 nennt Jhwh sie בני, *meine Söhne*, und בנותי, *meine Töchter*, in 49,22 hingegen בניך, *deine Söhne*, und בנתיך, *deine Töchter*. Was drückt das wechselnde Possessivpronomen aus? Was bedeutet es, dass dieselben Personen zuerst Gottes „Söhne und Töchter" und dann Zions „Söhne und Töchter" sind? Oder anders formuliert: Was bedeutet es, dass Zion diejenigen als „Kinder" erhält, die bis dahin „Kinder" Jhwhs waren?

Wie wir sogleich sehen werden, birgt diese auffällige Intertextualität die Antwort auf die Frage, wer Zions neue Kinder erzeugt und aufgezogen hat. Wenn Jhwh in Jes 43,6 von „meinen Söhnen und Töchtern" spricht, überträgt er den Titel, den er Israel beim Auszug aus Ägypten verlieh – בני בכורי ישראל, *mein Sohn, mein Erstgeborener ist Israel* (Ex 4,22; vgl. Hos 11,1) –, auf die Mitglieder der Diasporagemeinde. Die Erwählung des Volkes wird auf diese Weise aktualisiert und „demokratisiert", d. h. auf all diejenigen angewandt, die sich mit Seinem Namen rufen lassen (vgl. Jes 43,7). Innerjesajanisch wird damit die Klage aus dem ersten Kapitel revidiert. Die „Söhne", die Jhwh großgezogen hatte (בנים גדלתי ורוממתי, 1,2), die von ihm abgefallen waren und zu „verdorbenen Söhnen" (בנים משחיתים, 1,4) wurden, sind durch das exilische Läuterungsgericht „Gottessöhne" geworden, Menschen, die Er zu seiner Ehre „geschaffen, gebildet und gemacht" hat (43,7).

Leider können die intertextuellen Bezüge von 43,5–7 an dieser Stelle nicht weiterverfolgt werden. Für unseren Zweck genügt aber die Beobachtung, dass in dieser Rede an das exilische „Jakob-Israel" die Fragen von 49,21 bereits beantwortet sind. Wenn Zion sie gehört hätte, hätte sie erfahren, woher ihre künftigen Bewohner kommen und dass Jhwh selbst sie „aufgezogen" und „geschaffen" hat.[160] Er hat sie noch im Exil als seine „Söhne und Töchter" anerkannt und dann Zion zugeführt, damit auch diese sie als „Söhne und Töchter" bei sich aufnehme.

Die fremden Nationen sind in diesem Geschehen nur Hilfskräfte, ausführende Organe, deren Funktion durch בוא *hif.* definiert wird. Mit demselben Verb werden sie auch in 60,9 (והביאו את־כל־אחיכם מכל הגוים) und 66,20 (להביא בניך מרחוק) als Träger, Transporteure qualifiziert, in 56,7 jedoch als solche, die ihrerseits von Gott herbeigeführt werden.[161]

Als Pendant zu בוא erscheint im zweiten Kolon von *49,22b* das Verb נשא. Im *Qal* wäre es das exakte Synonym zu בוא *hif.* Es ist aber im *Nifal* konstruiert und überdies

---

160 Aufschlussreich ist der lexikalische Unterschied zwischen den von Jhwh und Zion verwendeten Verben. Während diese mit ילד (49,21) an die natürliche, biologische Fortpflanzung denkt, deutet er mit ברא, יצר und עשה (43,7) denselben Vorgang als eine Neuschöpfung, d. h. als Erneuerung der durch den fortdauernden Bund garantierten Erwählung.

161 Diese Intertexte, die die Vision von 49,22 weiterführen, sollen im vierten Teil dieser Arbeit in ihrem jeweiligen Kontext analysiert werden.

nicht parallel, sondern chiastisch gestellt, so dass es an das Ende des Verses rückt. Durch diesen syntaktischen und stilistischen Bruch wird die Gleichförmigkeit des *parallelismus membrorum* aufgelöst. Gleichzeitig werden die weiblichen Exulanten in den Vordergrund gerückt, denn בנתיך erhält so die Anfangsposition im Kolon und fungiert, im Unterschied zu בניך, als grammatikalisches Subjekt. Darüber hinaus bildet das zugehörige Verb zusammen mit אשׂא am Anfang des Satzes eine *inclusio:* „when God *lifts up* his hand, the nations *lift* Zion's children onto their shoulders."[162]

Die Ortsangaben בחצן, *am Busen*, und על־כתף, *auf der Schulter*, können als eine zweite Antwort auf die Frage אלה איפה הם verstanden werden. „Wo *waren* diese?" ist ja nur eine und nicht einmal die nächstliegende Übersetzung. Die skeptisch umherblickende Zion-Mutter könnte auch meinen: „Wo *sind* sie denn?" Darauf würde JHWH nun antworten, indem er ihren Blick auf die Körperteile lenkt, auf denen die Heimkehrer getragen werden. In ihnen wird nämlich die Fürsorge anschaubar, die die ausländischen Helfer ihren Kindern erweisen.[163]

Im weiteren Kontext wird mit diesem Bild und den dafür verwendeten Lexemen eine Verheißung aus dem Proömium des „Deuterojesajabuchs" eingespielt: In *40,11* sammelt JHWH die Verbannten seines Volkes wie Lämmer und trägt sie an seinem Busen heim (בזרעו יקבץ טלאים ובחיקו ישׂא). Durch 49,22 wird diese Weissagung präzisiert: ja, sie werden transportiert, doch nicht von Gott, sondern auf sein Geheiß von Nichtisraeliten!

In zweiter Linie wird an die Praxis, Götterbilder in Prozession herumzutragen, erinnert. Auch dieser immer wieder kritisierte Brauch wird mit dem Verb נשׂא beschrieben. *46,7* illustriert ihn, indem er dasselbe Syntagma wie 49,22 verwendet: ישׂאהו על־כתף, *sie tragen ihn (sc. den Götzen) auf der Schulter*. Für den Endtextleser bedeutet dies, dass die Nichtisraeliten auf JHWHs Befehl nun eine andere Last auf sich nehmen, dass sie statt toter Götterbilder nun lebendige Menschen, nämlich die heimkehrenden Judäer auf der Schulter tragen, ein äußerer, sichtbarer Akt, der eindrucksvoll ihre innere Abkehr vom Götzendienst dokumentiert.

V.23a nennt weitere Details, die die Vision noch anschaulicher und bunter machen. Zunächst werden die Kollektivbegriffe גוים und עמים durch Einzelgestalten ersetzt. Dabei wird derselbe Geschlechtsparallelismus wie in der vorhergehenden Zeile angewendet: „Könige (מלכים, *m.*) werden deine Pfleger (אמניך, *m.*) und ihre Fürstinnen (שׂרותיהם, *f.*) werden deine Ammen (מיניקתיך, *f.*) sein." Dass ihnen der Rang von Kinderbetreuern (die ja gewöhnlich Sklaven waren) zuge-

---

162 Koole, *Isaiah III.2*, 75 [Hervorhebungen d. Vf.].

163 Vgl. die Darstellungen von Müttern, die ihre Kinder auf dem Rücken bzw. auf den Schultern tragen, bei B. Mazar u. a. (Hg.), *Views of the Biblical World III. Later Prophets* (Jerusalem; Ramat Gan: International Publishing Company, 1960) 79.

wiesen wird, bedeutet, dass Zion von allen Herrschern der Erde als Königin, ja, als *die* Königin anerkannt wird. Dazu wird die Verheißung von *49,7* aufgegriffen und an den neuen Kontext adaptiert. Dort unterwerfen sich „Könige und Fürsten" (שׂרים ...מלכים) dem männlichen Gottesknecht, hier dienen „Könige und Fürst*innen*" (ושׂרותיהם ...מלכים) der weiblichen Gottesstadt.

Die nächste Parallele, vielleicht sogar die Vorlage zu diesem kühnen Bild findet sich im Pentateuch. In *Num 11,12* klagt Mose, er müsse die Last des ganzen Volks alleine tragen. Bereits sein Ausruf – אם־אנכי ילדתיהו, *habe ich es etwa geboren?* – erinnert an Zions verwunderte Frage מי ילד־לי את־אלה. Vor allem aber ist es sein Umgang mit der Exodusschar, der mit demselben Vokabular wie in 49,22–23 beschrieben wird: נשׂא, בחיק (statt des synonymen בחצן), אמן, ינק. An beiden Stellen wird das Gottesvolk als ein Säugling präsentiert, der gestillt und auf dem Schoß bzw. an der Brust getragen wird.

Die lexikalischen Querverbindungen weisen auf die inhaltliche Korrespondenz der beiden Passagen hin. Als Israel aus Ägypten zog, wurde es von Mose in das verheißene Land „getragen". Als ihm diese Aufgabe zu schwer wurde, wählte Gott siebzig Älteste, ונשׂאו אתך במשׂא העם ולא־תשׂא אתה לבדך, *damit sie mit dir die Last des Volkes tragen und du sie nicht allein tragen musst* (Num 11,17). Wenn deren Nachfahren nun aus dem babylonischen Exil ins Land zurückkehren, braucht es erneut Personen, die sie begleiten und „tragen". Dieses verantwortungsvolle Amt wird diesmal Fremden übertragen. Die Nationen, bei denen die Exilierten leben, werden sich, anders als die Ägypter, nicht verstocken, sondern den Auszug unterstützen. Statt gegen Jʜᴡʜ zu kämpfen, werden sie seinem Befehl gehorchen und auf diese Weise Anteil am Heil des neu gesammelten Gottesvolks gewinnen.

In *Jes 49,23aβ* erreicht das Tun der ausländischen Fürsten seinen Höhepunkt. Nachdem sie die Verbannten nach Jerusalem (d. h. im Bild, die Kinder zu ihrer Mutter) zurückgebracht haben, werfen sie sich dort zu Boden und huldigen derjenigen, der sie diesen Dienst erwiesen haben (אפים ארץ ישׂתחוו לך). Durch das Verb חוה *eštaf.*, das für dieses Motiv charakteristisch ist, wird diese Verheißung in ein differenziertes intertextuelles System eingefügt. Im Jesajabuch erscheint es zum einen in Passagen, die die religiöse Praxis der Götzendiener kritisieren (2,8.20; 44,15.17; 46,6). Dieser falsche Ritus wird in 49,23 durch einen gottgefälligen ersetzt. In *27,13* bezeichnet חוה dagegen die Verehrung, die das aus der Diaspora heimgekehrte Israel Jʜᴡʜ erweist (והשׂתחוו ליהוה). Diesen authentischen Gottesdienst weiten die Völkerwallfahrtsorakel auf die übrigen Nationen aus (vgl. 45,14; 49,23; 60,14; 66,23), wobei sie Zion eine unersetzbare Mittlerrolle zuschreiben.

In den einzelnen Orakeln wird diese Rolle jedoch unterschiedlich nuanciert. So ist die Proskynese von 49,23 nur auf den ersten Blick mit der in *45,14* identisch. Dort folgt auf das Verb die Präposition אל, um die Richtung anzuzeigen. Zion wird also nicht als Person vorgestellt, *die* angebetet wird, sondern als Ort, *an dem* angebetet wird, weil Jhwh dort residiert („Nur in dir ist Gott!"). Er ist der wahre Adressat der Völkeranbetung.

Im Unterschied dazu verwendet unser Text die Präposition ל, um Zion als personales Objekt und damit als Empfängerin der Huldigung zu kennzeichnen. Sie ist als eine Königin personifiziert, der die ausländischen Herrscher die deportierten Untertanen zurückbringen,[164] um sie dann entsprechend dem traditionellen Hofzeremoniell zu verehren. Wie wir gesehen haben (s. o. die Auslegung von 49,23aα), schildert *49,7* eine analoge Unterwerfung in Bezug auf den Gottesknecht: שרים ישתחוו, *Fürsten werfen sich nieder*. Durch den Zusatz למען יהוה, *wegen Jhwh*, wird diese aber ausdrücklich theologisch motiviert, während in unserem Text ein entsprechender Hinweis fehlt. Der Gestus erhält dadurch, zumindest aus der Perspektive der Fremden,[165] einen eher profanen, politischen Charakter.

Dies gilt auch für *Ps 72,9 – 11*, die nächste intertextuelle Parallele im Alten Testament.[166] Dort wird mit Hilfe desselben Bild- und Wortmaterials – גוים/מלכים, חוה *eštaf.* + ל, לחך עפר – ausgemalt, wie die Nationen der Erde und deren Herrscher dem Nachkommen Davids huldigen. In unserem Text tritt an die Stelle des Jerusalemer Königs die kollektive, weibliche Figur der Stadt. Ihr bringen die fremden Könige die ehemaligen Bewohner als Tribut und ihr unterwerfen sie sich. Damit werden die Verheißungen, die einmal der davidischen Dynastie galten, auf die „Mutter Zion" angewandt, die Prärogativen des messianischen Königs werden auf das in Jerusalem neu begründete Gottesvolk übertragen.[167]

Mit der Erkenntnisformel, die in *v.23b* die knappe, inhaltsschwere Rede beschließt, tritt wie am Anfang noch einmal die Person Jhwhs in den Mittelpunkt. Die Erkenntnis seiner Einzigkeit wird nicht, wie zu erwarten wäre, den „ungläubigen" Nationen verheißen, gleichsam als Lohn für ihren wertvollen Dienst. Diese

---

164 Steck, „Jes 49,14 – 26", 38 n.11, deutet diesen Akt als literarische Abwandlung der üblichen Praxis, dass Vasallen ihrem Suzerän Huldigungsgaben darbringen (vgl. Ps 68,29 – 30; 76,12 u. ö.).

165 Dies wird durch v.23b bestätigt. Zur Gotteserkenntnis gelangen nämlich anders als in 45,14 nicht diejenigen, die die Huldigung vollziehen, sondern diejenige, die die Huldigung empfängt. Nur Zion kann in dem, was nach außen hin ein politischer Machterweis ist, die Treue ihres Gottes erkennen.

166 Als weitere Parallele wäre noch Mi 7,17 zu nennen, wo aber Jhwh selbst der Adressat der Huldigung ist. Für Nurmela, *The Mouth of the Lord*, 56 – 7, ist das Motiv in Ps 72 besser integriert als in Jes 49. Dennoch sei eine literarische Abhängigkeit nicht nachweisbar, da das Lecken des Staubs ein im Alten Orient häufig belegtes Bild der Unterwerfung ist.

167 Die „Demokratisierung" der davidischen Verheißungen ist ein für Jes 40 – 55 typisches Phänomen. Besonders deutlich ist es in 55,3 – 5 belegt, nach H. G. M. Williamson, *Variations on a Theme. King, Messiah and Servant in the Book of Isaiah. The Didsbury Lectures 1997* (The Didsbury Lecture Series; Carlisle: Paternoster Press, 1998) 116 – 29, ein Schlüsseltext für das Verständnis des gesamten exilischen Jesajabuchs. Näheres dazu im folgenden Kapitel.

theologische Universalisierung wird erst ganz am Ende der Texteinheit in v.26b vollzogen. Zuerst müssen vielmehr die in Jerusalem Lebenden die richtigen Schlüsse aus der unverhofften Wende ihres Geschicks ziehen. Die Tatsache, dass ihre Stadt aus den Ruinen aufersteht, dass die „Kinderlose" neue Bürger erhält und Fremde sich ihr unterwerfen, muss zu einem erneuerten Gottesverhältnis führen. Nicht die anderen, sie selbst müssen Jhwh neu erkennen, nämlich erkennen, dass der, den sie für vergesslich und untreu hielten, an seinen Zusagen festhält und diejenigen rettet, die ihm die Treue bewahren. Was 45,14 – 25 immer wieder betonte, ist somit auch hier das Resümee: Die auf Jhwh hoffen, werden nicht beschämt (לא־יבשׁו קוי).

Mit dieser Schlusswendung wird eine intertextuelle Brücke zu *Ps 25,3* geschlagen: כל־קויך לא יבשׁו, *alle, die auf dich hoffen, sollen nicht beschämt werden*.[168] Was der Psalmenbeter als flehentliche Bitte formuliert, kann der prophetische Verfasser als feste Zusage präsentieren: Denen, die auf Gottes Wort vertrauen und seiner Weisung folgen, werden Erfolg und Anerkennung zuteil. Dies schließt keineswegs aus, dass zu diesen auch Nichtisraeliten gehören, dass also Angehörige fremder Nationen sich zu Ihm bekehren. Ja, die Parallele zu Ps 25 legt genau das nahe. Denn in einer synchronen, kanonischen Lektüre handelt die ganze Komposition Ps 22 – 26 von der Bekehrung und Wallfahrt der Völker, und der genannte Psalm enthält das Gebet, dass diese auf dem Zion sprechen werden.[169]

Einen indirekten Hinweis darauf, dass die Formulierung in Jes 49,23bβ völkerinklusiv verstanden werden kann, gibt die Textfassung der Septuaginta. Sie schränkt die Verheißung nämlich ein, indem sie das allgemeine „die auf ihn hoffen" durch „Zion" ersetzt: οὐκ αἰσχυνθήσῃ, *du(!) wirst nicht zuschanden werden*. Dagegen erklärt *51,5*, dass zu den schon in 40,31 erwähnten קוי יהוה auch die Inseln als Repräsentanten der heidnischen Völkerwelt gehören (אלי איים יקוו) und dass deshalb auch diese sein rettendes Eingreifen erfahren werden.

2.3.6. Die Befreiung der Zionskinder und die universale Erkenntnis Jhwhs (v.24 – 26)

Wie die direkte Anrede in v.25 – 26 zeigt, folgt auch die dritte Teileinheit der gleichen kommunikativen Struktur: Jhwh fungiert als Sprecher, Zion als Ange-

---

168 Nach Nurmela, *The Mouth of the Lord*, 56, hängt Jes 49,23 literarisch von Ps 25,3 ab. Vgl. darüber hinaus Ps 69,7: אל־יבשׁו בי קויך, *die auf dich hoffen, sollen wegen mir nicht beschämt werden*.
169 Vgl. N. Lohfink, „Bund und Tora", 58 – 83. Die Resultate dieser für die Psalterforschung wegweisenden Studie sind von Vorndran, *Alle Völker*, 219 – 37, aufgenommen und für die Auslegung von Ps 86, ebenfalls ein Völkerwallfahrtspsalm, fruchtbar gemacht worden.

sprochene. Allerdings fällt auf, dass die Botenformel, anders als im vorhergehenden Abschnitt, nicht am Anfang, sondern erst in v.25 steht und um die wohl
adversativ aufzufassende Konjunktion כי erweitert ist.[170]

Wenn Gott also erst in v.25 das Wort ergreift, wer spricht dann in *v.24?* Nach
einer bereits von Ibn Ezra geäußerten Vermutung[171] meldet sich hier noch einmal
Zion zu Wort, um in einer rhetorischen Doppelfrage ihre Bedenken gegenüber dem
in v.22 – 23 Prophezeiten vorzubringen. Konkret bezweifelt sie, dass ihre früheren
Bewohner, die in die Verbannung geführt und zur „Beute" wurden (מלקוח, שבי),
von ihren Beherrschern (עריץ, גבור) jemals wieder freigelassen werden.[172]

Auf diese Zweifel antwortet JHWH in *v.25*, indem er zunächst (wie in v.15 durch
גם eingeleitet) die angebliche Aporie zurückweist: Selbst einem starken Mann
kann die Beute entwendet werden – wenn man ihn gefangen nimmt, wie die
Septuaginta ergänzt (ἐάν τις αἰχμαλωτεύσῃ γίγαντα). Danach erläutert er, was er
selbst (betont durch ein zweimaliges feierliches אנכי) zu tun gedenkt. Der perfekte
Parallelismus der beiden Glieder (A–B–C // A'–B'–C') illustriert die Ausgewogenheit seines strafenden und rettenden Handelns. Das Vorgehen gegen Israels
Feinde wird, wie häufig im Jesajabuch, in juristischen Kategorien formuliert. Die
Verbannung wird so als ein Besitzstreit dargestellt, in den JHWH eingreift, um den
Anspruch der Gegenpartei zurückzuweisen. Die zweite, komplementäre Aktion
betrifft die „Söhne" Zions, wie sie im Anschluss an v.22 noch einmal genannt
werden. Ihnen wird die Befreiung aus ihrer Gefangenschaft verheißen. Mit dem
betont am Versschluss stehenden אושיע fällt dabei ein Schlüsselbegriff, vielleicht
der wichtigste Begriff des Jesajabuches überhaupt. ישע meint nämlich nicht nur
vereinzelte, zufällige Rettungsaktionen, sondern den umfassenden Heilsplan, den
JHWH von jeher zugunsten Israels und aller Menschen verfolgt. In einem gewissen

---

170 Dagegen gehen Koole, *Isaiah III.2*, 79, von einer asservativen und Goldingay u. Payne, *Isaiah
II*, 197, von einer kausalen Funktion aus. Entscheidend ist aber, dass v.25 der impliziten Behauptung von v.24 – „es ist unmöglich, einem Starken die Beute wegzunehmen" – widerspricht.
171 "These words are put into the mouth of Israel by the prophet" (Friedländer, *Ibn Ezra on
Isaiah*, 227). Zur Diskussion über den Sprecher in v.24 vgl. U. Schmidt, *Zukunftsvorstellungen*, 125 – 6.
172 Während die Mehrzahl der Exegeten den „Starken" mit Babel identifiziert, das Israel deportiert hat, hält ihn eine Minderheit für JHWH, der sich seine „Beute" nicht wegnehmen lässt (vgl.
Werlitz, *Redaktion und Komposition*, 312 – 3). Für die erste Auffassung spricht eine Reihe lexikalischer Parallelen: לקח *pu.* wird auch in Jes 52,5 und Jer 48,46 für die Verschleppung ins Exil
verwendet; Babel wird in Jes 47,5.7 als גברת bezeichnet, Jerusalem in 52,2 als שבי. Maßgebend ist
der Kontext: v.24 stellt ja die Verheißungen von v.22 – 23 in Frage. Diese handelten aber von den
früheren Beherrschern, die die Israeliten aus ihrer exilischen „Gefangenschaft" in die Heimat
zurückführen werden.

Sinn beschreibt dieser Begriff das Wesen Gottes selbst, denn er allein trägt den Titel מושיע, *Retter* (43,3.11; 45,15.21; 49,26; 60,16; 63,8).

Jhwh ist aber nicht nur ein Gott, der sich erbarmt und rettet, sondern auch einer, der Gerechtigkeit übt und straft. Von diesem zweiten Wesensmerkmal handelt *v.26*, wenn er den Feinden Zions eine grausame Strafe androht. Die bisherigen Verhältnisse werden dadurch umgekehrt: die zuvor das Gottesvolk „verschlangen" (v.19; vgl. Jer 50,17; 51,34), müssen nun ihr eigenes „Fleisch essen" und ihr eigenes „Blut trinken".

Doch wie ist dieser Doppelausdruck zu verstehen? Ist er wörtlich oder bildlich gemeint? Die durch אכל *hif.* erzeugte Vorstellung, dass Gott die Vernichtung selbst herbeiführt, war schon dem Übersetzer der Septuaginta unerträglich. Er übersetzt dogmatisch korrigierend: καὶ φάγονται [...] τὰς σάρκας αὐτῶν, *und sie werden ihr Fleisch essen*. Diese Umdeutung wird durch das zweite Kolon in gewissem Sinn gerechtfertigt, da das Parallelverb שכר im *Qal* steht, mit den betroffenen Menschen als handelndem Subjekt. Ein echter Kannibalismus dürfte damit aber kaum gemeint sein.[173] Vielmehr ist wie bei בלע in v.19 von der metaphorischen Bedeutung von אכל auszugehen. Den Unterdrückern Israels droht die „Selbstzerfleischung" durch Bürgerkriege o. ä., die daraus entstehen, dass sie die in ihrer Mitte lebenden Exulanten misshandelt haben. Wie in *Jer 19,9*, wo Gott dem eigenen Volk dasselbe schreckliche Geschick androht (...והאכלתים את־בשר בניהם), ist die Strafe also nichts anderes als die Fortsetzung und Steigerung des Bösen, das die Menschen selbst begehen. Durch die Missachtung der grundlegenden Sozialgebote[174] werden die moralischen Dämme, die das kollektive Miteinander schützen, ausgehöhlt, so dass die Gewalt, die zuerst gegen die Schwachen ausgeübt wurde, sich am Ende auch gegen die Starken wendet.

Dass die Judäer aus ihrer Zerstreuung zusammengeholt werden und Jerusalem neu ersteht, dass sich die mächtigsten Völker, allen voran Babel, unterwerfen und entweder dem Gottesvolk dienen oder zugrunde gehen, all das ist noch nicht das letzte Ziel des göttlichen Geschichtsplans. Ein Teilziel wäre erreicht, wenn die Zionsgemeinde, durch ihr neues Glück belehrt, die Einzigartigkeit Jhwhs erkennen würde (וידעת כי־אני יהוה, v.23b). Das genügt aber noch nicht. Am Ende soll dieser rettende Gedanke, wie die zweite Erkenntnisformel in *v.26b* betont (וידעו כל־בשׂר כי אני יהוה), die ganze Menschheit erfassen.[175]

---

173 So mit Goldingay u. Payne, *Isaiah II*, 199.

174 Das Verb ינה *hif.*, das in Jes 49,26 die ausländischen Unterdrücker bezeichnet (מוניך), wird im Pentateuch verwendet, um Israel aufzurufen, die in seiner Mitte lebenden Fremden *nicht* zu misshandeln (vgl. Ex 22,20; Lev 19,33; Dtn 23,17).

175 Die Universalität der Aussage tritt noch stärker hervor, wenn man sie mit 60,16 vergleicht. Dort wird zwar der Inhalt der Erkenntnis zitiert (אני יהוה מושיעך וגאלך אביר יעקב), diese selbst wird

Die Verheißung der universalen Gotteserkenntnis von 45,23 wird damit inhaltlich (wenn auch nicht terminologisch) aufgegriffen und bestätigt. Darüber hinaus verweist der Ausdruck כל־בשׂר aber vor allem auf *40,5*. Dort wurde prophezeit, in der Heimkehr der Verbannten würde Jhwhs Herrlichkeit für „alles Fleisch" sichtbar werden (ונגלה כבוד יהוה וראו כל־בשׂר יחדו; vgl. 52,10). Es wurde aber nichts darüber gesagt, dass dieses dadurch zum Glauben kommen werde. Eine weltweite Gotteserkenntnis wird auch in *45,6 – 7* vorausgesagt, sie wird aber durch das siegreiche Auftreten des Kyros ausgelöst. Dementsprechend wird Jhwh dort als Schöpfer des Alls präsentiert, als Erschaffer von Licht und Finsternis, von Heil und Verderben. Dieser große, allgemeine Glaubensartikel wird in unserem Text auf den konkreten Fall Zions angewandt. Der Eine, der die Welt erschaffen hat, soll auch als deren Retter (מושיעך וגאלך) erkannt werden, als אביר יעקב, d. h. als Gott, der seine Stärke an Jakob manifestiert.

Durch diese Titel ist Israel als Erstadressat des göttlichen Rettungshandelns ins Credo selbst eingeschrieben. Den Völkern wird kein abstrakter, geschichtsloser Monotheismus vorgelegt, sondern einer, der an der gesellschaftlich beschreibbaren Lage eines einzelnen Volkes abgelesen werden kann. Die Universalität des Jhwh-Glaubens bedeutet somit nicht die Überwindung des Partikularen, die Ablösung von der besonderen Geschichte Israels. Sie bedeutet vielmehr, dass dessen Heilserfahrung zu einem Angebot für alle Menschen wird, zu einer Einladung, sich zu seinem Gott zu bekehren, um ebenfalls von diesem gerettet zu werden.[176]

2.4. Der leidende Knecht und die Einsicht der Völker. Anmerkungen zu Jes 52,13 – 53,12

Nach Jes 49,14 – 26 besteht die Wallfahrt der ausländischen Nationen darin, dass sie den exilierten Judäern helfen, zu ihrer Mutterstadt Jerusalem heimzukehren. Sobald sie ihren Dienst verrichtet haben, huldigen sie ihr wie die Vasallen ihrem Suzerän. Die von Juden und „Heiden" gemeinsam unternommene Reise gipfelt darin, dass Jhwh als einziger Retter erkannt wird, zunächst von den Bewohnern Zions, die gerettet wurden, und dann von allen Menschen, die Zeugen dieser göttlichen Rettungstat wurden.

---

aber auf Israel eingeschränkt (...וידעת). Nicht zutreffend ist deshalb die Behauptung von Childs, *Isaiah*, 498, „[t]he explicit goal of the promise is the same in Second and Third Isaiah."
176 Dass die unlösbare Spannung zwischen Partikularismus und Universalismus, Erwählung und allgemeinem Heil ein Spezifikum des biblischen Glaubens ist, hat u. a. Levenson, „The Universal Horizon", 143 – 169, gezeigt.

In Jes 52,13–53,12 wird ein analoger Prozess geschildert. Der unerwartete Erfolg des Gottesknechts öffnet den *gojim* die Augen, so dass sie in einem ihre eigene Schuld und das rettende Handeln Jhwhs erkennen. In beiden Fällen reagieren sie auf dieselbe Weise; was 49,23 für Zion prophezeit, die Anbetung durch die Völkerkönige, hatte *49,7* bereits bezüglich des Gottesknechts verheißen: מלכים יראו וקמו ושׂרים וישׁתחוו, *Könige werden (es) sehen und sich erheben, Fürsten werden sich niederwerfen.* Dieser Gedanke wird in 52,13–53,12 entfaltet und theologisch so vertieft, dass das Völkerwallfahrtsthema eine höchst bedeutsame Ergänzung erfährt. Neben dem äußeren Tun, dem Zug nach Jerusalem und dem Sich-zu-Boden-Werfen, braucht es nämlich auch eine innere Bewegung, ein inneres Sich-Zubewegen und Verstehen Israels. Diese „Reise" führt notwendig zum Zentrum, zur Gottesstadt Jerusalem; das ist die Quintessenz der Zions- und Völkerwallfahrtstexte. Sie beginnt aber an der Peripherie, da nämlich, wo die fremden Nationen der jüdischen *Golah* begegnen und sie als Gottes „Knecht" erkennen.

2.4.1. Struktur und Aktanten

Das letzte große Gedicht über den *Eved Jhwh* gliedert sich in drei Abschnitte: die Rahmenpartien 52,13–15 und 53,11–12 und den zentralen Hauptteil 53,1–10.[177] Durch ihre erzählkommunikative Situation unterscheiden diese sich klar voneinander: im ersten und letzten Abschnitt berichtet Jhwh in der 1. Pers. Sg. über seinen Knecht und diejenigen, die ihm begegnen, im mittleren Abschnitt spricht eine Gruppe in der 1. Pers. Pl. über ihr Fehlverhalten und über die positiven Folgen der Leiden des Gottesknechts. Ihre Identität ist in der Forschung ebenso umstritten wie die Frage, ob der *Eved* eine individuelle oder eine kollektive Gestalt darstellt. Da die beiden Probleme eng zusammenhängen, können sie nur gemeinsam diskutiert und gelöst werden.

Wen meint Gott mit עבדי, *mein Knecht* (52,13; 53,11; vgl. 41,8.9; 42,1.19; 43,10; 44,1.2.21; 45,4; 49,3)? Wen meint der prophetische Autor, wenn er עבדו, *Seinen Knecht* (44,26; 48,20; 50,10), erwähnt? Wer ist עבד יהוה, *der Knecht Jhwhs* (42,19)?

---

177 Diese Gliederung, die schon von F. Hitzig, *Vorlesungen ueber biblische Theologie und messianische Weissagungen* (hg.v. J. J. Kneucker; Karlsruhe: H. Reuther, 1880) 174–175, vertreten wurde, hat sich in der neueren Exegese allgemein durchgesetzt. Strittig ist allein, ob der Hauptteil in v.10 oder erst in v.11a endet. Vgl. zuletzt E. Blum, „Der leidende Gottesknecht in Jes 53. Eine kompositionelle Deutung", S. Gehrig u. S. Seiler (Hg.), *Gottes Wahrnehmungen. Helmut Utzschneider zum 60. Geburtstag* (Stuttgart: W. Kohlhammer, 2009) 147–149; Mello, *Isaia*, 359–68.

Oder treten in Jes 40 – 55 womöglich nicht nur ein, sondern mehrere verschiedene „Knechte" auf?[178]

In *41,8 – 9* erscheint diese literarische Figur zum ersten Mal: „Du aber, Israel, mein Knecht (ואתה ישראל עבדי), Jakob, den ich erwählte, du Same Abrahams, der mich geliebt, du, den ich von den Enden der Erde gefasst und aus ihren Winkeln berufen und zu dem ich gesprochen habe: Du bist mein Knecht (עבדי־אתה)." Kein Zweifel, dass Gott hier das Volk Israel als seinen Knecht apostrophiert, die Nachkommen der Patriarchen Abraham und Jakob, vor allem diejenigen, die in der weltweiten Diaspora leben. Ja, dieser Titel ist wie ein Siegel, das dem in der Zerstreuung lebenden und aus der Zerstreuung heimkehrenden Gottesvolk aufgeprägt wird.

Dass Israel gemeint ist, belegen auch die oft übersehenen Texte, die den Knecht wegen seiner Untauglichkeit kritisieren. Unter ihnen sticht *42,19* hervor, die einzige Stelle, die den vollständigen Ausdruck *Eved JHWH* enthält: „Wer ist blind, wenn nicht mein Knecht (עבדי), und wer ist taub, wenn nicht mein Bote, den ich sandte? Wer ist blind wie der Vollkommene[179] und verblendet wie der Knecht JHWHs (עבד יהוה)?" Im weiteren Verlauf erweist sich, dass hier im Anschluss an 6,9 – 10 das Volk geschildert wird, das sich dem Anruf seines Gottes verschließt und dafür büßen muss: „es ist ein beraubtes und ausgeplündertes Volk" (42,22). Am Ende des Abschnitts wird diese Identifikation dann auch explizit vollzogen: „Wer hat Jakob der Plünderung ausgeliefert und Israel den Räubern?" (42,24).

An dieser Stelle können wir nicht auf alle Texte eingehen, die dem Gottesknecht gewidmet sind, und im Einzelnen die vielfältigen Probleme diskutieren, die diese Gestalt aufwirft. Wir können nur versuchen, zwei Haupteinwände zu entkräften, die es angeblich verhindern, die in 52,13 – 53,12 geschilderte Gestalt im Gesamtkontext der *Eved JHWH*-Texte zu interpretieren und damit auf das Gottesvolk zu beziehen.

Das wichtigste Argument gegen eine kohärente kollektive Interpretation sind die Stellen, an denen Gott dem Knecht eine Aufgabe an Israel zu übertragen

---

178 Die Theorie der unterschiedlichen Identitäten basiert auf der fragwürdigen Trennung zwischen einem „Knecht innerhalb der Lieder" und einem „Knecht außerhalb der Lieder". Sie ist in modifizierter Form von Mello, *Isaia*, 288, neu vorgetragen worden („Il servo di YHWH, secondo me, non è lo stesso in tutti e quattro i cosiddetti »canti«"). Im Gegensatz dazu bestreiten wir nicht nur die literarische Sonderstellung, sondern auch die Vierzahl der Gottesknechtslieder. Dass die Figur in den betreffenden Texten (wir rechnen dazu 41,8 – 13; 42,1 – 4.5 – 9.18 – 25; 43,9 – 13; 44,1 – 5.21 – 23.24 – 28; 45,1 – 7; 48,20 – 21; 49,1 – 6.7 – 13; 50,4 – 9.10 – 11; 52,13 – 53,12) sowohl individuelle als auch kollektive Züge trägt, ist offensichtlich. Doch sollte man deshalb nicht von „identità diverse", sondern von „tratti diversi" einer einzigen Identität sprechen.
179 So übersetzt Tur-Sinai, *Heilige Schrift*, 720, das schwierige משלם.

scheint, vor allem 42,6 und 49,5 – 6.[180] Muss derjenige, den Jhwh zum „Bund für sein Volk" macht und damit beauftragt, „Jakob zu ihm heimzuführen und Israel bei ihm zu versammeln", nicht von Israel verschieden sein? Wird da nicht ein Amt verliehen, das nicht das Gottesvolk als solches, sondern nur ein einzelner Prophet (der allerdings anonym bleibt) erfüllen kann?

Die in der EÜ und von den meisten Kommentatoren postulierte Bedeutung der beiden Passagen ist jedoch keineswegs gesichert. In *42,6* wird der Knecht nämlich als עם ברית und parallel dazu als אור גוים eingesetzt. Das asyndetische Nebeneinander der beiden Ausdrücke macht es unwahrscheinlich, dass damit zwei unterschiedliche Aufgaben, gegenüber dem eigenen Volk[181] und gegenüber den anderen Nationen, angezeigt werden. Vielmehr dürfte ein und dieselbe Aufgabe gemeint sein. In 42,5 bezeichnet עם das auf dem Erdenrund lebende „Volk", d. h. die gesamte Menschheit, und diese erweiterte Bedeutung dürfte auch für unseren Vers gelten. עם wäre also gleichbedeutend mit גוים und עם ברית gleichbedeutend mit אור גוים. Die Gestalt, die in 42,1 als עבדי, *mein Knecht*, angesprochen wird, könnte deshalb auch hier das Gottesvolk sein. Es erhielte wie an vergleichbaren Stellen den Auftrag, den übrigen Menschen das göttliche Recht bekannt zu machen, ihnen das Licht der Torah zu bringen und sie auf diese Weise in den bei der Schöpfung gestifteten und nach der Sintflut erneuerten Bund hineinzunehmen.

Die zweite umstrittene Stelle ist *49,5 – 6*. Dass der Knecht Israel sei, wird in 49,3 ausdrücklich festgestellt (...עבדי-אתה ישראל), doch viele Exegeten betrachten diesen Namen hier als sekundär.[182] Ihr Hauptargument, weshalb der Knecht in diesem Text (dem sog. „Zweiten Gottesknechtslied") nicht Israel sein könne, basiert auf der Aussage von v.5: לשובב יעקב אליו, *um Jakob zu ihm heimzuführen*. Das Subjekt der Infinitivkonstruktion wird dabei, ohne das weiter zu problematisieren, mit dem Knecht, also dem *Objekt* des übergeordneten Satzes identifiziert: „Jhwh hat mich zu seinem Knecht gemacht, damit *ich* Jakob zu ihm heimführe." Grammatikalisch ist es aber genauso möglich, ja sogar wahrscheinlicher, dass das

---

180 EÜ gibt diese äußerst komplizierten Texte folgendermaßen wieder: „Ich, der Herr, habe dich aus Gerechtigkeit gerufen, ich fasse dich an der Hand. Ich habe dich geschaffen und dazu bestimmt, *der Bund für mein Volk* und das Licht für die Völker zu sein." Und: „Jetzt aber hat der Herr gesprochen, der mich schon im Mutterleib zu seinem Knecht gemacht hat, *damit ich Jakob zu ihm heimführe und Israel bei ihm versammle.* [...] Und er sagte: Es ist zu wenig, daß du mein Knecht bist, nur *um die Stämme Jakobs wieder aufzurichten und die Verschonten Israels heimzuführen.* Ich mache dich zum Licht für die Völker; damit mein Heil bis an das Ende der Erde reicht."
181 Vgl. Blenkinsopp, *Isaiah II*, 212: „the servant must restore Israel as a covenant people."
182 Die entscheidenden Argumente gegen die textkritische Streichung von „Israel" hat bereits N. Lohfink, „»Israel« in Jes 49,3", J. Schreiner (Hg.), *Wort, Lied und Gottesspruch. Beiträge zu Psalmen und Propheten. Festschrift für Joseph Ziegler* (FzB 2; Würzburg: Echter; Katholisches Bibelwerk, 1972) 217 – 229, vorgelegt.

Subjekt des Hauptsatzes auch den Infinitiv regiert: „JHWH hat mich zu seinem Knecht gemacht, damit *er* Jakob zu sich heimführe."[183] Wenn man mit Norbert Lohfink den um ל erweiterten Infinitiv nicht final, sondern modal interpretiert,[184] lässt sich auch folgendermaßen übersetzen: „Jetzt aber hat Jahwe, der mich schon im Mutterschoß als seinen Knecht gebildet hatte, gesagt, *indem er* Jakob zu sich zurückführte und Israel bei sich versammelte…"[185]

Eine andere, noch einfachere Lösung der komplizierten Syntax bietet Shalom M. Paul.[186] Er betrachtet das partizipiale יצרי מבטן לעבד לי als Parenthese und lässt den *inf. cs.* von dem Hauptverb אמר abhängen.[187] Auch in diesem Fall ist Gott Subjekt der Infinitivkonstruktion. Er ist es, der Jakob-Israel als seinen Knecht berufen und geformt hat und ihn nun aus seiner Zerstreuung sammelt.

Damit sind bei weitem nicht alle Fragen beantwortet,[188] doch immerhin ist deutlich geworden, dass die עבד genannte Figur auch an den umstrittenen Stellen das Gottesvolk repräsentieren *kann*. Im Endtext des kanonischen Jesajabuchs, den wir wie in der gesamten Arbeit so auch hier zugrunde legen, ist dies jedenfalls die maßgebliche Interpretation. Sie wird dem Leser durch die eindeutigen Aussagen in 41,8 – 9; 44,21; 45,4 usw. immer neu vermittelt.

Doch nun zu dem zweiten Haupteinwand. Gerade 52,13 – 53,12 dient nämlich oft als Argument, um die kollektive Interpretation zurückzuweisen: „The primary problem for the interpretation of the figure of the Servant lies in the highly individual portrayal of the Servant's suffering set out in the final Song (Isa. 52.13 –

---

183 Die Konstruktion würde also der in Jer 1,10 entsprechen: ראה הפקדתיך היום הזה על־הגוים
ועל־הממלכות לנתוש ולנתוץ…. Auch hier macht EÜ den Propheten, das Objekt des Hauptsatzes, zum Subjekt der durch die sechs Infinitive bezeichneten Aktionen: „…*du* sollst ausreißen und niederreißen, vernichten und einreißen, aufbauen und einpflanzen." Aber ist wirklich Jeremia derjenige, der Jerusalem zerstören und wiederaufbauen soll? Die übrigen Belege der Formel zeigen eindeutig, dass dieses Werk nicht von dem Propheten, sondern von Gott vollbracht wird. Auch in Jer 1,10 ist also er das Subjekt der Infinitive: „Am heutigen Tag setze ich dich ein…, damit *ich* ausreiße und niederreiße…"

184 Vgl. G–K §114o: „Sehr häufig dient der Infin. mit ל […] zur Angabe von Anlässen, begleitenden Umständen oder sonstigen Näherbestimmungen."

185 N. Lohfink, „»Israel« in Jes 49,3", 224 [Hervorhebungen d. Vf.].

186 Vgl. Paul, *Isaiah*, 94.326. Seine Übersetzung lautet: „And now the Lord – who formed me in the womb to be His servant – has resolved to bring back Jacob to Himself, that Israel may be gathered to Him."

187 Zu der Konstruktion אמר + ל + *inf. cs.* und ihren Bedeutungen („zusichern, beabsichtigen, versprechen") s. HALAT, 64.

188 Auch in der hier nicht behandelten Stelle 49,6 hängt die Auslegung wesentlich daran, wie die Infinitivkonstruktion להקים את־שבטי יעקב… gedeutet wird. Nach einer umfassenden Analyse kommt N. Lohfink, „»Israel« in Jes 49,3", 224, zu dem Schluss: „In der Infinitivkonstruktion von 49, 6a, im Licht von ganz Deuterojesaia gelesen, handelt Jahwe an Israel, nicht Israel selbst."

53.12) and the significance of this suffering for those who are identified by the use of the first-person 'we' in the fourth Song."[189]

Dasselbe Argument wurde bereits von bedeutenden Exegeten des 19. Jahrhunderts vorgebracht und von Karl Budde vor über hundert Jahren eingehend diskutiert und widerlegt.[190] Das rhetorische Mittel der Personifizierung (oder der „Individualisierung einer Gemeinschaft", wie er es nennt), also die Darstellung einer Gruppe, einer Gemeinde, eines Volks als Einzelperson verlangt ja gerade, dass die kollektive Größe personale Züge trägt, dass sie Eigenschaften und Verhaltensformen aufweist, die in Wirklichkeit nur Individuen zukommen.

Wie die vorhergehenden Ausführungen über Jes 47 und 49,14–26 gezeigt haben, macht der Autor (die Autoren) des exilischen Jesajabuchs auch andernorts Gebrauch von diesem literarischen Mittel: er stellt die Städte Babylon und Jerusalem als Frauen und Mütter dar. Aufbauend auf den älteren Propheten und den Klageliedern verleiht er der „Tochter Zion" neue Züge, indem er sie nicht nur Zerstörung und Deportation, sondern auch den Wiederaufbau und die Rückkehr der Verbannten erleben lässt. Dieser weiblichen Gestalt, die die in der Heimat verbliebene Bevölkerung repräsentiert, steht die männliche Gestalt des Knechts gegenüber, die Verkörperung der leidenden Exilsgemeinde.[191]

Der wahre Protagonist von 52,13–53,12 ist jedoch nicht Israel, sondern JHWH. Dies wird daran deutlich, dass er im vorderen und hinteren Rahmen das Wort führt. Er ist es, der die in 53,1–10 nur „Er" und „Wir" genannten Aktanten identifiziert: derjenige, der bisher leiden musste und nun erhoben wird, ist „mein Knecht" (עבדי, 52,13; 53,11); diejenigen, die sein Leiden verursacht haben und nun

---

189 R. E. Clements, *Jerusalem and the Nations*, 174.
190 K. Budde, *Die sogenannten Ebed-Jahwe-Lieder und die Bedeutung des Knechtes Jahwes in Jes. 40–55* (Gießen: J. Ricker'sche Verlagsbuchhandlung, 1900). Der Autor widerspricht dem u. a. von Heinrich Ewald vorgebrachten Argument mit dem Hinweis, „dass es sich hier nur um einen gefühlsmäßigen Eindruck handelt; die Grenzen des Ausdrucks für die Schilderung einer Einzelperson einerseits und die Individualisierung einer Gemeinschaft anderseits sind selbstverständlich schwimmende" (Budde, *Ebed-Jahwe-Lieder*, 4). Neben dieser Studie stützt sich unsere Deutung von Jes 52–53 und der Gottesknechtstexte insgesamt vor allem auf die Arbeiten von O. Kaiser, *Der Königliche Knecht. Eine traditionsgeschichtlich-exegetische Studie über die Ebed-Jahwe-Lieder bei Deuterojesaja* (FRLANT 70; Göttingen: Vandenhoeck & Ruprecht, 1959); T. N. D. Mettinger, *A Farewell to the Servant Songs. A Critical Examination of an Exegetical Axiom* (SMHVL 1982–1983.3; Lund: CWK Gleerup, 1983); A. Bonora, *Isaia 40–66. Israele: servo di Dio, popolo liberato* (LoB 1.19; Brescia: Editrice Queriniana, 1988).
191 Beide Figuren sind also, wie U. Berges, „Kingship and Servanthood in the Book of Isaiah", R. J. Bautch u. J. T. Hibbard (Hg.), *The Book of Isaiah. Enduring Questions Answered Anew. Essays Honoring Joseph Blenkinsopp and His Contribution to the Study of Isaiah* (Grand Rapids, MI; Cambridge: William B. Eerdmans, 2014) 172, konstatiert, „a literary individual as well as a social collective".

das Wort ergreifen, um ihren Irrtum einzugestehen, sind „die vielen Völker" und „die Könige" (מלכים ... גוים רבים, 52,15) oder einfach „die Vielen" (רבים, 52,14; 53,11.12 [*2x*]).

Der Knecht kann im Mittelteil überhaupt nur so in den Vordergrund treten, weil Gott ihn dorthin gestellt hat, weil er gleich am Anfang mit הנה ישׂכיל עבדי (52,13) auf ihn verwiesen hat. Damit überlässt er seinem irdischen Stellvertreter gleichsam die Bühne und greift nur noch indirekt ein (syntaktisch „verborgen" hinter passivischen und unpersönlichen Ausdrücken). Sein Hauptbeitrag besteht nicht im aktiven Tun, sondern in der deutenden Rede am Anfang und am Schluss, mit der er das eigentliche Geschehen in den größeren heilsgeschichtlichen Zusammenhang einordnet.

Während die menschlichen Akteure in erster Linie von dem sprechen, was *war* (bis 53,9 dominieren die Perfekta, erst in 53,10 erscheint ein Imperfekt), lenkt er den Blick auf das, was *sein wird*: Aus den Leiden der Vergangenheit wird Heil entstehen, für die, die sie erlitten, wie für die, die sie zugefügt haben. Und so wird auch Sein Plan gelingen (vgl. 53,10b), der Plan nämlich, Israel aus der Zerstreuung zu sammeln und heimzuholen und die übrigen Nationen zur wahren Gotteserkenntnis zu führen.

Wie in den Zionstexten treten auch hier zu JHWH und dem von ihm erwählten Volk als Dritte die *gojim* und deren Könige hinzu.[192] Narratologisch Nebenakteure haben sie für die Theologie des Buches doch eine wesentliche Funktion. Sie stehen dafür, dass die Gotteserfahrung Israels die nationale Begrenztheit überschreiten und zur Basis einer universalen Aufklärung und Heilserfahrung werden soll. Während 49,14 – 26 verheißt, dass sie aktiv handeln werden, indem sie der Zionsgemeinde einen wertvollen Dienst leisten, verweist 52,13 – 53,12 darauf, dass sie bereits gehandelt haben, indem sie nämlich JHWHs Abgesandte misshandelten. Noch vor jeder neuen Aktivität geht es für sie darum, ihr Unrecht einzusehen und wahrzunehmen, wie die erkannte und bereute Schuld von Gott in Heil verwandelt wird.

2.4.2. Der heilsgeschichtliche Kairos

Jes 52,13 – 53,12 folgt wie schon 49,1 – 6 auf einen Auszugsbefehl. Dort hatte sich der Knecht den Bewohnern der Inseln und den in der Ferne lebenden Völkern vor-

---

192 Sie bilden auch die lexikalische Brücke zwischen dem zuvor behandelten Völkerwallfahrtstext und dem nun zu behandelnden Gottesknechtstext. גוים und מלכים stehen nämlich in 49,22 – 23 und dann wieder in 52,15 nebeneinander.

gestellt, nachdem *48,20 – 21* die Exulanten zur Flucht aus Babylon aufgerufen hatte. Er hatte von seinem universalen Auftrag gesprochen und dadurch klar gemacht, dass dieser durch die Rückkehr in die Heimat nicht aufgehoben wird. Die Sammlung des Gottesvolks und die Sendung zu den anderen Nationen widersprechen sich nicht, sie sind zutiefst miteinander verbunden. Ohne dass Jakob-Israel in sein Land – und damit zu seinem Gott! – zurückkehrt (vgl. 49,5), kann es das göttliche Heil nicht an die Grenzen der Erde bringen (vgl. 49,6).

In *52,11 – 12* werden die Angehörigen der *Golah* erneut zum Auszug aufgerufen. Unmittelbar darauf präsentiert JHWH seinen Knecht, indem er seinem Tun Erfolg verheißt. Im Kontext ist damit vor allem der Exodus aus Babel gemeint. Er soll „vielen" (רבים) verständlich gemacht werden. Dazu muss vor allem dem Eindruck begegnet werden, die geographische Trennung führe notwendig zu einer Ent-Universalisierung des Heils. Das zentrale Anliegen von Kap. 52 – 53 ist es deshalb zu zeigen, dass die Rehabilitation des Gottesknechts nicht nur für ihn selbst, sondern für alle Völker Heil bedeutet.

Die beiden Phasen dieses Geschehens lassen sich anhand der Verbformen leicht unterscheiden: die *qatal*-Formen beschreiben die in der Vergangenheit liegende Epoche, in der der *Eved* von den Nationen misshandelt und verachtet wurde, die *yiqtol*-Formen die in der Zukunft liegende Epoche, in der sein Leiden endet und er verherrlicht wird.[193]

Dazwischen schiebt sich eine weitere Zeitdimension, die in der Auslegung kaum beachtet wird und dennoch höchst bedeutsam ist. In ihr vollzieht sich nämlich der Umschlag von der vergangenen Not zur künftigen Herrlichkeit. Es ist die (Sprech-)Gegenwart, d. h. der Augenblick, in dem zuerst Gott und dann die fremden Herrscher das Wort ergreifen. Dieser heilsgeschichtliche Kairos ist dadurch charakterisiert, dass die Nationen zur Einsicht kommen und ihr falsches Urteil[194] über den Knecht JHWHs korrigieren.

Grammatikalisch lässt sich diese Dimension nicht so klar wie die beiden anderen fassen; sie muss durch eine präzise Übersetzung der Verben erst herausgearbeitet werden. Der Umschwung von der Unwissenheit zur Erkenntnis wird in *52,15b* thematisiert. Dabei werden zwei Phasen unterschieden: die einstige

---

193 Vgl. die detaillierte Analyse bei S. H. Blank, *Prophetic Faith in Isaiah* (New York: Harper & Brothers, 1958) 90 – 3. Auf der Grundlage dieses grammatikalischen Befunds weist er jüdische und christliche Deutungen zurück, die einseitig die Passion des Gottesknechts hervorheben („suffering as a program"). Das Hauptinteresse des Textes gelte nicht seinem vergangenen Leiden, sondern seiner kommenden Herrlichkeit.

194 Die frühere Fehleinschätzung wird in Kap. 53 zweimal mit dem Verb חשב (und zwar im *qatal*) formuliert: v.3 spricht von der generellen Missachtung seiner Person (ולא חשבנהו, *wir achteten ihn nicht*), v.4 von dem noch fataleren Fehlurteil (ואנחנו חשבנהו נגוע, *wir aber hielten ihn für geschlagen*).

Ignoranz und das inzwischen erworbene Wissen. Das *qatal* der Relativsätze אשר לא־שמעו und לא־ספר להם muss dabei als Vorvergangenheit („past perfect"), das der Hauptsätze ראו und התבוננו hingegen präsentisch übersetzt werden („present perfect"):[195] „Denn was ihnen nicht erzählt worden war, sehen sie nun, und was sie nicht gehört hatten, verstehen sie nun."

Indem die Nationen zur Einsicht kommen und diese Einsicht dann auch formulieren, schaffen sie von ihrer Seite her die Voraussetzung dafür, dass der Gottesknecht rehabilitiert werden kann. So wie sie durch Verachtung und Verfolgung zu seinem Elend beitrugen, werden sie durch ihre Hochschätzung seine Erhöhung mitbewirken. Die Wende im Schicksal des Gottesknechts hängt also wesentlich an ihrem veränderten Verhalten ihm gegenüber.

Beginnend mit *53,1* übernehmen die Völker bzw. die sie repräsentierenden Könige die von Jhwh vorgetragene Deutung.[196] In der Form einer rhetorischen Frage bekennen sie, dass sie bis zu diesem Augenblick nichts verstanden haben, dass sie sich im Irrtum befanden. Sie verzichten damit sogar auf die Ausrede, die ihnen 52,15 geboten hätte: ihnen wurde ja nichts erzählt, sie hatten nichts gehört. Die Wahrheit ist, dass sie nicht *zu*gehört haben! Sie konnten das Richtige durchaus hören, schenkten ihm aber keinen Glauben.

---

195 Vgl. Waltke – O'Connor, 30.5.2b. In den Parallelstellen wird das Zum-Sehen-Kommen der nichtisraelitischen Menschheit durch *wᵉqatal*- und *yiqtol*-Formen ausgedrückt: 40,5 (ונגלה כבוד); חשׂף יהוה את־זרוע קדשׁו לעיני כל־הגוים וראו); 52,10 (מלכים יראו וקמו); 49,7 (יהוה וראו כל־בשׂר יחדו); כל־אפסי־ארץ את ישׁועת אלהינו). Was dort für eine unbestimmte Zukunft erwartet wird, wird in 52,15 also in die Gegenwart geholt; in der Erhöhung des *Eved* wird die göttliche Herrlichkeit bereits anschaubar.

196 Die Identifikation der Sprecher von 53,1 – 10 mit den in 52,15 genannten גוים רבים und מלכים kann hier nicht im Einzelnen begründet werden. Sie hängt nicht zuletzt daran, wie der Ausdruck שׁמעתנו (53,1) aufgefasst wird. Wenn er „unsere Botschaft", „unsere Kunde" bedeutete (vgl. EÜ: „Wer hat unserer Kunde geglaubt?"), dann müssten andere Personen sprechen, die in der Vergangenheit eine unbeachtet gebliebene Nachricht zu den Nationen brachten. Wird er hingegen mit „das von uns Gehörte" übersetzt (vgl. Blank, *Prophetic Faith*, 87: „what we have [just] heard"), dann führen die Nationen selbst das Wort. Für diese Deutung, die bereits von Hitzig, *Biblische Theologie*, 177 – 84, vertreten und von Budde, *Ebed-Jahwe-Lieder*, 13 – 5, ausführlich begründet wurde, plädieren in neuerer Zeit u. a. N. Lohfink, „Gewalt und Friede in der Bibel. Hinführung zum Schreiben der deutschen Bischöfe »Gerechter Frieden«", J. Frühwald-König, F. R. Prostmeier u. R. Zwick (Hg.), *Steht nicht geschrieben? Festschrift für Georg Schmuttermayr* (Regensburg: Verlag Friedrich Pustet, 2001) 85; Blum, „Der leidende Gottesknecht", 138 – 159.

2.4.3. Der Erfolg des Knechts (52,13 – 15)

Das letzte *Eved* J<small>HWH</small>-Lied preist nicht das Leiden als solches, sondern die Macht J<small>HWH</small>s, seinen Erwählten aus dem Leiden zu retten und dessen Peiniger zur Erkenntnis ihrer Schuld zu führen. Das wird bereits in den einführenden Worten deutlich, mit denen J<small>HWH</small> den Erfolg seines Knechtes prophezeit: הנה ישכיל עבדי (52,13). Dessen Erfolg bedeutet gleichzeitig das Gelingen des göttlichen Plans (vgl. 53,10: וחפץ יהוה בידו יצלח): die Neusammlung Israels und die Ausweitung des Heils auf alle Menschen.

Drei synonyme Verben – רום, נשׂא *nif.* und גבה – beschreiben anschaulich die künftige Erhöhung, die in der LXX sinngemäß als Verherrlichung gedeutet wird (δοξασθήσεται). Der Knecht soll also Anteil an der göttlichen Erhabenheit gewinnen, wie sie in der Thronvision geschildert wurde (vgl. 6,1: ישׁב על־כסא רם ונשׂא).[197] Daraus ergibt sich aber, dass er sich bisher in einem Zustand der Erniedrigung befand und immer noch befindet. Tatsächlich hatte er selbst in den vorhergehenden Kapiteln von den inneren und äußeren Schwierigkeiten seines Amtes gesprochen, z. B. in 49,4 („Vergeblich habe ich mich gemüht, für nichts und Eitelkeit meine Kraft vertan") und in 50,6 („Meinen Rücken bot ich denen, die [mich] schlugen, und meine Wangen denen, die [den Bart] ausrauften").

Die antithetischen Zustände, die einstige Not und die kommende Herrlichkeit, werden in *52,14 – 15* gegenübergestellt. Dabei unterstreicht die komparativische Konstruktion כאשר – כן einerseits, dass in beiden Fällen dieselben Personen beteiligt sind (die רבים bzw. גוים רבים und die מלכים), und andererseits, dass die neue Lage mit Gewissheit eintreten wird. Im Verhältnis zwischen dem *Eved* und den Völkern wird es einen radikalen Wandel geben. Das Entsetzen, das er ihnen bisher einflößte, wird einem Staunen weichen, ein Staunen, das durch seine veränderte Erscheinung, letztlich aber durch ihre veränderte Wahrnehmung ausgelöst wird. Denn es waren zwar sein Aussehen (מראה) und seine Gestalt (תאר), die die Vielen erstarren ließen. In Wirklichkeit aber hatten sie diese seine Entstellung selbst bewirkt und nicht damit gerechnet, dass J<small>HWH</small> seinen Knecht noch einmal aufrichten und so ihr Unrecht aufdecken würde. Was den fremden Königen den Mund verschließt (v.15a; vgl. Ijob 5,16; Ps 107,42), ist also weniger der Schock über das verunstaltete Gottesvolk als vielmehr die Scham, dass sie dies verschuldet haben.

Die zweite Neuheit besteht darin, dass der *Eved* an den Nationen handelt, nachdem bis dahin diese immer an ihm gehandelt hatten: יזה גוים רבים, *er wird viele*

---

197 Zu dieser Parallele vgl. B. D. Sommer, *A Prophet Reads*, 93 – 4, und Mello, *Isaia*, 361: „[N]on si tratta di una esaltazione qualsiasi, ma di un insediamento del servo sul trono celeste."

Völker besprengen.[198] Dass hier mit נזה *hif.* ein Terminus aus dem kultischen Bereich, näherhin aus den Riten zur Heiligung, Reinigung und Entsühnung[199] auftaucht, kommt nur auf den ersten Blick überraschend. Er antizipiert nämlich einerseits die Sündenthematik des Hauptteils 53,1–10 und führt andererseits den Vers *52,11* weiter, der einen anderen Schlüsselbegriff der Kulttorah verwendet hatte. Um den Befehl zum Auszug zu verstärken, hatte er alles, was mit Babylon zu tun hat, als טמא, *unrein*, deklariert.

Stellt diese Trennung von allem „Unreinen" aber nicht die universale Mission in Frage, die Israel nach 42,1–4 und 49,1–6 den Nationen gegenüber erfüllen soll? Wie kann es Licht für sie sein und ihnen die göttliche Rechtsordnung vermitteln, wenn es sich gleichzeitig von ihnen absondert? Die beiden Hauptanliegen des exilischen Jesajabuchs, die Rettung Israels und die Rettung, sprich, Umkehr der *gojim* scheinen so in einen unauflöslichen Gegensatz zu treten: Israel soll die Nationen verlassen, um wieder ein „reines", Jhwh allein gehöriges Volk zu werden, und gleichzeitig soll es zu ihnen hingehen, um ihnen das Licht der Torah zu bringen.

In 49,14–26 wird dieses Dilemma dadurch gelöst, dass die Fremden in den Dienst Zions treten und den Zug der Heimkehrer begleiten, in 52,13–53,12 dadurch, dass Israel seinen früheren Gegnern einen Dienst erweist. 52,15 drückt dies mit einer kreativen Neuinterpretation der Kultgebote aus: Der Gottesknecht „besprengt" die Nationen, der Reine die Unreinen, und reinigt sie so von ihrer Schuld. Inhaltlich und intertextuell ist diese singuläre Idee mit drei Kapiteln aus dem Pentateuch verbunden, in denen jeweils viermal das Lexem נזה *hif.* erscheint: Lev 14, die Weisung für die Wiedereingliederung der vom Aussatz Geheilten, Lev 16, das Ritual für den Versöhnungstag, und Num 19, die Vorschriften über die rote Kuh.

Auf dem Hintergrund von *Lev 14* übernimmt der Gottesknecht die Funktion des Priesters, der den Aussätzigen bzw. das „aussätzige" Haus durch Versprengen von Blut und Öl reinigt (והזה, v.7.16.27.51). Er handelt an den durch ihren Götzendienst befleckten Nationen wie der Reinigende (הַמְטַהֵר, v.11), der den zu Reinigenden (הַמִּטַּהֵר, v.4 u. ö.) besprengt, um ihn von seiner Unreinheit (טמאה, v.19) zu befreien.

---

198 Textkritisch ist diese von 𝔐 und 𝔔 bezeugte Lesart nicht zu beanstanden. Dennoch wird sie von fast allen Exegeten geändert (s. nur die Vorschläge in BHS). Nur wenige behalten den überlieferten Text bei, u. a. J. Goldingay, *The Message of Isaiah 40–55. A Literary-Theological Commentary* (London; New York: T & T Clark International, 2005) 492–3; Goldingay u. Payne, *Isaiah II*, 294–295. Doch selbst diese sind sich nicht einig, ob er eine positive Aussage enthält. Tatsächlich hat ihn schon Ibn Ezra als eine Strafankündigung verstanden: „He will sprinkle the blood of many nations" (Friedländer, *Ibn Ezra on Isaiah*, 241).
199 Die Haupttexte finden sich in Lev 1–16. Zu den intertextuellen Bezügen dieser Texte mit Jes 53 vgl. Goldingay, *Message of Isaiah 40–55*, 479–80.

In Jes 53 ist dieses direkte, einlinige Verhältnis dadurch gebrochen, dass derjenige, der den Akt vollzieht, selbst „geschlagen" ist bzw. als solcher betrachtet wird (נגוע, v.4; נגע, v.8).[200]

Auf dem Hintergrund von *Lev 16* tritt der Gottesknecht an die Stelle des Hohenpriesters, der durch das Verspritzen von Blut Sühne wirkt (והזה, v.14.15.19; יזה, v.14). Er tilgt aber nicht wie jener die Vergehen des eigenen Volkes, der Kinder Israels (את־כל עונת בני ישראל ואת־כל־פשעיהם לכל־חטאתם, v.21), sondern die der anderen Nationen (מעונתינו ... מפשענו, Jes 53,5; עון כלנו, v.6; מפשע עמי, v.8; [Q]ולפשעיהם, v.12). Darüber hinaus fungiert er auch als Sündenbock, dem die Vergehen der anderen aufgeladen werden (ונשא השעיר עליו את־כל־עונתם, Lev 16,22; vgl. ועונתם הוא יסבל, Jes 53,11). Dieser Zusammenhang wird durch das seltene Lexem גזר noch hervorgehoben: wie der Bock in ein „abgeschnittenes" Land, d. h. in die Öde weggeschickt wird (אל־ארץ גזרה, Lev 16,22), wird der Knecht von dem Land des Lebens „abgeschnitten" (נגזר מארץ חיים, Jes 53,8).

Auch in *Num 19* werden Personen und Objekte durch das Versprengen von Blut und Wasser gereinigt (והזה, v.4.18.19; ומזה, v.21). Mit Blick auf Jes 52,11, das die Trennung von allem Unreinen anordnet, ist vor allem der folgende Passus interessant: והזה הטהר על־הטמא ... וחטאו, *der Reine sprenge auf den Unreinen und entsündige ihn* (Num 19,19). Die Torah sieht neben der Meidung des Unreinen also auch die Möglichkeit vor, das Unreine (und dazu gehören Nichtjuden *per definitionem*) zu besprengen und rein zu machen.

Jes 52,15 wäre somit eine vom Kultgesetz inspirierte Vision über die Rolle, die der Gottesknecht Israel gegenüber den anderen Nationen erfüllt. Zu ihren Gunsten übt er das priesterliche Amt aus (vgl. 61,6) und befreit sie von ihren Sünden. Dass ein einseitiger, äußerlicher Ritus dafür nicht genügt, macht der Hauptteil deutlich. Um wirklich rein zu werden, müssen die Nationen aufhören, den zu verfolgen, der sie „reinigen" bzw., wie 53,11 in juridischer Sprache formuliert, „rechtfertigen" kann.

2.4.4. Die Schuld der Nationen und das Leiden Israels (53,1–10)

Während die JHWH-Reden am Anfang und am Schluss auf die künftige Herrlichkeit des Knechts blicken, handelt der mittlere Abschnitt von seiner noch andauernden Erniedrigung. „Er" und „Wir" sind die Hauptakteure eines dialogischen Gesche-

---

200 Lev 14 verwendet den Terminus נגע in der prägnanten Bedeutung „mit Aussatz geschlagen" (נגע צערת, v.3.32 u. ö.). Das hat zu unfruchtbaren Spekulationen über eine mögliche Lepraerkrankung des Gottesknechts geführt. In Jes 53 dürfte der Terminus jedoch in dem allgemeinen Sinn „von Krankheiten und ähnlichen Gebrechen geschlagen" gebraucht sein.

hens, das in 52,14 bereits angedeutet wurde. Nun wird es aus der Perspektive derer dargestellt, die sich über das abschreckende Äußere des *Eved* echauffierten. Dabei wird der Vorgang in einem Dreischritt – Aussehen (תאר, מראה, v.2) – Krankheit (חלי, מכאב, v.3 – 4) – Sünde (פשע, עון, v.5 – 6) – immer tiefer reflektiert, von den Symptomen wird bis zur Ursache vorgedrungen, um am Ende zu der Einsicht zu gelangen, dass die Sprechenden den von ihnen Verachteten selbst ins Elend gestoßen haben.

Lexikalische Verknüpfungen am Anfang der Wir-Rede weisen darauf hin, dass die neuen Sprecher an die Aussagen JHWHs anknüpfen und sie positiv entfalten. So greifen sie die Begriffe מראה, *Aussehen*, und תאר, *Gestalt*, aus 52,14 in 53,2 chiastisch auf, wobei sie deren negative Konnotation bestätigen. Und in 53,1 präzisieren sie die Feststellung von 52,15, dass sie einst nichts *gehört* hatten (ואשר לא־שמעו), indem sie zugeben, dass durchaus etwas zu *hören* war (לשמועתנו), was die meisten von ihnen aber überhörten.

Die provokative Frage, die die Rede eröffnet, signalisiert, dass im Folgenden nicht objektive Informationen vorgetragen werden, die ohne persönliche Stellungnahme aufgenommen werden könnten. Vielmehr geht es darum, bei den Hörern eine kognitive und affektive Reaktion auszulösen: sie sollen dem, was sie gehört haben bzw. nun zu hören bekommen, Glauben schenken, sollen die ihnen vorgelegte Deutung der Ereignisse bejahen und sich zu Eigen machen. Vor allem sollen sie die Erniedrigung des Gottesknechts, die sie selbst erlebt haben, und seine nun bevorstehende Erhöhung als einen Offenbarungsvorgang begreifen. Bereits *52,10* hatte von dem entblößten Arm JHWHs gesprochen und mit dieser Metapher die Heimkehr der Deportierten interpretiert (חשׂף יהוה את־זרוע קדשׁו; vgl. 51,9 – 11). Von demselben Arm spricht auch unser Text (וזרוע יהוה על־מי נגלתה, 53,1). Dass er an dem *Eved* handelt und sich dadurch offenbart, ist keine Frage. Fraglich ist nur, ob ihn jemand sieht und daraus die richtigen Schlüsse zieht.

Das in 53,1–10 geschilderte Geschehen wird durchgängig von zwei Charakteren getragen. Grammatikalisch wird das durch den ständigen Wechsel zwischen „Er" und „Wir" angezeigt. Die Verben stehen meistens in der 3. Pers. Sg., während die Substantive das Suffix der 1. Pers. Pl. tragen. „Er" wird auf diese Weise als der hauptsächliche Träger der teils aktiv vollzogenen, teils passiv erlittenen Aktionen präsentiert, „Wir" hingegen als diejenigen, die durch ihr Verhalten diese wesentlich bestimmen. Wie diese beiden Ebenen, das vordergründig sichtbare Leiden des Gottesknechts und das im Hintergrund sich abspielende Wirken der Nationen, zusammenhängen, wird durch die deutende Rede aufgedeckt. Paradigmatisch sind dafür die in v. 3 und v.4 nebeneinander gestellten Aussagen. Zunächst wird beschrieben, wie der Knecht von seiner Umgebung wahrgenommen wird: als אישׁ מכאבות, *ein Mann von Schmerzen*, und ידוע חלי, *mit Krankheit vertraut*. Dieser Eindruck wird im folgenden Vers, wie das adversative אכן anzeigt, korrigiert. Er wiederholt dieselben Termini, doch in umgekehrter Reihenfolge, emphatisch an den Anfang der jeweiligen Konstruktion gestellt und vor allem durch das *ePP* der 1. Pers. Pl. modifiziert: חלינו הוא נשא, *unsere(!) Krankheit trug er*, und מכאבינו סבלם, *unsere(!) Schmerzen nahm er auf sich.*

Damit ist die frühere Distanz – hier der einsam Leidende, dort die Vielen, die ihn kaum beachten – aufgehoben. Woran er leidet, ist nämlich nicht *seine*, son-dern *ihre* Krankheit, sind Schmerzen, die nicht *er*, sondern *sie* verursacht haben.

Durch eine Reihe von Referenzsignalen ist diese Krankheitsmetapher mit analogen Schilderungen im Jeremiabuch verbunden.[201] So ist das Syntagma נשא חלי nur noch in *Jer 10,19* belegt. Dort macht sich Zion selbst Mut, indem sie Zer-störung und Verbannung als eine Krankheit interpretiert, die sie ertragen muss (אך זה חלי ואשאנו). Demgegenüber stellt unser Text fest, dass der Gottesknecht an den Folgen eines Gebrechens leidet, das andere zu verantworten haben (אכן חלינו הוא נשא, Jes 53,4). Noch deutlich sind die Parallelen zu *Jer 11,19*. In seinen „Konfes-sionen" vergleicht sich Jeremia mit einem Schlachttier – כבבש אלוף יובל לטבוח, *wie ein zutrauliches Lamm, das zum Schlachten geführt wird* – und zitiert die Worte derer, die ihn töten wollen – ונכרתנו מארץ חיים, *wir wollen ihn aus dem Land der Lebenden ausrotten.* Jes 53,7 bezeichnet den *Eved* nicht als כבש, sondern als שה, bedient sich aber im Übrigen desselben Syntagmas יבל *hof.* + ל + טבח.[202] Und 53,8 stellt das, was die Feinde Jeremias planen, als vollendete Tatsache hin: נגזר מארץ חיים, *er ist abgeschnitten vom Land der Lebenden.*

So werden die Bilder, die dort das Leiden eines einzelnen Propheten illus-trieren, hier dazu verwendet, um das Unglück eines ganzen Volkes zu beschrei-ben.[203] Nicht ohne Modifikationen. Denn während die Metapher des schlachtbe-reiten Lamms bei Jeremia die Unschuld und Arglosigkeit betont, veranschaulicht sie im Fall des leidenden Gottesvolks die wort- und klaglos übernommene Pas-sion.[204]

---

201 Zu den Parallelen vgl. B. D. Sommer, *A Prophet Reads*, 64 – 6; Paul, „Echoes of Jeremiah", 412. Weniger überzeugend sind die von B. D. Sommer, *A Prophet Reads*, 93 – 5, postulierten Parallelen zu Jes 6,1 – 11 und 11,1 – 10.

202 Während MT das Nomen טבח verwendet (לטבה), liest 1QIsa^a den *inf. cs.* des Verbs (לטבוח) und hat damit denselben Wortlaut wie in Jer 11,19.

203 Wir gehen wie die oben zitierten Autoren und im Gegensatz zu G. Fischer, „Gefährten im Leiden. Der Gottesknecht bei Jesaja und der Prophet Jeremia", *BZ* 56 (2012) 12 – 7, davon aus, dass die literarische Abhängigkeit von Jeremia zu „Deuterojesaja" verläuft. Dafür spricht zum einem die vermutliche Entstehungszeit der beiden Textkorpora, zum anderen die Überlegung, dass Metaphern leichter von einer historischen auf eine fiktive Gestalt übertragen werden als umgekehrt.

204 Das wird in v.7 zweimal explizit konstatiert: ולא יפתח פיו, *er aber öffnete seinen Mund nicht.* Ähnlich bereits 42,2: לא יצעק ולא ישא....

Ein Beispiel für die kollektive Verwendung dieses eindrücklichen Bilds bietet *Ps 44,23*. Im ganzen Psalm spricht die jüdische Exilsgemeinde („Wir"), und eben diese wird mit einem Schlachttier verglichen: נחשבנו כצאן טבחה, *wir wurden als Schafe betrachtet, die zum Schlachten bestimmt sind*. Wie in Jes 53 steht auch hier das Verb חשב. Es weist darauf hin, dass es sich nicht um eine objektive Tatsache handelt, sondern um die subjektive – und zwar falsche! – Einschätzung der Feinde Israels.

Doch kommen wir noch einmal auf die Krankheitsmetapher zurück. Die nächste Parallele für die Beschreibung eines „kranken" Kollektivs findet sich nämlich im Jesajabuch selbst. Bereits im programmatischen ersten Kapitel wird das Gottesvolk als ein sieches, zerschlagenes Individuum vorgestellt.[205] Mit ihrer Vermutung, dass Israel von Gott geschlagen sei (מכה אלהים, 53,4), könnten sich die Völker sogar auf *1,5* berufen, wo Jʜwʜ tatsächlich über seine bisherigen Schläge und den Nutzen weiterer Schläge nachdenkt (על מה תכו עוד).

Der kranke Gottesknecht ist daher nichts anderes als das personifizierte, mit personalen Zügen ausgestattete kranke Gottesvolk. Ist es aber kein Widerspruch, wenn die Ursache für das Unheil im einen Fall bei Israel, im anderen bei den Völkern gesucht wird? Dass von einer zweifachen Schuld gesprochen werden kann, hat mit der unterschiedlichen Perspektive zu tun: von Gott her gesehen leidet Israel aufgrund seiner eigenen Vergehen (vgl. 1,4), von den anderen Nationen her gesehen (die ja keinen Einblick in die innere Verfassung des Jʜwʜ-Volkes haben) leidet es, weil sie es misshandelt haben.[206] Entsprechend unterschiedlich ist die Intention der beiden Texte: Jes 1 will die Angehörigen des eigenen Volkes zur Umkehr bewegen, indem es ihnen die Ursache ihrer Leiden vor Augen führt. Jes 53 entwirft eine Vision, nach der die anderen Völker sich bekehren, sobald sie Israels Exilsnot verstanden haben.[207] Sie sollen nicht nur wie in Kap. 49 der Jʜwʜ-Gemeinde dienen und sich ihr unterwerfen, sondern durch deren „Gesundung" selber Heilung finden.

---

205 Zu den Parallelen zwischen Jes 53 und 1,5 – 6 vgl. B. D. Sommer, *A Prophet Reads*, 95 – 6. Als Referenzsignale fungieren das Verb נכה *hof.* und die Substantive חלי und חבורה. Darüber hinaus hält Sommer auch ein Wortspiel zwischen חשבנו (53,4) und חבשו (1,6) für möglich.
206 Jes 47,6 teilt diese zweifache Schuld auf sukzessive Etappen auf: Weil Israel sich schuldig gemacht hat, wurde es fremden Mächten ausgeliefert. Doch diese haben das rechte Strafmaß überschritten und sind deshalb ihrerseits schuldig geworden.
207 Zu diesem Unterschied vgl. U. Berges, „The Fourth Servant Song (Isaiah 52:13 – 53:12). Reflections on the Current Debate on the Symbolism of the Cross from the Perspective of the Old Testament", *OTE* 25 (2012) 494. Abweichend von unserer Auslegung identifiziert er jedoch den Gottesknecht von Jes 53 mit den Autoren des Textes, einer Gruppe exilischer Tempelsänger, und die „Vielen" mit Gesamtisrael.

Das dialektische Geschehen zwischen dem Protagonisten („„Er") und seinen Gegenspielern („Wir") spiegelt sich, wie bereits festgestellt, in den Verbformen und den Suffixen der Nomina. In *v.4–5* erscheinen darüber hinaus die selbstständigen Personalpronomina, um den Kontrast weiter zu verschärfen: zuerst הוא, *er*, dann, verbunden mit der adversativen Konjunktion, ואנחנו, *wir aber*, und schließlich והוא, *er aber*.[208] Den Hauptgegensatz sehen die Sprecher dabei nicht, wie zu erwarten wäre, zwischen sich und dem unschuldig Leidenden (von direkten Angriffen gegen ihn ist im ganzen Abschnitt nicht die Rede), den Hauptgegensatz sehen sie zwischen dem, was sie bisher über ihn dachten, und dem, was sie inzwischen eingesehen haben. In diesem Zusammenhang fallen nun auch zum ersten Mal die Worte פשע und עון, die von der medizinischen auf die theologische Ebene überleiten.

Unmissverständlich bekennen sich die Völker zu ihrer Schuld. Mehr noch, durch die ständig wiederholte Präposition מן stellen sie diese in einen kausalen Zusammenhang mit dem Leiden Israels: מפשעינו, *wegen unserer Vergehen* (v.5), מעונתינו, *wegen unserer Sünden* (v.5), עון כלנו, *die Sünde von uns allen* (v.6), מפשע עמי, *wegen des Vergehens meines Volkes* (v.8).[209] Ein derart kritischer Blick auf das eigene Versagen ist nur deshalb möglich, weil die positive Wende bereits eingetreten ist. Seine „Züchtigung" wurde ihnen zur Erlösung (מוסר שלומנו, v.5), seine Wunden brachten ihnen Heilung (ובחברתו נרפא־לנו). Was damit konkret gemeint ist, deutet v.6 im Bild der zerstreuten Schafherde an. Sie waren führungslos, uneins, vom rechten Weg abgekommen und unfähig, ihn aus eigener Kraft wiederzufinden.

Dass sie dies erkennen, dass sie ihre Unwissenheit und ihr Fehlverhalten einsehen, bedeutet Heil für sie. Ein Heil, das der Gottesknecht durch sein stell-

---

208 Im Folgenden wird nach demselben Muster noch ein dritter Charakter eingeführt: ויהוה, *JHWH aber* (v.6.10). Das innerweltliche Geschehen wird dadurch auf eine höhere Ebene gehoben und (vor allem durch den Terminus חפץ in v.10) theologisch interpretiert.

209 Jes 53,8 wird gewöhnlich nach der in 1QIsa[a] und 4QIsa[d] überlieferten Lesart עמו korrigiert: „wegen der Verbrechen *seines* Volkes" (EÜ). Vgl. Mello, *Isaia*, 366: „Il Testo Masoretico, che legge עמי facendo entrare indebitamente la voce di Dio in quella del »noi«, è facilmente correggibile [...]." Textkritisch stellt jedoch die von 𝔐, 𝔊 und 𝔙 überlieferte 1. Pers. Sg. zweifellos die schwierigere und damit zu bevorzugende Lesart dar. Das „Ich" muss dabei nicht mit Gott identifiziert werden. Das ist nur dann der Fall, wenn man das „Wir" mit Israel identifiziert und davon ausgeht, dass ein anonymer Prophet von seinem eigenen Volk misshandelt wird. Geht man aber davon aus, dass die fremden Nationen Israel verfolgen, würde an dieser Stelle einer der Anführer dieser Völker das Wort ergreifen. Ähnlich bereits Abraham Ibn Ezra: „*For the transgression of my people was he stricken.* Every nation will think: Israel was stricken because of our sins [...]. The construction of the sentence is: For the transgression of my people plagues came over them" (Friedländer, *Ibn Ezra on Isaiah*, 244).

vertretendes Leiden erwirkt,[210] das aber auch einen Beitrag ihrerseits erfordert: das Erkennen und Bekennen der eigenen Schuld. Dieser Vorgang, durch den das objektiv gewirkte Heil für die Betroffenen erst fruchtbar wird, kann mit *6,10 Umkehr* genannt werden.[211] Dort steht שוב nämlich zwischen בין und רפא, fungiert also als Zwischenglied zwischen Einsicht und Heilung: wer seine Schuld einsieht, kann umkehren, und wer umkehrt, kann geheilt werden.

Am Ende der Wir-Rede wird auch für den Gottesknecht eine positive Zukunft ausgemalt und vor allem ein theologischer Begriff gefunden, der sein Tun, ja, seine ganze Pro-Existenz zugunsten der Völker zusammenfasst: אשם (v.10).[212] Da Kap. 53 keinen kultischen Vorgang schildert, lehnt Bernd Janowski die übliche Übersetzung „Schuldopfer" und die Herleitung aus der priesterlichen Kulttorah ab.[213] Das literarische Vorbild sei vielmehr in Texten zu suchen, in denen Schuld durch materielle Leistungen (Geschenke, Votivgaben) getilgt wird. Ein solcher Text ist *1 Sam 6*, die Erzählung über die Rückgabe der Bundeslade. In ihr werden Weihegeschenke (אשם, v.3.4.8.17) erwähnt, mit denen die Philister ihr Unrecht wiedergutmachen und das Wohlwollen Jʜᴡʜs zurückgewinnen.[214] Mit Jes 53 ist diese Erzählung zudem durch das Referenzsignal רפא verbunden. In beiden Fällen bewirkt der אשם, dass der Schuldiggewordene von seiner Krankheit geheilt wird (1 Sam 6,3: השב תשיבו לו אשם אז תרפאו, *ihr müsst Ihm ein Sühnegeschenk entrichten, dann werdet ihr geheilt*; Jes 53,5: בחברתו נרפא־לנו, *durch seine Wunden sind wir geheilt*).

---

210 Zu dem viel diskutierten Konzept der Stellvertretung vgl. B. Janowski, *Stellvertretung. Alttestamentliche Studien zu einem theologischen Grundbegriff* (SBS 165; Stuttgart: Katholisches Bibelwerk, 1997). Mello, *Isaia*, 363 – 5, möchte die Rolle des Gottesknechts eher als „solidarietà" denn als „sostituzione" definieren. In jedem Fall aber ersetze sein Leiden nicht die Mitwirkung der Schuldiggewordenen.

211 Auf diese Parallele verweist Mello, *Isaia*, 364 („il famoso testo dell'indurimento d'Israele che fa della guarigione una conseguenza della conversione").

212 Trotz der bekannten Textprobleme (vgl. Barthélemy, *Critique textuelle*, 402 – 403, und zuletzt Mello, *Isaia*, 367) ist der Sinn der Stelle hinreichend klar. Er kann auf die Feststellung – אשם נפשו, *sein Leben/seine Person ist ein Schuldopfer* – zurückgeführt werden.

213 Vgl. B. Janowski, „Er trug unsere Sünden. Jes 53 und die Dramatik der Stellvertretung", ders. u. P. Stuhlmacher (Hg.), *Der leidende Gottesknecht. Jesaja 53 und seine Wirkungsgeschichte mit einer Bibliographie zu Jes 53* (FAT 14; Tübingen: J. C. B. Mohr [Paul Siebeck], 1996) 40 – 44, wörtlich wieder aufgenommen in Janowski, *Stellvertretung*, 86 – 92.

214 Vgl. die Auslegung bei A. Schenker, *Knecht und Lamm Gottes (Jesaja 53). Übernahme von Schuld im Horizont der Gottesknechtslieder* (SBS 190; Stuttgart: Katholisches Bibelwerk, 2001) 87 – 9. Auch er hält 1 Sam 6 für die nächste literarische Parallele von Jes 53,10. Im Unterschied zu Janowski ist für ihn jedoch auch dieser Text liturgisch geprägt; אשם sei dort zwar kein formelles Versöhnungsopfer, aber dennoch eine kultische Weihegabe.

Auch wenn man Jes 53 literarisch nicht vom priesterschriftlichen Kultgesetz ableitet, kann eine synchrone Analyse dennoch nicht darüber hinwegsehen, dass sich über die Hälfte der Belege von אשם (27 von 46) im Buch Levitikus finden. Der Einwand, unser Text sei nicht liturgisch geprägt, hat dabei kein allzu großes Gewicht, denn eine kultische Metapher kann auch in einem nichtkultischen Kontext verwendet werden, um eine Analogie zum Ausdruck zu bringen.[215]

Mit neun אשם-Belegen stellt die Schuldopfertorah *Lev 5* neben Lev 14 die wichtigste intertextuelle Parallele zu Jes 53 dar. Beide Texte handeln von Personen, die „Schuld tragen" (סבל עון/נשא bzw. נשא חטא), wobei diese Schuld in dem einen Fall durch Tieropfer, in dem anderen durch das Leiden des Gottesknechts gesühnt wird.[216] Die sprachliche Nähe verweist aber zugleich auf einen gravierenden Unterschied. Die Kultordnung sieht nämlich vor, dass derjenige, der gesündigt hat, *seine* Schuld trägt (ונשא עונו, Lev 5,1.17; vgl. ונשא חטאו, 24,15 u. ö.) und dann *sein* Schuldopfer darbringt (והביא את־אשמו, 5,6.7.15; vgl. v.25), um entsühnt zu werden. Bei Jesaja ist dieser Schuld-/Entsühnungsmechanismus auf den Kopf gestellt. Der von Gott erwählte Knecht trägt nicht seine, sondern *ihre* Schuld, die Sünde von „vielen" (ועונתם הוא יסבל, Jes 53,11; נשא חטא־רבים והוא, v.12), und der *ascham* wird nicht von jenen, sondern von diesem dargebracht. Nicht indem er einen Widder schlachtet, sondern indem er seine *nefesch*, sein ganzes Leben einsetzt, um den göttlichen Willen zu erfüllen.

Auf diese Weise wird das individualethische Prinzip, das *Ez 18,20* so nachdrücklich vertritt,[217] für den Bereich der internationalen Beziehungen relativiert: Israel muss nicht nur für seine eigene Schuld büßen,[218] es muss darüber hinaus auch die Vergehen der anderen Völker tragen. Mit seinem Leiden muss es deren – für sich und für jene – unheilvolle Folgen ausgleichen.

Wird Lev 5 als Verstehenshorizont von Jes 53 ernst genommen, dann gewinnt auch der Umstand Bedeutung, dass Schuldopfer dargebracht werden, wenn ein Vergehen unwissentlich begangen (ונעלם ממנו, *und es blieb ihm verborgen*, Lev 5,2.3.4) oder ein Gott geweihtes Objekt versehentlich veruntreut wurde (בשגגה, *in*

---

215 Darauf verweist Berges, „The Fourth Servant Song", 491 – 3.

216 Vgl. Berges, „The Fourth Servant Song", 493: „Analogous to the priestly sin-offering that atones for the sins of the sacrificers, Yahweh has developed and accepted the sufferings of the returnees as redemption of sin for the many."

217 "Nur wer sündigt, soll sterben. Ein Sohn soll nicht die Schuld seines Vaters tragen und ein Vater nicht die Schuld seines Sohnes. Die Gerechtigkeit kommt nur dem Gerechten zugute, und die Schuld lastet nur auf dem Schuldigen" (EÜ). Die zahlreichen lexikalischen Bezüge zu Jes 53 können hier nur aufgelistet werden: רשע, צדיק, (לא! +) נשא בעון חטא, נפש.

218 Davon handelt 42,18 – 25, wo Israel als ein „blinder" und „tauber" Gottesknecht kritisiert wird (v.19) und dann selbst bekennt, es sei wegen seiner Vergehen gegen Jнwн (חטאנו לו, *gegen ihn hatten wir gesündigt*, v.24) den Völkern ausgeliefert worden.

Vergessenheit, v.15; עַל־שִׁגְגָתוֹ אֲשֶׁר־שָׁגָג, *wegen dem, was er in Vergessenheit getan hat*, v.18; וְ[הוּא] לֹא־יֵדַע, *ohne dass er es wusste*, v.17.18). Auch das Verhalten der Völker gegenüber Israel wird ja damit erklärt, dass sie nichts gesehen und nichts gehört haben (vgl. Jes 52,15). Ihre Unwissenheit wird erst in dem Moment beseitigt, in dem einer aus ihrem Kreis das Wort ergreift und ihnen die Augen öffnet, dass durch den *Eved* Gott selbst an ihnen handelt. Von daher erklärt sich, dass sie gerade „durch *seine* Erkenntnis" (בְּדַעְתּוֹ, 53,11), nämlich durch das, was der Knecht erkannt hat, von der verdienten Strafe befreit und „gerecht gesprochen" werden.

2.4.5. Die Rechtfertigung der Vielen (53,11 – 12)

In der abschließenden Gottesrede werden die verschiedenen Aspekte des Heilsgeschehens zusammengefasst: das stellvertretende Leiden des Knechts, seine Errettung und Belohnung und der positive Effekt, den er damit auf die sündige Völkerwelt ausübt. In der priesterlichen Torah wird das erwünschte Ergebnis in kultischer Terminologie ausgedrückt: וְכִפֶּר עָלָיו הַכֹּהֵן, *und der Priester wird ihn entsühnen* (Lev 5,6.10.13.18.26 u. ö.), und וְנִסְלַח לוֹ, *ihm wird vergeben werden* (Lev 5,10.13.16.18.26 u. ö.). Auf diese Weise wird der schuldig Gewordene wieder in die liturgische Gemeinde aufgenommen.

Im Unterschied dazu bedient sich der Autor unseres Textes der forensischen Sprache: בְּדַעְתּוֹ יַצְדִּיק צַדִּיק עַבְדִּי לָרַבִּים, *durch seine (Gottes-)Erkenntnis schafft der Gerechte, mein Knecht, den Vielen Gerechtigkeit* (Jes 53,11).[219] Dass hier etwas Unerhörtes geschieht, spiegelt die ungewöhnliche Syntax wider. Statt צַדִּיק עַבְדִּי wäre nämlich עַבְדִּי הַצַּדִּיק zu erwarten. Die Umstellung von Nomen und Attribut könnte auf *1 Kön 8,32* (par *2 Chr 6,32*) verweisen, die einzige andere Stelle, an der das Verb צדק und das Adjektiv צַדִּיק unmittelbar nebeneinander stehen. Dort betet Salomo darum, dass Gott seinen Knechten (עֲבָדֶיךָ!) Recht verschaffe. Er möge die Schuldigen verurteilen und die Schuldlosen, zu denen er sich selbst und alle aufrichtigen Menschen im Gottesvolk rechnet, frei sprechen (לְהַרְשִׁיעַ רָשָׁע ... וּלְהַצְדִּיק צַדִּיק).[220]

In Jes 53 wird dieser juristische Grundsatz zweifach modifiziert: indem der Ungerechte freigesprochen wird und indem der *zaddiq* vom Objekt des göttlichen Handelns zum Subjekt wird. Im Rahmen des Jesajabuchs bildet diese Verheißung

---

219 Übersetzung nach Janowski, „Er trug unsere Sünden", 33 n.20. Wir folgen also gegen BHS der masoretischen Akzentsetzung und fassen בְּדַעְתּוֹ als erstes Wort von v.11aβ auf.
220 Das Rechtsprinzip, auf das hier angespielt wird, ist im Pentateuch in Ex 23,7 (לֹא־אַצְדִּיק רָשָׁע) und Dtn 25,1 (וְהִצְדִּיקוּ אֶת־הַצַּדִּיק וְהִרְשִׁיעוּ אֶת־הָרָשָׁע) belegt. Das gegenteilige Verhalten – מַצְדִּיק רָשָׁע וּמַרְשִׁיעַ צַדִּיק – wird in Spr 17,15 als „Gräuel" verurteilt.

den überraschenden Höhepunkt in einer Reihe intertextuell verbundener Aussagen. Der Spruch *5,23* bewegt sich noch ganz in dem üblichen Rechtsverständnis, wenn er diejenigen, die Schuldige freisprechen und Unschuldige um ihr Recht bringen (מצדיקי רשע... וצדקת צדיקים יסירו ממנו), verdammt. In Jes 40 – 55 wird der Begriff „Gerechtigkeit" nicht mehr für privatrechtliche Angelegenheiten verwendet, sondern auf die theologische Auseinandersetzung um die Gottheit JHWHs und das Verhältnis zwischen Israel und den Völkern übertragen. Im Rahmen eines fiktiven Gerichtsverfahrens wirft *43,9* zum ersten Mal die Frage nach der Rechtfertigung der heidnischen Nationen auf (יתנו עדיהם ויצדקו). Doch auch Israel kann nicht sicher sein, dass es als gerecht erfunden wird (vgl. 43,22 – 28). Mit seinen Sünden hat es Gott „geplagt", und nur weil dieser über sie hinwegsieht, kann es überhaupt wagen, sich zu verteidigen und um Freispruch zu bitten (ספר אתה למען תצדק, v.26).

Ein gerechtfertigtes Gottesvolk wird nicht zufällig erstmals am Ende eines Völkerwallfahrtsorakels erwähnt. Im Unterschied zu denen, die sich weigern, den wahren Gott zu verehren, präsentiert *45,25* diejenigen, die JHWHs Anspruch anerkennen und deshalb von ihm ins Recht gesetzt werden: ביהוה יצדקו... כל־זרע ישראל. Auf diesem Hintergrund kann Israel qua *Eved* in *50,8* seiner Zuversicht Ausdruck verleihen, es werde einen מצדיק finden, der ihm im Streit gegen die feindlichen Nationen zum Erfolg verhilft. Der Kontext lässt keinen Zweifel daran, dass mit diesem ungewöhnlichen Titel JHWH selbst gemeint ist. Wie 50,8 verwendet auch *53,11* das Verb צדק im *Hifil*.[221] Dadurch fällt umso mehr auf, dass hier das Subjekt und das Objekt wechseln. Der Knecht, der siegreich aus dem Prozess hervorgegangen ist, spricht nun seinerseits Recht. Er wird zum Anwalt und Richter, der für seine früheren Gegner eintritt, sie von ihrer Schuld befreit und ihnen Anteil an seiner eigenen Gotteserfahrung schenkt.

Dass diese *zedaqah* (= Gerechtigkeit, Heil) allen Menschen offen steht, wird *56,1* unterstreichen.[222] Und *60,21*, ein weiterer Völkerwallfahrtstext, wird prophezeien, dass alle Glieder des Volkes Gottes *zaddiqim* sein werden (ועמך כלם צדיקים). Im jesajanischen Gesamtzusammenhang gehören dazu auch die „Vielen", die dank dem gewaltlosen Leiden des Gottesknechts von Schuldigen zu Gerechten, d. h. Gerecht*fertigten* wurden. Jes 52,13 – 53,12 erweist sich somit als eine „neue Version der Hoffnung auf die Wallfahrt der Völker zum Zionsberg. Jetzt ist der Berg, zu dem die Völker ziehen, nicht mehr einfach der Ort in der Welt, an dem die wahre

---

221 Zusammen mit dem bereits erwähnten 5,23 sind das die einzigen Belege im Jesajabuch.
222 Vgl. unsere Auslegung in IV.1.3.1.

Gesellschaft verkündet und gelebt wird. Es ist zugleich der Ort, auf den die Gewalttätigkeit der Welt sich konzentriert und wo sie sich ihr Opfer sucht."[223]

Wie in 49,14 – 26 ist der „Ort" auch hier eine Gruppe von Personen, ein Teil des Gottesvolks, im einen Fall die Bevölkerung Jerusalems, im anderen die im Exil lebende Gemeinde. Gleichzeitig ergänzt das letzte Gedicht über den *Eved JHWH*, was der Zionstext offen gelassen hatte. Neben dem Dienst, der Unterwerfung der Völker braucht es auch die Reflexion über das, was sie Israel angetan haben, und dann das Eingeständnis ihrer Schuld. Nur so können sie die in 49,26 verheißene Einsicht erlangen. Sie erkennen dann nicht nur, dass JHWH sein Volk Israel rettet, sondern erfahren auch, dass Israels Passion und Auferweckung ihnen Segen, einen neuen, „aufgeklärten" Glauben und eine neue, friedvolle Existenz bringen.

---

223 N. Lohfink, „Gewalt und Friede", 86.

3. Das erneuerte Israel, Auslöser und Ziel der Völkerwallfahrt (Jes 55,1–5)

3.1. Gottesknecht und Zion in Jes 49–54

Die zweite Hälfte des exilischen Jesajabuchs wird durch einen Auszugsbefehl eröffnet – צאו מבבל ברחו מכשׂדים (48,20) – und durch einen Auszugsbefehl, richtiger, eine Auszugsverheißung abgeschlossen – כי־בשׂמחה תצאו ובשׁלום תובלון (55,12). Dazwischen wird ein Lesedrama[224] präsentiert, das neben dem durchgängigen Hauptcharakter Jhwh vor allem um zwei Gestalten kreist: den Gottesknecht und die personifizierte Stadt Jerusalem. Ihre „Biographien" werden in zwei parallelen Erzählsträngen entfaltet: ihre Berufung, ihre Rolle im göttlichen Geschichtsplan, die Widerstände, mit denen sie zu kämpfen haben, und ihr künftiges Geschick. Beide tragen sowohl individuelle als auch kollektive Züge,[225] denn auf der dramatischen Ebene reden und agieren sie wie einzelne Personen, repräsentieren aber gleichzeitig das Volk bzw. einen Teil desselben: der Jhwh-Knecht die unter anderen Nationen zerstreute *Golah*, Zion die in Jerusalem und Juda lebende Gemeinde. „Beide Male geht es um die Schicksalswende von Unterdrückung und fehlender Nachkommenschaft hin zur Lebensfülle inmitten vieler Kinder."[226]

Wie Patricia K. Tull Willey gezeigt hat, wechseln die Texte über diese beiden Figuren in Jes 49–54 regelmäßig ab:[227]

---

224 So L.-S. Tiemeyer, „Isaiah 40–55. A Judahite Reading Drama", M. J. Boda, C. J. Dempsey u. L. S. Flesher (Hg.), *Daughter Zion. Her Portrait, Her Response* (SBL.AIL 13; Atlanta, GA: Society of Biblical Literature, 2012) 55–75.
225 Zu einem neuen Verständnis des biblischen Konzepts der „corporate personality" s. U. Berges, „The Literary Construction of the Servant in Isaiah 40–55. A Discussion about Individual and Collective Identities", *SJOT* 24 (2010) 28–38.
226 Berges, *Buch Jesaja*, 328.
227 Vgl. P. T. Willey, „The Servant of YHWH and Daughter Zion. Alternating Visions of YHWH's Community", E. H. Lovering (Hg.), *Society of Biblical Literature 1995 Seminar Papers. One Hundred Thirty-First Annual Meeting, Philadelphia 1995* (SBL.SP 34; Atlanta, GA: Scholars Press, 1995) 273; Willey, *Remember the Former Things*, 105. Ihr Schema ist immer wieder aufgegriffen worden, u. a. von Blenkinsopp, *Isaiah II*, 60; J.W. Adams, *The Performative Nature and Function of Isaiah 40–55* (LHBOTS 448; New York; London: T & T Clark International, 2006) 108.

Gottesknecht	Zion	*„Ihr"*
49,1–13		
	49,14–50,3	
50,4–11		51,1–16[228]
	51,17–52,12	
52,13–53,12		
	54,1–17	

Dabei ist die Anordnung der beiden Textgruppen nicht zufällig, sondern „keryg-matisch".[229] Sie bewirkt nämlich, dass sich der Fokus ständig hin- und herbewegt, von „Jakob-Israel", dem in der Diaspora lebenden Gottesvolk, zu „Zion", der in Jerusalem verbliebenen Gemeinde, und zurück. Dem Leser wird dadurch die implizite Botschaft vermittelt, dass die zwei Akteure zusammenkommen sollen, die Exulanten, indem sie nach Jerusalem heimkehren, und Zion, indem sie diese bei sich aufnimmt. Eine Botschaft, die nicht nur informieren, sondern verändern will. Denn wer dieses Drama liest, soll selbst, egal wo er sich befindet, „zurück-kehren", d. h. zu Jʜwʜ umkehren und auf sein Wort hören.[230]

Wie das Schema zeigt, sind die beiden Figuren literarisch klar getrennt, sie interagieren nicht, treten nie in derselben Szene auf.[231] Gleichzeitig ähneln sie sich aber, haben gemeinsame Eigenschaften und analoge Beziehungen zu den anderen Akteuren.[232] Die parallelen Züge erstrecken sich auf vier Bereiche und lassen sich jeweils an bestimmten Textsignalen festmachen.

1. Göttliche Erwählung: Jʜwʜ hat seinen Knecht vom *Mutterleib* an (מבטן, 49,1.5) berufen und für seinen Dienst ausgerüstet. Seine Liebe zu Zion ist so stark, ja, stärker als die zwischen einer Mutter und dem Kind ihres *Leibes* (בן־בטנה, 49,15).

---

228 Dieser Textblock, der aus zwei Gottesreden (v.1–8; v.12–16) und einem kurzen Prophe-tenspruch (v.9–11) besteht, lässt sich wegen des häufigen Adressatenwechsels nicht eindeutig zuordnen. In v.1–8 und v.12a dominiert die 2. Pers. Pl., in v.12b erscheint kurzzeitig die 2. Pers. Sg. f. und in v.13–16 wird die 2. Pers. Sg. m. angesprochen. Im Zentrum der gesamten Kompo-sition steht jedoch der „Arm Jʜwʜs", der die beiden Akteure, die *Golah* und Zion, zusammenführt (vgl. v.11). Zur diachronen Analyse des Kapitels vgl. Steck, *Gottesknecht und Zion*, 60–91, zum literarischen Aufbau vgl. R. Abma, „Travelling from Babylon to Zion. Location and Its Function in Isaiah 49–55", *JSOT* 74 (1997) 17–9.

229 Berges, *Buch Jesaja*, 328.

230 Den performativen Charakter von Jes 40–55 stellt Adams, *Performative Nature*, 87–119, heraus.

231 Vgl. Willey, *Remember the Former Things*, 180: „The two figures give the impression of oc-cupying, so to speak, universes of discourse that run parallel but do not converge."

232 Zu den Parallelen zwischen Zion und dem Gottesknecht vgl. Berges, *Buch Jesaja*, 328, und die bei Berges, „Personifications", 70 n.56, angeführte Literatur.

2. Misshandlung durch Feinde: Sowohl der Gottesknecht als auch Zion werden verfolgt und von ihren Feinden misshandelt. Sie müssen ihren *Rücken* darbieten, so dass diese auf ihn schlagen (גוי נתתי למכים, 50,6) oder auf ihn treten können (תשימי כארץ גוך, 51,23).

3. Klage: Beide *melden sich zu Wort*, um ihren elenden Zustand zu beklagen (ואני אמרתי..., 49,4; ותאמר ציון, 49,14). Nimmt man 40,27 als eine vorgezogene Äußerung des Gottesknechts hinzu (למה תאמר יעקב), ergibt sich, dass beide die Schuld für ihr Leid zunächst bei Jhwh suchen.

4. Beistand, Rettung und Verherrlichung: Der *Eved* wie auch Zion können im *Streit* gegen ihre Widersacher mit dem Beistand Gottes rechnen (ואת־יריבך אנכי אריב, 49,25; מי־יריב אתי, 50,8). Sie dürfen darauf hoffen, den Zustand der *Beschämung* zu überwinden (לא תבושי ואל־תכלמי, 50,7; לא נכלמתי... לא אבוש, 54,4). Ihnen wird verheißen, dass sie aus ihrer Erniedrigung wieder *aufstehen* werden (קומי, 51,17; 52,2), während die Könige der fremden Völker vor ihnen *niederfallen* werden (מלכים יראו וקמו שרים וישתחוו, 49,7; והיו מלכים אמניך... אפים ארץ ישתחוו לך, 49,23).

Diese Parallelen sind eindrücklich, sollten aber, da sie in der Regel auf einem einzigen Lexem basieren, nicht überinterpretiert werden. Jedenfalls führen sie nicht, wie immer wieder behauptet wird, dazu, dass die beiden Figuren in eins fallen.[233] So könnte von Zion z. B. nicht gesagt werden, dass sie wie Jakob-Israel „vom Mutterleib her", also noch vor ihrer Geburt berufen wurde. Dafür hängt ihre Identität zu sehr an der konkreten Stadt Jerusalem, die von Jhwh geliebt und erwählt, aber eben nicht geschaffen wurde. Würde man die Merkmale, die nur für eine Figur typisch sind (z. B. die Bildmotive, die Zion als Stadt kennzeichnen, oder die Aussagen über die Schuld des Knechts und seine universale Mission), zusammenstellen, käme man wohl zu dem Schluss, dass die Unterschiede die Gemeinsamkeiten überwiegen.

Die *differentia specifica* zeigt sich besonders deutlich in dem Verhältnis zu den ausländischen Nationen. Der Knecht wendet sich direkt an die „Inseln und Völkerschaften" (49,1), zieht als אור גוים, *Licht der Nationen*, hinaus und bringt das

---

233 Gegen L. E. Wilshire, „The Servant-City. A New Interpretation of the »Servant of the Lord« in the Servant Songs of Deutero-Isaiah", *JBL* 94 (1975) 356 – 67; M. C. A. Korpel, „The Female Servant of the Lord in Isaiah 54", B. Becking u. M. Dijkstra (Hg.), *On Reading Prophetic Texts. Gender-Specific and Related Studies in Memory of Fokkelien van Dijk-Hemmes* (BIS 18; Leiden; New York; Köln: E. J. Brill, 1996) 153 – 167, und Berges, „Personifications", 70 – 72 (der allerdings etwas zurückhaltender formuliert). Der Ausdruck „weiblicher Knecht" sollte in jedem Fall vermieden werden. Er ist dazu angetan, die besondere Rolle der „Mutter Zion" zu verwischen und die bleibende Eigenart der Geschlechter aufzuheben.

göttliche Heil עַד־קְצֵה הָאָרֶץ, *bis zur Grenze der Erde* (49,6). Im Unterschied dazu erlebt Zion, dass die Nationen sie ohne ihr Zutun aufsuchen und dabei sogar ihre Kinder mit sich führen (49,22). Auch wenn beide eine ähnliche Erfahrung machen dürfen (die fremden Herrscher unterwerfen sich und huldigen ihnen), ist der Weg dazu doch grundsätzlich verschieden: der Gottesknecht ist „mobil", er geht als göttlicher Emissär bis an die Peripherie der Erde, um allen Menschen die erlösende Botschaft zu verkünden; die Gottesstadt ist „stabil", sie ist das Zentrum, zu dem die Nationen kommen, um dem in ihr wohnenden Gott zu begegnen.

Im Lesedrama werden nicht die Charaktere als solche verschmolzen, sondern die Personengruppen, die sie repräsentieren, werden zusammengeführt. Thematisiert wird dieser Prozess mit Hilfe der Schlüsselwörter „Kinder" und „Nachkommenschaft". Für die im Exil und die in der Heimat lebende Gemeinde stellt sich nämlich dieselbe Frage: Wird sie allein bleiben und allmählich zugrunde gehen oder wird sie Nachkommen und damit eine Zukunft haben? In den Zionstexten steht das Problem der Entvölkerung und Wiederbesiedlung der „Mutterstadt" von Anfang an im Vordergrund. Ihre Bewohner treten als „Söhne" (בנים, 49,20.22.25; 51,18.20; 54,1.13) und „Töchter" (בנות, 49,22) auf, die weggeführt wurden und wieder heimkehren sollen. In den *Eved-Jhwh*-Liedern taucht dieses Thema erst ganz am Ende auf. Angesichts des drohenden Untergangs (vgl. 53,9–10) formulieren sie die Zuversicht, dass der leidende Knecht lange leben und „Nachkommen" (זרע, 53,10) sehen wird. Die beiden Verheißungen, die zunächst unverbunden nebeneinander stehen, werden intertextuell verknüpft, wenn im folgenden Kapitel zum ersten Mal von den „Nachkommen" Zions (זרעך, 54,3) die Rede ist. Für den Leser stellt sich damit die Frage, in welchem Verhältnis diese beiden Gruppen von Nachfahren stehen.

Der Schlüssel zur Antwort findet sich in den Reden, die weder an den Gottesknecht noch an Jerusalem, sondern an eine Mehrzahl von Personen adressiert sind. Dieses „Ihr" stellt in Jes 49–55 eine eigene *persona dramatis* dar.[234] Sie begegnet nicht nur in dem großen Textblock Kap. 51, sondern auch in kürzeren Passagen, die auf einen Zion- oder *Eved*-Spruch folgen. Unter diesen sind *50,1–3* und *50,10–11* besonders aufschlussreich. Nachdem Gott in 49,14–26 zu Zion über deren Kinder gesprochen hatte, spricht er in 50,1–3 zu eben diesen über Zion. Ihre Sünden seien die Ursache für das Elend ihrer Mutter (אמכם, 50,1[2*x*]). Wenn 50,10–11 sich erneut an die 2. Pers. Pl. wendet, muss der Leser des Endtextes davon ausgehen, dass derselbe kollektive Charakter gemeint ist. Für ihn sind die, die nun

---

234 So Abma, „From Babylon to Zion", 5. Ausführlich dazu Willey, *Remember the Former Things*, 175–81. Nach ihrer Auffassung stehen die mit „Ihr" Angesprochenen den aktuellen Adressaten des Verfassers am nächsten.

aufgerufen werden, auf die Stimme des treuen Knechts zu hören (שמע בקול עבדו, v.10), keine anderen als die zuvor erwähnten Kinder Zions. Sie sollen sein Beispiel nachahmen und wie er die Ohren öffnen, um Gottes immer neue Anrede zu vernehmen (לשמע כלמודים, v.4).[235]

In Jes 54 wird diese zweifache Nachkommenschaft, der „Same", den der dem Tod entronnene *Eved* sehen wird, und die „Kinder", die Zion bei sich aufnehmen wird, endgültig zusammengeführt. Dies geschieht dadurch, dass am Anfang des Kapitels zwei lexematische Brücken zu Kap. 53 geschlagen werden. In dem bereits erwähnten *54,3* wird nicht nur das Schlüsselwort זרע aus 53,10 aufgegriffen, sondern auch das Verhältnis dieser neuen Generation zu den *gojim* definiert, von denen bereits 52,15 handelte: וזרעך גוים יירש, *und deine Nachkommen werden Nationen beerben.*

Noch wichtiger ist das intertextuelle Signal, das in *54,1* erscheint: die Kinder der einst Verlassenen werden *zahlreich* sein (רבים בני־שוממה), ebenso *zahlreich* wie die fremden Völker, die das Elend und den Aufstieg des JHWH-Knechts miterlebten (גוים רבים, 52,15; רבים, 52,14; 53,11.12[2x]). Jerusalem wird also, was die Zahl seiner Bewohner betrifft, den anderen Metropolen nicht nachstehen. Vielleicht ist aber noch mehr gemeint: Unter ihren „vielen Kindern" werden auch die „vielen Nationen" sein! Die Nationen nämlich, die in 49,22 ihre Söhne und Töchter brachten und die von ihr nun ebenfalls, wie in Ps 87 ausgemalt, an Kindesstatt angenommen werden.

Der Prozess der Vereinigung geht aber noch weiter. Dieselbe Eigenschaft, die den Gottesknecht auszeichnete, nämlich mit der Aufmerksamkeit von *Schülern* (למודים, 50,4[2x])[236] Gottes Wort zu hören und zu verkünden, werden auch die Jerusalem-Heimkehrer besitzen: „und alle deine Söhne werden *Schüler* JHWHs sein" (וכל־בניך למודי יהוה, 54,13).

Am Ende von Jes 54 wird die Identifizierung der beiden Gruppen, die bis dahin nur intertextuell angedeutet wurde, explizit gemacht. Das ganze Kapitel war Zion, der mütterlichen Stadt, gewidmet. Sie wurde zum Jubel aufgerufen, sie wurde mit der Aussicht auf Kindersegen und einen prächtigen Wiederaufbau getröstet, ihr wurde der Schutz vor Feinden zugesichert. All diese Verheißungen werden in *v.17* mit einer überraschenden Schlusswendung auf die „Knechte JHWHs" übertragen: זאת נחלת עבדי יהוה, *das ist das Erbteil der Knechte JHWHs.*

---

235 Dieses Thema wird in dem sich anschließenden Kap. 51 weitergeführt. Dort ruft JHWH die „Ihr"-Gruppe gleich dreimal zum Hören auf: שמעו אלי (v.1), הקשיבו אלי (v.4) und שמעו אלי (v.7).
236 Die auffällige Pluralform ist für Berges, „Literary Construction", 33 – 4, ein Hinweis auf die kollektive Identität des Gottesknechts. Zur Bedeutung und literarischen Funktion des Terminus vgl. C. D. Isbell, „The *Limmûdîm* in the Book of Isaiah", *JSOT* 34 (2009) 99 – 109.

Der auffällige Plural עבדים, der hier zum ersten Mal erscheint, nimmt von nun an die Stelle des singularischen עבד יהוה ein. Der *Eved*, der von Kap. 41 bis 53 als einheitlicher, kollektiver Charakter aufgetreten war, wird auf diese Weise „individualisiert", d. h. in seine einzelnen Glieder aufgelöst. Als die in 53,10 angekündigte Nachkommenschaft tragen sie seinen Dienst weiter und erhalten dafür auch denselben Lohn. Wie jener werden auch sie von Gott „gerechtfertigt", d. h. vor den Augen ihrer Gegner ins Recht gesetzt: וצדקתם מאתי, *und ihre Gerechtigkeit kommt von mir* (54,17; vgl. 50,8; 53,11).

So sind die Kinder, die Zion ab Kap. 49 verheißen wurden, am Ende von Kap. 54 eindeutig definiert. Sie sind diejenigen, in denen das Charisma des treuen Gottesknechts weiterlebt und die deshalb selbst Gottesknechte heißen dürfen.[237] An sie wendet sich die folgende Texteinheit. Nicht an die durch das maskuline und feminine „Du" bezeichneten Teilgemeinden, sondern an die mit „Ihr" angesprochenen Angehörigen des neuen, wiedervereinigten Gottesvolks.

3.2. Jes 55,1–5: Abgrenzung, Übersetzung und Textkritik

Dass mit *Jes 55,1* eine neue Texteinheit beginnt, wird sprachlich durch die Interjektion הוי, die neuen Adressaten כל־צמא und den imperativischen Redestil, inhaltlich durch das neue Thema, die Einladung zum Mahl, angezeigt. Der vorige Abschnitt hat mit der Gottesspruchformel נאם יהוה (54,17*fin*) einen klaren Abschluss, der im MT durch eine *Setuma* markiert ist.

Auch 1QIsaᵃ hat ein Spatium vor 55,1, sein Haupteinschnitt liegt aber vor *54,17b*. Mit diesem Halbvers beginnt er nämlich eine neue Zeile, nachdem er am Ende der vorhergehenden Zeile einen großen Leerraum gelassen hatte (frZE/NZ). Doch signalisiert dieses textgraphische Phänomen hier wirklich einen neuen Hauptabschnitt? Im Vergleich zu MT fehlen im Qumran-Text an dieser Stelle nämlich sechs Wörter, die ganze zweite Hälfte von v.17a! Daher könnte es auch

---

237 Am Ende des Jesajabuchs werden die beiden Gruppen mit einem ganz ähnlichen literarischen Manöver noch einmal identifiziert. Wie Kap. 54 handelt auch 66,7–14 von Zion und ihren Kindern (ציון את־בניה..., v.8). Zuerst wird deren wunderbare Geburt beschrieben, dann werden sie direkt angesprochen („Ihr") und zum Jubeln aufgerufen. Der abschließende Kommentar spricht dann wie 54,17 nicht mehr von den Zionskindern, sondern von den „Knechten", an denen Jhwh seine Macht offenbart (ונודעה יד־יהוה את־עבדיו, v.14b). Mit Berges, „Kingship and Servanthood", 178, lässt sich also festhalten, dass die im letzten Buchteil auftretenden Gottesknechte „the children of the maltreated servant and despised mother Zion" sind.

sein, dass die Lücke in diesem Fall nicht als Abschnittsmarker fungiert, sondern auf einen Textausfall hinweist.[238]

Gestützt wird die masoretische Abgrenzung durch das Manuskript 4QIsa^c. Es ist zwar fragmentarisch, die erhaltenen Textstücke lassen aber erkennen, dass zwischen v.17a und v.17b kein größerer Einschnitt liegt, vor 55,1 aber ein kleinerer Zwischenraum sein könnte.

Ein nicht zu unterschätzendes Argument gegen die These, Jes 54,17b sei die Einleitung von 55,1 – 5, ergibt sich aus den Überlegungen, die wir zu Beginn dieses Kapitels angestellt haben. Wenn in diesem Halbvers tatsächlich die Nachkommen Zions und des Gottesknechts zusammengeführt werden, muss dieser Halbvers das Vorhergehende beschließen, sein Demonstrativpronomen זאת somit rückbezüglich sein.[239]

Dass die Texteinheit mit *v.5* endet, wird im MT durch eine *Setuma*, in 1QIsa^a durch frZE/NZ angezeigt, in 1QIsa^b durch einen Zeileneinzug (*Alinea*) in v.6. Der Eindruck, dass an dieser Stelle ein Gedanke zum Ende kommt, wird durch eine Zweckangabe (למען) und die doppelte Gottesbezeichnung יהוה אלהיך und קדוש ישראל verstärkt. Gleichzeitig wird von der 1. Pers. Gottes zur 3. Pers. übergeleitet.[240] Auf diese Weise wird die folgende Einheit vorbereitet, die wie v.1 mit einem Imperativ beginnt und Jhwh in der 3. Pers. nennt.

---

238 Vgl. F. P. Miller, *Isaiah Scroll*, qum-45 [Zugriff: 31. 1. 2015]: „The gap left in the text means that the scribe knew that there were 6 words of text missing but they were not in the manuscript that he was copying from and therefore he faithfully copied what he had received but marked the omitted text [...] by the gap left in line 17." Ausführlich diskutiert Berges, „Neuer Anfang", 394 – 395, die Gliederung in 1QIsa^a. Nach ihr bilde 54,17a den Abschluss der vorhergehenden Rede an Zion und 54,17b die Überschrift zu der nachfolgenden Rede an die Gottesknechte.

239 Gegen Goldingay u. Payne, *Isaiah II*, 363. Das Plädoyer dieser Autoren für die Gliederung von 1QIsa^a enthält zwei Ungereimtheiten: 1. Sie deuten die Textlücke in 1QIsa^a zuerst als Hinweis auf einen Textverlust („a space suggesting awareness of an omission", Goldingay u. Payne, *Isaiah II*, 361) und dann als Abschnittmarker (vgl. Goldingay u. Payne, *Isaiah II*, 363). 2. Sie schreiben dem langen Bikolon in v.17a (4+4) eine abschließende Funktion zu, die es in der Qumran-Handschrift, in der die zweite Hälfte fehlt, aber gar nicht haben kann.

240 Der Wechsel von der 1. zur 3. Person innerhalb einer Gottesrede muss keinen Sprecherwechsel anzeigen. Nicht selten wird er als rhetorisches Mittel eingesetzt, um einen Gedankengang zu strukturieren oder zum Abschluss zu bringen. Dazu kommt, dass Jhwh über sich auch in der 3. Pers. sprechen kann, vor allem in Verbindung mit Gottestiteln und formelhaften Wendungen. Eine Abtrennung von v.5b, wie sie S. R. A. Starbuck, „Theological Anthropology at a Fulcrum. Isaiah 55:1 – 5, Psalm 89, and Second Stage Traditio in the Royal Psalms", B. F. Batto u. K. L. Roberts (Hg.), *David and Zion. Biblical Studies in Honor of J. J. M. Roberts* (Winona Lake, IN: Eisenbrauns, 2004) 252, und Tiemeyer, „Reading Drama", 70, vorschlagen, ist deshalb abzulehnen.

1aα	He, all ihr Dürstenden, geht zum Wasser,	הוֹי[a] כָּל־צָמֵא לְכוּ לַמַּיִם
β	auch wer kein Geld hat!	וַאֲשֶׁר אֵין־לוֹ כָּסֶף[b]
bα	Geht, kauft und esst!	לְכוּ שִׁבְרוּ [c]וֶאֱכֹלוּ
β	Ja, geht, kauft ohne Geld	וּלְכוּ שִׁבְרוּ בְּלוֹא־כֶסֶף
γ	und ohne Bezahlung Wein und Milch!	וּבְלוֹא מְחִיר יַיִן וְחָלָב:
2aα	Wozu wägt ihr euer Geld für etwas, das kein Brot ist,	לָמָּה תִשְׁקְלוּ־כֶסֶף בְּלוֹא־לֶחֶם[d]
β	und den Lohn eurer Mühe für etwas, das nicht sättigt?	וִיגִיעֲכֶם בְּלוֹא לְשָׂבְעָה
bα	Hört, ja hört auf mich und esst Gutes,	שִׁמְעוּ שָׁמוֹעַ אֵלַי וְאִכְלוּ[e]־טוֹב
β	und eure Seele wird sich an Fett laben!	וְתִתְעַנַּג בַּדֶּשֶׁן[f] נַפְשְׁכֶם:
3aα	Neigt euer Ohr und kommt (*wörtl.* geht) zu mir,	הַטּוּ אָזְנְכֶם וּלְכוּ אֵלַי[g]
β	hört, und eure Seele wird leben!	שִׁמְעוּ וּתְחִי נַפְשְׁכֶם
bα	Dann will ich mit euch einen ewigen Bund schließen,	וְאֶכְרְתָה[h] לָכֶם בְּרִית עוֹלָם
β	die verlässlichen Gnadenerweise gegenüber David.	חַסְדֵי דָוִד[i] הַנֶּאֱמָנִים:
4a	Siehe, als Zeuge der Völkerschaften setzte ich ihn ein,	הֵן עֵד לְאוּמִּים[k] נְתַתִּיו
b	als Fürst und Gebieter für Völkerschaften.	נָגִיד וּמְצַוֵּה לְאֻמִּים:
5aα	Siehe, <u>Nationen</u>, die du nicht kanntest, wirst du rufen,	הֵן גּוֹי[m] לֹא־תֵדַע תִּקְרָא
β	und <u>Nationen</u>, die dich nicht kannten, werden **zu dir** *eilen*,	וְגוֹי לֹא־יְדָעוּךָ[n] אֵלֶיךָ יָרוּצוּ°
bα	wegen JHWH, deinem Gott,	לְמַעַן יְהוָה אֱלֹהֶיךָ
β	und wegen des Heiligen Israels,	וְלִקְדוֹשׁ[p] יִשְׂרָאֵל
γ	denn er hat dich verherrlicht.	כִּי פֵאֲרָךְ:[q]

[a] Im Unterschied zu den anderen Versionen (vgl. ꝟ: „o"; ꭲ: „") fehlt die Interjektion in LXX. Offensichtlich hat sie der Übersetzer für unpassend erachtet, da hier kein Weheruf folgt (vgl. A. van der Kooij u. F. Wilk, „Erläuterungen zu Jes 40–55 [II]", M. Karrer u. W. Kraus [Hg.], *Septuaginta Deutsch. Erläuterungen und Kommentare zum griechischen Alten Testament II. Psalmen bis Daniel* [Stuttgart: Deutsche Bibelgesellschaft, 2011] 2671).

[b] BHS schlägt vor, den *Atnach* zu verschieben und den folgenden Imperativ in die erste Verszeile hineinzunehmen. Nach M. C. A. Korpel u. J. C. de Moor, *The Structure of Classical Hebrew Poetry: Isaiah 40–55* (OTS 41; Leiden; Boston, MA; Köln: Brill, 1998) 606 n.2, gibt es dafür aber keinen triftigen Grund, zumal ein dreifacher Imperativ wie in v.1bα im Jesajabuch nicht selten ist.

[c] Die folgenden drei Wörter fehlen in 1QIsa[a], weshalb BHS für deren Streichung plädiert. Während Ulrich, *Biblical Qumran Scrolls*, 438, offen lässt, welche der beiden Lesarten sekundär ist (MT könnte durch Dittographie, 1QIsa[a] durch Haplographie entstanden sein), nimmt Rosenbloom, *Dead Sea*, 62, an, dass die Qumran-Handschrift den schwierigen Text absichtlich vereinfachte. In LXX fehlt das zweite und dritte Verb, das erste ist mit καὶ πίετε, *und trinkt*, wiedergegeben. Es handelt sich dabei um eine Anpassung an den Kontext, der nicht von Hunger, sondern von Durst, nicht von Speisen, sondern von Getränken spricht. Mit Barthélemy, *Critique textuelle*, 409–410; Korpel u. de Moor, *Classical Hebrew Poetry*, 606 n.3; Blenkinsopp, *Isaiah II*, 368, halten wir an dem zwar redundanten, aber metrisch einwandfreien 𝔐 fest.

[d] Der singuläre Ausdruck, der *ad hoc* nach dem Vorbild von בלוא־כסף (v.1) gebildet sein dürfte, fehlt in LXX. Er ist jedoch auch in 1QIsa[a] und in ꭲ und ꝟ belegt und hat zudem eine Parallele im zweiten Kolon. An dem MT sollte deshalb festgehalten werden.

[e] In LXX steht das Verb nicht im Imperativ, sondern wie das folgende im Futur: καὶ φάγεσθε, *und ihr werdet essen*. Durch diese Änderung wird der hebräische Text der Vorlage syntaktisch vereinfacht.

[f] Der starke bildliche Ausdruck ist nicht nur in 𝔐 und ꝕ, sondern auch in ꭲ (בדהין) und ꝟ („in crassitudine") belegt und deshalb sicher ursprünglich. LXX schwächt ihn in Anlehnung an v.2bα

zu ἐν ἀγαθοῖς, *an Gutem*, ab. Denselben abstrakten Begriff verwendet sie am Ende von v.3a ein weiteres Mal.

[g] LXX verbindet den Präpositionalausdruck nach dem Vorbild von v.2bα mit dem Verb שמע im folgenden Kolon (ἐπακούσατέ μου, *hört auf mich!*) und fügt hier stattdessen ταῖς ὁδοῖς μου, *in meinen Wegen*, ein. Aus der ungewöhnlichen Wendung לכו אלי, *geht(!) zu mir*, macht sie so das geläufige Motiv vom Gehen auf den Wegen Gottes (vgl. 30,20; 42,16.24 u. ö.). Wilson, *Nations in Deutero-Isaiah*, 220, will אלי als „metrically excessive" ganz streichen, setzt dabei aber voraus, dass durchgängig das Maschal-Metrum (3+3) verwendet ist. Nach der Analyse von Korpel u. de Moor, *Classical Hebrew Poetry*, 610 – 611, liegt hingegen wie in v.1a und v.2b das Metrum (4+3) vor. Die MT-Lesart ist auch deshalb beizubehalten, weil sie von 𝔔 sowie von 𝔙 („venite ad me") gestützt wird.

[h] 1QIsaᵃ liest statt des Kohortativs die wᵉ*yiqtol*-Form ואכרות, *und ich werde schließen*. Da dies eine syntaktische Vereinfachung darstellt, halten wir gegen Wilson, *Nations in Deutero-Isaiah*, 220, an der Lesart von MT, 1QIsaᵇ und 4QIsaᶜ fest. Nach Joüon – Muraoka, §116a, handelt es sich um einen „indirekten Kohortativ", der nach einem Imperativ eine Absicht oder Schlussfolgerung zum Ausdruck bringt.

[i] Zur Übersetzung als *gen. obi.* vgl. U. Schmidt, *Zukunftsvorstellungen*, 270 n.3. Näheres s. u. Der Ausdruck in 𝔊 τὰ ὅσια, *die heiligen Verfügungen*, ist sonst nur noch in Weish 6,10 und als Zitat in Apg 13,34 belegt. Da ὅσιος in den Psalmen aber regelmäßig zur Wiedergabe von חסיד dient, dürfte 𝔊ᵛ denselben Wortlaut gehabt haben wie 𝔐 und 𝔔.

[j] Die Lesart von 𝔐 ist auch in 1QIsaᵇ bezeugt. Dagegen verwendet 1QIsaᵃ hier wie in v.5*init* הנה. Es dürfte sich um einen Fall der für die mündlich-schriftliche Überlieferung typischen „memory variants" handeln (vgl. Carr, *Formation of the Hebrew Bible*, 13 – 36).

[k] Blenkinsopp, *Isaiah II*, 368, korrigiert mit BHS in לעמים, *für die Völker*, um in den beiden Kola zwei unterschiedliche Begriffe zu erhalten. Doch scheint bereits MT (anders als 1QIsaᵃ, der zweimal לאומים liest) zwei unterschiedliche Termini im Sinn zu haben, nämlich לְאֹם und אֻמָּה (vgl. Goldingay u. Payne, *Isaiah II*, 374). Die exakte Zuordnung und die syntaktische Interpretation der Wendungen עד לאומים und מצוה לאמים bleibt dabei umstritten, auch deshalb, weil der masoretische Text in sich nicht eindeutig ist. Bei מצוה לאמים spricht die Vokalisierung nämlich für, die Akzentsetzung aber gegen eine *cs.*-Verbindung. Die richtige Schreibweise könnte in 1QIsaᵇ bewahrt sein, in dem zuerst die übliche Form לאמים (לאם *a*) und dann die ungewöhnliche Form לאומים (אמה *a*) steht. Das erste Syntagma עד לאמים wäre dann eine *cs.*-Verbindung wie אור גוים (42,6; 49,6) und אור עמים (51,4), das zweite מצוה לאומים wäre eine verbale Konstruktion mit einem Partizip, das ein präpositionales Objekt regiert (ל + אומים).

[l] In LXX fehlt das zweite הן. Es dürfte sich um eine sekundäre Kürzung handeln, da nicht nur 𝔐, sondern auch 1QIsaᵃ (הנה), 1QIsaᵇ (הן), 𝔗 (הא) und 𝔙 („ecce") an dieser Stelle eine Interjektion haben. Sie fungiert als Anapher, die v.4 und v.5 verbindet.

[m] Mit R. J. Clifford, „Isaiah 55. Invitation to a Feast", C. L. Meyers u. M. O'Connor (Hg.), *The Word of the Lord Shall Go Forth. Essays in Honor of David Noel Freedman in Celebration of His Sixtieth Birthday* (ASOR 1; Winona Lake, IN: Eisenbrauns, 1983) 31 – 32, deuten wir גוי ebenso wie עם in der Parallelstelle Ps 18,44 als kollektiven Singular. LXX hat statt des zweifachen Singulars zwei pluralische Formen, zuerst ἔθνη (das eine Verbindung zu v.4 herstellt), dann λαοί. Während sie hier semantisch variiert, harmonisiert sie gleichzeitig die Syntax der beiden Kola, indem sie beide Ausdrücke zum Subjekt macht. Der schwierigere MT, in dem גוי einmal als Objekt und einmal als Subjekt auftritt, ist beizubehalten. Er wird zudem von den meisten Textzeugen gestützt, insbesondere von 1QIsaᵇ und mit kleineren Abweichungen von 1QIsaᵃ (...), 𝔗 (עם גוי לוא תדע... וגוי לוא ידעכה... גוי לוא תדע...) und 𝔙 („ecce gentem quam nesciebas... et gentes quae non cognoverunt te...").

[n] In 1QIsa[a] steht dieses und das folgende Verb im Singular: ירוץ ...ידעכה. Es handelt sich dabei wohl um eine syntaktische Harmonisierung mit dem singularischen Subjekt גוי. Als Kollektivbegriff kann dieses aber auch den Plural regieren (vgl. G–K §145b). Die Lesart von 𝔐, die für das erste Verb auch in 1QIsa[b] und 4QIsa[c] belegt ist (beim zweiten Verb haben beide eine Lücke), kann deshalb beibehalten werden (vgl. Koole, *Isaiah III.2*, 419).

[o] LXX übersetzt ἐπὶ σὲ καταφεύξονται, *sie werden bei dir Zuflucht suchen*, und schafft dadurch eine intertextuelle Verbindung zu 54,15: ἰδοὺ προσήλυτοι προσελεύσονταί σοι δι' ἐμοῦ καὶ ἐπὶ σὲ καταφεύξονται, *siehe, Zuwanderer werden zu dir kommen durch mich und bei dir Zuflucht suchen*. Die hier genannten Völker werden auf diese Weise mit den Proselyten identifiziert, von denen 54,15 prophezeit, dass sie sich Zion anschließen werden.

[p] In 1QIsa[b] und in der ursprünglichen Fassung von 1QIsa[a] findet sich die präpositionslose Form וקדוש. Sie entspricht dem üblichen Sprachgebrauch, nach dem למען beim zweiten Satzglied nicht wiederholt wird (vgl. 45,4; 48,9; 49,7). Mit J. Stromberg, „The Second Temple and the Isaianic Afterlife of the חסדי דוד (Isa 55,3–5)", *ZAW* 121 (2009) 245 n.19, betrachten wir sie deshalb als eine glättende Variante. Der Text von 1QIsa[a] wurde von erster Hand (so Ulrich, *Biblical Qumran Scrolls*, 438), d. h. vom Schreiber selbst durch ein über die Zeile geschriebenes ל korrigiert.

[q] Das Suffix kann wegen der Pausalform sowohl feminin als auch maskulin sein (vgl. G–K §58g und Delitzsch, *Jesaia*, 542). In 60,6 bezieht es sich auf die weibliche Zionsgestalt, hier aber sind alle anderen Verbformen und Suffixe maskulin. Deshalb ist die Deutung als 2. Pers. Sg. *m.* vorzuziehen (vgl. 30,19: עָנֶךָ). Die gegenteilige Auffassung wird von S. Paganini, „Who Speaks in Isaiah 55.1? Notes on the Communicative Structure in Isaiah 55", *JSOT* 30 (2005) 83–92; L.-S. Tiemeyer, *For the Comfort of Zion. The Geographical and Theological Location of Isaiah 40–55* (VT.S 139; Leiden; Boston, MA: Brill, 2011) 308, vertreten. Sie ist aber nur unter der Annahme möglich, dass in v.1–3a Zion spricht und in v.3b ein unmarkierter Sprecherwechsel vorliegt, so dass von da an Gott zu Zion spricht. Damit bleiben aber die eindeutig maskulinen Formen in v.5 und vor allem auch in v.5b unerklärt. Mehr dazu s. u. 3.3.2.

3.3. Ein Völkerlauf zu dem verherrlichten Israel

Mit Jes 55 endet das „Trostbuch für Jerusalem" (Kap. 40–55).[241] In 52,13–53,12 wurde zum letzten Mal der Gottesknecht erwähnt, in Kap. 54 wurde zum (vorläufig) letzten Mal die Mutter Zion angesprochen, und in 54,17b wurden als neue Gruppe עבדי יהוה, *die Knechte J*HWH*s*, eingeführt, die Repräsentanten der um-

---

241 Mit der Mehrzahl der Exegeten deuten wir dieses Kapitel als Epilog von Kap. 40–55 (vgl. Baltzer, *Deutero-Jesaja*, 9–18). Im Unterschied dazu fungiert es für M. A. Sweeney, „The Reconceptualization of the Davidic Covenant in Isaiah", J. van Ruiten u. M. Vervenne (Hg.), *Studies in the Book of Isaiah. Festschrift Willem A. M. Beuken* (BEThL 132; Leuven: Leuven University Press; Uitgeverij Peeters, 1997) 41–61, als Einleitung zu Kap. 56–66 und für P. Höffken, „Eine Bemerkung zu Jes 55,1–5. Zu buchinternen Bezügen des Abschnitts", *ZAW* 118 (2006) 239–49, als Verbindungsglied zwischen „Deutero-" und „Tritojesaja". Hauptargument für die abschließende Funktion sind neben den strukturellen Bezügen zu dem Prolog Kap. 40 vor allem die Schlussverse 55,12–13. In ihnen wird zum letzten Mal die für Kap. 40–55 typische Auszugsperspektive (Schlüsselwort: יצא) eingespielt.

kehrwilligen *Golah* und künftigen Bewohner Jerusalems. Auf diesem Hintergrund wendet sich *55,1* nicht mehr an ein kollektives „Du", sondern an ein „Ihr", das viele Einzelne umfasst. Es ist das Gottesvolk, das sich in der Heimat neu konstituiert. Ihm wird eine Völkerwallfahrt verheißen, die bei allen drei Hauptelementen einen eigenen Akzent setzt: 1. Als Wallfahrer treten nicht alle עמים oder גוים, also nicht die ganze Menschheit auf, sondern einzelne Nationen, vielleicht sogar nur eine unbestimmte Zahl nichtjüdischer Personen (גוי);[242] 2. sie marschieren nicht in feierlicher Prozession (בוא, הלך), sondern eilen herbei (רוץ); 3. ihr Ziel wird nicht (jedenfalls nicht *expressis verbis*) mit Zion identifiziert.

3.3.1. Zu Form und Gattung von Jes 55,1–5

Ausgehend von den metrischen, syntaktischen und narrativen Signalen lässt sich die Texteinheit in zwei Strophen gliedern: *v.1–3* und *v.4–5*.[243] Die erste wird durch die Interjektion הוי eröffnet und ist durch eine Serie von Imperativen geprägt. Dadurch, dass ולכו אלי in v.3a auf לכו למים in v.1a zurückgreift, wird eine *inclusio* geschaffen, die die vorwurfsvolle Frage von v.2a umschließt. Die Strophe endet in v.3b, indem das sprechende „Ich" nun auch grammatikalisch zum Subjekt wird.[244] Bis dahin war es das Objekt der Handlungen der Adressaten (2x אלי), nun ergreift es selbst die Initiative; es erklärt, was es zu unternehmen gedenkt.

Die zweite Strophe wird durch die Anapher הן – הן zusammengehalten. In ihr treten neue Akteure auf: David und die Völker und am Ende ein nicht näher identifiziertes singularisches „Du".

Die literarische Form der durch הוי eingeleiteten kurzen Rede wird in der Forschung unterschiedlich beurteilt:[245] Werden hier die Schreie orientalischer

---

242 Berges, „Neuer Anfang", 401, vermutet, „dass an »Leute« aus den Völkern gedacht ist und nicht an die Wallfahrt ganzer Völker."
243 Vgl. Korpel u. de Moor, *Classical Hebrew Poetry*, 606–632. Nach ihrer metrischen Analyse bildet v.1–5 den ersten „sub-canto" von Jes 55, der mit dem dritten in v.10–13 korrespondiert: „Both [...] make use of the comparison of the word of God with water. Both refer to the reestablishment of the eternal covenant between God and his people" (Korpel u. de Moor, *Classical Hebrew Poetry*, 631).
244 Die meisten Strukturvorschläge lassen die erste Strophe bereits in v.3a enden. Sie durchschneiden damit aber den rhetorischen Nexus zwischen der Aufforderung in der ersten und der Verheißung in der zweiten Vershälfte. Für die Zusammengehörigkeit von v.1–3 spricht auch, dass von Anfang bis Ende die Personenkonstellation „Ich – Ihr" vorliegt.
245 Einen Überblick über die verschiedenen Thesen (mit Literaturangaben) bieten Koole, *Isaiah III.2*, 402–3; S. Paganini, *Der Weg zur Frau Zion, Ziel unserer Hoffnung. Aufbau, Kontext, Sprache,*

Verkäufer imitiert, die auf dem Markt und in den Straßen lautstark ihre Ware anbieten? Oder wird die Stimme der „Frau Weisheit" nachgeahmt, die Lernwillige zum Mahl einlädt (vgl. Spr 9,1–6; Sir 24,19–21)?[246] Eine eindeutige Zuordnung ist nicht möglich, da die erste Gattung nicht schriftlich dokumentiert ist und für die zweite die Gestalt der weiblich personifizierten Weisheit wesentlich ist. Von daher drängt sich der Eindruck auf, dass keine reine Gattung vorliegt und eine solche auch gar nicht beabsichtigt ist. Die gängigen Motive „Aufforderung zum Wareneinkauf" und „Einladung zum weisheitlichen Bankett" sind vielmehr zu einem neuen, nicht mehr auflösbaren Ganzen kombiniert.[247]

Doch handelt es sich überhaupt um ein ernst gemeintes, wohlwollendes Angebot? Wird durch das für Klagerufe typische הוי nicht Unangenehmes, Unheilvolles signalisiert? Tatsächlich hat in jüngster Zeit Marty E. Stevens die Auffassung vertreten, die Interjektion behalte auch in unserem Text ihre originäre negative Bedeutung „wehe".[248] Die Durchschau der biblischen Belege führt ihn zu dem Schluss: „[I]n every case it serves as a cry of mourning in a funeral lament, a cry of lamentation over pending destruction, or an introductory cry to a prophetic announcement of judgment."[249] Jes 55,1 sei deshalb keine freundliche Einladung, sondern ein spöttischer Ruf: „[T]he addressees are sarcastically taunted to try to achieve their own remedy from their own resources."[250]

Diese Einschätzung lässt sich jedoch aus mehreren Gründen nicht halten:

1. Nach Stevens fungiert הוי auch in *Sach 2,10–11*, der nächsten inhaltlichen Parallele, als ein Weheruf, mit dem das über die Völker hereinbrechende Unheil beklagt wird.[251] In Wirklichkeit werden die fremden Völker aber gar nicht angesprochen, ja, sie werden nicht einmal erwähnt, und von ihrer Bestrafung ist

---

Kommunikationsstruktur und theologische Motive in Jes 55,1–13 (SBB 49; Stuttgart: Katholisches Bibelwerk, 2002) 35–6; Abernethy, *Eating in Isaiah*, 120–3.

246 Clifford, „Isaiah 55", 27–35, verweist über die biblische Weisheitsliteratur hinaus auf Parallelen aus der religiösen Literatur des Alten Orients, vor allem aus Ugarit.

247 So mit Höffken, „Eine Bemerkung", 247. Vgl. Abernethy, *Eating in Isaiah*, 122–3: „It seems most likely, then, that Isa 55:1–3a presents a street merchant calling on the audience to eat and drink while incorporating wisdom elements into this form." Wichtiger als die Frage nach den literarischen Vorlagen ist deshalb die nach der aktuellen sprachlichen Gestalt. Sie ist, wie wir sehen werden, durch Lexeme und Wendungen geprägt, die dem „deuterojesajanischen" Kontext entnommen sind.

248 M. E. Stevens, „Who or Ho. The Lamentable Translation of הוי in Isaiah 55:1", K. L. Noll u. B. Schramm (Hg.), *Raising Up a Faithful Exegete. Essays in Honor of Richard D. Nelson* (Winona Lake, IN: Eisenbrauns, 2010) 275–282.

249 Stevens, „Who or Ho", 277.

250 Stevens, „Who or Ho", 280.

251 Vgl. Stevens, „Who or Ho", 277: „a cry of lamentation over the coming distress on the nations".

ebenfalls nicht die Rede. Vielmehr wenden sich v.10 an die Exilierten und v.11 an Zion selbst, um diese anzuspornen, „aus dem Land des Nordens", d. i. Babylon, wegzuziehen.

2. Sowohl in Sach 2,10–11 als auch in Jes 55,1 folgt auf die Interjektion ein Imperativ. Dadurch unterscheiden sich diese beiden Texte wesentlich von den Totenklagen und Gerichtsorakeln, die keinen Imperativ enthalten.[252] Er muss auch fehlen, da nach der vorgestellten rhetorischen Situation entweder die Angesprochenen schon tot sind oder das Unheil nicht mehr abzuwenden ist. Im Gegensatz dazu sollen die Adressaten von Jes 55 und Sach 2 aktiv werden, sie sollen etwas tun, das sie von sich aus nicht unternehmen würden, das aber zu ihrem Vorteil ist.

3. Die Charakterisierung von Jes 55,1 als „sarcastic taunt", als spöttische Aufforderung, sich aus eigener Kraft zu retten, geht an der Intention des Spruchs vorbei. Die Angesprochenen werden gerade nicht aufgefordert, das, „was nicht Brot ist" und „was nicht sättigt", zu erwerben.[253] Und die Frage in v.2a ist, wie das futurische Tempus zeigt, keine Anklage, weil sie etwas Falsches getan haben, sondern eine Warnung, dass sie es nicht tun.

Der Terminus הוי muss deshalb von der Gesamtaussage des Abschnitts her gedeutet werden und nicht umgekehrt. In ihm klingt tatsächlich etwas von der bedrängten Lage der Angesprochenen an, doch werden diese nicht höhnisch zurückgewiesen, sondern zum Kommen aufgefordert, damit ihre Not gelindert werden kann.

Doch welche „Dürstenden" werden hier eingeladen? Und wer ist es, der ihren Durst löschen will? Nur wenn die Aktanten der ersten Strophe richtig bestimmt werden, wird verständlich, weshalb in der zweiten Strophe auch fremde Nationen herbeikommen, ja, geradezu herbeilaufen.

3.3.2. Wer sind die Durstigen und wer stillt ihren Durst? (v.1–3a)

Das sprechende Subjekt („Ich") dominiert das dramatische Geschehen von Anfang an, wird aber erst in v.2b explizit erwähnt: שמעו שמוע אלי, *hört, ja, hört auf mich!* Dagegen treten die Adressaten („Ihr") bereits mit den ersten Worten ins Rampenlicht. Sie werden als כל־צמא und אשר אין־לו כסף, d. h. als durstig, bedürftig, mittellos charakterisiert und aufgerufen, diesem Missstand durch ein energisches Handeln abzuhelfen. Wer aber sind „alle Dürstenden"? Sind damit alle Menschen,

---

252 Die einzige Ausnahme ist Jes 29,1, wo die Aufforderung aber ironisch gemeint ist. Dagegen enthalten die bei Stevens, „Who or Ho", 278 n.17, genannten Belege zwar eine direkte Anrede, aber gerade keinen Imperativ.

253 Gegen Stevens, „Who or Ho", 280 (s. das oben wiedergegebene Zitat).

alle Nationen gemeint, von denen 2,1–5 prophezeite, dass sie zum Zion kommen werden, um Jhwhs Torah zu lernen?[254]

Nicht nur der unmittelbare Kontext (erst in v.5 werden die Nichtisraeliten als eine eigene Gruppe eingeführt), auch der weitere spricht gegen diese These. In Jes 40–55 wird die 2. Pers. Pl. nämlich immer wieder verwendet, um eine bestimmte Menschengruppe zu bezeichnen.[255] In seiner Dramaturgie fungiert sie als ein eigener Charakter, neben dem Gottesknecht Jakob-Israel (2. Pers. Sg. m.) und neben Zion-Jerusalem (2. Pers. Sg. f.). Wie wir gesehen haben, wird dieser im Leseprozess immer stärker den beiden Protagonisten angenähert, bis er am Ende von Kap. 54 als deren „Nachkommen" (זרע) bzw. „Söhne" (בנים) identifiziert wird.

Neben diesem grammatikalischen Indiz ist es aber vor allem die Intertextualität von צמא, die näheren Aufschluss über die Identität der Adressaten gibt.[256] Schon ziemlich am Anfang des „Zweiten Jesajabuchs", in *41,17*, werden Menschen beschrieben, die nach Wasser lechzen (מבקשים מים) und deren Zunge vor Durst (בצמא) vertrocknet ist.[257] Sie gehören zu dem Gottesvolk, das in v.14 תולעת יעקב מתי ישראל, *Wurm Jakob, (wenige) Leute Israels*, genannt wurde, sind „Elende und Arme" (העניים והאביונים), die Jhwh dazu verleiten, zu ihren Gunsten rettend einzugreifen (אני יהוה אענם, v.17). Er verspricht ihnen das Ende ihrer Not, indem er auf den Bergen und in der Ebene, in der Wüste und in der Steppe Flüsse (נהרות), Quellen (מעינות), Wasserteiche (אגם־מים) und Wassersprudel (מוצאי מים, v.18) entspringen und Schatten spendende Bäume wachsen lässt (v.19). Ob damit Motive aus der Exodustradition eingespielt werden, um einen neuen Auszug aus Babylon anzukündigen,[258] oder ob die wunderbare Verwandlung der Natur im judäischen Mutterland geschildert wird,[259] braucht uns hier nicht zu beschäftigen. Entscheidend ist, dass diese Phänomene zu der Einsicht führen, dass Gott selbst gehandelt hat (כי יד־יהוה עשתה זאת ...וידעו יראו למען, v.20). Diejenigen, denen diese

254 So Koole, *Isaiah III.2*, 405 („the invitation to be saved can go beyond its national limits"), mit Berufung auf Ibn Ezra: אלה דברי השם לאומות העולם בימים ההם מי שירצה ללמוד תורה (M. Cohen, *Isaiah*, 347). Die Deutung des Wassers als Metapher für die Torah teilt Ibn Ezra mit Raschi (vgl. M. Cohen, *Isaiah*, 346). Als Einladung zum Lernen wird der Text bereits im Targum interpretiert: „Ho, every one who wishes to learn, let him come and learn" (Chilton, *Isaiah Targum*, 107).
255 Vgl. unsere Ausführungen zu Beginn dieses Kapitels und insbesondere Willey, *Remember the Former Things*, 175–81.
256 Zum Folgenden vgl. Abernethy, *Eating in Isaiah*, 124–30. Als die wichtigsten vorauslaufenden Intertexte von 55,1a identifiziert er 41,17–20; 43,20; 44,3; 48,21; 49,8–10.
257 Die drei Motive „Durst – Wasser – Bedürftige" sind nach Höffken, „Eine Bemerkung", 246, überhaupt nur an diesen beiden Stellen im Jesajabuch miteinander kombiniert.
258 Für Baltzer, *Deutero-Jesaja*, 156, ist Jes 41,15–20 eine midraschartige Auslegung von Ex 15,15–20.
259 So Berges, *Jesaja I*, 202–3.

Wunder widerfahren, an denen sich also die „Hand Jнwнs" offenbart, werden am Ende des Buches in deutlicher Anspielung an diese Stelle als Seine Knechte identifiziert (ונודעה יד־יהוה את־עבדיו, 66,14).

Die Stichwörter צמא und מים kehren in *44,3 – 4* wieder. Durch einen doppelten (Kolon- und Verszeilen-)Parallelismus wird Gottes segensreiches Wirken in der Geschichte mit seinem Handeln in der Natur verglichen: כי אצק־מים על־צמא ונזלים על־יבשה (v.3a) // אצק רוחי על־זרעך וברכתי על־צאצאיך (v.3b).[260] So wie Jнwн das ausgetrocknete Land und seine durstigen Bewohner mit Regen tränkt, gießt er auch seinen Geist über die Kinder seines Volkes aus. In v.4 wird dieses göttliche Heil mit Hilfe weiterer Vegetationsbilder veranschaulicht, wobei noch einmal das Stichwort „Wasser" fällt (יבלי־מים, *Wassergräben*). Auf diesem Hintergrund kann der abschließende v.5 prophezeien, dass sich die nachwachsende Generation zum Eigentum Gottes erklären (ליהוה אני) und mit den Namen „Jakob" und „Israel" bezeichnen wird. Damit bekunden sie ihre Absicht, zu diesem Volk zu gehören und wie ihr Ahne Jakob Jнwнs Knechte zu sein (vgl. v.1: יעקב עבדי; v.2: עבדי יעקב).[261] Die Dürre ist also auch hier eine Metapher für die Not des Gottesvolkes, nämlich für die Krise in der Weitergabe des Glaubens. Sie kann nur überwunden werden, wenn Jнwн selbst seinen Geist auf die nächste Generation ausgießt.

Der Textblock Jes 40 – 48 schließt in *48,20 – 21* mit dem an die Exilierten gerichteten Befehl, das Land ihrer Verbannung zu verlassen und die Botschaft der Befreiung עד־קצה הארץ, *bis an das Ende der Erde*, zu tragen. Die Wassermetapher taucht bereits in v.18 auf. Dort illustriert sie den Lohn, den Israel erhalten wird, wenn es auf die göttlichen Gebote hört: Friede כנהר, *wie ein Fluss*, und Gerechtigkeit bzw. Heil כגלי הים, *wie die Wellen des Meeres*, und darüber hinaus eine

---

260 Nach Delitzsch, *Jesaia*, 449, enthalten v.3a und v.3b nicht ein Bild und seine Deutung, sondern eine zweistufige Verheißung, die sich wie in Joel 2,21 – 3,3 von der Gabe des Wassers zu der des Geistes steigert. Überzeugend ist auch seine Erklärung, dass das (wie in 55,1) maskuline צמא „die nach Regen lechzenden Bewohner des Landes" und das feminine יבשה „das ausgedörrte Land selbst" bezeichnen.

261 Jes 44,5 wird häufig als Aussage über die Integration von Proselyten in das Gottesvolk interpretiert (z. B. Blenkinsopp, *Isaiah II*, 233 – 4). Dieses Phänomen ist, wie wir gesehen haben und noch sehen werden, in 14,1 – 2 und 56,1 – 9 bezeugt, hier aber fehlen die einschlägigen Termini, die die Personen (גר, בן־נכר) und den Akt der Konversion (לוה *nif.*) bezeichnen. Der Kontext lässt zudem keinen Zweifel, dass in v.5 diejenigen aktiv werden, die in v.3 den göttlichen Segen empfangen haben, also Israels זרע und צאאים. Im Gesamtaufbau von Jes 40 – 66 käme eine Prophetie über die Erweiterung des Gottesvolks durch Nichtisraeliten auch zu früh. Richtig urteilt deshalb Baltzer, *Deutero-Jesaja*, 246: „Ich meine, dass es auch im vorliegenden Text zunächst um die Wiederherstellung des Gottesvolkes geht. [...] Wenn Jakob »Knecht« ist, sind auch seine Nachkommen »Knechte«, denen wie dem Propheten die Gabe des Geistes zuteil wird." Zu einer ausführlichen Widerlegung der universalistischen Interpretation von Jes 44,1 – 5 vgl. D. W. van Winkle, „Proselytes in Isaiah XL–LV? A Study of Isaiah XLIV 1 – 5", *VT* 47 (1997) 341 – 59.

zahlreiche Nachkommenschaft (v.19).[262] Genau diese dürfte angesprochen sein, wenn beim Auszugsbefehl (v.20) und bei der Beschreibung des Wüstenzugs (v.21) die Anrede vom „Du" zum „Ihr" wechselt. Wie bei dem Ägypten-Exodus wird auch bei ihrem Exodus aus Babylon Wasser aus dem Felsen sprudeln,[263] so dass sie, wenn sie hindurchziehen, genauer, hindurch*geführt werden*, keinen Durst zu leiden haben (ולא צמאו, v.21*init*).

Dasselbe Szenario setzt auch der Gottesspruch *49,8 – 13* voraus, der auf den öffentlichen Vortrag des Gottesknechts folgt. An die (doch wohl im Exil) Gefangenen ergeht derselbe Befehl wie in 48,20: צאו, *zieht aus!* (49,9). Und ihr Weg in die Freiheit wird genauso beschrieben: sie leiden weder Hunger noch Durst (לא ירעבו ולא יצמאו, v.10a), weil sie von Gott zu Wasserquellen (מבועי מים, v.10b) geführt werden. Im Anschluss daran wird die Heimkehr der Diasporajuden aus unterschiedlichen Weltregionen angekündigt (v.12) und als ein Werk Gottes gedeutet, durch das er seinen „Elenden" (עניים, v.13, wie in 41,17!) Erbarmen erweist.

Das Auszugsthema wird in *52,11 – 12* fortgeführt. Dieses kurze Orakel ist für das Verständnis von Jes 55 insofern relevant, als hier zum letzten Mal die „Ihr"-Anrede in der prägnanten Form des Imperativs erscheint. Das zweimalige צאו bildet eine Klammer zu den Befehlen in 48,20 und 49,9. Gleichzeitig setzt die Ankündigung, die Exilierten würden Babylon לא בחפזון, *nicht in Hast*, verlassen, diesen Zug von dem ihrer Vorfahren ab, die gerade בחפזון, *in Hast* (Ex 12,11), aus Ägypten fliehen mussten. Auffällig ist, dass zusammen mit den Adressaten sich auch Gott selbst auf den Weg macht: sie ziehen aus (תצאו) und *gehen* (תלכון, v.12a), und er *geht* ihnen als Vorhut voran (הלך לפניכם יהוה) und zieht ihnen als Nachhut hinterher (ומאספכם אלהי ישראל, v.12b). In 55,1 – 5 ist dann nur noch von *einer* Bewegung die Rede; der göttliche Begleiter ist offensichtlich schon angekommen, d. h. nach Zion zurückgekehrt (vgl. 52,8), während der menschliche Partner sein Ziel erst noch erreichen muss.

In den folgenden Passagen stehen dann die Gestalten des Gottesknechts (52,13 – 53,12) und Zions (54,1 – 17) im Vordergrund. Beide sind mit der Frage konfrontiert, ob sie Nachkommen haben werden, die die Verkündigungsaufgabe und den Wiederaufbau der Stadt weiterführen werden. Wie wir gesehen haben,

---

[262] Wie in 44,3 erscheinen auch hier die synonymen Begriffe זרע und צאצאים. Für W. A. M. Beuken, „The Main Theme of Trito-Isaiah »The Servants of YHWH«", *JSOT* 47 (1990) 68, ist 48,18 – 19 ein Beispiel dafür, wie die dem „Knecht Jʜwʜs" eigentümliche צדקה auf dessen Nachkommen, die „Knechte Jʜwʜs", übertragen wird. Dieser Prozess, der in 53,11 – 12 und 54,17 fortgesetzt wird, findet in Jes 56 – 66 seinen Abschluss.

[263] Das Wunder wird in Anspielung an Ex 17,1 – 7; Num 20,1 – 13 und vor allem Ps 78,15 – 16.20 geschildert (vgl. Baltzer, *Deutero-Jesaja*, 384). Dabei bildet das zweifache מים (am Anfang der zweiten und am Ende der dritten Zeile von Jes 48,21) eine *inclusio*, die die Passage rahmt.

laufen die beiden Stränge in dem Begriff der „Knechte Jhwhs" zusammen. Sie sind diejenigen, die den Dienst des kollektiven *Eved* übernehmen und deshalb als Kinder Zions aufgenommen werden. In Verbindung mit den bisher behandelten Hypotexten liefert *54,17* somit den entscheidenden Hinweis, um die Adressaten von 55,1–5 zu identifizieren.[264] Mit עבדי יהוה bietet er nicht nur das passende Bezugswort für die pluralische Anrede der folgenden Verse, mit וצדקתם מאתי, *und ihre Gerechtigkeit (kommt) von mir*, liefert er auch die vorgezogene Deutung dessen, was unser Text dann bildhaft beschreibt.

Die Einladung, zum Wasser zu kommen und sich zu erquicken, richtet sich also nicht unterschiedslos an alle Menschen, sondern an diejenigen Judäer, die der Aufforderung, aus der Diaspora heimzukehren, folgen und darauf vertrauen, dass Gott ihren Hunger und Durst, d. h. die Entbehrungen, die sie im Exil erleiden, und die Mühen, die der Auszug mit sich bringt, lindern wird. Sie bilden eine prophetische Gemeinde, die einen missionarischen Auftrag gegenüber dem eigenen Volk in der *Golah* und in Jerusalem und gegenüber den anderen Nationen erfüllt.

Die Richtigkeit dieser Deutung – 55,1 spricht die *in statu nascendi* befindliche Gemeinde der Jhwh-Knechte an – wird durch den letzten Hypotext *65,13* bestätigt. Diejenigen, die „Jhwh verlassen und seinen heiligen Berg vergessen" (vgl. v.11), müssen hungern und dürsten, während diejenigen, die „Ihn suchen" (vgl. v.10), keinen Mangel leiden: הנה עבדי יאכלו ואתם תרעבו הנה עבדי ישתו ואתם תצמאו, *siehe, meine Knechte werden essen und ihr werdet hungern, siehe, meine Knechte werden trinken und ihr werdet dürsten*. Sie, die „Knechte Jhwhs", sind der Einladung von Jes 55 gefolgt, sie haben nicht nur ihre Füße, sondern auch ihre Ohren und Herzen dem Rufenden zugewandt und werden dafür nun mit Speise und mit Trank versorgt.

Wer aber ist es, der die Durstigen zu sich ruft? Wer bietet das Leben spendende Wasser an und bittet die Herbeikommenden, auf ihn zu hören?

Zu den traditionellen Auffassungen, die das sprechende „Ich" entweder mit Gott oder dem Propheten identifizieren,[265] ist in jüngerer Zeit eine dritte These hinzugekommen. Nach ihr lädt in Jes 55 die personifizierte Zionsmutter notleidende Menschen ein, zu ihr zu kommen und sich an ihren Gaben zu laben.[266] Die

---

264 Vgl. Koole, *Isaiah III.2*, 402; Childs, *Isaiah*, 434.
265 Siehe die bei Paganini, „Who Speaks?", 85 n.15 und 16, genannten Autoren.
266 Diese These wird u. a. von Berges, „Personifications", 72; H.-J. Hermisson, „»Deuterojesaja« und »Eschatologie«", F. Postma, K. Spronk u. E. Talstra (Hg.), *The New Things. Eschatology in Old Testament Prophecy. Festschrift for Henk Leene* (ACEBT.S 3; Maastricht: Uitgeverij Shaker Publishing, 2002) 102; Paganini, *Weg zur Frau Zion*, 35 – 44; Paganini, „Who Speaks?", vertreten. Vgl.

Gründe, die dafür angeführt werden, können jedoch nicht überzeugen. Jerusalem wird in der Bibel zwar häufig als wasserreiche Stadt geschildert,[267] doch tritt sie dabei nie als handelnde Person auf. Dass sie nach der langen Gottesrede in Jes 54 nicht stumm bleiben könne,[268] ist psychologisch plausibel, kann aber die Analyse des Textes selbst nicht präjudizieren. Am schwächsten ist das Argument, das die Hauptbeweislast trägt, das Suffix des letzten Worts פְּאֵרֵךְ (v.5*fin*) müsse als 2. Pers. Sg. *f.* gedeutet werden.[269] Die im Kontext viel wahrscheinlichere Gegenthese, dass ein maskulines Suffix vorliegt, kann Simone Paganini nicht widerlegen. Da auch das vergleichbare עֹנֵךְ in *30,19* entgegen seiner Behauptung eindeutig ein maskulines *ePP* hat und in 55,5 zwei maskuline Verbformen (תדע, תקרא) und drei maskuline Suffixe (אלהיך, אליך, ידעוך) vorangehen, spricht alles dafür, auch das letzte Suffix als Maskulinum zu verstehen.[270]

Ohne Beweiskraft ist auch das zusätzliche Argument, הלך אל habe in der hebräischen Bibel sonst nirgends Gott als Objekt,[271] ist doch der Ausdruck als solcher ungewöhnlich.[272] Das hauptsächliche Manko der These liegt aber darin, dass sie einen abrupten Sprecherwechsel annehmen muss: bis v.3a spreche Zion, ab v.3b JHWH. Auf einen solchen Wechsel deutet aber nichts hin. Im Gegenteil! Die an die Zuhörer gerichtete Aufforderung, herbeizukommen und zu gehorchen (v.3a), und die göttliche Absichtserklärung, mit ihnen einen Bund zu schließen

---

aber die kritischen Bemerkungen bei Tiemeyer, *For the Comfort of Zion*, 308 – 9, und die detaillierte Widerlegung bei Oosting, *Role of Zion*, 217 – 23.

267 Siehe die Belege bei Paganini, *Weg zur Frau Zion*, 39 n.32. Zur Rolle des Wassers in der Zionstheologie vgl. H. C. Spykerboer, „Isaiah 55:1 – 5. The Climax of Deutero-Isaiah. An Invitation to Come to the New Jerusalem", J. Vermeylen (Hg.), *The Book of Isaiah. Le livre d'Isaïe. Les oracles et leurs relectures, unité et complexité de l'ouvrage* (BEThL 81; Leuven: Leuven University Press; Uitgeverij Peeters, 1989) 357.

268 So Paganini, „Who Speaks?", 90.

269 Paganini, „Who Speaks?", 86 – 8. Vorsichtiger urteilt Tiemeyer, „Reading Drama", 70: „either a pausal masculine singular form or, more naturally, a feminine singular form."

270 Diese Konsequenz kann auch dadurch nicht vermieden werden, dass man für v.5b einen Sprecherwechsel annimmt (so zuletzt Tiemeyer, „Reading Drama", 70). Denn auch in diesem Halbvers wird mit יהוה אלהיך, *JHWH, dein Gott*, ein männliches Gegenüber angesprochen.

271 So Baltzer, *Deutero-Jesaja*, 592 mit n.20; Paganini, *Weg zur Frau Zion*, 39 – 40. Zum Gegenargument vgl. Höffken, „Eine Bemerkung", 244.

272 Aus der Perspektive des Sprechers wäre באו, *kommt (zu mir)*, passender. Ibn Ezra deutet לכו אלי deshalb als eine elliptische Redeweise: „Go away from your place toward me!" (Friedländer, *Ibn Ezra on Isaiah*, 253 mit n.6). In eine ähnliche Richtung geht die psychologisierende Erklärung von Koole, *Isaiah III.2*, 410: „God wants to bridge the distance which people have put between him and themselves [...] by adopting their point of view and indicating from there how they should find him."

(v.3b), bilden eine enge syntaktische und inhaltliche Einheit, die es geradezu verbietet, zwei unterschiedliche Subjekte anzunehmen.

Die Auffassung, in 55,1–5 spreche durchgängig Jнwн, lässt sich demgegenüber viel leichter begründen.[273] Nachdem er bereits in 54,17 in der 1. Pers. gesprochen hat, deutet alles darauf hin, dass er in 55,1 weiterredet und auch das „Ich" in v.2–4 auf ihn zu beziehen ist. Nach einem kurzen Intermezzo mit einer 3. Pers. in v.5b und einem kurzen Prophetenspruch in v.6–7, kehrt ab v.8 das göttliche „Ich" wieder. Auch für unseren Abschnitt gilt somit, was Christopher R. Seitz als Spezifikum des Jesajabuchs insgesamt und vor allem von Kap. 40–66 herausgestellt hat: Der prophetische Autor tritt weitgehend in den Hintergrund, um Gott die Rolle des Protagonisten zu überlassen.[274]

Zu Gott als Subjekt passen auch die Imperative שמעו שמוע אלי, *hört, ja, hört auf mich!* (v.2b), und לכו אלי, *kommt zu mir!* (v.3a). Aufforderungen, auf ihn zu hören, finden sich nämlich auch in 44,1; 46,3.12; 48,12.16 und vor allem in dem durch die „Ihr"-Anrede geprägten Kap. 51 (שמעו אלי, v.1; הקשיבו אלי, v.4; שמעו אלי, v.7), Aufforderungen, sich ihm zu nähern, in 44,22 (שובה אלי), 45,22 (פנו אלי) und 48,16 (קרבו אלי).

Wie ist dann aber die Wassermetapher im ersten Imperativ לכו למים, *geht zum Wasser!* (v.1a), zu erklären? Sie wird ja durch ולכו אלי (v.3a) erläutert und somit auf den Sprecher bezogen, wenn nicht sogar mit ihm gleichgesetzt. Sicher ist es nicht falsch, darin eine Anspielung auf die Torah, die Weisheit, die Gottesstadt oder ganz allgemein auf „Güter oder Gaben der geistlichen Gnade"[275] zu erblicken. Doch liegt im Kontext von Jes 55 eine andere Bedeutung näher. In *v.10–11* taucht die Metapher nämlich noch einmal auf, um die Wirkweise des göttlichen Worts zu illustrieren.[276] Wie in den anderen Fällen liegt auch bei ihm der Ursprung der heilsamen Kraft in Jнwн: Wie die Torah, die von dem Gott Israels ausgeht (כי תורה מאתי תצא, 51,4), und wie Jerusalem, das reich an Wasser ist, insofern Er sich in ihm als mächtig erweist (...כי אם־שם אדיר יהוה לנו, 33,21), so kann auch das Wort nur deshalb Leben spenden, weil es aus dem Mund Jнwнs hervorgeht (דברי אשר יצא מפי, 55,11).

Diese Beobachtungen würden genügen, um die Behauptung, Gott erscheine nirgends als Quelle von Wasser, ja, er werde im Jesajabuch überhaupt nicht mit

---
273 Vgl. die überzeugende Argumentation bei Höffken, „Eine Bemerkung", 244–5.
274 Vgl. C. R. Seitz, „Isaiah 1–66. Making Sense of the Whole", ders. (Hg.), *Reading and Preaching the Book of Isaiah* (Philadelphia, PA: Fortress Press, 1988) 121–122.
275 Delitzsch, *Jesaia*, 540.
276 Darauf weist M. C. A. Korpel, „Metaphors in Isaiah LV", *VT* 46 (1996) 50–2, hin.

Wasser in Beziehung gesetzt,[277] zu relativieren. Tatsächlich ist das Gegenteil der Fall, wie schon der Überblick über die צמא-Belege gezeigt hat (v. a. 41,18; 44,3) und wie anhand der von Paganini angeführten Stellen noch bekräftigt werden kann. In *35,6* wird die Beschreibung des Wunders, dass in der Wüste Wasser entspringen, durch אז, *dann*, eingeleitet und damit auf die in v.4 geschilderte Epiphanie Gottes zurückgeführt. Nach *33,21* ist Jerusalem ein Ort mit breiten Flüssen, *wenn* JHWH in ihr wohnt (s. o.). In *12,3* lädt der Prophet dazu ein, Wasser „aus den Quellen des Heils" zu schöpfen (ממעיני הישועה), nachdem er im vorhergehenden Vers eben dieses Heil mit JHWH identifiziert hatte (ויהי־לי לישועה, v.2).

Vor allem die Psalmen veranschaulichen die Gottsuche des Menschen nicht selten mit Hilfe der Metaphern „Durst" und „Wasser". So vergleicht der wirkungsgeschichtlich bedeutende *Ps 42*[278] Gott mit אפיקי־מים, *Wasserbächen* (v.2), und beschreibt die ersehnte Nähe zu ihm mit dem Verb צמא (צמאה נפשי לאלהים, v.3). *Ps 63* verwendet dasselbe Bild (צמאה לך נפשי, v.2) und definiert die Abwesenheit Gottes konsequenterweise als Existenz in einem wasserlosen Land (בלי־מים). In beiden Fällen wird der Mangel dadurch behoben, dass der Beter eine Wallfahrt zum Tempel unternimmt (42,5; 63,3; vgl. 43,3). Zion und JHWH sind demnach unlösbar verbunden – die wasserreiche, Leben spendende Stadt und in ihr der „Quell des lebendigen Wassers" (מקור מים חיים), wie *Jer 2,13* den Gott Israels im Unterschied zu den Götzen der anderen Nationen nennt.

Der kanonisch versierte Leser wird deshalb in dem Wasserverkäufer von Jes 55 zuallererst Gott selbst erkennen.[279] Er wird auch damit rechnen, dass dessen Einladung, zu ihm zu kommen, sich in einem Zug nach Jerusalem konkretisiert. Auch in 45,14–25 bilden die Hinwendung zu JHWH und die Wallfahrt *einen* Geschehenszusammenhang. Das vierfache לכו steht deshalb in einer Linie mit den beiden לכו aus dem ersten Völkerwallfahrtsorakel, mit dem Ruf, mit dem die Nationen sich zum Aufstieg auf den Tempelberg ermuntern (2,3), und dem Ruf, der

---

277 Paganini, „Who Speaks?", 89 n.34: „Although water plays a seemingly important role in the book of Isaiah (see among others 12.3; 33.20–22; 35.6–7; 36,17[16?]; 44.12), no explicit or clear connection is to be established between God and water in any of the texts."

278 Auf diese Parallele verweist B. Gosse, „Les promesses faites à David en Is 55,3–5 en relation avec le Psautier et les développements en Is 56ss", *SJOT* 24 (2010) 255–6.

279 Auch der Targum identifiziert den Sprecher mit Gott, wenn er אלי in 55,2.3 mit „Memra", *Wort*, wiedergibt: „Attend to my Memra!" (Chilton, *Isaiah Targum*, 107). Dieser Terminus bezeichnet Gott in einem bestimmten Aspekt seines Tuns, nämlich in seinem Sprechen, Befehlen und Verheißen (so Chilton, *Isaiah Targum*, XVI). Von da ist es nur noch ein kleiner Schritt zum Johannesevangelium. Dieses lässt Jesus, den es zuvor als göttlichen Logos präsentierte, ausrufen: „Wer Durst hat, komme zu mir und trinke!" (Joh 7,37). Von daher verwundert es nicht, dass Nicolaus de Lyra, *Postilla litteralis*, ad Is 55,1–5, unseren Text durchgängig christologisch interpretiert.

die Judäer zum JHWH-Gehorsam motiviert (2,5). Von der Dramaturgie des Gesamtbuches her ist es jedenfalls konsequent, dass Gott an dieser Stelle seine Knechte aus der Diaspora zum Zion ruft, um sie Torah zu lehren und mit ihnen einen neuen Bund zu schließen.

3.3.3. Die Erneuerung des Davidbundes (v.3b)

In *v.3b* wechselt nicht, wie viele Ausleger behaupten, die redende Person, sondern die textpragmatische Situation; die direktive Sprachhandlung wird durch eine kommissive abgelöst. Dasselbe „Ich", das sich zuvor mit Imperativen an die Adressaten wandte, um sie zum Kommen, Zuhören und Gehorchen zu bewegen, formuliert nun mit einem Kohortativ, was es selbst zu tun gedenkt: „Ich will einen ewigen Bund mit euch schließen."[280]

Die theologischen Vokabeln ברית, חסד und עולם weisen im Nahkontext auf Kap. 54 zurück. Dort hatte JHWH der verzweifelten Zionsmutter versprochen, dass er ihr „ewige Treue" (חסד עולם, v.8) erweisen werde, dass seine „Treue" (חסדי) und sein „Friedensbund" (ברית שלומי, v.10) unerschütterlich seien. In dieses Bundesverhältnis will er nun auch ihre „Kinder" aufnehmen, ihre aus dem Exil heimkehrenden Neubürger. Dieses in Jerusalem gesammelte, mit einem erneuerten Bund beschenkte Gottesvolk könnte dann auch Angehörige fremder Nationen anziehen, so die Verheißung von 55,4 – 5.[281]

Im gesamtkanonischen Kontext verweist der markante Ausdruck ברית עולם auf das priesterschriftliche Konzept des einseitig gewährten und deshalb unauflösbaren Gnadenbunds. Eine ewige *berit* wurde Noach stellvertretend für die ganze Menschheit im Zeichen des Regenbogens gewährt (Gen 9,16), Abraham durch die Beschneidung (Gen 17,7.13.19), der Mosegeneration durch den Schabbat (Ex 31,16; Lev 24,8). In dieser Linie deutet *2 Sam 23,5* auch die Einsetzung des davidischen Königtums als einen „ewigen Bund" (כי ברית עולם שם לי), ein Bund, der nun auf „euch" ausgeweitet wird, auf all diejenigen also, die sich wie David als gehorsame Diener Gottes erweisen.

Sprachlich und inhaltlich korrespondiert Jes 55,3 mit drei anderen prophetischen Verheißungstexten: *Jes 61,8* (וברית עולם אכרות להם), *Jer 32,40* (וכרתי להם ברית) und *Ez 37,26* (וכרתי להם ברית שלום ברית עולם יהיה אותם עולם). Auch sie künden einen „ewigen Bund" an und verwenden dasselbe Syntagma כרת + ל (mit pluralischem

---

280 Vgl. die ausführliche Analyse der Kommunikationsstruktur bei U. Schmidt, *Zukunftsvorstellungen*, 273 – 6.
281 Diesen Ursache-Wirkung-Zusammenhang unterstreicht N. Lohfink, „Bund und Tora", 53 – 54.

Suffix), um die kommende Heilszeit zu qualifizieren, in der sich Israel neu als Volk Jhwhs konstituiert.

Das theologische Spezifikum unserer Verheißung tritt aber erst richtig hervor, wenn man den intertextuellen Verweisen auf die Stellen folgt, die ausdrücklich von der Erwählung Davids handeln.[282] So definiert die Natanweissagung in *2 Sam 7* das Verhältnis Jhwhs zu seinem König mit dem Terminus חסד (v.15) und kennzeichnet es als עולם, *ewig* (v.13.16), und נאמן, *verlässlich* (v.16). Der wichtigere Bezugstext ist jedoch *Ps 89*. Er enthält alle theologischen Termini unseres Textes oder, anders gesagt, der Verfasser von Jes 55 zieht die Lexeme, die dort über den ganzen Psalm verstreut sind, in einer einzigen Zeile zusammen: ברית (כרת), עולם, דוד חסד, und נאמן (bzw. das stammgleiche אמונה).[283]

Wegen ihrer lexikalischen Dichte und inhaltlichen Affinität stechen zwei Verse dieses Psalms heraus. *V.29* unterstreicht mit vier, gegenüber der Jesajaparallele (ברית + עולם, חסד + נאמן) umgekehrt kombinierten Schlüsselbegriffen die Unverbrüchlichkeit der göttlichen Erwählung: „Auf *ewig* (לעולם) werde ich ihm meine *Huld* (חסדי) bewahren, und mein *Bund* (בריתי) wird für ihn *verlässlich* (נאמנת) sein."

Demgegenüber beklagt *v.50* den Verlust der früheren Gunst und wirft die Frage auf, ob es für den Gesalbten Jhwhs überhaupt noch eine Zukunft gebe: „Wo sind deine früheren *Hulderweise* (חסדיך הראשנים), Herr, die du *David* (לדוד) in deiner *Verlässlichkeit* (באמונתך) geschworen hast?" Wenn der Beter in v.51 an Gott appelliert, er möge seiner Knechte (Plural!) gedenken, und auf seine Verantwortung für die „vielen Völker" (כל־רבים עמים) verweist, ist das eine weitere Brücke zu Jes 55,3. In ihm antwortet Gott nämlich auf diese Bitte und auf den Zweifel an seiner Treue, indem er die Fortdauer seiner Gnadengaben verheißt. Nicht für einen einzelnen Davididen, sondern, ähnlich wie in 11,10, für die „davidische" Gemeinde.

Neben den genannten Haupttexten werden durch die Referenzsignale weitere Intertexte eingespielt. So preist *2 Sam 22,51* par *Ps 18,51* Jhwh für die Gnade (חסד), die er David und seinen Nachkommen (לדוד ולזרעו) für alle Zeiten (עד־עולם) erweist.

282 Auf die wichtigsten Parallelen hat vor längerer Zeit schon O. Eissfeldt, „Die Gnadenverheißungen an David in Jes 55,1–5", ders., *Kleine Schriften 4* (Tübingen: J. C. B. Mohr [Paul Siebeck], 1968) 44–52, hingewiesen (die englische Originalfassung erschien bereits 1962 unter dem Titel „The Promises of Grace to David in Isaiah 55:1–5"). Seine Einsichten sind immer wieder aufgegriffen und vertieft worden, u. a. von B. D. Sommer, *A Prophet Reads*, 117–9; Childs, *Isaiah*, 434–7; Starbuck, „Theological Anthropology", 247–265; Stromberg, „The Second Temple"; Gosse, „Les promesses".
283 Zu den einzelnen Belegen in Ps 89 s. Eissfeldt, „Gnadenverheißungen", 45. Übersehen hat er עולם, das in v.2.3.5.29.37.38 vorkommt, davon dreimal in unmittelbarer Nähe zu חסד.

Dieses Loblied wird in Gegenwart der Nationen vorgetragen (בגוים, v.50). Die interne Diskussion um die dynastische Sukzession – wer ist der, wer sind die Nachkommen Davids? – wird damit ausgeweitet und in einen universalen Horizont gestellt: Wie reagieren die anderen Völker, wenn sie die David erwiesenen Gnadenerweise sehen und hören? Jes 55 antwortet auf beide Fragen, indem es einerseits einen auf ganz Israel erweiterten Davidbund und andererseits eine Zionswallfahrt der Völker prophezeit.

Zum Schluss ist noch *2 Chr 6,42* zu erwähnen. Auch dieser Vers handelt von der huldvollen Zuwendung Jнwнs zu David. Doch während Ps 89,2 diese als חסדי יהוה definiert, verwendet er wie unser Text den Ausdruck חסדי דויד und hebt dadurch den Empfänger der Gnade hervor.

Nur *ein* Wort fehlt in allen zitierten Davidstexten, und genau darin liegt die Neuheit der jesajanischen Verheißung: לכם! Denn während Ps 89,4 auf Jнwнs Bund mit David zurückblickt (כרתי ברית לבחירי, *ich habe einen Bund mit meinem Erwählten geschlossen*), kündigt Jes 55,3 einen neuen Bund „mit euch", d. h. mit denen, die der Einladung von v.1–3a gefolgt sind, an: ואכרתה לכם ברית עולם, *ich will mit euch einen ewigen Bund schließen*. Diese Erwartung wird *61,8* aufgreifen und bestätigen: וברית עולם אכרות להם, *einen ewigen Bund werde ich mit ihnen schließen*.[284] Die Gunst, die einst dem Knecht David (vgl. Ps 89,4.21.40) erwiesen wurde, soll nun der Gemeinde der Jнwн-Knechte (vgl. Jes 54,17) zugutekommen.[285] Es handelt sich dabei nicht um einen Bruch, um eine Absage an das Königtum, sondern um eine Aktualisierung und Weiterführung, wie sie bereits in Ps 89 angedeutet werden. Am Ende des Klageteils weitet sich nämlich auch dort der Blick von dem einen königlichen Knecht auf die vielen „Knechte", die dieselbe Schmach wie dieser erleiden (חרפת עבדיך, v.51; vgl. v.42).[286]

---

284 Die invertierte Stellung von Verb und Objekt verstärkt den Eindruck, dass hier bewusst auf 55,3 angespielt wird. Stromberg, „The Second Temple", 247–8, deutet Jes 61,8 als eine literarische Anspielung, die insofern über 55,3 hinausgehe, als sie nicht mehr auf den konditionalen Charakter des Bundes abhebt.

285 Eissfeldt, „Gnadenverheißungen", 50–1, illustriert diesen Transfer, indem er die Verwendung des בחיר- und עבד-Titels in Ps 89 (= David) und Jes 40–55 (= Israel) vergleicht. Für das Verständnis von Jes 55 ist allerdings neben dem singularischen עבד das in 53,11 zum letzten Mal erscheint, vor allem das in 54,17 erstmals verwendete plurale עבדים wichtig.

286 Der pluralische Ausdruck erscheint auch in Ps 90,13.16 und schafft somit eine intertextuelle Brücke zwischen dem dritten und vierten Psalmenbuch. Zur Rolle der „Knechte" im Psalter und im Jesajabuch, nicht nur als literarische Figuren, sondern auch als theologische Autoren s. U. Berges, „Who Were the Servants? A Comparative Inquiry in the Book of Isaiah and the Psalms", J. C. de Moor u. H. F. van Rooy (Hg.), *Past, Present, Future. The Deuteronomistic History and the Prophets* (OTS 44; Leiden: Brill, 2000) 1–18.

„Demokratisierung" – mit diesem Begriff definierte Gerhard von Rad die in Jes 55 propagierte Transformation des Davidbundes.[287] Die Privilegien und Hoffnungen, die bisher an die davidische Dynastie geknüpft waren, würden nun auf das ganze Volk übertragen; der internationale Status, den bisher der König Israels besaß, werde nun von der ganzen Nation eingenommen. Welche Funktionen damit im Einzelnen gemeint sind, wird in v.4 ausgeführt. Die Auslegung wird zeigen, dass die historische Gestalt Davids dabei mit einer „deuterojesajanischen" Brille betrachtet, d. h. theologisch neu interpretiert wird. Zuvor aber muss noch ein Missverständnis ausgeräumt werden, das der moderne Ausdruck „demokratisch" mit sich bringt. Dieses Missverständnis entsteht, wenn man die Prophezeiung anthropologisch auslegt und annimmt, die Ausweitung des Bundes vom König auf das Volk bewirke, dass nun jeder Mensch eine eigene, individuelle Bundesbeziehung zu Gott erhalte.[288] Demgegenüber ist zu betonen, dass Empfänger des ewigen Bundes nicht „jedermann", sondern die Personen sind, die wie der *Eved* auf Gottes Ruf gehört haben, die aus der „Trockenheit" der Diaspora zum „wasserreichen" Zion gekommen sind und nun das neue Israel bilden. Statt von einer „Demokratisierung" müsste deshalb richtiger von einer „Israelisierung" des Davidbundes gesprochen werden.

Dass Gottes Bundespartner keine Ansammlung von Einzelnen, sondern eine Gemeinschaft ist, *ein* gemeinsam handelndes Subjekt, macht v.5 deutlich. Von der 2. Pers. Pl. geht er zu der 2. Pers *Sg.* über und spricht damit die kollektive Größe an, die die Eigenschaften des Gottesknechts und Zions in sich vereint. Es ist die Gemeinde der *Avadim*, zu der die fremden Nationen eilen (55,5) und in die auch Ausländer aufgenommen werden können (vgl. 56,3–7).

---

287 G. von Rad, *Theologie des Alten Testaments II. Die Theologie der prophetischen Überlieferungen Israels* (EETh 1; München: Chr. Kaiser Verlag, [8]1984) 250. Diese bereits in der ersten Auflage von 1960 formulierte Idee wurde von Blenkinsopp, *Isaiah II*, 370; Goldingay u. Payne, *Isaiah II*, 372, u. v. a. m. übernommen. Vgl. aber die Kritik von J. M. Vincent, *Studien zur literarischen Eigenart und zur geistigen Heimat von Jesaja, Kap. 40–55* (BET 5; Frankfurt am Main; Bern; Las Vegas: Peter Lang, 1977) 74–106, und Höffken, „Eine Bemerkung", 240–3. Nach diesen Autoren wird die Davidsverheißung entgegen der Behauptung von Gerhard von Rad nicht ihres spezifischen Inhalts beraubt, sondern in ihrem Kern vielmehr bestätigt, vergegenwärtigt und auf das ganze Volk ausgeweitet.

288 So Starbuck, „Theological Anthropology", 252: „[T]he transfer of the royal covenant to the populace essentially transfers the eternal covenantal status of the Davidic house to *everyman*. Thus [...] Isa 55:1–5 marks a fundamental shift in the valuation and conception of the *ordinary human* and his or her intrinsic and covenantal relationship with Yahweh" [Hervorhebungen d. Vf.].

3.3.4. David und die Völker, einst und jetzt (v.4 – 5a)

Die zweite Strophe wird durch ein zweimaliges הן am Anfang von v.4 und v.5 zusammengehalten. Von der ersten ist sie durch den Adressatenwechsel (vom „Ihr" in v.1–3 zum „Du" in v.4–5)[289] abgesetzt, ist aber zugleich auch mit ihr verbunden, da weiterhin Gott spricht und das pronominale Objekt in נתתיו (v.4) sich auf den zuvor genannten David bezieht. In den beiden Versen werden zwei Vorgänge nebeneinander gestellt („siehe" – „siehe"). Dabei wird der eine durch den anderen nicht etwa aufgehoben, vielmehr wird eine Analogie konstatiert: zwischen dem, was in der Vergangenheit war (*qatal*), und dem, was in der Zukunft sein wird (*yiqtol*),[290] zwischen der Rolle, die David bisher spielte, und der, die das nicht näher bezeichnete „Du" künftig spielen wird. Wie das doppelte לא(ו)מים in v.4 und das doppelte גוי in v.5 zeigen, geht es dabei in erster Linie um das Verhältnis zu den ausländischen Nationen, nämlich darum, wie die Kenntnis des wahren Gottes zu der nichtisraelitischen Menschheit gelangt.

Das Amt, das Jhwh seinem König übertrug, wird in *v.4* mit drei Titeln umschrieben: עד לאמים, נגיד לאומים und מצוה לאומים (so nach der Schreibweise von 1QIsaᵇ). Nur der mittlere ist aus der deuteronomistischen Geschichtsschreibung bekannt; er wird in der Natanweissagung verwendet. Nach Gottes Ratschluss soll David נגיד על־עמי על־ישראל, *Fürst über mein Volk Israel*, sein (2 Sam 7,8; vgl. 1 Sam 13,14). Das Leitungsamt, das auf die eigene Nation beschränkt war, soll nun auch die anderen Völker umfassen. Genauer: Davids Rolle wird in der theologischen Rückschau neu interpretiert, die historische Realität wird durch die prophetische Vision überformt und in etwas Neues transformiert. So ist „David" nicht mehr der politische und militärische Führer *eines* Volkes, sondern das „geistliche Oberhaupt" über *alle* Nationen, als das er seine Herrschaft nicht mehr durch Waffen, sondern durch das Wort ausübt.

Dieses neue Amtsverständnis wird durch die anderen Bezeichnungen noch verdeutlicht. Denn statt der üblichen מלך, משיח, רעה oder נשיא verwendet Jes 55,4 *ad hoc* gebildete Ausdrücke, die den davidischen König als Vermittler einer mündlichen Botschaft kennzeichnen. מצוה, der letzte der drei Titel, ist kein Standardausdruck für ein weltliches Amt.[291] Nach seiner wörtlichen Bedeutung bezeichnet er den zivilen oder militärischen Entscheidungsträger („Befehlsha-

---

289 Das „Du" wird in v.4 zwar nicht ausdrücklich genannt, doch ist durch die Interjektion הן auch hier eine dialogische Kommunikationsstruktur vorausgesetzt.

290 נתתיו und אכרתה bilden, wie Philippson, *Israelitische Bibel*, 889, richtig bemerkt, „einen vollständigen Gegensatz in der Zeit". Ersteres kann deshalb nicht als Koinzidenzfall – „Hiermit setze ich ihn ein..." – aufgefasst werden (gegen Koole, *Isaiah III.2*, 415 – 6).

291 Vgl. Koole, *Isaiah III.2*, 418.

ber"). Wie Norbert Lohfink bemerkt, kommt das Partizip von צוה *pi.* aber vor allem im deuteronomischen Promulgationssatz vor. David wird auf diese Weise zu einem zweiten Mose stilisiert: jener vermittelte die Torah vom Sinai aus an Israel, dieser vermittelt sie vom Zion aus an die übrigen Nationen.[292]

Der erste und wichtigste Titel ist jedoch עד לאמים. Die intertextuelle Verbindung zu *Ps 89,38*, einem Vers, der den Bestand der Dynastie mit dem „verlässlichen *Zeugen* in den Wolken" (ועד בשחק נאמן), also wohl dem Mond vergleicht, trägt wenig zum Verständnis bei. Inhaltlich bedeutsamer sind die Psalmverse, in denen der Beter (= David) erklärt, er wolle den Namen Jhwhs *unter den Nationen* der Erde verkünden (vgl. Ps 18,50: אודך בגוים יהוה; Ps 57,10 *par* 108,4: אודך בעמים אדני/יהוה אזמרך בל־אמים). Der wichtigste Intertext außerhalb des Jesajabuchs ist jedoch *Ps 18,44*, da er ebenfalls von der Einsetzung Davids in ein internationales Leitungsamt handelt: תשימני לראש גוים, *du setzt mich zum Haupt der Nationen ein.*

In Jes 55,4 wird dieses Leitungsamt entpolitisiert und mit einem neuen Inhalt gefüllt.[293] Wie der Vergleich der parallelen Syntagmen ראש גוים und עד לאמים zeigt, stammt dieser Inhalt nicht aus der Davidstradition, sondern aus der „deuterojesajanischen" Prophetie. Tatsächlich entspricht עד לאמים in seiner Bedeutung und sprachlichen Gestalt am ehesten den Ausdrücken אור גוים (42,6; 49,6), אור עמים (51,4) und נס עמים (11,10). In allen Fällen geht es um das Problem der Vermittlung: Wie können fremde, andersgläubige Nationen Jhwh und seine Willensordnung erkennen? Wie kann Israel zum „Licht", zum „Zeichen" werden, an dem andere Menschen das heilvolle Wirken seines Gottes ablesen können?

Wenn unser Text zur Lösung dieses Problems den Terminus עד verwendet, greift er auf ein für Jes 40–48 typisches Aussagemuster zurück. Es findet sich in den Reden, mit denen Jhwh die nichtisraelitischen Nationen zu einer Gerichtsverhandlung einberuft (vgl. III.1.1.). Um ihnen gegenüber seinen monotheistischen Anspruch zu begründen, setzt er Israel als Zeuge ein: אתם עדי, *ihr seid meine Zeugen* (43,10.12; 44,8). Es muss die Geschichte seiner Rettung erzählen, damit die Völker ihre Götter verlassen und sich zu dem einzig wirkmächtigen Gott bekehren

---

292 Vgl. N. Lohfink, „Bund und Tora", 53. Was dieser Mose-David-Bezug für das eschatologische Gottesvolk bedeutet, formuliert Lohfink in der Form einer Frage: „Soll Israel also »Zeuge« sein, indem es die gewonnene »davidische« Herrscherposition den Völkern gegenüber so interpretiert, dass es ihnen, Mose gleich, die Tora proklamiert?" Im theologischen Gesamtzusammenhang der Völkerwallfahrtsorakel wird hier also eine Brücke zu Jes 2,1–5 geschlagen.
293 Die Übersetzung „Führer der Völker" (Philippson, *Israelitische Bibel*, 889) bzw. „leader of peoples" (Paul, *Isaiah*, 438) ist deshalb zurückzuweisen. Shalom M. Paul erkennt zwar richtig den literarischen Einfluss von Ps 18,44, übersieht aber, dass der Autor von Jes 55 seine Vorlage theologisch revidiert.

können.[294] Als wichtigster Referenztext erweist sich dabei *43,9 – 10*. Mit 55,4 teilt er nämlich nicht nur die Lexeme לאמים und עד, sondern auch die Wendung נתן עד, *einen Zeugen aufstellen*.[295] Die Rolle des JHWH-Zeugen, die dort Israel zufällt, wird in unserem Text auf David zurückprojiziert; sie wird in ihm geschichtlich veran-kert, um sie in einem zweiten Schritt auf das eschatologische Gottesvolk zu übertragen.[296]

Die Hypotexte, die durch עד eingespielt werden, könnten dem Leser schließlich auch ein vertieftes Verständnis des folgenden Titels eröffnen. Er könnte bei נגיד nämlich das zugrunde liegende Verb נגד mithören, das für die Gerichts-reden typisch ist und neben 43,9 noch 21x in Kap. 40 – 48 vorkommt. David wäre dann nicht so sehr ein *dux* mit politischer und militärischer Gewalt, sondern eher ein *nuntius*, der im Völkerplenum die richtige Botschaft verkündet und im „theologischen Streitverfahren" für die Wahrheit, nämlich für den wahren Gott Zeugnis ablegt.

Die Figur Davids ist hier also auf eine ganz bestimmte Weise modelliert. Er ist der Typos der messianischen Gemeinde, nicht als Machthaber und Bezwinger feindlicher Nationen, sondern als prophetischer Verkündiger der Einzigkeit JHWHs. Von daher greift die Aussage „the international role given to David in the past will now be given to the people"[297] zu kurz, denn diese neue, unmilitärische Rolle wird in Jes 55 überhaupt erst entworfen. Sie ist ein theologisches Konstrukt, das in der Reflexion über die gescheiterte Monarchie deren von Gott gewollte, ursprüngliche Funktion definiert.[298] Nicht als nostalgischer Rückblick, sondern als Zukunftsbild für Israel, das seinen Platz unter den Nationen neu finden muss.

Diese Zukunftsperspektive dominiert in *v.5a*. Die Zeile erläutert nämlich, auf welche Weise das davidisch geprägte Gottesvolk seine internationale Aufgabe erfüllen wird. Es wird als Zeuge, Herrscher und Gesetzgeber auftreten und dadurch eine Wallfahrt der Völker auslösen. Mit dem angesprochenen „Du" ist das Got-tesvolk gemeint, das aus seinen beiden Teilen, den Exulanten und der Jerusalemer

---

294 Vgl. Berges, *Jesaja I*, 282: „Der Begriff »Zeuge« bezieht sich in diesen Kapiteln immer auf JHWHs Handeln in der Geschichte und auf die daraus resultierende Erkenntnis seiner alleinigen Göttlichkeit (Jes 43,10.12; 44,8; 55,4) – in Abgrenzung gegenüber den Fremdgöttern."

295 Berges, *Jesaja I*, 282, weist darauf hin, dass sie nur an diesen beiden Stellen belegt ist.

296 Vgl. Goldingay u. Payne, *Isaiah II*, 373: „[I]t is back-projected onto David in connection with the forward-projection from David's role to the people as a whole." Dieser Aspekt wird ver-nachlässigt, wenn man wie Berges, „Neuer Anfang", 400, konstatiert: „Die drei Bezeichnungen in Jes 55,4 [...] markieren die Identität der Knechtsgemeinde."

297 Stromberg, „The Second Temple", 243.

298 Vgl. Childs, *Isaiah*, 435: „a prophetic construct used to depict David's true vocation according to the original, theological purpose of God for his anointed one".

Heimatgemeinde, wiedervereinigt ist.[299] Dies zeigt die zweifache, erst zentrifugale, dann zentripetale Bewegung, in der sich das zukünftige Geschehen vollzieht. Im Hinausgehen zu den Nationen und der Verkündigung (v.5aα) erfüllt das erneuerte Israel die Mission des Gottesknechts, im Herbeikommen der Nationen (v.5aβ) die Aufgabe der Zionsmutter, die eigenen und fremden „Kinder" bei sich aufzunehmen.

Nach allgemeiner Auffassung verweist גוי לא־תדע intertextuell auf *Ps 18,44* par *2 Sam 22,44* (עם לא־ידעתי, *ein Volk, das ich nicht kannte*). Die meisten Kommentatoren vermerken diese Parallele und erklären, dass Israel hier die Rolle Davids übernehme.[300] Dies ist aber nur zum Teil korrekt, denn auch in diesem Fall gehen die Intentionen der beiden Texte auseinander. Dem Psalm kommt es darauf, dass sich die genannten Völker dem Gesalbten Jhwhs unterwerfen (יעבדוני, *sie werden mir dienen*, Ps 18,44*fin*), was die folgenden Verse noch unterstreichen (בני נכר יכחשו־לי בני נכר יבלו, *Fremde werden mir huldigen, Fremde werden dahinschwinden*, v.45 – 46). Im Unterschied dazu stellt unsere Stelle die wechselseitige Unkenntnis heraus. Dazu verdoppelt sie גוי (statt עם) und macht einmal Israel, einmal die Ausländer zum Subjekt von לא ידע. Vor allem aber ersetzt sie das negative, einseitige יעבדוני durch eine wechselseitige Aktion: die Jhwh-Gemeinde ruft (תקרא) und die Gerufenen antworten, indem sie zu ihr laufen (אליך ירוצו). Von Machtausübung und Unterwerfung ist dabei überhaupt nicht die Rede.

Was aber wird gerufen und weshalb kommen die Angesprochenen herbei? Nach dem soeben Ausgeführten müsste das Wort, das Israel an die *gojim* richtet, mit seinem Zeugenamt zusammenhängen. In den vorhergehenden Kapiteln war es gewöhnlich Jhwh, der andere beim Namen rief (קרא), sei es seinen Knecht Jakob-Israel (41,9; 42,6; 43,1; 49,1 u. ö.), sei es seinen „Messias" Kyros (41,2.25; 45,3.4; 46,11; 48,15), von dem es ebenfalls heißt, dass er den nicht kannte, der ihn rief (ולא ידעתני, 45,4.5). Soll an seiner Stelle nun also Israel weitere Unbekannte herbeirufen?

Näher liegt es, das Rufen von Jes 55 mit dem in Jes 40 zu vergleichen (קרא: v.2.3.6[2x]), bilden die beiden Kapitel doch den Rahmen des „Deuterojesajabuchs" und stehen auch sonst in einer engen intertextuellen Beziehung. Diejenigen, die Zion trösten sollen, erhielten demnach einen zusätzlichen Verkündigungsauftrag

---

299 Gegen die übliche Identifizierung mit Israel argumentieren Vincent, *Zur literarischen Eigenart*, 88 – 91; Koole, *Isaiah III.2*, 420 – 2, zugunsten der traditionellen Auslegung, die v.4 als Rede *über* und v.5 als Rede *an* den künftigen David auffasst. Im Gesamtkontext von Jes 40 – 66 ist die Idee eines individuellen Messias aber sonst nicht belegt. Zur messianischen Auslegung von Jes 55 s. den letzten Abschnitt dieses Kapitels.
300 So z. B. Stromberg, „The Second Temple", 243: „In Isa 55,5a the people's future role parallels that given David in Ps 18,44."

für Nichtjuden. Ihre Botschaft von der sich offenbarenden Herrlichkeit JHWHs (vgl. 40,5) wäre der Grund, weshalb jene ohne Zögern reagieren; obwohl ihnen jedes Vorwissen fehlt, kommen sie freiwillig und eilends herbei, um den Gott kennenzulernen, der ein fast schon ausgelöschtes Volk zu neuem Leben erweckt. So gehören auch sie zu denen, die auf JHWH harren (קוי יהוה, 40,31) und aus dieser Hoffnung die Kraft schöpfen, um zu laufen, ohne zu ermüden (ירוצו ולא ייגעו).[301]

Für Norbert Lohfink steht unser Vers deshalb in einer Linie mit *2,1–5*. Die Völkerwallfahrt, die dort beschrieben wird, wird hier durch Israel in Gang gesetzt.[302] Wenn man wie wir von der zeitlichen Priorität von Jes 55 ausgeht, könnte man aus einer diachronen Perspektive heraus auch sagen: Jes 2 malt die praktischen Folgen der Völkerwallfahrt aus, die in Jes 55 durch das erneuerte Israel ausgelöst wird. Dass sich im einen Fall eine unbestimmte Zahl von Nationen (גוי) auf den Weg macht, im anderen aber alle Nationen (כל־הגוים), ist dabei kein Widerspruch, sondern drückt nur einen unterschiedlichen theologischen Blickpunkt aus. Die prophetische Vision von Jes 2 formuliert das allgemeine Prinzip, die Notwendigkeit nämlich, dass alle Menschen ihren Irrtum erkennen und sich zu dem einzigen Gott bekehren. Dagegen ist Jes 55 näher an der historischen Wirklichkeit, in der nie alle, sondern immer nur Einzelne handeln, Pioniere, die den Anfang machen und durch ihr Beispiel die anderen zur Nachahmung motivieren.

In jedem Fall wird die Erwartung, dass ein idealer David die ganze Welt beherrschen wird (vgl. Ps 2; 18; 72; 110), hier aufgegeben und durch ein alternatives, friedlicheres Zukunftsbild ersetzt: „An die Stelle der politischen Weltherrschaft des Königs [tritt] nun die weltweite religiöse Zeugenschaft des Volkes für JHWH [...], an die Stelle der Unterwerfung der Völker vom Zion aus (Ps 46,7–11) eine andauernde Wallfahrt zum Zion hin, welche die Völker freiwillig unternehmen."[303]

3.3.5. Die Verherrlichung Israels (v.5b)

Der abschließende Halbvers erläutert, was die Fremden motiviert, nach Jerusalem zu kommen: למען יהוה אלהיך ולקדוש ישראל, *wegen JHWH, deinem Gott, und wegen des*

---

301 Dies sind die einzigen Belege für die Wurzel רוץ in Jes 40–55. Als semantische Parallele wäre noch מהר *pi.* in 49,17 zu nennen.
302 Vgl. N. Lohfink, „Bund und Tora", 54. Diese Verbindung wird bereits von David Kimchi hergestellt (vgl. M. Cohen, *Isaiah*, 346). Nach seiner Auffassung entschließen sich die Völker, nach Jerusalem zu wallfahrten, nachdem sie in der „Schlacht von Gog und Magog" die Überlegenheit JHWHs erkannt haben.
303 Albertz, *Exilszeit*, 323.

Heiligen Israels.[304] Mit ganz ähnlichen Worten hatte *49,7* begründet, warum die Könige der Fremdnationen dem *Eved* huldigen: למען יהוה...קדוש ישראל. In beiden Fällen geht es also nicht um die politische Unterwerfung unter eine irdische Macht, sondern um eine theologische Erkenntnis, die durch die Begegnung mit Angehörigen des Gottesvolkes vermittelt wird. Diese werden aufgesucht, weil sie für den wahren Gott gelitten haben und von ihm ins Recht gesetzt wurden.

Damit bestätigt sich die Vermutung, dass das Zeugenamt, das ursprünglich dem König zugedacht war und dann dem ganzen Volk anvertraut wurde, genau darin besteht, der nichtisraelitischen Menschheit JHWH bekannt zu machen (vgl. 49,26), nicht als geschichtslosen, transzendenten Gott, sondern als einen, der sich an Israel gebunden hat, um in dessen Mitte seine Herrlichkeit zu offenbaren.

Diese Idee, die schon in den vorhergehenden Kapiteln aufgetaucht war und in den folgenden weiter entfaltet wird, ist in der Wurzel פאר, *zieren, verherrlichen,* verdichtet. Sie unterstreicht, dass die Rettung und Wiederherstellung Israels sinnlich wahrgenommen werden kann, eine im weitesten Sinne ästhetische Qualität hat, die auf den verweist, der sie bewirkt. In Israel soll Gottes eigene Herrlichkeit aufscheinen, wie er in *46,13* selbst erklärt: ונתתי... לישראל תפארתי, *ich werde Israel meine(!) Herrlichkeit geben.*

Diese Vorstellung einer Theophanie im sozialen Miteinander eines Volkes wird im Jesajabuch auf zwei Weisen formuliert: als Selbstverherrlichung JHWHs (פאר *hitp.:* 44,23; 49,3; 60,21; 61,3) und als Verherrlichung des Gottesvolkes durch JHWH (פאר *pi.:* 55,5; 60,7.9.13).[305] Dabei sind beide Aspekte, der theozentrische und der israelzentrische, unlösbar aneinander gebunden. Das wird in Jes 55,5 besonders deutlich. Zunächst besagt כי פארך, dass das Gottesvolk durch die Heimkehr der Exulanten und den Wiederaufbau Jerusalems neuen Glanz erhält. Darüber hinaus erklärt die Aussage aber auch, dass die Nichtisraeliten durch diese Vorgänge etwas von JHWH erfahren. In dem Maße er sein Volk verherrlicht, verherrlicht er sich nämlich selbst und wird für sie, die bisher nichts von ihm wussten, „sichtbar" und im wahrsten Sinn des Wortes „anziehend".

Dieser für die Völkerwallfahrt wesentliche Zusammenhang wird verdeckt, wenn man das *qatal* פארך, wie es die meisten Ausleger tun, präsentisch übersetzt und dahingehend auslegt, dass Gott sein Volk schmückt, *indem* er die fremden

---

304 Wie kann angesichts dieser klaren Aussage Blenkinsopp, *Isaiah II*, 371, behaupten, „it is not clear in what capacity and for what purpose foreign peoples will converge on Jerusalem"? Seine Vermutung – „as slaves, menials, and *Gastarbeiter*" – hat keinerlei Anhalt im Text.
305 Weitere Belege für diese beiden Konzepte bei J. Hausmann, „פאר *p'r*", *ThWAT* 6 (1989) 496 – 497. Da die *Piel*-Form in Kap. 40 – 55 nur einmal, in Kap. 56 – 66 aber dreimal vorkommt, folgert Höffken, „Eine Bemerkung", 241 – 2, dass 55,5 von den „tritojesajanischen" Stellen abhängig sei. Siehe jedoch die überzeugenden Gegenargumente bei Stromberg, „The Second Temple", 246 – 54.

Völker herbeikommen lässt.[306] In Wirklichkeit verhält es sich genau umgekehrt: Die fremden Völker suchen Israel auf, *weil* Gott es bereits geschmückt hat, dadurch nämlich, dass er es aus seiner Zerstreuung geholt und in der neu erbauten Zionsstadt gesammelt hat.[307] Die Gotteserkenntnis der Heiden geschieht also, indem sie wahrnehmen, wie herrlich Jʜwʜ mit und an seinem Volk gehandelt hat. Anders ausgedrückt: Dessen „attraktive" gesellschaftliche Gestalt bezeugt ihnen, dass es die *vera religio* besitzt, und weckt in ihnen den Wunsch, diese kennenzulernen und womöglich auch selbst zu übernehmen.

3.4. Jes 55,1–5, messianisch ausgelegt

Die Tatsache, dass David in einem auf die Zukunft gerichteten Heilsorakel erwähnt wird, hat die traditionelle jüdische und christliche Exegese veranlasst, Jes 55,1–5 als eine messianische Weissagung zu interpretieren. Bis in die Neuzeit hinein fand diese Deutung Anhänger, und in neuerer Zeit wurde sie von Jan L. Koole noch einmal ausführlich begründet.[308]

Dieses Verständnis wird u. a. dadurch ermöglicht, dass der hebräische Text einige Stellen enthält, die unterschiedlich gedeutet werden können. Sind חסדי דוד die Wohltaten, die Jʜwʜ seinem König erweist (*gen. obi.*), oder die Treueerweise, die jener selbst erbringt (*gen. subi.*)? Und beziehen sie sich auf die Vergangenheit, also auf den historischen David, oder auf die Zukunft, also auf einen seiner Nachfolger, wie er z. B. in Jes 11,1–9 verheißen wird?[309] Wer wird in v.4 zum „Zeugen der Völker" usw. eingesetzt und wann? Wird damit eine inzwischen erloschene Funktion des israelitischen Königs charakterisiert oder eine Aufgabe, die überhaupt erst jetzt, auf der Basis des neuen, ewigen Bundes erfüllt werden kann? Wer wird in v.5 so unvermittelt mit „Du" angesprochen, das in der zweiten Vershälfte erwähnte Volk Israel oder der künftige Erlöser, der die Züge eines endzeitlichen Gottesknechts annimmt?[310]

---

306 So u. a. Eissfeldt, „Gnadenverheißungen", 49; Höffken, „Eine Bemerkung", 240–1.

307 So z. B. N. Lohfink, „Bund und Tora", 54, und schon die alten Versionen, die wie 𝔊 (ὅτι ἐδόξασέν σε) und 𝔙 („quia glorificavit te") das Vergangenheitstempus beibehalten.

308 Vgl. Koole, *Isaiah III.2*, 400–22, mit Hinweisen auf die wichtigsten Vertreter der messianischen Interpretation.

309 Koole, *Isaiah III.2*, 415, plädiert für die zweite Option. Nachkommenschaft und Bestand der Dynastie gehören für ihn so eng zu den davidischen Verheißungen, dass sie in Jes 55 unmöglich fehlen können.

310 So Koole, *Isaiah III.2*, 417.421–2. Dabei sieht er diesen allerdings zu sehr als eine individuelle, von Israel getrennte Gestalt. Dies zeigt z. B. sein Hinweis, der *Eved* werde wie in 55,4 so auch in 43,10 als „Zeuge" bezeichnet. Wie wir gesehen haben, spricht diese Stelle – ...אתם עדי

Unter den jüdischen Exegeten des Mittelalters wird Jes 55, soweit wir sehen, zwar nicht von Raschi, wohl aber von *Ibn Ezra* und *David Kimchi* messianisch ausgelegt. Während letzterer von Anfang an konstatiert הוא המשיח, *das ist der Messias*,[311] bietet ersterer für v.3 zunächst zwei alternative Interpretationen. Der künftige Bund sei „like the covenant which I made with David and the kindness which I showed to him." Es sei aber auch möglich, „that by »David« in this verse Messiah is meant, who will be of the family of David."[312] Diese Zurückhaltung gibt er später aber auf, wenn er in v.4 den Begriff „Zeuge der Völkerschaften" mit dem Hinweis זה המשיח, *das ist der Messias*,[313] kommentiert und mit folgenden Worten erläutert: „Messiah will testify, that there is no other king, no other ruler of the world, than God."[314]

Das wichtigste Argument gegen dieses Textverständnis haben wir bereits genannt: die *qatal*-Form נתתיו in v.4 bezeichnet aller Wahrscheinlichkeit nach ein Ereignis der Vergangenheit.[315] Sie kann sich deshalb nicht auf den kommenden Messias beziehen, es sei denn man unterschiede zwischen seiner bereits erfolgten Einsetzung und seinem noch ausstehenden Amtsantritt.

Für die christlichen Ausleger ist die präteritale Formulierung kein Problem. Im Gegenteil, ist ihr Messias doch bereits gekommen.[316] *Nikolaus von Lyra* kann sich deshalb der messianischen Auslegung seiner jüdischen Vorläufer anschließen[317] und den Text gleichzeitig auf das geschichtliche Erscheinen des Messias, nämlich Jesu Christi beziehen. Um zu belegen, dass mit „David" in v.3 tatsächlich der künftige Messiaskönig gemeint ist, führt er zwei Bibelstellen an: *Hos 3,5* (ובקשו

עבדי, *ihr(!) seid meine Zeugen und mein Knecht* – aber gerade nicht von einem charismatischen Einzelnen, sondern von der prophetischen Gemeinde.

311 M. Cohen, *Isaiah*, 348.

312 Friedländer, *Ibn Ezra on Isaiah*, 254.

313 M. Cohen, *Isaiah*, 349.

314 Friedländer, *Ibn Ezra on Isaiah*, 254.

315 So schon Philippson, *Israelitische Bibel*, 889: „Von einem Messias, als Nachkommen Davids [...] können die Worte nicht verstanden werden, da in unserm Buche nirgends von einem persönlichen Messias die Rede ist, sondern nur von messianischer Zeit, und da נתתיו zu אכרתה einen vollständigen Gegensatz in der Zeit bildet."

316 Eine Ausnahme bildet Andreas von Sankt Viktor, der auch hier seinem Grundsatz treu bleibt und auf eine christologische Deutung des alttestamentlichen Textes verzichtet. Er nimmt dazu in Kauf, das Vergangenheitstempus futurisch aufzufassen und den Vers ganz jüdisch als Prophezeiung über den „David resuscitatus" zu interpretieren: „Der wiedererweckte David wird vom Herrn als Führer und Fürst nicht nur über die Juden, sondern auch über die Heidenvölker eingesetzt werden" (vgl. Andreas de Sancto Victore, *Super Ysaiam*, ad Is 55,4).

317 Er verweist selbst ausdrücklich darauf: „Hoc etiam sentit Ra. Sa. [Rabbi Salomo]" (Nicolaus de Lyra, *Postilla litteralis*, ad Is 55,3). Allerdings dürfte dieser Hinweis, Raschi habe das Orakel auf die messianische Zeit bezogen, auf einer Verwechslung beruhen.

ועבדו את יהוה אלהיהם ואת דוד מלכם... באחרית הימים (את־יהוה אלהיהם ואת דוד מלכם) und *Jer 30,9* (ואת)
דוד מלכם אשר אקים להם).[318] Schon aus dem hebräischen Wortlaut geht hervor, dass
für die Propheten der König der kommenden Heilszeit ebenfalls den Namen
„David" trägt. Nikolaus beruft sich jedoch auf die „chaldäische Übersetzung" (d. i.
der Targum Jonathan), die das im Urtext implizit Enthaltene noch verdeutlicht.
Aus דוד מלכם macht sie nämlich מלכהון בר דויד, משיחא, oder, wie er korrekt auf Latein
wiedergibt, „et oboedient *Messiae, filio* David, regi suo."[319]

Nikolaus ist keineswegs der erste, der den Jesajatext messianisch-christolo-
gisch auslegt. Er kann sich dabei sogar auf die Autorität des Paulus berufen. Dieser
zitiert Jes 55,3 in *Apg 13,34* (und zwar nach der Version der Septuaginta, wie unser
Autor zutreffend bemerkt), um die Schriftgemäßheit der Auferweckung Jesu zu
beweisen. Und auch für die Titel in v.4 findet Nikolaus Belege im Neuen Testament:
als Zeuge präsentiert sich Jesus in *Joh 18,37* („ad hoc veni in mundum, ut testi-
monium perhibeam veritati"), als Fürst und Gebieter der Heidenvölker in *Mt 28,28*
(„data est mihi omnis potestas in caelo et in terra").

Während Ibn Ezra sich nicht dazu äußert, ob in v.5 der Messias oder Israel
angesprochen wird,[320] setzt Nikolaus von Lyra das neu eingeführte „Du" mit dem
„Er" des vorhergehenden Verses gleich. Seine Begründung: „Hier wechselt die
Sprechweise von der dritten zur zweiten Person, was bei den Propheten häufig
geschieht, und er richtet die Rede an Christus."[321] Die „gens" bzw. „gentes" sind
für ihn die heidnischen Völker, die wegen ihres Götzendienstes Christus bisher
„unbekannt" waren (vgl. Mt 25,12: „nescio vos") und die ihn selbst auch „nicht
kannten". Nun aber würden sie zu ihm laufen und zwar „aufgrund ihrer raschen
Bekehrung auf die Predigt der Apostel hin".[322] Wie an anderen Stellen dient also
auch hier die historische Tatsache, dass eine große Zahl von Heiden den Glauben
an den einen Gott angenommen hat, als Beweis für die Messianität Jesu. Durch ihn
ist eingetroffen, was die Propheten von dem Messias erwarteten!

Im Gegensatz dazu konstatiert Ibn Ezra, dass diese Verheißung nicht eingetroffen sei, und folgert daraus die Richtigkeit seiner messianisch-eschatologischen

---

318 Dieselbe Vorstellung ist nach Koole, *Isaiah III.2*, 413, auch in Jer 33,21 und Ez 34,23 – 24
belegt.
319 Der Targum ist auch insofern interessant, als er für die Beziehung zum Messias ein eigenes
Verb gebraucht. So gibt er das hebräische עבד in Jer 30,9 zuerst mit פלח und dann mit שמע wieder,
unterscheidet also zwischen dem Dienst, der Gott und dem Messias dargebracht wird. Dadurch
vermeidet er den Eindruck, letzterer werde auf dieselbe Weise wie Gott verehrt.
320 Raschi scheint die zweite Auslegung vorzuziehen, während David Kimchi eindeutig erklärt:
אמר כנגד ישראל, *er spricht zu Israel* (M. Cohen, *Isaiah*, 348).
321 Vgl. Nicolaus de Lyra, *Postilla litteralis*, ad Is 55,5.
322 Vgl. Nicolaus de Lyra, *Postilla litteralis*, ad Is 55,5.

Exegese.[323] Beide Autoren sind sich also einig, dass unsere Prophezeiung im wörtlichen Sinn von den ימי המשיח, *den Tagen des Messias*, bzw. dem „tempus Christi", *der Zeit des Christus*, handelt. Aufgrund ihrer unterschiedlichen Glaubensüberzeugung liegt diese Epoche für den einen aber noch in der Zukunft, während sie für den anderen bereits angebrochen ist.

Vielleicht hängt es damit zusammen, dass die beiden Exegeten den Schlusssatz, in dem die Völkerwallfahrt angekündigt wird, ganz unterschiedlich kommentieren. Abraham Ibn Ezra beschränkt sich auf die grammatikalische Erklärung der irregulären Verbform פאָרך.[324] Dagegen schildert Nikolaus von Lyra ausführlich, auf welche Weise der Messias, sprich Jesus Christus, verherrlicht wurde (wobei er natürlich von einem Vergangenheitstempus ausgeht): durch seine Auferweckung, durch die Erhöhung an die Seite Gottes und durch die Wunder, die die Apostel wirkten, indem sie seinen Namen anriefen. „Weil sie diese (*sc.* die Wunder) sahen, bekehrten sich die Heidenvölker zu Christus, wie es in der Apostelgeschichte an mehreren Stellen geschrieben steht."[325]

Mit dieser fundamentalen Einsicht, dass nicht so sehr die Reden, sondern die Wunder, die im Gottesvolk geschehen, Gott bezeugen und Nichtgläubige anlocken, steht Nikolaus in Kontinuität mit den Schriften der Propheten *und* mit dem nachbiblischen Judentum. Auch für David Kimchi kommen die Fremden herbei, weil sie von den Wundern hören, die Jhwh in Israel wirkt (בשמעם הנפלאות שעשה האל עמך).[326] Denkt er dabei an die „Zeichen und Wunder", die beim Auszug aus Ägypten, beim Wüstenzug und beim Einzug in das Land geschahen? An die Rückkehr aus dem babylonischen Exil? Oder an die Errettung des jüdischen Volkes, dessen Existenz zu allen Zeiten bedroht war, zur Zeit des ersten und des zweiten Tempels ebenso wie in seiner eigenen Gegenwart?

Der christliche Exeget verweist mit Recht auf die messianischen Zeichen, die die Anfänge der Kirche begleiteten. Damit stellt sich aber umso dringender die Frage, ob diese der Vergangenheit angehören oder ob sie weiterhin geschehen, so dass zu allen Zeiten Menschen angezogen werden und zum Glauben kommen können.

---

323 Vgl. die erläuternde Bemerkung von Michael Friedländer: „[T]he prophecies contained in this part of the book, describe the time of Messiah *yet to come*; the verse before us supports that opinion, since the promise contained in it, has not yet been fulfilled" (Friedländer, *Ibn Ezra on Isaiah*, 254 n.11 [Hervorhebung d. Vf.]).
324 Vgl. M. Cohen, *Isaiah*, 493.
325 Vgl. Nicolaus de Lyra, *Postilla litteralis*, ad Is 55,5.
326 M. Cohen, *Isaiah*, 348.

IV. Die Völkerwallfahrt in dem „Manifest der Knechtsgemeinde" (Jes 56 – 66)

1. Die Zionsreise der ausländischen Jнwн-Verehrer (Jes 56,1 – 9)

1.1. Fremde im Jesajabuch

Die letzten elf Kapitel des Jesajabuchs weisen eine konzentrische Struktur auf, deren Mitte und äußere Ränder von Heilsworten für Zion und für die ausländischen Verehrer Jнwнs gebildet werden.[1] Die Gestalt der künftigen Gemeinde und die Teilnahme von Nichtjuden an ihrem sozialen und religiösen Leben sind somit die nicht voneinander zu trennenden Hauptthemen dieses Schlussteils.[2]

Wie werden die Personen bezeichnet, die ihrer Geburt nach nicht zu dem 'am Israel gehören? Welche Begriffe verwenden das Jesajabuch und die hebräische Bibel insgesamt, um die Mitglieder anderer Nationen zu benennen und ihre Stellung gegenüber der Rechts- und Kultgemeinde (dem Qahal) zu definieren?

Unter dem rein negativ bestimmten Oberbegriff „Nichtisraeliten" lassen sich drei Kategorien unterscheiden: „resident aliens" (גר), „non-resident aliens" (נכרי) und „unwarranted persons" (זר).[3]

---

1 Die konzentrische Struktur von Jes 56 – 66 ist seit R. Lack, *La symbolique du livre d'Isaïe. Essai sur l'image littéraire comme élément de structuration* (AnBib 59; Roma: Biblical Institute Press, 1973) 125 – 34, immer wieder dargestellt worden, zuletzt von Vermeylen, *Livre d'Isaïe*, 49 – 57. Gegenüber einer zu statischen Auffassung der Ringkomposition unterstreicht Berges, *Buch Jesaja*, 418 – 27, die gedankliche Progression, die durch die korrespondierenden Glieder entsteht.

2 Das hat die jüngste und ausführlichste Studie zur Struktur des „Tritojesaja" von S. B. Abalodo, *Structure et theologie dans le Trito-Isaïe* (TG.ST 208; Roma: Editrice Pontificia Università Gregoriana, 2014) v. a. 21 – 62, eindrucksvoll bestätigt. Indem er den konzentrischen mit dem dreigliedrigen Aufbau kombiniert, erhält Abalodo eine ausgeklügelte Struktur, die um den zentralen Vers *61,6* herum gebaut ist: „Ihr aber werdet Priester Jнwнs genannt..." Im gesamtbiblischen Kontext bekräftigen diese Worte die Sinaiverheißung aus Ex 19,6: „Ihr aber werdet mir ein Reich von Priestern sein." Im engeren Kontext unterstreichen sie die Würde der Israeliten im Unterschied zu den Angehörigen anderer Nationen, über die es im vorhergehenden Vers heißt: „Fremde stehen bereit und führen eure Herden auf die Weide..." (Jes 61,5).

3 Zu dieser Klassifikation und einem chronologischen Überblick über die Bedeutungsentwicklung der einzelnen Termini s. R. Achenbach, „gêr – nåkhrî – tôshav – zâr. Legal and Sacral Distinctions regarding Foreigners in the Pentateuch", ders., R. Albertz u. J. Wöhrle (Hg.), *The Foreigner and the Law. Perspectives from the Hebrew Bible and the Ancient Near East* (BZAR 16; Wiesbaden: Harrassowitz Verlag, 2011) 29 – 51. Zur Semantik der Begriffe vgl. D. Kellermann, „גּוּר", *ThWAT* 1 (1973) 979 – 991; L. A. Snijders, „זוּר/זָר zûr/zār", *ThWAT* 2 (1977) 556 – 564; B. Lang u. H. Ringgren, „נכר nkr", *ThWAT* 5 (1986) 454 – 463; Bultmann, *Der Fremde*; Zehnder, *Umgang mit Fremden*, 279 – 87. Zur weiteren Begriffsgeschichte im rabbinischen Judentum s. Haarmann, *JHWH-Verehrer*, 26 – 57.

In den Rechtscorpora des Pentateuch werden die damit verbundenen juristischen, ethischen und religiösen Probleme ausführlich behandelt, auch deshalb,
weil Israels Verhalten gegenüber den Fremden und sein Selbstverständnis als
Jнwн-Volk sich gegenseitig bedingen (vgl. nur Ex 22,20: „Einen *ger* sollst du nicht
ausnützen oder ausbeuten, denn ihr selbst seid in Ägypten *gerim* gewesen"). Auch
in den prophetischen Zukunftsentwürfen werden diese Personen bzw. Personengruppen immer wieder erwähnt, wobei sich die Perspektive vom konkreten
Rechtsfall zur generellen theologischen Aussage weitet.

Um diese Verheißungen, zu denen auch das Völkerwallfahrtsorakel Jes
56,1–9[4] gehört, in einen größeren Kontext zu stellen, wollen wir zu Beginn dieses
Kapitels untersuchen, welche Rolle die verschiedenen Arten von Nichtisraeliten im
Jesajabuch spielen. Wie begegnen sie dem Volk Israel und welche Erwartungen
verbinden sich mit ihnen? Die Frage soll dabei nicht historisch, sondern literarisch
angegangen werden, indem anhand der genannten Schlüsselbegriffe die wichtigsten Aussagen über Beisassen, Ausländer und Fremde zusammengestellt
werden.[5]

Bezeichnenderweise dominiert im ersten Hauptteil des Jesajabuchs die Kategorie, die dem israelitischen *Qahal* am fernsten steht: זר.[6] Dieser Terminus, mit
dem die Torah den außerhalb des Rechts- und Kultsystems stehenden Nichtisraeliten bezeichnet, wird bei den Propheten zum Synonym des Feindes, des Angreifers und Eroberers.

Schon im einleitenden Kapitel werden die *zarim* als Aggressoren präsentiert
(1,7). Sie besetzen das Land Juda, beuten seine Ressourcen aus (wörtlich: אכלים
אתה, *sie fressen es*) und verursachen eine מהפכת זרים, einen totalen „Umsturz"
seiner Bauten, Bewohner und Institutionen. Auch in *29,5* sind sie in ein kriegerisches Geschehen verwickelt. Die זריך, *deine Fremden*, werden hier den עריצים,
Tyrannen, gleichgestellt. Sie bedrängen Jerusalem, wollen es auslöschen und
gefährden so den Frieden in der ganzen Welt. In der „Jesaja-Apokalypse" erscheinen sie deshalb als eine fast schon übermenschliche Macht; nur Jнwн kann
ihre Trutzburgen zerstören (ארמן זרים, 25,2), nur er kann ihr Kriegsgeschrei (שאון
זרים, 25,5) zum Schweigen bringen.

---

4 Zu dieser Abgrenzung s. den folgenden Abschnitt.
5 Die häufigsten Lexeme sind זר mit neun und נכר mit fünf Belegen. Während der Schwerpunkt
von זר im „Ersten Jesaja" liegt (1,7[2x]; 17,10; 25,2.5; 28,21; 29,5, dazu 43,12; 61,5), liegt der von
נכר im „Dritten Jesaja" (56.3.6; 60,10; 61,5; 62,8). Daneben werden noch zweimal נכרי (2,6;
28,21) und einmal גר (14,1) verwendet.
6 Nach Snijders, „זור/זר", 557–558, ist genau dies die Grundbedeutung des von זור II abgeleiteten
Partizips: „der sich Distanzierende, der sich Entfernende".

Die Fremden bedrohen das Gottesvolk aber nicht nur durch ihr militärisches Potential, sie bedrohen es auch von innen, indem sie seine ethnische, kulturelle und religiöse Identität unterminieren. Sie verleiten es, JHWH zu vergessen und stattdessen זמרת זר, *einen fremden Schössling* (17,10), anzupflanzen, d. h. die Gebräuche und Kultpraktiken anderer Völker anzunehmen.[7]

Ein ähnlicher Vorwurf wird bereits zu Beginn des Buchs, unmittelbar nach dem ersten Völkerwallfahrtsorakel, erhoben, dort aber unter Verwendung des Terminus נכרי.[8] Das Haus Jakob wird beschuldigt, es habe seine völkische Identität aufgegeben (נטשתה עמך); ausländische Zauberpraktiken und „fremde Kinder" (ילדי נכרים, 2,6)[9] hätten in ihm überhandgenommen.

Aus diesem durchweg negativen Bild fällt *14,1* heraus. Es ist – nicht unbedingt chronologisch, aber im Leseablauf – das erste positive Zeugnis über Fremde. Es handelt von Personen, die eine Zeitlang am Rande einer jüdischen Diasporagemeinde leben und dann in diese aufgenommen werden wollen (ונלוה הגר עליהם). Von den bisherigen Texten unterscheidet sich dieser Spruch darin, dass er statt der negativ besetzten Lexeme זר und נכרי mit גר den Begriff wählt, der am stärksten die räumliche und geistige Nähe zum Ausdruck bringt. Er beschreibt auch nicht einen realen, bestehenden Zustand, sondern entwirft eine prophetische Vision. Die Furcht vor dem negativen Einfluss der Fremden wird hier zum ersten Mal von der Erwartung abgelöst, dass ein erneuertes Gottesvolk gerade umgekehrt seine nichtjüdische Umgebung positiv beeinflussen könnte.[10]

---

7 Wegen 43,12, wo זר im Sinne von אל זר verwendet wird, bezieht Philippson, *Israelitische Bibel*, 773, den Ausdruck auf den Götzendienst. In der Tat dient die Pflanzenmetapher auch in Jer 2,21 dazu, um Israels „Entfremdung" von JHWH anzuprangern; es ist für ihn zu einem הגפן נכריה, *fremden Weinstock*, geworden.

8 Der Parallelismus in 28,21 (נכריה עבדתו – זר מעשׂהו) zeigt, dass die beiden Lexeme in Jesaja als Synonyme fungieren können.

9 Die genaue Bedeutung bleibt auch wegen der Verbindung mit dem seltenen Verb שפק *hif.* unklar. Ibn Ezra deutet ילדים auf die geistigen „Ausgeburten", d. h. die Ideen der Fremden: „They are satisfied with secular knowledge, and do not seek for the prophecy, which is the best light" (Friedländer, *Ibn Ezra on Isaiah*, 15). Doch spricht die Parallele zu Hos 5,7 (בנים זרים ילדו, *sie haben fremde Söhne gezeugt*) dafür, den Ausdruck wörtlich aufzufassen. Sie haben „fremde Kinder", das heißt, ihre Kinder sind „Fremde" geworden, weil ihnen nicht der Gehorsam gegenüber JHWH, sondern ausländische Denk- und Verhaltensweisen vermittelt wurden.

10 Der andere Geist, den dieses Orakel widerspiegelt, resultiert zweifellos aus der Erfahrung des Exils, in dem sich angesichts der politischen und sozialen Verwerfungen auch das theologische Konzept des Gottesvolks und der fremden Nationen veränderte. Vgl. Albertz, *Exilszeit*, 116: „Der Verlust des Staatsverbandes führte schließlich zu einer Durchlöcherung der Gruppengrenzen nach außen. Die judäischen Familien lebten, vor allem in der Gola, zunehmend aber auch in der Heimat, in ständiger Konfrontation, aber nicht selten auch in freundschaftlichem Kontakt mit Angehörigen anderer Nationalitäten."

In Jes 40 – 55 wird das Problem der Fremden und ihrer Zuordnung zum Volk Israel nicht weiter thematisiert. Von der vorausgesetzten historischen Situation her verwundert das auch nicht, leben die Exulanten doch selbst als Fremde in einem fremden Land. Die Frage taucht erst in Jes 56 – 66 wieder auf. Denn in dem Moment, in dem die Judäer in die Heimat zurückkehren, sich neu als Jhwh-Gemeinde konstituieren und dabei mit Personen anderer Ethnien konfrontiert werden, muss ihr Verhältnis zu diesen neu definiert werden.

Anstelle des Hauptterminus von Jes 1– 39 זר erscheint nun der mit נכרי verwandte, aber gleichwohl selbstständige Ausdruck בן־(ה)נכר, *Sohn der Fremde*, *Ausländer*. Im Unterschied zum Schutzbürger ist er „kein Mitglied des Volkes Israel und damit auch kein Mitglied des israelitischen Rechtssystems".[11] Er ist nicht nur sozial, sondern auch religiös und ethnisch ein Fremder, also *per definitionem* kein Volksgenosse (לא־מעמך ישראל, 1 Kön 8,41), kein „Bruder" (לא־אחיך, Dtn 17,15).

Das Gegenüber, der feindliche Gegensatz, der in dem ersten Buchteil dominiert, wird in diesem letzten Teil in ein Miteinander überführt. In Jes 60 – 62 werden die Ausländer nicht mehr als Feinde betrachtet, allerdings auch nicht als gleichberechtigte Mitglieder der Gemeinde, sondern als Helfer und Mitarbeiter. Sie dienen der Gottesstadt als Bauhandwerker (60,10), dem Gottesvolk als Hirten, Bauern und Winzer (61,5). In 62,8 werden sie zwar parallel zu איביך, *deine Feinde*, als Unterdrücker Israels erwähnt, doch nimmt dieser Passus insofern eine Sonderstellung ein, als er Zustände der Vergangenheit in Erinnerung ruft (vgl. 1,7), die sich in Zukunft nicht mehr wiederholen sollen. Nach der üblichen Auffassung, die diese drei Kapitel als ältesten Teil und Nukleus des „Tritojesajabuchs" identifiziert, lassen sich diese Aussagen als eine Reaktion auf die Tatsache erklären, dass mit den Exilierten auch Bewohner der Diasporaländer in das Land kamen. Diese sollen, wie in 14,2 vorhergesagt, zu Israels „Knechten und Mägden" werden.

Auf diesem Hintergrund erstaunt es umso mehr, dass Jes 56 den Fall diskutiert, dass Einzelne aus dieser Gruppe „sich Jhwh angeschlossen haben" (הנלוה אל־יהוה, v.3; הנלוים על־יהוה, v.6), und diesen sogar den Zutritt zum Tempel gewährt (v.7). Vielleicht ist es kein Zufall, dass sie nur hier בן־/בני־הנכר genannt werden, sonst aber immer indeterminiert bleiben (בן־/בני־נכר).[12] Während die anderen Texte von

---

11 Haarmann, *JHWH-Verehrer*, 47. Eine prägnante Charakterisierung von בן־נכר/נכרי und גר gibt J. L. Koole, *Isaiah III. Vol. 3: Isaiah Chapters 56 – 66* (HCOT; Leuven: Peeters, 2001) 11 – 2: „[T]he latter ideally enjoys a protected legal status and can also take part in offerings [...]. But the foreigners remain »citizens of the nations surrounding Israel« [...]. The commercial relations are therefore strictly business-like [...], and usually there are great political and religious differences, if not enmity."
12 Nämlich in Gen 17,12.27; Ex 12,43; Lev 22,25; 2 Sam 22,45.46; Neh 9,2; Ps 18,45.46; 144,7.11; Ez 44,7.9 und eben auch in Jes 60,10; 61,5; 62,8.

ihnen im Allgemeinen sprechen, als eine Kategorie von Menschen, für die bestimmte sakralrechtliche Regeln gelten, handelt Jes 56 von Individuen, die ein
spezielles Anliegen vorbringen (auch wenn der prophetische Bescheid dann eine
über den Einzelfall hinausreichende Geltung beansprucht).[13]

Das literarisch spätere Kapitel Jes 56 würde also eine neue Position formulieren, die auf das nicht zu erwartende Phänomen reagiert, dass Ausländer den
Glauben Israels übernehmen. Entgegen der literargeschichtlichen Reihenfolge
wäre es an den Anfang des letzten Buchteils gestellt worden, damit die nachfolgenden Texte aus seiner völkerfreundlichen Perspektive heraus gelesen werden.

1.2. Jes 56,1 – 9: Abgrenzung, Übersetzung und Textkritik

Jes 55 schließt mit der Ankündigung des Auszugs aus der Diaspora und der damit
einhergehenden wunderbaren Transformation der Natur. Der Eindruck, dass damit eine Texteinheit zu Ende geht, wird durch den Hinweis auf die ewige Gültigkeit
dieses „Zeichens" (אות עולם לא יכרת, v.13) zusätzlich verstärkt. Nach einer *Setuma*[14]
beginnt mit 56,1 ein neuer Abschnitt, der durch die Botenformel כה אמר יהוה
eingeleitet ist. 1QIsaᵃ signalisiert den Beginn eines Haupteinschnitts, indem er
nach 55,13 das Zeilenende freilässt und mit 56,1 eine neue Zeile beginnt. Darüber
hinaus weist er ein *Paragraphos*-Zeichen nach 55,13 und ein Kreuz neben 56,1 auf.

Durch zwei *Setumot* vor und nach v.3 grenzt MT die wörtlich zitierte Klage der
beiden Personengruppen, der Fremden und der Eunuchen, als einen eigenen
Unterabschnitt ab. Auch diese Einschnitte sind in 1QIsaᵃ deutlich markiert (freies
Zeilenende und Zeilensprung, Kreuz am Seitenrand). Die Antwort Gottes wird
durch eine zweite Botenformel am Anfang von v.4 eröffnet und ist sowohl im MT
als auch in 1QIsaᵃ durch eine *Setuma* nach v.5 in zwei Hälften unterteilt (v.4 – 5;
v.6 – 7).

Das Orakel scheint in v.8 mit einer durch eine Gottesspruchformel eingeleiteten Sammlungsverheißung zu enden. V.9 wird deshalb von fast allen Exegeten

---

13 Weniger überzeugend ist die Erklärung von Koole, *Isaiah III.3*, 11, der Artikel weise darauf hin,
dass es sich nicht um einen „incidental case" handle. Dies trifft auch auf die Gesetze über die
Beschneidung (Gen 17,12.27), das Pesachmahl (Ex 12,43) usw. zu, die dennoch den indeterminierten Ausdruck verwenden.
14 Wo BHS hier ebenso wie nach v.3 und v.9 eine *Setuma* setzt, hat der *Codex Leningradensis* ein
freies Zeilenende und im folgenden Vers einen Zeileneinzug (Alinea). Der Einschnitt ist also
stärker als von BHS suggeriert (vgl. R. de Hoop, „The Interpretation of Isaiah 56:1 – 9. Comfort or
Criticism?", *JBL* 127 [2008] 675 mit n.18). Der *Codex Aleppo* hat an diesen Stellen jeweils eine
Petucha.

als Eröffnung des folgenden Gerichtsorakels aufgefasst. Doch setzen sowohl MT ($\mathfrak{M}^L$ durch eine *Setuma*, $\mathfrak{M}^A$ durch eine *Petucha*) als auch 1QIsa[a] (durch ein *Paragraphos*-Zeichen und ein Kreuz) das Ende der Texteinheit erst *nach* diesem Vers an.[15] Wir folgen dieser überlieferten Gliederung und versuchen, v.9 als Abschluss der gesamten Texteinheit zu verstehen.

1aα	So spricht Jhwh:	כֹּה אָמַר יְהוָה
β	Bewahrt das Recht und tut Gerechtigkeit!	שִׁמְרוּ מִשְׁפָּט וַעֲשׂוּ צְדָקָה
bα	Denn nahe ist mein Heil, dass es kommt,	כִּי־קְרוֹבָה יְשׁוּעָתִי לָבוֹא
β	und meine Gerechtigkeit, dass sie sich offenbart.	וְצִדְקָתִי[a] לְהִגָּלוֹת׃
2aα	Glücklich der Mann, der dies tut,	אַשְׁרֵי אֱנוֹשׁ יַעֲשֶׂה־זֹּאת
β	und der Mensch, der daran festhält,	וּבֶן־אָדָם יַחֲזִיק בָּהּ
bα	der den Schabbat bewahrt, ohne ihn zu entweihen,	שֹׁמֵר שַׁבָּת מֵחַלְּלוֹ[b]
β	und seine Hand davor bewahrt, etwas Böses zu tun!	וְשֹׁמֵר יָדוֹ מֵעֲשׂוֹת כָּל־רָע׃
3aα	Und nicht soll <u>der Fremde</u>,	וְאַל־יֹאמַר בֶּן־הַנֵּכָר[c]
	der sich Jhwh angeschlossen hat, sprechen:	הַנִּלְוָה[d] אֶל־יְהוָה לֵאמֹר
β	Sicher wird Jhwh mich aus seinem Volk ausschließen.	הַבְדֵּל יַבְדִּילַנִי יְהוָה מֵעַל עַמּוֹ
bα	Und nicht soll der Eunuch sprechen:	וְאַל־יֹאמַר הַסָּרִיס
β	Siehe, ich bin ein trockener Baum.	הֵן[e] אֲנִי עֵץ יָבֵשׁ׃
4aα	Denn so spricht Jhwh:	כִּי־כֹה אָמַר יְהוָה
	Den Eunuchen, die meine Schabbate bewahren	לַסָּרִיסִים אֲשֶׁר יִשְׁמְרוּ אֶת־שַׁבְּתוֹתַי
β	und wählen, was mir gefällt,	וּבָחֲרוּ בַּאֲשֶׁר חָפָצְתִּי
b	und die an meinem Bund festhalten –	וּמַחֲזִיקִים בִּבְרִיתִי[f]׃
5aα	ich werde ihnen in meinem Haus und in meinen Mauern ein Denkmal und einen Namen geben,	וְנָתַתִּי לָהֶם בְּבֵיתִי וּבְחוֹמֹתַי יָד[g] וָשֵׁם
β	besser als Söhne und Töchter,	טוֹב מִבָּנִים וּמִבָּנוֹת
bα	einen ewigen Namen werde ich einem jeden geben,	שֵׁם עוֹלָם אֶתֶּן־לוֹ[h]
β	der nicht getilgt werden wird.	אֲשֶׁר לֹא יִכָּרֵת׃
6aα	Und <u>die Fremden</u>, die sich Jhwh angeschlossen haben, um ihm zu dienen	וּבְנֵי הַנֵּכָר הַנִּלְוִים עַל־יְהוָה[i] לְשָׁרְתוֹ[k]
β	und den Namen Jhwhs zu lieben, um ihm Knechte zu sein,	וּלְאַהֲבָה אֶת־שֵׁם יְהוָה לִהְיוֹת לוֹ לַעֲבָדִים[l]
bα	alle, die den Schabbat bewahren, ohne ihn zu entweihen,	כָּל־שֹׁמֵר[m] שַׁבָּת מֵחַלְּלוֹ
β	und die an meinem Bund festhalten –	וּמַחֲזִיקִים בִּבְרִיתִי׃
7aα	*ich werde sie* **zu meinem heiligen Berg** *führen*	וַהֲבִיאוֹתִים אֶל־הַר קָדְשִׁי
β	und werde sie **in meinem Bethaus** erfreuen;	וְשִׂמַּחְתִּים בְּבֵית תְּפִלָּתִי[n]
γ	ihre Brandopfer und ihre Schlachtopfer werden auf meinem Altar wohlgefällig sein.	עוֹלֹתֵיהֶם וְזִבְחֵיהֶם[o] לְרָצוֹן עַל־מִזְבְּחִי
b	Denn **mein Haus** wird **ein Haus des Gebets** <u>für alle Völker</u> genannt werden.	כִּי בֵיתִי בֵּית־תְּפִלָּה יִקָּרֵא לְכָל־הָעַמִּים׃

---

15 1QIsa[b] hat an dieser Stelle eine *Setuma*, das erste Gliederungszeichen überhaupt nach 56,1, betrachtet also v.1–9 als *einen* zusammenhängenden Abschnitt. Mehr zu den Abschnittmarkierungen nach v.9 in anderen Handschriften und in den Versionen bei de Hoop, „Isaiah 56:1–9", 675.

8aα Spruch des Herrn Jᴴᵂᴴ,   נְאֻם אֲדֹנָי יְהוִה

   β der die Versprengten Israels sammelt: מְקַבֵּץ נִדְחֵי יִשְׂרָאֵל

   b Weiter werde ich zu ihm sammeln, zu seinen   עוֹד אֲקַבֵּץ עָלָיו לְנִקְבָּצָיו:ᵖ

     (bereits) Gesammelten.

9a <u>Alle Tiere des Feldes,</u>   כֹּל חַיְתוֹ שָׂדָי

   b *kommt*, um zu essen, <u>alle Tiere im Wald!</u>   אֵתָיוּ לֶאֱכֹל ᑫכָּל־חַיְתוֹ בַּיָּעַר:

[a] Die beiden Dimensionen von צדקה als ethisch-rechtliche Ordnung und als göttliche Heilsgabe werden von LXX durch unterschiedliche Übersetzungen zum Ausdruck gebracht, im ersten Halbvers durch ἡ δικαιοσύνη und nun durch τὸ ἔλεός (vgl. J. Blenkinsopp, *Isaiah 56 – 66. A New Translation with Introduction and Commentary* [AncB 19B; New York: Doubleday, 2003] 130). Ähnlich verfährt der Targum, der das hebräische Lexem zunächst mit צדקה, *Gerechtigkeit*, und dann mit פורקן, *Erlösung*, wiedergibt.

[b] Das maskuline *ePP* steht in Spannung zu dem femininen Genus von שבת. 1QIsaᵃ hat hier und in v.6 die grammatikalisch korrekte Form מחללה. Wie schon Ibn Ezra annimmt (vgl. Friedländer, *Ibn Ezra on Isaiah*, 256), spielt die von 𝔐 und auch von 1QIsaᵇ bezeugte Form auf den vollen Ausdruck יום השבת an, der im Dekalog zusammen mit dem maskulinen Personalpronomen gebraucht wird (z. B. Dtn 5,12: שמור את־יום השבת לקדשו, *beachte den Schabbat-Tag, ihn zu heiligen*). Vgl. auch Ex 31,14 – 15, wo שבת und יום־השבת unterschiedslos nebeneinander gebraucht werden.

[c] Die verbindende Konjunktion ist auch in 1QIsaᵇ, 𝔗 (ולא) und 𝔖 („et non...") bezeugt. In 1QIsaᵃ (אל) und LXX (μὴ) ist sie ausgelassen, so dass der neue Absatz mit einer Asyndese beginnt. Gegenüber MT erscheint das als eine *lectio facilior*.

[d] Nach der masoretischen Vokalisation handelt es sich um eine finite Verbform (3. Pers. Sg. m. *qatal*), mit einem Artikel, der als Relativpronomen fungiert (vgl. Friedländer, *Ibn Ezra on Isaiah*, 257 mit n.5; Delitzsch, *Jesaia*, 545). In v.6 erscheint dieselbe Wendung jedoch als Partizip (הנלוים) und wird von 𝔊 und 𝔗 auch an beiden Stellen mit einem Partizip wiedergegeben. Die ungewöhnliche MT-Lesart dürfte infolge einer sekundären Umdeutung entstanden sein, die die Faktizität der Konversion betonen wollte. Mit BHS lesen wir die partizipiale Form הַנִּלְוֶה (vgl. G–K §138k und Haarmann, *JHWH-Verehrer*, 207 n.884), ohne dass sich dadurch etwas an der Übersetzung änderte.

[e] Die Partikel wird auch von 1QIsaᵇ bezeugt, in LXX fehlt sie, 1QIsaᵃ hat wie in den meisten Fällen das synonyme הנה. Da die Wendung הן אני auch in Jes 49,21 (und Ex 6,30) eine Klage einleitet, sollte MT beibehalten werden.

[f] Die metrische Gestalt des Verses scheint gestört, vor allem in der zweiten Hälfte, die nur aus einem zweifüßigen Monokolon besteht. Das Problem lässt sich jedoch nicht mit Textänderungen *metri causa* lösen, da keine reine Poesie, sondern rhythmisierte Prosa vorliegt. Typische Elemente der prosaischen Sprache sind hier neben der Redeeinleitung die Relativpronomina אשר und באשר und die *nota accusativi*.

[g] Die Deutung als „Platz, Anteil" wird u. a. von Ibn Ezra (vgl. Friedländer, *Ibn Ezra on Isaiah*, 257), von Delitzsch, *Jesaia*, 546, und neuerdings wieder von E. M. Obara, *Le strategie di Dio. Dinamiche comunicative nei discorsi divini del Trito-Isaia* (AnBib 188; Roma: Gregorian & Biblical Press, 2010) 78 n.86, vertreten. Sie kann sich auf die alten Übersetzungen von 𝔊 (τόπος), 𝔗 (אתר) und 𝔖 („locus") und die paraphrasierende Wiedergabe in Weish 3,14 (κλῆρος... θυμηρέστερος, *ein köstlicher Anteil*) berufen. Für die Deutung als „Denkmal" spricht jedoch die sprachliche und inhaltliche Parallele zu 2 Sam 18,18. Die von Abschalom errichtete Stele – יד אבשלם – soll garantieren, dass sein Name nicht in Vergessenheit gerät. Dasselbe wird in unserem Text den ebenfalls kinderlosen Eunuchen zugesichert (שם עולם ...אשר לא יכרת). Mit Belegen aus der alt-

orientalischen Literatur und Ikonographie ist diese Interpretation durch I. J. de Hulster, *Icono-graphic Exegesis and Third Isaiah* (FAT II.36; Tübingen: Mohr Siebeck, 2009) 147 – 68; J. L. Wright u. M. J. Chan, „King and Eunuch. Isaiah 56:1 – 8 in Light of Honorific Burial Practices", *JBL* 131 (2012) 99 – 119, neu begründet worden.

[h] BHS schlägt vor, die singularische Form mit 1QIsaᵃ, LXX und anderen Versionen in להם oder למו zu ändern. Doch werden in diesem Abschnitt dieselben Personengruppen einmal mit dem Singular, einmal mit dem Plural bezeichnet (בן־הנכר und בני־הנכר, הסריס und הסריסים). Mit Delitzsch, *Je-saia*, 546, gehen wir davon aus, dass das singularische Pronomen hier eine individualisierende Bedeutung hat (vgl. Barthélemy, *Critique textuelle*, 411: „une valeur particularisante").

[i] 1QIsaᵃ konstruiert לוה *nif.* hier und in v. 3 mit אל, 1QIsaᵇ mit על, während MT einmal אל und einmal על verwendet. Die beiden Ǫ-Handschriften dürften die masoretische Lesart je unterschiedlich harmonisiert haben. ᵹ hat einmal den Dativ und einmal die Präposition πρός, weist also ebenfalls eine *lectio dissimilis* auf.

[j] BHS schlägt vor, על־יהוה in עלי und das *ePP* der folgenden Infinitive jeweils in die 1. Pers. zu korrigieren. Auf diese Weise würde vermieden, dass Jнwн über sich in der 3. Pers. redet. Doch ist der Übergang von der 1. zur 3. Pers., ohne dass damit ein Sprecherwechsel verbunden wäre, ein für Gottesreden nicht seltenes Phänomen.

[k] 1QIsaᵃ hat eine deutlich abweichende, kürzere Textform: der erste Infinitiv fehlt, der dritte steht an erster Stelle, im zweiten ist אהב durch ברך ersetzt. Nach Paul, *Isaiah*, 65 – 6, handelt es sich um „tendentious omissions and emendations", nach Haarmann, *JHWH-Verehrer*, 206 – 7, dienen sie dazu, die Verheißungen für die Fremden abzuschwächen (ähnlich schon Rosenbloom, *Dead Sea*, 62 – 3). Insbesondere sollen jenen die priesterlichen Funktionen, die mit שרת verbunden sein könnten, vorenthalten werden. Mit „den Namen Jнwнs preisen" statt des singulären „den Namen Jнwнs lieben" folgt 1QIsaᵃ einer in der Liturgie üblichen Ausdrucksweise, wie sie sich z. B. in Ps 113,2 findet (so E. Tov, *Der Text der Hebräischen Bibel. Handbuch der Textkritik* [Stuttgart; Berlin; Köln: W. Kohlhammer, 1997] 219). Die 𝔐-Lesart, die auch von 1QIsaᵇ und 𝔳 (und teilweise von ᵹ) gestützt wird, ist deshalb beizubehalten.

[l] LXX ergänzt καὶ δούλας, *und Mägde*. Da Frauen *per se* keine kultischen Funktionen ausüben können, dürfte auch diese Hinzufügung den Zweck verfolgen, dem Eindruck zu wehren, dass den Fremden hier ein priesterliches Amt übertragen wird. Vgl. V. Haarmann, „»Their Burnt Offerings and their Sacrifices will be Accepted on my Altar« (Isa 56:7). Gentile Yhwh-Worshippers and their Participation in the Cult of Israel", R. Achenbach, R. Albertz u. J. Wöhrle (Hg.), *The Foreigner and the Law. Perspectives from the Hebrew Bible and the Ancient Near East* (BZAR 16; Wiesbaden: Harrassowitz Verlag, 2011) 161 n.18.

[m] 1QIsaᵃ hat mit ושומרים את השבת, *und die den Schabbat wahren*, eine mit den anderen Partizipien kongruierende pluralische Form. ᵹ setzt auch das Objekt in den Plural (wie in v.4) und scheint im Übrigen beide Textformen zu kombinieren: καὶ πάντας τοὺς φυλασσομένους τὰ σάββατά μου, *und alle, die meine Schabbate wahren*. 1QIsaᵇ stimmt auch in diesem Fall mit MT überein. Deren syntaktisch schwierigere Lesart sollte beibehalten werden.

[n] Wörtlich: „in dem Haus meines Gebets". Doch ist wie bei הר־קדשי (wörtlich: „der Berg meiner Heiligkeit") das pronominale Suffix auf den ganzen Ausdruck zu beziehen (vgl. Waltke – O'Connor, 9.5.3b).

[o] Durch Einfügung von יעלו, *sie werden hinaufsteigen* (vgl. 60,7), bzw. ἔσονται, *sie werden sein*, erzeugen 1QIsaᵃ und LXX einen Verbalsatz. Der verblose Ausdruck von 𝔐, der sich auch in 1QIsaᵇ und 4QIsaⁱ findet, ist die *lectio brevior et difficilior* und deshalb als ursprünglich zu betrachten. Lau, *Schriftgelehrte Prophetie*, 276, erklärt das Fehlen des Verbs als kontrastierende Anspielung auf Jer 6,20 (עלותיכם לא לרצון...).

[p] In 1QIsa^{b} fehlt עליו, in LXX das einleitende עוד. Das letzte Wort steht in 1QIsa^{b} im Singular (לנקבצו), in LXX ist es mit συναγωγήν, *eine Sammlung (sammeln)*, wiedergegeben. Demgegenüber bietet MT den syntaktisch schwierigeren Text, der in diesem Fall auch von 1QIsa^{a} und von 𝔙 gestützt wird. Für die Konstruktion קבץ + על + ל gibt Delitzsch, *Jesaia*, 547, zwei Erklärungen: 1. לנקבציו ist ein erklärendes *Permutativ*, in dem ל dieselbe Bedeutung wie das vorhergehende על hat; 2. על bezeichnet die Ausweitung der Sammlung *über* Israel *hinaus*, ל das Hinzusammeln *zu* den Gesammelten Israels. Dieser letzten Deutung von על widersprechen jedoch die Parallelen in 1 Kön 11,24 und 2 Chr 13,7, wo על (als gleichbedeutende Variante von אל) die Person angibt, um die sich andere versammeln. Da ל in seiner Grundbedeutung ebenfalls die Richtung bezeichnet, dürften beide Präpositionalausdrücke dieselbe syntaktische Funktion erfüllen (so mit Stromberg, *Isaiah After Exile*, 82 n.35). Das *ePP* ist am ehesten auf das unmittelbar vorangehende Nomen „Israel" zu beziehen (gegen Berges, *Buch Jesaja*, 422, der עליו auf den in v.7 genannten Tempel bezieht).
[q] Die masoretischen Akzente verbinden כל־חיתו mit לאכל, deuten es also als dessen direktes Objekt. Diesem Textverständnis, das u. a. Raschi vertritt (התקרבו אלי ותאכלו את כל חיתו ביער, M. Cohen, *Isaiah*, 352), stehen aber zum einen sachliche Gründe entgegen („Die Annahme [...] widerspricht sich durch die Natur der Sache, da die Feldtiere niemals die Waldtiere fressen", Philippson, *Israelitische Bibel*, 892). Zum anderen fassen 𝔊 und 𝔙 den Ausdruck als zweiten Vokativ neben כל חיתו שדי auf. 1QIsa^{a} hat וכול und führt sie damit als eine zweite Gruppe von Tieren ein; auch dies spricht gegen eine Deutung als Akkusativobjekt.

1.3. Die Integration von Ausländern in die Kultgemeinde Israel

In keinem anderen Völkerwallfahrtstext wird der Zug nach Jerusalem so eindeutig als ein liturgischer Akt präsentiert. Mit עולה und זבח, den beiden Hauptopferarten, ist der gesamte Tempelkult gemeint, wobei die Fremden nicht nur wie in Jes 60 das Material liefern (Tiere, Weihrauch etc.), sondern selbst aktiv daran teilnehmen. Neben den Opfern werden auch Gebete dargebracht, mehr noch, das Heiligtum, in dem der Pilgerzug endet, wird mit einem im Tanach einmaligen Ausdruck überhaupt als „Haus des Gebets" definiert.

Dennoch fehlt zu einer *Völker*wallfahrt das Wichtigste: die Akteure, die sie unternehmen. Die Völker werden nämlich erst am Ende des Textes erwähnt, wenn es darum geht, den Jerusalemer Tempel zur universalen Gebetsstätte der eschatologischen Zeit zu deklarieren. Die Wallfahrer selbst sind einzelne Personen, die sich trotz ihrer ethnischen Verschiedenheit dem Gott Israels angeschlossen haben. Als Antwort auf ihre Klage wird ihnen die Reise nach Jerusalem versprochen. Sie erwächst hier also nicht aus der Suche nach dem völkerverbindenden Frieden, nicht aus dem Leiden des Gottesvolks in der Heimat und im Exil, auch nicht aus dem Eifer für die Verbreitung des monotheistischen Glaubens, sondern aus dem konkreten Missstand einer gesellschaftlichen Randgruppe.

Die dritte Besonderheit des Orakels besteht darin, dass diese Reise zwar als ein Transport geschildert wird (בוא *hif.*), dass die Fremden aber nicht wie in Kap. 49

und 60 die Träger, sondern die Getragenen sind. Ihr Träger und Begleiter ist Jhwh selbst! So wie er in 40,10 – 11 und 43,5 – 6 die Angehörigen seines Volkes heimführte, will er nun auch die „Söhne der Fremde" dahin bringen, wo er wohnt und angebetet wird.

1.3.1. Mahnung und Seligpreisung für alle Menschen (v.1 – 2)

Jes 56 wird durch einen kurzen Spruch eröffnet, der die Debatte um den Umgang mit den Ausländern und Eunuchen in einen weiteren Rahmen stellt. Er statuiert, dass die Beziehung zu Gott wesentlich mit dem persönlichen Einsatz für soziale Gerechtigkeit zusammenhängt (צדקה + משפט). Dass es dabei nicht um eine theoretische Stellungnahme, sondern um ein praktisches Tun geht, wird durch die je dreimal vorkommenden Schlüsselwörter עשה, *tun*, und שמר, *bewahren, beachten*, unterstrichen.[16]

Dieses ethische Fundamentalgebot wird in zwei kurzen, parallelen Imperativsätzen zum Ausdruck gebracht (שמרו משפט ועשׂו צדקה, v.1), mit einer Heilsansage begründet (...כי־קרובה ישועתי) und durch einen motivierenden Makarismus abgeschlossen (...אשרי אנושׁ, v.2). Unübersehbar ist die intertextuelle Verbindung zu *Ps 106,3:* אשרי שמרי משפט עשה צדקה בכל־עת.[17] Dieser Ausruf des Beters wird in der prophetischen Rede Gott selbst in den Mund gelegt, und aus der Seligpreisung derer, „die das Recht bewahren und Gerechtigkeit üben", wird die Mahnung, eben dies zu tun, abgeleitet.

Indem der Verfasser unseres Textes die in Ps 106 erzählte Abfallsgeschichte einspielt, bereitet er den Boden für die folgende Diskussion. In der Vergangenheit haben sich die Israeliten nämlich immer neu gegen Gott versündigt, haben die Bewohner des Landes nicht ausgerottet (v.34), sondern sich mit den *gojim* vermischt und deren Taten imitiert (v.35). In Jes 56 werden ihnen nun Menschen vorgestellt, Eunuchen und Ausländer, die auf vorbildliche Weise den Willen

---

16 Vgl. Paul, *Isaiah*, 450: „The pair שָׁמְרוּ and וַעֲשׂוֹ indicate the strict observance of commandments." Nach Auffassung von H. M. Barstad, „Isaiah 56 – 66 in Relation to Isaiah 40 – 55. Why a New Reading is Necessary", L.-S. Tiemeyer u. H. M. Barstad (Hg.), *Continuity and Discontinuity. Chronological and Thematic Development in Isaiah 40 – 66* (FRLANT 255; Göttingen: Vandenhoeck & Ruprecht, 2014) 52, erhält der Text durch das fünffache שמר (v.1.2[2x].4.6) ein „priestly-theological flavour".

17 Vgl. die Hinweise bei Steck, *Studien*, 244 – 5; Lau, *Schriftgelehrte Prophetie*, 263 – 4; P. A. Enger, *Die Adoptivkinder Abrahams. Eine exegetische Spurensuche zur Vorgeschichte des Proselytentums* (BEAT 53; Frankfurt am Main: Peter Lang, 2006) 368 – 71. Die Autoren gehen davon aus, dass Ps 106 von Jes 56 aufgegriffen und umgestaltet wurde.

Jhwhs erfüllen. Ihre Taten sollten nachgeahmt und sie selbst als Mitglieder der Tempelgemeinde akzeptiert werden!

Doch an wen richtet sich der einleitende Appell? Dass keine bestimmten Adressaten genannt werden, zwingt den Leser, zu 55,12–13 zurückzugehen und dessen Subjekt in 56,1 einzutragen. Gott wendet sich hier also an die Rückwanderer aus der Diaspora, an die er ja, wie 55,13b erklärt, seine eigene Reputation geknüpft hat (והיה ליהוה לשם). In der Heimat angekommen sollen sie eine Gesellschaft aufbauen, die von Seiner Rechtsordnung geprägt ist, und dadurch die Ankündigung wahr machen, dass Zion במשפט, *durch Recht*, und בצדקה, *durch Gerechtigkeit*, erlöst wird (vgl. 1,27). Sich so zu verhalten, ist möglich, weil die von Gott her kommende Erlösung nahe ist: כי־קרובה ישועתי לבוא וצדקתי להגלות.[18]

Wie Rolf Rendtorff gezeigt hat,[19] werden an dieser Stelle zwei theologische Konzepte zusammengeführt. In dem einen, das in Jes 1–39 dominiert, ist צדקה ein ethischer Begriff, der mit משפט ein Begriffspaar bildet, in dem anderen, das in Jes 40–55 zu finden ist, fungiert צדקה als ein soteriologischer Begriff, der durch Wörter wie ישע, ישועה und תשועה erläutert wird. „Im ersten Teil (*sc.* des Jesajabuchs) bezieht es sich ganz überwiegend auf das menschliche Verhalten, auf das Schaffen und Bewahren oder das Missachten von Recht und Gerechtigkeit. Im zweiten Teil bezeichnet es meistens das Handeln oder Verhalten Gottes. [...] Die »Gerechtigkeit« Gottes ist hier Bestandteil seines Heilshandelns an Israel und den Völkern."[20]

Wie aber verhalten sich menschliches und göttliches Tun, ethischer Appell und Heilszusage zueinander?

Zu allgemein bleibt Walter Brueggemanns Resümee, „imperative and promise locate both Yahweh and the community of Jews as contributors to coming well-

---

18 Ähnliche Aussagen über die Nähe des Heils finden sich in 46,13 (קרבתי צדקתי... וישועתי לא תאחר) und 51,5 (קרוב צדקי יצא ישעי). Blenkinsopp, *Isaiah III*, 133, rechnet deshalb auch 56,1 zu der von H.-J. Hermisson, *Studien zu Prophetie und Weisheit. Gesammelte Aufsätze* (FAT 23; Tübingen: Mohr Siebeck, 1998) 139–41.153–5, so genannten qarob- bzw. Naherwartungsschicht.
19 Vgl. R. Rendtorff, „Zur Komposition des Buches Jesaja", *VT* 34 (1984) 312–3; R. Rendtorff, „Jesaja 56,1 als Schlüssel für die Komposition des Buches Jesaja", ders., *Kanon und Theologie. Vorarbeiten zu einer Theologie des Alten Testaments* (Neukirchen-Vluyn: Neukirchener Verlag, 1991) 172–179. Seine grundlegende Einsicht ist vielfach aufgegriffen worden, z. B. von J. S. Croatto, *Imaginar el futuro. Estructura retórica y querigma del Tercer Isaías* (Comentario bíblico; Buenos Aires; México: Grupo Editorial Lumen, 2001) 23, u. a. m.
20 Rendtorff, „Komposition", 313. Rendtorff deutet die Verbindung der beiden צדקה-Konzepte zu Beginn von Jes 56–66 als Hinweis auf eine großjesajanische Redaktion, die an dieser Stelle absichtlich die beiden Teile des Buches zusammenführt.

being."[21] Aber auch Shalom M. Paul verfehlt den entscheidenden Punkt, wenn er formuliert: „For the first time in Deutero-Isaiah's prophecies, salvation is made *conditional* upon acting justly toward one's fellows [...] and observing divine precepts."[22] Die Verheißung von v.1b ist nämlich nicht in dem Sinn konditional, dass das Eintreten des künftigen Heils von der Erfüllung der Torah abhinge („*wenn* ihr das Recht bewahrt, *dann* kommt mein Heil").[23] Aber auch umgekehrt wird das menschliche Handeln nicht einfach durch die göttliche Gnade hervorgerufen („*wenn* mein Heil gekommen ist, *dann* werdet ihr das Recht wahren"). Sie ist ja noch nicht gekommen, ist noch nicht in ihrer Fülle offenbar geworden! Sie ist nur nahe und kann deshalb nicht, um es mit einem scholastischen Begriff zu sagen, als Kausalursache, sondern nur als Finalursache wirken.[24] Das gottgefällige Verhalten ist also in dem Maß möglich, in dem sich jemand von der Freude über die Heimkehr der Diaspora erfassen lässt (vgl. 55,12: רנה, שמחה) und die sich darin ankündigende Erlösung Zions herbeisehnt.[25] Deshalb genügt es auch nicht zu konstatieren, die beiden צדקה-Konzepte seien derart kombiniert, dass „das nahe bevorstehende Offenbarwerden der göttlichen Heilsgerechtigkeit die Forderung an die Menschen, Recht und Gerechtigkeit zu wirken, [begründet]."[26] Es begründet die Forderung nämlich nicht nur, sondern schafft auch die effektive Voraussetzung, dass der Mensch sie erfüllen kann.

Göttliche und menschliche „Gerechtigkeit", heilschaffendes Handeln Gottes und sozialethisches Verhalten des Menschen sind nicht monokausal aufeinander bezogen, sondern korrelieren miteinander. Auf Seiten des Menschen braucht es zuallererst die richtige Erkenntnis, die Einsicht nämlich, dass die Erlösung „nahe", d. h. von Gott her gesehen bereits da ist. Ein solcher radikaler Perspekti-

---

21 W. Brueggemann, *Isaiah 40–66* (Westminster Bible Companion; Louisville, KY: Westminster John Knox Press, 1998) 169.

22 Paul, *Isaiah*, 447 [Hervorhebung d. Vf.].

23 Darauf verweisen zu Recht Lau, *Schriftgelehrte Prophetie*, 265; B. Schramm, *The Opponents of Third Isaiah. Reconstructing the Cultic History of the Restoration* (JSOT.S 193; Sheffield: Sheffield Academic Press, 1995) 119; Croatto, *Imaginar el futuro*, 22.

24 Hier liegt der Unterschied zu dem von Lau, *Schriftgelehrte Prophetie*, 265; L. Ruszkowski, *Volk und Gemeinde im Wandel. Eine Untersuchung zu Jesaja 56–66* (FRLANT 191; Göttingen: Vandenhoeck & Ruprecht, 2000) 131, als Analogie angeführten Vers Jes 60,1. Zwar wird an beiden Stellen ein Imperativ mit einem כי-Satz begründet. Während aber dort im *qatal* das Gekommensein des göttlichen Heils statuiert wird, leitet כי hier einen Nominalsatz ein, der in Verbindung mit dem Infinitiv לבוא eine Aussage über die Zukunft trifft. Ein echter Kausalzusammenhang, in dem die Ursache der Wirkung vorausgeht, liegt also in 60,1, nicht aber in 56,1 vor.

25 In diesem Sinn verbindet bereits Ibn Ezra den Imperativ von 56,1 mit der Heilsankündigung von 55,12–13: „You know that God will redeem you, and that He will bless you with all these benefits; keep, therefore, His judgments" (Friedländer, *Ibn Ezra on Isaiah*, 256).

26 Rendtorff, „Komposition", 313.

venwechsel ermöglicht dann auch eine neue Praxis, die sich als Mit-Tun mit Gott beschreiben lässt. Jes 45,8 drückt diese „Synergie" metaphorisch aus: Der Himmel lässt von oben צדק regnen, während die Erde von unten צדקה hervorsprießen lässt (vgl. Ps 85,12).

In *v.2* wird der Forderung und der Verheißung ein Makarismus hinzugefügt. Mit der Aussicht auf eine glückliche Existenz motiviert er einerseits dazu, den Aufruf zu befolgen, andererseits unterstreicht er dessen universale Geltung. Seliggepriesen werden ja nicht die heimgekehrten Exulanten, nicht die einstigen und künftigen Bewohner Jerusalems, seliggepriesen wird jeder „Mensch, der dies tut" (אנוש יעשׂה־זאת).[27] Auf diese Weise wird hier, im Vorspann zur eigentlichen Diskussion, ein allgemeines, für Israeliten wie Nichtisraeliten gültiges Prinzip aufgestellt, nach dem die in v.3 genannten Konflikte zu beurteilen sind.

Die generelle ethische Forderung wird in v.2b durch ein doppeltes שׁמר[28] ergänzt. Dabei ist die Anweisung, Unrecht zu vermeiden, die den Vers beschließt (ושׁמר ידו מעשׂות כל־רע, v.2bβ), nichts anderes als die negative Formulierung des positiven Grundgebots. Dagegen bildet die Schabbatobservanz (שׁמר שׁבת מחללו, v.2bα) auf den ersten Blick einen Kontrast zu diesem universalen Ethos, da sie ja ein Spezifikum Israels darstellt.[29] Der Schabbat als solcher ist zwar Teil der Schöpfungsordnung (vgl. Gen 2,1–3) und „gehört" von daher allen Menschen, doch ist er dort nicht mit einem Gebot verbunden. Erst auf dem Sinai/Horeb wird befohlen, des Schabbats zu gedenken (זכור את־יום השׁבת, Ex 20,8), ihn zu bewahren (שׁמור את־יום השׁבת, Dtn 5,12) und zu heiligen (לקדשׁו, Ex 20,8; Dtn 5,12). Er wird dadurch zu einem wesentlichen Merkmal des Bundesvolkes Israel.

---

27 Das Demonstrativpronomen זאת kann prinzipiell auf Vorangegangenes und Nachfolgendes verweisen (vgl. HALAT, 253; Waltke – O'Connor, 17.3d). An unserer Stelle wird bereits durch das Verb עשׂה ein Rückbezug zu v.1 signalisiert. Und das allgemeine Subjekt אנוש bzw. בן־אדם passt gut zu dessen universeller ethischer Forderung, nicht aber zu dem Schabbatgebot in v.2b. Dass die Seligpreisung in diesem weiteren Sinn auszulegen ist, beweist nicht zuletzt die bereits zitierte Parallele in Ps 106,3. Von der anaphorischen (rückbezüglichen) Funktion des Pronomens geht auch Enger, *Adoptivkinder Abrahams*, 371 n.21, aus. Dabei deutet er זאת aber nicht als Neutrum, sondern als Femininum, das sich direkt auf צדקה bezieht.

28 Auf diese Weise wird ein weiteres Mal auf v.1a zurückgeblendet. Dessen Schlüsselverben שׁמר (A) und עשׂה (B) tauchen in v.2 erneut auf und zwar verdoppelt und in chiastischer Anordnung (B–A–A–B).

29 Zu dieser Spannung vgl. B. Gosse, „Sabbath, Identity and Universalism Go Together after the Return from the Exile", *JSOT* 29 (2005) 359–70. Der Autor verweist auf parallele Aussagen in Ez 18–20. In seinen Reflexionen kommt er allerdings über die grundsätzliche Feststellung „an interesting case of identity and universalism going together" (Gosse, „Sabbath, Identity", 359) nicht hinaus.

Die größte sprachliche Nähe besteht jedoch nicht zu den Bestimmungen des Dekalogs, sondern zu *Ex 31,13–17.*[30] Auch dort wird nämlich nebeneinander zur Beobachtung des Schabbats aufgefordert (שבת + שמר) und vor seiner Profanierung gewarnt (חלל *pi.*). Er ist das Signum der Beziehung zwischen Jhwh und seinem Volk (אות, v.13), so dass, wer ihn missachtet, nicht länger Mitglied der Gemeinde sein kann (vgl. v.14). Auf diesem Hintergrund wird verständlich, weshalb die Eunuchen und die Fremden charakterisiert werden, indem die Formulierung von Jes 56,2 wiederholt und dabei ihre Schabbatobservanz hervorgehoben wird (ישמרו את־שבתותי, v.4; כל־שמר שבת מחללו, v.6). So wird nämlich an das Grundprinzip erinnert, das über die Zugehörigkeit zum *Qahal* entscheidet: wer den Schabbat heiligt (indem er z. B. keine Arbeit verrichtet, wie Ex 31,14 erläutert), gehört *ipso facto* zum Gottesvolk. Wer ihn nicht entweiht, kann deshalb legitimerweise nicht aus diesem ausgeschlossen werden.[31]

Von einer formalen Konversion und einem Übertritt zur israelitischen Nation ist dabei nicht die Rede. In diesem einleitenden Abschnitt geht es vielmehr um die grundlegende Feststellung: Gottes Heilsplan, der durch die Heimkehr der Verbannten in eine neue Phase getreten ist, umfasst nicht nur einige Privilegierte, sondern alle, die ihre ethische und religiöse Praxis an der Lebensweise des neu gebildeten „Knechtes" Israel ausrichten.

1.3.2. Die Klage der Ausländer und der Eunuchen (v.3)

In *v.3* werden in der Form eines Parallelismus – ואל־יאמר הסריס // ואל־יאמר בן־הנכר – die Klagen zweier Personengruppen zitiert, deren Existenzgrundlage fraglich geworden ist.[32] Ihre Vergangenheit (die nichtjüdische Abstammung) bzw. ihre Zukunft (die Kinderlosigkeit) machen sie zu Außenseitern, die um ihren Stand im Gottesvolk fürchten müssen. Ab v.4 werden diese Befürchtungen in einem mit der kausalen Konjunktion כי eingeleiteten Gotteswort einzeln zurückgewiesen. Die

---

30 Vgl. Enger, *Adoptivkinder Abrahams*, 372–3.

31 Diese soziologische Dimension des Schabbats wird von Haarmann, *Jhwh-Verehrer*, 206–46, zu wenig beachtet. Deshalb scheitert seine Grundthese, Ausländer könnten ein „privates" religiöses Verhältnis zu Jhwh, unabhängig von der Zugehörigkeit zum Jhwh-Volk, haben, u. E. gerade an Jes 56.

32 Der Grund, weshalb Eunuchen und Fremde nebeneinander erwähnt werden, liegt nach Ruszkowski, *Volk und Gemeinde*, 136, darin, dass sie „zwei große Bedrohungen der Gemeindeexistenz symbolisieren: die Kontinuität mit der Vergangenheit und das Fortleben in der Zukunft." Ein ähnlicher Gedanke findet sich bereits bei Nicolaus de Lyra, *Postilla litteralis*, ad Is 56,3. Nach ihm weisen beide einen natürlichen Mangel auf, der Fremde den der Abstammung („defectus generis"), der Eunuch den der Nachkommenschaft („defectus prolis").

Basis für diese Zurückweisung liegt aber, wie festgestellt, nicht in den speziellen Verheißungen von v.5 und v.7, sondern bereits in dem allgemeinen Axiom von v.1–2. Es kann doch nicht sein, so muss sich der Leser sagen, dass im Umfeld der Gemeinde Menschen leben, die sich durch moralische Integrität auszeichnen und überdies den Schabbat einhalten und deshalb seliggepriesen werden, und dass diese Menschen gleichzeitig derartige Klagen von sich geben! Dieser logische Schluss vom Allgemeinen zum Speziellen wird sowohl syntaktisch als auch lexikalisch vorbereitet. Zum einen ist v.3 durch ו an das Vorhergehende angeschlossen, eine Syndese, die sich auch kausal verstehen lässt („*deshalb* soll der Fremde nicht sagen...“). Zum anderen weist die zweifache Redeeinleitung אל־יאמר, *er soll nicht sprechen*, intertextuell auf כה אמר יהוה, *so hat* JHWH *gesprochen* (v.1init), zurück. Die Reden der Ausländer und Eunuchen werden auf diese Weise mit dem, was JHWH selbst kurz zuvor geäußert hat, parallelisiert. Nach seinen programmatischen Eröffnungsworten wirken ihre Klagerufe wie ein schriller Misston, der nicht unbeachtet bleiben kann.

Worüber beschweren sich die beiden am Rand der Volksgemeinschaft stehenden Gruppen? Ihre Ausrufe und die Antworten Gottes sind chiastisch gestellt: Klage *des* Fremden (v.3a) – Klage *des* Eunuchen (v.3b) – Verheißung für *die* Eunuchen (v.4–5) – Verheißung für *die* Fremden (v.6–7). Das Schwergewicht liegt dabei eindeutig auf den Ausländern, da sie als erste erwähnt, ausführlicher charakterisiert und zitiert und als letzte getröstet werden.

Die Gruppe der Eunuchen (wohl Israeliten, die aufgrund ihres Dienstes an einem fremden Königshof kastriert wurden)[33] wird als zweite erwähnt, ihre Klage aber zuerst beantwortet. Mit der Metapher des verdorrten Baumes (עץ יבש) beschreiben sie ihr trauriges Schicksal als Kinderlose: zu Lebzeiten verachtet und nach dem Tod vergessen! Dieser Missstand wird in v.5 behoben, indem ihnen ein Denkmal (יד) im Tempel verheißen wird, das ihren Namen (שם) für alle Zeiten in Erinnerung halten wird. Mit der Wendung לא יכרת wird diesem Namen dieselbe Unauslöschlichkeit zugesprochen wie dem Zeichen (die wunderbare Verwandlung der Natur), das nach 55,13 den Auszug der Deportierten begleiten wird.

Den zweiten Personenkreis bilden nicht irgendwelche Angehörige anderer Nationen, sondern solche, „die sich JHWH angeschlossen haben“ (הנלוה אל־יהוה, v.3; הנלוים על־יהוה, v.6), einzelne Ausländer also, die in der Begegnung mit Israel die rettende Macht JHWHs erfahren und sich daraufhin zu ihm bekehrt haben. Für Volker Haarmann, der zwei Formen der Konversion von „Heiden“ unterscheidet,

---

33 So Delitzsch, *Jesaia*, 545. Das Argument von Blenkinsopp, *Isaiah III*, 137, in Israel sei weder die Kastration noch die kultische Selbstkastration praktiziert worden, genügt nicht, um die nichtjüdische Abstammung der Eunuchen zu beweisen. Zur Sache s. auch Obara, *Strategie di Dio*, 85 n.111.

liegt hier der Fall einer *religiösen* Hinwendung zu Jʜwʜ vor, die von der sozialen, kulturellen Assimilation und *ethnischen* Integration in das jüdische Volk zu trennen sei.[34] Beide Vorgänge würden mit dem Ausdruck לוה אל/על *nif.* bezeichnet, das Objekt sei aber im ersten Fall Gott (vgl. Jes 56,3.6; Sach 2,15), im zweiten das Volk (vgl. Jes 14,1; Est 9,27; Dan 11,34). Trotz der Attraktivität dieser subtilen These und obwohl die spätere rabbinische Doktrin tatsächlich zwischen גר צדק, dem Proselyten, der Jude wird, und גר תושב, dem Fremden, der seine nichtjüdische Identität bewahrt, unterscheidet, lassen sich aus den wenigen alttestamentlichen Belegen doch nicht zwei Konversionsmodelle ableiten. Die unterschiedliche Formulierung drückt u. E. lediglich aus, ob bei der Annäherung an das Judentum eher das religiöse oder das soziologische Moment überwiegt, ohne dass der jeweils andere Bereich dadurch ausgeschlossen wäre.

Von Jes 56 her lassen sich die Verehrung Jʜwʜs und die Zugehörigkeit zu seinem Volk jedenfalls nicht trennen.[35] Für den Targum ist das so selbstverständlich, dass er v.3a folgendermaßen konkretisiert: בר עממין דמתוסף על עמיה דיהוה, *a son of Gentiles who has been added to* the people of *the Lord.*[36] Doch auch aus dem hebräischen Urtext geht klar hervor, dass der Fremde sich im Zuge seiner religiösen Neuorientierung der Gemeinde der Jʜwʜ-Verehrer angeschlossen oder zumindest angenähert hat. Wie könnte er sich sonst darum sorgen, aus ihr ausgeschlossen zu werden (הבדיל יבדילני יהוה מעל עמו, v.3aβ)?

Was steht im Hintergrund dieser Befürchtung? Die Annahme, die Klagen der Ausländer und der Verschnittenen seien durch das Gemeindegesetz *Dtn 23,2–9* und seine restriktiven Bestimmungen über den Beitritt zur Kultversammlung (קהל יהוה) veranlasst, lässt sich nicht begründen. Dazu fehlt nicht nur jeglicher intertextuelle Bezug, vor allem werden die Adressaten unterschiedlich definiert. Damit gerät aber auch die weiterführende These, die Rechtsnormen von Dtn 23 würden durch die Verheißungen von Jes 56,4–7 abrogiert, ins Wanken.[37] Wenn überhaupt,

---

34 Vgl. Haarmann, *JHWH-Verehrer*, 48–55; Haarmann, „Gentile Yhwh-Worshippers", 157–171, und die kurze Zusammenfassung seiner These bei I. Schulmeister, „Signale von »Grenzkonstruktion« und »Grenzdestruktion« in Dtn 23,2–9 und Jes 56,1–8", G. Baumann u. a. (Hg.), *Zugänge zum Fremden. Methodisch-hermeneutische Perspektiven zu einem biblischen Thema* (LPhThB 25; Frankfurt am Main: Peter Lang, 2012) 46–48. Wenig überzeugend ist die These von Croatto, *Imaginar el futuro*, 27–8, bei den Fremden handle es sich in Wirklichkeit um im Ausland geborene Judäer. In diesem Fall wäre kaum von ihrem Anschluss, sondern von ihrer Rückkehr zu Jʜwʜ (*teschuvah*) die Rede.

35 So mit Irsigler, „Ein Gottesvolk?", 229: „Sich JHWH anschließen und zu seinem Volk gehören ist hier korrelativ."

36 Übersetzung nach Chilton, *Isaiah Targum*, 109.

37 Dieser vielfach akzeptierten These von H. Donner, „Jesaja LVI 1–7. Ein Abrogationsfall innerhalb des Kanons. Implikationen und Konsequenzen", J. A. Emerton (Hg.), *Congress Volume*

dann kritisiert Jes 56 nicht das Gesetz als solches (das ja nur wenige Spezialfälle betrifft), sondern dessen Ausdehnung auf weitere Personenkreise.

Genau dies geschieht in zentralen Passagen der Bücher *Esra* und *Nehemia*, die durch zahlreiche Referenzsignale mit unserem Text verbunden sind. Unter diesen spielt das Verb בדל eine Schlüsselrolle; hier durch den *inf. abs.* besonders betont, wird es dort neunmal verwendet, um das nachexilische Israel zu definieren.[38]

Dabei begegnet die grundlegende Idee, dass das Volk des Bundes durch einen Prozess der ethnischen und religiösen Absonderung entsteht, dem kanonisch versierten Leser nicht erst in den chronistischen Büchern, sondern bereits in der Torah. Nach dem „Heiligkeitsgesetz" ist es JHWH selbst, der Israel von den übrigen Nationen trennt (הבדלתי אתכם מן־העמים, Lev 20,24), damit es ihm allein gehöre (ואבדל אתכם מן־העמים להיות לי, 20,26; vgl. 1 Kön 8,53). Dieselbe „Volk-Gottes-Theologie" wird im Esrabuch vertreten, wenn es beklagt, dass Israel sich nicht von den „Völkern der Länder" abgesondert habe (לא־נבדלו העם ישראל...מעמי הארצות, Esra 9,1), sondern seinen „heiligen Samen" mit diesen vermischt habe (והתערבו זרע הקדש בעמי הארצות, 9,2), und dann die radikale Trennung von allem Fremden fordert (והבדלו מעמי הארץ, 10,11).[39]

Neh 9 – 10 schildern, wie sich das Gottesvolk durch einen feierlich ratifizierten Vertrag neu konstituiert. Bereits zur vorbereitenden Fast- und Bußzeremonie trennen sich die Israeliten מכל בני נכר, *von allen Fremden* (9,2; vgl. 10,29). Im Vertrag selbst wird vor allen anderen Bestimmungen dekretiert, dass Angehörige des JHWH-Volkes mit den „Völkern des Landes" (עמי הארץ) keine Ehe eingehen (10,31) und am Schabbat keinen Handel treiben dürfen (10,32).

In *Neh 13*, dem letzten Kapitel des Buches, lässt Nehemia die Vorschriften von Dtn 23,4 – 6 verlesen (v.1 – 2) und daraufhin die nichtisraelitischen Bevölkerungselemente ausschließen (ויבדילו כל־ערב מישראל, v.3).[40] Dabei wird die Geset-

---

Salamanca 1983 (VT.S 36; Leiden: E. J. Brill, 1985) 81 – 95, haben u. a. Haarmann, *JHWH-Verehrer*, 220 – 4; Enger, *Adoptivkinder Abrahams*, 378 – 9; C. Nihan, „Ethnicity and Identity in Isaiah 56 – 66", O. Lipschits, G. N. Knoppers u. M. Oeming (Hg.), *Judah and Judeans in the Achaemenid Period. Negotiating Identity in an International Context* (Winona Lake, IN: Eisenbrauns, 2011) 75 – 77; Schulmeister, „Grenzkonstruktion", 31 – 51, widersprochen.

38 Die relevanten Parallelen finden sich übersichtlich zusammengestellt und ausgeschrieben bei Donner, „Ein Abrogationsfall", 83 – 4.

39 Dies gilt, wie am Versende hinzugefügt wird, vor allem für die Ehen mit ausländischen Frauen (ומן־הנשים הנכריות), ein Hauptproblem bei der Neuformierung der nachexilischen Gemeinde. Als „Fremde" bedrohen diese nämlich sowohl die biologisch-ethnische als auch die kultisch-religiöse Identität (vgl. Haarmann, *JHWH-Verehrer*, 266 – 8).

40 Nach Ex 12,38 begleitete ערב רב, *ein großes Völkergemisch*, die Israeliten bei ihrem Auszug aus Ägypten. Dieser an sich neutrale Begriff wird hier negativ verwendet. In dem oben zitierten

zesvorschrift zwar unverändert zitiert, über die dort erwähnten Ammoniter und Moabiter hinaus wird sie aber auf alle Nichtisraeliten ausgeweitet. Auf welche Weise diese die Heiligkeit des jüdischen Volkes gefährden, wird wiederum am Beispiel der Schabbatverletzung (v.15–22) und der Mischehen (v.23–27) demonstriert. Indem er diese Missbräuche abstellte, hat Nehemia, wie er sich abschließend rühmt, sein Volk מכל־נכר, *von allem Fremden* (v.30), „gereinigt".

Ist Jes 56,1–8 demnach zwar keine juridische Stellungnahme gegen die Torah, wohl aber ein Protest gegen deren einseitige Auslegung unter Nehemia und Esra?[41] Auch gegen diese Deutung lassen sich Argumente anführen.[42] Ein genereller Ausschluss von Ausländern oder gar von ausländischen Proselyten wird in den angeführten Texten nämlich nicht postuliert. Die „Völker der Länder", die „Fremden" und das „Völkergemisch", von denen immer wieder die Rede ist, sind Nichtisraeliten, die gerade keine Beziehung zum Glauben Israels aufgenommen haben. Hingegen könnten Personen wie die in Jes 56 durchaus auch in *Esra 6,21* gemeint sein. Dort wird כל הנבדל מטמאת גוי־הארץ אלהם, *jeder, der sich von der Unreinheit der Nationen des Landes zu ihnen hin abgesondert hat*, zur Feier des Pesach zugelassen. Und nach *Neh 10,29* darf כל־הנבדל מעמי הארצות, *jeder, der sich von den Völkern der Länder abgesondert hat*, dem erwähnten Vertrag beitreten. Beide Stellen rechnen also mit der Möglichkeit, dass Menschen, die von ihrer ethnischen Herkunft her keine Israeliten sind, ihre bisherigen Bräuche, vor allem ihre bisherige „unreine" Religion aufgeben und sich dem Volk Jhwhs anschließen.[43]

Ein weiterer Grund, die Fremden von Jes 56 mit diesen Personen zu identifizieren, hängt mit der Schabbatfrage zusammen. Neh 13 verurteilt den Missstand, dass ausländische Kaufleute ihre jüdischen Geschäftspartner dazu verleiten, den Schabbat zu entweihen (חלל *pi.*, v.17.18). Demgegenüber qualifiziert Jes 56,6 diejenigen, die sich Jhwh angeschlossen haben, mit der Apposition כל־שמר שבת מחללו und stellt ihnen damit ein doppeltes „Unbedenklichkeitszeugnis" aus: *Diese* Ausländer beachten den Schabbat, sie entweihen ihn nicht. Ja, sie erfüllen die Forderungen des Bundes (ומחזיקים בבריתי)[44] und stellen deshalb keine Gefahr für gesetzestreue Juden dar.

Esra 9,2 bezeichnet das Verb ערב *hitp.* das Gegenteil der erwünschten Trennung zwischen Israel und den anderen Nationen.

41 So z. B. Lau, *Schriftgelehrte Prophetie*, 270; Haarmann, *JHWH-Verehrer*, 224.

42 Vgl. P. A. Smith, *Rhetoric and Redaction in Trito-Isaiah. The Structure, Growth and Authorship of Isaiah 56–66* (VT.S 62; Leiden; New York; Köln: E. J. Brill, 1995) 54–8.

43 Zu demselben Urteil kommt Irsigler, „Ein Gottesvolk?", 228 n.49.

44 Nach N. Lohfink, „Bund und Tora", 55, sprechen die intertextuellen Verbindungen zu Ex 31,13–17 (s. o.) dafür, dass ברית hier nicht die Beschneidung, sondern den Schabbat meint. Vgl.

Jes 56 vertritt also nicht einfach eine liberalere Position zur Ausländerfrage, sondern eine differenziertere. Die ethnische Abstammung ist kein ausreichendes Kriterium, um jemandem die Mitgliedschaft im Volk JHWHs zu gewähren oder zu verweigern. Entscheidend ist seine ethisch-religiöse Praxis, die Treue zu den Geboten, vor allem dem Schabbatgebot, und das Verhalten innerhalb der Kultgemeinde (vgl. v.6). Deshalb spricht der prophetische Verfasser auch nicht verallgemeinernd von גוים (wie z. B. Sach 2,15) oder עמי הארצות (wie Esra und Nehemia), sondern von בני־הנכר, von einzelnen Fremden. Statt *alle* Fremden als Bedrohung für die Heiligkeit Israels zu diskreditieren, lobt er *einige*, die durch ihre Bekehrung und ihr nachahmenswertes Beispiel zu einem positiven Element im Gottesvolk geworden sind.

Die Zitationsformel כה אמר יהוה in v.4 wird unterstreichen, dass diese Neuerung nicht auf menschliches, sondern auf göttliches Recht zurückgeht. Dieselbe Tendenz spiegelt sich aber auch schon in der Klage in v.3. Die Fremden protestieren ja nicht gegen das Vorgehen irgendwelcher religiöser Autoritäten und appellieren nicht an deren Großzügigkeit, sondern legen die Frage ihrer Gemeindezugehörigkeit direkt in die Hände JHWHs.[45] Er allein entscheidet, ob jemand in *sein* Volk, wie es ausdrücklich heißt, aufgenommen oder aus ihm ausgeschlossen wird.

1.3.3. Die Fremden – wahre Knechte JHWHs (v.6)

Die Aussagen über die Fremden in v.6–7 sind nicht nur ähnlich konstruiert wie die über die Eunuchen in v.4–5,[46] durch die Konjunktion am Anfang von v.6 sind sie mit diesen sogar wie die zweite Tafel eines Diptychons verbunden. In beiden Fällen ist der Name, im Unterschied zu v.3 nun im Plural, emphatisch vorangestellt: לסריסים – ובני הנכר. Darauf folgt jeweils eine Reihe von Appositionen, die die Personen näher charakterisieren. Die eigentliche Verheißung steht im zweiten Vers, der jeweils mit einem *weqatal* beginnt, den *casus pendens* präpo-

---

L. Ruszkowski, „Der Sabbat bei Tritojesaja", B. Huwyler, H.-P. Mathys u. B. Weber (Hg.), *Prophetie und Psalmen. Festschrift für Klaus Seybold zum 65. Geburtstag* (AOAT 280; Münster: Ugarit-Verlag, 2001) 71–72: „Das Halten oder das Nichtentweihen des Sabbats wird fast zum Inbegriff des Bundes."

45 Vgl. Smith, *Rhetoric and Redaction*, 60: „[T]hey are expressing fears about the effects of the intervention of Yahweh rather than reacting to reform measures initiated by Ezra or Nehemiah. The context is clearly that of the expected eschaton, not that of religious reforms."

46 Zur syntaktischen Analyse der Verse s. Obara, *Strategie di Dio*, 54–5.

sitional oder als Suffix wieder aufnimmt und dann die Intervention Gottes beschreibt: (לסריסים =) ונתתי להם – (בני הנכר =) והביאותים.

V.6 wiederholt zunächst das Hauptmerkmal der Fremden aus v.3 – הנלוים
על־יהוה – und schildert dann mit drei Infinitiven, was ihre Hinwendung zu JHWH im
Einzelnen bedeutet: sie dienen ihm (לשרתו), sie lieben seinen Namen (לאהבה
את־שם יהוה), sie agieren als seine Knechte (להיות לו לעבדים).[47]

Das Verb שרת *pi.* kann sowohl den profanen als auch den liturgischen Dienst
bezeichnen.[48] Da hier Gott selbst als Objekt fungiert (vgl. Dtn 10,8; 21,5; Ez 40,46
u. ö.) und der folgende Vers überdies die Opfer der Fremden erwähnt, ist u. E. die
zweite Bedeutung vorzuziehen. Auf welche Weise sollten sie JHWH sonst dienen?
Für das kultische Verständnis sprechen auch die Parallelen zu *Jes 60,7*, wo die
Tiere, die aus dem Ausland herbeigebracht werden, Zion „dienen", indem sie sich
opfern lassen, und insbesondere *61,6*, wo die Begriffe כהנים und משרתים synonym
verwendet werden, um die Stellung der Israeliten als Mittler zwischen JHWH und
den übrigen Menschen zu definieren.[49] Dieser Dienst wird hier den „Söhnen der
Fremde" übertragen, die sich dem priesterlichen Volk angeschlossen haben.

Die Wendung אהב את־שם יהוה, *den Namen JHWHs lieben*, ist in der hebräischen
Bibel ohne Parallele. Sie dürfte auf das im Deuteronomium und in der deuteronomistischen Literatur vielfach bezeugte Gebot der Gottesliebe anspielen,[50] um
es auf die Fremden, die sich dem Glauben Israels angeschlossen haben, auszudehnen. Indem diese den Zion aufsuchen, den „Ort des *Namens* JHWHs der Heere"
(מקום שם־יהוה צבאות הר־ציון, Jes 18,7), verlassen sie den Kreis der גוים, die diesen

---

47 Nach Obara, *Strategie di Dio*, 54, drücken die Infinitive „lo scopo dell'adesione degli stranieri a
JHWH" aus (vgl. G–K §114g). Der *inf. cs.* mit ל kann aber auch im Sinne eines Gerundiums die
Begleitumstände bezeichnen (vgl. G–K §114o; Waltke – O'Connor, 36.2.3e). In diesem Fall würden
die Infinitive die tatsächliche Verfassung der Konvertiten beschreiben („wobei sie ihm dienen...").
48 Vgl. die Belege bei Blenkinsopp, *Isaiah III*, 140. Die Frage, welche der beiden Bedeutungen hier
intendiert ist, wird in der Forschung gegensätzlich beantwortet. Vgl. nur die Urteile von Haarmann,
„Gentile Yhwh-Worshippers", 161 („The focus of v. 6–7 is on gentiles described as worshippers
offering acceptable sacrifices, not as cultic functionaries"), und Nihan, „Ethnicity and Identity",
78 n.21 („The connotation of *šrt* as involving some form of cultic service in the temple is largely
accepted").
49 Als Beweis *ex negativo* kann dienen, dass das Verb von LXX mit δουλεύειν (statt λειτουργεῖν)
wiedergegeben und von 1QIsaᵃ ganz ausgelassen wird. Die Vorstellung, Nichtisraeliten könnten
priesterliche Funktionen ausüben, war für den Übersetzer bzw. Abschreiber des Textes offensichtlich unerträglich. Vgl. Blenkinsopp, *Isaiah III*, 130; Haarmann, *JHWH-Verehrer*, 206–7, und
die kritische Position von Zehnder, *Umgang mit Fremden*, 528.
50 Für Ruszkowski, *Volk und Gemeinde*, 140, ist sie „ein Ausdruck mit einem eindeutigen dtn/dtr
Grundton". Die Belege für אהב mit Gott als Objekt sind Dtn 10,12; 11,13.22; 19,9; 30,6.16.20; Jos
22,5; 23,11; 1 Kön 11,2. Eine besondere Nähe zu unserem Text haben die Passagen, an denen
Gottes*liebe* (אהב) und Gottes*dienst* (עבד) gleichgesetzt werden: Dtn 10,12; 11,13; Jos 22,5.

Namen *fürchten* müssen (וייראו גוים את־שם יהוה, Ps 102,16; vgl. Jes 59,19). Deshalb muss auch für sie gelten, was die Psalmen denen verheißen, die den Namen Gottes *lieben:* dass sie von Freude erfüllt werden (וישמחו כל־חוסי בך ... ויעלצו בך אהבי שמך, Ps 5,12) und als treue Knechte Gottes ein Wohn- und Bleiberecht auf dessen Berg erhalten (וזרע עבדיו ינחלוה ואהבי שמו ישכנו־בה, Ps 69,37).

Während der erste Gedanke in der Verheißung Jes 56,7a wiederkehrt, findet sich der zweite als drittes Charakterisierungsmerkmal am Ende von v.6a: להיות לו לעבדים. Wegen des Kontextes ist wie bei שרת auch hier von der religiösen Bedeutung der Wurzel עבד auszugehen: die Anbetung und Verehrung der Gottheit, die sich besonders im Kult vollzieht, die aber auch das tägliche Sozialverhalten einschließt.[51] Die Fremden haben den Dienst ihrer Götter, der אלהי נכר (vgl. Dtn 31,16; Jos 24,20; Jer 5,19) quittiert, um „Knechte" JHWHs zu werden.

Welch privilegierte Stellung sie dadurch erhalten, geht aus dem Vergleich mit Jes 14,2 hervor. Dort wurde den Völkern, die die Diasporajuden in die Heimat zurückführen, prophezeit, sie würden im Land zu Israels Knechten und Mägden werden (לעבדים ולשפחות). Hier wird diese allgemeine Bestimmung für den konkreten Einzelfall revidiert: Wer den Glauben und die Lebensweise Israels übernimmt, wird nicht anderen Menschen, sondern Gott allein untertan!

Wegen der besonderen strukturellen Position von Jes 56 im Gesamtjesajabuch erhält der Terminus עבדים an dieser Stelle noch eine weitere, tiefere Bedeutung. In Jes 40 – 55 wurde der עבד יהוה als Modell des gläubigen Israel präsentiert, als derjenige, der das göttliche Recht (משפט, 42,1) und das göttliche Heil (ישועה, 49,6) zu den Nationen bringt und für die Sünden der „Vielen" Sühne leistet (53,11–12). In 54,17 wurde erstmals die pluralische Bezeichnung עבדי יהוה verwendet, um die einzelnen Mitglieder des kollektiven *Eved* zu identifizieren, diejenigen, die sein Charisma, seine Erwählung und seine Sendung weitertragen. In 56,6 wird dieser Ehrenname nun zum ersten Mal verliehen – ausgerechnet an die neubekehrten, fremdstämmigen JHWH-Verehrer! Das neue Gottesvolk, das die folgenden Kapitel beschreiben und das sich um die *Avadim* herum konstituiert, schließt also von Anfang an Fremdstämmige ein.[52] Nicht als eine zweite, untergeordnete Klasse,

---

51 Nach HALAT, 731, wird das Verb עבד im Alten Testament 56x in Bezug auf JHWH und 41x in Bezug auf ausländische Götter verwendet. Dass die beiden „Dienstverhältnisse" unvereinbar sind, wird exemplarisch in Jos 24 vorgeführt: בחרו לכם היום את־מי תעבדון, *entscheidet euch heute, wem ihr dienen wollt* (v.15).

52 Beuken, „Main Theme", hat die „Knechte JHWHs" als Hauptthema der mit Jes 56 beginnenden letzten Buchsektion beschrieben. Über das Verhältnis dieser Gruppe zu der Knechtsgestalt in Jes 40 – 55 vgl. J. Blenkinsopp, „The »Servants of the Lord« in Third Isaiah. Profile of a Pietistic Group in the Persian Epoch", R. P. Gordon (Hg.), *„The Place is Too Small for Us". The Israelite Prophets in Recent Scholarship* (SBTS 5; Winona Lake, IN: Eisenbrauns, 1995) 392 – 412; J. Blenkinsopp, „The

sondern als Angehörige mit der gleichen Würde, der gleichen unmittelbaren Gottesbeziehung. Im Grunde schreibt ihnen das „Manifest der Knechtsgemeinde" sogar eine Vorbildfunktion zu, indem es sie als solche präsentiert, die wider Erwarten alle Eigenschaften eines Gläubigen besitzen.[53] Von ihrer Begeisterung, ihrer „ersten Liebe" sollten sich die eingeborenen Glieder des Gottesvolkes anstecken lassen.

Die letzten beiden Qualitäten in *v.6b* heben sich von den ersten drei dadurch ab, dass sie nicht als Infinitive, sondern als Partizipien formuliert sind. Diese greifen zum einen auf die Seligpreisung in v.2, zum anderen auf die Charakterisierung der Eunuchen in v.4 zurück. Wie jenen bescheinigt JHWH auch den ausländischen Konvertiten, dass sie den Schabbat beachten (כל־שמר שבת מחללו) und sich an die Satzungen seines Bundes halten (ומחזיקים בבריתי). Die partizipiale Konstruktion legt nahe, dass sie tatsächlich so handeln.[54] Im Satzzusammenhang, als Protasis der in v.7 folgenden Apodosis, können diese Appositionen aber auch in einem einschränkenden, konditionalen Sinn verstanden werden:[55] *jeder*, das heißt, *nur der*, der den Schabbat bewahrt und den Bund festhält! Von daher ist es falsch, die folgende Verheißung auf alle Ausländer zu beziehen und aus Jes 56 eine oberflächliche Xenophilie herauszulesen. Es ist nicht so, dass alle בני הנכר zum Gottesdienst der JHWH-Gemeinde eingeladen werden. Vielmehr wird denen, die sich durch die Beobachtung des Schabbats und eine torahgemäße Lebensart bereits als Glieder der „Knechtsgemeinde" erwiesen haben, die volle, uneingeschränkte Teilnahme zugesichert.

Wie wir gesehen haben, ist in Ex 31,12 – 17, das hier eingespielt wird (s. o. 1.3.1.), der wöchentliche Ruhetag das wesentliche Kriterium für die Zugehörigkeit zur JHWH-Gemeinde. Er ist das sichtbare Zeichen (אות, v.13) der exklusiven Beziehung zwischen JHWH und Israel, das unverwechselbare Charakteristikum der ברית עולם, *des ewigen Bundes* (v.16). Von daher stehen die beiden Tugenden der Konvertiten, die Schabbatobservanz und die Bundestreue, in einem inneren Zusammenhang. Der Endtextleser wird diese ברית, nicht zuletzt dank Ex 31 als Brückentext, mit der ברית עולם von 55,3 identifizieren. Für ihn sind die Fremden von Jes 56 dann solche,

---

Servant and the Servants in Isaiah and the Formation of the Book", C. C. Broyles u. C. A. Evans (Hg.), *Writing and Reading the Scroll of Isaiah. Studies of an Interpretative Tradition I* (VT.S 70.1; Leiden; New York; Köln: Brill, 1997) 155 – 175; Berges, „Who Were the Servants?", 1 – 18; Berges, „Literary Construction".

53 Vgl. Blenkinsopp, *Isaiah III*, 140: „Ministering to the God of Israel, loving his Name, and being his servants [...] profile what is implied in being members of the community."
54 Vgl. G–K §116a: „[...] zeigt das *Participium activi* eine Person oder Sache in der stetigen ununterbrochenen Ausübung einer Tätigkeit begriffen."
55 So mit Obara, *Strategie di Dio*, 54 – 5, nach G–K §112mm.

in denen sich die Weissagung von 55,5 erfüllt. Sie haben das durch die Heilszu-sagen Davids „geschmückte" Israel aufgesucht und sind in dessen Bund einge-treten.[56]

1.3.4. Ein von Gott geleiteter Pilgerzug (v.7)

Die Verheißung von *v.7* wird in einem Trikolon (3+3+4) entfaltet, das aus zwei Verbalsätzen (*w^{e}qatal-x*) und einem Nominalsatz besteht. Wie in v.5 fungieren auch hier JHWH als handelnde Person und die Empfänger der Verheißung als Objekte seines Tuns. Auffällig ist, dass nicht *zu* ihnen, sondern *über* sie geredet wird. Das Orakel will also nicht in erster Linie die um ihre Zukunft Bangenden trösten, sondern gegenüber ungenannten Kontrahenten eine bestimmte theologische bzw. religionsgesetzliche Auffassung durchsetzen.[57] Den Platz der Fremdstämmigen innerhalb der Kultgemeinde zu bestimmen, ist zwar für sie persönlich wichtig, noch wichtiger aber ist es, ausgehend von diesem Problem die richtige Form und Zusammensetzung des Gottesvolkes selbst zu finden.

Die erste Verheißung entspricht mit dem Verb בוא und der Zielangabe הר קדשׁי auf den ersten Blick dem üblichen Völkerwallfahrtsschema. In zweifacher Hin-sicht unterscheidet sie sich jedoch grundlegend von den verwandten Texten. Eine *Völker*wallfahrt wird hier gar nicht prophezeit. Nicht ganze Nationen, auch nicht deren politische Führer kommen zum Zion, sondern Einzelne, die bereits eine existentielle Entscheidung für JHWH getroffen haben. Von daher könnte es sein, dass sie noch nicht im Land sind oder sich wenigstens noch nicht fest angesiedelt haben. Sie könnten sich im Ausland (d. h. in ihrem eigenen Heimatland) einer jüdischen Gemeinde angeschlossen haben und nun darauf hoffen, die Exilierten bei ihrer *Alijah* zu begleiten. Der Konflikt wäre entstanden, als ihre jüdischen Nachbarn sich zur Reise rüsteten und sie nicht mitziehen durften oder als sie in Jerusalem ankamen und ihre Zugehörigkeit zum Gottesvolk in Zweifel gezogen wurde.[58] Eine solche Rekonstruktion ist historisch plausibel und kann sich zudem

---

56 Wichtig der präzisierende Hinweis von N. Lohfink, „Bund und Tora", 55: „Auf jeden Fall ist hier von einer Integration einzelner in das Volk Israel die Rede, nicht von einer Übertragung des Bundes auf die Völker. Der Bund bleibt bei Israel."

57 Vgl. M. A. Awabdy, „Yhwh Exegetes Torah. How Ezekiel 44:7 – 9 Bars Foreigners from the Sanctuary", *JBL* 131 (2012) 686 n.6: „Isaiah 56:1 – 8(9) not only comforts ostracized members in the postexilic worshiping community, such as foreigners and eunuchs, but also indicts Jewish leaders for failing to sheperd these outcast worshipers."

58 So z. B. Zehnder, *Umgang mit Fremden*, 529: „Die Befürchtung des בן־הנכר ist am ehesten in einer Situation vorstellbar, in der die Gemeinde JHWHs ins Land Israel zurückkehrt und sich dort

auf buchinterne Indizien stützen. Jes 55,12–13 kündigt nämlich nicht nur den Auszug der Judäer an, sondern im Bild der in die Hände klatschenden Bäume auch die freudige Anteilnahme von Sympathisanten aus den Nationen.[59] Was dort von jenen gesagt wird – sie ziehen in Freude (בשמחה) aus und werden von Gott selbst geführt (תובלון) –, wird hier in umgekehrter Reihenfolge auch den neubekehrten Ausländern zugesagt: JHWH selbst wird sie zum Zionsberg geleiten (והביאותים) und ihnen dort die Freude seiner Gegenwart schenken (ושמחתים).[60] In einer fortlaufenden synchronen Lektüre entsteht somit der Eindruck, dass ihr Zug auf den der Exilierten folgt und diesen vollendet.

Damit ist bereits der zweite Unterschied zu anderen Wallfahrtsorakeln benannt. Zwar ist es nicht das erste Mal, dass Gott selbst eine Reise zum Zion initiiert, doch in 43,5 bringt er sein eigenes Volk herbei (אביא) und in 60,17 verschiedene Güter, mit denen er seine Stadt bereichern will (אביא). Die Rolle der Ausländer ist sonst diejenige der Begleiter und Transporteure: in 14,2 bringen sie die Israeliten nach Hause (והביאום; vgl. 66,20), in 49,22 tragen sie die Kinder Zions auf ihren Schultern (והביאו; vgl. 60,4), in 60,9 transportieren sie diese auf Schiffen (להביא), während sie in 60,11 Schätze befördern (להביא). Demgegenüber vertritt Jes 56 zum ersten Mal die revolutionäre Auffassung, dass Nichtisraeliten den Wohnort JHWHs nicht nur betreten dürfen, sondern sogar von diesem selbst dorthin geführt werden.

Das scheint im Widerspruch zu *Ez 44,6–9* zu stehen, einer Passage, die aufgrund einer Reihe intertextueller Signale als wichtigster Intertext von Jes 56,3–7 anzusehen ist.[61] Hier wie dort ergeht im Namen Gottes (כה אמר יהוה,

---

neu konstituiert und nun der Status derjenigen, die sich in der Fremde an die Israeliten angeschlossen haben, fraglich ist." Bultmann, *Der Fremde*, 209, nimmt an, dass die Aufnahme der Ausländer in der Diaspora durch die Priesterschaft in Jerusalem in Frage gestellt wurde. Zur Frage der Identität der בני־הנכר vgl. auch D. Rom-Shiloni, *Exclusive Inclusivity. Identity Conflicts Between the Exiles and the People who Remained (6th–5th Centuries BCE)* (LHBOTS 543; New York; London; New Delhi; Sydney: Bloomsbury, 2013) 122–3.

59 So Berges, *Buch Jesaja*, 422, mit Bezug auf Korpel, „Metaphors", 55.

60 Auch in Jes 51,11 und 61,7 (und natürlich in Ps 126,1–3) ist die Freude das Erkennungszeichen der heimkehrenden Exilierten. Dieses wird hier also auf die Fremden übertragen (vgl. Zehnder, *Umgang mit Fremden*, 527). Die von Zehnder auch angeführte Stelle Jes 51,3 gehört allerdings nicht in diese Reihe, da sie von der Freude spricht, die die Heimkehr bei den Bewohnern Jerusalems auslöst.

61 Auf das antithetische Verhältnis der beiden Texte wird in der Forschung immer wieder hingewiesen, z. B. von M. Fishbane, *Biblical Interpretation in Ancient Israel* (Oxford: Clarendon Press, 1988) 138–43; J. Schaper, „Rereading the Law. Inner-Biblical Exegesis of Divine Oracles in Ezekiel 44 and Isaiah 56", B. M. Levinson u. E. Otto (Hg.), *Recht und Ethik im Alten Testament* (ATM 13; LIT Verlag: Münster, 2004) 125–144; Haarmann, *JHWH-Verehrer*, 229–32; Achenbach, „Foreigners in the Pentateuch", 38–40; Nihan, „Ethnicity and Identity", 77–81. Für Achenbach,

Jes 56,4; כה אמר אדני יהוה, Ez 44,6.9) eine prophetische Weisung, die den Zutritt von Ausländern (בן־/בני־הנכר, Jes 56,3.6; בן־/בני־נכר, Ez 44,7.9) zum Tempel bzw. Tempelberg (הר קדשי, בית תפלתי, ביתי, Jes 56,7; ביתי, מקדשי, Ez 44,7.8.9) regelt. Die Urteile der beiden Propheten lauten aber genau entgegengesetzt. Während für Ezechiel ihre bloße Anwesenheit ein Gräuel (תועבה) darstellt, erlaubt Jesaja ihnen sogar die Darbringung von Opfern. Besonders eklatant wird der Kontrast, wenn unter Verwendung desselben Verbs בוא *hif.* Ez 44,7 den Israeliten vorwirft, sie ließen Fremde das Gotteshaus betreten (בהביאכם בני־נכר), Jes 56,7 aber erklärt, Jнwн werde diese persönlich hineinführen (והביאותים).

Der naheliegenden These, die beiden Prophetentexte formulierten konträre Positionen, ist auch widersprochen worden. So weist Paul A. Smith darauf hin, dass Ez 44 nicht von Ausländern im Allgemeinen, sondern von unbeschnittenen Ausländern spricht, Jes 56 aber von solchen, die sich Jнwн angeschlossen haben.[62] Da Letztere beschnitten gewesen seien, gehörten sie nicht zu den von Ezechiel gemeinten Personen. Dies kann aus unserem Text, der die Beschneidung überhaupt nicht erwähnt, aber nicht gefolgert werden.[63] Doch auch für Ezechiel ist sie nicht das alles entscheidende Kriterium. In Wirklichkeit wendet er sich nämlich gegen Fremde, die ערלי־לב וערלי־בשר, *unbeschnitten am Herzen und unbeschnitten am Fleisch* (44,7.9), sind. Hätte ihm das körperliche Unbeschnittensein als Ausschlussgrund genügt, hätte er das „geistliche" nicht hinzuzufügen brauchen. Indem er das zweite dem ersten voranstellt, erweckt er sogar den Eindruck, dass das moralische Defizit mehr wiegt als das physische, das Herz, das gegenüber den Weisungen der Torah verschlossen ist, mehr als die Vorhaut. Jeremia kann denselben Vorwurf gegen das eigene Volk richten (וכל־בית ישראל ערלי־לב, Jer 9,25), weshalb er an anderer Stelle sogar dessen Berechtigung, den Tempel zu betreten,

„Foreigners in the Pentateuch", 39, handelt es sich um „different scribal sources from opposing priestly parties".

62 Smith, *Rhetoric and Redaction*, 58–9. Anders argumentiert Ruszkowski, *Volk und Gemeinde*, 141. Für ihn handelt es sich nur um einen scheinbaren Widerspruch, da Ez 44 auf ein konkretes Problem antworte, Jes 56 aber eine eschatologische Vision sei. Diese Unterscheidung lässt sich aber nicht halten, denn einerseits ist Ez 44,5–9 Teil der *Vision* des endzeitlichen, idealen Tempels und andererseits reagiert Jes 56,3–7 auf *tatsächliche* Konflikte in der nachexilischen Gemeinde.

63 Genauso unbeweisbar ist die umgekehrte Behauptung von Haarmann, *JHWH-Verehrer*, 230–1, Jes 56 handle ebenso wie Ez 44 von *unbeschnittenen* Fremden. Zur Vertiefung der Diskussion müsste der von beiden Autoren übersehene Vers Jes 52,1 berücksichtigt werden, die einzige Stelle im Jesajabuch, die auf das Thema der Beschneidung eingeht. Sie tröstet Zion damit, „Unbeschnittene und Unreine" (ערל וטמא) würden sie in Zukunft nicht mehr betreten.

in Frage stellt (מה לידידי בביתי, 11,15). Auf die in Jes 56 geschilderten Personen, egal ob beschnitten oder unbeschnitten, trifft dieser Vorwurf jedenfalls nicht zu.[64]

Aus all dem folgt, dass Jes 56 und Ez 44 durch signifikante Referenzsignale verbunden sind, aber nicht einfach denselben Kasus gegensätzlich entscheiden. Vor allem scheinen sie nicht denselben Personenkreis zu meinen. Des Weiteren ist zu beachten, dass sie unterschiedliche Anliegen verfolgen. Während der eine Text sakralrechtliche Normen (חקות בית־יהוה, Ez 44,5) formuliert, um die Heiligkeit des Tempels zu garantieren, geht es dem anderen darum, den religiösen und sozialen Status von Randgruppen zu klären.

Daraus ergeben sich die abweichenden Positionen. Dass Ausländer zum Zion kommen, um J<small>HWH</small> anzubeten, ist für Ezechiel ein Problem, für die jesajanische Tradition ein vorzügliches Kennzeichen des endzeitlichen Gottesvolkes. Das wird u. a. dadurch zum Ausdruck gebracht, dass das Zionsepitheton הר קדשי, *mein heiliger Berg*, an dieser Stelle zum ersten Mal wieder nach *11,9* vorkommt.[65] Der Berg, auf dem der Isai-Spross seine Friedensherrschaft ausübt, soll nach dem Willen Gottes also auch Nichtisraeliten beherbergen, so dass sich die in 11,10 ausgesprochene Prophezeiung erfüllt. Derselbe Universalismus prägt auch die Vision von *66,20*, wenn sich ganz am Ende des Buchs der Blick noch einmal auf den „heiligen Berg" richtet. Auf ihm versammeln sich die „Entronnenen" Israels *und* der Nationen, um gemeinsam dem einen Gott zu huldigen.

So ist es nur konsequent, dass die ausländischen J<small>HWH</small>-Verehrer auch an der Freude, die ja ein zentrales Element des Jerusalemer Kultes ist,[66] teilhaben dürfen (ושמחתים בבית תפלתי, 56,7aβ). In 65,13 wird sie eines der Merkmale sein, das die Gottesknechte von ihren Gegnern unterscheidet: הנה עבדי ישׂמחו, *siehe, meine Knechte werden sich freuen*.

Zum Schluss werden dann noch ihre Opfer als gültig deklariert (עולתיהם וזבחיהם לרצון על־מזבחי, 56,7aγ). Ob diese von ihnen selbst oder von anderen dargebracht werden, ob sie also als Priester fungieren oder nicht, ist u. E. nicht definitiv zu

---

64 Ihre Sonderrolle wird durch weitere intertextuelle Beziehungen unterstrichen: Ez 44,7 beklagt, dass die Fremden das Gotteshaus *entweihen* (לחללו את־ביתי), Jes 56,6 erklärt, dass sie den Schabbat *nicht entweihen* (כל־שמר שבת מחללו); Ez 44,7 wirft ihnen vor, dass sie den Bund J<small>HWH</small>s *brechen* (ויפרו את־בריתי), Jes 56,6 bescheinigt ihnen, dass sie seinen Bund *halten* (ומחזיקים בבריתי). Für Nihan, „Ethnicity and Identity", 81, greift Jes 56 die Sprache von Ez 44 auf „in order to justify admission of foreigners, or at least of a certain category of foreigners, into the sanctuary [...]: the same foreigner innocent of desecrating the holy Sabbath can avoid desecrating the sanctuary."
65 Dieser Begriff, der in Kap. 40 – 55 völlig fehlt, erscheint in Kap. 56 – 66 an vier weiteren Stellen: 57,13; 65,11; 65,25 (ein Zitat von 11,6 – 9) und 66,20, wo der Zionsberg wiederum als Ziel der Völkerwallfahrt fungiert. Näheres bei Stromberg, *Isaiah After Exile*, 83 – 4.
66 Siehe die Belege aus den verschiedenen alttestamentlichen Schriften bei Koole, *Isaiah III.3*, 22.

klären.[67] In jedem Fall werden sie mit dieser Formulierung von denen abgehoben, die J‍hwhs Volk zwar angehören, aber nicht dementsprechend leben. Von ihnen statuiert *Jer 6,20* nämlich, dass ihre Brand- und Speiseopfer Gott *nicht* wohlgefällig sind (עלותיכם לא לרצון וזבחיכם לא־ערבו לי‎).[68]

Am Tempel werden aber nicht nur Opfer dargebracht, er ist auch eine Stätte des Gebets. Diese zweite Funktion hebt unser Text dadurch hervor, dass er den priesterlichen Kultbescheid durch eine Bezeichnung einrahmt, die im Alten Testament nur hier begegnet: בית תפלה‎, *Bethaus*, bzw. בית תפלתי‎, *mein Bethaus*. Damit soll nicht der Opfer- durch den Gebetskult abgelöst werden; auch in der künftigen Heilszeit werden nach Jes 56 beide Formen des Gottesdienstes praktiziert. Der Hauptakzent liegt vielmehr auf den beiden Wörtern, die den Vers beschließen und die eigentliche Neuheit enthalten. Der Tempel ist jetzt schon ein „Haus des Gebets", durch die Zionswallfahrt der Fremden aber wird er ein „Haus des Gebets *für alle Völker*" (לכל־עמים‎) werden![69] Dieser neue Name ist keine Äußerlichkeit, sondern steht für eine neue Wirklichkeit (vgl. 60,14.18; 61,3.6 u. ö.). In ihm manifestiert sich J‍hwhs Wille, nicht nur von seinem Volk, sondern von allen Völkern angebetet zu werden, nicht nur die Bitten der Israeliten, sondern die aller Menschen zu erhören.

In diesem Anliegen trifft sich die jesajanische Weissagung mit einem anderen theologisch bedeutsamen Text, der den Jerusalemer Tempel ebenfalls als internationale Gebetsstätte konzipiert: dem Tempelweihegebet Salomos in *1 Kön 8,22 – 53* (insbesondere v.41 – 43).[70] In beiden Fällen ist die Hauptperson הנכרי‎ bzw. בן־הנכר‎ (1 Kön 8,41.43; Jes 56,3.6), d. h. ein *Fremder*, der im Unterschied zum *ger* keinen bleibenden Wohnsitz und keinen gesicherten Rechtsstatus besitzt. Sein

---

67 Wie schon bei der Diskussion um die Bedeutung von שרת‎ wird auch diese Frage kontrovers beurteilt. Blenkinsopp, *Isaiah III*, 140, beantwortet sie positiv („the sacrifices mentioned are sacrifices they may offer as priests"), stützt sich dabei aber auf die ebenfalls nicht eindeutige Aussage von 66,21.

68 Für Lau, *Schriftgelehrte Prophetie*, 276 – 7, ist Jes 56,7aγ ein Mischzitat aus Jer 6,20 und Jes 60,7 (יעלו על־רצון מזבחי‎). Es deute „den Zugang von Fremden zum Kultus, der in der Vorlage TrJes 60,7 nur eschatologisch im Rahmen der Völkerwallfahrt Erwähnung fand, ganz real auf die Betroffenen in der gegenwärtigen Gemeindesituation" (Lau, *Schriftgelehrte Prophetie*, 277).

69 Im Neuen Testament legitimiert Jesus mit dieser Verheißung sein Vorgehen gegen die Verkäufer im Tempel. Unter den Synoptikern zitiert allerdings nur Mk 11,17 den vollen Wortlaut: ὁ οἶκός μου οἶκος προσευχῆς κληθήσεται πᾶσιν τοῖς ἔθνεσιν. Mt 21,13 und Lk 19,16 lassen die letzten drei Wörter aus und nehmen dem Zitat damit seine (wohl auch von Jesus intendierte) Sinnspitze, den Tempel auch für „fromme Heiden" zu öffnen.

70 Zu den Parallelen zwischen den beiden Texten s. Koole, *Isaiah III.3*, 22; Blenkinsopp, *Isaiah III*, 141. Eine ausführliche Auslegung von 1 Kön 8,41 – 43 bietet Haarmann, *JHWH-Verehrer*, 191 – 205.

Abstand von Israel als *Volk* JHWHs wird ausdrücklich festgestellt (לא־מעמך, 1 Kön 8,41; מעל עמו, Jes 56,3), sein *Kommen* nach Jerusalem wird geschildert (בוא *qal*, 1 Kön 8,41.42; בוא *hif.*, Jes 56,7), der *Tempel* wird erwähnt und als Ort identifiziert, an dem auch Ausländer zu JHWH *beten* (והתפלל אל־הבית הזה, 1 Kön 8,42; בבית תפלתי, בית תפלה... לכל־העמים, Jes 56,7). In beiden Texten spielt der *Name* Gottes eine zentrale Rolle: er ist der Grund, weshalb der Fremde sein Land verlässt und die Pilgerreise antritt (למען שמך, 1 Kön 8,41), und er wird von denen, die zu JHWH konvertieren, geliebt (ולאהבה את־שם יהוה, Jes 56,6). Die Erwartung schließlich, dass in der Zukunft *alle Völker* diesen einzigartigen Namen anerkennen und verehren werden (למען ידעון כל־עמי הארץ את־שמך, 1 Kön 8,43), entspricht der Ankündigung, dass in dem Tempel *alle Völker* (לכל־העמים, Jes 56,7) ihr Gebet verrichten werden.

Die intertextuellen Parallelen sind aber auch hier nur der Ausgangspunkt, um das je Besondere der beiden Aussagesysteme und damit auch ihre Differenzen zu erfassen. Zu allgemein bleibt das Resümee: „Die beiden Stellen verbindet nicht nur die Thematik des Tempels als *Haus des Gebets*, sondern auch die Erwähnung von *JHWH-Verehrern der Völker*, die an diesem Gebet teilnehmen."[71] Aber auch die Behauptung, Jes 56,7 gehe weit über 1 Kön 8,41–43 hinaus, „denn nicht nur können Fremde im Tempel beten, sondern auch in einer gottgefälligen Weise (לרצון) Opfer darbringen,"[72] ist problematisch, da das Tempelweihegebet dieses Thema ja nicht berührt.

Auch wenn sich nicht entscheiden lässt, ob zwischen den Texten eine literarische Abhängigkeit besteht und welcher der beiden den anderen beeinflusst hat, lassen sie sich doch vergleichen und in ein kanonisches Gespräch bringen. Vor allem ist auch in diesem Fall zu beachten, dass sie trotz ähnlicher Termini verschiedene Arten von Ausländern vor Augen haben: 1 Kön 8 unterstreicht ihre ethnische und geographische Distanz (לא־מעמך ישראל הוא... ובא מארץ רחוקה, v.41) und geht ausführlich auf die Motive ihrer Pilgerreise ein (למען שמך, v.41*fin*; כי ישמעון..., v.42a).[73] Dabei ist klar, dass sie diese aus eigener Initiative unternehmen, um in Jerusalem ihr Gebet zum Tempel hingewandt zu verrichten (ובא והתפלל ...ובא, אל־הבית הזה, v.41–42).[74] Ganz anders ist die Situation in Jes 56. Über den Aufent-

---

71 Haarmann, *JHWH-Verehrer*, 200 [Hervorhebungen i. Orig.].

72 Berges, *Buch Jesaja*, 515. Vgl. die Kritik von Haarmann, *JHWH-Verehrer*, 200 n.852.

73 Vgl. Haarmann, *JHWH-Verehrer*, 205: „Die Fremden hören von Gottes Handeln an Israel und pilgern daraufhin zum Tempel. Ihre JHWH-Erkenntnis geschieht demnach nicht unabhängig von Gottes Handeln an und für Israel, sondern ist durch dieses bedingt."

74 Nach Haarmann, *JHWH-Verehrer*, 199, setzen nur die Bitten in v.31–34 voraus, dass sich der Beter *im* Tempel befindet, während die Bitten in v.35–51 (also auch die des Fremden) *zum* Tempel gesprochen werden. Diese wichtige Beobachtung wird auch dadurch gestützt, dass die Ortsangabe בבית הזה, *in diesem Haus*, nur in v.31.33 begegnet, während es in v.38.42 אל־הבית הזה, *zu diesem Haus*, und in v.44.48 דרך... הבית, *in Richtung auf das Haus*, heißt.

haltsort und die Motivation der Fremden verlautet dort nichts. Wichtig ist aber, dass sie den Glauben an Jhwh angenommen haben und dieser Schritt nun ihr Verhalten, ja, ihre ganze Existenz bestimmt. Die Befürchtung, vom Gottesvolk getrennt zu werden (v.3), setzt voraus, dass sie sich ihm angeschlossen haben und ihm (zumindest ihrer eigenen Einschätzung nach) nun angehören.[75] Die Reise nach Jerusalem ist dann kein persönlicher Entschluss, sondern ein von Gott gewährtes Privileg. Er selbst wird sie zum Zion bringen, so dass sie den Tempel betreten und ihre Opfer und Gebete verrichten können (v.7). Er handelt damit auf eine bis dahin unerhörte Weise an den „Heiden". Gleichzeitig handelt er aber auch an seinem Volk, das durch deren Anwesenheit im Heiligtum selbst verwandelt wird.

Wollte man die Gestalten von 1 Kön 8 und Jes 56 zueinander in Beziehung setzen, könnte man das Geschehen am ehesten so rekonstruieren: Jes 56 beschreibt den Fall eines Ausländers, der die in 1 Kön 8,41–43 beschriebene Wallfahrt unternommen hat, dann aber nicht in seine Heimat zurückgereist ist, sondern sich zu Jhwh bekehrt und in Jerusalem niedergelassen hat.[76] Er ist der erste, in dem sich die Erwartung von 1 Kön 8,43 erfüllt, dass „alle Völker der Erde" (כל־עמי הארץ) Jhwh erkennen werden.

Was aber, wenn Ausländer tatsächlich zu derselben Gotteserkenntnis wie Israel (כעמך ישראל) gelangen? Gehören sie dann nicht automatisch zum Eigentumsvolk Jhwhs? Auf diese Frage, die den Denkhorizont von 1 Kön 8 und auch der Esra-/Nehemiatexte[77] übersteigt, antwortet Jes 56,7 mit einer neuen Verheißung.

---

75 Das muss an dieser Stelle noch einmal betont werden. Die Grundthese von Volker Haarmann, dass das Alte Testament eine religiöse Konversion unabhängig von der sozialen und kulturellen Bindung an Israel kenne, lässt sich mit 1 Kön 8, nicht aber mit Jes 56 begründen. Im Jesajatext ist der Glaube an Jhwh unlösbar an das Mitleben im Gottesvolk gebunden. Das zeigt nicht nur die Angst der Fremden vor einem Ausschluss aus dem Volk Jhwhs, sondern auch die Schabbatobservanz, die den regelmäßigen Kontakt zu anderen Israeliten einschließt, und die verheißene Teilnahme an Gebet und Opfer innerhalb der Jerusalemer Kultgemeinde. Allerdings muss die Frage, ob dies die volle Mitgliedschaft oder einen Gaststatus bedeutet, unbeantwortet bleiben. Der prophetische Autor wirbt jedenfalls für die volle Integration der ausländischen Konvertiten, auch deshalb, weil dies der Weg zur Universalisierung des monotheistischen Bekenntnisses ist.

76 Croatto, *Imaginar el futuro*, 26, folgert aus der Bezeichnung בן־הנכר, dass es sich um den *Nachkommen* eines eingewanderten Ausländers handelt. Doch bezeichnet das Nomen נכר nicht die fremde Person, sondern das fremde Land. Die *cs.*-Verbindung mit בן hat hier also nicht die Funktion, die Abstammung anzuzeigen, sondern „to represent the nature, quality, character, or condition of (a) person(s)" (Waltke – O'Connor, 9.5.3b).

77 Dies zeigt sich z. B. daran, dass in ihnen die Konversion der fremden Frauen als Lösung des Mischehenproblems überhaupt nicht in Betracht gezogen wird (vgl. K.-C. Park, *Die Gerechtigkeit Israels und das Heil der Völker. Kultus, Tempel, Eschatologie und Gerechtigkeit in der Endgestalt des*

Indem Jʜwʜ den fremdstämmigen Konvertiten Zutritt in „sein Haus" gewährt, nimmt er sie in die Gemeinde seiner Gläubigen auf, erhört also, wie in 1 Kön 8,43 vorgesehen, die Bitte des zu ihm rufenden Fremden. Auch wenn es sich nur um wenige Einzelfälle handeln sollte, hat sich doch in ihnen die Vision, eines Tages würden alle Völker der Erde den Gott Israels verehren, schon anfanghaft erfüllt.

1.3.5. Die Weiter-Sammlung Israels (v.8–9)

Der Begründungssatz in v.7b, der dem Tempel, dem Ort des Trostes für die Fremden ebenso wie für die Eunuchen, eine neue, völkerverbindende Funktion zuschreibt, hat bereits den Charakter eines literarischen Abschlusses.[78] Dennoch folgt in *v.8* noch ein kurzes Gotteswort, das durch die Spruchformel mit dem feierlichen Doppelnamen אדני יהוה besonders hervorgehoben ist. Das partizipiale Epitheton מקבץ נדחי ישראל, *der die Versprengten Israels sammelt*, bildet die Grundlage der eigentlichen Verheißung: אקבץ, *ich werde sammeln*. Es unterstreicht, dass das Sammeln von Menschen nicht nur ein Zukunftsprojekt Jʜwʜs ist, eines von vielen, sondern zu seinem Wesen selbst gehört.[79] Sein innerstes Anliegen ist es, dass das Gottesvolk nicht zerstreut, sondern gesammelt, nicht gespalten, sondern geeint sei. Denn nur so kann es in der Welt „sammelnd" wirken, kann es verbinden, versöhnen, Frieden stiften und Motor für die Einigung der Menschheit sein. Seine Einigkeit ist aber auch die notwendige Bedingung, um Zeugnis für seinen Erschaffer, den *einen* Gott abzulegen.

Über seine „Gesammelten" (נקבציו, v.8b), d. h. über die bereits nach Zion heimgekehrten Judäer hinaus will Jʜwʜ „weiter sammeln" (עוד אקבץ). Im Kontext sind damit die um Anerkennung und Integration kämpfenden Ausländer und Eunuchen gemeint. Darüber hinaus dürften all die Menschen eingeschlossen sein, die durch ihre Herkunft oder ihre körperliche und geistige Verfassung behindert sind, aber durch ihr Verhalten (sie üben Gerechtigkeit, halten den Schabbat, bewahren den Bund etc.) zu Jʜwʜs „Hausgemeinschaft" gehören.[80] Die Völker-

---

Jesajabuches [Jes 56,1–8; 58,1–14; 65,17–66,24] [BEAT 52; Frankfurt am Main: Peter Lang, 2003] 101).

78 Vgl. Koole, *Isaiah III.3*, 24, der die affirmative Bedeutung der Konjunktion כי unterstreicht („truly").

79 Darin unterscheidet sich diese Stelle von den bei Blenkinsopp, *Isaiah III*, 141, angeführten Parallelen. In Dtn 30,4; Mi 4,6; Zef 3,19; Ps 147,2 steht das Verb nämlich jeweils im *yiqtol*. Die partizipiale Form findet sich noch in Jer 32,37, allerdings nach הנני. Auch hier ist also eher eine Aktion als eine Eigenschaft Gottes gemeint.

80 Vgl. Park, *Gerechtigkeit Israels*, 114.

wallfahrtsidee wird so in einzelne Etappen aufgeteilt und in eine auf konkrete Fälle anwendbare Handlungsmaxime übersetzt.

In v.7 wurde mit הר קדשי, *mein heiliger Berg*, bereits Jes 11,9 eingespielt. Der Platz, an dem die Fremden getröstet werden, wurde auf diese Weise mit dem Friedensreich des Isai-Sprosses identifiziert. Die Rolle des davidischen Herrschers bleibt hier jedoch unbesetzt. Das ist nur konsequent, nachdem 55,1–5 seine heilsvermittelnde Funktion ja auf Ganzisrael übertragen hat. Mit נדחי ישראל und dem futurischen אקבץ wird nun auch noch *11,12* aufgerufen, nämlich die im Chiasmus formulierte Doppelverheißung: ואסף נדחי ישראל ונפצות יהודה יקבץ, *er wird die Zerstreuten Israels zusammenholen und die Versprengten Judas sammeln.*[81] Diese Sammlung des „Restes Israels" (שאר עמו, v.11.16) wird durch 56,8 übertroffen, wie das emphatisch vorangestellte עוד, *weiter, noch mehr*, signalisiert. JHWH will nicht nur die Angehörigen der Diasporagemeinden,[82] sondern auch andere Menschen zusammenführen, die wie die Fremden und Eunuchen seinen Willen tun und darin „Seligkeit" erfahren.

Das Epizentrum dieser globalen Sammlungsbewegung ist das Volk Israel (עליו, *zu ihm, um es herum*), ihr geographischer Ort der Zionsberg und auf diesem wiederum das „Haus JHWHs" (vgl. 2,2: הר בית־יהוה), ihr Ziel eine gemeinschaftliche Lebensform, deren Pfeiler die soziale Gerechtigkeit, die Feier des Schabbats und der am Tempel praktizierte Gottesdienst sind.

Dadurch, dass die Gottesspruchformel (im Unterschied zu 3,15, dem einzigen anderen Beleg mit dem Doppelnamen אדני יהוה) den Vers nicht abschließt, sondern eröffnet, kann *v.9* als Fortsetzung der Gottesrede verstanden werden. Doch wie ist er mit der großartigen Völkersammlungsvision verbunden? Die übliche Interpretation als Drohwort gegen die Führer Israels (die wilden Tiere sollen kommen und sie verschlingen) basiert darauf, dass der Vers mit v.10–12 verbunden wird.[83] Sie kann sich auf die Parallele zu dem Gerichtsorakel *Jer 12,9* berufen: לכו אספו כל־חית השדה התיו לאכלה, *kommt, sammelt euch, alle Tiere des Feldes, kommt zum*

---

81 Zu dieser Parallele vgl. Lau, *Schriftgelehrte Prophetie*, 278; Sweeney, „Reconceptualization", 52; Stromberg, *Isaiah After Exile*, 82–6. Dass die Deportierten, wie Sweeney behauptet, von den Nationen nach Zion gebracht werden, lässt sich aus Jes 11,12, auch in Kombination mit 11,10, jedoch nicht herauslesen. Das Angelocktwerden der *gojim* und die Heimkehr der Exilierten werden dort vielmehr als zwei unterschiedliche Vorgänge dargestellt.

82 G. N. Knoppers, „Who or What is Israel in Trito-Isaiah?", I. Provan u. M. J. Boda (Hg.), *Let Us Go up to Zion. Essays in Honour of H. G. M. Williamson on the Occasion of His Sixty-Fifth Birthday* (VT.S 153; Leiden; Boston, MA: Brill, 2012) 160, unterstreicht, dass der Doppelausdruck נדחי ישראל und נפצות יהודה ebenso wie das Wortpaar „Efraim" und „Juda" in 11,13 die Deportierten beider Reiche umfasst. Dieselbe „panisraelitische" Perspektive sei deshalb auch für 56,8 anzunehmen.

83 So Steck, *Studien*, 170–7; Lau, *Schriftgelehrte Prophetie*, 230–1; Koole, *Isaiah III.3*, 32–3, u. v. a. m.

Fraß! Ähnlich formuliert auch Ez 39,17. Allerdings sagen die intertextuellen Bezüge als solche nichts darüber aus, ob die Metapher an beiden Stellen analog verwendet ist oder ob sie einen neuen, u. U. sogar gegensätzlichen Sinn erhält. Es könnte nämlich auch hier das mehrfach beobachtete Phänomen vorliegen, dass ein jeremianisches Drohwort im exilisch-nachexilischen Jesajabuch in ein Heilsorakel verwandelt wird.[84]

Die Auslegung verändert sich, wenn man der überlieferten Textgliederung folgt und v.9 als Schlusswort von v.1–8 betrachtet. Der zu kurze, syntaktisch unvollständige v.9a könnte sogar mit v.8b, dem ein direktes Objekt fehlt, verbunden werden. Dadurch entstünde ein metrisch (4+3) und inhaltlich stimmiges Bikolon: עוד אקבץ עליו לנקבציו \ כל חיתו שדי, *weiter werde ich zu ihm, zu seinen Gesammelten sammeln, (nämlich) alle Tiere des Feldes.* Die Tiere stünden dann allegorisch für die Nationen, die Jʜwʜ zu seinem Volk und zu den bereits bekehrten „Heiden" noch hinzufügen will.[85] Diese Deutung ist aber auch dann möglich, wenn man die masoretische Versteilung beibehält und כל חיתו שדי als Vokativ interpretiert, der im zweiten Halbvers durch כל־חיתו ביער wieder aufgenommen wird.[86]

Dass das Bild der fressenden (äsenden) Feldtiere auch positive Aussagen illustrieren kann, belegt ein bisher nicht beachteter Vergleichstext. Im Rahmen der *Schmittah*-Gesetzgebung ordnet *Ex 23,11* an, dass die Erträge, die Äcker, Weinberge und Olivenhaine im siebten Jahr bringen, zuerst den Armen des Volkes und dann den Tieren des Feldes überlassen werden sollen: ויתרם תאכל חית השדה, *und ihren Rest soll das Vieh des Feldes fressen.* So wie das wilde Getier Anteil an der Ernte Israels erhält, wären also in Jes 56,9 die „wilden" Nationen eingeladen, zum Haus Jʜwʜs zu kommen, um gemeinsam mit seinem Volk von ihm bewirtet zu werden.

Diese positive Auslegung wird noch wahrscheinlicher, wenn unser Vers, wie Wolfgang Lau vermutet,[87] tatsächlich *Ps 104* zitiert. Dort kommen nämlich beide Tiergruppen vor, כל־חיתו שדי, *alle Tiere des Feldes* (v.11), ebenso wie כל־חיתו־יער, *alle*

---

[84] Vgl. de Hoop, „Isaiah 56:1–9", 675–6: „The fact that the oracles of doom in Jeremiah 12 are not found in Isaiah 56 diminishes the necessity of a negative interpretation considerably." Dasselbe *caveat* gilt auch in Bezug auf Ez 39,17. Entscheidend für die Interpretation sind nicht die reinen Wortparallelen, sondern der jeweilige Kontext.

[85] Die allegorische Deutung von v.9 wird bereits von Raschi (כל האומות, M. Cohen, *Isaiah*, 352) vertreten. Ähnlich Ibn Ezra, allerdings mit der negativen Bewertung als „idolatrous wicked nations" (Friedländer, *Ibn Ezra on Isaiah*, 258). Vgl. Berges, *Buch Jesaja*, 466 n.251: „[W]ird somit Stimmung gemacht gegen einen Anschluss von Fremden an das Gottesvolk, da diese, »wilden Tieren« gleich, Israel abweiden?"

[86] Die von BHS geforderte Verschiebung des *Atnach* nach לאכל ist nicht nötig. Er trennt z. B. auch in 2,5 den Vokativ (בית יעקב) von dem zugehörigen Imperativ (לכו ונלכה).

[87] Vgl. Lau, *Schriftgelehrte Prophetie*, 230.

Tiere des Waldes (v.20). „Der Psalm bot sich als Vorlage an, weil die Tiere dort als Geschöpfe Gottes beschrieben werden, denen Jahwe Speise zukommen lässt."[88]

Der abschließende Vers unserer Texteinheit wäre somit ein Völkerwallfahrtsspruch in metaphorischer Verkleidung. Auf בוא in v.7 folgt als Bewegungsverb nun das seltenere Synonym אתה, auf die Zusage Gottes, er werde seine nichtisraelitischen Anbeter zum Zion bringen, der Appell, sich selbst auf den Weg zu machen, um dort gesättigt zu werden.

Eine Parallele zum großen Völkermahl in 25,6 – 8 kann vermutet werden, sie lässt sich aber intertextuell nicht fassen. Dagegen bestehen klare sprachliche und inhaltliche Bezüge zu *55,1 – 3*.[89] Hier wie dort lädt Jhwh Personen ein, herbeizukommen und zu essen (אתיו, 55,3; ולכו אלי, 55,2; ואכלו־טוב, 55,1; לכו... לכו שברו ואכלו לאכל, 56,9). Im ersten Fall sind es die „Knechte", die auf sein Wort hin nach Jerusalem zurückkehren, im zweiten die Ausländer, die das Wunder der Auferstehung des Volkes Gottes miterleben und sich daraufhin zu Ihm bekehren. Dass sie mit wilden Tieren verglichen werden, ist nicht so unvorbereitet, wie es erscheinen mag. Mit הר קדשי und נדחי ישראל wurden ja bereits zwei intertextuelle *Links* zu dem Heilsorakel in Kap. 11 gesetzt. Nun wird auch noch die Tieridylle von v.6 – 8 eingespielt, mit den Tieren des Feldes und des Waldes,[90] die friedlich nebeneinander lagern, die fressen, ohne einander aufzufressen (vgl. v.7: ואריה כבקר יאכל־תבן), und sich von einem schwachen Kind leiten lassen.

Diese Friedensbotschaft wird nun auf *alle* wilden Tiere, sprich, auf alle Völker der Erde ausgedehnt. Sie sind eingeladen, zum Zion zu kommen, um ihren Hunger (nicht nur nach Nahrung, sondern auch nach Einheit, Frieden und Gerechtigkeit) zu stillen.[91] In *43,20* hatte Jhwh verheißen, die „Tiere des Feldes" würden ihn ehren (תכבדני חית השדה), wenn sie sehen, wie er für sein Volk Wasser in der Wüste entspringen lässt, und wenn sie dessen Lobpreis hören (vgl. 43,21). Mit Jes 56 ist ein neues Stadium erreicht: einige aus den Nationen haben sich zu Jhwh bekehrt und haben dadurch die Völkerwallfahrt in Gang gesetzt. Gott selbst wird sie in seine Stadt führen und in die Gemeinde seiner Anbeter aufnehmen. Gleichzeitig ergeht an alle anderen, die sich noch „auf dem Feld" oder „im Wald" befinden, die

---

88 Lau, *Schriftgelehrte Prophetie*, 230.

89 Berges, *Buch Jesaja*, 466 mit n.252, erkennt zwar die Stichwortverbindungen, leitet daraus aber einen Kontrast zwischen den beiden Texten ab.

90 Wie die genannten Tiere auf diese beiden Kategorien aufgeteilt werden können, diskutiert de Hoop, „Isaiah 56:1 – 9", 677 n.27.

91 Vgl. de Hoop, „Isaiah 56:1 – 9", 676: „[T]he invitation of the beasts in 56:9 is a summary of Isa 11:6 – 8 in which a kind of eschatological perspective is offered. [...] Isa 56:9 might be understood as an invitation to the beasts of the field and the forest to participate in the salvation at the mountain of the Lord."

Einladung, ja, der dringliche Ruf, ebenfalls zu kommen, um in Zion zusammen mit den bereits Gesammelten erquickt zu werden.

1.4. Die Zionswallfahrt der Fremden und die Sammlung des Gottesvolks

Jes 56,1–9 setzt da an, wo 55,1–5 aufhört. Wie verheißen sind Personen, die Israel zuvor nicht kannte (גוי), ethnisch Fremde also (בני־הנכר), zu ihm gekommen, haben seinen Gott kennengelernt und sich zu ihm bekehrt. Ihre Integrationsprobleme, d. h. der Widerstand gegen ihre Integration, sind der Anlass, um die Kriterien für die Mitgliedschaft im Gottesvolk und die Rolle des Zion als Zentrum der Menschheitsfamilie zu überdenken. Im Unterschied zu 49,14–26 (und dann auch Kap. 60) antwortet dieser Völkerwallfahrtstext also nicht auf die Misere der zerstreuten Israeliten, sondern auf die Not von Nichtisraeliten, die im Gefolge der Exilierten ihre Heimat verlassen haben und nach Juda gekommen sind.

Die Verheißung einer von Gott geführten Zionswallfahrt in v.7 bildet den Höhepunkt des Orakels, doch erst die Rahmenteile in v.1–2 und v.8–9 erzeugen den richtigen Deutehorizont. So definiert die Einleitung zum einen den heilsgeschichtlichen Kairos und zum anderen die universale Dimension des Vorgangs. Der gegenwärtige Augenblick ist durch die Nähe des göttlichen Heils bestimmt. Gott ist dabei, seine Erlösung zu bringen, sie ist so nahe, dass sie sich nur noch zu offenbaren, d. h. erkannt zu werden braucht. Sie ist nicht unabhängig vom menschlichen Tun, vielmehr sind menschliche und göttliche „Gerechtigkeit" unlösbar verbunden. *Ibn Ezra* sieht einen so engen Kausalzusammenhang, dass er das Kommen der messianischen Heilszeit von dem Verhalten des Menschen, genauer, des Volkes Israel abhängig macht: „You know that God will redeem you [...]; keep, therefore, His judgments, for, *if you do this*, »salvation is near to come«. We may learn from this verse that the coming of Messiah is delayed because of our sins (כי העוונות מעכב ביאת המשיח)."[92]

Für den christlichen Ausleger *Nikolaus von Lyra* stellt sich dieses Verhältnis etwas anders dar. Wenn sich der Mensch „iuste erga proximum", *gerecht gegenüber dem Nächsten* (v.1), und „devote erga Deum", *fromm gegenüber Gott* (v.2), verhält, dann ist das nicht die Voraussetzung, sondern lediglich die Vorbereitung des Heils („salutis praeparatio"). Eine solche Lebensweise schafft in dem Einzelnen näm-

---

92 Friedländer, *Ibn Ezra on Isaiah*, 256 [Hervorhebung d. Vf.], und M. Cohen, *Isaiah*, 351.

lich die Empfänglichkeit („dispositio"), um die durch Christus gewirkte Erlösung zu erlangen.[93]

Es ist hier nicht der Ort, um das Problem des Miteinanders von Gott und Mensch, des Zusammenwirkens von göttlicher Gnade und menschlicher Freiheit zu diskutieren. Unsere Exegese hat aber immerhin gezeigt, wie die beiden Wirklichkeiten (die beiden *zedaqot*) syntaktisch verbunden sind: durch die Konjunktion כי (lateinisch: „quia"), auf die eine futurisch aufzufassende Verbalkonstruktion folgt. Sie drückt aus, dass Gottes Heil nicht die *Folge* des menschlichen Tuns ist, nicht ein Lohn für diejenigen, die gerecht handeln, sondern der *Grund*, dass sie überhaupt gerecht handeln können. Im Unterschied zum üblichen Kausalnexus ist diese Ursache aber keine vorhandene, verfügbare Realität, sondern eine, die im Kommen ist. Deshalb kann sie den Menschen nur insofern beeinflussen, als dieser in der freudigen Erwartung des Heils dem Nächsten Gerechtigkeit und Gott Verehrung erweist, indem er „wählt, was Ihm gefällt" (v.3). Er handelt, als ob die neue Rechtsordnung schon existierte, antizipiert sie also in seinem Tun. Auf diese Weise wird die für später verheißene neue Weltordnung „hier und jetzt" erfahrbar. Das ist der Sinn von v.2: wer sich ihr entsprechend verhält, *ist* selig, denn er genießt bereits die Früchte des Heils.

Damit haben wir auch das zweite grundlegende Moment angesprochen: die Universalität. Sie gilt für den ethischen Imperativ „Übt *zedaqah!*" ebenso wie für die Zusage der nahe bevorstehenden *zedaqah* JHWHs. Jeder Mensch (בן־אדם, אנוש) kann selig werden, indem er das eine tut und das andere empfängt. Wie wir gesehen haben, bildet der „jüdische" Schabbat dazu keinen Widerspruch. Er ist ja in die Schöpfung eingestiftet (vgl. Gen 2,2–3; Ex 20,8–11), so dass die wöchentliche Ruhe der Natur eines jeden Menschen entspricht. Außerdem fördert er die soziale Gleichheit (vgl. Ex 20,10; Dtn 5,14), die in unserem Kontext ebenfalls alle Menschen betrifft.

In diesen Horizont der Naherwartung und des ethischen Universalismus wird auch der Fall der diskriminierten Ausländer gestellt. Dass sie den Glauben Israels angenommen haben (ein Phänomen, das in Jes 14,1 nur gestreift wird), ist der Grund, weshalb Jes 56 keinen direkten Kontrast zu Dtn 23, zu den Stellen in Esra und Nehemia oder zu Ez 44 darstellt. Dort ist ein solcher Ausnahmefall – ein „Heide" bekennt sich zu JHWH! – nämlich gar nicht vorgesehen.

Entsprechendes gilt auch für die Stellen in Jes 60–62, die von Fremden handeln. Wer diese Kapitel für den ältesten Teil des „Tritojesajabuchs" hält, kommt zu dem Schluss, dass unser Text die dort vertretene fremdenfeindliche Position

---

93 Vgl. Nicolaus de Lyra, *Postilla litteralis*, ad Is 56,1.

korrigiere.[94] Aus der Rolle von Gastarbeitern Israels erhöbe er sie zu Dienern Jнwнs und überwinde so die Klassenunterschiede im Gottesvolk. Das ist aber nur bedingt richtig. Jes 56 vertritt nicht eine grundsätzlich fremdenfreundliche Haltung, es reagiert vielmehr auf eine gewandelte Situation. Jes 60–62 sieht die Ausländer als potentielle Helfer bei der Rückführung der Exilierten und bei dem Wiederaufbau Jerusalems. Darin bestände ihr Glück: nicht mehr Beherrscher, sondern Diener des Gottesvolks zu sein. Demgegenüber geht Jes 56 davon aus, dass die Prophezeiungen von 45,14–25 zumindest teilweise eingetroffen sind. Fremde haben, wie erhofft und dennoch unerwartet, Jнwн als den einzig wirkmächtigen Gott erkannt und sich zu ihm bekehrt. Dieser Religionswechsel hat aber, wie sich nun zeigt, auch Konsequenzen für das gesellschaftliche Miteinander. Indem sie sich Jнwн angeschlossen haben, ist ein neues Verhältnis zu Israel entstanden. Sie sind Teil des *Qahal* geworden und können deshalb nicht mehr als Untertanen behandelt werden.

Um die Integration der „Heiden", die nicht nur eine neue Religion, sondern auch eine neue Lebensweise angenommen haben, zum Ausdruck zu bringen, verwendet v.7 das Vokabular der Völkerwallfahrt (בוא *hif.* – הר קדשי und ביתי – כל־העמים). Das Motiv selbst ist aber auf den speziellen Fall hin abgewandelt.[95] So wird das Kommen nach Jerusalem nicht den Nationen im Allgemeinen verheißen, sondern einzelnen Personen, die sich bereits als „Gottesknechte" erwiesen haben. Sie müssen nicht mehr Zion dienen, indem sie dieser ihre Kinder zuführen (vgl. 49,22–23), sondern werden selbst von Gott herbeigeführt. Sie müssen sich auch nicht mehr vor der Gottesstadt beugen, sondern dürfen betend und opfernd an ihrem Kult teilnehmen, was ihre volle Mitgliedschaft und Gleichberechtigung besiegelt. Damit sind sie die Erstlinge all derer, die noch kommen und den Jerusalemer Tempel zum „Gebetshaus für alle Nationen" machen werden.

So wird die Jнwн-Verehrung in Jes 56,1–9 zwar entnationalisiert und für die ganze Menschheit geöffnet, durch die Bindung an den Zion bleibt sie aber gleichwohl geortet; der Universalismus behält auch hier seine von Helmut Schmidt

---

94 So z. B. Smith, *Rhetoric and Redaction*, 59–60; Berges, *Buch Jesaja*, 512–3; de Hoop, „Isaiah 56:1–9", 684–5. Diese These lässt sich intertextuell stützen. So wird das Urteil לרצון in 60,7 auf die Opfertiere, in 56,7 aber auf die Fremden bezogen, und שרת macht die Fremden in 60,10 zu Dienern Zions, in 56,6 aber zu Dienern Gottes.

95 Vgl. Lau, *Schriftgelehrte Prophetie*, 277: „Abschließend bleibt festzuhalten, dass der Prophet mit seiner »Thora« das Motiv der Völkerwallfahrt zum Zion (vgl. TrJes!) realistisch weitergedacht hat. Er bezieht es auf die im Lande wohnenden fremdländischen Proselyten und auf die Eunuchen, die nunmehr von Jahwe selbst in den Kult integriert und damit wie die Israeliten in der Jahwegemeinde verbleiben werden."

hervorgehobene zentralistische Gestalt.[96] Dies wird im abschließenden Gotteswort noch einmal unterstrichen (v.8 – 9). Sammlung geschieht ja nur, indem Zerstreute (der „Rest Israels" und die „Entronnenen der Nationen") zu einem Kern bereits Gesammelter hinzugefügt werden. Deshalb gefährdet der Universalismus der Völkerwallfahrt die Existenz und den Vorrang Israels auch nicht. Im Gegenteil, er setzt diese voraus und festigt sie.

Die Heimholung der Verbannten Israels und die Zionswallfahrt der Völker sind deshalb nicht zwei sukzessive, getrennte Phasen, sie sind zwei sich verstärkende Momente desselben Prozesses: dass einige aus den *gojim*, die „Erstlinge der Nationen", den einen Gott JHWH erkennen und dass ihr Kommen Sein Volk in der Zuversicht bestärkt, dass die ersehnte Erlösung nahe gekommen ist.

---

96 Vgl. das zusammenfassende Urteil von H. Schmidt, *Israel, Zion und die Völker*, 219, über das Motiv der Völkerversammlung und -wallfahrt in der nachexilischen Tradition: „Der Universalismus bleibt also zentralistisch, weil das Judentum eine theologisch begründete Mitte im Tempel hatte."

2. Ein Völkerzug zu dem verherrlichten Zion (Jes 60)

2.1. Zion und die Nationen in Jes 60 – 62

Jes 60 – 62 „grenzt sich [...] wegen seiner inhaltlichen Thematik (Verherrlichung des Zion) und zahlreicher Bezüge zur Heilsbotschaft des Deuterojesaja deutlich von den übrigen acht Kapiteln in Jes 56 – 66 ab und stellt den Kernbereich der jetzt konzentrisch angelegten tritojesajanischen Sammlung dar."[97] Im Unterschied zu den Rahmenteilen Kap. 56 – 59 und 63 – 66 wird das Gottesvolk in diesen drei Kapiteln als eine einheitliche, kollektive Größe präsentiert und wie in den Zionstexten des zweiten Buchteils als Frau und Mutter personifiziert. Die Anrede an diese weibliche Gestalt ist das hauptsächliche, anhand der 2. Pers. Sg. f. auch grammatikalisch verifizierbare Charakteristikum dieses Textblocks.

Seine durchgängig positive Botschaft, die in der Verheißung וְעַמֵּךְ כֻּלָּם צַדִּיקִים, *und dein Volk wird aus lauter Gerechten bestehen* (60,21), kulminiert, steht in deutlicher Spannung zu der Theologie der sie umrahmenden Partien. Diese kündigen Gericht für Angehörige des Gottesvolkes (vgl. 56,10 – 57,14; 66,1 – 6) und Heil für Fremde an (vgl. 56,1 – 9; 66,18 – 24), so dass ein Rest aus Israel *und* den Nationen entsteht, eine Gemeinde von „Knechten", die sich auf dem Zion versammeln und gemeinsam Gott anbeten.[98]

Während Jes 60 – 62 das eigene Volk optimistischer beurteilt, indem es z. B. keine Trennung unter den „Söhnen Zions" macht, ist seine Haltung gegenüber den anderen Nationen reservierter. Sie sind nicht Protagonisten wie in 56,1 – 9, sondern Funktionsträger, die einen Beitrag zur Verherrlichung der Gottesstadt leisten. Das Hauptinteresse gilt nicht ihrem, sondern Zions Heil.

Auch wenn sie theologisch nur eine sekundäre Rolle spielen, tragen die Völker, d. h. die Aussagen über sie, doch wesentlich zur sprachlichen Gestalt von Jes 60 – 62 bei. Für Sandra Labouvie sind es nämlich gerade die Vokabeln, die

---

97 S. Labouvie, *Gottesknecht und neuer David. Der Heilsmittler für Zion und seine Frohbotschaft nach Jesaja 60 – 62* (FzB 129; Würzburg: Echter, 2013) 5 – 6. Eine kurze Zusammenfassung der Argumente bietet C. M. Jones, „»The Wealth of the Nations Shall Come to You«. Light, Tribute, and Implacement in Isaiah 60", *VT* 64 (2014) 613. Er nennt die drei Kapitel „the compositional core of the Trito-Isaianic corpus".

98 Berges, *Buch Jesaja*, 421, definiert dieses theologische Konzept als „inklusive Exklusivität": inklusiv, weil es das Heil auf gottesfürchtige Nichtjuden erweitert, exklusiv, weil es nur die Umkehrwilligen in Israel umfasst. Interessanterweise wird diese Position in der Sekundärliteratur auch mit dem Komplementärbegriff „exklusive Inklusivität" bezeichnet, nämlich von Rom-Shiloni, *Exclusive Inclusivity*, 99 – 136, der damit die Theologie von Jes 40 – 66 insgesamt beschreibt.

Nichtisraeliten bezeichnen, die diesen Kapiteln ihre sprachliche und thematische Geschlossenheit verleihen.[99]

Welche Tätigkeiten üben die fremden Völker und ihre Könige aus? Welche Aufgaben erfüllen die Fremden, die nach Jerusalem hinaufziehen?

Die *Nationen* (גוים) ziehen zu dem Licht, das von Zion ausgeht (60,3), stellen der Stadt ihren Reichtum zur Verfügung (60,5.11.16; 61,6), treten in ihren Dienst (60,12), erkennen die göttliche Erwählung ihrer Bewohner (61,9), werden zu Zeugen der Erlösung, die Jhwh seinem Volk schenkt (61,11; 62,2). Parallel dazu wird zweimal עמים, *Völker* (61,9; 62,10), verwendet, um zu unterstreichen, dass das göttliche Heilswirken die nationalen Grenzen überschreitet und von der nichtisraelitischen Menschheit wahrgenommen wird. Die *Könige* (מלכים) werden oft im zweiten Glied eines Parallelismus erwähnt, um die entsprechende Aussage zu verstärken. Sie kommen zusammen mit ihren Untertanen nach Jerusalem (60,3), leisten dieser einen nicht näher definierten Dienst (60,10), begleiten als Mitgeführte die Karawane (60,11), versorgen Zion mit ihren Gütern (60,16), erblicken die Herrlichkeit, die Jhwh in seiner Stadt offenbart (62,2). Die *Fremden* (בני־נכר), die im Unterschied zu 56,3.6 grammatikalisch nicht bestimmt sind, bauen Zions Mauern auf (60,10), hüten ihre Herden, arbeiten auf ihren Feldern und in ihren Weinbergen (61,5); sie treten nicht mehr als Feinde auf, die den Ertrag der besiegten Stadt an sich reißen (62,8).

Der geschichtliche Hintergrund dieser Prophezeiungen lässt sich aus Hinweisen im Text erschließen. Der Tempel ist wieder aufgebaut, und auf dem Altar werden wie in 56,7 Schlachtopfer dargebracht (60,7).[100] Im Vergleich zum früheren Gotteshaus ist seine Ausstattung aber noch so bescheiden, dass er durch die Schätze anderer Völker bereichert und verschönert werden muss (60,7.9.13).[101] Dagegen scheinen die Mauern der Stadt in Ruinen zu liegen, so dass sie neu errichtet werden müssen (60,10; vgl. 49,16 – 17).[102]

---

99 Labouvie, *Gottesknecht*, 6 n.20, lässt die Liste der zentralen Begriffe von Jes 60 – 62 mit „Völker/Könige" und „Fremde" beginnen. Die Belege im Einzelnen: גוים in 60,3.5.11.12.16; 61,6.9.11; 62,2, מלכים in 60,3.10.11.16; 62,2, בני־נכר in 60,10; 61,5; 62,8 und עמים in 61,9; 62,10.

100 Das Lexem מזבח kommt in Jes 56 – 66 nur an diesen beiden Stellen vor, während es in Jes 40 – 55 ganz fehlt. Das ist ein klares Indiz für die unterschiedliche Abfassungszeit der beiden Textblöcke.

101 Vgl. Hag 2,1 – 9. Dieses auf das Jahr 520 v.Chr. datierte Prophetenwort betont, dass die Herrlichkeit (כבוד) des zweiten Tempels der des ersten nicht nachsteht, sondern diese sogar übertreffen wird. Jes 60 verwendet dasselbe Schlüsselwort, um die Pracht des neuen Jerusalem zu beschreiben.

102 Der Kernbestand von Jes 60 – 62 lässt sich deshalb mit Berges, *Buch Jesaja*, 429 – 30; Labouvie, *Gottesknecht*, 11 – 2, u. a. m. in die Zeit zwischen 515 v.Chr., dem Jahr der Einweihung des

Ebenso wichtig wie die politischen Bedingungen ist der traditionsgeschicht-liche Hintergrund. Die Völkerwallfahrtsvision von Jes 60 rezipiert nämlich ein zentrales Motiv der altorientalischen Königsideologie: die Vorstellung, dass der Großkönig auf dem Thron sitzend den Tribut und die Huldigung seiner Vasallen entgegennimmt.[103] Ihr unmittelbarer Bezugspunkt dürfte die persische Ausprä-gung dieses Motivs sein, die durch zwei Elemente charakterisiert ist: den Völ-kerjubel und die freiwillige Darbringung der Gaben.[104] Im jesajanischen Orakel wird dieses Bild übernommen und im Sinne der biblischen Zionstheologie transformiert. An die Stelle des göttergleichen Herrschers tritt die Gestalt Zions, an die Stelle des siegreichen Truppenführers die königliche Frau, deren Macht nicht auf Waffen, sondern auf dem Gehorsam gegenüber dem Willen JHWHs beruht.[105]

2.2. Jes 60: Abgrenzung, Übersetzung und Textkritik

Jes 59 endet mit einem kurzen Gottesspruch, der durch die zweifache Zitations-formel אמר יהוה gerahmt ist (v.21). Die feierliche Schlusswendung מעתה ועד עולם, *von nun an bis in Ewigkeit*, macht deutlich, dass ein Abschnitt zu Ende geht. Mit *60,1* beginnt eine neue literarische Einheit, die durch die Anrede an die 2. Pers. Sg. f. von dem vorhergehenden und nachfolgenden Kontext abgesetzt ist.[106]

---

zweiten Tempels, als *terminus post quem* und 445 v.Chr., dem Jahr, in dem Nehemia die zerstörten Stadtmauern erneuerte, als *terminus ante quem* datieren. Zur geschichtlichen Situation Judas im Achämenidenreich vgl. E. S. Gerstenberger, *Israel in der Perserzeit. 5. und 4. Jahrhundert v.Chr.* (BE 8; Stuttgart: W. Kohlhammer, 2005) 13 – 115.

103 Zum literarischen und ikonographischen Hintergrund s. Weinfeld, „Zion and Jerusalem", 94 – 97; S. Z. Aster, *The Unbeatable Light. Melammu and Its Biblical Parallels* (AOAT 384; Münster: Ugarit-Verlag, 2012) 317 – 30; Ego, „Völkerchaos", 130 – 136, und vgl. die Illustrationen bei O. Keel, *Die Welt der altorientalischen Bildsymbolik und das Alte Testament. Am Beispiel der Psalmen* (Göttingen: Vandenhoeck & Ruprecht, ⁵1996) 282 – 285; F.-L. Hossfeld u.E. Zenger, *Psalmen 51 – 100* (HThK.AT; Freiburg; Basel; Wien: Herder, 2000) 323. Für B. A. Strawn, „»A World Under Control«. Isaiah 60 and the Apadana Reliefs from Persepolis", J. L. Berquist (Hg.), *Approaching Yehud. New Approaches to the Study of the Persian Period* (SBL.SS 50; Atlanta, GA: Society of Biblical Literature, 2007) 85 – 116, stellt das Apadana-Relief von Persepolis den wichtigsten Verstehenshintergrund für unseren Text dar.

104 Darauf weist Ego, „Völkerchaos", 135, hin.

105 Die Vision von Jes 60 ist deshalb, wie Jones, „Wealth of the Nations", 620, im Gefolge von Strawn (s. o.) feststellt, ausgesprochen subversiv.

106 Die angesprochene Person wird nicht namentlich genannt, lässt sich aber aufgrund der formalen und inhaltlichen Nähe zu früheren Zionstexten leicht identifizieren. Der Leser des Endtextes erhält eine zusätzliche Hilfe dadurch, dass die Gottesstadt bereits in 59,20 erwähnt

MT hat vor v.1 und nach v.22 eine *Setuma*, dazwischen keine weiteren Abschnittsmarker, betrachtet also das ganze Kapitel als *eine* Texteinheit. 1QIsa^b hat am Anfang ebenfalls eine *Setuma*, am Ende aber ein freies Zeilenende, das einen stärkeren Einschnitt signalisiert. In 1QIsa^a markieren frZE/NZ und das Randzeichen Ȯ[107] nach 59,21, dass mit 60,1 ein HA beginnt. Er reicht bis 61,9 und ist durch mehrere unterschiedlich große Spatien untergliedert.[108]

Zur Struktur von Jes 60 werden in der modernen Exegese zahlreiche divergierende Vorschläge gemacht. James Muilenburg unterscheidet zwischen einer Eröffnungsstrophe (v.1–3) und drei Hauptteilen (v.4–9; v.10–16; v.17–22), die aus jeweils drei Strophen bestehen.[109] Odil Hannes Steck identifiziert nach Abzug der von ihm als sekundär beurteilten Teile fünf Abschnitte: v.1–3; v.4; v.5–9.13; v.14; v.15–16.[110] Für Wolfgang Lau besteht das Kapitel nach Ausschluss der Zusätze in v.10–12 und der Überleitung in v.21–22 ebenfalls aus fünf Abschnitten, die mit Ausnahme des ersten aus je vier Versen bestehen: v.1–3; v.4–7; v.8–11; v.13–16; v.17–20.[111] Joseph Blenkinsopp nimmt sechs Strophen ungleicher Länge an: v.1–3; v.4–7; v.8–9; v.10–16; v.17–20; v.21–22.[112] Gregory J. Polan entdeckt eine konzentrische Struktur: „A^1 The dawning light of salvation (vv. 1–3) – B^1 The movement to Zion (vv. 4–9) – C Service to Zion (vv. 10–14) – B^2 The establishment of Zion (vv. 15–18) – A^2 The everlasting light of salvation for Zion (vv. 19–22)."[113]

---

wurde und zwar wie in 60,1 als Zielort der kommenden Erlösung: ובא לציון גואל, *und er wird nach/ für Zion als Erlöser kommen.*

107 Zur textsegmentierenden Funktion dieses Zeichens (von F. P. Miller, Isaiah Scroll, qum-intr.htm#marks [Zugriff: 31.1.2015], „derby hat" genannt) s. Steck, *Die erste Jesajarolle I*, 37–9. Für 1QIsa^a ist mit 59,21 also „ein tieferer sachlicher Einschnitt im Ablauf des in Jes Dargebotenen erreicht" (Steck, *Die erste Jesajarolle I*, 147). Der Hauptabschnitt 60,1–61,9 ist besonders umfangreich, „weil er im Buchablauf an dieser Stelle *das umfassende Bild der Heilsvollendung* zeichnet, auf das Jahwes gesamtes, im Buch erschlossenes Handeln zuläuft" (Steck, *Die erste Jesajarolle I*, 102 [Hervorhebung i. Orig.]).

108 Zu den Details s. Steck, *Die erste Jesajarolle II*, 75–6, zur inhaltlichen Begründung der Gliederung s. Steck, *Die erste Jesajarolle I*, 102–3.

109 Muilenburg, *Book of Isaiah*, 697–707. Seine Struktur wird von B. Langer, *Gott als „Licht" in Israel und Mesopotamien* (ÖBS 7; Klosterneuburg: Österreichisches Katholisches Bibelwerk, 1989) 17; Koole, *Isaiah III.3*, 215–9, übernommen.

110 O. H. Steck, „Der Grundtext in Jesaja 60 und sein Aufbau", ZThK 83 (1986) 261–89.

111 Lau, *Schriftgelehrte Prophetie*, 23.

112 Blenkinsopp, *Isaiah III*, 203–5.210.

113 G. J. Polan, „Zion, the Glory of the Holy One of Israel. A Literary Analysis of Isaiah 60", L. Boadt u. M. S. Smith (Hg.), *Imagery and Imagination in Biblical Literature. Essays in Honor of Aloysius Fitzgerald* (CBQ.MS 32; Washington, DC: The Catholic Biblical Association of America, 2001) 55. Diese Struktur wird von Vermeylen, *Jérusalem*, 167–8, aufgenommen und weiter begründet.

Am überzeugendsten ist u. E. der Gliederungsvorschlag von Gabriela I. Vlková, da er metrische und inhaltliche Kriterien gleichermaßen berücksichtigt.[114] Nach ihm gliedert sich das Kapitel in zwei Hälften aus jeweils drei Strophen. In der ersten Hälfte (v.1–14), die aus den Abschnitten v.1–3, v.4–9 und v.10–14 besteht, dominiert das Thema des „Kommens und Bringens", während die zweite Hälfte (v.15–22) in den Abschnitten v.15–17, v.18–20 und v.21–22 von dem neuen Zustand Jerusalems handelt.

Die Strukturmodelle ließen sich noch vermehren. Sie stimmen darin überein, dass sie die drei ersten Verse als die „Grundaussage des ganzen Kapitels"[115] betrachten, weichen für den restlichen Text aber erheblich voneinander ab. Da die einen vom Endtext, die anderen von einem literarkritisch rekonstruierten Grundtext ausgehen, lassen sie sich schwer gegeneinander abwägen. In Anbetracht dessen, dass auch der masoretische Text nicht gegliedert ist und die Auslegung nicht wesentlich an der einen oder anderen Struktur hängt,[116] verzichten wir darauf, einen eigenen Vorschlag vorzulegen.

1a	Steh auf, werde licht, denn gekommen ist dein Licht,	קוּמִי אוֹרִי‎[a] כִּי־בָא אוֹרֵךְ
b	und die Herrlichkeit JHWHs ist über dir aufgestrahlt.	וּכְבוֹד‎[b] יְהוָה עָלַיִךְ זָרָח:
2aα	Denn siehe, die Finsternis bedeckt die Erde	כִּי־הִנֵּה הַחֹשֶׁךְ‎[c] יְכַסֶּה־אֶרֶץ
β	und Wolkendunkel die Völkerschaften,	וַעֲרָפֶל לְאֻמִּים
bα	aber über dir strahlt JHWH auf	וְעָלַיִךְ יִזְרַח יְהוָה
β	und seine Herrlichkeit erscheint über dir.	וּכְבוֹדוֹ עָלַיִךְ יֵרָאֶה:
3a	Dann werden <u>Nationen</u> **zu deinem Licht** *gehen*	וְהָלְכוּ גוֹיִם‎[d] לְאוֹרֵךְ
b	und <u>Könige</u> **zum Glanz deines Aufstrahlens.**	וּמְלָכִים לְנֹגַהּ‎[e] זַרְחֵךְ:
4aα	Erhebe ringsum deine Augen und sieh:	שְׂאִי־סָבִיב עֵינַיִךְ וּרְאִי‎[f]
β	<u>Sie alle</u> *haben sich versammelt*, sind **zu dir** *gekommen.*	כֻּלָּם נִקְבְּצוּ בָאוּ־לָךְ
bα	Deine Söhne werden aus der Ferne *kommen*	בָּנַיִךְ מֵרָחוֹק יָבֹאוּ
β	und deine Töchter auf der Hüfte gewartet werden.	וּבְנֹתַיִךְ עַל־צַד תֵּאָמַנָה:‎[g]
5aα	Dann wirst du (es) sehen und strahlen	אָז תִּרְאִי‎[h] וְנָהַרְתְּ‎[i]
β	und dein Herz wird beben und sich weiten,	וּפָחַד וְרָחַב לְבָבֵךְ
bα	denn <u>die Fülle des Meeres</u> wird **dir** *zugewendet*,	כִּי־יֵהָפֵךְ עָלַיִךְ הֲמוֹן יָם
β	<u>der Besitz der Nationen</u> wird **zu dir** *kommen.*	חֵיל גּוֹיִם יָבֹאוּ לָךְ:‎[j]
6aα	Eine Schar von Kamelen wird dich bedecken,	שִׁפְעַת גְּמַלִּים תְּכַסֵּךְ
β	Dromedare aus Midian und Efa,	בִּכְרֵי‎[k] מִדְיָן וְעֵיפָה
γ	<u>sie alle</u> werden aus Saba *kommen.*	כֻּלָּם מִשְּׁבָא יָבֹאוּ
bα	Gold und Weihrauch werden sie *bringen*	זָהָב וּלְבוֹנָה יִשָּׂאוּ

---

114 G. I. Vlková, *Cambiare la luce in tenebre e le tenebre in luce. Uno studio tematico dell'alternarsi tra la luce e le tenebre nel libro di Isaia* (TG.ST 107; Roma: Editrice Pontificia Università Gregoriana, 2004) 171–6.199–203.

115 Langer, *Gott als „Licht"*, 18.

116 Vgl. das nüchterne Urteil von Blenkinsopp, *Isaiah III*, 210: „[H]ow one divides the poem is not a matter of great importance."

β	und die Ruhmestaten Jнwнs verkünden.	וּתְהִלּוֹת יְהוָה יְבַשֵּׂרוּ׃
7aα	<u>Alles Vieh Kedars</u> wird sich **bei dir** versammeln,	כָּל־צֹאן קֵדָר יִקָּבְצוּ לָךְ
β	Widder von Nebajot werden dir dienen;	אֵילֵי נְבָיוֹת יְשָׁרְתוּנֶךְ[l]
bα	sie werden zum Wohlgefallen meinen Altar *besteigen*,	יַעֲלוּ[m] עַל־רָצוֹן מִזְבְּחִי[n]
β	und ich werde mein herrliches Haus verherrlichen.	וּבֵית תִּפְאַרְתִּי[o] אֲפָאֵר׃
8a	Wer sind <u>diese</u>, (die) wie eine Wolke *heranfliegen*	מִי־אֵלֶּה כָּעָב תְּעוּפֶינָה[p]
b	und wie Tauben **zu ihren Verschlägen**?	וְכַיּוֹנִים אֶל־אֲרֻבֹּתֵיהֶם׃
9aα	Ja, **bei mir** *versammeln sich* <u>die Inseln</u>,	כִּי־לִי אִיִּים יְקַוּוּ[q]
	<u>mit den Schiffen von Tarschisch</u> an der Spitze,	וָאֳנִיּוֹת תַּרְשִׁישׁ בָּרִאשֹׁנָה
β	um deine Söhne aus der Ferne zu *bringen*,	לְהָבִיא בָנַיִךְ[r] מֵרָחוֹק
	ihr Silber und ihr Gold mit ihnen,	כַּסְפָּם וּזְהָבָם אִתָּם
bα	**zu dem Namen Jнwнs, deines Gottes**,	לְשֵׁם יְהוָה אֱלֹהַיִךְ
β	und **zu dem Heiligen Israels**,	וְלִקְדוֹשׁ יִשְׂרָאֵל
γ	denn er hat dich verherrlicht.	כִּי פֵאֲרָךְ[s]׃
10aα	<u>Fremde</u> werden deine Mauern erbauen,	וּבָנוּ בְנֵי־נֵכָר חֹמֹתַיִךְ
β	und <u>ihre Könige</u> werden dir dienen,	וּמַלְכֵיהֶם יְשָׁרְתוּנֶךְ
bα	denn in meinem Zorn habe ich dich geschlagen,	כִּי בְקִצְפִּי הִכִּיתִיךְ
β	aber in meinem Wohlgefallen habe ich mich deiner erbarmt.	וּבִרְצוֹנִי רִחַמְתִּיךְ׃
11aα	Sie werden deine Tore allezeit offen halten,	וּפִתְּחוּ[t] שְׁעָרַיִךְ תָּמִיד
β	tags und nachts werden sie nicht geschlossen sein,	יוֹמָם וָלַיְלָה לֹא יִסָּגֵרוּ
bα	um <u>den Besitz der Nationen</u> **zu dir** zu *bringen*,	לְהָבִיא אֵלַיִךְ חֵיל גּוֹיִם
β	und <u>deren Könige</u> (werden) *einhergeführt*.	וּמַלְכֵיהֶם נְהוּגִים[u]׃
12a	Doch <u>die Nation</u> und <u>das Königreich</u>,	כִּי־הַגּוֹי וְהַמַּמְלָכָה[v]
	die dir nicht dienen, werden zugrunde gehen,	אֲשֶׁר לֹא־יַעַבְדוּךְ יֹאבֵדוּ
b	und <u>die(se) Nationen</u> werden völlig vernichtet werden.	וְהַגּוֹיִם חָרֹב יֶחֱרָבוּ׃
13aα	<u>Die Herrlichkeit des Libanon</u> wird **zu dir** *kommen*,	כְּבוֹד הַלְּבָנוֹן[w] אֵלַיִךְ יָבוֹא
β	Zypresse, Pinie und Buchsbaum miteinander,	בְּרוֹשׁ תִּדְהָר וּתְאַשּׁוּר[x] יַחְדָּו
bα	um **den Ort meines Heiligtums** zu verherrlichen,	לְפָאֵר מְקוֹם מִקְדָּשִׁי
β	und **den Ort meiner Füße** will ich ehren.	וּמְקוֹם רַגְלַי[y] אֲכַבֵּד׃
14aα	<u>Die Söhne deiner Bedrücker</u> werden gebückt **zu dir** gehen,	וְהָלְכוּ אֵלַיִךְ שְׁחוֹחַ[z] בְּנֵי[aa] מְעַנַּיִךְ
β	und <u>alle deine Verächter</u> werden sich zu den Sohlen deiner Füße niederwerfen,	וְהִשְׁתַּחֲווּ[bb] עַל־כַּפּוֹת רַגְלַיִךְ כָּל־מְנַאֲצָיִךְ
bα	und sie werden dich rufen: **Stadt Jнwнs**,	וְקָרְאוּ לָךְ עִיר יְהוָה
β	**Zion des Heiligen Israels**.	צִיּוֹן[cc] קְדוֹשׁ יִשְׂרָאֵל׃
15aα	Statt dass du verlassen bist	תַּחַת[dd] הֱיוֹתֵךְ עֲזוּבָה
β	und gehasst und keiner da ist, der *vorbeikommt*,	וּשְׂנוּאָה וְאֵין עוֹבֵר[ee]
bα	werde ich dich zum ewigen Ruhm machen,	וְשַׂמְתִּיךְ לִגְאוֹן עוֹלָם
β	zur Wonne für Geschlecht um Geschlecht.	מְשׂוֹשׂ דּוֹר וָדוֹר׃
16aα	Du wirst die Milch von Nationen saugen,	וְיָנַקְתְּ חֲלֵב גּוֹיִם
β	und an der Brust von Königen wirst du saugen,	וְשֹׁד מְלָכִים תִּינָקִי[ff]
bα	und du wirst erkennen, dass ich Jнwн bin, dein Retter,	וְיָדַעַתְּ כִּי אֲנִי יְהוָה מוֹשִׁיעֵךְ
β	und dein Erlöser, der Starke Jakobs.	וְגֹאֲלֵךְ אֲבִיר יַעֲקֹב[gg]׃
17aα	Statt Kupfer werde ich Gold *bringen*	תַּחַת הַנְּחֹשֶׁת אָבִיא זָהָב[hh]
	und statt Eisen werde ich Silber *bringen*,	וְתַחַת הַבַּרְזֶל אָבִיא כֶסֶף
β	statt Holz Kupfer	וְתַחַת הָעֵצִים נְחֹשֶׁת
	und statt Steinen Eisen.	וְתַחַת הָאֲבָנִים בַּרְזֶל

bα	Ich werde als deine Wache den Frieden einsetzen	וְשַׂמְתִּי פְקֻדָּתֵךְ[ii] שָׁלוֹם
β	und als deine Aufseher die Gerechtigkeit.	וְנֹגְשַׂיִךְ צְדָקָה
18aα	Nicht mehr wird man von Gewalttat hören in deinem Land,	לֹא־יִשָּׁמַע עוֹד חָמָס בְּאַרְצֵךְ
β	von Bedrückung und Zusammenbruch in deinen Grenzen,	שֹׁד וָשֶׁבֶר בִּגְבוּלָיִךְ
bα	sondern du wirst deine Mauern „Rettung" nennen	וְקָרָאת[ii] יְשׁוּעָה חוֹמֹתַיִךְ
β	und deine Tore „Lobpreis".	וּשְׁעָרַיִךְ תְּהִלָּה:[kk]
19aα	Nicht mehr wird dir die Sonne als Licht am Tage dienen,	לֹא־יִהְיֶה־לָּךְ עוֹד הַשֶּׁמֶשׁ לְאוֹר יוֹמָם
β	und zum Glanz wird dir der Mond nicht leuchten,	וּלְנֹגַהּ הַיָּרֵחַ לֹא־יָאִיר לָךְ[ll]
bα	sondern Jhwh wird dir zu einem ewigen Licht werden	וְהָיָה־לָךְ יְהוָה לְאוֹר עוֹלָם[mm]
β	und dein Gott zu deiner Herrlichkeit.	וֵאלֹהַיִךְ לְתִפְאַרְתֵּךְ:
20aα	Nicht mehr wird deine Sonne untergehen,	לֹא־יָבוֹא עוֹד שִׁמְשֵׁךְ
β	und dein Mond wird nicht (mehr) schwinden,	וִירֵחֵךְ לֹא יֵאָסֵף[nn]
bα	denn Jhwh wird dir zu einem ewigen Licht werden,	כִּי יְהוָה יִהְיֶה־לָּךְ לְאוֹר עוֹלָם
β	und die Tage deiner Trauer werden zu Ende sein.	וְשָׁלְמוּ יְמֵי אֶבְלֵךְ:
21aα	Und dein Volk wird aus lauter Gerechten (bestehen),	וְעַמֵּךְ כֻּלָּם צַדִּיקִים
β	für ewig werden sie das Land besitzen,	לְעוֹלָם יִירְשׁוּ אָרֶץ
bα	als Sprössling seiner Pflanzung,	נֵצֶר מַטָּעוֹ[oo]
β	als Werk meiner Hände, um mich zu verherrlichen.	מַעֲשֵׂה יָדַי לְהִתְפָּאֵר:
22aα	Der Kleinste wird zu einer Tausendschaft werden	הַקָּטֹן יִהְיֶה לָאֶלֶף
β	und der Jüngste zu einer starken Nation.	וְהַצָּעִיר לְגוֹי עָצוּם
bα	Ich bin Jhwh,	אֲנִי יְהוָה
β	zu seiner Zeit werde ich es eilends ausführen.	בְּעִתָּהּ אֲחִישֶׁנָּה:

[a] LXX lässt den ersten Imperativ aus, verdoppelt dafür den zweiten und ergänzt den im MT fehlenden Adressaten: φωτίζου φωτίζου Ιερουσαλημ, *leuchte, leuchte, Jerusalem!* Diese Änderungen bewirken eine stilistische und inhaltliche Verbesserung und verstärken überdies die Parallelität zu Stellen wie 51,17 und 52,1. Nach Baer, *When We All Go Home*, 228, spiegelt sich in ihnen die Tendenz des Übersetzers, Zion positiv hervorzuheben und ihren Namen zu ergänzen, wo er in der hebräischen Vorlage fehlt. Die Lesart von MT, die auch von den beiden Ω-Handschriften und von 𝔖 bezeugt wird, ist deshalb mit Barthélemy, *Critique textuelle*, 418, als ursprünglich zu betrachten.
[b] 1QIsaᵃ liest כבוד, hat also einen asyndetischen Satzanschluss. Die verbindende Konjunktion findet sich aber nicht nur in 𝔐, sondern auch in 1QIsaᵇ und 𝔊.
[c] Im MT ist החשׁ determiniert, der Parallelbegriff ערפל aber indeterminiert. Die meisten Exegeten (so schon A. B. Ehrlich, *Randglossen zur Hebräischen Bibel. Textkritisches, Sprachliches und Sachliches IV. Jesaia, Jeremia* [Leipzig: J. C. Hinrichs'sche Buchhandlung, 1912] 214, und in neuerer Zeit M. Arneth, *„Sonne der Gerechtigkeit". Studien zur Solarisierung der Jahwe-Religion im Lichte von Psalm 72* [BZAR 1; Wiesbaden: Harrassowitz Verlag, 2000] 172 n.7; Blenkinsopp, *Isaiah III*, 206) nehmen eine Dittographie an und streichen den Artikel. In LXX sind beide Wörter indeterminiert, in 1QIsaᵃ und 𝔗 beide determiniert, was auf unterschiedliche Harmonisierungen hinweist. Die Bezeugung durch 1QIsaᵃ ist ein weiteres Argument dafür, die MT-Lesart als *lectio difficilior* beizubehalten. Der Artikel würde dann auf frühere Aussagen über die Dunkelheit hinweisen, insbesondere auf die beiden Stellen mit והנה־חשׁך, *und siehe, Finsternis*, nämlich Jes 5,30 und 59,9.
[d] In 𝔊 ist die Reihenfolge der Subjekte invertiert: zuerst βασιλεῖς, dann ἔθνη. Für 𝔐 spricht aber nicht nur die Übereinstimmung mit den übrigen Textzeugen, sondern auch die Tatsache, dass an allen anderen Stellen im Jesajabuch, an denen diese Begriffe im *parallelismus membrorum* stehen, das allgemeinere גוים dem spezielleren מלכים vorangeht (vgl. 41,2; 45,1; 52,15; 60,11.16; 62,2).

[e] 1QIsa[a] liest לנגד, *gegenüber* (vgl. ‏ת‎: לקביל). Diese Präposition folgt zwar auch in Gen 33,12 auf הלך, dürfte hier aber auf eine Verlesung zurückzuführen sein (so Blenkinsopp, *Isaiah III*, 206). Auch als solche ist sie aber noch ein Argument für die längere Lesart von 𝔐 (לנגה זרחך) und ‏ט‎ („in splendore ortus tui") gegen die kürzere von 𝔊 (τῇ λαμπρότητί σου).

[f] Die erste Vershälfte ist ein wörtliches Zitat von 49,18a (vgl. Lau, *Schriftgelehrte Prophetie*, 34–5). In LXX ist die Parallele dadurch gestört, dass sie statt כלם τὰ τέκνα σου, *deine Kinder*, liest (und das ausgelassene „alle" am Beginn der zweiten Vershälfte einfügt: πάντες οἱ υἱοί σου, *alle deine Söhne*). Da in ihrer Vorlage kaum zweimal בניך gestanden haben dürfte, ist von einer absichtlichen Textänderung auszugehen (s. u. 2.3.4.).

[g] Gegenüber der Parallelstelle 49,22bβ weist der masoretische Text zwei Abweichungen auf: על־צד steht anstelle von על־כתף und das seltene אמן II anstelle des geläufigen נשא. Dagegen hat 𝔊 an beiden Stellen fast denselben Wortlaut, mit dem einzigen Unterschied, dass das Verb nicht im Aktiv, sondern im Passiv steht: καὶ αἱ θυγατέρες σου ἐπ᾽ ὤμων ἀρθήσονται, *und deine Töchter werden auf Schultern getragen*. Da MT auch von 1QIsa[a] gestützt wird, ist davon auszugehen, dass der Verfasser des hebräischen Textes hier bewusst anders formulieren wollte und der Übersetzer die beiden Passagen sekundär aneinander angeglichen hat (vgl. O. H. Steck, „Heimkehr auf der Schulter oder/und auf der Hüfte Jes 49,22b/60,4b", *ZAW* 98 [1986] 275–7; Lau, *Schriftgelehrte Prophetie*, 35–8; Koole, *Isaiah III.3*, 227). Eine Mittelposition nimmt 1QIsa[b] ein. Bei der Ortsangabe על צד stimmt er mit MT und 1QIsa[a] überein, beim Verb תנשינה harmonisiert er ähnlich wie 𝔊 mit 49,22 und 66,12 (vgl. Tov, *Textkritik*, 217).

[h] Statt תראי (*a* ראה, *sehen*) lesen viele Handschriften תיראי (*a* ירא, *fürchten*), offensichtlich unter dem Einfluss von פחד im folgenden Kolon. Mit BHS sollte die MT-Lesart, die auch durch 1QIsa[a], 𝔊 und ‏ט‎ gestützt wird, beibehalten werden (vgl. Lau, *Schriftgelehrte Prophetie*, 39).

[i] Eine Ableitung von נהר I, *strömen*, wie in 2,2 ist unwahrscheinlich; die Stadt kann sich ja nicht wie dort die Nationen in Bewegung setzen (s. aber ‏ט‎: „afflues"). Da im Kontext die Lichtmetapher dominiert, spricht vieles dafür, mit HALAT, 639, eine Form von נהר II, *(vor Freude) strahlen*, anzunehmen. In 1QIsa[a] ist das Verb auf לבבך bezogen („und dein Herz wird strahlen") und das folgende ופחד, wohl weil es als unpassend empfunden wurde, ausgelassen. Umgekehrt gibt LXX ופחד wieder (in der 2. Pers. Sg.), lässt dafür aber ונהרת aus: καὶ φοβηθήσῃ καὶ ἐκστήσῃ τῇ καρδίᾳ, *und du wirst dich fürchten und außer dir sein im Herzen*. Beide Varianten erscheinen als intentionale Änderungen der ursprünglichen, im MT und auch in 1QIsa[b] bezeugten Lesart.

[j] Der Numerus von Subjekt und Prädikat kongruiert nicht. Da חיל aber zu den Kollektivbegriffen gehört, die „gern – ihrer Bedeutung gemäß – mit dem Plural des Prädikats konstruiert [werden]" (G-K §145b), kann die von 𝔐 und 1QIsa[a] bezeugte Lesart beibehalten werden (gegen Lau, *Schriftgelehrte Prophetie*, 40 n.78). Die von BHS vorgeschlagenen Emendationen zu einem singularischen יבוא oder zu der *Hifil-*Form יביא (so auch Blenkinsopp, *Isaiah III*, 206) sind Versuche, die *lectio difficilior* zu vereinfachen.

[k] 1QIsa[a] weist in der Schreibweise der drei Eigennamen Abweichungen von MT und 1QIsa[b] auf: מדים statt מדין (vgl. LXX: Μαδιαμ), עיפו statt עיפה, שבאו statt שבא. Es dürfte sich dabei um orthographische Varianten handeln.

[l] LXX übersetzt ἥξουσίν σοι, *sie werden zu dir kommen* (vgl. v.6), und umgeht damit die kühne Vorstellung, dass sogar die Widder Zion „dienen" (שרת hat sonst nie Tiere als Subjekt). Vgl. Lau, *Schriftgelehrte Prophetie*, 44.

[m] Statt der aktiven hat LXX eine passive Verbform: ἀνενεχθήσεται, *sie werden hinauf-/dargebracht werden*. Wie in der ersten Vershälfte ist der Text absichtlich geändert, um den seltsamen Gedanken eigenständig handelnder Opfertiere zu vermeiden. Nach Auffassung von Barthélemy, *Critique*

textuelle, 420, ist das passivische δοξασθήσεται am Versende (mit dem das aktive אפאר wiedergegeben wird) als Assimilation an diese Verbform zu erklären.

[n] BHS schlägt vor, mit 1QIsaᵃ, einigen hebräischen Handschriften, (5, 𝔖 und 𝔗 wie in 56,7 לרצון על־מזבחי zu lesen. Anders als dort steht hier aber das Verb עלה, das den Akkusativ regieren kann (so Delitzsch, *Jesaia*, 579, und Friedländer, *Ibn Ezra on Isaiah*, 277 mit n.8, mit Verweis auf Gen 49,4 und Num 13,17). Die ungewöhnliche, aber grammatikalisch nicht unmögliche 𝔐-Lesart ist als *lectio difficilior* zu beurteilen, die Variante als Assimilation an 56,7. In 1QIsaᵇ (רצון מזבחי) ist על durch Haplographie nach יעלו ausgefallen.

[o] Wörtlich: „das Haus meiner Herrlichkeit". Die 𝔔-Handschriften lesen wie 𝔐. Dagegen hat (5 ὁ οἶκος τῆς προσευχῆς μου, *das Haus meiner Anbetung*, was auf eine Vorlage בית תפלתי hindeuten würde. Mit Lau, *Schriftgelehrte Prophetie*, 45 n.104, ist jedoch davon auszugehen, dass der Übersetzer den Text in Anlehnung an 56,7 änderte, um den als unschön empfundenen Pleonasmus zu vermeiden.

[p] 1QIsaᵃ hat mit תעופפנה eine Form des *Polel*, ohne dass sich dadurch die Bedeutung änderte. Die feminine Verbform könnte durch אניות im folgenden Vers oder eher noch durch das ebenfalls feminine יונים im zweiten Kolon bedingt sein.

[q] Nach der masoretischen Vokalisation liegt eine Form von קוה I *pi.* vor: „die Inseln werden auf mich hoffen." Da im Kontext aber nicht eine Aussage über den Glauben, sondern über die Bewegung der Inselbewohner zu erwarten ist, werden von den Auslegern unterschiedlich tiefgreifende Korrekturen vorgenommen (vgl. Lau, *Schriftgelehrte Prophetie*, 46 n.109; Koole, *Isaiah III.3*, 235–6; Vlková, *Cambiare la luce*, 172 n.32). Der von 𝔐 und 𝔔 überlieferte Konsonantentext braucht jedoch nicht geändert zu werden, es genügt, das Verb mit BHS in יִקָּוּ, d. h. in eine Form von קוה II *nif.*, *sich sammeln*, umzuvokalisieren (vgl. Gen 1,19 und vor allem Jer 3,17). Nach Paul, *Isaiah*, 526, ist die fehlerhafte Vokalisation der Masoreten unter dem Einfluss von 51,5 (אלי איים יקוו) zustande gekommen.

[r] 1QIsaᵃ liest, wohl unter dem Einfluss von 43,6, בני, *meine Söhne*. Die Parallele zu v.4 und das übereinstimmende Zeugnis von 1QIsaᵇ, (5 und 𝔒 sprechen jedoch für die Ursprünglichkeit von 𝔐.

[s] MT und die beiden Handschriften von Qumran haben dieselbe Schlusswendung wie in 55,5. LXX übersetzt dort ὅτι ἐδόξασέν σε, *weil er dich verherrlicht hat*, hier aber διὰ τὸ... ἔνδοξον εἶναι, *weil er herrlich ist*. Sollte diese *lectio dissimilis* als ursprünglich, die MT-Variante aber als sekundäre Angleichung betrachtet werden? Allerdings ist dies die einzige Stelle in Jes-LXX, an der das Adjektiv ἔνδοξος für Gott verwendet wird, und bereits in der ersten Zeilenhälfte ist der Text erweitert („um des *heiligen* Namens des Herrn willen"). Wir gehen deshalb davon aus, dass der Übersetzer seine Vorlage theologisch korrigiert hat, um Jʜᴡʜ als Quelle der Herrlichkeit hervorzuheben.

[t] BHS schlägt vor, eine Form des *Nifal* oder *Pual* zu lesen, um wie in den Versionen einen passiven Ausdruck zu erhalten. Eine Änderung erübrigt sich aber, wenn man mit Koole, *Isaiah III.3*, 239–40, einen unpersönlichen Ausdruck annimmt oder noch einfacher mit Koenen, *Ethik und Eschatologie*, 141 n.490, בני־נכר aus v.10 als Subjekt ergänzt.

[u] Im Gefolge von Duhm, *Jesaia*, 450, möchte eine Reihe von Exegeten ein aktives Partizip lesen, da der Kontext von einem freiwilligen Zug nach Zion spreche. Die passive Form ist aber nicht nur in 𝔐 und 𝔔, sondern auch in (5 (βασιλεῖς ἀγομένους) belegt. Mit Stansell, „Nations' Journey", 239 n.21; Vlková, *Cambiare la luce*, 173 n.34, u. a. m. halten wir deshalb an der überlieferten Textform fest.

[v] (5 wiederholt das Begriffspaar ἔθνη und βασιλεῖς aus v.11, verbindet den Vers (den die meisten Ausleger für sekundär halten) also stärker mit dem Vorhergehenden. Dabei ist dem Übersetzer jedoch entgangen, dass hier eine Anspielung auf Jer 27,8 vorliegt (s. u. 2.3.3.).

ʷ 1QIsaᵃ ergänzt לך נתן, *er wird dir gegeben*, und lässt mit ואליך (statt אליך) einen zweiten Satz beginnen. Es handelt sich um eine aus 35,2 übernommene sekundäre Erweiterung, nach Rosenbloom, *Dead Sea*, 65, ein „unnecessary explanatory padding".

ˣ Übersetzung nach Aster, *The Unbeatable Light*, 335. Die Baumarten תדהר und תאשור sind nur hier und in 41,19 belegt. Zu ihrer Identifizierung mit Hilfe neuassyrischer Bauinschriften s. S. M. Paul, „Deutero-Isaiah and Cuneiform Royal Inscriptions", ders., *Divrei Shalom. Collected Studies of Shalom M. Paul on the Bible and the Ancient Near East 1967 – 2005* (CHANE 23; Leiden; Boston, MA: Brill, 2005) 14 – 7.

ʸ Das letzte Kolon findet sich in 𝔐, 𝔔, 𝔗 und 𝔙, fehlt aber in 𝔊. Auch wenn diese damit die *lectio brevior* bietet, sollte es aus metrischen Gründen und wegen der guten äußeren Bezeugung dennoch beibehalten werden. Nach Baer, *When We All Go Home*, 111– 3, wollte der griechische Übersetzer die darin enthaltene anthropomorphe Gottesvorstellung unterdrücken (vgl. unseren textkritischen Kommentar zu v.14aβ).

ᶻ Die 𝔐-Lesart wird nicht nur von 𝔔, sondern auch von 𝔗 (כפיף) und 𝔙 („curvi") gestützt. LXX verschiebt mit der Wiedergabe δεδοικότες, *voll Furcht*, den Akzent von der Körperhaltung zur seelischen Disposition.

ᵃᵃ 1QIsaᵃ und 1QIsaᵇ ergänzen כל bzw. כול, wohl eine sekundäre Angleichung an כל־מנאציך im zweiten Kolon. Die nicht assimilierte, kürzere MT-Lesart, die sich auch in den Versionen widerspiegelt, dürfte ursprünglich sein.

ᵇᵇ Da in LXX bis auf מנאציך das gesamte zweite Kolon fehlt, schlägt BHS eine Streichung vor. Jedoch ist mit Koole, *Isaiah III.3*, 245, auch wegen der Parallele zu 45,14 und 49,23, an der Lesart von 𝔐 und 𝔔 festzuhalten. Baer, *When We All Go Home*, 111– 3, vermutet, dass die Lücke in LXX mit v.13 zusammenhängt. Dort hatte der Übersetzer das anthropomorphe רגלי, *meine (= Gottes) Füße*, gestrichen. Infolge eines Missverständnisses oder um ein solches zu vermeiden, habe er auch hier רגליך, *deine (= Zions) Füße*, weggelassen.

ᶜᶜ Ein Ortsname als *nomen regens* einer *cs.*-Verbindung ist ungewöhnlich, aber, wie Koole, *Isaiah III.3*, 246; Blenkinsopp, *Isaiah III*, 207, zeigen, nicht unmöglich. Da auch LXX „Zion" hat, ist gegen BHS an der masoretischen Vokalisierung festzuhalten.

ᵈᵈ LXX hat die kausale Präposition διά, *wegen*. Jedoch ist תחת nicht nur in den hebräischen Textzeugen, sondern auch in 𝔗 (חלף) und 𝔙 („pro eo") bezeugt. In v.17, wo dieselbe Präposition erneut in der betonten Anfangsposition steht, gibt LXX sie korrekt mit ἀντί wieder.

ᵉᵉ 𝔊 hat καὶ οὐκ ἦν ὁ βοηθῶν, *und keiner war da, der half*. In 𝔊ⱽ müsste also עזר ואין gestanden haben, eine Wendung, die sich in Jes 63,5 und darüber hinaus in 2 Kön 14,26; Ps 72,12; 107,12; Klgl 1,7; Dan 11,45; Sir 51,7 (vgl. Ps 22,12) findet. Mit Lau, *Schriftgelehrte Prophetie*, 57 n.154, gehen wir davon aus, dass der Übersetzer nicht eine abweichende Vorlage hatte, sondern diese lediglich interpretierte, nämlich im Sinne von „keiner, der vorbeikam und geholfen hätte."

ᶠᶠ Die LXX-Lesart πλοῦτον βασιλέων φάγεσαι, *du wirst den Reichtum der Könige essen*, erweist sich als eine inhaltlich und stilistisch motivierte Änderung. Der Übersetzer hat das zweite „saugen" durch den korrelierenden Begriff „essen" ersetzt und gleichzeitig das eigenartige Bild der mit Brüsten versehenen Könige getilgt.

ᵍᵍ Mit θεὸς Ισραηλ umgeht 𝔊 den ambivalenten Begriff אביר, *Stier, starker Mann*. Nach Baer, *When We All Go Home*, 113– 5, handelt es dabei um eine anti-anthropomorphe Übersetzung. An der Parallelstelle 49,26 hat der Übersetzer den Ausdruck überhaupt nicht als Gottesbezeichnung aufgefasst. Dass er auch die Epitheta מושיעך und גאלך zweimal unterschiedlich übersetzt, zeigt, dass er 60,16 nicht als Zitat von 49,26 erkannte.

ʰʰ Der Parallelismus und die klare metrische Gestalt der beiden Bikola (4+4 und 3+3) sprechen für die von 𝔐 und 𝔔 überlieferte Textgestalt (vgl. 𝔙). LXX wiederholt das Verb auch im dritten Kolon und fügt jeweils das indirekte Objekt hinzu: οἴσω σοι, *ich werde dir bringen*. Nach Baer, *When We All Go Home*, 65 – 6, hat sie die hebräische Vorlage absichtlich geändert, um einerseits die Ellipse auszufüllen und andererseits die Aussage zu intensivieren.

[ii] LXX gibt den Abstraktbegriff persönlich wieder – τοὺς ἄρχοντάς σου, *deine Machthaber* – und harmonisiert so die beiden parallelen Ausdrücke. Indem sie diese als direkte Objekte, שלום und צדקה aber als Umstandsbestimmungen konstruiert („ich werde deine Machthaber in Frieden einsetzen und deine Aufseher in Gerechtigkeit"), verwandelt sie die allegorische Redeweise des hebräischen Originals in eine reale Aussage.

[jj] Im Unterschied zu MT und 1QIsa[b] lesen 1QIsa[a] eine maskuline Form (וקראתה, wie in 58,13) und LXX ein Passiv (κληθήσεται, *sie werden genannt werden*). Während es sich bei der ersten Variante um einen offensichtlichen Fehler handelt, könnte die zweite durch Assimilation an ähnliche Texte (z. B. 54,5; 56,7; 62,4) entstanden sein.

[kk] Blenkinsopp, *Isaiah III*, 207, nimmt an, dass die eigenartige LXX-Übersetzung γλύμμα, *Schnitzwerk*, durch Korruption aus ἄγαλμα oder ἀγαλλίαμα entstanden ist. Diese Verwechslung könnte dadurch erleichtert worden sein, dass ἄγαλμα sowohl „Freude" als auch „Götzenbild" bedeuten kann.

[ll] Ein Plus gegenüber MT haben 1QIsa[a] und 𝔗 בליליה bzw. בליליא, *in der Nacht*) wie auch 𝔊 (τὴν νύκτα, *die Nacht*). Im ersten Fall wurde offensichtlich der Parallelbegriff zu יומם, *am Tag*, vermisst, im zweiten das Objekt zu אור *hif.* (das nach HALAT, 23, aber auch absolut stehen kann). Die im MT und in 1QIsa[b] überlieferte kürzere Lesart ist mit Barthélemy, *Critique textuelle*, 421; Arneth, *Sonne der Gerechtigkeit*, 174 n.11; Vlková, *Cambiare la luce*, 200 n.128, als ursprünglich anzusehen.

[mm] In 1QIsa[b] fehlen von hier ab alle Wörter bis zum zweiten עולם לאור in v.20b. Da der Text neben MT auch in 1QIsa[a] und 𝔊 bezeugt ist, muss ein durch Parablepse hervorgerufener Textausfall angenommen werden.

[nn] Analog zu dem täglichen Sonnenuntergang ist an das morgendliche Abnehmen des Mondlichtes zu denken. Vgl. Delitzsch, *Jesaia*, 583: „ein Mond [...], der nicht gegen Morgen wie eine Lampe hereingenommen wird." Zu dieser Bedeutung von אסף *nif.* vgl. Jes 16,10.

[oo] Der Wechsel von der 3. zur 1. Pers. – „der Sprössling *seiner* Pflanzung, das Werk *meiner* Hände" – wird allgemein als Fehler angesehen. Die Masoreten haben ihn korrigiert, indem sie das *Qere* מטעי, *meine Pflanzung*, an den Rand schrieben. Die ℚ-Handschriften lesen stattdessen zweimal die 3. Pers.: 1QIsa[a] נצר מטעי יהוה מעשי ידיו, *der Sprössling der Pflanzungen Jhwhs, die Werke seiner Hände*, und 1QIsa[b] מטעיו מעשה ידיו, *seine Pflanzungen, das Werk seiner Hände*. LXX hat נצר als Partizip aufgefasst: φυλάσσων τὸ φύτευμα ἔργα χειρῶν αὐτοῦ, *bewahrend die Pflanzung, die Werke seiner Hände* (zum Hintergrund dieser Änderung s. Baer, *When We All Go Home*, 224). Die meisten modernen Autoren folgen MT[Q] (z. B. Vlková, *Cambiare la luce*, 201; Aster, *The Unbeatable Light*, 336; Labouvie, *Gottesknecht*, 26 – 7). Allerdings bietet MT[K] zweifellos die schwierigste aller Lesarten. Zu beachten ist, dass die grammatikalische Person, mit der Gott bezeichnet wird, im ganzen Text mehrfach wechselt. Narratologisch könnte dies als ein Wechsel der Perspektive verstanden werden: der Erzähler lässt Jhwh in der 1. Pers. reden, um das Geschehen von seinem Gesichtspunkt aus wiederzugeben, und verwendet die 3. Pers., um es aus dem Blickwinkel Zions darzustellen. Wenn man darüber hinaus berücksichtigt, dass in v.20 Jhwh in der 3. Pers., in v.22 aber in der 1. Pers. auftritt, lässt sich der Personenwechsel in v.21 als Übergang von der einen zur anderen Perspektive erklären.

2.3. Die Etappen der Völkerwallfahrt

In keinem anderen Text wird der Zug der Völker zum Zion so ausführlich, so detailliert, so wort- und bildreich beschrieben wie in Jes 60.[117] Die Handlung wird dabei im Wesentlichen von drei Akteuren getragen: von Jhwh, Zion und den Nationen.

Durch die Anrede an die 2. Pers. Sg. f., die sich vom ersten bis zum vorletzten Vers zieht, wird die personifizierte Gottesstadt in das Zentrum des dramatischen Geschehens gestellt. Wie in 49,14–26; 51,17–52,2 und 54,1–17 wird sie als Mutter vorgestellt, die nach ihren heimkehrenden Kindern Ausschau hält. Dabei geht es nicht allein darum, dass die entvölkerte Stadt ihre Bewohner zurückerhält, sondern auch darum, dass sie in diesen Ereignissen ihren Gott „wiederfindet", ihn als ihren Retter wiedererkennt (v.16; vgl. 49,23).

Während Zion in der Kommunikationsstruktur die Rolle der Angesprochenen einnimmt („Du"), ist Jhwh derjenige, der sich sprechend an sie wendet. Zu Beginn tritt er in der dritten Person auf („Er"), dann aber immer häufiger in der ersten („Ich"),[118] bis er sich zuletzt mit der אני יהוה-Formel (v.22) als derjenige präsentiert, in dessen Hand die Fristen für die Erfüllung des Verheißenen liegen.

Was die eigentliche Handlung betrifft, nehmen die ausländischen *Nationen* den breitesten Raum ein. Sie reagieren auf die Theophanie, die sich in Jerusalem ereignet, und pilgern von der Peripherie zum zentralen Heiligtum. Wie wir gesehen haben, werden sie wie sonst auch גוים genannt. Im zweiten Teil des Parallelismus folgt auf diesen allgemeinen Begriff meist מלכים, um das Gesagte zu unterstreichen oder zu entfalten (v.3.10.16). Die einzelnen Angehörigen dieser nicht näher defi-

---

117 In Bezug auf Ausführlichkeit, literarische Gestalt und theologische Aussage (Gott, Jerusalem, Völker, Natur) lassen sich mit unserem Text am ehesten die eschatologischen Visionen am Ende des Sacharjabuchs vergleichen. Siehe dazu die hilfreichen Beobachtungen zu Gemeinsamkeiten und Unterschieden bei N. Bilić, *Jerusalem an jenem Tag. Text und Botschaft von Sach 12–14* (FzB 117; Würzburg: Echter Verlag, 2008) 258–81.

118 Der unvermittelte Übergang von der 3. zur 1. Pers. Gottes und umgekehrt ist ein Stilmerkmal der späten Prophetie. Er sollte deshalb nicht vorschnell als literarkritisches Kriterium zur Schichtenabgrenzung herangezogen werden. Auch die formale Unterscheidung zwischen Propheten- und Gottesrede (vgl. Koenen, *Ethik und Eschatologie*, 137: v.1–3 = Prophetenrede, v.15–18 = Gottesrede, v.4–14 = Fortsetzung der Prophetenrede mit eingeschobener Gottesrede) ist angesichts der thematischen Kohärenz wenig hilfreich. Das Phänomen dürfte vielmehr, wie in der Textkritik zu v.21 angedeutet, mit dem Wechsel der Perspektive zusammenhängen: Jhwh spricht im „Er"-Stil von dem, was Zion erlebt, und im „Ich"-Stil von dem, was er tut bzw. zu tun gedenkt. Darüber hinaus gilt weiterhin, was schon K. Elliger, *Die Einheit des Tritojesaja (Jesaia 56–66)* (BWANT 45; Stuttgart: W. Kohlhammer, 1928) 21, bemerkte: „Wer redet? Natürlich der Prophet; aber im Grunde redet Jahwe selbst durch seines Propheten Mund. [...] Jahwewort und Prophetenwort, einstmals streng geschieden, sind eine untrennbare Einheit geworden."

nierten (anonymen) Völker heißen בני־נכר, *Fremde* (v.10). Neben diesen neutralen Bezeichnungen finden sich aber auch zwei Ausdrücke, in denen sich die negativen Erfahrungen Israels widerspiegeln: בני מעניך, *die Söhne deiner Bedrücker,* und מנאציך, *deine Verächter* (v.14). Wenn diese nun „gebückt" herbeikommen, erscheint das wie eine Wiedergutmachung für ihre früheren Untaten.

Das *Ziel* der Wallfahrt wird zunächst metaphorisch umschrieben – לאורך, *zu deinem Licht;* לנגה זרחך, *zum Glanz deines Aufstrahlens* (v.3) – und erst in einem zweiten Schritt mit Zion identifiziert. Wie in anderen Texten ist diese auch hier gleichzeitig Person und geographischer Ort. In v.4–7 dominiert das Bild der vornehmen Frauengestalt, auf die sich eine Schar von Menschen, Tieren und Gütern zubewegt (vgl. v.4.5.7: לך, *dir, zu dir*). Im weiteren Verlauf treten die personalen Züge aber zugunsten der geographischen Vorstellung zurück. Das zeigt sich auch daran, dass das Ziel nicht mehr mit dem *lamed dativum,*[119] sondern mit der direktionalen Präposition אל angegeben wird (אליך, *zu dir hin,* v.11.13.14). Es umfasst sowohl den religiösen als auch den profanen Raum: einerseits den Tempel und den Altar (מזבחי, תפארתי בית, v.7; רגלי מקום, מקדשי מקום, v.13), andererseits die Stadt und ihre Mauern und Tore (יהוה עיר, v.14; מתיח[ו]ח, v.10.18; שעריך, v.11.18). Schließlich wird Zion auch namentlich erwähnt und ihre privilegierte Stellung als Wohnort JHWHs hervorgehoben (ישראל קדוש ציון, v.14).

So ist Jerusalem zwar das Ziel, zu dem die Nationen strömen, doch nur insofern, als diese in ihr Gott selbst begegnen. Diese theologische Wahrheit, die in der Lichtmetapher indirekt zum Ausdruck kommt, wird in v.9 explizit formuliert: Die Völker ziehen ישראל ולקדוש אלהיך יהוה לשם, *zum Namen JHWHs, deines Gottes, und zu dem Heiligen Israels.*

Um die *Bewegung,* das dritte konstitutive Element der Völkerwallfahrt, auszudrücken, wird eine Fülle von Verben aufgeboten. An erster Stelle die auch anderswo belegten Grundwörter בוא (v.1.4[2x].5.6.13)[120] und הלך (v.3.14). Der weiteren Ausschmückung und Präzisierung dienen קבץ *nif., sich versammeln* (v.4.7), הפך *nif., zugewendet werden* (v.5), עלה, *hinaufsteigen* (v.7), עוף, *fliegen* (v.8), קוה *nif., sich sammeln* (v.9), und עבר, *hindurchziehen* (v.15). Der Transport der Personen und Güter wird durch das *Hifil* von בוא, *bringen* (v.9.11.17[2x]), das synonyme נשא (v.6) und נהג, *führen* (v.11), bezeichnet.

---

119 Wie E. Jenni, *Die hebräischen Präpositionen III. Die Präposition Lamed* (Stuttgart; Berlin; Köln: W. Kohlhammer, 2000) 102, betont, bezeichnet ל nach Verben der Bewegung nicht den Zielort, sondern „wie bei den aktiven Verben des Gebens die Person, der durch den Vorgang jemand/etwas zugeschrieben werden kann. Die Präposition bleibt ein Lamed dativum und kommt nur scheinbar (in der Übersetzung) zu einer lokalen/direktionalen Bedeutung."

120 In v.20 ist das Verb negiert (יבוא־לא). In Verbindung mit שמש, *Sonne,* als Subjekt hat es hier die Sonderbedeutung „untergehen".

Ein Blick auf die Syntax dieser Verben zeigt, dass die grundlegende Vision – die Völker ziehen nach Jerusalem – in Jes 60 in viele einzelne Aspekte ausdifferenziert ist. Grammatikalisches Subjekt sind nämlich nicht nur die Nationen, das heißt, sie sind nicht die einzigen, die aktiv an der Reise teilnehmen. Mit ihnen „kommen" auch ihre Schätze nach Jerusalem (v.5), die Opfertiere „steigen" eigenständig auf den Altar (v.7), und die deportierten Judäer werden nicht wie in 49,22–23 getragen, sondern „kommen" aus eigener Kraft herbei (v.4). Die Zionswallfahrt erweist sich somit als ein komplexes Geschehen, in dem der ursprüngliche Impuls auf immer mehr Akteure übergreift, so dass sich am Ende die ganze menschliche, tierische und dingliche Welt in Bewegung setzt.

Mehr noch: JHWH selbst kommt nach Jerusalem! In Jes 60 fungiert nämlich auch er als Subjekt des Verbs בוא. Er setzt die globale Wanderung in Gang, indem er bzw. sein *kavod* nach Zion „kommt" (v.1), und er führt sie zum Abschluss, indem er das Material „bringt", mit dem die Stadt wieder aufgebaut wird (v.17).[121] Er, der die heimkehrende *Golah* als Vorhut und Nachhut begleitete (vgl. 52,12: כי־הלך לפניכם יהוה ומאספכם אלהי ישראל), geht also auch dem Pilgerzug der Nationen voran und vollendet das Werk, das sie zugunsten seiner Stadt verrichten.

2.3.1. „Dein Licht ist gekommen" – JHWHs Rückkehr nach Jerusalem

Jes 60 beginnt nicht, wie von einer Vision zu erwarten wäre, mit einer futurischen Aussage, sondern mit einem Imperativ: קומי – die trauernd auf der Erde Hockende soll sich erheben, אורי – die im Dunkel der Gottferne Sitzende soll ins Licht treten! Die emphatische Anfangsstellung dieses doppelten Befehls macht deutlich, dass das breit ausgemalte Heil nicht automatisch eintritt, sondern auch von Zion, d. h. von ihrer Bevölkerung abhängt. Formal hat der Appell somit den Vorrang vor der Ankündigung,[122] der direktive Sprechakt, der auf eine Änderung im Verhalten der angesprochenen Gottesstadt zielt, den Vorrang vor der repräsentativen Rede, die beschreibt, was die anderen Aktanten tun werden.

---

121 Sprachlich wird dies dadurch realisiert, dass durch ein zweifaches אביא, *ich werde bringen*, die *Hifil*-Formen aus v.9.11 aufgegriffen werden. Für Steck, „Grundtext", 263–6, stellt der doppelte Transport von Gütern, durch die Nationen und durch JHWH, eine Spannung dar, die er literarkritisch, nämlich durch die Annahme einer redaktionellen Erweiterung in v.17–22 beseitigt. Dagegen zeigt Arneth, *Sonne der Gerechtigkeit*, 176–84, dass auch diese Verse, einschließlich der doppelten Lieferung von Gold in v.6 und v.17, auf Ps 72 zurückgreifen. Jes 60 könne deshalb im Wesentlichen als literarisch einheitlich betrachtet werden.

122 Diese Nuance hat Westermann, *Jesaja*, 284, richtig erkannt: „Der Eingangsteil V. 1–3 ist nicht eigentlich Ankündigung, sondern ein Anruf an Zion [...], der durch die Heilsankündigung begründet wird."

Der imperativische Auftakt (der ja nur aus zwei Wörtern besteht) wird allerdings durch die unmittelbar folgende und dann alles dominierende Begründung rhetorisch „überrollt". Wie die kausale Konjunktion כי und die *qatal*-Form der Verben[123] verdeutlichen, geht dem Tun, das von Zion gefordert wird, ein Handeln Jhwhs voraus, nicht nur zeitlich, sondern als dessen notwendige Voraussetzung. Ihr Aufstrahlen erscheint so von Anfang an als Reaktion auf eine vorgängige Aktion Gottes, als Reflex Seiner aufstrahlenden Herrlichkeit.

Mit der knappen Formulierung כי בא אורך, die durch das chiastisch angefügte וכבוד יהוה עליך זרח erläutert wird,[124] wird ein zentraler theologischer Gedanke aus Jes 40 – 55 aufgegriffen: das Kommen bzw. die Rückkehr Jhwhs nach Jerusalem.[125] So wichtig die mit den Begriffen אור, כבוד, זרח und נגה angezeigte Licht- und Sonnensymbolik und das damit verbundene Theophaniemotiv sind,[126] nimmt *dieses* Thema in der synchronen Lektüre des Jesajabuchs doch den ersten Rang ein. Denn dass das göttliche Licht erscheint, ist letztlich nur eine von vielen Metaphern, mit denen der Prophet die grundlegende Erwartung formuliert, dass Jhwh erneut und endgültig in Jerusalem erfahren werden kann.

Eine Reihe intertextueller Bezüge verbinden unsere Weissagung mit *40,1 – 11*, das den zweiten, exilischen Buchteil eröffnet.[127] Dass Jhwh zum Zion kommt, dass

---

123 Sie fällt dadurch besonders auf, dass die übrigen Verben fast alle im Futur stehen. Koole, *Isaiah III.3*, 217, beobachtet diese Spannung, zieht daraus aber keine inhaltlichen Konsequenzen. Gewöhnlich wird das *qatal* als *futurum exactum* gedeutet. Da es hier aber eine Aufforderung begründen soll, liegt die normale Funktion als Vergangenheitstempus näher. Nach C. Westermann, *Prophetische Heilsworte im Alten Testament* (FRLANT 145; Göttingen: Vandenhoeck & Ruprecht, 1987) 45 – 9, gehören Aussagen über ein früheres Heilswirken Gottes wesentlich zur Form der prophetischen Heilsworte.
124 Die Verben בא und זרח umrahmen die beiden Subjekte אורך und כבוד יהוה: A–B–B'–A'. Durch das Tetragramm und die zusätzliche Ortsangabe עליך wird die Aussage vom ersten zum zweiten Kolon hin intensiviert.
125 Zur Relevanz dieses Themas für die Dramaturgie dieses Buchteils s. C. Ehring, *Die Rückkehr JHWHs. Traditions- und redaktionsgeschichtliche Untersuchungen zu Jesaja 40,1 – 11, Jesaja 52,7 – 10 und verwandten Texten* (WMANT 116; Neukirchen-Vluyn: Neukirchener Verlag, 2007). Einen Überblick über die Belege im gesamten Alten Testament gibt H. D. Preuß, „בּוֹא, אָתָה", *ThWAT* 1 (1973) 562–568.
126 Eine ausführliche Darstellung der inner- und außerbiblischen Parallelen bietet Langer, *Gott als „Licht"*. Siehe auch die vergleichenden Studien von Arneth, *Sonne der Gerechtigkeit*, 171 – 200; Aster, *The Unbeatable Light*, 316 – 36.
127 Berges, *Jesaja I*, 76 – 119, deutet diese Passage als die „Zion-Jerusalem-Ouvertüre" im Unterschied zu der „Jakob-Israel-Ouvertüre" in 40,12 – 31. Zur detaillierten Auslegung vgl. Ehring, *Rückkehr JHWHs*, 19 – 65, zu den intertextuellen Bezügen zu den folgenden Kapiteln vgl. Berges, *Jesaja I*, 85 – 6.

er gleichsam sein Exil verlässt[128] und in seine Stadt, die עיר יהוה, wie es in 60,14 heißt, zurückkehrt, ist die tröstliche Nachricht, mit der die neue Heilsära beginnt. Das Verb בוא, das in 60,1 die Ankunft Gottes anzeigt und mit zehn weiteren Belegen das Leitwort dieses Kapitels ist, trägt auch in Kap. 40 die Hauptaussage: הנה אדני יהוה בחזק יבוא, *siehe, der Herr JHWH kommt mit Kraft* (v.10).

Durch הנה wird dieses Kommen als ein vor Augen liegendes Faktum ausgewiesen und gleichzeitig durch die Verbform des *yiqtol* in die Zukunft verlegt. Die normalen Zeitkategorien sind aber noch weiter aufgeweicht, weil in v.9 ein präsentisch aufzufassender Nominalsatz – הנה אלהיכם, *siehe, euer Gott!* – vorangeht. JHWH ist also bereits da, er hat sich so weit genähert, dass die Freudenbotin, die auf den Berg gestiegen ist, ihn schon „sehen" kann. Aber er ist auch unterwegs, befindet sich noch auf seinem Weg (דרך יהוה), der nach v.3 überhaupt erst gebahnt werden muss.[129] Was als Mangel an grammatischer Präzision erscheinen könnte, erweist sich bei näherem Hinsehen als Reflex einer mit der Sache selbst gegebenen Spannung. Die glaubend und hoffend nach Ihm Ausschau halten, erfahren nämlich beides: seine stets vorgängige Präsenz und sein immer neues, immer unberechenbares Kommen.

Die freudige Nachricht von der Heimkehr Gottes wird in Jes 40 zweifach präzisiert: er kommt nicht allein und er kommt nicht unbemerkt.

Dass JHWH mit zahlreichem Gefolge nach Jerusalem zurückkehrt, wird in v.10 abstrakt formuliert (שכר, *Lohn*; פעלה, *Ertrag*)[130] und in v.11 durch die aus anderen Prophetentexten vertraute Hirtenmetapher[131] veranschaulicht. Die „Herde", die er weidet, die „Lämmer", die er sammelt, die „Mutterschafe", die er leitet, sind dabei nichts anderes als die in der Diaspora lebenden Angehörigen des Gottesvolkes.[132] Sie sollen nun zusammen mit ihrem „Hirten" nach Jerusalem heimkehren.

---

128 Von einem „Gehen ins Exil" weiß Jesaja allerdings nichts. Darin unterscheidet er sich von Ezechiel, der visionär beschreibt, wie JHWHs *kavod* den Tempel verlässt (Ez 10,18 – 19), im exilischen Ausland erscheint (1,28; 3,12.23; 8,4 u. ö.) und schließlich nach Jerusalem zurückkehrt (43,2.4). Dass diese Vorstellung im Jesajabuch fehlt, hängt wesentlich damit zusammen, dass die tragischen Ereignisse der Eroberung Jerusalems und der Deportation mit Ausnahme der kurzen Andeutung in Jes 39,6 – 7 überhaupt übersprungen werden.
129 Vgl. Ehring, *Rückkehr JHWHs*, 54: „In dem Moment, in dem die Freudenbotin Zion/Jerusalem auf ihrem hohen Berg stehend den Städten Judas zuruft […], hat sein (*sc.* JHWHs) Kommen schon begonnen, ist jedoch noch nicht abgeschlossen."
130 Wenig überzeugend ist die These von Berges, *Jesaja I*, 112 – 3, dass hier auf die Beteiligung des Perserkönigs Darius I. an der Heimführung der Exilierten angespielt werde.
131 Vgl. Jer 23,1 – 6; Ez 34 und die bei Berges, *Jesaja I*, 113 – 4, angeführten Parallelen.
132 Diese Identifizierung wird von Ehring, *Rückkehr JHWHs*, 61 – 2, bestritten. Gemeint sei vielmehr „das ganze Volk, insbesondere die Einwohner Jerusalems und des judäischen Umlands". Dem widersprechen aber nicht nur der Kontext, für den das Gegenüber zwischen dem „stabilen"

Dieser feierliche Zug wird, zweitens, von Menschen aus anderen Nationen wahrgenommen (v.5). In ihm, d. h. in der wunderbaren Sammlung und Repatriierung der Exulanten, wird der כבוד יהוה sichtbar. Nicht nur für die mitziehenden Israeliten und die Bewohner Jerusalems, die nach ihnen Ausschau halten, sondern für כל־בשׂר, für alle Menschen, selbst diejenigen, die Jhwh bisher nicht kannten.[133]

Neben dem Hauptthema der Ankunft Jhwhs in Zion kehren auch diese beiden Begleitmotive in unserem Text wieder. Doch mit einem wesentlichen Unterschied: Was Jes 40 für die Zukunft erwartete, ist in Jes 60 eingetreten, nicht irgendwo, z. B. in der Wüste (vgl. 40,3), sondern in Jerusalem, dem neuen Zentrum der Völkerwelt. Während 40,5 nämlich verheißt, dass die Herrlichkeit Jhwhs den Völkern offenbar werden *wird* (ונגלה = *weqatal*), verkündet 60,1, dass sie über Zion aufgestrahlt *ist* (זרח = *qatal*). Und während die Deportierten nach 40,11 gesammelt und heimgeführt *werden* (יקבץ usw. = *yiqtol*), sind sie nach 60,4 im Umkreis der Gottesstadt bereits zusammengekommen (נקבצו = *qatal*). Auch darin spiegelt sich also wider, was in Bezug auf die Hauptaussage zu beobachten ist: was bisher Verheißung war, ist in das Stadium der Erfüllung getreten; Jhwh ist nicht mehr nur der An*kommende*, er ist auch der An*gekommene*.

Nach 40,1–11 ist *52,7–10* der zweite Text, der von Jhwhs Weg nach Zion handelt.[134] In Jes 60 ist er weniger durch textliche Anleihen als durch seine inhaltliche und strukturelle Korrelation mit Jes 40 präsent.[135] Das Allerweltswort בוא

---

und dem „mobilen" Bevölkerungsteil wesentlich ist, sondern vor allem die Parallelen zu den קבץ-Aussagen in 43,5; 49,18 und 56,8, die eindeutig die Rückführung der Exilierten im Blick haben.

133 Dem widerspricht nicht, dass der Zionszug selbst erst in den folgenden Versen geschildert wird. Wie Ehring, *Rückkehr JHWHs*, 48, richtig betont, muss v.3 – 5 mit Blick auf v.9 – 11 gelesen werden. O. H. Steck, „Lumen gentium. Exegetische Bemerkungen zum Grundsinn von Jesaja 60,1 – 3", W. Baier u. a. (Hg.), *Weisheit Gottes – Weisheit der Welt. Festschrift für Joseph Kardinal Ratzinger zum 60. Geburtstag. Bd. 2* (St. Ottilien: EOS Verlag, 1987) 1291 n.33, trennt allzu scharf zwischen 40,5, wo „die Menschenwelt direkt Jahwe in seiner Erscheinung", und 60,1 – 3, wo sie „nur Zions Licht" sehe. Die Parallelen und Unterschiede weisen eher darauf hin, dass die allgemeinere Aussage von Jes 40 in Jes 60 vertieft und präzisiert wird. So wird in unserem Orakel u. a. geklärt, wo die heidnischen Völker den כבוד יהוה erblicken und wie sie darauf reagieren.

134 Zur Detailauslegung s. wieder Ehring, *Rückkehr JHWHs*, 66 – 90. Zwischen diesen beiden Heilsorakeln wird das Thema auch in Jes 50,2 berührt, allerdings ohne exakte Zielangabe: מדוע באתי ואין איש, *wozu bin ich gekommen, und da war kein Mensch?* Dieses Disputationswort wirft ein Licht auf die tatsächliche Lage des Gottesvolkes, zu der die Verheißungen den positiven Kontrast bilden. Gott ist nämlich bereits zu seinem Volk gekommen, doch hat dieses ihn nicht bemerkt und nicht aufgenommen.

135 Die beiden Texte werden von Kratz, *Kyros im Deuterojesaja-Buch*, 148 – 74, als redaktioneller Rahmen der „deuterojesajanischen Grundschrift" betrachtet. Ähnlich urteilt Ehring, *Rückkehr JHWHs*, 90 – 5.

ist hier durch das präzisere שוב ersetzt: עין בעין יראו בשוב יהוה ציון, *Auge in Auge sehen sie, wie* JHWH *zu Zion zurückkehrt* (52,8).[136] Es hebt hervor, dass der Kommende schon einmal an diesem Ort war, dass er ihn zeitweise verlassen hat und nun endgültig zu ihm zurückkehrt. Darüber hinaus unterscheidet sich die Aussage aber auch in ihrer syntaktischen Form von den Parallelen in 40,10 und 60,1. Der mit der Präposition ב verbundene *inf. cs.* בשוב „synchronisiert" nämlich die beiden Ereignisse: das Ankommen Gottes und das Sehen der Beobachter, das seinerseits als ein sich aktuell vollziehendes Geschehen präsentiert wird.[137]

Wie in 40,1–11 reicht dieses Heilsereignis auch hier über die unmittelbar betroffenen Israeliten hinaus; es wird von anderen, ja, von allen Menschen wahrgenommen (וראו כל־בשר, 40,5; וראו כל־אפסי־ארץ, 52,10).[138] Dabei werden mit ראה (52,8.10) und עין (52,8[2x].10) zwar zentrale Lexeme aus dem semantischen Feld der visuellen Wahrnehmung herangezogen, doch ohne dass das Aussehen Gottes selbst beschrieben würde. Stattdessen wird das Geschehen theologisch gedeutet, mit Begriffen wie זרוע קדשו, *sein heiliger Arm*, und ישועה, *Rettung*, „die für sein Geschichtshandeln zugunsten Israels stehen und insofern die *sichtbare* Folge der Rückkehr JHWHs sind."[139] Diese beiden Aspekte, das „Sichtbarwerden" JHWHs in der Sammlung Israels und die Augenzeugenschaft der *gojim*, werden aus den Paralleltexten eingespielt, so dass sie in Jes 60 nicht mehr eigens thematisiert zu werden brauchen.

Der Ausdruck ישועת אלהינו, *die Rettung unseres Gottes*, am Ende von 52,7–10 bildet die Brücke zu *56,1*, dem Vers, der die Naherwartung programmatisch an den Beginn des letzten Buchteils stellt. Im Unterschied zu den bisher behandelten Stellen wird hier zurückhaltender (weniger anthropomorph) formuliert. Das Verb בוא wird nämlich nicht für JHWH selbst, sondern für den von ihm bewirkten Zu-

---

136 Übersetzung nach Ehring, *Rückkehr JHWHs*, 70. Dasselbe Verb wird in Sach 1,16 (שבתי לירושלם ברחמים) und 8,3 (שבתי אל־ציון ושכנתי בתוך ירושלם) im *qatal* verwendet. Sacharja blickt also bereits auf die Rückkehr JHWHs und die damit verbundenen positiven Veränderungen in Jerusalem zurück (vgl. C. L. Meyers u. E. M. Meyers, *Haggai*, 122–123.413).

137 Vgl. die Deutung der *yiqtol*-Form bei Ehring, *Rückkehr JHWHs*, 75: „[...] ein Geschehen in der Gegenwart. Die Späher haben ihre Stimme erhoben und jubeln jetzt – wiederholt und andauernd – bzw. sehen die Rückkehr JHWHs während einer noch andauernden Zeitspanne."

138 Zu recht betont Ehring, *Rückkehr JHWHs*, 88 n.367, gegen Baltzer, *Deutero-Jesaja*, 485, dass die Völker in das Heil nicht direkt einbezogen sind. Durch den Titel אלהינו, *unser Gott* (40.3.8; 52,10), wird wie in 25,9 (vgl. unsere Auslegung in II.3.3.3.) die grundlegende Differenz zwischen dem Volk, dessen Gott JHWH ist, und den Nationen, dessen Gott JHWH (noch) nicht ist, festgehalten.

139 Ehring, *Rückkehr JHWHs*, 83 [Hervorhebung i. Orig.].

stand verwendet: כי־קרובה ישועתי לבוא, *denn nahe ist mein Heil, dass es komme.*[140] Dieselbe Tendenz lässt sich auch an den übrigen Parallelstellen feststellen, in 59,19–20, das wegen seiner Position unmittelbar vor Kap. 60 eine wichtige lektüreleitende Funktion erfüllt,[141] und in 62,10–12, das die Sektion Kap. 60–62 beschließt.

Jes 59,19–20 prophezeit, JHWH bzw. seine Herrlichkeit[142] werde „wie ein drängender Strom" kommen (כי־יבוא כנהר צר, v.19) und denen in Zion, die sich von ihrer Schuld abkehren, die Erlösung bringen (ובא לציון גואל, v.20). Auch hier wird mit einer Reaktion gerechnet, die die ganze Welt umspannt: ממערב... וממזרח־שמש, *vom Untergang und vom Aufgang der Sonne* (v.19). Im Unterschied zu 40,5 und 52,10 geht sie über die optische Wahrnehmung (ראה) hinaus und führt zu einer tieferen Einsicht, nämlich zur Anerkennung und ehrfürchtigen Verehrung JHWHs (ירא).[143]

In deutlicher Anlehnung an 40,1–11 greift *62,10–12* noch einmal die Vision der heimkehrenden Gottheit auf[144] und macht sie zur Klammer um die drei Kapitel über die künftige Herrlichkeit Jerusalems. Sie wird als eine an die „Tochter Zion" ergehende Botschaft präsentiert, wobei die Syntax (הנה + *Ptz*) die Gegenwärtigkeit der Erlösung unterstreicht: הנה ישעך בא, *siehe, dein Heil kommt* (v.11). Mit ישעך als Subjekt wird auch hier das anthropomorphe Missverständnis vermieden. Im Unterschied zu 56,1 (ישועתי, *mein Heil*) wird das verheißene Gut aber nicht von Gott her, sondern wie in 60,1 (אורך, *dein Licht*) und 62,2 (צדקך, *deine Gerechtigkeit*; כבודך, *deine Herrlichkeit*) von Zion her definiert. Die universale Zeugenschaft wird auch hier vorausgesetzt, sie ist aber von der visuellen zur akustischen Wahrnehmung verschoben: אל־קצה הארץ, *bis ans Ende der Erde* (62,11), wird die Nachricht von der göttlichen Erlösung vernommen. Die dort Wohnenden dürften es auch sein, die die neue Verfassung der Gottesstadt ins Wort heben: דרושה עיר לא נעזבה, *eine aufgesuchte, nicht verlassene Stadt* (v.12). Dieses Appellativ widerspricht der Klage von 49,14, dass JHWH sie „verlassen" habe (עזבני יהוה), und bestätigt die Verheißung von

---

140 Übersetzung nach Lau, *Schriftgelehrte Prophetie*, 263. Das parallel verwendete Verb גלה *nif.* (וצדקתי להגלות, *und meine Gerechtigkeit, dass sie offenbar werde*) erzeugt darüber hinaus einen intertextuellen Bezug zu 40,5. Die dortige כבוד-Epiphanie wird so als Sichtbarwerden der gerechten, heilvollen Gesellschaftsordnung JHWHs verständlich.
141 Zur überleitenden und vorbereitenden Funktion dieser Verse vgl. Koenen, *Ethik und Eschatologie*, 69–73. Dort auch eine ausführliche Diskussion der grammatikalischen Probleme.
142 Nach Koenen, *Ethik und Eschatologie*, 70–1, fungiert כבודו, mit dem v.19a endet, als Subjekt des Verbs יבוא in v.19b.
143 Die wörtliche Übereinstimmung mit Ps 102,16 spricht gegen den Vorschlag von BHS, das überlieferte וייראו, *sie werden fürchten*, in ויראו, *sie werden sehen*, zu ändern. S. dazu Lau, *Schriftgelehrte Prophetie*, 223–4.
144 Eine Synopse der Wortparallelen bei Steck, *Studien*, 146.

11,10, dass Menschen aus anderen Nationen sie „aufsuchen" werden (אליו גוים ידרשו).

Von der Ankunft Gottes sprechen auch die letzten Kapitel des Jesajabuchs. Während sie in 63,1.4 Teil einer Gerichtstheophanie ist, hat sie in *66,18* wie an den bisher behandelten Stellen eine positive Funktion. Wenn man den masoretischen Text mit BHS zu לקבץ את־כל־הגוים והלשנות [145] באʼ ואנכי, *ich komme, um alle Nationen und Zungen zu sammeln*, korrigiert, wird die Einholung der Völker hier direkt auf die Intervention JHWHs zurückgeführt. Er kommt (nach Zion, wie aus dem Kontext zu ergänzen ist) und löst damit eine zentripetale Bewegung aus, die die Nationen der Erde mit Israel zu einer gemeinsamen Kultfeier zusammenführt.

Wo ist in diesem weit gespannten intertextuellen Netz nun der spezifische Ort von *Jes 60,1*? Die erste Besonderheit dieses Verses liegt in dem Vergangenheitstempus von בא.[146] Das Kommen Gottes wird dadurch als ein Faktum hingestellt, als eine Realität, deren Auswirkungen bereits zu spüren sind. In Jes 60 ist die Wende zum endgültigen Heil, die in den anderen Texten mehr oder weniger nahe bevorsteht, eingetreten. Die Bewohner Jerusalems können darauf reagieren, sie können ihr bisheriges Verhalten revidieren. Das Herbeiströmen von Nichtisraeliten zum Gottesberg hängt also nicht allein von JHWH, sondern auch von ihnen, nämlich von ihrer Umkehr ab.

Die zweite, noch auffälligere Besonderheit ist die auf Gott bezogene Licht- und Sonnenmetaphorik.[147] JHWH ist das Licht Zions, ihre wahre Sonne, die, einmal aufgegangen, nicht mehr untergeht (vgl. v.19 – 20), die sie nicht nur äußerlich bescheint, sondern mit ihren Strahlen gleichsam durchdringt, um sie selbst in Licht zu verwandeln. Diese „Interpenetration" des göttlichen und des menschlichen Lichts soll im nächsten Abschnitt näher behandelt werden. An dieser Stelle wollen wir zunächst auf einige Passagen außerhalb des Jesajabuchs eingehen, die

---

145 Statt באה. Einen alternativen Vorschlag zum Verständnis der femininen Verbform werden wir im folgenden Kapitel diskutieren.

146 Dass es sich um ein *Qatal* und nicht um ein Partizip handelt, ergibt sich aus dem Parallelismus mit זרח. Nach Steck, „Lumen gentium", 1281 n.5, steht die perfektische Verbform „wegen des Aspekts der relativen Vorzeitigkeit des Vorgangs gegenüber dem Aufstehen". Dasselbe Geschehen werde in v.2 im *yiqtol* formuliert, „um die Nachzeitigkeit gegenüber der Redegegenwart auszudrücken." Seine zusammenfassende Deutung – „ein in der Redegegenwart geweissagtes, erst zukünftiges Geschehen" – wird der differenzierten sprachlichen Gestalt aber nicht gerecht (vgl. Lau, *Schriftgelehrte Prophetie*, 29 n.30). Dann wäre nämlich auch die Finsternis, die die Welt bedeckt (...ההשך יכסה), ein noch ausstehender Zustand.

147 Zu „Licht" und „Sonne" als Gottessymbole s. S. Aalen, *Die Begriffe „Licht" und „Finsternis" im Alten Testament, im Spätjudentum und im Rabbinismus* (SNVAO II.1; Oslo: I Kommisjon Hos Jacob Dybwad, 1951) 73 – 86; Langer, *Gott als „Licht"*, 29 – 40, und insbesondere die bereits zitierte Studie von Arneth, *Sonne der Gerechtigkeit*.

ebenfalls einen „Zionszug" Gottes verheißen und durch ihre Ähnlichkeiten und Differenzen die Intention von Jes 60,1 noch stärker hervortreten lassen.

Unter diesen Texten hat die Einleitung des Mosesegens in *Dtn 33,2* – יהוה מסיני בא וזרח משעיר למו, *JHWH kam vom Sinai und strahlte ihnen von Seir auf* – eine besondere Bedeutung, nicht nur wegen ihrer unübersehbaren sprachlichen und inhaltlichen Parallelen,[148] sondern auch weil sie im biblischen Kanon dem Jesajatext vorausgeht. Jes 60 wird auf diese Weise nämlich in den Vorstellungskreis der Sinai-Theophanie hineingezogen.[149] Dass JHWH über seiner Stadt erscheint und sie zum „Leuchtturm" für eine heil- und orientierungslose Menschheit macht, wird für den kanonisch Lesenden zu einer Weiterführung der Gotteserscheinung am Sinai. Wo Dtn 33,2 auf ein vergangenes Ereignis zurückblickt, schildert Jes 60,1–3 ein begonnenes und noch im Werden befindliches Geschehen. Wo Dtn 33 definiert, *woher* das göttliche Licht kommt – „vom Sinai her" –, beschreibt Jes 60, *wohin* es sich verfügt – „über Zion". Wo die Torah nur Israeliten als Zeugen und Nutznießer der Erscheinung kennt,[150] differenziert die prophetische Vision zwischen den Erstadressaten, die sich bereits am Ort der Theophanie befinden, und der übrigen Menschheit, die ihn noch aufsuchen muss.

In Jes 60 findet somit eine „Übertragung der priesterschriftlichen Vision vom Erscheinen der Herrlichkeit über dem Sinai auf Zion-Jerusalem"[151] statt. Mit einer bedeutsamen Modifikation: Israel steht dem sich offenbarenden Gott nicht mehr allein, als ein isoliertes Sondervolk gegenüber, sondern erfüllt seine schon im Sinaibund angelegte Mission (vgl. Ex 19,3–6), die anderen Völker zu ihm zu führen.

In eine ganz andere Gedankenwelt führen die Texte aus dem Ezechielbuch, die ebenfalls mit Hilfe des Verbs בוא das Kommen Gottes nach Jerusalem beschrei-

---

148 Das Nebeneinander der Verben בוא und זרח, die Verbindung des Theophaniemotivs mit dem Erscheinen der göttlichen Herrlichkeit, JHWH als Subjekt von זרח, die perfektische Formulierung der Aussage. Ausführlich dazu Langer, *Gott als „Licht"*, 25 – 6.40 – 3; Lau, *Schriftgelehrte Prophetie*, 27 – 9. Beide Autoren betrachten Dtn 33,2 deshalb als die literarische Vorlage unseres Textes. Vgl. auch Hab 3,3 – 4, wo JHWHs Kommen von auswärts (אלוה מתימן יבוא) ebenfalls mit Hilfe der Lichtmetapher beschrieben wird (ונגה כאור תהיה).
149 Die Anklänge an die Exodus- und Sinaitradition werden in Jes 60,2 durch die Wendung כבוד + ראה *nif.* noch verstärkt. Langer, *Gott als „Licht"*, 76 – 9, zeigt, auf welche Weise diese Wendung eine intertextuelle Brücke zu Texten wie Ex 16,10; Lev 9,6.23; Num 14,10; 16,19; 17,7; 20,6 herstellt.
150 Mit למו, *für sie*, werden die Israeliten ausdrücklich als Adressaten der Sinai-Theophanie benannt. In Jes 60,1 – 2 folgt auf זרח bezeichnenderweise nicht ein personales Objekt (etwa לך, *für dich*), sondern eine Ortsangabe (עליך, *über dir*). Vgl. Langer, *Gott als „Licht"*, 42 – 3.
151 Langer, *Gott als „Licht"*, 76.

ben:[152] *Ez 43,2* (והנה כבוד אלהי ישראל בא מדרך הקדים, *und siehe, die Herrlichkeit des Gottes Israels kam von Osten her*) und *43,4* (וכבוד יהוה בא אל־הבית, *und die Herrlichkeit JHWHs kam in den Tempel*).[153] Eine Vermenschlichung Gottes wird auch hier umgangen, indem nicht dieser selbst, sondern sein כבוד als Subjekt fungiert. Da sich der Vorgang vor dem Auge des Visionärs bereits vollzieht, steht das Verb wie in unserem Text im *Qatal*.

Entscheidend sind aber auch hier die inhaltlichen Unterschiede.[154] Ezechiel beschreibt im Unterschied zu Jesaja, auf welchem Weg die göttliche Herrlichkeit nach Zion zurückkehrt. Es ist die Schlussetappe einer langen Reise, auf der sie zuerst den Tempel verließ (vgl. 9,3; 10,4.18–19; 11,23), dann zusammen mit dem Volk in der babylonischen Verbannung weilte (wo sie dem Prophet erschien; vgl. 1,28; 3,12.23), um schließlich an ihren ursprünglichen Aufenthaltsort zurückzukehren. Genau diese Ereignisse, die Zerstörung des Tempels und die Deportation, also die ganze exilische Epoche sind im Jesajabuch aber ausgespart. Den Gedanken, dass JHWH nach Zion *zurück*kehrt, kann es deshalb mit Ausnahme des kurzen Hinweises in Jes 52,8 nicht weiter entfalten, z. B. indem es die Route dieser Reise näher erläuterte.

Darüber hinaus wird auch der Ort, den der göttliche *kavod* aufsucht, unterschiedlich bestimmt. Der priesterliche Verfasser des Ezechielbuchs sieht, wie dieser nach seinem Exil wieder in den Tempel einzieht, um diesen neu mit Glanz zu erfüllen (והנה מלא כבוד־יהוה הבית, 43,5; vgl. 44,4). Nach Jes 60,1–2 erstrahlt er

---

152 Nach D. Baltzer, *Ezechiel und Deuterojesaja. Berührungen in der Heilserwartung der beiden großen Exilspropheten* (BZAW 121; Berlin; New York: Walter de Gruyter, 1971) 49–72; Tiemeyer, *For the Comfort of Zion*, 330–2, ist die „Heimkehr JHWHs" eines der Themen, die die Heilsverkündigung Ezechiels und Deuterojesajas kennzeichnen. Allerdings betont Tiemeyer, *For the Comfort of Zion*, 331, in der konkreten Ausführung des Motivs seien die Unterschiede größer als die Parallelen.

153 Die literarische Nähe zu Jes 60 wird in der Forschung unterschiedlich beurteilt. Während Steck, „Lumen gentium", 1291–2, einen starken Einfluss annimmt, unterstreichen Langer, *Gott als „Licht"*, 70, und Lau, *Schriftgelehrte Prophetie*, 28 n.28, die deutlichen Differenzen. Dass Ez 40–48 und Jes 60–62 zwei konkurrierende Entwürfe für die Wiederherstellung Israels sind, hat Hanson, *Dawn of Apocalyptic*, 71–75, gezeigt. Er charakterisiert sie folgendermaßen: „[T]he hierocratic programm (*sc.* Ez 40–48) is designed to regulate carefully the cultic life of the community, to safeguard the holiness which is reserved for the few, and thereby to restore the circumstances in which Yahweh could be expected to tabernacle with his people. In Isaiah 60–62 the sealed gates (Ezek 44:1 ff) are cast open, for *all* the people will be righteous and holy" (Hanson, *Dawn of Apocalyptic*, 73 [Hervorhebung i. Orig.]).

154 Vgl. das zusammenfassende Urteil, mit dem Aalen, „*Licht" und „Finsternis"*, 77, unseren Text von den Parallelen im Ezechielbuch abhebt: „In Jes 60,1f ist Kabod nicht oder nicht nur Gottes kultische Gegenwart oder seine Theophanie, sondern auch seine leitende und beschützende, kurzum seine erlösende Gegenwart."

hingegen über der Stadt Jerusalem, also über dem dort lebenden Gottesvolk. Die Gegenwart Gottes „leuchtet" nicht im Kultakt auf, sondern im gesellschaftlichen Zusammenleben der Menschen. Deshalb wird das göttliche Licht auch nicht wie in Ez 43,2 von der Erde reflektiert (והארץ האירה מכבודו), sondern von der „Frau Zion", d. h. der gläubigen JHWH-Gemeinde, nicht automatisch, nach einem physikalischen Gesetz, sondern als Folge eines religiös-ethischen Tuns.[155] Damit hängt nun auch die andere bedeutsame Differenz zusammen: In Ez 43 fehlt der für Jesaja wesentliche Völkerbezug! Dies entspricht dem auch sonst beobachtbaren Befund, dass dem Ezechielbuch die Idee einer Zionswallfahrt von Nichtisraeliten völlig fremd ist. Dass JHWH nach Zion „kommt" und unter der aktiven Mitwirkung der dort Versammelten einen universalen Pilgerzug auslöst, erweist sich somit als ein theologisches Spezifikum der Autoren, die in nachexilischer Zeit die Prophezeiungen Jesajas weiterschrieben.

Viel näher bei Jes 60 steht *Sach 2,14*. Es handelt sich um ein an die „Tochter Zion" adressiertes Verheißungswort, das sich nahtlos in die Reihe der jesajanischen Zionsgedichte einfügt. Mit רני, demselben Ruf wie in Jes 12,6 und 54,1 (vgl. Zef 3,14), wird diese zum Jubel aufgerufen: כי הנני־בא ושכנתי בתוכך, *denn siehe, ich komme, um in deiner Mitte zu wohnen*. Durch das Partizip wird Gottes Kommen als ein unmittelbar bevorstehendes Ereignis gekennzeichnet (*futurum instans*). Das Ziel ist wie in Jes 60 Zion, nicht die Kultstätte im Speziellen, sondern die ganze Stadt Jerusalem; in ihrer Mitte will JHWH Wohnung nehmen.[156]

Die Nähe zu Jes 60 zeigt sich auch darin, dass sogleich von der Außenwirkung dieses Vorgangs die Rede ist. Nach *Sach 2,15* führt er dazu, dass sich Menschen aus anderen Nationen JHWH anschließen (ונלוו גוים רבים אל־יהוה). Mit dieser Prophezeiung wird Jes 56, das nur von der Bekehrung einzelner Fremde weiß, eschatologisch ausgeweitet und sein zentrales Problem – Gehören auch diese zum Gottesvolk? – definitiv entschieden: והיו לי לעם, *und sie werden zu meinem Volk*.

Was aber bewegt diese *gojim* zu ihrem ungewöhnlichen Schritt? Genügt es ihnen, dass Zion in Jubel ausbricht, oder müssen sie darüber hinaus noch anderes

---

155 Vgl. die Kritik von Langer, *Gott als „Licht"*, 70, an Steck, „Lumen gentium", 1291: „Das »Lichtwerden« der Gottesstadt gründet zwar im »Lichtsein« Gottes, ist aber als Appell und Anspruch, nicht als Reflex aufzufassen."

156 Auch wenn der Wiederaufbau des Tempels ein zentrales Anliegen Sacharjas ist, prophezeit er im Unterschied zu Ezechiel dennoch nicht, dass JHWH zurückkehrt, um wieder in seinem Tempel zu wohnen (gegen C. L. Meyers u. E. M. Meyers, *Haggai*, 168). Gegenüber עליך in Jes 60,1 scheint das wiederholte בתוכך, *in deiner Mitte* (Sach 2,14.15; vgl. 8,3), eine größere Nähe zwischen JHWH und der Stadt anzuzeigen. Dass Gott nicht in einem eigenen Kultgebäude wohnt, sondern am selben Ort, an dem die Angehörigen seines Volkes leben, zeigt die Parallele zwischen Sach 8,3 und 8,8: ושכנתי בתוך ירושלם, *und ich werde in der Mitte Jerusalems wohnen* – ושכנו בתוך ירושלם, *und sie werden in der Mitte Jerusalems wohnen*.

wahrnehmen? Die Frage, wie Jerusalem sich durch die Ankunft JHWHs verändert, wie sie sich derart verwandelt, dass Ausländer („Nichtglaubende") angelockt werden, wird in Sach 2 nicht behandelt. In Jes 60 ist diese Transformation dagegen der Hauptgegenstand.

2.3.2. „Steh auf, werde licht!" – Zions Transformation

Der Chronologie nach beginnt die Reihe der Endzeitereignisse mit dem Kommen JHWHs, rhetorisch aber stehen, wie die emphatische Anfangsposition zeigt, die Aussagen über das Tun Zions an der Spitze. Wie Trompetenstöße eröffnen die asyndetischen Imperative קומי אורי die Visionsschilderung und signalisieren damit, worin deren pragmatische Hauptfunktion liegt: Sie will das Gottesvolk, verkörpert durch seine Hauptstadt Jerusalem, zu einer grundlegenden Änderung seiner Lage und seines Verhaltens bewegen („direktiver Sprechakt").

Dazu greift sie Metaphern und literarische Motive auf, die die Zionsgedichte des zweiten Buchteils prägten. So genügt der kurze Befehl קומי (vgl. 51,17; 52,2),[157] um die ganze Bildwelt dieser und verwandter Texte aufzurufen: die Frau, die klagend am Boden sitzt (vgl. Klgl 1,1: ישבה בדד העיר, *einsam sitzt die Stadt*; 1,14: לא־אוכל קום, *ich kann nicht aufstehen*), die über den Verlust ihres Gatten und ihrer Kinder trauert (Jes 49,14; vgl. 54,1), die mit der Aussicht auf das Ende ihrer Leiden getröstet wird (49,15 – 23; 51,22 – 23; 54,1) und nun selbst die Initiative ergreifen soll, damit ihre Trauer sich endlich in Freude wandeln kann (51,17; 52,1 – 2; 54,1 – 2).[158]

Im Unterschied zu allen anderen Beteiligten (Gott, die Deportierten, die fremden Nationen) muss Zion, d. i. die dort ansässige Gemeinde, nicht aufbrechen und woandershin gehen. Sie ist ja bereits da, wohin alle anderen streben! Von ihr ist keine Veränderung des Ortes, sondern eine Veränderung *am* Ort verlangt, eine Veränderung ihrer „Haltung". Sie müsste da, wo sie ist, „aufstehen", also ihre Resignation, Trauer, Lethargie überwinden, müsste vor allem ihre negative Einschätzung der Lage ändern und einsehen, dass JHWH bereits gekommen ist und ihre Erlösung somit angefangen hat.

Dieser anspruchsvolle theologische Gedanke – Zion müsste das von JHWH her schon präsente Heil wahrnehmen und sich von ihm transformieren lassen, damit

---

157 Lau, *Schriftgelehrte Prophetie*, 26, nimmt einen intentionalen Bezug auf diese beiden Stellen an.

158 Vgl. Polan, „Zion, the Glory", 60. Allerdings verwischt seine Feststellung – „this woman is Zion, returned from captivity" – die unterschiedliche Identität der Aktanten: die „Mutter", das ist die im Heimatland verbliebene Gemeinde, die „Kinder", das ist der Teil der Bevölkerung, der ins Exil geführt wurde und nun heimkehren soll, die *Golah*.

dessen Seinsweise zu seiner eigenen wird – ist in dem Imperativ אורי enthalten. Er wurde eigens für diesen Zweck geprägt, denn an keiner anderen Stelle der hebräischen Bibel erscheint dieses ohnehin seltene Verb im Imperativ. Dabei eignet sich der Begriff אור, *Licht*, für diesen Brückenschlag besonders gut, weil er sowohl eine Eigenschaft oder Wirkweise Gottes als auch das Handeln des Menschen und den Zustand der Welt überhaupt bezeichnen kann.[159]

Als biblischer Hintergrund für die in dieser Prophezeiung verwendete Lichtmetaphorik wird gewöhnlich auf zwei Passagen im Pentateuch verwiesen: die Erschaffung des Lichts in *Gen 1,3 – 5*[160] und die neunte ägyptische Plage in *Ex 10,21 – 23*.[161] Die sprachlichen Gemeinsamkeiten mit Jes 60 beschränken sich auf die beiden Wörter אור und חשך, so dass ein direkter intertextueller Bezug oder gar eine literarische Abhängigkeit nicht anzunehmen sind. Für die theologische Aussage sind die beiden Stellen dennoch äußerst wichtig. Nach Gen 1 besteht nämlich ein essentieller Unterschied zwischen dem Licht und der Finsternis. Nur das erste ist von Gott erschaffen und als „gut" deklariert worden.[162] In der Plagenerzählung fungiert die Finsternis als Strafe für das Land des verstockten Pharaos. Sie verhindert, dass die Menschen einander erkennen und sich frei bewegen können (vgl. Ex 10,23). Dagegen wird dem Gottesvolk Licht gewährt, nicht nur in Ägypten, sondern auch auf seiner Wanderung durch die Wüste (vgl. Ex 13,21; Ps 78,14; 105,39). Sowohl in der universalen Schöpfungsordnung als auch in der partikularen Geschichtserfahrung Israels symbolisiert das Licht somit den Raum, in dem das Leben ohne Beeinträchtigung, im Einklang mit Gott und in der Begegnung mit dem Nächsten geführt werden kann.[163]

---

[159] Vgl. Aalen, *„Licht" und „Finsternis"*, 9 – 95, und seine Unterscheidung zwischen Licht und Finsternis als „Erscheinungen der Außenwelt" (zu der er den Lebenswandel des Menschen rechnet) und als „Attribute Gottes". Ähnliche Kategorien verwendet Langer, *Gott als „Licht"*, 22 – 155: „Das erstrahlende Licht als Gottessymbol" – „Das Leben im Licht". Siehe auch Aalen, „אור", 174 – 181.

[160] Vgl. Langer, *Gott als „Licht"*, 28. Sie definiert Jes 60,1 – 2 deshalb als eine „zweite eschatologische Kosmogonie". Gegen eine direkte Beeinflussung spricht sich jedoch Steck, „Lumen gentium", 1291, aus.

[161] Vgl. Paul, *Isaiah*, 518 – 9. Nach Blenkinsopp, *Isaiah III*, 210, handelt es sich allerdings auch in diesem Fall nur um ein „blasses Echo".

[162] Um klar zu machen, dass sich dieses positive Urteil nicht auf die Finsternis bezieht, ist die übliche Formel וירא אלהים כי־טוב in Gen 1,4 um את־האור erweitert: „und Gott sah *das Licht*, dass es gut war." Zu dem scheinbaren Widerspruch zwischen Gen 1 und Jes 45,7, wo JHWH auch als Schöpfer der Finsternis (ובורא חשך) vorgestellt wird, vgl. Berges, *Jesaja I*, 404 – 5.

[163] Vgl. Aalen, „אור", 174: „[D]as Licht als Bild für Glück und Wohlergehen [...]. In religiös orientierten Texten wird das Licht ein Symbol für das von Gott geschenkte Heil."

Auf weitere Vergleichstexte außerhalb des Jesajabuchs (z. B. Mi 7,8 – 9; Ps 97,11; 112,4) kann an dieser Stelle nicht eingegangen werden.[164] Sie sind vor allem dadurch wichtig, dass sie Licht und Finsternis als Metaphern für das moralische Verhalten verwenden: wo die göttliche Rechtsordnung – משפט, צדקה – praktiziert wird, wird es „hell", und wo sie durch unsoziales Verhalten außer Kraft gesetzt wird, wird es „dunkel".

Der erste Intertext innerhalb des Buches ist *Jes 2,5*, der an das Haus Jakob gerichtete Appell, mit dem das erste Völkerwallfahrtsorakel schließt: בית יעקב לכו ונלכה באור יהוה. Wie 60,3 kombiniert auch er das Nomen אור mit dem Verb הלך. Wie wir bei der Auslegung von Jes 2 bereits gesehen haben (s. o. I.1.3.8.), sind die Unterschiede jedoch größer als die Gemeinsamkeiten. Während unser Text prophezeit, dass die Nationen *zu* Zions Licht strömen werden (הלך + ל), ruft jener das eigene Volk auf, *in* JHWHs Licht zu wandeln (הלך + ב). Es handelt sich also um zwei Bewegungen, die zwar jeweils im Kontext einer internationalen Jerusalemwallfahrt stattfinden, aber unterschiedliche Funktionen haben. In Jes 60 wird der Pilgerzug der Nationen durch das Licht ausgelöst, das in Zion aufgestrahlt ist, ja, zu dem Zion selbst geworden ist, in Jes 2 sind die herbeiziehenden Völkerscharen der Anlass, um Israel zu einem gottgefälligen Lebenswandel aufzurufen.[165]

Der zweite Intertext *5,30* schildert eine Welt, die im Dunkeln liegt. Neben dem Schlüsselbegriff אור ist es vor allem die auf ארץ, *Erde*, bezogene Wendung הנה־חשך, *siehe, Finsternis*, die einen intertextuellen Bezug zu Jes 60 herstellt. Was diese Metapher inhaltlich bedeutet, geht aus dem Kontext ab 5,26 hervor: die furchtbaren Begleiterscheinungen eines Krieges wie Hunger, Gewalt, Tod und Verschleppung, die ein Volk über ein anderes bringt (in diesem Fall die Assyrer über die Israeliten). Auf diese Erfahrungen dürfte auch der Verfasser unseres Textes anspielen: Inmitten einer Welt, die im gesellschaftlichen Chaos zu versinken droht, soll Jerusalem eine Oase des „Lichts", d. h. des friedlichen Zusammenlebens sein.

Auch *9,1* verwendet die Bildmotive „Licht" und „Finsternis", um aktuelle Kriegsnöte (wohl die Eroberung des Nordreichs durch die Assyrer) zu illustrieren.[166] Das erste Schlüsselwort fällt bereits in 8,22: ארץ, gefolgt von der Feststel-

---

164 Siehe aber die Hinweise bei Langer, *Gott als „Licht"*, 43 – 6.54 – 6.

165 Wegen dieser inhaltlichen Differenz und da die Lichtmetapher in Jes 2 nur eine untergeordnete Rolle spielt, erscheint es unwahrscheinlich, dass Jes 60 aus dem sekundären Brückenvers 2,5 heraus entwickelt wurde. Die These, Jes 60 sei eine *relecture* von Jes 2, werden wir im zweiten Kapitel des Schlussteils dieser Arbeit ausführlicher diskutieren.

166 Für Fishbane, *Biblical Interpretation*, 497 – 8, ist die Wiederaufnahme von Jes 9,1.3 in 60,1 – 2.17 – 19 ein Beispiel für „mantological exegesis of oracles". Seine frühere Position revidierend hält auch Steck, *Studien*, 139, eine literarische Querbeziehung für möglich. Zur Auslegung

lung וחשכה צרה והנה, *und siehe, Bedrängnis und Finsternis.* In 9,1 häufen sich dann die lexikalischen Verbindungen zu 60,1–3: הלך, *gehen*, ist hier mit בחשך, *in der Finsternis*, verbunden, um die Epoche vor der Heilswende zu charakterisieren. ראה steht im *Qal* (gegenüber dem *Nifal* in 60,2), um auszudrücken, dass die Menschen das „große Licht" (אור גדול) aktiv erblicken. Wie in 60,2 wird die im Dunkeln liegende Erde erwähnt (ארץ צלמות), dann ein zweites Mal אור, *Licht.* נגה, das in 60,3 als Substantiv erscheint, wird hier als Verb verwendet. Auch den Ort, an dem das göttliche Licht erstrahlt, bezeichnen 9,1 und 60,2 mit derselben Präposition: עליהם, *über ihnen*, bzw. עליך, *über dir.*

Beide Orakel beschreiben also den Übergang von der „Finsternis" zum „Licht", von der kriegsbedingten Not und Gottverlassenheit zu einem Zustand des unverlierbaren Heils. Über den zahlreichen Parallelen darf aber ein gravierender Unterschied nicht übersehen werden, der in dem Wechsel eines Lexems und seines Numerus zum Ausdruck kommt: in 9,1 ist das Subjekt der Wanderung ein singularisches עם, in 60,3 ein pluralisches גוים. Die Erlösung, die zunächst nur einem Volk, nämlich Israel, zugedacht war, soll nun viele Nationen erreichen. Diese verharren aber nicht in der Kontemplation, sondern machen sich auf einen (in Jes 9 nicht vorgesehenen) Weg, der auch sie zum „Licht", d. h. an den Ort der rettenden Gottesgegenwart führt.

Genau diese universale, Israel und die Nationen verbindende Dimension kennzeichnet den Ausdruck אור גוים, *Licht der Nationen*, in den beiden Gottesknechtstexten *42,6* und *49,6*.[167] Allerdings beschränken sich die intertextuellen Parallelen auf das Lexem אור und sein Antonym חשך (vgl. 42,7; 49,9) und die durch גוים angezeigte Völkerperspektive. „Licht ist hier für die Völker das Symbol ihrer Befreiung aus Ohnmacht und jeglicher Form von Gefangenschaft oder Lebensminderung, sei sie gesellschaftlich oder von der Natur [...] bedingt."[168] Damit diese Erfahrung zu den nichtisraelitischen Völkern gelangen kann, muss Israel *qua* Gottesknecht zu einem „Licht" werden, das heißt, es muss die göttliche Rechtsordnung in seinem sozialen Miteinander anschaubar, erlebbar machen. Es kann diesen Dienst erfüllen, weil JHWH es in einem vorausgehenden Gnadenakt dazu

s. T. P. Osborne, „Lumière contre lumière. Une étude d'Ésaïe 60", J. Ries u. C.-M. Ternes (Hg.), *Symbolisme et expérience de la lumière dans les grandes religions. Actes du Colloque tenu à Luxembourg du 29 au 31 mars 1996* (HomRel II.1; Turnhout: Brepols, 2002) 141.

167 Zur Auslegung im Kontext der Lichtmetaphorik vgl. Langer, *Gott als „Licht"*, 103–9. Paul, *Isaiah*, 519, deutet Jes 60,3 als erweiternde Fortführung („amplification") der beiden Stellen, übersieht dabei aber deren grundlegende theologische Differenz.

168 Langer, *Gott als „Licht"*, 107. Im unmittelbaren Kontext wird die Lichtmetapher durch folgende Begriffe inhaltlich ausgelegt: משפט (42,1.3.4), תורה (42,4), ברית (42,6; 49,8) und ישועה (49,6).

instand setzt, wie 42,6 (ואצרך ואתנך, *ich werde dich bilden und dich machen...*) und 49,6 (ונתתיך, *ich werde dich machen...*) übereinstimmend betonen. Demgegenüber appelliert 60,1 an Zion, sich selbst zu transformieren, um durch ihre Existenz dieselbe Heilsbotschaft „auszustrahlen".

Der wesentliche Unterschied besteht aber darin, dass der *Eved* in Jes 42 und 49 „vom Zentrum zur Peripherie" geht, um das aufklärende Licht der Torah wie ein Missionar zu den Weltstämmen zu bringen, während Zion in Jes 60 wie in den anderen Völkerwallfahrtstexten die ruhende Mitte des Kosmos bildet, über die das Licht Jhwhs aufgeht, so dass die Völker „von der Peripherie zum Zentrum" ziehen.[169]

Bevor der Leser des Endtextes aber zu dieser Prophezeiung gelangt, stößt er mit 58,8 – 10 und 59,9 – 11 auf zwei Texte, durch die die Lichtmetapher theologisch weiter aufgeladen wird.[170] Von diesen weist *58,8 – 10* besonders viele Referenzsignale auf. Mit אורך (2x), זרח כבוד יהוה und חשך tauchen nicht nur alle zentralen Lexeme von Jes 60 auf,[171] sie werden auch inhaltlich erläutert. Das einleitende אז, *dann*, definiert das „Hellwerden" Israels als Folge des Verhaltens, das in v.6 – 7 geschildert wurde und in v.9 – 10 weiter entfaltet wird: Fesseln lösen, Gefangene befreien, Hungrige speisen, Flüchtlinge aufnehmen, Nackte bekleiden usw. Was ist das also für ein Licht, das in der Finsternis „aufstrahlt" (זרח, v.10)? In Dtn 33,2 und Jes 60,2 bezeichnet dasselbe Verb die Epiphanie Gottes. Hier aber handelt es sich nicht um ein von außen oder von „oben" kommendes Geschehen, sondern um eines, das vom Gottesvolk selbst ausgeht. Diese Ambivalenz wird eher noch verstärkt, wenn in 58,8 אורך, *dein Licht*, mit צדקך, *deine Gerechtigkeit*, und mit כבוד יהוה, *die Herrlichkeit Jhwhs*, gleichgesetzt wird. „Dein Licht" ist hier beides: die

---

169 Einen nochmals anderen Akzent setzt Jes 51,4, ein Vers, der bereits als Hypertext zu 2,4 erwähnt wurde. Statt von אור גוים spricht er von אור עמים Diese terminologische Variante (die als solche den Sinn nicht ändert) verbindet sich mit einer inhaltlichen Neuausrichtung. Nun ist es nämlich Jhwh selbst, der sein Recht zu den Völkern bringt: תורה מאתי תצא ומשפטי לאור עמים, *von mir geht Torah aus und mein Recht als Licht für die Völker*. Soll damit die menschliche Vermittlung ausgeschlossen und das Gottesknecht-Konzept theologisch korrigiert werden? Tatsächlich fehlt im darauf folgenden Lied 52,13 – 53,12 die missionarische Perspektive. Der Gottesknecht verschafft den Völkern zwar die Sühnung ihrer Sünden (vgl. 53,12), wirkt aber ansonsten nicht, indem er aktiv „Mission" betreibt, sondern erleidet, was ihm zugefügt wird.

170 Die beiden Passagen sind sowohl synchron als auch diachron maßgeblich für das Verständnis von Jes 60. In einer Synchronlektüre gehen sie unserem Text voraus und stecken dadurch seinen Sinnhorizont ab. Redaktionsgeschichtlich betrachtet fungieren sie als Teil der „großjesajanischen" Komposition, die Kap. 60 – 62 vorangestellt wurde, um festzulegen, unter welchen Umständen und für wen das dort geschilderte Heil kommen wird (vgl. dazu Steck, „Tritojesaja", 390 – 394; Steck, *Studien*, 203 – 9).

171 Steck, „Lumen gentium", 1291 n.32, nimmt deshalb sowohl für 58,8 als auch für 59,9 eine literarische Abhängigkeit von 60,1 – 3 an. Zur Auslegung s. Langer, *Gott als „Licht"*, 47 – 51.

heilvolle Lebensordnung, die Israel von Gott her gnadenhaft empfängt, und die Lebensweise, die es durch sein Engagement für die Schwachen immer wieder selbst verwirklichen muss.[172]

Dieselbe Botschaft, aber negativ formuliert, enthält *59,9 – 11*. Mit עַל־כֵּן, *deswegen*, zieht es die Konsequenz aus den zuvor geschilderten Vergehen des Gottesvolkes und beschreibt dessen Lage mit den bekannten Metaphern: ihm fehlt das Licht (אור, נגהות, v.9), es befindet sich im Dunkel (והנה־חשך), unterscheidet sich also nicht von der nichtisraelitischen Menschheit, wie sie in 60,2 geschildert wird (הנה החשך). Eine *inclusio* (צדקה ... רחק משפט ממנו, v.9a // לישועה רחקה ממנו, v.11b) und ein mit ihr verschränkter Parallelismus (נקוה למשפט... // נקוה לאור... לנגהות, v.9b // לישועה, v.11b) verdeutlichen, was diese Bilder meinen: „Licht" geht von einer Gesellschaft aus, die den Grundprinzipien von משפט und צדקה gehorcht, „Finsternis" herrscht, wo Menschen sich von diesen abwenden und stattdessen dem Gesetz des Stärkeren folgen, um ihr eigenes Recht durchzusetzen.[173]

In diesem Kontext wird deutlich, was es bedeutet, wenn Zion in 60,1 ohne nähere Erläuterungen zum Aufstehen und Lichtwerden aufgefordert wird. Sie soll den Zustand der Trauer und Hoffnungslosigkeit überwinden und sich von der Freude über die gekommene Erlösung, die Rückkehr der Exilierten und die unerwartbare Dienstbereitschaft der anderen Nationen erfüllen lassen. Gleichzeitig soll sie durch eine tiefgreifende Reform ihrer gesellschaftlichen Praxis dazu beitragen, dass die ewige Recht*ordnung* JHWHs in einem konkreten Rechts- und Rettungs*handeln* erfahren werden kann.[174] Von diesem „Licht" werden, so die prophetische Erwartung, dann auch Menschen angezogen, die nicht zu Israel gehören.

2.3.3. Der Zug der Nationen

Während 60,1 beschreibt, wie JHWH in seine Stadt zurückkehrt und wie sich diese daraufhin verwandelt (bzw. verwandeln soll), schildert 60,3 die Reaktion der

---

172 Vgl. Langer, *Gott als „Licht"*, 50: „Sowohl göttliches als auch menschliches Handeln sind für das Zustandekommen von צדקה konstitutiv. Mit diesem Begriff fallen auch das Heil des einzelnen und der benachteiligten Gruppen (Arme, Unterdrückte, Hungernde usw.) in eins. צדקה steht hier für ein Leben in Fülle, das dem einzelnen in Form konkreter Heilsgaben zukommt." Ähnlich Polan, „Zion, the Glory", 61.

173 Vgl. Langer, *Gott als „Licht"*, 60: „Dieses Dunkel ist gekennzeichnet durch die Abwendung von Gott, durch Gewalttat, Aufruhr und Lüge."

174 Diese doppelte Bedeutung von משפט als statische (transzendente) und dynamische (historische) Größe stellt Langer, *Gott als „Licht"*, 112, heraus.

„heidnischen" Nationen. Die Brücke zwischen diesen beiden Prophezeiungen bildet *v.2*. Indem er die Konjunktion כי des vorhergehenden Verses wiederholt, präsentiert er sich als eine zweite Begründung für die an Zion herangetragene Forderung.[175] Zu diesem Zweck verweist er auf die Finsternis, die die Welt ringsum bedeckt (v.2a), und im Kontrast dazu auf das Licht, das sie, Zion, erleuchtet (v.2b).[176] Angesichts einer Welt, die von den todbringenden „Strukturen des Bösen" beherrscht ist, soll sich die in Jerusalem versammelte Gemeinde ihrer privilegierten Position und der damit verbundenen Aufgabe bewusst werden. Gerade weil sie die Leben spendende Gegenwart Gottes schon erfährt, müsste sie sich von ihr transformieren lassen, damit dieses Heil auch von den Personen in ihrer Umgebung wahrgenommen werden kann.

V.2 begründet aber nicht nur die Forderung von v.1, er bereitet auch den in v.3 verheißenen Völkerzug vor. Diese Funktion erfüllen vor allem die Wörter am Ende der beiden Halbverse: לאמים nimmt über den allgemeinen Begriff ארץ hinaus die in einzelne Volksgruppen gegliederte Menschheit in Blick,[177] יראה macht deutlich, dass die Herrlichkeit Gottes nicht beziehungslos existiert, sondern wahrgenommen werden will. Sie „erscheint" also nicht nur, sondern „wird gesehen". Von wem aber wird sie gesehen? Natürlich von denen, die sich in Bewegung setzen, den גוים. Dass deren Aufbruch tatsächlich eine Folge des zuvor Geschilderten ist, wird sowohl stilistisch als auch syntaktisch signalisiert. Stilistisch, indem die Lexeme אורך und זרח aus v.1 jeweils an derselben Stelle im Vers wiederholt werden,[178] syntaktisch, indem v.3 mit einem *wᵉqatal* beginnt und dadurch einen Progress gegenüber dem zuvor Erzählten anzeigt.[179]

---

175 Vgl. Labouvie, *Gottesknecht*, 105 n.339.

176 Das lexikalische Material von v.1b – וכבוד יהוה עליך זרח – ist hier auf zwei Kola verteilt. Im ersten erscheinen יהוה, עליך und זרח, im zweiten כבוד und עליך. Am Ende des Verses wird als zweites Prädikat ראה *nif.* ergänzt und auf diese Weise v.3 vorbereitet. Dass die Aussagen vom *qatal* ins *yiqtol* transponiert werden, geschieht nicht nur, „um die Nachzeitigkeit gegenüber der Redegegenwart auszudrücken" (Steck, „Lumen gentium", 1281 n.5). Vor allem beschreibt v.2 einen bereits eingetretenen und noch fortdauernden Zustand.

177 Langer, *Gott als „Licht"*, 63, verweist zu Recht auf den literarischen Bezug zu Jes 40–55, insbesondere zu 55,4–5: „Jes 60,3 könnte als Neuformulierung des Gedankens vom Herbeieilen der Völker angesehen werden. Allerdings ist es nun nicht mehr nötig, sie zu rufen (Jes 55,5); sie kommen von selbst, angezogen vom Licht, das von Jerusalem ausgeht."

178 אורך steht am Ende von v.1a und v.3a, זרח am Ende von v.1b und v.3b. Zu der dadurch erzeugten konzentrischen Struktur s. Polan, „Zion, the Glory", 60–1.

179 So mit Langer, *Gott als „Licht"*, 80. Nach Waltke – O'Connor, 32.2.1, handelt es sich um ein „(con)sequential" *wᵉqatal*. Dieselbe Konstruktion findet sich übrigens auch in 2,2–3 (נכון יהיה הר כבוד הלבנן אליך) und in dem wenig beachteten Paralleltext 60,13–14 (ונהרו אליו... והלכו → בית־יהוה). Vgl. auch 62,1–2 (ויצא גוים צדקך → יצא כנגה צדקה... והלכו אליך... → יבוא... ומקום רגלי אכבד).

Das Subjekt und das Ziel der Wanderung werden in dem folgenden *parallelismus membrorum* doppelt benannt. Diejenigen, die nach Zion kommen, werden in Anlehnung an 49,22–23 als גוים und מלכים identifiziert (vgl. 60,11.16).[180] Als Wortpaar begegnen diese Lexeme bereits im zweiten Teil des Jesajabuchs, nämlich in zwei Sprüchen über den Perserkönig Kyros (41,2; 45,1) und in dem letzten Lied über den Gottesknecht (52,15).[181] Sie bezeichnen dort den Personenkreis, gegenüber dem diese beiden Gestalten im Auftrag JHWHs handeln: die gesamte Menschheit, aufgegliedert in ethnische Einheiten, die von ihren Herrschern angeführt und repräsentiert werden. In Jes 60 tritt diesen nun die weiblich personifizierte Stadt Jerusalem gegenüber. Sie agiert nicht durch Waffen, nicht einmal durch Worte, sondern durch ihre bloße Existenz. Indem sie das Licht JHWHs reflektiert, lockt sie die Völkerfamilie aus ihrer passiven Rolle (als Opfer von Militäraktionen, als unbeteiligte Beobachter der Rettung Israels) und ermutigt sie, selbst die Initiative zu ergreifen und eine Pilgerreise anzutreten.

Wie verhalten sich nun aber das geforderte Tun der Gottesstadt und das angekündigte Tun der Völker zueinander? Müssen diese herbeikommen, damit Zion sich bekehrt? Oder ist ihre Transformation die Voraussetzung dafür, dass jene kommen? Wenn והלכו[182] die logische Folge aus dem Gesamtvorgang v.1–2 ist, müsste dieser auch die Umkehr Zions einschließen. Dies wird nachträglich von 62,2 bestätigt, wo in deutlichem Anschluss an 60,2 noch einmal גוים und מלכים nebeneinander erscheinen: וראו גוים צדקך וכל־מלכים כבודך, *Völker werden deine Gerechtigkeit sehen und alle Könige deine Herrlichkeit.* Was unsere Vision nur andeutet, wird dort explizit gesagt: Die fremden Nationen kommen nach Jerusalem, weil sie sehen, dass sich die Herrlichkeit JHWHs in den konkreten Lebensverhältnissen ihrer Bewohner widerspiegelt, weil sie sehen, dass *Seine* Gerechtigkeit zu *ihrer* Gerechtigkeit geworden ist.

---

180 "The first word describes the weight of numbers, the second more the organization" (Koole, *Isaiah III.3*, 226). Da die beiden Wörter im Jesajabuch immer in derselben Reihenfolge erscheinen, ist eher an den Übergang vom Allgemeinen zum Konkreten, vom Kollektiv zu den individuellen Personen zu denken.

181 Unter den weiteren Belegen sind Ps 72,11 und 102,16 hervorzuheben. Der erste prophezeit die Unterwerfung aller Könige und Völker (also in umgekehrter Reihenfolge und jeweils mit כל) unter den davidischen König, der zweite die universale Anerkennung JHWHs.

182 Ist es Absicht, dass nicht das im Kontext vorherrschende בוא sondern הלך verwendet wird? Soll das Herbeikommen der Nationen terminologisch von dem der Exilierten (v.4.9) und der Gaben (v.5.6.11.13.17) abgehoben werden? Oder soll durch והלכו das in v.14 ein zweites Mal erscheint, Jes 2,3 *par* Mi 4,2 eingespielt werden? Vielleicht hängt es aber auch mit dem oben angedeuteten Problem des "point of view" zusammen. Mit „zu dir *kommen*" wäre die Perspektive Zions eingenommen, dagegen ist „zu dir *gehen*" vom Standpunkt der Nationen aus formuliert.

Aus diesem Grund wird das Ziel des Völkerzugs hier auch nicht geographisch, sondern theologisch definiert. Die Nationen pilgern לאורך, *zu deinem Licht*, und לנגה זרחך, *zum Glanz deines Strahlens*. Dabei hat nach dem soeben Ausgeführten dasselbe אור in v.3 eine vollere Bedeutung als in v.1. Das Leuchten, das am Anfang erstrahlt, kommt allein von Jhwh. „Dein Licht" ist deshalb nichts anderes als Er selbst und das von Ihm geschenkte Heil.[183] Demgegenüber geht das Leuchten, das die Menschen von den Enden der Erde herbeilockt, auch von Zion aus. Es ist „dein Licht" (nun im Sinne eines *gen. subi.*), da das Gottesrecht in der dort lebenden Gemeinde eine anschaubare gesellschaftliche Gestalt gefunden hat. In dem pleonastischen נגה זרחך hat der Doppelcharakter dieses zugleich göttlichen und menschlichen, zugleich übernatürlichen und irdischen Lichts sogar einen adäquaten Ausdruck gefunden.

Wovon die fremden Nationen angelockt werden, ist also die gerechte, den Schwachen beschützende Gesellschaftsordnung. Sie kommt von Jhwh her, da er sie von Ewigkeit her „erdacht" und offenbart hat und bleibend garantiert. Sie kommt aber auch von Zion her, da sie nur in dem Maße erfahrbar ist, in dem sie sich in dem Zusammenleben ihrer Bewohner inkarniert.

Dass die ausländischen Wallfahrer nicht mit leeren Händen kommen, sondern dem in Zion wohnenden Gott mit Geschenken huldigen und seinen Wohnsitz schmücken, schildern die folgenden Verse. In ihnen werden sie also nicht mehr um ihrer selbst willen erwähnt, als Protagonisten der Pilgerreise, sondern lediglich als Besitzer und Transporteure von Gütern.[184] Der Völkerzug als solcher wird dagegen noch einmal in *v.14* thematisiert. Mit והלכו אליך, *sie werden zu dir gehen*, das deutlich auf v.3 zurückverweist, kündigt dieser Vers eine zweite Wanderbewegung an. Nachdem alle anderen Völker ihre Gaben gebracht haben, kommen am Ende noch בני מעניך, *die Söhne deiner Bedrücker*, also die Nachfahren derer, die die Stadt einst ausgebeutet und misshandelt haben.[185] Wie die grammatikalische

---

183 Beachte aber Aalen, „אור", 175: „Es wäre verfehlt, in solchen Wendungen eine Wesensbezeichnung Gottes zu sehen. Gemeint ist ausschließlich die Bedeutung, die Gott für den Menschen im Sinne von Heil und Hilfe hat." Dass in der hebräischen Bibel Gott nicht mit dem Licht gleichgesetzt wird, hängt sicher damit zusammen, dass dieses nach Gen 1,3, aber auch nach Jes 45,7 von ihm geschaffen wurde.

184 Ab v.17 scheiden sie als Akteure ganz aus. Der fehlende Völkerbezug ist der Hauptgrund, weshalb Steck, „Grundtext", 263 – 6, v.17 – 22 vom Vorhergehenden literarisch trennt. Vgl. P. Höffken, *Das Buch Jesaja. Kapitel 40 – 66* (NSK.AT 18.2; Stuttgart: Katholisches Bibelwerk, 1998) 216 – 8, der diese Verse als einen eigenen Abschnitt auslegt.

185 Koole, *Isaiah III.3*, 245, diskutiert die Möglichkeit, בנים als Bezeichnung einer Gruppenzugehörigkeit aufzufassen, spricht sich dann aber für das wörtliche Verständnis aus. Nach allgemeiner Auffassung (z. B. Steck, „Grundtext", 286) sind die Nachkommen der für die Zerstörung Jerusalems verantwortlichen Babylonier gemeint.

Form des *wᵉqatal* anzeigt, reagieren auch sie auf etwas, das unmittelbar zuvor geschieht, auf die Tatsache nämlich, dass das Jʜwʜ-Heiligtum in neuem Glanz erstrahlt (vgl. v.13b: לפאר... אכבד). Sein Wiederaufbau muss sie, die es in Schutt und Asche legten, ganz besonders beeindrucken. Sie, die Zion mit den Worten שחי ונעברה, *bücke dich, damit wir hinüberschreiten* (51,23), verspotteten, kommen nun selbst שחוו, *gebückt*, und werfen sich zu ihren Füßen nieder (והשתחוו על־כפות רגליך).[186]

Das ist nicht nur ein äußerlicher Gestus, der ihre politische Unterwerfung dokumentiert, es ist der sichtbare Ausdruck ihrer inneren Neuorientierung; sie anerkennen den besonderen Status dieser Stadt.[187] Das zeigt sich in den feierlichen Titeln, die sie ihr verleihen: עיר יהוה, *Stadt Jʜwʜs*, und ציון קדוש ישראל, *Zion des Heiligen Israels* (v.14b). So sind ausgerechnet sie es, die zum ersten und einzigen Mal in diesem langen Kapitel Zion beim Namen nennen und ihre unvergleichliche Würde als die von Jʜwʜ erwählte Stadt ins Wort heben.

Ob diese Huldigung und diese *professio* freiwillig oder unter Zwang geschehen, wird in der Forschung kontrovers diskutiert. Gewöhnlich wird die Frage entweder in der einen oder anderen Richtung beantwortet,[188] ohne mit der Möglichkeit zu rechnen, dass in diesem Vorgang beide Dimensionen verbunden sind.

Dessen Ausgangspunkt wird in v.2–3 formuliert: Die Menschen, die im „Dunkel", d. h. fern von Jʜwʜ, in Unkenntnis seines Heilsplans, ohne Frieden und ohne eine gerechte Gesellschaftsordnung leben, sehen wie in einer Vision, dass all das, was ihnen fehlt, in Jerusalem vorhanden ist. So machen sie sich auf den Weg, zunächst nicht, um Tribute abzuliefern oder Opfer darzubringen, sondern um ein existentielles Defizit auszugleichen. Sie kommen auch nicht als Gefangene wie in 45,14, sondern ziehen, wie einem Naturgesetz folgend, von der Finsternis zum

---

186 Mit demselben Terminus wurde, wie wir gesehen haben, bereits in 45,14 (ואליך ישתחוו) und 49,23 (ישתחוו לך) die Unterwerfung der Nationen unter die Stadt Jʜwʜs und damit unter diesen selbst angekündigt. Über die intertextuelle Beziehung zu Ps 72,11 (וישתחוו־לו כל־מלכים) s. u. 2.4.
187 Vgl. Koole, *Isaiah III.3*, 246: „Zion's former enemies realize who it is they violated, and acknowledge this in an unequivocal statement."
188 Man vergleiche nur die gegensätzlichen Einschätzungen von Langer, *Gott als „Licht"*, 92 („Nirgends heißt es, dass sie gezwungen werden, den Weg zum Licht einzuschlagen"), und Koole, *Isaiah III.3*, 241 („the surprisingly voluntary manner in which Zion is honoured") auf der einen Seite und von Koenen, *Ethik und Eschatologie*, 139 n.485 („dass die Völker in Jes 60 nicht freiwillig als Jahwe-Verehrer nach Jerusalem pilgern [...], sondern dort als Unterworfene erscheinen"), und Stansell, „Nations' Journey", 239 („they come under duress") auf der anderen. Nicht selten wird die Spannung durch textkritische (z. B. Blenkinsopp, *Isaiah III*, 206, bei v.11*fin*) oder literarkritische Operationen (z. B. Steck, „Grundtext", 261 – 3.280 – 5, bei v.10 – 11 und v.12) beseitigt.

Licht, von einem Zustand des Mangels und der Trauer zu einem der Fülle und der Freude.

Die exilierten Judäer und ihre Reichtümer mitzubringen, wird ihnen hier nicht befohlen, sondern entspringt ihrem eigenen, spontanen Entschluss. Die Sehnsucht, an den Ort zu gelangen, an dem der wahre Gott wohnt, überträgt sich sogar auf ihren belebten und unbelebten Besitz: ihre Schätze kommen von selbst zu Zion (יבאו, v.5), ihre Tiere versammeln sich und steigen eigenständig auf den Altar (יקבצו ... יעלו, v.7). Wenn für dieses Tun das Verb שרת verwendet wird (v.7.10), ist damit nicht die Zwangsarbeit von Vasallen gemeint, sondern ein Dienst, der der „Stadt Jʜwʜs", dem „Haus Seiner Herrlichkeit" und dem „Ort Seiner Füße" erwiesen wird, mit dem also wie in 56,6 letztlich Gott selbst gehuldigt wird.

Diese grundlegende Idee – ein freiwilliger Gottes-Dienst aller Nationen – wird in unserem Text dreifach konkretisiert. Wenn in dem bereits behandelten *v.14* die Ex-Unterdrücker in gebeugter Haltung kommen und sich den von ihnen einst Misshandelten unterwerfen, dann sind damit nicht nur die früheren Machtverhältnisse auf den Kopf gestellt. Vor allem vollzieht sich darin eine theologische Korrektur, wie sie bereits das programmatische Orakel im Bucheingang *2,6–22* angekündigt hatte: die überhebliche Menschheit beugt sich nieder (וישח אדם וישפל-איש, v.9; vgl. v.11.17) und erkennt Jʜwʜ als den allein Erhabenen an (ונשגב יהוה לבדו, v.11.17).

Auch *60,11* spricht von dem Umsturz der bisherigen Verhältnisse. Die königskritische Aussage von 49,23 (והיו מלכים אמניך) fortführend, karikiert dieser Vers die Anführer der Völker als solche, die selbst wie Tiere oder Kriegsgefangene geführt werden (ומלכיהם נהוגים).[189] Als Teilnehmer am universalen Völkerzug, zu denen sie nach 60,3 geworden sind, haben sie ihre Autonomie und ihren Führungsanspruch eingebüßt; sie sind (ob freiwillig oder gezwungen wird nicht geklärt) in den Dienst des wahren Königs getreten (vgl. v.10: ומלכיהם ישרתונך), dessen Order sie nun zu befolgen haben.

Im Anschluss daran formuliert *v.12* ein noch schärferes Urteil zur Lage der Nationen: diejenigen, die Zion den Dienst verweigern, werden zugrunde gehen.[190]

---

189 Zu נהג in der Bedeutung „gefangen herbeiführen" vgl. Jes 20,4; 1 Sam 30,2; Klgl 3,2. Der Targum verstärkt diesen Aspekt, indem er נהוגים mit זקיקין, *gefesselt*, wiedergibt. Eine Mitwirkung Zions nimmt Delitzsch, *Jesaia*, 581, an: „[…] herbeigeführt aber nicht von ihren Völkern, welche ihres Regimentes überdrüssig sie ausliefern […], sondern von der Gemeinde, von welcher unwiderstehlich gefesselt, d. i. innerlich überwunden (vgl. 45,14 mit Ps. 149,8), sie sich als ihre und ihres Gottes Gefangene in festlichem Ehrenzug zur h.[eiligen] Stadt hineinführen lassen." Zu anderen Deutungen des umstrittenen Ausdrucks vgl. Koole, *Isaiah III.3*, 240–1.

190 Durch die Assonanz von לא-יעבדוך und יאבדו wird dieser Zusammenhang als unausweichlich dargestellt. Koole, *Isaiah III.3*, 242, entdeckt darüber hinaus einen antithetischen Bezug zu v.10a: die Zion dienen, bauen deren Mauern wieder auf, die Zion nicht dienen, werden selbst zerstört.

Dieses Drohwort ist, wie die sprachlichen Parallelen zeigen, in Anlehnung an *Jer 27,8 – 10* formuliert.[191] Dort wird „der Nation und dem Königreich" (הגוי והממלכה), die sich dem babylonischen König nicht unterordnen (אשר לא־יעבדו אתו), der Untergang angedroht (ואבדתם). In unserem Text wird die Rolle Nebukadnezzars, den JHWH zu seinem irdischen Stellvertreter gemacht hatte (vgl. Jer 27,6: עבדי, *mein Knecht*), auf Zion übertragen. In Zukunft soll der Bestand eines Reiches also nicht mehr von militärischer Stärke, von politischen Koalitionen und diplomatischem Geschick abhängen, sondern von seinem Verhältnis zur Zionsgemeinde und somit zu dem, der diese zum Mittelpunkt der Völkerfamilie gemacht hat.

Dieser Gedanke wird noch verstärkt, wenn die auffällige Wendung והגוים חרב יחרבו, *und die Nationen werden völlig verwüstet* (v.12b), als Anspielung auf Jes 37,18 *par* 2 Kön 19,17 aufgefasst werden darf: החריבו מלכי אשור את־הגוים ואת־ארצם, *die Könige Assurs haben die Nationen und ihre Länder verwüstet.*[192] Mit ihr würde das anmaßende Gerede der Assyrer zurückgewiesen und dahingehend korrigiert, dass über das Schicksal der Völker nicht sie, sondern diese selbst bestimmen, nämlich durch den Dienst, den sie der Stadt JHWHs leisten.

Aus all dem folgt, dass sich die Zionswallfahrt der Nationen für den Verfasser von Jes 60 nicht in einem einmaligen Zug erschöpft. Tatsächlich sagt er in v.3 ja nicht voraus, dass *alle* Nationen (כל־הגוים oder הגוים) kommen werden. Vielmehr prophezeit er, dass גוים, also *einige* Nationen (gemeint ist wohl, einige aus den Nationen) nach Jerusalem ziehen werden. Es bleiben also noch Personen, die sich in einem zweiten Moment zu einer Pilgerfahrt entschließen könnten (was Jes 66 dann ausmalen wird).

Unter den *gojim* werden wiederum einzelne בני־נכר erwähnt, die Zion, d. h. den dort Wohnenden spezielle Dienste erweisen: sie helfen beim Wiederaufbau der Mauern (v.10), beaufsichtigen den durch die Stadttore hereinströmenden Warentransport (v.11), hüten das Vieh und bestellen die Felder und Weinberge (61,5). Auf diese Weise erhalten sie dauerhaften Anteil am Leben Israels, zunächst an seiner täglichen Arbeit, dann aber, wie Jes 56 zeigt, auch an seinem Glauben und Gottesdienst.

Parallel dazu werden die Judäer für sie nicht Herren im üblichen Sinn, nicht Machthaber, die sich nur an den Abgaben und Dienstleistungen ihrer Untertanen bereichern. Wenn sie in 61,6 כהני יהוה, *Priester JHWHs*, genannt werden (und zwar wie in 60,14 durch die nichtjüdischen Ausländer!), dann liegt darin auch ein Auftrag, den sie diesen gegenüber erfüllen sollen. Sie sollen ihr priesterliches Amt,

---

191 Der Vers wird deshalb „von nahezu allen Kommentatoren als Glosse betrachtet" (Lau, *Schriftgelehrte Prophetie*, 52). Zu den Parallelen der beiden Texten s. Koole, *Isaiah III.3*, 242.
192 Der ursprüngliche Wortlaut dürfte in 2 Kön 19,17 erhalten sein. Zur Textkritik vgl. W. A. M. Beuken, *Jesaja 28 – 39* (HThKAT; Freiburg; Basel; Wien: Herder, 2010) 367 – 8.

sei es, dass sie Opfer darbringen, sei es, dass sie die Torah auslegen, auch zu-gunsten jener ausüben, die aus der Fremde gekommen und bei ihnen heimisch geworden sind.[193]

2.3.4. Die Heimkehr der exilierten Judäer

Jes 60,1–3 endet mit dem Blick auf die Völkerscharen, die zu dem im Licht Jhwhs erstrahlenden Zion strömen. Die folgenden Verse schildern nicht sukzessive Vorgänge, sondern lenken den Blick des Lesers auf die einzelnen Personen-gruppen und Güter, die miteinander den einen großen Zug bilden.[194] Als erste und wichtigste Gabe werden bezeichnenderweise nicht die Reichtümer der Nationen, sondern die „Kinder" Jerusalems erwähnt, also die aus dem Exil heimkehrenden Judäer. Eine vergleichbare Vorstellung ist in außerbiblischen Schrift- und Bild-zeugnissen nicht zu finden.[195] Dieses keineswegs nebensächliche Detail gibt Aufschluss über die Intention des Verfassers der Vision. Für ihn sind die innere Stärkung, die Sammlung und Erneuerung des Gottesvolkes wichtiger als seine äußere Bereicherung. Darüber hinaus zeigt die Beispiellosigkeit dieses Erzählzugs auch, dass die Sache selbst einzigartig ist. Dass nach einem mehrere Generationen dauernden Aufenthalt in der Fremde Deportierte in die Heimat zurückkehren, ja, überhaupt zurückkehren wollen, um die zu Hause gebliebene Restgemeinde zu stärken, ist schon geschichtlich betrachtet außergewöhnlich, für den gläubigen Blick aber ein von Gott gewirktes Wunder.

V.4a fordert Zion mit zwei weiteren Imperativen auf, sich umzuschauen und wahrzunehmen, wer sich um sie versammelt hat: ‏שְׂאִי־סָבִיב עֵינַיִךְ וּרְאִי...‎, *hebe deine Augen und sieh!* Die Körperbewegung, die v.1 durch ‏קוּמִי‎ anzeigte, soll also fort-

---

193 Vgl. Lau, *Schriftgelehrte Prophetie*, 81, der davon ausgeht, „dass das Priestertum der Heils-gemeinde hier deren Stellung gegenüber den Fremden zum Ausdruck bringt. Die Heilsgemeinde hat eine privilegierte Mittlerfunktion zwischen Jahwe und den Völkern, und aus dieser Position heraus erfüllt sie gegebenenfalls einen Dienst." Nach Koenen, *Ethik und Eschatologie*, 113, besteht die primäre Intention des Textes allerdings darin, das eschatologische Priestertum auf alle Is-raeliten zu erweitern.

194 So Steck, „Grundtext", 278: „Es kommen nicht erst die Völker, dann die Heimkehrer und schließlich die Schätze; vielmehr stellt der Text als Nacheinander der Aussagen und der Wahr-nehmungen Zions dar, was als Vorgang ein und dasselbe Geschehen ist."

195 Für Weinfeld, „Zion and Jerusalem", 110, ist sie deshalb einer der charakteristischen Un-terschiede zwischen der babylonischen und der biblischen Ideologie der Tempelstadt. Wenn Kinder innerhalb eines Tributzugs erwähnt oder bildlich dargestellt werden, sind es die der un-terworfenen Völker, die als Geiseln gebracht werden (vgl. Weinfeld, „Zion and Jerusalem", 110 n.75; Keel, *Altorientalische Bildsymbolik*, 282–283).

gesetzt werden. Nachdem sie sich aus ihrer liegenden Stellung erhoben hat, soll sie nun auch ihre Augen erheben, um dessen inne zu werden, was um sie herum und ihretwegen geschieht.

Die Verszeile spiegelt Wort für Wort die erste Hälfte von 49,18 wider:

$$49,18a: \quad \text{שְׂאִי־סָבִיב עֵינַיִךְ וּרְאִי כֻּלָּם נִקְבְּצוּ בָאוּ לָךְ}$$
$$60,4a: \quad \text{שְׂאִי־סָבִיב עֵינַיִךְ וּרְאִי כֻּלָּם נִקְבְּצוּ בָאוּ לָךְ}$$

Durch dieses wörtliche Zitat wird das ganze Orakel 49,14 – 26 und seine Schilderung der Lage Zions eingespielt.[196] Dort galt es, die über den Verlust ihrer Kinder trauernde Mutter zu trösten und sie davon zu überzeugen, dass die vermisst Geglaubten schon „alle versammelt und zu dir gekommen sind." Mit כלם, *sie alle*, sind dort die potentiellen Erbauer der Stadt, in erster Linie wohl die Diasporajuden gemeint, denn die übrigen Nationen treten erst in den folgenden Versen, in v. 22 – 23 als Helfer, in v. 24 – 26 als Feinde des Gottesvolkes auf.

In Jes 60 wird die Wendung unverändert wiederholt, durch den veränderten Kontext erhält sie aber einen neuen Sinn. כלם, *sie alle*, bezieht sich nun auf die zuvor genannten גוים und מלכים.[197] Zions Blick fällt zuallererst auf die Nationen, die mitsamt ihren Königen herbeigeeilt sind, um von dem Glanz der göttlichen Heilsordnung erleuchtet zu werden. Die ursprüngliche Aussage ist also universal ausgeweitet.

Dass diese völkerfreundliche Neuinterpretation als unpassend oder gar anstößig empfunden werden konnte, zeigen die griechische und die aramäische Übersetzung. Sie „renationalisieren" das Orakel, indem sie das fehlende Subjekt ergänzen, die Septuaginta τὰ τέκνα σου, *deine Kinder*, der Targum Jonathan כל בני עם גלוותיך, *alle Söhne des Volkes deiner Verbannten*. Damit bewirken sie, dass die unruhig ausspähende Zionsmutter als erstes nicht unbekannte Ausländer, sondern ihre eigenen Kinder erblickt.

---

196 Die These von Vermeylen, *Jérusalem*, 170, Jes 49 sei umgekehrt durch Jes 60 beeinflusst, hat keine Auswirkung auf unsere synchrone, dem Leseablauf folgende Auslegung. Sie ist aber auch in sich nicht überzeugend, da Jes 60 im Vergleich zu 49,14 – 26 eine sukzessive Phase der „Biographie" Zions schildert, in der mit den eigenständig herbeieilenden Nationen und den Tributen zwei neue Motive auftauchen. Sie wird noch unwahrscheinlicher, wenn man, wie Vermeylen, *Jérusalem*, 171, es tut, 60,4 literarkritisch isoliert und einer noch später anzusetzenden „Söhne-Überarbeitung" zuschreibt.

197 Die Argumentation von Lau, *Schriftgelehrte Prophetie*, 35, כלם müsse wegen der Zitation von 49,18 und wegen des nachfolgenden v. 4b auf die heimkehrenden Israeliten bezogen werden, ist, wie Koenen, *Ethik und Eschatologie*, 137 n.476, zeigt, nicht stichhaltig. Eine vermittelnde Position nimmt Paul, *Isaiah*, 520, ein: „However, it is also possible that it refers to both the expatriates and the far-off kings."

Im Unterschied dazu erwähnt der hebräische Text erst in *v.4b*, dass sich in dem Zug der „Heiden" auch Angehörige des Gottesvolks befinden: בניך מרחוק יבאו ובנתיך על־צד תאמנה. Mit diesem Bikolon (3+3) wird ein zentrales Thema von Jes 40 – 55, die Repatriierung der Diaspora, aufgegriffen. Der Rückbezug lässt sich sprachlich daran ablesen, dass unser Halbvers ein aus 49,12 und 49,22 zusammengesetztes Mischzitat ist:

49,12b:	הנה־אלה <u>מרחוק יבאו</u>
49,22b:	והביאו <u>בניך</u> בחצן <u>ובנתיך</u> <u>על־</u>כתף תנשאנה
60,4b:	<u>בניך מרחוק יבאו ובנתיך על־צד</u> תאמנה

Der Vergleich mit der weiter entfernten Parallele *43,5 – 6*[198] macht noch deutlicher, worauf 60,4 den Akzent legt. Beide Texte verwenden den Doppelbegriff „Söhne und Töchter", um die *Golah* in ihrer Gesamtheit zu bezeichnen und ihr überdies ein persönliches Gesicht zu verleihen. Sie präsentieren die Heimkehr der Verbannten also eher als eine Familienzusammenführung denn als eine staatlich verordnete Umsiedlungsaktion. Gleichzeitig ersetzt unser Text aber die Bezeichnungen בני, *meine Söhne*, und בנותי, *meine Töchter* (43,6), die an die Erwählung Israels zum Volk Jhwhs erinnern, durch בניך, *deine Söhne*, und בנתיך, *deine Töchter* (60,4). Das mag als eine theologische Abschwächung erscheinen. Vom rhetorischen Gesichtspunkt her verstärkt dieser Wechsel aber die Wirkung auf die Adressaten (die kollektive Adressatin). Denn wie 49,14 – 26 und die übrigen Zionsgedichte ist auch Jes 60 keine neutrale Zukunftsprognose. Die Vision will ihre Hörer/Leser auch emotional berühren (z. B. indem sie die Heimkehrer als deren Blutsverwandte vorstellt), damit sie sich das Prophezeite zu Herzen nehmen und es nach ihren Möglichkeiten unterstützen.

Eine aktive Teilnahme wird aber auch von den Exulanten erwartet. Im Unterschied zu 43,5 – 6 und 49,22 (und bereits 14,2) werden sie nämlich nicht von Gott oder ihren Gastvölkern nach Zion getragen (בוא *hif.*), sondern begeben sich selbst auf die Reise (בוא *qal*). Jes 60 betrachtet sie nicht mehr als Objekte fremder Entschlüsse oder als passive Empfänger von Wohltaten, sondern als selbstständig

---

198 In der Literatur wird sie immer wieder angeführt (z. B. von Koole, *Isaiah III.3*, 226). Sie ist in unserem Text aber nur indirekt präsent, nämlich vermittelt durch die genannten Stellen, die sich jeweils auf sie beziehen. Dies zeigt sich daran, dass in 60,4 das Verb בוא nicht wie dort im *Hifil*, sondern wie in 49,12 im *Qal* steht, dass „Söhne und Töchter" nicht wie dort durch das *ePP* der 1. Pers., sondern wie in 49,22 durch das *ePP* der 2. Pers. f. bestimmt sind. Dies gilt auch für die Ortsangabe מרחוק. Sie erscheint nicht wie in 43,6 am Schluss des Kolons (הביאי בני מרחוק), sondern wie in 49,12 in der Mittelposition.

handelnde Subjekte.[199] Im Gefolge der anderen Völker kommen sie herbei, vielleicht auch sie angelockt von dem Glanz der torahgemäßen Lebensordnung, die in ihrer Heimatgemeinde nun verwirklicht wird.

Die Aussage über die „Söhne" wird im zweiten Kolon durch die Parallelaussage über die „Töchter" balanciert. Durch die Ortsangabe mit על und die passive Verbform spielt sie 49,22 (על־כתף תנשאנה), durch die Wurzel אמן 49,23 (והיו מלכים אמניך) ein. Auf diese Weise hält sie die Erwartung aufrecht, dass die Heimkehrer, genauer, die als schwächer erachteten Heimkehrerinnen von Fremden getragen werden. Ob der Wechsel von על־כתף תנשאנה (49,22) zu על־צד תאמנה (60,4) eine „eschatologische Umkehrung" von Ez 34,21 darstellt[200] oder lediglich dem Grundsatz *variatio delectat* folgt, kann offen bleiben. Unstrittig ist, dass תאמנה, *sie werden gewartet werden*, eine lexikalische Brücke zu 49,23 bildet, wo die ausländischen Könige als אמנים, als Wärter der Kinder Zions fungierten. Auch wenn 60,4 das nicht ausdrücklich feststellt, dürfte dieser Dienst auch hier von ihnen ausgeübt werden. Sie stehen also schon während der Reise in einer positiven Beziehung zu der Stadt, die sie dann auch noch mit ihren Geschenken ausstatten werden.

Das Thema „Repatriierung der Exilierten" wird in *v.8 – 9* noch einmal aufgegriffen, in deutlichem Anschluss an v.4b, wie die von dort übernommenen Lexeme בניך, בוא und מרחוק signalisieren. Eingeleitet wird diese Passage durch eine Frage, die in ihrer Formulierung מי־אלה an 49,21 erinnert. Es könnte sich also auch hier um einen Einwurf Zions handeln, die verwundert auf die Menschen schaut, die „wie Tauben zu ihren Verschlägen fliegen."[201] Das ist umso wahrscheinlicher, als

---

199 Vgl. Koole, *Isaiah III.3*, 227: „The »sons« are now the active subject, independent of the benevolence of the nations; their return does not take place as a result of an order which God has directed at the nations, but is caused by the attraction of the light given to Zion."

200 So Steck, „Heimkehr auf der Schulter", 276: „Wie die Völkerwelt mit Hüfte und Schulter die (weiblichen) Erschöpften fortgestoßen hat bis ins Exil, so wird sie dann die Töchter Zions auf Schulter und Hüfte aus dem Exil heimzubringen haben." Allerdings bleiben der behauptete Völkerbezug von Ez 34,21 ebenso unsicher wie das Motiv für die Änderung von כתף zu צד (in dem Ezechieltext stehen nämlich beide Termini). Stecks Interpretation wird von Koole, *Isaiah III.3*, 227, vorsichtig befürwortet. Dagegen nimmt Koenen, *Ethik und Eschatologie*, 138 n.484, an, dass durch die Textänderung das in Num 11,12 verwendete Bild der Amme eingeführt werde. Der Dienst der Völker an Israel würde dadurch noch stärker als in 49,22 (vgl. unsere Auslegung in III.2.3.5.) an den des Mose beim Auszug aus Ägypten angeglichen.

201 W. C. Bouzard jr., „Doves in the Windows. Isaiah 60:8 in Light of Ancient Mesopotamian Lament Traditions", B. F. Batto u. K. L. Roberts (Hg.), *David and Zion. Biblical Studies in Honor of J. J. M. Roberts* (Winona Lake, IN: Eisenbrauns, 2004) 307 – 317, sieht darin die Umkehrung eines Motivs der mesopotamischen Volksklagelieder. Während die Tauben in diesen das zerstörte Heiligtum verlassen, kehren sie in unserem Text zu ihm zurück – „a simile for the hope of res-

an beiden Stellen die Frage mit einem Hinweis auf die Rückkehr „deiner Söhne" (בניך, 49,22; 60,9) beantwortet wird. Hier geht es speziell um den Teil der Diaspora, der im Westen, auf den Inseln und in den Küstenregionen des Mittelmeers bis hin nach Tarschisch[202] lebt. Von dort können sie nur per Schiff, nämlich mit Hilfe der berühmten „Tarschisch-Schiffe" (אניות תרשיש)[203] nach Jerusalem gelangen. Das ist der Grund, weshalb ihr Zug in diesem Vers erneut als ein Transport, ein Ge-brachtwerden (בוא *hif.*) beschrieben wird.

Eine entsprechende Aussage über die „Töchter" fehlt, stattdessen werden die Umstände der Schiffsfahrt präzisiert: die Heimkehrer werden „mit ihrem Silber und ihrem Gold" befördert (כספם וזהבם אתם).[204] Was soll damit ausgedrückt werden? Dass ihr Aufbruch ihnen genügend Zeit lässt, um ihre Habe mitzuneh-men? Oder dass sie für die Überfahrt nichts zu zahlen brauchen? Immerhin hatte 45,13 in Aussicht gestellt, dass Kyros die Verbannten ohne Gegenleistung frei-lassen werde (לא במחיר ולא בשחד). Vielleicht soll die Reise durch diesen Hinweis aber auch dem Auszug aus Ägypten gleichgestellt werden. Denn damals nahmen die Israeliten die silbernen und goldenen Gefäße ihrer Nachbarn mit (vgl. Ex 3,22; 11,2; 12,35). Oder in der theologischen Deutung von *Ps 105,37:* Damals führte Gott sie „mit Silber und Gold" (בכסף וזהב) heraus.

Weshalb die Gastgeberländer überhaupt bereit sind, die Exulanten per Schiff nach Hause zu bringen, erklärt die zweite Hälfte des Verses. Es handelt sich um ein leicht abgewandeltes Zitat aus 55,5:[205]

55,5b: למען יהוה אלהיך ולקדוש ישראל כי פארך

60,9b: לשם יהוה אלהיך ולקדוש ישראל כי פארך

---

toration of both God's house and Jerusalem's population" (Bouzard, „Doves in the Windows", 309).

202 Zur Lokalisierung dieser Stadt, die im Jesajabuch siebenmal erwähnt wird (2,16; 23,1.6.10.14; 60,9; 66,19) vgl. die neueste Studie von J. Day, „Where was Tarshish?", I. Provan u. M. J. Boda (Hg.), *Let Us Go up to Zion. Essays in Honour of H. G. M. Williamson on the Occasion of His Sixty-Fifth Birthday* (VT.S 153; Leiden; Boston, MA: Brill, 2012) 359 – 369. Gegenüber Versuchen, Tarschisch mit Tarsus in Zilizien zu identifizieren, verteidigt der Autor die traditionelle Lokali-sierung bei Tartessos an der Mündung des Guadalquivir in Südspanien. Im Alten Testament gilt Tarschisch als der am weitesten westlich gelegene Ort und außerdem als wichtige Fundstätte für Silber und andere Metalle.

203 "[T]hey were large boats capable of going long distances" (Day, „Where was Tarshish?", 365).

204 Koole, *Isaiah III.3*, 237, bezieht die Suffixe von כסף und זהב auf die Schiffe und deutet die Edelmetalle dementsprechend als die von diesen beförderte Fracht (vgl. 1 Kön 10,22). Dem steht jedoch entgegen, dass die Suffixe maskulin sind, אניות aber feminin. Sie müssen also ebenso wie das Suffix bei אתם auf die Söhne (בניך) bezogen werden.

205 Vgl. Nurmela, *The Mouth of the Lord*, 108 – 9.

Wie wir gesehen haben, ist auch dort von einer Völkerwallfahrt die Rede. Allerdings wird diese nur in unserer Prophezeiung auf Zion bezogen, wie das unterschiedliche Genus der Suffixe von אלהיך und פארך, maskulin im ersten, feminin im zweiten Fall, zeigt. Vor allem aber ist das einleitende למען יהוה der Vorlage durch לשם יהוה ersetzt. Was bedeutet diese unscheinbare und doch signifikante Abweichung? In 55,5 wird JHWH durch למען als Zweck, Finalursache und damit als eigentlicher Motor des Pilgerzugs präsentiert. In 60,9 wird er hingegen mit dem von להביא abhängigen ל als Ziel der Prozession, genauer, als Empfänger der mitgebrachten Gaben erwähnt.[206] Weshalb ist das Tetragramm aber um שם erweitert? Joseph Blenkinsopp nimmt an, dass damit *Jer 3,17* eingespielt werde, ein Orakel, das die eschatologische Versammlung aller Nationen לשם יהוה, *beim Namen JHWHs*, nämlich in Jerusalem, der Stadt, in der Sein Name wohnt, verheißt.[207]

Wie in 55,5 geht es den Ankömmlingen auch hier nicht um ein theoretisches Erkennen Gottes. Nach Ausweis des Kausalsatzes, der den Vers beschließt, werden sie nämlich vor allem von der Schönheit Jerusalems angelockt: כי פארך, *denn er hat dich verherrlicht*.[208] Damit ist ein, vielleicht sogar *das* Hauptmotiv von Jes 60 benannt: Zions Ausschmückung und Verherrlichung. Ähnlich wie אור dient auch das Schlüsselwort פאר[209] dazu, das Verhältnis zwischen JHWH, seiner erwählten Stadt und den anderen Nationen zu umschreiben. So wie er das „Licht" ist, das sich in der Lebensweise der Jerusalemer Gemeinde widerspiegelt (אורך, v.1.3), ist er auch die „Schönheit", die die ganze Stadt erfüllt (תפארתך, v.19). Er ist derjenige, der den Tempel schmückt und zu einem „schönen Haus" macht (בית תפארתי, v.7), so dass

---

206 Anders die Deutung von B. M. Zapff, *Jesaja 56–66* (NEB 37; Würzburg: Echter, 2006) 385: „Die Schiffe machen sich nicht *um Jahwe willen* (55[5b]) auf den Weg, vielmehr dient ihr (von Jahwe) initiierter Transport der Zionskinder seinem Ruhm als im geschichtlichen Bereich handelnder und machtvoller Gott Israels" [Hervorhebung i. Orig.].

207 Vgl. Blenkinsopp, *Isaiah III*, 214. Für ihn ist 60,9 „a small-scale example of how new prophecy could be generated out of existing prophetic texts to fit a different situation." Neben dem jeremianischen Orakel wird die Wendung שם יהוה auch noch in zwei jesajanischen Völkerwallfahrtstexten verwendet: 18,7 und 56,6.

208 Wilson, *Nations in Deutero-Isaiah*, 225–6, übersetzt das *qatal* futurisch und definiert den Satz als „purpose clause". Dieser Fehler, der sich schon bei Westermann, *Jesaja*, 229, findet, ist offensichtlich dadurch verursacht, dass nach dem formgeschichtlichen Kanon eine Heilsankündigung mit einer Zukunftsperspektive, mit „God's purpose" enden sollte (vgl. C. Westermann, „Sprache und Struktur der Prophetie Deuterojesajas", ders., *Forschung am Alten Testament. Gesammelte Studien* [TB 24; München: Chr. Kaiser Verlag, 1964] 120–2; A. Schoors, *I Am God Your Saviour. A Form-Critical Study of the Main Genres in Is. XL–LV* [VT.S 24; Leiden: E. J. Brill, 1973] 32–46).

209 Die Wurzel kommt in dem Kapitel insgesamt sechsmal vor, viermal in dem Verb פאר (v.7.9.13: *Piel*; v.21: *Hitpael*) und zweimal in dem Substantiv תפארת (v.7.19).

auch Fremde angezogen werden und mit ihren Schätzen selbst an seiner Ver-
schönerung mitwirken wollen (vgl. v.7.13).

Der letzte Beleg von פאר in *v.21* zeigt, dass dieser Glanz sich nicht in einem
ästhetischen Erleben erschöpft und die Verherrlichung nicht eindimensional
verläuft. Das eigentliche Ziel ist, dass Jhwh selbst „herrlich" wird. Er verherrlicht
sich (bzw. wird verherrlicht, wie man das *Hitpael* auch übersetzen kann) durch ein
Volk, das seine Weisung vollkommen erfüllt, weil es ganz aus צדיקים, *Gerechten*,
besteht. Zions Pracht ist deshalb nicht ein passiver Reflex der Schönheit Gottes, sie
legt auch aktiv von ihr Zeugnis ab, lässt sie, wenn man so sagen darf, überhaupt
erst Gestalt annehmen, so dass sie sich in der materiellen Welt manifestieren kann.
So kommt ihre Ausstrahlung zwar ganz von Jhwh, umgekehrt hängt aber auch
dessen „Ansehen" in den Augen der Menschen (ganz?) von der Gemeinde in Jerusalem ab.

Um zum Abschluss auf das Thema dieses Abschnitts zurückzukommen: In Jes
60 ist die Rückkehr der deportierten Judäer ein wesentliches Element der Völkerwallfahrt. Angezogen von der wunderbaren Verwandlung ihrer Mutterstadt
kommen sie teils aus eigener Kraft, teils geleitet von den Bewohnern ihrer Exil-
länder, die die von Jhwh initiierte Rettungsaktion beobachten und unterstützen.
Was mit den Heimkehrern geschieht, nachdem sie ihr Ziel erreicht haben, deuten
die letzten Verse des Kapitels an: sie werden in die „Familie" der Zionsmutter
aufgenommen, Gerechte unter Gerechten, um zusammen mit denen, die in der
Heimat blieben, Gottes „Pflanzung" und „Werkstück" zu sein und Seine Macht
und Herrlichkeit zu bezeugen.

2.3.5. Die Schätze der Nationen kommen nach Jerusalem

Was Jes 60 von allen anderen Völkerwallfahrtstexten abhebt, ist die Fülle der
materiellen Güter, die nach Jerusalem gebracht werden. Damit wird ein Thema
aufgegriffen, das für das politische und religiöse Denken des Alten Orients zentral
ist: die Darbringung von Tributen durch unterworfene Völker. In 18,7 und 45,14 war
dieses Thema bereits angeklungen, allerdings beschränkt auf die Völker Ägyptens
und Afrikas. Nun wird es in aller Ausführlichkeit behandelt. Dabei wird der ganze
Vorgang (im Unterschied etwa zu Hag 2,6 – 9) aus der Perspektive Zions geschildert. In 60,4 wurde sie zum Sehen aufgefordert (ראי), in *v.5* wird ihr nun prophezeit, was sie erblicken wird (תראי) und was ihre innere Verfassung von Grund
auf verwandeln wird. Sie hat den Zug der Nationen durch das über ihr erschienene
und von ihr reflektierte Licht zwar selbst ausgelöst, doch wirkt dieser seinerseits
auf sie zurück; durch die erwartungsfroh herbeieilenden Fremden wird sie in ihrer

Umkehr bestärkt, wird das Dunkel, das auch über ihr lag, vertrieben und ihr Leuchten gemehrt – ונהרת, *und du wirst strahlen.*

Dass die Nationen in friedlicher Absicht kommen, ist nicht von Anfang an klar. Vielleicht sind die semantischen Ambiguitäten der ersten Vershälfte[210] sogar beabsichtigt, um den Leser in die emotionale Konfusion der Gottesstadt hineinzunehmen. Die Unsicherheit geht auch in *v.5b* weiter, wo zwei Kategorien von Waren unterschieden werden: solche, die vom Meer (המון ים), und solche, die vom Land kommen (חיל גוים). Neben der neutralen Bedeutung „Fülle, Menge" können die Lexeme המון und חיל aber auch in einem militärischen Kontext verwendet werden.[211] So begegnet das Nomen המון, *Getöse,* zusammen mit dem zugrunde liegenden Verb המה, *tosen,* wie in der Einleitung aufgezeigt (vgl. dort 4.2.4.), nicht selten in Texten über den Völkersturm: *Jes 17,12* vergleicht das Lärmen der Angreifer mit dem Tosen der Meeresfluten (המון עמים רבים כהמות ימים יהמיון), und *29,7–8* beschreibt, wie die Nationen unter großem Lärm (המן כל־הגוים) den Zionsberg bestürmen.[212] In Ri 4,7; Ps 46,4.7; Dan 11,10–13 nimmt המון dann überhaupt die Bedeutung „Heer" an. Die negative Assoziation wird in unserem Vers syntaktisch sogar noch verstärkt: הפך *nif.* regiert die Präposition על, die nicht selten die feindliche Annäherung („gegen") bezeichnet.

Nicht weniger zweideutig als המון ים ist der Parallelbegriff חיל גוים. Senden die fremden Nationen „Schätze" oder „Truppen" nach Jerusalem? Jes 8,4; 10,14; 30,6 verwenden das Wort in der ersten Bedeutung, die späteren Passagen 36,2; 43,17 aber in der zweiten,[213] und auch die aktive Verbform יבאו passt eher zu marschierenden Soldaten als zu unbelebten Gütern.

---

210 Sollte man mit vielen Handschriften nicht תיראי *du wirst dich fürchten,* lesen? Könnte נהרת nicht doch auf נהר I zurückgehen und ein orientierungsloses „Hin- und Herströmen" meinen? Kann פחד hier wirklich ein positives Gefühl bezeichnen? In welchem Sinn wird das Herz „geweitet" (רחב)? Die intelligente Exegese von Ibn Ezra zeigt jedenfalls, dass in jedem dieser Fälle auch eine Deutung zum Negativen hin möglich ist (vgl. Friedländer, *Ibn Ezra on Isaiah,* 277).
211 Zu den unterschiedlichen Interpretationen der beiden Begriffe s. Koole, *Isaiah III.3,* 229–30. In konsequenter Weiterführung seiner Auslegung von v.5a denkt Ibn Ezra an feindliche Armeen, die auf dem See- und Landweg gegen Jerusalem ziehen (vgl. Friedländer, *Ibn Ezra on Isaiah,* 277).
212 Vgl. die Auslegung der beiden Völkersturmtexte bei Vermeylen, *Jérusalem,* 34–41. Nach seiner Auffassung ist der Grundtext von Jes 60 überhaupt durch die Auseinandersetzung mit der Völkersturmtradition geprägt: „[L]e motif est en quelque sorte retourné, car l'avancée des peuples, désormais pacifique, doit réparer le tort causé" (Vermeylen, *Jérusalem,* 184).
213 Eindeutig positiv ist der Ausdruck dann wieder in 60,11 und 61,6. Mit der Doppelbedeutung von חיל scheint Sach 14,14 zu spielen. Innerhalb einer Vision, die zuerst den Kampf und dann die Wallfahrt der Heidenvölker schildert, verheißt dieser Vers, dass sich in Jerusalem חיל כל־הגוים – das Heer oder die Schätze der Nationen? – versammeln werden.

Durch diese sprachliche Doppeldeutigkeit wird dem Leser die Lage Zions lebhaft vor Augen geführt. Sie sieht eine Masse von Menschen, Tieren und Waren auf sich zukommen und weiß nicht, ob sie sich fürchten oder freuen soll.[214] Die Ungewissheit löst sich im Grunde erst in dem Moment auf, in dem das unheimliche Schweigen gebrochen wird und aus dem Mund der Ankömmlinge Loblieder auf JHWH erklingen (vgl. v.6b: ותהלת יהוה יבשרו).

Aus allen Himmelsrichtungen werden Gaben nach Jerusalem gebracht: aus den arabischen Ländern im Süden und Osten (v.6 – 7), von den Inseln und Küstenstädten des Mittelmeers im Westen (v.8 – 9), aus dem Libanon im Norden (v.13).[215] Als erste Gruppe nennt *v.6* eine Karawane, die Edelmetalle und Weihrauch aus Midian, Efa und Saba[216] bringt. So wie in v.2 Finsternis die Erde bedeckte (יכסה), „bedeckt" nun eine Menge von Kamelen und Dromedaren Jerusalem (תכסך). Um zu unterstreichen, dass an der Vollzahl nichts fehlt, wird dasselbe כלם, *sie alle*, wie in v.4 verwendet, und um das Kommen der Trägetiere auszudrücken, zum fünften Mal nach v.1 (JHWH), v.4 (die Völker und die Exulanten) und v.5 (die Schätze der Völker) das Verb בוא, zum dritten Mal in derselben Form. Die mangelnde Abwechslung könnte als stilistische Schwäche bemängelt werden. Doch hat die sprachliche Monotonie einen starken rhetorischen Effekt: alle, von Gott selbst über die Menschen der verschiedenen Nationen bis hin zu den Tieren, vollziehen *eine* gemeinsame Bewegung; sie marschieren sozusagen im Gleichschritt von den Rändern der Erde nach Jerusalem, dem Nabel der Welt.

Ähnlich wie in Jes 45,14 – 25 reduziert sich der Völkerzug auch in Kap. 60 nicht auf die militärische, politische und wirtschaftliche Dimension. Indem eine Reihe kultischer Elemente hinzugefügt werden, verwandelt sich der Tributzug unterworfener Vasallen in eine Prozession von Gaben, die freiwillig dargebracht werden, um den Wohnort JHWHs zu zieren.[217] Der liturgische Charakter des Geschehens wird bereits in v.6 durch לבונה, *Weihrauch*, angedeutet,[218] am Ende des Verses

---

214 Vgl. Friedländer, *Ibn Ezra on Isaiah*, 277: „Anxiety will be mixed with the rejoicing."
215 Zur Diskussion um die Identifikation der Himmelsrichtungen s. Koenen, *Ethik und Eschatologie*, 140 n.488. Für Lau, *Schriftgelehrte Prophetie*, 41 n.83, drückt bereits der Merismus „Ost – West" in v.6 – 7 und v.8 – 9 die Totalität der Himmelsrichtungen aus. Zu den z.T. identischen Ortsangaben in Ps 72,10 vgl. Hossfeld u. Zenger, *Psalmen II*, 324, und s. u.
216 Gen 25,1 – 4 identifiziert diese arabischen Handelszentren als Söhne und Enkel Abrahams, die aus dessen Verbindung mit Ketura entstammen.
217 Wie H. Schmidt, *Israel, Zion und die Völker*, 51, zeigt, hat bereits die altägyptische Vorstellung der Völkerhuldigung eine politische *und* eine religiöse Dimension. Da der Pharao seinen Untertanen als göttliche Gestalt gegenübertritt, ist ihre Tributleistung gleichzeitig ein kultischer Akt.
218 Die kultische Verwendung von Weihrauch ist auch in 43,23 und 66,3 bezeugt. Das parallel dazu erwähnte Gold dürfte deshalb demselben Zweck dienen – „to decorate the sanctuary or to restore and maintain the Temple, for sacrificial services etc." (Koole, *Isaiah III.3*, 232).

aber ausdrücklich festgestellt: Die Herbeikommenden singen Loblieder auf Jʜwʜ (תהלת יהוה), legen also wie echte Pilger in Gesang und Gebet ein Bekenntnis zum Gott Israels ab.

V.7 unterstreicht diesen Aspekt, indem er darüber hinaus die Opfertiere, den Altar und den Tempel (in dieser Reihenfolge) erwähnt. Die Schafe und Widder kommen von Kedar und Nebajot, zwei weiteren arabischen Stämmen, die sich nach Gen 25,13 von dem Abrahamssohn Ismael ableiten. Wie schon in v.5 und v.6 wird auch diesen Tieren durch die Verben, die sich auf sie beziehen, eine wundersame Eigeninitiative zugeschrieben: Sie versammeln sich (יקבצו), leisten Zion – wie die Könige in v.10! – einen Dienst (ישרתונך) und bringen sich schließlich selbst als Opfer dar (יעלו).[219] Die von der Gottesstadt ausgehende Faszination ist demnach so groß, dass sie nicht nur die Menschen, sondern auch deren Vieh erfasst und zum Handeln drängt.

Die erste Beschreibung der Völkerschätze mündet in ein Resümee, das durch einen unerwarteten Subjektwechsel (von der 3. Pers. Pl. zur 1. Pers. Sg.) und die zweimalige Verwendung der Wurzel פאר besonders markiert ist: ובית תפארתי אפאר, *und das Haus meiner Herrlichkeit werde ich verherrlichen* (v.7bβ). Es hält zweierlei fest: Alle Gaben haben nur den einen Zweck, den Ort zu schmücken, an dem Jʜwʜ allen Menschen begegnen will. Und: In den vielfältigen Aktivitäten der israelitischen und nichtisraelitischen Menschheit, in der erstaunlichen Eigentätigkeit der Schätze und Opfertiere handelt letztlich Er, um seinen Plan zum Ziel zu führen.[220]

Das Schlüsselwort פאר begegnet auch in v.9 und v.13 am Ende einer Beschreibung von Tributen. Auf diese Weise wird unterstrichen: es geht nicht darum, dass die einen ausgebeutet und die anderen bereichert werden. Vielmehr geht es darum, dass an *einem* Ort der Erde Gott sinnlich erfahren werden kann. Der Überfluss der materiellen Güter, die an diesem Ort zusammenkommen, soll die Fülle und Schönheit des göttlichen Lebens widerspiegeln.

Im Anschluss an die Ausführungen über den Heimtransport der „Zionskinder" (v.8 – 9) und über die Dienste, die die Fremden leisten werden, wenn sie mit diesen in Jerusalem eingetroffen sind (v.10 – 11), spricht *v.11b* noch einmal über die Schätze der Nationen. Wie v.5 fasst er sie in dem Abstraktbegriff חיל גוים zusammen. Sie werden durch die Tag und Nacht offen stehenden Stadttore herbeigebracht (בוא

---

219 Dieser auffällige Zug wird von Koole, *Isaiah III.3*, 233, hervorgehoben. Genau genommen handle es sich also um ein „self-sacrifice" der Opfertiere.

220 Die göttlichen Ich-Aussagen haben in Jes 60 also immer auch eine rhetorische Funktion: zentrale Aussagen werden hervorgehoben, indem sie Gott in den Mund gelegt werden. Ein Vorgehen, das diese Passagen generell als literarisch sekundär ausscheidet (so z. B. Vermeylen, *Jérusalem*, 172), wird deshalb der Differenziertheit der prophetischen Ausdrucksweise nicht gerecht.

hif.), und mit ihnen kommen die Könige, die, wie bereits erwähnt, nun nicht mehr ihre Völker leiten, sondern selbst zum Zionsgott geleitet werden.

V.13 schildert die letzte, aus dem Norden kommende Karawane. Dabei knüpft er mit dem aktiven יבוא an v.5 – 6, mit der Richtungsangabe אליך an v.11 an, während er mit כבוד, das semantisch חיל ersetzt,[221] auf v.1– 2 zurückverweist. Die Herrlichkeit, die dort die Epiphanie der göttlichen Transzendenz ist, wird somit in eine materielle, irdische Realität „übersetzt". Sie manifestiert sich auch in den Zierbäumen, die zum Schmuck der Gottesstadt, genauer, des Heiligtums in ihrer Mitte herbeigebracht werden.[222] Die Baumarten ברוש תדהר ותאשור, *Zypresse, Pinie und Buchs,* wurden in derselben Reihenfolge und ebenfalls mit einem abschließenden יחדו bereits in *41,19* erwähnt. Dort wurde die Transformation der Wüste in eine wasser- und vegetationsreiche Landschaft verheißen, Symbol einer sozialen Neuordnung zugunsten der „durstigen" Armen im Gottesvolk.[223] In unserem Text wird dieses Bild von der Wüste auf die Stadt übertragen. Dasselbe Wunder soll also, sind die Verbannten erst einmal heimgekehrt, auch in Zion geschehen.[224]

Ähnlich wie in v.7 erläutert auch hier die zweite Vershälfte, zu welchem Zweck das kostbare Material herbeigebracht wird. Wie die Tiere aus den arabischen Ländern sollen auch die Bäume des Libanon den Jerusalemer Tempel schmücken. Diese Aussage wird erneut dadurch akzentuiert, dass Jhwh selbst das Wort ergreift und sein Vorhaben in der ersten Person erläutert. Die Zeile beginnt mit dem Schlüsselwort פאר (vgl. v.7*fin*) und endet mit dem theologisch aufgeladenen כבד. Auf diese Weise entsteht ein doppelter Rahmen: Der äußere, der den ganzen Vers einfasst, basiert auf der Wurzel כבד (im ersten Wort כבוד und im letzten Wort אכבד),

---

221 Vgl. 61,6, wo die beiden Lexeme als Synonyme im *parallelismus membrorum* stehen: חיל גוים // כבודם. Die Wendung כבוד הלבנן kommt noch einmal in 35,2 vor, einem Vers, der nach Auffassung von Lau, *Schriftgelehrte Prophetie,* 53, literarisch von unserer Stelle abhängig ist.

222 Dass die Bäume nicht dem Bau des Tempels, sondern der Anlage eines Tempelgartens dienen, hat O. H. Steck, „Jesaja 60,13 – Bauholz oder Tempelgarten?", *BN* 30 (1985) 29 – 34, wahrscheinlich gemacht. Tatsächlich wird von den genannten Bäumen nur ברוש beim Bau des salomonischen Tempels verwendet und zwar für Fußböden und Türflügel (1 Kön 6,15.34). Wenn Bauholz gemeint wäre, sollte der Vers in der Nähe von v.10 stehen, wo ebenfalls von Baumaßnahmen die Rede ist. Die These von Steck wird durch die Septuaginta indirekt bestätigt. Sie fügt die Zeder, das wichtigste Holz beim Tempelbau (1 Kön 6,9.10 u. ö.; vgl. 2 Sam 7,7: בית ארזים), ein und verändert damit die Aussage im Sinne der ersten Auffassung. Zur architektonischen und symbolischen Bedeutung von Bäumen im altorientalischen Tempel vgl. Keel, *Altorientalische Bildsymbolik,* 118 – 20.131 – 3.

223 Die übliche Deutung auf den „neuen Exodus" und den Wüstenzug der heimkehrenden Exilsgemeinde wird von Berges, *Jesaja I,* 204, aus Mangel an textlichen Indizien abgelehnt. Für Jes 41,19 seien nur die Bedeutungsebenen „Verwandlung der Schöpfung" und „soziale Transformation" relevant.

224 So mit Steck, „Jesaja 60,13", 32.

der innere, der die zweite Vershälfte umschließt, basiert auf den synonymen Verben פאר *pi.* und כבד *pi.*, die zusammen mit ihren Objekten מקום מקדשי und מקום רגלי einen Chiasmus bilden (A–B–B'–A').[225] Alle Kostbarkeiten, die die Fremden herbeischleppen, dienen nur dazu, die Pracht der Wohnstätte JHWHs zu vermehren. Im Letzten aber ist es dieser selbst, der seine Stadt und seinen Tempel „verherrlicht", denn mit ihren Schätzen fügen die Nationen nur etwas zu dem *kavod* hinzu, den er über Zion bereits gebreitet hat. So wird die grundlegende Aussage von v.1–3 in v.13 weitergeführt und konkretisiert. Der Glanz der göttlichen Präsenz soll sich materialisieren, im Miteinander der in Zion lebenden Personen ebenso wie in der Schönheit des weltlichen Stoffs: in funkelndem Silber und Gold, im Duft des Weihrauchs, im „wohlgefälligen" Opfer von Nebajot-Widdern, im angenehmen Schatten eines Tempelgartens.

Die Ausführungen über den Tribut der Nationen gipfeln in *v.16* in einer kühnen Metapher: Wie ein Kleinkind saugt Zion an den Brüsten der Könige die Milch der Völker.[226] Stilistisch ist diese Prophezeiung dadurch hervorgehoben, dass die beiden Parallelausdrücke חלב גוים und שד מלכים durch das am Zeilenbeginn und Zeilenende stehende Verb ינק gerahmt werden. Das seltsame Bild der stillenden Könige, das schon die Septuaginta irritierte,[227] ist offensichtlich von 49,23 inspiriert. Dort fungierten sie als Betreuer der Kinder Zions (אמניך), die Königinnen aber als deren Ammen (מיניקתיך). Diese Aufgabe wird nun steigernd ihnen übertragen,[228] wobei sie allerdings nicht mehr die Heimkehrer, sondern Jerusalem selbst, also die gesamte Stadtbevölkerung zu versorgen haben.

Doch zu welchem Zweck wird diese so reich ausgestattet? Weshalb müssen ihr die Völker, die sie zuvor unterdrückten, nun dienen und ihr Bestes zur Verfügung stellen? Natürlich wird durch die Umkehrung der bisherigen Verhältnisse Unrecht wiedergutgemacht und Gerechtigkeit wiederhergestellt. Noch wichtiger aber ist, dass daraus eine Lehre gezogen wird.

Was aber lehrt die Geschichte, was *diese* Geschichte? Und wer ist es überhaupt, der aus der Geschichte die richtige Lehre zieht? Die Antwort auf diese

---

225 1QIsa[a] unterstreicht diesen strukturellen Doppelbogen, indem er auf v.13 ein Spatium folgen lässt.

226 Wie schon in v.3 und v.11 erscheinen nebeneinander גוים und מלכים. Dass das singuläre חלב גוים ein metaphorischer Ausdruck für חיל גוים (v.5.11) ist, wird nicht nur durch das gleichbleibende גוים, sondern auch durch die Alliteration nahe gelegt. Vgl. die lakonische Deutung von Ibn Ezra: „their money; they will pay tribute" (Friedländer, *Ibn Ezra on Isaiah*, 279).

227 Siehe oben unsere Ausführungen zur Textkritik von 60,16.

228 So mit Lau, *Schriftgelehrte Prophetie*, 58. Allerdings sollte man das Bild nicht zu eng auslegen, da mit מלכים die hier nicht genannten Ehefrauen mitgemeint sein könnten (vgl. Koole, *Isaiah III.3*, 248–9).

Fragen wird durch eine Erkenntnisaussage gegeben, die fast wörtlich aus 49,26 übernommen ist:

49,26b: וידעו כל־בשׂר כי אני יהוה מושׁיעך וגאלך אביר יעקב

60,16b: וידעת כי אני יהוה מושׁיעך וגאלך אביר יעקב

Die Sätze unterscheiden sich nur darin, dass das einleitende Verb in der vermutlichen Vorlage in der 3. Pers. Pl. steht, in unserem Text aber in der 2. Pers. Sg. f.[229] In beiden Fällen geht es darum, hinter die Ereignisse zu blicken und den als Hauptakteur der Geschichte zu erkennen, der sich als אני יהוה präsentiert. Er ist kein weltentzogener, beziehungsloser Gott, sondern einer, der sich an Israel bindet und in dessen Errettung seine Macht erweist. Diese Einsicht sollen nach 49,26 alle Menschen (כל־בשׂר), nach 60,16 Zion (und nur sie!) erlangen. Die einen, weil sie sehen, wie Jнwн die Feinde seines Volkes straft, die andere, weil sie sieht, wie eben diese Feinde sie mit Schätzen überhäufen.[230]

Die Beschreibung des Gütertransports geht in *v.17* weiter, jedoch mit einer auffälligen Änderung. Die Waren werden nicht mehr von den Völkern, sondern von Gott selbst herbeigebracht![231] Dass das Subjekt gerade an dieser Stelle, nach der Erkenntnisaussage von v.16 wechselt, ist höchst bedeutsam. Es signalisiert nämlich, dass nicht eine reale Veränderung auf der Aktantenebene gemeint ist (als ob nun Jнwн anstelle der Kamele die Waren tragen würde), sondern eine Veränderung auf der Ebene der Erkenntnis. Wenn die Bewohner Jerusalems erkennen, dass der „Starke Jakobs" ihr Retter ist, können sie auch den Tributzug der Völker tiefer verstehen: „[I]t is Yahweh who brought the people and the votive offerings to

---

229 Koole, *Isaiah III.3*, 249, beobachtet richtig, dass diese Form auch in 49,23 vorkommt, so dass 60,16 als Kombination von 49,23 und 49,26 angesehen werden kann. Daraus kann jedoch nicht gefolgert werden, „Zion's »identity has been expanded« by the integration of the nations in her midst." Die Änderung des Subjekts der Erkenntnisaussage unterstreicht im Gegenteil den weiterbestehenden Unterschied zwischen Zion und den Nationen.
230 Vgl. Lau, *Schriftgelehrte Prophetie*, 57: „Dort wird »alles Fleisch« das Heilshandeln Jahwes an Israel erkennen, das in der wunderbaren Rettung Israels aus der Gewalt seiner Feinde sowie in der Unterwerfung der Könige und Fürstinnen, die Israels Erzieher und Ammen sein werden (DtJes 49,23), besteht. Hier hingegen wird Zion die Erkenntnis des Heilshandelns Jahwes an ihr verheißen, das Gericht an den Feinden fällt weg." Allerdings fällt das Gericht an ihnen erst in dem Moment weg, in dem sie eingesehen haben, dass „die Nation und das Königreich, das dir nicht dient, untergehen werden" (v.12), in dem sie ihre Tribute dargebracht haben und in dem sich selbst die Babylonier, die früheren Unterdrücker, Zion unterworfen haben (v.14).
231 Dabei werden in einem doppelten Qualitätssprung vier weniger wertvolle durch vier wertvollere Baustoffe ersetzt. Die Reihenfolge „Gold – Silber – Kupfer – Eisen – Holz – Stein" dürfte aus 1 Chr 22,14 übernommen sein (zu ähnlichen Listen s. Lau, *Schriftgelehrte Prophetie*, 58 n.160).

Zion."[232] „Ich bringe…" ist daher die theologische Kurzfassung für eine andere, ausführlichere Aussage: „Es ist Gottes Ziel, dass die nichtisraelitischen Nationen ihn erkennen, gemeinsam nach Zion kommen und ihn dort mit dem, was sie besitzen, verehren. Und es ist sein Ziel, dass diejenigen, die bereits zu seinem Volk gehören, in diesem Vorgang seine Hand erkennen und in ihrem Glauben gefestigt werden."

Auch diese letzte Etappe der Gabenprozession endet mit einer theologischen Deutung. Sie definiert die „geistlichen Güter", die durch die materiellen Güter gefördert werden sollen: in Zion sollen שלום und צדקה herrschen (v.17b), ein gerechtes und friedvolles Miteinander, das wie ein Licht die Anwesenheit des heilschaffenden Gottes Jнwн anzeigt (vgl. v.19 – 20).

2.4. Ein königliches Volk statt eines Messiaskönigs

Das Spezifikum der Vision von Jes 60 tritt klar hervor, wenn man sie mit anderen biblischen Texten konfrontiert, die ebenfalls von der altorientalischen Vorstellung der Völkerhuldigung beeinflusst sind. Thematische Parallelen und eine Reihe intertextueller Signale lassen *Ps 72* als wichtigsten Vergleichstext erscheinen.[233] Beide lassen im Rahmen eines phantasievoll ausgemalten Endzeitszenariums Vertreter ausländischer Staaten nach Jerusalem kommen, um durch Tribute ihre Loyalität zu bekunden. In beiden Texten werden dieselben Herkunftsorte genannt: im Osten שבא, *Saba* (Jes 60,6; Ps 72,10.15), im Westen תרשיש, *Tarschisch*, und איים, *die Inseln* (Jes 60,9; Ps 72,10), im Norden לבנן, *Libanon* (Jes 60,13; Ps 72,16). Das mythische Saba wird jeweils mit Gold (זהב, Jes 60,6; Ps 72,15) assoziiert.[234] Parallel dazu erwähnt Ps 72,10 (wohl aus lautlichen Gründen) auch סבא, *Seba*, dessen Bewohner in Jes 45,14 zu den Zionspilgern gehören.

---

232 Koole, *Isaiah III.3*, 250. Diese theologische Nuance geht verloren, wenn man mit Steck, „Grundtext", 263 – 6, v.17 – 22 als literarisch sekundär ausscheidet.

233 Einen ausführlichen Vergleich bietet Arneth, *Sonne der Gerechtigkeit*, 171 – 200. Er deutet Jes 60 als eine *relecture* des älteren Ps 72. Für H. Schmidt, *Israel, Zion und die Völker*, 22 – 6.222 – 8, repräsentiert Ps 72 die Vorstellung der Völker*huldigung*, Jes 60 hingegen die der Völker*versammlung*. Durch das breit ausgeführte Tributmotiv sei aber „die Grenze zur Vorstellung der Völkerhuldigung verwischt" (H. Schmidt, *Israel, Zion und die Völker*, 227). Vgl. Weinfeld, „Zion and Jerusalem", 93 – 114, der innerhalb der altorientalischen Königsideologie zwischen einer „ideology of the royal capital" und einer „ideology of the royal temple" unterscheidet. Zu der ersten rechnet er Jes 11,1 – 10 und Ps 72, zu der zweiten Jes 2,1 – 4 und Jes 60.

234 Diese Verbindung findet sich auch in der Erzählung über die Königin von Saba in 1 Kön 10,1 – 13. Vermeylen, *Jérusalem*, 171 – 2, betrachtet deshalb sowohl Jes 60 als auch Ps 72 als eine kultische Neuinterpretation dieser Begebenheit.

Sowohl Jes 60 als auch Ps 72 heben die *Könige* als Repräsentanten ihrer Völker hervor (מלכים: Jes 60,3.10.11.16; Ps 72,10[2x].11). Neben den Geschenken, die sie Zion überreichen, bringen sie ihre Unterwerfung insbesondere durch den Akt der Proskynese zum Ausdruck.[235] Der *terminus technicus* חוה *eštaf.* erscheint sowohl in Ps 72,11 als auch in Jes 60,14. Daneben erwähnt Ps 72,9 noch, dass die Vasallen sich vor dem von JHWH eingesetzten König verneigen (כרע, vgl. Jes 45,23) und den Staub zu seinen Füßen küssen (לחך עפר, vgl. Jes 49,23).

Die sprachlichen Parallelen ließen sich noch vermehren. Trotz der frappierenden äußeren Ähnlichkeiten weisen die beiden Völkerzüge jedoch einen gravierenden Unterschied auf. Ps 72 bleibt nämlich in dem Rahmen der altorientalischen Königsideologie, indem er die Rolle des Großkönigs auf den in Jerusalem residierenden Davididen überträgt.[236] Dagegen interpretiert der prophetische Verfasser von Jes 60 diese Rolle neu. Er weissagt nicht den idealen, messianischen König, sondern die ideale, messianische Gesellschaft, der er in der Figur der „Mutter Zion" ein personales Angesicht verleiht.[237] Sie bezwingt ihre Feinde nicht durch militärische Stärke, sondern durch den Glanz, der von ihrer inneren (geistigen, sozialen) und äußeren (materiellen) Wiederherstellung ausgeht.

An die Stelle der einzelnen (männlichen!) Herrschergestalt, die kraft ihres Amts für Recht und Frieden sorgt (vgl. Ps 72,1–4.12–14), tritt die weiblich vorgestellte Stadt, der JHWH Gerechtigkeit und Friede als Früchte eines Lebens nach seiner Weisung schenkt (vgl. Jes 60,17). Die königlichen Prärogativen sind also ähnlich wie in Jes 11,10 und 55,1–5 auf das Volk, das in Zion lebt (vgl. 60,21: עמך), übertragen. Diese „Demokratisierung" (bzw. „Israelisierung", wie wir präzisierend sagten) äußert sich in einem kleinen, vielsagenden Detail. Nach Ps 72,7 wird im Reich des Messiaskönigs der צדיק (im Singular!) gedeihen, nach Jes 60,21 werden in der endzeitlichen Gottesstadt überhaupt nur noch צדיקים (im Plural!) leben. Wo in der einen Vision die göttliche Gerechtigkeit sich in einigen herausragenden Einzelgestalten manifestiert, kennzeichnet sie in der anderen das ganze Gottesvolk, die Existenzweise aller, die ihm zugehören.

---

235 Zum altorientalischen Hintergrund dieses Gestus vgl. Weinfeld, „Zion and Jerusalem", 95–7.

236 Nach Hossfeld u. Zenger, *Psalmen II*, 324, zeigen die Anspielungen auf Jes 49,23; 60,9–11 und Mi 7,14–17 allerdings, dass es in Ps 72 „letztlich und eigentlich um die Eingliederung der Völker und ihrer Könige in die Königsherrschaft *JHWHs* geht" [Hervorhebung i. Orig.].

237 Vgl. Koole, *Isaiah III.3*, 231: „In this chapter the homage to the King of Zion has become the tribute to Zion as Yahwe's royal city." Die politischen Implikationen dieser Transformation unterstreicht Höffken, *Buch Jesaja II*, 217–8: „Wer so spricht von einer nahen Zukunft Zions als Zentrum der Welt und der Völker, hat nicht mehr eine Welt im Blick, die von persischen Königen in der Nachfolge des Kyrus regiert wird." Angesichts der kreativen Umwandlung der gängigen Vorstellung in Jes 60 ist es schwer vorstellbar, wie Ps 72 von der jesajanischen Weissagung literarisch abhängen sollte (gegen Vermeylen, *Jérusalem*, 172 n.87).

In diesem „starken Volk" (גוי עצום, Jes 60,22), mit dem sich die Verheißung an Abraham erfüllt (vgl. Gen 18,18: ואברהם היו יהיה לגוי גדול ועצום), wird der Glanz JHWHs anschaubar; es ist das „Werk", an dem er seine Herrlichkeit der nichtjüdischen Menschheit zeigt. Dazu muss es aber instand gesetzt werden, muss sich vor allem selbst instand setzen, indem es auf Seine Weisung hört, um so von deren überirdischem Licht erleuchtet zu werden.

Wie aber partizipieren die ausländischen Nationen an dem Heil, das Zion zugedacht ist? Ist es nicht eine Diskriminierung, wenn ihre einzige Aufgabe darin besteht, der Gottesstadt dienstbar zu sein?[238] Gold, Weihrauch und Opfertiere herbeizuschaffen, den Exilierten eine kostenlose Schiffspassage zu gewähren, die Mauern der Stadt zu errichten und ihre Tore zu bewachen? Oder ist gerade das die Weise, wie sie Erlösung erfahren? Ausdrücklich wird das nicht behauptet, doch wird diese Antwort durch eine doppelte lexikalische Verknüpfung immerhin angedeutet. Die Mauern (חומתיך), die die Fremden in v.10 erbauen, bezeichnet Zion selbst in v.18 als ישועה, *Rettung*, und die Tore (שעריך), die sie in v.11 bewachen, nennt diese wiederum in v.18 תהלה, *Lobpreis*. Indem sie sich am Wiederaufbau Jerusalems beteiligen, der Stadt zu Hilfe kommen, die JHWH erwählt hat, tragen sie also dazu bei, die Erlösung und das Gotteslob (das in v.6 erstmals angestimmt wurde) zu mehren. So wie das Gottesvolk selbst durch Erkenntnis und Umkehr zum Heil gelangt, können auch sie umkehren und aus Unterdrückern, die sie waren, zu Unterstützern der Sache Gottes werden.

2.5. „Ich werde es zu seiner Zeit beschleunigen" – die Eschatologie von Jes 60

In der Exegese werden die Völkerwallfahrtsvisionen üblicherweise als „eschatologisch" charakterisiert.[239] Dabei wird die Unschärfe dieses Begriffs kaum gerin-

---

238 Das in v.10 verwendete Wort שרת *pi.* meint allerdings nicht „ignominious humiliation", sondern „honourable service", durchaus auch mit einer kultischen Konnotation (Koole, *Isaiah III.3*, 238). Vgl. 56,6, wo dasselbe Verb die privilegierte Stellung von Fremdstämmigen im Gottesvolk bezeichnet.

239 Vgl. Blenkinsopp, *Isaiah III*, 89: „[T]he world view of chs. 56 – 66 is best described as that of prophetic eschatology." Grundlegende Beiträge zur alttestamentlichen Eschatologie bei H. D. Preuß (Hg.), *Eschatologie im Alten Testament* (WF 480; Darmstadt: Wissenschaftliche Buchgesellschaft, 1978); H. Graf Reventlow (Hg.), *Eschatology in the Bible and in Jewish and Christian Tradition* (JSOT.S 243; Sheffield: Sheffield Academic Press, 1997); D. E. Gowan, *Eschatology in the Old Testament* (Edinburgh: T & T Clark International, ²2000). Eine Liste unterschiedlicher Definitionen des Begriffs bietet Y. Hoffmann, „Eschatology in the Book of Jeremiah", H. Graf Reventlow

ger, wenn man ihm Attribute wie „biblisch", „prophetisch" oder „apokalyptisch" hinzufügt. Tatsächlich weist jeder der in Betracht gezogenen Texte so individuelle Züge auf, dass er sich nur um den Preis der Vergröberung einer Kategorie zuordnen lässt, die nicht der Bibel, sondern der dogmatischen Lehre von den *novissima* entnommen ist.

Um den Schwierigkeiten einer exakten Definition zu entgehen, formuliert Yair Hoffmann drei Kriterien, die eine Prophetie erfüllen muss, um als „eschatologisch" zu gelten. Sie muss a) auf die Zukunft ausgerichtet sein, b) eine universale Perspektive haben und c) von wunderbaren, übernatürlichen Zuständen handeln.[240]

Dass sich auch solch allgemeine Leitlinien an einem konkreten Text schwer verifizieren lassen, wird schnell deutlich, wenn sie auf unseren Text angewendet werden. Das Völkerwallfahrtsorakel Jes 60 ist zweifellos universal, da es über die nichtisraelitische Menschheit prophezeit. Doch ist die universale Perspektive nicht einer partikularen, nationalen Erwartung untergeordnet? Das heißt, geht es in ihm wirklich um das Heil der Völker oder nicht eher um die Verherrlichung Zions?[241] Und worin besteht das Wunder der künftigen Heilsära: in der Außerkraftsetzung der kosmischen Ordnung, nämlich im Aufhören des Sonnen- und Mondkreislaufs (vgl. v.19–20),[242] oder nicht eher darin, dass die Erzfeinde Israels zu Verehrern Jhwhs werden?

Fragwürdig ist aber auch das erste Kriterium, das für eschatologische Weissagungen unentbehrlich zu sein scheint: die Zukunftsperspektive. Jes 60 verwendet zwar überwiegend das futurische Tempus (*x-yiqtol* und *wᵉqatal-x*), an zentralen Stellen, vor allem wenn es das göttliche Handeln beschreibt, aber auch Perfekta (*x-qatal*). Bereits die ersten Worte machen klar, dass dieses prophetische Orakel nicht einfach ein zukünftiges Geschehen vorhersagen und Heilszustände schildern will, die früher oder später eintreten werden. Es fehlen ja jegliche

(Hg.), *Eschatology in the Bible and in Jewish and Christian Tradition* (JSOT.S 243; Sheffield: Sheffield Academic Press, 1997) 75 n.1.
240 Vgl. Hoffmann, „Eschatology in the Book of Jeremiah", 77.
241 So vertreten die „triumphierenden Weissagungen" von Jes 60–62 nach Meinung von J. Lindblom, „Gibt es eine Eschatologie bei den alttestamentlichen Propheten?", H. D. Preuss (Hg.), *Eschatologie im Alten Testament* (Darmstadt: Wissenschaftliche Buchgesellschaft, 1978) 63, nicht eine universale, sondern eine nationale Eschatologie. Einen wichtigen Beitrag zur Überwindung dieser unfruchtbaren Gegenüberstellung liefert Park, *Gerechtigkeit Israels*, indem er den inneren Zusammenhang zwischen der „Gerechtigkeit Israels" und dem „Heil der Völker" herausstellt.
242 Dieser Einschätzung, aufgrund derer Jes 60 gern als „frühapokalyptisch" klassifiziert wird, widerspricht Langer, *Gott als „Licht"*, 133: „Die Absicht von Jes 60,19f besteht nicht in der Schilderung des physikalischen Wunders, dass Jahwe Licht, Sonne und Mond ersetzt. Das Aussagezentrum des Textes bildet die Verheißung, dass Jahwe Licht für Zion-Jerusalem wird."

Zeitangaben: der Tempusmarker והיה, die Wendung ביום ההוא, die sog. „eschatologischen Formeln" באחרית הימים oder הנה ימים באים u. ä. Stattdessen steht ein zweifacher Imperativ, der zwar auch auf Zukünftiges verweist, aber nicht deskriptiv, sondern präskriptiv, nicht als repräsentativer Sprechakt, der sagt, was geschehen *wird*, sondern als direktiver Sprechakt, der sagt, was geschehen *sollte*. Die Ereignisse, die den größten Teil des Kapitels ausmachen (die Ankunft der Heidenvölker, die Karawanen mit den kostbaren Waren, die Wiederaufbauarbeiten, die Huldigung der einstigen Bedrücker etc.), treten also nicht „automatisch" ein. Sie werden auch nicht direkt von Gott herbeigeführt, indem er wie in Jes 49,22 ein wirkmächtiges Signal gäbe oder wie in Hag 2,6–9 Himmel und Erde erschütterte. Vielmehr folgen sie aus dem in v.1–2 geschilderten Prozess, zu dem die Eigenaktivität Zions, nämlich die geistige und moralische „Erhebung" ihrer Bewohner wesentlich gehören.

Jes 60 ist daher kein eschatologisches Orakel im üblichen Sinn, nicht eine pure Vorhersage der kommenden, endgültigen Erlösung, sondern zunächst ein an die Gottesstadt gerichteter Umkehrappell. Dabei malt es die bevorstehende Herrlichkeit auch deshalb mit so leuchtenden Farben aus, um dieser die positiven Folgen ihres Tuns vor Augen zu stellen und sie zu motivieren, die von Gott initiierte Heilswende nicht zu ignorieren, sondern sich von ihr ergreifen und verwandeln zu lassen.

Damit ist bereits das zweite nicht-futurische Tempus angesprochen, das Perfekt, das in v.1 (...כי בא אורך), aber auch in v.9 (כי פארך) und v.10 (...כי בקצפי הכיתיך) auf ein Tun Gottes verweist und damit die Zukunftsansagen unterbricht.[243] Zion kann sich aus ihrer bisherigen Niedergeschlagenheit erheben und zu einer neuen, exemplarischen Gesellschaft werden, weil Gott das Seine getan hat: er *ist* zu ihr zurückgekehrt! In der prophetischen Imagination erstrahlt Jhwhs Lichtglanz bereits über der Stadt, er ist ein Faktum, das die Gegenwart des Gottesvolkes prägt (prägen sollte). Wenn v.2 dasselbe noch einmal im Futur formuliert (ועליך יזרח ...יהוה), so ist das kein Widerspruch, sondern eine wichtige Ergänzung. Es weist nämlich auf die dem Erlösungsprozess inhärente Spannung hin: dass die göttliche Herrlichkeit in dem Maße über der Jerusalemer Gemeinde erstrahlt, in dem diese sie mit den Augen des Glaubens erkennt (vgl. v.16b) und sich von ihr prägen und umgestalten lässt. Das Perfekt und das Futur sind somit der grammatikalische

---

243 Zur Deutung der *qatal*-Formen als Vergangenheitstempus (und nicht als *futurum exactum*) s. o. Gegen die übliche Futurisierung der perfektischen Aussagen (so schon Duhm, *Jesaia*, 447) betont Westermann, *Prophetische Heilsworte*, 43: „Das, worüber hier zum Lob, zum Jubel, zur Freude gerufen wird, ist etwas, was *bei Gott* geschehen, daher nicht geschichtlich fixierbar ist: Gott hat sich seinem Volk wieder zugewandt. Das ist ein wirkliches Perfekt; das ist geschehen" [Hervorhebung i. Orig.].

Ausdruck für zwei unauflösbar verschränkte Wirklichkeiten: das „Schon" der göttlichen Gnade und das „Noch nicht" der menschlichen Antwort.

Dieselbe Tempuskonstellation kommt in *v.4 – 5* noch einmal vor. Auch hier wird Zion angesichts einer bestehenden Situation (*qatal*) zu einer Verhaltensänderung aufgerufen (*Imperativ*), deren positive Folgen dann ausgemalt werden (*yiqtol*). Sie soll ihren auf sich selbst bezogenen Blick erheben und wahrnehmen, dass die Nationen, die sich in v.3 auf den Weg machten, schon angekommen sind und sich um sie versammelt haben. Dass sie den Ort der Theophanie erreichen, hängt also nicht nur von ihnen, sondern auch von der dort lebenden Gemeinde ab. Sie muss den Fremden mit ihrer wachen Aufmerksamkeit gleichsam entgegengehen, die Ankömmlinge willkommen heißen und bei sich aufnehmen. Die anderen, im Futur geschilderten Vorgänge (die Rückkehr der Exilierten und der Transport der Völkerschätze) sind dann „nur" noch Auswirkungen dieses Grundvorgangs, den Zion im *hic et nunc* des Angesprochenwerdens vollzieht.

Dass die ganze Völkerwallfahrt auf dem vorgängigen Handeln Gottes beruht, wird noch zweimal konstatiert. In beiden Fällen wird der Kausalzusammenhang durch die Konjunktion כי deutlich zum Ausdruck gebracht. *V.9* erklärt die Tatsache, dass Ausländer die Repatriierung der Judäer unterstützen, damit, dass Jhwh Zion geschmückt und anziehend gemacht *hat* (כי פארך). Wodurch geschmückt? Durch sich selbst, d. h. durch seine eigene Anwesenheit, wie v.19 erklärt: ואלהיך לתפארתך, *und dein Gott wird zu deinem Schmuck*. Nach *v.10* ist die Mithilfe der Fremden am Mauerbau eine Folge davon, dass Er seinen Zorn begraben und sich seines Volkes wieder erbarmt *hat* (וברצוני רחמתיך). Nach Jes 60 ist die entscheidende Wende also bereits eingetreten; die Erlösung hat für Zion begonnen, so dass auch Menschen fremder Provenienz sie erfahren könnten. Sie müsste dazu allerdings erkennen, was von Jhwh her bereits geschehen ist, und gläubig darauf reagieren.

Im abschließenden Vers wird auf die Frage nach dem Zeitpunkt der Erlösung *expressis verbis* eingegangen: אני יהוה בעתה אחישנה, *ich bin Jhwh, zu seiner Zeit werde ich es*[244] *beschleunigen* (v.22b). Durch das in den Psalmen häufige, in Jesaja aber seltene Verb חוש[245] ist diese rätselhafte Ankündigung intertextuell mit *5,19* verbunden: ימהר יחישה מעשהו למען נראה, *er (sc. Jhwh) beeile sich, er beschleunige*

---

[244] Das feminine Suffix bei בעתה und אחישנה steht für das Neutrum. Dieses „not only refers back to v. 22a or vv. 21 – 22a but to the entire promise of this chapter" (Koole, *Isaiah III.3*, 261).

[245] Im Psalter findet es sich an folgenden Stellen: Ps 22,20; 38,23; 40,14; 55,9; 70,2.6; 71,12; 119,60; 141,1, meist in Bitten um Gottes baldige Rettung wie חושה לעזרתי, *eile mir zur Hilfe!* Die Belege im Jesajabuch sind Jes 5,19; 28,16; 60,22. Während es in den Psalmen fast immer in der intransitiven *Qal*-Form begegnet, wird es bei Jesaja stets im *Hifil* verwendet. In Jes 5,19 und 60,22 fungiert es als transitives Verb, das ein Objekt regiert.

sein Werk, damit wir es sehen. 60,22 erscheint dadurch als eine Antwort Gottes auf die Kritiker, die ihm ein zu langsames Vorgehen vorwerfen.[246]

Die Ankündigung, Gott werde das von ihm Verheißene beschleunigen, wird durch die Zeitangabe בעתה näher erläutert. Statt zu präzisieren, verdunkelt sie aber eher das Gesagte, indem sie ein Oxymoron erzeugt. Denn wie kann etwas beschleunigt werden und gleichzeitig zu *seiner*, d. h. zu der vorhergesehenen, vorbestimmten Zeit[247] eintreten? Oder ist damit gemeint, dass Jhwh sein Werk zwar nicht jetzt, wohl aber später und dann umso intensiver betreiben wird?[248] Dem widersprechen jedoch die Aussagen über das „Schon" der göttlichen Heilswirklichkeit. Wäre die „angemessene" Zeit für Zions Verherrlichung dann nicht die Gegenwart, nämlich der Augenblick, in dem sie dem Ruf zur Umkehr folgt?

Die Septuaginta hat diese spannungsvolle Polarität in eine Sammlungsverheißung wie in 43,5 und 56,8 aufgelöst: ἐγὼ κύριος κατὰ καιρὸν συνάξω αὐτούς, *ich, der Herr, werde sie zur rechten Zeit zusammenführen.* Demgegenüber drückt der harte hebräische Ausdruck eine tiefere, fast möchte man sagen, paradoxe Glaubenserfahrung aus, die mit der zuvor beschriebenen „Ungleichzeitigkeit" des göttlichen und menschlichen Tuns zusammenhängt: Wenn die Erlösung aus dem Miteinander zweier Freiheiten, aus der Kooperation zwischen Gott und seinem Volk hervorgeht, kann keiner der beiden Partner über ihr Eintreffen allein verfügen.

In unübertrefflicher Kürze wird diese wechselseitige Verschränkung im babylonischen Talmud benannt. Im Rahmen einer ausführlichen Diskussion über das Kommen des Messias zitiert *bSanh* 98a eben dieses Wort aus Jes 60,22: „R. Joshua b. Levi pointed out a contradiction. It is written, *in its time* (will the Messiah

---

[246] Die intertextuelle Beziehung wird dadurch noch verstärkt, dass auch unser Text das göttliche „Werk" erwähnt. Nach 60,21 ist es die Gemeinde der Gerechten, die auf dem Zion versammelt sind und nach der Ordnung Jhwhs leben. Eine weitere Nachgeschichte hat Jes 5,19 in Sir 36,10 gefunden. Der Vorwurf der Spötter ist dort in eine aufrichtige Bitte um das Kommen der Erlösung verwandelt: החיש קץ ופקוד מועד, *beschleunige das Ende und beachte die Frist!* (hebräischer Text nach P. C. Beentjes, *The Book of Ben Sira in Hebrew. A Text Edition of all Extant Hebrew Manuscripts and a Synopsis of all Parallel Hebrew Ben Sira Texts* [VT.S 68; Leiden: Brill, 1997] 62). Der zweite Halbvers, der ebenfalls die Wurzel עשה enthält – כי מי יאמר לך מה תעשה, *denn wer könnte dir sagen: Was tust du?* –, zeigt, dass hier tatsächlich auf eine provozierende Äußerung wie die in Jes 5,19 reagiert wird.
[247] "עֵת is the time appropriate to a certain event" (Koole, *Isaiah III.3*, 261). Ähnlich bereits Nicolaus de Lyra, *Postilla litteralis*, ad Is 60,22: „in tempore debito et a me disposito."
[248] Vgl. Delitzsch, *Jesaia*, 584: „J.[ahve] wird es schleunig verwirklichen, wenn der Zeitpunkt καιρός den er dazu bestimmt hat, gekommen sein wird. Da dieser Zeitpunkt ihm allein bekannt ist, so wird diese Herrlichkeit mit einem Male überraschend plötzlich vor den Augen derer stehen, die ihr gläubig entgegengeharrt haben."

come), whilst it is also written, *I (the Lord) will hasten it!* – If they are worthy, I will hasten it: if not, (he will come) at the due time."[249] אחישׁנה und בעתה würden demnach die zwei Faktoren bezeichnen, von denen das Kommen der messianischen Erlösung abhängt: Gottes Entschluss, sie schnell herbeizuführen, und Israels Bereitschaft, sie anzunehmen und sich aktiv anzueignen. Wenn sie sich wider Erwarten verzögert, so liegt das nicht an Gott, an seiner Unwilligkeit oder Unfähigkeit, sie zu bringen, sondern an einem Volk, das nicht „würdig" ist, weil es sie durch seinen Ungehorsam, seinen Unglauben blockiert.

Mit diesen Überlegungen haben wir den Rahmen einer rein historischen und literarischen Exegese überschritten. Wir wollen sie beschließen, indem wir noch zwei mittelalterliche Ausleger zu Wort kommen lassen, die die Frage nach dem Zeitpunkt der Völkerwallfahrt ausdrücklich in den Horizont einer lebendigen Glaubenstradition stellen: Abraham Ibn Ezra und Nikolaus von Lyra. Bei allen Unterschieden ist ihnen gemein, dass sie die Prophezeiung nicht auf den historischen oder textinternen, sondern auf den realen Leser hin interpretieren, nicht als Auskunft über eine vergangene Epoche, sondern als aktuelle Botschaft für ihre eigene Lese- und Glaubensgemeinschaft. Nach ihrer Überzeugung liegt darin die „wörtliche" Bedeutung des Textes (*sensus litteralis*), das, was der Autor wirklich sagen wollte.

Ibn Ezra formuliert seine hermeneutische Grundentscheidung bereits in den einleitenden Bemerkungen zum zweiten Teil des Jesajabuchs. Dort setzt er sich nämlich von der Position des Mosche Ibn Gikatilla ab, der die auf Jes 40 folgenden Orakel auf Ereignisse zur Zeit des Zweiten Tempels bezieht. Diese Kapitel, so Ibn Ezra, enthielten in der Tat Prophezeiungen über das babylonische Exil, doch nur zu dem Zweck, um den Zustand des zeitgenössischen Israel zu illustrieren. In Wirklichkeit handelten sie von „the coming redemption from our *present* exile".[250]

Auf diesen Punkt kommt Ibn Ezra immer wieder zurück. Das Orakel 52,1–12, zum Beispiel, bezieht er nicht auf die Befreiung und Rückkehr der babylonischen Diaspora, also auf ein Ereignis, das für ihn in der Vergangenheit liegt, sondern auf die künftige Erlösung seiner noch immer unter den Nationen zerstreuten Glaubensgenossen.[251] Im ersten Fall müssten nämlich auch die damit verbundenen Verheißungen wie „Nicht mehr wird ein Unbeschnittener und Unreiner zu dir

---

249 I. Epstein (Hg.), *Hebrew-English Edition of the Babylonian Talmud IV.4. Sanhedrin. Translated into English with Notes, Glossary and Indices* (London: The Soncino Press, 1969) Sanh 98a.

250 Friedländer, *Ibn Ezra on Isaiah*, 170 [Hervorhebung d. Vf.]. Vgl. die prägnante Formulierung im hebräischen Original: הכל על גלותינו, *alles (handelt) von unserer Galut* (M. Friedländer [Hg.], *The Commentary of Ibn Ezra on Isaiah III.* פירוש רבנו אברים אבן עזרא על ישעיה [PubSHL II.3; London: Trübner & Co., 1877] 64).

251 Vgl. Friedländer, *Ibn Ezra on Isaiah*, 236–239.

kommen" (52,1) eingetreten sein. Da dies aber nicht der Realität entspricht, müsse der ganze Abschnitt auf die noch ausstehenden Tage des Messias bezogen werden.

Dasselbe Auslegungsprinzip wendet Ibn Ezra auch auf unser Kapitel an. Nach seiner Ansicht enthält es einen Verheißungsüberschuss, der in der Zeit des Zweiten Tempels nicht eingelöst wurde. Ohne auf die paränetische Dimension des Textes einzugehen, deutet er das über Jerusalem erstrahlende Licht als Wiederherstellung des israelitischen Königtums oder der Prophetie.[252] Diese messianische Epoche meine der Ausdruck בעתה, die Zeit der Befreiung, die Jʜwʜ eilends herbeiführen will.[253] Weshalb verzögert sich dann aber das Heil, so dass das jüdische Volk nach Hunderten von Jahren noch immer in der Zerstreuung lebt, wo Gott selbst doch ankündigte, dass es קרובה לבוא, *nahe am Kommen* (56,1), sei? Ibn Ezra beantwortet diese beunruhigende Frage ebenso wie der Talmud: ob es bald kommt oder sich verspätet, hängt allein daran, ob Israel die göttlichen Gebote hält.[254]

Der Auslegung Ibn Ezras, der mit הכל על גלותינו ein Grundprinzip jüdischer Prophetenexegese formuliert, steht die des *Nikolaus von Lyra* diametral entgegen. Sein hermeneutischer Zugang zu den Propheten ist ganz durch die neutestamentliche Offenbarung bestimmt, nach der die Erlösung bereits gekommen ist.[255] Das Licht, von dem Jes 60,1 – nicht im Futur, sondern im Perfekt! – spricht, deutet er deshalb mit einem Zitat aus dem Johannesevangelium (Joh 1,9; vgl. 8,12; 9,5; 12,46) auf Jesus von Nazareth: *„quia venit lumen tuum*, id est Christus qui est vera lux."* In ihm ist Gottes Herrlichkeit sichtbar geworden – *„et gloria Domini*, id est Filius qui est gloria Dei Patris"* –, und durch seine Inkarnation ist sie über Jerusalem aufgegangen – *„super te orta est*, in natura humana assumpta."*[256]

Die Grundthese, Jesaja habe über Jesus Christus prophezeit und mit diesem sei die verheißene Endzeit gekommen, schließt zwei andere Interpretationen, die historische und die futurisch-messianische, aus. Für Nikolaus von Lyra handelt

---

252 Vgl. Friedländer, *Ibn Ezra on Isaiah*, 276. Weshalb lässt Ibn Ezra offen, welche der beiden Institutionen in der messianischen Zeit wiederhergestellt wird? Vielleicht deshalb, weil durch die Tradition die Erwartung eines königlichen und prophetischen Messias vorgegeben ist, in Jes 60 davon aber nichts zu finden ist.

253 Vgl. Friedländer, *Ibn Ezra on Isaiah*, 280.

254 "[T]he coming of Messiah is delayed because of our sins" (Friedländer, *Ibn Ezra on Isaiah*, 256). Die Rede von „unseren Sünden" zeigt einmal mehr, dass Ibn Ezra den Bibeltext nicht streng historisch, sondern pastoral-existentiell auslegt.

255 Nach dem Zeugnis der Evangelien vertrat Jesus selbst eine präsentische Eschatologie („realized eschatology"). Programmatisch ist in dieser Hinsicht Lk 4,16 – 21. In dieser Szene deutet Jesus sein eigenes Auftreten als Erfüllung der Prophetie von Jes 61: σήμερον πεπλήρωται ἡ γραφὴ αὕτη ἐν τοῖς ὠσὶν ὑμῶν, *heute hat sich diese Schrift in euren Ohren erfüllt* (Lk 4,21).

256 Alle Zitate aus Nicolaus de Lyra, *Postilla litteralis*, ad Is 60,1.

Jes 60 also weder „vom Wohlergehen der aus Babylon Zurückkehrenden"[257] noch von „der Zeit bei der Ankunft des Messias",[258] weder von der Vergangenheit noch von der Zukunft, sondern allein von der gegenwärtigen Wirklichkeit der „ecclesia militans".[259] In dieser Vision werde „zuerst [...] das Wohlergehen der kämpfenden Kirche aufgrund des Anwachsens der Zahl der Gläubigen beschrieben, dann aufgrund der Errichtung von Kirchen [...] und drittens aufgrund des Erlangens von Gütern."[260] All dies sei im Laufe der Kirchengeschichte eingetreten: in der Ausbreitung des Evangeliums durch die Apostel, in der Bekehrung der heidnischen Völker, in der Anerkennung des Christentums durch Kaiser Konstantin und in den reichen Zuwendungen von Königen und Fürsten für den Bau und die Ausstattung von Kirchen. Die Vorhersagen von Jes 60 seien demnach in der christlichen Kirche in Erfüllung gegangen und zwar auf eine sichtbare, von jedem nachprüfbaren Weise.[261]

Mit dieser Erfüllungseschatologie setzt sich der christliche Ausleger radikal von seinem jüdischen Gegenüber ab. Zwar enthält Jes 60 auch für ihn Verheißungen, die auf ein noch ausstehendes Heil verweisen. Ihren Umfang beschränkt er aber auf v.18–22, und ihre Art definiert er anders. Wo Ibn Ezra nämlich die irdische, innergeschichtliche Befreiung Israels erwartet, spricht Nikolaus von der transzendenten, himmlischen Herrlichkeit der Kirche.[262] Dennoch liegt für beide

---

257 Vgl. Nicolaus de Lyra, *Postilla litteralis*, ad Is 60 Introd. In diesem Punkt teilt er die Auffassung von Ibn Ezra. Wie dieser weist auch er die Deutung mit dem Argument zurück, das Verheißene sei zu jener Zeit nicht eingetreten.

258 Vgl. Nicolaus de Lyra, *Postilla litteralis*, ad Is 60 Introd., in ausdrücklicher Zurückweisung der Auslegung des „Rabbi Moyses". Nach Klepper, *Insight of Unbelievers*, 164 n.32, ist darunter nicht Maimonides, sondern der mittelalterliche Exeget Moses Ha-Darschan zu verstehen.

259 Wie B. S. Childs, *The Struggle to Understand Isaiah as Christian Scripture* (Grand Rapids, MI; Cambridge: William B. Eerdmans, 2004) 173–8, zeigt, besteht für Nikolaus der wörtliche(!) Sinn der messianischen Orakel des Jesaja darin, die Ankunft Jesu Christi anzukündigen. Dadurch, dass er in diesem Fall das hermeneutische Prinzip des „duplex sensus litteralis" nicht anwendet, schließt er (leider, wie wir sagen müssen) eine anfängliche Erfüllung der Verheißungen im alttestamentlichen Israel aus.

260 Vgl. Nicolaus de Lyra, *Postilla litteralis*, ad Is 60 Introd.

261 Vgl. Nicolaus de Lyra, *Postilla litteralis*, ad Is 60,16: „sicut videmus impletum", *wie wir es erfüllt sehen.*

262 Gegen die jüdische Position argumentiert Nikolaus damit, dass v.20 eine Änderung der Naturordnung ankündige, die mit der traditionellen Lehre über die Messiaszeit nicht vereinbar sei: „Denn nach den alten Lehrern darf man nicht annehmen, dass sich bei der Ankunft des Messias irgendetwas am Lauf der Welt ändere" (vgl. Nicolaus de Lyra, *Postilla litteralis*, ad Is 60 Introd.). Damit trifft er zwar die Ansicht der Rabbinen und auch des Ibn Ezra (vgl. M. Friedländer, *Essays on the Writings of Abraham Ibn Ezra* [PubSHL II.4; London: Trübner & Co., 1877] 99: „The Messianic period will be distinguished by extraordinary events, by miracles [...], but it is not expected that the regular course of nature will be entirely changed"), nicht aber den Sinn von Jes 60,22. Der Vers

Exegeten der hermeneutische Schlüssel zum Verständnis des Prophetentextes in ihrer eigenen, zeitgenössischen Erfahrung. Für den einen ist das „unsere Galut", für den anderen die „ecclesia militans".

Worin aber zeigt sich, dass das Geweissagte tatsächlich eingetroffen ist? Was erweist, dass Gott in der Gemeinde der Jünger Jesu anwesend ist und durch sie seine Wohnung, die „domus maiestatis meae" (v.7), den „locus sanctificationis meae" (v.13), verherrlicht? Die Antwort liegt in den Schlüsselbegriffen „gloria" (v.1.2.13.19) und „glorificare" (v.7.9.13.21), die zum Ausdruck bringen, dass der unsichtbare Gott in einer menschlichen Gemeinschaft „gesehen" werden kann. Für Nikolaus von Lyra geschieht dies „durch das Wirken von Wundern, die die Herrlichkeit der göttlichen Kraft anzeigen"[263] und so „die Lehre der Kirche bekräftigen."[264] Krankenheilungen, Dämonenaustreibungen und Totenerweckungen sind also nicht nur Kennzeichen Jesu und der Apostel, sondern jeder Gemeinde, in der der Geist Gottes wirkt. Dabei sind die Träger dieses Charismas nicht spezielle Wundertäter, sondern die Bischöfe selbst, die Nachfolger der Apostel: „usque ad tempora satis nobis propinqua omnes fere episcopi faciebant miracula", *bis zu der Zeit, die uns ziemlich nahe ist, taten fast alle Bischöfe Wunder.*[265] Auch wenn die Sache in dem zu Ende gehenden Mittelalter fast schon verloren ist, hält dieser bedeutende Exeget doch das Wissen fest, dass der „neue Zion" an der ebenso realen wie wunderbaren Veränderung der individuellen und gesellschaftlichen Verhältnisse erkannt wird.

Die klaren Kategorien des Mittelalters, hier „Galut", dort „Gloria", sind durch die geschichtlichen Ereignisse der Neuzeit obsolet geworden. Die Kirche fragt sich heute, inwiefern sie durch eine „Lehre der Verachtung" (Jules Isaac) und einen Mangel an realer Solidarität Mitschuld an der Schoah trägt und warum sie das Wunder als „Normalzustand" christlicher Existenz verloren hat. Das Judentum versucht, die Existenz eines säkularen Staates neben einer fortdauernden, freiwilligen Diaspora theologisch einzuordnen. So wenig wie jene die gekommene Messiaszeit ohne Zeichen verkünden kann, kann dieses einfach הכל על גאולתינו, *alles (handelt) von unserer Erlösung*, als neues Auslegungsprinzip wählen. Noch mehr als zur Zeit von Ibn Ezra und Nikolaus verlangen die prophetischen Visionen heute nach einer gemeinsamen jüdisch-christlichen Perspektive – um miteinander die zurückliegende Heils- und Unheilsgeschichte zu reflektieren, um einander

---

behauptet nämlich nicht, dass *die* Sonne, d. i. der Himmelskörper, sondern dass *deine* Sonne, d. i. die göttliche Herrlichkeit, nicht mehr untergehen werde.

263 "[...] per operationem miraculorum gloriam divinae virtutis demonstrantium" (Nicolaus de Lyra, *Postilla litteralis*, ad Is 60,2).

264 Vgl. Nicolaus de Lyra, *Postilla litteralis*, ad Is 60,7.

265 Nicolaus de Lyra, *Postilla litteralis*, ad Is 60,17.

zu ermutigen, auf die noch ausstehende Erfüllung zu harren, vor allem aber um gegenwärtige Erfahrungen mit einer gerechten und friedvollen Gesellschaft auszutauschen und dann auch gemeinsam zu machen.

3. Die Versammlung auf dem Zionsberg und der universale Gottesdienst (Jes 66,15 – 24)

3.1. Die wunderbare Geburt: Kinder Zions, Knechte JHWHS

Jes 66, das zusammen mit Jes 65 das Jesajabuch beschließt,[266] greift zwei theologische Hauptthemen auf – die Sammlung und Wiederherstellung Israels und die Wallfahrt der Nationen zum Zionsberg – und fügt sie zu einer grandiosen Vision zusammen, die gleichermaßen Heil wie Gericht umfasst.[267] Während v.7–14 im Anschluss an die Zionstexte in Kap. 49–55 und 60–62 die wunderbare „Neugeburt" des Gottesvolkes beschreibt, weitet v.15–24 den Blick auf die ganze Völkerwelt.[268] Dabei bewirkt die Bindung an Jerusalem (v.10.13.20; vgl. v.8: Zion), dass die beiden Vorgänge aufeinander bezogen bleiben, ja, vom Leser als sukzessive Phasen eines einzigen Gesamtprozesses wahrgenommen werden.

Die erste Phase, die religiöse, soziale und wirtschaftliche Neukonstituierung der JHWH-Gemeinde, wird bereits im „Deuterojesajabuch" mit Hilfe der Mutter-Kind-Metapher thematisiert. Das zerstörte und entvölkerte Jerusalem wird als eine kinderlose Mutter präsentiert, eine Frau, die Mann und Kinder verloren hat. Dieses aus Jeremia und dem Buch der Klagelieder übernommene Motiv ist aber nur der Ausgangspunkt, um ebenso plakativ die neue Trostbotschaft zu verkünden: die Weggeführten kehren zu ihrer „Mutter" zurück und werden dabei sogar von den Bewohnern ihrer Gastländer unterstützt. Alle diese Prophezeiungen einer natio-

---

266 Die buchabschließende Funktion dieser Kapitel ist in neuerer Zeit immer wieder aufgezeigt worden, u. a. von W. A. M. Beuken, „Isaiah Chapters LXV–LXVI. Trito-Isaiah and the Closure of the Book of Isaiah", J. A. Emerton (Hg.), *Congress Volume Leuven 1989* (VT.S 43; Leiden; New York; København; Köln: E. J. Brill, 1991) 204–221; D. M. Carr, „Reading Isaiah from Beginning (Isaiah 1) to End (Isaiah 65–66). Multiple Modern Possibilities", R. F. Melugin u. M. A. Sweeney (Hg.), *New Visions of Isaiah* (JSOT.S 214; Sheffield: Sheffield Academic Press, 1996) 188–218; M. A. Sweeney, „Prophetic Exegesis in Isaiah 65–66", C. C. Broyles u. C. A. Evans (Hg.), *Writing and Reading the Scroll of Isaiah. Studies of an Interpretative Tradition I* (VT.S 70.1; Leiden; New York; Köln: Brill, 1997) 455–474; Stromberg, *Isaiah After Exile*, 87–141, und unter besonderer Berücksichtigung ihrer eschatologischen Botschaft von E. U. Dim, *The Eschatological Implications of Isa 65 and 66 as the Conclusion of the Book of Isaiah* (BibHist 3; Bern: Peter Lang, 2005).

267 Die Kombination von Heils- und Gerichtsankündigung zu „salvation-judgment-oracles" hat Hanson, *Dawn of Apocalyptic*, 120 u. ö., als ein Charakteristikum der nachexilischen Prophetie beschrieben. Zur Anwendung auf Jes 66 vgl. Schramm, *Opponents of Third Isaiah*, 161.

268 Vgl. Steck, *Studien*, 264, nach dem der erste Abschnitt die „Thematik der Jahweknechte, des Heilsvolks Zions, als Nachkommenschaft des Gottesknechts" behandelt, während der zweite die „thematischen Linien der eschatologischen Völkervernichtung und Völkeranbetung" zum Abschluss bringt.

nalen Restauration werden in *66,7–14* zusammengeführt und zu einem eindrucksvollen Bild verdichtet, das einerseits den Gegenpol zu den Gerichtsansagen
gegen die Gottesfeinde in und außerhalb Israels (vgl. 66,1–6.15–17.24) und andererseits die Grundlage der universalen Heilsbotschaft bildet (vgl. 66,18–23).

Worin bestehen nun aber die Parallelen und die Differenzen zu den bisherigen
Zionstexten? Welchen theologischen Akzent setzt dieser Text, das heißt, wie muss
nach ihm die neugesammelte Gemeinde beschaffen sein, damit die fremden
Nationen die Herrlichkeit ihres Gottes sehen und ihn zusammen mit ihr verehren
können?[269]

Noch vor allen Detailbeobachtungen muss auf einen wesentlichen Unter-
schied hingewiesen werden: Zion erscheint nicht in der zweiten, sondern in der
dritten Person; sie wird also nicht *an*gesprochen, sondern es wird *über* sie ge-
sprochen. In den vorangegangenen Kapiteln fungierte sie als Gesprächspartnerin
Jhwhs, ihr Schicksal, ihre Leiden und ihre Hoffnungen standen im Mittelpunkt des
Interesses. In diesem letzten Zionstext ist dieser Fokus durch eine veränderte
Kommunikationsstruktur verschoben. Das wird besonders deutlich, wenn der
Autor nach dem Heilsorakel in v.7–9[270] in v.10 zur direkten Anrede übergeht, sich
dann aber nicht an die „Mutter", sondern an deren „Kinder" wendet (vgl. 50,1).[271]
Die 2. Pers. *Pl.* prägt auch den Rest der Rede, in der, wie wir sogleich sehen werden,
frühere Aussagen über Jerusalem auf deren Bewohner übertragen werden. Für den
Leser entsteht dadurch der Eindruck: Die erste Etappe des Wiederaufbaus, die die
Stadt als solche betraf, ist abgeschlossen. Nun geht es um ihre Bevölkerung, um
deren Zusammensetzung und innere Struktur, um ein Problem also, das schon in
56,1–9 diskutiert wurde und das in Kap. 65–66 abschließend beantwortet wird.[272]

---

269 Zum Folgenden vgl. die Auslegung von C. M. Maier, „Zion's Body as a Site of God's Motherhood in Isaiah 66:7–14", M. J. Boda, C. J. Dempsey u. L. S. Flesher (Hg.), *Daughter Zion. Her
Portrait, Her Response* (SBL.AIL 13; Atlanta, GA: Society of Biblical Literature, 2012) 225–242.
270 Zion tritt in diesem Orakel in der 3. Pers. auf (vgl. v.8b: ‏...ילדה ציון את־בניה‎), Jhwh in der 1. Pers.
(vgl. v.9: ‏האני אשביר...‎). Die Spruchformel ‏אמר אלהיך‎, *spricht dein Gott* (v.9*fin*), ist als Einsprengsel
zu betrachten. Da 66,7–14, wie Stromberg, *Isaiah After Exile*, 109–14, zeigt, sprachlich und
thematisch auch sonst Jes 54 nahe steht, könnte es sich um ein Zitat aus 54,6 handeln (der
Wechsel in der Person wäre das Signal dafür).
271 Vgl. Stromberg, *Isaiah After Exile*, 113: „Where Isaiah 54 addresses its message of restoration
to Zion, Isaiah 66: 10–13 now directs that message to individuals."
272 Für Steck, *Studien*, 221, antwortet Kap. 65–66 in erster Linie auf das Volksklagelied 63,7–
64,11, in dem Israel als Kollektiv auftritt (vgl. 64,8: ‏עמך כלנו‎, *wir alle sind dein Volk*). Die Kritik von
Dim, *Eschatological Implications*, 41–4, ändert an der grundlegenden Einsicht nichts, dass die
beiden Schlusskapitel, was Heil und Unheil angeht, eine Differenzierung innerhalb Israels und
dann auch unter den Nationen vornehmen. Vgl. Blenkinsopp, *Isaiah III*, 274–6, und seinen
Hinweis auf die heilsgeschichtliche Rolle des „Restes".

Dass die neue Heilsepoche, die in 65,17–18 als „neuer Himmel und neue Erde", aber eben auch als „neues Jerusalem" angekündigt wurde, tatsächlich angebrochen ist, zeigt die in *66,7–9* geschilderte wunderbare Geburt.[273] Eine Entbindung, die so schnell verläuft, dass sie vor dem Einsetzen der Wehen bereits abgeschlossen ist – mit diesem eindrücklichen Bild wird die Wiederbesiedlung Jerusalems als ein nicht zu erwartendes, von Gott gewirktes Wunder gedeutet. Dabei unterstreicht die im *qatal* formulierte Hauptaussage – כי־חלה גם־ילדה ציון את־בניה, *doch Zion hat gekreißt und ihre Söhne auch geboren* (v.8b) –, dass eingetreten ist, was bisher nur eine tröstliche Verheißung war. Im Besonderen antwortet sie auf die Frage von 49,21, *wer* die neuen Bewohner geboren habe (מי ילד־לי את־אלה), und revidiert das Urteil von 54,1, dass die „unfruchtbare" Gottesstadt *nicht* geboren und *nicht* gekreißt habe (עקרה לא ילדה… לא־חלה).[274]

Neben den Geburtsaussagen sind es vor allem die „Kinder" (בנים), die eine lexikalische und thematische Brücke zwischen diesem und den früheren Zionstexten bilden. Jes 51,17–21 hatte im Rückblick auf den Fall Jerusalems die Abwesenheit ihrer Söhne beklagt (v.18) und geschildert, wie diese tot am Straßenrand liegen (v.20). Im Kontrast dazu hatte Jes 54 der vereinsamt (wörtlich: „verödet") Zurückgebliebenen eine große Kinderschar verheißen (v.1). Wie es dazu kommen würde, hatte 49,14–26 beschrieben und Jes 60 mit weiteren farbigen Details ausgemalt: Die Kinder Zions würden aus dem Exil zurückkehren, ja, sie würden von den Anführern der nichtjüdischen Nachbarstaaten behutsam heimgeführt.

Jes 66,7–14 transponiert diese Zukunftsansagen in die Gegenwart, holt den Leser gleichsam an das Bett der Gebärenden. Dabei führt dieser Text die Personifizierung konsequenter durch als die vorhergehenden, in denen die Metapher

---

273 An dieser Stelle können nur die auffälligsten Stilmittel dieses kleinen poetischen Meisterwerks aufgezählt werden: in v.7 ein durch die Anapher בטרם verbundener synthetischer Parallelismus; in v.8aα eine rhetorische Doppelfrage, die mittels des Merismus „Hören – Sehen" den gesamten Bereich der sinnlichen Wahrnehmung einbezieht; in v.8aβb ein Trikolon (4+4+4), in dem auf zwei rhetorische Fragen (אם – ה) die eigentliche Aussage (כי) folgt; in v.9 ein weiterer Parallelismus in Frageform, wobei beide Zeilen mit einer Gottesspruchformel enden, die eine im *yiqtol*, die andere im *qatal*, die eine mit dem Tetragramm, die andere mit אלהים + *ePP*. Den ganzen Passus durchziehen die Schlüsselverben חיל, *kreißen* (3x), und ילד, *gebären* (3x im Qal, 2x im Hifil), und weitere Lemmata desselben semantischen Felds: חבל, *Wehen*, מלט hif., *entbinden*, עצר, *(den Mutterschoß) verschließen*, und שבר hif., *(den Mutterschoß) durchbrechen lassen*. Dazu kommt, jeweils betont am Versende stehend, das „Resultat" der Geburt: זכר, *ein männliches Kind, ein Knabe* (v.7fin), und בנים, *Söhne, Kinder* (v.8fin).

274 Zu dieser Parallele vgl. Stromberg, *Isaiah After Exile*, 110–1. Er verweist darüber hinaus auf Jer 4,31 und Mi 4,10, wo Zion ebenfalls als Subjekt von חיל erscheint. Das Motiv der kreißenden Mutter wird an diesen Stellen aber als Gerichtsmetapher verwendet; an den Kindern, dem positiven Ergebnis des schmerzhaften Geburtsvorgangs, sind sie deshalb nicht interessiert.

immer wieder durch Stadtattribute gestört wurde, und zeigt Zion wirklich als eine glückliche Mutter, die ihre Kinder in den Armen hält. Für die Idee, dass die Exilierten in festlicher Prozession nach Hause wandern, ist damit kein Platz mehr. Sie würde auch nicht passen, ist doch die Dramaturgie des Gesamtwerks mit Jes 66 an einen neuen Punkt angelangt, nämlich in der Zeit nach der Diaspora, in der das Gottesvolk *in* Jerusalem neu entstehen soll.[275]

In dieser vorletzten Texteinheit des Buches treten deshalb nicht wie in 49,22–23 und 60,3–4.16 fremde Könige und Königinnen als Ammen auf. An ihrer Stelle greift eine andere Gestalt entscheidend in das Geschehen ein. Mit einem betont am Satzanfang stehenden „Ich" (66,9*init*) stellt JHWH sich als derjenige vor, der die Geburt der Zionskinder möglich macht. Dabei handelt er nicht wie eine Hebamme, die bei der Entbindung nur assistiert. Er tut, was sie und auch sonst niemand zu tun vermag: er öffnet den Mutterschoß (שבר *hif.*) und lässt die Schwangere gebären (ילד *hif.*). Das ist keine natürliche, sondern eine übernatürliche Geburt! Die übliche Geburtsmetapher genügte dem Verfasser offensichtlich nicht, um die theologische Dimension der Wiederbevölkerung Jerusalems auszudrücken. Die neuen Bewohner sind wirklich Kinder Zions. Sie sind aber auch Kinder Gottes, als die sie andernorts ja auch bezeichnet werden (vgl. 43,6). Dass JHWH „zeugt" bzw. „gebären lässt",[276] ist eine durch den Kontext bedingte kühne Metapher. Eine vergleichbare, nichtfigurative Aussage findet sich bereits in 49,25: ואת־בניך אנכי אושיע, *und deine Kinder werde ich retten.* Doch geht unser Vers noch darüber hinaus, wenn er für Zion und für JHWH dasselbe Verb ילד verwendet. Die neue Generation wird demzufolge aus dem innigen Zusammenwirken von Gott und Mensch „geboren".

Der folgende Abschnitt *66,10–11* lädt die Adressaten ein, sich über Jerusalem zu freuen, d. h. an dem Glück ihrer unverhofften Mutterschaft teilzunehmen. Jes 54,1 hatte (mit anderem Vokabular) die Stadt selbst zum Jubel aufgefordert: ...רני פצחי רנה וצהלי! Nun wird ein ähnlich eindringlicher, ebenfalls aus drei Imperativen

---

275 Bei genauerem Hinsehen fällt auf, dass das literarische Motiv der früheren Texte nicht wirklich weitergeführt, sondern eher abgewandelt wird. Nach Jes 49–54; 60–62 existieren die Kinder bereits, sie leben im Exil und müssen nur noch zu ihrer Mutter zurückkehren. Dagegen werden sie nach 66,7–14 in Jerusalem überhaupt erst geboren. Die beiden Konzepte lassen sich nur harmonisieren, wenn man zwei aufeinanderfolgende Stadien annimmt: zuerst eine Einwanderungswelle aus dem Ausland und dann ein Bevölkerungszuwachs im Land selbst.

276 Tatsächlich bezeichnet das *Hifil* von ילד fast immer die Zeugung durch den Vater, das *Piel* hingegen die Geburtshilfe, die die Hebamme leistet. Wird Gott somit als Zions Ehemann vorgestellt? Da v.7–9 aber nicht vom Zeugen und Empfangen, sondern vom Gebären handeln, hat HALAT, 394, wohl recht, hier von einer Sonderbedeutung auszugehen, die sich aus der kausativen Grundbedeutung des Verbstamms ergibt. Das Wort ist deshalb nicht mit „zeugen", sondern mit „gebären lassen" zu übersetzen.

bestehender Appell an deren Bewohner gerichtet: שמחו! ...וגילו... שישו... משוש Diejenigen, die mit der Verlassenen, Betrübten, Niedergeschlagenen (vgl. 54,6: עזובה ועצובת רוח) getrauert haben, sollen nun auch ihren Jubel teilen. Auf diese Weise geht anfanghaft in Erfüllung, was 60,15 angekündigt hatte: Jнwн werde Zion für alle Menschengeschlechter zum Anlass der Freude machen (משוש דור ודור; vgl. Ps 48,3: משוש כל־הארץ).[277]

Auch bei dem folgenden Motiv, der Ernährung der Neugeborenen, werden frühere Aussagen über Jerusalem auf deren Bewohner übertragen.[278] Jes 60,16 hatte Zion als ein Mädchen dargestellt, das an der „Brust von Königen" (שד מלכים) die „Milch", d. i. die materiellen Güter der Nationen, saugt (ינק, *2x*). Nun sind es ihre Kinder, die saugen (ינק) und sich an *ihrer* Brust (שד) sättigen. Aus dem Säugling ist also eine Mutter geworden, aus der Empfängerin eine Vermittlerin von Nahrung. Der Reichtum, den sie von den Nationen empfing (כבוד, 60,13; 61,6), ist zu *ihrem* Reichtum geworden (כבודה, 66,11), so dass sie ihn an andere weiterschenken kann.

Genau diesen Zusammenhang hebt der dritte Abschnitt *66,12–14* hervor. Im Rückgriff auf 8,7–8 und 30,28[279] schildert er, wie Jнwн „die Herrlichkeit der Nationen" (כבוד גוים)[280] nach Jerusalem strömen lässt. Damit wird nun doch ein zentrales Motiv der Völkerwallfahrt eingespielt: die Ankunft der Völkerschätze in der Gottesstadt. Im Unterschied zu Jes 60 werden hier aber nicht die einzelnen

---

277 In Jes 65,18 wird diese Heilsankündigung wiederholt und eschatologisch ausgeweitet, indem verheißen wird, Gott werde Jerusalem zusammen mit ihren Bewohnern als גילה und משוש neu erschaffen. Dort finden sich dieselben Imperative wie in 66,10 – שישו und גילי – und zwar bezogen auf die „Knechte Jнwнs". In diesem Zusammenhang ist der Hinweis von Koole, *Isaiah III.3*, 497, interessant, dass die Adressaten von 66,10 ähnlich wie die ausländischen Knechte in 56,6–7 gezeichnet werden. Von ihnen hieß es, dass sie den Namen Jнwнs lieben (אהב) und von diesem in Jerusalem erfreut werden (שמח).

278 Zum Hintergrund dieser Transformation vgl. Stromberg, *Isaiah After Exile*, 29: „[I]t shifts the emphasis away from the corporate persona of Zion onto the righteous individuals who are to enjoy Zion's salvation – a move necessitated by 65–66's division of the community into righteous and wicked individuals."

279 Die intertextuelle Brücke zwischen diesen Stellen bildet der Ausdruck נחל שוטף, *fließender Bach*. In 8,8 veranschaulicht er die militärische Invasion der Assyrer, in 30,28 das Strafgericht Gottes über die Völker, in 66,12 wird er von einer Gerichts- in eine Heilsmetapher transformiert. Siehe den ausführlichen Textvergleich bei J. Gärtner, *Jesaja 66 und Sacharja 14 als Summe der Prophetie. Eine traditions- und redaktionsgeschichtliche Untersuchung zum Abschluss des Jesaja- und des Zwölfprophetenbuches* (WMANT 114; Neukirchen-Vluyn: Neukirchener Verlag, 2006) 105–12; Gärtner, „Das eine Gottesvolk", 12–18.

280 Der Ausdruck ist nur hier belegt. Er ersetzt חיל גוים (60,5.11) und חלב גוים (60,16), vielleicht unter dem Einfluss von 61,6, wo חיל גוים und כבוד als Parallelbegriffe erscheinen (so Lau, *Schriftgelehrte Prophetie*, 130).

Waren, sondern die göttliche Initiative in den Vordergrund gestellt. Jhwh ist das eigentliche Subjekt, der souveräne Lenker der Geschichte, der über den Besitz der Nationen frei verfügen kann.

Noch vor diesen materiellen Gütern erreicht die Stadt aber ein anderes, immaterielles Gut: der *Schalom*, die Fülle des physischen, sozialen, geistigen und seelischen Wohlergehens. Er wird nicht unter die Gaben der Nationen gerechnet, ganz offensichtlich, weil nur Jhwh ihn schenken kann. In 48,18 hatte dieser darüber geklagt, dass der Friede Israel schon längst „wie ein Strom" (כנהר שלומך) erfüllen könnte, wenn es die Gebote befolgte.[281] In 54,13 hatte er ihn den Kindern Zions versprochen, nachdem er ihn zuvor explizit als sein Eigentum deklariert hatte (שלומי, *mein Friede*, 54,10). Und in 60,17 hatte er ihn neben צדקה als Hauptpfeiler der künftigen Zionsgemeinde benannt. All diese Verheißungen sind hier nun aufgenommen und durch das *futurum instans* הנני נטה im Sinne einer präsentischen Eschatologie aktualisiert.

V.12b bietet nach 49,22 und 60,4 die dritte Version des Bildes von den Kindern, die auf der Schulter, am Busen, an der Hüfte oder auf den Knien getragen werden. Die lexikalischen Variationen brauchen uns hier nicht weiter zu beschäftigen.[282] Wichtiger ist, dass im Zuge der bereits beobachteten Transformation die Rolle der Aktanten neu bestimmt wird: Die „Kinder" werden nicht mehr von den Nationen, sondern von Zion getragen. Dies kommt vor allem in dem zweiten Kolon zum Ausdruck, das keine Entsprechung in den genannten Versen hat: ועל־ברכים תשעשעו. Es zeigt Kleinkinder, die auf den Knien ihrer Mutter geschaukelt werden. Sie können gar nicht von Fremden herbeigetragen werden, wurden sie doch *von* Jerusalem *in* Jerusalem geboren!

Das für das exilische Jesajabuch so zentrale Trostmotiv, das in *v.11* bereits angeklungen war, wird in *v.13* mit einem dreifachen נחם zum abschließenden Höhepunkt gebracht. Wie v.12 erläuterte, woher Zions *kavod* stammt, wird nun auch dessen Parallelbegriff „Brust der Tröstungen" (שד נחמיה, v.11) präzisiert. Im Anschluss an 49,13 (כי־נחם יהוה עמו) und insbesondere 51,12 (אנכי אנכי הוא מנחמכם) wird emphatisch statuiert, dass Jhwh selbst der Urheber des Trostes ist: אנכי אנחסכם.[283] Jerusalem hingegen ist der Ort, an dem, bzw. die Vermittlerin, durch die dieser gespendet wird (ובירושלם תנחמו).

---

281 Für Gärtner, *Jesaja 66*, 104 – 5, ist 66,12 ein Zitat, für Nurmela, *The Mouth of the Lord*, 130, eine Anspielung auf 48,18.

282 Vgl. dazu die Ausführungen bei Gärtner, *Jesaja 66*, 116 – 9; Stromberg, *Isaiah After Exile*, 29.

283 Der Vergleich כאיש אשר אמו תנחמנו, *wie ein Mann, dessen Mutter ihn tröstet*, ist seltsam umständlich, genau genommen sogar gegen die Logik formuliert. Jhwh handelt ja nicht „wie der Mann", der den Trost empfängt, sondern „wie die Mutter", die den Trost spendet. Wahrscheinlich soll wie schon in 49,15 die direkte Identifikation mit der menschlichen Mutter, also mit einer Frau

Auch hier findet also eine Art Generationswechsel statt. In den früheren Prophezeiungen war stets die personifizierte Gottesstadt die Protagonistin: die tröstliche Botschaft vom Ende des Exils sollte das „Herz Jerusalems" (vgl. 40,1–2) erreichen und der „Ungetrösteten" (לא נחמה, 54,11; vgl. 51,19) die Freude wiederbringen. Dies ist in Jes 66 eingetreten, so dass aus der Empfängerin des Trostes eine (Mit)spenderin werden kann. Die Protagonistenrolle wird nun von ihren Kindern eingenommen. Sie sind das grammatikalische Subjekt und damit die Adressaten sowohl des Appells als auch der Verheißung.

Wenn *v.14b* abschließend die Knechte JHWHs erwähnt, wird der in 54,17 eröffnete Bogen geschlossen. Die Identifikation, die dort nur angedeutet war, wird nun besiegelt: Die Kinder Zions *sind* die Gottesknechte! An denen, die von Jerusalem geboren werden, die sich von ihr ernähren und trösten lassen, kann die „Hand" JHWHs, d. h. sein rettendes Handeln abgelesen werden (ונודעה יד־יהוה את־עבדיו). Ihnen stehen andere Personen gegenüber, die in den vorhergehenden Kapiteln und zuletzt in 66,1–6 ausführlich beschrieben wurden und nun kategorisch als Feinde Gottes (איביו) apostrophiert werden. An ihnen wird der göttliche Zorn offenbar.

Indem zum Abschluss von Jes 66,7–14 diese entgegengesetzten Gruppen im Gottesvolk mit ihrem jeweiligen Geschick beschrieben werden, wird die Gerichts- und Heilsbotschaft vorbereitet, die im letzten Abschnitt des Buches auf die ganze Menschheit ausgeweitet wird.[284]

3.2. Jes 66,15–24: Abgrenzung, Übersetzung und Textkritik

Die imposante Vision, mit der das letzte Kapitel des Jesajabuches schließt, weitet den Blick von den „leiblichen Kindern" Zions auf die gesamte Menschheit. Auch deren Heil und Verderben sind unlösbar mit der Gottesstadt verbunden. Doch erscheint diese nun nicht mehr als fürsorgliche Mutter, also als Person, sondern als topographischer Begriff, als Ausgangs- und Zielpunkt einer zentrifugalen und zentripetalen Doppelbewegung.

Unter den zahlreichen Vorschlägen zur Abgrenzung und Gliederung dieser Texteinheit ist die von Edwin C. Webster erarbeitete chiastische Struktur immer

---

vermieden werden. Zu diesem Zweck wird durch den *casus pendens* כאיש das maskuline Bildelement hervorgehoben.

284 Aus der überleitenden Funktion von v.14b folgert Dim, *Eschatological Implications*, 164, dass der Terminus „Feinde" bereits hier nicht nur die Apostaten in Israel meine: „[I]t may be all-inclusive (enemies among the entire chosen people) and even among the nations."

noch am überzeugendsten.[285] Sie berücksichtigt nicht nur die rahmende Funktion der Leitwörter אש in v.15[2x].16 und v.24 und כל־בשר in v.16 und v.23.24, sondern vermag auch zu erklären, weshalb nach den endzeitlichen Heilsereignissen im letzten Vers noch einmal das Weltgericht in Blick genommen wird. In dieser Struktur folgen auf drei längere Abschnitte, diese gleichsam sekundierend, in umgekehrter Reihenfolge drei kürzere: A–B–C–c–b–a. Die auf diese Weise doppelt behandelten Themen sind: „iniquity repaid" (v.15 – 17[286] + v.24), „the nations gathered" (v.18 – 19 + v.23) und „the dispersed returned" (v.20 – 21 + v.22).

Dass mit *v.15* eine neue Texteinheit beginnt, ergibt sich aus dem besonderen Charakter von v.14b. Indem dieser Halbvers die „Knechte" und die „Feinde" Gottes antithetisch gegenüberstellt, beschließt er einerseits den vorhergehenden Abschnitt und bereitet andererseits den nachfolgenden, der den einen Heil, den anderen Gericht ankündigt, vor. Ein einleitendes כי weist auf diesen logischen Zusammenhang hin.[287] Dass zwischen v.14 und v.15 eine Zäsur liegt, geht auch daraus hervor, dass die Perspektive von der nationalen zur universalen Ebene wechselt, dass nicht mehr von der „Mutter Zion" die Rede ist und dass ein neues Vokabular verwendet wird. In 𝔐^A ist dieser Einschnitt durch eine *Setuma* markiert, in 1QIsa^a durch ein *Alinea* und ein *Paragraphos*-Zeichen, in 1QIsa^b durch ein freies Zeilenende nach v.14 und ein *Alinea* am Anfang von v.15.

Das Ende der Texteinheit in *v.24* ist durch das Ende des Buches bzw. der Rolle eindeutig definiert. Bis dahin finden sich im MT keine Abschnittmarker, während die Ꙩ-Handschriften vor v.20b (z.T. auch vor v.22) frZE/NZ haben.[288] Vor v.18, wo die meisten modernen Ausleger eine neue Einheit beginnen lassen, hat überhaupt keine der hebräischen Hauptmanuskripte einen Texteinschnitt.

15aα	Denn siehe, Jhwh wird mit Feuer *kommen*	כִּי־הִנֵּה יְהוָה בָּאֵשׁ יָבוֹא
β	– wie der Sturm sind seine Wagen –,	וְכַסּוּפָה^a מַרְכְּבֹתָיו
bα	um seinen Zorn mit Glut heimzuzahlen	לְהָשִׁיב בְּחֵמָה אַפּוֹ
β	und sein Schelten mit Feuerflammen.	וְגַעֲרָתוֹ בְּלַהֲבֵי־אֵשׁ׃
16aα	Ja, mit Feuer richtet Jhwh	כִּי בָאֵשׁ יְהוָה נִשְׁפָּט^b

---

285 Vgl. E. C. Webster, „A Rhetorical Study of Isaiah 66", *JSOT* 34 (1986) 99 – 103. Seine Struktur wird mit leichten Variationen u. a. von Berges, *Buch Jesaja*, 527 – 8; Park, *Gerechtigkeit Israels*, 301 n.62, übernommen. Siehe auch J. N. Oswalt, *The Book of Isaiah. Chapters 40 – 66* (NICOT; Grand Rapids, MI; Cambridge: William B. Eerdmans, 1998) 683 – 4.

286 Abgrenzung nach Berges, *Buch Jesaja*, 528. Webster, „Isaiah 66", 101, rechnet v.18aα, den er zu einem vollständigen Satz ergänzt („for I [know] their works and their thoughts"), noch zu dem ersten Abschnitt. Der zweite Abschnitt beginnt für ihn demzufolge mit v.18aβ.

287 Vgl. Sweeney, „Prophetic Exegesis", 462.

288 Zur inhaltlichen Motivierung der Textgliederung in 1QIsa^a s. Steck, *Die erste Jesajarolle I*, 105 – 6.

β	und mit seinem Schwert (richtet er) <u>alles Fleisch</u>,	וּבְחַרְבּוֹ אֶת־כָּל־בָּשָׂרᶜ
b	und zahlreich werden die Durchbohrten JHWHs sein.	וְרַבּוּ חַלְלֵי יְהוָה:ᵈ
17aα	Die sich heiligen und sich reinigen für die Gärten hinter der einen her, die in der Mitte ist,	הַמִּתְקַדְּשִׁים וְהַמִּטַּהֲרִים אֶל־הַגַּנּוֹת אַחַר אַחַדᵉ בַּתָּוֶךְ
β	die Schweinefleisch essen, Abscheuliches und Mäuse,	אֹכְלֵי בְּשַׂר הַחֲזִיר וְהַשֶּׁקֶץ וְהָעַכְבָּר
b	miteinander werden sie ein Ende finden, Spruch JHWHs.	יַחְדָּו יָסֻפוּ נְאֻם־יְהוָה:ᶠ
18aα	Ich aber, ihre Taten und ihre Gedanken –	וְאָנֹכִי מַעֲשֵׂיהֶם וּמַחְשְׁבֹתֵיהֶםᵍ
β	(die Zeit) ist gekommen, um <u>alle Nationen und Sprachen</u> zu *sammeln*,	בָּאָהʰ לְקַבֵּץ אֶת־כָּל־הַגּוֹיִם וְהַלְּשֹׁנוֹת
b	und sie werden *kommen* und meine Herrlichkeit sehen.	וּבָאוּ וְרָאוּ אֶת־כְּבוֹדִי:
19aα	Und ich werde bei ihnen ein Zeichen anbringen	וְשַׂמְתִּי בָהֶם אוֹתⁱ
β	und aus ihnen Entronnene zu den Nationen senden, nach Tarschisch, Pul und Lud, den Bogenspannern, nach Tubal und Jawan,	וְשִׁלַּחְתִּי מֵהֶם פְּלֵיטִים אֶל־הַגּוֹיִם תַּרְשִׁישׁ פּוּלʲ וְלוּד מֹשְׁכֵי קֶשֶׁתᵏ תֻּבַל וְיָוָן
bα	(zu) den fernen Inseln, die meine Kunde (sc. die Kunde über mich) noch nicht gehört und meine Herrlichkeit noch nicht gesehen haben,	הָאִיִּים הָרְחֹקִים אֲשֶׁר לֹא־שָׁמְעוּ אֶת־שִׁמְעִיʲ וְלֹא־רָאוּ אֶת־כְּבוֹדִי
β	und sie werden meine Herrlichkeit unter den Nationen verkünden.	וְהִגִּידוּ אֶת־כְּבוֹדִי בַּגּוֹיִם:
20aα	Sie werden <u>all eure Brüder aus allen Nationen</u> *bringen*, als Opfergabe für JHWH,	וְהֵבִיאוּ אֶת־כָּל־אֲחֵיכֶםᵐ מִכָּל־הַגּוֹיִם מִנְחָהⁿ לַיהוָה
β	mit Pferden, Wagen, Sänften, Maultieren und Kamelen,	בַּסּוּסִים וּבָרֶכֶב וּבַצַּבִּים וּבַפְּרָדִים וּבַכִּרְכָּרוֹתᵒ
γ	**auf meinen heiligen Berg Jerusalem**, spricht JHWH,	עַל הַר קָדְשִׁיᵖ יְרוּשָׁלַ͏ִם אָמַר יְהוָה
b	so wie die Söhne Israels ihre Opfergabe in reinen Gefäßen **zum Haus JHWHs** *bringen*.	כַּאֲשֶׁר יָבִיאוּ בְנֵי יִשְׂרָאֵלᵍ אֶת־הַמִּנְחָה בִּכְלִי טָהוֹרʳ בֵּית יְהוָה:
21	Und auch von ihnen werde ich levitische Priester nehmen, spricht JHWH.	וְגַם־מֵהֶם אֶקַּח לַכֹּהֲנִים לַלְוִיִּםˢ אָמַר יְהוָה:
22a	Denn wie der neue Himmel und die neue Erde, die ich mache, vor mir bestehen, Spruch JHWHs,	כִּי כַאֲשֶׁר הַשָּׁמַיִם הַחֲדָשִׁים וְהָאָרֶץ הַחֲדָשָׁה אֲשֶׁר אֲנִי עֹשֶׂה עֹמְדִיםᵗ לְפָנַי נְאֻם־יְהוָה
b	so sollen euer Same und euer Name bestehen.	כֵּן יַעֲמֹד זַרְעֲכֶם וְשִׁמְכֶם:
23aα	Und es wird geschehen: Von Neumond zu Neumond	וְהָיָה מִדֵּי־חֹדֶשׁ בְּחָדְשׁוֹᵘ
β	und von Schabbat zu Schabbat	וּמִדֵּי שַׁבָּת בְּשַׁבַּתּוֹᵛ
bα	wird <u>alles Fleisch</u> *kommen*,	יָבוֹא כָל־בָּשָׂר
β	um sich vor mir niederzuwerfen, spricht JHWH.	לְהִשְׁתַּחֲוֹת לְפָנַי אָמַר יְהוָה:
24aα	Und sie werden hinausgehen und schauen	וְיָצְאוּ וְרָאוּ
β	auf die Leichen der Männer, die sich gegen mich aufgelehnt haben.	בְּפִגְרֵי הָאֲנָשִׁים הַפֹּשְׁעִים בִּי
bα	Denn ihr Wurm wird nicht sterben,	כִּי תוֹלַעְתָּם לֹא תָמוּת
β	und ihr Feuer wird nicht verlöschen,	וְאִשָּׁם לֹא תִכְבֶּה
γ	und sie werden ein Abscheu sein <u>für alles Fleisch</u>.	וְהָיוּ דֵרָאוֹן לְכָל־בָּשָׂר:ˣ

ᵃ Im Unterschied zu 𝔐 verwenden 1QIsaᵃ und LXX zweimal dieselbe Präposition: באש... ובסופה bzw. ὡς πῦρ... καὶ ὡς καταιγίς. Es handelt sich um unterschiedliche Harmonisierungen des masoretischen Textes, der deshalb als ursprünglich anzusehen ist. Ihm folgen sowohl 𝔙 („in igne... et quasi turbo") als auch 𝔗 (באישתא… וכעלעולין). 1QIsa[b] liest beim ersten Ausdruck wie MT, beim zweiten hat er eine Textlücke. Vgl. Stromberg, *Isaiah After Exile*, 117 n.135.

[b] Der *Nifal*-Stamm von שפט hat hier keine passive, sondern eine reziproke Bedeutung, die der aktiven Bedeutung des *Qal*-Stammes nahe kommt (vgl. Waltke – O'Connor, 23.4e). Aus diesem Grund haben einige Ausgaben der Vulgata, wie Nikolaus von Lyra bemerkt, „diiudicabit", andere hingegen „diiudicabitur" – „und so heißt es auch im Hebräischen. Es ist derselbe Sinn" (Nicolaus de Lyra, *Postilla litteralis*, ad Is 66,16). 1QIsa[a] vereinfacht die Grammatik, indem er das Verb בוא aus v.15a wiederholt und eine finale Infinitivkonstruktion mit שפט *qal* bildet: יבוא לשפוט, *er wird kommen, um zu richten* (vgl. Ps 96,13; 98,9). Wieder anders LXX: Sie fasst das Verb passivisch auf und ergänzt parallel zum zweiten Kolon ein Subjekt: κριθήσεται πᾶσα ἡ γῆ, *die ganze Erde wird gerichtet werden*. Beide Lesarten vereinfachen die *lectio difficilior*, die nicht nur im MT, sondern auch in 1QIsa[b] belegt ist.

[c] 1QIsa[a] hat hier ebenso wie in v.23 und v.24 den Artikel: כל הבשר. Die artikellose Lesart von 𝔐 wird für v.16 durch 1QIsa[b] und für v.24 durch 4QIsa[b] gestützt. Innerhalb des Jesajabuchs findet sie sich noch in 40,5 und 49,26, wo 1QIsa[a] jeweils כול בשר liest. Da sie in der Sintflutgeschichte Gen 6 – 9 die Normalform ist (12x ohne, 1x mit Artikel), dürfte sie auch in Jes 66 ursprünglich sein.

[d] 1QIsa[a] liest חלליו, *seine Durchbohrten*. Doch ist die *cs.*-Verbindung mit dem Tetragramm auch in 1QIsa[b] bezeugt (vgl. Jer 25,33). Hat 1QIsa[a] das Tetragramm ausgelassen, um die anstößige Vorstellung abzumildern? Den Gottesnamen haben jedenfalls auch 𝔊 und 𝔗, obgleich sie den Ausdruck präpositional auflösen. Dabei hebt erstere die Urheberschaft Jʜwʜs hervor (πολλοὶ τραυματίαι ἔσονται ὑπὸ κυρίου, *viele Erschlagene wird es durch den Herrn geben*), letzterer drängt sie zurück וסגיאין קטיליא קדם יי, *and those slain* before the Lord *shall be many*, Chilton, *Isaiah Targum*, 127).

[e] Das *Ketiv* hat ein maskulines אחד, *der eine*, das *Qere* ein feminines אחת, *die eine*. Im ersten Fall ist an einen Priester zu denken, der einen Mysterienzug anführt, im zweiten Fall an eine Priesterin oder „a statue of a goddess such as Asherah, which stood in the center of the garden used for pagan worship" (Oswalt, *Isaiah II*, 686). Da die Vorstellung als solche dunkel ist, fällt eine textkritische Entscheidung schwer (vgl. das gespaltene Votum bei Barthélemy, *Critique textuelle*, 461 – 2). Wegen der äußeren Bezeugung durch die beiden Ꝗ-Handschriften folgen wir dem *Qere*. Die Versionen 𝔗 („Abteilung auf Abteilung") und 𝔖 („einer nach dem anderen") haben den Text sekundär vereinfacht. LXX verbindet den ihr unverständlichen Ausdruck mit dem folgenden Kolon und bietet mit καὶ ἐν τοῖς προθύροις, *und in den Vorhallen*, „eine weitere, wohl auf Ez 8 beruhende Lokalisierung der Götzenkulte" (K. Koenen, „Erläuterungen zu Jes 56 – 66", M. Karrer u. W. Kraus [Hg.], *Septuaginta Deutsch. Erläuterungen und Kommentare zum griechischen Alten Testament II. Psalmen bis Daniel* [Stuttgart: Deutsche Bibelgesellschaft, 2011] 2690).

[f] In 1QIsa[a] steht anstelle der Jʜwʜ-Spruchformel das synonyme אמר יהוה, vor allem aber fehlt das vorhergehende Prädikat. 1QIsa[b] hat an dieser Stelle eine Lücke. Die Versionen stützen aber die 𝔐-Lesart. 𝔊 (ἀναλωθήσονται) und 𝔙 („consumentur") formulieren passivisch, während 𝔗 die hebräische Vorlage exakt wiedergibt (יסופון).

[g] Der Versanfang stellt eine *crux interpretum* dar, weil 1. מעשיהם ומחשבתיהם syntaktisch nicht eingebunden ist und 2. die feminine Verbform באה nicht mit dem Subjekt אנכי kongruiert (s. dazu die folgende textkritische Anmerkung). Die Vorschläge zur Lösung des ersten Problems gehen in zwei Richtungen. Die eine Option besteht darin, die beiden Wörter an eine andere Stelle zu versetzen, entweder an das Ende von v.16a (vgl. BHS) oder an den Beginn von v.17b (vgl. Duhm, *Jesaia*, 486 – 487) oder an das Ende von v.17b (vgl. Mello, *Isaia*, 442 – 3). Die andere Möglichkeit ist, im Gefolge von 𝔊 („doch ich kenne [ἐπίσταμαι] ihre Werke und ihr Denken") und 𝔗 („for before me their works and their conceptions are disclosed [גלן]", Chilton, *Isaiah Targum*, 127) ein Verb zu

ergänzen. Dabei sprechen sich die meisten Kommentatoren für „ich kenne" aus (vgl. EÜ), De-litzsch, *Jesaia*, 633, aber für אפקד, *ich werde bestrafen*, „was der Stärke des Affekts besser ent-spricht." Nach Barthélemy, *Critique textuelle*, 462–464, sind die Versionen jedoch als sekundäre Erläuterungen des ursprünglichen Textes zu betrachten. MT sei beizubehalten, da sein elliptischer Text die schwierigere Lesart darstellt, die zudem von 1QIsaᵃ bezeugt und von ۵ entsprechend übersetzt wird („ego autem opera eorum et cogitationes eorum..."). ואנכי sei demnach ein absoluter Nominativ (vgl. Jes 59,21; Ps 73,2.28: ואני), auf den eine Aposiopese folge (vgl. Ez 43,8; Ps 89,36). Insgesamt liege „un style très coupé exprimant la vive émotion de l'auteur" (Barthélemy, *Critique textuelle*, 464) vor.

ʰ Das feminine Partizip ist nach Auffassung vieler Ausleger unverständlich (vgl. Dim, *Eschato-logical Implications*, 178). Sie ändern es deshalb in Anlehnung an LXX (ἔρχομαι) in die maskuline Form בא, so dass es mit dem angenommenen Subjekt אנכי kongruiert: „ich (= JHWH) komme..." 1QIsaᵃ hat die pluralische Verbform באו. Sie passt zwar grammatikalisch zu den vorhergehenden Nomina, ergibt aber keinen rechten Sinn, es sei denn, man ergänzt mit Raschi אלי: „eure Taten und eure Gedanken sind *zu mir* gekommen" (vgl. M. Cohen, *Isaiah*, 402). Die MT-Lesart, die sich auch in 1QIsaᵇ findet, kann aber beibehalten werden, wenn man עת ergänzt: „die Zeit kommt" (so schon David Kimchi und Ibn Ezra, vgl. M. Cohen, *Isaiah*, 402–403). Nach Delitzsch, *Jesaia*, 634, kann die feminine Verbform aber „auch schon für sich neutrisch *venturum (futurum) est...* bed.[euten]." Als Belege für diesen Gebrauch lassen sich neben dem von ihm genannten Ez 39,8 noch Ez 7,6; 21,12; 24,14; 30,9; 33,33 anführen. Die nächste Parallele findet sich aber in einem anderen Völkerwall-fahrtstext, nämlich in Ps 102,14: כי־עת לחננה כי־בא מועד, *denn es ist Zeit, ihr gnädig zu sein, ja, die Zeit ist gekommen.*

ⁱ 1QIsaᵇ liest wie ۵ den Singular, dagegen haben 1QIsaᵃ und ۞ den Plural אותות bzw. σημεῖα. Soll damit ein Bezug zu den „Wunderzeichen" beim Auszug aus Ägypten (vgl. Ex 10,2; Dtn 6,22; Jer 32,20 u. ö.) hergestellt werden? Im Rahmen des Jesajabuchs ist aber eher an die Bestätigungs- und Erinnerungszeichen in 7,11.14; 19,20; 20,3; 37,30; 38,7.22; 55,13 (im Singular!) zu denken. Nach eingehender Diskussion der Argumente urteilt Stromberg, *Isaiah After Exile*, 126: „[T]he evidence is slightly in favor of the singular."

ʲ LXX liest Φουδ. BHS schlägt deshalb vor, פול in פוט zu ändern, ein Ortsname, der in der he-bräischen Bibel siebenmal vorkommt, davon dreimal in dem Doppelbegriff „Put und Lud" (Jer 46,9: פוט ולודים...; Ez 27,10: לוד ופוט; Ez 30,5: פוט ולוד). Dagegen findet sich das Wortpaar „Pul und Lud" nur hier. Die von MT und darüber hinaus von 1QIsaᵃ und 1QIsaᵇ bezeugte Variante (vgl. ۵: פולאי) ist deshalb zweifellos die *lectio difficilior*. Die LXX-Lesart könnte auf eine Vorlage zurück-gehen, in der das seltene פול bereits an die Parallelstellen angepasst war. Oder es liegt „une déformation [...] à l'intérieur de la transmission du *G" (Barthélemy, *Critique textuelle*, 464) vor, nämlich eine Verlesung von Λ zu Δ, was im Griechischen viel leichter möglich ist als die Verlesung von ד zu ל im Hebräischen. Zur textkritischen Diskussion vgl. Oswalt, *Isaiah II*, 681 n.62.

ᵏ LXX hat statt der *cs.*-Verbindung einen weiteren Ländernamen: Μοσοχ = משך. Dieser erscheint auch in Gen 10,2; Ez 27,13; 32,26; 38,2.3; 39,1; 1 Chr 1,5 neben Tubal. Jedoch werden die Bewohner von Lud auch in Jer 46,9 als Bogenspanner qualifiziert (תפשי דרכי קשת). Bei der von Barthélemy, *Critique textuelle*, 464–5, referierten Abstimmung ergab sich keine Mehrheit für eine der beiden Lesarten. In beiden ۵-Handschriften ist das erste Wort am Ende beschädigt, das zweite aber als קשת entzifferbar. Weil die masoretische Lesart darüber hinaus durch ۵, ۞ und ۵ gestützt wird, halten wir an ihr fest.

ˡ Die MT-Lesart wird auch von 1QIsaᵃ bezeugt. LXX übersetzt μου τὸ ὄνομα, *meinen Namen*, als ob sie שמי gelesen hätte. Dennoch ist nicht von einer abweichenden ۞ᵛ auszugehen, da die *figura etymologica* שָׁמְעוּ שֵׁמַע auch an anderen Stellen mit ἀκούειν τὸ ὄνομα wiedergegeben wird (z. B. Gen

29,13; Num 14,15). In den anderen Versionen wird שמעי entweder wie in 𝔐 zu „de me", *über mich*, verkürzt oder wie in 𝔗 zu שימע גבורתי, *die Kunde meiner Stärke*, erweitert.

[m] כל ist auch in 1QIsaᵃ (versehentlich doppelt) und in 1QIsaᵇ belegt. Vgl. 𝔐 („omnes fratres vestros") und 𝔗 (כל אחיכון). Die Auslassung in 𝔊 könnte stilistisch oder inhaltlich bedingt sein.

[n] LXX übersetzt מנחה hier mit δῶρον, *Geschenk*, in der zweiten Vershälfte aber mit θυσία, *Opfer*. Sie macht also einen terminologischen Unterschied zwischen der nichtkultischen Prozession der Fremden und dem Opfergang der Israeliten. „Offenbar sollte die Völkerwelt […] nicht mehr als gleichberechtigter Opferherr erscheinen, sondern nur als untergeordneter Überbringer von Tributen" (M. Tilly, „Das Heil der Anderen im hellenistischen Diasporajudentum. Anmerkungen zur griechischen Übersetzung von Jesaja 66,14b–24", H. Frankemölle u. J. Wohlmuth [Hg.], *Das Heil der Anderen. Problemfeld „Judenmission"* [QD 238; Freiburg; Basel; Wien: Herder, 2010] 218).

[o] Es handelt sich um ein *hapax legomenon*, das nach HALAT, 474, von כרר I, *auf dem Rücken tragen*, abzuleiten ist und traditionell als „Kamelstute" gedeutet wird. Die MT-Lesart wird von 1QIsaᵇ gestützt. ובכורכובות in 1QIsaᵃ dürfte durch Buchstabenverwechslung entstanden sein. Die Versionen haben das Wort wohl nicht verstanden; so übersetzen 𝔊 μετὰ σκιαδίων, *mit Verdecken*, 𝔗 hingegen ובתשבחן, *mit Gesängen*.

[p] Die Präposition אל in 1QIsaᵃ könnte als sekundäre Angleichung an 56,7 (והביאותים אל־הר קדשי) erklärt werden. Dagegen wird die im MT überlieferte Präposition von 1QIsaᵇ und von 𝔗 bezeugt. In der LXX-Lesart εἰς τὴν ἁγίαν πόλιν, *in die heilige Stadt*, spiegelt sich dieselbe theologische Tendenz wie in der Wiedergabe von מנחה mit δῶρον (s.o.): die Beteiligung von Heiden am Kult Israels soll ausgeschlossen werden. In diesem Fall wird ihnen zwar der Zutritt zur Stadt, nicht aber in den eigentlichen Tempelbereich zugestanden (vgl. Baer, *When We All Go Home*, 262–7; Koenen, „Erläuterungen", 2690; Tilly, „Heil der Anderen", 219).

[q] LXX fügt hier und in v.21 ἐμοί, *mir*, ein (dort hat auch 1QIsaᵃ ליא). Für Baer, *When We All Go Home*, 70, ist das ein Fall der von ihm so genannten „personalizing readings".

[r] Die LXX-Lesart μετὰ ψαλμῶν, *mit Psalmen*, wird von A. Schenker, „Dans un vas pur ou avec des psaumes? Une variante textuelle peu étudiée en Isa 66:20", M. N. van der Meer u. a. (Hg.), *Isaiah in Context. Studies in Honour of Arie van der Kooij on the Occasion of His Sixty-Fifth Birthday* (VT.S 138; Leiden; Boston, MA: Brill, 2010) 407–412, für ursprünglich gehalten. Sein Hauptargument, der griechische Ausdruck sei singulär, während der hebräische Text die konventionelle Sorge um kultische Reinheit widerspiegle, ist aber angesichts der eindrucksvollen äußeren Bezeugung (die MT-Lesart ist auch in 1QIsaᵃ, 𝔐, 𝔖 und 𝔗 belegt) zu schwach. Vielmehr dürfte sich der Übersetzer an der Parallele „mit Pferden etc. – mit reinen Gefäßen" gestoßen haben und seine Vorlage entsprechend seiner Tendenz, die Prozession der Fremden als unkultische Handlung darzustellen, geändert haben.

[s] LXX verbindet die beiden Wörter durch eine Konjunktion, unterscheidet also zwei Klassen von Amtsträgern: ἱερεῖς καὶ Λευίτας, *Priester und Leviten*. Das entspricht dem Textbefund vieler hebräischer Handschriften, der Syrohexaplaris, der Peschitta und Vulgata. Dagegen hat MT ein Asyndeton, das sich auch in den drei erhaltenen 𝔔-Handschriften findet und deshalb beibehalten werden sollte. Nach Dim, *Eschatological Implications*, 190, liegt eine Apposition vor, die „an entity meaning servants at the holy place, sacred ministers" bezeichne, nämlich die in der deuteronomistischen Literatur erwähnten „levitischen Priester". Zur grammatikalischen Erklärung des Ausdrucks s. Stromberg, *Isaiah After Exile*, 140.

[t] Im späten biblischen Hebräisch nimmt עמד die Bedeutung „andauern, bestehen" an und wird so zu einem Synonym des in Jes 8,10; 14,24, aber auch in 40,8 verwendeten klassischen קום (vgl. S. M. Paul, „Signs of Late Biblical Hebrew in Isaiah 40–66", C. L. Miller-Naudé u. Z. Zevit [Hg.], *Diachrony in Biblical Hebrew* [LSAWS 8; Winona Lake, IN: Eisenbrauns, 2012] 297).

^u In der singulären Konstruktion sind zwei unterschiedliche Ausdrücke für zyklisch wiederkehrende Ereignisse verschmolzen (vgl. Delitzsch, *Jesaia*, 638, und Lau, *Schriftgelehrte Prophetie*, 149): 1. חדש בחדשו bzw. שבת בשבתו (Num 28,10.14) und 2. מדי שנה בשנה (1 Sam 7,16; 2 Chr 24,5; Sach 14,16). Die wörtliche Übersetzung wäre nach Dim, *Eschatological Implications*, 194–5: „as often as month comes in its month" und „as often as Sabbath comes in its Sabbath."

^v 1QIsa^a und 4QIsa^c haben die grammatikalisch korrekte Form בשבתה (Suffix der 3. Pers. sg. *f.*). שבת wird aber auch in 56,2.6 als maskulines Nomen behandelt (s. o. IV.1.2.). MT, der zudem von 1QIsa^b gestützt wird, kann deshalb mit Dim, *Eschatological Implications*, 194, beibehalten werden.

^w LXX hat zusätzlich ἐν Ιερουσαλημ. Lau, *Schriftgelehrte Prophetie*, 149 n.36, beurteilt dies als eine „frühe Textbearbeitung", die den Ort der gemeinsamen Gottesverehrung hervorheben will.

^x Der Targum bietet eine paränetisch erweiterte Version des Schlussverses, die die Stätte des Gerichts als „Gehenna" identifiziert, jedoch ohne textkritischen Wert ist.

3.3. Gericht und Heil für Israel und die Völker

Jes 66,15–24 ist nicht nur das letzte der jesajanischen Völkerwallfahrtsorakel, es ist auch das eindrucksvolle Finale des gesamten Jesajabuchs. Das Unheil, das über die Feinde Jʜᴡʜs kommt (v.15–17; 24), und das Heil, das seine Knechte aus Israel und den Nationen in Jerusalem erlangen (v.18–23), ist somit das letzte, definitive Bild der einen, in Jes 1,1 angekündigten Vision.

Dieser hervorgehobenen Stellung entspricht es, dass die Schilderung der endzeitlichen Zionswallfahrt einige Besonderheiten enthält, die in den anderen Texten nicht anzutreffen sind. Vor allem wird die für die *Eved-Jʜᴡʜ*-Lieder charakteristische Idee der Sendung *zu* den Nationen aufgenommen und in das Grundthema integriert. In 66,15–24 sind Völkersammlung und Völkermission, die zentripetale Bewegung von den Rändern der Welt nach Jerusalem und die zentrifugale Bewegung vom Zentrum an die Peripherie zu *einem* Gesamtprozess verschmolzen, der in zwei bzw. drei aufeinanderfolgenden Phasen verläuft und Israel und die Nationen umfasst.

Wie aber werden die Hauptkomponenten unseres Motivs, das Subjekt der Wallfahrt, die Bewegung und das Ziel, hier sprachlich realisiert?

Diejenigen, die die Wallfahrt unternehmen, sind auch hier die Nationen. Sie werden nicht nur גוים oder wie in 2,2 כל־הגוים, sondern כל־הגוים והלשנות genannt, ein Ausdruck der Steigerung, der neben der ethnischen auch die sprachliche Vielfalt hervorhebt. Im Folgenden treten die fremden Nationen darüber hinaus als Adressaten der Verkündigung (אל־הגוים, בגוים) und als Gastvölker der deportierten Judäer auf (מכל־הגוים). Zur Veranschaulichung werden einzelne Orte und Volksstämme aufgezählt, darunter Tarschisch und die Inseln (איים), die wie in 60,9 den äußersten Rand der bewohnten Welt markieren. Am Ende der Vision wird גוים als Subjekt der Pilgerfahrt durch einen anderen Terminus abgelöst: כל־בשר, *alles*

Fleisch. Er signalisiert, dass in der „letzten Zeit", wenn JHWH von Israel und den Völkern gemeinsam angebetet wird, die nationalen Gegensätze überwunden sind.

Die Bewegung der Wallfahrer wird mit dem üblichen Verb בוא zum Ausdruck gebracht und zwar sowohl im *Qal* als auch im *Hifil*. Im einen Fall geht es um die herbeiziehenden Scharen (ובאו, v.18; יבא, v.23), im anderen um die Exulanten, die heimgebracht werden (והביאו, v.20). Daneben gibt es aber auch eine von Jerusalem wegführende Gegenbewegung, die durch das Verb שלח, *senden* (v.19), angezeigt wird und die eine kleinere Gruppe innerhalb der Nationen, die „Entronnenen" (פליטים), betrifft.

Das Ziel der Reise ist Jerusalem, genauer, der „heilige Berg" (הר קדשי ירושלם, v.20), derselbe Ort also, zu dem nach 56,7 die ausländischen JHWH-Verehrer geführt werden, um ihre Opfer darzubringen. Am Ende von 66,20 wird auch das „Haus JHWHs" (בית יהוה) erwähnt, doch nur im Rahmen eines Vergleichs. Der Zug der Fremden wird nämlich mit der Kultprozession, welche die Israeliten zu ihrem nationalen Heiligtum unternehmen, in Parallele gesetzt. Dass auch jene den Tempel betreten würden, wird damit aber nicht gesagt. In v.23 wird die Stätte der Anbetung dann auch gar nicht mehr geographisch oder architektonisch, sondern theologisch definiert: die Menschheit kommt, um sich „vor JHWH" niederzuwerfen (להשתחות לפני).

3.3.1. Das Ende der Götzendiener (v.15 – 17; v.24)

Die Schlussvision des Jesajabuchs ist durch zwei Szenen gerahmt, die das Ende der in v.14b erwähnten Widersacher Gottes zeigen. Durch dieses Gericht wird der Ort, an dem die Zionskinder zur „Knechtsgemeinde" werden und an dem sich auch die anderen Nationen einfinden sollen, von dem gereinigt, was dem authentischen Gottesdienst entgegensteht. Wie in Jes 60 wird der endzeitliche Völkerzug auch hier von JHWH selbst ausgelöst. Er ist der erste in einer die ganze Welt erfassenden Wanderungswelle, deren einzelne Etappen durch das sechsmal vorkommende Verb בוא gekennzeichnet sind. Er *kommt* im reinigenden und vernichtenden Feuer (יבוא, v.15)[289] und bereitet damit das *Kommen* aller anderen

---

289 Zu Herkunft und Bedeutung des Motivs des „Kommens Gottes" vgl. E. Jenni, „»Kommen« im theologischen Sprachgebrauch des Alten Testaments", H. J. Stoebe, J. J. Stamm u. E. Jenni (Hg.), *Wort – Gebot – Glaube. Beiträge zur Theologie des Alten Testaments. Walther Eichrodt zum 80. Geburtstag* (Zürich: Zwingli Verlag, 1970) 251 – 261, und speziell für Jes 40 – 66 vgl. L.-S. Tiemeyer, „The Coming of the LORD. An Inter-Textual Reading of Isa 40:1 – 11; 52:7 – 10; 59:15b– 20; 62,10 – 11 and 63:1 – 6", I. Provan u. M. J. Boda (Hg.), *Let Us Go up to Zion. Essays in Honour of H. G. M. Williamson on the Occasion of His Sixty-Fifth Birthday* (VT.S 153; Leiden; Boston, MA: Brill,

Akteure vor: der *gojim* (וּבָאוּ, v.18), der jüdischen Exulanten (וְהֵבִיאוּ, v.20) und der zur Huldigung herbeiströmenden Menschheit (יָבוֹא, v.23).

Beschreiben v.15–17 aber nun ein innerisraelitisches oder ein universales Strafgericht?[290] Von der narrativen Logik her müsste an dieser Stelle die Spaltung des Gottesvolkes, die in den vorhergehenden Kapiteln das Hauptproblem war, endgültig überwunden werden: die Spaltung zwischen denen, die über das Elend Zions trauern (66,10), und denen, die sich nicht darum kümmern (65,11), zwischen denen, die Gottes Wort mit ehrfürchtigem Beben empfangen, und den „Brüdern", die sie dafür hassen (66,5), zwischen den Knechten und den Feinden Jhwhs, wie sie in 66,14 abschließend genannt werden. Im Endgericht müssten die Abtrünnigen aus Israel getilgt werden und die Gerechten als „Same" (vgl. 65,9) und als „heiliger Rest" übrig bleiben. Und tatsächlich weisen die Kultpraktiken derer, die „ein Ende nehmen" (v.17), durch ihre Nähe zu 57,5–9; 65,3–5.7; 66,3 und insbesondere auch zu 1,29–31 auf eine innerisraelitische Gruppe hin.

Umso überraschender ist, dass v.16 als Objekt der göttlichen Strafaktion nicht innere Feinde, sondern כָּל־בָּשָׂר, *alles Fleisch*, benennt. Damit wird der nationale Rahmen überschritten und werden „Motive der Gerichtstheophanie an den Völkern eingearbeitet."[291]

In Bezug auf unsere Texteinheit schafft dieser in v.16 und v.23–24 vorkommende Leitbegriff einen Rahmen, der die gesamte Unheils- und Heilsverkündigung und somit auch die Aussagen über die Völkerwallfahrt umfasst. Im Buchkontext verweist er auf die beiden anderen Belege in *40,5* und *49,26*. Nun erfüllt sich die Verheißung, „alles Fleisch" werde Jhwhs Herrlichkeit schauen (וְנִגְלָה כְּבוֹד יְהוָה וְרָאוּ כָל־בָּשָׂר יַחְדָּו, 40,5) und ihn (nach der endgültigen Bestrafung seiner Feinde!) als Retter Israels erkennen (...וְיָדְעוּ כָל־בָּשָׂר כִּי אֲנִי יְהוָה מוֹשִׁיעֵךְ, 49,26).

Das universale, Gottesvolk wie Heidenvölker umfassende כָּל־בָּשָׂר hat aber auch eine über das Buch hinausreichende Verweisfunktion. Mit zwölf Belegen ist die Sintfluterzählung *Gen 6–9* die erste und wichtigste Fundstelle dieses Begriffs. Die noch nicht in Nationen aufgeteilte Menschheit wird dort dem göttlichen Strafgericht unterworfen (vgl. 6,12–13.17; 7,21), bevor sie in ihrer Gesamtheit den göttlichen Segen erhält (vgl. 9,11.15–17). Auch wenn am Anfang und am Ende

---

2012) 233–244. Wie Beuken, „Trito-Isaiah", 208, zeigt, greift die Wendung כִּי־הִנֵּה יְהוָה בָּאֵשׁ יָבוֹא die Ankündigung aus 40,10 – הִנֵּה אֲדֹנָי יְהוִה בְּחָזָק יָבוֹא – auf und verbindet sie mit dem in „protojesajanischen" Gerichtsansagen häufigen Bild des Feuers. Das Heilsorakel wird dadurch in ein Gerichtswort transformiert. Ausführlich dazu Stromberg, *Isaiah After Exile*, 116–7.

290 Zu den verschiedenen Positionen vgl. Koenen, *Ethik und Eschatologie*, 196 n.232.

291 Berges, *Buch Jesaja*, 528. Nach sorgfältiger Abwägung der Argumente kommt auch Gärtner, *Jesaja 66*, 33, zu dem Schluss, dass כָּל־בָּשָׂר „alle Frevler, ob aus dem Gottesvolk oder aus den Völkern [umfasst]."

derselbe Ausdruck steht, ist er doch nicht deckungsgleich, weil dazwischen eine radikale Scheidung stattgefunden hat (vgl. 6,19; 7,16; 8,17: מכל־בשׂר). So ist „alles Fleisch" in Wirklichkeit ein kleiner Rest, der die Katastrophe überlebt hat, mit dem aber stellvertretend für alle kommenden Geschlechter der ewige Bund geschlossen wird.

Ein analoger Vorgang wird in Jes 66 prophezeit.[292] Wie in der Urzeit so wird auch in der Endzeit die ganze Menschheit gerichtet, dort durch Wasser, hier durch Feuer. Alle, die am Götzendienst festhalten, werden „ein Ende nehmen" (יספו, v.17b), und nur die Überlebenden (פליטים, v.19) werden nach Zion kommen, um Gottes Herrlichkeit zu sehen. Das endzeitliche Heil ist somit gleichzeitig universal und partikular: es ist für „alles Fleisch", für alle Menschen, Juden wie Heiden, bestimmt und wird dennoch nur von einem Rest aus Juden und Heiden empfangen.[293]

V.17 spricht also von dem Ende der Sünder in Israel und auf der ganzen Welt. Ihre Bestrafung, die v.24 in grellen Farben ausmalen wird, bedeutet aber nicht, dass damit auch die Konsequenzen ihres Tuns beseitigt sind. Negative Verhaltens- und Denkmuster prägen eine Gesellschaft auch nach dem Tod ihrer Verursacher, sie existieren weiter und beeinflussen auch noch die nachgeborenen Generationen. Vielleicht spricht v.18a deshalb von „ihren Taten und Gedanken" (מעשׂיהם ומחשׁבתיהם), die, wie anzunehmen ist, ebenfalls ausgelöscht werden. Sie motivieren Jhwh jedenfalls, den verbliebenen Völkern, die sich in Jerusalem versammeln, seinen *kavod* zu zeigen und so den Unheilszusammenhang ein für alle Male zu durchbrechen.

3.3.2. Aussendung und Verkündigung unter den Nationen (v.18 – 19)

Das Verständnis des zweiten Abschnitts wird dadurch erschwert, dass in v.18 *alle* Nationen nach Jerusalem kommen und die Herrlichkeit Jhwhs erblicken und in v.19 Boten ausgesandt werden, um diese Erfahrung unter *den* Nationen bekannt zu

---

292 Vgl. Zapff, *Jesaja II*, 438: „Entspr. Gen 6[13] [...] wird damit (*sc.* durch den Begriff „alles Fleisch") der Gedanke eines universalen Gerichts eingetragen, das analog zur Sintfluterzählung in Gen 6 – 9 einen Rest verschont, aus dem sich eine neue Menschheit, einzig bestehend aus Jahweverehrern (vgl. Gen 8[20ff.]) konstituiert."

293 Ganz anders löst Nicolaus de Lyra, *Postilla litteralis*, ad Is 66,16 – 17, diese Spannung auf. Er deutet einerseits „caro" als ethische Kategorie, so dass nicht die gesamte, sondern nur die „fleischlich" lebende Menschheit gerichtet wird. Andererseits hebt er mit Verweis auf Ez 5,6 den qualitativen Unterschied zwischen Israel und den anderen Nationen auf. Dort heiße es nämlich „über Juda unter dem Namen Jerusalem, dass es ein ebenso gottloses Volk wie die Heiden sei."

machen. Wer aber bleibt als Adressat ihrer Verkündigung noch übrig, wenn alle schon in Jerusalem waren und Zeugen der göttlichen Offenbarung wurden?

Diese Spannung wird oft literarkritisch beseitigt. V.18 und v.19 böten zwei alternative Endzeitszenarien, „das eine mit einer Versammlung der Völker vor Jhwh, das andere mit der Aussendung der Missionare zu den Völkern."[294] Im Endtext stehen die beiden Entwürfe aber nebeneinander, und der, der sie zusammenfügte, sah darin offensichtlich keinen Widerspruch.

Die Vertreter der literarischen Einheitlichkeit bieten zwei Erklärungen an. Die einen unterscheiden zwei Kategorien von Völkern: solche, die in der näheren Umgebung leben und deshalb als erste in Zion eintreffen, und solche, die in der Ferne, nämlich an den in v.19 genannten Orten wohnen.[295] Die in v.18 erwähnten Personen seien nicht wirklich *alle* Nationen (wie etwa in 2,2 und 25,7), sondern nur diejenigen, die in der Nähe Jerusalems ansässig sind. Der Text selbst gibt jedoch keinen Hinweis darauf, wo die zuerst genannten *gojim* leben, und der Zusatz „alle Sprachen" macht es noch unwahrscheinlicher, dass sie nur in der unmittelbaren Nachbarschaft leben.

Andere Autoren greifen deshalb zu der These, v.19 sei nicht die chronologische Fortsetzung von v.18, sondern dessen Ausfaltung und Erklärung.[296] V.18 schildere nicht konkrete Aktionen, sondern konstatiere lediglich, dass die Zeit gekommen sei, um die nichtjüdischen Nationen in Zion zu versammeln. Wie das im Einzelnen geschieht und was jene dort tun werden, würden die folgenden Verse ausmalen. Dadurch entsteht aber ein anderes Problem. Ist v.18 nur eine Art Überschrift und fängt die eigentliche Handlung erst mit dem folgenden Vers an, dann fehlt den Pronominalausdrücken in v.19 בהם, *an ihnen*, und מהם, *von ihnen*, das Bezugswort. Wem sollte Jhwh ein Zeichen aufdrücken und wen sollte er aussenden, wenn von den Nationen noch niemand gekommen wäre?

Dieses Dilemma zeigt einmal mehr, dass prophetische Texte oft nicht streng logisch funktionieren, sondern bildhaft-assoziativ vorgehen.[297] Wichtiger als den

---

294 Ruszkowski, *Volk und Gemeinde*, 112. Vermeylen, *Jérusalem*, 192–8, unterscheidet sogar drei literarische Schichten, die jeweils nur einen Gedanken enthalten.
295 Repräsentativ für diese Position ist Koenen, *Ethik und Eschatologie*, 209–10: „In einem ersten Schritt will Jahwe die Völker der näheren Umgebung sammeln. [...] In einem zweiten Schritt wird Jahwe Leute von den näheren Völkern zu den entfernteren schicken." Ähnlich die Argumentation bei Stromberg, *Isaiah After Exile*, 120–1, u. a.
296 Vgl. Beuken, „Trito-Isaiah", 210–1; Ruszkowski, *Volk und Gemeinde*, 112; Obara, *Strategie di Dio*, 446.
297 Eine vergleichbare Spannung findet sich am Ende des Abschnitts. V.24 spricht von „allem Fleisch", d. h. der ganzen Menschheit, weiß darüber hinaus aber auch von weiteren Personen (אנשים), die sich gegen Gott auflehnen.

exakten narrativen Verlauf zu rekonstruieren, ist es deshalb zu verstehen, wie der Völkerzug theologisch eingeordnet wird.

Eine erste wichtige Qualifikation erfolgt durch die Vokabel קבץ, mit der andere jesajanische Sammlungsworte eingespielt werden. Dabei müssen jedoch zwei Aussagesysteme auseinandergehalten werden. Das eine handelt von der Heimholung des zerstreuten Gottesvolks (vgl. Jes 11,12; 40,11; 43,5; 54,7 und die zahlreichen Belege bei Jeremia und besonders Ezechiel), das andere von einer Gerichtsverhandlung, zu der die nichtisraelitischen Nationen einberufen werden (vgl. Jes 43,9; 44,11; 45,20; 48,14). Von ihrer Syntax und pragmatischen Funktion her sind diese Reihen deutlich unterschieden. Die erste besteht in repräsentativen oder kommissiven Sprechakten, die in der Regel durch das *yiqtol* von קבץ *pi.* ausgedrückt werden, die zweite in direktiven Sprechakten, die mit dem Imperativ von קבץ *nif.* formuliert werden. Im einen Fall verspricht Gott, er werde Israels *Golah* heimführen, im zweiten befiehlt er den „Heidenvölkern", dass sie sich zum Prozess einfinden.

Syntaktisch und textpragmatisch ist die in 66,18 angekündigte Versammlung der ersten Aussagereihe zuzuordnen. Die zweite enthält zwar die Völkerperspektive, ist hier aber nur als negative Hintergrundfolie präsent.[298] Eine Sonderstellung kommt *60,4* zu. In ihm ist die innerisraelitische Sammlungsaussage nämlich bereits universal ausgeweitet: כלם נקבצו – in Jerusalem sind „alle" versammelt, die Nationen zusammen mit den Verbannten Israels.

Der wichtigste Vergleichstext ist aber zweifellos *56,8*. Nicht nur weil dieser Passus das Verb קבץ gleich dreimal verwendet, sondern auch weil er zum vorderen und 66,18 zum hinteren Rahmen des „Tritojesajabuchs" gehören.[299] In ihm wurde eine über die jüdische Diaspora hinausreichende Sammlung angekündigt, nachdem zuvor gezeigt worden war, dass einzelne Nichtjuden aufgrund ihrer ethischen und religiösen Integrität zum Gottesvolk gehören können. In unserem Text wird diese Verheißung eingelöst, indem das für einzelne „Gerechte" geltende Prinzip auf alle Menschen ausgeweitet wird. Dazu wird ein Ausdruck verwendet, der das einfache כל־הגוים, falls überhaupt möglich, noch übertrifft: כל־הגוים

---

298 Dies wird von denen übersehen, die Jes 66,18 als Sammlung zum Endgericht interpretieren. Zu ihnen gehören mittelalterliche Autoren wie Ibn Ezra („This passage refers to the war of Gog and Magog", Friedländer, *Ibn Ezra on Isaiah*, 305) und Nikolaus („illud erit iudicium generale", Nicolaus de Lyra, *Postilla litteralis*, ad Is 66,18) als auch moderne Exegeten wie Odil Hannes Steck („Jahwes Sammlung der Menschenwelt zum Vernichtungsgericht", Steck, *Studien*, 259 n.207) und Judith Gärtner („Die Völker in V.18 werden zu ihrem Gericht gesammelt", Gärtner, *Jesaja 66*, 36).
299 Die rahmende Funktion von 56,1–8(9) und Kap. 65–66 bzw. 66,18–24 ist immer wieder beobachtet und beschrieben worden. Näheres dazu am Ende dieses Kapitels (3.4.1.). Der strukturelle Bezug zu Kap. 56 ist für Berges, *Buch Jesaja*, 530, ein wichtiges Argument gegen die These, unser Text schildere die Versammlung zum Völkergericht.

והלשנות, *alle Nationen und Sprachen.*[300] Im Anklang an Formulierungen aus der Urgeschichte (vgl. Gen 10,5.20.31) verheißt Jes 66,18 somit eine Sammlung, die ausnahmslos alle ethnischen und linguistischen Gruppen umfasst.

Die Teilnehmer an dieser Reise erblicken als erstes die göttliche Herrlichkeit (וראו את־כבודי), erfahren also wie die Israeliten beim Exodus die machtvolle Präsenz des richtenden und rettenden Jhwh (vgl. Ex 16,7; 24,17; Lev 9,23; Num 14,10.22; 16,19 u. ö.). Damit wird nicht nur die Erwartung von Jes 40,5 besiegelt, dass alle Menschen Seine Herrlichkeit schauen werden.[301] Es werden auch zwei konkurrierende Theologumena aus dem ersten Teil des Jesajabuchs miteinander versöhnt: dass der göttliche *kavod* an einer bestimmten Stätte, nämlich in Zion, erscheint (4,5; 11,10; 24,23) und dass er die ganze Welt erfüllt und deshalb von allen Menschen gesehen werden kann (6,3). 66,18 hält an der lokalen Fixierung fest, erweitert den Kreis der Zeugen aber auf alle Menschen, so dass die partikulare und die universale Dimension in einer spannungsvollen Beziehung verbunden bleiben.

Lässt sich noch genauer sagen, was unter כבוד hier zu verstehen ist? Ist es richtig, dass, wie Judith Gärtner mit der Mehrheit der Ausleger behauptet, der göttliche „Herrschaftsglanz" hier nicht Heil, sondern Gericht bewirkt?[302]

Für das Verständnis unseres Textes sind die Stellen besonders relevant, die die göttliche Herrlichkeit als ein visuelles Phänomen beschreiben und mit dem Verb ראה verbinden. Neben 35,2 und 40,5 sind das vor allem zwei Passagen aus Jes 60 – 62.[303] In *60,2* lässt Jhwh sein Licht über Jerusalem erstrahlen, um sich den ausländischen Nationen zu offenbaren (וכבודו עליך יראה). Sie sehen seine Herrlichkeit, weil die dort lebende Bevölkerung selber licht geworden ist, weil *Sein* Glanz zu *ihrem* Glanz geworden ist. Unter dieser Voraussetzung genügt es, wenn die Völker der Erde, wie *62,2* prophezeit, die Gerechtigkeit und Herrlichkeit *Zions* sehen (וראו גוים... כבודך). Dieselbe „Anverwandlung" ist in *66,11* vorausgesetzt,

---

300 לשנות in der Bedeutung „fremde Völker" ist ein Terminus des späten biblischen Hebräisch (vgl. Paul, *Isaiah*, 626). Leicht variiert findet er sich, wohl unter dem Einfluss unserer Stelle, auch in dem Völkerwallfahrtstext Sach 8,23: מכל לשנות הגוים, *aus allen Sprachen der Nationen* (freier, *aus Völkern aller Sprachen*). Eine letzte Steigerungsstufe stellt der dreigliedrige Ausdruck im aramäischen Danielbuch dar: כל־עממיא אמיא ולשניא, *alle Völker, Nationen und Sprachen* (Dan 3,7.31; 5,19; 6,26; 7,14; vgl. 3,4).

301 Vgl. die analoge Verheißung in Ps 97,6: וראו כל־העמים כבודו, *alle Völker werden Seine Herrlichkeit schauen.* Sie ist dort aber nicht, wie Stromberg, *Isaiah After Exile*, 115, richtig bemerkt, mit der Idee einer Hinwendung zum Zion verbunden.

302 Vgl. Gärtner, *Jesaja 66*, 34 – 6. Das einzige Argument, das die Autorin für diese negative Deutung anführt, ist die Rede von den Überlebenden (פליטים) im folgenden Vers.

303 Vgl. dazu ausführlich Wagner, *Gottes Herrlichkeit*, 193 – 211. Zu weiteren wichtigen כבוד-Stellen im Jesajabuch s. Beuken, „Trito-Isaiah", 210.

wenn die Knechte Jhwhs eingeladen werden, sich an *Jerusalems* Herrlichkeit bzw. Reichtum (כבודה) zu ergötzen.

Der Glanz, der von der Stadt und ihrer Bevölkerung ausgeht, verweist also auf den unsichtbaren Gott als Ursprung und Quelle des Lichts. Neben dieser theologisch-religiösen Dimension hat er aber auch eine praktische, soziale und materielle Seite. Er entsteht nämlich da, wo Menschen sich in ihrem Verhalten an der Torah orientieren und eine Gesellschaft bilden, in der die Schätze und Güter aller Völker dem einzigen Gott dienen.

All diese Aspekte sind präsent,[304] wenn der *kavod*-Begriff in 66,18–19 noch einmal (richtiger, noch dreimal) verwendet wird. Gleichzeitig wird er auf seine Grundbedeutung zurückgeführt. Durch das Possessivpronomen der 1. Pers. – „*meine* Herrlichkeit" (כבודי) – wird nämlich Jhwh als sein Haupturheber präsentiert. Er ist eine göttliche und erst in einem zweiten, abgeleiteten Sinn eine menschliche Qualität. Wie die vorhergehenden Verse erläuterten, beinhaltet er auch das Gericht, nämlich die Trennung zwischen den „Knechten" und den „Feinden" Gottes.[305] Dieser Aspekt, die Macht zum Vergelten und zum Strafen, steht in *59,19* im Vordergrund. Der *kavod* ist dort tatsächlich ein „Schreckensglanz", der nicht nur gesehen, sondern auch gefürchtet wird (וייראו... את־כבודו). Aus diesem Grund ist auch die Leichenschau von 66,24 kein unpassendes, fremdes Element, sondern gehört zu der Schau der Herrlichkeit hinzu. Die parallele Syntax scheint sogar zu signalisieren, dass die beiden Vorgänge in einer inneren Beziehung stehen (ובאו וראו..., v.18 // ויצאו וראו, v.24). Ohne das Gericht über die Apostaten würden die ausländischen Pilger tatsächlich nur *eine* Seite Jhwhs erleben. Gerade das aber zeichnet diesen Völkerwallfahrtstext genauso wie den in Sach 14 aus: dass die Nationen in Zion das *mysterium tremendum* erleben, um für das *mysterium fascinosum* bereit zu sein.

In diesem größeren Zusammenhang muss auch die Frage nach dem „Zeichen" (אות) in v.19 gesehen werden.[306] Mit welchem Zeichen versieht Jhwh die Nationen, die seine Herrlichkeit gesehen haben?[307] Das nur hier belegte Syntagma שים אות ב...

---

304 Für Wagner, *Gottes Herrlichkeit*, 231, bewirken die genannten Intertexte vor allem, dass die Vision von Jes 66 „die Nachricht vom Strahlen JHWHs über dem Zion und dem sichtbaren Glanz der Stadt beinhaltet."

305 Steck, *Studien*, 260 n.207, überzeichnet den Befund jedoch, wenn er das Sehen der göttlichen Herrlichkeit und „das Widerfahrnis des vernichtenden Gerichts" gleichsetzt. In 66,15–24 stellt die Bestrafung der Götzendiener die erste Etappe der Endzeitereignisse dar. Die Nationen, die in v.18 nach Jerusalem kommen, sind also nicht Opfer, sondern Zeugen eines bereits vollzogenen Gerichts (vgl. v.24).

306 Zu den verschiedenen Deutungen s. Koole, *Isaiah III.3*, 519; Obara, *Strategie di Dio*, 446 n.89.

307 Koole, *Isaiah III.3*, 520, betont zu Recht, dass בהם auf die in v.18 erwähnten Nationen zu beziehen ist (gegen Lau, *Schriftgelehrte Prophetie*, 145). In diesem Punkt unterscheidet sich 66,19

scheint aus zwei unterschiedlichen Redeweisen zusammengesetzt zu sein: שים אות ...ל und ...שים אותות ב. Die erste Wendung findet sich in *Gen 4,15*, wo Gott den Mörder Kain mit einem Schutzzeichen versieht, die zweite in *Ex 10,2* und einigen verwandten Stellen (Ps 78,43; 105,27; Jer 32,20), wo er an den Ägyptern Strafwunder vollbringt. Soll die Mischform vielleicht die doppelte Natur des Zeichens ausdrücken? Die Ausgesandten haben in Zion ja das göttliche Erbarmen *und* den göttlichen Zorn erlebt. Sie waren, um das Bild von Dan 3 zu verwenden, im Feuerofen, doch wurden sie vor dem Flammentod bewahrt.

Die Missionare tragen diese Erfahrung, dieses Wissen wie ein Zeichen, das ihre Worte veranschaulicht und bestärkt, in die Welt hinaus. Sie tragen es an sich, es ist ihnen unauslöschlich aufgeprägt. Anders gesagt: sie selbst sind das Zeichen, gerade als פליטים, als solche, die dem Endgericht entronnen sind. Ihre Rettung ist das „Zeichen", das ihre Verkündigung beglaubigt, weil Gott selbst es ihnen wie ein Siegel aufgedrückt hat.[308]

Mit dem Terminus פליטים werden zentrale Aussagen aus dem ersten und zweiten Buchteil eingespielt. Ähnlich wie Jes 66 prophezeit auch *4,2–6*, dass die göttliche Herrlichkeit (כבוד, v.2.5) in der künftigen Heilsära in Jerusalem (ירושלם, v.3[2x].4; ציון, v.3.4; הר־ציון, v.5) erscheinen wird. Der Tempelberg wird dann ein Ort der Zuflucht und Rettung sein, jedoch nur für die פליטת ישראל (v.2), die Entronnenen des Volkes Israel. Eine ebenso partikuläre Heilsvorstellung vertritt *37,30–32*. Dort wird zunächst ein Zeichen (אות) angekündigt und dann mit der im Jesajabuch häufigen Pflanzenmetaphorik der פליטת בית־יהודה, *dem Überrest des Hauses Juda* (v.31), neues Wachstum verheißen. Dabei wird ausdrücklich festgestellt, dass dieser Rest (שארית, פליטה), aus dem das Gottesvolk neu erstehen soll, von Jerusalem bzw. vom Zionsberg ausgeht (...כי מירושלם תצא שארית).[309]

---

wesentlich von den bei Stromberg, *Isaiah After Exile*, 123–7, angeführten Parallelen 11,12; 49,22; 62,10. Denn während dort ein Zeichen *zu* den Völkern *hin* gegeben wird (ל, אל, על), wird dieses hier *an* ihnen selbst angebracht (ב). Auch aus diesem Grund ist Gärtner, *Jesaja 66*, 35 n.123, gegen Stromberg zuzustimmen, „dass es sich nicht um das mit der Heimkehrredaktion verbundene נס handelt."

308 Vgl. U. Kellermann, „Tritojesaja und das Geheimnis des Gottesknechts. Erwägungen zu Jes 59,21; 61,1–3; 66,18–24", *BN* 58 (1991) 71: „Die unerhörte Botensendung selbst ist das Zeichen, das Jahwe der Völkerwelt aufrichtet: bekehrte Heiden werden zu Missionaren der Weltvölker." Andreas von Sankt Viktor spitzt diesen Gedanken noch zu, indem er erklärt, dass Gott sie durch dieses Zeichen als sein Volk identifiziere: „*Signum. Quo meus esse populus cognoscetur*" (Andreas de Sancto Victore, *Super Ysaiam*, ad Is 66,19).

309 Nach Beuken, *Jesaja III*, 403, hat das Verb יצא an dieser Stelle eine vegetative Konnotation. Es könnte aber auch ein wirkliches Hinausgehen des Restes Judas gemeint sein, z. B. um die Kunde seiner Errettung zu verbreiten. Der verblüffende Parallelismus zwischen כי מציון תצא תורה ודבר־יהוה מירושלם in 2,4 und כי מירושלם תצא שארית ופליטה מהר ציון in 37,22 ließe sich dann so interpretieren,

Der Gedanke eines national umgrenzten Restes wird bereits in *45,18 – 25*, dem unmittelbaren Referenztext von 66,18 – 19, überschritten.[310] Dort werden die Überlebenden der „heidnischen" Nationen (פליטי הגוים, v.20) angesprochen.[311] Sie sollen sich versammeln und herbeikommen (הקבצו ובאו), damit sie Israels Gott kennenlernen und ebenfalls von ihm gerettet werden (v.21–22). Auch dessen feierlicher Eid, „alle Knie" (כל־ברך) und „alle Zungen" (כל־לשון) würden ihm huldigen (v.23), klingt in unserem Text an. Nach 66,18 kommen die Wallfahrer nämlich aus „allen Nationen *und Zungen*" (והלשנות), und 66,23 fasst jene metonymischen Ausdrücke in dem Kollektivbegriff „alles Fleisch" (כל־בשר) zusammen. Wenn dieses kommt (יבוא) und vor Jhwh anbetend niederfällt, erfüllt sich, was dieser zuvor geschworen hatte.

In einem Punkt geht unser Text jedoch über Jes 45 hinaus. In kreativer Weiterentwicklung der Völkerwallfahrtsidee weist er den „Entronnenen der Nationen" eine neue Aufgabe zu: sie sollen ihre Gotteserfahrung weltweit bekannt machen. Dazu wird mittels einer Liste von Ortsnamen, wie sie sich ähnlich in Ez 27,10 – 13 findet,[312] der gesamte Vordere Orient und Mittelmeerraum umschrieben. Die Aufzählung endet mit einer Zielangabe, die durch den *Atnach* von den vorhergehenden getrennt und dadurch besonders hervorgehoben ist: האיים הרחקים (Jes 66,19b*init*). Diese „entfernten Inseln" haben nicht nur eine geographische, sondern auch eine symbolische Bedeutung. In Jes 40 – 55 repräsentieren sie die Menschen, die am äußersten Ende des Erdkreises leben und vielleicht auch deshalb am intensivsten auf das göttliche Heil harren (vgl. 41,1.5; 42,4.10.12; 49,1; 51,5). In *60,9* warten sie nicht mehr, sondern werden selbst aktiv, indem sie zusammen mit den Bewohnern von Tarschisch die verbannten Judäer nach Jerusalem bringen. Von dort übernimmt unser Vers den Doppelausdruck „die Inseln – Tarschisch", stellt ihn aber um, so dass die Kette der Orts- und Stammesnamen mit Tarschisch beginnt und mit dem allgemeinen, um הרחקים noch gesteigerten האיים endet. Wenn die Erkenntnis Jhwhs, die Kunde von seiner in Zion aufscheinenden Herrlichkeit bis zu ihnen gelangt, dann hat sie wirklich die ganze Welt erreicht!

---

dass die entronnenen Judäer ausziehen, um die Torah zu den Nationen zu bringen, und auf diese Weise deren Zionswallfahrt auslösen.

310 Zu den lexikalischen und inhaltlichen Parallelen dieser beiden Texte s. Koenen, *Ethik und Eschatologie*, 210 mit n.12; Beuken, „Closure of the Book", 212 – 213; Gärtner, *Jesaja 66*, 123 – 5; Stromberg, *Isaiah After Exile*, 122 – 3.

311 Wie Gärtner, *Jesaja 66*, 123 n.383, bemerkt, ist 45,20 neben 66,19 die einzige Stelle im Jesajabuch, an der der Terminus פליט in Verbindung mit den Völkern vorkommt.

312 Die meisten Exegeten gehen von einer literarischen Beziehung oder gar Abhängigkeit aus. Vgl. das Urteil von Croatto, *Imaginar el futuro*, 484: „[...] un interés particular del redactor, quien depende más de fuentes literarias [...] que de datos históricos." Zu den geographischen Angaben im Einzelnen s. die Kommentare.

Die Adressaten der Heilsbotschaft werden aber nicht nur geographisch, sondern auch theologisch definiert. Sie sind Menschen, die noch nichts[313] von JHWH gehört oder gesehen haben (לא־שמעו את־שמעי ולא־ראו את־כבודי). Das Wortpaar שמע und ראה fungiert dabei als Merismus, der die gesamte sinnliche Wahrnehmung umschließt; negiert bedeutet es somit die totale Ignoranz.[314] Durch die Antithese zwischen ולא־ראו את־כבודי in v.19b und וראו את־כבודי in v.18b wird darüber hinaus die unterschiedliche, ja, gegensätzliche Lage der beiden Personengruppen hervorgehoben: die einen (zu ihnen gehören selbstverständlich auch die Fremden von Jes 56) haben die göttliche Herrlichkeit mit eigenen Augen gesehen und deren heilende Kraft in ihrem Leben erfahren, die anderen haben noch nicht einmal davon gehört. Der כבוד, der in Jerusalem offenbar wurde, ist deshalb der einzige Inhalt der „Missionspredigt". Die Boten, die ihn gesehen haben, können zwar das Nicht-*Sehen* ihrer Adressaten nicht beseitigen, sie können sie nicht zu „Sehenden" machen. Wohl aber können sie ihr Nicht-*Hören* überwinden, indem sie ihnen von JHWHs Herrlichkeit erzählen (נגד *hif.*), nicht von einem äußerlichen Spektakel, sondern von einer Wirklichkeit, die ihre Existenz zutiefst verwandelt hat. Den zweiten Schritt müssen die, die durch ihr Zeugnis zu „Hörenden" wurden, selbst tun. Sie müssen aufbrechen und sich an den Ort begeben, an dem auch sie den Herrlichkeitsglanz des einen Gottes erleben können.

3.3.3. Sammlung Israels und ewiger Bestand (v.20 – 22)

Die am Ende von v.19 aufgebaute Lesererwartung wird in den folgenden Versen nicht erfüllt. *V.*20 schildert nicht, wie die Nationen nach Zion pilgern, sondern wie die bei ihnen lebenden Exiljudäer heimkehren. Mit dem kausativen והביאו, *sie werden bringen*, werden dabei noch einmal all die Texte eingespielt, die die Repatriierung der Verbannten prophezeien.[315]

Wer aber führt den Transport durch, das heißt, wer ist das Subjekt von והביאו? Die Boten, die die herrlichen Taten JHWHs verkündet haben und die das Subjekt

---

313 Auf diese Sonderbedeutung von לא macht Obara, *Strategie di Dio*, 447 n.96, aufmerksam.

314 Anders Nicolaus de Lyra, *Postilla litteralis*, ad Is 66,19, der die beiden Sinnesfunktionen auf unterschiedliche Erkenntnisinhalte bezieht. Das Nicht-Hören der Heiden besteht für ihn darin, dass sie die Torah und die Propheten nicht kennen („gentiles legem et prophetas non habentes"), ihr Nicht-Sehen hingegen darin, dass ihnen Jesus Christus nicht offenbart wurde („non viderunt Christum docentem et miracula facientem").

315 Stromberg, *Isaiah After Exile*, 123 – 41, geht ausführlich auf die Parallelen zu 11,11 – 12; 49,22 – 23; 62,10 – 11 ein, wobei jedoch nur der zweite Text davon handelt, dass die Exilierten durch Nichtjuden befördert werden.

des letzten Verbs von v.19 sind?[316] Oder die Empfänger ihrer Botschaft, auf die sich das letzte Wort dieses Verses, בגוים, bezieht?[317] Tatsächlich werden die Nationen auch am Anfang des Verses erwähnt (אל־גוים, v.19a), so dass sie ihn umrahmen und auf der Ebene der Textsyntax den hauptsächlichen Diskursgegenstand bilden. Satzsyntaktisch ist der Übergang von והגידו (v.19bβ) zu והביאו (v.20aα) jedoch so glatt, dass es schwer fällt, einen Subjektwechsel anzunehmen, zumal בגוים grammatikalisch eher als Ortsangabe denn als persönliches Objekt fungiert. Vor allem aber würde, wenn *gojim* das Subjekt von והביאו wäre, das Paradox entstehen, dass *die Nationen* die Exulanten *aus den Nationen* (מכל־הגוים, v.20aα) herausführten. So bleibt als die wahrscheinlichste Option, dass das Werk der am Anfang von v.19 genannten „Entronnenen" mit der Verkündigung der göttlichen Heilstaten noch nicht abgeschlossen ist, sondern auch noch die Aufgabe umfasst, die über die ganze Welt verstreuten Glieder des Gottesvolkes heimzuholen.

Jes 66,20 steht damit am Ende einer Reihe von Texten, die in immer neuen Variationen prophezeien, dass Ausländer den heimkehrenden Judäern assistieren werden (vgl. 14,2; 49,22; 60,4.9). Anders als diese verwendet unser Text ein doppeltes כל – „*all* eure Brüder aus *allen* Nationen" – und macht damit deutlich, dass wirklich alle aus der Verbannung zurückgeholt werden.

Dass die Heimkehrer אחיכם, *eure Brüder*, genannt werden, ist zweifach bedeutsam. Zum einen wird damit ein Bogen zu v.5 geschlagen, wo derselbe Ausdruck eine Gruppe von Personen bezeichnete, die die Gottesknechte hassen und verfolgen (...אחיכם שנאיכם). Diese „Brüder", die in Wahrheit Feinde Jhwhs sind (vgl. v.6.14), werden nun durch die „wahren Brüder" aus der Diaspora ersetzt.[318] Zum anderen wird damit die Redesituation in den vorhergehenden Passagen, zuletzt in v.12–14, wiederhergestellt, wo Jhwh („Ich") sich an die in Jerusalem Lebenden („Ihr") wandte. Tatsächlich wird dieser mittlere Abschnitt (nach der Struktur von Webster, s.o. 3.2.) durch die 2. Pers. Pl. nicht nur eingeleitet, sondern in זרעכם ושמכם, *euer Same und euer Name* (v.22), auch abgeschlossen. Die direkte Anrede signalisiert, dass er hauptsächlich von dem Schicksal der Jhwh-Knechte, also der „leiblichen" Kinder Zions handelt. Indem er die Heimholung ihrer „Brüder" aus der *Golah* beschreibt, unterbricht er den narrativen Faden, der von

---

316 So z. B. Lau, *Schriftgelehrte Prophetie*, 146; Stromberg, *Isaiah After Exile*, 120.

317 So z. B. Koole, *Isaiah III.3*, 522, und schon Andreas de Sancto Victore, *Super Ysaiam*, ad Is 66,20. Theoretisch gibt es noch die Möglichkeit, die 3. Pers. Pl. als ein unbestimmtes persönliches Subjekt aufzufassen (vgl. G–K §144 f): „man wird sie bringen." Wer damit gemeint ist, muss dann aber auch aus dem Kontext erschlossen werden.

318 Dass der Verwandtschaftsbegriff dadurch zu einer religiösen Kategorie wird, die jüdische wie nichtjüdische „kultisch reine Jhwh-Anhänger" umfasse (so Ruszkowski, *Volk und Gemeinde*, 114), kann aus den knappen Aussagen allerdings nicht gefolgert werden.

der „Heidenmission" in v.19 zu der daraus resultierenden Zionswallfahrt in v.23 verläuft. Das Gottesvolk, so lautet die implizite Botschaft, muss erst wiedervereinigt (v.20), in seinem priesterlichen Dienst gestärkt (v.21) und auf Zukunft hin konsolidiert werden (v.22), damit die nichtjüdische Menschheit kommen und anbeten kann.

Trotz seiner inklusiven, völkeroffenen Haltung macht also auch dieser letzte Völkerwallfahrtstext des Jesajabuchs eine wichtige Unterscheidung. Auch wenn er die fremden Nationen nicht wie 14,2 und 49,22–23 zu Untertanen Israels degradiert, spricht er doch nicht *zu* ihnen, sondern bis zuletzt *über* sie. Trotz der zentralen Rolle, die sie in Gottes Geschichtsplan spielen, präsentiert er sie dennoch nicht als dessen direktes Gegenüber, als Partner, mit denen er kommuniziert und seine Gedanken teilt.[319] Dieses Privileg bleibt bis zuletzt den Söhnen Israels vorbehalten.

Wie umsichtig und zuvorkommend die Fremden ihre jüdischen Mitbürger behandeln, illustriert die phantasievolle Aufzählung der Transportmittel.[320] Auch frühere Texte hatten die Umstände der Heimkehr mit Hilfe der Präposition ב beschrieben. Während es dort aber um abstrakte, emotionale Zustände ging (לֹא בְחִפָּזוֹן, *nicht in Eile*, 52,12; ...וּבְשָׁלוֹם...בְּשִׂמְחָה, *in Freude und in Frieden*, 55,12), werden hier konkrete, materielle Bedingungen genannt: ...בַּסּוּסִים וּבָרֶכֶב, *mit Pferden und mit Wagen*, usw. Der Leser soll sich den Zug in allen Details und möglichst bildhaft vorstellen: eine Karawane, aus Tieren, Wagen und anderen Beförderungsmitteln bunt zusammengesetzt, mit Menschen jeden Alters und Geschlechts, die in mehreren Abteilungen aus allen Himmelsrichtungen auf Jerusalem zusteuert.[321]

---

319 Unter den Völkerwallfahrtstexten bildet, soweit wir sehen, 45,20–22 die einzige Ausnahme von dieser Regel. Allerdings werden die Angeredeten dort zu einem Prozess geladen, so dass eine faktische Distanz zwischen ihnen und JHWH bestehen bleibt.

320 Vgl. Croatto, *Imaginar el futuro*, 485.

321 Eine derart wörtliche Auslegung wird von Nikolaus von Lyra ausdrücklich abgelehnt (vgl. Nicolaus de Lyra, *Postilla litteralis*, ad Is 66,20). Die Ortsangaben „Jerusalem" und „Berg Zion" könnten nicht *ad litteram* aufgefasst werden, „weil sich dort nicht das gesamte christliche Volk versammeln könnte, ja nicht einmal das über die Erde zerstreute jüdische." Der Text prophezeie nicht eine „Heranführung durch örtliche Bewegung und irdische Gefäße", sondern eine „congregatio [...] in unitate fidei et caritatis". Deshalb müssten auch die Transportmittel übertragen verstanden werden. Die Pferde und Quadrigen seien die Hilfsleistungen der Engel („adiutoria angelorum"), die Sänften, Maultiere und Reisewagen die Dienste der Apostel („ministeria apostolorum"), durch welche die Ungläubigen zum (christlichen!) Glauben geführt werden. Mit dieser allegorischen Auslegung verschafft Nikolaus seinen Lesern einen aktuellen Zugang zu der Prophezeiung. Doch indem er Israel als Vermittler des Heils für die Heiden eliminiert, verfehlt er ihren ursprünglichen Sinn und trennt in letzter Konsequenz die heidenchristliche Kirche von ihrer jüdischen Wurzel.

Die Reise zum Zion wird aber nicht nur in ihrer materiellen Ausstattung beschrieben, sie wird darüber hinaus auch theologisch gedeutet. Durch die Apposition מנחה ליהוה, *eine (Opfer)gabe für Jhwh*, und den Vergleich mit der kultischen
Prozession der „Söhne Israels", die ihr Opfer in reinen Gefäßen (בכלי טהור) herbeibringen, wird dem profanen Tun der Völker ein sakraler Charakter zugeschrieben. Die Heimführung der Diasporajuden dient nicht nur dem praktischen
Zweck, den Einwohnermangel Jerusalems zu beheben. Sie manifestiert zugleich
die Bekehrung der „Heiden" zu Jhwh. Indem sie nämlich Zion diesen wertvollen
Dienst erweisen, ehren sie den Gott, der in ihr wohnt. Vielleicht ist das der Grund,
weshalb die Exulanten nicht wie in v.7–14 und in den anderen bereits erwähnten
Texten als Kinder Zions vorgestellt werden. Natürlich sind sie auch eine Gabe für
„Mutter Zion", vor allem aber sind sie eine Gabe für Jhwh, eine *Opfer*gabe, welche
die Tieropfer, die in anderen Völkerwallfahrtsorakeln im Vordergrund stehen,
ersetzt.

Dies hat auch Konsequenzen für die Ausländer, die dieses besondere Opfer
darbringen. In dem Moment, in dem die Deportierten zu einer „Gabe für Jhwh"
werden, sind auch diejenigen, die sie bringen, keine einfachen Lastenträger mehr,
sondern üben *ipso facto* ein liturgisches Amt aus.[322] Dass sie dennoch keine
Kultfunktionäre im üblichen Sinn sind, macht der Vergleich mit *Mal 1,11* deutlich.[323] Auch dort wird verheißen, dass Nichtisraeliten Jhwh ein „reines Opfer"
(מנחה טהורה) darbringen. Damit sind wirkliche Speiseopfer gemeint, die diese
„vom Aufgang der Sonne bis zum Untergang", d. h. an ihren jeweiligen Wohn-
sitzen darbringen. Dagegen müssen sie in unserem Text ihren Aufenthaltsort
verlassen und nach Jerusalem ziehen. Ihr Opfer besteht auch nicht aus Getreide
oder anderen Vegetabilien, sondern darin, dass sie sich an der Neusammlung
Israels beteiligen. Die Feststellung, das profane Tun der Völker werde kultisch
interpretiert, könnte deshalb auch umgekehrt werden: In Jes 66 wird eine unkultische Gottesverehrung propagiert, eine Form der Anbetung und des Opferns,
die (zumindest was die *gojim* betrifft) in einem politischen, wirtschaftlichen und
sozialen Engagement für die Wiederherstellung der Gottesstadt besteht.

Der Vergleich mit Maleachi zeigt, wie wichtig die Ortsangabe ist, die das Ziel
des endzeitlichen Völkerzugs definiert: על הר־קדשי ירושלם, *auf meinen heiligen Berg
Jerusalem*. Sie ist eines der Signale, die die Völkerwallfahrtsorakel 56,1–9 und

---

[322] Vgl. Gärtner, *Jesaja 66*, 37: „[...] so dass das Nach-Hause-Bringen der Diaspora zu einer
kultischen Handlung der Völker wird." Genau dagegen wehrt sich die Septuaginta, wenn sie den
kultischen Terminus מנחה mit dem profanen δῶρον, *Gabe*, wiedergibt.

[323] Auf diese Parallele verweist Mello, *Isaia*, 444–5. Allerdings schreibt er den beiden Texten
ohne weitere Differenzierung einen „valore analogo" zu.

66,15 – 24 intertextuell verbinden.[324] In 56,7 wird verheißen, dass einzelne Fremde zum Tempelberg geführt werden, um auf diese Weise ihre Zugehörigkeit zum Gottesvolk zu besiegeln. 66,20 geht noch einen Schritt weiter. Ortskundige Fremde führen nun ihrerseits Judäer herbei, damit die auf dem Zion lebende Gemeinde ihre fehlenden Mitglieder zurückerhält. Wie wir gesehen haben, verdeutlicht der Vergleich mit dem Opfergang der Israeliten in der zweiten Vershälfte, dass sie einen Gottesdienst ganz eigener Art verrichten. Indem בכלי טהור syntaktisch an die Stelle von בסוסים etc. tritt, werden ihre Pferde, Maulesel und Kutschen nämlich den „reinen Gefäßen" gleichgestellt. So wie Sach 14,20 – 21 die Kochtöpfe als heilig deklariert, betrachtet Jes 66,20 die von den „Heiden" benutzten Transportmittel als rein.[325] Wie die liturgischen Geräte dienen auch sie JHWH, und diejenigen, die sie zur Verfügung stellen, sind „Priester", die nichtkultische Gaben in einer nichtsakralen Prozession darbringen.

Woher werden aber nun die levitischen Priester von *v.21* genommen? Von den Judäern, die heimgeführt werden, oder von den Nichtjudäern, die sie heimführen? Mit anderen Worten: Bezieht sich das emphatisch am Satzanfang stehende מהם, *von ihnen*, auf das Objekt des Verbs והביאו in v.20, also die judäischen Exulanten, oder auf dessen Subjekt, also die „heidnischen" Missionare?

Die wichtigsten Argumente hat jüngst noch einmal Jacob Stromberg abgewogen und daraufhin für die zweite, inklusive Deutung plädiert.[326] Für sie spricht die Tatsache, dass מהם am Anfang von v.21 Vorläufer in בהם und מהם in v.19 hat, Präpositionalausdrücke, die beide eindeutig die Nationen als Referenten haben. Vor allem aber werden in den vorhergehenden Versen alle Aktionen (mit Ausnahme derer, die JHWH selbst verrichtet) von der Gruppe der „Entronnenen" vollzogen. Sie agieren als Werkzeuge des göttlichen Heilsplans und üben bereits nach v.20 ein quasi-liturgisches Amt aus.

Doch selbst die ausführliche Diskussion bei Stromberg lässt wichtige Aspekte außer Acht: Sind die beiden Gruppen, die Juden und die Nichtjuden, am Ende von v.20 überhaupt noch klar getrennt? Das heißt: Könnte das vage מהם nicht auch die ganze Menschenschar meinen, die Jerusalem in einer einzigen großen Prozession

---

324 Zum ersten Mal begegnet der Ausdruck „mein heiliger Berg" in 11,9. Stromberg, *Isaiah After Exile*, 129, nimmt deshalb an, dass sowohl 56,7 als auch 66,20 von dieser Stelle literarisch abhängig sind: „[B]oth appear to be the result of the same textual blend mixing 11: 12's reference to return with 11: 9's mention of the holy mountain." Zu weiteren Parallelen zwischen Jes 56 und 66 vgl. Gärtner, *Jesaja 66*, 54 – 62.

325 Über die allgemeine Kultthematik hinaus sind diese beiden Texte durch die lexikalischen Parallelen קדוש ליהוה bzw. מנחה ליהוה, בית יהוה und den Opferterminus בוא *hif.* verbunden.

326 Stromberg, *Isaiah After Exile*, 135 – 41. Vgl. L.-S. Tiemeyer, *Priestly Rites and Prophetic Rage. Post-Exilic Prophetic Critique of the Priesthood* (FAT II.19; Tübingen: Mohr Siebeck, 2006) 281 – 4.

erreicht?[327] Und müsste sich der Autor nicht deutlicher ausdrücken, wenn er eine so umstürzende Neuerung wie die Bestellung von Heiden zu JHWH-Priestern ankündigen wollte?

Ein bisher zu wenig beachtetes Argument für das Verständnis von v.21 ergibt sich aus der Position des Verses innerhalb der Texteinheit 66,15–24. Er gehört zu dem Abschnitt v.20–22, der in der von Webster erarbeiteten chiastischen Gesamtstruktur das mittlere Glied „C–c" bildet (s.o.). Dieser ist, wie bereits gezeigt, durch die „Ihr"-Anrede gerahmt: durch אחיכם, *eure Brüder*, in v.20aα, und זרעכם ושמכם, *euer Same und euer Name*, in v.22b. Angeredet sind also die in Jerusalem Lebenden, die Gemeinde der JHWH-Knechte, die durch die Heimführung der exilierten „Brüder" und die Ernennung neuer Priester gefestigt werden soll.

Auch wenn eine eindeutige Antwort u. E. nicht möglich ist,[328] sollte v.21 deshalb zuerst als eine innerisraelitische Verheißung verstanden werden. Sie gewinnt ihr volles Gewicht, wenn man sie auf dem historischen Hintergrund liest, den Joachim Schaper aus den antilevitischen Passagen im Ezechielbuch rekonstruiert hat.[329] Nach seiner Auffassung zeugen Aussagen wie Ez 44,10–14 von dem Versuch der Zadokiden, die Leviten zu Priestern zweiter Klasse zu degradieren und ihnen die niedrigen Tempeldienste zuzuweisen. Dieser Konflikt habe dazu geführt, dass nur wenige Leviten aus dem Exil nach Juda zurückgekehrt seien. Unser Passus hätte demnach die Absicht, die in Babylonien lebenden Leviten zur Rückkehr zu motivieren, indem er ihnen die Aufnahme in die Priesterschaft des nachexilischen Heiligtums in Aussicht stellt.[330]

Die Vermutung, dass dieses Heilsorakel Angehörigen des Gottesvolkes gilt, wird durch *v.22* bestätigt. Mit einem einleitenden כי zieht dieser Vers die Konse-

---

327 So z. B. Ruszkowski, *Volk und Gemeinde*, 122–4.

328 Sie wird auch dadurch erschwert, dass die Deutung des Verses von unausgesprochenen hermeneutischen Bedingungen, nämlich dem geistigen und religiösen Hintergrund des Auslegers mitbestimmt wird. Während der christliche Ausleger verständlicherweise zu der inklusiven Interpretation neigen wird, wird der jüdische Ausleger umgekehrt versuchen, die Vorstellung „heidnischer" JHWH-Priester exegetisch auszuschließen.

329 Vgl. J. Schaper, *Priester und Leviten im achämenidischen Juda. Studien zur Kult- und Sozialgeschichte Israels in persischer Zeit* (FAT 31; Tübingen: Mohr Siebeck, 2000) 122–9, die kurzen Bemerkungen bei Albertz, *Exilszeit*, 277–8, und die Auslegung unseres Textes bei Nihan, „Ethnicity and Identity", 89–91.

330 Die Stelle wäre also zu den Aussagen im „Tritojesajabuch" zu rechnen, die nach Schaper, *Priester und Leviten*, 128, als „levitische Polemik gegen die Zadokiden" zu verstehen sind. Vgl. Croatto, „The Nations", 157, der v.21 als einen „text of resistance vis-à-vis the central power of the Jerusalem Zadokite priesthood" definiert.

quenz aus den beiden vorhergehenden.[331] Die Neusammlung Israels und die Ergänzung seines Kultpersonals sind die entscheidenden Voraussetzungen seines Fortbestands. Das Wortpaar זרע und שם[332] zeigt dabei an, dass es um einen zweifachen Fortbestand geht: um den Erhalt seiner biologischen Existenz dank leiblicher Nachfahren und um die Bewahrung seines guten Rufs, damit es vor den anderen Nationen weiterhin als Zeuge Jhwhs auftreten kann. Diese „Unvergänglichkeit" wird wie in Jer 31,35 – 36; 33,25 – 26 an der Schöpfungsordnung festgemacht. Dort dient das bestehende Universum als Vergleichsmaßstab, hier sind es „der neue Himmel und die neue Erde", deren Erschaffung Jes 65,17 angekündigt hatte.[333]

Dass es dabei nicht nur um bloße Dauer (עמד im Sinne von „bestehen, existieren"), sondern auch um eine bestimmte Existenzweise geht (עמד im Sinne von „dienend vor jemandem stehen"), hat Willem A. M. Beuken richtig erkannt.[334] Der Kontext mit dem Pilgerzug in v.20 und der Priesterwahl in v.21 verlangt geradezu, עמד לפני als kultischen Terminus auszulegen (vgl. Lev 9,5; Num 16,9; Dtn 4,10; 10,8 u. ö.). So wie die neue Schöpfung Jhwh dient, indem sie seinen unbegrenzten Heilswillen dokumentiert, soll auch das erneuerte Israel ihm dienen, indem es Sein Handeln in der Geschichte bezeugt und dadurch die Verehrung aller Menschen vorbereitet. In der „Neuordnung der gesellschaftlichen Verhältnisse im nachexilischen Jerusalem" und in der „Beständigkeit derer, die dem gottgefälligen Kult vorstehen",[335] soll sich erweisen, dass die Welt tatsächlich neu geworden ist.

---

331 Anders wird das kausale Verhältnis von Stromberg, *Isaiah After Exile*, 121, erklärt. Für ihn motiviert v.22 die in v.20 erläuterte Aktion: „That God would have the nations bring »your brothers« back from exile in v. 20 is therefore likely motivated by the promise that he would preserve »your seed« in v. 22." Weshalb wird dieser kausale Nexus dann aber durch v.21 unterbrochen?
332 Croatto, *Imaginar el futuro*, 490, unterstreicht die intertextuelle Beziehung zu Jes 48,19. Dort wird mit demselben Wortpaar beklagt, dass sich die Verheißung der zahlreichen Nachkommenschaft und des großen Namens wegen Israels Ungehorsam nicht erfüllt habe.
333 Zu dieser Verheißung und ihrer Beziehung zu der im folgenden Vers prophezeiten Neuschöpfung Jerusalems s. u. Berges, „Der neue Himmel und die neue Erde im Jesajabuch. Eine Auslegung zu Jesaja 65:17 und 66:22", F. Postma, K. Spronk u. E. Talstra (Hg.), *The New Things. Eschatology in Old Testament Prophecy. Festschrift Henk Leene* (ACEBT.S 3; Maastricht: Uitgeverij Shaker Publishing, 2002) 9 – 15.
334 Beuken, „Trito-Isaiah", 214 n.15. Wichtig ist vor allem sein Hinweis, dass לפני, *vor mir*, sinngemäß auch in der zweiten Vershälfte zu ergänzen ist.
335 Berges, „Der neue Himmel", 15.

3.3.4. „Alles Fleisch" als Pilger in Jerusalem (v.23)

Auf den Abschnitt über die Wiederherstellung Israels folgt eine kurze Szene, die
v.18 – 19 weiterführt und den Abschluss und Höhepunkt aller jesajanischen Völkerwallfahrtsorakel bildet. Eingerahmt durch den Tempusmarker והיה, *und es wird
geschehen*, und die Gottesspruchformel אמר יהוה, *spricht* JHWH, schildert *v.23*, wie
die gesamte Menschheit zur Anbetung JHWHs nach Zion pilgert. Noch vor der
Hauptaussage יבוא כל־בשׂר werden in einem sonst nirgends belegten Doppelausdruck die zeitlichen Umstände dieser globalen Pilgerreise erläutert. Sie soll in dem
zyklisch wiederkehrenden Rhythmus der Neumondfeste und Schabbate stattfinden.

Die Ähnlichkeit mit der eschatologischen Vision im Schlusskapitel des
Sacharjabuchs ist unübersehbar:[336]

Jes 66,23:	והיה מדי־חדש בחדשו ומדי שבת בשבתו יבוא כל־בשר להשתחות לפני
Sach 14,16:	והיה כל־הנותר מכל־הגוים... ועלו מדי שנה בשנה להשתחות למלך יהוה צבאות

Unabhängig davon, ob man von einer literarischen Abhängigkeit ausgeht oder
nicht,[337] sind neben den Parallelen auch klare Unterschiede festzustellen. So ist
der Zyklus der Pilgerzüge bei Jesaja intensiviert. Statt einer jährlichen Wallfahrt
zum Sukkotfest prophezeit er monatliche, ja sogar wöchentliche Reisen nach
Jerusalem. Daraus zu folgern, dass diese nur von Bewohnern der Stadt und deren
näherer Umgebung, also nur von Juden unternommen werden könnten,[338] zeugt
von einer zu einlinig rationalen Betrachtungsweise. Es könnten ja verschiedene,
sich abwechselnde Pilgergruppen gemeint sein. Vor allem aber besteht die Stärke
einer solchen poetischen Vision gerade darin, die Grenzen des Realistischen,
Menschenmöglichen zu überschreiten und den Blick auf das von Gott Erwünschte
und Ermöglichte zu lenken.

In diese Richtung zielt auch die zweite Abweichung von Sach 14. Dort wird
JHWH nur von einem „Rest" angebetet. Er setzt sich aus denen zusammen, die den
endzeitlichen Kampf um Jerusalem überlebt haben (vgl. v.16: כל־הנותר מכל־הגוים
הבאים על־ירושלם). In unserem Text sind es alle, die, über die ganze Welt verstreut,
die Kunde der Emissäre vernommen und daraufhin den Ort der göttlichen Herr-

---

336 Vgl. die kurze Zusammenstellung der Parallelen bei Nurmela, *The Mouth of the Lord*, 133, und
vor allem das Resümee von Gärtner, *Jesaja 66*, 311 – 31, bezüglich der traditionsgeschichtlichen
Gemeinsamkeiten und der buchspezifischen Differenzen von Jes 66 und Sach 14.
337 Nurmela, *The Mouth of the Lord*, 133: „Isaiah is dependent on Zechariah." Vorsichtiger urteilt
Lau, *Schriftgelehrte Prophetie*, 149: „[E]ine literarische Verbindung [...] ist zwar nicht auszuschließen, aber auch nicht nachweisbar."
338 So Duhm, *Jesaia*, 458.

lichkeit aufgesucht haben. Dabei ist das Subjekt des Bewegungsverbs בוא im Unterschied zu v.18 und den übrigen Völkerwallfahrtstexten nicht גוים, עמים oder einzelne Ethnien; es ist zum ersten und einzigen Mal כל־בשר, *alles Fleisch*, d. h. alle Menschen.[339] Wie das Gericht (vgl. v.16) soll also auch das endgültige Heil die ganze Menschheit erfassen, so dass die ethnischen Differenzen in den Hintergrund treten. In der gemeinsamen Anbetung JHWHs sollen die vielen verfeindeten Nationen wieder *eine* Menschheitsfamilie werden.

Für Judith Gärtner liegt in dieser „Entgrenzung der Völkervorstellungen" der Hauptunterschied zu Sach 14.[340] Bedeutet dies aber, dass Jes 66 „*ein* Gottesvolk aus Israel und den Völkern" prophezeit? Oder dass, wie Walter Groß es zuspitzt, das Gottesvolk-Konzept als solches in die Krise gerät, ja, als untauglich aufgegeben wird?[341] Obwohl die beiden Thesen gegensätzlich klingen, teilen sie doch die Überzeugung, dass durch den Terminus „alles Fleisch" die Unterscheidung zwischen Israel und den Nationen beseitigt werde und Israel seinen Sonderstatus als Gottesvolk verliere.

Doch lässt sich das aus Jes 66 wirklich ableiten? Wenn v.23 einen Gottesdienst ankündigt, der die ganze Menschheit umfasst, folgt daraus nicht, dass die Prophezeiungen von v.20 – 22, vor allem die über den ewigen Bestand der Nachkommenschaft und des Namens(!) Israels ausgelöscht würden. „Alles Fleisch" mag wie in v.15 – 17 die ganze Menschheit, Juden wie Nichtjuden umfassen. An der regelmäßigen Wallfahrt nach Jerusalem mögen sich alle Menschen, aus Israel und den Nationen, beteiligen, um JHWH, dem Schöpfer des neuen Himmels und der neuen Erde und dem Erbauer des neuen Jerusalem, zu huldigen. Das heißt aber nicht, dass damit alle Differenzen (der Sprache, der Kultur, der geschichtlichen Herkunft usw.) verschwinden und Israel und die Völker „aufgehoben" würden.[342]

---

339 So schon in aller Kürze Andreas de Sancto Victore, *Super Ysaiam*, ad Is 66,23: „*caro*, homo." Dagegen reduziert Croatto, *Imaginar el futuro*, 493, die Bedeutung des Ausdrucks auf „los inmigrantes judíos", übersieht dabei aber, dass כל־בשר bereits in v.16 das völkerübergreifende Strafgericht bezeichnet. In das andere Extrem verfällt A. Grund, *Die Entstehung des Sabbats. Seine Bedeutung für Israels Zeitkonzept und Erinnerungskultur* (FAT 75; Tübingen: Mohr Siebeck, 2011) 105, wenn sie gegen eine „anthropozentrische Verengung" protestiert. Wie in der Flutgeschichte seien auch hier und in Jes 40,5 – 6; 49,26 die Tiere eingeschlossen. Soll man sich aber wirklich vorstellen, dass zusammen mit den Menschen auch das Vieh die Herrlichkeit JHWHs sieht und ihn als Erlöser Israels erkennt, dass es auch für seinen Götzendienst bestraft wird und dann zur Wallfahrt nach Jerusalem reist?
340 Gärtner, *Jesaja 66*, 99. Vgl. Gärtner, „Das eine Gottesvolk", 24 n.56: „die Auflösung der alten Gruppenzugehörigkeiten in Völker und Israel zugunsten der neuen Bezeichnung allen Fleisches".
341 Vgl. Groß, „Wer soll YHWH verehren?", 27 – 31; Groß, „Israel und die Völker", 160 – 167.
342 So die Überschrift zur Auslegung von Jes 66 bei Groß, „Israel und die Völker", 160.

Israel und die Nationen werden nicht zu einer dritten Größe, zu einem nicht näher definierten „mixtum compositum" verschmolzen, sondern durch die Verehrung des *einen* Gottes zusammengeführt. Das einende Band ist nicht eine neu geschaffene gesellschaftliche Struktur, es ist eine neue Ordnung der Zeit, durch die ihre Aktivitäten „synchronisiert" werden. Wie schon in Jes 56 ist der *Schabbat* das Instrument, das die Nichtjuden mit dem jüdischen Volk verbindet. Allerdings geht es in unserem Text nicht um die Heiligung bzw. Entweihung eines einzelnen Tages.[343] Vielmehr wird durch „Neumond und Schabbat" der durch die zyklischen Feste geregelte Kalender umschrieben, den nun auch Nichtisraeliten übernehmen. Durch ihre Zionswallfahrt treten sie in die heilvolle Zeiterfahrung und Vergegenwärtigungsliturgie des Gottesvolkes ein, in dessen „nicht endenden Rhythmus von Festzeiten".[344]

Über die intertextuelle Beziehung zu *Jes 1,13*, die durch das Begriffspaar חדש – שבת geschaffen wird,[345] wird aber auch eine andere Erfahrung eingespielt: die Erinnerung daran, dass die Neumond- und Schabbatfeiern „unerträglich" geworden waren, weil an ihnen gleichzeitig און ועצרה, *Frevel und Festversammlung*, begangen wurden. Dieser gravierende Missstand, der Israels Gottesbeziehung im Innersten bedrohte, wird behoben, wenn in der kommenden Heilszeit auch fremde Völker zum Zion ziehen. Wo einst die Opfernden aus Israel vor JHWH traten (בוא + פני, 1,12) und von ihm zurückgewiesen wurden, wird dann die ganze Menschheit kommen und sich gemeinsam vor ihrem Schöpfer niederwerfen (לפני + בוא, 66,23).

Das dabei verwendete Verb חוה *eštaf.* zeigt, dass Jes 66 auch in diesem Punkt über die bisherigen Völkerwallfahrtsvisionen hinausgeht. In 45,14; 49,23; 60,14 vollziehen die ausländischen Pilger ihre Proskynese vor der königlich thronenden „Frau Zion". Sie vermittelt zwischen diesen und ihrem(!) Gott und erhält dadurch eine quasi-göttliche Aura. Demgegenüber verheißt 66,23, dass die Ankömmlinge JHWH direkt begegnen und ihn ohne weitere Vermittlung anbeten werden (להשתחות לפני), so dass sein Schwur aus 45,23 – „vor mir wird jedes Knie sich beugen..." – in Erfüllung geht.

---

343 Wie Ruszkowski, „Der Sabbat bei Tritojesaja", 69 – 70, scharfsinnig bemerkt, widerspricht die Reisetätigkeit geradezu der Schabbatruhe.

344 Grund, *Entstehung des Sabbats*, 105. Ähnlich Andreas de Sancto Victore, *Super Ysaiam*, ad Is 66,23: „Aus einem einzigen Fest und Feiertag wird die Zeit bestehen und sogleich, ja fortdauernd wird ein anderes (Fest) folgen, und es wird für euch eine beständige Fortsetzung von Fest und Feiertag sein."

345 Auf diese Parallele wird immer wieder hingewiesen. Für Grund, *Entstehung des Sabbats*, 105, liegt eine explizite Bezugnahme vor, da Jes 66,23 von dort auch die vorexilische Reihenfolge – zuerst Neumond, dann Schabbat – übernimmt.

Jes 27,13, das wie 66,23 eine größere Buchsektion (die „Jesaja-Apokalypse") beschließt, wird damit universal ausgeweitet.[346] Wie die in Assur und Ägypten lebenden Judäer werden nun Menschen aus allen Nationen, allen Orten kommen, um den auf dem Zion residierenden Gott zu verehren (והשתחוו ליהוה, 27,13b). Dass unsere Weissagung statt ל die Präposition לפני verwendet, ändert nichts an der inhaltlichen Aussage. Es ist aber ein intertextuelles Signal, das auf zwei Stellen im Psalter verweist, die ebenfalls von Völkerwallfahrt und -huldigung handeln: וישתחוו לפניך כל־משפחות גוים, *vor dir werden sich alle Geschlechter der Nationen niederwerfen* (Ps 22,28), und כל־גוים... יבאו וישתחוו לפניך, *alle Nationen werden kommen und sich vor dir niederwerfen* (Ps 86,9).[347] Im Wortlaut sind sie fast identisch mit Jes 66,23, doch haben sie, wie das unterschiedliche Suffix – „vor *mir*" bzw. „vor *dir*" – signalisiert, eine andere Intention. Im einen Fall verkündigt Jhwh, der Herr der Geschichte, dass alle Menschen an ihn glauben werden, im anderen äußert der Beter die zuversichtliche Erwartung, dass sich eines Tages alle Völker seinem Gott unterwerfen werden. Der Leser, der dem (hebräischen) Kanon folgt, wird das Erste als Voraussetzung des Zweiten verstehen, den von Jesaja überlieferten Spruch als ein göttliches Verheißungswort, das sich der Psalmist im betenden Vollzug zu eigen macht.

Israel und die Nationen – im letzten Völkerwallfahrtsorakel des Jesajabuchs sind sie sowohl der Schöpfungsordnung nach (durch ihr gemeinsames בשר-Sein) als auch der Erlösungsordnung nach (durch ihre gemeinsame Gottesverehrung) eng verbunden. Doch werden damit ihre Differenzen, ihre ethnische und kulturelle Verschiedenheit, vor allem aber ihre unterschiedliche Geschichte nicht aufgehoben. Es ist ja nicht dasselbe, ob einer aus dem Exil nach Jerusalem heimkehrt oder ob er zum ersten Mal dorthin kommt, ob einer zum wahren Gott zurückfindet oder ob er ihn neu kennenlernt, ob einer sich von einem falschen Jhwh-Kult abwendet oder ob er den Kult der falschen Götter verlässt. Auch wenn in der Schlussvision des Jesajabuchs „alles Fleisch" in einem gemeinsamen Gottesdienst derselben Gottheit huldigt, wird damit all das, was zu diesem Punkt geführt hat, nicht ausradiert.

Der Terminus כל־בשר als solcher (der in dem „Ihr" von v.20–22 ja immer noch einen Gegenpol hat) konstituiert deshalb keine „neue Bezugsgröße, die ein von

---

346 Auf diesen Intertext macht Croatto, *Imaginar el futuro*, 493–4, aufmerksam (allerdings unter der Annahme, dass beide Texte von Judäern handeln). Die Referenzsignale in 27,13 sind: 1. das einleitende והיה, 2. das Verb בוא, das die Wallfahrtsbewegung anzeigt, 3. das Proskynese-Verb חוה *eštaf.* und 4. die Ortsangabe בהר הקדש בירושלם.
347 Das Völkerwallfahrtsthema hat für den Psalter eine ähnlich große Bedeutung wie für das Jesaja- und das Zwölfprophetenbuch. Bisher ist es nur im jeweiligen Psalmenkontext, nicht aber in einer monographischen Studie zum gesamten Psalter behandelt worden.

den Völkern geschiedenes Israel ersetzt", keine „neue[...] Heilsgemeinde", in der „die ethnische Herkunft [...] keine Rolle mehr [spielt]."[348] Nicht nur die sprachliche Nähe zu der unseligen Substitutionstheorie verhindert es, dass wir uns diesem Urteil anschließen. Der Gedanke eines „neuen Gottesvolkes"[349] aus Juden und Heiden lässt sich aus Jes 66 einfach nicht ableiten. Was die Wallfahrer *ex gentibus* untereinander und mit den Israeliten verbindet, ist nicht die Zugehörigkeit zu einem übergeordneten Ganzen. Verbunden sind sie zuerst durch ihre „fleischli-che" Natur, ihr Menschsein im Allgemeinen und dann durch ihr gemeinsames Tun: dass sie sich zu regelmäßigen Festzeiten versammeln, um Jhwh im gottes-dienstlichen Lobpreis und im täglichen Leben als ihren Herrn zu bekennen und zu ehren.

3.4. Jes 66,15 – 24 als Abschluss des Jesajabuchs

Das kanonische Jesajabuch endet mit der Doppelvision vom göttlichen Strafge-richt und von der dann einsetzenden Zionswallfahrt der nichtisraelitischen Menschheit. In ihr werden ein letztes Mal zentrale theologische Themen aus den drei Hauptteilen des Buches aufgegriffen, wobei die sprachlichen und inhaltlichen Bezüge zu den einleitenden Kapiteln Jes 1 – 2, Jes 40 und Jes 56 besonders eng sind. Jes 65 – 66 und die letzte Texteinheit im Besonderen fungieren somit gleich drei-fach als hinterer, abschließender Rahmenteil.[350]

---

348 Berges, *Buch Jesaja*, 532. Vgl. die ähnlichen Aussagen in den o. a. Arbeiten von Walter Groß und Judith Gärtner.
349 So z. B. Gärtner, *Jesaja 66*, 54; Grund, *Entstehung des Sabbats*, 61. Dieses theologische Konzept ist auch deshalb ungeeignet, weil es ja das Gegenüber zu anderen Völkern, die *nicht* Gottes Volk, also nicht erwählt sind, voraussetzt. Unser Text handelt aber von einer Epoche, in der sich alle Menschen zu Jhwh bekennen. Damit hätte das „neue Gottesvolk" aber seine Haupt-funktion, nämlich Zeuge des einen Gottes zu sein, verloren. Der theologischen Problematik dieses auch in den Dokumenten des Zweiten Vatikanischen Konzils verwendeten Begriffs geht die im Erscheinen begriffene Habilitationsschrift von T. Czopf, *Neues Volk Gottes? Zur Geschichte und Problematik eines Syntagmas*, nach.
350 Das hat vor allem Beuken, „Trito-Isaiah", herausgearbeitet. Weitere wichtige Beobachtungen zur Rahmenfunktion der beiden Schlusskapitel finden sich bei A. J. Tomasino, „Isaiah 1.1 – 2.4 and 63 – 66, and the Composition of the Isaianic Corpus", *JSOT* 57 (1993) 81 – 98; B. D. Sommer, „Allusions and Illusions. The Unity of the Book of Isaiah in Light of Deutero-Isaiah's Use of Prophetic Tradition", R. F. Melugin u. M. A. Sweeney (Hg.), *New Visions of Isaiah* (JSOT.S 214; Sheffield: Sheffield Academic Press, 1996) 178 – 183; Sweeney, „Prophetic Exegesis", 464 – 466; Croatto, *Imaginar el futuro*, 494 – 5; Park, *Gerechtigkeit Israels*, 303 – 4; Dim, *Eschatological Implications*, 269 – 307; Grund, *Entstehung des Sabbats*, 103 – 5; Stromberg, *Isaiah After Exile*, 13 – 27.79 – 82.114 – 23.147 – 60; S. Jang, „Hearing the Word of God in Isaiah 1 and 65 – 66.

3.4.5. Fremde auf dem Zionsberg – intertextuelle Bezüge zu Jes 56,1–9

Das zentrale Thema von 56,1–9 – „Wer sind die Knechte JHWHs und welches ist ihr Los?" – wird bereits in 66,14 zum Abschluss gebracht: ונודעה יד־יהוה את־עבדיו. Sie bilden die Mitte der auf dem Zion neu konstituierten Gemeinde, mit ihnen verwirklicht sich der Heilsplan JHWHs, an ihnen kann sein Wirken („seine Hand") erkannt werden. Nach 56,6 gehören zu ihnen auch Ausländer, die aufgrund ihrer ethischen und religiösen Praxis zu einem integralen Teil des Gottesvolks geworden sind.

Dass es dabei nicht nur auf das Bekenntnis, sondern vor allem auf die Verwirklichung der Ideale ankommt, unterstreicht das dreifache עשׂה in 56,1–2. Auch wenn es nicht alle sind, so müssen doch wenigstens einige, eine ausreichend große qualifizierte Minderheit die Gerechtigkeit *tun* (v.1) und das Böse *nicht tun* (v.2). Um diesen Kern herum verheißt v.8 dann eine *Sammlung*, die über die jüdische Diaspora hinaus Personen aus allen Völkern zusammenführt.

Jes 66,15–24 greift diese Motive auf und integriert sie in eine umfassende endzeitliche Gerichts- und Heilsvision.[351] Zunächst verheißt es, dass JHWH seine „Feinde" und mit ihnen ihre bösen *Taten* (מעשׂיהם, v.18) vernichten wird. Diese Scheidung, die Israel ebenso wie die anderen Nationen betrifft, ist die Voraussetzung, damit die Knechtsgemeinde nicht eine elitäre, auf sich selbst bezogene Gruppe bleibt, sondern zum Ferment für die Erlösung aller Menschen wird. Zu diesem Zweck werden in Fortführung von 56,8 „alle Völker und Zungen" *versammelt*. Sie sollen erkennen, wie der auf dem Zion verehrte Gott, ohne auf die ethnische Herkunft zu achten, straft und erlöst.

Bevor wir auf das Subjekt der Völkerwallfahrt näher eingehen, muss von dem Verb בוא die Rede sein, das mit sechs Vorkommen unseren Abschnitt prägt. Noch bevor die Nationen nach Jerusalem ziehen, schildert 66,15, wie Gott selbst, unter umgekehrten Vorzeichen wie in Jes 60, herbei*kommt*. Indem er die Apostaten richtet, macht er den Weg frei, damit diejenigen, die bisher ebenfalls Idole verehrten, zum Ort der „wahren Religion" *kommen* können. Was 56,7 einzelnen Gerechten verheißt, weitet 66,18 somit auf alle Nichtisraeliten aus. Der Zug zum Zion

A Synchronic Approach", R. Boer, M. Carden u. J. Kelso (Hg.), *The One Who Reads May Run. Essays in Honour of Edgar W. Conrad* (LHBOTS 553; New York; London: T & T Clark International, 2012) 41–58.
351 Davies, „Destiny of the Nations", 117, sieht hier den entscheidenden Unterschied zwischen Kap. 56 und 65–66: „[T]he former is concerned with the *here and now*, who may be admitted to worship in the rebuilt temple, and with the treatment of *individuals*, while the latter embodies a future expectation and a visionary programme for the *end of time* which applies to Israelite and Gentile *communities*" [Hervorhebungen d. Vf.].

ist nun nicht mehr der Lohn, der denen gewährt wird, die sich vorbildlich verhalten. Vielmehr entsteht er daraus, dass Menschen die Verkündigung der Boten hören und von der Sehnsucht ergriffen werden, die *gloria Dei* mit eigenen Augen zu erblicken.[352]

Die Vorstellung, dass solche Personen die Exilierten in die Heimat zurückbringen (66,20), begegnet auch in anderen Orakeln. Neu ist, dass diese dadurch nicht in eine untergeordnete, dienende Stellung geraten. Im Gegenteil, durch die Bezeichnung מנחה ליהוה und den Vergleich mit dem Opfergang der Israeliten wird ihrem Tun die Qualität einer liturgischen Handlung zugesprochen. Die Brand- und Schlachtopfer aus 56,7 werden damit zwar nicht negiert, wohl aber in ihrer Bedeutung relativiert. Das Wertvollste, was die ausländischen Nationen mitbringen können, sind nicht Tiere, Weihrauch oder Baumaterial, es sind die noch fehlenden Glieder des Gottesvolkes, die JHWH ebenfalls als Priester dienen sollen (vgl. 66,21).

Bei der Bestimmung des Ziels der Wallfahrt ist die Parallele am auffälligsten: dasselbe הר קדשי aus 56,7 kehrt in 66,20a wieder, und ביתי aus 56,5.7 entspricht בית יהוה in 66,20b. Auch die Zweckangabe להשתחוות, *um anzubeten* (66,23), kommt nicht unvorbereitet, definiert doch bereits 56,7 den Tempel als den Ort, an dem die Völker zu JHWH beten werden (בית־תפלה לכל־העמים). Die Fremden erhalten somit in beiden Texten eine neue Würde, wie sie sonst nur noch in den Psalmen bezeugt ist: sie dürfen ohne Einschränkung (zumindest wird eine solche nicht erwähnt) am Gottesdienst Israels teilnehmen.

Gerade an diesem Punkt geht Jes 66 aber noch einmal über sein literarisches Gegenstück hinaus. Denn statt כל־העמים, das die Verheißung von 56,7 einspielen und bestätigen würde, verwendet es in v.23 wie zuvor schon in v.16 כל־בשר. Auf diese Weise schafft es eine Parallele zu Jes 40,5, auf die wir im folgenden Abschnitt einzugehen haben. Aber auch jetzt schon kann festgestellt werden, dass damit die Kluft zwischen dem Gottesvolk und den übrigen Völkern überwunden wird. Das Dilemma, das im Hintergrund von 56,1–9 stand, und die Spannung, die selbst 2,1–5 prägte, sind am Ende des Jesajabuchs beseitigt. Die Scheidelinie verläuft nun nicht mehr zwischen Israel und den *gojim*, sondern zwischen den Gerechten und den Sündern, zwischen denen, die sich von dem Licht JHWHs leiten lassen, und denen, die ihre eigenen „dunklen" Wege gehen.

Die völkerübergreifende Perspektive wird durch ein weiteres Textsignal verstärkt. Im Unterschied zu Sach 14 findet der universale Gottesdienst in Jes 66 nämlich nicht an einem spezifisch jüdischen Fest (dem Laubhüttenfest) statt. Es

---

[352] Der unterschiedliche Grad der Beteiligung wird durch die Verbformen angezeigt: das Geschehenlassen durch das kausative והביאותים (56,7), die Selbsttätigkeit durch die aktiven ובאו (66,18) und יבוא (66,23).

ist der periodische Wechsel von Neumond und Schabbat, also der Monats- und Wochenrhythmus, der die Pilger zum Zion führt. Damit ergibt sich ein weiterer Unterschied zu Jes 56. Dort ist der Schabbat, nämlich seine korrekte Observanz, das Kriterium, das über die Mitgliedschaft im JHWH-Volk entscheidet. In unserem Text ist er kein Brauch, keine Mizwah, die ähnlich wie die Beschneidung das Judesein definiert. Er ist vielmehr eine Institution, die nach dem Zeugnis von Gen 2 und Ex 20 in der Schöpfung gründet.[353] Sie schenkt allen Menschen, den observanten Juden (*schomre schabbat*) wie den nichtobservanten „Heiden" (und Juden!), die Möglichkeit, in die göttliche Zeitordnung einzutreten.

In Jes 66 verwandelt sich die Völkerwallfahrt somit in eine „Menschheitswallfahrt". Alle Menschen sollen – nicht nur einmal, sondern regelmäßig wiederkehrend – zum Zion pilgern. Sie sollen JHWH, den Urheber der neuen Schöpfung und des neuen Jerusalem, verehren und Zeugen seiner Herrlichkeit sein, die sich im Richten und im Retten offenbart.

3.4.6. Gottes Herrlichkeit vor allen Menschen – intertextuelle Bezüge zu Jes 40

Wie das „tritojesajanische" Thema der Gottesknechte wird auch das „deuterojesajanische" Thema der Tröstung Jerusalems unmittelbar vor unserem Abschnitt zum Abschluss gebracht. Das strukturelle Gegenstück zu der programmatischen Eröffnung in 40,1 – נחמו נחמו עמי – ist nämlich mit vier Belegen für die Wurzel נחם 66,10 – 14. Zwischen diesen beiden Polen wird ein Bogen gespannt, der mit dem Aufruf, das Gottesvolk zu trösten, beginnt und mit der Zusage, JHWH selbst werde den Seinen Trost und Freude schenken, endet. An seinem Anfang steht die niedergeschlagene, trostbedürftige Stadt, an seinem Ende die in überirdischem Glanz erstrahlende Metropole, die für Einheimische und Fremde eine Quelle des Trostes ist.

Aber auch die folgende Texteinheit, das große Finale von Jes 56 – 66, ist mit dem Proömium von Jes 40 – 55 durch eine Reihe von Referenzsignalen verbunden. Beide verheißen eine Sammlung (קבץ), 40,11 die der exilierten Judäer, 66,18 die der übrigen Nationen. In beiden spielt Zion-Jerusalem die Schlüsselrolle, wobei sie allerdings in 40,2.9 als Person, in 66,20 als Toponym erscheint.

---

353 Dieser Bezug wird dadurch hervorgehoben, dass im Vers zuvor der neue Himmel und die neue Erde erwähnt werden. Der Wechsel der Monate und Wochen wird also auch die neue Schöpfung bestimmen.

Die wichtigste Parallele betrifft jedoch das Kommen JHWHs nach Jerusalem. Die Heilsankündigung von *40,10* – בחזק יבוא יהוה אדני הנה – wird in 66,15 aufgenommen und durch Hinzufügung von באש in eine Gerichtsansage transformiert: הנה יהוה באש יבוא. Damit wird die heilsgeschichtliche Abfolge, auf die wir in Kap. 60 stießen, nochmals unterstrichen: Bevor die Verstreuten Israels eingesammelt werden und die nichtisraelitischen Nationen den Marsch antreten, kehrt JHWH selbst nach Zion zurück, in Kap. 40, um Jerusalem zu erlösen, in Kap. 66, um alle Menschen zu richten.

Die zweite wichtige Parallele ist die Offenbarung der göttlichen Herrlichkeit. Sie wird in *40,5* mit Stichwörtern beschrieben (כל־בשׂר, ראה, כבוד יהוה), die einen intertextuellen Bezug und gleichzeitig eine theologische Differenzierung signalisieren. Auch Jes 66 erblickt das Ziel der Geschichte darin, dass alle Menschen das machtvolle Wirken JHWHs, seinen *kavod* wahrnehmen (וראו את־כבודי, v.18). Doch im Unterschied zu 40,3 – 5, das dessen Offenbarung in der Wüste erwartet, bestimmt es seinen Ort im Anschluss an 56,7 (und darüber hinaus 11,9 und 65,25): Nicht unterwegs im Niemandsland, sondern auf dem Zion, inmitten der dort lebenden Knechtsgemeinde sollen die Menschen den Glanz Gottes erblicken. Dabei fügt unser Text noch eine Zwischenphase auf dem Weg zum Sehen ein, bei der denen, die JHWH nicht kennen, über dessen *kavod* erzählt wird (והגידו את־כבודי, v.19). Neben der unmittelbaren, persönlichen Schau gibt es also auch eine vermittelte Form, das *Hören* von der göttlichen Herrlichkeit. Sie ist kein Endzweck, aber ein wichtiger Motor, um die Zionswallfahrt in Gang zu setzen.

Am Höhepunkt der Vision wird 40,5 noch einmal eingespielt. Mit dem Stichwort כל־בשׂר hatte dieser Vers eine universale Theophanie prophezeit, hatte aber nicht geschildert, wie die Augenzeugen reagieren. Das wird in 66,23 nachgeholt. Die Menschen, die von JHWHs Herrlichkeit zunächst gehört und die sie dann selbst geschaut haben, werden ihn anbeten und damit als einzigen Gott anerkennen.

Ist diese Verbindung, die Aufnahme und Weiterführung von 40,5 in 66,23, erst einmal erkannt, kann darüber nachgedacht werden, ob nicht auch die folgenden Passagen 40,6 – 8 und 66,24 korrelieren. Die eine beschreibt die vergängliche Natur des Menschen (כל־הבשׂר) im Unterschied zu dem unvergänglichen Gotteswort. Die andere schildert, wie eben dieser hinfällige Mensch (כל־בשׂר) die ewige Pein derer erlebt, die sich gegen JHWH auflehnen. Sie ist ihm Abschreckung (דראון), gerade weil er weiß, dass er in sich nur „Gras" ist, das verdorrt, vom Wind verweht und vom Feuer verbrannt wird. Bestand haben kann er nur „vor JHWH" (לפני, 66,22), nur wenn er sich „vor Ihm" (לפני, v.23) niederbeugt.

3.4.7. Abfall, Gericht und wahrer Gottesdienst – intertextuelle Bezüge zu Jes 1,1–2,5

Bei der Suche nach intertextuellen Verbindungen zwischen dem letzten und dem ersten Kapitel des Jesajabuchs stoßen wir zum dritten Mal auf das Phänomen, dass ein zentrales theologisches Anliegen kurz vor dem Finale noch einmal aufgegriffen wird. In diesem Fall handelt es sich um den „protojesajanischen" Befehl, auf das Wort JHWHs zu hören: שמעו דבר־יהוה! In 1,10 erklingt er zum ersten Mal, um die korrupten Anführer des Volkes zu warnen, in 66,5 zum letzten Mal, um denen, die wegen ihres Festhaltens am göttlichen Wort verfolgt werden, Mut zuzusprechen.[354]

Was die Intertextualität von 66,15 – 24 selbst betrifft, ist zunächst ein Wortpaar zu erwähnen, das in dem ersten Orakel des Jesajabuchs unmittelbar nach dem Titel begegnet: שמים, *Himmel*, und ארץ, *Erde* (1,2). Sie werden dort angerufen, um Zeugen zu sein, wenn JHWH gegen sein Volk Anklage erhebt. Dieselbe globale Perspektive prägt auch die Schlussvision, doch wird sie nun durch den *neuen* Himmel und die *neue* Erde (66,22) angezeigt. Diese müssen nicht die Klage gegen einen degenerierten Kult anhören, sondern dürfen ihrerseits die Macht und unerschütterliche Treue JHWHs bezeugen.

פשע, Untreue, Abfall, Rebellion wird den Menschen sowohl in Kap. 1 als auch in Kap. 66 vorgeworfen. Ja, das in 66,24 verwendete הפשעים בי könnte geradezu aus פשעו בי in 1,2 und פשעים in 1,28 zusammengesetzt sein. Beide Kapitel erwähnen Obstgärten als Stätten idolatrischer Praktiken (הגנות, 1,29; 66,17; vgl. 65,3), beide prophezeien das Ende der Götzendiener, mit כלה in 1,28 und dem synonymen סוף in 66,17, und beide schließen mit dem abschreckenden Bild eines nicht verlöschenden Straffeuers (ובערו... ואין מכבה, 1,31; ואשם לא תכבה, 66,24).

Jes 66 erschöpft sich aber nicht in der Polemik gegen den illegitimen bzw. pervertierten Gottesdienst, es entwirft darüber hinaus ein positives Gegenbild. *1,12 – 13* kritisiert die Bewohner Jerusalems, weil sie unerwünscht vor JHWHs Angesicht treten (תבאו לראות פני), wertlose Opfer darbringen (הביא מנחת־שוא) und ihm mit ihren Neumond- und Schabbatfeiern (חדש ושבת) lästig sind. Mit signifikanten lexikalischen Bezügen verheißt Jes 66 demgegenüber eine Zeit, in der JHWH – nicht von Israeliten, sondern von „Heiden" – eine wohlgefällige מנחה darge-

---

354 Die Wendung begegnet darüber hinaus noch in 28,14 und (im Singular) in 39,5, einem Unheilsorakel für König Hiskija. Auf ihre strukturelle Bedeutung weist E. W. Conrad, *Reading Isaiah* (OBT 27; Minneapolis, MN: Fortress Press, 1991) 98 – 102, hin: „The strategic location of this phrase at the beginning (1:10) and the end (66:5) of the book as well as in the Hezekiah narrative (39:5) suggests the importance of hearing the word of the LORD for understanding the design of the book."

bracht wird (v.20), in der die zyklische Abfolge von Neumond und Schabbat den Lebensrhythmus aller Menschen bestimmt und diese zur Anbetung, nicht aber zum Geschäftemachen vor ihm erscheinen (v.23). Woran Israel gescheitert war, nämlich Kult und mitmenschliche Solidarität in Einklang zu bringen, wird also wieder möglich, wenn sich die „Gerechten aus den Nationen" mit ihm verbünden werden.

Die Endzeitvision von Jes 66 umfasst deshalb neben dem universalen (aber lokal fixierten) Gottesdienst auch das universale Gericht. Gott richtet (שפט, v.16), um die Menschheit von dem Bösen zu reinigen. Er tut, was in Jerusalem vernachlässigt wurde (vgl. 1,17.23), was aber unabdingbar ist, um Gerechtigkeit und Frieden zu stiften und zu bewahren. Genau dies erwarten auch die Völker, die in Jes 2 zum Zion strömen: dass Er unter ihnen Recht schaffe (v.4).

Auf die Theologie dieser beiden Völkerwallfahrtsverheißungen, der ersten und der letzten im Jesajabuch, werden wir im Schlussteil dieser Arbeit noch einmal eingehen. An dieser Stelle soll nur auf die Textsignale eingegangen werden, die mit ihrer Rahmenfunktion zusammenhängen. Es sind erstaunlich wenige, keine typischen Wendungen, sondern nur einzelne Vokabeln, die durch das Thema vorgegeben sind. Neben der bereits erwähnten Richterfunktion betreffen sie das Subjekt und das Ziel der Völkerwallfahrt. Die Wallfahrer werden in beiden Texten כל־הגוים genannt, wobei 66,18 הלשנות, 2,2 aber עמים רבים ergänzt. Das Ziel der Reise wird in 66,20 הר קדשי und בית יהוה genannt; diesen Angaben entsprechen in 2,3 בית אלהי יעקב und הר־יהוה.[355] Der Name „Jerusalem" schließlich findet sich einerseits in 66,20, andererseits in 2,3 (parallel zu „Zion") und in der Überschrift in 2,1 (neben „Juda").

„Jerusalem" erscheint aber auch schon im Buchtitel, der das Folgende als eine Vision „über Juda und Jerusalem" (על־יהודה וירושלם, 1,1) definiert. Diese Definition gilt vom ersten bis zum letzten Kapitel, bestimmt also auch die Deutung von Jes 66 und aller übrigen Völkerwallfahrtsorakel. Deren theologische Intention kann somit nicht auf die Bekehrung der „Heidenvölker" reduziert werden. Genauso wichtig ist die Bekehrung Jerusalems, ihre Neuschöpfung als Ort der Gottesgegenwart (vgl. 65,18). Denn ihr Friede, ihre Freude, ihr Getröstet- und Getrostsein machen die Suchenden aus allen Nationen auf den Einen aufmerksam. Sie sind die „Attraktion", die jene zum Aufbruch motiviert, weil sie ihre Sehnsucht wecken, ebenfalls an Zions Glück teilzuhaben.

---

355 Im Vergleich dazu erscheint der komplexe Ausdruck הר בית־יהוה (2,2), der neben Mi 4,2 nur noch in dem späten 2 Chr 33,15 vorkommt, als nachträgliche Kombination der anderen Begriffe (s. o. I.1.3.4.).

Zusammenfassung und Ausblick

1. Die Völkerwallfahrt im Jesajabuch, ein synchroner Überblick

1.1. Vorbemerkung

Nach der Exegese der elf Einzeltexte sollen in diesem Schlussteil die Ergebnisse der Arbeit zusammengefasst werden. Dabei kann es nicht darum gehen, die vielfältigen Aspekte, die das Völkerwallfahrtsthema auszeichnen, in ein umfassendes System zu überführen. Daran wäre erst zu denken, wenn auch die anderen Bereiche der hebräischen Bibel, ja, vielleicht auch des Neuen Testaments, in denen von der Pilgerfahrt der Völker zum Zion gesprochen wird, monographisch durchgearbeitet wären. Statt einer großen theologischen Synthese wählen wir deshalb drei Methodenansätze, die es erlauben, das Ganze noch einmal aus unterschiedlichen Perspektiven in den Blick zu nehmen. Dieses erste Kapitel wird einen *synchronen* Überblick über die wesentlichen Komponenten des Motivs, wie sie in den einzelnen Texten zum Ausdruck kommen, geben. Das zweite Kapitel wird aus einem *diachronen* Blickwinkel heraus versuchen, die Prophezeiungen nach ihrer relativen Chronologie zu ordnen, um, zumindest für den Bereich des Jesajabuchs, die wichtigsten Etappen in der Entwicklung des Motivs zu rekonstruieren. Das dritte Kapitel wird eine *leserorientierte* Perspektive einnehmen und danach fragen, wie diese Visionen auf das Denken und Verhalten ihrer Leser einwirken.

1.2. Das Subjekt der Wallfahrt: Volk, Völker, alle Völker

Der synchrone Überblick soll mit der Frage nach dem Subjekt beginnen: Wer begibt sich nach Jerusalem? Sagen die einzelnen Texte wirklich eine *Völker*wallfahrt voraus, eine Reise also, die von *den*, d. h. von *allen* nichtjüdischen Nationen unternommen wird? Tatsächlich nehmen bei weitem nicht alle Weissagungen, die wir behandelt haben, die ganze Menschheit in den Blick. Die das tun, stehen dann aber an strukturell bedeutsamen Positionen, am Anfang, in der Mitte und am Ende des Buchs, so dass sie dessen Gesamtaussage prägen und auch die anderen Orakel in ihre universale Perspektive hineinziehen.

So erscheint כל־הגוים, der Terminus, der die Totalität der Nationen am klarsten zum Ausdruck bringt, bereits in der ersten Vision, in dem Leitorakel 2,1–5. Durch den Parallelausdruck עמים רבים wird er nicht abgeschwächt, sondern differenziert. Dieser unterstreicht nämlich die *Viel*zahl der Nationen, die in Spannung zu dem *einen* Berg, dem *einen* Gotteshaus steht. Indirekt wird damit auf die einheitsstiftende Funktion der Wallfahrt hingewiesen: die vielen zerstrittenen Völker kommen an den Ort, wo der eine Gott wohnt, und werden dort gesammelt und befriedet. Wenn כל־הגוים danach durch הגוים aufgenommen wird, so hat diese determinierte Form denselben Bedeutungsumfang. *Die* Nationen, die von Jhwh gerichtet werden, sind *alle* Nationen, die zuvor zum Zion aufgestiegen sind.

Der Völkerwallfahrtstext am anderen Ende des Buchs ist nicht weniger universal. Auch in 66,15–24 ziehen כל־הגוים nach Jerusalem. Er steigert die Vorstellung aber noch, indem er darüber hinaus den Begriff כל־בשׂר verwendet. Das letzte Ziel der Geschichte ist also nicht die Ansammlung vieler einzelner Nationen (ein „Völkerbund"), es ist die ungeteilte, in der Verehrung des einen Gottes verbundene Gesamtmenschheit.

Auch an dem eschatologischen Mahl von 25,6–8 (wo aber kein Zug nach Jerusalem erwähnt wird) nehmen *alle* Völker teil. Als Hauptbegriff fungiert hier das zweimal vorkommende כל־העמים, das einmal von כל־הגוים begleitet ist. Dasselbe Syntagma begegnet auch in 56,1–9, wo es aber nur mittelbar das Subjekt der Wallfahrt meint. Diese wird nämlich schon vorher geschildert, und erst danach wird prophezeit, dass in der Zukunft *alle* Völker im Jerusalemer Tempel anbeten werden. In 45,18–25 wird die Totalität nicht auf die kollektive Größe „Nation", sondern auf die einzelnen Beter bezogen: *alle* Knie (כל־ברך) und *alle* Zungen (כל־לשׁן) werden dereinst Jhwh huldigen. So steht in diesem Text, auch wenn die Geographie nicht völlig fehlt (sie wird durch das blasse „alle Enden der Erde" angezeigt), die personale Dimension im Vordergrund.

Damit sind bereits alle Texte genannt, die die Wallfahrt nach Jerusalem ausdrücklich als ein die gesamte Menschheit umfassendes Heilsgeschehen schildern. In den anderen Orakeln wird die Universalität weniger betont, und zwei von ihnen brechen sogar mit dem Prinzip des von Helmut Schmidt so genannten „anonymen Universalismus", indem sie die Wallfahrer mit Namen bezeichnen. In 18,7 kommen sie aus *Kusch*, in 45,14–17 dazu noch aus den benachbarten Regionen *Ägypten* und *Seba*. Es ist kein Zufall, dass die Kuschiter in den nachexilischen Verheißungen einer Gabenprozession eine so wichtige Rolle spielen (vgl. Zef 3,10; Ps 68,32), bildete ihr Land doch die äußerste südwestliche Grenze des Perserreichs.[1] Entgegen dem Anschein wird hier also nicht nur die Unterwerfung

---

1 Vgl. Irsigler, *Zefanja*, 379. Er weist darauf hin, dass Dareios I. dieses Land in der Gründungsurkunde des Apadana von Persepolis erwähnt, um den Umfang seines Reiches zu definieren. Dieses historische Faktum wird auch von der Bibel bezeugt: „Es war in den Tagen des Artaxerxes, jenes Artaxerxes, der von Indien *bis Kusch* über einhundertsiebenundzwanzig Provinzen herrschte" (Est 1,1).

einer einzelnen, exotischen Nation prophezeit, vielmehr steht Kusch für die eine Hälfte eines weltumspannenden Vielvölkerreichs.[2]

Die meisten Völkerwallfahrtsorakel bezeichnen die Herbeikommenden entweder mit den indeterminierten, ethnisch und zahlenmäßig nicht festgelegten Termini גוים und עמים (11,10; 14,2; 49,22; 60,3 u. ö.) oder verwenden den ebenfalls indeterminierten kollektiven Singular גוי, um eine generelle Aussage zu treffen (55,5; vgl. 2,4). Sie legen den Schwerpunkt also nicht auf die Universalität bzw. die Totalität der Beteiligten, sondern auf das, was diese tun. Nach ihnen müssten gar nicht alle Menschen kommen, es würde genügen, wenn überhaupt fremde Nationen in friedlicher Absicht nach Jerusalem kämen. Mit ihnen würde die heilvolle Zukunft schon beginnen. Dass die politischen Anführer dabei eine wichtige Rolle spielen, wird dadurch signalisiert, dass neben den Völkern immer wieder deren מלכים und einmal sogar deren שרות erwähnt werden (49,23; 60). Das trägt gleichzeitig dazu bei, den Akt der Unterwerfung anschaulicher zu machen.

In zwei Texten erhält die Völkerwallfahrt einen besonderen theologischen Akzent. Sie prophezeien nicht, dass alle nichtisraelitischen Nationen zum Zion kommen, sondern nur deren פליטים, diejenigen also, die die Wirren des Krieges bzw. das göttliche Gericht überlebt haben und dadurch zur Erkenntnis Jhwhs gelangt sind (45,20; 66,19). Noch „realistischer" sind 14,1 und 56,3.6 – 7. In ihnen marschieren nicht ganze Völker nach Jerusalem, sondern einzelne Nichtisraeliten (גר, בן־הנכר), die aufgrund einer konkreten Erfahrung den Glauben und die Lebensweise Israels annehmen wollen. Das Geschehen, das in den anderen Texten als Pilgertourismus erscheinen könnte, wird dadurch theologisch vertieft. Es geht nicht um demonstrative Akte, um religiöse Massenereignisse. Die Beziehung zu Jhwh und seinem Volk hängt auch und vor allem an der freien Entscheidung einzelner Personen. Der Tempel wird nicht per Deklaration zur Gebetsstätte „aller Völker", sondern dadurch, dass Einzelne sich zu der dort verehrten Gottheit bekehren.

Das Subjekt der Wallfahrt wird im Jesajabuch somit sehr unterschiedlich bestimmt. Die prophetische Erwartung ist zweifellos, dass *alle* Nationen nach Jerusalem strömen, *jede* Zunge Jhwh preisen, *alles* Fleisch ihn anerkennen und anbeten werden. Dies ist aber nur die plakative, sichtbare Außenseite der Vision. Auf der unsichtbaren Innenseite steht die theologische Erkenntnis, dass die Pil-

---

2 Warum prophezeit das Jesajabuch dann nicht auch eine Wallfahrt aus der östlichen Hälfte des Reiches, aus Indien, Medien oder Persien? Diese Frage hängt mit dem anderen auffälligen Phänomen zusammen, dass dieses Buch (wie auch die anderen Prophetenbücher) keinen Fremdvölkerspruch gegen die Perser überliefert. Vielleicht war es nicht möglich, den persischen König als den Erlöser Israels zu feiern und gleichzeitig, konträr zur historischen Wirklichkeit, sein Volk als Kriegsgefangene zu präsentieren, die sich vor Zion niederwerfen.

gerreise der Nationen damit beginnt, dass ein einzelner *Goi* den Namen Jʜᴡʜs lieb gewinnt und ihm mit seinem Leben dienen möchte.

1.3. Das Ziel der Reise: der Berg, der Tempel, die mütterliche Stadt Jerusalem

Wie diejenigen, die die Reise unternehmen, so wird auch ihr Ziel nicht einheitlich definiert. Zwar ist die Idee der Völkerwallfahrt von der Sache her eng mit dem Zion verbunden, doch taucht der Begriff als solcher nicht häufig auf und ist auch dann noch unterschiedlich konnotiert.

In Jes 2 steht das Bild des *Berges* im Vordergrund. Dieser erhält seine Würde, metaphorisch ausgedrückt, seine Höhe dadurch, dass er den Tempel Jʜᴡʜs auf seinem Rücken trägt. Die Völker steigen auf ihn hinauf, nachdem sie ihre Hügel, d. h. die Orte, an denen sie ihre Götter anbeten, verlassen haben. Als Berg Jʜᴡʜs wird der Zion so zu einem „zweiten Sinai". Wie Israel dort die Torah empfing, werden auf ihm die übrigen Nationen (die) Torah empfangen.[3] Auf „diesem Berg" lokalisiert 25,6–8 in loser Anknüpfung an Ex 24 auch das Bankett, das Jʜᴡʜ den Völkern zubereiten wird.

Der Gottesberg fungiert auch in anderen Verheißungen als Ziel der Völkerreise. Er wird in ihnen aber nicht als Ort der Offenbarung, sondern als Kultstätte präsentiert, zu der die Nationen ihre Gaben bringen. Dabei wird das Ziel noch präzisiert, indem das Gotteshaus, d. h. der Jerusalemer *Tempel* erwähnt wird. In 18,7 wird dieser als „Ort des Namens Jʜᴡʜs" bezeichnet; הר ציון bildet dazu die erklärende Apposition. 56,7 verheißt, dass Jʜᴡʜ seine ausländischen Verehrer zu seinem „heiligen Berg" (הר קדשי) bringen wird, und spricht dann erläuternd von dem Haus, in dem diese ihre Gebete, und dem Altar, auf dem sie ihre Opfer darbringen werden. Auch in 66,20 ist die Prophezeiung kultisch eingefärbt. Durch den Vergleich werden zwei Ortsangaben nebeneinander gestellt: der „heilige Berg", zu

---

3 Ist die vom Zion ausgehende Torah mit der vom Sinai identisch? I. Fischer, „Israel und das Heil", 195, verneint diese vielfach diskutierte Frage, bestimmt den Unterschied aber nicht inhaltlich, sondern formal: „Die Zionstora ist […] nicht identisch mit der Sinaitora, sondern ist die für die Völker bestimmte und durch (den Gottesknecht) Israel vermittelte Tora." Das Entscheidende hat bereits Hartmut Gese in seinen 1977 erstmals publizierten Vorträgen zur alttestamentlichen Theologie gesagt: „Im Gegensatz zur alten Sinaioffenbarung wendet sich die eschatologische Offenbarung an alle Völker, und diese werden der Königsherrschaft Gottes gewahr, die Tora beschreibt daher den Schalomzustand in einer umfassenderen Weise, und Ort dieser Offenbarung ist nicht der Sinai, sondern der Zion. Wir können abgekürzt sagen, die Sinaioffenbarung sei zur eschatologischen Zionsoffenbarung geworden, und Sinai- und Zionstora unterscheiden" (Gese, *Zur biblischen Theologie*, 74–75).

dem die Völker die exilierten Judäer führen, und das „Haus JHWHs", in das die Israeliten ihre Opfer bringen.

Zion-Jerusalem ist im Jesajabuch aber nicht nur ein geographisches Ziel, eine Anhöhe, ein Tempel, eine Stadt. Es wird auch als eine weibliche Gestalt personifiziert, die denen, die zu ihr kommen, als *Mutter* entgegentritt. Zunächst nimmt sie ihre eigenen „Kinder" auf, ihre einstigen Bewohner, die aus dem Exil heimkehren. Dann aber auch die Fremden, die diese begleiten. In 45,14 deutet nur das feminine Genus der Pronomina an, dass die afrikanischen Völker sich an Zion wenden und sie dafür preisen, dass bei ihr der rettende Gott zu finden ist. Dagegen tritt sie in 49,14 – 26 und Kap. 60 als klar definierte, eigenständig handelnde Figur auf. Die personale und die topographische Dimension sind dabei wie in anderen Zionstexten nicht streng geschieden. Statt zwei getrennte Charaktere – die verlassene, unfruchtbare Mutter Zion und die heilige Stadt Jerusalem – zu postulieren,[4] müsste von einer Doppelidentität Zions gesprochen werden: als Stadt ist sie auch eine Mutter, die die früheren und neuen Bewohner als ihre Kinder aufnimmt.

Auf diese Weise kann, was auf der historischen Ebene als Zerstörung, Deportation und Heimkehr erscheint, metaphorisch als ein Familiendrama beschrieben werden: Kinder werden ihrer Mutter entrissen und kehren nach langer Abwesenheit wieder zu ihr zurück. In den genannten Völkerwallfahrtstexten werden die Heidenvölker in diese nationale Heilsvision einbezogen. Sie amtieren als Träger und Betreuer der Zionskinder, und als solche gelangen sie nach Jerusalem. Darin besteht ihre „Wallfahrt": dass sie die exilierten Judäer heimbringen und deren „Mutter" huldigen (49,22 – 23). Diesen Grundgedanken entwickelt Jes 60 weiter, indem es einerseits ein Motiv für das Kommen der Völker nennt und andererseits viele Details ergänzt, so dass ein buntes, nicht immer homogenes Bild entsteht. Wohin ziehen die Nationen? Zu Zion, die wie eine Mutter auf ihre Kinder wartet (v. 4 – 5). In erster Linie aber zu dem Licht der göttlichen Gegenwart, das von

---

4 So Oosting, *Role of Zion*. Seine Studie enthält eine Fülle wertvoller Beobachtungen zur Syntax, Kommunikationsstruktur und narrativen Darstellung der Aktanten in den Texten, in denen Zion-Jerusalem erscheint. Fragwürdig sind aber die Aufspaltung dieser Figur in verschiedene Charaktere (z. B. „Barren Woman, Zion" *vs.* „Mother Jerusalem" oder „Captive Daughter, Zion" *vs.* „Jerusalem, the Holy City"), die damit einhergehende Differenzierung zwischen deren Kindern („Children of Zion" *vs.* „Children of Jerusalem") und die Trennung der komplementären Themen Heimkehr und Wiederaufbau („Returning to Zion" *vs.* „Rebuilding Jerusalem"). Die Hauptschwäche der Argumentation zeigt sich in der Deutung von Jes 54. Obwohl dort keiner der beiden Namen vorkommt, identifiziert der Autor die Gestalt in v. 1 – 10 mit Zion, die Gestalt in v. 11 – 17 mit Jerusalem (vgl. Oosting, *Role of Zion*, 163 – 75). Im Schlussteil erklärt er dann aber, dass die Anonymität die enge Verbindung von „Zion" und „Jerusalem" ausdrücken solle. Sie seien letztlich „zwei Seiten derselben Medaille" (vgl. Oosting, *Role of Zion*, 200 – 3).

Zion reflektiert wird (v.1–3). Die Nationen geleiten die Exulanten in ihre Hei-
matstadt (v.4). Gleichzeitig werden aber auch Weihegaben zum Tempel gebracht
und Tiere auf dem Altar geopfert (v.7). Im Fortgang der Vision rückt deshalb das
Heiligtum (v.13) und die „Stadt Jʜᴡʜs" immer stärker in die Mitte (v.14). Dennoch
behält das Ziel der Wallfahrt auch dann noch personale Züge. Zion hat Mauern, die
die Fremden wiederaufbauen (v.10), sie hat aber auch Füße, vor denen sie sich in
den Staub werfen (v.14). Und am Ende der Vision wird das Epizentrum des
Völkerzugs mit dem „Volk der Gerechten" identifiziert, das Gott in Zion neu geschaffen hat (v.21).

Auch in 55,5 wird das Ziel der Wallfahrt als eine kollektive Persönlichkeit
präsentiert. Sie vereint die Züge der Figuren, die in den vorhergehenden Kapiteln
noch getrennt waren: der weiblichen Stadt Zion-Jerusalem und des männlichen
Knechtes Jakob-Israel. Das aus diesen beiden wiedervereinigte Gottesvolk übernimmt in der kommenden Heilszeit die königliche Rolle Davids. Es bezeugt Jʜᴡʜ
vor den Nationen und veranlasst diese herbeizukommen. Ein ähnliches theologisches Konzept liegt auch 11,10 zu Grunde. Dort wird die messianische Gemeinde,
bei der die Völker Rat einholen, „Wurzel Isai" genannt.

Mit dem Hinweis auf die Gottesstadt Jerusalem und das Gottesvolk Israel ist
die Frage nach dem Ziel der Völkerwallfahrt jedoch noch nicht endgültig beantwortet. In allen Texten steht hinter dem unmittelbaren, sichtbaren nämlich ein
weiteres, „transzendentes" Ziel. Die Nationen kommen nach Jerusalem, um den
einen, wahren Gott zu finden. Er ist das eigentliche Ziel ihrer Pilgerreise, ein Ziel,
das sich nicht geographisch fixieren lässt und dennoch nicht ortsunabhängig oder
gar ortlos ist. Diese Theozentrik kommt besonders deutlich in 45,18–25 und dann
noch einmal in 66,23 zum Ausdruck, wenn sich die gesamte Menschheit Jʜᴡʜ
zuwendet und vor ihm niederfällt. In beiden Fällen geht eine Reise zum Zion
voraus, so dass die lokale Bindung erhalten bleibt. Im Vordergrund steht dann
aber nicht der heilige Ort oder die heilige Gemeinde, sondern der Gott, der sich in
Zion, in Israel als „Heiliger" erweist.

1.4. Anlass und Zweck der Reise

Um den Charakter des Völkerzugs zu bestimmen, den Anlass, die Umstände und
den Zweck, müssen die Bewegungsverben, die dritte sprachliche Komponente des
Motivs, darüber hinaus aber auch die von diesen regierten Objekte berücksichtigt
werden.

Von grundlegender Bedeutung ist, ob die Verben im *Qal* oder im *Hifil* (bzw.
Hofal) stehen. Im ersten Fall liegt der Akzent auf den Wallfahrern und ihrer Bewegung zum Heiligtum, im zweiten Fall auf dem, was sie dorthin bringen. Das

können Personen sein, nämlich die deportierten Judäer (14,2; 49,22–23; 60,4.9; 66,20), oder Waren, die teils als Zwangsabgaben, teils als freiwillige Opfer dienen (18,7; 45,14; 60,5–7.13.16). Die Reise ist dabei nicht durch ein Bedürfnis derer, die sie unternehmen, motiviert, und diese ziehen auch keinen unmittelbaren Nutzen daraus. Anlass und Zweck ergeben sich vielmehr aus der Not des Gottesvolkes, aus seiner Zerstreuung unter die Völker und aus der bedauerlichen Verfassung Jerusalems. Dieser unheilvolle Zustand, der das Zeugnis für den Rettergott JHWH konterkariert, würde überwunden, wenn die fremden, bisher feindlichen Nationen ihre Haltung änderten und dazu beitrügen, Israel wieder zu sammeln und Jerusalem zu schmücken und zur „Freude der Welt" zu machen.

Auch wenn sich das Hauptaugenmerk dieser Visionen auf die Pracht der von überallher herbeiströmenden Güter richtet, ist diese doch nie von dem getrennt, worin sie letztlich gründet: in der Herrlichkeit, mit der JHWH selbst seinen Wohnsitz schmückt. Zum Schmuck Zions beizutragen, bedeutet deshalb immer auch, dessen Gottsein anzuerkennen. Eine Reihe von Texten stellt diesen Aspekt in den Vordergrund. Die Wallfahrt ist in ihnen die konkrete Form, in der die nichtisraelitischen Nationen ihre Bekehrung zu dem Gott Israels bekunden. In 45,18–25 werden sie von JHWH aufgefordert, sich vor ihm niederzuwerfen, nachdem drei ägyptische Völker bereits das monotheistische Credo abgelegt haben (45,14–17). In 55,5 werden die Nationen herbeigerufen, damit sie an dem Glanz, der auf dem Gottesvolk liegt, den „Heiligen Israels" erkennen. Auch in 56,6–7 geht es um die Verehrung JHWHs. Die Pilgerreise zum Tempel ist hier aber eher eine Belohnung für Personen, die sich bereits bekehrt haben. Es ist auch der einzige Text, in dem die Fremden nicht andere nach Jerusalem bringen, sondern selbst von Gott dorthin gebracht werden.

Der Wunsch, die heilsame Nähe Gottes zu erfahren, ist auch in Jes 60 der Anlass der Völkerwallfahrt. Noch bevor die Gabenprozession in ihren Einzelheiten geschildert wird, wird unterstrichen, dass die Nationen durch den über der Stadt Jerusalem liegenden Glanz angelockt werden. Indem sie ihre Schätze zu ihr bringen und sich vor ihr niederwerfen (v.14), huldigen sie dem, der sie verherrlicht und zu seiner Wohnstätte erkoren hat. In 66,23 wird diese Huldigung, die in 60,14, aber auch schon in 45,14 und 49,23 durch Zion vermittelt wird, direkt auf JHWH bezogen. Dies ist der Abschluss und Höhepunkt der jesajanischen Prophetie: eine Menschheit, die in der Verehrung des einen Gottes mit Israel und unter sich geeint ist.

Neben der Wiederherstellung Israels und dem monotheistischen Bekenntnis lässt sich noch ein dritter Anlass bzw. Zweck ausmachen. In zwei Texten werden nämlich die Völker selbst als Nutznießer der Wallfahrt dargestellt. 11,10 deutet mit dem Verb דרש an, dass sie nach Jerusalem pilgern, um einen Rat einzuholen. Sie wollen ebenfalls den Frieden genießen, den sie in der dort lebenden Gemeinde erleben (vgl. 11,1–9). 2,1–5 entfaltet diesen Gedanken weiter, indem es die An-kömmlinge selbst formulieren lässt, was sie zum Gottesberg führt: die Sehnsucht, die durch das göttliche Gesetz geprägte Lebensweise kennenzulernen. Wenn sie diese akzeptieren und ihre Konflikte dem Schiedsspruch Jʜᴡʜs unterwerfen würden, dann hätten ihre Waffen ausgedient, dann wären ihre kriegerischen Konflikte für immer überwunden.

1.5. Das Datum der Völkerwallfahrt

In vielen Arbeiten wird die Völkerwallfahrt als ein *endzeitliches* bzw. *eschatolo-gisches* Geschehen definiert,[5] und auch wir haben uns gelegentlich dieses prä-gnanten Ausdrucks bedient. Vom Textbefund her ist diese eingebürgerte Rede-weise aber zu hinterfragen. Kein Zweifel, dieses Aussagesystem findet sich stets in futurischen, prophetischen Diskursen, in Verheißungen, die eine von der Ge-genwart verschiedene Zukunft ausmalen. Doch sind die meisten Völkerwall-fahrtsorakel nicht datiert.

Die Prophezeiungen in 11,10 und 18,7 beginnen mit ביום ההוא, *an jenem Tag,* bzw. בעת ההיא, *in jener Zeit.* Das sind aber keine präzisen Zeitangaben, sondern temporale Umstandsbestimmungen, die das Folgende mit der vorhergehenden Heils- bzw. Unheilsverkündigung koordinieren. Der Zug der Völker nach Jerusalem ist demnach eine weitere Phase in einem größeren Geschehen, das seinerseits nicht datiert ist, sondern lediglich als zukünftig vorgestellt wird.

Als einzige Zeitangabe, die einen Bruch mit der empirischen Geschichte an-zeigen könnte, bleibt somit באחרית הימים in 2,2. Wie wir gesehen haben, bezeichnet sie aber nicht das Ende der Zeit als solcher, sondern das Ende der Tage, die der Verfasser und seine Leser erleben. Die neue Epoche, in der die Völker friedlich zum Zion pilgern werden, beginnt mit dem „Tag Jʜᴡʜs", das heißt, in dem Mo-ment, in dem die angemaßte Herrschaft des Menschen entthront und die Majestät des einen Gottes offenbar geworden ist. Dass diese umstürzende Wende bereits begonnen hat, ist ein Grundmotiv des exilischen Jesajabuchs: das „Frühere" ist eingetroffen (הראשנות הנה־באו, 42,9) und das „Neue" ist im Kommen (הנני עשׂה חדשׁה

---

5 Vgl. nur die Einleitung zur Begriffserklärung bei Dyma, „Völkerwallfahrt": „Unter Völker-wallfahrt bzw. Völkerkampf versteht man im Allgemeinen die eschatologische Erwartung [...] eines Zuges der fremden, nicht israelitischen Völker zum Zion."

עתה תצמח, 43,19),[6] und die einzige Frage ist, ob die Adressaten das auch erkennen und entsprechend reagieren (הלוא תדעוה, 43,19).

Die Völkerwallfahrt lässt sich daher nicht zeitlich fixieren. Die Orakel wollen nicht voraussagen, wie lange es noch dauern wird, bis die Völker zum Zion kommen. Noch weniger wollen sie ein *Eschaton* beschreiben, mit dem die irdische Geschichte zum Stillstand kommt. Auch in dem „neuen Himmel" und der „neuen Erde" wird es nach 66,23 monatliche, ja, wöchentliche Reisen geben, um die in Zion wohnende Gottheit anzubeten.

Durch die fehlende Datierung wird also das Missverständnis ausgeschlossen, das Prophezeite sei ein objektives Faktum, ein automatisch eintretender Prozess. Was bleibt, ist die futurische Ausdrucksweise, die einerseits eine zukünftige Lage beschreibt und andererseits die Adressaten motiviert, der Vision zuzustimmen, sich entsprechend zu verhalten und damit zu ihrer Verwirklichung beizutragen.[7] An einigen Stellen wird diese Intention auch direkt ausgesprochen: in dem an Israel gerichteten Appell, sein Leben nach der Torah auszurichten (2,5), in dem Aufruf an die ausländischen Nationen, JHWHs exklusives Gottsein zu erkennen und sich von ihm retten zu lassen (45,20 – 25), und in der Einladung an Zion, das Licht, das über ihr erstrahlt, widerzuspiegeln (60,1). Damit es zu der Wallfahrt der Völker kommt, müssen diese sich entschließen, auf dem Zion Rat zu erbitten und die Worte auszusprechen, die 2,3 für sie formuliert. Zuvor aber müssen die in Jerusalem Wohnenden das, was jene suchen, in ihrem gesellschaftlichen Miteinander sichtbar werden lassen.

Die Frage nach dem „Wann" der Völkerwallfahrt lässt sich deshalb nicht besser beantworten als mit dem prägnanten Satz aus dem Talmud: „Alle Endtermine sind bereits verstrichen; die Sache hängt nur noch von der Umkehr und von den guten Taten ab".[8]

---

6 Zu diesem viel diskutierten und unterschiedlich gedeuteten Begriffspaar vgl. die ausführliche Untersuchung bei H. Leene, *Newness in Old Testament Prophecy. An Intertextual Study* (OTS 64; Leiden; Boston, MA: Brill, 2014) 44 – 113 (mit Hinweisen auf die ältere Literatur).

7 Wir gehen also von einer doppelten pragmatischen Funktion dieser Orakel aus. Dabei stützen wir uns auf die bei A. Wagner, *Sprechakte*, 21, wiedergegebene Klassifikation der Sprechakte (nach John R. Searle), in der die Vorhersagen zu den repräsentativen und die Weissagungen zu den direktiven Sprechakten gerechnet werden.

8 כלו כל הקיצין ואין הדבר תלוי אלא בתשובה ומעשים טובים (Epstein, *Babylonian Talmud*, Sanh 97b).

1.6. Welche Rolle spielt „das Volk, das auf dem Zion wohnt"?

Eine kurzsichtige Exegese könnte behaupten, dass Israel bei der Völkerwallfahrt, wie sie Jes 2 beschreibt, keine Rolle spiele. Tatsächlich kommt, wenn man das Orakel auf v.2–4 reduziert, nur der Gottesberg und der Tempel, nicht aber „das Volk, das auf dem Zion wohnt" (10,24), vor. Doch gilt diese Behauptung nicht einmal für die vermutliche Vorstufe uneingeschränkt, denn nach ihren eigenen Worten ziehen die Fremden zu dem Heiligtum des Gottes, den sie als den Nationalgott Jakobs anerkennen (2,3). Vor allem aber wird durch den im Endtext angefügten v.5 ein ausdrücklicher Bezug zu Israel hergestellt. Mit ihm wird die schiedlich-friedliche Lösung von Mi 4,5 – die anderen Völker mögen ihre Götter behalten, und wir, die Israeliten, bleiben bei Jhwh – überstiegen, indem der Impetus der Pilger auf die bereits Anwesenden übertragen wird. Ihr „Auf, lasst uns hinaufsteigen!" löst in dem Gottesvolk ein „Auf, lasst uns gehen!" aus.

Die meisten der folgenden Texte handeln dann aber nicht von den Aktivitäten Israels, sondern von dem, was diesem widerfährt. Von 45,14–17 her könnte man sogar sagen, dass die Völkerwelt in erster Linie nicht auf das reagiert, was Zion *tut*, sondern auf das, was sie *ist*, seitdem Jhwh sie zu seiner Wohnstatt erwählt hat.

Im Vordergrund stehen also die Aktionen der anderen Nationen. Sie ziehen nicht nur selbst nach Jerusalem, sondern ergreifen auch die Initiative in Bezug auf das dort lebende Gottesvolk, indem sie seine verbannten Angehörigen heimbringen. In 14,1–2 ist dies der eigentliche Zweck ihrer Reise. In den Texten, die das Ziel personifizieren, wird diese Vorstellung noch differenziert, da sie dem auserwählten Volk in zweierlei Gestalt begegnen: in den „Kindern", die sie auf Jhwhs Geheiß begleiten, und in der „Mutter", von der sie empfangen werden. In Jes 60 ist Zion die Initiatorin und die Vollenderin, diejenige, die den Zug der Völker auslöst, und diejenige, die diese dann in ihren Mauern aufnimmt und ihnen im Heiligtum die Begegnung mit Jhwh vermittelt. 66,15–24 verdeutlicht diese Interaktion, indem es einen doppelten Zug schildert. Nachdem die Fremden die göttliche Herrlichkeit gesehen haben, ziehen sie wieder hinaus, um die noch fehlenden „Brüder" einzusammeln und in einer festlichen Prozession nach Jerusalem zu geleiten.

So heben gerade die letzten Völkerwallfahrtsorakel das Miteinander der „heidnischen" Jhwh-Verehrer mit der Zionsgemeinde einerseits und mit den Exilierten andererseits besonders hervor. Es ist ein wechselseitiges Geben und Nehmen, besser, ein Empfangen und Zurückgeben, das nur *einem* Ziel dient: die israelitische und die nichtisraelitische Menschheit in der gemeinsamen Anbetung zusammenzuführen. Dass dies geschieht, hängt, so könnte man in Abwandlung des talmudischen Spruchs sagen, von der „Umkehr" Israels und von den „guten Taten" der Nationen ab. Nicht in einer einlinigen Kausalität, sondern in der Kooperation zweier Akteure, bei der das Tun des einen das Tun des anderen evoziert und positiv verstärkt.

1.7. Eine „Reise" von Jes 1 bis Jes 66

Nicht nur die Völker unternehmen eine Reise, die von den Rändern der Erde bis zu deren Mittelpunkt führt, auch der Leser des Jesajabuchs legt einen langen Weg vom ersten bis zum letzten Kapitel zurück. Am Ende dieses synchronen Überblicks wollen wir deshalb noch einmal, dem Endtext entlang, die Stationen dieser Lesereise rekapitulieren, um auf diese Weise die „intentio operis" zu erfassen.[9]

Die in Jes 1,1 angekündigte „Vision Jesajas" beginnt mit dem traurigen Bild einer Stadt, die durch die Attacken äußerer Feinde und die ethischen und juristischen Vergehen ihrer Bewohner erschüttert wird und dem Untergang nahe ist. In den folgenden Kapiteln, dem „Wort Jesajas über Juda und Jerusalem", wird diese Situation im Einzelnen dargestellt, werden die Missstände kritisiert, vor ihren Folgen gewarnt und Wege zu ihrer Behebung aufgezeigt. Eröffnet wird diese Sektion durch *2,1–5*, die erste Prophezeiung einer Völkerwallfahrt. Alle Nationen werden nach Jerusalem kommen, weil sie dort die Weisung empfangen können, die ein friedliches Zusammenleben möglich macht. Der wunderbar erhöhte Zionsberg verweist dabei metaphorisch auf die vorgängige, nicht ableitbare Initiative Gottes, doch ohne dass dadurch die Mitarbeit der beteiligten Personen ausgeschlossen würde.

Was ist Jerusalem? Eine verlassene Hütte im Gurkenfeld (1,8), eine treulose Prostituierte, ein Unterschlupf für Mörder (1,21)? Oder ein von allen Völkern der Erde aufgesuchtes Pilgerziel? Und was geschieht dort? Triumphieren die Mächtigen und werden die Schwachen ihres Rechts beraubt? Oder wird die Torah gelehrt und werden mit ihrer Hilfe die Streitigkeiten der Einzelnen und der Nationen beigelegt? Mit Jes 2 wird somit der Blick auf das „andere Jerusalem" gelenkt, darauf, wie dieses Gemeinwesen von Gott her sein sollte und könnte: ein internationales Zentrum, in dem die Nationen unter Anleitung Israels lernen, ihr kriegerisches Potential umzuwidmen und für Frieden und Entwicklung einzusetzen.

---

9 Zum Folgenden vgl. den knappen, aber sehr klaren Durchgang durch das Jesajabuch von J. N. Oswalt, „The Nations in Isaiah. Friend or Foe; Servant or Partner", *BBR* 16 (2006) 41–51. Als Resümee hält der Autor fest: „In its present form the book of Isaiah presents a fully developed discussion of the relationship between Zion and the nations [...]. It takes us from Judah/Jerusalem's being devoured by the nations to Zion's being a beckoning light to them; from the nations as destroyers to the nations as fellow-worshipers" (Oswalt, „Nations in Isaiah", 51).

Das zweite Völkerwallfahrtsorakel *11,10* folgt unmittelbar auf die Vision einer solchen alternativen Gesellschaft (11,1–9). Diese kann entstehen, wenn einer im Geist Jʜᴡʜs regiert und seine Macht einsetzt, um die Schwächsten im Volk zu schützen. Nicht auf der Grundlage sozialrevolutionärer Ideale, sondern auf der Grundlage der Erkenntnis Gottes, der Einsicht in das, was Er will, können „Wolf" und „Lamm" zusammenleben. Und auch nicht irgendwo und überall, sondern auf dem „heiligen Berg", dem Ort der Gegenwart Jʜᴡʜs. Nach 11,10 werden die anderen Völker auf diese Gesellschaft (nicht nur auf den „Isai-*Spross*", sondern auf die „Isai-*Wurzel*") aufmerksam werden. Sie werden kommen, um sich Hilfe für die Lösung ihrer Probleme zu holen, und werden auf diese Weise, durch ihr Kommen und ihre Bereitschaft zu lernen, dazu beitragen, dass an diesem Ort der *kavod* Gottes aufstrahlt.

Zion, so ließen sich die Heilsorakel von Jes 2–12 zusammenfassen, soll eine Stätte werden, an der wie einst am Sinai die göttliche Weisung gehört und die göttliche Herrlichkeit gesehen werden – nicht nur von den Kindern Israels, sondern von der ganzen Menschheit. Ja, aus dem Jerusalem der kommenden Heilszeit lassen sich die nichtisraelitischen Nationen nicht mehr wegdenken. Ihr Dasein besiegelt gleichsam, dass Israel wirklich als Volk Jʜᴡʜs lebt.

Auch in der Sammlung der Fremdvölkersprüche Jes 13–23 finden sich zwei Verheißungen einer Völkerwallfahrt. *14,1–2* ist zwischen zwei Sprüche gegen Babylon eingefügt, um auszudrücken, dass der Untergang dieser Weltmacht für diejenigen, die von ihr deportiert und festgehalten wurden, Heil bedeutet. Dies wird so ausgemalt, dass die fremden Nationen ihnen helfen, in die Heimat zurückzukehren, und ihnen dort sogar untertan sind. Zum ersten Mal wird damit eine Form von „Völkerwallfahrt" präsentiert, die nicht religiös, sondern politisch motiviert ist, die nicht dazu dient, ein Bedürfnis der heidnischen Nationen zu stillen, sondern eine Notlage des Volkes Gottes zu beheben. Im Zusammenhang damit wird auch das im Alten Testament seltene Phänomen der Konversion erwähnt. Ein Fremder (*ger*) schließt sich dem „Haus Jakob" an, also einer jüdischen Gemeinde, die die Aufforderung, die in 2,5 an das „Haus Jakob" ergangen war, befolgt hat und in der Diaspora „im Licht Jʜᴡʜs" lebt. Auch diese Neubekehrten, so haben wir vermutet, werden zusammen mit den Israeliten in das Land Jʜᴡʜs gebracht.

Jes 18 beschreibt nicht die Wallfahrt *der* Völker, sondern die Wallfahrt eines einzelnen Volks. Die Kuschiter sind Pioniere, die ersten, die nach Jerusalem ziehen (in 45,14–17 zusammen mit ihren afrikanischen Nachbarn). Dabei sind sie keine x-beliebige Nation, sondern repräsentieren aufgrund ihrer geographischen Lage „jenseits der Flüsse von Kusch" die Menschheit, die an der äußersten Grenze der bewohnten Welt wohnt, an dem einen Ende des „127 Provinzen" umfassenden Perserreichs. Sie bringen Tribute nach Jerusalem, um ihre politische und religiöse

Unterwerfung unter JHWH Zebaot zu demonstrieren. Die Völkerwallfahrt wird damit zum ersten Mal streng theozentrisch gedacht. Sie dient weder Israel noch den Nationen, ihr einziger Zweck besteht vielmehr darin, dass der Gott, der auf dem Zion residiert, geehrt und als derjenige anerkannt wird, der die Geschicke aller Menschen lenkt.

25,6 – 8 weissagt nicht über die Reise zum Zionsberg, sondern darüber, was mit den Völkern, wenn sie dort angekommen sind, geschieht. Ob ihnen ein Festbankett oder eine Henkersmahlzeit bereit wird, bleibt umstritten; die intertextuellen Bezüge und der Gesamtkontext von Jes 24 – 27 sprechen jedoch eher für die zweite Option.[10] Klar ist, dass der Gottesberg hier der Ort ist, an dem JHWH seine Königsherrschaft über die ganze Welt ausübt, die Macht des Todes bricht und seinem Volk die verlorene Ehre zurückgibt. Das Orakel mündet in ein Lied, in dem Israel ähnlich wie in Kap. 12 das rettende Handeln seines Gottes preist. Der ganze Textblock endet mit der Verheißung einer Wallfahrt nach Jerusalem, die aber nur die versprengten Söhne Israels umfasst (27,12 – 13). Assur und Ägypten sind hier lediglich die Länder, aus denen diese herausgeholt werden, nicht aber selbst JHWH-Verehrer, die zum Zion wallfahrten. Auch das weckt Zweifel daran, ob Jes 25,6 – 8 wirklich zu den Belegen für eine internationale Pilgerfahrt zum Gottesberg gerechnet werden darf.

In den Kapiteln bis Jes 39, dem Textbereich, der für den impliziten Leser die Regierungszeit Hiskijas umfasst, fehlt das Motiv der Völkerwallfahrt. So sind z. B. die Orakel über Ägypten nicht von der Erwartung bestimmt, dass diese Nation nach Jerusalem hinaufziehen könnte, sondern von der Befürchtung, dass Israel zu ihr hinabsteigen könnte (ירד: 30,2; 31,1). Diese skeptische Einstellung wird erst wieder in dem „Trostbuch für Jerusalem" Jes 40 – 55 überwunden. In *45,14 – 25* nimmt Ägypten zusammen mit Kusch und Seba an einer feierlichen Prozession teil, bei der diese Völker ihre Schätze nach Jerusalem bringen. Stärker als in allen anderen Texten wird dieser Zug theologisch motiviert, zum einen durch das Bekenntnis, das diese ablegen (v.14), zum anderen durch die sich anschließende Gottesrede, die den Monotheismus sowohl schöpfungstheologisch als auch heilsgeschichtlich begründet (v.18 – 25). Nach dieser Textkonstellation ist die Zionswallfahrt, die Reise an den einzigen Ort, „an dem אל ist", die Vorbedingung, um zu der Erkenntnis Gottes zu gelangen. Wie die Schlüsselwörter ישע, *retten*, und צדקה, *Gerechtigkeit, Heil*, zeigen, hat diese nicht nur religiöse, sondern auch politische und soziale Konsequenzen. An dem aus dem Exil heimgekehrten und neu

---

10 Vgl. das abschließende Urteil bei M. P. Maier, „Festbankett", 461: „Die kritische Abwägung der intertextuellen Indizien spricht dafür, Jes 25:6 – 8 als Gerichtsorakel zu interpretieren. Am Ende der Zeiten werden auf dem Zion die nichtisraelitischen Völker zur Rechenschaft gezogen und Israel gerettet werden."

gesammelten Israel können die „Entronnenen der Nationen" sehen, was es konkret bedeutet, JHWH zu verehren und von ihm gerettet zu werden.

In *49,14–26* wird der Gedanke von 14,1–2, dass die fremden Nationen die Heimkehr der Exilierten unterstützen, entfaltet. Das literarische Mittel der Personifizierung – Jerusalem als Mutter, ihre Einwohner als Kinder – und die dadurch ermöglichte bildhafte Schilderung bewirken, dass neben dem Intellekt auch die Phantasie und das Gemüt angesprochen werden. Der Zug erscheint so nicht als ein formeller politisch-religiöser Akt, sondern als ein familiäres Geschehen. Neben dem unmittelbaren Zweck, die Zusammenführung der Mutter und ihrer verlorenen Kinder, geht es aber auch hier darum, dass die Beteiligten eine neue Einsicht gewinnen. Die in Zion Lebenden müssten erkennen, dass JHWH sogar mit Hilfe ausländischer Nationen an ihnen handelt (v.23). Und jene müssten erkennen, dass der, der sich ihnen als der einzige Gott offenbart hat, der „Starke Jakobs" ist, derjenige also, der seine Stärke in der Rettung Jakobs-Israels erweist (v.26).[11]

Das Trostbuch endet mit der Verheißung eines Bundes, den JHWH mit denen, die sich in Jerusalem um ihn scharen, schließen will. Wie schon in 11,10 werden auch in *55,1–5* die messianischen Erwartungen von dem einzelnen Herrscher auf die Gemeinde übertragen, die nach dem Willen Gottes lebt. Sie wird den Auftrag, der David übertragen war, erfüllen, nicht nur für das eigene, sondern für alle Völker. Sie wird Zeuge JHWHs unter den „Heiden" sein und diese zu sich rufen. Die zwei Aktionen, die bis dahin auf die Figuren des Gottesknechts und Zions aufgeteilt waren, das Hinausgehen Israels und das Herbeikommen der Völker, die missionarische Predigt und die Wallfahrt zum Heiligtum, sind hier wie das Aus- und Einatmen eines lebendigen Organismus zu einer Doppelbewegung verbunden. Was die, die sich bis dahin „nicht kannten", zusammenführt, ist der Glanz, den JHWH auf die Seinen legt (v.5). Dieser Glanz wird von Israel verkündet, und von diesem Glanz werden jene angezogen.

Der Schlussteil des Jesajabuchs beginnt mit einem Orakel, das die Kriterien der Zugehörigkeit zum Gottesvolk definiert. Nach *56,1–9* gehört derjenige zu den Knechten JHWHs, der den Schabbat beachtet, an dem Bund festhält, den Namen

---

11 Im Leseablauf folgt *52,13–53,12*, das „Vierte Gottesknechtslied", das wir im dritten Teil exkursartig behandelt haben (s. o. III.2.4). Es gehört im strengen Sinn nicht zu den Prophezeiungen einer Zionswallfahrt der Völker. Zwar treten diese und ihre Könige als Aktanten auf, und sie beziehen sich auf den Knecht JHWHs, also das in Babylon lebende Israel, es fehlt aber das Motiv des Zuges nach Jerusalem. Gleichwohl bildet dieser Text ein wesentliches Glied im theologischen Gesamtzusammenhang. Er zeigt nämlich, wie die Nationen das Geschick der in ihrer Mitte lebenden Exilsgemeinde begreifen, wie sie ihre eigene Schuld erkennen und dadurch zu Reue und Umkehr gelangen. Für das Jesajabuch ist es genau dieser tiefgreifende Prozess, der das Verhältnis zwischen den *gojim* und Israel radikal verändert und dann die Völkerwallfahrt zum Zion mit all ihren Facetten auslöst.

Gottes liebt und ihm dienen möchte, selbst wenn er ein Verschnittener oder ein Ausländer ist. Diesen Personen wird dann auch die Wallfahrt zum Zion verheißen. Gott selbst wird sie zu seinem Berg bringen, sie in sein Haus aufnehmen und ihre Opfer gnädig annehmen. Erst nach dieser grundlegenden Klärung ergeht die Verheißung an „alle Nationen": der Jerusalemer Tempel werde ein Stätte sein, an der sie ihre Gebete verrichten können, in der Zuversicht, von Gott erhört zu werden (vgl. 1 Kön 8,41–43).

Die Kultvorgänge, die 56,7 nur kurz erwähnt, werden in *Jes 60*, dem längsten Völkerwallfahrtsorakel, ausführlich beschrieben. Die Opferprozession wird dabei mit der Vorstellung des Tributzugs kombiniert und diese wiederum mit der Verheißung der Heimkehr aus der Diaspora verbunden. Die Grundidee ist, dass die fremden Völker die Stadt aufbauen und ihren Tempel ausstatten. Sie werden von der Schönheit des Ortes, an dem der Name JHWHs wohnt, angezogen und dazu verlockt, diese mit ihren Schätzen noch zu vermehren. Die einleitenden Verse unterstreichen, dass sie im Letzten von der Herrlichkeit JHWHs fasziniert werden. Damit ihnen diese erscheinen kann, muss sich aber zuerst Jerusalem von ihr erleuchten lassen, es muss sie widerspiegeln und selber leuchtend werden. Dann wird der Zion zu ihrem „Sinai", zu dem Berg, auf dem auch sie den *kavod* JHWHs sehen und, wie 2,1–5 weiter verheißt, seine Weisung empfangen können.

Die Lesereise endet in *66,15–24* mit der Vision einer Wallfahrt, zu der sich im Wochen- und Monatsrhythmus alle Menschen in dem neu erbauten, neu erschaffenen Jerusalem einfinden. Während der kultische Dienst den Israeliten anvertraut ist (v.20b), übernehmen die Völker, die die göttliche Herrlichkeit gesehen haben, die Aufgabe, die freudige Nachricht in der Welt zu verbreiten und die deportierten Judäer aus ihren Exilländern heimzubringen (v.19–20a).

Das Buch schließt mit einer grandiosen Anbetungsszene: die ganze Menschheit liegt vor dem Schöpfergott auf dem Boden. Dabei ist das visionäre Bild überhaupt nicht statisch, sondern im Gegenteil sehr dynamisch. Die Anbetenden sind nicht „in Ehrfurcht erstarrt", sondern strömen in nicht endenden Pilgerzügen herbei, um sich immer neu vor Gott niederzuwerfen. Was in dem ersten Völkerwallfahrtstext Jes 2 noch getrennt war – dort die Heidenvölker, hier das Haus Jakob –, ist nun verbunden. „Aus dem *Wir* der Restgemeinde zu Beginn des Buches ist eine neue Gemeinschaft von JHWH-Gläubigen aus Israel *und* den Völkern entstanden."[12]

---

12 Berges, „Zionstheologie", 177 [Hervorhebung i. Orig.].

2. Das Motiv der Völkerwallfahrt im diachronen Durchblick

2.1. Von der Synchronie zur Diachronie

Der Versuch, das Thema der Völkerwallfahrt synchron zu erfassen, d. h. das Buch in seiner kanonischen Endform, vom ersten Auftreten des Themas in Jes 2 bis zum letzten in Jes 66 zu lesen, hat kein einheitliches Bild ergeben. Er hat vielmehr gezeigt, wie unterschiedlich diese Idee artikuliert wird, wie viele Facetten sie umfasst, wie viele einzelne Motive, die sich nicht zu einer einheitlichen Aussage bündeln lassen. Die Frage legt sich deshalb nahe, ob das, was mit dem Begriff „Völkerwallfahrt" bezeichnet wird, überhaupt *ein* Thema, *ein* biblisches Theologumenon ist oder ob es nicht vielmehr aus mehreren Einzelthemen besteht.[13] Der lineare Durchgang durch die Texte hat den Eindruck einer großen, fast verwirrenden Diversität jedenfalls nicht behoben, sondern eher noch verstärkt. Zwar hat die Lesereise mit Jes 66, in dem die Völkerwallfahrtsaussagen kulminieren, ein eindeutiges Ziel, der Weg dahin ist aber sehr verschlungen, ihm fehlt, zumindest was unsere Fragestellung betrifft, eine klare Richtung.

Die Unmöglichkeit, die Völkerwallfahrt als ein homogenes literarisches Motiv zu begreifen, macht es nötig, den synchronen Überblick durch einen diachronen Durchblick zu ergänzen.[14] Dieser muss die auf der Textoberfläche beobachtbaren inhaltlichen Spannungen als Hinweise auf die zugrunde liegenden textgenetischen Prozesse verstehen und das große, komplexe Thema in kleinere, überschaubare Unterthemen aufteilen. Dabei kann es an dieser Stelle nicht darum gehen, die elf Texte nach der intertextuellen, vorwiegend synchronen Lektüre nun auch noch historisch-kritisch zu analysieren und in ein bestehendes oder neu zu entwickelndes redaktionsgeschichtliches Modell einzuordnen. Es soll vielmehr nur versucht werden, die Texte nach ihrer relativen Chronologie zu ordnen, um die wichtigsten Entwicklungslinien des Völkerwallfahrtsthemas aufzuzeigen. Die typischen Ausprägungen des Motivs sollen identifiziert und von ihrem historischen und ideengeschichtlichen Hintergrund her verständlich gemacht werden.

---

13 Von daher die Berechtigung des Ansatzes von H. Schmidt, *Israel, Zion und die Völker*, drei Vorstellungskreise zu unterscheiden: Völkerversammlung, Völkerhuldigung und Völkerwallfahrt (in dieser Reihenfolge).

14 Auf die Notwendigkeit, die Ergebnisse der synchronen Auslegung durch eine diachrone Rückfrage zu kontrollieren, wird v. a. von Vertretern der redaktionsgeschichtlichen Methode immer wieder hingewiesen (z. B. U. Becker, „Jesajaforschung", 23 – 4).

2.2. Jes 2 als Ausgangspunkt der Völkerwallfahrtsidee?

Wo soll die Motivgeschichte ihren Anfang nehmen? Wäre Jes 2,1–5, wie immer noch einige Autoren behaupten, eine Verheißung des historischen Jesaja, wäre diese Frage schnell beantwortet. Das erste Völkerwallfahrtsorakel wäre auch das älteste. Doch spricht ein ganzes Bündel von Argumenten dafür, Jes 2 nicht als einen frühen, sondern als einen späten Vertreter der Völkerwallfahrtsidee anzusehen: die doppelte Überlieferung, die die jesajanische Authentizität von vornherein in Frage stellt; die sprachliche Gestalt (Überschrift, „eschatologische" Datierung, Ausweitung der Wallfahrt auf alle Völker, deren wörtliche Rede, Appell an die Leser, Rolle der Torah); die Position am Buchanfang, die das Orakel zu einer zweiten Einleitung macht und an eine bewusste redaktionelle Entscheidung denken lässt.[15]

Das wichtigste Argument, die Vision von Jes 2 nicht als literargeschichtlichen Ausgangspunkt zu betrachten, ist aber, dass sie keine Spuren im Jesajabuch hinterlassen hat.[16] Keines der folgenden Völkerwallfahrtsorakel nimmt auf sie Bezug. In ihr verwendete Formulierungen und Lexeme werden entweder gar nicht aufgenommen oder in einem anderen Sinn gebraucht. Dies gilt in besonderer Weise für Jes 60, das gelegentlich als *relecture* von Jes 2 betrachtet wird.[17]

Doch wie stark ist die literarische Beziehung zwischen diesen beiden Orakeln wirklich? Durch welche Textsignale sind sie miteinander verbunden und durch welche voneinander getrennt? Wie funktioniert der intertextuelle Bezug, d. h. wie wird die Aussage des einen Textes von dem anderen rezipiert? Wird sie bestätigt,

---

15 Nach Groenewald, „Isaiah 2:1–5", 65–66, sind in Jes 2,1–5 theologische Themen aus den drei Hauptteilen des Buches redaktionell zusammengeführt: die Zentralität des Zion – die JHWH-Erkenntnis der Nationen – die Völkerwallfahrt. Das Orakel sei deshalb am ehesten auf das mittlere bis späte 5. Jahrhundert v.Chr. zu datieren.
16 Dagegen findet sich eine Reihe von Parallelen außerhalb des Buches, z. B. die Gegenaussage zu Jes 2,4b in Joel 4,10, die Rede von dem „Berg des Hauses JHWHS" in 2 Chr 33,15 und vor allem das deutliche Echo der Appelle von Jes 2,3.5 in Sach 8,20–23.
17 Für Fishbane, *Biblical Interpretation*, 498, genügt die reine Auflistung von Lexemen für das Urteil, dass Jes 60 alle Themen von Jes 2 aufgreife. Vermeylen, *Jérusalem*, 213–4, macht auch auf die Unterschiede aufmerksam und folgert: „Tout cela donne à penser que l'auteur à l'œuvre au chapitre 60 reprend et interprète ce qu'il lut au chapitre 2." Zuletzt wurde diese These beim IOSOT-Kongress 2013 von Micaël Bürki vertreten. In seinem Referat „Esaïe 2 et 60 comme premier cadre du livre d'Esaïe" stellte er die semantischen und inhaltlichen Parallelen zwischen Jes 2 und Jes 60 dar, um diese Kapitel als Rahmen einer früheren Ausgabe des Jesajabuchs zu identifizieren. Dagegen erscheint Lau, *Schriftgelehrte Prophetie*, 31–4, nach einer ausführlichen Diskussion der Parallelen und Differenzen eine literarische Verwandtschaft fraglich: „Neben vielen Gemeinsamkeiten [...] sind nicht unerhebliche Differenzen im einzelnen deutlich geworden" (Lau, *Schriftgelehrte Prophetie*, 34).

revidiert oder vielleicht sogar ignoriert? Angesichts des synchronen Textgefälles und der von fast allen Exegeten vertretenen diachronen Verhältnisbestimmung[18] wollen wir konkret danach fragen, inwieweit Jes 2 in Jes 60 „anwesend" ist.

Schon die ersten Worte dokumentieren einen grundlegenden Unterschied. Die Zeitangabe והיה באחרית הימים (2,2) datiert die folgende Vision in eine nicht näher bestimmte Zukunft, die das Ende der bisherigen Ära bedeutet. Die prophetische Erwartung, dass die Nationen Israels Torah kennenlernen wollen, sollte dieses motivieren, seine Berufung als Volk Jhwhs neu zu entdecken und dementsprechend zu leben. Dagegen beginnt Jes 60 nicht mit einem Datum und nicht mit der objektiven Schilderung eines futurischen Geschehens, sondern mit einem Appell. Der Völkerzug tritt nicht automatisch ein, sondern hängt wesentlich an dem Verhalten der Zionsgemeinde. Sie soll umkehren, die göttliche Herrlichkeit widerspiegeln, damit in der Dunkelheit ein Licht aufstrahlt und Menschen von weither angezogen werden. Das Verhältnis von Ursache und Wirkung wird in den beiden Texten (zumindest in einer ersten Lektüre) also umgekehrt definiert.

In Jes 60 repräsentiert Zion das Gottesvolk, sie ist eine Mutter, deren Söhne und Töchter weggeführt wurden, sie agiert und reagiert als Protagonistin in einem die ganze Welt umspannenden Heilsgeschehen. In Jes 2 ist Zion keine Person, sondern ein geographischer Ort, der Tempelberg, während Israel als בית יעקב, *Haus Jakob*, angesprochen wird.

Das für Jes 60 zentrale Motiv, die Rückkehr Gottes bzw. seines *kavod* nach Jerusalem, fehlt in Jes 2 ganz; die Rede vom „Berg des Hauses Jhwhs" und vom „Berg Jhwhs" setzt seine Anwesenheit als selbstverständlich voraus.

Durch כל־הגוים wird in 2,2 ein universaler, alle Völker der Erde umfassender Horizont aufgerissen. Demgegenüber erscheint das unbestimmte גוים in 60,3 wie ein Rückschritt. Bedeutet es, dass nicht alle Nationen, sondern nur einige oder vielleicht nur einige Vertreter von ihnen nach Jerusalem kommen? Als Parallelbegriff zu גוים fungiert im einen Fall עמים (2,3.4), im anderen מלכים (60,3.11.16). Nicht einmal bei der grundlegenden Aussage über das Herbeikommen der fremden Nationen prägt Jes 2 die Formulierung von Jes 60: statt והלכו עמים רבים (2,3)

---

18 Seit von Rad, „Stadt auf dem Berge", wird Jes 60 entstehungs- und motivgeschichtlich Jes 2 nachgeordnet. Nach Lau, *Schriftgelehrte Prophetie*, 34, liegt zwischen den beiden Texten die Erfahrung der Zerstörung Jerusalems. Seine Argumente für die vorexilische Ansetzung von Jes 2 (das Fehlen der Heimkehrverheißung für die Exulanten und das Fehlen der Gottesknechtstradition) sind jedoch nicht zwingend. Sie können umgekehrt auch die Ansetzung in eine spätere nachexilische Zeit rechtfertigen, in der das Problem der Rückwanderung zurückgetreten und die Rolle des *Eved* auf die in Zion neu gesammelte Gemeinde übergegangen war.

steht והלכו גוים (60,3).[19] Und umgekehrt fehlt das Leitwort von Jes 60 בוא in Jes 2 vollkommen.

Ein lexikalischer Bezug scheint durch das seltene Verb נהר, das sowohl in 2,2 als auch in 60,5 erscheint, gegeben zu sein. Tatsächlich weist die äußere Parallele aber gerade auf die Beziehungslosigkeit der beiden Texte hin. Einmal von נהר I, das andere Mal von נהר II abgeleitet, bedeutet das Verb an beiden Stellen nämlich etwas völlig Anderes. Wie wir gesehen haben, spielt Jes 2,2 auf Jer 31,12 und 51,44 an, während Jes 60,5 in Ps 34,6 seine nächste Parallele hat.

Auch inhaltlich sind die beiden Orakel so verschieden, dass außer dem Faktum des Völkerzugs als solchem kein gemeinsames Thema auszumachen ist.[20] Während die Ausländer in Jes 2 in den Genuss der Streit schlichtenden Rechtsprechung JHWHs kommen und dank seiner Weisung eine neue Friedenspraxis erlernen, leisten sie in Jes 60 einen selbstlosen Beitrag, um Jerusalem wiederzubevölkern, zu befestigen und auszuschmücken.[21] Wo der eine Text die Völker in den Vordergrund rückt, steht im anderen die Zionsstadt im Mittelpunkt des Interesses.[22]

Das wichtigste intertextuelle Signal wird durch die Kombination der Begriffe אור und הלך konstituiert, die Rede vom Gehen im göttlichen Licht. Aber auch hier ist die Differenz größer als die Gemeinsamkeit: 2,5 ruft Israel dazu auf, *im* Licht JHWHs zu wandeln (באור יהוה), d. h. sein Leben nach der Torah auszurichten. 60,3 prophezeit, dass die anderen Nationen *zu* Zions Licht (לאורך) kommen werden, zu der göttlichen Herrlichkeit, die zuvor nach Jerusalem gekommen ist.[23] Dass die Lichtmetaphorik von Kap. 60 aus dem literarisch sekundären Brückenvers 2,5 entwickelt wurde, erscheint von daher ziemlich unwahrscheinlich.

---

19 Eine nähere Parallele bietet Mi 4,2: והלכו גוים רבים. Von daher ist das Argument von Lau, *Schriftgelehrte Prophetie*, 31 mit n.42, wegen der Austauschbarkeit von גוים und עמים sei nicht auszumachen, ob Jes 60,3 an Micha oder an Jesaja anknüpfe, zurückzuweisen. Der Verfasser von Jes 60,3 zitiert, wenn überhaupt, Mi 4,2 und nicht Jes 2,3! Aber weshalb sollte er auf ein Orakel aus dem Michabuch anspielen, wenn ihm dasselbe auch im Jesajabuch vorlag? Das Dilemma löst sich auf, wenn man davon ausgeht, dass es dort noch gar nicht stand und deshalb nicht als literarisches Vorbild dienen konnte.
20 Vgl. Vermeylen, *Jérusalem*, 184: „[O]n ne trouve nulle parte une perspective semblable."
21 Den Hauptinhalt der beiden Texte fasst Paul, *Isaiah*, 514, so zusammen: „[T]here the foreigners come to seek guidance in legal issues, whereas here they come to donate riches to the Temple and to serve therein."
22 Zu Recht betont Steck, „Lumen gentium", 1293, die Sonderstellung von Jes 2 *par* Mi 4 als einzige Stelle, „in der der Völkerzug nicht ausdrücklich pro Jahwe und pro Zion akzentuiert ist."
23 Natürlich richtet auch dieser Text einen Appell an das Gottesvolk, nämlich mit dem Imperativ אורי, *werde licht* (60,1)! Genau diese Forderung ist in der semantischen Konstellation von Jes 2 nicht möglich. Jakob kann zwar in dem göttlichen Licht, d. h. in der Torah wandeln, es kann aber nicht selber zu diesem Licht werden.

Hier ist nicht der Ort, um aus diesen Beobachtungen weitergehende literargeschichtliche Schlüsse zu ziehen. Es ging uns nur darum, anhand der lexikalischen Parallelen die Frage der literarischen Verwandtschaft zu prüfen. Der überwiegend negative Befund führt zu dem Resultat, dass Jes 60 keine *relecture* von Jes 2 ist. Damit fällt ein wichtiges Indiz weg, das erste Völkerwallfahrtsorakel des Buches auch als das älteste zu betrachten.

Ein Vergleich mit Jes 66 würde unserer Überzeugung nach zu dem gleichen Ergebnis führen und den Eindruck von Judith Gärtner bestätigen, „dass die Völkerwallfahrt in Jes 2,2–4 sprachlich in Jes 66 nicht rezipiert wird."[24] Nicht nur Jes 60, auch das letzte Völkerwallfahrtsorakel des Jesajabuchs ist offensichtlich nicht von Jes 2 beeinflusst worden. „Ist daraus zu schließen, dass Jes 66 noch nicht auf die Völkerwallfahrt in Jes 2,2–4 zurückgreifen konnte, weil dieser Text erst später in den Jesajakontext eingefügt worden ist?"[25] Vieles deutet darauf hin, dass diese Frage positiv zu beantworten ist. Jes 2, das erste Völkerwallfahrtsorakel, wäre dann nicht unbedingt der literarisch jüngste Text, würde aber die letzte Etappe der Motivgeschichte innerhalb des Jesajabuchs markieren.

Die übrigen Völkerwallfahrtstexte des „protojesajanischen" Buchteils können die Vorstellung ebenfalls nicht hervorgebracht haben. Sie sind keine eigenständigen Orakel, sondern kurze, nur einen oder zwei Verse umfassende Passagen, die in ihren jeweiligen Kontext hineingesetzt wurden, um andere Orakel zu verbinden (11,10; 14,1–2) oder ihnen einen positiven Abschluss zu verleihen (18,7). Der diachrone Durchblick kann deshalb nicht in Jes 1–39, wo das Völkerwallfahrtsmotiv allem Anschein nach redaktionell eingefügt wurde,[26] beginnen, sondern muss mit den Texten in Jes 40–55 einsetzen.[27]

---

24 Gärtner, *Jesaja 66*, 127. Die Autorin nennt eine Reihe konzeptioneller Differenzen, lässt aber offen, „[o]b dies bedeutet, dass Jes 66,18ff noch nicht auf Jes 2,2–4 zurückgreifen konnte, weil der Text erst später in das Jesajabuch eingefügt worden ist, oder aber ob er in Jes 66,18ff zugunsten der Kabod-Vorstellung bewusst ignoriert wurde" (Gärtner, *Jesaja 66*, 128 n.400).

25 Gärtner, *Jesaja 66*, 218.

26 Während über diesen Punkt weitgehende Übereinstimmung besteht, bleibt die Frage offen, ob die hauptsächliche Redaktionsarbeit mit dem Namen des „Deuterojesaja" (so Williamson, *The Book Called Isaiah*) oder des „Tritojesaja" (so Stromberg, *Isaiah After Exile*) zu verbinden ist oder ob darüber hinaus ein „Vierter Jesaja" postuliert werden muss (so J. S. Croatto, „Fourth Isaiah", D. Patte [Hg.], *Global Bible Commentary* [Nashville, TN: Abingdon Press, 2004] 207–211).

27 Dies hat bereits Steck, *Friedensvorstellungen*, 68–9, vermutet: „Einiges spricht dafür, dass die Vorstellung einer Völkerwallfahrt zum Zion, die nicht nur Selbstunterwerfung unter die Übermacht Jahwes und seines Königs ist, sondern Erkenntnis und Anerkenntnis Jahwes als des Gottes schlechthin voraussetzt, überhaupt erst von Deuterojesaja ausgebildet wurde." Vgl. Ruppert, „Heil der Völker", 137: „Geschichtlich betrachtet, wurde das Heil der Völker überhaupt erstmals in Deuterojesaja zu einem Thema der Prophetie."

2.3. Die Hinwendung der Völker zum einzigen Gott

Durch seine Stellung im älteren ersten Teil des „Deuterojesajabuchs" hebt sich *45,14 – 25* von den folgenden Texten ab. Dieses Orakel repräsentiert in gewissem Sinn eine Vorstufe des Völkerwallfahrtsmotivs, da die Hinwendung zu JHWH nur in den vorangestellten v.14 – 17 örtlich fixiert ist und auch da „Zion" und „Jerusalem" nicht namentlich genannt werden. Die Idee ist hier also nicht aus der Zions-theologie entwickelt, sondern aus der im Exil gereiften Erkenntnis der Einzigar-tigkeit des Gottes Israels. „Ich bin JHWH und keiner sonst!" – mit diesen und ähnlichen Worten formulieren die Verfasser von Jes 40 – 48 ihr monotheistisches Credo und begründen es sowohl von der Schöpfung als auch von der Heilsge-schichte her.

Wenn die nichtisraelitischen Nationen dies erkennen würden, d. h. wenn sie einsähen, dass JHWH der alleinige Gott, ihre eigenen Götter aber „Holz und Stein", Produkte ihres Vorstellens und Tuns sind, wären sie bereits gerettet. Gerade in dieser Verbindung von Gotteserkenntnis und Rettung liegt das Spezifikum dieser Prophezeiung. Ihr primäres Anliegen ist, dass JHWH als Herr der Natur und der Geschichte erkannt und anerkannt wird, dass ihm die Ehre, die ihm gebührt, erwiesen wird. Das Zweite, das sich unmittelbar daraus ergibt, ist die Erlösung der Menschen, derjenigen nämlich, die ihn erkennen und als einzigen Gott verehren. Der Monotheismus, nicht als theoretisches Konzept, sondern als Glaube an den geschichtlich handelnden JHWH, ist deshalb der Weg, auf dem nicht nur Israel, sondern auch die anderen Völker gerettet werden.

Rettung, Erlösung wird dabei in erster Linie als Befreiung von falschen Denkweisen und falschen religiösen Praktiken gesehen. Das ist der Grund, wes-halb dieses Orakel behaupten kann, Israel sei bereits gerettet. Obwohl es noch in der Zerstreuung lebt und obwohl seine Hauptstadt noch in Trümmern liegt, ist es innerlich bereits gesammelt. Denn ihm hat sich der eine Gott offenbart (vgl. v.19), ihm hat er im Voraus verkündet, was geschehen soll (vgl. v.21).

Diese theologischen Reflexionen werden durch die vorangestellten Verse geographisch und historisch „geortet". Was v.18 – 25 von allen Menschen fordert, die geistige Umorientierung und Hinwendung zu JHWH, illustriert v.14 – 17 an dem Zug der drei afrikanischen Nationen. Auch sie legen ein monotheistisches Be-kenntnis ab, begeben sich dazu aber an einen bestimmten Ort und drücken ihre Huldigung nicht nur mit Worten und Gesten, sondern auch mit konkreten Gaben aus. Auch wenn sich nicht beweisen lässt, dass dieses Wort ursprünglich Kyros galt und sekundär auf Zion übertragen wurde, ändert das nichts an seiner grundlegenden Intention: Die Verehrung, die der Großkönig für sich beansprucht, gebührt in Wirklichkeit JHWH und dem Ort, an dem er den Menschen begegnen will.

Die universale und die partikulare Dimension des Völkerwallfahrtsthemas sind in der komplexen Verheißung 45,14–25 somit eng, ja, unlöslich verbunden. Nach ihr ist das Interesse für die anderen Nationen eine notwendige Folge des tiefer durchdrungenen Gottesgedankens.[28] Ist JHWH nicht nur ein Nationalgott unter vielen, sondern der eine und einzige Herr der Welt, dann kann es nicht genügen, dass nur Israel ihn verehrt. Er muss von allen Nationen anerkannt werden. Wenn er aber der einzige Gott ist, dann können diese ihren Irrtum auch einsehen und zur Wahrheit finden. Auf diese Weise werden sie erlöst. Sie können dazu auf das Volk schauen, das diesen Gott als erstes verehrt hat und dem dadurch ein Verstehen der Geschichte und eine Freiheit im Denken und Tun geschenkt wurden, die nirgends sonst zu finden sind. Diese Vorreiter- und Modellfunktion wird Israel „für alle Zeiten" (vgl. v.17) haben, solange bis alle Menschen sich vor seinem Gott beugen.

Die Beziehungen zu anderen Völkerwallfahrtsorakeln lassen sich nur schwer beurteilen. Eine inhaltliche Parallele besteht zu *18,7*, wo ebenfalls Kuschiter Huldigungsgaben nach Jerusalem bringen. Doch sind die Formulierungen so unterschiedlich, dass ein literarischer Einfluss nicht zu erkennen ist. Dagegen dürften *49,23* und *60,14* auf 45,14 zurückgreifen. Auch dort werfen sich ausländische Pilger vor Zion nieder. An diesen Stellen ist die Empfängerin der Huldigung nun aber eindeutig identifiziert und außerdem mit personalen Zügen ausgestattet, was die Szene noch anschaulicher und lebendiger macht.

2.4. Die Völker als Helfer bei der Rückkehr der Exilierten

Der theologische Disput um die Einzigkeit JHWHs, ein Hauptthema, wenn nicht sogar *das* Hauptthema von Jes 40–48, tritt in den folgenden Kapiteln in den Hintergrund. Das Interesse verlagert sich in Jes 49–55 auf das Gottesvolk, das in Juda und in der Diaspora lebt, auf seine Berufung, seine Sendung und sein weiteres Ergehen. Die Perspektive dürfte sich auch dadurch verändert haben, dass diese zweite Hälfte des „Deuterojesajabuchs" einige Jahre nach der ersten verfasst

---

28 Zu diesem Zusammenhang vgl. Irsigler, „Ein Gottesvolk?", 214: „Die Frage nach dem Heil der Anderen, der Völker, war ja ganz unausweichlich gestellt, seit besonders die deuterojesajanische Prophetie die ausdrücklich monotheistische Programmatik in und seit der Exilszeit anbahnte und durchsetzte. Ein streng monotheistischer Glaube an JHWH als den einen und einzigen Gott der Welt [...] forderte notwendig dazu auf, auch die Völkerwelt nicht nur mit der richtenden, sondern auch mit der rettenden Macht JHWHs zusammenzudenken und das Verhältnis Israels zur Völkerwelt neu zu bedenken."

wurde, von Autoren, die vielleicht selbst aus der *Golah* nach Jerusalem zurückgekehrt waren.

In diesem veränderten Kontext erhält die Vorstellung, die wir zusammenfassend „Völkerwallfahrt" nennen, eine völlig neue Kontur. Sie ist nicht mehr der bildliche Ausdruck eines geistigen Vorgangs: der Bekehrung der heidnischen Nationen zu dem einen Gott. Stattdessen drückt sich in ihr nun die prophetische Erwartung aus, dass die fremden Völker den deportierten Judäern bei der Rückkehr aus dem Exil helfen werden. Zu diesem Zweck führt *49,14 – 26* die Figur Zions ein. Sie repräsentiert die Stadt und die in ihr lebende Bevölkerung, die auf die heimkehrenden Deportierten warten.

Dass die Nationen in dieser Fassung des Motivs eine untergeordnete Stellung einnehmen, ist von Anfang an deutlich. Im einleitenden Zwiegespräch zwischen Zion und Jʜᴡʜ geht es nur um das Elend der „Mutter" und um die Ankunft ihrer „Kinder". Die Bewohner, die Jerusalem einst entrissen wurden, sollen nun zurückkehren. Die ausländischen Nationen werden erst erwähnt, nachdem die Zionsmutter sich eindringlich nach den näheren Umständen erkundigt (v.21). Erst dann erläutert Jʜᴡʜ, auf welche Weise er sein Versprechen einzulösen gedenkt. Er wird den Völkern, unter denen die Exulanten leben, befehlen, deren Repatriierung nicht nur zu dulden, sondern aktiv zu unterstützen (v.22 – 23).

Dieselbe kühne Idee findet sich bereits in *14,2*. Dort wird sie aber sehr allgemein, wenig bildhaft und grammatikalisch umständlich formuliert. Abgesehen von der inhaltlichen Entsprechung ist die sprachliche Gestaltung so verschieden, dass sich weder in der einen noch in der anderen Richtung ein literarischer Einfluss nachweisen lässt.[29]

Kann dieser Zug aber überhaupt als Wallfahrt bezeichnet werden? Der erste Einwand besteht darin, dass die Nationen die Reise nicht aus eigenem Antrieb unternehmen, sondern von Jʜᴡʜ dazu genötigt werden. Es wird auch, zweitens, nicht gesagt, dass sie nach Jerusalem pilgern (gehen, kommen, ziehen, aufsteigen…), sondern dass sie andere nach Jerusalem *bringen*. Sie sind also nicht Wallfahrer, die aus religiösen Motiven eine Reise unternehmen, sondern gedungene Lastenträger. Dennoch vollziehen auch sie, nachdem sie das Ziel erreicht haben, den Akt der Proskynese. Er ist hier allerdings stärker politisch als religiös gefärbt, und die Gotteserkenntnis wird auch nicht ihnen, sondern derjenigen geschenkt, vor der sie sich niederwerfen.

---

29 In 14,1 – 2 fehlt vor allem jeder Bezug zu Zion. Die Vorstellung, dass die einstigen Beherrscher zu Sklaven werden, erinnert an 60,12.14, die Rede vom Anschluss an das Gottesvolk (לוה *nif.*) an 56,3 – 7. Weitere Indizien für eine späte Abfassung sind die Funktion als redaktionelle Verbindungspassage, die Komplexität der Themen, der im Jesajabuch nur hier belegte Terminus גר und der singuläre Ausdruck אדמת יהוה.

Von der Völkerwallfahrt bliebe damit nur die zentripetale Bewegung zum Heiligtum, die aber keine Pilgerreise, sondern einen Tributzug und Gefangenentransport darstellt.

Im Gegenzug könnte man aber von 45,14 her (das hier literarisch weitergeführt wird) sagen, dass die Könige, indem sie sich vor Zion niederwerfen, in Wirklichkeit deren Gott huldigen; auf sein Geheiß sind sie ja herbeigekommen. Das wird im letzten Teil des Orakels sogar explizit gesagt. Unter Verwendung der אני־יהוה-Formel wird dort nämlich verheißen, dass alle Menschen Jhwh erkennen werden und zwar als den, der Israel erlöst (v.26). Und genau dazu tragen die Nationen bei!

Soll Jes 49,14–26 nun als eine *Wallfahrts*verheißung bezeichnet werden oder nicht? Man könnte den Terminus vermeiden. Man könnte dieses Orakel aber auch zum Anlass nehmen, um den Begriff bibeltheologisch zu präzisieren und von einem allgemein religiösen Gebrauch abzuheben. Die *erste* Präzisierung betrifft das Motiv der Reise. Es ist hier nicht das persönliche Bedürfnis nach einer Begegnung mit dem Heiligen. Ja, der Antrieb geht überhaupt nicht von den „Wallfahrern", sondern von Gott aus, nämlich von seinem Wunsch, seine Wohnstätte möge wiedererstehen. Die fremden Nationen werden in Dienst genommen, um das Gottesvolk aus seiner Zerstreuung zu sammeln. Das ist natürlich auch ein religiöses Motiv, doch kein subjektives, individuelles, sondern eines, das von außen auf die Betreffenden zukommt, das ihnen vorgegeben wird und dem sie ihr eigenes Interesse unterordnen müssen.

Eine *zweite* Besonderheit ist, dass sich zwischen die Fremden und Gott eine weitere Figur schiebt. Nicht Priester oder andere Kultbeamte, sondern die personifizierte Stadt-Gemeinde Zion. Indem die Fremden sich ihr zuwenden, begegnen sie deren Gott; indem sie sich ihr unterwerfen, huldigen sie deren Gott. Dadurch wird diese aber nicht zu einem halbgöttlichen Mittlerwesen. Denn auch sie selbst muss Jhwh erkennen (v.23). Und sie ist auch keine Retterin, Erlöserin, sondern muss selbst gerettet und erlöst werden (v.26). Gerade dieses Zeugnis ist es aber, mit dem sie den anderen Nationen die Chance eröffnet, ebenfalls etwas von der Macht ihres Gottes zu erfahren.

Dies ist also das *dritte* Element der biblischen Wallfahrtstheologie: Das Ziel der Reise nach Jerusalem ist, den Gott zu erkennen, der seine Verehrer zu retten vermag. Dazu wird am Ende des Orakels noch einmal die Formel aus Kap. 40–48 „Ich bin Jhwh" zitiert und so die theozentrische Botschaft von 45,14–25 bestätigt. Noch wichtiger als die Gaben, die die Pilger bringen, ist das Wissen darum, *wem* sie ihre Gaben bringen. Sie müssen aus den Ereignissen, aus dem Untergang der Tyrannen und der Bewahrung der „Beute", die diese genommen hatten (vgl. 49,24–26), lernen, dass Jhwh die Geschichte leitet. Haben sie das aber eingesehen, dann werden sie ihre Gaben freiwillig bringen, nicht als Zeichen ihrer Erniedrigung, sondern als Ausdruck ihrer Freude und Dankbarkeit.

2.5. Der Gabenzug der Völker und ihr Beitrag zum Wiederaufbau Jerusalems

Eine neue, nachexilische Stufe in der Entwicklung des Völkerwallfahrtsmotivs stellt *Jes 60* dar. Es nimmt die altorientalische Vorstellung der Völkerhuldigung in Form der Darbringung von Tributen auf und verbindet sie mit der Zionstradition. Zwar prophezeit bereits 45,14 einen Gabenzug ausländischer Nationen, doch nehmen daran nur drei afrikanische Völker teil. Vor allem kommen sie in Ketten, also gezwungen, während Jes 60 die freie Initiative unterstreicht. Die nichtisraelitischen Nationen werden von dem göttlichen Licht, das in Zion erscheint, angelockt und strömen herbei, um dem zu huldigen, der ihre Dunkelheit vertreibt. Die freiwillige Gabendarbringung und der Völkerjubel (vgl. v.6b) sind Elemente, die für die achämenidische Reichsideologie charakteristisch sind, so dass von einem über die Literatur und/oder Ikonographie vermittelten Einfluss auszugehen ist.[30] Dass Jes 60 gleichzeitig einen herrschaftskritischen Impetus verfolgt, wird daran deutlich, dass das Ziel des Völkerzugs neu definiert wird. Die Huldigungsgaben werden nicht dem persischen Großkönig, sondern Jerusalem, d. h. der Stadt und der in ihr lebenden Gemeinde dargebracht.[31]

Das Motiv der Gabenprozession nach Jerusalem, das sich auch in 18,7 und außerhalb des Jesajabuchs in Zef 3,10; Hag 2,7; Sach 14,14; Ps 68,30.32 und Tob 13,13 findet, ist in Jes 60 zweifach erweitert. Das Kapitel greift einerseits das exilische Thema der heimkehrenden *Golah* auf (vgl. v.4.9) und antwortet andererseits auf die bedrängenden Probleme der nachexilischen Zeit: Wie kann das neue Gotteshaus, das „wie ein Nichts erscheint" (Hag 2,3), wieder seinen früheren Glanz erlangen? Wer wird die für den Kult erforderlichen Geräte und Opfer besorgen? Wer wird die Mauern der Stadt aufbauen und die Verkehrswege sichern? Woher kommen die Arbeitskräfte, um der darniederliegenden Land- und Viehwirtschaft aufzuhelfen?

Auf all diese Fragen antwortet die Verheißung der Völkerwallfahrt. Sie erhält dadurch eine ausgeprägt kultische Gestalt (die Nationen agieren wie ein niederes Kultpersonal). Gleichzeitig handelt sie von sehr praktischen, profanen Aktivitäten.

---

30 So Ego, „Völkerchaos", 131–137. Daneben ist natürlich damit zu rechnen, dass die biblischen Autoren diese und ähnliche Vorgänge aus eigener Anschauung kannten.

31 Zu undifferenziert ist deshalb die Feststellung von Ego, „Völkerchaos", 135: „So wie auf den Völkerreliefs in Persepolis die Gaben dem persischen Großkönig dargebracht werden, so empfängt in der Bildwelt der Zionstheologie JHWH, der auf dem Zion thronende Königsgott, die Geschenke und den Jubel der Völker." In Jes 60 tritt JHWH nicht als Empfänger der Gaben auf, sondern als derjenige, der Zion schmückt und dadurch die Völker herbeilockt. Diese begegnen ihm nur indirekt, nämlich durch die Vermittlung der „Stadt JHWHS" (v.14), wie sie selbst formulieren.

Dass sie die Ankunft der fremden Nationen nicht für eine ferne „Endzeit", sondern für die nahe Zukunft erwartet, ist offensichtlich.[32] Diese sollen ja die akute Not des Gottesvolks beheben. Ihre Rolle ist dementsprechend eine untergeordnete, dienende, wie das Verb עבד in v.12 und das entsprechende Substantiv in 14,2 ausdrücklich bestätigen. Ihr Gottes*dienst* besteht darin, dass sie Jerusalem bzw. Israel *dienen*, beim eigentlichen Tempelkult, aber auch beim Heimführen der Exilierten und beim Wiederaufbau der Stadt, in der JHWH residiert.

Bei alledem wird aber festgehalten, dass der Glanz, die Schönheit Jerusalems im Letzten nicht durch Menschen, sondern durch Gott erzeugt wird. Das stellen bereits die ersten drei Verse klar. Darüber hinaus wird im Anschluss an 55,5 immer wieder betont, dass JHWH selbst seine Stadt und sein Haus schmückt, die Nationen also nur als Helfer fungieren. Dies gipfelt in v.21, wo er die in Zion lebende Gemeinde der Gerechten ausdrücklich als sein Werk bezeichnet, durch das er seine Herrlichkeit sichtbar macht. In seiner Macht liegt es schließlich auch, das Verheißene bald herbeizuführen (vgl. v.22).

2.6. Die Zionswallfahrt der ausländischen Gottesknechte

Die Erfahrung der nachexilischen Gemeinde, dass Ausländer sich für eine gerechte Gesellschaft engagieren, dass sie den Schabbat beachten und den Gott Israels verehren, führt zu einer weiteren Wandlung der Völkerwallfahrtsidee. Wo Jes 60 noch prophezeit, dass diese Knechte Israels sein werden (v.12) und Zion dienen müssen (v.10), erkennt *56,1–9* an, dass sie *JHWHs* Knechte und *ihm* zu Diensten sind (v.6). Ihm sind nicht nur die Tiere, die geschlachtet werden, wohlgefällig (60,7), sondern auch diejenigen, die dieses Opfer darbringen (56,7).

Dem Versuch, derartigen Personen wegen ihrer ethnischen Verschiedenheit die Zugehörigkeit zum Gottesvolk zu verweigern, widerspricht Jes 56 mit der Vision der Zionswallfahrt. Nach ihr wird JHWH die Fremden, die sich ihm zugewendet haben, selbst auf seinen Berg hinaufführen und ihnen sogar Einlass in sein Haus gewähren – nicht unterschiedslos allen Nationen, sondern denjenigen Nichtisraeliten, die sich durch ihr ethisches und religiöses Verhalten ausgezeichnet haben. Die Verheißung der Völkerwallfahrt wird also auf eine überschaubare Gruppe, die „Gottesknechte aus den Heiden" eingeschränkt, doch ohne dass sie dadurch partikulär oder elitär würde. Diese demonstrieren ja nur, dass auch

---

[32] Vgl. Hag 2,6, wo JHWH ausdrücklich erklärt, er werde den Gabenzug der Nationen „in Bälde" herbeiführen.

Nichtjuden zur „Familie JHWHS" (עם יהוה)[33] gehören und dementsprechend leben können. Sie sind Pioniere, in deren Gefolge alle Völker nach Zion kommen und JHWH in seinem Tempel anbeten sollen.

Der Anschluss von Ausländern an das Gottesvolk wird auch in dem bereits erwähnten Text *14,1–2* thematisiert. Da von Integrationsproblemen dort nicht die Rede ist, müsste es sich um eine Phase des Prozesses handeln, die der von 56,1–9 vorangeht. Literargeschichtlich dürfte es sich aber gerade umgekehrt verhalten. Dieses kurze Orakel löst nämlich die Opposition zwischen Jes 60 und Jes 56, den Gegensatz in der Einschätzung der Fremden – Sind sie Knechte der Israeliten oder wie diese selbst Knechte JHWHS? – auf,[34] indem es 1. den anschlussfähigen Ausländer als *ger* im Sinne der spätpriesterschriftlichen Gesetzgebung interpretiert und 2. zwischen diesem und den עמים im Allgemeinen differenziert. „Ersterer wird sich Jakob/Israel anschließen und zugesellen, letztere werden die deportierten Israeliten zurückbringen und ihnen als Sklaven und Sklavinnen dienen."[35]

Zusammenfassend lässt sich sagen, dass die Völkerwallfahrtsidee in diesen beiden Texten in zweifacher Hinsicht weiterentwickelt wird. Was die Gegenwart (des impliziten Erzählers und impliziten Lesers) betrifft, wird realistischerweise zwischen einzelnen Ausländern, die ein positives Verhältnis zu Israel haben, und der kollektiven Größe der nichtisraelitischen Nationen unterschieden. Für die Zukunft aber wird erwartet, dass die Völker, nachdem sie ihre Aufgabe als Lastenträger erfüllt haben, den erkennen, dem sie diesen Dienst geleistet haben. Der Zionsgott möchte auch von ihnen angerufen werden, um auch ihre Gebete zu erhören.

2.7. Die doppelte Wallfahrt und der universale Gottesdienst

66,15–24, die letzte Prophezeiung im Jesajabuch, markiert auch den Abschluss der Geschichte des Völkerwallfahrtsmotivs. Im Unterschied zu der Verheißung von Jes 2, auf die wir noch eingehen müssen, laufen in ihr die literarischen Fäden der

---

33 Dieser Ausdruck, der in 56,3 vorausgesetzt ist, wird nach N. Lohfink, „Beobachtungen zur Geschichte des Ausdrucks עם יהוה", H. W. Wolff (Hg.), *Probleme biblischer Theologie. Gerhard von Rad zum 70. Geburtstag* (München: Chr. Kaiser Verlag, 1971) 293, unter anderem verwendet, um für das Recht der sozial Schwachen in Israel zu werben. Sie werden zum עם JHWHS, d. h. zu seiner „Verwandtschaft", zu seinen „Verwandten" erklärt. In unserem Text wird dieser privilegierte Status auf die Benachteiligten aus den nichtjüdischen Nationen ausgedehnt.
34 Vgl. Enger, *Adoptivkinder Abrahams*, 389–90. Nach diesem Autor setzt 14,1–2 neben 56,3a.6–7 und 60,1–14 auch die Transportverheißung von 66,20 voraus. Es wäre damit einer der jüngsten Völkerwallfahrtstexte des Buchs.
35 Enger, *Adoptivkinder Abrahams*, 389.

vorhergehenden Orakel zusammen. Sie nimmt die Ankündigung von 60,1–3 auf, dass die „Heidenvölker" nach Zion kommen, um den göttlichen *kavod* zu sehen (v.18), und kombiniert sie mit der Erwartung von 49,22–23, dass diese die exilierten Judäer heimführen. Darüber hinaus nimmt sie die „deuterojesajanische" Idee der Verkündigung an die Nationen auf und macht sie zum Bindeglied zwischen diesen beiden Zügen. Die Sammlung der *gojim*, die Aussendung von Boten in die fernsten Regionen und die Heimholung der jüdischen Diaspora werden so zu unterschiedlichen Etappen einer komplexen Heilsvision, die die zentrifugale und die zentripetale Bewegung, die *missio ad gentes* und deren Wallfahrt zum Zion gleichermaßen umschließt.

Dass sich am Ende כל־בשר, also die ganze Menschheit in Jerusalem versammelt (v.23), ist ein weiterer Hinweis auf die abschließende Funktion dieses Orakels. Dieser aus 40,5 und 49,26 übernommene Begriff impliziert, dass Jhwh von Juden wie Nichtjuden verehrt wird und dass bei diesem gemeinsamen Gottesdienst die nationalen Schranken keine Rolle mehr spielen. Damit wird aber noch kein neues, uniformes Gottesvolk begründet. Auf dem endzeitlichen Zion könnte durchaus in verschiedenen Sprachen gebetet werden. Und die Frage, was die Wallfahrer tun, wenn sie von dort wegziehen, wird überhaupt nicht berührt.[36] Werden alle die Lebensweise Israels annehmen? Werden sie über den kultischen Akt hinaus auch dessen ethische und religiöse Normen (die später so genannte *Halacha*) übernehmen? Oder werden diese in der neuen Schöpfung aufgehoben?

So wichtig diese Fragen für eine Theologie des Gottesvolkes sind, so liegen sie doch außerhalb des Horizonts unseres Textes. Er ist daran interessiert, dass alle Menschen, wie in Jes 45 verheißen, den monotheistischen Anspruch Jhwhs akzeptieren, nicht aber daran, wie das im Detail geschieht und was es für das weitere Zusammenleben der Menschen bedeutet.

2.8. Die Völker ziehen zum „neuen Sinai"

Die Frage, die Jes 66 offen lässt, nämlich die nach den konkreten Folgen der Pilgerfahrt, wird in *2,1–5* beantwortet. Wir haben bereits ausgeführt, weshalb dieses Völkerwallfahrtsorakel u. E. nicht als Ausgangspunkt der Motivgeschichte genommen werden kann. Es steht, obschon es in der kanonischen Lektüre als erstes begegnet, in der diachronen Abfolge an letzter Stelle. Seine jetzige Position

---

36 Dass sie den Ort der Anbetung wieder verlassen, legt v.24 nahe (ויצאו...). Doch geht es hier nur um den kurzen Weg aus der Stadt hinaus zum Hinnomtal, nicht um die Rückkehr in die Heimatländer.

verdankt es der redaktionellen Entscheidung, das Jesajabuch nach dem israel-
kritischen Eingangskapitel mit einem jerusalemzentrierten und völkeroffenen
Heilswort beginnen zu lassen. So wie 66,15–24 die definitive Ausprägung des
„tritojesajanischen" Völkerwallfahrtsmotivs ist, kann diese Verheißung als Ausdruck der Theologie des Endredaktors betrachtet werden.

Die Argumente dafür, Jes 2,1–5 als den literarisch spätesten und theologisch
reifsten Völkerwallfahrtstext anzusehen, sollen hier noch einmal stichwortartig
aufgezählt werden:

– Seine exponierte Stellung im Gesamtaufbau des Jesajabuchs.
– Es ist der einzige Spruch, der durch eine Überschrift hervorgehoben ist.
– Das prägnante, im Jesajabuch singuläre באחרית הימים weist darauf hin, dass
  die geschilderten Ereignisse nicht wie in 11,10 (ביום ההוא) und 18,7 (בעת ההיא)
  das Bisherige fortsetzen, sondern dass mit ihnen eine neue Epoche innerhalb
  der Geschichte beginnt.
– Nicht einzelne Fremde, nicht ein Volk oder mehrere Völker, sondern alle
  Nationen (כל־הגוים) ziehen nach Jerusalem.
– Die Nationen treten als Protagonisten auf. Sie sind Israel nicht untergeordnet,
  sondern werden im Gegenteil als ein nachahmenswertes Vorbild dargestellt.
– Sie handeln aus eigener Initiative und ergreifen sogar das Wort (ein narratives
  Element, das Sach 8,20–23 weiter ausbauen wird).
– Die Gotteserkenntnis, die in anderen Prophezeiungen noch in der Zukunft
  liegt, wird hier vorausgesetzt. Die nichtisraelitischen Nationen wissen, dass
  von JHWH „Torah ausgeht" (vgl. 51,4), und wissen auch, wo sie diese erlernen
  können.

All das führt zu dem Schluss, dass das erste Völkerwallfahrtsorakel in seinem
Universalismus und seiner positiven Haltung gegenüber den Nationen selbst das
letzte noch übertrifft.[37] Dass es trotzdem im Jesajabuch literarisch nicht nachge-
wirkt hat, wäre nicht erklärlich, wenn es auch chronologisch den anderen vo-
rausginge. Viel näherliegend ist deshalb, dass es den vorhandenen nachträglich
vorangestellt wurde, um die Lesererwartung von Anfang an in eine bestimmte
Richtung zu lenken.

In der Tat ist diese Vision gleichermaßen hoffnungsvoll wie anspruchsvoll.
Hoffnungsvoll in Bezug auf die Nationen und anspruchsvoll in Bezug auf Israel.
Die Heidenvölker, so lautet ihre prophetische Botschaft, werden zu dem von

---

37 Vgl. Tomasino, „Isaiah 1.1–2.4", 92: „Chapter 2 is more universalistic in tone – the nations
come for their own sake, in order to learn of YHWH. In 66.18–23 the nations gather primarily for
Israel's sake, in order to bring back her exiles to Jerusalem."

Unrecht gereinigten Gottesberg kommen, ja, sie werden ihn „überschwemmen",
um Hilfe für die Lösung ihrer Konflikte zu erhalten. Nach *11,10* werden sie dies tun,
wenn sie erleben, dass „Kuh" und „Bärin", also Schwache und Starke dank der
Rechtsordnung JHWHs friedlich zusammenleben können. Dann wird der Zion,
bildlich gesprochen, zum höchsten Berg, so dass er die Heiligtümer der anderen
Götter in den Schatten stellt und deren Verehrer zu sich lockt.

Ähnlich wie Israel werden auch sie göttliche Weisung empfangen. Der Zion
wird für sie zu einem „neuen Sinai". Dabei ist kaum vorstellbar, dass ihnen die
ganze mosaische Torah noch einmal offenbart würde. Wenn sie nicht Juden
werden, brauchen sie nicht alle *Mizwot*. Der Gedanke einer formellen Konversion
ist unserem Text jedenfalls völlig fremd. Die positiven Folgen der Wallfahrt liegen
für ihn auch nicht in kultisch-liturgischen Vollzügen, nicht einmal im richtigen
Glaubensbekenntnis. Wichtiger als alles andere ist, dass Recht geschaffen wird.
Nicht nur wie in 11,1–9 innerhalb der Gesellschaft, sondern auch zwischen den
Nationen. Mit der Ungerechtigkeit wird nämlich auch jeder Anlass zum Kriegführen beseitigt. So kann ein Friede entstehen, der nicht durch Waffengewalt
erzwungen ist, sondern aus dem freien, spontanen Entschluss der JHWH-Verehrer
entspringt.

Hoffnungsvoll, was die Völker angeht, und anspruchsvoll, was Israel betrifft.
Denn dieses darf zwar auf die Bekehrung seiner Nachbarvölker hoffen, muss aber
selbst, wie 2,5 einschärft, schon jetzt „im Licht JHWHs" wandeln. Es muss die ihm
anvertraute Torah zum Leuchten bringen, indem es als „die Volk gewordene Offenbarung Gottes"[38] lebt. Auf diese Weise bereitet es den Weg, damit die übrigen
Nationen kommen und sich von JHWH unterweisen lassen können und so der
endgültige, universale Völkerfriede beginnt.

Das Besondere dieser Weissagung, das, was sie von anderen, nichtbiblischen
Friedensvisionen unterscheidet, lässt sich mit Gerhard Lohfink in fünf Punkten
zusammenfassen:[39]

1. Der universale Friede entsteht allein aus der *Initiative Gottes*. Er ist es, der
den Jerusalemer Tempelberg über alle anderen Berge der Welt erhöht. Er ist es, der
den Nationen die Ordnung offenbart, nach der sie ihr gesellschaftliches Leben
ausrichten können, und der Israel das Licht schenkt, nach dem es sein Leben
ausrichten kann.

2. Der universale Friede hat einen genau angebbaren *Ursprungsort*: den Zion.
Er ist der Ort, an dem JHWH inmitten seines Volkes wohnt.

---

38 J. Wellhausen, *Prolegomena zur Geschichte Israels* (Berlin: Georg Reimer, ⁶1905) 401.
39 Vgl. G. Lohfink, „Schwerter zu Pflugscharen", 187–90.

3. Der universale Friede entsteht nicht durch Mission, sondern durch *Faszination*. Er wird nicht durch Missionare, die eine Friedensbotschaft proklamieren, verbreitet, sondern durch die Attraktion, die die alternative Lebensform des Gottesvolkes ausübt.

4. Der universale Friede ist nicht transzendent, sondern *irdisch-gesellschaftlich*. Er wird deshalb ganz realistisch beschrieben: die Schwerter werden zu Pflugscharen umgeschmiedet, nicht im metaphorischen, sondern im wörtlichen Sinn. Die Menschen, die bisher gegeneinander die Hand erhoben, werden in Zukunft „mit *einer* Schulter" (שכם אחד, Zef 3,9) JHWH dienen und sich gemeinsam für das Wohl aller einsetzen.

5. Der Friede, der in seiner universalen Gestalt in der Zukunft eintreten wird, soll in Israel *schon jetzt* beginnen. Denn während die Nationen sich erst noch entschließen müssen, nach Jerusalem zu wandern, ist das Gottesvolk bereits in der Lage, nach der Friedensordnung der Torah zu leben. „Die Jahwegemeinde beginnt jetzt schon den Weg, der für die kommende Zeit *allen* verheißen ist: Sie schmiedet bereits jetzt ihre Schwerter um und bildet bereits jetzt niemanden mehr aus für den Krieg."[40]

Der einzige Text, der noch später als Jes 2 entstanden sein könnte, ist die in dem „apokalyptischen Jesajabuch" überlieferte Prophezeiung *25,6–8*. Dazu würde passen, dass sie nicht mehr auf die Reise und deren Motive eingeht, sondern die Anwesenheit der Nationen auf dem Zion voraussetzt. Wenn man davon ausgeht, dass diese in 2,1–5 nicht in ihre Länder zurückkehren, ließe sie sich sogar als dessen Fortsetzung betrachten: ein Festbankett, das JHWH denen bereitet, die seine Weisung angenommen und verwirklicht haben. Die Vernichtung des Todes, das Abwischen der Tränen hätten dann einen konkreten Anhaltspunkt. Wenn die Menschen in Frieden zusammenleben, wird ja nicht mehr getötet und gibt es keine (zumindest nicht mehr so viele) Gründe zum Weinen.

Allerdings besteht der Zweifel, ob dieses Orakel überhaupt Heil und nicht vielmehr Unheil verheißt. In jedem Fall fehlt eine positive Reaktion von Seiten der Völker, ja, sie bleiben passiv wie nirgendwo sonst. Auch ein Miteinander, eine irgendwie geartete Beziehung zwischen Israel und den *gojim* lässt sich nicht erkennen. Das Mahl wird nur den fremden Völkern zugerichtet, und indem das geschieht, wird Israels Schande weggenommen, so dass es ein Danklied singen kann. Was auf dem Gipfel des Bergs wirklich geschieht, bleibt im Dunkeln. An seinem Fuß aber wird das hochmütige Moab bestraft und in den Staub getreten (v.10b–12).

---

40 G. Lohfink, „Schwerter zu Pflugscharen", 190 [Hervorhebung i. Orig.].

2.9. Die Völkerwallfahrt, globalisierte Israelwallfahrt oder invertierter Völkersturm?

Am Ende des diachronen Durchgangs durch die jesajanischen Völkerwallfahrtstexte müssen wir noch einmal auf die Frage nach der Herkunft des Motivs zurückkommen. Könnte die Vorstellung als eine globalisierte Israelwallfahrt entstanden sein? Das heißt, könnte die in Israel übliche Wallfahrtspraxis prophetisch auf die anderen Nationen ausgeweitet und in die Zukunft verlegt worden sein? Hans-Joachim Kraus hat diese These schon 1958 vertreten: „In Israel war es üblich, dass die Stämme des Zwölfstämmeverbandes alljährlich zu den großen Festen in das zentrale Heiligtum ziehen. Jerusalem ist der Ort der Gegenwart Gottes. Hier empfangen die Glieder des Gottesvolkes das Gottesrecht und das Gotteswort. Streitigkeiten werden im zentralen Heiligtum geschlichtet. Diesen Vorgang sieht der Prophet nun auf die ganze Völkerwelt erweitert und ausgedehnt."[41]

Ein derartiger Zusammenhang lässt sich jedoch in keinem der elf Orakel greifen. Eine *Alijat regel*, d. h. ein Pilgerzug zum Tempelberg wird nur in 30,29 und vielleicht in 66,20 erwähnt, sicher eine zu schwache Textgrundlage, um daraus die Vision der Völkerwallfahrt abzuleiten. Tatsächlich dürfte es, wie die historische Forschung zeigt, in der vorhasmonäischen Zeit überhaupt keinen institutionalisierten Wallfahrtsbetrieb zum Zentralheiligtum gegeben haben.[42] Gegen die Herleitung von den drei Pilgerfesten spricht schließlich auch, dass Jes 66,23 den Völkerzug mit dem Schabbat und dem Neumond, nicht aber wie Sach 14,16 – 19 mit dem Sukkotfest verbindet.

Wenn nicht eine globalisierte Israelwallfahrt, könnte die Völkerwallfahrt dann ein invertierter Völkersturm sein? Das heißt, könnte das literarische Motiv der Völker, die gegen Jerusalem streiten, umgekehrt und in eine Pilgerreise verwandelt worden sein? Die Feststellung, mit der Oliver Dyma seine Ausführungen eröffnet, kann als repräsentativ für den derzeitigen Forschungsstand gelten: „Die Erwartung der Völkerwallfahrt stellt die positive Transformation des Völkersturmes dar: Nicht mehr in feindlicher, sondern in friedlicher Absicht werden die Völker zum Zion kommen."[43]

Diese These hat den Vorteil, dass sie sich literargeschichtlich gut situieren lässt. Die biblische Völkersturmtradition ist nämlich mit großer Wahrscheinlichkeit in der assyrischen Zeit entstanden, als Reaktion auf die imperiale Politik

---

41 H.-J. Kraus, *Volk Gottes*, 65.
42 So übereinstimmend Safrai, *Wallfahrt*, und Dyma, *Wallfahrt*.
43 Dyma, „Völkerwallfahrt". Vgl. Ego, „Völkerchaos", 131, die die traditionsgeschichtliche Entwicklung „ganz allgemein und etwas plakativ als Bewegung »vom Völkerchaos zum Völkerkosmos«" beschreibt.

und Ideologie Assurs, während deren positives Gegenbild in die exilische und nachexilische Zeit zu datieren ist. Für die Umkehrung des negativen in ein positives Völkerkonzept werden folgende Gründe angeführt: die Erfahrung der Zerstörung Jerusalems und der Exilierung, die Entfaltung eines exklusiven Monotheismus, die tolerante Religionspolitik des persischen Großreichs.[44] Dabei muss der erste Grund noch präzisiert werden.[45] Die tragischen Ereignisse haben nicht etwa das Urteil über die Fremdvölker verändert, sie haben vielmehr die Hoffnung hervorgebracht, die Stadt werde aus ihren Trümmern wiedererstehen und die Deportierten würden heimkehren. Dazu müssten dann auch, um ihr Unrecht wiedergutzumachen, die Nationen einen Beitrag leisten.

Dieser komplexen Situation muss der literargeschichtliche Vergleich Rechnung tragen. Er muss vor allem beachten, dass „Völkerwallfahrt" kein einheitliches Konzept ist. Es handelt sich vielmehr um unterschiedliche Ausprägungen eines Grundmotivs oder, noch richtiger, um unterschiedliche Motive, die eine gemeinsame Grundstruktur aufweisen. Ein direkter Umschlag vom Kampf gegen den Zion zur Wallfahrt zum Zion, wie ihn die späte, hellenistische Vision von Sach 14 schildert, ist im Jesajabuch jedenfalls nicht zu finden.

Dagegen lässt sich an einigen Beispielen das Phänomen belegen, dass einzelne Bilder und Begriffe von der einen in die andere Tradition übernommen wurden. Das Signal (נס), mit dem in 5,26 die Assyrer gerufen werden, damit sie das ungehorsame Gottesvolk bestrafen, wird in 49,22 zum Befehl, die Deportierten Israels herbeizubringen. Die Herrlichkeit (כבוד) des assyrischen Königs, der in 8,7 das Land Juda überschwemmt, wird in 60,1–2 zu der Herrlichkeit JHWHs, die über Jerusalem erstrahlt, so dass die übrigen Nationen herbeiströmen. Das Getöse (המון), das in 17,12 und 29,7–8 den Angriff der Völker begleitet, und das Heer (חיל), das Sanherib in 36,2 gegen Jerusalem sendet, werden in Jes 60 zu einer Fülle von Schätzen, die die ausländischen Zionspilger bringen.

So ist die generelle Behauptung, die jesajanische Völkerwallfahrtsidee sei als Umkehrung des Völkersturms entstanden, zwar abzulehnen. Das schließt aber nicht aus, dass bei ihrer Ausformulierung sprachliche Elemente aufgegriffen

---

44 Vgl. den Überblick über die verschiedenen Erklärungsversuche bei Ego, „Völkerchaos", 131. Ihre eigene Position fasst die Autorin so zusammen: „[...] dass die zunehmende Universalisierung des JHWH-Glaubens mit seinem Schöpfungsbezug zum einen und die persische Toleranzpolitik zum anderen als wichtige Rahmenfaktoren für die Entstehung des Motivs der Völkerwallfahrt anzusehen sind" (Ego, „Völkerchaos", 136–137).
45 Vgl. den berechtigten Einwand von Ego, „Völkerchaos", 131: „Angesichts der Erfahrungen Israels mit den Fremdherrschern bei der Zerstörung des Jerusalemer Tempels und seiner Exilierung erscheint es zunächst durchaus überraschend, dass Israel die Fremdvölker in einem so positiven Licht zeichnen kann."

wurden, die bis dahin negativ besetzt waren. Dass die Nationen friedlich nach Jerusalem kommen, ist in jedem Fall eine Kontrastvision, die der Autor der gegenwärtigen Erfahrung seiner Leser entgegenhält, um sie auf eine neue, von Gott geplante und anfanghaft ermöglichte Realität aufmerksam zu machen.

3. Die Verheißung der Völkerwallfahrt in der leserorientierten Perspektive

3.1. Implizite und reale Leser

Prophetische Texte, Anklagen, Gerichtsandrohungen, Heilsverheißungen erhalten ihre volle Bedeutung erst, wenn sie rezipiert, also gehört oder gelesen werden. Sie wollen ja nicht nur kognitive Inhalte vermitteln, sondern das Denken und Handeln ihrer Adressaten verändern. Der Sinn der prophetischen Orakel liegt, deutlicher als bei anderen literarischen Formen, weniger „in" oder „hinter dem Text" als vielmehr „vor dem Text"; erst in den Hörern bzw. Lesern erfüllt sich, was sie verheißen.[46]

Die text- und autororientierte Auslegung muss deshalb durch eine Lektüre ergänzt werden, die den Leser in Blick nimmt und danach fragt, wie er den Text rezipiert.[47] Dabei ist zunächst die Rolle des *impliziten* Lesers zu klären, der von dem impliziten Autor angesprochen wird. Er ist die Figur, mit der sich die *realen* Leser, all diejenigen also, die das Jesajabuch im Laufe der Geschichte lesen (einschließlich des Exegeten selbst) identifizieren sollen.

Auch wenn der implizite Leser in allen Texten präsent ist, tritt er in einigen doch stärker hervor. Dies ist insbesondere in den Reden der Fall, in denen er direkt angesprochen wird. Syntaktisch kann diese Anrede unterschiedlich gestaltet sein. Der Sprecher, in der Regel Gott oder der Prophet, kann die „Ihr"-Anrede verwenden, wenn er eine Vielzahl einzelner Personen ansprechen will. Er kann zum „Du" übergehen, wenn er betonen will, dass diese eine kollektive Größe, eine Gemeinschaft bilden. Schließlich kann er sich der „Wir"-Form bedienen, wenn er sich mit seinen Adressaten zusammenschließen will.[48] Die Vorwürfe und die Appelle erhalten dadurch eine besondere Intensität. Sie richten sich dann nämlich

---

46 Diese Grundeinsicht der modernen Sprachwissenschaft ist in der Szene von der Antrittspredigt Jesu in der Synagoge von Nazaret paradigmatisch verdichtet (Lk 4,14 – 30). In ihr deutet er das Prophetenwort Jes 61,1 – 2 als eine Verheißung, die sich „in euren Ohren" (ἐν τοῖς ὠσὶν ὑμῶν, v.21) erfüllt, also dadurch, dass sie in der Versammlung vorgetragen und als eine für *diesen* Moment und *diese* Personen gültige Anrede Gottes aufgenommen wird.
47 Wegweisend in dieser Hinsicht ist die Studie von Conrad, *Reading Isaiah*.
48 Zur rhetorischen Funktion der „Wir"-Texte im Jesajabuch vgl. Conrad, *Reading Isaiah*, 83 – 116.

nicht mehr an andere, Dritte, sondern an „uns", d. h. an „die Gemeinde, zu der sowohl die impliziten Zuhörer als auch der implizite Autor des Textes gehören."[49]

In den meisten Fällen wendet sich der implizite Autor in seinen Reden an das Gottesvolk: an Israel und Juda, an die Stadt Jerusalem, an die Diasporagemeinde und deren jeweilige Mitglieder. Doch werden auch ausländische Völker und Städte angeredet. JHWH und sein Knecht können sich mit einem „Ihr" an die Nationen wenden, um sie zur Einsicht und Umkehr aufzurufen (vgl. 45,18 – 25; 49,1 – 6). Die personifizierte Hauptstadt des babylonischen Reichs kann wie Zion mit einem femininen „Du" angesprochen werden (Kap. 47). Nicht einmal das „Wir" ist für das jüdische Volk reserviert. Auch andere Gruppen können es verwenden, um zu erklären, was sie in der Vergangenheit getan haben oder in der Zukunft tun wollen.[50]

Durch die direkte Anrede der Gottes- und Prophetenreden werden im Jesajabuch also *zwei* implizite Leser konstituiert: Israel, das JHWH-Volk, das auf dem Zion wohnt (vgl. 12,6), und die fremden, nichtisraelitischen Nationen, die zum Zion kommen, um JHWH kennenzulernen. Beide können mit „Ihr" und „Du" angesprochen werden, und beide können das Wort ergreifen und im „Wir"-Stil von sich erzählen.

Bei dieser letzten Redeform ist dann aber doch ein wichtiger Unterschied festzustellen, der in den beiden Ausrufen לכו ונעלה (2,3) und לכו ונלכה (2,5) besonders deutlich wird. Denn obgleich diese grammatikalisch identisch sind, erfüllen sie doch eine ganz andere literarische Funktion. Der erste Appell ist Teil einer Rede, die die Nationen in der Zukunft halten werden. Sie sprechen zueinander und meinen mit „Wir" sich selbst. Den zweiten Appell richtet der Prophet im gegenwärtigen Augenblick an seine Hörer. Mit „Wir" meint er sich und das Haus Jakob, dem er angehört. Er und das israelitische Volk bilden zusammen die Gemeinde, die sich von Jes 1,9 („Hätte JHWH der Heere *uns* nicht einen kleinen Rest gelassen...") bis zum Ende des Buches immer mehr als eine Gemeinde von Überlebenden profiliert.[51]

Dass sich der Autor (der textinterne „Jesaja") nicht in gleicher Weise mit den aus den anderen Nationen kommenden Adressaten zusammenschließen kann, ist verständlich. Es gibt keine Gemeinschaft, die sie und ihn umfassen, kein gemeinsames Kriterium, das sie und ihn zu einem „Wir" verbinden könnte. Zweifellos hängt das auch mit der Unmöglichkeit zusammen, sich vorzustellen, dass

---

49 Conrad, *Reading Isaiah*, 89: „the community to which both the implied audience and the implied author of this text belong". Nach Conrad wird dieses „Wir" im Jesajabuch mit dem „Sie" einer rivalisierenden Gruppe kontrastiert.

50 Zu den einzelnen Stellen s. Conrad, *Reading Isaiah*, 87 n.11 – 2.

51 Vgl. Conrad, *Reading Isaiah*, 116: „Through the first person plural voice the implied audience, a community of survivors, is incorporated into the world of the text."

irgendjemand die Position *dieses* impliziten Lesers übernehmen könnte. Der Gedanke, dass ein Nichtjude das hebräische Jesajabuch liest und sich mit der Figur der dort erwähnten „Heidenvölker" identifiziert, dürfte dem Verfasser fern gelegen haben. Seine Intention war nicht, auf die *gojim* unmittelbar einzuwirken. Vielmehr wollte er ausmalen, wie jene zukünftig handeln könnten, um den Glauben und die Zuversicht seiner jüdischen Zuhörer zu stärken und bei ihnen für eine offene, positive Einstellung gegenüber ausländischen Gottsuchern zu werben.

Das nicht Vorhergesehene ist in der Rezeptionsgeschichte eingetreten: Die jesajanischen Verheißungen wurden, wie die Auslegungen der mittelalterlichen Exegeten in aller Klarheit zeigen, nicht nur von einer, sondern von *zwei* Lesegemeinschaften rezipiert: von der jüdischen Gemeinschaft, die sich in dem von Jesaja angesprochenen „Haus Jakob" wiederfand und in der Tat durch eine ununterbrochene Kette von Generationen mit diesem verbunden ist, und von der christlichen Gemeinschaft, die in der Zionswallfahrt der Völker wie in einem Spiegel ihr eigenes Zum-Glauben-Kommen wiedererkannte.

Wir können diesen komplizierten Rezeptionsprozess an dieser Stelle nicht im Detail betrachten. Wir können auch nicht näher auf die irrigen Auslegungen eingehen, die Israel als Volk Gottes ersetzen oder dessen Wandeln im Licht Jʜᴡʜs theologisch verkürzend als Bekehrung zum Christentum verstehen wollten.[52] Uns interessiert vielmehr das Phänomen der doppelten Rezeption als solches. Die Visionen, die *über* Juda und Jerusalem prophezeit wurden und damit auch *für* diese, d. h. für deren damalige und spätere Bewohner bestimmt waren, wurden nicht nur von diesen rezipiert. Sie wurden auch von denen, für die sie ursprünglich nicht bestimmt waren, nämlich von den *gojim* gelesen.

Das bedeutet nicht, dass diese ihnen nichts zu sagen hätten. Im Gegenteil! Es bedeutet aber, dass die *ecclesia ex gentibus* diese Weissagungen in dem Bewusstsein lesen muss, dass sie auch und zuerst von dem jüdischen Volk gelesen werden. Ihre Lektüre darf, bildlich gesprochen, das Lesen Israels nicht übertönen, muss sich vielmehr wie eine zweite Stimme mit dessen erster Stimme verbinden. Das Ziel müsste eine „zweistimmige" Lektüre sein, eine Deutung aus der Perspektive zweier Lesegemeinschaften, die unterschiedliche, nicht konträre, sondern komplementäre Sinndimensionen aufdeckt.

---

52 So Nicolaus de Lyra, *Postilla litteralis*, ad Is 2,5.

3.2. „Auf, lasst uns hinaufsteigen!" – die Völkerwallfahrt aus der Sicht der Nationen

Was bedeuten die Verheißungen der Völkerwallfahrt für die ausländischen Nationen? Welchen Sinn erhalten sie, wenn sie von Personen gelesen werden, die sich in denen, die von ihrer Geburt her nicht zum jüdischen Volk gehören, wiederfinden?

In den meisten Völkerwallfahrtstexten werden die „Heiden" nicht direkt angesprochen. Mit Ausnahme von 45,18 – 25 werden keine Appelle an sie gerichtet, um sie zu einem bestimmten Handeln zu bewegen. Stattdessen wird geschildert, was sie in Zukunft tun werden. Auf diese Weise wird die Botschaft übermittelt: Wenn sich alle Menschen so verhielten, würden auf der Welt Wahrheit, Gerechtigkeit und Friede herrschen!

Die Nationen werden dabei in erster Linie durch die Aktionen, die sie vollziehen, charakterisiert. Sie befördern die Exulanten nach Jerusalem, bringen Opfer und andere Gaben herbei, werfen sich vor Zion nieder, beten Jhwh an usw. Sie werden dann aber auch indirekt beschrieben, indem die Worte zitiert werden, die sie sprechen. Darunter sind Klagen wie in 56,3 – „Sicher wird Jhwh mich aus seinem Volk ausschließen!" – und Bekenntnisse gegenüber Zion wie in 45,14 – „Nur in dir ist Gott." – und gegenüber Gott wie in 45,24 – „Nur bei Jhwh sind Rettung und Macht."

Besonders eindrücklich ist die erste Äußerung der nichtjüdischen Nationen in 2,3. In ihr konstatieren diese nicht nur einen Sachverhalt, treffen nicht nur eine Feststellung über andere Personen, sondern fordern sich selbst zum Handeln auf: „Auf, lasst uns aufsteigen zum Berg Jhwhs!" Auch wenn sie danach formulieren, was sie von diesem Gott erwarten – „Er unterweise uns in seinen Wegen" –, so doch nur, um gleich wieder davon zu sprechen, was sie selbst zu tun gedenken – „damit wir auf seinen Wegen gehen".

So steht am Anfang der jesajanischen Völkerwallfahrtsorakel das Bild der aufbruchbereiten, lernbegierigen, umkehrwilligen Nationen. Ihre Bereitschaft, zum Zion hinaufzusteigen und sich von einer Gottheit, die sie noch gar nicht richtig kennen, belehren und richten zu lassen, markiert gewissermaßen das „Ende dieser Tage" und den Beginn der neuen Schöpfung, die Jes 65 und 66 prophezeien. Indem sie „Auf, lasst uns...!" sagen, wenden sie sich an die empirischen Leser aller künftigen Epochen und laden sie ein, mit ihnen nach Jerusalem zu ziehen. Natürlich nur diejenigen, die sich mit diesem „Wir" identifizieren können, die also wie die Sprechenden Nichtjuden sind und nicht schon auf dem Zion wohnen.

„Diese Verehrer JHWHs aus den Völkern, in denen sich später die Christen aus dem »Heidentum«, also letztlich auch wir Christen heute, wiederfinden können, werden nicht zu Israel, können Israel schon gar nicht in irgendeiner Weise ersetzen."[53] Sie treten aber in ein enges Verhältnis zu Israel, indem sie die Identifikationsmöglichkeit annehmen, die ihnen das Jesajabuch in der vielschichtigen Figur der *gojim* anbietet. Wie diese sollen sie die Einheit des gespaltenen Gottesvolkes fördern und einen Beitrag zum Aufbau und zur Verherrlichung Zions leisten. Sie sollen anerkennen, dass der nicht von Menschen gemachte Gott nur in Israel zu finden ist und dass es außerhalb dieser Geschichte kein Heil gibt. Und sie sollen von dessen Weisung, die ihnen in Jesus aufgeschlüsselt wurde, lernen, untereinander und dann auch unter den anderen Völkern Frieden zu schaffen.

Die Christen, wie wir nun sagen dürfen, sollen also einsehen, dass ihre erste Berufung darin liegt, dem Volk des Sinai-Bundes zu Hilfe zu kommen. Wenn sie das aber tun und auf diese Weise „an Seinem Bund festhalten" (vgl. 56,6), dann kann auch niemand mehr behaupten, dass sie nicht zu dem Volk JHWHs gehören. Vielmehr dürfen sie den „heiligen Berg" betreten, um zusammen mit dessen Bewohnern Gott anzubeten und ihm zu dienen.

3.3. „Auf, lasst uns gehen!" – die Völkerwallfahrt aus der Sicht Israels

Die heidnischen Nationen sind zwar die Hauptfiguren der Völkerwallfahrtsorakel, doch ohne das Volk Israel fehlte diesen ein wesentliches Element. Ein Pilgerzug zu einem menschenleeren Zion hätte keinen Sinn, ja, er würde gar nicht erst zustande kommen. Denn ohne den Kontakt zu einer jüdischen Gemeinde wüssten die fremden Nationen nichts von dem einen Gott und seiner Lebensordnung. Sie wüssten nicht, dass es ihn gibt, und selbst wenn sie ihn suchten, wüssten sie nicht, wo er zu finden ist.

So wenden sich diese Verheißungen auch an das „Volk, das auf dem Zion wohnt" (vgl. 10,24; 30,19). Was für ein Volk ist das aber? Welches Israel-Bild vermitteln diese Visionen? Welche Einstellung, welche geistige Disposition und welches gläubige Tun wollen sie in ihren Rezipienten, den einstigen und heutigen Angehörigen des Gottesvolks erwecken?

Die grundlegende Intention wird gleich am Anfang formuliert: „Auf, lasst uns gehen im Licht JHWHs!" Wie diese beiden Prozesse – die Suche der Nationen nach

---

53 Irsigler, „Ein Gottesvolk?", 221. Darüber darf jedoch die zweite (historisch betrachtet, die erste) Wurzel des Christentums nicht vergessen werden: die *ecclesia ex circumcisione*. Auch wenn die Judenchristen im Laufe der Jahrhunderte zu einer winzigen Minderheit wurden, sind sie für den Begriff der Kirche dennoch unersetzlich. Sie halten nämlich in ihrer Existenz fest, dass es möglich ist, gleichzeitig Jude und Christ zu sein.

dem Gott Jakobs und das torahgemäße Leben des Hauses Jakob – zusammen-hängen, wird dabei nicht im Letzten geklärt. Die Israeliten könnten den an sie gerichteten Appell so verstehen: „Wir müssen zu einer gerechten Gesellschaft werden, damit das beginnen kann, was Gott in den künftigen Tagen herbeiführen will.“[54] Eher aber noch so: „Wenn schon Fremde nach Jerusalem kommen, um unseren Gott kennenzulernen und zu verehren, um wieviel mehr müssen wir die Gabe, die wir empfangen haben, pflegen und unser Leben von der göttlichen Weisung bestimmen lassen.“ Denn nach der Torah zu leben ist für sie nicht Mittel zum Zweck („...damit die Völker sich bekehren“), sondern der eigentliche Zweck ihrer Erwählung. Das wird in der Micha-Variante hervorgehoben: „Auch wenn alle Völker, jedes im Namen seines Gottes gehen, wir werden im Namen JHWHs, un-seres Gottes, gehen...“ (Mi 4,5).

Anders als Micha hält Jesaja an der Erwartung fest, dass alle Menschen sich zu JHWH bekehren werden. Er will seine Leser nicht in der trotzigen Selbstbehaup-tung, sondern in der Zuversicht bestärken, dass die Nationen irgendwann ihren Irrtum einsehen und ihre Feindschaft aufgeben werden. In seinen Völkerwall-fahrtsvisionen entwirft er also nicht nur Modelle für das potentielle Handeln der *gojim*, er formt gleichzeitig die Gemeinde, die jene auf dem Zion antreffen sollen. Israel soll das Unausdenkbare für möglich halten und damit rechnen, dass es unter ihnen als Zeuge des einen Gottes und als Verkünder seiner Gebote wirken kann und dass diese sich ihm zuwenden werden (vgl. 55,5); dass sie seine Ver-bannten zurückbringen, mit ihren Schätzen die Gottesstadt ausstatten und mit ihm zusammen JHWH anbeten werden. Das Haus Jakob müsste also seine eigene Berufung und dann auch die der anderen Nationen erkennen. Besser noch: Das Nachdenken über deren Heil wäre die Hilfe, um seine eigene Berufung neu zu begreifen und zu leben.

Warum konnte dieser leserorientierte Sinn der Völkerwallfahrtsorakel die geschichtliche Realität so wenig prägen? Haben die jüdischen Leser ihre nicht-jüdischen Mit-Leser ausgeschlossen? Oder haben die nichtjüdischen Leser, also vor allem die Christen, ihre Rolle nicht richtig ausgefüllt? Auch wenn sie ihre Götter verließen und den Gott Israels annahmen, haben sie dessen Volk doch nicht geehrt. Weil die fast zweitausendjährige *Galut* eher als Fortsetzung der babylo-nischen Gefangenschaft denn als Gelegenheit, „Licht der Nationen“ zu sein, er-fahren wurde, konnte auch die Rückkehr nach Zion nur als nationale Wiederge-burt, nicht aber als Beginn der endzeitlichen Völkerwallfahrt verstanden werden.

---

54 Vgl. Groenewald, „Isaiah 2:1 – 5“, 63 – 64: „they must now become a just society so that what God will bring about in days to come, can thereby begin.“

Zu dieser mangelhaften Rezeption mag auch beigetragen haben, dass die jesajanischen Prophetien sehr disparat und wenig „operationalisierbar" sind. Es gibt die negative Vorschrift, die Fremden, die den Schabbat beachten, nicht aus dem Volk Jhwhs auszuschließen. Und es gibt die positive Vorhersage, die ganze Menschheit werde sich zur Anbetung auf dem Zion versammeln. Dazwischen bleibt aber vieles offen, so dass es dem realen Leser (dem jüdischen vielleicht noch mehr als dem heidenchristlichen) schwer fällt, aus der überwältigenden Wallfahrtsvision einzelne konkrete Schritte auf das angezielte Miteinander hin abzuleiten.

3.4. „Lasst uns mit euch gehen!" – das Miteinander von Israel und den Nationen

Wie können Israel und die Nationen zusammenleben? Wie kann überhaupt ein Miteinander zwischen dem Volk Jhwhs und denen, die ebenfalls Volk Jhwhs sein wollen, entstehen? Die Voraussetzung, damit sich die beiden Wege, das „Lasst uns hinaufsteigen!" der Zionspilger und das „Lasst uns gehen!" der Zionsbewohner, treffen, wird, deutlicher als in Jesaja, im Sacharjabuch benannt. Deshalb soll eine Vision aus diesem Buch, nämlich *Sach 8,20–23*, unseren Rück- und Ausblick beschließen.

Dieses Völkerwallfahrtsorakel differenziert zunächst den allgemeinen Terminus גוים bzw. עמים, indem es von einzelnen Metropolen und deren Einwohnern spricht (v.20–21). Diese werden sich versammeln, um die Wallfahrt nach Jerusalem anzutreten. Am Ende reduziert es deren Zahl sogar auf „zehn" (v.23). Eine Gruppe von zehn Personen unterschiedlicher Ethnien und Sprachen würde genügen, sozusagen ein „gojischer" *Minjan*, der sich einen Juden (eine Jüdin?) als Patron und Führer wählte.

Diese originelle Variante der Völkerwallfahrt, die nun gar nicht mehr utopisch erscheint, endet mit einem Appell, der noch über Jes 2,3 hinausgeht. Die Fremden sprechen nämlich nicht nur untereinander, sie richten eine Bitte an das Haus Jakob, dem sie auf ihrer Reise begegnen: נלכה עמכם, *wir wollen mit euch gehen!* Sie wissen, dass der Gott, den sie suchen, in Jerusalem wohnt (vgl. Sach 2,14–15), und wollen wie die dort Lebenden mit ihm Gemeinschaft haben: כי שמענו אלהים עמכם, *denn wir haben gehört, dass Gott mit euch ist* (8,23*fin*).

Damit endet die Prophezeiung und der ganze erste Teil des Sacharjabuchs – mit dem Wunsch nach einem Miteinander, nach einer Weggemeinschaft im Namen Gottes. In einer leserorientierten Perspektive fungieren diese Worte, die ausgesprochenen ebenso wie die nun zu sprechenden, als Handlungsmodelle, als Angebot, die Rolle des impliziten Lesers einzunehmen und das dramatische Geschehen weiterzuspielen. Was aber sind das für Rollen, die den Angehörigen der beiden Rezeptionsgemeinschaften hier vorgegeben werden?

Die, die aus allen Sprachen und Nationen stammen, sollen sich zusammenschließen und den Kontakt zu ihren jüdischen Nachbarn suchen („ihren Mantelsaum ergreifen"). Sie sollen einsehen und bekennen, dass sie ihren Gott von Israel erhalten haben, und sollen den Weg, den sie begonnen haben, gemeinsam mit diesem fortsetzen. Sie sollen um dessen Begleitung bitten, um den Gott Abrahams, Isaaks und Jakobs, der ihnen als der Gott Jesu Christi verkündigt wurde, besser kennenzulernen. Sie sollen ihre Bitte in Demut und Dankbarkeit vortragen, aber auch in der Sicherheit, dass es keine Alternative, keinen anderen Weg gibt.

Der jüdische Leser sieht sich umgekehrt mit der Anfrage jener „Zehn" konfrontiert. Sie bitten um seine Weggemeinschaft. Nicht darum, dass er zu ihnen gehen und sie auf *ihrem* Weg begleiten möge, sondern darum, dass sie zum ihm kommen und *seinen* Weg mitgehen dürfen. Eine Antwort auf diese Anfrage wird in dem Text nicht gegeben. Sie ist ausgelassen, damit der Leser sie selber geben kann: „Ja, lasst uns gemeinsam gehen!" Oder: „Nein, wir wollen für uns gehen!"

Die Frage, ob daraus *ein* Gottesvolk entsteht,[55] liegt außerhalb des Horizonts dieses Orakels.[56] Statt über das endgültige Ziel zu spekulieren, lenkt es den Blick auf den Punkt, an dem das erwünschte Miteinander beginnt, da nämlich, wo jemand sagt: אלכה גם־אני, *auch ich will gehen* (8,21*fin*). Das heißt, wo jemand bereit ist, sich auf den Weg zu machen, und mit anderen zusammen den Ort aufsucht, den Gott bereits ausgewählt hat. So beginnt die Wallfahrt, zu der sich am Ende alle Völker auf dem Zion versammeln werden. In dem Moment, in dem einer oder eine diese Worte wiederholt: „Lasst uns gehen!" – „Lasst uns miteinander gehen!"

---

55 Vgl. das Postulat, mit dem Irsigler, „Ein Gottesvolk?", 246, seine Deutung der Texte beschließt: „Letzten Endes kann es nur *ein* Gottesvolk geben." Doch ist selbst dieser einfache Satz noch klärungsbedürftig, wie die Bemerkungen zeigen, die der Autor vorausschickt: „[...] eine Einheit im jeweiligen vollgültigen Volk-Gottes-Sein in nicht aufgehobener Verschiedenheit von Kirche und Israel bzw. Judentum einerseits wie der christlichen Konfessionen als Kirchen andererseits." Mit dieser Definition von Einheit werden nämlich nicht nur die Konfessionen in den Rang von Kirchen erhoben, es werden auch zwei Arten von Volk-Gottes-Sein behauptet, eine jüdische und eine christliche. Das eine Gottesvolk müsste aber gerade das jüdische *und* das christliche Element umfassen.

56 Zu ihrer Beantwortung müsste in jedem Fall Sach 2,15 hinzugenommen werden. Dort verheißt JHWH den Nationen, die sich ihm anschließen: והיו לי לעם, *und sie werden mir zum Volk sein*. Das muss nicht heißen, dass sie mit Israel zu einem einzigen Bundesvolk vereint werden (so Irsigler, „Ein Gottesvolk?", 216–20). Es kann auch heißen, dass sie wie Israel zu einem Gott gehörigen Volk werden.

Anhang

Abkürzungsverzeichnis

1. Allgemeine und grammatikalische Abkürzungen

a	*a, ab* (abgeleitet von)
𝔄	arabische Übersetzung
abs.	*(status, infinitivus) absolutus*
ad	(Kommentar) zu
akt.	Aktiv
Bd., Bde.	Band, Bände
ℭ	Textfragmente aus der Kairoer Geniza
cs.	*(status, infinitivus) constructus*
ders., dies.	derselbe, dieselbe(n)
d. Vf.	(Hervorhebung) des Verfassers
ePP	enklitisches Personalpronomen
eštaf.	*Eštafel*
f.	feminin
fin	*finis* (Ende des Verses oder Halbverses)
frZE	freies Zeilenende (in 1QIsaᵃ)
𝔊	Septuaginta
𝔊ᵛ	hebräische Vorlage der Septuaginta
gen. subi./obi.	*genitivus subiectivus/obiectivus*
HA	Hauptabschnitt (in 1QIsaᵃ)
Hg.	Herausgeber/-in
hg.v.	herausgegeben von
hif.	*Hifil*
hitpa.	*Hitpael*
hof.	*Hofal*
inf. (abs., cs.)	Infinitiv (*absolutus, constructus*)
init	*initium* (Anfang des Verses oder Halbverses)
Introd.	*introductio* (Einführung)
i. Orig.	(Hervorhebung) im Original
K, ᴷ	*Ketiv*
Kap.	Kapitel
LXX	Septuaginta
m.	maskulin
𝔐	Masoretischer Text
𝔐ᴬ, 𝔐ᴸ	Masoretischer Text nach dem Codex Aleppo bzw. Leningradensis
MT	Masoretischer Text

n.	nota (Fußnote)
nif.	*Nifal*
NZ	neue Zeile (in 1QIsaᵃ)
פ	*Petucha*
par	parallel, Parallelstelle
pass.	Passiv
pi.	*Piel*
pol.	*Polel*
Pers.	Person
Pl.	Plural
Ptz, ptz	Partizip
Q, ᵠ	*Qere*
Ꝗ	Qumran (bei übereinstimmender Lesart der vorhandenen Handschriften)
𝔖	syrische Übersetzung (Peschitta)
ס	*Setuma*
sc.	*scilicet* (das heißt, nämlich)
Sg.	Singular
sPP	selbstständiges Personalpronomen
𝔗	Targum (Jonathan)
UA	Unterabschnitt (in 1QIsaᵃ)
𝔙	Vulgata
v.	Vers
Vol.	*Volume* (Band)
vs.	*versus* (gegenüber, im Gegensatz zu)
z. St.	zur Stelle

2. Bibliographische Abkürzungen

ABG	Arbeiten zur Bibel und ihrer Geschichte
ABR	*Australian Biblical Review*
ABS	Approaches to Biblical Studies
ACEBT.S	Amsterdamse Cahiers voor Exegese van de Bijbel en zijn Traties. Supplement Series
ALW	*Archiv für Liturgiewissenschaft*
AmUSt.TR	American University Studies. Theology and Religion
AnBib	Analecta Biblica
AncB	The Anchor Bible

ANET	J. B. Pritchard, *Ancient Near Eastern Texts Relating to the Old Testament. With Supplement* (Princeton, NJ: Princeton University Press, ³1969).
ANETS	Ancient Near Eastern Texts and Studies
AOAT	Alter Orient und Altes Testament
ArBib	The Aramaic Bible
ASBF	Analecta. Studium Biblicum Franciscanum
ASMS	American Society of Missiology Series
ASOR	American Schools of Oriental Research
ATA	Alttestamentliche Abhandlungen
AThD	Acta Theologica Danica
ATD	Das Alte Testament Deutsch
AThANT	Abhandlungen zur Theologie des Alten und Neuen Testaments
ATM	Altes Testament und Moderne
ATSAT	Arbeiten zu Text und Sprache im Alten Testament
BBB	Bonner Biblische Beiträge
BBR	*Bulletin for Biblical Research*
BCAT	Biblischer Commentar über das Alte Testament
BE	Biblische Enzyklopädie
BEAT	Beiträge zur Erforschung des Alten Testaments und des Antiken Judentums
BET	Beiträge zur biblischen Exegese und Theologie
BEThL	Bibliotheca Ephemeridum Theologicarum Lovaniensium
BFChTh	Beiträge zur Förderung christlicher Theologie
BHQ	A. Schenker u. a. (Hg.), *Biblia Hebraica Quinta* (Stuttgart: Deutsche Bibelgesellschaft, 2004 ff).
BHS	K. Elliger, W. Rudolph u. A. Schenker (Hg.), *Biblia Hebraica Stuttgartensia* (Stuttgart: Deutsche Bibelgesellschaft, ⁵1997).
Bib.	*Biblica*
BibHist	Bible in History
BiblVict	Bibliotheca Victorina
BibOr	Biblica et Orientalia
BIS	Biblical Interpretation Series
BiTod	*The Bible Today*
BJS	Biblical and Judaic Studies
BK	Biblischer Kommentar. Altes Testament
BN	*Biblische Notizen*
BN.NF	*Biblische Notizen. Neue Folge*
BRGA	Beiträge zur Religionsgeschichte des Altertums

BRLJ	The Brill Reference Library of Judaism
BTB	*Biblical Theology Bulletin*
BThSt	Biblisch-Theologische Studien
BWANT	Beiträge zur Wissenschaft vom Alten und Neuen Testament
BZ	*Biblische Zeitschrift*
BZAR	Beihefte zur Zeitschrift für Altorientalische und Biblische Rechtsgeschichte
BZAW	Beihefte zur Zeitschrift für die alttestamentliche Wissenschaft
BZNW	Beihefte zur Zeitschrift für die neutestamentliche Wissenschaft und die Kunde der älteren Kirche
CB.OT	Coniectanea Biblica. Old Testament Series
CBET	Contributions to Biblical Exegesis and Theology
CBQ	*The Catholic Biblical Quarterly*
CBQ.MS	The Catholic Biblical Quarterly. Monograph Series
CBR	*Currents in Biblical Research*
CSB	Collana Studi biblici
CC.CM	Corpus Christianorum. Continuatio Mediaevalis
CHANE	Culture and History of the Ancient Near East
Colloq	*Colloquium*
CR.BS	*Currents in Research. Biblical Studies*
CTh	Cahiers théologiques
CThMi	Currents in Theology and Mission
DCLS	Deuterocanonical and Cognate Literature Studies
DOTPR	*Dictionary of the Old Testament. Prophets*
ECC	The Eerdmans Critical Commentary
EdF	Erträge der Forschung
EETh	Einführung in die evangelische Theologie
EstB	*Estudios bíblicos*
EtB	Études bibliques
EÜ	Einheitsübersetzung
EvTh	*Evangelische Theologie*
FAT	Forschungen zum Alten Testament
FJCD	Forschungen zum jüdisch-christlichen Dialog
FOTL	The Forms of the Old Testament Literature
FRLANT	Forschungen zur Religion und Literatur des Alten und Neuen Testaments
FThL	Forum Theologiae Linguisticae
FzB	Forschung zur Bibel

G–K	H. F. W. Gesenius u. E. Kautzsch, *Hebräische Grammatik* (Darmstadt: Wissenschaftliche Buchgesellschaft, [28]1985).
G.R.E.S.A.	Travaux du Groupe de Recherches et d'Études Sémitiques Anciennes de l'Université Marc Bloch de Strasbourg
HALAT	L. Koehler u. W. Baumgartner, *Hebräisches und Aramäisches Lexikon zum Alten Testament* (Leiden; Boston, MA: Brill, [3]2004).
HAT	Handbuch zum Alten Testament
HBM	Hebrew Bible Monographs
HBOT	Hebrew Bible/Old Testament. The History of Its Interpretation
HBS	Herders Biblische Studien. Herder's Biblical Studies
HBT	*Horizons in Biblical Theology*
HCOT	Historical Commentary on the Old Testament
HK	(Göttinger) Handkommentar zum Alten Testament
HomRel	Homo religiosus
HSM	Harvard Semitic Monographs
HThKAT	Herders Theologischer Kommentar zum Alten Testament
HTR	*Harvard Theological Revue*
HUB	The Hebrew University Bible
IBT	Interpreting Biblical Texts
ICC	The International Critical Commentary
IntB	The Interpreter's Bible
Interp.	*Interpretation. A Journal of Bible and Theology*
JAOS	*Journal of the American Oriental Society*
JBL	*Journal of Biblical Literature*
JBS	Jerusalem Biblical Studies
JBTh	*Jahrbuch für Biblische Theologie*
JCC	Jewish Culture and Contexts
JCPS	Jewish and Christian Perspectives Series
Joüon – Muraoka	P. Joüon u. T. Muraoka, *A Grammar of Biblical Hebrew* (SubBib 27; Roma: Gregorian & Biblical Press, [2]2009).
JQR	*The Jewish Quarterly Review*
JSHRZ	Jüdische Schriften aus hellenistisch-römischer Zeit
JSJ.S	Supplements to the Journal for the Study of Judaism
JSNT.S	Journal for the Study of the New Testament. Supplement Series
JSOT	*Journal for the Study of the Old Testament*
JSOT.S	Journal for the Study of the Old Testament. Supplement Series
JSP	*Journal for the Study of the Pseudepigrapha*
JSQ	*Jewish Studies Quarterly*

JudUm	Judentum und Umwelt. Realms of Judaism
KAT	Kommentar zum Alten Testament
KAW	Kulturgeschichte der antiken Welt
KlSchrEvTh	Kleine Schriften des Fachbereichs Evangelische Theologie der Goethe-Universität Frankfurt/Main
KuI	*Kirche und Israel*
LCBI	Literary Currents in Biblical Interpretation
LeDiv	Lectio divina
LHBOTS	Library of Hebrew Bible/Old Testament Studies
LNTS	Library of New Testament Studies
LoB	Leggere oggi la Bibbia
LPhThB	Linzer philosophisch-theologische Beiträge
LSAWS	Linguistic Studies in Ancient West Semitic
LSTS	Library of Second Temple Studies
MBPS	Mellen Biblical Press Series
MEOL	Mededelingen en verhandelingen van het Vooraziatisch-Egyptisch Genootschap „Ex Oriente Lux"
MThA	Münsteraner Theologische Abhandlungen
MTZ	*Münchener Theologische Zeitschrift*
NEB	Die Neue Echter Bibel
NICOT	The New International Commentary on the Old Testament
NSK.AT	Neuer Stuttgarter Kommentar. Altes Testament
NTSI	The New Testament and the Scriptures of Israel
OBO	Orbis biblicus et orientalis
ÖBS	Österreichische Biblische Studien
OBT	Overtures to Biblical Theology
OLB	Orte und Landschaften der Bibel
ORA	Orientalische Religionen in der Antike. Oriental Religions in Antiquity
OSCU	Oriental Studies of the Columbia University
OTE	*Old Testament Essays. New Series*
OTL	The Old Testament Library
OTM	Oxford Theological Monographs
OTS	Oudtestamentische Studiën. Old Testament Studies
PIBA	*Proceedings of the Irish Biblical Association*
PStAT	Poetologische Studien zum Alten Testament
PubSHL	Publications of the Society of Hebrew Literature
QD	Quaestiones disputatae
RB	*Revue biblique*
RHPhR	*Revue d'histoire et de philosophie religieuses*

RivBib	*Rivista biblica*
RRBS	Recent Research in Biblical Studies
RStB	*Ricerche storico bibliche*
SAIS	Studies in the Aramaic Interpretation of Scripture
SBAB	Stuttgarter Biblische Aufsatzbände
SBB	Stuttgarter Biblische Beiträge
SBL.ABS	Society of Biblical Literature. Archaeology and Biblical Studies
SBL.AIL	Society of Biblical Literature. Ancient Israel and Its Literature
SBL.ANEM	Society of Biblical Literature. Ancient Near East Monographs
SBL.DS	Society of Biblical Literature. Dissertation Series
SBL.SP	Society of Biblical Literature. Seminar Papers
SBL.SS	Society of Biblical Literature. Semeia Studies
SBL.SymS	Society of Biblical Literature. Symposium Series
SBS	Stuttgarter Bibelstudien
SBTS	Sources for Biblical and Theological Study
SCSt	Septuagint and Cognate Studies Series
Sem	Semeia
SHBC	Smyth & Helwys Bible Commentary
SHCT	Studies in the History of Christian Thought
SJOT	*Scandinavian Journal of the Old Testament*
SJud	Studies in Judaism
SMHVL	Scripta Minora. Kungliga Humanistiska Vetenskapssamfundet i Lund
SNVAO	Skrifter utgitt av det Norske Videnskaps-Akademi i Oslo
SRB	Studies in Rewritten Bible
SRivBib	Supplementi alla Rivista biblica
SSN	Studia Semitica Neerlandica
StTDJ	Studies on the Texts of the Desert of Judah
StTh	*Studia theologica*
SubBib	Subsidia Biblica
TB	Theologische Bücherei
TG.ST	Tesi Gregoriana. Serie Teologia
THAT	*Theologisches Handwörterbuch zum Alten Testament*
ThG	*Theologie der Gegenwart*
ThQ	*Theologische Quartalschrift*
ThR	*Theologische Rundschau*
ThRv	*Theologische Revue*
ThSt(B)	Theologische Studien (hg. v. K. Barth)
ThWAT	*Theologisches Wörterbuch zum Alten Testament*

ThWQ	*Theologisches Wörterbuch zu den Qumrantexten*
ThZ	*Theologische Zeitschrift*
TMSJ	*The Master's Seminary Journal*
Trans.S	Suppléments à Transeuphratène
TRE	*Theologische Realenzyklopädie*
TUAT	Texte aus der Umwelt des Alten Testaments
TUAT.NF	Texte aus der Umwelt des Alten Testaments. Neue Folge
UBL	Ugaritisch-Biblische Literatur
UTB	Uni-Taschenbücher
VAWJ	Veröffentlichungen der Akademie für die Wissenschaft des Judentums
VT	*Vetus Testamentum*
VT.S	Supplements to Vetus Testamentum
Waltke – O'Connor	B. K. Waltke u. M. P. O'Connor, *An Introduction to Biblical Hebrew Syntax* (Winona Lake, IN: Eisenbrauns, 1990).
WBC	Word Biblical Commentary
WB.KK	Die Welt der Bibel. Kleinkommentare zur Heiligen Schrift
WF	Wege der Forschung
WiBiLex	*Das wissenschaftliche Bibellexikon im Internet*
WMANT	Wissenschaftliche Monographien zum Alten und Neuen Testament
WUNT	Wissenschaftliche Untersuchungen zum Neuen Testament
ZAW	*Zeitschrift für die alttestamentliche Wissenschaft*
ZBK	Zürcher Bibelkommentare
ZDMG	*Zeitschrift der Deutschen Morgenländischen Gesellschaft*
ZMR	*Zeitschrift für Missionswissenschaft und Religionswissenschaft*
ZThK	*Zeitschrift für Theologie und Kirche*

Literaturverzeichnis

S. Aalen, *Die Begriffe „Licht" und „Finsternis" im Alten Testament, im Spätjudentum und im Rabbinismus* (SNVAO II.1; Oslo: I Kommisjon Hos Jacob Dybwad, 1951).

S. Aalen, „אוֹר", *ThWAT* 1 (1973) 160–82.

S. B. Abalodo, *Structure et theologie dans le Trito-Isaïe* (TG.ST 208; Roma: Editrice Pontificia Università Gregoriana, 2014).

A. T. Abernethy, *Eating in Isaiah. Approaching the Role of Food and Drink in Isaiah's Structure and Message* (BIS 131; Leiden; Boston, MA: Brill, 2014).

R. Abma, „Travelling from Babylon to Zion. Location and Its Function in Isaiah 49–55", *JSOT* 74 (1997) 3–28.

R. Abma, *Bonds of Love. Methodic Studies of Prophetic Texts with Marriage Imagery (Isaiah 50:1–3 and 54:1–10, Hosea 1–3, Jeremiah 2–3)* (SSN 40; Assen: Van Gorcum, 1999).

R. Achenbach, „gêr – nåkhrî – tôshav – zâr. Legal and Sacral Distinctions regarding Foreigners in the Pentateuch", ders., R. Albertz u. J. Wöhrle (Hg.), *The Foreigner and the Law. Perspectives from the Hebrew Bible and the Ancient Near East* (BZAR 16; Wiesbaden: Harrassowitz Verlag, 2011) 29–51.

J. W. Adams, *The Performative Nature and Function of Isaiah 40–55* (LHBOTS 448; New York; London: T & T Clark International, 2006).

G. Aichele u. G. A. Phillips (Hg.), *Intertextuality and the Bible* (Sem 69/70; Atlanta, GA: Scholars Press, 1995).

R. Albertz, „Das Deuterojesaja-Buch als Fortschreibung der Jesaja-Prophetie", E. Blum, C. Macholz u. E. W. Stegemann (Hg.), *Die Hebräische Bibel und ihre zweifache Nachgeschichte. Festschrift für Rolf Rendtorff zum 65. Geburtstag* (Neukirchen-Vluyn: Neukirchener Verlag, 1990) 241–56.

R. Albertz, *Die Exilszeit. 6. Jahrhundert v. Chr.* (BE 7; Stuttgart; Berlin; Köln: W. Kohlhammer, 2001).

R. Albertz, „On the Structure and Formation of the Book of Deutero-Isaiah", R. J. Bautch u. J. T. Hibbard (Hg.), *The Book of Isaiah. Enduring Questions Answered Anew. Essays Honoring Joseph Blenkinsopp and His Contribution to the Study of Isaiah* (Grand Rapids, MI; Cambridge: William B. Eerdmans, 2014) 21–40.

S. Alkier u. R. B. Hays, *Kanon und Intertextualität* (KlSchrEvTh 1; Frankfurt am Main: Verlag Otto Lembeck, 2009).

L. Alonso Schökel u. J. L. Sicre Diaz, *I Profeti. Traduzione e Commento* (Commenti biblici; Roma: Borla, 1984).

F. I. Andersen u. D. N. Freedman, *Micah. A New Translation with Introduction and Commentary* (AncB 24E; New York: Doubleday, 2000).

Andreas de Sancto Victore, *Expositio super Duodecim prophetas* (CC.CM 53G; hg. v. F. A. van Liere u. M. A. Zier; Turnhout: Brepols Publishers, 2007).

Andreas de Sancto Victore, *Expositio super Ysaiam* (unveröffentlichtes Manuskript von K. Reinhardt; Trier, 2011).

S. Anthonioz, *„À qui me comparerez-vous?" (Is 40,25). La polémique contre l'idolâtrie dans le Deutéro-Isaïe* (LeDiv 241; Paris: Cerf, 2011).

M. Arneth, *„Sonne der Gerechtigkeit". Studien zur Solarisierung der Jahwe-Religion im Lichte von Psalm 72* (BZAR 1; Wiesbaden: Harrassowitz Verlag, 2000).

P. Artzi, „»All the Nations and Many Peoples«. The Answer of Isaiah and Micah to Assyrian Imperial Policies", M. Cogan u. D. Kahn (Hg.), *Treasures on Camel's Humps. Historical and Literary Studies from the Ancient Near East Presented to Israel Eph'al* (Jerusalem: The Hebrew University Magnes Press, 2008) 41–53.

P. Artzi, „The Mesopotamian Background of the Term אחרית הימים in the World-Peace Vision of Isaiah 2:2a", C. Cohen u. a. (Hg.), *Birkat Shalom. Studies in the Bible, Ancient Near Eastern Literature, and Postbiblical Judaism. 2 Vol.* (Winona Lake, IN: Eisenbrauns, 2008) 427–31.

S. Z. Aster, „The Image of Assyria in Isaiah 2:5–22. The Campaign Motif Reversed", *JAOS* 127 (2007) 249–78.

S. Z. Aster, *The Unbeatable Light. Melammu and Its Biblical Parallels* (AOAT 384; Münster: Ugarit-Verlag, 2012).

M. A. Awabdy, „Yнwн Exegetes Torah. How Ezekiel 44:7–9 Bars Foreigners from the Sanctuary", *JBL* 131 (2012) 685–703.

R. Bach, „»…, Der Bogen zerbricht, Spieße zerschlägt und Wagen mit Feuer verbrennt«", H. W. Wolff (Hg.), *Probleme biblischer Theologie. Gerhard von Rad zum 70. Geburtstag* (München: Chr. Kaiser Verlag, 1971) 13–26.

D. A. Baer, *When We All Go Home. Translation and Theology in LXX Isaiah 56–66* (JSOT.S 318; Sheffield: Sheffield Academic Press, 2001).

D. A. Baer, „»It's All About Us!«. Nationalistic Exegesis in the Greek Isaiah (Chapters 1–12)", C. M. McGinnis u. P. K. Tull (Hg.), *„As Those Who are Taught". The Interpretation of Isaiah from the LXX to the SBL* (SBL.SymS 27; Atlanta, GA: Society of Biblical Literature, 2006) 29–47.

D. A. Baer, „What Happens in the End? Evidence for an Early Greek Recension in LXX Isaiah 66", A. van der Kooij u. M. N. van der Meer (Hg.), *The Old Greek of Isaiah. Issues and Perspectives. Papers Read at the Conference on the Septuagint of Isaiah, Leiden 2008* (CBET 55; Leuven; Paris; Walpole, MA: Peeters, 2010) 1–31.

S. E. Balentine, „Isaiah 45: God's »I Am«, Israel's »You Are«", *HBT* 16 (1994) 103–20.

C. Balogh, *The Stele of YHWH in Egypt. The Prophecies of Isaiah 18–20 Concerning Egypt and Kush* (OTS 60; Leiden; Boston, MA: Brill, 2011).

D. Baltzer, *Ezechiel und Deuterojesaja. Berührungen in der Heilserwartung der beiden großen Exilspropheten* (BZAW 121; Berlin; New York: Walter de Gruyter, 1971).

K. Baltzer, *Deutero-Jesaja* (KAT 10.2; Gütersloh: Gütersloher Verlagshaus, 1999).

K. Baltzer, „Erläuterungen zu Jes 40–55 (I)", M. Karrer u. W. Kraus (Hg.), *Septuaginta Deutsch. Erläuterungen und Kommentare zum griechischen Alten Testament II. Psalmen bis Daniel* (Stuttgart: Deutsche Bibelgesellschaft, 2011) 2608–45.

W. D. Barker, „The Condemned Rulers in Targum Isaiah's Eschatological Banquet", G. Khan u. D. Lipton (Hg.), *Studies on the Text and Versions of the Hebrew Bible in Honour of Robert Gordon* (VT.S 149; Leiden; Boston, MA: Brill, 2012) 315–24.

W. D. Barker, „Wine Production in Ancient Israel and the Meaning of שְׁמָרִים in the Hebrew Bible", D. A. Baer u. R. P. Gordon (Hg.), *Leshon Limmudim. Essays on the Language and Literature of the Hebrew Bible in Honour of A. A. Macintosh* (LHBOTS 593; London; New Delhi; New York; Sidney: Bloomsbury, 2013) 268–74.

H. M. Barstad, *A Way in the Wilderness. The „Second Exodus" in the Message of Second Isaiah* (JSSt.M 12; Manchester: University of Manchester, 1989).

H. M. Barstad, *The Babylonian Captivity of the Book of Isaiah. „Exilic" Judah and the Provenance of Isaiah 40–55* (Oslo: Novus forlag, 1997).

H. M. Barstad, „Isaiah 56–66 in Relation to Isaiah 40–55. Why a New Reading is Necessary", L.-S. Tiemeyer u. H. M. Barstad (Hg.), *Continuity and Discontinuity. Chronological and Thematic Development in Isaiah 40–66* (FRLANT 255; Göttingen: Vandenhoeck & Ruprecht, 2014) 41–62.

A. H. Bartel, *The Book around Immanuel. Style and Structure in Isaiah 1–12* (BJS 4; Winona Lake, IN: Eisenbrauns, 1996).

H. Barth, *Die Jesaja-Worte in der Josiazeit. Israel und Assur als Thema einer produktiven Neuinterpretation der Jesajaüberlieferung* (WMANT 48; Neukirchen-Vluyn: Neukirchener Verlag, 1977).

J. Barthel, *Prophetenwort und Geschichte. Die Jesajaüberlieferung in Jes 6–8 und 28–31* (FAT 19; Tübingen: Mohr Siebeck, 1997).

D. Barthélemy, *Critique textuelle II. Isaïe, Jérémie, Lamentations* (OBO 50.2; Fribourg: Éditions Universitaires; Göttingen: Vandenhoeck & Ruprecht, 1986).

J. Barton, „Intertextuality and the »Final Form« of the Text", A. Lemaire u. M. Sæbø (Hg.), *Congress Volume Oslo 1998* (VT.S 80; Leiden; Boston, MA; Köln: Brill, 2000) 33–7.

R. Bauckham, *The Climax of Prophecy. Studies on the Book of Revelation* (London; New York: T & T Clark International, 1993).

U. F. W. Bauer, „Israel und die Völker in der Hebräischen Bibel", *KuI* 12 (1997) 148–60.

G. Baumann u. a. (Hg.), *Zugänge zum Fremden. Methodisch-hermeneutische Perspektiven zu einem biblischen Thema* (LPhThB 25; Frankfurt am Main: Peter Lang, 2012).

R. J. Bautch u. J. T. Hibbard (Hg.), *The Book of Isaiah. Enduring Questions Answered Anew. Essays Honoring Joseph Blenkinsopp and His Contribution to the Study of Isaiah* (Grand Rapids, MI; Cambridge: William B. Eerdmans, 2014).

J. Becker, *Isaias – der Prophet und sein Buch* (SBS 30; Stuttgart: Katholisches Bibelwerk, 1968).

U. Becker, *Jesaja – von der Botschaft zum Buch* (FRLANT 178; Göttingen: Vandenhoeck & Ruprecht, 1997).

U. Becker, „Jesajaforschung (Jes 1–39)", *ThR* 64 (1999) 1–37.117–52.

B. Becking, „The Exile does not Equal the Eschaton. An Interpretation of Micah 4:1–5", F. Postma, K. Spronk u. E. Talstra (Hg.), *The New Things. Eschatology in Old Testament Prophecy. Festschrift for Henk Leene* (ACEBT.S 3; Maastricht: Uitgeverij Shaker Publishing, 2002) 1–7.

P. C. Beentjes, *The Book of Ben Sira in Hebrew. A Text Edition of all Extant Hebrew Manuscripts and a Synopsis of all Parallel Hebrew Ben Sira Texts* (VT.S 68; Leiden: Brill, 1997).

C. T. Begg, „Foreigners in Third Isaiah", *BiTod* 23 (1985) 98–102.

C. T. Begg, „The Peoples and the Worship of Yahweh in the Book of Isaiah", M. P. Graham, R. R. Marrs u. S. L. McKenzie (Hg.), *Worship and the Hebrew Bible. Essays in Honour of John T. Willis* (JSOT.S 284; Sheffield: Sheffield Academic Press, 1999) 35–55.

J. Begrich, *Studien zu Deuterojesaja* (TB 20; München: Chr. Kaiser Verlag, ²1969).

W. H. Bellinger jr. u. W. A. Farmer (Hg.), *Jesus and the Suffering Servant. Isaiah 53 and Christian Origins* (Harrisburg, PA: Trinity Press International, 1998).

E. Ben Zvi, „Remembering the Prophets through the Reading and Rereading of a Collection of Prophetic Books in Yehud. Methodological Considerations and Explorations", ders. u. C. Levin (Hg.), *Remembering and Forgetting in Early Second Temple Judah* (FAT 85; Tübingen: Mohr Siebeck, 2012) 17–44.

E. Ben Zvi, „Isaiah, a Memorable Prophet. Why Was Isaiah so Memorable in the Late Persian/Early Hellenistic Periods? Some Observations", D. V. Edelman u. E. Ben Zvi (Hg.),

Remembering Biblical Figures in the Late Persian and Early Hellenistic Periods. Social Memory and Imagination (Oxford: Oxford University Press, 2013) 365–83.

D. Benka, „Some Reflections on the Foreigner in the Dedicatory Prayer of Solomon", G. G. Xeravits u. J. Dušek (Hg.), *The Stranger in Ancient and Mediaeval Jewish Tradition. Papers Read at the First Meeting of the JBSCE, Piliscsaba 2009* (DCLS 4; Berlin; New York: De Gruyter, 2010) 36–46.

G. Benzi u. S. Paganini, „Isaia »bifronte«: un solo libro in due parti (Is 1–33; 34–66). Considerazioni retorico-testuali e funzione ermeneutica di Is 34–35", M. Milani u. M. Zappella (Hg.), *„Ricercare la sapienza di tutti gli antichi" (Sir 39,1). Miscellanea in onore di Gian Luigi Prato* (SRivBib 56; Bologna: Edizioni Dehoniane, 2013) 285–97.

U. Berges, *Das Buch Jesaja. Komposition und Endgestalt* (HBS 16; Freiburg; Basel; Wien; Barcelona; Rom; New York: Herder, 1998).

U. Berges, „Who Were the Servants? A Comparative Inquiry in the Book of Isaiah and the Psalms", J. C. de Moor u. H. F. van Rooy (Hg.), *Past, Present, Future. The Deuteronomistic History and the Prophets* (OTS 44; Leiden: Brill, 2000) 1–18.

U. Berges, „Die Zionstheologie des Buches Jesaja", *EstB* 58 (2000) 167–98.

U. Berges, „Personifications and Prophetic Voices of Zion in Isaiah and Beyond", J. C. de Moor (Hg.), *The Elusive Prophet. The Prophet as a Historical Person, Literary Character and Anonymous Artist* (Leiden; Boston, MA; Köln: Brill, 2001) 54–82.

U. Berges, „Der neue Himmel und die neue Erde im Jesajabuch. Eine Auslegung zu Jesaja 65:17 und 66:22", F. Postma, K. Spronk u. E. Talstra (Hg.), *The New Things. Eschatology in Old Testament Prophecy. Festschrift Henk Leene* (ACEBT.S 3; Maastricht: Uitgeverij Shaker Publishing, 2002) 9–15.

U. Berges, *Jesaja 40–48* (HThKAT; Freiburg; Basel; Wien: Herder, 2008).

U. Berges, „Das Jesajabuch als Jesajas Buch. Zu neuesten Entwicklungen in der Prophetenforschung", *ThRv* 104 (2008) 3–14.

U. Berges, „Farewell to Deutero-Isaiah or Prophecy without a Prophet", A. Lemaire (Hg.), *Congress Volume Ljubljana 2007* (VT.S 133; Leiden; Boston, MA: Brill, 2010) 575–95.

U. Berges, *Jesaja. Der Prophet und das Buch* (Biblische Gestalten 22; Leipzig: Evangelische Verlagsanstalt, 2010).

U. Berges, „The Literary Construction of the Servant in Isaiah 40–55. A Discussion about Individual and Collective Identities", *SJOT* 24 (2010) 28–38.

U. Berges, „Zion and the Kingship of Yhwh in Isaiah 40–55", A. L. H. M. van Wieringen u. A. van der Woude (Hg.), *„Enlarge the Site of Your Tent". The City as Unifying Theme in Isaiah. The Isaiah Workshop – De Jesaja Werkplaats* (Leiden; Boston, MA: Brill, 2011) 95–119.

U. Berges, „The Fourth Servant Song (Isaiah 52:13–53:12). Reflections on the Current Debate on the Symbolism of the Cross from the Perspective of the Old Testament", *OTE* 25 (2012) 481–99.

U. Berges, „Neuer Anfang und neuer Davidbund in Tritojesaja", A. Berlejung u. R. Heckl (Hg.), *Ex oriente Lux. Studien zur Theologie des Alten Testaments. Festschrift für Rüdiger Lux zum 65. Geburtstag* (ABG 39; Leipzig: Evangelische Verlagsanstalt, 2012) 391–406.

U. Berges, „Kingship and Servanthood in the Book of Isaiah", R. J. Bautch u. J. T. Hibbard (Hg.), *The Book of Isaiah. Enduring Questions Answered Anew. Essays Honoring Joseph Blenkinsopp and His Contribution to the Study of Isaiah* (Grand Rapids, MI; Cambridge: William B. Eerdmans, 2014) 159–78.

U. Berges, „Where Does Trito-Isaiah Start in the Book of Isaiah?", L.-S. Tiemeyer u. H. M. Barstad (Hg.), *Continuity and Discontinuity. Chronological and Thematic Development in Isaiah 40 – 66* (FRLANT 255; Göttingen: Vandenhoeck & Ruprecht, 2014) 63 – 76.

J. Bergman u. a., „דֶּרֶךְ *dæræḵ*", *ThWAT* 2 (1977) 288 – 312.

A. Berlin, *Zephaniah. A New Translation with Introduction and Commentary* (AncB 25 A; New York: Doubleday, 1994).

R. Berndt, *André de Saint-Victor († 1175). Exégète et théologien* (BiblVict 2; Paris; Turnhout: Brepols, 1991).

R. Berndt, „The School of St. Victor in Paris", M. Sæbø (Hg.), *Hebrew Bible/Old Testament. The History of Its Interpretation I. From the Beginnings to the Middle Ages (Until 1300). Part 2. The Middle Ages* (HBOT 1.2; Göttingen: Vandenhoeck & Ruprecht, 2000) 467 – 95.

W. A. M. Beuken, „The Main Theme of Trito-Isaiah »The Servants of YHWH«", *JSOT* 47 (1990) 67 – 87.

W. A. M. Beuken, „Isaiah Chapters LXV–LXVI. Trito-Isaiah and the Closure of the Book of Isaiah", J. A. Emerton (Hg.), *Congress Volume Leuven 1989* (VT.S 43; Leiden; New York; København; Köln: E. J. Brill, 1991) 204 – 21.

W. A. M. Beuken, „The Prophet Leads the Readers into Praise. Isaiah 25:1 – 10 in Connection with Isaiah 24:14 – 23 Seen against the Background of Isaiah 12", H. J. Bosman u. a. (Hg.), *Studies in Isaiah 24 – 27. The Isaiah Workshop – De Jesaja Werkplaats* (OTS 43; Leiden; Boston, MA; Köln: Brill, 2000) 121 – 56.

W. A. M. Beuken, *Jesaja 1 – 12* (HThKAT; Freiburg; Basel; Wien: Herder, 2003).

W. A. M. Beuken, *Jesaja 13 – 27* (HThKAT; Freiburg; Basel; Wien: Herder, 2007).

W. A. M. Beuken, „Yнwн's Sovereign Rule and His Adoration on Mount Zion. A Comparison of Poetic Visions in Isaiah 24 – 27, 52, and 66", A. J. Everson u. H. C. P. Kim (Hg.), *The Desert Will Bloom. Poetic Visions in Isaiah* (SBL.AIL 4; Atlanta, GA: Society of Biblical Literature, 2009) 91 – 107.

W. A. M. Beuken, *Jesaja 28 – 39* (HThKAT; Freiburg; Basel; Wien: Herder, 2010).

W. A. M. Beuken, „Major Interchanges in the Book of Isaiah Subservient to Its Umbrella Theme: The Establishment of Yhwh's Sovereign Rule at Mt. Zion (Chs. 12 – 13; 27 – 28; 39 – 40; 55 – 56)", R. J. Bautch u. J. T. Hibbard (Hg.), *The Book of Isaiah. Enduring Questions Answered Anew. Essays Honoring Joseph Blenkinsopp and His Contribution to the Study of Isaiah* (Grand Rapids, MI; Cambridge: William B. Eerdmans, 2014) 113 – 32.

B. E. Beyer, „Isaiah 47 and 54. An Investigation Into a Case of Intertextuality", B. T. Arnold, N. L. Erickson u. J. H. Walton (Hg.), *Windows to the Ancient World of the Hebrew Bible. Essays in Honor of Samuel Greengus* (Winona Lake, IN: Eisenbrauns, 2014) 41 – 50.

M. E. Biddle, „Lady Zion's Alter Ego. Isaiah 47.1 – 15 and 57.6 – 13 as Structural Counterparts", R. F. Melugin u. M. A. Sweeney (Hg.), *New Visions of Isaiah* (JSOT.S 214; Sheffield: Sheffield Academic Press, 1996) 124 – 39.

N. Bilić, *Jerusalem an jenem Tag. Text und Botschaft von Sach 12 – 14* (FzB 117; Würzburg: Echter Verlag, 2008).

Y. Bin-Nun u. B. Lau, ישעיהו – כציפורים עפות (Tel Aviv: Miskal, 2013).

S. H. Blank, *Prophetic Faith in Isaiah* (New York: Harper & Brothers, 1958).

J. Blenkinsopp, „The »Servants of the Lord« in Third Isaiah. Profile of a Pietistic Group in the Persian Epoch", R. P. Gordon (Hg.), *„The Place is Too Small for Us". The Israelite Prophets in Recent Scholarship* (SBTS 5; Winona Lake, IN: Eisenbrauns, 1995) 392 – 412.

J. Blenkinsopp, „The Servant and the Servants in Isaiah and the Formation of the Book", C. C. Broyles u. C. A. Evans (Hg.), *Writing and Reading the Scroll of Isaiah. Studies of an Interpretative Tradition I* (VT.S 70.1; Leiden; New York; Köln: Brill, 1997) 155–75.

J. Blenkinsopp, *Isaiah 1–39. A New Translation with Introduction and Commentary* (AncB 19; New York: Doubleday, 2000).

J. Blenkinsopp, *Isaiah 40–55. A New Translation with Introduction and Commentary* (AncB 19A; New York: Doubleday, 2002).

J. Blenkinsopp, *Isaiah 56–66. A New Translation with Introduction and Commentary* (AncB 19B; New York: Doubleday, 2003).

J. Blenkinsopp, „The Cosmological and Protological Language of Deutero-Isaiah", *CBQ* 73 (2011) 493–510.

J. Blenkinsopp, „Continuity-Discontinuity in Isaiah 40–66. The Issue of Location", L.-S. Tiemeyer u. H. M. Barstad (Hg.), *Continuity and Discontinuity. Chronological and Thematic Development in Isaiah 40–66* (FRLANT 255; Göttingen: Vandenhoeck & Ruprecht, 2014) 77–88.

E. Blum, „Jesajas prophetisches Testament. Beobachtungen zu Jes 1–11 (Teil I)", *ZAW* 108 (1996) 547–68.

E. Blum, „Jesajas prophetisches Testament. Beobachtungen zu Jes 1–11 (Teil II)", *ZAW* 109 (1997) 12–29.

E. Blum, „Vom Sinn und Nutzen der Kategorie »Synchronie« in der Exegese", W. Dietrich (Hg.), *David und Saul im Widerstreit – Diachronie und Synchronie im Wettstreit. Beiträge zur Auslegung des ersten Samuelbuches* (OBO 206; Fribourg: Academic Press; Göttingen: Vandenhoeck & Ruprecht, 2004) 16–30.

E. Blum, „Der leidende Gottesknecht in Jes 53. Eine kompositionelle Deutung", S. Gehrig u. S. Seiler (Hg.), *Gottes Wahrnehmungen. Helmut Utzschneider zum 60. Geburtstag* (Stuttgart: W. Kohlhammer, 2009) 138–59.

M. J. Boda, „»Uttering Precious Rather Than Worthless Words«. Divine Patience and Impatience with Lament in Isaiah and Jeremiah", L. S. Flesher, C. J. Dempsey u. M. J. Boda (Hg.), *Why?... How Long? Studies on Voice(s) of Lamentation Rooted in Biblical Hebrew Poetry* (LHBOTS 552; New York; London; New Delhi; Sidney: Bloomsbury, 2014) 83–99.

P.-É. Bonnard, *Le Second Isaïe, son disciple et leurs éditeurs. Isaïe 40–66* (EtB; Paris: J. Gabalda, 1972).

A. Bonora, *Isaia 40–66. Israele: servo di Dio, popolo liberato* (LoB 1.19; Brescia: Editrice Queriniana, 1988).

E. Bons, „YHWH und die Völker. Überlegungen zum Verhältnis zwischen dem Gott Israels und den Nichtisraeliten auf dem Hintergrund der Theorien Jan Assmanns", S. Gehrig u. S. Seiler (Hg.), *Gottes Wahrnehmungen. Helmut Utzschneider zum 60. Geburtstag* (Stuttgart: W. Kohlhammer, 2009) 13–29.

H. J. Bosman, „Syntactic Cohesion in Isaiah 24–27", ders. u. a. (Hg.), *Studies in Isaiah 24–27. The Isaiah Workshop – De Jesaja Werkplaats* (OTS 43; Leiden; Boston, MA; Köln: Brill, 2000) 19–50.

H. J. Bosman u. H. W. M. van Grol, „Annotated Translation of Isaiah 24–27", H. J. Bosman u. a. (Hg.), *Studies in Isaiah 24–27. The Isaiah Workshop – De Jesaja Werkplaats* (OTS 43; Leiden; Boston, MA; Köln: Brill, 2000) 3–12.

H. J. Bosman u. a. (Hg.), *Studies in Isaiah 24–27. The Isaiah Workshop – De Jesaja Werkplaats* (OTS 43; Leiden; Boston, MA; Köln: Brill, 2000).

E. Bosshard-Nepustil, *Rezeptionen von Jes 1–39 im Zwölfprophetenbuch. Untersuchungen zur literarischen Verbindung von Prophetenbüchern in babylonischer und persischer Zeit* (OBO 154; Freiburg, Schweiz: Universitätsverlag; Göttingen: Vandenhoeck & Ruprecht, 1997).

W. C. Bouzard jr., „Doves in the Windows. Isaiah 60:8 in Light of Ancient Mesopotamian Lament Traditions", B. F. Batto u. K. L. Roberts (Hg.), *David and Zion. Biblical Studies in Honor of J. J. M. Roberts* (Winona Lake, IN: Eisenbrauns, 2004) 307–17.

G. Braulik, *Deuteronomium 1–16,17* (NEB 15; Würzburg: Echter, 1986).

E. J. Bridge, „The Use of עבד in Prophetic Literature", *ABR* 60 (2012) 32–48.

G. J. Brooke, „On Isaiah at Qumran", C. M. McGinnis u. P. K. Tull (Hg.), *„As Those Who are Taught". The Interpretation of Isaiah from the LXX to the SBL* (SBL.SymS 27; Atlanta, GA: Society of Biblical Literature, 2006) 69–85.

W. Brueggemann, *Isaiah 1–39* (Westminster Bible Companion; Louisville, KY: Westminster John Knox Press, 1998).

W. Brueggemann, *Isaiah 40–66* (Westminster Bible Companion; Louisville, KY: Westminster John Knox Press, 1998).

M. Brutti, „Le istituzioni ebraiche di età persiana e il centralismo normativo gerosolimitano", *RStB* 25 (2013) 189–209.

M. Buber, *Der Glaube der Propheten* (Heidelberg: Verlag Lambert Schneider, ²1984).

G. W. Buchanan, *Introduction to Intertextuality* (MBPS 26; Lewiston, NY; Queenston; Lampeter: Edwin Mellen Press, 1994).

K. Budde, *Die sogenannten Ebed-Jahwe-Lieder und die Bedeutung des Knechtes Jahwes in Jes. 40–55* (Gießen: J. Ricker'sche Verlagsbuchhandlung, 1900).

K. Budde, „Verfasser und Stelle von Mi. 4,1–4 (Jes. 2,2–4)", *ZDMG* 81 (1927) 152–8.

C. Bultmann, *Der Fremde im antiken Juda. Eine Untersuchung zum sozialen Typenbegriff „ger" und seinem Bedeutungswandel in der alttestamentlichen Gesetzgebung* (FRLANT 153; Göttingen: Vandenhoeck & Ruprecht, 1992).

W. Bunte, *Rabbinische Traditionen bei Nikolaus von Lyra* (JudUm 58; Frankfurt am Main; Berlin; Bern; New York; Paris; Wien: Peter Lang, 1994).

A. Caquot, „Remarques sur le »banquet des nations« en Esaïe 25, 6–8", *RHPhR* 69 (1989) 109–19.

D. M. Carr, „Reaching for Unity in Isaiah", *JSOT* 57 (1993) 61–80.

D. M. Carr, „Reading Isaiah from Beginning (Isaiah 1) to End (Isaiah 65–66). Multiple Modern Possibilities", R. F. Melugin u. M. A. Sweeney (Hg.), *New Visions of Isaiah* (JSOT.S 214; Sheffield: Sheffield Academic Press, 1996) 188–218.

D. M. Carr, *Writing on the Tablet of the Heart. Origins of Scripture and Literature* (Oxford; New York: Oxford University Press, 2005).

D. M. Carr, *The Formation of the Hebrew Bible. A New Reconstruction* (Oxford; New York: Oxford University Press, 2011).

D. M. Carr, „The Many Uses of Intertextuality in Biblical Studies. Actual and Potential", M. Nissinen (Hg.), *Congress Volume Helsinki 2010* (VT.S 148; Leiden; Boston, MA: Brill, 2012) 505–35.

A. Causse, „Le mythe de la nouvelle Jérusalem du Deutéro-Esaïe à la IIIᵉ Sibylle", *RHPhR* 18 (1938) 377–414.

A. Causse, „Le pèlerinage à Jérusalem et la première Pentecôte", *RHPhR* 20 (1940) 120–41.

H. Cazelles, „Qui aurait visé, à l'origine, Isaïe II 2–5?", *VT* 30 (1980) 409–20.

A. Chester, *Future Hope and Present Reality I. Eschatology and Transformation in the Hebrew Bible* (WUNT 293; Tübingen: Mohr Siebeck, 2012).

B. S. Childs, *Old Testament Theology in a Canonical Context* (Philadelphia, PA: Fortress Press, 1986).

B. S. Childs, *Isaiah* (OTL; Louisville, KY: Westminster John Knox Press, 2001).

B. S. Childs, *The Struggle to Understand Isaiah as Christian Scripture* (Grand Rapids, MI; Cambridge: William B. Eerdmans, 2004).

B. D. Chilton, *The Isaiah Targum. Introduction, Translation, Apparatus and Notes* (ArBib 11; Edinburgh: T & T Clark, 1987).

B. D. Chilton, „Messianic Redemption. Soteriology in the Targum Jonathan to the Former and Latter Prophets", D. M. Gurtner (Hg.), *This World and the World to Come. Soteriology in Early Judaism* (LSTS 74; London; New Delhi; New York; Sydney: Bloomsbury, 2011) 265–84.

P. K.-K. Cho u. J. Fu, „Death and Feasting in the Isaiah Apocalypse (Isaiah 25:6–8)", J. T. Hibbard u. H. C. P. Kim (Hg.), *Formation and Intertextuality in Isaiah 24–27* (SBL.AIL 17; Atlanta, GA: Society of Biblical Literature, 2013) 117–42.

R. E. Clements, „Beyond Tradition-History. Deutero-Isaianic Development of First Isaiah's Themes", *JSOT* 31 (1985) 95–113.

R. E. Clements, „A Light to the Nations. A Central Theme of the Book of Isaiah", J. W. Watts u. P. R. House (Hg.), *Forming Prophetic Literature. Essays on Isaiah and the Twelve in Honor of John D. W. Watts* (JSOT.S 235; Sheffield: Sheffield Academic Press, 1996) 57–69.

R. E. Clements, „»Arise, Shine; For Your Light Has Come«. A Basic Theme of the Isaianic Tradition", C. C. Broyles u. C. A. Evans (Hg.), *Writing and Reading the Scroll of Isaiah. Studies of an Interpretative Tradition I* (VT.S 70.1; Leiden; New York; Köln: Brill, 1997) 441–54.

R. E. Clements, „Zion as Symbol and Political Reality. A Central Isaianic Quest", J. van Ruiten u. M. Vervenne (Hg.), *Studies in the Book of Isaiah. Festschrift Willem A. M. Beuken* (BEThL 132; Leuven: Leuven University Press; Uitgeverij Peeters, 1997) 3–17.

R. E. Clements, „The Meaning of תורה in Isaiah 1–39", J. G. McConville u. K. Möller (Hg.), *Reading the Law. Studies in Honour of Gordon J. Wenham* (LHBOTS 461; New York; London: T & T Clark International, 2007) 59–72.

R. E. Clements, *Jerusalem and the Nations. Studies in the Book of Isaiah* (HBM 16; Sheffield: Sheffield Phoenix Press, 2011).

R. J. Clifford, *The Cosmic Mountain in Canaan and the Old Testament* (HSM 4; Cambridge, MA: Harvard University Press, 1972).

R. J. Clifford, „Isaiah 55. Invitation to a Feast", C. L. Meyers u. M. O'Connor (Hg.), *The Word of the Lord Shall Go Forth. Essays in Honor of David Noel Freedman in Celebration of His Sixtieth Birthday* (ASOR 1; Winona Lake, IN: Eisenbrauns, 1983) 27–35.

D. J. A. Clines, „Contemporary Methods in Hebrew Bible Criticism", M. Sæbø (Hg.), *Hebrew Bible/Old Testament. The History of Its Interpretation III. From Modernism to Post-Modernism (The Nineteenth and Twentieth Centuries). Part 2. The Twentieth Century – From Modernism to Post-Modernism* (HBOT 3.2; Göttingen; Bristol, CT: Vandenhoeck & Ruprecht, 2015) 148–69.

M. Cogan, *1 Kings. A New Translation with Introduction and Commentary* (AncB 10; New York: Doubleday, 2001).

H. Cohen, *Jüdische Schriften I. Ethische und religiöse Grundfragen* (VAWJ; hg. v. B. Strauß; Berlin: C. A. Schwetschke & Sohn, 1924).

M. Cohen, „Jewish Exegesis in Spain and Provence, and in the East, in the Twelfth and Thirteenth Centuries. The Qimhi Family", M. Sæbø (Hg.), *Hebrew Bible/Old Testament. The History of Its Interpretation I. From the Beginnings to the Middle Ages (Until 1300). Part 2. The Middle Ages* (HBOT 1.2; Göttingen: Vandenhoeck & Ruprecht, 2000) 388–415.

M. Cohen (Hg.), *Mikra'ot Gedolot 'Haketer'. Isaiah* (Ramat Gan: Bar Ilan University, ³2003).

E. W. Conrad, *Reading Isaiah* (OBT 27; Minneapolis, MN: Fortress Press, 1991).

E. W. Conrad, *Reading the Latter Prophets. Toward a New Canonical Criticism* (JSOT.S 376; London; New York: T & T Clark International, 2003).

C. Conroy, „Reflections on Some Recent Studies of Second Isaiah", V. Collado Bertomeu (Hg.), *Palabra, prodigio, poesía. In Memoriam P. Luis Alonso Schökel, S. J.* (AnBib 151; Roma: Pontificio Istituto Biblico, 2003) 145–60.

C. Conroy, „The Enigmatic Servant Texts in Isaiah in the Light of Recent Studies", *PIBA* 32 (2009) 24–48.

J. A. Cook, „Nations", *DOTPR* (2012) 563–8.

P. M. Cook, *A Sign and a Wonder. The Redactional Formation of Isaiah 18–20* (VT.S 147; Leiden; Boston, MA: Brill, 2011).

E. Cortese, *Il tempo della fine. Messianismo ed escatologia nel messaggio profetico* (ASBF 76; Milano; Jerusalem: Edizioni Terra Santa, 2010).

J. S. Croatto, *Imaginar el futuro. Estructura retórica y querigma del Tercer Isaías* (Comentario bíblico; Buenos Aires; México: Grupo Editorial Lumen, 2001).

J. S. Croatto, „Quiasmos a distancia en Isaías 56–66", V. Collado Bertomeu (Hg.), *Palabra, Prodigio, Poesía. In Memoriam P. Luis Alonso Schökel, S. J.* (AnBib 151; Roma: Pontificio Istituto Biblico, 2003) 161–83.

J. S. Croatto, „Fourth Isaiah", D. Patte (Hg.), *Global Bible Commentary* (Nashville, TN: Abingdon Press, 2004) 207–11.

J. S. Croatto, „The »Nations« in the Salvific Oracles of Isaiah", *VT* 55 (2005) 143–61.

W. de Angelo Cunha, „»Kingship« and »Kingdom«. A Discussion of Isaiah 24:21–23; 27:12–13", J. T. Hibbard u. H. C. P. Kim (Hg.), *Formation and Intertextuality in Isaiah 24–27* (SBL.AIL 17; Atlanta, GA: Society of Biblical Literature, 2013) 61–75.

F. Dal Bo, „גוֹי *gôj*", *ThWQ* 1 (2011) 586–7.

K. P. Darr, *Isaiah's Vision and the Family of God* (LCBI; Louisville, KY: Westminster John Knox Press, 1994).

G. I. Davies, „The Destiny of the Nations in the Book of Isaiah", J. Vermeylen (Hg.), *The Book of Isaiah. Le livre d'Isaïe. Les oracles et leurs relectures, unité et complexité de l'ouvrage* (BEThL 81; Leuven: Leuven University Press; Uitgeverij Peeters, 1989) 93–120.

J. Day, „Where was Tarshish?", I. Provan u. M. J. Boda (Hg.), *Let Us Go up to Zion. Essays in Honour of H. G. M. Williamson on the Occasion of His Sixty-Fifth Birthday* (VT.S 153; Leiden; Boston, MA: Brill, 2012) 359–69.

R. de Hoop, „The Interpretation of Isaiah 56:1–9. Comfort or Criticism?", *JBL* 127 (2008) 671–95.

I. J. de Hulster, *Iconographic Exegesis and Third Isaiah* (FAT II.36; Tübingen: Mohr Siebeck, 2009).

M. J. de Jong, *Isaiah Among the Ancient Near East Prophets. A Comparative Study of the Earliest Stages of the Isaiah Tradition and the Neo-Assyrian Prophecies* (VT.S 117; Leiden; Boston, MA: Brill, 2007).

J. C. de Moor, „Structure and Redaction. Isaiah 60,1–63,6", J. van Ruiten u. M. Vervenne (Hg.), *Studies in the Book of Isaiah. Festschrift Willem A. M. Beuken* (BEThL 132; Leuven: Leuven University Press; Uitgeverij Peeters, 1997) 325–46.

R. F. de Sousa, *Eschatology and Messianism in LXX Isaiah 1–12* (LHBOTS 516; New York; London: T & T Clark International, 2010).

R. F. de Sousa, „Problems and Perspectives on the Study of Messianism in LXX Isaiah", A. van der Kooij u. M. N. van der Meer (Hg.), *The Old Greek of Isaiah. Issues and Perspectives. Papers Read at the Conference on the Septuagint of Isaiah, Leiden 2008* (CBET 55; Leuven; Paris; Walpole, MA: Peeters, 2010) 135–52.

S. J. de Vries, *From Old Revelation to New. A Tradition-Historical and Redaction-Critical Study of Temporal Transitions in Prophetic Prediction* (Grand Rapids, MI: William B. Eerdmans, 1995).

J. de Waard, *A Handbook on Isaiah* (Textual Criticism and the Translator 1; Winona Lake, IN: Eisenbrauns, 1997).

J. Dekker, *Zion's Rock-Solid Foundations. An Exegetical Study of the Zion Text in Isaiah 28:16* (OTS 54; Leiden; Boston, MA: Brill, 2007).

F. Delitzsch, *Commentar über das Buch Jesaia* (BCAT 3.1; Leipzig: Dörffling & Franke, ⁴1889).

C. J. Dempsey, „From Desolation to Delight. The Transformative Vision of Isaiah 60–62", A. J. Everson u. H. C. P. Kim (Hg.), *The Desert Will Bloom. Poetic Visions in Isaiah* (SBL.AIL 4; Atlanta, GA: Society of Biblical Literature, 2009) 217–32.

R. di Segni u. E. Richetti (Hg.), *Siddùr Benè Romi. Siddùr di rito italiano secondo l'uso della Comunità di Roma. Giorni feriali e shabbàt* (Milano: Morashà, ²2008).

A. A. Diesel, *„Ich bin Jahwe". Der Aufstieg der Ich-bin-Jahwe-Aussage zum Schlüsselwort des alttestamentlichen Monotheismus* (WMANT 110; Neukirchen-Vluyn: Neukirchener Verlag, 2006).

E. U. Dim, *The Eschatological Implications of Isa 65 and 66 as the Conclusion of the Book of Isaiah* (BibHist 3; Bern: Peter Lang, 2005).

F. W. Dobbs-Allsopp, *Weep, O Daughter of Zion. A Study of the City-Lament Genre in the Hebrew Bible* (BibOr 44; Roma: Pontificio Istituto Biblico, 1993).

F. W. Dobbs-Allsopp, „The Syntagma of *bat* Followed by a Geographical Name in the Hebrew Bible. A Reconsideration of Its Meaning and Grammar", *CBQ* 57 (1995) 451–70.

C. Dohmen, „Wenn Texte Texte verändern. Spuren der Kanonisierung der Tora vom Exodusbuch her", E. Zenger (Hg.), *Die Tora als Kanon für Juden und Christen* (HBS 10; Freiburg; Basel; Wien; Barcelona; Rom; New York: Herder, 1996) 35–60.

T. L. Donaldson, „Proselytes or »Righteous Gentiles«? The Status of Gentiles in Eschatological Pilgrimage Patterns of Thought", *JSP* 7 (1990) 3–27.

T. L. Donaldson, *Judaism and the Gentiles. Jewish Patterns of Universalism (to 135 CE)* (Waco, TX: Baylor University Press, 2007).

H. Donner, „Jesaja LVI 1–7. Ein Abrogationsfall innerhalb des Kanons. Implikationen und Konsequenzen", J. A. Emerton (Hg.), *Congress Volume Salamanca 1983* (VT.S 36; Leiden: E. J. Brill, 1985) 81–95.

B. Doyle, „A Literary Analysis of Isaiah 25,10a", J. van Ruiten u. M. Vervenne (Hg.), *Studies in the Book of Isaiah. Festschrift Willem A. M. Beuken* (BEThL 132; Leuven: Leuven University Press; Uitgeverij Peeters, 1997) 173–93.

B. Duhm, *Das Buch Jesaia* (HK III.1; Göttingen: Vandenhoeck & Ruprecht, ⁴1922).

J. D. G. Dunn, „Was Judaism Particularist or Universalist?", J. Neusner u. A. J. Avery-Peck (Hg.), *Judaism in Late Antiquity II. Part Three: Where We Stand. Issues and Debates in Ancient Judaism. Section Two* (Boston, MA; Leiden: Brill Academic Publishers, 2001) 57 – 73.

O. Dyma, *Die Wallfahrt zum Zweiten Tempel. Untersuchungen zur Entwicklung der Wallfahrtsfeste in vorhasmonäischer Zeit* (FAT II.40; Tübingen: Mohr Siebeck, 2009).

O. Dyma, „Völkerwallfahrt/Völkerkampf", *WiBiLex* (2013), www.bibelwissenschaft.de/stichwort/34263 [Zugriff: 31.1.2015].

U. Eco, *I limiti dell'interpretazione* (Milano: Bompiani, 1990).

B. Ego, „Vom Völkerchaos zum Völkerkosmos. Zu einem Aspekt der Jerusalemer Kultkonzeption", A. Grund, A. Krüger u. F. Lippke (Hg.), *Ich will dir danken unter den Völkern. Studien zur israelitischen und altorientalischen Gebetsliteratur. Festschrift für Bernd Janowski zum 70. Geburtstag* (Gütersloh: Gütersloher Verlagshaus, 2013) 123 – 41.

C. Ehring, *Die Rückkehr JHWHs. Traditions- und redaktionsgeschichtliche Untersuchungen zu Jesaja 40,1 – 11, Jesaja 52,7 – 10 und verwandten Texten* (WMANT 116; Neukirchen-Vluyn: Neukirchener Verlag, 2007).

C. Ehring, „YHWH's Return in Isaiah 40:1 – 11* and 52,7 – 10. Pre-Exilic Cultic Traditions of Jerusalem and Babylonian Influence", E. Ben Zvi u. C. Levin (Hg.), *Remembering and Forgetting in Early Second Temple Judah* (FAT 85; Tübingen: Mohr Siebeck, 2012) 91 – 104.

A. B. Ehrlich, *Randglossen zur Hebräischen Bibel. Textkritisches, Sprachliches und Sachliches IV. Jesaia, Jeremia* (Leipzig: J. C. Hinrichs'sche Buchhandlung, 1912).

W. Eichrodt, *Die Hoffnung des ewigen Friedens im alten Israel. Ein Beitrag zu der Frage nach der israelitischen Eschatologie* (BFChTh 25.3; Gütersloh: C. Bertelsmann, 1920).

G. Eidevall, *Prophecy and Propaganda. Images of Enemies in the Book of Isaiah* (CB.OT 56; Winona Lake, IN: Eisenbrauns, 2009).

O. Eissfeldt, *Der Gottesknecht bei Deuterojesaja* (BRGA 2; Halle: Max Niemeyer Verlag, 1933).

O. Eissfeldt, „Die Gnadenverheißungen an David in Jes 55,1 – 5", ders., *Kleine Schriften 4* (Tübingen: J. C. B. Mohr [Paul Siebeck], 1968) 44 – 52.

K. Elliger, *Die Einheit des Tritojesaja (Jesaia 56 – 66)* (BWANT 45; Stuttgart: W. Kohlhammer, 1928).

K. Elliger, „Der Prophet Tritojesaja", *ZAW* 49 (1931) 112 – 41.

K. Elliger, *Deuterojesaja in seinem Verhältnis zu Tritojesaja* (BWANT 63; Stuttgart: W. Kohlhammer, 1933).

K. Elliger, *Deuterojesaja I. Jesaja 40,1 – 45,7* (BK 11.1; Neukirchen-Vluyn: Neukirchener Verlag, 1978).

K. Elliger, W. Rudolph u. A. Schenker (Hg.), *Biblia Hebraica Stuttgartensia* (BHS; Stuttgart: Deutsche Bibelgesellschaft, 51997).

P. A. Enger, *Die Adoptivkinder Abrahams. Eine exegetische Spurensuche zur Vorgeschichte des Proselytentums* (BEAT 53; Frankfurt am Main: Peter Lang, 2006).

I. Epstein (Hg.), *Hebrew-English Edition of the Babylonian Talmud IV.4. Sanhedrin. Translated into English with Notes, Glossary and Indices* (London: The Soncino Press, 1969).

J. Fekkes III, *Isaiah and Prophetic Traditions in the Book of Revelation. Visionary Antecedents and Their Development* (JSNT.S 93; Sheffield: Sheffield Academic Press, 1993).

L. H. Feldman, *Jew and Gentile in the Ancient World. Attitudes and Interactions from Alexander to Justinian* (Princeton, NJ: Princeton University Press, 1993).

D. N. Fewell (Hg.), *Reading between Texts. Intertextuality and the Hebrew Bible* (LCBI; Louisville, KY: Westminster/John Knox Press, 1992).

L. Finkelstein (Hg.), *The Commentary of David Kimhi on Isaiah I. Chapters 1–39* (OSCU 19; New York: Columbia University Press, 1926).

C. Fischer, *Die Fremdvölkersprüche bei Amos und Jesaja. Studien zur Eigenart und Intention in Am 1,3–2,3.4f. und Jes 13,1–16,14* (BBB 136; Berlin; Wien: Philo Verlagsgesellschaft, 2002).

G. Fischer, „Gefährten im Leiden. Der Gottesknecht bei Jesaja und der Prophet Jeremia", *BZ* 56 (2012) 1–19.

I. Fischer, *Tora für Israel – Tora für die Völker. Das Konzept des Jesajabuches* (SBS 164; Stuttgart: Katholisches Bibelwerk, 1995).

I. Fischer, „Die Bedeutung der Tora Israels für die Völker nach dem Jesajabuch", E. Zenger (Hg.), *Die Tora als Kanon für Juden und Christen* (HBS 10; Freiburg; Basel; Wien; Barcelona; Rom; New York: Herder, 1996) 136–67.

I. Fischer, „Der Schriftausleger als Marktschreier. Jes 55,1–3a und seine innerbiblischen Bezüge", R. G. Kratz, T. Krüger u. K. Schmid (Hg.), *Schriftauslegung in der Schrift. Festschrift für Odil Hannes Steck zu seinem 65. Geburtstag* (BZAW 300; Berlin; New York: Walter de Gruyter, 2000) 153–62.

I. Fischer, „Israel und das Heil der Völker im Jesajabuch", H. Frankemölle u. J. Wohlmuth (Hg.), *Das Heil der Anderen. Problemfeld „Judenmission"* (QD 238; Freiburg; Basel; Wien: Herder, 2010) 184–208.

M. Fishbane, *Biblical Interpretation in Ancient Israel* (Oxford: Clarendon Press, 1988).

M. Fishbane, „Types of Biblical Intertextuality", A. Lemaire u. M. Sæbø (Hg.), *Congress Volume Oslo 1998* (VT.S 80; Leiden; Boston, MA; Köln: Brill, 2000) 39–44.

P. V. M. Flesher u. B. Chilton, *The Targums. A Critical Introduction* (SAIS 12; Leiden; Boston, MA: Brill, 2011).

A. Flury-Schölch, *Abrahams Segen und die Völker. Synchrone und diachrone Untersuchungen zu Gen 12,1–3 unter besonderer Berücksichtigung der intertextuellen Bezüge zu Gen 18; 22; 26; 28; Sir 44; Jer 4 und Ps 72* (FzB 115; Würzburg: Echter, 2007).

G. Fohrer, *Das Buch Jesaja I. Kapitel 1–23* (ZBK 19.1; Zürich; Stuttgart: Zwingli Verlag, ²1966).

G. Fohrer, *Das Buch Jesaja II. Kapitel 24–39* (ZBK 19.2; Zürich; Stuttgart: Zwingli Verlag, ²1967).

G. Fohrer, „Entstehung, Komposition und Überlieferung von Jesaja 1–39", ders., *Studien zur alttestamentlichen Theologie (1949–1965)* (BZAW 99; Berlin: Verlag Alfred Töpelmann, 1967) 113–47.

G. Fohrer, „Jesaja 1 als Zusammenfassung der Verkündigung Jesajas", ders., *Studien zur alttestamentlichen Theologie (1949–1965)* (BZAW 99; Berlin: Verlag Alfred Töpelmann, 1967) 148–66.

G. Fohrer, *Jesaja 40–66. Deuterojesaja/Tritojesaja* (ZBK 19.3; Zürich: Theologischer Verlag Zürich, ⁵1986).

C. A. Franke, „The Function of the Satiric Lament over Babylon in Second Isaiah (XLVII)", *VT* 41 (1991) 408–18.

C. A. Franke, *Isaiah 46, 47, and 48. A New Literary Reading* (BJS 3; Winona Lake, IN: Eisenbrauns, 1994).

C. A. Franke, „Reversals of Fortune in the Ancient Near East. A Study of the Babylon Oracles in the Book of Isaiah", R. F. Melugin u. M. A. Sweeney (Hg.), *New Visions of Isaiah* (JSOT.S 214; Sheffield: Sheffield Academic Press, 1996) 104–23.

C. A. Franke, „»Like a Mother I Have Comforted You«. The Function of Figurative Language in Isaiah 1:7–26 and 66:7–14", A. J. Everson u. H. C. P. Kim (Hg.), *The Desert Will Bloom.*

Poetic Visions in Isaiah (SBL.AIL 4; Atlanta, GA: Society of Biblical Literature, 2009) 35–55.

C. Frevel, „Die gespaltene Einheit des Gottesvolkes. Volk Gottes als biblische Kategorie im Kontext des christlich-jüdischen Gesprächs", *BiLi* 66 (1993) 80–97.

M. Friedländer, *Essays on the Writings of Abraham Ibn Ezra* (PubSHL II.4; London: Trübner & Co., 1877).

M. Friedländer (Hg.), *The Commentary of Ibn Ezra on Isaiah I. Translation of the Commentary* (PubSHL II.1; London: Trübner & Co., 1873).

M. Friedländer (Hg.), *The Commentary of Ibn Ezra on Isaiah III.* פירוש רבנו אברהם אבן עזרא על ישעיה (PubSHL II.3; London: Trübner & Co., 1877).

K. Froehlich, „Christian Interpretation of the Old Testament in the High Middle Ages", M. Sæbø (Hg.), *Hebrew Bible/Old Testament. Volume I: From the Beginnings to the Middle Ages (Until 1300). Part 2: The Middle Ages* (Göttingen: Vandenhoeck & Ruprecht, 2000) 496–558.

H. F. Fuhs, „עָלָה *'ālāh*", *ThWAT* 6 (1989) 84–105.

J. Gärtner, *Jesaja 66 und Sacharja 14 als Summe der Prophetie. Eine traditions- und redaktionsgeschichtliche Untersuchung zum Abschluss des Jesaja- und des Zwölfprophetenbuches* (WMANT 114; Neukirchen-Vluyn: Neukirchener Verlag, 2006).

J. Gärtner, „Das eine Gottesvolk aus Israel und den Völkern in Jes 66. Zur Bedeutung der Völkerwelt in der späten jesajanischen Tradition", L. Neubert u. M. Tilly (Hg.), *Der eine Gott und die Völker in eschatologischer Perspektive. Studien zur Inklusion und Exklusion im biblischen Monotheismus* (BThSt 137; Neukirchen-Vluyn: Neukirchener Verlagsgesellschaft, 2013) 1–29.

E. S. Gerstenberger, *Israel in der Perserzeit. 5. und 4. Jahrhundert v. Chr.* (BE 8; Stuttgart: W. Kohlhammer, 2005).

H. Gese, *Zur biblischen Theologie. Alttestamentliche Vorträge* (Tübingen: J. C. B. Mohr [Paul Siebeck], ³1989).

H. F. W. Gesenius u. E. Kautzsch, *Hebräische Grammatik* (Darmstadt: Wissenschaftliche Buchgesellschaft, ²⁸1985).

Y. Gitay, *Prophecy and Persuasion. A Study of Isaiah 40–48* (FThL 14; Bonn: Linguistica Biblica, 1981).

Y. Gitay, *Isaiah and His Audience. The Structure and Meaning of Isaiah 1–12* (SSN 30; Assen: Van Gorcum, 1991).

L. Glahn, *Der Prophet der Heimkehr (Jesaja 40–66). Vol. I. Die Einheit von Kap. 40–66 des Buches Jesaja* (Kopenhagen: Levin & Munksgaard; Gießen: Verlag Alfred Töpelmann, 1934).

J. Goldingay, *The Message of Isaiah 40–55. A Literary-Theological Commentary* (London; New York: T & T Clark International, 2005).

J. Goldingay, „About Third Isaiah…", J. K. Aitken, K. J. Dell u. B. A. Mastin (Hg.), *On Stone and Scroll. Essays in Honour of Graham Ivor Davies* (BZAW 420; Berlin; Boston, MA: Walter de Gruyter, 2011) 375–89.

J. Goldingay u. D. Payne, *A Critical and Exegetical Commentary on Isaiah 40–55. Vol. 1: Introduction and Commentary on Isaiah 40.1–44.23* (ICC; London; New York: T & T Clark International, 2006).

J. Goldingay u. D. Payne, *A Critical and Exegetical Commentary on Isaiah 40–55. Vol. 2: Commentary on Isaiah 44.24–55.13* (ICC; London; New York: T & T Clark International, 2006).

J. A. Goldstein, „The Metamorphosis of Isaiah 13:2–14:27", R. A. Argall, B. A. Bow u. R. A. Werline (Hg.), *For a Later Generation. The Transformation of Tradition in Israel, Early Judaism, and Early Christianity* (Harrisburg, PA: Trinity Press International, 2000) 78–88.

J. Goren, ‫תני תחשוב לחישוב‬ *(To Think Bible)* (Tel-Aviv: Yaron Golan, 2002).

M. H. Goshen-Gottstein (Hg.), *The Book of Isaiah* (HUB; Jerusalem: The Magnes Press, 1995).

B. Gosse, *Isaïe 13,1–14,23 dans la tradition littéraire du livre d'Isaïe et dans la tradition des oracles contre les nations* (OBO 78; Freiburg, Schweiz: Universitätsverlag; Göttingen: Vandenhoeck & Ruprecht, 1988).

B. Gosse, „Michée 4,1–5, Isaïe 2,1–5 et les rédacteurs finaux du livre d'Isaïe", *ZAW* 105 (1993) 98–102.

B. Gosse, „Sabbath, Identity and Universalism Go Together after the Return from the Exile", *JSOT* 29 (2005) 359–70.

B. Gosse, *David and Abraham. Persian Period Traditions* (Trans.S 16; Pendé: Gabalda, 2010).

B. Gosse, „Les promesses faites à David en Is 55,3–5 en relation avec le Psautier et les développements en Is 56ss", *SJOT* 24 (2010) 253–67.

D. E. Gowan, *Eschatology in the Old Testament* (Edinburgh: T & T Clark International, ²2000).

M. Greenberg, „A House of Prayer for All Peoples", A. Niccacci (Hg.), *Jerusalem, House of Prayer for All Peoples in the Three Monotheistic Religions* (SBFA 52; Jerusalem, 2001) 31–7.

P. Grelot, *I canti del Servo del Signore. Dalla lettura critica all'ermeneutica* (CBS 9; Bologna: Edizioni Dehoniane, 1983).

M. A. Grisanti, „Israel's Mission to the Nations in Isaiah 40–55. An Update", *TMSJ* 9 (1998) 39–61.

A. Groenewald, „Isaiah 2:1–5. A Post-Exilic Vision of the Pilgrimage of the Nations to Zion", G. Baumann u. a. (Hg.), *Zugänge zum Fremden. Methodisch-hermeneutische Perspektiven zu einem biblischen Thema* (LPhThB 25; Frankfurt am Main: Peter Lang, 2012) 53–69.

A. Grossman, „The School of Literal Jewish Exegesis in Northern France", M. Sæbø (Hg.), *Hebrew Bible/Old Testament. The History of Its Interpretation I. From the Beginnings to the Middle Ages (Until 1300). Part 2. The Middle Ages* (HBOT 1.2; Göttingen: Vandenhoeck & Ruprecht, 2000) 321–72.

W. Groß, „Wer soll YHWH verehren? Der Streit um die Aufgabe und die Identität Israels in der Spannung zwischen Abgrenzung und Öffnung", H. J. Vogt (Hg.), *Kirche in der Zeit. Festschrift Walter Kasper* (München: Erich Wewel Verlag, 1989) 11–32.

W. Groß, „YHWH und die Religionen der Nicht-Israeliten", *ThQ* 169 (1989) 34–44.

W. Groß, „Israel und die Völker. Die Krise des YHWH-Volk-Konzepts im Jesajabuch", E. Zenger (Hg.), *Der Neue Bund im Alten. Studien zur Bundestheologie der beiden Testamente* (QD 146; Freiburg; Basel; Wien: Herder, 1993) 149–67.

M. I. Gruber, „The Motherhood of God in Second Isaiah", *RB* 90 (1983) 351–9.

A. Grund, *Die Entstehung des Sabbats. Seine Bedeutung für Israels Zeitkonzept und Erinnerungskultur* (FAT 75; Tübingen: Mohr Siebeck, 2011).

K. N. Grüneberg, *Abraham, Blessing and the Nations* (BZAW 332; Berlin; New York: Walter de Gruyter, 2003).

H. Haag, *Der Gottesknecht bei Deuterojesaja* (EdF 233; Darmstadt: Wissenschaftliche Buchgesellschaft, 1985).

V. Haarmann, *JHWH-Verehrer der Völker. Die Hinwendung von Nichtisraeliten zum Gott Israels in alttestamentlichen Überlieferungen* (AThANT 91; Zürich: Theologischer Verlag Zürich, 2008).

V. Haarmann, „»Their Burnt Offerings and their Sacrifices will be Accepted on my Altar« (Isa 56:7). Gentile Yhwh-Worshippers and their Participation in the Cult of Israel", R. Achenbach, R. Albertz u. J. Wöhrle (Hg.), *The Foreigner and the Law. Perspectives from the Hebrew Bible and the Ancient Near East* (BZAR 16; Wiesbaden: Harrassowitz Verlag, 2011) 157–71.

A. C. Hagedorn, *Die Anderen im Spiegel. Israels Auseinandersetzung mit den Völkern in den Büchern Nahum, Zefanja, Obadja und Joel* (BZAW 414; Berlin; Boston, MA: Walter de Gruyter, 2011).

P. D. Hanson, *The Dawn of Apocalyptic. The Historical and Sociological Roots of Jewish Apocalyptic Eschatology* (Philadelphia, PA: Fortress Press, ²1979).

P. D. Hanson, *Isaiah 40–66* (Interpretation; Louisville, KY: John Knox Press, 1995).

M. Haran, האסופה המקראית. תהליכי הגיבוש עד סוף ימי בית שני ושינויי הצורה עד מוצאי ימי הביניים *[The Biblical Collection. Its Consolidation to the End of the Second Temple Times and Changes of Form to the End of the Middle Ages]* III. הקאנוניזציה של המקרא בהתגלמותה ההיסטורית. הקאנוניזציה של כתבי הנביאים כאיסוף של שרידים (Jerusalem: The Bialik Institute, 2008).

F. Hartenstein, *Die Unzugänglichkeit Gottes im Heiligtum. Jesaja 6 und der Wohnort JHWHs in der Jerusalemer Kulttradition* (WMANT 75; Neukirchen-Vluyn: Neukirchener Verlag, 1997).

F. Hartenstein, „JHWH und der »Schreckensglanz« Assurs (Jesaja 8,6–8). Traditions- und religionsgeschichtliche Beobachtungen zur »Denkschrift« Jesaja 6–8*", ders., J. Krispenz u. A. Schart (Hg.), *Schriftprophetie. Festschrift für Jörg Jeremias zum 65. Geburtstag* (Neukirchen-Vluyn: Neukirchener Verlagsgesellschaft, 2004) 83–102.

F. Hartenstein, „Unheilsprophetie und Herrschaftsrepräsentation. Zur Rezeption assyrischer Propaganda im antiken Juda (8./7. Jh. v. Chr.)", M. Pietsch u. F. Hartenstein (Hg.), *Israel zwischen den Mächten. Festschrift für Stefan Timm zum 65. Geburtstag* (AOAT 364; Münster: Ugarit-Verlag, 2009) 121–43.

F. Hartenstein, *Das Archiv des verborgenen Gottes. Studien zur Unheilsprophetie Jesajas und zur Zionstheologie der Psalmen in assyrischer Zeit* (BThSt 74; Neukirchen-Vluyn: Neukirchener Verlagsgesellschaft, 2011).

F. Hartenstein, „»Wehe, ein Tosen vieler Völker...« (Jesaja 17,12). Beobachtungen zur Entstehung der Zionstradition vor dem Hintergrund des judäisch-assyrischen Kulturkontakts", ders., *Das Archiv des verborgenen Gottes. Studien zur Unheilsprophetie Jesajas und zur Zionstheologie der Psalmen in assyrischer Zeit* (BThSt 74; Neukirchen-Vluyn: Neukirchener Verlagsgesellschaft, 2011) 127–74.

F. Hartenstein, „YHWH's Ways and New Creation in Deutero-Isaiah", E. Ben Zvi u. C. Levin (Hg.), *Remembering and Forgetting in Early Second Temple Judah* (FAT 85; Tübingen: Mohr Siebeck, 2012) 73–89.

A. J. Hauser (Hg.), *Recent Research on the Major Prophets* (RRBS 1; Sheffield: Sheffield Phoenix Press, 2008).

J. Hausmann, „פאר, *p'r*", ThWAT 6 (1989) 494–9.

J. Hausmann, „Eschatologische Zuversicht – Erwartung an die Zukunft und Bewältigung von Gegenwart. Überlegungen zu Jes 19,18–25", A. Berlejung u. R. Heckl (Hg.), *Ex oriente Lux. Studien zur Theologie des Alten Testaments. Festschrift für Rüdiger Lux zum 65. Geburtstag* (ABG 39; Leipzig: Evangelische Verlagsanstalt, 2012) 381–9.

F. Hägglund, *Isaiah 53 in the Light of the Homecoming after Exile* (FAT II.31; Tübingen: Mohr Siebeck, 2008).

K. M. Heffelfinger, *I Am Large, I Contain Multitudes. Lyric Cohesion and Conflict in Second Isaiah* (BIS 105; Leiden; Boston, MA: Brill, 2011).

J.-G. Heintz, D. Hornicar u. L. Millot, *Le livre prophétique du Deutéro-Esaïe. Texto-Bibliographie du XXème siècle* (G.R.E.S.A. 6; Wiesbaden: Harrassowitz, 2004).

G. Hentschel, *1 Könige* (NEB 10; Würzburg: Echter, 1984).

G. Hentschel, „Israel als Modell eines universalen Gottesvolkes", *ThG* 48 (2005) 200–10.

H.-J. Hermisson, „Einheit und Komplexität Deuterojesajas. Probleme der Redaktionsgeschichte von Jes 40–55", J. Vermeylen (Hg.), *The Book of Isaiah. Le livre d'Isaïe. Les oracles et leurs relectures, unité et complexité de l'ouvrage* (BEThL 81; Leuven: Leuven University Press; Uitgeverij Peeters, 1989) 287–312.

H.-J. Hermisson, „Das vierte Gottesknechtslied im deuterojesajanischen Kontext", B. Janowski u. P. Stuhlmacher (Hg.), *Der leidende Gottesknecht. Jesaja 53 und seine Wirkungsgeschichte mit einer Bibliographie zu Jes 53* (FAT 14; Tübingen: J. C. B. Mohr [Paul Siebeck], 1996) 1–25.

H.-J. Hermisson, „»Die Frau Zion«", J. van Ruiten u. M. Vervenne (Hg.), *Studies in the Book of Isaiah. Festschrift Willem A. M. Beuken* (BEThL 132; Leuven: Leuven University Press; Uitgeverij Peeters, 1997) 19–39.

H.-J. Hermisson, *Studien zu Prophetie und Weisheit. Gesammelte Aufsätze* (FAT 23; Tübingen: Mohr Siebeck, 1998).

H.-J. Hermisson, „»Deuterojesaja« und »Eschatologie«", F. Postma, K. Spronk u. E. Talstra (Hg.), *The New Things. Eschatology in Old Testament Prophecy. Festschrift for Henk Leene* (ACEBT.S 3; Maastricht: Uitgeverij Shaker Publishing, 2002) 89–105.

H.-J. Hermisson, *Deuterojesaja II. Jesaja 45,8–49,13* (BK 11.2; Neukirchen-Vluyn: Neukirchener Verlag, 2003).

W. Herrmann, „Die Implikationen von Jes 25,8aα", *BN* 104 (2000) 26–31.

R. Heskett, *Messianism within the Scriptural Scroll of Isaiah* (LHBOTS 456; New York; London: T & T Clark International, 2007).

J. T. Hibbard, *Intertextuality in Isaiah 24–27. The Reuse and Evocation of Earlier Texts and Traditions* (FAT II.16; Tübingen: Mohr Siebeck, 2006).

J. T. Hibbard, „From Name to Book. Another Look at the Composition of the Book of Isaiah with Special Reference to Isaiah 56–66", E. F. Mason (Hg.), *A Teacher for All Generations. Essays in Honor of James C. VanderKam. Vol. 1* (Leiden; Boston, MA, 2012) 133–49.

J. T. Hibbard u. H. C. P. Kim (Hg.), *Formation and Intertextuality in Isaiah 24–27* (SBL.AIL 17; Atlanta, GA: Society of Biblical Literature, 2013).

T. Hieke, „»Er verschlingt den Tod für immer« (Jes 25,8a). Eine unerfüllte Verheißung im Alten und Neuen Testament", *BZ* 50 (2006) 31–50.

A. E. Hill, *Malachi. A New Translation with Introduction and Commentary* (AncB 25D; New York: Doubleday, 1998).

D. R. Hillers, „Hôy and Hôy-Oracles. A Neglected Syntactic Aspect", C. L. Meyers u. M. O'Connor (Hg.), *The Word of the Lord Shall Go Forth. Essays in Honor of David Noel Freedman in Celebration of His Sixtieth Birthday* (ASOR 1; Winona Lake, IN: Eisenbrauns, 1983) 185–8.

F. Hitzig, *Der Prophet Jesaja* (Heidelberg: C. F. Winter, 1833).

F. Hitzig, *Vorlesungen ueber biblische Theologie und messianische Weissagungen* (hg. v. J. J. Kneucker; Karlsruhe: H. Reuther, 1880).

P. Höffken, *Das Buch Jesaja. Kapitel 1–39* (NSK.AT 18.1; Stuttgart: Katholisches Bibelwerk, 1993).

P. Höffken, *Das Buch Jesaja. Kapitel 40–66* (NSK.AT 18.2; Stuttgart: Katholisches Bibelwerk, 1998).

P. Höffken, *Jesaja. Der Stand der theologischen Diskussion* (Darmstadt: Wissenschaftliche Buchgesellschaft, 2004).

P. Höffken, „Eine Bemerkung zu Jes 55,1–5. Zu buchinternen Bezügen des Abschnitts", *ZAW* 118 (2006) 239–49.

Y. Hoffmann, „Eschatology in the Book of Jeremiah", H. Graf Reventlow (Hg.), *Eschatology in the Bible and in Jewish and Christian Tradition* (JSOT.S 243; Sheffield: Sheffield Academic Press, 1997) 75–97.

J. Høgenhaven, *Gott und Volk bei Jesaja. Eine Untersuchung zur biblischen Theologie* (AThD 24; Leiden; New York; København; Köln: E. J. Brill, 1988).

W. L. Holladay, „Was Trito-Isaiah Deutero-Isaiah After All?", C. C. Broyles u. C. A. Evans (Hg.), *Writing and Reading the Scroll of Isaiah. Studies of an Interpretative Tradition I* (VT.S 70.1; Leiden; New York; Köln: Brill, 1997) 193–217.

K. Holter, „The Wordplay on אֵל (»God«) in Isaiah 45,20–21", *SJOT* 7 (1993) 88–98.

G. Holtz, *Damit Gott alles in allem sei. Studien zum paulinischen und frühjüdischen Universalismus* (BZNW 149; Berlin; New York: Walter de Gruyter, 2007).

S. E. Holtz, „A Comparative Note on the Demand for Witnesses in Isaiah 43:9", *JBL* 129 (2010) 457–61.

K. P. Hong, „Synchrony and Diachrony in Contemporary Biblical Interpretation", *CBQ* 75 (2013) 521–39.

L. J. Hoppe, „The School of Isaiah", *BiTod* 23 (1985) 85–9.

F.-L. Hossfeld u. E. Zenger, *Psalmen 51–100* (HThK.AT; Freiburg; Basel; Wien: Herder, 2000).

M. Høyland Lavik, *A People Tall and Smooth-Skinned. The Rhetoric of Isaiah 18* (VT.S 112; Leiden; Boston, MA: Brill, 2007).

F. Huber, *Jahwe, Juda und die anderen Völker beim Propheten Jesaja* (BZAW 137; Berlin; New York: Walter de Gruyter, 1976).

A. R. Hulst, „עַם/גּוֹי *'am/gōj* Volk", *THAT* 2 (1976) 290–325.

H. Irsigler, *Zefanja* (HThKAT; Freiburg; Basel; Wien: Herder, 2002).

H. Irsigler, „Ein Gottesvolk aus allen Völkern? Zur Spannung zwischen universalen und partikularen Heilsvorstellungen in der Zeit des Zweiten Tempels", *BZ* 56 (2012) 210–46.

C. D. Isbell, „The *Limmûdîm* in the Book of Isaiah", *JSOT* 34 (2009) 99–109.

S. Jang, „Hearing the Word of God in Isaiah 1 and 65–66. A Synchronic Approach", R. Boer, M. Carden u. J. Kelso (Hg.), *The One Who Reads May Run. Essays in Honour of Edgar W. Conrad* (LHBOTS 553; New York; London: T & T Clark International, 2012) 41–58.

B. Janowski, „Er trug unsere Sünden. Jes 53 und die Dramatik der Stellvertretung", ders. u. P. Stuhlmacher (Hg.), *Der leidende Gottesknecht. Jesaja 53 und seine Wirkungsgeschichte mit einer Bibliographie zu Jes 53* (FAT 14; Tübingen: J. C. B. Mohr [Paul Siebeck], 1996) 27–48.

B. Janowski, *Stellvertretung. Alttestamentliche Studien zu einem theologischen Grundbegriff* (SBS 165; Stuttgart: Katholisches Bibelwerk, 1997).

B. Janowski, „Der Wolf und das Lamm. Zum eschatologischen Tierfrieden in Jes 11,6–9", H.-J. Eckstein, C. Landmesser u. H. Lichtenberger (Hg.), *Eschatologie – Eschatology. The Sixth Durham-Tübingen Research Symposium: Eschatology in Old Testament, Ancient Judaism and Early Christianity, Tübingen 2009* (WUNT 272; Tübingen: Mohr Siebeck, 2011).

B. Janowski u. P. Stuhlmacher (Hg.), *Der leidende Gottesknecht. Jesaja 53 und seine Wirkungsgeschichte* (FAT 14; Tübingen: J. C. B. Mohr [Paul Siebeck], 1996).

B. Janowski u. G. Wilhelm (Hg.), *Staatsverträge, Herrscherinschriften und andere Dokumente zur politischen Geschichte* (TUAT.NF 2; Gütersloh: Gütersloher Verlagshaus, 2005).

K. D. Jenner, „Jerusalem, Zion and the Unique Servant of Yhwh in the New Heaven and the New Earth. A Study on Recovering Identity versus Lamenting Faded Glory (Isaiah 1–5 and 65–66)", A. L. H. M. van Wieringen u. A. van der Woude (Hg.), *Enlarge the Site of Your Tent". The City as Unifying Theme in Isaiah. The Isaiah Workshop – De Jesaja Werkplaats* (Leiden; Boston, MA: Brill, 2011) 169–89.

E. Jenni, „»Kommen« im theologischen Sprachgebrauch des Alten Testaments", H. J. Stoebe, J. J. Stamm u. E. Jenni (Hg.), *Wort – Gebot – Glaube. Beiträge zur Theologie des Alten Testaments. Walther Eichrodt zum 80. Geburtstag* (Zürich: Zwingli Verlag, 1970) 251–61.

E. Jenni, *Die hebräischen Präpositionen III. Die Präposition Lamed* (Stuttgart; Berlin; Köln: W. Kohlhammer, 2000).

J. Jensen, *The Use of* tôrâ *by Isaiah. His Debate with the Wisdom Tradition* (CBQ.MS 3; Washington, DC: The Catholic Biblical Association of America, 1973).

K. Jeppesen, „The Maśśā' Bābel in Isaiah 13–14", *PIBA* 9 (1985) 63–80.

K. Jeppesen, „Mother Zion, Father Servant. A Reading of Isaiah 49–55", H. A. McKay u. D. J. A. Clines (Hg.), *Of Prophets' Visions and the Wisdom of Sages. Essays in Honour of R. Norman Whybray on His Seventieth Birthday* (JSOT.S 162; Sheffield: Sheffield Academic Press, 1993) 109–25.

J. Jeremias, *Jesu Verheißung für die Völker. Franz Delitzsch-Vorlesungen 1953* (Stuttgart: W. Kohlhammer, 1956).

K. Joachimsen, *Identities in Transition. The Pursuit of Isa. 52:13–53:12* (VT.S 142; Leiden; Boston, MA: Brill, 2011).

C. M. Jones, „»The Wealth of the Nations Shall Come to You«. Light, Tribute, and Implacement in Isaiah 60", *VT* 64 (2014) 611–22.

P. Joüon u. T. Muraoka, *A Grammar of Biblical Hebrew* (SubBib 27; Roma: Gregorian & Biblical Press, ²2011).

O. Kaiser, *Der Königliche Knecht. Eine traditionsgeschichtlich-exegetische Studie über die Ebed-Jahwe-Lieder bei Deuterojesaja* (FRLANT 70; Göttingen: Vandenhoeck & Ruprecht, 1959).

O. Kaiser, *Das Buch des Propheten Jesaja. Kapitel 1–12* (ATD 17; Göttingen: Vandenhoeck & Ruprecht, ⁵1981).

O. Kaiser, *Das Buch des Propheten Jesaja. Kapitel 13–39* (ATD 18; Göttingen: Vandenhoeck & Ruprecht, ³1983).

O. Kaiser, *Einleitung in das Alte Testament. Eine Einführung in ihre Ergebnisse und Probleme* (Gütersloh: Gütersloher Verlagshaus Gerd Mohn, ⁵1984).

O. Kaiser, „Jesaja/Jesajabuch", *TRE* 16 (1987) 636–58.

O. Kaiser, *Der eine Gott Israels und die Mächte der Welt. Der Weg Gottes im Alten Testament vom Herrn seines Volkes zum Herrn der ganzen Welt* (FRLANT 249; Göttingen: Vandenhoeck & Ruprecht, 2013).

O. Kaiser (Hg.), *Rechts- und Wirtschaftsurkunden. Historisch-chronologische Texte* (TUAT 1; Gütersloh: Gütersloher Verlagshaus Gerd Mohn, 1985).

O. Kaiser (Hg.), *Weisheitstexte, Mythen und Epen* (TUAT 3; Gütersloh: Gütersloher Verlagshaus, 1997).

W. C. Kaiser, *Mission in the Old Testament. Israel as a Light to the Nations* (Grand Rapids, MI: Baker Academic, 2000).

J. S. Kaminsky, „A Light to the Nations. Was There Mission and or Conversion in the Hebrew Bible?", *JSQ* 16 (2009) 6–22.

J. S. Kaminsky, „Election Theology and the Problem of Universalism", *HBT* 33 (2011) 34–44.

J. S. Kaminsky, „Israel's Election and the Other in Biblical, Second Temple, and Rabbinic Thought", D. C. Harlow u. a. (Hg.), *The „Other" in Second Temple Judaism. Essays in Honor of John J. Collins* (Grand Rapids, MI; Cambridge: William B. Eerdmans, 2011) 17 – 30.

J. S. Kaminsky u. A. Stewart, „God of All the World. Universalism and Developing Monotheism in Isaiah 40 – 66", *HTR* 99 (2006) 139 – 63.

M. Kartveit, *Rejoice, Dear Zion! Hebrew Construct Phrases with „Daughter" and „Virgin" as Nomen Regens* (BZAW 447; Berlin; Boston, MA: Walter de Gruyter, 2013).

O. Keel, *Die Welt der altorientalischen Bildsymbolik und das Alte Testament. Am Beispiel der Psalmen* (Göttingen: Vandenhoeck & Ruprecht, ⁵1996).

O. Keel, *Die Geschichte Jerusalems und die Entstehung des Monotheismus. 2 Bde.* (OLB 4; Göttingen: Vandenhoeck & Ruprecht, 2007).

D. Kellermann, „גּוּר", *ThWAT* 1 (1973) 979 – 91.

U. Kellermann, „Tritojesaja und das Geheimnis des Gottesknechts. Erwägungen zu Jes 59,21; 61,1 – 3; 66,18 – 24", *BN* 58 (1991) 46 – 82.

J. Kessler, „Diaspora and Homeland in the Early Achaemenid Period. Community, Geography and Demography in Zechariah 1 – 8", J. L. Berquist (Hg.), *Approaching Yehud. New Approaches to the Study of the Persian Period* (SBL.SS 50; Atlanta, GA: Society of Biblical Literature, 2007) 137 – 66.

R. Kessler, *Micha* (HThKAT; Freiburg; Basel; Wien: Herder, ²2000).

R. Kilian, *Jesaja 1 – 12* (NEB 17; Würzburg: Echter, 1986).

R. Kilian, *Jesaja II 13 – 39* (NEB 32; Würzburg: Echter, 1994).

H. C. P. Kim, „Recent Scholarship on Isaiah 1 – 39", A. J. Hauser (Hg.), *Recent Research on the Major Prophets* (RRBS 1; Sheffield: Sheffield Phoenix Press, 2008) 118 – 41.

D. C. Klepper, *The Insight of Unbelievers. Nicholas of Lyra and Christian Reading of Jewish Text in the Later Middle Ages* (JCC; Philadelphia, PA: University of Pennsylvania Press, 2007).

B. Klinger, „Identität wahren – Integration fördern. Überlegungen auf dem Boden des Alten Testaments", G. G. Xeravits u. J. Dušek (Hg.), *The Stranger in Ancient and Mediaeval Jewish Tradition. Papers Read at the First Meeting of the JBSCE, Piliscsaba 2009* (DCLS 4; Berlin; New York: De Gruyter, 2010) 47 – 63.

G. N. Knoppers, „Who or What is Israel in Trito-Isaiah?", I. Provan u. M. J. Boda (Hg.), *Let Us Go up to Zion. Essays in Honour of H. G. M. Williamson on the Occasion of His Sixty-Fifth Birthday* (VT.S 153; Leiden; Boston, MA: Brill, 2012) 153 – 65.

M. D. Knowles, *Centrality Practiced. Jerusalem in the Religious Practice of Yehud and the Diaspora in the Persian Period* (SBL.ABS 16; Atlanta, GA: Society of Biblical Literature, 2006).

M. D. Knowles, „Pilgrimage to Jerusalem in the Persian Period", J. L. Berquist (Hg.), *Approaching Yehud. New Approaches to the Study of the Persian Period* (SBL.SS 50; Atlanta, GA: Society of Biblical Literature, 2007) 7 – 24.

H. Koch, *Es kündet Dareios der König. Vom Leben im persischen Großreich* (KAW 55; Mainz: Verlag Philipp von Zabern, 1992).

K. Koch, „כּוּן *kûn*", *ThWAT* 4 (1984) 95 – 107.

L. Koehler u. W. Baumgartner, *Hebräisches und aramäisches Lexikon zum Alten Testament* (Leiden; Boston, MA: Brill, ³2004).

K. Koenen, *Ethik und Eschatologie im Tritojesajabuch. Eine literarkritische und redaktionsgeschichtliche Studie* (WMANT 62; Neukirchen-Vluyn: Neukirchener Verlag, 1990).

K. Koenen, *Heil den Gerechten – Unheil den Sündern! Ein Beitrag zur Theologie der Prophetenbücher* (BZAW 229; Berlin; New York: Walter de Gruyter, 1994).

K. Koenen, „Erläuterungen zu Jes 56 – 66", M. Karrer u. W. Kraus (Hg.), *Septuaginta Deutsch. Erläuterungen und Kommentare zum griechischen Alten Testament II. Psalmen bis Daniel* (Stuttgart: Deutsche Bibelgesellschaft, 2011) 2673 – 2690.

J. L. Koole, *Isaiah III. Vol. 1: Isaiah 40 – 48* (HCOT; Kampen: Kok Pharos Publishing House, 1997).

J. L. Koole, *Isaiah III. Vol. 2: Isaiah 49 – 55* (HCOT; Leuven: Peeters, 1998).

J. L. Koole, *Isaiah III. Vol. 3: Isaiah Chapters 56 – 66* (HCOT; Leuven: Peeters, 2001).

M. C. A. Korpel, „The Female Servant of the Lord in Isaiah 54", B. Becking u. M. Dijkstra (Hg.), *On Reading Prophetic Texts. Gender-Specific and Related Studies in Memory of Fokkelien van Dijk-Hemmes* (BIS 18; Leiden; New York; Köln: E. J. Brill, 1996) 153 – 67.

M. C. A. Korpel, „Metaphors in Isaiah LV", *VT* 46 (1996) 43 – 55.

M. C. A. Korpel, „The Demarcation of Hymns and Prayers in the Prophets (2)", B. Becking u. E. Peels (Hg.), *Psalms and Prayers. Papers Read at the Joint Meeting of the Society of Old Testament Study and Het Oudtestamentisch Werkgezelschap in Nederland en België, Apeldoorn 2006* (OTS 55; Leiden; Boston, MA: Brill, 2007).

M. C. A. Korpel, „The Messianic King: Isaiah 10:33 – 11:10", G. Eidevall u. B. Scheuer (Hg.), *Enigmas and Images. Studies in Honor of Tryggve N. D. Mettinger* (CB.OT 58; Winona Lake, IN: Eisenbrauns, 2011) 147 – 59.

M. C. A. Korpel u. J. C. de Moor, *The Structure of Classical Hebrew Poetry: Isaiah 40 – 55* (OTS 41; Leiden; Boston, MA; Köln: Brill, 1998).

C. Körting, „Wallfahrt/Wallfahrtswesen II. Altes Testament", *TRE* 35 (2003) 416 – 8.

C. Körting, *Zion in den Psalmen* (FAT 48; Tübingen: Mohr Siebeck, 2006).

D. Kranemann, *Israelitica dignitas? Studien zur Israeltheologie Eucharistischer Hochgebete* (MThA 66; Altenberge: Oros Verlag, 2001).

R. G. Kratz, *Kyros im Deuterojesaja-Buch. Redaktionsgeschichtliche Untersuchungen zu Entstehung und Theologie von Jes 40 – 55* (FAT 1; Tübingen: J. C. B. Mohr [Paul Siebeck], 1991).

R. G. Kratz, „Die Redaktion der Prophetenbücher", ders. u. T. Krüger (Hg.), *Rezeption und Auslegung im Alten Testament und in seinem Umfeld. Ein Symposion aus Anlass des 60. Geburtstags von Odil Hannes Steck* (OBO 153; Freiburg, Schweiz: Universitätsverlag; Göttingen: Vandenhoeck & Ruprecht, 1997) 9 – 27.

R. G. Kratz, „Tritojesaja", *TRE* 34 (2002) 124 – 30.

R. G. Kratz, *Prophetenstudien. Kleine Schriften II* (FAT 74; Tübingen: Mohr Siebeck, 2011).

H.-J. Kraus, *Das Volk Gottes im Alten Testament* (Zürich: Zwingli Verlag, 1958).

W. Kraus, *Das Volk Gottes. Zur Grundlegung der Ekklesiologie bei Paulus* (WUNT 85; Tübingen: J. C. B. Mohr [Paul Siebeck], 1996).

W. Kraus u. M. Karrer (Hg.), *Septuaginta Deutsch. Das griechische Alte Testament in deutscher Übersetzung* (Stuttgart: Deutsche Bibelgesellschaft, 2009).

J. Kreuch, *Unheil und Heil bei Jesaja. Studien zur Entstehung des Assur-Zyklus Jesaja 28 – 31* (WMANT 130; Neukirchen-Vluyn: Neukirchener Verlagsgesellschaft, 2011).

J. Kreuch, *Das Amos- und Jesajabuch. Eine exegetische Studie zur Neubestimmung ihres Verhältnisses* (BThSt 149; Neukirchen-Vluyn: Neukirchener Verlagsgesellschaft, 2014).

P. D. W. Krey u. L. Smith (Hg.), *Nicholas of Lyra. The Senses of Scripture* (SHCT 90; Leiden; Boston, MA; Köln: Brill, 2000).

J. Kristeva, „Le mot, le dialogue et le roman", dies., *Σημειωτικὴ. Recherches pour une sémanalyse (Extraits)* (Paris: Seuil, 1978) 82 – 112.

O. Krüger, „Wallfahrt/Wallfahrtswesen I. Religionsgeschichtlich", *TRE* 35 (2003) 408 – 16.

Z. Kustár, „»Ein Bethaus – für alle Völker?«. Tempel, Völker und prophetischer Heilsuniversalismus im ersten Makkabäerbuch", G. G. Xeravits u. J. Dušek (Hg.), *The Stranger in Ancient and Mediaeval Jewish Tradition. Papers Read at the First Meeting of the JBSCE, Piliscsaba 2009* (DCLS 4; Berlin; New York: De Gruyter, 2010) 118 – 38.

E. Y. Kutscher, *The Language and Linguistic Background of the Isaiah Scroll (1 Q Isaᵃ)* (StTDJ 6; Leiden: E. J. Brill, 1974).

E. Y. Kutscher u. E. Qimron, *The Language and Linguistic Background of the Isaiah Scroll (1 Q Isaᵃ). Indices and Corrections* (StTDJ 6A; Leiden: E. J. Brill, 1979).

R. Kutschera, *Das Heil kommt von den Juden (Joh 4,22). Untersuchungen zur Heilsbedeutung Israels* (ÖBS 25; Frankfurt am Main: Peter Lang, 2003).

A. Laato, *„About Zion I Will Not Be Silent". The Book of Isaiah as an Ideological Unity* (CB.OT 44; Stockholm: Almqvist & Wiksell International, 1998).

A. Laato, *Who is the Servant of the Lord? Jewish and Christian Interpretations on Isaiah 53 from Antiquity to the Middle Ages* (SRB 4; Turku: Eisenbrauns, 2012).

S. Labouvie, *Gottesknecht und neuer David. Der Heilsmittler für Zion und seine Frohbotschaft nach Jesaja 60 – 62* (FzB 129; Würzburg: Echter, 2013).

R. Lack, *La symbolique du livre d'Isaïe. Essai sur l'image littéraire comme élément de structuration* (AnBib 59; Roma: Biblical Institute Press, 1973).

B. Lang u. H. Ringgren, „נכר *nkr*", *ThWAT* 5 (1986) 454 – 63.

B. Langer, *Gott als „Licht" in Israel und Mesopotamien* (ÖBS 7; Klosterneuburg: Österreichisches Katholisches Bibelwerk, 1989).

R. Langer, „The Censorship of Aleinu in Ashkenaz and its Aftermath", D. R. Blank (Hg.), *The Experience of Jewish Liturgy. Studies Dedicated to Menahem Schmelzer* (BRLJ 31; Leiden; Boston, MA: Brill, 2011) 147 – 66.

W. Lau, *Schriftgelehrte Prophetie in Jes 56 – 66. Eine Untersuchung zu den literarischen Bezügen in den letzten elf Kapiteln des Jesajabuches* (BZAW 225; Berlin; New York: Walter de Gruyter, 1994).

A. Lauha, „»Der Bund des Volkes«. Ein Aspekt der deuterojesajanischen Missionstheologie", H. Donner, R. Hanhart u. R. Smend (Hg.), *Beiträge zur alttestamentlichen Theologie. Festschrift für Walther Zimmerli zum 70. Geburtstag* (Göttingen: Vandenhoeck & Ruprecht, 1977) 257 – 61.

H. Leene, *Newness in Old Testament Prophecy. An Intertextual Study* (OTS 64; Leiden; Boston, MA: Brill, 2014).

G. Lenzi, *Il Targum Yonathan I. Isaia. Traduzione a confronto con il testo masoretico* (Genova; Milano: Marietti, 2004).

T. Lescow, „Redaktionsgeschichtliche Analyse von Micha 1–5", *ZAW* 84 (1972) 46 – 85.

M. Leuenberger, *„Ich bin Jhwh und keiner sonst". Der exklusive Monotheismus des Kyros-Orakels Jes 45,1 – 7* (SBS 224; Stuttgart: Katholisches Bibelwerk, 2010).

J. D. Levenson, „The Universal Horizon of Biblical Particularism", M. G. Brett (Hg.), *Ethnicity and the Bible* (BIS 19; Leiden; New York; Köln: E. J. Brill, 1996) 143 – 69.

L. J. Liebreich, „The Compilation of the Book of Isaiah", *JQR* 46 (1956) 259 – 77.

L. J. Liebreich, „The Compilation of the Book of Isaiah", *JQR* 47 (1956) 114 – 38.

B. H. Lim, *The „Way of the Lord" in the Book of Isaiah* (LHBOTS 522; New York, NY; London: T & T Clark International, 2010).

J. Limburg, „Swords to Plowshares. Text and Contexts", C. C. Broyles u. C. A. Evans (Hg.), *Writing and Reading the Scroll of Isaiah. Studies of an Interpretative Tradition I* (VT.S 70.1; Leiden; New York; Köln: Brill, 1997) 279–93.

J. Lindblom, „Gibt es eine Eschatologie bei den alttestamentlichen Propheten?", H. D. Preuss (Hg.), *Eschatologie im Alten Testament* (Darmstadt: Wissenschaftliche Buchgesellschaft, 1978) 31–72.

H. Liss, *Die unerhörte Prophetie. Kommunikative Strukturen prophetischer Rede im Buch Yesha'yahu* (ABG 14; Leipzig: Evangelische Verlagsanstalt, 2003).

R. Liwak, „»In Gottes Namen fahren wir…«. Zur Bedeutung von Wallfahrtstraditionen im Alten Israel", ders., *Israel in der altorientalischen Welt. Gesammelte Studien zur Kultur- und Religionsgeschichte des antiken Israel* (BZAW 444; hg. v. D. Pruin u. M. Witte; Berlin; Boston, MA: Walter de Gruyter, 2013) 235–59.

G. Lohfink, „»Schwerter zu Pflugscharen«. Die Rezeption von Jes 2,1–5 par Mi 4,1–5 in der Alten Kirche und im Neuen Testament", *ThQ* 166 (1986) 184–209.

G. Lohfink, „Antijudaismus bei Paulus? Die Kirche und Israel in 1 Thess 2,14–16 und Röm 9–11", *Radici dell'antigiudaismo in ambiente cristiano. Colloquio intra-ecclesiale. Atti del simposio teologico-storico, Città del Vaticano 1997* (Atti e Documenti 8; Città del Vaticano: Libreria Editrice Vaticana, 2000) 163–96.

N. Lohfink, „Beobachtungen zur Geschichte des Ausdrucks עם יהוה", H. W. Wolff (Hg.), *Probleme biblischer Theologie. Gerhard von Rad zum 70. Geburtstag* (München: Chr. Kaiser Verlag, 1971) 275–305.

N. Lohfink, „»Israel« in Jes 49,3", J. Schreiner (Hg.), *Wort, Lied und Gottesspruch. Beiträge zu Psalmen und Propheten. Festschrift für Joseph Ziegler* (FzB 2; Würzburg: Echter; Katholisches Bibelwerk, 1972) 217–29.

N. Lohfink, „Eschatologie im Alten Testament", H. D. Preuss (Hg.), *Eschatologie im Alten Testament* (Darmstadt: Wissenschaftliche Buchgesellschaft, 1978) 240–58.

N. Lohfink, *Das Jüdische am Christentum. Die verlorene Dimension* (Freiburg; Basel; Wien: Herder, 1987).

N. Lohfink, „Der neue Bund und die Völker", *KuI* 6 (1991) 115–33.

N. Lohfink, „Psalmengebet und Psalterredaktion", *ALW* 34 (1992) 1–22.

N. Lohfink, „Bund und Tora bei der Völkerwallfahrt (Jesajabuch und Psalm 25)", ders. u. E. Zenger, *Der Gott Israels und die Völker. Untersuchungen zum Jesajabuch und zu den Psalmen* (SBS 154; Stuttgart: Katholisches Bibelwerk, 1994) 37–83.

N. Lohfink, „Eine Bibel – zwei Testamente", C. Dohmen u. T. Söding (Hg.), *Eine Bibel – zwei Testamente. Positionen biblischer Theologie* (UTB 1893; Paderborn; München; Wien; Zürich: Verlag Ferdinand Schöningh, 1995) 71–81.

N. Lohfink, „Gewalt und Friede in der Bibel. Hinführung zum Schreiben der deutschen Bischöfe »Gerechter Frieden«", J. Frühwald-König, F. R. Prostmeier u. R. Zwick (Hg.), *Steht nicht geschrieben? Festschrift für Georg Schmuttermayr* (Regensburg: Verlag Friedrich Pustet, 2001) 75–87.

O. Loretz, *Der Prolog des Jesaja-Buches (1,1–2,5). Ugaritologische und kolometrische Studien zum Jesaja-Buch* (UBL 1; Altenberge: Akademische Bibliothek, 1984).

M. Lubetski u. C. Gottlieb, „Isaiah 18. The Egyptian Nexus", dies. u. S. Keller (Hg.), *Boundaries of the Ancient Near Eastern World. A Tribute to Cyrus H. Gordon* (JSOT 273; Sheffield: Sheffield Academic Press, 1998) 264–284.

H.-M. Lutz, *Jahwe, Jerusalem und die Völker. Zur Vorgeschichte von Sach 12,1–8 und 14,1–5* (WMANT 27; Neukirchen-Vluyn: Neukirchener Verlag, 1968).

R. Lux, „»Wir wollen mit euch gehen…«. Überlegungen zur Völkertheologie Haggais und Sacharjas", ders., *Prophetie und Zweiter Tempel. Studien zu Haggai und Sacharja* (FAT 65; Tübingen: Mohr Siebeck, 2009) 241–65.

M. J. Lynch, „Zion's Warrior and the Nations. Isaiah 59:15b–63:6 in Isaiah's Zion Traditions", *CBQ* 70 (2008) 244–63.

P. Machinist, „Assyria and Its Image in the First Isaiah", *JAOS* 103 (1983) 719–37.

J. Magonet, „Isaiah's Mountain or the Shape of Things to Come", *Prooftexts* 11 (1991) 175–81.

J. Magonet (Hg.), ‏סדר התפלות‎. *Das jüdische Gebetbuch. Gebete für Schabbat und Wochentage* (Berlin: Jüdische Verlagsanstalt, 2001).

C. M. Maier, *Daughter Zion, Mother Zion. Gender, Space, and the Sacred in Ancient Israel* (Minneapolis, MN: Fortress Press, 2008).

C. M. Maier, „Daughter Zion as Queen and the Iconography of the Female City", M. Nissinen u. C. E. Carter (Hg.), *Images and Prophecy in the Ancient Eastern Mediterranean* (FRLANT 233; Göttingen: Vandenhoeck & Ruprecht, 2009) 147–63.

C. M. Maier, „Zion's Body as a Site of God's Motherhood in Isaiah 66:7–14", M. J. Boda, C. J. Dempsey u. L. S. Flesher (Hg.), *Daughter Zion. Her Portrait, Her Response* (SBL.AIL 13; Atlanta, GA: Society of Biblical Literature, 2012) 225–42.

M. P. Maier, *Ägypten – Israels Herkunft und Geschick. Studie über einen theo-politischen Zentralbegriff im hebräischen Jeremiabuch* (ÖBS 21; Frankfurt am Main: Peter Lang, 2002).

M. P. Maier, „Israel und die Völker auf dem Weg zum Gottesberg. Komposition und Intention der ersten Korachpsalmensammlung (Ps 42–49)", E. Zenger (Hg.), *The Composition of the Book of Psalms* (BEThL 238; Leuven; Paris; Walpole, MA: Uitgeverij Peeters, 2010) 653–65.

M. P. Maier, „Festbankett oder Henkersmahl? Die zwei Gesichter von Jes 25,6–8", *VT* 64 (2014) 445–64.

B. Marconcini, *Profeti e apocalittici* (Logos 3; Leumann [Torino]: Elle Di Ci, 1995).

R. R. Marrs, „»Back to the Future«. Zion in the Book of Micah", B. F. Batto u. K. L. Roberts (Hg.), *David and Zion. Biblical Studies in Honor of J. J. M. Roberts* (Winona Lake, IN: Eisenbrauns, 2004) 77–96.

R. Martin-Achard, *Israël et les nations. La perspective missionnaire de l'Ancien Testament* (CTh 42; Neuchâtel; Paris: Delachaux & Niestlé, 1959).

D. Mathewson, „Isaiah in Revelation", S. Moyise u. M. J. J. Menken (Hg.), *Isaiah in the New Testament* (NTSI 2; London; New York: T & T Clark International, 2005) 189–210

B. Mazar u. a. (Hg.), *Views of the Biblical World III. Later Prophets* (Jerusalem; Ramat Gan: International Publishing Company, 1960).

J. McInnes, „A Methodological Reflection on Unified Readings of Isaiah", *Colloq* 42 (2010) 67–84.

W. McKane, *Selected Christian Hebraists* (Cambridge; New York; Melbourne: Cambridge University Press, 1989).

R. L. Meek, „Intertextuality, Inner-Biblical Exegesis, and Inner-Biblical Allusion. The Ethics of a Methodology", *Bib.* 95 (2014) 280–91.

U. Mell (Hg.), *Der eine Gott und die Geschichte der Völker. Studien zur Inklusion und Exklusion im biblischen Monotheismus* (BThSt 123; Neukirchen-Vluyn: Neukirchener Verlag, 2011).

A. Mello, *Isaia. Introduzione, traduzione e commento* (Nuova versione della Bibbia dai testi antichi 10; Cinisello Balsamo: Edizioni San Paolo, 2012).

R. F. Melugin, *The Formation of Isaiah 40–55* (BZAW 141; Berlin; New York: Walter de Gruyter, 1976).

R. F. Melugin, „Israel and the Nations in Isaiah 40–55", H. T. C. Sun u. K. L. Eades (Hg.), *Problems in Biblical Theology. Essays in Honor of Rolf Knierim* (Grand Rapids, MI; Cambridge: William B. Eerdmans, 1997) 249–64.

R. F. Melugin, „Isaiah 40–66 in Recent Research. The »Unity« Movement", A. J. Hauser (Hg.), *Recent Research on the Major Prophets* (RRBS 1; Sheffield: Sheffield Phoenix Press, 2008) 142–94.

R. P. Merendino, „Jes 49,14–26: Jahwes Bekenntnis zu Sion und die neue Heilszeit", *RB* 89 (1982) 321–69.

T. N. D. Mettinger, *A Farewell to the Servant Songs. A Critical Examination of an Exegetical Axiom* (SMHVL 1982–1983.3; Lund: CWK Gleerup, 1983).

C. Metzenthin, *Jesaja-Auslegung in Qumran* (AThANT 98; Zürich: Theologischer Verlag Zürich, 2010).

C. L. Meyers u. E. M. Meyers, *Haggai, Zechariah 1–8. A New Translation with Introduction and Commentary* (AncB 25B; Garden City, NY: Doubleday, 1987).

C. L. Meyers u. E. M. Meyers, *Zechariah 9–14. A New Translation with Introduction and Commentary* (AncB 25C; New York: Doubleday, 1993).

J. Middlemas, „Trito-Isaiah's Intra- and Internationalization. Identity Markers in the Second Temple Period", O. Lipschits, G. N. Knoppers u. M. Oeming (Hg.), *Judah and Judeans in the Achaemenid Period. Negotiating Identity in an International Context* (Winona Lake, IN: Eisenbrauns, 2011) 105–25.

F. P. Miller, *The Great Isaiah Scroll Directory* (1998), www.moellerhaus.com/qumdir.htm [Zugriff: 31. 1. 2015].

G. D. Miller, „Intertextuality in Old Testament Research", *CBR* 9 (2010/11) 283–309.

R. D. Miller II, „What are the Nations Doing in the *Chaoskampf?*", J. Scurlock u. R. H. Beal (Hg.), *Creation and Chaos. A Reconsideration of Hermann Gunkel's* Chaoskampf *Hypothesis* (Winona Lake, IN: Eisenbrauns, 2013) 206–15.

P. D. Miscall, „Isaiah. New Heavens, New Earth, New Book", D. N. Fewell (Hg.), *Reading between Texts. Intertextuality and the Hebrew Bible* (LCBI; Louisville, KY: Westminster/John Knox Press, 1992) 41–56.

P. D. Miscall, *Isaiah* (Readings; Sheffield: Sheffield Phoenix Press, ²2006).

S. Mowinckel, „Die Komposition des deuterojesajanischen Buches", *ZAW* 49 (1931) 87–112.242–60.

S. Moyise u. M. J. J. Menken (Hg.), *Isaiah in the New Testament* (NTSI 2; London; New York: T & T Clark International, 2005).

J. Muilenburg, *The Book of Isaiah. Chapters 40–66* (IntB 5; New York; Nashville, TE: Abingdon Press, 1956).

T. Muraoka, „Isaiah 2 in the Septuagint", M. N. van der Meer u. a. (Hg.), *Isaiah in Context. Studies in Honour of Arie van der Kooij on the Occasion of His Sixty-Fifth Birthday* (VT.S 138; Leiden; Boston, MA: Brill, 2010) 317–40.

H.-P. Müller, *Ursprünge und Strukturen alttestamentlicher Eschatologie* (BZAW 109; Berlin: Verlag Alfred Töpelmann, 1969).

R. Müller, „Doubled Prophecy. The Pilgrimage of the Nations in Mic 4:1–5 and Isa 2:1–5*", H. von Weissenberg, J. Pakkala u. M. Marttila (Hg.), *Changes in Scripture. Rewriting and Interpreting Authoritative Traditions in the Second Temple Period* (BZAW 419; Berlin; New York: Walter de Gruyter, 2011) 177–91.

A. T. Ngunga, *Messianism in the Old Greek of Isaiah. An Intertextual Analysis* (FRLANT 245; Göttingen: Vandenhoeck & Ruprecht, 2013).

A. Niccacci, „Isaiah XVIII–XX from an Egyptological Perspective", *VT* 48 (1998) 214–38.

Nicolaus de Lyra, *Postilla litteralis in Vetus et Novum Testamentum III. Proverbia – Machabaei* (Köln, ca. 1483).

K. Nielsen, „Intertextuality and Hebrew Bible", A. Lemaire u. M. Sæbø (Hg.), *Congress Volume Oslo 1998* (VT.S 80; Leiden; Boston, MA; Köln: Brill, 2000) 17–31.

C. Nihan, „Ethnicity and Identity in Isaiah 56–66", O. Lipschits, G. N. Knoppers u. M. Oeming (Hg.), *Judah and Judeans in the Achaemenid Period. Negotiating Identity in an International Context* (Winona Lake, IN: Eisenbrauns, 2011) 67–104.

C. Nihan, „The »Prophets« as Scriptural Collection and Scriptural Prophecy during the Second Temple Period", P. R. Davies u. T. Römer (Hg.), *Writing the Bible. Scribes, Scribalism and Script* (Bible World; Durham; Bristol, CT: Acumen, 2013) 67–85.

S. A. Nitsche, *Jesaja 24–27: ein dramatischer Text. Die Frage nach den Genres prophetischer Literatur des Alten Testaments und der Textgraphik der großen Jesajarolle aus Qumran* (BWANT 166; Stuttgart: W. Kohlhammer, 2006).

D. Novak, *The Election of Israel. The Idea of the Chosen People* (Cambridge; New York; Melbourne: Cambridge University Press, 1995).

R. Nurmela, *The Mouth of the Lord Has Spoken. Inner-Biblical Allusions in Second and Third Isaiah* (SJud; Lanham, MD: University Press of America, 2006).

R. H. O'Connell, *Concentricity and Continuity. The Literary Structure of Isaiah* (JSOT.S 188; Sheffield: Sheffield Academic Press, 1994).

E. M. Obara, *Le strategie di Dio. Dinamiche comunicative nei discorsi divini del Trito-Isaia* (AnBib 188; Roma: Gregorian & Biblical Press, 2010).

E. M. Obara, „Il »diverso« nel popolo di YHWH secondo Is 56,1–8", M. Grilli u. J. Maleparampil (Hg.), *Il diverso e lo straniero nella Bibbia ebraico-cristiana. Uno studio esegetico-teologico in chiave interculturale* (Bologna: Edizioni Dehoniane, 2013) 117–31.

J. C. Okoye, *Israel and the Nations. A Mission Theology of the Old Testament* (ASMS 39; Maryknoll, NY: Orbis Books, 2006).

B. C. Ollenburger, *Zion, the City of the Great King. A Theological Symbol of the Jerusalem Cult* (JSOT.S 41; Sheffield: Sheffield Academic Press, 1987).

R. Oosting, *The Role of Zion/Jerusalem in Isaiah 40–55. A Corpus-Linguistic Approach* (SSN 59; Leiden; Boston, MA: Brill, 2013).

T. P. Osborne, „Lumière contre lumière. Une étude d'Ésaïe 60", J. Ries u. C.-M. Ternes (Hg.), *Symbolisme et expérience de la lumière dans les grandes religions. Actes du Colloque tenu à Luxembourg du 29 au 31 mars 1996* (HomRel II.1; Turnhout: Brepols, 2002) 135–47.

J. N. Oswalt, *The Book of Isaiah. Chapters 1–39* (NICOT; Grand Rapids, MI: William B. Eerdmans, 1986).

J. N. Oswalt, *The Book of Isaiah. Chapters 40–66* (NICOT; Grand Rapids, MI; Cambridge: William B. Eerdmans, 1998).

J. N. Oswalt, „The Nations in Isaiah. Friend or Foe; Servant or Partner", *BBR* 16 (2006) 41–51.

E. Otto, „צִיּוֹן ṣijôn", *ThWAT* 6 (1989) 994–1028.

S. Paganini, *Der Weg zur Frau Zion, Ziel unserer Hoffnung. Aufbau, Kontext, Sprache, Kommunikationsstruktur und theologische Motive in Jes 55,1–13* (SBB 49; Stuttgart: Katholisches Bibelwerk, 2002).

S. Paganini, „Who Speaks in Isaiah 55.1? Notes on the Communicative Structure in Isaiah 55", *JSOT* 30 (2005) 83–92.

K.-C. Park, *Die Gerechtigkeit Israels und das Heil der Völker. Kultus, Tempel, Eschatologie und Gerechtigkeit in der Endgestalt des Jesajabuches (Jes 56,1–8; 58,1–14; 65,17–66,24)* (BEAT 52; Frankfurt am Main: Peter Lang, 2003).

D. W. Parry, „LXX Isaiah or Its *Vorlage*. Primary »Misreadings« and Secondary Modifications", E. F. Mason u. a. (Hg.), *A Teacher for All Generations. Essays in Honor of James C. VanderKam. Vol. 1* (Leiden; Boston, MA, 2012) 151–68.

D. W. Parry u. E. Qimron (Hg.), *The Great Isaiah Scroll (1QIsaᵃ). A New Edition* (StTDJ 32; Leiden; Boston, MA; Köln, 1999).

S. M. Paul, „Deutero-Isaiah and Cuneiform Royal Inscriptions", ders., *Divrei Shalom. Collected Studies of Shalom M. Paul on the Bible and the Ancient Near East 1967–2005* (CHANE 23; Leiden; Boston, MA: Brill, 2005) 11–22.

S. M. Paul, „Literary and Ideological Echoes of Jeremiah in Deutero-Isaiah", ders., *Divrei Shalom. Collected Studies on the Bible and the Ancient Near East 1967–2005* (CHANE 23; Leiden; Boston, MA: Brill, 2005) 399–416.

S. M. Paul, *Isaiah 40–66. Translation and Commentary* (ECC; Grand Rapids, MI; Cambridge: William B. Eerdmans, 2012).

S. M. Paul, „Signs of Late Biblical Hebrew in Isaiah 40–66", C. L. Miller-Naudé u. Z. Zevit (Hg.), *Diachrony in Biblical Hebrew* (LSAWS 8; Winona Lake, IN: Eisenbrauns, 2012) 293–9.

D. L. Petersen, „Israel and the Nations in the Later Latter Prophets", L. L. Grabbe u. M. Nissinen (Hg.), *Constructs of Prophecy in the Former and Latter Prophets and Other Texts* (SBL.ANEM 4; Atlanta, GA: Society of Biblical Literature, 2011) 157–64.

S. Petry, *Die Entgrenzung JHWHs. Monolatrie, Bilderverbot und Monotheismus im Deuteronomium, in Deuterojesaja und im Ezechielbuch* (FAT II.27; Tübingen: Mohr Siebeck, 2007).

H. Pfeiffer, „König Jahwe und das Chaos. Zu Rezeption und Transformation des Chaoskampfmotivs im Alten Testament", P. Gemeinhardt u. A. Zgoll (Hg.), *Weltkonstruktionen. Religiöse Weltdeutung zwischen Chaos und Kosmos vom Alten Orient bis zum Islam* (ORA 5; Tübingen: Mohr Siebeck, 2010) 65–85.

L. Philippson, *Die Israelitische Bibel. Enthaltend: Den heiligen Urtext, die deutsche Uebertragung, die allgemeine, ausführliche Erläuterung mit mehr als 500 englischen Holzschnitten II. Die Propheten* (Leipzig: Baumgärtner's Buchhandlung, 1848).

G. J. Polan, „Salvation in the Midst of Struggle", *BiTod* 23 (1985) 90–7.

G. J. Polan, *In the Ways of Justice Toward Salvation. A Rhetorical Analysis of Isaiah 56–59* (AmUSt.TR 13; New York; Bern; Frankfurt am Main: Peter Lang, 1986).

G. J. Polan, „Zion, the Glory of the Holy One of Israel. A Literary Analysis of Isaiah 60", L. Boadt u. M. S. Smith (Hg.), *Imagery and Imagination in Biblical Literature. Essays in Honor of Aloysius Fitzgerald* (CBQ.MS 32; Washington, DC: The Catholic Biblical Association of America, 2001) 50–71.

D. C. Polaski, *Authorizing an End. The Isaiah Apocalypse and Intertextuality* (BIS 50; Leiden; Boston, MA; Köln: Brill, 2001).

H. D. Preuß, „בּוֹא, אָתָה", *ThWAT* 1 (1973) 536–67.

H. D. Preuß (Hg.), *Eschatologie im Alten Testament* (WF 480; Darmstadt: Wissenschaftliche Buchgesellschaft, 1978).

J. B. Pritchard, *Ancient Near Eastern Texts Relating to the Old Testament. With Supplement* (Princeton, NJ: Princeton University Press, ³1969).

J. E. Ramírez Kidd, *Alterity and Identity in Israel. The* גר *in the Old Testament* (BZAW 283; Berlin; New York: Walter de Gruyter, 1999).

H. Rechenmacher, „Unvergleichlichkeit und Ausschließlichkeit Jahwes. Formeln und ihre Relevanz für die Monotheismusdebatte am Beispiel Deuterojesajas", C. Diller u. a. (Hg.), *Studien zu Psalmen und Propheten. Festschrift für Hubert Irsigler* (HBS 64; Freiburg; Basel; Wien; Barcelona; Rom; New York: Herder, 2010) 237–50.

F. V. Reiterer, *Gerechtigkeit als Heil.* צדק *bei Deuterojesaja. Aussage und Vergleich mit der alttestamentlichen Tradition* (Graz: Akademische Druck- u. Verlagsanstalt, 1976).

R. Rendtorff, „Zur Komposition des Buches Jesaja", *VT* 34 (1984) 295–320.

R. Rendtorff, „Jesaja 6 im Rahmen der Komposition des Jesajabuches", J. Vermeylen (Hg.), *The Book of Isaiah. Le livre d'Isaïe. Les oracles et leurs relectures, unité et complexité de l'ouvrage* (BEThL 81; Leuven: Leuven University Press; Uitgeverij Peeters, 1989) 73–82.

R. Rendtorff, „Jesaja 56,1 als Schlüssel für die Komposition des Buches Jesaja", ders., *Kanon und Theologie. Vorarbeiten zu einer Theologie des Alten Testaments* (Neukirchen-Vluyn: Neukirchener Verlag, 1991) 172–9.

R. Rendtorff, „The Book of Isaiah. A Complex Unity. Synchronic and Diachronic Reading", R. F. Melugin u. M. A. Sweeney (Hg.), *New Visions of Isaiah* (JSOT.S 214; Sheffield: Sheffield Academic Press, 1996) 32–49.

H. Graf Reventlow, „The Eschatologization of the Prophetic Books. A Comparative Study", ders. (Hg.), *Eschatology in the Bible and in Jewish and Christian Tradition* (JSOT.S 243; Sheffield: Sheffield Academic Press, 1997) 169–88.

H. Graf Reventlow (Hg.), *Eschatology in the Bible and in Jewish and Christian Tradition* (JSOT.S 243; Sheffield: Sheffield Academic Press, 1997).

A. Rétif u. P. Lamarche, *Das Heil der Völker. Israels Erwählung und die Berufung der Heiden im Alten Testament* (WB.KK 9; Düsseldorf: Patmos-Verlag, 1960).

W. Richter, *Biblia Hebraica transcripta BH^t 7. Jesaja* (ATSAT 33.7; St. Ottilien: EOS Verlag, 1993).

H. Ringgren, „Oral and Written Transmission in the O.T.", *StTh* 3 (1949) 34–59.

H. Ringgren, U. Rüterswörden u. H. Simian-Yofre, „עָבַד *'ābad*", *ThWAT* 5 (1986) 982–1012.

J. J. M. Roberts, „Isaiah's Egyptian and Nubian Oracles", B. E. Kelle u. M. B. Moore (Hg.), *Israel's Prophets and Israel's Past. Essays on the Relationship of Prophetic Texts and Israelite History in Honor of John H. Hayes* (LHBOTS 446; New York; London: T & T Clark, 2006) 201–9.

D. Rom-Shiloni, *Exclusive Inclusivity. Identity Conflicts Between the Exiles and the People who Remained (6th–5th Centuries BCE)* (LHBOTS 543; New York; London; New Delhi; Sydney: Bloomsbury, 2013).

J. R. Rosenbloom, *The Dead Sea Isaiah Scroll. A Literary Analysis. A Comparison with the Masoretic Text and the Biblia Hebraica* (Grand Rapids, MI: William B. Eerdmans, 1970).

M. Roth, *Israel und die Völker im Zwölfprophetenbuch. Eine Untersuchung zu den Büchern Joel, Jona, Micha und Nahum* (FRLANT 210; Göttingen, 2005).

H. H. Rowley, *Israel's Mission to the World* (London: Student Christian Movement Press, 1939).

H. H. Rowley, *The Missionary Message of the Old Testament* (London: Carey Kingsgate Press, 1944).

D. Rudman, „Zechariah 8:20–22 & Isaiah 2:2–4//Micah 4:2–3. A Study in Intertextuality", *BN* 107/108 (2001) 50–4.

L. Ruppert, „Das Heil der Völker (Heilsuniversalismus) in Deutero- und »Trito«-Jesaja", *MTZ* 45 (1994) 137–59.

L. Ruszkowski, *Volk und Gemeinde im Wandel. Eine Untersuchung zu Jesaja 56–66* (FRLANT 191; Göttingen: Vandenhoeck & Ruprecht, 2000).

L. Ruszkowski, „Der Sabbat bei Tritojesaja", B. Huwyler, H.-P. Mathys u. B. Weber (Hg.), *Prophetie und Psalmen. Festschrift für Klaus Seybold zum 65. Geburtstag* (AOAT 280; Münster: Ugarit-Verlag, 2001) 61–74.

M. Sæbø, *Sacharja 9–14. Untersuchungen von Text und Form* (WMANT 34; Neukirchen-Vluyn: Neukirchener Verlag, 1969).

S. Safrai, *Die Wallfahrt im Zeitalter des Zweiten Tempels* (FJCD 3; Neukirchen-Vluyn: Neukirchener Verlag, 1981).

U. Sals, *Die Biographie der „Hure Babylon". Studien zur Intertextualität der Babylon-Texte in der Bibel* (FAT II.6; Tübingen: Mohr Siebeck, 2004).

D. B. Sandy, „Mountain Imaginary", *DOTPR* (2012) 554–9.

J. F. A. Sawyer, „Daughter of Zion and Servant of the Lord in Isaiah. A Comparison", *JSOT* 44 (1989) 89–107.

J. Schaper, *Priester und Leviten im achämenidischen Juda. Studien zur Kult- und Sozialgeschichte Israels in persischer Zeit* (FAT 31; Tübingen: Mohr Siebeck, 2000).

J. Schaper, „Rereading the Law. Inner-Biblical Exegesis of Divine Oracles in Ezekiel 44 and Isaiah 56", B. M. Levinson u. E. Otto (Hg.), *Recht und Ethik im Alten Testament* (ATM 13; LIT Verlag: Münster, 2004) 125–44.

H. Schaudig, *Die Inschriften Nabonids von Babylon und Kyros' des Großen samt den in ihrem Umfeld entstandenen Tendenzschriften. Textausgabe und Grammatik* (AOAT 246; Münster: Ugarit-Verlag, 2001).

A. Schellenberg, *Der Mensch, das Bild Gottes? Zum Gedanken einer Sonderstellung des Menschen im Alten Testament und in weiteren altorientalischen Quellen* (AThANT 101; Zürich: Theologischer Verlag Zürich, 2011).

A. Schenker, *Knecht und Lamm Gottes (Jesaja 53). Übernahme von Schuld im Horizont der Gottesknechtslieder* (SBS 190; Stuttgart: Katholisches Bibelwerk, 2001).

A. Schenker, „Dans un vas pur ou avec des psaumes? Une variante textuelle peu étudiée en Isa 66:20", M. N. van der Meer u. a. (Hg.), *Isaiah in Context. Studies in Honour of Arie van der Kooij on the Occasion of His Sixty-Fifth Birthday* (VT.S 138; Leiden; Boston, MA: Brill, 2010) 407–12.

B. Scheuer, *The Return of YHWH. The Tension between Deliverance and Repentance in Isaiah 40–55* (BZAW 377; Berlin; New York: Walter de Gruyter, 2008).

K. Schmid, „Herrschererwartungen und -aussagen im Jesajabuch. Überlegungen zu ihrer synchronen Logik und zu ihren diachronen Transformationen", ders. (Hg.), *Prophetische Heils- und Herrschererwartungen* (SBS 194; Stuttgart: Katholisches Bibelwerk, 2005) 37–74.

K. Schmid, *Jesaja I. Jes 1–23* (ZBK.AT 19.1; Zürich: Theologischer Verlag Zürich, 2011).

K. Schmid, „Die Anfänge des Jesajabuchs", C. M. Maier (Hg.), *Congress Volume Munich 2013* (VT.S 163; Leiden; Boston, MA: Brill, 2014) 426–53.

K. Schmid, „De la prophétie orale à la prophétie écrite. Les origines littéraires du livre d'Ésaïe", J.-M. Durand, T. Römer u. M. Bürki (Hg.), *Comment devient-on prophète? Actes du colloque organisé par le Collège de France, Paris, les 4–5 avril 2011* (OBO 265; Fribourg: Academic Press; Göttingen: Vandenhoeck & Ruprecht, 2014) 121–37.

H. Schmidt, *Israel, Zion und die Völker. Eine motivgeschichtliche Untersuchung zum Verständnis des Universalismus im Alten Testament* (Marburg: Görich & Weiershäuser, 1968).

U. Schmidt, *Zukunftsvorstellungen in Jesaja 49–55. Eine textpragmatische Untersuchung von Kommunikation und Bildwelt* (WMANT 138; Neukirchen-Vluyn: Neukirchener Verlagsgesellschaft, 2013).

J. J. Schmitt, „The Motherhood of God and Zion as Mother", *RB* 92 (1985) 557–69.

J. J. Schmitt, „The City as Woman in Isaiah 1–39", C. C. Broyles u. C. A. Evans (Hg.), *Writing and Reading the Scroll of Isaiah. Studies of an Interpretative Tradition I* (VT.S 70.1; Leiden; New York; Köln: Brill, 1997) 95–119.

R. Scholl, *Die Elenden in Gottes Thronrat. Stilistisch-kompositorische Untersuchungen zu Jesaja 24–27* (BZAW 274; Berlin; New York: Walter de Gruyter, 2000).

A. Schoors, *I Am God Your Saviour. A Form-Critical Study of the Main Genres in Is. XL–LV* (VT.S 24; Leiden: E. J. Brill, 1973).

A. Schoors, *Die Königreiche Israel und Juda im 8. und 7. Jahrhundert v. Chr. Die assyrische Krise* (BE 5; Stuttgart; Berlin; Köln: W. Kohlhammer, 1998).

B. Schramm, *The Opponents of Third Isaiah. Reconstructing the Cultic History of the Restoration* (JSOT.S 193; Sheffield: Sheffield Academic Press, 1995).

A. Schuele, „Isaiah 56:1–8", *Interp.* 65 (2011) 286–8.

I. Schulmeister, „Signale von »Grenzkonstruktion« und »Grenzdestruktion« in Dtn 23,2–9 und Jes 56,1–8", G. Baumann u. a. (Hg.), *Zugänge zum Fremden. Methodisch-hermeneutische Perspektiven zu einem biblischen Thema* (LPhThB 25; Frankfurt am Main: Peter Lang, 2012) 31–51.

R. L. Schultz, *The Search for Quotation. Verbal Parallels in the Prophets* (JSOT.S 180; Sheffield: Sheffield Academic Press, 1999).

R. L. Schultz, „Nationalism and Universalism in Isaiah", D. G. Firth u. H. G. M. Williamson (Hg.), *Interpreting Isaiah. Issues and Approaches* (Nottingham; Downers Grove, IL: Apollos; InterVarsity Press, 2009) 122–44.

R. L. Schultz, „Intertextuality, Canon, and »Undecidability«. Understanding Isaiah's »New Heavens and New Earth« (Isaiah 65:17–25)", *BBR* 20 (2010) 19–38.

B. J. Schwartz, „Torah from Zion. Isaiah's Temple Vision (Isaiah 2:1–4)", A. Houtman, M. J. H. M. Poorthuis u. J. Schwartz (Hg.), *Sanctity of Time and Space in Tradition and Modernity* (JCPS 1; Leiden; Boston, MA; Köln: Brill, 1998) 11–26.

W. Schweitzer, *Der Jude Jesus und die Völker der Welt. Ein Gespräch mit Paul M. van Buren* (VIKJ 19; Berlin: Institut Kirche und Judentum, 1993).

L. Schwienhorst-Schönberger, „Zion – Ort der Tora. Überlegungen zu Mi 4,1–3", F. Hahn u. a. (Hg.), *Zion – Ort der Begegnung. Festschrift für Laurentius Klein zur Vollendung des 65. Lebensjahres* (BBB 90; Bodenheim: Athenäum Hain Hanstein, 1993) 107–25.

F. Sedlmeier, „Israel – »ein Segen inmitten der Erde«. Das JHWH-Volk in der Spannung zwischen radikalem Dialog und Identitätsverlust nach Jes 19,16–25", J. Frühwald-König, F. R. Prostmeier u. R. Zwick (Hg.), *Steht nicht geschrieben? Festschrift für Georg Schmuttermayr* (Regensburg: Verlag Friedrich Pustet, 2001) 89–108.

I. L. Seeligmann, *The Septuagint Version of Isaiah. A Discussion of Its Problems* (MEOL 9; Leiden: E. J. Brill, 1948).

I. L. Seeligmann, *The Septuagint Version of Isaiah and Cognate Studies* (FAT 40; Tübingen: Mohr Siebeck, 2004).

M. Segal, „»For from Zion Shall Come Forth Torah...« (Isaiah 2:3). Biblical Paraphrase and the Exegetical Background of Susanna", G. A. Anderson, R. A. Clements u. D. Satran (Hg.), *New Approaches to the Study of Biblical Interpretation in Judaism of the Second Temple Period and in Early Christianity* (STDJ 106; Leiden; Boston, MA: Brill, 2013) 21–39.

E. Sehmsdorf, „Studien zur Redaktionsgeschichte von Jesaja 56 – 66", *ZAW* 84 (1972) 517 – 76.

S. Seiler, „Intertextualität", H. Utzschneider u. E. Blum (Hg.), *Lesarten der Bibel. Untersuchungen zu einer Theorie der Exegese des Alten Testaments* (Stuttgart: W. Kohlhammer, 2006) 275 – 93.

S. Seiler, *Text-Beziehungen. Zur intertextuellen Interpretation alttestamentlicher Texte am Beispiel ausgewählter Psalmen* (BWANT 202; Stuttgart: W. Kohlhammer, 2013).

C. R. Seitz, „Isaiah 1 – 66. Making Sense of the Whole", ders. (Hg.), *Reading and Preaching the Book of Isaiah* (Philadelphia, PA: Fortress Press, 1988) 105 – 26.

C. R. Seitz, *Zion's Final Destiny. The Development of the Book of Isaiah. A Reassessment of Isaiah 36 – 39* (Minneapolis, MN: Fortress Press, 1991).

C. R. Seitz, *Isaiah 1 – 39* (Interpretation; Louisville, KY: John Knox Press, 1993).

S. Sekine, *Die Tritojesajanische Sammlung (Jes 56 – 66) redaktionsgeschichtlich untersucht* (BZAW 175; Berlin; New York: Walter de Gruyter, 1989).

J. Seremak, *Psalm 24 als Text zwischen den Texten* (ÖBS 26; Frankfurt am Main: Peter Lang, 2004).

K. Seybold, *Poetik der prophetischen Literatur im Alten Testament* (PStAT 4; Stuttgart: W. Kohlhammer, 2010).

A. Sgrò, *„Scendi e siedi sulla polvere…". Studio esegetico-teologico di Isaia 47* (Studi e ricerche; Assisi: Cittadella, 2014).

C. E. Shepherd, *Theological Interpretation and Isaiah 53. A Critical Comparison of Bernhard Duhm, Brevard Childs, and Alec Motyer* (LHBOTS 598; London; New Delhi; New York; Sidney: Bloomsbury, 2014).

U. Simon, „Jewish Exegesis in Spain and Provence, and in the East, in the Twelfth and Thirteenth Centuries. Abraham ibn Ezra", M. Sæbø (Hg.), *Hebrew Bible/Old Testament. The History of Its Interpretation I. From the Beginnings to the Middle Ages (Until 1300). Part 2. The Middle Ages* (HBOT 1.2; Göttingen: Vandenhoeck & Ruprecht, 2000) 377 – 87.

B. Smalley, *The Study of the Bible in the Middle Ages* (Oxford: Basil Blackwell, ³1983).

L. Smith, „The Exegetical and Hermeneutical Legacy of the Middle Ages. Christian and Jewish Perspectives. Nicholas of Lyra and Old Testament Interpretation", M. Sæbø (Hg.), *Hebrew Bible/Old Testament. The History of Its Interpretation II. From the Renaissance to the Enlightenment* (HBOT 2; Göttingen: Vandenhoeck & Ruprecht, 2008) 49 – 63.

P. A. Smith, *Rhetoric and Redaction in Trito-Isaiah. The Structure, Growth and Authorship of Isaiah 56 – 66* (VT.S 62; Leiden; New York; Köln: E. J. Brill, 1995).

L. A. Snijders, „זור/זר *zûr/zār*", *ThWAT* 2 (1977) 556 – 64.

B. D. Sommer, „Allusions and Illusions. The Unity of the Book of Isaiah in Light of Deutero-Isaiah's Use of Prophetic Tradition", R. F. Melugin u. M. A. Sweeney (Hg.), *New Visions of Isaiah* (JSOT.S 214; Sheffield: Sheffield Academic Press, 1996) 156 – 86.

B. D. Sommer, *A Prophet Reads Scripture. Allusion in Isaiah 40 – 66* (Stanford, CA: Stanford University Press, 1998).

E. A. Speiser, „»People« and »Nation« of Israel", *JBL* 79 (1960) 157 – 63.

H. C. Spykerboer, „Isaiah 55:1 – 5. The Climax of Deutero-Isaiah. An Invitation to Come to the New Jerusalem", J. Vermeylen (Hg.), *The Book of Isaiah. Le livre d'Isaïe. Les oracles et leurs relectures, unité et complexité de l'ouvrage* (BEThL 81; Leuven: Leuven University Press; Uitgeverij Peeters, 1989) 357 – 9.

G. Stansell, „The Nations' Journey to Zion. Pilgrimage and Tribute as Metaphor in the Book of Isaiah", A. J. Everson u. H. C. P. Kim (Hg.), *The Desert Will Bloom. Poetic Visions in Isaiah* (SBL.AIL 4; Atlanta, GA: Society of Biblical Literature, 2009) 233 – 55.

S. R. A. Starbuck, „Theological Anthropology at a Fulcrum. Isaiah 55:1–5, Psalm 89, and Second Stage Traditio in the Royal Psalms", B. F. Batto u. K. L. Roberts (Hg.), *David and Zion. Biblical Studies in Honor of J. J. M. Roberts* (Winona Lake, IN: Eisenbrauns, 2004) 247–65.

M. R. Stead, *The Intertextuality of Zechariah 1–8* (LHBOTS 506; New York; London: T & T Clark International, 2009).

O. H. Steck, *Friedensvorstellungen im alten Jerusalem. Psalmen, Jesaja, Deuterojesaja* (ThSt[B] 111; Zürich: Theologischer Verlag Zürich, 1972).

O. H. Steck, *Bereitete Heimkehr. Jesaja 35 als redaktionelle Brücke zwischen dem Ersten und dem Zweiten Jesaja* (SBS 121; Stuttgart: Katholisches Bibelwerk, 1985).

O. H. Steck, „Jesaja 60,13 – Bauholz oder Tempelgarten?", *BN* 30 (1985) 29–34.

O. H. Steck, „Der Grundtext in Jesaja 60 und sein Aufbau", *ZThK* 83 (1986) 261–96.

O. H. Steck, „Heimkehr auf der Schulter oder/und auf der Hüfte Jes 49,22b/60,4b", *ZAW* 98 (1986) 275–7.

O. H. Steck, „Lumen gentium. Exegetische Bemerkungen zum Grundsinn von Jesaja 60,1–3", W. Baier u. a. (Hg.), *Weisheit Gottes – Weisheit der Welt. Festschrift für Joseph Kardinal Ratzinger zum 60. Geburtstag. Bd. 2* (St. Ottilien: EOS Verlag, 1987) 1279–94.

O. H. Steck, „Tritojesaja im Jesajabuch", J. Vermeylen (Hg.), *The Book of Isaiah. Le livre d'Isaïe. Les oracles et leurs relectures, unité et complexité de l'ouvrage* (BEThL 81; Leuven: Leuven University Press; Uitgeverij Peeters, 1989) 361–406.

O. H. Steck, „Zion als Gelände und Gestalt. Überlegungen zur Wahrnehmung Jerusalems als Stadt und Frau im Alten Testament", *ZThK* 86 (1989) 261–81.

O. H. Steck, „Beobachtungen zu Jes 49,14–26", *BN* 55 (1990) 36–46.

O. H. Steck, *Der Abschluss der Prophetie im Alten Testament. Ein Versuch zur Frage der Vorgeschichte des Kanons* (BThSt 17; Neukirchen-Vluyn: Neukirchener Verlag, 1991).

O. H. Steck, *Studien zu Tritojesaja* (BZAW 203; Berlin; New York: Walter de Gruyter, 1991).

O. H. Steck, *Gottesknecht und Zion. Gesammelte Aufsätze zu Deuterojesaja* (FAT 4; Tübingen: J. C. B. Mohr [Paul Siebeck], 1992).

O. H. Steck, „Gottesvolk und Gottesknecht in Jes 40–66", *JBTh* 7 (1992) 51–75.

O. H. Steck, *Die Prophetenbücher und ihr theologisches Zeugnis. Wege der Nachfrage und Fährten zur Antwort* (Tübingen: J. C. B. Mohr [Paul Siebeck], 1996).

O. H. Steck, „Autor und/oder Redaktor in Jesaja 56–66", C. C. Broyles u. C. A. Evans (Hg.), *Writing and Reading the Scroll of Isaiah. Studies of an Interpretative Tradition I* (VT.S 70.1; Leiden; New York; Köln: Brill, 1997) 219–59.

O. H. Steck, *Die erste Jesajarolle von Qumran (1QIsᵃ). Schreibweise als Leseanleitung für ein Prophetenbuch* (SBS 173.1; Stuttgart: Katholisches Bibelwerk, 1998).

O. H. Steck, *Die erste Jesajarolle von Qumran (1QIsᵃ). Textheft* (SBS 173.2; Stuttgart: Katholisches Bibelwerk, 1998).

O. H. Steck, *Gott in der Zeit entdecken. Die Prophetenbücher des Alten Testaments als Vorbild für Theologie und Kirche* (BThSt 42; Neukirchen-Vluyn: Neukirchener Verlag, 2001).

O. H. Steck u. K. Schmid, „Heilserwartungen in den Prophetenbüchern des Alten Testaments", K. Schmid (Hg.), *Prophetische Heils- und Herrschererwartungen* (SBS 194; Stuttgart: Katholisches Bibelwerk, 2005) 1–36.

B. Steiner, „Food of the Gods. Canaanite Myths of Divine Banquets and Gardens in Connection with Isaiah 25:6", J. T. Hibbard u. H. C. P. Kim (Hg.), *Formation and Intertextuality in Isaiah 24–27* (SBL.AIL 17; Atlanta, GA: Society of Biblical Literature, 2013) 99–115.

S. Ö. Steingrímsson, *Gottesmahl und Lebensspende. Eine literaturwissenschaftliche Untersuchung von Jesaja 24,21–23.25,6–10a* (ATSAT 43; St. Ottilien: EOS Verlag, 1994).

S. Ö. Steingrímsson, *Im Lichte des Herrn. Literaturwissenschaftliche Beobachtungen zur Redaktion von Jes 2,2–25,10a** (ATSAT 85; St. Ottilien: EOS Verlag, 2008).

G. Steins, *Die „Bindung Isaaks" im Kanon (Gen 22). Grundlagen und Programm einer kanonisch-intertextuellen Lektüre. Mit einer Spezialbibliographie zu Gen 22* (HBS 20; Freiburg; Basel; Wien; Barcelona; Rom; New York: Herder, 1999).

G. Steins, „Kanonisch lesen", H. Utzschneider u. E. Blum (Hg.), *Lesarten der Bibel. Untersuchungen zu einer Theorie der Exegese des Alten Testaments* (Stuttgart: W. Kohlhammer, 2006) 45–64.

G. Steins, *Kanonisch-intertextuelle Studien zum Alten Testament* (SBAB 48; Stuttgart: Katholisches Bibelwerk, 2009).

J. F. Stenning (Hg.), *The Targum of Isaiah* (Oxford: Oxford University Press, 1949).

M. E. Stevens, „Who or Ho. The Lamentable Translation of הוי in Isaiah 55:1", K. L. Noll u. B. Schramm (Hg.), *Raising Up a Faithful Exegete. Essays in Honor of Richard D. Nelson* (Winona Lake, IN: Eisenbrauns, 2010) 275–82.

H. U. Steymans, *Psalm 89 und der Davidbund. Eine strukturale und redaktionsgeschichtliche Untersuchung* (ÖBS 27; Frankfurt am Main: Peter Lang, 2005).

B. A. Strawn, „»A World Under Control«. Isaiah 60 and the Apadana Reliefs from Persepolis", J. L. Berquist (Hg.), *Approaching Yehud. New Approaches to the Study of the Persian Period* (SBL.SS 50; Atlanta, GA: Society of Biblical Literature, 2007) 85–116.

J. Stromberg, „The »Root of Jesse« in Isaiah 11:10. Postexilic Judah, or Postexilic Davidic King?", *JBL* 127 (2008) 655–69.

J. Stromberg, „The Second Temple and the Isaianic Afterlife of the חסדי דוד (Isa 55,3–5)", *ZAW* 121 (2009) 242–55.

J. Stromberg, *An Introduction to the Study of Isaiah* (ABS; London; New York: T & T Clark International, 2011).

J. Stromberg, *Isaiah After Exile. The Author of Third Isaiah as Reader and Redactor of the Book* (OTM; Oxford; New York: Oxford University Press, 2011).

J. Stromberg, „Isaiah's Interpretative Revolution. How Isaiah's Formation Influenced Early Jewish and Christian Interpretation", R. J. Bautch u. J. T. Hibbard (Hg.), *The Book of Isaiah. Enduring Questions Answered Anew. Essays Honoring Joseph Blenkinsopp and His Contribution to the Study of Isaiah* (Grand Rapids, MI; Cambridge: William B. Eerdmans, 2014) 214–32.

M. A. Sweeney, *Isaiah 1–4 and the Post-Exilic Understanding of the Isaianic Tradition* (BZAW 171; Berlin; New York: Walter de Gruyter, 1988).

M. A. Sweeney, „Textual Citations in Isaiah 24–27. Toward an Understanding of the Redactional Function of Chapters 24–27 in the Book of Isaiah", *JBL* 107 (1988) 39–52.

M. A. Sweeney, „The Book of Isaiah as Prophetic Torah", R. F. Melugin u. M. A. Sweeney (Hg.), *New Visions of Isaiah* (JSOT.S 214; Sheffield: Sheffield Academic Press, 1996) 50–67.

M. A. Sweeney, *Isaiah 1–39 with an Introduction to Prophetic Literature* (FOTL 16; Grand Rapids, MI; Cambridge: William B. Eerdmans, 1996).

M. A. Sweeney, „Prophetic Exegesis in Isaiah 65–66", C. C. Broyles u. C. A. Evans (Hg.), *Writing and Reading the Scroll of Isaiah. Studies of an Interpretative Tradition I* (VT.S 70.1; Leiden; New York; Köln: Brill, 1997) 455–74.

M. A. Sweeney, „The Reconceptualization of the Davidic Covenant in Isaiah", J. van Ruiten u. M. Vervenne (Hg.), *Studies in the Book of Isaiah. Festschrift Willem A. M. Beuken* (BEThL 132; Leuven: Leuven University Press; Uitgeverij Peeters, 1997) 41–61.

M. A. Sweeney, „Micah's Debate with Isaiah", *JSOT* 93 (2001) 111–24.

M. A. Sweeney, *Form and Intertextuality in Prophetic and Apocalyptic Literature* (FAT 45; Tübingen: Mohr Siebeck, 2005).

M. A. Sweeney, *The Prophetic Literature* (IBT; Nashville, TN: Abingdon Press, 2005).

M. A. Sweeney, „The Book of Isaiah in Recent Research", A. J. Hauser (Hg.), *Recent Research on the Major Prophets* (RRBS 1; Sheffield: Sheffield Phoenix Press, 2008) 78–92.

M. A. Sweeney, „Re-Evaluating Isaiah 1–39 in Recent Critical Research", A. J. Hauser (Hg.), *Recent Research on the Major Prophets* (RRBS 1; Sheffield: Sheffield Phoenix Press, 2008) 93–117.

M. A. Sweeney, „Eschatology in the Book of Isaiah", R. J. Bautch u. J. T. Hibbard (Hg.), *The Book of Isaiah. Enduring Questions Answered Anew. Essays Honoring Joseph Blenkinsopp and His Contribution to the Study of Isaiah* (Grand Rapids, MI; Cambridge: William B. Eerdmans, 2014) 179–95.

M. A. Sweeney, „The Prophets and the Prophetic Books, Prophetic Circles and Traditions – New Trends, Including Religio-Psychological Aspects", M. Sæbø (Hg.), *Hebrew Bible/Old Testament. The History of Its Interpretation III. From Modernism to Post-Modernism (The Nineteenth and Twentieth Centuries). Part 2. The Twentieth Century – From Modernism to Post-Modernism* (HBOT 3.2; Göttingen; Bristol, CT: Vandenhoeck & Ruprecht, 2015) 500–30.

S. Talmon, „The Signification of אחרית and אחרית הימים in the Hebrew Bible", S. M. Paul u. a. (Hg.), *Emanuel. Studies in Hebrew Bible, Septuagint, and Dead Sea Scrolls in Honor of Emanuel Tov* (VT.S 94; Leiden; Boston, MA: Brill, 2003) 795–810.

M. E. Tate, „The Book of Isaiah in Recent Research", J. W. Watts u. P. R. House (Hg.), *Forming Prophetic Literature. Essays on Isaiah and the Twelve in Honor of John D. W. Watts* (JSOT.S 235; Sheffield: Sheffield Academic Press, 1996) 22–56.

H. A. Thomas, „Zion", *DOTPR* (2012) 907–14.

L.-S. Tiemeyer, *Priestly Rites and Prophetic Rage. Post-Exilic Prophetic Critique of the Priesthood* (FAT II.19; Tübingen: Mohr Siebeck, 2006).

L.-S. Tiemeyer, *For the Comfort of Zion. The Geographical and Theological Location of Isaiah 40–55* (VT.S 139; Leiden; Boston, MA: Brill, 2011).

L.-S. Tiemeyer, „The Coming of the Lord. An Inter-Textual Reading of Isa 40:1–11; 52:7–10; 59:15b–20; 62,10–11 and 63:1–6", I. Provan u. M. J. Boda (Hg.), *Let Us Go up to Zion. Essays in Honour of H. G. M. Williamson on the Occasion of His Sixty-Fifth Birthday* (VT.S 153; Leiden; Boston, MA: Brill, 2012) 233–44.

L.-S. Tiemeyer, „Isaiah 40–55. A Judahite Reading Drama", M. J. Boda, C. J. Dempsey u. L. S. Flesher (Hg.), *Daughter Zion. Her Portrait, Her Response* (SBL.AIL 13; Atlanta, GA: Society of Biblical Literature, 2012) 55–75.

L.-S. Tiemeyer, „Continuity and Discontinuity in Isaiah 40–66. History of Research", dies. u. H. M. Barstad (Hg.), *Continuity and Discontinuity. Chronological and Thematic Development in Isaiah 40–66* (FRLANT 255; Göttingen: Vandenhoeck & Ruprecht, 2014) 13–40.

L.-S. Tiemeyer u. H. M. Barstad (Hg.), *Continuity and Discontinuity. Chronological and Thematic Development in Isaiah 40–66* (FRLANT 255; Göttingen: Vandenhoeck & Ruprecht, 2014).

M. Tilly, „Das Heil der Anderen im hellenistischen Diasporajudentum. Anmerkungen zur griechischen Übersetzung von Jesaja 66,14b–24", H. Frankemölle u. J. Wohlmuth (Hg.), *Das Heil der Anderen. Problemfeld „Judenmission"* (QD 238; Freiburg; Basel; Wien: Herder, 2010) 209–21.

A. J. Tomasino, „Isaiah 1.1–2.4 and 63–66, and the Composition of the Isaianic Corpus", *JSOT* 57 (1993) 81–98.

E. Tov, *The Text-Critical Use of the Septuagint in Biblical Research* (JBS 3; Jerusalem: Simor, 1981).

E. Tov, *Der Text der Hebräischen Bibel. Handbuch der Textkritik* (Stuttgart; Berlin; Köln: W. Kohlhammer, 1997).

E. Tov, „Did the Septuagint Translators Always Understand their Hebrew Text?", *The Greek and Hebrew Bible. Collected Essays on the Septuagint* (VT.S 72; Leiden; Boston, MA; Köln: Brill, 1999) 203–18.

R. L. Troxel, *LXX-Isaiah as Translation and Interpretation. The Strategies of the Translator of the Septuagint of Isaiah* (JSJ.S 124; Leiden; Boston, MA: Brill, 2008).

P. K. Tull, „Intertextuality and the Hebrew Scriptures", *CR.BS* 8 (2000) 59–90.

P. K. Tull, „Persistent Vegetative States. People as Plants and Plants as People in Isaiah", A. J. Everson u. H. C. P. Kim (Hg.), *The Desert Will Bloom. Poetic Visions in Isaiah* (SBL.AIL 4; Atlanta, GA: Society of Biblical Literature, 2009) 17–34.

P. K. Tull, *Isaiah 1–39* (SHBC 14 A; Macon, GE: Smyth & Helwys Publishing, 2010).

N. H. Tur-Sinai, *Die Heilige Schrift* (Neuhausen-Stuttgart: Hänssler-Verlag, ³1997).

E. Ulrich (Hg.), *The Biblical Qumran Scrolls. Transcriptions and Textual Variants* (VT.S 134; Leiden; Boston, MA: Brill, 2010).

H. Utzschneider, „Text – Leser – Autor. Bestandsaufnahme und Prolegomena zu einer Theorie der Exegese", *BZ* 43 (1999) 224–38.

A. van der Kooij, *Die alten Textzeugen des Jesajabuches. Ein Beitrag zur Textgeschichte des Alten Testaments* (OBO 35; Freiburg, Schweiz: Universitätsverlag; Göttingen: Vandenhoeck & Ruprecht, 1981).

A. van der Kooij, „Isaiah 24–27. Text-Critical Notes", H. J. Bosman u. a. (Hg.), *Studies in Isaiah 24–27. The Isaiah Workshop – De Jesaja Werkplaats* (OTS 43; Leiden; Boston, MA; Köln: Brill, 2000) 13–5.

A. van der Kooij, „Interpretation of the Book of Isaiah in the Septuagint and in Other Ancient Versions", C. M. McGinnis u. P. K. Tull (Hg.), *„As Those Who are Taught". The Interpretation of Isaiah from the LXX to the SBL* (SBL.SymS 27; Atlanta, GA: Society of Biblical Literature, 2006) 49–68.

A. van der Kooij u. F. Wilk, „Erläuterungen zu Jes 1–39", M. Karrer u. W. Kraus (Hg.), *Septuaginta Deutsch. Erläuterungen und Kommentare zum griechischen Alten Testament II. Psalmen bis Daniel* (Stuttgart: Deutsche Bibelgesellschaft, 2011) 2505–607.

A. van der Kooij u. F. Wilk, „Erläuterungen zu Jes 40–55 (II)", M. Karrer u. W. Kraus (Hg.), *Septuaginta Deutsch. Erläuterungen und Kommentare zum griechischen Alten Testament II. Psalmen bis Daniel* (Stuttgart: Deutsche Bibelgesellschaft, 2011) 2646–72.

A. van der Kooij u. F. Wilk, „Esaias/Isaias/Das Buch Jesaja. Einleitung", M. Karrer u. W. Kraus (Hg.), *Septuaginta Deutsch. Erläuterungen und Kommentare zum griechischen Alten Testament II. Psalmen bis Daniel* (Stuttgart: Deutsche Bibelgesellschaft, 2011) 2484–2505.

A. van der Woude, „The Comfort of Zion. Personification in Isaiah 40–66", A. L. H. M. van Wieringen u. A. van der Woude (Hg.), *„Enlarge the Site of Your Tent". The City as Unifying*

Theme in Isaiah. The Isaiah Workshop – De Jesaja Werkplaats (Leiden; Boston, MA: Brill, 2011) 159–67.

H. W. M. van Grol, „An Analysis of the Verse Structure of Isaiah 24–27", H. J. Bosman u. a. (Hg.), *Studies in Isaiah 24–27. The Isaiah Workshop – De Jesaja Werkplaats* (OTS 43; Leiden; Boston, MA; Köln: Brill, 2000) 51–80.

J. van Oorschot, *Von Babel zum Zion. Eine literarkritische und redaktionsgeschichtliche Untersuchung* (BZAW 206; Berlin; New York: Walter de Gruyter, 1993).

J. van Oorschot, „Geschichte, Redaktion und Identität. Überlegungen anhand deuterojesajanischer Prophetien", U. Becker u. J. van Oorschot (Hg.), *Das Alte Testament – ein Geschichtsbuch?!* (ABG 17; Leipzig: Evangelische Verlagsanstalt, ²2006) 37–57.

A. L. H. M. van Wieringen, *Analogies in Isaiah I. Computerized Analysis of Parallel Texts between Isaiah 56–66 and Isaiah 40–66* (Applicatio 10 A; Amsterdam: VU University Press, 1993).

A. L. H. M. van Wieringen, *Analogies in Isaiah II. Computerized Concordance of Analogies between Isaiah 56–66 and Isaiah 40–66* (Applicatio 10B; Amsterdam: VU University Press, 1993).

A. L. H. M. van Wieringen, „Isaiah 12,1–6. A Domain and Communication Analysis", J. van Ruiten u. M. Vervenne (Hg.), *Studies in the Book of Isaiah. Festschrift Willem A. M. Beuken* (BEThL 132; Leuven: Leuven University Press; Uitgeverij Peeters, 1997) 149–72.

A. L. H. M. van Wieringen, *The Implied Reader in Isaiah 6–12* (BIS 34; Leiden; Boston, MA; Köln: Brill, 1998).

A. L. H. M. van Wieringen, „The Day Beyond the Days. Isaiah 2:2 Within the Framework of the Book Isaiah", F. Postma, K. Spronk u. E. Talstra (Hg.), *The New Things. Eschatology in Old Testament Prophecy. Festschrift for Henk Leene* (ACEBT.S 3; Maastricht: Uitgeverij Shaker Publishing, 2002) 253–9.

A. L. H. M. van Wieringen, *The Reader-Oriented Unity of the Book of Isaiah* (ACEBT.S 6; Vught: Uitgeverij Skandalon, 2006).

A. L. H. M. van Wieringen, „Assur and Babel against Jerusalem. The Reader-Oriented Position of Babel and Assur within the Framework of Isaiah 1–39", ders. u. A. van der Woude (Hg.), *„Enlarge the Site of Your Tent". The City as Unifying Theme in Isaiah. The Isaiah Workshop – De Jesaja Werkplaats* (Leiden; Boston, MA: Brill, 2011) 49–62.

A. L. H. M. van Wieringen, „Isaiah 24:21–25:12. A Communicative Analysis", J. T. Hibbard u. H. C. P. Kim (Hg.), *Formation and Intertextuality in Isaiah 24–27* (SBL.AIL 17; Atlanta, GA: Society of Biblical Literature, 2013) 77–97.

D. W. van Winkle, „The Relationship of the Nations to Yahweh and to Israel in Isaiah XL–LV", *VT* 35 (1985) 446–58.

D. W. van Winkle, „The Meaning of *YĀD WĀŠĒM* in Isaiah LVI 5", *VT* 47 (1997) 378–85.

D. W. van Winkle, „Proselytes in Isaiah XL–LV? A Study of Isaiah XLIV 1–5", *VT* 47 (1997) 341–59.

J. Vermeylen, *Du prophète Isaïe à l'apocalyptique. Isaïe, I–XXXV, miroir d'un demi-millénaire d'expérience religieuse en Israël. 2 Bde.* (EtB; Paris: J. Gabalda, 1977/78).

J. Vermeylen, „L'unité du livre d'Isaïe", ders. (Hg.), *The Book of Isaiah. Le livre d'Isaïe. Les oracles et leurs relectures, unité et complexité de l'ouvrage* (BEThL 81; Leuven: Leuven University Press; Uitgeverij Peeters, 1989) 11–53.

J. Vermeylen, *Jérusalem, centre du monde. Développements et contestations d'une tradition biblique* (LeDiv 217; Paris: Cerf, 2007).

J. Vermeylen, „Isaïe le visionnaire. La montée vers l'accomplissement de l'ordre du monde dans le livre d'Isaïe", ders. (Hg.), *Les prophètes de la Bible et la fin des temps. XXIIIᵉ congrès de l'Association catholique française pour l'étude de la Bible. Lille 2009* (LeDiv 240; Paris: Cerf, 2010) 17–71.

J. Vermeylen, *Le livre d'Isaïe. Une cathédrale littéraire* (LeDiv 264; Paris: Cerf, 2014).

M. Vervenne, „The Phraseology of »Knowing YHWH« in the Hebrew Bible. A Preliminary Study of Its Syntax and Function", J. van Ruiten u. M. Vervenne (Hg.), *Studies in the Book of Isaiah. Festschrift Willem A. M. Beuken* (BEThL 132; Leuven: Leuven University Press; Uitgeverij Peeters, 1997) 467–92.

J. M. Vincent, *Studien zur literarischen Eigenart und zur geistigen Heimat von Jesaja, Kap. 40–55* (BET 5; Frankfurt am Main; Bern; Las Vegas: Peter Lang, 1977).

J. M. Vincent, „Michas Gerichtswort gegen Zion (3, 12) in seinem Kontext", *ZThK* 83 (1986) 167–87.

S. Virgulin, „»Casa di Giacobbe, venite, camminiamo alla luce di Jahweh« (Is. 2,5)", *RivBib* 27 (1979) 53–5.

G. I. Vlková, *Cambiare la luce in tenebre e le tenebre in luce. Uno studio tematico dell'alternarsi tra la luce e le tenebre nel libro di Isaia* (TG.ST 107; Roma: Editrice Pontificia Università Gregoriana, 2004).

W. Vogels, „Covenant and Universalism. Guide for a Missionary Reading of the Old Testament", *ZMR* 57 (1973) 25–32.

G. von Rad, „Die Stadt auf dem Berge", *EvTh* 8 (1948/49) 439–47.

G. von Rad, *Theologie des Alten Testaments II. Die Theologie der prophetischen Überlieferungen Israels* (EETh 1; München: Chr. Kaiser Verlag, ⁸1984).

J. Vorndran, *„Alle Völker werden kommen". Studien zu Psalm 86* (BBB 133; Berlin; Wien: Philo, 2002).

W. S. Vorster, „Intertextuality and Redaktionsgeschichte", S. Draisma (Hg.), *Intertextuality in Biblical Writings. Essays in Honour of Bas van Iersel* (Kampen: Uitgeversmaatschappij J. H. Kok, 1989) 15–26.

A. Wagner, *Sprechakte und Sprechaktanalyse im Alten Testament. Untersuchungen im biblischen Hebräisch an der Nahtstelle zwischen Handlungsebene und Grammatik* (BZAW 253; Berlin; New York: Walter de Gruyter, 1997).

A. Wagner, *Prophetie als Theologie. Die so spricht Jahwe-Formeln und das Grundverständnis alttestamentlicher Prophetie* (FRLANT 207; Göttingen: Vandenhoeck & Ruprecht, 2004).

J. R. Wagner, „Isaiah in Romans and Galatians", S. Moyise u. M. J. J. Menken (Hg.), *Isaiah in the New Testament* (NTSI 2; London; New York: T & T Clark International, 2005) 117–32.

J. R. Wagner, „Moses and Isaiah in Concert. Paul's Reading of Isaiah and Deuteronomy in the Letter to the Romans", C. M. McGinnis u. P. K. Tull (Hg.), *„As Those Who are Taught". The Interpretation of Isaiah from the LXX to the SBL* (SBL.SymS 27; Atlanta, GA: Society of Biblical Literature, 2006) 87–105.

J. R. Wagner, *Reading the Sealed Book. Old Greek Isaiah and the Problem of Septuagint Hermeneutics* (FAT 88; Tübingen: Mohr Siebeck, 2013).

S. Wagner, „דָּרַשׁ dāraš", *ThWAT* 2 (1977) 313–329.

T. Wagner, *Gottes Herrschaft. Eine Analyse der Denkschrift (Jes 6,1–9,6)* (VT.S 108; Leiden; Boston, MA: Brill, 2006).

T. Wagner, „The Glory of the Nations. The Idea of כבוד in the Early Isaian Tradition", *SJOT* 23 (2009) 195–207.

T. Wagner, *Gottes Herrlichkeit. Bedeutung und Verwendung des Begriffs* kābôd *im Alten Testament* (VT.S 151; Leiden; Boston, MA: Brill, 2012).

V. Wagner, „Lassen wir doch den Gottesknecht endlich am Leben! (Jes 53,7–9)", *BN.NF* 153 (2012) 29–47.

B. K. Waltke u. M. P. O'Connor, *An Introduction to Biblical Hebrew Syntax* (Winona Lake, IN: Eisenbrauns, 1990).

G. Wanke, *Die Zionstheologie der Korachiten in ihrem traditionsgeschichtlichen Zusammenhang* (BZAW 97; Berlin: Verlag Alfred Töpelmann, 1966).

E.-J. Waschke, *Der Gesalbte. Studien zur alttestamentlichen Theologie* (BZAW 306; Berlin; New York: Walter de Gruyter, 2001).

W. G. E. Watson, *Classical Hebrew Poetry. A Guide to Its Techniques* (JSOT.S 26; Sheffield: JSOT Press, 1984).

W. G. E. Watson, *Traditional Techniques in Classical Hebrew Verse* (JSOT.S 170; Sheffield: Sheffield Academic Press, 1994).

J. D. W. Watts, *Isaiah 1–33* (WBC 24; Nashville; Dallas; Mexico City; Rio de Janeiro; Beijing: Thomas Nelson, [2]2005).

J. D. W. Watts, *Isaiah 34–66* (WBC 24; Nashville; Dallas; Mexico City; Rio de Janeiro; Beijing: Thomas Nelson, [2]2005).

B. G. Webb, „Zion in Transformation. A Literary Approach to Isaiah", D. J. A. Clines, S. E. Fowl u. S. E. Porter (Hg.), *The Bible in Three Dimensions. Essays in Celebration of Forty Years of Biblical Studies in the University of Sheffield* (JSOT.S 87; Sheffield: Sheffield Academic Press, 1990) 65–84.

B. Weber, „»Asaf« und »Jesaja«. Eine komparatistische Studie zur These von Tempelsängern als für Jesaja 40–66 verantwortlichem Trägerkreis", *OTE* 22 (2009) 456–87.

R. Weber u. R. Gryson (Hg.), *Biblia Sacra iuxta Vulgatam Versionem* (Stuttgart: Deutsche Bibelgesellschaft, [5]2007).

E. C. Webster, „A Rhetorical Study of Isaiah 66", *JSOT* 34 (1986) 93–108.

P. D. Wegner, „Seams in the Book of Isaiah. Looking for Answers", R. Heskett u. B. Irwin (Hg.), *The Bible as a Human Witness to Divine Revelation. Hearing the Word of God Through Historically Dissimilar Traditions* (LHBOTS 469; New York; London: T & T Clark International, 2010) 62–94.

G. Wehmeier, „עלה *'lh* hinaufgehen", *THAT* 2 (1976) 272–90.

M. Weinfeld, „Zion and Jerusalem as Religious and Political Capital. Ideology and Utopia", R. E. Friedman (Hg.), *The Poet and the Historian. Essays in Literary and Historical Biblical Criticism* (Chico, CA: Scholars Press, 1983) 75–115.

M. Weinfeld, „Universalistic and Particularistic Trends During the Exile and Restoration", ders., *Normative and Sectarian Judaism in the Second Temple Period* (LSTS 54; London; New York: T & T Clark International, 2005) 251–66.

M. Weippert, „»Ich bin Jahwe« – »Ich bin Ištar von Arbela«. Deuterojesaja im Lichte der neuassyrischen Prophetie", B. Huwyler, H.-P. Mathys u. B. Weber (Hg.), *Prophetie und Psalmen. Festschrift für Klaus Seybold zum 65. Geburtstag* (AOAT 280; Münster: Ugarit-Verlag, 2001) 31–59.

M. Weippert, *Götterwort in Menschenmund. Studien zur Prophetie in Assyrien, Israel und Juda* (FRLANT 252; Göttingen: Vandenhoeck & Ruprecht, 2014).

J. Wellhausen, *Prolegomena zur Geschichte Israels* (Berlin: Georg Reimer, [6]1905).

R. D. Wells jr., „»Isaiah« as an Exponent of Torah: Isaiah 56.1–8", R. F. Melugin u. M. A. Sweeney (Hg.), *New Visions of Isaiah* (JSOT.S 214; Sheffield: Sheffield Academic Press, 1996) 140–55.

R. D. Wells jr., „»They All Gather, They Come to You«. History, Utopia, and the Reading of Isaiah 49:18–26 and 60:4–16", A. J. Everson u. H. C. P. Kim (Hg.), *The Desert Will Bloom. Poetic Visions in Isaiah* (SBL.AIL 4; Atlanta, GA: Society of Biblical Literature, 2009) 197–216.

P. Welten, „Die Vernichtung des Todes und die Königsherrschaft Gottes. Eine traditionsgeschichtliche Studie zu Jes 25,6–8; 24,21–23 und Ex 24,9–11", *ThZ* 38 (1982) 129–46.

J. Werlitz, *Redaktion und Komposition. Zur Rückfrage hinter die Endgestalt von Jesaja 40–55* (BBB 122; Berlin; Bodenheim: Philo, 1999).

W. Werner, *Eschatologische Texte in Jesaja 1–39. Messias, Heiliger Rest, Völker* (FzB 46; Würzburg: Echter, 1982).

C. Westermann, „Sprache und Struktur der Prophetie Deuterojesajas", ders., *Forschung am Alten Testament. Gesammelte Studien* (TB 24; München: Chr. Kaiser Verlag, 1964) 92–170.

C. Westermann, *Das Buch Jesaja. Kapitel 40–66* (ATD 19; Göttingen; Zürich: Vandenhoeck & Ruprecht, ⁵1986).

C. Westermann, *Prophetische Heilsworte im Alten Testament* (FRLANT 145; Göttingen: Vandenhoeck & Ruprecht, 1987).

B. Wiklander, *Prophecy as Literature. A Text-Linguistic and Rhetorical Approach to Isaiah 2–4* (CB.OT 22; Stockholm: CWK Gleerup, 1984).

H. Wildberger, „Die Völkerwallfahrt zum Zion. Jes. II 1–5", *VT* 7 (1957) 62–81.

H. Wildberger, *Jesaja. 1. Teilband: Jesaja 1–12* (BK 10.1; Neukirchen-Vluyn: Neukirchener Verlag, 1972).

H. Wildberger, „Der Monotheismus Deuterojesajas", H. Donner, R. Hanhart u. R. Smend (Hg.), *Beiträge zur alttestamentlichen Theologie. Festschrift für Walther Zimmerli zum 70. Geburtstag* (Göttingen: Vandenhoeck & Ruprecht, 1977) 506–30.

H. Wildberger, *Jesaja. 2. Teilband: Jesaja 13–27* (BK 10.2; Neukirchen-Vluyn: Neukirchener Verlag, 1978).

H. Wildberger, *Jesaja. 3. Teilband: Jesaja 28–39. Das Buch, der Prophet und seine Botschaft* (BK 10.3; Neukirchen-Vluyn: Neukirchener Verlag, 1982).

P. T. Willey (= P. K. Tull), „The Servant of YHWH and Daughter Zion. Alternating Visions of YHWH's Community", E. H. Lovering (Hg.), *Society of Biblical Literature 1995 Seminar Papers. One Hundred Thirty-First Annual Meeting, Philadelphia 1995* (SBL.SP 34; Atlanta, GA: Scholars Press, 1995) 267–303.

P. T. Willey (= P. K. Tull), *Remember the Former Things. The Recollection of Previous Texts in Second Isaiah* (SBL.DS 161; Atlanta, GA: Scholars Press, 1997).

T. Willi, *Israel und die Völker. Studien zur Literatur und Geschichte Israels in der Perserzeit* (SBAB 55; Stuttgart: Katholisches Bibelwerk, 2012).

H. G. M. Williamson, *The Book Called Isaiah. Deutero-Isaiah's Role in Composition and Redaction* (Oxford: Clarendon Press, 1994).

H. G. M. Williamson, „Synchronic and Diachronic in Isian Perspective", J. C. de Moor (Hg.), *Synchronic or Diachronic? A Debate on Method in Old Testament Exegesis* (OTS 34; Leiden; New York; Köln: E. J. Brill, 1995) 211–26.

H. G. M. Williamson, *Variations on a Theme. King, Messiah and Servant in the Book of Isaiah. The Didsbury Lectures 1997* (The Didsbury Lecture Series; Carlisle: Paternoster Press, 1998).

H. G. M. Williamson, *A Critical and Exegetical Commentary on Isaiah 1–27. Vol. 1: Commentary on Isaiah 1–5* (ICC; London; New York: T & T Clark International, 2006).

H. G. M. Williamson, „Recent Issues in the Study of Isaiah", D. G. Firth u. H. G. M. Williamson (Hg.), *Interpreting Isaiah. Issues and Approaches* (Nottingham: Apollos; Downers Grove, IL: InterVarsity Press, 2009) 21–39.

J. T. Willis, „Isaiah 2:2–5 and the Psalms of Zion", C. C. Broyles u. C. A. Evans (Hg.), *Writing and Reading the Scroll of Isaiah. Studies of an Interpretative Tradition I* (VT.S 70.1; Leiden; New York; Köln: Brill, 1997) 295–316.

L. E. Wilshire, „The Servant-City. A New Interpretation of the »Servant of the Lord« in the Servant Songs of Deutero-Isaiah", *JBL* 94 (1975) 356–67.

A. Wilson, *The Nations in Deutero-Isaiah. A Study on Composition and Structure* (ANETS 1; Lewiston, NY; Queenston: The Edwin Mellen Press, 1986).

R. R. Wilson, „Scribal Culture and the Composition of the Book of Isaiah", R. Heskett u. B. Irwin (Hg.), *The Bible as a Human Witness to Divine Revelation. Hearing the Word of God Through Historically Dissimilar Traditions* (LHBOTS 469; New York; London: T & T Clark International, 2010) 95–107.

M. Wischnowsky, *Tochter Zion. Aufnahme und Überwindung der Stadtklage in den Prophetenschriften des Alten Testaments* (WMANT 89; Neukirchen-Vluyn: Neukirchener Verlag, 2001).

B. Wodecki, „Heilsuniversalismus im Buch des Propheten Jesaja", J. Reindl u. G. Hentschel (Hg.), *Dein Wort beachten* (Leipzig: St. Benno-Verlag, 1981) 76–101.

H. W. Wolff, *Jesaja 53 im Urchristentum* (Berlin: Evangelische Verlagsanstalt, ²1950).

H. W. Wolff, „Swords into Plowshares. Misuse of a Word of Prophecy?", *CThMi* 12 (1985) 133–47.

J. L. Wright u. M. J. Chan, „King and Eunuch. Isaiah 56:1–8 in Light of Honorific Burial Practices", *JBL* 131 (2012) 99–119.

G. Yamasaki, *Watching a Biblical Narrative. Point of View in Biblical Exegesis* (New York; London: T & T Clark International, 2007).

G. A. Yee, „»Take this Child and Suckle it for Me«. Wet Nurses and Resistance in Ancient Israel", *BTB* 39 (2009) 180–9.

D. I. Yoon, „The Ideological Inception of Intertextuality and Its Dissonance in Current Biblical Studies", *CBR* 12 (2013) 58–76.

R. A. Young, *Hezekiah in History and Tradition* (VT.S 155; Leiden; Boston, MA: Brill, 2012).

B. M. Zapff, *Schriftgelehrte Prophetie – Jes 13 und die Komposition des Jesajabuches. Ein Beitrag zur Erforschung der Redaktion des Jesajabuches* (FzB 74; Würzburg: Echter, 1995).

B. M. Zapff, „Die Völkerperspektive des Michabuches als »Systematisierung« der divergierenden Sicht der Völker in den Büchern Joël, Jona und Nahum? Überlegungen zu einer buchübergreifenden Exegese im Dodekapropheton", *BN* 98 (1999) 86–99.

B. M. Zapff, *Jesaja 40–55* (NEB 36; Würzburg: Echter, 2001).

B. M. Zapff, *Jesaja 56–66* (NEB 37; Würzburg: Echter, 2006).

M. Zehnder, „Jesaja 14,1f.: Widersprüchliche Erwartungen zur Stellung der Nicht-Israeliten in der Zukunft?", B. Huwyler, H.-P. Mathys u. B. Weber (Hg.), *Prophetie und Psalmen. Festschrift für Klaus Seybold zum 65. Geburtstag* (AOAT 280; Münster: Ugarit-Verlag, 2001).

M. Zehnder, *Umgang mit Fremden in Israel und Assyrien. Ein Beitrag zur Anthropologie des „Fremden" im Licht antiker Quellen* (BWANT 168; Stuttgart: W. Kohlhammer, 2005).

D. Zeller, „Das Logion Mt 8,11 f/Lk 13,28 f und das Motiv der »Völkerwallfahrt«", *BZ* 15 (1971) 222 – 37.

D. Zeller, „Das Logion Mt 8,11 f/Lk 13,28 f und das Motiv der »Völkerwallfahrt«", *BZ* 16 (1972) 84 – 93.

E. Zenger, „Israel und Kirche im einen Gottesbund? Auf der Suche nach einer für beide akzeptablen Verhältnisbestimmung", *Kul* 6 (1991) 99 – 114.

E. Zenger, „Die Verheißung Jesaja 11,1 – 10: universal oder partikular?", J. van Ruiten u. M. Vervenne (Hg.), *Studies in the Book of Isaiah. Festschrift Willem A. M. Beuken* (BEThL 132; Leuven: Leuven University Press; Uitgeverij Peeters, 1997).

J. Ziegler, *Untersuchungen zur Septuaginta des Buches Isaias* (ATA 12.3; Münster: Aschendorffsche Verlagsbuchhandlung, 1934).

J. Ziegler (Hg.), *Isaias* (Septuaginta. Vetus Testamentum Graecum 14; Göttingen: Vandenhoeck & Ruprecht, ³1983).

A. Zillessen, „Israel in Darstellung und Beurteilung Deuterojesajas (40 – 55)", *ZAW* 24 (1904) 251 – 95.

W. Zimmerli, „Zur Sprache Tritojesajas", ders., *Gottes Offenbarung. Gesammelte Aufsätze zum Alten Testament* (TB 19; München: Chr. Kaiser Verlag, 1963) 217 – 33.

H.-J. Zobel, „רָדָה *rāḏāh*", *ThWAT* 7 (1993) 351 – 8.

Autorenregister

Stichwortregister

Bibelstellenregister

10,12   392
10,17 – 19   102
10,19   182
11,13.22   392
12,5   159
12,9   160
12,10   179
12,11   212
14,2   5
17,8 – 11   125, 159
17,10.11   125
17,15   376
18,11   158
18,12   158
19,9   392
21,5   392
23   407
23,2 – 9   388
23,4 – 6   389
23,8 – 9   5
23,17   315
24,8   125
25,1   334
25,19   179
28,26   182, 208
28,42   198
30,4   402
30,6.16.20   392
31,4   236, 238
31,16   393
31,29   107
32,8 – 9   245
33,2   430, 437
33,10   125
33,29   264

Josua
1,13.15   179
2   5
10,25   236
21,44   179
22,4   179
22,5   392
22,9 – 34   217
23,1   179
23,11   392

24,15   393
24,20   393

Richter
4,7   452

Rut
4,21 – 22   153

1 Samuel
6,3.4.8.17   332
13,14   361
21,10   224

2 Samuel
7,8   361
7,13.16   358
7,15   358
15,2.4.6   271
15,30   231
18,18   379
19,5   231
22,44   364
22,51   358
23,5   357

1 Könige
5,4   188
8,13   205
8,22 – 53   5 – 6, 399
8,22   6
8,32   334
8,41 – 43   5, 400 – 1, 227
8,41.42   400
8,42   6
8,43   402
8,53   5, 389
8,56   160
11,24   381
19,13   224, 230

1 Chronik
1,5   480
2,12   153
11,23   250